ISBN 978-0-666-55893-0
PIBN 11045379

1 MONTH OF
FREE
READING

at
www.ForgottenBooks.com

By purchasing this book you are eligible for one month membership to ForgottenBooks.com, giving you unlimited access to our entire collection of over 1,000,000 titles via our web site and mobile apps.

To claim your free month visit:
www.forgottenbooks.com/free1045379

English
Français
Deutsche
Italiano
Español
Português

www.forgottenbooks.com

Mythology Photography **Fiction**
Fishing Christianity **Art** Cooking
Essays Buddhism Freemasonry
Medicine **Biology** Music **Ancient
Egypt** Evolution Carpentry Physics
Dance Geology **Mathematics** Fitness
Shakespeare **Folklore** Yoga Marketing
Confidence Immortality Biographies
Poetry **Psychology** Witchcraft
Electronics Chemistry History **Law**
Accounting **Philosophy** Anthropology
Alchemy Drama Quantum Mechanics
Atheism Sexual Health **Ancient History**
Entrepreneurship Languages Sport
Paleontology Needlework Islam
Metaphysics Investment Archaeology
Parenting Statistics Criminology
Motivational

SÆCULUM XIII.

SICARDI

CREMONENSIS EPISCOPI

MITRALE,

SIVE

DE OFFICIIS ECCLESIASTICIS SUMMA,

NUNC PRIMUM IN LUCEM PRODIT JUXTA APOGRAPHUM QUOD ASSERVATUR IN BIBLIOTHECA COMITIS DE L'ESCALOPIER.

ACCEDUNT

EJUSDEM SICARDI CHRONICON

EX EDITIONE MURATORII;

PETRI SARNENSIS HISTORIA ALBIGENSIUM

VOLUMEN CLAUDUNT

ANONYMI SÆCULI XII.

ACCURANTE J.-P. MIGNE,

BIBLIOTHECÆ CLERI UNIVERSÆ

SIVE

CURSUUM COMPLETORUM IN SINGULOS SCIENTIÆ ECCLESIASTICÆ RAMOS EDITORE.

PATROLOGIAE LATINAE TOMUS 213

TURNHOLTI (BELGIUM)
TYPOGRAPHI BREPOLS EDITORES PONTIFICII

ELENCHUS

AUCTORUM ET OPERUM QUI IN HOC TOMO CCXIII CONTINENTUR.

———◇———

ANONYMI SÆCULI XII.

(Horum seriem vide in *Ordine rerum* ad calcem voluminis.)

———◇———

Original edition published by J.P. Migne, Paris 1855
Reprint by Brepols, Turnhout (Belgium) 1975

NOTITIA IN SICARDUM

CREMONENSEM EPISCOPUM

(Muratori, *Rer. Ital. Script.*, tom. VII, p. 523, in Præf. ad *Chronicon* Sicardi)

Sicardi Cremonensis episcopi, non solum meminit, sed simul scripta recenset doctissimus vir mihi-que antiqua amicitia junctus Franciscus Arisius Cremonensis, ordinum in sua patria conservator, et de eadem patria optime meritus in sua *Cremona literata* tom. I, ad ann. 1185. Ita vero ille Sicardi libros hoc ordine recenset. *Acta et obitus sancti Homoboni* qui ipsius Sicardi tempore sanctitate vitæ, et miraculis floruit, et curante ipso præsule (ut in Chronico Sicardi habetur ad annum 1198) in canonem sanctorum ab Innocentio III papa est relatus. *Chronicorum libri diversi*, de quibus infra agemus. *Tractatus de humi-litate*, cujus rei testem Arisius profert Fanusium, Campanum, in libro *De illustr. Italiæ familiis.* Verum Fanusii liber, in Ambrosiana bibliotheca asservatus, a pseudonymo, et certe pseudographo scriptore com-positus mihi semper visus est, ac propterea illius fidei acquiescere non facile velim. *Historiam* quoque, seu *Vitas Romanorum pontificum* a Sicardo collectas ante Arisium Raphael Volaterranus initio Commen-tarior. lib. xxii nos monuit. Tandem *Mitrale*, vel *Summa de Officiis*, sive *Rationale divinorum officiorum*, Sicardo tribuitur. Sed si quidquam conjectura mea valet, *Mitrale*, sine dubitatione ab eo elucubratum, nihil fortassis aliud est quam alterum ex *Chronicis* ipsius Sicardi (1) : quippe Gualvaneus de la Flamma non libros quosque, sed tantum Historicos enumerans, quibus fuerat usus, *Mitrale imperatorum* a Sicardo episcopo Cremonense compositum memorat. Quod est ad *Summam de officiis*, eam Antonius Posse-vinus ex Lelando innuit, eamque in bibliotheca Vaticana asservari aiunt. De hoc opere, mihi incomperto, nihil aliud addam. Verum præterire non possum, quæ de Sicardo nostro habet singularis conditionis vir Gerardus Joannes Vossius, lib. II, cap. 53, *De Historic. Latin.* Animadvertit ille, a Raphaele Volaterrano inter eos, qui Vitas Romanorum pontificum tradiderant, Sicardum nostrum referri, et proxime collocari post Sigebertum et Hugonem Floriacensem ; Sicardo autem subjungi Godefridum Viterbiensem, qui claruit anno 1186, *ut omnino*, inquit Vossius, *si standum sit Volaterrano, vixerit Sicardus circa annum* 1160. Nullus certe nobis dubitandi locus est quin Sicardus anno 1160 in vivis fuerit, ipsoque tempore quo Viterbiensis floruerit. Sed quia ad annum usque 1215 suam Sicardus ætatem produxit, et vitam Godefridi sua excessit, propterea priorem locum æquius Viterbiensi quam Sicardo, Volaterranus dedisset. Pergit scribere Vossius, se mirari, cur Possevinus Sicardum memoras tam antiquum scriptorem, addat tamen *esse hunc illum Sicardum Cremonensem, cui Scholia sua dicavit Laurentius Lauretus, Carmelita,* cum Lau-retus circiter annum Christi 1570 floruerit. At Possevinus, Sicardi nostri mentionem faciens, ait : *ad quem Scholia reliquit Laurentius Lauretus,* etc. Hoc est non Sicardo viventi ea Scholia obtulit, sed Sicardi tandiu vita functi libro *De officiis* ea addidit Lauretus ; ac proinde nulla hic antilogia.

Sicardus in Chronico, ad annum 1179, Offredum Cremonensem episcopum *ordinatorem meum* appellat. Tum narrat, se anno 1183 a Lucio III subdiaconatus honore auctum. Anno vero 1185 addit : *Quo anno ego Sicardus præsentis operis compilator et scriba, Cremonæ, licet indignus, electus sum ad episcopale offi-cium.* Proxime sequenti anno ejus opera inter Fridericum I imperatorem et cives Cremonenses restaurata est pax. Anno 1187, eorumdem civium precibus ac amore ductus, in Germaniam iter suscepit, ut resar-ciendi castri Manfredi veniam ab Imperatore impetraret. Ad annum 1194 scribit, Castrum Jovisaltæ (nunc *Genivolta*) a se inchoatum, ac feliciter consummatum ; anno vero 1199 se Romam peregre profectum fuisse, qua occasione ab Innocentio III papa impetravit ut cœlitum albo inscriberetur beatus Homobonus, Cremonensis civis, non multo antea e vivis ereptus. Anno 1203 in Armeniam se contulit, ibique versatus est una cum Petro cardinali apostolicæ sedis legato ; atque anno insequenti Constantinopolim profectus, in templo Sanctæ Sophiæ solemnem jussu ejusdem legati ordinationem clericorum celebravit. Quare vides deceptum Ughellum, qui in Catalogo episcoporum Cremonensium peregrinationem Sicardi in Orientem illigavit anno 1209. Regressus denique in patriam Sicardus, uti Cremonensium monumenta testantur, finem vivendi fecit anno 1215. In codice Cæsareo hæc adnotantur : *Anno 1215 obiit præsul Sycardus mense Junii, hujus præsentis operis compilator.* De anno emortuali auctoris nostri hæc certa reor ; de mense dubitare me cogunt Arisius in *Cremona literata*, Ughellus et alii, qui tradunt Sicardum ad plures abiisse die 26 Januarii. Fortasse qui Vindobouense ms. olim scripsit , *Jan.* ibidem breviatim pro *Januario* inveniens, incaute *Jun.* id est *Junium,* legit. Christophorus Sandius in Notis ad Voss.um *De Histor. Latin.,* cum animadvertisset, Sicardum anno 1215 postremo fato functum fuisse, postea subdit : *Qua ergo ratione potuit Chronicon suum produxisse ab origine mundi usque ad annum 1221, ut refert Lambecius* tom. II De biblioth. Vindobonen., *pag.* 871? Non injur.a hoc petit Sandius. At ex verbis Chronici ipsius, quod Lam-becius laudavit, constare nunc potest, revera Sicardum anno 1215 e vita concessisse ; quæ vero pauca sequuntur, apposita fuisse, uti usu venit, ab alio scriptore, qui Sicardi librum per annos quinque conti-nuavit. Atque hic iterum audiendus est Gualvaneus de la Flamma, qui cap. 247, *Manipuli Florum* ms. narrat, anno 1214 profligatos in bellico certamine fuisse Cremonenses a Mediolanensibus, addendo : *Nec fuit unquam in populo Cremonensi secundum Sycardum facta tam enormis jactura.* Atqui teterrimi hujus prælii ne verbum quidem Estensis aut Vindobonensis codex habent ; imo amborum narratio in annum præcedentem 1213 desinit. Quid hic dicendum ? Num Gualvaneo fuit codex, cui non Sicardus, sed quis-quam alius, cruentæ hujus pugnæ mentionem addidit ? an vero integrum Sicardi Chronicon minime nobis

---

(1) Hæc inconsiderate Muratorius. Vide infra Emin. cardin. Maii Monitum ad Sicardi *Mitrale*. EDIT.

servatum ? Ego dubius sto, ac præcipue quod tantam inter ambos hosce codices mss. dissimilitudinem intuear. Cæterum hujus Mediolanensis victoriæ ne ipsi quidem Annales breves Cremonensium, quos infra sum editurus, ad annum 1214 meminerunt.

DE SICARDI MITRALI

SEU

TRACTATU DE OFFICIIS ECCLESIASTICIS.

(Mann, *Spicileg. Rom.*, tom. VI, p. 583, Præf. ad Fragmenta ex *Mitrali Sicardi*.)

Sicardi episcopi Cremonensis, qui fuit Innocentii III PP. æqualis, Chronicum identidem vidimus a Bernardo Guidonis in Rom. pontificum Vitis ; quod tandem Chronicum Muratorius in septimo R. I. S. volumine edidit, doctique episcopi alia opera in præfatione recensuit. Illud tamen vir magnus bis ibidem incaute dixit, putare se Sicardi opus, quod *Mitralis* (liber) inscribitur, nihil esse aliud quam unum ex Chronicis a Sicardo scriptis. Atqui alii ante Muratorium diserte jam nominaverant Sicardi *Mitralem vel Summam de officiis*, ita ut *Mitralis* sit dictus pro *episcopalis* vel *pontificalis*, quandoquidem episcoporum minorumque sacerdotum liturgiam in eo volumine Sicardus exponit. Reapse in duobus codicibus Vaticanis hic præponitur operi titulus, in uno quidem : *Incipit Mitralis de officiis, editus a Sychardo Cremonensi episcopo* ; in altero autem : *Incipit liber qui Mitralis dicitur, editus a Sicardo Cremonensi episcopo* ; ubi varietatem quoque scripturæ videmus *Sychardus* et *Sicardus*. Vana igitur Muratorii de argumento *Mitralis* opinione vel conjectura depulsa, nos hoc ipsum opus, perbonum hercle et hactenus non vulgatum, paulo accuratius describemus. Constat enim libris IX, qui suos singuli habent prologos. Sunt autem hi tituli seu capitula.

(Capitulorum seriem, quam hic speciminis gratia exhibet doctissimus editor, nos ad calcem operis amandamus. EDIT. PATR.)

Igitur hic videmus uberrimos liturgicæ rei fontes, quos diutius intra codicum pluteos, quasi in nativis cavernis, detineri prope indignum est : si enim inde eliciantur, omnes illico qui de ecclesiasticis officiis aliquando sunt acturi, suos hortulos irrigabunt ; neque hi solum, sed qui vel sua dubia dissolvere avent, vel antiquitates Christianas illustrare, præcipueque originem, ordinem, et praxim officiorum sacrorum per singulos anni dies cognoscere. Certe jam Trombellius in tractatibus suis De baptismo, t, I, pp. 212, 221, 312, Sicardi nostri, quem in codice Bononiensi legebat, auctoritatibus aliquot ex libris tertio sextoque usus est. Ego vero qui Sicardi opus in codice Vaticano libenter lectitavi, vix mihi temperare poteram quin totum typis committerem ; quod sane mediocris voluminis molem efficeret ; et, si idoneis etiam scholiis adornaretur, justi operis formam indueret. Est enim uterque codex Vat. in fol., spissæ in duplici laterculo conscriptionis, unus quidem integerrimus, ætatis ferme Sicardianæ, alter vero uno sæculo posterior, qui in fine pauca desiderat. Interim tamen de vitæ brevitate cogitans et de impedimentis voluntati sæpe incidentibus, ut Sicardi aliquid a me sine mora lectores habeant, pauca confeci. excerpta, quæ ad sacra ædificia vel ad ecclesiasticam philologiam potissime pertinent, eaque pretiosa prudentibus visum iri confido. (*Sequuntur Fragmenta.*)

SICARDI

CREMONENSIS EPISCOPI

MITRALE

SEU

DE OFFICIIS ECCLESIASTICIS SUMMA.

(Nunc primum in lucem prodit juxta apographum quod asservatur in bibliotheca comitis de l'Escalopier.)

PROŒMIUM AUCTORIS.

Divitem prudentem, qui necessarios suos ad cœnam invitare voluerit, cœnaculum et officinas construere convenit, et ornare, utensilia præparare, ministros instituere, vestibus decorare, demum singula officia, singulis assignare ministris. Sic dives ille, cui omnia serviunt, in principio creavit cœlum, et terram, mare, et omnia quæ in eis sunt [1], et mundi machina cum mundialibus fabricata, formavit hominem de limo terræ, et inspiravit ei spiraculum vitæ, et posuit eum in paradiso voluptatis, assignans ejus victui omne lignum pulchrum visu, et ad vescendum suave, præter lignum scientiæ boni et mali [2]; cumque finis universæ carnis venisset coram eo ; quia terra fuerat iniquitate repleta, ad seminarium secundæ originis conservandum, arcam ei de lignis levigatis, et imputribilibus fieri, et in eam et omnibus escis, quæ mandi possunt, ut essent ingressuris in victum, comportari [3], et Noe cum suis intrare præcepit [4]. Magister etiam noster dum in terris visus est, et cum hominibus conversatus [5], volens cum fratribus suis et discipulis secundum legem comedere pascha, dixit illis : Ite in civitatem, et occurret vobis homo, amphoram aquæ bajulans, sequimini eum quocunque introierit, et dicite patrifamilias, ut diversorium vobis assignet, ubi magister cum discipulis pascha manducet, qui ostendet vobis cœnaculum grande stratum, et ibi parate [6]. Sic et

A nos licet imitatores indigni penitus, et imbecilles, tamen ad cultum paradisi, ad sacramentum baptismi, ad cœnam Domini, quæ in Ecclesia sunt celebranda, fratres sub fidei invitaturi prius de Ecclesia, quæ paradiso et arcæ, grancive cœnaculo assimilatur ædificanda, ornanda, et utensilibus ejus agemus. Secundo de institutione, et vestibus, et habitu ministrorum, tertio de officiis eorumdem, quarto de ordine officiorum, quæ non solum ponere, sed etiam intendimus ad unguem exponere, institutiones singulorum, et causas adjicientes institutionum. Sed in causis prosequendis fortassis auctorum mentes excedam, non tamen ob hoc velox, ut æmulus calumniator arguet, me perniciose scripsisse ; quia dicit Augustinus in libro De doctrina Christiana [7] : Si quis in Scripturis aliud sentit, quam ille qui scripsit, nec perniciose fallitur, nec omnino mentitur ; si tamen fallitur ea sententia, quæ ædificat charitatem, ita fallitur ut qui errore deserit viam, sed eo per agrum pergit, quo via illa perducit, si via jacet, corripiendus est ; si via latet, docendus est viam non deserere, ne consuetudine deviandi cogatur in transversum vel perversum ire ; cum ergo auctorum officii consiliarius non exstiterim, nec eorum mentes liberum est ulterius indagare, licet excedere, libet in his etiam peragrare, dum tamen excursus ædificandæ sit utilis charitati.

[1] Gen. 1.   [2] Gen. 2.   [3] Gen. 6.   [4] Gen. 7.   [5] Baruch. 3.   [6] Marc. 14 ; Luc. 22.   [7] Lib. II, cap. 36.

LIBER PRIMUS.

DE ECCLESIÆ ÆDIFICATIONE, ORNATU ET UTENSILIBUS.

CAPUT PRIMUM.

DE INSTITUTIONE ECCLESIÆ.

In ecclesiis benedicite Deo Domino de fontibus Is-

rael [1]. Licet ubique Deus magnus in eremo, in omni loco dominationis ejus, benedici possit, et debeat invocari jure tamen, opportuno tempore, curritur a

[1] Psal. 67.   [2] Psal. 102.

fidelibus ad oratorium quasi ad prætorium, ut audiant mandata Regis æterni; jure properant ad cœnaculum, ut percipiant de convivio vituli saginati; jure festinant ad sanctuarium, ubi juxta vocem Domini Deus habitet in medio eorum; nec est nova oratoriorum institutio. Præcepit Dominus Moysi in monte Sinai ut faceret tabernaculum de cortinis mirifice fabricatum, cujus una pars sancta, ubi populus sacrificabat, altera dicebatur Sancta sanctorum, ubi sacerdotes ministrabant, et levitæ [10]; quod postquam vetustate consumptum est, jussit Dominus fieri templum, quod Salomon ædificavit in pace, opere mirificum et ære toto famosum, duasque habens partes, ut tabernaculum [11]. Ab utroque nostra materialis ecclesia formam accepit, in cujus parte anteriore populus audit, et orat; in sanctuario vero clerus prædicat, jubilat et ministrat. Ergo pro diversitate partium, vel pro multiplicitate locorum ait Propheta, *In ecclesiis*, non ecclesia, tabernaculum; quia in itinere factum, quandoque gerit typum mundi; quia mundus hic transit, et concupiscentia ejus [12]; unde constat ex quatuor cortinarum coloribus, sicut mundus compactus est ex quatuor elementis; erat enim quasi mundus elementatus, imo quidquid in mundo est in eo fuerat figuratum; Deus ergo in tabernaculo, Deus est in hoc mundo, velut in templo Christus sanguine rubricato [13]. Expressius vero tabernaculum typum gerit militantis Ecclesiæ, quæ non habet hic manentem civitatem, sed futuram inquirit; ideoque dicitur tabernaculum; quia tabernacula sunt militantium; unde et quatuor cortinarum colores, quatuor exprimunt in hac militia justificationes; in bysso enim retorta exprimitur caro renitens castitate; in hyacintho mens cœlestia concupiscens; in purpura caro passioni subjacens, in cocco bis tincta, mens Dei et proximi dilectione præfulgens. Deus igitur in tabernaculo, Deus est in fidelibus suo nomine congregatis

Tabernaculi pars prima, quæ dicebatur sancta, in qua populus sacrificabat, vita est activa, in qua populus in proximi dilectione laborabat; pars altera, quæ dicebatur Sancta sanctorum, ubi levitæ ministrabant, vita est contemplativa, in qua . dilectioni et contemplationi Dei religiosorum sincera conversatio vacat. Ergo in sancta Scriptura tabernacula tria, primum in figura tantum, ut tabernaculum Moysis; secundum in figura et veritate, ut machina mundi; tertium in sola veritate consistit, ut militia populi Dei. Tabernaculum vertitur in templum, quia de militia curritur ad triumphum. Templum enim quod Salomon ædificavit, et populus in patria et pace possedit, gloriæ templum significat quod a vero Salomone pacifico de vivis lapidibus constructum est in cœlesti Hierusalem , id est in *visione pacis*, ubi Ecclesia perenni pace resultat; ideoque dicitur [14],

quo [15]: malleus, et securis, et nullum ferramentum in constructione templi fuit auditum, sed omnia extra Hierusalem præparata, et decenter aptata, suis reddita locis, aut cæmento nectebantur, aut clavis; quia in pace æternæ beatitudinis non est tribulationibus fides examinanda, nec vita quavis perturbatione palsanda. Sed quæ hic fuerint castigata, illic suis ordinibus glutino charitatis et vinculis inserun-tur, et licet hic sit illa Hierusalem, cujus participatio sit in idipsum [16], tamen, et hic templum in duo dividitur, quia superna curia in angelorum et homi-num differentiam distinguitur. Verumtamen, et templum quandoque in designatione ponitur militantis Ecclesiæ, unde legitur [16] ante fores duas habuisse columnas, quarum una firmitas, altera robur appellabatur; prima significat patres antiquos, qui per fidem vicerunt regna et operati sunt justitiam: Joseph fuit firma columna, quam separare nequivit meretrix a justitia [17]; secunda significat patres modernos videlicet apostolos et martyres testes Christi, qui nullo ventorum incursu potuere a veritate divelli : Paulus fuit columna robusta, quam neque mors, neque vita potuit a charitate Christi separare [18].

Inde etiam est quod septem annis ædificatum, et septem diebus legitur [19] dedicatum; quanto enim tempore in hac vita, quæ septem diebus volvitur, præsens Ecclesia conversatur; semper ædificatur, cum ad fidem aliqui convertuntur, semper dedicatur, dum per pœnitentiam, et sanctam conversationem Domino consecrantur; ergo illa duo simul universalem designant Ecclesiam, scilicet illud quia fuit in itinere, proprie militantem; istud, quia in tempore pacifico, triumphantem. Nostra vero materialis Ecclesia, sicut ab utroque sumit formæ originem et institutionem, sic et in utrisque pariter extrahit significationem; significat ergo hæc nostra materialis universalem Ecclesiam. Cum audis universalem, intellige militantem ex gentibus, et ex Judæis compactam simul et triumphantem ex angelis, et hominibus congregandam, et congregatam; ejus itaque partes corpus et chorus militantem et triumphantem instituunt; vel, quoad militantem significat duas vitas, activam et contemplativam, aut duas Ecclesias de gentibus et Judæis. Quoad triumphantem duo collegia, hominum et angelorum. Merito ergo Propheta pluraliter intulit *in ecclesiis* quasi in congregatione fidelium, ex Judæis et gentibus conversorum; in qua nos conversi ex Basan, id est a confusione peccatorum ; *benedicite Deo* cui debetur latria, *Domino* cui dulia [20]; nos, inquam, potati *de fontibus Israel*, id est doctrina apostolorum, ut ad ipsorum imitationem prædicetis quos de Israel Christus elegit, ut faceret fontes aquæ vivæ salientis in vitam æternam [21].

[10] Exod. 25, 40. [11] III Reg. 8. [12] I Joan. 2. [13] Hebr. 13. [14] III Reg. 6. [15] Psal. 121. [16] III Reg. 7. [17] Gen. 59. [18] Rom. 8. [19] III Reg. 6, 8. [20] S. Thom. 3 p.. q. 25, art. 2. [21] Joan. 4.

MITRALE. — LIB. I.

CAPUT II.

DE FUNDATIONE ECCLESIÆ.

Bene fundata est domus Domini supra firmam petram [12]. Supra petram enim fundatur Ecclesia in hunc modum. Præparatum locum fundamenti aqua benedicta pontifex ad abigendas dæmonum phantasias, vel sacerdos, si episcopus adesse non possit, aspergat [13], et lapidem cruce impressa in fundamento ponat: decantans psalmos · *miscrere mei, Deus* [14], et : *Fundamenta ejus in montibus sanctis* [15], etc., cum precibus et oratione competenti ut : « emittere dignare, Domine Deus Pater omnipotens, angelum tuum de cœlis qui custodiat, foveat, visitet et defendat hunc locum, et omnes orantes et oraturos in eo. » Hæc dicens et agens, episcopus convertat se ad orientem, id est ortum solis æquinoctialem, non ut quidam faciunt, ad solis ortum æstivalem ; exinde mensam erigat, et missam celebret : « Fundamentum aliud nemo potest ponere, præter id quod positum est quod est Christus Jesus [16]. » Hic est illa petra super quam fundatur Ecclesia, unde : « Super hanc petram ædificabo Ecclesiam [17]; » firmum quidem est, et stabile fundamentum, quod nec ventis cedet, nec torrentis impetu, nec stillicidio corruet. O homo, ingredere in hanc petram, et abscondere in fossa humo [18], sta in foraminibus hujus petræ [19], ut posteriora Domini videas, sequere hanc petram, ut te sitientem reficiat [20], huic petræ rostrum tuum allidas, ut renovetur, ut aquilæ, juventus tua [21]. Super hoc fundamento positum est fundamentum apostolorum et prophetarum de quo Apostolus : « Superædificati supra fundamentum apostolorum et prophetarum [22]. » Est ergo Christus fundamentum fundamentorum ; hæc domus ad ortum æquinoctialem dirigitur, eo quod Ecclesia, quæ militat in terris, se temperare debet æquanimiter in prosperis et adversis.

Rursus ad orientem vertitur, tum quia in ea sol justitiæ colitur [23]; et ille, cui nomen est Oriens, adoratur, juxta illud : « Visitavit nos Oriens ex alto [24], » tum quia in orientalibus partibus est paradisus deliciarum [25] quem Ecclesia recolit multiplicitate significationum; hic est hortus conclusus, fons signatus [26], ubi Adam positus est, ut operaretur et custodiret illum ; ubi lignum scientiæ boni et mali ; ubi lignum vitæ, ubi aliæ arbores odoriferæ, ubi quatuor flumina ex eadem scaturigine procedentia [27]. In horto sunt irrigatio, fomentum, arbores et fructus ; in Ecclesia sunt baptismus, unctio, fideles et opera, quæ sapientibus absconduntur, sed parvulis revelantur [28]. Quid per Adam operarium et custodem, nisi ordinem intelligimus sacerdotalem ? Ipsi sunt operarii, qui mittuntur ad messem [29] ; ipsi sunt vigiles qui custodiunt civitatem [30] : de quibus,

A si de ligno comederint inobedientiæ, dicitur : Videte ne forte sumant de ligno vitæ [31] ; propter peccatum interdicitur hoc lignum, quod prius non fuerat interdictum, hoc est corpus Christi. « Lignum quod plantatum est secus decursus aquarum vitæ [32] ; » quia qui manducat carnem illam percipit vitam æternam [?] ; « sed qui manducat et bibit indigne, judicium sibi manducat et bibit [33]. » Per cæteras arbores odoriferas sanctos accipimus, quorum unus fuit ille, qui dixit : « Ego sicut oliva fructificans in domo Dei [34]; » de quibus quoque dicit : « Filii tui sicut novellæ olivarum, in circuitu mensæ tuæ [35]. » Quatuor flumina, quatuor sunt evangelistæ ; aquas de uno pectore Domini haurientes, quibus mundus irrigatur, et Ecclesia fecundatur ; de quibus dicit : « Elevaverunt flumina voces suas [?] ; » hunc igitur orientem ad orientem adoremus, ut sole illustremur, ab oriente visitemur, ligno vitæ fruamur, paradisi fluminibus irrigemur.

CAPUT III.

DE ALTARI.

Nunc volet ad me unus de seraphim, et assumpto carbunculo de altari tangat labia mea [36] Christus, maximus angelorum, angelus magni consilii [37], mihi peccatori non objiciat, quare « assumis testamentum meum per os tuum [38], » sed charitatis igne de se altari assumpto, a quo est donorum omnium plenitudo [39], mea labia tangat, ut de altari non loquantur dolum aut vana, sed viris sacerdotalibus approbanda. Noe itaque primus alta e construxisse [40], deinde Abraham [41], Isaac [42] et Jacob altaria ædificasse leguntur [43], quæ non aliud quam lapides erecti intelliguntur, super quos sacrificia mactabant. Aliquando vero ignis de cœlo descendens oblatum sacrificium consumebat, unde Cain fratrem suum occidit [44]; quia inflammavit Dominus super Abel et sacrificium ejus ; ignis enim cœlestis Abel sacrificium consumpsit ; Cain vero sacrificium intactum remansit. Et vide quod altaria et aræ indifferenter aliquoties inveniuntur ; hæc tamen differentia est inter altare et aram, quod altare, quasi alta res, vel alta ara dicatur, in quo sacerdotes incensum adolebant ; ara vero quasi area, id est plana, vel ab ardore dicatur ; quia in ea sacrificia ardebant. Moyses etiam fecit altare de lignis setim, et etiam altare thymiamatis, quod vestivit auro purissimo [45]; Salomon quoque altare aureum fabricavit [46]. Ab istis antiquis patribus altaria modernorum sumpsere exordium, quæ in cornua quatuor eriguntur, quorum quædam sunt unius lapidis, quædam ex pluribus componuntur.

Lapides in altaria erecti, et altare aureum, et hæc nostra altaria lapidea Christum significant, qui est lapis de monte sine manibus excisus [47], lapis

[12] Matth. 7. [13] Psal. 131. [14] Psal. 50. [15] Psal. 86. [16] I Cor. 3. [17] Matth. 16. [18] Isa. 2. [19] Cant. 2. [20] Exod. 33. [21] Psal. 102. [22] Ephes. 2. [23] Malach. 4. [24] Zach. 6; Luc. 1. [25] Gen. 2. [26] Cant. 4. [27] Gen. 2. [28] Matth. 11. [29] Luc. 10. [30] Cant. 3. [31] Gen. 2. [32] Psal. 1. [33] Joan. 6. [34] I Cor. 2. [35] Psal. 51. [36] Psal. 127. [37] Psal. 92. [38] Isai. 6. [39] Isai. 9. [40] Psal. 49. [41] Joan. 1. [42] Gen. 8. [43] Gen. 12. [44] Gen. 26. [45] Gen. 35. [46] Gen. 4. [47] Exod. 25. [48] III Reg. 8. [49] Dan. 2.

quadratus, stabilis, super quem nostrarum oratio- A
num vota congerimus, unde orationes per Jesum
Christum Dominum, terminamus ; super quem agnum mactamus, vitulum et hædum, dum Christi innocentiam, opera, pœnitentiam consecramus; super
quem corpus Christi conficimus, quoniam in eum
credentes ex eo reficimur ; et cum eo quasi multa
membra corpus unum, et quasi multi lapides altare
unum efficimur. Aureus est, quia « in eo sunt omnes thesauri sapientiæ, et scientiæ Dei absconditi
[60]. » Aræ quoque et altaria crucem Domini repræsentant ; agnus igitur, et hædus, et vitulus in ara
Christus est in cruce suspensus, qui cum sit innocens, peccata nostra tulit [61], et terram nostræ carnis
perdomuit, et semine Spiritus sancti fruge ditavit.
Gradus, quibus ad altare ascenditur, sunt martyres,
quos, quia pro ejus amore sanguinem suum fudere,
sponsa in Cantico amoris ascensum purpureum appellavit [62], vel per altare uniuscujusque fidelis
cor, lapideum fidei soliditate, aureum sapientiæ
dote. Per gradus virtutes accipimus, habens quindecim gradus, quibus Salomon in templum ascen-
dendum instituit, quos Propheta [63] in quindecim
psalmis continue demonstravit, quos beatus vir ascensiones in corde suo disposuit. Hæc scala est,
per quam Jacob angelos ascendere et descendere
vidit [64]. Altare quoque locus secretior appellatur,
juxta illud Apocalypsis [65] : Exivit Angelus de altari,
hoc est Christus de loco secretiori. Altare vero de
lignis setim, est via justorum munda, videlicet, C
firma et incorrupta, ad offerenda sacrificia bonorum
præparata operum, ubi carnes animalium mactan-
tur ; quia carnem suam cum vitiis et concupiscentiis crucifigunt [66], et Deo in odorem suavitatis hostiam viventem offerunt [67]. Altare thymiamatis,
quod etiam fuit de lignis setim, auro vestitum [68],
est conversatio perfectorum, qui sunt in fide firmi,
sapientia fulgidi, quatuor virtutibus eminentes, orationibus vacantes ad suscipiendum et fovendum
charitatis ignem, ad offerenda virtutum libamina
præparati : studeamus itaque, fratres, ut nostra altaria per altare ad altare valeant pervenire.

CAPUT IV.

DE PARTIBUS ECCLESIÆ.

Lapides pretiosi omnes muri tui, et turres Hierusalem gemmis ædificabuntur [69], sic ædificatur
Ecclesia, ut habeat pavimentum cum subterraneis
cryptis, quatuor parietibus longa lataque surgat in
altum; quædam tamen in modum crucis formantur,
quædam rotundæ fiunt, muris de lapidibus cæmen-
toque compactis cum fenestris aliquibus obliquatis,
et ostiis ; continens infra se cancellos et pulpita, columnas cum basibus et capitellis, trabes, tigna et
tegulas, cocleas et cum luricatis tabulata ; de foris

adnectuntur exedræ, cœmeteria, turres et claustra.
Pavimentum, quod pedibus calcatur, vulgus est,
cujus laboribus Ecclesia sustentatur : cryptæ subterraneæ, sunt eremitæ, cultores equidem secretioris
vitæ ; doctrinis quatuor Evangeliorum velut parietibus surgunt in alta virtutum ; longitudo ejus longanimitas est quæ patienter adversa tolerat, donec
ad patriam perveniat ; latitudo charitas est quæ dilatato sinu mentis amicos in Deo et inimicos diligit
propter Deum. Altitudo spes est retributionis futuræ, quæ prospera et adversa contemnit, donec videat
bona Domini in terra viventium [70] ; sed quæ in
modum crucis fiunt, nos mundo crucifigi [71], vel
Crucifixum sequi debere ostendunt, juxta illud :
« Qui vult post me venire abneget semetipsum, et
tollat crucem suam et sequatur me [72]. » Quæ fiunt
in modum circuli significant Ecclesiam dilatatam
per circulum orbis, unde : « In fines orbis terræ
verba eorum [73], » vel quod de circulo orbis perveniamus ad circulum coronæ æternitatis.

Muri lapidum cæmentati sunt religiosorum in fide
et operatione fortium collegia, vinculo charitatis
unita, infirmos suis orationibus munientia, de
quibus lapides pretiosi, sunt omnes muri tui Hierusalem [74], et alibi : « Ædificentur muri tui Hierusalem [75] ; » ergo lapides in muris quatuor, sunt homines in collegiis, in quatuor mundi partibus constituti, vel in quatuor eruditis, vel quatuor virtutibus
stabilitis, omnes sunt expoliti et quadrati, pretiosi
et gemmati, id est mundi, et firmi, virtutibus ornati
per manum summi artificis ordinati, qui tanto amplius
rutilant, quanto magis charitate fervent ; quorum
quidam sustinent alios, ut apostoli, quidam sustinent et sustinentur, ut doctores, quidam sustinentur ut imbecilles, qui quanto differentius excellunt,
tanto humiliores ædificium plus elevant, quos omnes
lapis angularis fidei unitate [76], et bitumine charitatis compaginat. Cæmentum quoque constat ex calce,
aqua et sabulo ; calx est fervor charitatis, aqua Spiritus sanctus, quibus sabulum admiscet, cum spirituales de terrenis sollicitudinem gerunt, sine quibus in hac vita non vivitur, qui in fluctibus sæculi
conquatiuntur, et ictibus constantiæ murum efficiunt,
et patientiæ antemurale præponunt, unde : « Urbs
fortitudinis nostræ Sion, ponetur in ea murus et D
antemurale [77] » in passione ; vel per muros Scripturas sanctas accipimus, quibus hæreticorum importunitatem excludimus.

Fenestræ, quæ tempestatem excludunt, et lumen
inducunt, sunt doctores qui hæresum turbini resistunt et fidelibus Ecclesiæ lucem infundunt, unde :
« En ipse stat post parietem nostrum, respiciens per
fenestras [78] ; » velatus enim pariete nostræ mortalitatis de alto nos per fenestras, id est apostolos, illu-

---

[60] Col. 2. [61] Isa. 53. [62] Cant. 3. [63] Psal. 73. [64] Gen. 28. [65] Cap. 8. [66] Gal. 4. [67] Rom. 12. [68]
Exod. 30. [69] Tobia. 13. [70] Psal. 26. [71] Gal. 6. [72] Matth. 16. [73] Psal. 18. [74] Tob. 13. [75] Psal. 50.
[76] Isa. 28. [77] Isa. 26. [78] Cant. 2.

misavit, qui illuminat omnem hominem venientem
in hunc mundum [79].

Vitrum fenestrarum, per quod nobis radius solis
jaculatur, mens doctorum est quæ cœlestia per speculum in ænigmate contemplatur, vel per quamvelut
per speculum in ænigmate nobis sol verus illabitur
[80]; et vide quia fenestræ quandoque obliquantur,
id est intus latiores fiunt, quod Salomon excogitavit
[81]; quia doctor, qui jubar supernæ contemplationis,
vel ad monumentum perspicit, sinum cordis quandoque dilatat, et ad majora capescenda solerti exercitatione se præparat. Vel per fenestras, quæ clausæ
turbinem excludunt, patulæ includunt, intellige
quinque sensus corporis, qui circumcisi, sunt janua vitæ; lascivi, sunt ostia mortis, unde Jeremias
[82]: mors intrat per fenestras nostras; si extra quoque
stringuntur, ne vanitates hauriant, et intus ad dona
spiritualia patent [83]. Vel per fenestras Scripturas
intellige sacras, quæ nocua prohibent, et in ecclesiis
habitantes illuminant, hæ quoque intus sunt latiores;
quia mysticus sensus est amplior, et litterali præcellit.

Ostium ecclesiæ Christus est, unde : « Ego sum
ostium. Per me si quis introierit salvabitur [84]; »
« Nemo enim vadit ad Patrem nisi per Christum[85]; »
cum enim dicatur ab obstando, vel ostendendo, vel
ab hostibus (fiunt enim ostia, ut hostes repellantur,
et hospites admittantur), ipse est qui resistit superbis et humilibus dat gratiam [86], qui per justitiam
obstans, infideles arcebit a regno et per infinitam
misericordiam suam aditum ostendens, et pandens
[87], fideles introducet in regnum ; pluraliter autem dicuntur ostia, quia multæ viæ Domini, unde : « Vias
tuas, Domine, demonstra mihi ; et semitas tuas
edoce me [88]; » valvæ autem dicuntur a volvendo ;
fores, a forinsecus educendo ; portæ, a portando ; il
sunt apostoli, quorum prædicatione portamur ad
fidem, et per fidem ad beatitudinem. De iis dicitur :
« Diligit Dominus portas Sion super omnia tabernacula Jacob [89]. »

Per cancellos, qui sunt arcæ fenestræ, prophetas
et alios obscuros doctores accipimus Ecclesiæ militantis, in quibus ob duo charitatis præcepta, quandoque columnulæ duplicantur, secundum quod et
apostoli bini ad prædicandum mittuntur [90] : vel quia
dorsalia sunt sedentium, diversas mansiones in
domo Patris [91] : Vel cancellus, quæ est pars humilis
in palatio, mysticat, quanta debeat esse humilitas
in clero, siquidem ut legitur in Paralipomenon [92] :
Salomon fecit basim æneam, et in medio basilicæ
posuit eam, stetitque super eam, et extendens manum suam, loquebatur populo Dei. Esdras autem
fecit gradum ligneum ad loquendum, in quo stans
super universum populum eminebat [93], a quibus

nostra pulpita traxere originem, et dicuntur pulpita
quasi publica, ut quidam aiunt ; licet autem lapideis
sæpius utamur, nulla tamen a mysterio vacant. Pul-
pitum est igitur vita perfectorum. Supereminens itaque pontifex innuit , quod merito perfectioris vitæ
actionem vulgi transcendat intelligentia sacramentorum, quæ ad instar æris nulla diuturnitate deficiunt,
vel in doctrinis apostolorum, qui usque adeo sicut
æs fuere sonori, quod « in omnem terram exivit
sonus eorum [94]. » Transcendat etiam imitatione Dominicæ passionis, se ipsum abnegando, crucem
bajulando [95], et in cruce Domini gloriando [96] ; quia
Dominus regnavit a ligno ; transcendat autem in fidei soliditate, et se vicarium Christi ostendat, qui
est lapis angularis inter utrumque medius [97], sicut
et hic est inter clerum et populum collocatus.

Columnæ quæ domum fulciunt, sunt episcopi, qui
machinam Ecclesiæ verbo et vita sustentant, qui
propter sonoritatem divini eloqui dicuntur argen-
tei, ut in Canticis [98] : « Columnas fecit argenteas, »
quæ, licet sint numero plures, tamen septem esse
dicuntur, juxta illud : « Sapientia ædificavit sibi
domum, et excidit columnas septem ; » quia debent
[99] esse Spiritus sancti gratia septiformi repleti.
« Jacobus et Joannes, ut ait Apostolus, videbantur
esse columnæ [100]. » Bases columnarum sunt apostolici viri, universalem Ecclesiæ machinam sup-
portantes. Capita columnarum sunt mentes episcoporum ; sicut enim a capite membra, sic a mente
nostra verba diriguntur, et opera. Capitella sunt
verba sanctæ Scripturæ, quorum meditationi subdi-
mur, et observantiæ.

Trabes, quæ domum conjungunt sunt principes
sæculi vel prædicatores, qui Ecclesiæ muniunt unitatem, hi verbo, illi facto hæreticos exterminando
et schismata compescendo.

Tigna sunt prædicatores, de quibus dicitur : « Tigna domorum nostrarum cedrina [1]; » prædicatores
namque debent esse virtutibus imputribiles ; et odore
suæ prædicationis et vitæ serpentes, id est dæmones effugantes.

Tegulæ, quæ imbrem a domo repellunt sunt milites qui Ecclesiam a paganis et ab hostibus protegunt, qui tignis incidunt, et innituntur ; quia prædicatoribus connituntur, et eis obsequuntur, unde
per eos ad alta levantur.

Cochleæ, quarum exemplar a templo sumitur Salomonis [2], sunt viæ muris intervolutæ latenter ; per
quas arcana cogitationum singulorum accipimus,
quas soli qui ad cœlestia graduntur agnoscunt,
sed nec ipsi piene ; quia solus Deus ; quamvis enim
ostium pateat : quoniam actus patent operum, et
confessio sacramentorum ; solus tamen Deus scrutator est cordium [3]. Tabulata per Salomonem ad

ambulandum circa templum instituta [4], quæ in A humanitatis solatium. In ecclesiis autem nullus
Evangelio pinnacula nominantur [5], sunt gradus debet sepeliri, nisi sit persona altis prædita, in-
Ecclesiæ militantis, unde tria tabulata in templo tuitu meriti vel sacramenti; sed de iis plenius in
Salomonis fuisse leguntur [6], superius, medium, et tractatu mortuorum dicetur inferius.
inferius, propter tres ordines, virginum, continen-
tium et conjugatorum. Luricæ, vel luriculæ sunt la- Turres alicubi una, alicubi duæ, alicubi quatuor,
tera tabulatorum per gyrum facta, muri vel can- duæ in anteriori, et duæ in posteriori parte in locis
celli, vel quævis apodiatoria, ne doctores in tabu- eminentibus construuntur; quibus crux, aut gallus
latis sedentes, et populo prædicantes, juxta illud : superponitur, in quibus campanæ suspenduntcr.
« Prædicate super tecta [7], » labantur ad ima sicut Turris una est prædicatorum vita, vel ipse prædi-
Ochozias regi Samariæ, qui per cancellos decidit, cator, et pinnaculum ejus vita, seu mens quæ ten-
legitur [8] accidisse, per has divina præsidia figuran- dit ad alta, hæc est « turris David, ut legitur in
tur, quæ nos in hoc sæculo laborantes et pro captu Canticis [15], ædificata cum propugnaculis in monte
nostro ad superiora nitentes, ne deficiamus, adju- Libani, quæ respicit contra Damascum : Mille clypei
vant. Hæretici et schismatici, quorum figura ex- pendent ex ea, et omnis armatura fortium. » Vita
stitit Ochozias, licet aliquando bonæ actionis arcem B prædicatorum debet esse constans, et inexpugnabi-
conscendere videantur, tamen, quia compagem uni- lis ad defendenda fidei ædificia, ad repellenda ho-
tatis non habent, divinæ protectionis præsidiis et stium tela, cum sit a David, id est forti manu et de-
munimentis destituti ad vitiorum infima relabuntur. siderabili rege constructa, et debet in virtutum alti-
Reclinatoria quoque in Ecclesia fiunt, per quæ viros tudine permanere, ut respiciat contra Damascum
contemplativos accipimus, in quibus Deus sine hostes a longe venientes. Damascus est metropo-
offensa quiescit; quia qui claritatem æternæ vitæ lis Syriæ, quæ usque in hodiernum diem Hierusa-
contemplantur, auro comparantur, unde : « Recli- lem expugnavit, et etiam captivavit, per quam in-
natorium fecit aureum [9]. » telligimus hominum multitudinem, vel malignorum
spirituum, a quorum insidiis est præcavendum; est
Exedræ, sunt arcus murati in cœmeterio consti- autem hæc vita munita propugnaculis, si gratia ad-
tuti et dicuntur exedræ, extra scilicet adhærentes. datur miraculorum, vel irrefragabilibus sententiis
In porticibus Salomonis erant tria genera sedium, Scripturarum freta clypeo rationis; armata vero
ut ait Isidorus : cathedræ doctorum, sinedræ audi- armis operationis, hæc se ab hæreticis munit, illos-
torum, a considendo dictæ; exedræ assessorum, ubi que percutit, de qua nobis resistendi et vivendi
judex cum assessoribus aliquid tractabat secre- C exempla dependent. Duæ turres sunt duæ leges :
tius; licet exedra quandoque pro thalamo ponatur, quatuor vero, doctrina quatuor evangelistarum, an-
unde, et in exedris, velut in thalamis mortui sepe- teriores Matthæus et Joannes, corporaliter cum Deo
liuntur. Cœmeterium est mortuorum dormitorium, conversati; posteriores Lucas et Marcus, apostolo-
nam in Christo morientes non dicuntur mortui, sed rum discipuli : Legem Moysi edidit Dominus in
dormientes. Tribus de causis mortui circa ecclesiam monte Sina [12]; Evangelium quoque in monte [13],
sepeliuntur, ut orationibus fidelium ad ecclesiam montes docuit et in Thabor ejus præmium revela-
venientium Domino commendentur; ut, sicut mater vit [14], insinuans quod per observantiam mandato-
Ecclesia sæculo mortuos, Christo baptismate genuit rum ejus de Sion perveniemus ad Thabor, de spe-
et lacte nutrivit, sic carne mortuos gremio foveat culatione ad comprehensionem. Vel duæ turres, et
et orationibus Deo commendet; ut, sicut sepeliun- quatuor turres sunt prædicatores in his legibus et
tur in patrimonio Jesu Christi, sic sint cohæredes doctrinis instructi, de quibus : « Fiat pax in vir-
ejus in regno Dei. Forte ob hanc causam, noluit tute tua, et abundantia in turribus tuis [16]. » Crux
Abraham sepelire conjugem suam in agro Ephron, superponitur; quia frustra loquitur lingua prædi-
nisi pretio dato [10], ne si sepulta fuisset in patri- catoris, nisi adfuerit fides Mediatoris, et quia non
monio infidelis, pater infidelitatis actitaret, in ea D est nisi in cruce Domini gloriandum [17]. Tholus
se habere aliquid rationis; forte ob eamdem cau- super quem ponitur per rotunditatem significat
sam non debemus ecclesias ædificare, nisi in fundo, quod inviolate fides catholica prædicetur. Gallus su-
in Jesu-Christi patrimonio computato; et vide, perponitur, quia prædicator sollicitus per utriusque
quia forte a duplici spelunca exedræ cum sepulcris legis doctrinam, somnolentos debet excitare media
lapideis originem habuere, nec vacat a mysterio, nocte ad Dominum confitendum [18]. Nox est præsens
quoniam anima dormiens a curis sæcularibus quie- sæculum; dormientes sunt in peccato jacentes, qui-
scere debet in requie actionis, et contemplationibus bus gallus horas distinguit, dum distincte prædicat,
vacare, ingrediens in foraminibus petræ [11], et ab- et eos excitat, ut a peccatis exsurgant. Lucem præ-
scondens se in fossa humo, vel forte a Mausoleis nuntiat, cum futuram gloriam, quæ revelabitur in
et pyramidibus gentilium; quia quidquid corpori nobis, annuntiat [19]; sed prius se verberat alis, dum
humano impenditur, non est salutis præsidium, sed corpus suum castigat [20], ne prædicans reprobetur

[4] III Reg. 6. [5] Matth. 4. [6] III Reg. 6. [7] Matth. 10. [8] I Reg. 4. [9] Cant. 3. [10] Gen. 23. [11] Isai. 2.
[12] Cap. 4. [13] Exod. 31. [14] Matth. 5. [15] Matth. 17. [16] Psal. 121. [17] Gal. 6. [18] Psal. 118. [19] Rom.
8. [20] I Cor. 9.

ab aliis; contra ventum se vertit, cum pro domo Dei se murum opponit superbæ et diabolo venienti resistit. Virga ferrea inibi posita est rectitudo sermonis, quæ debet esse in ore prædicatoris [11]. Claustrum ab excubiis, et custodiis levitarum circa tabernaculum, vel ab atrio sacerdotum, vel a porticu Salomonis ad templum sumpsit exordium. Præcipit enim Dominus Moysi, ne levitas cum plebea multitudine numeraret, sed constitueret eos super tabernaculum testimonii ad portandum et custodiendum.

In tribu Levi sacerdotalis ordo significatur, qui non æquatur plebeæ multitudini; sed præest ut in exemplum emineat curam gerens ecclesiæ materialis, et militantis, in qua recondita sunt Domini testamenta. Ipsius enim est populum regere, et ut vivat honeste, docere verbo, et opere, quem compatiendo, consulendo, infirmorum mores tolerando, humeris patientiæ portat, et ne pateat aditus hosti, pastorali sollicitudine vigilat. Salomon vero fecit atrium sacerdotum, fecit et porticum [12], quæ patres militantis Ecclesiæ repræsentabat antiquos, Abel, et Enoch. In hac porticu apostoli commanentes unanimiter ad orationem surgebant, et erat illis cor unum, et anima una [13], quam formam canonici regulares, et monachi arctius promittentes sequuntur, dum unanimiter in claustro degentes ad servitium Dei surgunt, et sæcularia derelinquentes, in omnibus communem vitam ducunt. Porro sicut templum triumphantem designat Ecclesiam, sic claustrum cœlestem significat paradisum, ubi erit cor unum, et idem in Dei dilectione et voluntate. Sicut enim aqua vino mista, non discrepat a vino, sic voluntas sanctorum a Dei non discrepat in aliquo voluntate, ubi communiter omnia possidebunt; quia quod minus quis habebit in se, in alio se gaudebit habere; quia Deus erit omnia in omnibus [14]. Diversitas igitur officinarum et officiorum in claustro diversitas est mansionum, cum diversitate præmiorum in regno, vel significat paradisum Eden; sicut enim ibi sunt arbores fructiferæ, ex quibus alia lignum vitæ, alia scientiæ boni et mali [15], cujus esus mortem induxit æternam; sic et in claustro sunt libri sacræ Scripturæ, qui sunt quibusdam odor vitæ in vitam, aliis vero mortis in mortem [16]. Moraliter autem claustrum est animæ contemplatio, ubi se recipit, dum a turba cogitationum carnalium separatur, et sola cœlestia meditatur. Ab hoc claustro egressa Dina, filia Jacob, ut videret mulieres regionis illius, corrupta est a Sichem, filio Hemor, et conglutinata est anima ejus cum ea [17]: hæc est mens hominis, quæ dum sua studia negligens sæcularibus et alienis actionibus occupatur, a diabolo corrumpitur et ei per iniquitatem unitur.

In hoc claustro quatuor sunt latera, contemptus sui, et contemptus mundi, amor proximi, et amor Dei. Unumquodque latus suum habet ordinem columnarum, ut contemptus sui mentis humiliationem, carnis afflictionem, humilem sermonem, et similia : basis omnium columnarum est patientia. In hoc claustro, diversitas officinarum diversitas est virtutum, ubi hospitale est compassio mentis. Et vide quod hospitale pro diversitate personarum, diversitatem accipit nominum, dicitur enim xenodochium, nosocomium, orphanotrophium, ptochotrophium, betrytrophium; sancti enim Patres et religiosi imperatores quædam instituere loca, ubi peregrini, orphani, senes, infirmi, imbecilles et saucii reciperentur; quibus, quia compatimur, per hospitale compassio mentis accipitur; capitulum, secretum cordis; refectorium, delectatio sanctæ meditationis; cellarium, sancta Scriptura; dormitorium, munda conscientia; oratorium, vita immaculata; hortus arborum et herbarum, congeries virtutum; puteus aquarum viventium, irrigatio domorum, quæ hic sitim mitigant, et in futuro penitus exstinguent.

CAPUT V.
DE NOMINIBUS ECCLESIÆ.

« Domus mea domus orationis vocabitur [18]; » ac ædificium, quod tot partibus fabricatur, multis authenticis vocabulis insignitur. Dicitur enim domus orationis, vel oratorium; quia illic fidelium populus venit ad orandum. Sicut enim sunt quædam loca necessariis usibus deputata, ut dormitorium, sic sunt quædam orationi proprie destinata, ut ecclesia, et monachorum in grangiis suis oratoria constituta. Dicitur et domus Dei, quia Deus eam inhabitat; unde Jacob : « Illic est domus Dei et porta cœli [19]. Et vide quia est domus Dei ut militans Ecclesia, et fidelis anima, et cœlestis patria. Est domus animi, ut conscientia; domus hominis, ut familia; est domus dæmonis, ut humana perfidia. De domo Dei dicit Salomon : « Sapientia ædificavit sibi domum [20], » et David : « Lætatus sum in his quæ dicta sunt mihi, in domum Domini ibimus [21]; » De domo animi dicitur : « Dispone domui tuæ [22], » et illud : Tria ejiciunt hominem de domo : Fumus, stillicidium, et mala uxor [23], id est peccatum ignorantiæ, suggestionis et propriæ concupiscentiæ. De domo hominis dicitur, quod ædificavit Dominus obstetricibus domos [24], de domo dæmonis dicit ipse dæmon : « Revertar in domum meam, unde exivi [25]. » Dicitur, et per excellentiam, domus a domate, quod est tectum; quia qui in una domo habitant, sub uno tecto sunt. Dicitur et ecclesia, id est convocatio, quia veram continet ecclesiam, id est populum convocatum secundum figuram, quæ dicitur a grammaticis metonymia, cum videlicet ponitur continens

---

[11] (Guil. Durand. in *Rationali* l. 1, sub n. 42 allegat hunc locum) num. 1. [12] III Reg. 6. [13] Act. 4. [14] I Cor. 15. [15] Gen. 2. [16] II Cor. 2. [17] Gen. 34. [18] Matth. 21. [19] Gen. 28. [20] Prov. 9. [21] Psal. 121. [22] Isa. 38. [23] Prov. 19, 27. [24] Exod. 1. [25] Luc. 11.

pro contento. Synagoga congregatio dicebatur ; quia ibi virga legis populus veluti grex irrationabilium pecorum congregabatur ; sed ecclesia convocatio, quia sancti Spiritus amore in unam fidem, ad Dei judicia, ad Christi convivium convocatur. Sicut olim conveniebat populus ad audiendum judicia, et rursus conveniebat ad manducandum pascha, unde Apostolus : « Convenientibus nobis in unum, jam non est Dominicam cœnam manducare [34]; » sic hodie vocatur, ut audiat pœnas et præmia sæculi futuri, et percipiat corpus Domini. Dicitur et basilica, ut in Paralipomenon invenitur [37] ; id est regalis, quia ibi Regi regum ministratur, basileus namque *rex* interpretatur, quasi basis. Kasa, id est *columna*, et sustentamentum populi, unde et basiliscus rex serpentum dicitur. Dicitur et Kyriaca, id est *Dominicalis*, quia ibi Domino dominorum servitur. Kyrios enim *Dominus* interpretatur. Unde Kyrieeleyson. *Domine, miserere.*

Dicitur et aula, quia ibi Regis æterni convivium celebratur. Unde : « Terribilis est locus iste. Hic domus Dei est et porta cœli [38], » et vocabitur aula Dei. Dicitur et monasterium, id est solitarium, vel solitariorum habitaculum ; monos enim *solus* vel *unus*, unde et monachi singulares, et tristes. Dicitur et cœnobium a cœnon quod est *commune*, eo quod sit communis habitatio, unde inhabitantes, cœnobitæ vocantur. Dicitur et sanctum, id est firmum tuum, quia supra firmam petram fundatum [39], tum quia firmamentum inibi erat ad Dei servitium. Unde : « Pontifex semel in anno introivit in Sancta [40]. » Dicitur et martyrum locus, ubi jacent corpora martyrum, vel ubi passi sunt, vel ubi congregantur illi qui pro Christi nomine patiuntur, quorum vicem tenent hodie canonici Regulares. Majores autem Ecclesiæ dicuntur templa, id est tecta ampla , quia populus inibi sub unius tecti amplitudine adunatur; majores vero capellæ a caprarum pellibus nominantur; nobiles enim ecclesias in itinere de pellibus caprarum factas habebant; vel capenum est domus, ad quam pauperes ad eleemosynam confluunt; inde capella dicitur ubi diurni verbi pabulo, pauperes spiritu nutriuntur, quarum custodes, et ministri capellani dicuntur. Unde forte non pellibus variis, sed caprinis uti, nec ministrari, sed ministrare tenentur [41]; vel forte capellani dicuntur a cappa sancti Martini, quia eam ante reges Francorum ad bella, et in præliis deferebant. Itaque fratres ad ecclesiam convenientes nequaquam in ea corporeis usibus indulgeamus, sed orationi vacemus, ne faciamus eam speluncam latronum [42], quæ replenda est fumis aromatibus et odoribus unguentorum, quibus hic salus confertur, et in futuro sanitas impetrabitur.

CAPUT VI.
DE CONSECRATIONE ECCLESIÆ.

« Fecit Salomon festivitatem celebrem, et omnis Israel cum eo coram Domino [43]. » Ecclesias et altaria consecrare, non est novæ consuetudinis, sed auctoritatis antiquæ. Erexit autem Jacob lapidem in titulum, fundens oleum desuper [44]. Salomon quoque templum ædificavit et Domino dedicavit [45]. Hinc patres Novi Testamenti cepere exemplum, ut prædiximus, et ecclesias ædificandi et ædificatas consecrandi, quæ quidem consecratio efficit duo ; quoniam Deo ipsam Ecclesiam materialem appropriat, et nostram tam Ecclesiæ, quam fidelis animæ desponsationem insinuat. Domus namque non consecrata est sicut puella viro alicui destinata, non tamen data, nec commercio in unionem carnis unita; sed consecratione dotatur, et transit in propriam Jesu Christi sponsam [46], quam sacrilegium est adulterio ulterius violari ; desinit esse lupanar dæmonum. Si quæres exemplum, multa suppetunt, sed instar illius templi sufficiat, in quod Pantheon antea vocabatur, transit in Regis æterni palatium, in quo per gratiam habitat. Nam et in templo visibiliter gloria Domini descendebat [47]. Domus et non consecrata gentilitas est, aut anima divinæ cognitionis ignara. Domus consecratio Christi est et Ecclesiæ, vel animæ copulatio, et hoc per singula dedicationis insignia demonstremus.

Primo faciat episcopus litaniam ante reliquias in eo loco, ubi fuere prætenta nocte reconditæ, implorans Dei misericordiam et sanctorum auxilium ad digne perficiendum tam arduum Ecclesiæ sacramentum; deinde ante fores Ecclesiæ faciat exorcismum salis et aquæ, dicens : *Deus in adjutorium meum intende* [48], etc., sine *alleluia;* de his infra dicemus. Hæc aqua salis sapientia condita, baptisma significat, quod sapientia fidei conditur, cum de fide baptizandus instruitur [49], cujus fontem in Judæa Dominus consecravit. Ex hac aqua tantum episcopus foris in circuitu aspergit ecclesiam, et pro ipsius benedictione Deum exorat. Hæc trina aspersio, et oratio trina est ad instar triduanæ sepulturæ; in fontem immissio, est sanctæ Trinitatis in baptismate invocatio, quam in mundi circuitu faciendam gentibus, Dominus Apostolis imperavit, dicens [50]: « Ite, baptizate eos, in nomine Patris, Filii, et Spiritus sancti. » Unde interim duodecim candelæ in circuitu ecclesiam illuminant; quia duodecim apostoli gentes doctrinæ lumine illustrabant; tria responsoria, quæ interim decantantur, est hilaritas trium ordinum fidem suscipientium scilicet, Noe, Daniel, et Job. Et quoniam ad hanc invocationem, gratia fidei, spei, et chari-

[34] I Cor. 11. [37] II Paral. 4, 6. [38] Gen. 28. [39] Matth. 7; Luc. 6. [40] Exod. 30 ; Levit. 16; Hebr. 9. [41] Matth. 20. [42] Matth. 21. [43] III Reg. 8. [44] Gen. 28. [45] III Reg. 6, 8. [46] Ephes. 5. [47] III Reg. 8. [48] Psal. 69. [49] Matth. 3. [50] Matth. 28.

tatis infunditur, ideo ad calcem, ad medium, ad partem parietis superiorem aspergitur : inter aspergendum, quidam episcopi aspergunt et atrium, quidam vero priusquam ecclesia fuerit aspersa, aspergunt atrium aqua quæ prius fuerat benedicta, sicut in canonibus reperitur. Canonicus autem terminus atriorum est triginta vel quadraginta passuum, exceptis capellis, quæ continentur infra ambitum castellorum. Atrium est Christus per quem in cœlestem Ilierusalem patet ingressus, qui sanctificatur in nobis [51], juxta illud : « Sanctificetur nomen tuum [52]. » Tricenarius autem et quadragenarius ministerium repræsentant fidei et pœnitentiæ, quæ necessaria sunt militanti Ecclesiæ. Fit autem hæc aspersio cum aspersorio de hyssopo facto, juxta illud : « Asperges me, Domine, hyssopo, et mundabor [53]. » Hyssopus est herba humilis quæ in petra nascitur, et medicandis corporibus adaptatur, ideoque significat humilitatem, de petra Christo prodeuntem [54], qui dixit : « Discite a me quia mitis sum, et humilis corde [55]; » non enim proficit in baptizatis unda baptismatis, nisi a radice processerit humilitatis ; at si humilitas accedit, usque adeo superbiæ tumorem depellit, et hominem lavat, et mundat, quod eum super nivem dealbat incomparabiliter, vel sicut nivem [56], juxta illud Isaiæ: « Velut nix dealbabuntur [57], » ut fiat homo vestis Domini ; qui enim Christo baptizatur, Christum induit [58]; vestis, inquam, nivea, id est sine macula, et ruga [59], quod repræsentatum est in transfiguratione Dominica [60].

Veniens episcopus ante ostium ecclesiæ, cum baculo ter percutit superliminare, dicens : Tollite portas, principes, vestras [61]. Hæc trina percussio est trina Christi potestas in cœlo, in terra et in inferno [62]. Ter ergo percussit cum potestatem ligandi, et solvendi in cœlo et in terra Ecclesiæ suæ concessit, et portas inferi adversus eam non prævalituras adjunxit [63]; jubet ergo tolli portas mortis, et elevari portas æternales ; portæ mortis sunt vitia, portæ vitæ sunt virtutes, et Ecclesiæ sacramenta ; vel ter percutit, cum impios verbis asperis increpavit, juxta illud Isaiæ : « Percutiet terram virga oris sui et spiritu labiorum suorum interficiet impium [64]; et hoc ter quia fidem Trinitatis docuit. Hac percussione, diabolus pellitur qui per fugientem diaconum intelligitur. Merito qui hujus ordinis est, illius vice fungitur; quia diaconus minister interpretatur.; ipsi autem sunt ministratorii Spiritus, juxta illud : « millia millium ministrabant ei [65], » et Apostolus : « Omnes sunt administratorii spiritus in ministerium missi [66]. » Si autem archidiaconus fuerit, Luciferum repræsentat, de quo dicitur in Job : « Ipse principium

viarum Dei [67]. » Unde pretiosis vestibus induitur; quia « omnis lapis pretiosus operimentum [68] » illius; hic fortis armatus suum atrium custodivit [69], dum homo mundum possedit; sed fortior superveniens eum expulit, et spolia distribuit, dum eum Christus passione devicit, et Ecclesiam et animam liberavit [70]. Nec dicitur ei : Aperi, eo quod corda fidelium ad fidem aperiat, sed quia egressus vitii virtutum operatur ingressum; et quia, diabolo discedente, mox Ecclesia Christo pandit ostium fidei, vel interrogatio inclusi est ignorantia peccati, aperitio ostii exclusio delicti.

Ingrediens episcopus ter dicat : Pax huic domui [71], quia Christus ingrediens mundum pacem attulit hominibus bonæ voluntatis [72], eos sanctæ reconcilians Trinitati. Cum duobus, vel tribus ingreditur, ut in ore duorum, vel trium testium stet consecrationis verbum [73], vel quia pro Ecclesia paucis præsentibus se Dominus transfigurans oravit [74]. Deinde prosternit se pontifex in oratione pro Ecclesiæ consecratione: quia se Christus humilivit, et pro Ecclesiæ sanctificatione Patrem oravit, dicens : «Pater, sanctifica eos, quos mihi dedisti [75]. » Clerus orans et litanias concinens, Apostolos significat, qui pro Ecclesiæ et animarum sanctificatione ad Deum intercedebant. Surgens pontifex per Dominus vobiscum populum non salutat; sed per Flectamus genua ad orationem invitat; quoniam infideles non sunt salutandi, sed ad pœnitentiam provocandi, et nondum sanctificatis non est applaudendum, sed pro eis orandum.

Post hæc in pavimento duo alphabeta describit, per quæ utriusque Testamenti scientiam, vel sacræ Scripturæ intelligentiam, scilicet litteram et spiritum intelligimus. Paucæ quidem litteræ sunt ; verumtamen in eis omnis plenitudo scientiæ continetur. Hæc itaque scientia scribenda est in pavimento pectoris nostri, in cordibus terrenorum, ut per eam Dominum agnoscere et ad cœlestia erigi valeamus. Ergo scribitur a sinistro angulo orientis usque ad dextrum angulum occidentis ; sinister angulus orientis est Judæa, in qua Christus secundum carnem oritur, et tamen cum sinistris ob perfidiam reputatur. Dexter angulus occidentis est gentilitas in qua perfidia cecidit, et pro qua Christus sol justitiæ [76] occiditur, et in dextera obtinebit. A sinistro igitur ad dextrum angulum scribitur in memoria illius translationis, de qua dicitur : « Auferetur a vobis regnum Dei et dabitur genti facienti fructus ejus [77].» Scribitur etiam alphabetum a dextro angulo orientis in sinistrum occidentis ; dexter angulus orientis est Ecclesia primitiva, in qua lux est orta fidei[78]; sinister occidentis sunt reliquiæ Israel quæ adhuc sinistrant, et usque ad mundum occi-

[51] Ephes. 2. [52] Matth. 6. [53] Psal. 50. [54] I Cor. 10. [55] Matth. 11. [56] Psal. 50. [57] Isa. 1. [58] Gal. 3. [59] Ephes. 5. [60] Matth. 17. [61] Psal. 23. [62] Philip. 2. [63] Matth. 16. [64] Isa. 11. [65] Dan. 7. [66] Hebr. 1. [67] Job. 40. [68] Ezech. 28. [69] Luc. 11. [70] Hebr. 2. [71] Luc. 10. [72] Luc. 2. [73] II Cor. 13.; Matth. 18. [74] Matth. 17. [75] Joan. 17. [76] Malach. 4. [77] Matth. 21. [78] Psal. 96.

duum sinistrabunt. Igitur a dextro scribitur in sinistrum, quia post gentium plenitudinem [79], Israel
convertetur ad fidem; et primum quidem alphabetum Græca lingua; secundum scribitur in Latina;
illa nam prior est, et sapientia pollet; hæc sequens
est, et potentia præeminet. Hæbrea non scribitur,
quoniam in Ecclesia silet; utrumque autem per
baculum scribitur, quoniam hæc omnia per prædicatores aguntur. Sic autem scribuntur, ut in forma
crucis in medio pavimento conveniant, tum quia
duo Testamenta fidem edocent passionis, tum quia
duo populi salvantur in mysterio crucis. Prius tamen de pavimento, si qua sunt ibi corpora infidelium evellantur, quia nec sancta sunt, nec sanctifi-
cabuntur, nec eorum animas Christus annuio fidei
subarrhavit, nec in gloriosam transibunt generalis
corporis unionem ad fidelium corpora, aut evellantur, aut terræ sic profundius immittantur, quod
nullum vestigium appareat tumulorum. Pavimentum enim pectoris nostri si humilitatis hyssopo desideramus aspergi, aqua sacramentali mundari,
scientia spirituali repleri, crucis fide salvari, eva-
cuandum est quisquiliis, et omnis mortalis contagione peccati, ut super nivem dealbati [80] Christum
induamur [81]; et ei sponsa virgo, casta, sine ruga,
et macula exhibeamur [82].

CAPUT VII.
ITEM DE EODEM.

Christus assistens pontifex per proprium sanguinem introivit in sancta [83], hucusque fuit quasi
proœmium dedicationis, abhinc incipiet ecclesiæ
dedicatio, et ideo per hoc, quod sequitur. Christi
passio, et Spiritus sancti effusio figuratur. Accedens
itaque pontifex ad altare, ad benedicendum aquam,
dicit : *Deus in adjutorium meum intende* [84], et subjungit : *Gloria Patri*, sine *Alleluia*. Hic modus servandus est in benedictione hujus aquæ, et præcedentis, et illius, quam Alexander papa in Dominicis benedicendam instituit, ut divinum imploretur
auxilium; et quoniam hæc benedictio fit ad exhibendam gloriam Trinitati, etiam subjungitur *Gloria;* sed quia adhuc purgamur, et nondum sumus
sortiti benedictionis effectum, idcirco inter suspiria
positi, *Alleluia*, id est laudem pro perceptis beneficiis Deo debitam subticemus, unde post consecrationem ecclesiæ cantabitur; quoniam exclusa dæmonis phantasia, Deus in ea laudabitur; ita Christus ad aram Crucis accedens Patris auxilium
invocavit et ad Trinitatis gloriam manifestandam
mortem subiit [85], licet *Alleluia* duntaxat post resurrectionem manifesta operis exhibitione cantavit.

Deinde sal, cinis et aqua benedicuntur, et cruce
facta commiscentur, et demum vinum apponitur.
Sal est Dei sapientia. Unde Elisæus salem misit in
aquam, ut sanarentur aquæ [86]; Pater in hunc mun-

dum misit Filium suum, ut mundus salvaretur per
ipsum [87]. Cinis est Christi humana natura, hæc est
vitula rufa, quæ cremabatur [88]; caro Christi videlicet, sanguine rubricata, passionis igne decocta,
qua redempti sumus; aqua populum significat.
Unde : « Aquæ multæ populi multi [89]; » ergo sal et
cinis miscentur cum Verbum caro efficitur [90], quæ
per signum crucis, aquæ miscentur, cum populus
in Christi passione salvatur. Quod autem vinum
adjungitur, significat quod hanc redemptionem divinitas operatur, vel quod tristitia passionis versa
est in gaudium resurrectionis, vel per hanc aquam
Spiritum sanctum accipimus [91] de quo dicitur :
« Qui credit in me, flumina de ventre ejus fluent
aquæ vivæ [92].» Commiscentur sal, cinis et vinum;
quia quos Spiritus lavat, sapientia condiuntur, pœnitentiæ pulvere asperguntur, et spirituali intelligentia inebriantur; igitur Ecclesia foris et intus
lavatur, ut qui salvandus est, aqua et spiritu re-
nascatur [93]. Vel sal, doctrina fidei, cinis memoria
passionis Christi, vinum aquæ mistum divinitas
juncta humanitati. Sic ergo sanctificamur doctrina
fidei, et memoria passionis Christi, ut jungamur
capiti nostro Deo et homini.

Postmodum cum pollice de aqua ista cruces faciat in altari in medio et per quatuor cornua, et
aspergat in circuitum ipsum altare septem aut tribus vicibus. Altare, in hoc loco, designat Ecclesiam primitivam, in cujus medio crucem fecit, dum
in medio terræ [94], scilicet Hierusalem, passionem
subiit. Quatuor etiam cornua significavit, dum
quatuor partes mundi cruce salvavit. Altare septies
aspersit, cum Ecclesiam Hierosolymis baptizari
præcepit ut sancti Spiritus septem dona perciperet [95]. Aut ter aspergitur, cum in sanctæ Trinitatis
nomine baptizatur, vel cum Ecclesia a peccatis cogitationis, locutionis et operis emundatur. Unde :
Miserere mei, Deus [96], inter aspergendum cantatur.
Deinde ter aspergit ecclesiam in circuitu ab oriente
in occidentem, et per medium semel in formam crucis ; quia Christus totam Judæam, aut omnes gentes baptizari præcepit in nomine Trinitatis [97], cui
baptismo tribuit efficaciam in mysterio passionis.
Quod aspersio fit in circuitu, significat quod Dominus curam suorum habens mittit angelum suum in
circuitu timentium se [98]. Quod ab oriente in occidentem innuit quod cœpit a Judæis [99], de quibus
ortus est Dominus et refertur ad illos nostra fides.
Dum ista fiunt, cantatur psalmus : *Lætatus sum in
his quæ dicta sunt mihi* [100], etc. *Exsurgat Deus; et
dissipentur* [1], etc. *Qui habitat in adjutorio* [2], etc.,
quoniam apostolis mysterium resurrectionis, sacramentum baptismatis prædicantibus, inimicorum
rabies est dissipata, et domus Domini firmiter
ædificata, quam intrabimus [3] et in cujus nunc adju-

[79] Rom. 11. [80] Psal. 50. [81] Rom. 13. [82] Ephes. 5. [83] Hebr. 9. [84] Psal. 69. [85] Matth. 27; Luc.
25. [86] IV Reg. 2. [87] Joan. 3. [88] Num. 19. [89] Apoc. 17. [90] Joan. 1. [91] Joan. 16. [92] Joan. 7. [93] Joan.
3. [94] Psal. 73. [95] Act. 1. [96] Psal. 50. [97] Matth. 28. [98] Psal. 33. [99] Matth. 1, et Hebr. 7. [100] Psal.
121. [1] Psal. 67. [2] Psal. 90. [3] Matth. 7.

torio habitamus[6], pro qua Christus orat, et stans in medio velut mediator pro nobis Deum Patrem quotidie interpellat[6].

Deinde fundit aquam ad basim altaris, innuens quod de Hierusalem fons erupit ipse baptismatis ; vel committens Deo, quod in tanto sacramento vires humanas excedit. Quod altare post linteo tergitur ad instar passionis Christi, Ecclesiæ primitivæ tribulatio mitigatur ; nam per linum quod de terra oritur, et cum labore ad candorem vertitur, Christum accipimus, qui est de virgine natus[6], qui per laborem passionis pervenit ad gaudium resurrectionis.

CAPUT VIII.
ITEM DE EODEM.

« Festinemus et nos ingredi in illam requiem[7], » participes Jesu Christi[8]. Illis ita peractis, vadit pontifex ad reliquias, et cum processione, oratione, reverentia, magnaque devotione portat eas ad locum sibi a diacono præparatum. Ita Christus postquam nobis locum præparavit, justos, qui in præsenti nocte vigili mente se a malis custodiunt, assumit et in domum Patris sui perducit[9] ; unde cantatur : Ambulate sancti Dei, ingredimini in civitatem Domini, id est cœlestem Hierusalem ; hæc est enim Ecclesia nova, in qua populus adorabit Dominum in æternum. Hic cantus, ibi gaudium angelorum, animas cum gaudio recipientium, qui eas comitantur, quousque pro meritis in debitis mansionibus recipiantur. Antequam pontifex intret ecclesiam, cum reliquiis circumcat eam, ut sint illius ecclesiæ protectores. Iterum cantatur responsorium, de decimis ; ideoque postmodum pontifex monet populum de decimis et oblationibus, dote et luminaribus. Post cum chrismate signum crucis faciat in superliminari, per quod innuitur quod non debemus erubescere portare in frontibus sigillum passionis Domini nostri Jesu Christi, et est sumptum a sanguine agni paschalis, quo postes liniebantur ex mandato Domini[10]. Pontificem ingredientem populus comitatur, ut Christi et sanctorum protectione gubernetur ; ideoque mediator pro fidelibus interpellat. Cum autem ad sepulcrum venerit ad recondendas reliquias, extendat velum inter altare et populum ; quia loca vel cubilia animarum secreta sunt a visione mortalium, de quibus cantatur : exsultabunt sancti in gloria, lætabuntur in cubilibus suis[11]. Deinde ponit chrisma in confessione, per quatuor angulos in cruce, dicens : Sanctificetur hoc sepulcrum, in nomine Patris, et Filii, et Spiritus sancti, id est firmentur nobis ista cubilia in perpetuum propter fidem passionis Christi, quam prædicastis per quatuor climata mundi. Deinde ponit tres portiones incensi, quasi dicat, et rursus firmetur nobis quod a

sancta Trinitate vestris orationibus impetrastis, postea vero reliquiæ in sepulcro sigillantur et animæ in cœlestibus collocantur. Unde rationabiliter dum ista fiunt : In cœlestibus regnis, etc., a clero cantatur. Tabula chrismate confirmata et superposita, est protectio Jesu Christi ; unde cantatur : sub altare Dei sedes accepimus, hæc est requies sempiterna quæ nobis calce, id est charitatis glutino, consolidatur.

CAPUT IX.
ITEM DE EODEM.

« Operatus est Dominus salutem in medio terræ[12]. » Pontifex enim qui crucem facit de oleo altaris sancto, in medio altaris, et per quatuor cornua ipsius, Christus est qui super Ecclesiam primitivam Spiritum sanctum, per fidem passionis effudit, et per eam, ad quatuor mundi climata dilatavit. Ter cantatur : Erexit Jacob lapidem in titulum[13] ; illa enim Ecclesia fuit titulus aliarum e quia de Sion exivit lex, et verbum Domini de Hierusalem[14]. » Ter altare ungitur, bis oleo sancto, tertio chrismate ; quoniam Ecclesia fide, spe, charitate, quæ est major cæteris, insignitur[15]. Dum chrismate infunditur, cantatur : Ecce odor filii mei sicut odor agri pleni[16]. Hic ager est Ecclesia, quæ floribus vernat, virtutibus splendet, operibus fragrat, ubi sunt rosæ martyrum, lilia virginum, violæ confessorum, ubi viror incipientium, flos proficientium, fructus percipientium[17]. Deinde per parietes ecclesiæ duodecim cruces cum chrismate facit, incipiendo a dextro perveniens ad sinistrum. Hæc unctio est fides passionis, quæ per apostolos a Judæis pervenit ad gentes, vel potius est unctio hæc gratia Spiritus sancti, cujus plenitudo existens in capite Christi, descendit in barbam, barbam Aaron[18], id est in apostolos, qui crucis mysterium, per quatuor parietes ecclesiæ, id est quatuor mundi climata, prædicaverunt, et fidem Trinitatis etiam addiderunt ; unde in unoquoque pariete tres cruces rationabiliter imprimuntur. Incensi frequentatio est continua Christi sacerdotis atque pontificis, pro nobis, apud Deum Patrem interpellatio ; crucem cum incenso facere est passionem Patri ostendere, et pro nobis interpellare ; incensum copiose comburere in medio altaris et in angulis ejus, est orationes pro Hierosolymitana et universali Ecclesia multiplicare.

Postmodum frontem lapidis in modum crucis unget episcopus, dicens : Confirma hoc, Deus[19] ; quia Christus, vel ipsa Ecclesia Patrem exorat ut redemptionem, quam operatus est, ipse confirmet, unde fit, quod baptizati confirmantur ; quæ redemptio cœpit a templo sancto quod est in Hierusalem ; quia salus humanæ naturæ cœpit in medio terræ[20], vel a templo, id est Christo, in quo divinitatis habi-

[6] Psal. 5. [6] Joan. 17. [6] Luc. 1. [7] Hebr. 4. [8] Hebr. 3. [9] Joan. 14. Matth. 26. [10] Exod. 12. [11] Psal. 149. [12] Psal. 73. [13] Gen. 28. [14] Isa 2. [15] I Cor. 13. [16] Gen. 27. [17] Matth. 13. [18] Psal. 132. [19] Psal. 67. [20] Psal. 73.

tat plenitudo [41]; et quoniam hanc redemptionem Trinitas operatur, ideo *gloria Patri* subjungitur, ut laus Trinitati cantetur ; post hæc benedicantur vasa, vestes, linteamina, cultui mancipanda. Utensilia benedici, est opera nostra ad Deum referri ; quæ sunt utensilia necessaria infra dicemus. Ad hæc altare vestitur : altare vestiri, est animam immortali et incorruptibili corpori jungi, de quo vestimento dicit ipse Christus de se : « Concidisti saccum meum mihi, circumdedisti me lætitia [42]. » Vel altaris ultima benedictio, illam finalem significat benedictionem, qua dicitur : « Venite, benedicti Patris mei [43]. »

Post hæc multipliciter, ut infra dicetur, ornatur ecclesia et accenduntur luminaria ; tunc enim opera justorum splendescent, tunc « Fulgebunt justi, et tanquam scintillæ in arundineto discurrent [44]. » Tunc Missa cantatur ; non enim sine missa debent ecclesiæ consecrari ; tunc enim revelabitur sacramentum, quod etiam angelis ab initio fuit absconditum [45]. Introitus : *Terribilis est locus iste* [46] ; quid est enim terribilius quam quod angeli timebunt, et vix justus salvabitur [47] ! Tunc venit pontifex solemniter indutus, et cantatur in lætitia ; tunc enim videbitur Dominus a nobis facie ad faciem in gloria sua [48]. Et vide quoniam in aspersione basilicæ lineis duntaxat, et minoribus utitur indumentis ; sed ad mysterium altaris accedens vestibus ornatur pontificalibus et pretiosis, recolens quod legalis pontifex, in lineis sanctuarium expiabat, et post lotus in pontificalibus in holocaustum arietem offerebat ; et quia in eisdem lineis hircum emittebat post expiationem [49] ; ideo et in consecratione fontium et immersione catechumenorum, ubi peccata transferuntur eorum, quidam utuntur simplicibus et lineis indumentis. Vel per altare Christum, sicut per Ecclesiam sponsam accipimus ; ipse enim est lapis qui a Jacob erigitur in titulum [50] ; quia stetit in signum populorum [51] ipse lapis angularis [52], « qui fecit utraque unum [53], » ipse lapis est crescens in montem [54], ipse mons pinguis [55], oleo lætitiæ præ consortibus unctus [56], ideoque non unguntur altaria nisi lapidea. Hic etiam, per lapidem itinerarium figuratur, eo quod « Exsultavit, ut gigas ad currendam viam [57] ; » et : De torrente in via bibet [58] ; itinerarius autem similiter, et ob similes causas, ex sale, cinere et aqua, et vino conspergitur, et datis odoribus chrismate confirmatur; juxta hoc altare, Christianum loquor, lavacrum est, quo manus abluuntur. Hæc Christi misericordia, qua homines in baptismo vel pœnitentia a peccatorum sordibus diluuntur ; ad hoc per gradus ascenditur, hi sunt martyres, ut prædiximus, aut virtutes per quas ad

Dominum pervenitur ; in his sunt reliquiæ, id est thesauri sapientiæ et scientiæ Dei [59]. Hæc est enim arca Domini [60], in qua fuere manna et tabulæ testamenti ; in his thus et oleum adolemus, cum ei sacerdotium et regnum evidenter ascribimus. Super altare Christianum capsæ ponuntur, hi sunt apostoli et martyres, similiter vestes, et pallæ, confessores et virgines, vel omnes sancti, de quibus dicitur : « His sicut vestimento vestieris [61]. » Super hoc non immerito codex evangelicus adoptatur, eo quod Evangelium ab ipso sit editum, et ipsi perhibeat testimonium. Super his etiam crux tribus de causis erigitur, ut signum regis in domo, vel urbe regia veneretur, aut Christi passio repræsentetur, ut populus Christum crucifixum, se crucifigendo cum vitiis et concupiscentiis, imitetur [62]. Vexilla quoque super altaria eriguntur, ut triumphus Christi jugiter in Ecclesia memoretur, per quam et nos de inimico triumphare speremus.

CAPUT X.

ITEM MORALITER DE EODEM.

« Templum Dei sanctum est, quod estis vos [63]. » Hæc omnia referuntur ad hominem ; nam ecclesia forinsecus lota, ostium ab episcopo percutitur, episcopus ingreditur, alphabetum in terra scribitur, ecclesia illuminatur, altare lavatur sale, cinere, aqua et vino, ecclesia intus aspergitur, in altari, corpus Domini et reliquiæ reconduntur, incensum, et chrisma ponitur, altare oleo perungitur, multipliciter incensatur, vestibus ornatur, et in eo sacrificium laudis offertur. Homo quidem est Ecclesia, juxta quod Paulus in hodierna epistola dicens : « Dei ædificatio estis [64] ; » igitur homine baptizato de tribus peccatis, scilicet cogitatione, locutione, operatione compungitur; et, aperto fidei ostio, Christus ingreditur ; unde in hodierno Evangelio : « Zachæe, oportet me hodie in domo tua manere [65]. » Utriusque Testamenti Scriptura menti infigitur, et mens doctrina duodecim apostolorum illuminatur, cor quod sic est in corpore nostro, velut altare in templo, scientiæ sale conditur, pulvere pœnitentiæ aspergitur, Spiritu sancti aqua salutari lavatur, vino sapientiæ inebriatur ; et sic qui lotus est in carne, etiam in mente lavatur, ut possit dicere : « Cor meum et caro mea exsultaverunt in Deum vivum [66] ; » Ideoque verba offerendæ non irrationabiliter duplicantur, scilicet *fecit Salomon*, etc. In altari corpus Domini et reliquias ponere, est mandata Domini et exempla sanctorum memoriter retinere, ut possit dici : « In corde meo abscondi eloquia tua, ut non peccem tibi [67] ; » in altari quoque incensum et chrisma ponuntur, cum orationibus, bonæ opinioni, bonisque vacamus operibus ; oleo altare nostrum inungi-

[41] Coloss. 2. [42] Psal. 29. [43] Matth. 25. [44] Sap. 3. [45] Ephes. 5. [46] Gen. 28. [47] I Petr. 4. [48] I Cor. 13. [49] Levit. 16. [50] Gen. 28. [51] Isa. 11. [52] Act. 4. [53] Ephes. 2. [54] Dan. 2. [55] Psal. 67. [56] Psal. 44. [57] Psal. 18. [58] Psal. 109. [59] Coloss. 2. [60] Deut. 10. [61] Isa. 49. [62] Gal. 5. [63] I Cor. 3. [64] Ibid. [65] Luc. 19. [66] Psal. 83. [67] Psal. 118.

mus, cum misericordiæ non obliviscimur. Accedit summus sacerdos secundum ordinem Melchisedech [44] ad altare cordis nostri, et illud inungit, cum dicit : « Estote misericordes, sicut et Pater vester misericors est [45]. » Hoc oleo summus ille pontifex præ participantibus abundabat [46], cum dicebat : « Pater, ignosce illis, quia nesciunt quid faciunt [47]; » hoc oleo non solum cor, sed omnia membra debent esse peruncta ; manus enim, si non ungitur et inopi non aperitur, aret. Hoc altare nostrum orationibus fumigemus, virtutibus adornemus, ut in eo nos ipsos hostiam vivam Deo placentem offerre possimus [48], ut simus hostia templi et templum Dei.

CAPUT XI.

DE RECONCILIATIONE ECCLESIÆ.

« Solve calceamentum de pedibus tuis, locus nam in quo stas sanctus est [49]. » Cum ecclesia tanto Sponso, tam celebri sit consecratione dotata et ejus utensilia divino cultui mancipata, constat esse peccatum immane eam inhonestis usibus violare, unde Balthazar vasis Domini abutenti apparuit in aula regia comminativa scriptura, Mane, Thecel, Phares, id est numeratum, appensum, et divisum [50]. Violatur autem ecclesia, combustione, homicidio, adulterio, sigilli privatione, principalis altaris motione. Quæ autem fuerit violata nisi reconcilietur, vel cum oportuerit, denuo consecretur ; immunda et pervia canibus erit, forma vero reconciliationis hæc est, ut prius pontifex oret ante fores ecclesiæ, postmodum intret ecclesiam cum litaniis, et iterum oret, deinde aqua benedicta, sale, cinere, vino mista ecclesiam lavet, et loca contaminata purificet, et sic cantibus et orationibus ad hoc destinatis reconciliationem efficiat ; sic homo Deo templum in baptismate dedicatum vitiorum incentivo et mortali crimine contaminatur [51]. Si quoque per hæresim fidei sigillum amiserit violatur, si capitis etiam diminutionem (mentem vel episcopum loquor) passus fuerit, totum corpus, et populus infirmatur ; propterea necesse est, ut qui jam nequit baptismo adjuvari, fonte lacrymarum, id est per pœnitentiam, renovetur et orationibus adjuvetur, alioquin Dei templum redibit in lupanar dæmonum ; hospitium Trinitatis, in prostibulum meretricis, ubi dæmones saltent, et sirenæ nidificent ; orationibus autem revertitur in templum De et habitaculum Spiritus sancti, et qui passus est naufragium maris, redit ad portum salutis. Magna itaque debet ecclesia custodiri cautela, quæ trino privilegio gaudet in personis, in rebus, in loco. De personis et rebus nihil ad præsens, locus autem ea debet reverentia custodiri, ut quis non præsumat inibi agapas celebrare, ac cubitus sternere, choreas ducere, assaltus facere, furta committere, fugientem inde extrahere, aut alia quævis deside-

ria carnis perpetrare; non etiam præsumat infra ecclesiarum confinia, quæ sunt triginta, vel quadraginta passuum domos infringere. Hic est enim locus sanctus, hoc est firmus, de quo Dominus ad Moysen [54], et angelus ad Josue : « Solve calceamentum de pedibus tuis. Locus nam in quo stas sanctus est [55]. » Calceamentum fit de pellibus mortuorum animalium : ergo solvere calceamentum de pedibus, est solvere vincula mortalium peccatorum de actibus, quæ intrantes in sanctuarium Dei solvere debemus, ut cogitemus de conversatione angelorum, ubi est requies sine somno, pax sine bello, quies sine labore, satietas sine requie. Quoties igitur hunc locum ingredimur, præsertim cum cœleste mysterium celebratur, ubi creditur cœtus angelorum adesse; cum reverentia ingrediamur ad illorum conspectum, vultum in terram declinemus, eorum gaudia contemplantes, et nos cinerem esse recolentes [56].

In ecclesia quoque a superfluis verbis abstineri oportet, juxta illud Chrysostomi : In aulam regiam ingressurus, habitu et incessu te componis ; huc ingressurus, ubi est vere aula regia rides ? tu non nosti, quia non vides, scilicet angelos esse præsentes, quia domus Dei est plena virtutibus incorporeis. Quid autem loqui debeamus Apostolus docet, dicens : « Loquentes vobismetipsis in psalmis, hymnis et canticis [57]. » Ob ejusdem privilegii reverentiam, mulieres a partu surgentes non ingrediuntur ecclesiam, nec menstruatæ, nec viris conjunctæ, secundum consuetudinem Romanorum. Ob hoc et solemniter pœnitentes arcentur, tum quia dum pœnam patiuntur, culpæ reminiscuntur, tum quia in omnibus illud mysterium intelligitur, quod immundi a templo cœlesti penitus excluduntur ; alioquin ea die, qua prædictorum aliquod agerent, vel paterentur, intrare liceret, ut Deo gratias agerent ; hæc est nam civitas sancta, urbs beata Hierusalem, civitas Dei, de qua : « Gloriosa dicta sunt de te, civitas Dei [58], » et alibi : « Vidi civitatem sanctam, Hierusalem novam, descendentem de cœlo [59]. » Hæc militat in terris, sed regnat in cœls.; hæc est gloriosum regnum, cujus in terris custodes collegium prelatorum, agmina martyrum, cœtus confessorum et virginum, quam curiam, illa gemma singularis adornat, quæ nec primam visa est, nec habere sequentem. Cum tamen etiam militantem designet Ecclesiam, non abhorreo, siquando bonis mali corpore misceantur ; nam in Eden mulier de viro formatur, lignum vitæ et scientiæ proponitur [60], serpens etiam invenitur [61], in arca Noe sunt animalia munda et immunda [62], simul in unum pacem habentia ; qui pacem non tenent, in arca non sunt, licet esse videantur et truculentiores bestiis inveniuntur ; extra ecclesiam non est locus refugii, non tamen omnes, qui nunc insunt,

---

[44] Psal. 109. [45] Luc. 6. [46] Psal. 44. [47] Luc. 23. [48] Rom. 12. [49] Exod. 3; Josue 5. [50] Dan. 5. [51] I Cor. 3. [54] Exod. 3. [55] Jos. 5. [56] Gen. 18; Job. 30. [57] Ephes. 5. [58] Psal. 86. [59] Apoc. 21. [60] Gen. 2. [61] Gen. 3. [62] Gen. 7.

patris gratiam merebuntur; quia Cham in filiis
maledictionem accepit [66], in domo Abrahæ filius
ancillæ cum filio liberæ lusisse creditur [66]; in utero
prægnantis Rebeccæ gemini colluctantur [67], quorum lenis diligitur et hispidus reprobatur [68]; sæpe in ambitu horti conclusi reperitur amaritudo
absynthii; in Domini cœna [69], et navicula Simonis,
fuit Iscariotes; in rete piscatorio pisces boni et
mali [70]; in area granum et palea [71], similiter et
in ecclesiis viri cum mulieribus orant [72], ita quod
mulieres secundum consuetudines quorumdam
sint in parte aquilonari, sicut viri in australi;
quoniam per viros, fortes intelliguntur in tentationibus hujus mundi et in fide, et fervidi charitate;
per mulieres autem fragiliores et bonis operibus tepidi. Secundum alios, viri in parte anteriori, mulieres in posteriori; vir nam est caput mulieris [73],
ideoque dux ejus; quod seorsum masculi, seorsum
feminæ stent, secundum Bedam accepimus a veteri
consuetudine derivatum; hinc fuit nam quod Joseph et Maria puerum derelinquunt [74]; quoniam
alter quia secum non cernebat, cum altero esse
putabat, causa divisionis hæc est; quia caro viri
et mulieris, si propius accesserint, ad libidinem
accenduntur. Ubicunque mulieres locum habuerint, semper secundum Apostolum [75] velatæ debent orare, ne laxis crinibus alliciant animos juvenum, nec ob formositatem superbiant capillorum,
imo propter angelos, id est sacerdotes. Sacerdos
enim judex est et vicarius Jesu Christi, ergo ante
sacerdotem mulier debet se velare, ut conscia originalis peccati, quod per eam evenit, videatur erubescere et se coram judice ipso habitu accusare. Idcirco Linus ex præcepto Petri instituit quod mulier
ecclesiam, velato capite, introiret, cui etsi liceat
orare, non tamen loqui, id est populis prædicare [76]. Ergo locus non salvat, quem pravitas conscientiæ damnat, sicut horrida loca non obsunt
iis, qui pie vivunt: Nadab etenim et Abiu igne in
tabernaculo consumuntur [77]; Chore, Dathan, et
Abiron ante tabernaculum deglutiuntur [78]; Heli
pontifex in loco sancto periit [79]; Oza juxta arcam
interiit [80], Joab juxta altare occiditur [81], Ozias in
templo lepra perfunditur [82]; econtra: Moyses de
flumine [83], Joseph de cisterna [84], et carcere [85]; Job
de sterquilinio [86], Jeremias de cœno [87], Daniel de
lacu leonum [88]; tres pueri de camino ignis liberantur [89]; demum diabolus de cœlo [90], homo
cecidit de paradiso [91]; justi autem in terra visi-
tantur et de inferno ad cœlestia sublevantur; sed,
licet non sanctificet locus, tamen ob reverentiam
sacramenti cooperatur plurimum sanctificationi.
Ob hanc itaque reverentiam de pedibus calceamenta solvamus, ut in loco sanctificari a Domino
mereamur [92].

CAPUT XII.
DE ORNATU ECCLESIÆ.

« Domine, dilexi decorem domus tuæ, et locum
habitationis gloriæ tuæ [93]. » Decorantur ecclesiæ cælaturis, picturis et tornatilibus sculpturis, quæ a
tabernaculo Moysis [94], vel templo Salomonis [95], formam accipiunt; sculpsit nam Moyses duo cherubim; sculpsit et Salomon, sed et parietes cælaturis,
et torno, et picturis ornavit. Fiunt autem hujusmodi,
ut non solum sint ornatus ecclesiarum, sed etiam
litteræ laicorum. « Quæcunque enim scripta, » vel
sculpta sunt, « ad nostram doctrinam scripta sunt
[96]; » litteræ, inquam, rememorativæ præteritorum,
indicativæ præsentium et futurorum. Præteritorum,
ut historiarum et visionum, præsentium ut virtutum et vitiorum; futurorum ut pœnarum et præmiorum, de quibus etsi non singula, tamen usi-
tatiora percurramus exempla. Duo igitur in tabernaculo cherubim se versis vultibus in propitiatorium respicientia, sunt duo Testamenta in nullo dis-
crepantia; facies enim a se averterent, si quod
unum promittit, aliud denegaret. In propitiatorium
respiciunt, dum quidquid continetur in eis, ad
obsequium refertur conditoris; in nostris autem
ecclesiis imago Domini nostri Jesu Christi pingitur
multipliciter, et ex causa multiplici; nam picta in
præsepio, rememorat nativitatem, picta in matris
gremio, puerilem ætatem; picta vel sculpta in
cruce, passionem. In cruce quoque sol et luna
eclipsim patientia depinguntur; latrones et clavi,
forcipes et vulnera, lancea, sanguis et aqua, titulus et corona, cum veste purpurea, quæ omnia sunt
passionis insignia; picta in scalarum ascensu,
ascensionem; picta in solio excelso, præsentem indicat majestatem et potestatem quasi dicatur: Data est ei omnis potestas in cœlo et in
terra [97], et adimpletur visio Isaiæ dicentis: « Vidi
Dominum sedentem super solium excelsum et elevatum [98], id est Dei Filium, regnantem super angelos, juxta illud : « Qui sedes super cherubim [99]. »
Quandoque vero pingitur, sicut videre eum Moyses
et Aaron [100], Nadab et Abiu, scilicet super montem
et sub pedibus ejus quasi opus sapphirinum, et
quasi cœlum, cum serenum est; cui quandoque
circum circa pinguntur angeli cum sex alis secundum Isaiam dicentem : « Seraphim stabant super
illum, sex alæ uni, et sex alæ alteri, duabus velabant faciem ejus, duabus pedes et duabus volabant [1]. » Puto quod seraphim, hic debet scribi per
m, et subintelligitur duo, quia sequitur, uni et
alteri. Qui stant super eccles.am, quasi custodes:
et cum sint ardentes, eam ad duo præcepta chari-

[66] Gen. 9. [66] Gen. 21. [67] Gen. 25. [68] Gen. 27. [69] Matth. 26. [70] Matth. 8. [71] Matth. 13. [72] I Tim.
2. [73] Ephes. 5. [74] Luc. 2. [75] I Cor. 11. [76] I Cor. 14. [77] Levit. 10. [78] Num. 16. [79] I Reg. 4. [80] II
Reg. 6. [81] III Reg. 2. [82] II Paral. 26. [83] Exod. 2. [84] Gen. 37. [85] Gen. 40. [86] Job. 2. [87] Jer. 38.
[88] Dan. 6. [89] Dan. 3. [90] Isa 14. [91] Gen. 3. [92] Exod. 3. [93] Psal. 25. [94] Exod. 25. [95] III Reg. 6.
[96] Rom. 15. [97] Matth 28. [98] Isa. 6. [99] Psal. 79. [100] Exod. 24. [1] Isa. 6.

tatis accendunt, qui dicuntur alas habere propter velocem custodiæ cursum, quibus caput et pedes velant et mediata revelant, quia nos priora et novissima celant.

Unde Isaias : Priora annuntiate mihi, et novissima quæ erunt, et dicam quoniam dii estis[6], Media vero, quæ sex diebus et sex ætatibus facta sunt[2], nobis vicaria vel partiali demonstratione revelant, quoniam ex parte cognoscimus, et ex parte prophetamus[4]; nam, licet invisibilia Dei per ea, quæ facta sunt, quomodo libet intellecta conspiciantur[5]; incomprehensibilis est tamen ejus æternitas, et quomodo sit A et Ω non sufficimus intueri. Quandoque circumpingitur angelus Michael draconem suppeditans, juxta illud Joannis : « Factum est prælium in cœlo, Michael cum dracone pugnabat[6], » quam pugnam æstimo, dissidium angelorum, confirmationem bonorum et ruinam malorum, aut etiam in præsenti Ecclesia persecutionem fidelium. Quandoque circumpinguntur viginti quatuor seniores, secundum visionem ejusdem, in vestibus albis, et coronis aureis[7]; per quos significantur veteris et novæ legis doctores ; qui sunt duodecim propter fidem sanctæ Trinitatis, quam annuntiant, per quatuor climata mundi, aut viginti quatuor propter opera et observantiam evangeliorum, qui per innocentiam conteguntur, et charitatis, et sapientiæ diademate coronantur; si lampades adduntur, dona sancti Spiritus representantur, si mare vitreum, baptismus innuitur. Quandoque circumpinguntur quatuor animalia, secundum visionem Ezechielis[8], et ejusdem Joannis[9], similitudo vultus eorum facies hominis, et facies leonis a dextris, facies autem bovis a sinistris, et facies aquilæ desuper ipsorum quatuor; et quidem quatuor facies uni, et quatuor pennæ uni, et similitudo eorum, quasi carbonum et aspectus lampadum; hi sunt quatuor evangelistæ, unde cum libris depinguntur in pedibus; quia quæ verbis, et scriptura docuere, mente et opere complevere; unicuique facies quatuor, nam quæ fuit unius, fuit omnium de incarnatione Verbi notitia; sed singula singulis sunt appropriata; licet enim quilibet propria prosequatur, sua tamen singuli singularius exequuntur, ut Matthæus humanitatem dicens : « Liber generationis Jesu Christi[10], » unde figuram sortitur humanam et figurat Christum hominem, qui cum esset Deus, factus est homo[11]. Marcus, incipiens a prædicatione Joannis in deserto clamantis, figuram tenet leonis in deserto rugientis; apertius quoque cæteris Christi resurrectionem explanat, in qua Christus a leone figuratur, qui mortuus nascitur, et voce Patris die tertia vivificatur. Ii ponuntur a dextris, quia Christi nativitas,

et resurrectio fuit omnium lætitia generalis. Unde in Psalmo : « Ad matutinum lætitia[16]. »

Lucas vitulus est, eo quod a Zacharia sacerdote inchoavit, et Christi passionem et hostiam pertractavit specialius; vitulus enim animal est sacerdotum sacrificiis aptum; vel ideo vitulo comparatur, quia duo cornua, quasi duo continet Testamenta; et quatuor pedum ungulas, quasi quatuor Evangeliorum summa. Per hoc quoque figuratur Christus, qui fuit pro nobis vitulus immolatus; ideoque ponitur a sinistris; quia mors Christi fuit apostolis tristis, unde : « Ad vesperum demorabitur fletus[13], » et alibi : « Vos contristabimini, sed tristitia vestra vertetur in gaudium[14]. » Joannes est aquila, quoniam ad excelsa pervolans ait : « In principio erat Verbum[15]; » hic quoque significat Christum cujus juventus, ut aquilæ renovatur[16], cum resurgens a mortuis floret et cœlum ingreditur. Hic non juxta, sed super esse describitur, quoniam ascensionem designat, et Verbum apud Deum pronuntiat[17]; quilibet quatuor pennis volat, cum ad Divinitatem oculos levat eamque per quatuor mundi partes annuntiat. Joannes autem his animalibus senas alas attribuit, quia per hujus mundi visibilia sex diebus[18] consummata, invisibilia cognovere, et Deum sicut Dominum glorificavere[19]. Vel prima ala fuit lex naturalis, secunda Mosaica, tertia prophetæ, quarta Evangelium, quinta institutiones apostolorum, sexta doctorum. His volat Ecclesia, dum ab his prædicatores totius prædicationis accipiunt fundamenta. Secundum Joannem quoque sunt oculis plena, ob perfectam ipsorum de creatione notitiam. Hi sunt carbones ignis[20], carbones desolatorii[21], si sederis super eos, erunt in adjutorium tibi; si eos tetigeris ab his carbonibus accenderis, et cum sanctis sanctus eris[22]. Hi sunt lampades bonæ opinionis lumine coruscantes[23]. Quandoque circumpinguntur, vel potius suspinguntur apostoli, qui fuere testes, verbo et opere in Samaria et Judæa, et usque ad ultimum terræ[24]. Pinguntur autem quandoque dispertitæ linguæ super singulos eorum quia talibus indiciis Paracletus replevit corda eorum[25]. Pinguntur quandoque criniti, quasi Nazarei[26], id est sancti; lex enim fuit Nazaræorum, ut tempore suæ separationis novacula non transiret super caput eorum; separabant autem se a communi vita hominum, quidam ad tempus, quidam jugiter, ut Samuel[27]. Quandoque Baptista interseritur, ut eremita, martyres cum equuleis, ut Laurentius in craticula, Stephanus cum lapidibus, confessores cum suis insignibus, ut episcopi mitrati, abbates capuciati, doctores cum libris in manibus, virgines secundum Evangelium cum

[1] Isa. 41. [2] Gen. 1. [3] I Cor. 13. [4] Rom. 1. [5] Apoc. 12. [6] Apoc. 4. [7] Cap. 1. [8] Apoc. 4. [10] Matth.
1. [11] Phil. 2. [12] Psal. 29. [13] Ibid. [15] Joan. 16. [16] Joan. 1. [17] Psal. 102. [17] Joan. 1. [18] Gen. 1.
[19] Rom. 1. [20] Psal. 17, 139. [21] Psal. 119. [22] Psal. 17. [23] Matth. 25. [24] Act. 1. [25] Act. 2. [26] Num. 6.
[27] I Reg. 1.

PATROL. CCXIII.   2

lampadibus [18], quandoque martyres cum palmis et A confessores cum liliis depinguntur [19]; palma enim victoriam significat, et lilia castitatem ; palma victoriosis dabatur, ut sicut palma viret, sic eorum memoria in æterno vernaret. Palma ab arcto crescit in altum; sic martyres cum ab agone revertuntur in superno capitolio præmiantur. Unde : « Justus ut palma florebit [20]. » Cum palma ad regna pervenere. Et vide quoniam Dominus Jesus semper coronatus depingitur, quasi dicatur : « Egredimini, et videte regem Salomonem in diademate, quo coronavit cum mater sua [21]. « Et attende quod Dominus fuit tripliciter coronatus a matre; corona misericordiæ in die conceptionis; et hæc corona duplex est propter naturalia et gratuita, idecque et diadema vocatur, quia diadema est duplex corona. Coronatus est et a noverca corona miseriæ in die passionis [22]; hæc corona fuit spinea, quia peccata nostra portavit [23]. Coronatus est et a Patre corona gloriæ in die resurrectionis, unde : « Gloria et honore coronasti eum, Domine [24]. » Demum coronabitur a familia corona potentiæ, in die revelationis ultimæ, quando veniet cum senatoribus terræ, quorum caterva stipatus judicabit orbem terrarum in æquitate [25]. Sic omnes sancti coronati pinguntur, quasi dicatur : Filiæ Hierusalem, venite et videte martyres cum coronis, quibus coronavit eos Dominus. Hanc antiphonam, Deo volente, inferius ponemus; hic autem sufficit dicere, quod cum coronis pluraliter diximus propter coronam interrasilem, labio mensæ affixam et propter aureolam superpositam [26]. Mensa est sacra C Scriptura, labium prædicatorum doctrina, corona interrasilis vita æterna sanctis pro diversitate meritorum distincta; quia « stella differt a stella in claritate [27]. » Aureola est generalis corporum glorificatio, aut spiritualis virginum coruscatio; et vide quia in formam scuti rotundi hujusmodi corona depingitur; quia sancti protectione divina fruuntur, unde cantant gratulabundi : « Domine, ut scuto bonæ voluntatis tuæ coronasti nos [28]; et attende quod Christi corona per crucis figuram a sanctorum corona distinguitur; quia per vexillum sibi carnis glorificationem, et nobis meruit a captivitate liberationem et vitæ fruitionem. Quandoque in D ecclesiis paradisus et infernus depingitur, ut ille nos alliciat ad delectationem præmiorum; hic vero deterreat a formidine tormentorum : quandoque lilia depinguntur, quandoque palma, ut per lilia castitatem, per palmas victoriam intelligamus. Alios quoque flores cum fructibus intermiscemus; ad repræsentandum fructum bonorum operum, ex virtutum radicibus prodeuntium. Demum varietas cælaturarum sculptarum, quæ in Græco sermone anaglypha dicuntur, rursus et picturarum significat

virtutum varietatem · « Alii enim datur per Spiritum sermo sapientiæ, alii sermo scientiæ, alii fides, alii gratia sanitatum [29]. » Charitas etiam, gaudium, pax, et patientia, et longanimitas [30] sunt cælaturæ sanctarum mentium ; quod autem virtutes in muliebri specie depinguntur, inde est, quia mulcent et nutriunt. Vel per cæiaturas, quæ et laquearia nominantur, quæ sunt ad decorem domus, simpliciores Christi famulos intelligimus, qui non doctrina sed Ecclesiam solis virtutibus ornant, de quibus laquearia cypressina [31]; sunt enim alti odoris optimi, et medendis corporibus apti. Sculpuntur parietes torno, cum fideles prompto pollent animo, ad obsequia Domini dicentes ; Benedicam Dominum in omni tempore [32] » et « Paratum est cor meum, B Deus, paratum cor meum [33] : « cumque tantum virtutibus nituntur, ut ab earum tramite nullis contrarietatibus avertantur; tornatura enim cæteris artibus velocitate præcellit, et regulam, quæ sine errore operetur, conservat; sic vita sanctorum est ad divina obsequia prompta, nullis erroris diverticulis labefactata. Et vide quia sculpturæ prominentes et de parietibus egredientes esse videntur; quia cum virtutes fidelibus in tantam consuetudinem devenerunt, ut eis naturaliter insitæ videantur, multifariis ipsarum operationibus exercentur. Ornantur et altaria et Ecclesiæ palliis, cortinis et holosericis, et lineis, tapetibus historiatis, coronis regalibus, aut aliis ideis, aut diversis characteribus insignitis; quæ omnia pertinent ad Christi miracula, vel ad futuram gloriam, quæ ex antiquorum exemplis, et meritis nostris, imo gratiæ Dei multifariis et fructuosis operibus revelabitur in nobis [34]. Quæ autem non extra sed intus ornantur, ad moralem sponsæ spectant ornatum, cujus gloria est ab intus in fimbriis aureis [35], id est in perseverantia bonorum operum ; licet enim et exterius nigra tribulationibus, est tamen intus formosa virtutibus [36]. Ergo pallia vel cortina candida munditiam, rubea charitatem, viridia contemplationem, nigra carnis mortificationem, variata coloribus virtutum varietatem, linea tribulationem, holloserica significant virginitatem, ut per visibilia ad invisibiles moveamur ornatus [37], et repositam in D cœlis gloriam avida mente quæramus [38]

CAPUT XIII.
DE UTENSILIBUS ECCLESIÆ.

« Thesaurum Domini habemus in vasis fictilibus [39]. » Vasa vel utensilia in domo Domini a Moyse [40], vel Salomone originem habuere [41]; fecit enim ex præcepto Domini Moyses arcam de lignis setim deauratam intus et foris cum aurea corona, et circulis quatuor, et vestibus duobus semper in circulis, in qua ponebantur tabulæ Testamenti, super quam propitiatorium, et duos cherubin re-

[18] Matth. 25. [19] Apoc. 7. [20] Psal. 91. [21] Cant. 3. Psal. 95, 97. [22] Exod. 25. [23] I Cor. 15. [24] Psal. 5. [25] Psal. 107. [26] Rom. 8. [27] Psal. 44. [28] Cant. 1. 25. [29] III Reg. 7. [29] Matth. 27. [30] I Petr. 2. [31] Psal. 8. [32] Rom. 2; [33] I Cor. 12. [34] Gal. 5. [35] Cant. 1. [36] Psal. 54. [37] Rom. 1. [38] II Tim. 4. [39] II Cor. 4. [40] Exod 1.

spicientes versis vultibus in propitiatorium collo- **A** cavit. Fecit et mensam de lignis setim deauratam cum labio corona interrasili et aureola cum pedibus quatuor circulis totidem, vectibusque duobus semper in circulis : super quam panes duodecim ponebantur ; fecit phialas et acetabula, cyathos; thuribula, in quibus offerebantur libamina ; fecit et candelabrum de auro, hastile et calamos, scyphos et sphærulas, et lilia ex ipso procedentia ; fecit et lucernas super candelabro collocandas, cum emunctoriis et vasis eorum; habueruntque patres nostri lebetes, forcipes et fuscinulas et batilla et ignium receptacula, scuticas et amulas, hydrias, mortariola, luteres et batos; habueruntque ad castra movenda, quorum imitavers exempla, tubas[31], signa, et vexilla[32]. Necessitas et usus utensilium **B** tempus sequitur, et ritum sacrificiorum ; inde est quod quædam sibi tempus legis vindicat propria, ut lebetes et fuscinulas; quædam vero tempus gratiæ sibi appropriat singularia, ut crucem, calicem cum patena ; quædam sunt utrobique communia, ut thuribula et candelabra; sed, licet usus materiei transierit, thesaurum tamen spiritus, qui permanet et vivificat[33], inquiramus.

Arca itaque Domini de lignis setim, quæ sunt levia et imputribilia, et albæ spinæ similia, corpus est Christi de membris purissimis compactum, nulla peccati contagione corruptum; non enim venit in carne peccati, sed in similitudine carnis peccati[34], cujus longitudo patientia passionis, quam verbo et **C** opere docuit. Unde et duorum exstitit cubitorum, latitudo charitas, altitudo spes futuræ glorificationis. Deaurata intus, propter divinitatem, foris propter sanctorum operum et miraculorum coruscationem. Vel arca de lignis setim est Ecclesia de fidelibus constructa, unde in omni dimensione continet semissem; quia ex parte cognoscimus, et ex parte prophetamus, cum autem venerit quod perfectum est evacuabitur quod ex parte est[35] ; quæ deauratur sapientia et vita coronatur æterna. Utriusque arcæ, id est corporis [Christi] et Ecclesiæ quatuor circuli ; per quatuor angulos sunt quatuor evangelistæ, per quatuor mundi climata, sacramentum incarnationis, et fidem Ecclesiæ deferentes, unde duo in latere dextro Mat- **D** thæus et Joannes, qui Christo prædicanti adhæserunt; duo in sinistro, Marcus, et Lucas qui, post ascensionem Domini, ad fidem venerunt. Utriusque arcæ vectes sunt doctores fortes, sapientia præditi, duo charitatis præcepta servantes, fidem incarnationis et Ecclesiæ, suis prædicationibus circumferentes, semper circulis inserti; quia necesse est, ut qui aliis cœlestia prædicant, nunquam mentem a memoria sacræ Scripturæ, nec manus ab observantia mandatorum contineant; qui ad officium prædicationis excubant a lectionis studio non recedant,

ut cum arca portanda fuerit, de intromittendis vectibus nulla tarditas generetur. Ignominiosum enim est si pastor quærit discere, cum pastor quæstionem debeat enodare. Semper igitur librorum circulis inhæreamus, ut divina eloquia meditantes[36], cum necesse fuerit, aream levemus, et parati simus omni poscenti reddere rationem de ea, quæ in nobis est, spe[37].

In utraque arca sunt tabulæ Testamenti ; quia in Christo sunt thesauri sapientiæ et scientiæ Dei absconditi[38]; in Ecclesia meditatio Dei et Evangelii. In utraque urna aurea est manna ; quia in Christo plenitudo divinitatis[39], in Ecclesia fides incarnationis ; in utraque virga Aaron , quia in Christo potestas sacerdotii, quæ per mortem succisa, mane resurrectionis refloruit, in Ecclesia participatio regni, unde : « vos estis genus electum, regale sacerdotium[41],» vel beata Virgo, quæ sicca peperit florem, et incorrupta genuit Salvatorem[42]. Super utramque arcam propitiatorium, tabula scilicet aurea ejusdem mensuræ cum arca, super quam Dominus apparens Moysi, populo propitiabatur, unde et in Christo significat misericordiam, quæ superexaltat judicium[43], et omnia opera ejus, unde : « Suavis Dominus universis, et miserationes ejus super omnes operationes ejus[44] ; » in Ecclesia significat divinam gratiam, quæ in mentes fidelium descendit a Patre luminum[45].

In utraque arca sunt duo cherubim; super propitiatorium duo Testamenta, incarnationem Domini, et miserationes ejus[46], et gratiam quæ data est nobis, in scientiæ plenitudine demonstrantia[47]. Et hoc versis vultibus in propitiatorium; quia quod alterum promittit, alterum exhibet de propitiatione. Mensa de lignis setim est sacra Scriptura de fortibus verbis patrum contexta, cujus longitudo est perseverantia, quam prædicat versus ille : « A custodia matutina usque ad noctem, speret Israel in Domino[48]. » Latitudo est charitas, quam præcepit versus ille : « Diliges Dominum Deum tuum ex toto corde tuo[49]. » Altitudo est spes, quam insinuat versus ille : « Beati mites quoniam ipsi possidebunt terram[50], » et quidem longitudo perseverantiæ duorum est cubitorum, propter munditiam, et operationem, vel conscientiam, et famam. Latitudo charitas unius cubiti; quia una, et simplex est charitas, qua Dominum et proximum, et inimicos diligimus, licet differenter. Jacob namque omnes filios, sed Joseph merito innocentiæ, præ cæteris diligebat[51]. Altitudo spei unius cubiti et dimidii, quia unum est regnum, quod exspectantes contemplamur, sed per speculum in ænigmate[52]. Labium aureum munda prædicatorum doctrina. Corona interrasilis alta quatuor digitis vita æterna, quæ a prædicantibus promittitur, pro diversitate meritorum, si doctrina ser-

[31] Num. 10. [32] Num. 2. [33] II Cor. 5. [34] Rom. 8. [36] I Cor. 13. [37] Psal. 1. [38] I Petr. 3. [39] Colos. 2. [40] Ibid. [41] I Petr. 2. [42] Isa. 11, 45. [43] Jac. 2. [44] Psal. 144. [45] Jac. 1. [46] Psal. 144. [47] Joan. 1. [48] Psal. 129. [49] Deut. 6; Matth. 22. [50] Matth. 5. [51] Gen. 37. [52] I Cor. 13.

lampadibus [18], quandoque martyres cum palmis et A virtutum varietatem · « Alii enim datur per Spiri-
confessores cum liliis depinguntur [19]; palma enim tum sermo sapientiæ, alii sermo scientiæ, alii fides,
victoriam significat, et lilia castitatem ; palma vi- alii gratia sanitatum [30]. » Charitas etiam, gaudium,
ctoriosis dabatur, ut sicut palma viret, sic eorum pax, et patientia, et longanimitas [40] sunt cælaturæ
memoria in æterno vernaret. Palma ab arcto crescit sanctarum mentium ; quod autem virtutes in mu-
in altum ; sic martyres cum ab agone revertuntur liebri specie depinguntur, inde est, quia mulcent
in superno capitolio præmiantur. Unde : « Justus et nutriunt. Vel per cælaturas, quæ et laquearia
ut palma floreLit [20]. » Cum palma ad regna perve- nominantur, quæ sunt ad decorem domus, sim-
nere. Et vide quoniam Dominus Jesus semper co- pliciores Christi famulos intelligimus, qui non
ronatus depingitur, quasi dicatur : « Egredimini, doctrina sed Ecclesiam solis virtutibus ornant, de
et videte regem Salomonem in diademate, quo quibus laquearia cypressina [41] ; sunt enim alti odo-
coronavit eum mater sua [21]. » Et attende quod ris optimi, et medendis corporibus apti. Sculpuntur
Dominus fuit tripliciter coronatus a matre ; corona parietes torno, cum fideles prompto pollent animo,
misericordiæ in die conceptionis ; et hæc corona ad obsequia Domini dicentes ; Benedicam Dominum
duplex est propter naturalia et gratuita, ideoque in omni tempore [42] » et « Paratum est cor meum,
et diadema vocatur, quia diadema est duplex co- B Deus, paratum cor meum [43] ; « cumque tantum vir-
rona. Coronatus est et a' noverca corona miseriæ tutibus nituntur, ut ab earum tramite nullis con-
in die passionis [22] ; hæc corona fuit spinea, quia trarietatibus avertantur ; tornatura enim cæteris
peccata nostra portavit [23]. Coronatus est et a Patre artibus velocitate præcellit, et regulam, quæ sine
corona gloriæ in die resurrectionis, unde : « Glo- orrore operetur, conservat ; sic vita sanctorum est
ria et honore coronasti eum, Domine [24]. » Demum ad divina obsequia prompta, nullis erroris diver-
coronabitur a familia corona potentiæ, in die reve- ticulis labefactata. Et vide quia sculpturæ promi-
lationis ultimæ, quando veniet cum senatoribus nentes et de parietibus egredientes esse videntur ;
terræ, quorum caterva stipatus judicabit orbem quia cum virtutes fidelibus in tantam consuetudi-
terrarum in æquitate [25]. Sic omnes sancti coronati nem devenerunt, ut eis naturaliter insitæ videan-
pinguntur, quasi dicatur : Filiæ Hierusalem, tur, multifariis ipsarum operationibus exercentur.
venite et videte martyres cum coronis, quibus Ornantur et altaria et Ecclesiæ palliis, cortinis et
coronavit eos Dominus. Hanc antiphonam, Deo hollosericis, et lineis, tapetibus historiatis, coronis
volente, inferius ponemus ; hic autem sufficit regalibus, aut aliis ideis, aut diversis characteribus
dicere, quod cum coronis pluraliter diximus pro- C insignitis ; quæ omnia pertinent ad Christi miracula,
pter coronam interrasilem, labio mensæ affixam et vel ad futuram gloriam, quæ ex antiquorum
propter aureolam superpositam [26]. Mensa est sacra exemplis, et meritis nostris, imo gratiæ Dei
Scriptura, labium prædicatorum doctrina, corona multifariis et fructuosis operibus revelabitur in
interrasilis vita æterna sanctis pro diversitate nobis [44]. Quæ autem non extra sed intus ornantur,
meritorum distincta ; quia « stella distat a stella ad moralem sponsæ spectant ornatum, cujus gloria
in claritate [27]. » Aureola est generalis corporum est ab intus in fimbriis aureis [45], id est in perseve-
glorificatio, aut spiritualis virginum coruscatio ; et rantia bonorum operum ; licet enim et exterius
vide quia in formam scuti rotundi hujusmodi corona nigra tribulationibus, est tamen intus formosa
depingitur ; quia sancti protectione divina fruuntur, virtutibus [46]. Ergo pallia vel cortina candida mun-
unde cantant gratulabundi : « Domine, ut scuto ditiam, rubea charitatem, viridia contemplationem,
bonæ voluntatis tuæ coronasti nos [28] ; et attende nigra carnis mortificationem, variata coloribus
quod Christi corona per crucis figuram a sancto- virtutum varietatem, linea tribulationem, hollo-
rum corona distinguitur ; quia per vexillum sibi serica significant virginitatem, ut per visibilia ad
carnis glorificationem, et nobis meruit a captivitate invisibiles moveamur ornatus [47], et repositam in
liberationem et vitæ fruitionem. Quandoque in D cælis gloriam avida mente quæramus [48]
ecclesiis paradisus et infernus depingitur, ut ille
nos alliciat ad delectationem præmiorum ; hic vero CAPUT XIII.
deterreat a formidine tormentorum : quandoque lilia DE UTENSILIBUS ECCLESIÆ.
depinguntur, quandoque palma, ut per lilia casti- « Thesaurum Domini habemus in vasis fictili-
tatem, per palmas victoriam intelligamus. Alios bus [49]. » Vasa vel utensilia in domo Domini a
quoque flores cum fructibus intermiscemus ; ad re- Moyse [50], vel Salomone originem habuere [51] ; fecit
præsentandum fructum bonorum operum, ex vir- enim ex præcepto Domini Moyses arcam de ligni-
tutum radicibus prodeuntium. Demum varietas setim deauratam intus et foris cum aurea corona,
cælaturarum sculpturarum, quæ in Græco sermone et circulis quatuor, et vestibus duobus semper h
anaglypha dicuntur, rursus et picturarum significat circulis, in qua ponebantur tabulæ Testamenti,
super quam propitiatorium, et duos cherubin re-

[18] Matth. 25. [19] Apoc. 7. [20] Psal. 91. [21] Cant. 3.
Psal. 95, 97. [25] Exod. 25. [26] I Cor. 15. [27] Psal. 5.
[28] Psal. 107. [23] Rom. 8. [24] Psal. 41. [41] Cant. 1.
25. [51] III Reg. 7.
[30] Matth. 27. [40] I Petr. 2. [24] Psal. 8. [44] Rom. 2;
[45] I Cor. 12. [46] Gal. 5. [47] Cant. 1. [48] Psal. 55.
[42] Rom. 1. [43] II Tim. 4. [49] II Cor. 4. [50] Exod
[51]

inter mortuos liber [14]; circulus, cui hæc omnia in- A
nectuntur, est divinitas quæ nullo termino clauditur, a qua hæc omnia continentur et operantur.
Incensum vero significat orationes, quas pro nobis
effudit in carne [15]. unde : « Dirigatur oratio mea sicut incensum in conspectu tuo [16]; » ignis est charitas, qua usque adeo dilexit nos, quod ipsam carnem calefecit et toruit in ara crucis [17], unde :
« Aruit tanquam testa virtus mea [18] » et odorem orationum retulit conspersum in nares Patris, unde respondit : « Clarificavi, et iterum clarificabo [19]; » vel
per odorem, intelligimus bonum odorem de Christo,
quem, qui vult vivere, debet in suum cor trajicere.
Vel per thuribulum apostolos et prædicatores accipimus, qui sunt alius odor vitæ in vitam, et aliis
odor mortis in mortem [100]; quorum sermones et B
orationes sunt velut incensa multa et velut fumus
aromatum [1]. Vel thuribulum est cor humanum;
ignis, charitas; thus, oratio : sicut thus cum igne in
thuribulo redolet et sursum ascendit, sic oratio
cum charitate in corde ultra omnia pigmenta fra-
grescit.

Candelabrum quoque ductile utensile est utrique
legi commune, sed antiqui patres sumptuosius for-
maverunt : fecit enim Moyses candelabrum de
auro mundissimo [2], hic est Christus, qui illuminat
omnem hominem venientem in hunc mundum [3];
fulsit enim lumine divinitatis, et suæ prædicationis,
ut mundi candelabrum fieret, cujus lumine tenebras
suas peccator agnosceret; fuit ex auro propter sapientiam et munditiam, et fuit ductile propter
passionis tolerantiam, propter quam ductus est in
resurrectionis gratiam, unde : « Propter quod exaltavit illum Deus, et dedit illi nomen quod est supra
omne nomen [4]. »

Hastile est Ecclesia, quæ stat inter adversa libera,
vel potius totum candelabrum est totus Christus,
caput et membra [5]. Nam et ipsa Ecclesia errantibus lucem ostendit, quæ habet sapientiæ claritatem, et malleis tunditur, et ducitur de virtute in
virtutem [6]. Hastile Christus est, caput Ecclesiæ [7], mediator Dei et hominum [8], ex quo totum corpus constructum crescit in augmentum Christi.

Calami sunt prædicatores, qui dulcem sonum,
id est canticum novum mundo dederunt, et omnes, D
qui dicent Prophetæ : « Cantate Domino canticum
novum [9], » obtemperantes, in laudes resonant Creatoris, et sunt sex propter operum perfectionem [10];
tres ex uno latere, et tres ex altero, quoniam et
qui præibant, et qui sequebantur, clamabant : « Hosanna in excelsis [11], » prædicantes fidem deificæ
Trinitatis. Nam David, in numero præcedentium,
ait : « Verbo Domini cœli firmati sunt, et Spiritu
oris ejus omnis Virtus eorum [12]; » Joannes secutus,

adjunxit : « Tres sunt qui testimonium dant in
cœlo : Pater, Verbum et Spiritus sanctus [13], » vel
tam ante incarnationem quam postea, tres fuerunt
in Ecclesia gradus : Noe, Daniel, et Job, id est rectores, virgines vel continentes, et conjugati : hi
sunt qui, secundum Evangelium, sunt in agro, in
lecto, in mola [14].

Scyphi prædicatores, vel auditores, qui inebriant,
vel inebriantur vino scientiæ. Sphærulæ sunt prædicatorum, et quorumlibet electorum volubilitas,
sphæra ex omni parte volvitur, sic prædicator et
quivis electus non adversitate, non prosperitate
corrumpitur, sed inter adversa fortis, inter prospera
humilis, nec timoris habet angulum, nec elationis
erigit supercilium; post scyphos et sphærulas lilia
formantur, quia post deliberationem spiritualem,
post sanctam operationem, pro temporum diversitate volubilem, virens patria sequitur, quæ animabus sanctis, id est floribus vernat æternis; Dominus enim qui poculum sapientiæ spiritualis propinavit, cursum operationis inoffensum ostendit.
Ne in vacuum curramus [15], nobis januam virentis
patriæ patefecit. Et sunt per singulos calamos tres
scyphi, sphærulæque simul, et lilia; nam quilibet
ordo tria habet tempora, sive ante incarnationem,
sive postea, ante ut tempus ante legem, sub lege
et sub prophetis; post, ut in primitiva Ecclesia de
Israel, in secunda de gentibus, in tertia de reliquis.
In qualibet sunt, fuerunt et erunt, qui pocula gratiæ quasi scyphi sitirent, inebriarentur et inebria-
rent; qui in via Dei quasi sphærulæ currerent, qui
candorem et odorem perpetuæ lucis, quasi lilia videre desiderarent. Et vide quoniam hæc omnia sunt
ab hastili procedentia, quia omnes de plenitudine
ejus accepimus [16]; sicut ergo dicit : « Ego vitis et
vos palmites [17]. » sic dicat : Ego candelabrum et
vos calami, et scyphi. In ipso hastili sunt quatuor
scyphi, sphærulæque simul et lilia; quia quatuor
evangelia prædicant ipsum plenum gratia Spiritus
sancti [18], et quod : « Exsultavit ut gigas ad currendam viam [19], » et quod clarificatus [20] sedeat ad
dexteram Patris [21]. Sed nec illud est otiosum, quod
singuli calami scyphis, sphærulis et lilis imitantur; quia sancti prædicatores divinis mandatis et
promissionibus Domini sustentantur.

« Fecit et lucernas septem [22]. » Lucernæ septem
sunt dona sancti Spiritus, quæ in nocte hujus sæculi tenebras nostræ cæcitatis illustrant, quæ supra
candelabrum ponuntur, quia requievit supra Christum spiritus sapientiæ et intellectus, spiritus consilii et fortitudinis, spiritus scientiæ et pietatis,
et spiritus timoris Domini [23], quibus prædicavit captivis indulgentiam [24] Emunctoria sunt forcipes ad
emungendum ellychnia, hæc sunt, verba divina,

[14] Psal. 87. [15] Isa. 53. [16] Psal. 140. [17] Joan. 13. [18] Psal. 21. [19] Joan. 12. [100] I Cor. 2.
[1] Apoc. 8. [2] Exod. 25, 37. [3] Joan. 1. [4] Philip. 2. [5] Ephes. 5. [6] Psal. 83. [7] Ephes. 5. [8] I Tim. 2.
[9] Psal. 95. 97. [10] Gen. 1. [11] Matth. 21. [12] Psal. 32. [13] I Joan. 5. [14] Matth. 24. [15] Gal. 2. [16] Joan.
1. [17] Joan. 15. [18] Joan. 1. [19] Psal. 18. [20] Joan. 12. [21] Psal. 109. [22] Exod. 37. [23] Isa. 2.
[24] Isa. 61.

quibus litteram amputamus, et lucentem Spiritum revelamus, sunt enim quædam in lege et Evangelio, hic et futuro servanda ut : « Dilige Dominum Deum tuum [12]. » Quædam hic, non in futuro, ut : « Facite vobis amicos de mammona iniquitatis [13]; » quædam in lege, non in Evangelio, ut : Observa diem Sabbati [14] et ritus sacrificiorum, quæ suo tempore custodita, quasi ellychnia lucebant perfusa oleo devotionis, incensa igne charitatis. Sed emunguntur, cum littera cessasse docetur, et lucidius intelligentia spiritus aperitur. Propterea dicitur : « Vetustissima veterum comedetis, et novis supervenientibus vetera abjicietis [15]. » Vasa in quibus emuncta ellychnia extinguntur, sunt corda fidelium, quæ exspirasse observantiam legalem admittunt, vel ellychnia sunt charismata gratiarum. Vasa, corpora vel corda sanctorum; emuncta igitur in sanctis ellychnia clarius elucent; quia, sublatis præsentibus usibus donorum, clariores erunt usus eorum, vel finita mortalitate : « Fulgebunt sicut sol in regno cœlorum [16]. » Pluralitas in ecclesia lucernarum, pluralitatem in fidelibus significat gratiarum. Vel luminaria sunt illi quorum doctrina fulget Ecclesia, ut sol et luna, quibus dicitur : « Vos estis lux mundi [17]; » singularis vero lucerna Christus est qui illuminat omnem hominem venientem in hunc mundum [18]. Apud modernos in coronis lucernæ ponuntur; coronæ vero tribus de causis in ecclesiis suspenduntur; primo vel ad decorem, vel ad utilitatem; secundo ad significandum quod ii qui permanent in unitate Ecclesiæ, si Deo devote servierint, coronam vitæ percipient [19]; tertio vero cœlestis Hierusalem nobis ad memoriam revocatur, ad cujus figuram facta videtur; constat enim ex auro, argento, ære, ferro, catenis et lapidibus pretiosis.

Aurum sunt martyres, argentum sunt virgines, æs doctores, ferrum continentes, gemmæ quinque virtutibus coruscantes. Catena contemplatio, quæ semper eos ad Dominum erigit, Supremus circulus est Deus, qui omnia continet et comprehendit. Ollæ seu lebetes cineres suscipientes, sunt fideles qui Domini passionem pia mente retractant; nam per cinerem vitulæ, quo inquinatus sanctificabatur [20], sacramentum Dominicæ passionis accipitur.

Forcipes quorum gemino dente componitur ignis, sunt prædicatores, qui nos duarum utriusque Testamenti paginis instruunt, et in omnibus componentes ad charitatem accendunt. Fuscinulæ vel creagræ, quibus carnes de caldariis efferebantur, et ad esum reficiendorum afferebantur, quædam vero ignibus consumi relinquebantur, sunt prædicatores qui sacramenta Christi, quasi carnes hostiæ salutaris pertractant, partim operibus imitantes, partim alios reficientes, ea vero quæ non sunt nostræ capacitatis sancto Spiritui relinquentes; batilla qui-

bus ignis de altari holocaustorum portabatur ad altare thymiamatum, sunt prædicatores, qui, exemplis sanctorum, charitatis ignem transferunt in corda fidelium, quive corda patrum in filios convertunt [21], ipsosque de virtute in virtutem [22] accendunt.

Ignium receptacula sunt ipsi filii, qui corda patrum pietate ferventia imitantur, et flammam cœlestis sacrificii, quam in proximorum mentibus aspiciunt, in se accendere satagunt. Omnia autem vasa fuerunt ænea, quia corda sanctorum perseveranter obediunt, et clara voce instruunt.

Scutiæ sunt vasa æqualis amplitudinis in fundo, et ore ad calefaciendum facta, ii sunt doctores qui thesaurum cordis non celant, sed ex eo proferunt nova et vetera [23]. Lucernam quoque non ponunt sub modio, sed super candelabrum, ut luceat iis, qui sunt in domo Dei [24], ut lumen et calorem accipiant Spiritus sancti.

Amulæ sunt vasa ad offerendum vinum; hi sunt prædicatores subditos mordaciter increpantes, vel judices rigide judicantes, vel quilibet gratia Spiritus sancti inebriati et alios inebriantes. Hydriæ sunt aquaria vasa : hi sunt doctores aqua sapientiæ salutaris potati, vitalibus aquis repleti [25]. Mortariolum est labor pœnitentium, quo carnem suam mortificant, castigant corpus et in servitutem redigunt [26], et pilo timoris contundunt. Salomon vero fecit decem luteres [27], id est conchas, præter fusile mare, id est majorem luterem. Quilibet illorum decem quadraginta batos capiebat, major autem duo millia, in decem luteribus holocausta lavabantur, in majori sacerdotes se lavabant; major luter est baptismus, qui mare dicitur, in memoriam maris Rubri. Unde : « Patres nostri omnes sub nube fuerunt, omnes mare transierunt, et in Moyse baptizati sunt in nube et in mari [28]. » In his omnes sacerdotes, id est electi membra sacerdotis Jesu Christi lavantur, dum per vim ejus a peccatorum maculis abluuntur; duo millia batorum cepit [29], dum utrumque populum abluens ad perfectionem denarii quadrati transmisit, in præsenti ad stabilem conscientiam, quæ nulla tentatione a statu rectitudinis inclinatur, in futuro ad denarium vitæ in quo nulla reprobatio reperitur.

Decem luteres sunt decem præcepta, vel baptizati decem præcepta servantes. Unde, et quivis quadraginta batos capiebat propter observantiam Decalogi et Evangeliorum, in quibus sacrificia mundantur, id est spiritus contribulantur et corda humiliantur, ut faciant Domino suavitatis odorem [30]; quia : « Sacrificium Deo spiritus contribulatus; cor contritum et humiliatum, Deus, non despicies [31]. » Tuba utebantur antiqui, ut legitur in Numeris [32], ad multitudinem congregandam, ad dimicandum, ad gratulandum in diebus festis, sed, cum diversitate

[12] Deut. 6; Matth. 22. [13] Luc. 16. [14] Exod. 20. [15] Levit 26. [16] Matth. 13. [17] Matth. 5. [18] Joan. 1. [19] Jac. 1. [20] Num. 19; Hebr. 9. [21] Malach. 4. [22] Psal. 83. [23] Matth. 13. [24] Matth. 5. [25] Eccli. 15 [26] I Cor. 9. [27] III Reg. 7. [28] I Cor. 10. [29] III Reg. 7. [30] Num. 28. [31] Psal. 50. [32] Cap. 10.

sonorum , et erant ductiles, et argenteæ, quorum usus tantæ fuit virtutis in jubilo , ut ad strepitum earum corruerit Jericho [14]. Hæc sunt duo Testamenta, vel prædicatores quibus ad procinctum fidei populus evocatur ad pœnitentiam, et lacrymabilem compunctionem excitatur, ad laudes Domino exhibendas invitatur, et ad montem Sion, et ad civitatem sanctam Hierusalem [17], et multorum millium angelorum frequentiam [18], et ad futurum Dei judicium provocatur, et vide quia in adversis et prosperis, tubis clangitur; quia omne tempus convenit verbo Dei, unde : « Benedicam Dominum in omni tempore, semper laus ejus in ore meo [19]. » Sed secundum qualitates auditorum, et temporum temperandus, et diversificandus est sermo doctorum ; est enim quandoque docendum, quandoque orandum, quandoque vero cantandum [50], et multitudini lac tribuentes [51], simpliciter loquimur ; et aperte sapientiam autem loquimur inter perfectos [52] ; omnia tamen ad ædificationem fiant [53].

Quid enim prodest lectionis obscuritas, quæ auditorem non ædificat? pro nihilo loquimur, si ab his propter quos loquimur non intelligimur ; qui ergo docet, inter omnia, verum non verba, doceat [54]. Insignis indoles est, in verbis amare verum , et non verba ; quid clavis aurea prodest , si non aperit ? Quod obest ferrea, si aperit? Nihil quærimus nisi ut pateant clausa et revelantur occulta. Integra tamen verba potius sunt eligenda ; quia tubæ sunt argenteæ, id est eloquii intentione fulgentes , quæ si non occurrunt, etiam corruptis utantur, dummodo res integre doceatur , et discatur. Sed quia patientia probat opus perfectum [55] , ductiles sunt, ut excrescant tunsionibus tribulationum. Pro tubis hodie campanas habemus , ad annuntiandum mane misericordiam Domini, et veritatem ejus per noctem [56], ut dum ad horæ personant, attentos, dociles et benevolos divinæ laudis auditores efficiant. Sunt autem campanæ vasa ænea , in Nola Campaniæ reperta; unde majora vasa, campanæ, a Campania regione, dicuntur : minora vero nolæ, a Nola civitate. Habent plectrum cum vinculo, lignum cum fune, quam dum trahit sacerdos et trahitur, campana resonabili plectro pulsatur. Licet tubæ et campanæ sint dissimilis speciei, sunt tamen rationis ejusdem, nam campanæ sunt prædicatores, qui sunt vasa Spiritus sancti, fortes et sonori. Nam duritia metalli fortitudinem significat mentis, unde Dominus : « Dedi frontem tuam duriorem frontibus eorum [57]. »

Plectrum ferreum est lingua , vel sermonis constantia, quæ utramque partem percutit, dum utrumque resonat Testamentum ; vinculum modulatio est, qua lingua temperatur, vinculum vero, quo campana ligno cunjungitur est charitas , qua prædicator ligno crucis astringitur, juxta illud : « Mihi absit gloriari nisi in cruce Domini [58] ; » lignum enim passio Christi in capite nostro, id est in mente locata, a prophetis prædicata, per apostolos divulgata.

Funis est sacra Scriptura , quæ ex multis sententiis compaginatur, aut vinculum charitatis, quæ usque ad terram, id est infirmos, porrigitur , vel prædicatoris humilitas, qui propter alios condescendit. Unde Apostolus [59] : Sive excedimus, sive condescendimus, propter vos. In cujus fine ponitur annulus, qui significat perseverantiam, aut præmii coronam; sacerdos deorsum funem trahit, dum ad vitam activam a contemplatione descendit; sursum trahitur, dum, Scriptura docente, in contemplationem erigitur. Vel deorsum trahit, dum Scripturam ad litteram, quæ occidit [60], intelligit ; sursum trahitur, dum spiritualiter eam exponit. Vel secundum Gregorium : Deorsum trahit et sursum trahitur , dum in ea se metitur, quantum in pravis jaceat et quantum ad bona facienda proficiat. Non despiciat sacerdos hoc opus agere , ut sit imitator filiorum Aaron, de quibus dicitur : « Filii Aaron clangant tubis [61]. » Qui se recognoscit debitorem prædicationis, non se retrahat a movendis signis; ex tractu funis, campana resonat, et populus convocatur; quia ad expositionem sacræ Scripturæ prædicator auditur, et populus in unitate fidei et charitatis unitur. Sicut ergo campana crepitat, sic custos Hierusalem in specula constitutus non taceat, juxta illud : « Qui reminiscimini Dominum, ne detis silentium ei [62]. » Et quia prædicatores tempore gratiæ crebrius abundant , idcirco in diebus festis, quæ ad gratiam pertinent, tumultuosius tinniunt, productius concrepant, [ut] dormientes, et ebrios (« qui enim dormiunt, nocte dormiunt, et qui ebrii sunt nocte ebrii sunt [63], ») ad Dei laudes surgere cogant. Trinum itaque saltem solemnis diei classicum, id est matutinum; vespertinum, et quod ad missæ pulsatur initium, sic imitetur evangelicus prædicator, ut opportune et importune prædicet lamentationes [64] præsentis vitæ, carmen futuræ, væ gehennæ ! Hæc mireris, prædicatores tot, ut prædiximus, nominibus appellari, qui sunt ad multa ministeria necessarii.

Signis et vexillis utebantur [65] antiqui ad castra movenda, secundum sua signa quilibet incedebat in castris; signa sunt singulorum proprietates, quæ sunt in corpore vel in animo, verbi gratia licet omnes similes simus, est tamen propria cujusque distinctio, vel in vultu, vel in voce, vel statura, vel in habitu, vel in positione; similiter et in animo, alius mitis, alius elatus. Et forte quanta est in corporali specie diversitas , tanta est in animis, unde Salomon : Sicut diversi sunt vultus a vultibus, sic corda hominum. Ex quibus simul junctis, ut aiunt quidam, procedit illa singularis proprietas , qua Petrus a Paulo distinguitur, quæ emendicato

[14] Josue 6. [17] Isa. 2. [18] Hebr. 12. [19] Psal. 33. [50] Eccl. 3. [51] I Cor. 3. [52] I Cor. 2. [53] I Cor. 14. [54] Ibid. [55] Jac. 1. [56] Psal. 91. [57] Ezech. 3. [58] Gal. 6. [59] II Cor. 5. [60] II Cor. 3. [61] Num. 10. [62] Isa. 62. [63] I Thess. 5. [64] Ezech. 2. [65] Num. 2.

quibus litteram amputamus, et lucentem Spiritum revelamus, sunt enim quædam in lege et Evangelio, hic et futuro servanda ut : « Dilige Dominum Deum tuum ». » Quædam hic, non in futuro, ut : « Facite vobis amicos de mammona iniquitatis »; » quædam in lege, non in Evangelio, ut : Observa diem Sabbati » et ritus sacrificiorum, quæ suo tempore custodita, quasi ellychnia lucebant perfusa oleo devotionis, incensa igne charitatis. Sed emunguntur, cum littera cessasse docetur, et lucidius intelligentia spiritus aperitur. Propterea dicitur : « Vetustissima veterum comedetis, et novis supervenientibus vetera abjicietis ». » Vasa in quibus emuncta ellychnia exstinguuntur, sunt corda fidelium, quæ exspirasse observantiam legalem admittunt, vel ellychnia sunt charismata gratiarum. Vasa, corpora vel corda sanctorum; emuncta igitur in sanctis ellychnia clarius elucent; quia, sublatis præsentibus usibus donorum, clariores erunt usus eorum, vel finita mortalitate : « Fulgebunt sicut sol in regno cœlorum ». » Pluralitas in ecclesia lucernarum, pluralitatem in fidelibus significat gratiarum. Vel luminaria sunt illi quorum doctrina fulget Ecclesia, ut sol et luna, quibus dicitur : « Vos estis lux mundi »; » singularis vero lucerna Christus est qui illuminat omnem hominem venientem in hunc mundum ». Apud modernos in coronis lucernæ ponuntur; coronæ vero tribus de causis in ecclesiis suspenduntur; primo vel ad decorem, vel ad utilitatem; secundo ad significandum quod ii qui permanent in unitate Ecclesiæ, si Deo devote servierint, coronam vitæ percipient »; tertio vero cœlestis Hierusalem nobis ad memoriam revocatur, ad cujus figuram facta videtur; constat enim ex auro, argento, ære, ferro, catenis et lapidibus pretiosis.

Aurum sunt martyres, argentum sunt virgines, æs doctores, ferrum continentes, gemmæ quinque virtutibus coruscantes. Catena contemplatio, quæ semper eos ad Dominum erigit, Supremus circulus est Deus, qui omnia continet et comprehendit. Ollæ seu lebetes cineres suscipientes, sunt fideles qui Domini passionem pia mente retractant; nam per cinerem vitulæ, quo inquinatus sanctificabatur », sacramentum Dominicæ passionis accipitur.

Forcipes quorum gemino dente componitur ignis, sunt prædicatores, qui nos consonis utriusque Testamenti paginis instruunt, et in omnibus componentes ad charitatem accendunt. Fuscinulæ vel creagræ, quibus carnes de caldariis efferebantur, et ad esum reficiendorum afferebantur, quædam vero ignibus consumi relinquebantur, sunt prædicatores qui sacramenta Christi, quasi carnem hostiæ salutaris pertractant, partim operibus imitantes, partim alios reficientes, ea vero quæ non sunt nostræ capacitatis sancto Spiritui relinquentes; batilla qui-

bus ignis de altari holocaustorum portabatur ad altare thymiamatum, sunt prædicatores, qui, exemplis sanctorum, charitatis ignem transferunt in corda fidelium, quive corda patrum in filios convertunt », ipsosque de virtute in virtutem » accendunt.

Ignium receptacula sunt ipsi filii, qui corda patrum pietate ferventia imitantur, et flammam cœlestis sacrificii, quam in proximorum mentibus aspiciunt, in se accendere satagunt. Omnia autem vasa fuerunt ænea, quia corda sanctorum perseveranter obediunt, et clara voce instrumunt.

Scutiæ sunt vasa æqualis ampiitudinis in fundo, et ore ad calefaciendum facta, ii sunt doctores qui thesaurum cordis non celant, sed ex eo proferunt nova et vetera ». Lucernam quoque non ponunt sub modio, sed super candelabrum, ut luceat iis, qui sunt in domo Dei », ut lumen et calorem accipiant Spiritus sancti.

Amulæ sunt vasa ad offerendum vinum; hi sunt prædicatores subditos mordaciter increpantes, vel judices rigide judicantes, vel quilibet gratia Spiritus sancti inebriati et alios inebriantes. Hydriæ sunt aquaria vasa : hi sunt doctores aqua sapientiæ salutaris potati, vitalibus aquis repleti ». Mortariolum est labor pœnitentium, quo carnem suam mortificant, castigant corpus et in servitutem redigunt », et pilo timoris contundunt. Salomon vero fecit decem luteres », id est conchas, præter fusile mare, id est majorem luterem. Quilibet illorum decem quadraginta batos capiebat, major autem duo millia, in decem luteribus holocausta lavabantur, in majori sacerdotes se lavabant; major luter est baptismus, qui mare dicitur, in memoriam maris Rubri. Unde : « Patres nostri omnes sub nube fuerunt, omnes mare transierunt, et in Moyse baptizati sunt in nube et in mari ». » In his omnes sacerdotes, id est electi membra sacerdotis Jesu Christi lavantur, dum per vim ejus a peccatorum maculis abluuntur; duo millia batorum cepit », dum utrumque populum abluens ad perfectionem denarii quadrati transmisit, in præsenti ad stabilem conscientiam, quæ nulla tentatione a statu rectitudinis inclinatur, in futuro ad denarium vitæ in quo nulla reprobatio reperitur.

Decem luteres sunt decem præcepta, vel baptizati decem præcepta servantes. Unde, et quivis quadraginta batos capiebat propter observantiam Decalogi et Evangeliorum, in quibus sacrificia mundantur, id est spiritus contribulantur et corda humiliantur, ut faciant Domino suavitatis odorem »; quia : « Sacrificium Deo spiritus contribulatus; cor contritum et humiliatum, Deus, non despicies ». » Tuba utebantur antiqui, ut legitur in Numeris », ad multitudinem congregandam, ad dimicandum, ad gratulandum in diebus festis, sed, cum diversitate

---

" Deut. 6; Matth. 22. " Luc. 16. " Exod. 20. " Levit 26. " Matth. 13. " Matth. 5. " Joan. 1. " Jac. 4. " Num. 19; Hebr. 9. " Malach. 4. " Psal. 83. " Matth. 13. " Matth. 3. " Eccli. 13 " I Cor. 9. " III Reg. 7. " I Cor. 10. " III Reg. 7. " Num. 28. " Psal. 50. " Cap. 10.

sonorum, et erant ductiles, et argenteæ, quorum usus tantæ fuit virtutis in jubilo, ut ad strepitum earum corruerit Jericho [46]. Hæc sunt duo Testamenta, vel prædicatores quibus ad procinctum fidei populus evocatur ad pœnitentiam, et lacrymabilem compunctionem excitatur, ad laudes Domino exhibendas invitatur, et ad montem Sion, et ad civitatem sanctam Hierusalem [47], et multorum millium angelorum frequentiam [48], et ad futurum Dei judicium provocatur, et vide quia in adversis et prosperis, tubis clangitur; quia omne tempus convenit verbo Dei, unde : « Benedicam Dominum in omni tempore, semper laus ejus in ore meo [49]. » Sed secundum qualitates auditorum, et temporum temperandus, et diversificandus est sermo doctorum; est enim quandoque docendum, quandoque orandum, quandoque vero cantandum [50], et multitudini lac tribuentes [51], simpliciter loquimur; et aperte sapientiam autem loquimur inter perfectos [52]; omnia tamen ad ædificationem fiant [53].

Quid enim prodest lectionis obscuritas, quæ auditorem non ædificat? pro nihilo loquimur, si ab his propter quos loquimur non intelligimur; qui ergo docet, inter omnia, verum non verba, doceat [54]. Insignis indoles est, in verbis amare verum, et non verba; quid clavis aurea prodest, si non aperit? Quod obest ferrea, si aperit? Nihil quærimus nisi ut pateant clausa et revelantur occulta. Integra tamen verba potius sunt eligenda; quia tubæ sunt argenteæ, id est eloquii intentione fulgentes, quæ si non occurrunt, etiam corruptis utantur, dummodo res integre doceatur, et discatur. Sed quia patientia probat opus perfectum [55], ductiles sunt, ut excrescant tunsionibus tribulationum. Pro tubis hodie campanas habemus, ad annuntiandum mane misericordiam Domini, et veritatem ejus per noctem [56], ut dum ad horas personant, attentos, dociles et benevolos divinæ laudis auditores efficiant. Sunt autem campanæ vasa ænea, in Nola Campaniæ reperta; unde majora vasa, campanæ, a Campania regione, dicuntur: minora vero nolæ, a Nola civitate. Habent plectrum cum vinculo, lignum cum fune, quam dum trahit sacerdos et trahitur, campana resonabili plectro pulsatur. Licet tubæ et campanæ sint dissimilis speciei, sunt tamen rationis ejusdem, nam campanæ sunt prædicatores, qui sunt vasa Spiritus sancti, fortes et sonori. Nam duritia metalli fortitudinem significat mentis, unde Dominus : « Dedi frontem tuam duriorem frontibus eorum [57]. »

Plectrum ferreum est lingua, vel sermonis constantia, quæ utramque partem percutit, dum utrumque resonat Testamentum; vinculum modulatio est, qua lingua temperatur, vinculum vero, quo campana ligno conjungitur est charitas, qua prædicator ligno crucis astringitur, juxta illud : « Mihi absit gloriari nisi in cruce Domini [58]; » lignum enim passio Christi in capite nostro, id est in mente locata, a prophetis prædicata, per apostolos divulgata.

Funis est sacra Scriptura, quæ ex multis sententiis compaginatur, aut vinculum charitatis, quæ usque ad terram, id est infirmos, porrigitur, vel prædicatoris humilitas, qui propter alios condescendit. Unde Apostolus [59] : Sive excedimus, sive condescendimus, propter vos. In cujus fine ponitur annulus, qui significat perseverantiam, aut præmii coronam; sacerdos deorsum funem trahit, dum ad vitam activam a contemplatione descendit; sursum trahitur, dum, Scriptura docente, in contemplationem erigitur. Vel deorsum trahit, dum Scripturam ad litteram, quæ occidit [60], intelligit; sursum trahitur, dum spiritualiter eam exponit. Vel secundum Gregorium : Deorsum trahit et sursum trahitur, dum in ea se metitur, quantum in pravis jaceat et quantum ad bona facienda proficiat. Non despiciat sacerdos hoc opus agere, ut sit imitator filiorum Aaron, de quibus dicitur: «Filii Aaron clangant tubis [61]. » Qui se recognoscit debitorem prædicationis, non se retrahat a movendis signis; ex tractu funis, campana resonat, et populus convocatur; quia ad expositionem sacræ Scripturæ prædicator auditur, et populus in unitate fidei et charitatis unitur. Sicut ergo campana crepitat, sic custos Hierusalem in specula constitutus non taceat, juxta illud : « Qui reminiscimini Dominum, ne detis silentium ei [62]. » Et quia prædicatores tempore gratiæ crebrius abundant, idcirco in diebus festis, quæ ad gratiam pertinent, tumultuosius tinniunt, productius concrepant, [ut] dormientes, et ebrios (« qui enim dormiunt, nocte dormiunt, et qui ebrii sunt nocte ebrii sunt [63], ») ad Dei laudes surgere cogant. Trinum itaque saltem solemnis diei classicum, id est matutinum; vespertinum, et quod ad missæ pulsatur initium, sic imitetur evangelicus prædicator, ut opportune et importune prædicet lamentationes [64] præsentis vitæ, carmen futuræ, væ gehennæ! Hæc mireris, prædicatores tot, ut prædiximus, nominibus appellari, qui sunt ad multa ministeria necessarii.

Signis et vexillis utebantur [65] antiqui ad castra movenda, secundum sua signa quilibet incedebat in castris; signa sunt singulorum proprietates, quæ sunt in corpore vel in animo, verbi gratia licet omnes similes simus, est tamen propria cujusque distinctio, vel in vultu, vel in voce, vel statura, vel in habitu, vel in positione; similiter et in animo, alius mitis, alius elatus. Et forte quanta est in corporali specie diversitas, tanta est in animis, unde Salomon : Sicut diversi sunt vultus a vultibus, sic corda hominum. Ex quibus simul junctis, ut aiunt quidam, procedit illa singularis proprietas, qua Petrus a Paulo distinguitur, quæ emendicato

[46] Josue 6. [47] Isa. 2. [48] Hebr. 12. [49] Psal. 33. [50] Eccl. 3. [51] I Cor. 3. [52] I Cor. 2. [53] I Cor. 14. [54] Ibid. [55] Jac. 1. [56] Psal. 91. [57] Ezech. 3. [58] Gal. 6. [59] II Cor. 5. [60] II Cor. 5. [61] Num. 10. [62] Isa. 62. [63] I Thess. 5. [64] Ezech. 2. [65] Num. 2.

vocabulo Pauliæ appel... ...icut sunt in homine istius modi universalia signa, sic arbitror esse gratuita, scilicet usus virtutum. Eadem sunt elementa apud Græcos et apud nos, sed non eadem signa; eædem virtutes sunt in omnibus in habitu, sed non eædem in usu; unde Abraham de fide [46], Moyses de mansuetudine [47], David commendatur de humilitate [48]. Secundum hæc, et similia signa, quivis procedit de militia et stadio castrorum ad patriam, et bravium æternorum [49]; unde qui scientia præferuntur, transeunt ad cherubim; qui solo Dei amore pascuntur, transeunt ad seraphim, et ita de reliquis mansionibus; sicut enim divisiones gratiarum sunt, operationum et ministeriorum in vita præsenti [50], sic sunt diversæ mansiones in regno Dei [51]. Nostrum signum, nostrumque vexillum est sanctæ crucis mysterium. Unde : « Qui stat in signo populorum [52], » id est gratia Dei, item :

Vexilla regis prodeunt,
Fulget crucis mysterium.

Signum sanctæ crucis in ecclesiis erigitur, ut signum regis in domo sua quasi in urbe regia a militibus adoretur. Item ut nobis Christi passio repræsentetur. Item ut quivis carnem suam crucifigens Christum imitetur [53]. Crux Christi triumphalis in medio Ecclesiæ ponitur, tum ut signum victoriæ in publico videamus, tum ut de medio corde Redemptorem nostrum diligamus, qui « media charitate constravit propter filias Hierusalem [54], » Vexillo simul cum cruce in altaribus utimur in memoriam trophæi Domini nostri Jesu Christi; quia Dom'nus a ligno regnavit [55]; nam dum vita in ligno moritur, in amore exsurgit. Nam fortis fortem ligavit [56], et ejus vasa diripuit : calicis nomen, et a Veteri et a Novo Testamento extraxit originem. Unde Jeremias : « Calix aureus Babylon inebrians omnem terram [57], » et David : « Calix in manu Domini vini meri plenus misto [58], » et alibi : « Calicem salutaris accipiam, et nomen Domini invocabo [59]; » In Evangelio Dominus : « Potestis bibere calicem, quem ego bibiturus sum [60]? » item : « Accipiens calicem, gratias egit [61]. »

Debet esse calix de auro, vel argento, vel stanno, non de ære, vel aurichalcho, quoniam ob vini virtutem, æruginem et vomitum provocaret; non de vitro, quia cum sit frangibile, effusionis periculum immineret; non de ligno, quoniam cum sit porosum corpus, et spongiosum, sanguinem absorberet. Est calix mystice spiritus sapientiæ [62], qui datus est nobis secundum mensuram fidei [63]; ex parte enim cognoscimus [64], unde : « Dominus, pars hæreditatis meæ et calicis mei [65]. » Est et Vetus Testamentum continens in se vinum merum spiritualis intelligentiæ, et moralium præceptorum, et mistum fœce litteræ et corporalium sacramentorum, unde : « Calix in manu Domini vini meri plenus misto » quem, licet « inclinavit Dominus ex hoc in hoc [66], » id est a Judæo in gentilem, tamen fex litteræ non est exinanita, sed bibunt eam peccatores terræ, Judæi et Ebionitæ. Est sapientia mundi vel carnis; sapientia mundi stultitia est apud Deum [67] : « Sapientia carnis inimica est Deo [68]; » prima suadet inania, secunda suavia; per primam, sapere est decipere; per secundam, sapere est insanire. Unde : « Calix aureus Babylon [69]. » Est et calix passio, quasi placita potio. Unde : « Ibant gaudentes a conspectu concilii [70], » quia patiebantur contumelias pro nomine Jesu Christi. Vel mensurata potio, fidelis enim est Deus, qui non patietur nos tentari supra id quod possumus [71]. Dicit hic : « Calicem salutaris accipiam [72], » et illic : « Potestis bibere calicem quem ego bibiturus sum [73], » et illud : « Accipiens calicem, gratias egit [74]. » Hic si aureus est, significat thesauros sapientiæ in Christo absconditos [75]; si argenteus, designat munditiam culpæ; si stanneus est, innuit similitudinem culpæ et pœnæ. Stannum enim medium est inter argentum et plumbum; caro Christi licet non fuerit plumbum, id est peccatoris, fuit tamen similis peccatrici carni [76], et licet non fuerit argentum, id est passibilis propter suam culpam, fuit tamen similis passibili propter nostram; quia « languores nostros ipse tulit, et dolores nostros ipse portavit [77]; » codices quoque evangelici auro, et argento, et lapidibus pretiosis non immerito decorantur, in quibus rutilat aurum sapientiæ, argentum eloquentiæ et miraculorum; lapides pretiosi, hæ sunt sponsæ murenulæ aureæ, argento vermiculatæ [78]. Nec sit qui dicat : Poterant hæc venundari et dari pauperibus [79]; quia similis est Judæ, et mulieri contrarius unguentariæ. Hoc enim agimus, non quia Domino nuda corpora minus delectent, quam aurea, sed quia cum homines quod diligunt, Deo libenter offerunt, per divinam latriam nostram vincimus avaritiam. Rursus divinæ sunt hæc pietatis officia moralia, et futuræ gloriæ significativa.

[46] Gen. 15. [47] Num. 12. [48] II Reg. 6. [49] I Cor. 9. [50] I Cor. 12. [51] Joan. 14. [52] Isa 11. [53] Gal 5. [54] Cant. 5. [55] Psal. 95. [56] Luc. 11. [57] Jer. 51. [58] Psal. 74. [59] Psal. 115. [60] Matth. 20. [61] Matth. 26. [62] Eccli. 15. [63] Rom. 12. [64] I Cor. 13. [65] Psal. 15. [66] Psal. 74. [67] I Cor. 1. [68] Rom. 8. [69] Jer. 51. [70] Act. 5. [71] Cor. 10. [72] Psal. 115. [73] Matth. 20. [74] Matth. 26. [75] Col. 2. [76] Rom. 8. [77] Isa. 53. [78] Cant. 1. [79] Matth. 26.

LIBER SECUNDUS.

DE INSTITUTIONE, VESTIBUS ET HABITU MINISTRORUM ECCLESIÆ.

PROLOGUS.

Auctor universitatis altissimus de ipsa partium universitate quædam sibi specialia vindicavit, ut de locis, loca venerabilia; de personis, clericos, mo-

nachos et moniales ; de rebus, decimas et oblationes ; de temporibus, dies solemnes. De locis prædiximus, insequenti particula de personis agamus [100].

CAPUT PRIMUM.
DE INSTITUTIONE ET HABITU PERSONARUM ECCLE-SIASTICARUM.

«Sic nos existimet homo, ut ministros Christi et
dispensatores mysteriorum Dei [1].» Ad majorem personarum ecclesiasticarum evidentiam, sciendum est
quod tres leguntur sectæ famosæ, gentilium, Hebræorum et Christianorum ; prima dicitur secta a
secando, quia secat, id est nos a Deo separat, secunda et tertia a sectando , illa enim illuminat, ista
salvat et liberat.

Ritus gentium et Hebræorum conversi sunt in
ritum Christianorum, et hæc mutatio dexteræ Excelsi [2]. Christianorum personæ , tam sæculares
quam, ecclesiasticæ sumptæ sunt ab illis duabus
sectis, Hebræa scilicet et gentili. Nam apud gentiles fuit diversitas personarum ; quoniam aliæ populares, seu laicales (Laos enim populus) vel sæculares, ut monarcha scilicet, imperator, rex, patricius, præfectus, senator, dux, marchio, comes ,
præses, tribunus, centurio, decurio, quatuor-viri,
triumviri, prætor, quæstor, aulæ janitor ; aliæ deorum cultibus mancipatæ, ut archiflamines, flamines,
a filo quod in capitibus gestabant, scilicet sacerdotes in utroque sexu. Aliæ studiis deputatæ ut co-
mœdi, tragœdi, historiographi. Similiter apud Hebræos sæculares personæ, ut reges, et duces, et
sub eis chiliarchæ, hecatontarchæ, pentacontarchæ,
decarchæ, id est, millenarii, [centenari,] quinquage-
narii, decani. Nam chile *mille*, echas *centum*, penta
quinquaginta, decas *decem* interpretatur. Hos constituit Moyses ad consilium Jethro soceri sui [3], divinis
cultibus mancipatos, ut summus sacerdos, minores
sacerdotes, Levitæ, Nathinei, emunctores, exorcistæ, janitores, cantores, et arditui [4]. Hos etiam
Moyses instituit, quosdam vero David, et Salomon
ex præcepto Domini ordinavit. Similiter et apud
Christianos sunt plures personæ, quæ fere nominibus censentur eisdem cum gentilibus divinis cultibus mancipatæ, ut clerici, monachi. Clerici dicuntur a cleros, quod est *sors* ; nam in Veteri Testamento sacerdotes eligebantur sorte [5], et Ma-
thias sorte fuit electus [6] ; gentiles enim ad divinum
cultum sorte unum ex liberis eligebant ; vel ideo
nominantur clerici, quia sortem, id est hæreditatem Domini percipiunt, ut decimas, primitias et
oblationes. Nam et cleros *hæreditas* dicitur, vel
dicitur clericus quia Dominus sortitus est eum, vel
ipse Dominum, juxta illud : « Dominus pars hæreditatis meæ [7]. » Inde est quod in tonsura clerico-

rum his utimur verbis, qui ergo Domini pars est,
vel partem habet Dominum, nihil habeat, ut Hieronymus ait, præter Dominum, sed talem se exhibeat, ut possideat Dominum, vel possideatur a Domino, et tunc accipiet benedictionem a Domino,
et erit, generatio quærentium Dominum [8], sicut in
eadem tonsura dicere consuevimus. Tonsura clericalis accepit initium ab usu Nazaræorum, qui ex
jussu legis crines radebant et in sacrificium incen-
debant [9] ; Nazaræi dicuntur sancti ; ideoque docuerunt ministros Ecclesiæ fore tondendos, ut superfluis cogitationibus a mente exclusis, et flammis divini amoris incensi, sancti, Sancto sanctorum
in sanctitate serviant [10], vel aliter a lege tonsura
contrahit occasionem.

Sacerdotes legis tiaram, id est pileolum ex
bysso in modum mediæ spheræ in capite [11] ; rex
vero coronam gestabat. Pars ergo capitis rasa tiaram ; circulus crinium designat coronam, ut intelligamus et gratias agamus, quod instituit nos Deus
in genus electum et regale sacerdotium [12]. Vel aliter a lege, ubi corona quatuor digitorum super
mensam, et de super aureola fieri mandatur [13]. Per
circulum ergo crinium corona, per plateam coro-
nula fingatur, ut speremus, quod per doctrinam
sacræ Scripturæ, et maxime quatuor Evangeliorum, promerebimur non solum animæ vitæ æternæ
dulcedinem, sed et corpori clarificationem. Vel
tonsura clericalis, et rasura similiter, sicut eis
more nostro utimur, originem accepit a Christo.
Christus enim rex noster, spineam coronam portavit [14], ut spinas et tribulos nostrorum peccatorum
auferret, se ipsum in ara crucis oblaturus calvitium
pertulit. Mos enim erat apud antiquos, quod captos decalvabant, quos crucifigere volebant, unde
et locus calvariæ dicebatur, ubi crucifixus est Dominus [15] ; et ideo dicitur decalvatus, non quia decalvatus, sed quia in calvaria passus, unde figura-
tus est per Core, qui *calvus* interpretatur, et per
Elisæum, cui a fatuis dicebatur : « Ascende, calve
[16] ; » et per Samsonem cui Dalila caput abrasit [17], id
est quem Synagoga, mentis inops, in Calvaria cruci-
fixit. Nos itaque filii Core superius decalvamur,
cum radimur, et sic per circulum crinium, et nuditatem rasuræ passionem Christi recolimus, in
qua gloriari et quam imitari debemus. Dicitur autem
rasura, corona ; quia decalvatio Christi fuit nostra
victoria. Unde : « Mihi autem absit gloriari nisi in
cruce Domini nostri Jesu Christi [18] ; » sed nondum
apparuit hæc gloria, quid erit [19] ; habet enim adhuc tristitiæ signum, donec tristitia vertatur in
gaudium [20] ; vel originem habet a Petro, sicut ex
auctoritate Bedæ in historia reperitur Anglorum,
qui ait : Nullam tonsuram magis amplectendam ea,

---

[100] III Reg. 9; Num. 3; Deuter. 26; Exod. 20.   [1] I Cor. 4.   [2] Psal. 76.   [3] Exod. 18.   [4] Exod. 28 ;
Num. 18; I Paral. 6.   [5] Lev. 16.   [6] Act. 1.   [7] Psal. 15.   [8] Psal. 23.   [9] Num. 6.   [10] Luc. 1.   [11] Exod.
28.   [12] I Petr. 2.   [13] Exod. 25.   [14] Matth. 27; Marc. 15; Joan. 19.   [15] Ibid.   [16] IV Reg. 2.   [17] Jud.
15.   [18] Gal. 6.   [19] I Joan. 3.   [20] Joan. 16.

quam ille gestabat in capite, cui se confitenti Dominus ait : « Tu es Petrus, et super hanc petram ædificabo Ecclesiam meam [11] ; » et nullam
magis detestandam ea, quam ille gerebat, cui gratiam sancti Spiritus comparare volenti Petrus ait :
« Pecunia tua tecum sit in perditione [12], » Petrus
enim captus a gentibus, barba rasus est, capite decalvatus est, sed quod illi fecerant in ludibrium,
hic observari voluit in mysterium, scilicet vel memoratæ passionis divinæ, vel quæ nobis debet etiam
inesse moralitatis : per caput namque meus accipitur, quæ, sicut caput capillis, sic cogitationibus
exornatur, quæ novacula timoris Dei debet a superfluis cogitationibus radi, ut nuda facie cordis valeat cœlestia contemplari ; circulus crinium est ornatus virtutum ; capilli in circulo coæquantur, quia
virtutes in concordia charitatis consumantur, ut sit
clericus fortis in se ipso, totus teres atque roton-
dus ; nihil enim in figuris, magis sibi concordat, et
ex omni parte consentit, quam circulus.

Superior pars raditur, et circulus in inferiori
parte relinquitur, ut ratio libere quæ Dei sunt con-
templetur et sensualitas concordetur, et non rationi dissentiens, quæ mundi sunt necessario meditetur. Capillos necesse est remanere, quoniam de
temporalibus, sine quibus vita non ducitur, expedit
aliquando cogitare, dummodo aures et oculos non
impediant ; ne sæculares cogitationes, aures et oculos mentis ad sæcularia trahant, quæsolent suffocare
verbum seminantis [13] ; vel opprobria gestamur in
capite, ut in frontispicio videamur exspectare coronam vitæ æternæ, quam repromisit Deus diligentibus se [14]. Barba radimur ut pueri videamur, quorum
si humilitatem et innocentiam imitabimur, cum
Domino pulmentarium comedemus, et regnum cœlorum intrabimus [15], et angelis, qui semper juve-
nili ætate reflorent, æquabimur ; sed in jejuniis capillos et barbam crescere permittimus, ut habitum
pœnitentium repræsentemus, vel activas cogitationes, quæ Deo non obviant, non improbemus, ut
ecclesias ædificare, et similia ; vel quia, secundum
Gregorium, per vitam magnæ continentiæ, significamus præsumptionum cogitationes excrescere. Demum nostri schema stemmatis unde traxit originem non est magnopere inquirendum, cum sciamus illud magisterium ratione compositum ; multa
enim sunt, quorum auctores Ecclesia præsens ignorat, sed consuetudine approbat. Inter clericos ton-
surandi, aut illico tonsurati, cappis utantur, et
stolis in divinis, et camisiis, et quandoque laneis
clausis et fissis. Cappa videtur a casula tracta ; per
hanc igitur, ut per casulam, monemur in charitatis operibus manere, eamque verbo et exemplo docere.

Stola, seu cotta, seu superpellitium, vestis est
candida in modum crucis formata, candor enim

A mundiliam, vel potius novam sanctorum gloriam,
et vitam repræsentat angelicam ; forma passionem
dictam. Et attende quod in profestis, cappis utimur
nigris, ut simus sicut comæ elatæ palmarum nigræ ; quasi corvus, ut capiti adhæreamus, mentes
ad cœlestia dirigamus, et peccatorum nostrorum
nigredinem humili conscientia confiteamur ; ut in
festivis, togis utimur albis, innuentes quod quotidianam salubris justitiæ nigredinem candore futuræ lætitiæ vestiemus ; non enim possunt filii Sponsi
lugere, quandiu Sponsus est cum eis [16] ; individuæ
sunt vestes, albæ, talares et laxæ, unam vel duas
linguas habentes. Albæ, quia vitæ munditiam desi-
B gnant ; laxæ, quia bonorum operum largitatem ;
talares, quia perseverantiam usque in finem. Hæc
est tunica talaris Joseph [17], actio consummata in termino vitæ. His vestibus utantur, qui volunt in sanctimonia et sanctificatione Deo placere. Tunica Domini inconsutilis dicitur [18] lingulam habuisse ; lingula vestis est lingua doctoris, quæ, si duæ fuerint,
duo significant Testamenta, in quibus debent esse
periti, vel duo charitatis præcepta, ut diligant Dominum et proximum [19] ; vel in sacerdotibus binam
potestatem ligandi scilicet, et solvendi [20].

Lanea tunica est asperitas pœnitentiæ, vel humilitas, aut virtus patientiæ, quæ debet esse circu-
laris, et clausa non scissa, ne ventus, quasi vitium
subrepat arrogantiæ. Clerici non debent arma portare ; quia non debent homines, sed dæmones im-
C pugnare, sicut Moyses non armis Amalec, sed orationibus impugnavit [21] ; sicut apostoli non nos armis resistere docuerunt, sed magis injuriam pati
[22] ; et ideo nec debemus laicalibus vestimentis
abuti, sicut et laicis non licet clericale officium
usurpare ; et ideo nec clericales vestes induere. Laicorum autem vestes debent esse strictæ et scissæ,
ut expediti sint ad pugnam, ut protegant ab hæreticis et paganis Ecclesiam. Hunc igitur habitum
observemus, ut non laici, sed ministri Domini, id
est clerici videamur. Monachi dicuntur singulares
et tristes, a monos, quod est unum, et a chaos quod
tristitia interpretatur ; qui cum habitum humilitatis
suscipiunt, ad obedientiam se obligant, et castitatem, habitum tristium, abrenuntiationem proprio-
D rum. Hæc enim sunt de voti substantia, cætera vero
sunt appendicia, ut jejunium, officium, silentium, et
similia. Ex inde cucuilam eos induimus, cum orationibus ad hoc destinatis, ut exuant veterem hominem cum actibus suis, et induant novum [23], qui
secundum Deum creatus est.

Cuculla monachorum sumpta est a collobiis
apostolorum, quæ, ut dalmatica formabantur, et præferebant in eis formam crucis ; quia se crucifixerunt cum vitiis et concupiscentiis [24] ; hujus nigredo
est contemptus mundi, longitudo perseverantia
boni. In monialibus autem nigredo vestis contem-

[11] Matth. 16.　[12] Act. 8.　[13] Luc. 8.　[14] Jacob. 1.　[16] Matth. 18.　[19] Matth. 9 ; Marc. 2 ; Luc. 5.
[17] Gen. 37.　[18] Joan. 19.　[22] Matth. 22.　[20] Matth. 18 ; Joan. 20.　[21] Exod. 17.　[23] Act. 5.　[24] Ephes.
4.　[15] Gal. 5.

pius amplexus virilis, velum signum pudoris et fu- A
turi honoris. In nuptiis, puellæ capita velant : sicut
Isaac viso, Rebecca velavit se ⁸⁵ ; sic sponsa Christi
se velat, ut illicita cunctis viris appareat, propter
quæd est ei corona vitæ reposita ⁸⁶ ; cum his beata
Virgo depingitur, quæ fuit utriusque vitæ magistra;
activæ, quia nupta ; contemplativæ, quia contem-
ptibilibus indumentis induta ; unde et in ejus festivitate legitur Evangelium Mariæ et Marthæ ⁸⁷. Viduis quoque vilis habitus est mundi despectus ; nomine siquidem monachorum et conversos, et eremitas, hospitalarios, utriusque sexus accipimus.
Omnes habitum suscipiunt humilitatis, licet non
omnia prædicta in omnibus observentur. Quod monachi et monachæ alterius ordinis candidis vestimentis utantur, sumptum est in mulieribus a beata
Cecilia, quæ cum foris veste fulgebat, intus casti- B
tate nitebat ; candida namque vestis votum præfert
virginitatis ; in viris sumptum est ab angelis, qui
visi sunt in resurrectione Dominica in vestibus albis ⁸⁸ · albedo quorum significat splendorem futuræ
glorificationis.

CAPUT II.

DE ORDINIBUS.

« Hæc est generatio quærentium Dominum, quærentium faciem Dei Jacob ⁸⁹. » Ecclesiasticarum
itaque personarum aliæ habent simplicem statum,
aliæ in Dei Ecclesia personatum. Nam aut duntaxat
religionis habitum, ut monachi ; aut ordinem, ut
clerici ; aut cum habitu, vel ordine dignitatem, ut C
abbates et episcopi ; ordines autem septem sunt, ut
ostiarius, lector, exorcista, acolythus, subdiaconus,
diaconus, presbyter : septem quippe sunt pro
septiformi gratia Spiritus sancti ⁹⁰, cujus munere
sua prosequuntur officia. Si autem ad singulos ordines cupis singula dona referre, a timore incipiens, cum ostiariis deputabis, et exinde singula
singulis referens, sapientiam presbyteria adaptabis.
Hæ sunt septem mulieres, in quibus Spiritus sanctus habet hospitium, et unicuique illarum suum
parat convivium ⁹¹. Cum quis ad hos gradus gra-
dualiter promovetur, generaliter est hæc series observanda, scilicet ut primo vocentur, secundo de
officiis instruantur, tertio ordinentur, quarto benedicantur, omnia sunt solemnitatis præter ordina- D
tionem, quæ, cum consistat in verbis et rebus, hæc
prosequamur tanquam substantiam sacramenti.
Ostiarii vicem tenent janitorum, vel ædituorum, qui
templum vel ædem custodiebant, ut Samuel ⁹², de
quibus dicitur in Paralipomenon : « Per quatuor ventos erant ostiarii ⁹³. » Ostiarius cum ordinatur, tradat ei episcopus claves ecclesiæ, dicens :
*Sic age quasi redditurus Deo rationem pro rebus,
quæ istis clavibus recluduntur.* Claves igitur, et
hæc verba sunt hujus sacramenti substantia ;
res dicit ecclesiæ thesauros et personas ; opor-

tet enim ostiarium, libros et campanas, et omnia
quæ sunt intra ecclesiam custodire, sed et librum prædicantibus et legentibus tenere et signum
pulsare, ecclesiam claudere et aperire, fideles recipere, excommunicatos et infideles ejicere, catechumenos introducere et excludere, pœnitentes per
episcopum reconciliatos in sinum matris adducere.
Lectores vicem tenent cantorum, qui Salomonis
cantica resonabant, ut Asaph et Idituun. Ii cum ordinantur, codicem prophetiarum eis tradit episcopus, dicens : *Accipe, et esto verbi Dei relator; habiturus, si fideliter et humiliter impleveris officium,
partem cum his qui verbum Dei ministraverunt ;* codex igitur, et hæc verba sunt hujus sacramenti
substantia, officium distincte legere, lectiones in
ecclesia pronuntiare; quæ prophetæ sunt vaticinati,
populis prædicare ; quod autem præmittitur, ut
distincte legat, de Esdra putatur assumptum, ut
dicitur ⁹⁴, quod legem distincte et aperte populo
collecto legebat. Ejusdem quoque officium est,
panem benedicere, et omnes fructus novos, unde
moris est alicubi terrarum, ut mensas et prælatorum lectiones, pueri benedicant.

Exorcistæ dicuntur, et olim dicebantur, qui dæmones adjurabant et de obsessa corporibus expel-
lebant, ut Josephus ait de Eleazaro exorcista : Iste
vero cum ordinatur, codicem exorcismorum ei tradit episcopus, dicens : *Accipe, et commenda memoriæ, et habeto potestatem imponendi manum super energumenum, sive baptizatum sive catechumenum :* codex
igitur et hæc verba sunt hujus sacramenti substantia. Energumenum dicitur obsessum, en in erga
labor, menon *defectus,* noos *mens ;* inde energumenum, qui sic a dæmonibus obsidetur, ut mentis defectu laboret, quod est non solum per corporalem
vexationem, sed etiam cum quis, per peccatum, est
diaboli membrum et dæmonis habitaculum. Exorcistæ igitur est officium hunc exorcismum memoriter retinere : *Adjuro te, immunde spiritus, per Deum
Patrem, et Filium, et Spiritum sanctum, ut recedas
ab hoc famulo Dei ;* et exorcismis, id est adjuratio-
nibus, catechumenorum dæmonibus interdicere corpora, a baptizatis vel baptizandis obsessis dæmones
effugare. Hos ergo decet mundum habere spiritum, qui debent immundis imperare spiritibus.

Acolythi locum tenent emunctorum seu concinna-
torum, qui lucernas emungebant et luminaria con-
cremabant ⁹⁵, ut Nadab et Abiu ; hic cum ordinatur,
ceroferarium cum cereo tradit ei episcopus dicens :
*Accipe ceroferarium cum cereo, ut scias te ad accen-
denda luminaria mancipari.* Item tradit urceolum
vini vacuum dicens : *Accipe urceolum ad suggerendum
vinum* id est Eucharistiam sanguinis Christi : hæc
igitur utensilia et hæc verba sunt hujus sacramenti
substantia. Acolythus Græce, Latine ceroferarius
dicitur : ad hunc pertinet præparatio luminariorum ·

---

⁸⁵ Gen. 24.   ⁸⁶ II Tim. 4.   ⁸⁷ Luc. 10.   ⁸⁸ Marc. 16.   ⁸⁹ Psal. 25.   ⁹⁰ Isa 11.   ⁹¹ Isa. 4.   ⁹² I Reg. 2.
⁹³ I Par. 9.   ⁹⁴ II Esdr. 8.   ⁹⁵ Levit 24.

in sacrario, cereos et thuribula ferre ad altare ornandum, et sacerdotem vestiendum, palliis et vestibus investire, vinum et aquam ad eucharistiam subdiacono ministrare. Sequitur de sacris ordinibus ubi major exigitur inquisitio. Nam archidiaconus postulat, examinat episcopus. Archidiaconus attestatur, populus adjuratur, pro consecrandis preces a plebe funduntur. Deinde ordine præmisso vocantur et instruuntur, postmodum ordinantur et benedicuntur, et, ut dicimus, omnia sunt solemnitatis præter ordinationem, quæ consistit in verbis et rebus, quæ veluti substantiam sacramentorum prosequamur. Qui nunc subdiaconi vocantur, olim nathinæi [14], id est humiliter servientes appellabantur; quia sacrificia suscipiebant a populo et in templo necessaria ministrabant, ut Nathanael, de quibus in Esdra reperitur : « Habitavit unusquisque in urbibus suis, sacerdotes, levitæ, nathinæi [15], » qui Græce hypodiacones, Latine vero subdiacones appellantur. Hic vero cum ordinatur, accipiat ab episcopo calicem vacuum et patenam, ab archidiacono urceolum cum aqua, manili et manutergio, dicente sibi episcopo : Vide cujus ministerium tibi traditur. Merito ab archidiacono illa suscipiuntur, quoniam ad ejus adjutorium consecrantur. Postea tradit ei manipulum dicens : Accipe manipulum tuam et imple ministerium tuum; potens est enim Deus [16], ut augeat tibi gratiam : hæc ergo utensilia et hæc verba sunt hujus sacramenti substantia. Dat et episcopus illi tunicam dicens : Tunica jucunditatis et indumento lætitiæ induat te Dominus. Hæc vestis et hæc verba pertinent ad solemnitatem, non ad substantiam ; quoniam sine ista perficitur subdiaconi ministerium. Hujus ergo officium, epistolam legere et diacono ministrare, scilicet corporale ei tribuere, patenam cum oblatis, calicem cum vino, et urceum cum aqua deferre, presbyteris et levitis ad altare aquam præbere, manutergium, et aquæ manile tenere. Ideoque lex continentiæ illis imponitur juxta illud : « mundamini qui fertis vasa Domini [46]; » et videtur, quoniam huic primo vestis, scilicet mapula, quasi manipula datur, per quam pœnitentia intelligitur. Unde nullus nisi pœnitens ad subdiaconatum accedat. Qui vero diacones, id est ministri nuncupantur, quondam levitæ a Levi filio Jacob, id est assumpti vocabantur, quoniam assumpti sunt ad auxilium sacerdotum, ut Eleazar et Ithamar [49]. Hic ordo est ab apostolis confirmatus ; quoniam elegerunt septem viros Spiritu sancto plenos [11]. Hi sunt septem angeli septem Ecclesiarum [12], septem aurea candelabra [13], septem quoque tonitrua [14]; qui verbum Domini prædicaverunt et auditores illuminaverunt, quibus comminati sunt. Hic autem cum ordinatur, imponat super eum manus episcopus. Quod ergo dicitur solum episcopum debere manus imponere ; quia non ad sacerdotium, sed ad ministerium

consecrantur, penitus improbamus. Nunquid enim potest plus precari solus episcopus quam plures apostoli? Imponentes autem manum non dant Spiritum, sed orant ut super eos veniat. Cum igitur usus omnium donorum non sit in uno, sed in pluribus, merito plures manus imponunt, ut unusquisque Dominum deprecetur, ut partem de Spiritu sancto tribuat ordinando, ad instar Moysi, de spiritu cujus Dominus dedit septuaginta viris [15].

Postea dat ei stolam super humerum sinistrum episcopus, dicens : Accipe stolam candidatam de manu Domini, etc.; et postea, ut intelligat se esse Christi præconem, tradit Evangelium, dicens : Accipe potestatem legendi Evangelium in ecclesia tam pro vivis quam pro defunctis in nomine Domini. Hæc res igitur, et hæc verba sunt hujus sacramenti substantia ; dalmatica vero si cui datur, solemnitatis est, et non substantiæ. Et vide quia stola est per quam obedientia, vel jugum Domini, quod in Evangelio exprimitur [16], et ideo cum Evangelio datur. Sinistro humero tantum imponitur, vel quia obedientia Evangelii, primum in activa suscipitur, vel quia docet temporalia supprimere et spiritualibus deservire, vel quia dexteram diaconus debet habere liberam, ut expeditius ad ministerium sacerdotale discurrat. Est enim ejus officium ecclesiam et ejus supellectilem custodire, ut in Numeris dicitur [17] : « Et cum necesse fuerit cortinas, et vasa portare. » Ideoque puto custodes debere diacones esse. Rursus diaconi est officium sacerdotibus assistere, et ministrare in sacramentis Ecclesiæ, baptismate, chrismate, patena et calice, oblationes offerre, et in altari disponere, sanguinem distribuere, mensam componere, crucem ferre. Unde et dalmaticam formam crucis habentem induit, per quam Christi passio designatur. Ipse preces, id est litanias pronuntiat, ordinandorum, catechumenorum, excommunicatorum successorum nomina recitat, evangelium legit; Dominus enim cum evangelium prædicavit minister fuit, ideoque specialiter diacono Evangelium conceditur, quia minister interpretatur. Olim diaconus lectiones legebat, quando Evangelium nondum scriptum erat ; sed, postquam statutum est ut diaconus legeret evangelium, additum est ut subdiaconus legat epistolas et lectiones, quæ, quanto minora sunt evangelio dignitate, tanto minor est subdiaconus. Diaconus ipse quoque, si necesse est, prædicat et baptizat. Ipse monet orare, dicens : Flectamus genua. Monet aures habere ad Dominum, dicens : Humiliate vos ad benedictionem, vel capita vestra Deo. Ipse dat licentiam populo, dicens : Ite, missa est. Ipse hortatur clamare ad Dominum, ipse dies solemnes annuntiat et jejuniorum. Qui modo presbyteri nominantur, olim principes populi, ut Core, Dathan et Abiron, vel magistratus aut magistri templi, ut Nicodemus [18] et

[1] I Par. 6. [17] II Esdr. 11. [18] II Cor. 9. [19] Isa. 52. [40] Num. 20. [41] Act. 6. [42] Apoc. 8. [43] Apoc. 1. [44] Apoc. 10. [45] Num. 11. [46] Matth. 11. [47] Cap. 18. [48] Joan. 3.

Gamaliel [20] dicebantur, nunc autem presbyteri, id est senatores, non ab ætate, sed sensu. « Cani sunt sensus hominis [21], » vel presbyteri, quasi iter præbentes; quia præbent iter populo de exsilio mundi ad patriam regni ; vel sacerdotes, id est sacri duces, ut ait Beda, quia præbent ducatum populo; vel sacra dantes, quia dant sacramenta populo et sacrificia Deo. Sacerdotes successores sunt septuaginta virorum, quibus Moysi spiritum Dominus propagavit [31]; septuaginta quoque duorum discipulorum [22]; sicut episcopi sunt vicarii Moysi et apostolorum. Hic cum ordinatur, ad diaconorum et presbyterorum testimonium de moribus, et conversatione futura, et obedientia comprobetur, cui benedictoria sacerdotum præsentium manus imponitur. Manus impositio sancti Spiritus operum exercitationem significat ; nam per caput mentem accipimus, per digitos sancti Spiritus dona, per manum opera figuramus; illi ergo supra caput digitus, aut manus imponitur, qui mente sancti Spiritus donis imbutus Christi opera imitatur; a pluribus sacerdotibus manus imponitur, ea ratione quam in diacono prætaxavimus, sed, quia manus diacono imponitur, cur sacerdoti rursus manus imponitur? Respondeo : quia de ministerio ad ministerium et de opere transfertur ad opus ; cui reflectit orarium episcopus super humerum dextrum in modum crucis in pectore, dicens : Accipe jugum Domini; jugum enim ejus suave est et onus ejus leve [23]. Stola reflectitur ab humero sinistro in dextrum ; quia, cum obedientia incipit ab activa per dilectionem proximi, transit in contemplativam per dilectionem Dei ; vel quia oportet sacerdotem esse munitum a dextris et a sinistris per arma justitiæ [24], qui crucem gerit in pectore, dum passionem Christi cujus minister est, imitatur in mente, quod a quibusdam additur : Stola innocentiæ induat te Dominus : stolam respicit primitivam, quæ fuit innocentiæ significativa, cujus vicaria est, ut inferius exponetur; hæc qua nunc utimur, obedientiæ stola.

Exinde casula induit eum episcopus, dicens : Accipe vestem sacerdotalem, per quam charitas intelligitur; potens enim est Deus [25], ut augeat tibi charitatem et opus perfectum. Hæc est vestis nuptialis, quam qui non habuerint sacerdotes, ejicientur in tenebras exteriores [26].

Postea ungit episcopus chrismate ambas manus illius, dicens : Consecrare et sanctificare digneris, Domine, manus istas, per istam unctionem et nostram benedictionem, ut quæcunque consecraverit consecrentur, etc., manus inunguntur, ut mundæ sint ad offerendas hostias pro peccatis, et ut Christi crucifixi vestigia sacerdotes in misericordiæ operibus imitentur, qui potestatem consecrandi a consecrato Domino sortiuntur.

Postea dat episcopus ei patenam cum oblationibus, et calicem cum vino, dicens : Accipe potestatem offerre sacrificium Deo, missasque celebrare pro vivis et defunctis in nomine Domini ; stola igitur et casula, oleum calixque patena simul, et hæc verba sunt hujus sacramenti substantia ; cætera præcedentia et subsequentia sunt solemnitatis. Hujus officium est personas et res benedicere, missam celebrare, corpus Domini dispensare, meditari de lege Dei, docere, prædicare, orare, baptizare, pœnitentes ligare vel absolvere, infirmos ungere, mortuos sepelire; magna potestas, mira dignitas, excelsum et expavescendum officium! Et vide quod sacerdotes et diacones præcipue nominantur a populo; quia præcipui sunt in altaris officio, unde et ipsorum præsertim ordinatio secundum Ambrosium, circa altaria celebratur, et pro eis ante altare prosternitur episcopus. Ordinandi cæteri nequaquam ad altare ordinantur, eo quod nec ad altaris ministeria statuuntur, sed alii adimplent officium lectionum, alii sollicitudinem luminariorum, alii necessaria præparant infra diaconum; omnes tamen quærunt faciem [27], id est præsentiam Dei, ut valeant in primogenitis hæreditate, ad instar Jacob, qui sibi fratris primogenita vindicavit [28].

CAPUT III.
ITEM DE ORDINIBUS MORALITATES.

« Qui mihi ministrat, me sequatur [29]. » Omnes quidem suprascriptos ordines, dicto, seu facto Jesus Christus expressit, et in se ipso omnium figuram ostendit; ostiarius enim fuit, cum flagello de funiculis facto numulariorum mensas evertit, et de templo vendentes et ementes ejecit [70]; item cum se ostium nominavit [71], et merito; quia nemo ad Patrem, nisi per eum vadit [72]; ipse enim est ostiarius, « qui aperit, et nemo claudit, claudit et nemo aperit [73]. » Lector fuit, cum in medio seniorum Isaiæ librum aperuit, dicens : « Spiritus Domini super me, eo quod unxerit me, ad annuntiandum pauperibus misit me [74]. » Exorcista fuit, cum dæmoniacos liberavit, et saliva tetigit aures surdi et linguam muti, dicens : « Epheta, quod est adaperire [75]. » Acolythum se esse testatur, cum dicit : « Ego sum lux mundi [76]. » Subdiaconi gessit officium, quando linteo se præcinxit, pedes discipulorum lavit, linteo tersit [77]. Diaconi repræsentavit officium, quando sacramentum corporis et sanguinis discipulis dispensavit, vel cum dormientes ad orationem excitavit, dicens : « Vigilate, et orate [78]. » Sacerdotis expressit officium cum panem in corpus et vinum in sanguinem commutavit, et cum se ipsum in ara crucis obtulit idem sacerdos et hostia [79], et adhuc gloriosus implet officium, dum sedens ad dexteram Patris quotidie interpellat pro nobis [80]. Cum itaque Rex regum [81], Dei virtus et Dei sapien-

---

[20] Act. 5. [21] Sap. 4. [31] Num. 11. [22] Luc. 10. [23] Matth. 11. [24] II Cor. 6. [25] II Cor. 9. [26] Matth. 22. [27] Psal. 104. [28] Gen. 27. [29] Joan. 12. [70] Joan. 2. [71] Joan. 10. [72] Joan. 14. [73] Apoc. 3. [74] Luc. 4 ; Isa. 61. [75] Marc. 7. [76] Joan. 8. [77] Joan. 13. [78] Matth. 26. [79] Matth. 27. [80] Hebr. 7. Rom. 8. [81] Apoc. 19.

tia [49], cujus potestas a mari usque ad mare [50], hæc A sert se hostiam viventem et Deo placentem [62] : Omnis enim sanctus sacerdos est, ut Chrysostomus ait, quod sapientiæ credimus ascribendum. Illis itaque modis Domino ministremus, ut eum consequi valeamus.

exsequi non est dedignatus officia, nullus quantumlibet, nobilis, sapiens, dives aut potens in his ministrare contemnat. Nullius ordinis officium illi vilescat, qui ad summum pontificatum aspirat, sed exterius ad officia, cum oportuerit, festinus acceleret; et ne reprobus inveniatur [51], in se moraliter impleat, quod aliis serviendo ministrat. Ostiarius ergo cum sit templum Dei [52], se aperiat virtutibus et Deo, se claudat vitiis et diabolo, ne vitæ via præpediatur, ne mors per fenestras suas ingrediatur [53]; quivis etiam spiritualis ostiarius est, cum per fidem humiles in Ecclesiam introducit, et contumaces improbat et expellit; fides enim ostium est per quod in ovile ingredimur; quia « Justus ex fide vivit [54], » quod donum gratiæ connumeravit Apostolus, dicens : « Alii fides in eodem spiritu [55]. » Lector operibus impleat quæ populo servanda pronuntiat; quivis etiam spiritualis lector est, si aliquos vitæ salubria docet, et docens os turturis ad axillas retorquet [56], ne dum aliis prædicat notam reprobationis incurrat; quod ministerium comprehendit Apostolus in dono scientiæ, unde qui ad hunc gradum lectoris vel prædicatoris provehitur, debet esse scientia decoratus. Exorcista imperiose dæmonibus imperat, si cum reatus conscientiæ non accusat; quivis etiam spiritualis est exorcista, dum orationibus suis aliquos liberat a potestate dæmonis, ab ægritudine peccatorum, quod donum intellexit Apostolus in gratia sanitatis. Acolythus sicut gestat lucernas ardentes in manibus [57], sic luceat opera sua C coram Deo et hominibus; quivis etiam spiritualis acolythus est, dum aliis lucem boni operis administrat, eis verbo vel opere ignem charitatis accendens, quod donum ad prophetiam credimus pertinere. Domino namque sunt officia prophetarum, scilicet futura prædicere et obscuros sensus Scripturarum exponere, ut auditores illuminentur et ad diligendum Dominum inflammentur.

Subdiaconi, dum vasa munda recipiunt, et mapulam accipiant et pœnitentiam, ut se ministerio mundos exhibeant et se vasa Domini recognoscant; quivis etiam spiritualis subdiaconus est dum verbo vel opere aliorum crimina lavat, quod donum comprehendere possumus in operatione virtutum vel D discretione spirituum. Diaconi, dum stolam recipiunt, se astrictos legi Domini recognoscant, et per dexteram liberam, ad fidelibus ministrandum se expeditos agnoscant; quivis etiam spiritualis diaconus est, dum aliis servit, in charitate, et verbo, vel opere alios docet orare, quod donum intelligere possumus in interpretatione sermonum. Sacerdotes quorum manus unguntur chrismate, se ab omni immunditia contineant, ut corpus Domini digne conficiant; quivis etiam spiritualis presbyter est, si offert sacrificium spiritus contribulati [61] et si of-

CAPUT IV.

DE DIGNITATIBUS.

« Constitues eos principes super omnem terram [63]. » Ex præmissis liquido constat ordines a lege traxisse originem et exempla; dignitatum quoque institutio pendet a Veteri Testamento; Moyses enim ad consilium Jethro, chiliarchos, hecatontarchos, pentacontarchos, et decanos instituit, qui minora tractabant negotia ad Moysen referendo majora [64]. Septuaginta demum viri sunt instituti, qui Moysi spiritum accipientes populo sunt præfecti [65], quorum instar habent subdecanus et decanus, subscholasticus et scholasticus, succensor et cantor, thesaurarius, archicola, cimiliarcha, primicerius et œconomus, vel præpositus, archipresbyter et archidiaconus, vicedominus et coepiscopus, episcopus, archiepiscopus, primas et patriarcha. Aiunt tamen quidam, quod ordines a lege, dignitates formam capiunt a gentilitate, unde papa similitudinem gerit monarchæ, patriarcha potestatis regiæ; unde sicut rex præest tribus ducibus, sic patriarcha tribus archiepiscopis. Archiepiscopi vero ducibus; episcopi comitibus comparantur, unde nonnulli archiepiscopi duces, et episcopi comites. Coepiscopi præfectis, præpositi militum tribunis, archipresbyteri centurionibus, decani decurionibus. Sed undecunque fuerit institutio, constat quod omnibus præest dignitas episcopalis. Episcoporum autem dignitas in quatuor dividitur, in episcopos, archiepiscopos, primates et patriarchas. Episcopus generale nomen et speciale superintendens dicitur; episcopi enim supra, scopi intendens; quia custos vineæ Domini Sabaoth in alto residens [66], mores et vitam respicit singulorum. Dicitur et speculator [67]; quia sicut in specula collocatus, hostes scilicet djabolum, carnem et mundum, hæreticos et falsos fratres adventantes speculatur, et cives ad resistendum hortatur, et armare nititur. Dicitur et præsul, quoniam ad consilium præsidet; dicitur antistes; quia ante alios stans populo præeminet, vel contra stans, anti enim *contra*, quoniam hæreticis episcopi obviant, ut pastores lupis resistant et oves protegant. Dicitur et pontifex quasi pons sanctus; vita enim episcopi debet esse pons populi, super mare sæculi ad patriam paradisi, vel pontem faciens; pontem etenim populo facit, dum cum sana doctrina super paludes hæresum ad atria vitæ perducit. Hic est Aaron summus in lege sacerdos. Episcopi cum ordinantur, Sabbato circa vesperam postulantur et examinantur de moribus et statu præteritæ vitæ, interim benedictio petitur, ut san-

---

[49] I Cor. 4.   [50] Psal. 71.   [51] I Cor. 9.   [52] I Cor. 3.   [53] Jer. 9.   [54] Rom. 1.   [55] I Cor. 12.   [56] Levit. 5.   [57] Matth. 5.   [58] Psal. 50.   [59] Rom. 12.   [60] Psal. 44.   [61] Exod. 18.   [62] Num. 11.   [63] Isa. 5.   [64] Ezech. 3.

cta Trinitas ordinationi præesse monstretur. Mane
autem facto examinantur de futura conversatione,
conversatione et fide; At autem hæc examinatio ex
primitiva Ecclesiæ constitutione propter suspectos
in fide, moribus et conditione.

Postmodum, codicem Evangeliorum duo tenent
episcopi super scapulas, quasi o antes et ordinandum
commonentes, ut amplius solito jugo subjaceat
et obediat Evangelio. Tertius episcopus benedictionem
infundat. Trium episcoporum præsentia
sumitur ab apostolis; quia Jacobus frater Domini
a Petro, Jacobo et Joanne Hierosolymitanus est
ordinatus episcopus; et ratio est, ne tantum beneficium
videatur furtive præstitum; in ore sub uno
duorum, vel trium testium permaneat omne verbum[88],
tales igitur advocentur, qui de ordinatione præfecti
gaudeant, et pro ipso preces fundant. Postea chrismate
caput in modum crucis inungat, dicens.
*Ungatur et consecretur capit tuum, cælesti benedictione,
in ordine pontificali, in nomine Patris, et Filii
et Spiritus sancti.* In hac unctione demonstratur
spiritualiter vicarius Jesu Christi, qui fuit unctus
oleo invisibili[89], ut sicut ille fuit caput universæ
Ecclesiæ[100], sic iste sibi commissæ. Vel secundum
Gregorium, oleum in capite, charitas est in
mente. Et post manus in forma crucis inungat, dicens :
*Inungantur manus istæ de oleo sanctificato et
chrismate sanctificationis, sicut Samuel unxit David
in regem et prophetam*[1], *ita ungantur et consecrentur,
in nomine Dei Patris, et Filii, et Spiritus
sancti;* post confirmat pollicem; post baculum post
annulum, post Evangelium tradit, ut pollicis impositio
cunctis proficiat ad salutem, in baculo potestatem
ligandi atque solvendi sibi traditam recognoscat,
in annulo fidei integritate se muniat; item
baculo doctrinæ gregem ad pascua ducet, annulo
fidei secreta Scripturarum sponsæ committat; in
Evangelio apostolum se esse sciat.

Traduntur autem singula cum propriis verbis.
Igitur capitis et manuum unctio, pollicis confirmatio,
baculi et annuli traditio, et eorum singularia
verba, sunt, ut puto, hujus sacramenti substantia;
cætera solemnitatis. Chrismatica unctio a
lege cœpit, ubi ex mandato Domini reges, sacerdotes
et prophetæ leguntur inuncti[2], dicitur enim
in Levitico[3] de pontifice : « Super cujus caput fusum
est unctionis oleum, et cujus manus sunt in
sacerdotio consacratæ. » Manus impositio ab Isaac
cœpit, qui dum Jacob benedixit, ei manum imposuit[4],
et Moyses Josue manum imposuit, cum eum
ducem populo præfecit[5]; sed et Dominus apostolis
manum imposuit, dum eos principes mundi constituit[6];
sed et ipsi apostoli per manus impositio-

nem Spiritum sanctum dederunt[7]. Consecrationes
autem episcoporum celebrari debent in Dominicis
diebus et hora tertia; tali namque die talique hora,
apostoli sunt a Spiritu sancto oleo invisibili consecrati[8].
Oleum illuminat et vulnera curat, ita
Spiritus sanctus apostolis scientiam ministravit et
peccata curavit. Igitur unguuntur episcopi, hac die,
hac hora, ut Spiritum sanctum apostolis datum
accipere doceantur. Quæ sit missa consecrationis
in pontificali ordine, cujus officium cum evidenter
consecrationi conveniat, diligens exquisitor attendat.
Episcopale officium est presbyteros et alios Ecclesiæ
ministros ordinare, virgines velare, baptizatos
confirmare, chrisma et oleum consecrare, ecclesias
dedicare, rebelles excommunicare, pœnitentes
reconciliare, vestes et vasa sanctificare; et
attende quod olim episcopi etiam presbyteri nominabentur,
ut multis auctoritatibus demonstratur,
post aliud est nomen ætatis, aliud quidem officii;
seu postea sicut a diaconibus archidiaconus, et ab
exercitu imperator eligitur, sic a sacerdotibus major
secernitur; et sic divisa sunt nomina, ut qui
major est in singulis civitatibus, quasi [*vicarius
Christi* (2)] episcopus vocaretur [est autem unus
major et super alios sacerdotes electus, ad quem
omnis cura Ecclesiæ pertinet, ut de medio schismatum
semina tollerentur, ne quis diceret : Ego
sum Pauli, ego Apollo[9]; ad quem prædicta pertinent
officia positus ex consuetudine, ut Hieronymus
ait, quam dispositionis Dominicæ veritate].

Archiepiscopus dicitur princeps episcoporum,
idem est metropolita vel metropolitanus, a metropoli
matre civitatum; hic est Moyses qui Aaron in
pontificem oleo consecravit[10]. Sunt et quædam
sedes quæ primatiæ nomine decorantur, a primitiis
conversionis ad fidem, quorum quidam, quia
primas et patriarcha solo nomine differt et non officio,
sibi nomen et patriarchæ vindicarunt, ut Venetus.
Patriarcha, pater arcæ, id est Ecclesiæ, vel
Patrum princeps dicitur. [Hi sunt tres a tribus
partibus orbis : unus in Asia qui in Antiochia tenuit
præsulatum; alius in Alexandria, qui in Africa
tenuit principatum; tertius in Europa, qui in Roma
obtinet pontificatum. Hos præfiguraverunt Abraham,
Isaac et Jacob. Hæ dignitates aliis translatæ
fuerunt favore vel odio, ut Antiochenus patriarchatus
in Hierosolymam, Alexandrinus in Aquileam;
quia licet Petrus in Antiochia, et Marcus
prædicaverit in Alexandria. quia tamen utrique
reversi sunt ad vomitum[11] infidelitatis, patriarchatu
fuerunt dignitate privati; Hierusalem vero
decoratur; quia de Sion exivit lex et verbum Domini
de Hierusalem[12]. Aquileia quoque honoratur;

(2) Quæ hic et infra uncis conclusimus loca, in apographo litura exhibentur

---

[88] Deut. 17; Matth. 18; II Cor. 13. [89] Psal. 44; Hebr. 1. [100] Ephes. 1 et 5, Col. 1. [1] I Reg. 16.
I Reg. 10; Exod. 29; III Reg. 19. [3] Cap. 21. [4] Gen. 27. [5] Deut. 31. [6] Joan. 21. [7] Act. 8. [8] Act.
2. [9] I Cor. 1. [10] Exod. 29. [11] Prov. 26; II Petr. 2. [12] Isa. 2

quia Marcus primus Aquileiæ, secundo præfuit A
Alexandriæ. De patriarchatu autem Romano placuit
antiquis, ut sicut Augustus præ regibus haberetur,
sic præ cunctis episcopis papa speciali nomine vocaretur, et jus et nomen patriarchatus Constantinopolim transferretur.] Archiepiscopis, primatibus
et patriarchia præter supradictam solemnem episcoporum consecrationem, crucis ante eos ferendæ
insignia conceduntur, ut se Crucifixum imitari debere cognoscant; insignia quoque pallii conferuntur, ut torque victoriæ coronentur. Verumtamen
de pallio inferius latius exponetur.

Archiepiscoporum est officium episcopos consecrare, patriarcharum autem archiepiscopos, utrorumque vero concilia congregare, jura dilapsa reparare. Papa vero dicitur Pater patrum; hic universalis etiam nuncupatur, quia universæ Ecclesiæ
principatur. Dicitur et apostolicus; quia Principis
apostolorum vice fungitur. Dicitur et summus pontifex; quia caput est omnium pontificum, a quo
sicut a capite membra descendunt, de cujus plenitudine omnes accipiunt; ipse autem vocat eos in
partem sollicitudinis non in plenitudinem potestatis. Hic est Melchisedech, cujus sacerdotium non
est cæteris comparatum [13]. Papæ, cum ordinatur,
nomen mutatur, quia Petro nomen Dominus in Ecclesiæ prælatione mutavit [14], et Paulus de Saulo
factus est Paulus [15]; quem quidem septem cereo
stata, quasi Spiritus sancti dona præcedunt, cui
claves traduntur; quia Petro Christus tradidit claves regni cœlorum [16] ut se Janitorem cœli cognosceret. Rubeus mantus tribuitur, per quem charitas, vel martyrium declaratur, ad quod pro ovibus
semper debet esse paratus [17]. Hujus officium est
missas et alia officia ordinare, canones instituere,
augustum consecrare, pallia patriarchis et archiepiscopis, privilegia cunctis religiosis dare, totam
Ecclesiam regere.

Abbates etiam benedicuntur hoc modo: primo
eligitur a congregatione, ab episcopo roboratur et
in ambone ad consensum omnium publicatur. Secundo, stratis ante altare pontifice et electo, fiant
litaniæ et oratio Dominica, tertio surgat solus pontifex, et dicat super electo preces et orationes ad
hoc destinatas. Demum tradat ei Regulam, a sanctis Patribus nobis traditam. Post det ei baculum,
dicens: Accipe baculum pastoralis officii, ut sis in
corrigendis vitiis pie sæviens, et cum iratus fueris,
misericordiæ memor eris [18]. Similiter ad benedicendam abbatissam, nisi quod super eam specialis
benedictio funditur. Virgines aut non nisi in diebus
Epiphaniarum, vel in Albis paschalibus, vel in diebus Apostolorum velari debent, nisi gravi languore
detineantur; et hoc ideo ut Spiritus sanctus super
eas simplices ut columbas descendere videatur; et
per apostolos, qui morem virginitatis prius Eccle-

siæ tradidere, quasi per paranymphos sponsæ Domino consecrentur, quæ vitam apostolorum et conversationem redolent, etiam angelorum. Imperator
etiam consecratur seu potius ungitur et coronatur,
quod sumptum est a Davide, quem Samuel unxit
in regem [19]. Consecratur autem hoc modo, primo
fidelitatem facit sanctæ Romanæ Ecclesiæ, secundo
orationes dicantur super ipsum, tertio Portuensis
inungit ei brachium dextrum et inter scapulas, dicens orationes. Quarto summus pontifex, ei diadema imponit, dicens: Accipe, signum gloriæ, in
nomine Patris, et Filii, et Spiritus sancti. Hujus officium est Ecclesiam Christi protegere, jura condere, justitiam servare, ut satietatem consequatur
æternam.

CAPUT V.
DE VESTIBUS SANCTIS.

« Faciet vestimenta sancta Aaron, et filiis
ejus [20]. » De sanctis vestibus et prædictarum dignitatum insigniis latius est exsequendum. Sacræ
vestes a veteri lege videntur assumptæ; præcepit
enim Dominus Moysi, ut faceret Aaron et filiis ejus
vestes sanctas in gloriam et decorem; quædam vero
sumuntur ab apostolis sanctis, tam hæ quam illæ,
virtutes significant, vel opera justitiæ, vel mysterium Incarnationis Dominicæ. Cum autem omnes
vestes, quas cæteri vestiuntur ministri, vestiantur
et episcopi, sed non econverso, de vestibus episcoporum agamus, ut in generalibus specialia concludantur. Igitur holosericæ caligæ illam pedum
significant munditiam et lotionem, de qua Dominus ait: « Qui lotus est totus, non indiget, nisi ut
pedes lavet [21]. » Verum quia non sufficit munditia
cordis absque patientia persecutionis, ideo sequuntur centones rubei, martyrii significativi. Qui
autem in corde munditiam et in voluntate, si opus
fuerit, habuerit patientiam, securus accedat ad
prædicationem, quam sandalia significant, apostolicam. Sandalia dicuntur ab herba sandarica, vel
sandarico colore, quo depinguntur. Est autem genus calceamenti, quo partim pes tegitur inferius,
partim relinquit superius, factum ex pellibus animalium mortuorum, intus album, foris nigrum vel
rubeum, multis filiis et lineis contextum, gemmis
ornatum, habens forte lingulas quatuor, vel ad
minus duas ligandas, unam super pedem, alteram
a calcaneo surgentem. Vestimentum pedum non
habuit initium ab Aaron, qui duntaxat in Judæa
conversabatur, ideo opus non habuit, sed ab apostolis, quibus dictum fuit: « Euntes, docete omnes
gentes [22]. » Hi ergo hoc calceamentorum genere
utebantur, quo et episcopi uti debent; non autem
sacerdotes, ut per varietatem sandaliorum notetur
varietas ministrorum. Episcoporum est per parochias ad regendam plebem discurrere, ideoque habent sandalia, ne defluant, pedibus alligata, ex quo

[13] Gen. 14; Hebr. 7. [14] Joan. 1. [15] Act. 9. [16] Matth. 16. [17] Joan. 10. [18] Tob. 3. [19] I Reg. 16.
[20] Exod. 28. [21] Joan. 13. [22] Matth. 28.

perpendi potest, quantum necesse sit episcopis fir- A
mare gressus mentis; presbyterorum est domi hostias immolare, et ideo cum incedat securus, non
habet ligaturam in pedibus. Diaconus habet, quia
suum est ire in comitatu. Mystice hæc est apostolorum prædicatio, qua per litteram carnalibus tegitur, per allegoriam cœlestia petentibus denuda-
tur, vel partim nudatur et tegitur ; quia prædicator
cœlestia non debet abscondere, nec terrenis ullatenus inhiare, qui præfert præcedentium sanctorum
exempla, quorum fuit conscientia, seu vita coram
Deo puritate candida, coram hominibus nigra, id
est humilitate dejecta ; vel rubea, id est charitate
inflammata; multa fila, multæ sententiæ ; tres lineæ sunt : Lex, prophetia et Evangelium; laterales B
legem et prophetiam, media vero significat Evangelium. Duæ lineæ ad medianam replicantur ; quia
lex et prophetia in Evangelio recapitulantur. Gemmæ sunt opera virtutum. Quatuor lingulæ doctrina
sunt Testamentorum docentium nos a terrenis surgere, nec eis inhiare et ad cœlestia nos erigere ; vel
lingulæ a sandaliorum corio separatæ, sunt linguæ
hominum prædicationibus bona testimonia exhi-
bentium, licet sint separatæ a conversatione spiritualium : oportet enim eos habere bonum testimonium ab his qui foris sunt [13]. Ligatura mysterium
est incarnationis, multiplicatio ligationis est super-
erogatio prædicationis. Quod solvitur, sed non ex
toto, innuit quia non sumus digni, id est sufficientes solvere corrigias calceamentorum Christi [14] : C
quod autem alicubi sunt integra et alicubi perfo-
rata, significat quod cœlestia sacramenta quibusdam sunt revelanda, quibusdam vero tegenda.

Humerale, quod dicebatur ephod, in quo erant
duo lapides xii patriarcharum nomina continentes [15], et apud nos vocatur amictus, vestis est candida, qua caput, et collum, et humeri teguntur,
cujus duabus lineis mamillæ pectoris accinguntur,
ita ut una ora pateat, altera lateat, hæc est spes
cœlestium, pro qua munditiam mentis, castigationem vocis et operationis Domino consecramus.
Caput enim est officina mentis, collum est organum
vocis, humeri sunt bajuli oneris. Caput igitur
amictu mundo velamus, cum pro spe cœlestium
ori custodiam apponentes [16], non nisi laudes Do- D
mini personamus, humeros cooperimus, dum pro
spe cœlestium alter alterius onera portantes [17], active labores subimus et proximis in necessitatibus
subvenimus. Duæ oræ humeralis sunt charitas, seu
fides et operatio, quæ cum in pectore complentur,
fides et charitas occultantur in corde, operatio
vero patet in operum exhibitione. Duæ villæ seu
lineæ sunt timor pœnæ et desiderium vitæ, quæ
pro spe beatitudinis arcent pravas cogitationes a
pectore sacerdotis. Vel generaliter per humerale,
onus accipimus sacerdotale, quo tenemur ex corde

proximis compati, mente providere et humeris
onera ferre. Vel amictus simul superhumerale et
rationale typum gerit, et per humerale ad justitiam,
per rationale pertinet ad sapientiam, ideoque tegit
pectus et humeros. Vel per amictum, vocis intellige
castigationem, tegit enim collum organum vocis; et
cogitationum compressionem, cingit enim pectus,
et oculorum tegit aspectum.

Alba, quæ in lege tunica, vel talaris, vel apud
Græcos *poderis* appellatur, vestis est alba, descendens usque ad talos, habens caputium cum lingula,
medio angustatum, in extremitate multis commis-
suris dilatatur. Hæc est castitatis munditia, castiga-
tio corporis, qua tota vita sacerdotis est decoranda
finaliter et perseveranter, ut ministros æterni Regis,
scilicet angelos, in albis vestibus imitetur. Caputium est professio castitatis. Lingula est potestas
linguæ sacerdotalis, quæ ligat contumaces et ab-
solvendo reconciliat pœnitentes [18]. Castitas hæc in
medio nationis pravæ atque perversæ [19] pressuris
mundialibus coarctatur; sed in charitate multiplicatis virtutibus dilatatur. Hæc stringit manus et
brachia, ne quid lasciviant, genua ne ab orationis
instantia tepeant, tibias et pedes, ne ad malum cur-
rant. Hæc vestis olim fuit arcta, quoniam habuerunt spiritum servitutis ; nunc autem larga, eo quod
accepimus spiritum adoptionis et libertatis [20]. Cingulum quod in lege apud Græcos *baltheus* appellatur, quo lumbi cinguntur ; et alba, ne defluat et
gressum impediat, cohibetur, est mentis custodia,
vel timor Domini, vel continentia, quæ carnis concupiscentiam refrenat : unde ad lumbos ponitur,
quia in luxuria dominantur : unde : « Sint lumbi vestri præcincti [21], » et de diabolo dicitur : « Virtus ejus
in lumbis ejus [22]. » Lumbos ergo præcingere est luxu-
riosos impetus refrenare. Hæc cohibet castitatem ne
per devia dilabatur, ne et gressus bonorum operum
impediatur. Subcingulum quod perizomna vocatur,
vel succinctorium, quod duplex a zona dependet, significat orationem et jejunium, quibus castitas roboratur, et sine quibus difficile conservatur, vel per
subcingulum, studium accipimus miserentis, ideoque duplex est, quia convenit unicuique, primo :
animæ propriæ misereri, deinde proximis necessaria
misericorditer impertiri.

Stola fuit antiquitus vestis candida, pertingens
usque ad vestigia, qua patriarchæ ante legem utebantur, quam primogeniti, cum benedictionem patris acciperent, induebant, et Domino victimas, ut
pontifices offerebant. Sed postquam cœpit alba portari, mutata est in torquem, quæ stola et orarium
appellatur. Per primam stolam, intelligimus innocentiam, quæ fuit in primo homine, sed cum eam
perdidit propter peccatum [23], recuperare oportuit
eam per vitulum saginatum [24]. Beati qui hanc stolam a criminum labe custodiunt, vel maculatam

[13] I Tim. 3. [14] Joan. 1; Luc. 5. [15] Exod. 39. [16] Psal. 38. [17] Gal. 6. [18] Matth. 16, 18. [19] Philipp. 2. [20] Rom. 8. [21] Luc. 12. [22] Job 40. [23] Gen. 3. [24] Luc. 15.

lacrymis lavant, quia illorum potestas erit in ligno A
vitæ [33], scilicet in Christo per quem amissam gloriam possidebunt, sed superest ut, qui per inobe-
dientiam cecidimus, per obedientiam resurgamus.
Recte pro veste recuperanda innocentiæ, subimus
torquem obedientiæ, nam per stolam, qua nunc
utimur obedientiam accipimus Evangelii. Evangelium quippe est jugum Domini suave et onus ejus
leve, de quo Dominus : « Tollite jugum meum super vos [34]. » Obedientia vero lorum : dum itaque
sacerdos loris collum subjicit, innuit quod evangelico jugo patienter obedit. Unde a sinistro humero
transfertur ad dextrum, quoniam ab actione transitur per obedientiam in contemplationem. Orarium
appellatur, quia licet sine aliis indumentis sacerdotalibus liceat sacerdotibus baptizare, pœnitentiam B
dare, et similia facere, tamen sine orario, nisi
summa necessitate cogente, non licet. Hoc usque
ad genua, quæ curvantur, extenditur, ut per hoc
nostra humilitas ostendatur; quidam per stolam
intelligunt in adversis et prosperis tolerantiam,
et per ejus longitudinem perseverantiam. Quod
autem stola cum zona colligatur, innuit quod virtutes virtutibus adunantur. Tunica in Veteri Testamento [37] fuit solummodo Hyacinthina habens
superius capitium textile per girum ad pedes, quasi
mala Punica, cum tintinnabulis intermistis. Hæc,
ut Hieronymus ait, subucula nominatur, quæ propria pontificis, et interior est; per hanc perfectorum cœlestis conversatio intelligitur, cœli namque C
hyacinthinum habet colorem. Hac tunica indutus
erat Apostolus dicens : « Nostra conversatio in
cœlis est [38]. » Vel sicut lapis illius coloris mutat
colorem ex aeris qualitate, est enim serenus in
sereno et pallidus in nubilo, sic decet episcopum,
gaudere cum gaudentibus et flere cum flentibus [39];
quod si alterius fuerit coloris, alterius sit significationis. Textile, id est bene firmatum capitium,
est primordium cœlestis conversationis radice timoris Domini subnixum, aut constans prædicatoris
fiducia prædicandi cœlestia. Hanc vestem ad pedes
usque protendere, est usque ad finem vitæ bonis
operibus insudare. Per mala Punica, vitam sacerdotis intellige, qui castitatem et promptam ad
martyrium voluntatem uno defendit munimine D
charitatis; per tintinnabula doctrina significatur
ejusdem; nam contra se occulti judicis iram provocat, si sine doctrina prædicationis incedat. Perfectio itaque sacerdotalis conversationis in operibus
et doctrina clauditur veritatis, juxta illud : « Cœpit
Jesus facere, et docere [40]. »

Dalmatica vestis est a Dalmatica provincia nominata, ubi primo fuit inventa, quæ ab incon-
sutili Domini tunica [41] et apostolorum collobio
creditur mutuata; collobium enim vestis est sine
manicis, sicut videmus in monachorum cucullis;

sed beatus Silvester collobium in Dalmaticam vertit. Laxas manicas addidit, et in sacrificiis portan-
dam instituit. Crucis itaque formam gerit, duas
habens lineas, ante et retro, coccineas vel purpu-
reas cum xv fimbriis altrinsecus dependentibus in
utrisque lineis, scilicet ante et retro dispositis.
Sinistra quoque manica fimbrias habet, dextera
nequaquam. Per hanc itaque religio sancta et immaculata [43], qualis debet esse pontificis, intelligitur.
Duæ manicæ sunt sicut alæ pontificis protectionis,
sicut enim Dei sapientia pullos Ecclesiæ congrega
sub alas [43] gratiæ et misericordiæ, sic pontifex
debet fideles sub alas veteris et novæ legis prædicando congregare, et exemplis se super eos expan-
dere, et orationibus a volucribus, id est dæmonibus,
defensare atque protegere : largitas manicarum est
hilaritas pontificis donatoris. Sub ala pertusa latera
[latera ?] ut ejus vestigia imitetur [44], qui fuit in latere lancea perforatus [45]. Ad missam et ad annuntiandum evangelium est portanda, ubi Christus
præsentatur et prædicatur, quia formam gerit crucis; formam vero gerit crucis tum quia Christus
pro nobis tulit patibulum crucis [46], tum quia pontifex debet se crucifigere cum vitiis et concupiscentiis [47]. Lineæ coccineæ, ante et retro, dilectio
Dei et proximi in utroque Testamento mandata [48].
Lineæ purpureæ, fides sanguinis Christi in utroque
populo necessaria; fimbriæ sunt mandata, vel effectus, vel exercitia dilectionis, aut verba et opera
prædicationis, unde xv ante et retro, quia quindecim psalmi in Veteri Testamento, quasi quindecim
gradus exeunt de tramite charitatis, et quindecim
rami similiter in Novo Testamento excrescunt de
arbore charitatis, verbi gratia : « Charitas patiens
est, benigna est, non æmulatur, non agit perperam, non inflatur, non est ambitiosa, non quærit
quæ sua sunt, non irritatur, non cogitat malum,
non gaudet super iniquitate; congaudet autem veritati, omnia suffert, omnia credit, omnia sperat,
omnia sustinet. Charitas nunquam excidit [49]. » Ali-
quæ dalmaticæ habent viginti quatuor fimbrias
ante, et retro totidem, ubi septiformis Spiritus
est octies repetitus, qui replet octo maneries laudantium Dominum, scilicet reges et populos, principes
et judices, juvenes et virgines, seniores et junio-
res [50]. Linea quæ est in medio, stipes est charitatis;
sinistrum quoque latus fimbrias habet, quia vita
activa sollicita est, et turbatur erga plurima; dex-
terum vero latus fimbrias non habet, quia vita
contemplativa optimam partem elegit [51], scilicet
securitatem vitæ præsentia et quietem contemplationis. His omnibus redimita debet esse vita pontificis; præsens quoque vita, quæ per lævam accipitur, pluribus impeditur obstaculis, futura, quæ
per dexteram intelligitur, nullis angustiabitur curis.
Sæpius est candida, scilicet opere polymito variata

propter munditiam et virtutum varietatem, et est A filiorum Israel fuerunt insculpta[21]; veritas et doctrina fuerunt inscripta, quæ omnia pontifex in pectore gestabat. Hodie præfertur aurum et gemmæ in pectore pontificis, planetis affixæ. Hæc vestis rationem sive discretionem significabat, ideoque rationale judicii vocabatur; quia debet rector subtili examine bona malave discutere, auro sapientiæ, hyacintho spei supernæ, bysso carnalis munditiæ fulgere; duplex est, ut ejus examen Deo placeat et homo non contemnat; quadrangula, ut quatuor virtutibus appareat exornata et in eum tendat, qui cœlum palmo mensurat[24] et disponit cuncta in pondere, numero et mensura[25]. In sanctitate duodecim apostolos imitetur, et patriarcharum fidem, et simplicitatis opera imitetur, veritate fulgeat et doctrina, virtutum gemnis ornetur, in sacrificium, totius populi recordetur. Fanon qui et sudarium et mapula quasi manipula nominatur, sumitur non ab Aaron, sed ab antiquis Patribus qui, sicut legitur in Bedæ Martyrologio de Patre Arsenio, semper sudarium ferebat in sinu vel in manu, ad tergendam lacrymarum effluentiam. Sudario vero sudorem et pituitam oculorum, narium et salivarum abstergimus; et ideo per sudarium accipimus pœnitentiam, qua labes quotidiani excessus extergitur, vel tædium mundanæ conversationis, de quo : « Dormitavit anima mea præ tædio[26]; » tædet enim animam peccatorum conscientiæ et infirmitatis corporeæ; quo frontem conscientiæ tergimus, quo dissolvi cum Apostolo desideramus[27], dicente : « Infelix ego homo, quis me liberabit de corpore mortis hujus[28]? » Hinc sudarium, a sudore dicitur, quo sudorem, qui fit ex labore corporis, abstergimus. Unde sudarium legitur super caput Domini nostri Jesu Christi[29]. Ergo et brachio sinistro gestatur, quoniam in præsenti sæculo tantum tædium patimur, et peccata nostra pœnitentia emendantur; vel per manipulum futuram intelligimus operum retributionem[?], unde in quibusdam monasteriis, quoties in festis albis utuntur, manipulos portant, eo quod in illa vita, unusquisque propriam mercedem accipit secundum proprium laborem[30], et : « Venientes venient cum exsultatione, portantes manipulos suos[31]. » Mitra sumitur a lege; quæ tiara, cidaris, infula, pileum appellatur, ex bysso conficitur, auro et gemmis ornatur, habes duo cornua, duasque linguas posterius, et fimbrias dependentes inferius. Hac caput velatur et coronatur, hæc significat custodiam quinque sensuum ab illecebris mundi in mandatis Domini, pro corona vitæ quam repromisit Deus diligentibus se[32-33]; vel designat Ecclesiam quæ bysso munditiæ, auro sapientiæ, gemmis virtutum coruscantibus decoratur, duo prædicans Testamenta, duo jugiter adimplens mandata, in infirmis tamen sustinens, cum opprobriis et sollicitudi-

auriririgio adornata, juxta illud : « Astitit regina a dextris tuis in vestitu deaurato circumdata varietate[21] »; vel per dalmaticam occultam rationem sublimium intelligimus, unde circa collum clausa est, ut pectus sit opertum; quia carnalibus occulta est ratio sublimium secretorum. Illæ duæ tunicæ non cinguntur, scilicet tunica et dalmatica, quia sub lege non sunt, qui Spiritu Dei ducuntur[22].

Casula quæ quasi parva casa dicitur, planeta quoque vocatur a plano, quod est erro, cum erraibundus limbus ejus super brachia levatur. Et vide : quia vestis hæc in pectore, et inter humeros duplicatur, et in brachiis triplicatur, et indumentis cæteris superponitur, et pro qualitate temporis in colore mutatur. Hæc est charitas mater, et casa virtutum; sicut homo totus casa cooperitur, sic charitas totum corpus virtutum amplectitur, quia « plenitudo legis est dilectio[23]. » In pectore duplicatur, quia per charitatem bona voluntas et sancta cogitatio generatur. Inter humeros duplicatur, quia per illam adversa perseverantur, a proximis et ab adversariis; vel duplicatio significat quod charitatem habere debemus in corde et opere, intus et foris. Ad brachia levatur, dum bona opera charitas operatur; et ad dextrum, dum operamur bonum ad domesticos fidei[24]; ad sinistrum, dum extenditur etiam ad inimicos. Triplicatur igitur in dextro, dum fidelibus monachis, clericis, laicis, vel potius Noe, Job et Daniel, id est rectoribus, conjugatis et continentibus subvenimus. Triplicatur in sinistro, dum infidelibus, scilicet malis Christianis, Judæis et paganis, vel mercenariis, adulteris et fatuis virginibus[25] necessaria ministramus : cæteris vestibus superponitur, quia cæteris virtutibus eminentior comprobatur. Unde Apostolus : « Adhuc eminentiorem viam vobis ostendo[27]; » vel quia « plenitudo legis est charitas[28]; » in ejus enim præceptis tota lex pendet et prophetæ[29]. In colore pro qualitate temporis alteratur, ut : alba utimur in resurrectione, quoniam angeli apparuerunt in vestibus albis[40]; rubea in Pentecoste, quoniam Spiritus sanctus apparuit in igneis linguis apostolis[41]. Huic humerale in supremis annectitur, quia spes charitatem velut matrem amplectitur. Sacerdos in suo quidem officio non debet se casula exuere; quia, præcipiente Domino[42], non licet ei de sanctis exire. Vel per casulam vitam accipimus contemplativam, quam si quando exuimus, hoc facimus innuentes quod interdum pro fratribus est necesse temporalibus necessitatibus indulgere.

Rationale vestis est a lege sumpta, ex auro, hyacintho et bysso retorta, duplex et quadrangula, cujus erat unius palmi in omni parte mensura; duodecim lapides erant intexti, in quibus nomina

[21] Psal. 44. [22] Gal. 5. [24] Rom. 13. [25] Gal. 6. [26] Matth. 25. [27] I Cor. 12. [28] Rom. 13. [29] Matth. 22. [40] Joan. 20. [41] Act. 2. [42] Levit. 21. [21] Exod. 28. [24] Isa. 40. [25] Sap. 11. [26] Psal. 118. [27] Phil. 1. [28] Rom. 7. [29] Joan. 20. [30] I Cor. 3 [31] Psal. 125 [32-33] Jac. 1.

nihus impedimenta. Hæc caput Christi coronat, dum baptismate munda, bonorum operum laboribus candidata, pro corona gloriæ caput imitatur, et ejus dignitate congratulatur.

Chirothecarum usus est ab apostolis mutuatus. Per manus igitur, operationes; per chirothecas accipimus carum occultationes[74]; sicut aliquando chirothecis velantur, aliquando denudantur, sic bona opera propter arrogantiam declinandam celantur, interdum ad ædificandum proximos propalantur[75]; inconsutiles sunt, quoniam actiones pontificis rectæ fidei debent esse concordes. Annuli usus de Evangelio creditur receptus, ubi qui perierat et inventus est, prima stola vestitur et annulo insignitur[76]. Solebant antiqui olim litteras annulo sigillare. Pontifex igitur annulum portat, quoniam Scripturæ mysteria et Ecclesiæ sacramenta, perfidis sigillare debet, et humilibus revelare. Item annulo utebantur in signum libertatis. Pontifex igitur annulum portat, tum quia nullius debet esse conditioni obnoxius, pontificalis enim dignitas liberat a conditione servili, tum quia prædicator sit spiritualis libertatis, qua Christus nos liberavit[77]. Item Proteus quidam sapiens primus ob amoris signum ferreum annulum fecit et inibi adamantem inclusit, et inde subarrhari sponsas instituit; quia sicut ferrum domat omnia, sic omnia vincit amor, et sicut adamans est infrangibilis, sic est insuperabilis amor: « Fortis est enim ut mors dilectio[78]; » ideoque et in digito annulari, in quo vena procedit a corde, annulum portari constituit. Postmodum vero pro ferreis sunt aurei constituti, et pro adamante gemmis adornati, quia sicut aurum cætera metalla, sic amor universa bona præcellit, et sicut aurum gemma decoratur, sic amor cæteris virtutibus adornatur. Pontifex ergo annulum portat, ut se sponsam Christi vel sponsum Ecclesiæ recognoscat, juxta illud: « Despondi enim vos uni viro virginem castam exhibere Christo[79], » pro quo vel qua si necesse fuerit animam ponat[80]. Vel quia in annulo nomen regis sculpitur, et imago; ideo per annulum intelligimus Catholicæ fidei symbolum; audi nomen: Dominus Pater, Dominus Filius, Dominus Spiritus sanctus; vide imaginem, qualis Pater, talis Filius, talis Spiritus sanctus; igitur annulum in manu portare, est fidem in opere demonstrare. Baculus a lege sumitur et Evangelio, qui et virga pastoris, et sambura, et pedum, et ferula nominatur. Moyses ex mandato Domini, virgam habuit, qua terribilia fecit in cœlo, in terra et in mari[81]; quia cibum de cœlo[82], potum de terra produxit[83] et gregem ad terram fluentem lacte et melle minavit. In Evangelio quoque Dominus præcepit apostolis, ut euntes ad prædicandum virgam tollerent[84]. Hic ergo baculus ex osse et ligno conficitur, quæ crystallina vel aurata sphærula conjunguntur, os superius re-

curvatur, lignum inferius ferro acuitur, modice tamen retunditur, os et lignum arte rasili poliuntur. Per baculum doctrinæ auctoritas intelligitur, hoc infirmi sustentantur, inquieti corripiuntur, errantes ad pœnitentiam retrahuntur. Unde et pedum vocatur; est enim pedum lignum curvum, quo pastores pedes retrahunt animalium. Hic ex osse, id est duritia legis, et ligno, id est mansuetudine conficitur Evangelii, quæ duo cincta sunt sphærula divinitatis Jesu Christi. Vel per os severitatem, per lignum pontificis accipe lenitatem, quas jungit in judicio pontifex per charitatem. Nam severitas, vel misericordia multum destituitur, si una sine altera teneatur; ideoque ferrum obtunditur, quia judicium clementia temperatur. Baculus recurvatur, cum os prædicatoris ad asellam retorquetur operationis, vel cum errantes ad pœnitentiam revocantur. Ferro inferius acuitur, cum prædicatio per ultimum judicium terminatur. Aliquando in curvatura cape (sic) ponitur, quoniam ad Dominum conversis vita æterna promittitur. Aliquando in curvatura scribitur: « Cum iratus fueris, misericordiæ recordaberis[85]; » ne ob culpam gregis ira turbet in pastore oculum rationis, sed verbo et exemplo revocet peccantes ad misericordiam Redemptoris. Aliquando in sphærula scribitur homo, ut se pontifex hominem memoretur et de potestate collata non elevetur. Aliquando juxta ferrum scribitur: Parce, ut in disciplinis subditis parcat, ut misericors a misericorde misericordiam consequatur[86]; intelligat ergo pontifex se debere

Parcere subjectis et debellare superbos,

(Virg. Æn. vi, 853.)

Unde dicitur:

Curva trahit mites pars, pungit acuta rebelles;

et iterum:

Curva trahit, quos virga regit, pars ultima pungit.

Cuncta sunt rasili arte polita, quoniam hæc omnia regula sanctitatis debent esse in pontifice redimita.

Pallium est torques in modum circuli cingens, habens ante et retro lineas dependentes de lana, scilicet vili materia contextum, in sinistra duplex, in dextera simplex. Cruces nigræ superponuntur, tres acus seu spinulæ infiguntur. Constat quod hæc vestis non est decoris, sed spiritualis significationis; significat enim imitationem passionis Christi, de qua: « Si quis vult venire post me, abneget semetipsum, et tollat crucem suam et sequatur me[87]; » pro qua merebimur vitæ æternæ coronam. Duæ linguæ sunt duæ leges Christi passionem proferentes. Hæc imitatio est hominibus despectibilis, cujus etiam prædicatores, in præsenti vita[88], nunc menti, nunc carni serviunt, nunc cœlestibus inhærent, nunc terræ necessaria petunt, nunc adversis franguntur, nunc prosperis extolluntur; sed in futura vita, non

---

[74] Matth. 6.   [75] Matth. 5.   [76] Luc. 15.   [77] Gal. 4.   [78] Cant. 8.   [79] II Cor. 11.   [80] Joan. 10.   [81] Exod. 4.   [82] Exod. 16.   [83] Exod. 17.   [84] Marc. 6.   [85] Tob. 3.   [86] Hebr. 4.   [87] Matth. 16.   [88] Rom. 7.

erit duplicitas, non macula, neque ruga [59], sed erit ibi felicitas sine adversitate, gaudium sine mœrore. Cruces sunt cordis contritio et carnis mortificatio. Tres spinulæ, fides, spes, charitas, vel timor servilis, initialis et filialis, quibus, ne a proposito imitationis pontifex decidat, sustentatur; vel per pallium dependens super humeros episcoporum significatur reverentia quæ sedi Romanæ debetur. Unde pallium a sede apostolica duntaxat accipitur: sicut enim quia Pater misit Filium, ei obedivit [60], et sicut quia Filius apostolos misit, ipsi obedierunt Domino [61]; sic quia apostolicus misit episcopos, ipsi obediunt apostolico. Vel per pallium intellige disciplinam, quam debet superinduere, ut sciat se moribus subditorum confingere et condescendere, cujus duæ lineæ duo sunt Testamenta, in quibus vera permanet disciplina; et sicut torques non dabatur nisi his, qui legitime certaverant [62], sic pallium non datur nisi his, qui illum gradiendo meruerunt, et nos disciplinam servantes, torque victoriæ coronabimur, juxta illud Salomonis : « Addatur gratia capiti tuo, et torques collo tuo [63]. » Dicunt quidam quod pallium pro aurea lamina fuerit institutum [64], potius puto quod aurifrigia mitræ vicem gerant laminæ, vel potius aurea lamina figuravit signum crucis, quod fit in officio confirmationis; ibi ineffabilis majestas nominis, hic ineffabile mysterium crucis. Erat enim super tiaram imminens fronti pontificis, in qua fuit insculptum tetragrammaton, scilicet He, Toth, He, Vau, quod est interpretatum : *Iste principium passionis, vitæ;* quia pontifex repræsentat Christum, qui est principium vitæ in Adam perditæ, quam reparavit nobis sua passione, et significat lamina professionis nostræ fiduciam; ideoque in fronte portabatur, et nos hodie in fronte signamur, et chrismate confirmamur; quoniam passionem Christi non erubescimus.

Cappa creditur a tunica mutuata, unde sicut illa tintinnabulis [65], sic ista fimbriis insignitur, hæc habet capucium, usque ad pedes pertingit, in anteriora manet aperta; hac sancta conversatio designatur; fimbriæ, quæ inferius sunt, labores et hujus mundi sollicitudines. Capucium, supernum gaudium; prolixitas usque ad pedes, perseverantiam usque in finem; apertura significat quod sancte conversantibus vita patet æterna, vel per cappam gloriosorum corporum accipimus immortalitatem. Unde eas nisi in festis majoribus non superinduimus, aspicientes in futuram resurrectionem, quando electi quibus depositione carnis in animabus albæ stolæ donantur, binas stolas accipient, et requiem animarum, et gloriam corporum, quæ cappæ rectæ ab anteriori parte sunt patulæ, et, nisi sola necessaria fibula, inconsutæ, quia corpora jam spiritualia facta, nullis animam obturabunt angustiis; fimbriis etiam subornantur, quia

nihil nostræ tunc deerit perfectioni, sed quod nunc ex parte cognoscimus, tunc cognoscemus, sicut et cogniti sumus [66]. Demum notabile est quod noster pontifex plura quam octo induit vestimenta, cum Aaron non nisi octo legatur habuisse; quia oportet justitiam nostram abundare magis quam Scribarum et Pharisæorum, ut intrare possimus in regnum cœlorum [67].

CAPUT VI.

E REGALIBUS INSIGNIBUS.

« Dabo vincenti potestatem super gentes, et reget eos in virga ferrea, et dabo illi stellam matutinam [68]. » Insignia regalia sunt sceptrum, corona, diadema, vestis purpurea. Virga sceptri est potestas regni, corona circulus mundi, diadema præmium bravii, purpura caro infirmi. In virga monetur ut justitiam diligat [69]; in corona, ut mundum regat; in diademate, ut sic in agone contendat, quod præmium æternum accipiat [100]; in purpura, ut licet se tantum viderit, tamen non superbiat, sed se infirmum agnoscat, et qui stat, videat ne cadat [1]. Ad hæc dicitur, quod pera etiam superadditur, ut se in hoc suo regno peregrinum esse cognoscat, et cum hic manentem civitatem non habeat, futuram inquirat [2]; vel quia sicut ad fastigium regni ascendit, sic etiam ad mendicitatem descendere possit, sicut Diocletianus, qui de Augusto exstitit hortulanus. Cæteræ vestes regales sunt principales virtutes, vel sibi subditæ potestates. Crux etiam ante reges portatur, ut regi serviant Crucifixo. Ensis et lancea, ut non declinet a justitia in judicio. Huic modo tropæum, modo triumphum Romanum vulgus exhibere solebat. Tropæum est de fugatis hostibus exsultatio, in quo non palmæ, sed laureæ, id est sertæ de Lauro dabantur, et candidæ togæ. Hi vero, qui in agone viriliter dimicaverant, circa collum torquem, id est aureum circulum accipiebant. Triumphus est de victis hostibus exsultatio, cujus hæc erat repræsentatio. Imperator trabea, id est purpurea veste induebatur, coronabatur in curru stemmate, illum trahentibus niveis equis in Capitolium, cum laudibus vehebatur, senatoribus præcedentibus, militibus hinc inde equitantibus, populo sequente, omnibus hymnos de victoria compositos concinentibus; principes capti ante currum vincti catenis aureis ducebantur; vulgus captivum vinctis post tergum manibus sequebatur. Greges camelorum, equorum, et qui spolia portabant, postea sequebantur. Dum sic duceretur tota civitas alliis decorabatur, demum spolia dividebantur, et his qui homines ceperant palmæ et togæ palmatæ, id est in quibus palmæ erant depictæ dabantur. Hinc est quod hi qui de Hierosolymis veniunt, palmas in manibus gerunt, in signum quod illi regi militaverunt qui Hierosolymis cum diabolo pugnans, et victor exstitit, et cœli palatium cum angelis triumphans introiit, ubi justi sicut palmæ florebunt [3] et sicut stellæ fulgebunt [4].

[59] Ephes. 5. [60] Joan. 8. [61] Matth. 12; Luc. 10. [62] II Tim. 2. [63] Prov. 1. [64] Exod. 28. [65] Ibid. [66] I Cor. 13. [67] Matth. 5. [68] Apoc. 2. [69] Sap. 1. [100] I Cor. 9. [1] I Cor. 10. [2] Hebr. 13. [3] Psal. 91. [4] Matth. 13.

CAPUT VII.

ITEM DE VESTIBUS.

« Vidi similem Filio hominis vestitum podere [5].» Præterea juxta Patrum antiquorum exempla [6], vestes sacerdotales secundum positionem, materiam et colorem, quatuor elementa et duo cœli significant hemisphæria. Auri namque lamina superius posita in fronte pontificis innuebat, quod omnia quæ subtus sunt, Dei sapientia gubernantur; et pontifex Creatoris similitudinem gerens, pro universis subditis sapienter curam gerere tenetur. Allegorice vero ad Christi sacerdotium referuntur; sacerdos enim capitis nostri personam gerit, scilicet Domini Jesu Chris⁴i, ergo per calceamenta pontificis mysterium intelligimus incarnationis. Unde per colorum ipsorum varietatem virtutum Christi intelligimus multiplicitatem. Calceata namque venit ad nos in eo divinitas', de hoc calceamento dicitur in Psalmo : «In Idumæam extendam calceamentum meum [7],» id est, gentibus notam faciam incarnationem meam. Hujus calceamenti corrigias solvere, se non posse Baptista Domini confitetur [8]. Unde per singulas sandaliorum ineffabilem divinitatis et humanitatis accipimus unionem. Christus amictu caput obnubilavit, cum divinitatem, quæ est caput, id est principium sine principio, in latibulo carnis abscondit. Hic est angelus fortis amictus nube, qui in Apocalypsi de cœlo dicitur descendisse [9], et in Isaia : « Ecce Dominus ascendit super nubem candidam [10]; » et pulchre idem in amictu et sandaliis figuratur, quoniam et in carne divinitas latuit et per carnem ejus notitia universum mundum percurrit. Christus albam induit, cum novam innocentiæ vitam verbo docuit et exemplo, et resurgentibus contulit in baptismo. Poderis est Christi caro ejus est; vel Ecclesia, cujus vestimenti lingulam non inferius sed sursum affixit, cum innocentiæ doctrinam, carnem et Ecclesiam ad cœlestia, non ad terrena direxit. Christus cingulum portavit, cum lumbos præcingendos admonuit, dicens : « Sint lumbi vestri præcincti [11]. » Hæc est aurea zona, de qua legitur in Apocalypsi [12] : « Vidi præcinctum ad mamillas aurea zona. » Per stolam Christi accipimus obedientiam et servitutem, quam subiit propter nostram salutem. Hic est enim Jacob qui præcepto patris scilicet Dei, et consilio matris, id est Spiritus sancti obediens servivit Laban [13], id est mundo, subjectis humeris, ejus peccata portando, ut Rachel et Liam in matrimonium duceret [14], id est Synagogam de Judæis et Ecclesiam de gentibus assumeret. Per tunicam et dalmaticam episcopalem sublimium Christi et de Christo rationem intelligimus, quæ non patet omnibus, sed majoribus et perfectis [15]. Hanc habuerunt pontifices, quibus dicebatur : « In montem excelsum ascende tu, qui evangelizas Sion [16]. » Hanc significavit inconsutilis tunica Jesu Christi [17]; hanc habuit Dominus,

A in quo fuerunt omnes thesauri sapientiæ et scientiæ Dei absconditi [18]; eamque dedit apostolis, dicens : « Omnia quæ audivi a Patre meo nota feci vobis [19]. » Sunt autem duæ vestes duo Spiritus sancti dona, scilicet sapientiam et scientiam significantes, et quidem mapula significat opera. Chirothecæ munditiam significant operum Jesu Christi. Per annuium episcopi donum significatur Spiritus sancti, quo dives et ornatus ad Ecclesiam descendit Filius Dei, quod credentibus in se dividit prout vult, dans alii sermonem sapientiæ, alii sermonem scientiæ [20]. Gratiarum divisiones [21] imitatur pontifex per ordinum collationes, instituens alios præsbyteros, alios vero diaconos. Non igitur abs re in ejus digito gemmatus fulget annulus, per cujus ministerium dantur fulgida charismata sancti Spiritus ; vel annulum Christus portavit, cum sponsam integritate fidei subarrhavit.

Per casulam sancta significatur Ecclesia. Hoc est vestimentum veri Aaron : in oram cujus a capite per barbam descendit unguentum [22]. In capite nostro est plenitudo Spiritus sancti, qui descendit in barham, id est apostolos aliosque perfectos, et exinde in totam Ecclesiam, usque ad oram vestimenti, hoc est extrema Ecclesiæ membra. Hæc est una, integra, undique clausa, ut unitatem fidei significet, et integritatem ; sed, licet una, per extensionem tamen crucifixi, quodammodo dividitur, et pars anterior partem significat Ecclesiæ, quæ præcessit Domini passionem; posterior vero sequentem. Huic amictus superducitur et ori circumponitur ; quia corona et decus Ecclesiæ Christi humanitas intelligitur. Pallium episcopi humilitatem significat Jesu Christi, qui non sibi, sed Patri auctoritatem attribuit, dicens : « Sicut misit me Pater, ita ego mitto vos [23]; » qui Patri usque ad mortem amaritudinem obedivit, propter quod exaltavit illum Deus, et dedit illi nomen quod est super omne nomen, et dedit illi potestatem in cœlo et in terra [24], quæ per baculum repræsentatur, et coronavit eum gloria et honore [25]. Unde et episcopus mitratur, et summus pontifex coronatur.

CAPUT VIII.

DE INDUENDIS MINISTRIS.

« Sacerdotes tui induantur justitiam, et sancti tui exsultent [26]. » Sacris vestibus non est utendum, nisi cum ingredimur in Sancta sanctorum, nec in eis est exeundum ad populum ; sic enim Stephanus, natione Romanus, instituit, per quod intelligitur, non omnia sacrata, vel secreta esse populis committenda ; talis enim debet esse homilia, ut intelligi possit a subjecta familia, similiter nec cum pollutis et quotidianis vestibus est ingrediendum ; quia munda conscientia est accedendum ad Domini sacramentum, et in ea contemplatione qua exuatur car-

[5] Apoc. 1.   [6] Exod. 28.   [7] Psal. 107.   [8] Joan. 1.   [9] Apoc. 10.   [10] Isa. 19.   [11] Luc. 12.   [12] Cap. 1.
[13] Gen. 27.   [14] Gen. 28.   [15] I Cor. 2.   [16] Isa. 40.   [17] Joan. 19.   [18] Col. 2.   [19] Joan. 15.   [20] I Cor. 12.
[21] Ibid.   [22] Psal. 132.   [23] Joan. 20.   [24] Philip. 2.   [25] Psal. 8.   [26] Psal. 131.

nali cogitatione; ideoque Hieronymus ait : Religio A
divina alterum habet habitum in ministerio, alterum in usu communi. Inpræsentiarum vero de habitu in ministerio necessario prosequamur, prædictas vestes ministros Domini vestientes, ut compti
ad mensam Christi veniant, et ornati [17]. Ostiariis
itaque, lectoribus, exorcistis, acolythis, albæ vestes
conceduntur; ut angelos, Domini ministros, per castitatis munditiam imitentur, et eis in carne gloriosa effecta spirituali, quasi in albis vestibus socien-
tur ; et attende quod ministri altaris potius lineis
vestimentis utuntur, quia sicut linum per multos
labores ad candorem perducitur, sic necesse est per
multas tribulationes ad regni gloriam pervenire [18].
Ad castitatis quoque decorem necesse est attingere
per jejuniorum et vigiliarum laborem. Induunt igi- B
tur humerale, quo teguntur caput et collum, et hujusmodi, quibus onera deferuntur, ut discant mentem comprimere, linguam refrenare [19], et aliorum
onera portare [20], et sic Christo in membris suis necessaria ministrare [21], et Christi amicti nube, humanitatem ad memoriam revocare.

Induunt poderem talarem, ut discant munditiam
corporis et castitatem induere, et in ea usque in
finem vitæ Deo servire. Deinde baltheo renes accingunt, ut sub timore Domini discant carnales concupiscentias refrenare, et lumbos ad mandatum Christi
præcinctos habere [22]. Subdiaconis etiam supradictæ
vestes conceduntur, et duæ superadduntur, scilicet
subtile et sudarium; subtile, quæ et stricta tunica C
dicitur, portant, ut se justitiam induant quasi loricam [23]: Sudarium quoque in sinistro brachio portant, quo sordes a vasis et lacrymæ deterguntur ab
oculis, ut discant in vita præsenti sordes vitiorum
purgare et per pœnitentiam præterita mala deflere.
Illud notabile est quod sudarium subdiaconorum,
majus fauone sacerdotali formatur; quia ubi major
excessus, major exigitur pœnitentiæ fructus. Diaconis usus additur dalmaticarum et stolæ, et quibusdam certis temporibus casularum. In dalmatica
discant sancte et religiose vivere, carnis concupiscentiam mortificare, Deum et proximum diligere [24],
mandata dilectionis, quæ sunt ante et retro, id est
in lege et Evangelio servare, vel occultam rationem
sublimium indagare; unde ea non nisi in festis uti- D
tur, quia discipuli sublimia non intellexerunt, nisi
postquam Dominus est glorificatus [25].

In fimbriis sinistræ manicæ, et in stola super sinistrum humerum posita, discant se activæ vitæ
onera subire, viduis et pupillis debere cum Stephano ministrare [26]. In eo vero quod ad lumbos stola
subcingitur, ut sit fortis et expeditus contra pugnas
libidinis invitatur. In casula discat, se esse prædicatorem qui in dilectione ferveat, et vitæ, contem-

plativæ inhiet, interdum se illa præcingit, et humero
duplicatam imponit ; dum opus prædicationis, orationis, lectionis, meditationis intermittit, proximis
in necessitate succurrit, et ob geminam dilectionem, laborem pro fratribus subit. Quam reflectit in
dextrum, cum omnia refert ad summum bonum, et
sic dum casulam induit Mariam, dum præcingit repræsentat in ministerio Martham [27]. Nunc cum his
ministris, ad induendum pontificem festinemus. At
nos verbo, illi ministerio. Sacerdos Dei summi,
vicarie Jesu Christi, vide quid dicas, quid agas, quæ
circa te ponuntur, et intellige mysteria, quæ significantur. Prius enim decantas psalmos : « Quam di-
lecta tabernacula [28]; » in quo proponis filiis Chore,
id est calvi, scilicet ministris Christi in calvaria de-
calvati, te inæstimabili desiderio domum non manufactam concupiscere [29], pro qua et oras et te humilem asseveras, dicens : « Elegi abjectus esse in
domo, etc. [30] » — « Benedixisti, Domine, terram
tuam [31], » in quo misericordiam ostendi petis, et
salutare, id est de Christo invisibiliter ostenso gratiam agis, et filiis Chore, agendam ostendis, per
quem Deus Pater habilitatem ad illam redeundi
proposuit, dum captivitatem nostram avertit iniquitatem remisit, iram mitigavit et benignitatem
dedit; « Inclina, Domine, etc. [32], » in quo Christus
orat pro suis, pro quibus ut nobis prædicta conferret, de terra ortus est, in patibulo crucifixus est,
cujus oratio nostra est instructio; nostra autem
oratio peccatorum est abolitio ; « Fundamenta ejus
in montibus sanctis [33], » in quo domum supradictam
commendas multipliciter, ut filios Chore, ad ipsam
allicias, ac si dicas : « O filii Chore, sumite exemplum a me; festino enim intrare in illam requiem [34],
et ut intrem oro, humilitatem ostendo, festinate et
vos, et potestis, quia Pater vos per Filium liberavit [35], et ut perveniretis, Filius ad Patrem oravit [36];
et debetis festinare ad ipsam, quia ibi erit lætitia
sempiterna, de qua dicta sunt antiquitus gloriosa.
Deinde rediens ad te dicis : « Credidi propter quod
locutus sum [37], » ubi promittis calicem Domini
accipere et laudis hostiam sacrificare, sed quia te
sentis indignum, nullus enim est in mortali corpore sine peccato, sequitur pœnitentialis supplicatio, cum dicis : « De profundis clamavi ad te, Domine [38], » ut sis sicut Jonas clamans de ventre
ceti ad eum [39], apud quem est propitiatio, misericordia et copiosa redemptio. Ideoque preces subdere debes, et orationes tuo ministerio competentes,
ut : Aures tuæ pietatis, etc.

His dictis, exue vestes quotidianas, et indue
mundas et sacras, ut exuas veterem hominem cum
actibus suis, et induas novum, qui secundum Deum
creatus est [40]. Vetus homo est Adam, cujus vetu-

[17] Joan. 20. [18] Act. 14. [19] Jac. 1. [20] Gal. 6. [21] Rom. 12. [22] Luc. 12. [23] Ephes. 6. [24] Matth. 22.
[25] Matth. 15. [26] Act. 6. [27] Luc. 10. [28] Psal. 83. [29] II Cor. 5. [30] Psal. 83. [31] Psal. 84. [32] Psal. 85.
Psal. 86. [34] Hebr. 4. [35] Joan. 8. [36] Joan. 17. [37] Psal. 115. [38] Psal. 129. [39] Jon. 2. [40] Ephes. 4;
Coloss. III.

stas vitia sunt et peccata. Novus homo Christus est, cujus novitas virtutes, et bona opera. Deinde pecte capitis crines, ut discas mentis componere mores, vel superfluas abigere cogitationes ; exinde manus et faciem, si volueris, aqua lavabis, ut scias carnales actus et mentis sordes abluere lacrymis pœnitentiæ ; ut sis in numero innocentum audacter dicentium : « Judica me, Domine, quoniam ego, etc. [61], » et infra : « Lavabo inter innocentes manus meas [62] ; » et postea lota manutergio terge, intelligens quod debeas post lacrymas contritionis, etiam abolere peccata per opera satisfactionis. Linum, ut prædiximus, per laborem ducitur ad candorem, sic pœnitens per satisfactionem ad perpetuam glorificationem ; nec ista crinium, faciei et manuum ornamenta sunt voluptatis oblectamenta, sed in figuram a Domino sacerdotibus legimus injuncta [63]. Quod in labio æneo, de mulierum speculis facto se lavabant, hæc est sacra Scriptura continens perspicuam vitam sanctorum, in qua vitam nostram lavamus, dum exemplis sanctorum purgantes nos a maculis vitiorum, cohibentes crines cogitationum, transformamur in pulchritudinem virtutum.

Post hæc a ministris sandalia calcearis, ut memor sis Dominicæ incarnationis, et ut ad instar apostolorum calceatus incedas ad præparationem evangelii pacis. Unde in ornatu pedum meminisse debes illud : Quam speciosi pedes evangelizantium bona [64]. Hæc calceamenta non sunt honoris, sed oneris ; non ad quiescendum, sed ad iter prædicationis agendum. Insta ergo prædicationi opportune et importune, argue, obsecra, increpa in omni patientia [65] ; illorum imiteris exempla, quorum indueris vestimenta, sed ut Spiritus Patris loquatur in te [66], detque tibi scientiam vocis sicut dedit apostolis [67], cum sandalia calcearis dicas hymnum : *Veni, creator Spiritus*, et alibi : *Veni, sancte Spiritus*, et orationes de Spiritu sancto : *Deus qui corda fidelium*, et aliam : *Adsit nobis, quæsumus, Domine;* aliam : *Mentes nostras quas, Domine, Paracletus ;* et aliam : *Præsta, quæsumus, omnipotens Deus, ut Spiritus.* Postmodum protege mundo caput, amictus, tegas et humeros, stringe pectus, et fauces, ut quidquid mente capis, quidquid oneris subis, quidquid cogitas, quidquid loqueris, fidem non violes mediatoris, sed omnia pro spe cœlestium, sine macula referas ad Dominum, timens pœnam, desiderans gloriam ; si ergo in cor tuum pravæ cogitationes ascenderint [68], sentiat amictum, candidum indumentum, ut sub spe beatitudinis æternæ memor castitatis et munditiæ, nullius muscæ contagio corrumpatur, ut fiat cor mundum, spiritum rectum percipiens, in visceribus innovatum [69]. Quod si quando cogitatio castiganda subrepat, stringe fauces amictu lineo, et « prohibe linguam tuam a malo [70], » ut sit ori tuo custodia et labiorum tuorum circumstantia [71]. Semper sacerdotis collum et pectus cingatur amictu ; semper cor ejus sit mundum et eloquium castum ; nam cogitationibus et mendacio corrumpitur anima, et fornicatur a Domino. Deinde indue poderim albam, talarem, ut habeas in te munditiam carnis perseverantem, et castitatem, et ad inimicos dilatatam charitatem [72], et intelligas adoptionis filiorum libertatem [73], qua Filius nos liberavit [74]. Deinde renes accinge, discens quod debeas impetus luxuriæ refrenare. Illud notabile est quod pectus et fauces leniter, renes autem fortiter stringere debes ; quia motus animi in tua potestate non sunt. Helias prius clausit cœlum quam animum existimans se solum de prophetis Domini remansisse, cum adhuc superessent septem millia virorum, qui non curvaverant genua sua ante Baal [75]. Lingua etiam in nudo sedet, et madido, et facile lubricatur. Princeps apostolorum ad vocem ancillæ negavit Magistrum [76]. In renibus autem frater noli errare. Deus non irridetur [77] ; ne dicas carnis lapsum venialem, tanquam debitum vectigal naturæ, ne dicas jumentum indomabile ; sed astringens renes, castiga corpus tuum et in servitutem redige [78] ; et ut efficacius valeas impetus luxuriæ refrenare, duplex tibi succinctorium a zona dependeat, scilicet jejunium et oratio ; his enim armis ejicitur impetus libidinis, et spiritus fornicationis, unde Dominus : « Hoc genus non ejicitur, nisi | in oratione et jejunio [79]. » Exinde stolæ colla suppone, in signum obedientiæ, quod obedias Evangelio Crucifixi. Postea tunicam indue hyacinthinam, id est cœlestem conversationem ; et superindue dalmaticam, id est sanctam religionem, vel carnis mortificationem, vel sublimium rationem; postmodum chirothecas, ut declines vanam gloriam, juxta illud : « Cavete ne justitiam vestram coram hominibus faciatis, ut videamini ab eis [80] ; interdum tamen exue chirothecas, ut invites proximos ad operationem bonam [81], juxta illud : « Luceat lux vestra coram hominibus, ut videntes opera vestra bona, glorificent Patrem vestrum qui in cœlis est [82]. » Ideoque chirothecas induis, ut munditiam operum tuorum prætendas. Cohibe ergo manus tuas a contactu immundæ cuticulæ, et non solum a furto et rapina, sed excute eas ab omni munere, ne cum accesseris ad mensam Christi, dicat tibi : « Noli me tangere [83] ; » vox enim tua Jacob sonat, sed manus tuæ sunt Esau [84]. Ad hæc annulum indue, ut diligas sponsum plus quam te cui fidem serves, sponsam sicut te, cui secreta reveles et libertatem prædices, qua te verus Sponsus, cujus es vicarius liberavit [85]. Præterea superindue casulam, vestem nuptialem [86], per eam intelligens

[61] Psal. 25. [62] Ibid. [63] Exod. 30, 38. [64] Isa. 52. [65] II Tim. 4. [66] Matth. 10. [67] Act. 2. [68] Luc. 24. [69] Psal. 50. [70] Psal. 33. [71] Psal. 140. [72] Matth. 5. [73] Rom. 8. [74] Joan. 8. [75] III Reg. 17-19. [76] Matth. 26. [77] Gal. 6. [78] I Cor. 9. [79] Matt. 17. [80] Matth. 6. [81] Matth. 5. [82] Ibid. [83] Joan. 20. [84] Gen. 27. [85] Joan. 8. [86] Matth. 22.

charitatem, quam si non habueris, eris sicut æs A
sonans et cymbalum tinniens [77], nuptiis privaberis
et mitteris in tenebras exteriores [78]; quam in brachia levabis, et triplicabis per dilectionem operis
ad omnes, scilicet rectores, virgines et continentes.

Nunquam sacerdos suum officium debet sine casula exercere; quia semper eum decet in charitatis
vinculo permanere; sed, quoniam in multis offendimus omnes [79], et nemo diu sine crimine vivit;
idcirco sinistræ manui sudarium impone, ut qui
fragilitate vel ignorantia peccas, in pœnitentia de-
gas et peccata lacrymis abluas, ut cum euntibus
eas, et fleas, et semina mittas [80]. Deinde pallium
suppone, ut appareat quod imitator sis Jesu Christi,
qui languores nostros tulit [81], et tu cum sis peri-
psema mundi [82], despectibilis mundo, crucifixus B
mundo, subditorum onera feras [83], quibus servitutis et humilitatis exempla proponas. Demum mitram accipias, intelligens quod quinque sensus ab
illecebris mundi custodias, duorum Testamentorum
mandata conserves, duo præcepta charitatis adimpleas ut coronam percipere merearis æternam. Cæteri tamen sacerdotes, ut clerici, caput, generaliter nullo contegunt ornamento, licet in festis, alias
sint toto corpore subornati ; vel quia nondum est
plenum gaudium nostrum [84]; gaudemus enim,
non in re præsentium, sed in spe futurorum ; vel
quoniam ad hoc tendimus, ut Deum nuda facie
contemplemur [85]. Cumque fueris his indumentis C
ornatus, secure baculum suscipe, id est auctoritatem doctrinæ ; sicut enim ejus prædicatio contemnitur, cujus vita despicitur, sic ejus doctrina timeta-
tur, et ab auditoribus acceptatur , cujus vita tot
virtutibus redimitur. Post hæc tapeta calcas, ut
terrena despicere, et amare cœlestia discas. Et vide
quoniam has omnes vestes induis, vel indueris
ministris deservientibus tibi ; vel quia tibi ut ve-

sic induas spirituales angeli suffragantur ; vel
quia vicarius es Jesu Christi, cui tunc angeli ministrabant, et nunc omnia serviunt [86]. Et vide no-
tabilem ordinem ; prius est ut veterem exuas hominem, cum actibus et cogitationibus suis ; exutum
laves, lotum induas ; induas autem munditiam mentis, cordis, vocis et carnis, quæ ut non decidant ,
adjungis timorem, jejunium et orationem, quæ ut
proficiant in te, addis cœlestem conversationem,
sanctam religionem; ut proficiant etiam aliis, id
est ut allicias alios, opera manifestas, et secreta
revelas ; sed quia si corpus tuum tradis ut ardeat,
nihil tibi prodest, si charitatem non habueris [87];
idcirco Deum diligis supra te, proximum juxta te,
cætera infra te ; sed quia qui tangit picem, coin-
quinatur ab ea [88], et qui lotus est totus, non indiget, nisi ut pedes lavet [89], et quia incolatus prolongatur [90], ideo luges; sed, quia mors intrat per
fenestras [91], quinque sensus protegis et custodis;
sed quia pastor es, cui dicitur : « Pasce oves
meas [92], » ideo baculum accipis, quo te sustentes
et oves corripias.

Deinde cantor suas induat vestes, id est cappam,
quæ etiam singulis aptatur ordinibus, unde nec interest, cujus ordinis exstiterit ; per quam intelligat sancte vivere ; secundum quosdam coronet se
pileo, ut sciat se Deum qui est caput omnium laudibus extollere ; vel pro laudibus coronam acquirere. Tabulas, secundum quorumdam consuetudines gerat in manu, ut non solum voce laudet, sed
opere. Cum enim voce cantas : *Frange esurienti
panem tuum* [93]; voci manus consonet, ut tu ipse
panem porrigas ; sunt autem hæ tabulæ de osse, et
significant dilectionem Dei et proximi, vel perseverantiam bonorum operum ; sed gerit secundum
alios alicubi baculum, ut quos ad consonas laudes,
voce nititur excitare, ad angelicas per opera satagat invitare.

[77] I Cor. 13. [78] Matth. 22. [79] Jacob. 3. [80] Psal. 125. [81] Isa. 53. [82] I Cor. 4. [83] Gal. 6. [84] I Joan. 1.
[85] I Cor. 13. [86] Matth. 4. [87] I Cor. 13. [88] Eccli. 13. [89] Joan. 13. [90] Psal. 119. [91] Jer. 9. [92] Joan.
21. [93] Isa. 58.

LIBER TERTIUS.

DE OFFICIIS MINISTRORUM ECCLESIÆ.

—

PROLOGUS.

Pontifex a ministris et cum ministris ornatus de
sacrario procedit in publicum, missæ celebraturus
officium ; de hoc ergo, licet insufficientes simus
aliquid a nobis exponere, tamen quia « sufficientia
nostra ex Deo est [94], in ejus auctorem jacientes
anchoram inchoemus [95]. Secretarius salutis, custos clavis David, qui aperit et nemo claudit ; claudit et nemo aperit [96], introducat nos in hanc cel-

lam vinariam [97], in hoc sacrarium propitiationis
[98], ut in illud propitiatorium intendamus , in quod
versis vultibus duo cherubin, id est duo Testamenta
intendunt, et mutuo se respiciunt.

CAPUT PRIMUM.

DE NOMINE, ET INSTITUTIONE, ET PARTIBUS MISSÆ.

Nomen ergo missæ aliquando est proprium, aliquando collectivum ; proprium , quia significat
Christum, qui est missus a Patre in hunc mundum.

[94] II Cor. 3. [95] Psal. 51; I Petr. 5. [96] Isa. 22; Apoc. 3. [97] Cant 2. [98] Levit. 25.

Item significat angelum qui mittitur, ut per ejus manus hostia proferatur in sublime altare Domini. Collective ponitur, quia quandoque missa vocatur officium, quod est ab introitu usque ad offertorium, et hæc missa catechumenorum ; quandoque illud tantum officium, quod est ab initio sacrificii usque ad *Ite missa est*, et hoc verius, quia tunc hostia mittitur ; quandoque illud, quod in silentio legitur, forte eo quod tunc foras catechumeni mittebantur; quandoque illa solummodo verba, per quæ panis et vinum mittuntur, id est transsubstantiantur in carnem et sanguinem. Usitatius autem officium totum in missa dicitur, quod ab *introitu* usque ad *Ite missa est*, vel *Benedicamus Domino* continetur ; et hoc quatuor ex causis : quia sacerdos a populo mittitur ad Deum, ut intercedat, angelus a Deo mittitur ad populum, ut exaudiat. Item quia in hoc officio repræsentatur missio Christi a sinu Patris in mundum redimendum, id est incarnatio, et missio Christi a mundo ad Patrem placandum, scilicet passio. Unde concluditur : *Ite missa est.* Quidam aiunt quod missa dicitur a dimissione ; quia populus, celebrato officio, dimittitur. Missam instituit Dominus Jesus, sacerdos secundum ordinem Melchisedech [99], quando panem et vinum in corpus et sanguinem transmutavit, dicens : « Hoc est corpus meum, hic est sanguis meus [100]; » ecce quod Dominus missam instituit, id est hæc verba constituit, eisque vitam substantivam dedit ; quibus panis in corpus, et vinum mittitur, id est transsubstantiatur in sanguinem. Item missam instituit et causam institutionis adjunxit, dum hoc faciendum esse mandavit, scilicet ob memoriam sui, dicens [1] : « Hoc facite in meam commemorationem. » Unde licet apostoli hanc adauxerint, dum super panem et vinum, non solum verba quæ Dominus dixerat, sed etiam Dominicam orationem superaddendam statuerunt ; licet deinde successores eorum, qui decorem domus dilexerunt [2], diversi diversa, in diversis temporibus adjecerint ; tamen institutio simul et adjectio, ad ipsum verum pontificem referuntur, qui proprio sanguine semel introivit in sancta [3]. Aliquoties vero, et eorum quæ in missa dicuntur, aut cantantur, aut gestibus repræsentantur, quædam sunt rememorativa præteritorum, quædam vero demonstrativa præsentium, quædam pronostica futurorum. Distinguitur autem secundum quosdam officium missæ in quatuor partes, Obsecrationem usque ad secretam ; orationem usque ad *Pater noster*, cujus quatuor sunt partes, secreta, præfatio, canon, dicta oratio ; postulationem usque ad communionem, gratiarum actionem usque ad finem. Secundum alios in septem officia : primum incipit a processione, secundum ab epistola, tertium ab evangelio, quartum ab offertorio, quintum a dispositione altaris, sextum a benedictione ponti-

ficis, septimum ab osculo pacis. In primo figuratur Christi legatio, in secundo Ecclesiæ gratulatio, in tertio Christi vel apostolorum prædicatio, in quarto auditorum devotio, in quinto Christi passio, in sexto ad inferos descensio, in septimo resurrectio. Secundum hanc ultimam distinctionem omnia prosequamur. Hoc igitur officium quod est a processione usque ad lectionem, *introitus* appellatur, eo quod ad memoriam nostram Christi reducit adventum in carne, et corporalem in terris conversationem, quousque paternam sedem ascendit, quod diligenter intuentes, per partes prosequemur officii.

CAPUT II.

DE PRIMA PARTE MISSÆ.

Legatum misit Dominus ad gentes [4]. Hanc legationem præfiguravit Moyses [5], qui cum descenderet in Ægyptum a senioribus et a populo suscipitur : dispersos aggregat, Ægyptum signis domat, oppressos a tyranno de dura servitute liberat, quos de Ægypto educit, et in terram promissionis inducit. Sic Christus veniens in hunc mundum ab angelis et pastoribus excipitur [6], diversos parietes in una fide continuat, mundum miraculis subjugat, oppressos a diabolo liberat, de inferno educit et in patriam paradisi inducit [7]. Hanc quoque legationem, quam prophetæ prædicaverunt, sapientes docuerunt, processio nobis præsentat episcopi, qui gerit figuram Christi, Pontifex enim, ornatus de sacrario procedit ad templum ; quia Christus speciosus præ filiis hominum [8] de accubitu Patris, vel de utero Virginis tanquam sponsus de thalamo suo procedens [9], venit in mundum. Ordo processionis secundum quorumdam consuetudines hic est : Campanarum fragore, tinnitu consono concrepante, septem præcedent acolythi cum luminaribus. Quos septem sequuntur subdiaconi cum plenariis ; post quos septem diacones, post eos duodecim priores, quos comitantur tres acolythi cum thuribulis et incenso ; postea subdiaconus cum evangelio. Exinde pontifex adextratur a diacono et presbytero ; quem turba comitatur orando. Campanæ concrepantes, prophetas significant, Christi adventum prænuntiantes. Septem acolythi cum luminaribus fuerunt omnes qui, per septiformem gratiam Spiritus sancti, lumen scientiæ fidelibus ministrarunt. Septem subdiaconi cum plenariis sunt qui, per eamdem gratiam, plenitudinem divinitatis in Christo habituram corporaliter docuerunt [10]. Septem diaconi sunt universaliter omnes qui, per eamdem gratiam, spiritualem scilicet, evangelicam de Christo intelligentiam habuerunt. Duodecim priores fuerunt omnes qui, fide sanctæ Trinitatis, vel trium et quatuor virtutum operibus coruscaverunt. Tres acolythi qui ferunt thuribula, significant tres magos, qui obtulerunt Christo munera [11]. Unus autem subdiaconus, evangelium portans, legem significat. Ideoque præ-

[99] Psal. 109.   [100] Matth. 26.   [1] Luc. 22.   [2] Psal. 25   [3] Hebr. 7.   [4] Abd. 5, 1   [5] Exod. 4 et infra.   [6] Luc. 2.   [7] Ephes. 2.   [8] Psal. 44.   [9] Psal. 18.   [10] Col. 2.   [11] Matth. 2.

cœdit et evangelium portat, quia lex Christi præcessit adventum, et in se continet passionis evangelicum sacramentum ; quod quia fuit in libro legis
obscurum, antequam Agnus septem signacula aperiret [13], ideo portat evangelium clausum. Evangelium ante pontificem ponitur, quia per doctrinam
evangelicam ad Christi vitam via præparatur. Episcopus qui a duobus vehitur vel deducitur, Christus est, qui a duobus Testamentis mundo per prophetas et apostolos prædicatur. Diaconus enim a
dextris, est Evangelii prædicater ; in quo cœlestia
promittuntur.

Presbyter et subdiaconus a sinistris : præco propheticus et legislator, qui terrena quoad litteram
promittebant ; et quia legislator prophetas præcessit, ideo presbyterum subdiaconus antecedit ;
turba comitatur pontificem ad templum ; et populus fidelium sequitur Christum ad cœlum. Et attende quod in hoc pontificis comitatu, quo quasi
vehitur in curru, sunt decem ordines, scilicet ostiarii, lectores, exorcistæ, acolythi, subdiaconi, diaconi, presbyteri, cantores, laici, mares et mulieres;
quia « currus Dei decem millibus multiplex [13]. »
Millibus dicitur ad insinuandam eorum perfectionem ; sed diacones, subdiacones et acolythos præsertim secum paratos adducit, juxta illud : « Ecce
ego mittam ad vos prophetas, sapientes et scribas
[14]. » Prophetæ sunt diaconi, qui ex Evangelio futuram vitam annuntiant ; sapientes sunt subdiaconi,
qui sapienter vasa disponunt ; scribæ sunt acolythi,
qui ex Scriptura corda fidelium accendunt. Sed et
hic ordo comitatus in nostris est prædicationibus
observandus. Acolythi namque, subdiaconi et diaconi sunt omnes prædicatores, qui præparant viam
Domino [15], ante faciem Jesu Christi. Præcedit autem
acolythus cum thymiamate ; quia Christi humilitatem primo necesse est prædicare, unde Apostolus :
« Nihil me judicavi scire inter vos, nisi Dominum nostrum Jesum Christum, et hunc crucifixum [16]. »

Candelabra sequuntur, ut super fundamentum
coram hominibus lux luceat prædicatorum ; qui
portant ea in manibus, dum adimplent opere, quod
prædicant in sermone. Subdiaconus cum evangelio
sequitur, quoniam auditoribus illuminatis sapientiam loquimur inter perfectos [17]. In Evangelio enim
perfectio continetur, ut ibi : « Si vis perfectus esse,
vende omnia quæ habes, et da pauperibus [18], » et
in his omnibus virtus numeri a materia prædicationis attenditur. Si enim fuerit unus acolythus,
subdiaconus et diaconus, illos prædicatores insinuant, qui unum esse præceptum dilectionis ostendunt, unde omnis lex in uno sermone completur
[19] ; si duo fuerint in quovis ordine, illos prædicatores equidem repræsentant, qui duo præcepta charitatis, et duo prædicant Testamenta. Unde Abra-

ham duos filios habuit, unum de ancilla, et unum
de libera [20] ; si tres fuerint, illos figurant qui Scripturam in lege, et prophetis, et psalmis continuo
annuntiant. Si quatuor fuerint, quadrigam reco-
lunt Aminadab [21], et quatuor animalia visa ab Ezechiele [22]. Si quinque fuerint, illos insinuant qui
prædicant quinquepartitam Domini passionem. Si
fuerint sex, illos significant qui ad opera misericordiæ nationes invitant. Si septem fuerint, illos
figurant, qui donis gratiæ septiformis gentes infor-
mant. Hæc etenim omnia, et de his debent prædicatores subditos edocere [23], quibus Jesu Christi vicarius, et ipse Christus deducitur in publicum, in
medium adolescentularum tympanistriarum. Producunt cantores, et duo chori suscipiunt gratu-
lando, cantantes introitum pro tempore cum versu,
et *Gloria Patri*, quem bis in profestis, et ter repe-
timus in festivis. Primo tempore duntaxat epistola
et evangelium ante sacrificium legebantur, et officium a lectione inchoabatur, qui mos in Sabbato
sancto et Pentecostes adhuc retinetur ; sed Cœlestinus papa psalmos ad introitum cantari constituit.

Gregorius ad majus gaudium de Christi adventu
repræsentandum, tropos et antiphonas ad introitum
pro psalmis modulandas composuit, unde primus
versus illius psalmi cum *Gloria* cantatur, qui ad
diem maxime pertinet et qui totus ad introitum olim
cum *Gloria* cantabatur. Inde est quod introitus raro
sumitur nisi de psalterio, vel quia psalterium ab inferiori parte percutitur, et a superiori sonum reddit;
ideo a psalterio missam incipimus, quoniam in ea de
opere passionis, quæ habet inferius percussuram,
ad resurrectionis dulcedinem superiorem propera-
mus; verum *Gloria Patri* Nicæna synodus addidit ; sed
Damasus papa ad missam cantari præcepit. Cantores, qui pontificem venientem, cum *Gloria Patri* sus
cipiunt, sunt angeli, qui Christum venientem cum
gloria susceperunt in altissimis. Duo chori, qui laudes concinunt, sunt duo populi, Judaicus et gentilis,
qui Christo venienti cum laudibus occurrerunt. Introitus laus est Ecclesiæ de Judæis, ideoque tria continet : Antiphonam, versum et gloriam, propter tres
ordines fidelium, qui fuerunt linguæ Hebraicæ, scilicet patriarcharum, prophetarum et apostolorum.
Antiphona laus est patriarcharum, versus prophetarum, gloria vero apostolorum. Antiphonæ repetitio,
est prædicationis identitas, et confirmatio, quasi
quod longe prius patriarcha gestibus figuravit, propheta prædixit, et apostolus evangelizavit ; ad quam
etiam conversionem denotandam tropi solemnes interseruntur. *Tropos* Græce, *conversio* Latine. Hæ sunt
laudes ad introitum convertibiles. Interim dum ista
cantantur a choro, sanctuarium intrat episcopus,
ideoque primus iste cantus appellatur introitus ; et
inclinatus coram altari, dicit cum antiphona psal-

[13] Apoc. 5.   [13] Psal. 67.   [14] Matth. 23.   [15] Malach. 3.   [16] I Cor. 2.   [17] Ibid.   [18] Matth. 19.   [19] Gal. 5,
[20] Gal. 4.   [21] Cant. 6.   [22] Ezech. 1.   [23] Psal. 67.

mum : *Judica me, Deus, et discerne causam meam*[9], A
in quo petit a malis separari, ne in pressurisdefi-
ciat; et exsultat quod intraturus sit ad altare invisibile, cujus desiderio ingreditur ad visibile. Deinde
confisus illa consolatione : *Dixi confitebor, et tu remisisti*[10], ut sine macula ingrediatur, confessionem
facit, confitens genera singulorum peccatorum, scilicet se peccasse in cogitatione, locutione et opere,
cum apostolo dicente : « In multis offendimus omnes[11]. » Non autem exprimit singula generum, ut
homicidium, adulterium, ne cauteriet conscientias
auditorum. Deinde pro circumstantibus orans, indulgentiam eis implorat. Hic est Christus qui cum
de secreto Patris in mundum venisset, et dum a
patribus suspiria multiplicarentur, e virginali utero
processisset, pro nobis passurus, Hierusalem intro-   B
ivit, in mortem se inclinavit, causam suam contra
hominem dolosum et iniquum Deo committens, et
Patri confessionem fecit, dicens : « Confiteor tibi
Pater cœli, et terræ, quoniam abscondisti hæc a sapientibus, et prudentibus, et revelasti ea parvulis
[12]. » Patrem etiam pro suis exoravit[13], ipse quoque
nobis indulgens, proprio corpore peccata nostra
portavit[14]. Post hæc evangelium osculatur, exinde
collaterales ministros, qui sunt a dextris et sinistris : Christus enim venit, et passus est, ut per fidem, quam Evangelium docet, Ecclesiam, quæ prius
dicebat : « Osculetur me osculo oris sui[15], » Deo
Patri reconciliaret[16], et duos in unam fidem parietes copularet, et pacem prædicans his qui longe C
et his qui prope[17], venientes ab aquilone et austro[18],
in uno pacis vinculo[19] sociaret. Secundum quosdam offert etiam pacem cantoribus qui retro sunt
adimplens illud : « Pacem meam do vobis, pacem
relinquo vobis[20], » dat præsentibus, relinquit ab-
sentibus. Illud cavendum est, quod ante osculum
non dicatur, *Gloria Patri*, quia fides Trinitatis non
ante claruit, quam se Dominus inclinavit, et nos
reconciliavit, et Trinitatem per apostolos prædican-
dam mandavit[21]. Unde osculo dato, innuit episcopus cantori ut dicat : *Gloria Patri et Filio, et Spiritui sancto. Sicut erat in principio, et nunc et semper, et in sæcula sæculorum. Amen.* Ecce quid cantor
annuntiat, scilicet quod corda patrum convertuntur
in filios[22]. Abraham tres vidit, et unum adoravit[23], D
sic oportet et nos, ejus filios, credere Trinitatem in
unitate. Osculo dato rursus diaconi cum pontifice
orant, quasi dicant : « Domine, doce nos orare[24]; »
cumque post orationem ad altare pervenerit, illud
osculatur in medio.

Post evangelium osculatur, et se crucis signaculo
signat, ac si dicat : Huc accessi, ut sim vicarius
Crucifixi, qui venit in mundum, ut pro nostra pace
in ara crucis penderet, et media charitate consta-

ret[25]. Non erubesco evangelizare Crucifixum[26], qui
venit ut nobis pacem evangelizaret[27]; vel per altare
Judæos, per evangelium gentiles Evangelio credentes
accipias[28]. Utrisque pacem Christus dedit, cum lapis
exstitit angularis[29]. Similiter diaconi bini, et bini
altaris latera solent, secundum quosdam altrinsecus osculari, eo quod binos misit Dominus ad prædicandum; quibus et dixit : « In quamcunque domum intraveritis, dicite : Pax huic domui[30], » qui
reversi sunt ad Christum sicut revertuntur diaconi
ad episcopum. Altare thurificat in figura Angeli,
qui in Apocalypsi[31] cum aureo thuribulo altari asti-
terat. Unde stetit Angelus juxta aram templi, habens thuribulum aureum in manu sua, de quo fumus aromatum in conspectu Domini ascendebat :
Christus enim magni consilii Angelus[32] carnem
immaculatam sancti Spiritus plenam pro nobis in
ara crucis obtulit Domino in suavitatem odoris[33].
Fumus aromatum sunt orationes sanctorum, quæ
per ardorem charitatis ex passione Domini propa-
gatæ ad Deum Patrem ascendunt, et nos ad coronam æternitatis provehunt[34], ideoque thurificat in
modum crucis et coronæ. Si semel cruci thurificat,
recolit unicam passionem; si semel coronat, unius
denarii retributionem[35]; si vero ter, et Trinitatis
in passione operationem, et trium ordinum glorificationem : ideoque thurificans, ait : *Dirigatur, Domine, oratio mea, sicut incensum in conspectu tuo,
elevatio manuum mearum sacrificium vespertinum*[36].

Inde quoque est quod dum thurificatur, orationes, scilicet *Kyrie eleyson*, ab Ecclesia decantantur,
quæ sunt incensa vera, de quibus subditur : « Et
data sunt ei incensa multa[37]. » *Kyrie eleyson* Græcum est, quod Silvester papa de Græcis assumpsit,
sed Gregorius ad missam cantari præcepit a clero,
cum olim cantaretur a populo. Et attende quod
tribus linguis missa celebratur. Hebraica propter
legem, Græca propter sapientiam, et Latina propter
regnum; vel quia titulus Christi in cruce pendentis
scriptus fuit Hebraice, Græce et Latine[38]. Hebraica
sunt *Alleluia, Amen, sabbaoth* et *hosanna*. Græca
vero *Kyrie eleyson*, et *ymas*, cætera sunt Latina. *Kyrie
eleyson* interpretatur *Domine, miserere*, quandoque
additur *ymas*, quod interpretatur *nobis* et est sensus *Kyrie eleyson ymas* : potentia divina miserere
nobis; Christe eleyson, qui redemisti nos sanguine
tuo; Kyrie eleyson, qui rediisti ad Patris æqualitatem; ac si dicat : Qui es homo et Deus, miserere nobis. Triplicat Ecclesia Dominum, propter Patrem
et Filium et Spiritum sanctum. Triplicat et Christum, et rursum Dominum quoniam ipse est Deus
et homo, per quem pervenitur ad Patrem et Filium,
et Spiritum sanctum. De hac tamen triplicatione
alias et inferius exponetur. Novies autem compli-

---

[9] Psal. 42. [10] Psal. 31. [11] Jac. 3. [12] Matth. 11. [13] Joan. 16. [14] I Petr. 2. [15] Cant. 1. [16] II
Cor. 5. [17] Ephes. 2. [18] Luc. 13. [19] Ephes. 4. [20] Joan. 14. [21] Matth. 28. [22] Malach. 4. [23] Gen.
18. [24] Matth. 6. [25] Cant. 5. [26] Rom. 1. [27] Ephes. 2. [28] Act. 4. [29] Ephes. 2. [30] Matth. 10; Luc. 9.
[31] Cap. 8. [32] Isa. 9. [33] Ephes. 5. [34] Hebr. 7. [35] Matth. 20. [36] Psal. 110. [37] Apoc. 8. [38] Joan. 19.

cat Ecclesia *miserere*, quia per misericordiam Patris, et Filii , et Spiritus sancti petit angelorum ordinibus sociari, et respicit ad anteriora, vel pertinet
ad sequentia. Ad anteriora sic : fideles per officium
cantorum id est prædicatorum in unum convenerunt ad laudandum Dominum; ne igitur aliqua præsumptio subrepat, dicamus : *Kyrie eleyson*, inutiles
servi sumus, quod debuimus facere fecimus [13]. Ne
rursus propter compositionem melodiarum, nos
inanis fallacia deprimat, dicamus : *Kyrie eleyson*. Ad
sequentia sic. Oraturus est sacerdos pro populo; ut
igitur ejus oratione muscæ morientes abigantur [14],
ut mens ejus serenetur ; ut cum Deo digne loquatur, ut et si mente non oraverit, Dominus in futuro
non irascatur, sed misereatur, præmittimus ante
orationem *Kyrie eleyson*. Simili ratione præmittitur
ante Dominicam orationem in cæteris officiis, ut in
matutinali et vespertinali synaxi, et repræsentatur
laus Ecclesiæ de gentibus, quæ primitivam originem
traxit a Græcis.

Ad hæc, choro tacente, *Gloria in excelsis Deo*,
solus sacerdos alte incipit, ad orientem conversus ;
quam populus concinendo recipit lætabundus. Nam
dum medium silentium tenerent omnia [15], veritas
latibulum legis effugiens, de terra orta est [16]; quæ
sola hominibus bonæ voluntatis pacem cum Deo et
angelis dedit [17], et gloriam angelorum restituit [18].
Unde populus ad instar angelorum in laudes ipsius
Christi, qui est ipsa Veritas, perstrepit lætabundus ;
non tamen in ipsa Christi nativitate facta est pax,
vel reconciliatio , nec angelorum restitutio , sed
præoccupatio est; quia, nato Christo, jam accensa
est lucerna, per quam æterna inventura est drach-
mam perditam Sapientia [19]. Sed rationabiliter hoc
in loco cantatur, unde mox transiturus est episcopus ad partem altaris dexteram, significans transitum Jesu Christi de morte ad vitam, quo transitu
animas sanctorum copulavit consortiis angelorum.
Unde facta est gloria Deo in excelsis et in terra pax
hominibus ; quia sub eodem Domino terrenis cœlestia copulantur ; vel ideo solus sacerdos incipit, quia
solus angelus in nativitate Domini hunc hymnum
incipit et militia cœlestis exercitus congratulando
concinit [20]. Incipiens autem sacerdos se convertit
ad orientem, eo quod angelus ab oriente venit Bethleem; vel quia Dominum ad orientem adorare
solemus.

Et attende quod hic solum est hymnus Angelicus, scilicet *Gloria in excelsis Deo, et in terra
pax hominibus bonæ voluntatis*, et hoc prius ad missam duntaxat dicebatur ; sed Hilarius, *laudamus te*,
et cætera , quæ sequuntur adjunxit, et merito quæ
sunt laudis adjecti, ut hymnus esse laudis ostende-
retur ; quod ex evangelica lectione perpenditur, ubi
ait : « Facta est cum angelo multitudo cœlestis, lau-

dantium Deum, et dicentium : Gloria in excelsis
Deo [21], » et hoc totum quod referunt, quod Hilarius
ad missam cantari instituit. Sunt qui dicunt quod
Thelesphorus nocte tantum natalis Domini ad missam a se ipsa nocte institutam cantari instituit, et
in eo ad angelorum verba, quæ sequuntur adjunxit;
Symmachus vero, ut in festivis cantaretur adjecit.
Et aiunt quidam non esse cantandum in missa, nisi
in hora tertia ; quia tunc Spiritus sanctus super apostolos descendit, et eos gloria et exsultatione replevit
[22]; verum et in nocte Domini est cantandus ; quia
tunc prius auditus est, et in Sabbatis Paschæ et
Pentecostes, quia baptizatis perdita gloria restauratur.

Hoc hymno finito, sacerdos ad dexteram transiturus ad populum se convertens, ait : *Dominus vobiscum*, vel : *Pax vobis*. Hæc salutatio : *Dominus vobiscum*, sumpta est de libro Ruth [23], ubi legitur quod
Booz dixit messoribus agri sui : « Dominus vobiscum. » Melius sumitur a Paralipomenon , ubi regi
Asa, et populo qui secum collectus erat ad prælium,
dixit sacerdos : « Audi, rex Asa, et omnis populus
Juda, et Benjamin : Dominus vobiscum, qui colle-
cti estis ejus facere voluntatem [24]. »

Salutavit etiam angelus Gedeonem, dicens : « Dominus tecum [25], » et pertinet hæc salutatio minoribus sacerdotibus ; altera vero, scilicet : *Pax vobis*,
quæ sumpta est de Evangelio [26], pertinet ad episcopos, tum quia specialius sunt vicarii Jesu Christi,
qui post resurrectionem hac usus est ad apostolos
salutatione. Chirographo namque pacis inter angelos et homines in sua morte compacto, resurgens a
mortuis [27], ipsum pacis chirographum promulgavit
dicens usus : « Pax vobis ; » quo etiam verbo usus est
dispensator Joseph ad fratres ejus [suos] [28]; tum quia
Novum Testamentum dignius est Veteri. Cui populus : *Et cum spiritu tuo*. Orat populus, ut Dominus
sit cum spiritu sacerdotis, qui faciat eum spiritu
orare , et mente, mentem enim etiam nomine spiritus intelligimus ; orat enim tantum ore, qui tantum
verba pronuntiat; orat ore et spiritu, qui verba pronuntiat, et interpretationem discernit [29]. Orat ore,
spiritu et mente, qui verba profert, discernit , et ad
Deum et cœlestia refert ; et est hæc responsio sumpta
de Apostolo, scilicet de secunda Epistola ad Timo-
theum, ubi dicitur : « Dominus Jesus Christus sit
cum spiritu tuo [30]. »

« Ex his mutuis salutationibus innuitur quod
sacerdotis et populi debet esse unus affectus ;
et vide quod cum sacerdoti respondeat chorus :
Cum spiritu tuo, nunquam sacerdos dicit populo : Dominus tecum, ut angelus Gedeoni, sed
vobiscum, unde statuit Sother papa ut nullus missam
celebret, nisi saltem sit tertius. Exinde ad altare
conversus orat, manus elevans ad instar Moysi [31],

[13] Luc. 17. [14] Eccli. 10. [15] Sap. 18. [16] Psal. 84. [17] Luc. 2. [18] Joan. 14. [19] Luc. 15. [20] Luc. 2.
[21] Ibid. [22] Act. 2. [23] Cap. 2. [24] II Par. 15. [25] Judic. 6. [26] Luc. 24 ; Joan. 29. [27] Rom. 6. [28] Gen.
45. [29] I Cor. 14. [30] II Tim. 4. [31] Exod. 17.

vel Salvatoris in cruce pendentis. Orans autem, et
alios invitans orare, dicit : *Oremus.* Universalem
colligit ad se Ecclesiam, vel ut syndicus universitatis loquens sub persona multorum ; quod sumptum
est ab antiquitate. Antiqui præmisso Oremus, sub-
jungebant communiter orationem. Orat autem in
dextera parte, quia Christus a morte transivit ad
vitam [13] ; per quod de exsilio nos reducet in patriam ;
unde quidam diaconorum stant post episcopum,
quasi orantes, ut eum sequantur usque ad mortem,
et cum eo transeant ad vitam æternam. Major autem
pars in dextera parte moratur altaris, et minor in
sinistra, quia utramque petit Ecclesia, et temporalem scilicet benedictionem, et æternam, ut ibi : *Sic
transeamus per bona temporalia ut non amittamus
æterna.* Hæc oratio significat benedictionem, qua cœlos ascensurus discipulis benedixit [14] ; et attende
quod oratio dicitur ab orando ; quia bona corporis
et animæ, præsentia et futura orantur. Orat enim
sacerdos pro bonis ut adsint, pro malis ut absint ;
dicitur et collecta, quia sub ea populus colligitur,
et petitiones populi in unum colliguntur, ut per sacerdotem ad Dominum referantur. Proprie tamen
collecta dicitur, quæ in processionibus sub collecta
multitudine legitur, vel ad portas civitatum, vel ad
compita viarum, vel ante januas ecclesiarum ; et
debet dici una oratio, sicut una epistola et unum
evangelium, propter fidei unitatem ; quia unus
Deus, una fides, unum baptisma [15] ; sed ex Patrum institutionibus quandoque dicuntur tres, vel
quinque, vel septem. Præter hos numeros, alius est
non dico reprehensibilis, sed extraordinarius. Tres
dicuntur propter sanctam Trinitatem ; vel quia
Christus ter oravit, dicens : « Pater, si fieri potest,
transeat a me calix iste [16]. » Quinque dicuntur,
propter quinquepartitam Domini passionem, quæ in
quinque vulneribus est consummata. Septem dicuntur, propter septem petitiones Dominicæ orationis [17],
quarum numerum excedere præsumptuosum est ;
vel propter septem dona Spiritus sancti [18]. Pares non
sunt dicendæ, quia « numero Deus impare gaudet. »
Duas tamen, si festivitas occurrat in die Dominico,
Romana permittit auctoritas, quæ duas ad missam
Natalis Domini dicendas instituit, et in festo Omnium Sanctorum, sic etiam et quatuor in memoria
Innocentum. Quotcunque dicantur, sola prima et
ultima conclusione debita terminentur. Orationes
ex maxima parte, ad Patrem diriguntur, et per Filium in sancto Spiritu concluduntur, ac si dicat : O
Pater, exaudi per Filium tuum, qui hoc vult et potest ; vult quia vivit, potest quia regnat ; vivit, inquam, et regnat tecum, in unitate Spiritus sancti ;
non vivit nec regnat ut tyrannus, spiritus iniquitatis, sed vivit et regnat Deus spiritu benignitatis, et
merito per Filium concluditur omnis oratio ; quia
nemo vadit ad Patrem, nisi per ipsum [19], et quia
dixit : « Si quid petieritis Patrem in nomine meo,

dabit vobis [20]. » Ipse enim mediator est Dei et hominum [21], per quem a Patre beneficia impetramus,
sicut per mediantem crystallum a longinquo sole,
in subjectam escam ignem cœlitus mutuamur.
Forma vero terminandi orationes hæc est : si fit sermo ad Patrem , et non sit ibi expressa mentio de
Filio nec de Spiritu sancto, concluditur : *Per Dominum nostrum Jesum Christum Filium tuum, qui tecum vivit et regnat in unitate Spiritus sancti, Deus,
per omnia sæcula sæculorum* ; si autem sit ibi mentio
de Filio, concluditur : *Per eumdem Dominum nostrum,* etc. ; vel : *Qui tecum vivit et regnat,* etc. ; vel
Dominum nostrum, ut : *Deus qui salutis æternæ* ; vel :
Jesus Christus, ut in Cœna Domini : *Ipse tibi.* Si autem fit ibi mentio de Spiritu sancto, additur : *In
unitate ejusdem Spiritus sancti,* etc. At si oratio dirigitur ad Filium, concluditur : *Qui vivis et regnas
cum Patre in unitate Spiritus Sancti,* etc. ; vel : *Qui
cum Patre vivis et regnas,* etc. Verum si oratio dirigitur ad Trinitatem, concluditur sine personarum
aliqua distinctione, sic : *Qui vivis et regnas, Deus,
per omnia sæcula sæculorum,* ut : *Placeat tibi, sancta
Trinitas, obsequium servitutis meæ,* et : *Suscipe, sancta Trinitas, hanc oblationem.* Vel convertat orator
sermonem ad se, vel ad populos dicens : *Quod ipse
præstare dignetur,* sicut etiam concluditur in bene-
dictionalibus orationibus, in quibus ad populos sermo dirigitur. Quæritur de his orationibus Adventus,
ut : *Excita, Domine, potentiam tuam et veni.*

Solutio : Tres sunt adventus : primus in carne,
secundus in mente, tertius in majestate ; in his
agitur de secundo adventu ; quare sermo dirigi potest ad Patrem, vel ad Filium ; dicit enim : « Filius
ego et Pater, ad eos qui servant præcepta mea, veniemus [22] ; » Vel de primo, vel de tertio potius in
eis oratur adventu ; præcedentes enim patres Dominum Patrem deprecabantur, ut Filium mitteret ; aut
Filium, ut ad redimendum veniret. Moderni vero
petunt Patrem, ut Filium mittat ; vel Filium, ut ipse
Filius ad judicandum et remunerandum veniat ;
ideoque fere in omni oratione adventus concluditur :
Qui tecum, vel *qui vivis,* vel etiam ad Trinitatem sermo dirigitur.

Quæritur de hac oratione : *Fidelium, Deus, omnium
conditor,* etc., redemptor enim proprie Christus
est. Respondeo : Ad Patrem sermo dirigitur. Tota
enim Trinitas est Deus, omnium conditor et redemptor ; nam Deus omnipotens, misericors, æternus,
sempiternus, licet sint essentialia nomina, tamen
personaliter ad Patrem significandum sæpius in orationibus ponuntur.

Quæritur et de illis in quibus sermo dirigitur ad
caput Ecclesiæ, si qua reperiatur, caput enim Ecclesiæ Christus est [23]. Respondeo : Similiter ibi ad
Patrem sermo dirigitur ; tota enim Trinitas est caput Ecclesiæ. In exorcismalibus orationibus dicitur :
Per eum qui venturus est judicare sæculum, etc., quod

[13] Rom. 6.   [14] Luc. 24.   [15] Ephes. 4.   [16] Matth. 26.   [17] Matth. 6.   [18] Isa. 11.   [19] Joan. 14.   [20] Ibid.
[21] 1 Tim. 2.   [22] Joan. 14.   [23] Ephes. 5

quanto cito diabolus audit, fugit, judicium ignis A
timens; similiter quidam voluerunt esse dicendum
in orationibus defunctorum, sed usus in aliquibus
contradicit. *Per omnia sæcula sæculorum* dicitur,
quia se sequuntur; aliis enim discedentibus, alia
succedunt.

Ad orationem respondet populus: *Amen.* Quod
cum sit Hebræum, Latine secundum Hieronymum,
fiat, secundum Aquilam *fideliter*, secundum quosdam, *verum* interpretatur; ut in Evangelio: «Amen,»
id est fideliter, vel verum « dico vobis [34] ; » Christus etiam dicitur Amen, ut in Apocalypsi [35] : « Hæc
dicit amen, Christus, testis fidelis,» sed in orationibus pro *fiat*, accipitur, ac si dicatur: Fiat nobis
quod oras. Post hæc sedet episcopus innuens Christi ascensionem, et ejus sedem ad dexteram Patris; B
cum eo quidam sedent, per quos Christi membra
intelligimus, in pace jam quiescentia, de quibus
Apostolus: « Considere fecit in cœlestibus in Christo [36] ; » aut eos, qui sedebunt super sedes duodecim, judicantes duodecim tribus Israel [37]. Per eos
vero qui stant, intelligimus Christi membra adhuc
in certamine posita; sedens autem Dominus in alta
cœlorum [38], custodit civitatem suam [39]; et vicarius
sedens in loco eminentiori, superintendit populo
suo, et quasi vinitor, custodit vineam suam, ut
reddat unicuique secundum opera sua [40]. Quo sedente, cereostata mutentur de locis suis in ordine
unius lineæ a primo usque ad altare. Consuetudo
ista est quarumdam ecclesiarum, ut notetur, quod
de plenitudine Christi omnes accipimus [41], in spiritus unitate, sed gratiarum varietate. « Divisiones C
enim gratiarum sunt, idem autem Spiritus [42] ; »
Spiritus enim a primo cereostato, id est a Christo
procedens, et usque ad altare, id est electorum
corda perveniens alternatim, in membris dona va-
riat gratiarum; et memento, quod cereostata in
terram deposuerunt acolythi: quia post peracta
prædicationis officia per humilitatem agnoscunt,
quod sunt pulvis et cinis, sicut dixit Abraham: «Loquar ad Dominum meum, cum sim pulvis et cinis
[43]. » Numerus cereostatorum non excedit septenarium; quia septiformi gratia tota illuminatur Ecclesia. Vel aliter ab hujus partis exordio. Nam Christi
processio est egressus ejus a Patre; inclinatio est D
ejus exinanitio: « Inclinavit enim cœlos et descendit [44], » cum se formam servi accipiens exinanivit [45].

Introitus antiquorum Patrum de adventu Domini
designat desiderium; versus, vaticinia; iteratio,
suspiria; *Gloria Patri*, laudes; *Kyrie eleyson*, eorumdem preces ad hoc multiplicatas, ut sanctæ gratia
Trinitatis, per adventum Christi eos agminibus angelorum distinctis novies sociaret. *Gloria in excelsis*

est, ut prædiximus, de Christi nativitate hymnus
angelorum; laudes et concentus chori, est aggratulatio pastorum. Salutatio et oratio est nobis salutaris Christi operatio. Tota enim vita Domini, et
omnis ejus actio, pro nobis fuit oratio. Hic est fumus aromatum, qui manu angeli ascendit in conspectu Domini [46]. In diebus enim carnis suæ, sicut
ait Apostolus [47], preces et supplicationes offerens ad
Deum exauditus est pro sua reverentia. Orat ergo
sacerdos; quia Christus pro nobis oravit et orare
monuit, et docuit; orat igitur in dextera, quia Christus Judæos docuit, ad quos a Patre missus fuit,
unde: « Non sum missus nisi ad oves quæ perierunt domus Israel [48]. » Unde quidam: « Dextera Judæos, gentiles læva figurat. » Et ita hucusque omnia
fuerunt in cantu et opere. Unde mos inolevit, ut
usque ad lectionem in ecclesia non sedeatur; quoniam aggratulationi de adventu et operibus Christi
præcedens officium deputatur. Ideoque in Romano
dicitur ordine, ut pontifex non sedeat, quousque
post primam orationem dicatur: *Amen.* Pontifex
enim Christum significat venientem et operantem;
cæteri vero eos repræsentant, qui præibant, sequebantur et obviabant [49]. Qui ergo Christum comitari,
vel Christum desiderat suscipere venientem, non
torpeat, sed Christum suscipiat venientem, cantans
cum prophetis Christum prænuntiantibus, orans
cum Anna et Simeone Christum desiderantibus,
exsultans cum angelis et pastoribus venienti aggra-
tulantibus [100]. Vel sequatur Dominum cantans cum
pueris clamantibus: « Hosanna filio David [1] ! »
plorans cum Maria dicente: « Domine, si fuisses
hic, frater meus non fuisset mortuus [2] ; » orans cum
Chananæa dicente: « Domine, miserere mei, filia
mea male torquetur [3]. »

CAPUT III.

DE SECUNDA PARTE MISSÆ

«Audivit et lætata est Sion [4].» Sedente sacerdote, lector lectionem recitat, populus circumsedet, chorus
cantus resonat. Tribus horis sacerdos sedet in missa,
dum legitur epistola, dum graduale, et dum concinitur, *alleluia*; quia Dominus dicitur tribus diebus in templo sedisse [5]; Vel sacerdos sedet semel,
id est continuo. Eo sedente, ista celebrantur; quia
Christo a Patris dextera residente, prædicator
mundo Scripturas intonuit, et populus obedivit.
Et attende quod lectio dicitur a legendo, debet
enim legi et non cantari; epistola dicitur ab *epi*
quod est *supra*, et *stola* quod est *missio*; quia sicut
prophetiæ sunt super legem, sic sunt epistolæ super evangelium missæ, unde non solum epistolæ,
sed loco epistolarum prophetiæ leguntur; ambæ
namque sunt panniculi Jeremiæ [6], ambæ stabula-
rii super erogationes [7], ambæ legum supermissio-

---

[35] Matth. 5, etc. [36] Cap. 2. [37] Ephes. 2. [38] Matth. 19. [39] Act. 1; Hebr. 1. [40] Psal. 126.
[41] Matth. 16; Rom. 2. [42] Joan. 1. [43] I Cor. 12. [44] Gen. 18. [45] Psal. 17. [46] Phil. 2. [47] Apoc. 8.
[48] Hebr. 5. [49] Matth. 15. [100] Matth. 21. [1] Luc. 2. [2] Matth. 21. [3] Joan. 11. [4] Matth. 15. [5] Psal. 96.
[6] Luc. 2. [7] Jer. 38. [8] Luc. 10.

nes, sed illæ veteris, istæ novæ. Epistola igitur A est vicaria legis et prophetiarum ante sanctum evangelium, præconis gerens officium. Præcessit itaque lex Evangelium, sicut præco judicem, timor charitatem, initium perfectionem, actio contemplationem, quæ, quamvis sæpe de scriptis apostolicis assumatur, in eo tamen gradu est, ac si semper de lege vel prophetarum præconio sumeretur; semper enim præcursionem figurat, moralitatem et actionem insinuat, et tantum distat ab evangelica majestate, quantum actio a contemplatione, servus a Domino, præco a judice, legatus ab eo qui misit illum. Quapropter cum epistola legitur, sine injuria sedemus, sed dum Evangelium audimus, Domino, demissis vultibus, reverenter assistimus. Usus vero sedendi, a Veteri Testamento assumitur, sicut in Esdra legitur [8]; quidam tamen stant ad Epistolas Pauli [9], eo quod suam prædicationem Evangelium nominavit. Vel Epistola spiritualiter significat prædicationem Joannis Baptistæ præcursoris Domini, vel doctrinam septuaginta duorum discipulorum quibus ait : « Messis quidem multa, et operarii pauci [10]; » vel significat lector omnem scribam doctum, qui de thesauro suo profert nova et vetera [11]. Unde utriusque Testamenti recitat lectiones ; vel significat Christum, qui aperiens codicem Isaiæ legit : « Spiritus Domini super me [12]. » Rursus vide quia, sicut non permittitur ulli nisi sacerdoti missam celebrare, evangelium legere nisi diacono ; sic nec debet epistolam quisquam legere, nisi fuerit in subdiaconali officio, cujus est officium in sinistro brachio portare manipulum, fimbriis adornatum. Quia si secundum Joannis Baptistæ præconium, hic præco et ejus auditor securim judicii, quæ posita est ad radicem arboris pertimuerit, et dignos fructus pœnitentiæ fecerit [13], cum perseverantia bonorum operum, manipulos justitiæ reportabit, de quibus in Psalmo : « Venientes autem venient cum exsultatione portantes manipulos suos [14]. » Fimbria namque manipuli, et cujusque sacræ vestis cum sit ultima pars vestis, perseverantiam et bonorum operum completionem significat. Post epistolam, chorus cantu resonat graduale, tractum Alleluia, cum versibus, neumis et sequentiis. Usus etiam cantuum ut in Esdra legitur, originem traxit a Veteri Testamento ; gradualia, tractus et alleluia, Ambrosius et Gregorius et Gelasius composuerunt et ad missam cantari statuerunt. Hieronymus tamen ait, quod alleluia diceretur in missa, tractum esse de Hierosolymorum Ecclesia. Nocherus, abbas Sancti Galli, prius sequentias pro neumis ipsius alleluia composuit, et Nicolaus papa ad missam cantari concessit, sed et Hermanus Contractus, qui fuit inventor astrolabii, fecit : *Rex omnipotens, Die hodierna,* et San-

cti *Spiritus adsit nobis gratia.* Et dicitur graduale a gradibus, in quibus cantatur, vel quia gradatim canitur : idem quoque responsorium dicitur, quia respondet prædictioni, vel quia illud incipientibus respondet chorus, vel quia respondet versui. Versus autem a vertendo!, quia vertitur ad responsorium. Tractus a trahendo, quia tractim cantatur, cujus ad ipsum vertitur versus ; alleluia *laudate Deum*; allelu, *laudate;* ia, unum est de decem nominibus Domini, de cujus versu ad alleluia revertimur, et revertentes neumis utimur. Est autem differentia inter neuma neumæ, et pneuma pneumatis ; neuma neumæ, *jubilus;* pneuma pneumatis est *Spiritus Sanctus.* Sequentia vero dicitur, quia neumam jubili sequitur, et dicitur sequentia sequentiæ, et hic et in Evangelio, quam et prosam, id est longam etiam appellamus. Sicut per epistolam intelleximus Joannis prædicationem ; sic quoque per graduale, apostolorum intellige prædicationem ; et per Alleluia, cum devotione et prædicatione lætitiam. Quidam vero per lectionem Vetus, per cantum Novum accipiunt Testamentum : sicut namque Novum suavius est Veteri, sic cantus suavior lectione. Sanius, vero cantus epistolas comitantur quoniam prædicationes prædicatorum secuta sunt gaudium Ecclesiæ, Deo laudes et præconia de credentium conversione ; quia per graduale conversio de Judæis accipitur ; per versum, conversio de gentibus intelligitur ; per alleluia utriusque in fide lætitia figuratur. Sequentia vero canticum designat victoriæ. Unde plausum victorum cum neumis imitatur ; hanc exsultationem præfiguravit tympanistria Maria, quæ victoriam liberato populo recitavit, dicens : « Cantemus Domino [15]. » cum qua et populus jubilavit. Moraliter vero, et hodie gradualia canimus, dum in lamentis pœnitentiæ liberamur, et de virtute in virtutem [16] gradiri conamur. Hic enim cantus ad pœnitentiæ pertinet lamentum, et laborem operantium. Inde est quod adeo gravis est, quod illum excellentioribus efferre vocibus non sustinet usus. Inde quoque est quod diebus Pentecostes de officio tollitur, quia tunc felix in regno et quiete status Ecclesiæ præfiguratur. Inde etiam est, quod cantor similis illi qui in valle plorationis positus [17], ascensiones tamen in corde suo disposuit, et pœnitentiæ ploratum, et humilitatis gradum, et ascensionis initium, loco innuit, cum ad gradum inferior eo, qui concinit *alleluia,* persistit. Inde quoque est quod et in gradibus cantatur, et a gradibus derivatur ; quoniam pœnitentes et activi proficiunt in gradibus virtutum, dum quæ audierunt, operibus implent. Nam in lectione auditores pascuntur, sed in cantu quasi aratro compunctionis corda conscinduntur ; habet enim musica naturalem quamdam vim ad flectendum animum, sicut

[8] I Esdr. 10. [9] II Tim. 2. [10] Luc. 10. [11] Matth. 13. [12] Luc. 4 ; Isa. 61. [13] Matth. 5. [14] Psal. 125. [15] Exod. 15. [16] Psal. 83. [17] Psal. 84.

Boetius ait. Tractum canimus, quia in hoc itinere A laboramus. De tractibus inferius plenius prosequemur; hic tamen scias hoc interesse, inter responsorium et tractum, quod est inter columbam et turturem.

Responsorium assimilatur columbæ, quæ gregatim volat et gemit, et significat gemitum activæ vitæ; tractus vero turturi comparatur, quæ singulariter volat et gemit, ideoque denuntiat gemitum contemplativæ. Cum in abscondito Patrem oramus [14], turturem offerimus. Sicut Moyses qui solus montem ascendit [19]; cum vero dicimus : « Venite, adoremus, et procidamus ante Deum [20], » columbas ad altare portamus. Alleluia canimus, quoniam ad laudes angelicas in hoc itinere fæstinamus; versus, quoniam sic euntes, laborantes, fæstinantes ad Dominum revertimur; unde et versus cantantes ad orientem nos convertimur; et attende quod alleluia, prius summotenus dictum, præsentis contemplationis gaudium repræsentat, sed postra repetitum cum jubilo gaudium designat æternum, et tam angelorum quam beatarum animarum convivium. Unde et hoc Hebraicum nomen in officio remanet peregrinum; quoniam gaudium illud peregrinatur ab hac vita, et nos a Domino peregrinamur [21]. Congrue igitur post graduale cantatur, quia post actionem sequitur contemplatio; post luctum pœnitentiæ, canticum lætitiæ; post irriguum dilationis, magnitudo consolationis; quoniam : « Beati qui lugent, quoniam ipsi consolabuntur [22]; » et : « Qui seminant in lacrymis, in exsultatione metent [23]. » C Congrue quoque in alleluia jubilamus, ut mens illuc rapiatur, ubi « sancti exsultabunt in gloria et lætabuntur in cubilibus suis [24], » quod gaudium nec potest verbis exprimi, nec omnino taceri; non exprimitur propter magnitudinem : non tacetur propter amorem. Sequentiam canimus in jubilo, quia Deum videbimus cum ineffabili gaudio. Unde habet verba inusitata et laudiflua; quia illud gaudium est mortalibus incognitum, ubi est habitatio sicut omnium lætantium [25]. Quædam ecclesiæ sine verbis sequentias neumizant, eo quod ibi non erit verborum significatio necessaria ubi patebunt corda singulorum, singulis vitæ intuentibus librum, vel quia verba non sufficiunt ad D illud exprimendum. Unde quæ vox, quæ poterit lingua retexere, quæ tu martyribus munera præparas; quis possit narrare quod in cor hominis non ascendit [26]. Unde Paulus ait : « Quod vidit ea quæ non licet homini loqui [27]; » unde cum ad alleluia sequitur jubilus, non est sequentia necessaria, nec econtrario. Et quidem ista canentium alii sunt cantores, qui cantus in choro voce magna distribuunt, qui sunt rectores Ecclesiæ, qui Deum laudant et alios verbo et exemplo ad lau-

dandum invitant. Alii autem pueri, qui graduale in gradibus cantant; hi sunt activi pueri de virtute in virtutem [28] in charitatis gradibus ascendentes, qui dum graduale inchoatur, alios ad compunctionem invitant; dum versus concinunt, ad se redeuntes suas cogitationes attendunt; dum rursus graduale incipiunt, bonum certamen certasse [29] et cursum insinuant se consummasse; qui primo non alte vocem elevant, versum post modum cantant : « Qui enim voluerit turrim ædificare prius sumptus cogitet [30]. » In repetitione vero jam non timentes, versum fiducialiter voce exaltant. Alii sunt perfecti viri, qui alleluia, vel tractus in pulpitis concinunt, hi sunt contemplativi, carnem affligentes [31], mente excedentes [32]; quorum conversatio est in cœlis [33]. » Non est hominum sed angelorum. Sequentia vero non illi soli decantant, sed chori communiter jubilant, quoniam jubilus æternus, ineffabilis communis erit angelis et hominibus.

CAPUT IV.

DE TERTIA PARTE MISSÆ.

Prædicans præceptum Domini constitutus est in monte sancto ejus [34]. Hic Christi et apostolorum prædicatio insinuatur : « Videns enim Jesus turbam, ascendit in montem, et aperiens os suum, docebat eos [35]. » Hanc prædicationem præfiguravit Moyses [36], qui ascendit in montem, et accipiens tabulas et benedictionem, populo mandata proposuit. Hanc etiam repræsentamus cum diaconus benedictionem a pontifice petit; cui pontifex benedicit. Diaconus, et non alterius ordinis Evangelium legat; quia diaconus minister interpretatur. Christus autem cum Evangelium prædicavit, minister fuit. Unde : « Non veni ministrari sed ministrare [37]. » Diacono pontifex benedicens, ait : Dominus sit in corde tuo et in labiis tuis. Intendat ergo diaconus ut cor concordet cum labiis, ne infructuosa sit oratio sacerdotis; proinde per manus sacerdotis munitur signo crucis, ac si dicatur ei : Dum prædicaveris, passionis Dominicæ non obliviscaris.

Diaconus enim iste ordo est apostolicus, cui Dominus benedixit, cum dedit eis Spiritum sanctum [38], et misit ad prædicandum per universum mundum [39]. Hanc benedictionem non accipit subdiaconus; quia legislatorem et prophetas Deus invisibiliter misit; apostolos autem et evangelistas factus visibilis visibiliter misit et docuit. Diaconus de altari accipit Evangelium; apostoli enim de altari evangelium acceperunt, cum prædicantes passionem Domini evangelizaverunt. Vel altare, in quo ab initio usque nunc jacuit evangelium, est Hierusalem, unde legem evangelicam susceperunt; quia de Sion exivit lex et verbum Domini de Hierusalem [40]; unde cum notus fuisset Deus solum-

[14] Matth. 6. [19] Exod. 24. [20] Psal. 94. [21] II Cor. 5. [22] Matth. 5. [23] Psal. 125. [24] Psal. 149. [25] Psal. 86. [26] I Cor. 2. [27] II Cor. 12. [28] Psal. 83. [29] II Tim. 4. [30] Luc. 13. [31] I Cor. 9. [32] II Cor. 5. [33] Phil. 3. [34] Psal. 2. [35] Matth. 5. [36] Exod. 24. [37] Matth. 20. [38] Joan. 20. [39] Marc. 16. [40] Isa. 2.

modo in Judea [44], factum est admirabile nomen ejus in universa terra [45]; vel altare Judæos significat, a quibus transfertur regnum Dei, et datur genti facienti fructum ejus [46]. Diaconus Evangelium in sinistro brachio portat, quia sinistra præsentem vitam præfigurat in qua debet evangelium prædicari. Nam in futura scientia destruetur [47], id est non erit opus magistrali doctrina. Diaconum præcedit subdiaconus cum pulvillo; quia ad omne quod legitur evangelium lex competens suggerit testimonium, vel pulvinar est suavitas et dulcedo mandatorum Dei, de qua Propheta : « Parasti in dulcedine tua pauperi Deus [48] ; » et alibi : « Quam dulcia faucibus meis eloquia tua [49], unde, evangelio lecto, liber evangelicus super pulvillo portatur; quoniam Ecclesia « in auditu auris obedivit [50], » et verbum suaviter in corde suscepit, cujus anima liquefacta est, ut dilectus locutus est ei [51]. Duo præcedunt acolythi cum candelabris et candelis, et unus cum thuribulo; hi sunt Moyses et Helias, inter quos ut sol Dominus in monte refulsit [52], vel apostoli, quos binos Dominus ad prædicandum misit [53]. Quandoque tamen ut in profestis, unus tantum præcedit acolythus cum cereo. Hic est Joannes Baptista, qui fuit verbi lucerna [54]; præcessit enim Christi primum adventum; ergo duo significare possunt Henoch et Eliam, qui præcedent secundum [55]. Duo candelabra, duo præcepta; duæ candelæ, lex et prophetiæ, quæ, dum evangelium legitur, secundum quosdam in pavimento ponuntur, quoniam legis umbra et prophetiarum ænigmata, per lumen Evangelii, etiam ab humilibus intelliguntur; quæ, perjecto evangelio, protinus exstinguuntur, quia per evangelicam doctrinam lex et prophetia penitus evanuerunt in littera; vel quia cum veritas Evangelii deprehenditur, omnis scientia destruetur [56]. Ille thuribulum portat, qui odorem suavitatis exiguæ prædicans elicit passionis. Per incensi fumum bona opinio prædicatoris designatur, qui debet esse odor vitæ in vitam [57], odor agri pleni cui benedixit Dominus [58]. Thuribulum præcedit Evangelium; quia bona fama operum debet præcedere doctrinam verborum. Unde : « Jesus cœpit facere et docere [59]. » Diaconus ab australi parte ascendens analogium, id est locum ad verba de superioribus destinatum, et se vertens ad austrum, primo salutat populum, dicens : Dominus vobiscum ; cui populus : et cum spiritu tuo; Christus enim a Bethlehem, quæ est ad austrum, venit in Hierusalem. Unde dicitur : « Deus ab austro veniet [60]. » Quod diaconus ascendit, hoc est quod prædicator debeat stare in monte virtutum, juxta illud : « Supra montem excelsum ascende tu [61]. » Vel quia Christus in alto monte

A prædicaverit [62], vel quia dixit: « Quod in aure audistis, prædicate super tecta [63]; » vel quod præcepta sublimia dedit. In hoc autem quod evangelium in altiori gradu legitur quam epistola, innuitur quod apostolica dignior est legali doctrina et evangelica excellentior apostolica; quod se ad austrum evangelium lecturus vertit, inde est quia sponsus cubat in meridie [64], et Ecclesia in omni fervet amore; vel quod in hac parte viri stare solebant, quibus debent spiritualia seminari : per viros enim spirituales intelliguntur, et per austrum

B Spiritus sanctus accipitur. Quidam vero, ut pene in omnibus ecclesiis vetus obtinet consuetudo, se ad aquilonem convertunt, ubi feminæ sunt, quæ carnales significant, et aquilo significat fideles : carnalibus autem et infidelibus est evangelium prædicandum, ut convertantur ad Christum; vel diaconum ab austro venire, est Filium Dei operatione Spiritus sancti carnem assumere. Ad aquilonem sermonem dirigere est salutem gentibus, quæ a calore solis recesserant, et secreta mysteria revelare; vel ad aquilonem legitur, ut aquiloni, a quo omne malum panditur [65], opponatur evangelica fides, juxta illud : « Cui resistite fortes in fide [66]. » Hic est aquilo frigidus, id est diabolus, qui flatibus tentationum corda congelat hominum, et infrigidat ab amore Dei. Ideoque dicitur ei : « Surge, aquilo [67], » id est recede. Si autem evangelium fuerit ad altare legendum, in sinistra parte

C legatur, nam ex nunc a dextera fit transitus ad sinistram; In quo notatur transitus apostolorum, qui de Judæis transierunt ad gentes, illis respuentibus verbum Dei [68]. Desiccato namque velamine Gedeonis, ros aream irrigavit [69], et qui prius dixerat : « In viam gentium ne abieritis [70], » postea : « Ite in universum mundum [71], » subjunxit; quod lecturus evangelium primo salutat populum, cum a susceptione codicis de altari nihil in via dixerit, inde est quod apostoli in via neminem salutabant, sed quamcunque domum intrabant prædicaturi habitantes in ea, primo ex mandato Domini salutabant dicentes : « Pax huic domui [72]; et reddit hac salutatione diaconus auditores attentos ad audiendum verbum Domini; unde se vertit ad eos.

D Cui populus factus attentus et benevolus cordibus adversis ad Deum, et vultibus ad diaconum ait : Et cum spiritu tuo. Orat populus ut Dominus sit cum spiritu prædicatoris, qui faciat eum sane prædicare et ad Deum referre. Cumque diaconus addit : Sequentia Sancti Evangelii, auditores dociles reddit : non quod majestas evangelii dignetur regulis oratorum subjici, sed quia quod in hominibus nititur eloquentia, hoc in Ecclesia sua perficit Sapientia. Dicitur autem evangelium nuntium bonum

[44] Psal. 75. [45] Psal. 8. [46] Matth. 21. [47] I Cor. 13. [48] Psal. 67. [49] Psal. 118. [50] Psal. 17. [51] Cant. 5. [52] Matth. 17. [53] Matth. 10; Luc. 10. [54] Joan. 5. [55] Mal. 4. [56] I Cor. 13. [57] II Cor. 2. [58] Gen. 27. [59] Act. 1. [60] Habac. 3. [61] Isa. 40. [62] Matth. 5. [63] Matth. 10. [64] Cant. 1. [65] Cant. 4. [66] Jer. 1. [67] I Petr. 5. [68] Cant. 4. [69] Act. 15. [70] Judic. 6. [71] Matth. 10. [72] Marc. 16. [73] Matth. 10; Luc. 10.

antonomastice, ab *eu* quod est *bonum*, et angelus quod est *nuntius*. Nuntiat enim vitam post
mortem, requiem post laborem regnum post servitium'; vel ab *Evau* et *Gelos*, ut quidam dicunt ;
sed idem sensus est. Licet enim aliæ .Scripturæ
bonum annuntient, tamen hæc, quam ore proprio
Dominus prædicavit, sibi nomen Evangelii vindicavit. Titulantur autem Evangelia duplici forma,
vel per initium Sancti Evangelii ; sicut in principi-
piis evangelistarum ; vel per sequentia sancti Evangelii, et dicitur sequentia, quia sequitur initium
vel præcedentia. Respondet populus : *Gloria tibi,
Domine.* In Evangelio agitur de gloria Dei et nostra, scilicet quod diabolum vicit, et victor ad gloriam Dei Patris ascendit, quod nos redemit et
nobis majora promisit. Audientes igitur Evangelii mentionem, nos ad orientem vertimus, et ex-
clamamus in laudem Creatoris : *Gloria tibi, Domine,*
quasi dicamus : ^uod in Evangelio prædicatur, et
nos credimus et speramus, nobis proficiat, nobis
eveniat, sine fine permaneat. Et exinde : « Non nobis, Domine, non nobis, sed nomini tuo » inest, et
inerit « gloria [71], » et ita populus glorificat Deum
qui misit nobis Verbum salutis, « et fecit redemptionem plebis suæ [72], » juxta quod in Actibus
apostolorum dicitur : « Et glorificaverunt Deum [73]. »
Cumque hæc dicuntur, tam qui audit, quam qui
profert, primo cum pollice fronti signum crucis
impouit, secundo ori, tertio pectori. Fronti signum
crucis imponitur, quoniam in fronte sedes est pudoris et verecundiæ. Unde impudicos homines appellamus effrontes, quasi sine fronte. Per hoc ergo
quod fronti signum crucis imprimimus, ostendimus nos non erubescere Dominum nostrum esse
crucifixum, quod nobis a Judæis et gentilibus im-
properatur. Unde Apostolus : « Prædicamus Christum Dominum nostrum crucifixum, Judæis quidem scandalum, gentibus vero stultitiam [74]; »
nec erubescere debemus, quoniam qui erubuerit
Filium in hoc mundo, filius erubescet eum coram
Patre et angelis in Judicio [75]; in hoc quod os signamus et pectus, innuimus quod Dominum
crucifixum et ore confitemur, et corde credimus;
corde enim creditur ad justitiam, et ore confessio fit ad salutem [76]; igitur in pectoris signo fides et oris signo confessio, in frontis signo intelligitur operatio, quasi dicat : Signo me in fronte,
ore et pectore; quia crucem Christi non erubesco
sed prædico et credo.

Quæritur qualiter nos signare debemus, scilicet
a sinistra in dexteram, vel econtrario. Quidam volunt a sinistra in dexteram esse signandum , ex hac
auctoritate [77] : Egressus ejus a Patre, excursus
usque ad inferos, regressus usque ad sedem Dei ;
Christus enim a Patre venit in mundum [78], inde

ad inferos [79], inde ad sedem Dei [80]. Incipiens itaque se signare, incipit a superiori parte quæ Patrem significat ; descendit ad inferiorem, quæ mundum significat; allaterat a sinistra in dexteram :
sinistra significat infernum, dextera cœlum. Christus autem ab inferno ascendit etiam ad alta polo-
rum. Alii vero a dextera signant in sinistram, quia
Christus veniens a dextera Patris, diabolum, qui
est sinistra, cruce peremit. Vel ad nos crucis refertur effectus: « Deus inclinavit cœlos, et descendit [81], » ut doceret nos, primum quærere regnum
Dei, quo quæsito etiam temporalia nobis adjicientur [82] : et ecce transitus de dextera scilicet ad sinistram. Descendit etiam ut nos de terra levaret
ad cœlum, et ecce quod de sinistra transitur ad
dexteram. Et quidem supradicta tria loca pollice
signamus, et demum eadem tria tribus digitis comprehendimus, quoniam totam nostram fidem, confessionem, audaciam, vel operationem ad Deum vivum et trinum referimus.

Exinde librum diaconus thurificat, signat et osculatur librum in signo, quasi dicat : Hic est liter
Dei, hic est liber Crucifixi, hic est liber Pacifici.
Quidam vero primo signant librum, postea se, et
se quidem in fronte et pectore tantum, quasi in
utroque superliminari [83]. Postea diaconus inchoat
evangelium, quod habet triplicem inchoationem,
vel per initium evangelii, ut *In principio erat Verbum,* item : *Liber generationis* Jesu Christi; vel per
certam temporis determinationem, ut : *Anno quintodecimo imperii,* etc.; vel per *In illo tempore,* ubi
saltem confusum tempus significetur, et est sensus : In illo tempore, scilicet gratiæ, de quo : « Ecce
nunc tempus acceptabile [84]. » Et attende quoniam
prophetiæ, et Epistolæ, et Evangelia per illas dictiones vel orationes inchoantur, vel concluduntur,
quæ in eis sæpius iterantur. In prophetiis hæ clausulæ sæpissime repetuntur, scilicet : *In diebus illis,* et hæc dicit *Dominus omnipotens.* In epistolis
autem Pauli hæ clausulæ frequentantur : *Fratres,*
et *in Christo Jesu Domino nostro.* In Epistolis Jacobi et Petri hæc particula frequentatur, scilicet :
Charissimi. In Evangeliis autem hæc oratio sæpius
invenitur : *In illo tempore.* Leguntur autem evangelia quandoque secundum historiam, ut illud : *Pastores loquebantur ad invicem* [85], et illud : *Maria
Magdalene, et Maria Jacobi, et Salome* [86]; quandoque secundum allegoriam ut illud : *Intravit Jesus in quoddam castellum* [87], in quo fit mentio de
Maria et Martha sororibus Lazari : per quas quia
duæ vitæ significantur, contemplativa scilicet et
activa, ideo legitur in Assumptione beatæ Mariæ,
in qua est utriusque vitæ consummatio ; quandoque
secundum personam, ut in festo sancti Thomæ apostoli dicitur : *Thomas unus de duodecim* [88]; quan-

[71] Psal. 113. [72] Luc. 1. [73] Act. 11. [74] I Cor. 1. [75] Luc. 9. [76] Rom. 10. [77] Ambrosius in
hymno *Veni, Redemptor gentium.* [78] Joan. 16. [79] Ephes. 4. [80] Act. et Hebr. 1. [81] Psal. 17. [82] Matth.
6. [83] Exod 12. [84] II Cor. 6. [85] Luc. 2. [86] Marc. 16. [87] Luc. 10. [88] Joan. 20.

doque secundum partem ut in testo Sanctæ Crucis : *Erat homo ex Pharisæis* [70], prœpter hanc clausulam, sicut Moyses, exaltavit serpentem in deserto [71], sic oportet exaltari Filium hominis; in
hoc enim verbo passio, et in cruce corporis exaltatio figuratur; quandoque secundum totum, ut illud : *Postquam consummati sunt dies octo* [72].

Dum autem legitur evangelium, summa cum
reverentia audiatur; nullus sedeat : hoc enim
Anastasius papa decrevit. Baculi de manibus,
et velamina de virorum capitibus deponantur.
Cum vero sedere prohibemus, nec jacere nec
appodiare, nisi in necessitate, permittimus. Erecti
stare debemus : sedent desides, jacent dormientes, appodiantur debiles, stant fortes pugiles.
Ut igitur innuamus quod pro defensione evangelii
sumus fortes pugiles Jesu Christi, dum legitur
evangelium, stemus erecti, scientes quod c non
est nobis colluctatio adversus carnem et sanguinem, sed adversus principes et potestates [73]; »
et, ut omnis appodiatio removeatur, etiam baculi
deponantur, non solum a cæteris verum etiam a
cantoribus. In lege præcipiebatur [74], ut edentes
agnum baculos in manibus haberent, quod repræsentant cantores, qui tenent baculos in missa, significantes quod qui ad patriam festinant, esu cœlestis Agni et baculis contra hostes, id est Scripturarum sententiis indigeant contra dæmones. Generaliter enim per baculos legales intelligimus observantias; spiritualiter per baculos cantorum, sententias Scripturarum, vel doctrinas prædicatorum;
per evangelicam ergo prædicationem in præsenti
legales deposuimus observantias; et in futuro, cum
veritatem comprehendemus evangelicam, evacua-
buntur linguæ doctorum, quia scientia destruetur [75];
vel baculos deponimus, ne judaizare videamur, qui
caput Christi arundine percusserunt [76]. Vel baculum deponere est ob perfectionem evangelicam
injurias non vindicare, sed Domino vindictam servare, unde : « Mihi vindictam, et ego retribuam [77],»
et in principibus aut in terrenis sustentaculis non
confidere; quia « vanitas vanitatum, et omnia vanitas [78]. » Non est opus humano auxilio, dum præsto
Christum habemus, et ejus vocem audimus. Similibus rationibus velamina de virorum capitibus deponuntur, scilicet ut Judæis dissimiles videamur;
qui Christi caput corona spinea contexerunt [79];
vel quia præsens evangelica prædicatio abstulit
velamina legis; vel quia futura veritatis evangelicæ
comprehensio auferet ænigma et squamas ab oculis
nostris [80]. « Nunc videmus Deum, quasi per speculum in ænigmate, tunc autem videbimus facie ad
faciem [100]. » Vel caput detegimus, innuentes quod
attente verbum Domini audire debeamus. Ideo
dixi virorum, quia mulieres non debent audire capite revelato, propter pomi vetiti pudorem. Licet

fuerit virgo, vel mater, vel alia mulier, capiti su
perponat aliquem pannum, si non habet velamen [1];
licet enim virgo lasciviat in capillo, tamen etiam
orare non debet, ni operta cesarie in signum pudoris antiquæ prævaricationis, et subjectionis, et
reverentiæ sacerdotalis. Perlecto evangelio, debet
unusquisque dicere : *Benedictus qui venit in nomine
Domini*; vel *Deo gratias*; sicut post alias dicimus
lectiones : *Dignum est enim ei benedicere et gratias
agere, qui venit nos hac doctrina salvare*; sed melius est ut dicatur : *Amen*, quasi verum est quod
dictum est, et est hoc contra quorumdam hæreses,
vel superstitiones, qui, dum legitur evangelium, contradicentes dicunt, Falsum est. Vel *amen*, quasi
fiat nobis quod Dominus in Evangelio pollicetur;
debet et quilibet post evangelium se signo crucis
munire contra diabolum, qui, evangelio lecto, confestim insidiatur, ne capiat in nobis sermo. Munimus itaque nos signo crucis, ne rapiat fidem
passionis, spem evangelicæ promissionis de corde,
confessionem de ore, audaciam de fronte, vel opere,
neve per zizania hæresis corrumpat in nobis semen
rectæ prædicationis [2]. Diaconus autem, postquam
se signaverit, librum thurificat, et osculatur gratias agens Deo, qui nos orare docuit et pacem dedit.

Post hæc, thus episcopo et ad osculandum Evangelium fert, apostoli enim a prædicatione ad
Christum reversi sunt [3], non sibi, sed ei gratias de
miraculis et profectu prædicationis agentes, quem
constet nos et orare docuisse [4], et nobis pacem dedisse [5]. Deinde, facit episcopus sermonem ad populum, aliqui etiam ante evangelium prædicant,
forte ex prava consuetudine laicorum cantato
evangelio recedentium. Vel ideo congrue prædicat
ante, et congrue postea, quoniam expositurus est
evangelium populo; ante ergo prædicat, ut legendum intelligentes avidius audiant; postea prædicat,
ut lectum intelligentes memoriter teneant. Theolo-
gius tamen postea prædicatur, quia Christus postquam populo per apostolos innotuit, idem ipse populis voce propria prædicavit, unde etiam prædicat
episcopus] quæ et docuit Christus, scilicet pœnitentiam et similia. Post prædicationem clerus cantat : *Credo in unum Deum*; quia quod diaconus legit, episcopus prædicavit, se credere populus asseverat. Rectus ordo quo rex vocat, milites accele-
rant. Non tamen est in omni missa cantandum,
sed in festis illorum, de quibus in Symbolo fit aliqua mentio, et aliquid sonare videtur, ut in Natali,
in Circumcisione, Epiphania, Pascha, Ascensione,
Pentecoste, in festo Omnium Sanctorum et singulorum apostolorum; et in omnibus festis beatæ Virginis, in die Transfigurationis Domini, in festis
Sanctæ Crucis, et in omnibus Dominicis diebus, et
in festo Sanctæ Trinitatis, et in Dedicatione templi : in aliis vero nequaquam; maxime vero perti

[70] Joan. 3. [71] Num. 21. [72] Luc. 2. [73] Ephes. 6. [74] Exod. 12. [75] I Cor. 13. [76] Marc. 15. [77] Deut.
32, Rom. 12. [78] Eccl. 12. [79] Joan. 19. [80] Act. 9. [100] I Cor. 13. [1] I Cor. 11. [2] Luc. 8. [3] Luc.
10. [4] Matth. 6 [5] Joan. 14.

net ad Resurrectionem et Pentecosten, quoniam soboles nova reddit in tripudio, quæ didicit in catechismo. Dubitatur de festo beati Joannis Baptistæ. Aiunt quidam quod in ejus festo sit cantandum, vel quia in ejus nativitate memorata fuit Christi nativitas, vel quia in Symbolo fit mentio de prophetis; hic autem est plus quam propheta [4]. Alii dicunt aliter. Dubitatur etiam de festis propriis oratoriorum, et quod aliquorum consuetudinis est in die proprio non omittere, sed in octava si eam celebraverint subicere, et est hoc Symbolum synodi Constantinopolitanæ. Quatuor autem symbolis nunc utitur Ecclesia, videlicet Symbolo Athanasii, quod composuit contra hæreticos, Arianos scilicet : *Quicunque vult salvus esse*; item Symbolo Hilarii, quod composuit in libro de synodis, unde in synodis legitur totum, vel ex parte; item Symbolo apostolorum, scilicet : *Credo in Deum Patrem omnipotentem*; item Symbolo Constantinopolitanæ synodi, quod synodus composuit, sed Damasus papa ad missam cantari instituit, in quo dum cantatur : *Et homo factus est*, genua flectimus, quia Christum hominem factum et pro nobis crucifixum adoramus; quod, dum cantatur, evangelium cum incenso defertur, et singulis a subdiacono ad osculandum apertum porrigitur quod ab eodem clausum ante portabatur; quoniam apostoli Verbum Christi per mundum portaverunt [7], et odor vitæ in vitam exstiterunt [8], et pacem æternam declaraverunt; et sic fides evangelica, quæ prius in lege fuerat clausa, nunc patuit manifesta. Porrigitur autem maxime clericis, quasi dicat eis : « Vobis datum est nosse mysterium regni Dei [9]. » Symbolo cantato, se quilibet signat; quia verbum est evangelicum. Hoc est Verbum abbreviatum, quod fecit Dominus super terram, et sicut alibi dicitur, quod venit super filios Dei [10]. » Generaliter quidem in omnibus verbis evangelicis debemus nobis imprimere signum crucis, sicut in fine *Gloria in excelsis Deo; Credo in unum Deum; Sanctus, sanctus, sanctus; Pater noster;* et in fine *Benedictus; Magnificat; Nunc dimittis*, ea ratione, qua superius diximus, in fine evangeliorum esse signandum. Unde simili ratione sicut evangelium, ita et hæc debemus stantes audire. Symbolo cantato, ante et dum cantatur, alicubi cantat populus *Kyrie eleison;* quoniam postquam Christus et apostoli populum docuerunt, fide recepta, laudes Deo dederunt [11], quas forsitan repræsentat Symboli melodia suavissima; vel potius ne objiciatur : Cantavimus et non saltastis, auditor evangelii alacri mente et jucunda et saltabili voce ostendit quam bene evangelicam doctrinam retinuit.

CAPUT V.
DE QUARTA PARTE MISSÆ.

« Acceptabis, » o Domine, « sacrificium justitiæ

[4] Matth. 11. [7] Marc. 16. [8] II Cor. 2. [9] Luc. 8. [10] Exod. 35. [11] Matth. 21.

oblationes et holocausta, et imponent super altare tuum vitulos [10]. » Quartum officium offertorium vel offerenda vocatur, quod incipit a *Dominus vobiscum* [11]. Consuetudo est quod cum nuper ad operarios ingredimur, eos salutemus. Sic, secundum quosdam, cum de uno officio ad aliud transitum facimus, salutationem præmittimus. Unde quidam volunt quod secundum officium a salutatione collectæ incipiat, tertium ab evangelica, quartum hic, quintum a salutatione præfationis, sextum a salutatione pacis, septimum a salutatione completionis. Institutio hujus officii originem traxit a Moyse et a Christo. Nam Moysi de monte descendenti et populum salutanti et oranti occurrit populus, et munera obtulit [14]; sic Christo de monte descendenti, et turbam secundum bonum morem antiquæ traditionis (ut est credibile) salutanti, et pro ipsa oranti, turba cum floribus occurrit [16]; sic episcopus populum salutat per *Dominus vobiscum*, orans ut in fide recitata stabilis perseveret; et cum populus salutationi responderit : *Et cum spiritu tuo*, confestim sacerdos populum ad orandum invitat dicens : *Oremus*. Ilic apud Græcos oratio sequitur, sed apud nos populi præcedit oblatio et canticum offerentium, ac si dicat populus : *Credo*, et fidem quam confessus sum hilariter operis exhibitione demonstro. Et attende quod secundum legem quandoque populus offerebat de animalibus, ut de armentis vitulum et vitulam, de gregibus agnum et hædum, ovem et capram, do avibus turturem et columbam; et dicebatur hostia, eo quod ad tabernaculi ostium offerebatur; aut victima, eo quod animal vinciebatur; gentiles autem hostiam ab hostibus vincendis et victimam ab hostibus victis appellabant. Quandoque de sicca materia, ut similam, panem, thus, et dicebatur oblatio; quandoque de liquida, ut vinum et oleum, et dicebatur libamen vel oblatio, quæ omnia, licet ad Christum pertineant allegorice, sunt tamen nobis signum præsentis justitiæ. Nam vitulum offerre est justitiam viriliter exercere. Vitulam offerre est superbientem Domino carnem consecrare. Agnum et ovem offerre est innocentem esse et a malis simpliciter abstinere. Hædum et capram offerre est peccatorum humiliter pœnitere. In turture offerimus castitatem, in columba simplicitatem, in similagine sapientiam, in pane charitatem, vel Dei cogitationem; in thure orationem; in oleo misericordiam, in vino justitiæ disciplinam.

Offerebat autem populus septem ex causis : scilicet legale sacrificium et voluntarium, pro peccato, pro gratiarum actione, dona, vota et holocausta. Sacrificium legale sunt decimæ et primitiæ, vel ea quæ lex præcepit offerre; voluntarium, quod sponte offertur; pro peccato, quod offerebatur pro transgresso legis mandato; pro gratiarum actione, ut quod pro victoria et triumpho. Dona sunt quæ offe-

[10] Rom 9. [11] Matth. 11. [14] Psal. 50. [16] Ruth. 2.

rebantur pro ornatu templi ; vota quæ pro periculis infirmitatis aut belli. Holocaustum, id est totum incensum : Holo enim *totum*, et cauma interpretatur *incendium*, offerebatur, cum in altari agnus totus, aut vitulus incendebatur. Hoc dicitur in Paralipomenon [16] quod obtulerunt principes pro votis, pro spontaneis, pro peccato, pro regno, pro sanctuario, pro Juda. Ritus Synagogæ transivit in religionem Ecclesiæ, et sacrificia populi carnalis mutata sunt in observantiam populi spiritualis Christiani. Itaque sicut Moysi de monte descendenti populus ille diversa dona ad faciendum tabernaculum offerebant [17] ; sic episcopo de pulpito venienti, diversas offert oblationes, alius aurum, alius argentum, alius aliquid de alia substantia. Qui aurum offert magos imitatur qui aurum Domino obtulerunt [18] ; qui argentum offert eos sequitur, qui pecuniam in gazophylacio posuerunt [19] ; qui aliud offert, illis associatur, qui, per Paulum et Barnabam, necessaria pauperibus Hierosolymam transmiserunt [20]. Offertur quoque legale sacrificium in decimis et primitiis, voluntarium in spontaneis oblationibus. Pro peccatis, dum pœnitentiis redimitur ; pro gratiarum actione, dum pro aliqua collata gratia quidquam offertur ; dona, dum in ædificia ecclesiarum vel utensilium conferitur ; vota, dum quod in periculis voverunt, exsolvunt. Holocaustum offerunt, qui sæculum derelinquunt et sua pauperibus distribuunt. Et sicut antiqui ex edicto legis [21] in Hierusalem in certis solemnitatibus conveniebant et offerebant, scilicet Pascha, Pentecoste et in festo scenopegiarum ; sic ex institutione sanctorum Patrum juxta facultates offerre tenemur, in Natali Domini, Pascha, Pentecoste et in festo Omnium Sanctorum, ut inde sibi victum habeant sacerdotes ; debent enim oblationes in usus verti sacerdotum, vel pauperum, vel in aliud, quod ad altaris pertineat sacramentum. Præterea debet offerri ad emendum cereum Paschalem, quod facit Ecclesia Gallicana. Collationes et consortiales facere debent ad emenda luminaria ; alias, ut quidam aiunt, non tenentur ; sed si fiant, spontaneæ sunt oblationes ; quod autem alicubi' sepulturæ venduntur, et pro campanarum pulsatione donationes exiguntur, peccatum est, ut quidam aiunt, ac si sacramenta Ecclesiæ venderentur. Et primo quidem offerant viri, qui fortes in Christo designant, scilicet martyres, qui in primitiva Ecclesia dura perpessi, Christi victimæ occubuerunt ; deinde feminæ, quæ fragiliores designant, scilicet confessores, qui tempore pacis Domino laudis hostias obtulerunt. Dum sic offertur a populo, offerenda vel offertorium cantatur a clero, ad designandam hilaritatem offerentium : « Quoniam hilarem datorem diligit Deus [22] ; » vel ad memorandam jucun-

ditatem Israelitici populi offerentis donaria ad ædificium tabernaculi [23], et etiam Salomonici templi [24] ; vel etiam ad recolendum laudes et præconia puerorum cum psalmis et floribus occurrentium Christo de monte Oliveti descendenti et ad crucis patibulum accedenti [25] ; vel potius ad designandum clamorem mulieris, id est Ecclesiæ, quæ legitur in Apocalypsi [26] amicta sole, scilicet Christo, quem induit in baptismo ; habens lunam sub pedibus, id est omnia mutabilia calcans ; et coronam duodecim stellarum in capite, id est chorum duodecim apostolorum in sui initio gestans ; habens in utero clamat, parturiens cruciatur ut pariat ; clamorem cujus parturientis, id est salubrem Domini cruciatum imitatur offerenda per suum gravem et grandisonum cantum, quæ neumis distenta et versibus fecundata, quantumvis longa jubilatione, quod significat non satis valet exprimere. Susceptis oblationibus, sacerdos qui, secundum quosdam, hucusque prædicationem omiserat, etiam hic recte prædicat, admonens populum ut se futuræ immolationi dignum exhibeat.

CAPUT VI.
DE QUINTA PARTE MISSÆ.

« Christus introivit semel in Sancta [27]. » Sacerdos ad altare ingressurus de immolatione disponit, prius manus lavat, quia Dominus, antequam passurus Hierusalem ingrederetur [28], pro nostro amore lacrymas fudit, ut in Lazari suscitatione innotuit [29] ; sed etiam priores sacerdotes immolaturi, se in labro lavabant [30], quod munditiam operum et nostras lacrymas figurabat. Præter hæc offerunt et ministri, qui significant fideles pugiles, qui sub Antechristo, per diversa tormenta, se Christo vivum offerent holocaustum. Sed in altari sindon antea præparatur, ut sicut a terreno est castigatus humore et suo nitet splendore, sic mens offerentium castigetur a carnali cupiditate et coram Deo niteat simplicitate. Aliqui tamen prius offerunt, et in altari disponunt, et prius a populis oblationes accipiunt, quos de pane verbi Dei reficiunt. Sed hic est, ut credo, præposterus ordo potius desidiæ vel ignorantiæ, quam alicujus castitate peritiæ : ordo namque rectus est quod prius verbum auditur, secundo exponitur, tertio creditur, quarto executioni mandatur ; nam fides est ex auditu [31], et fides per dilectionem operatur [32] : offerunt autem ministri panem, vinum et aquam. Hæc est enim hujus sacrificii terrena et materialis substantia ; est et alia divina, scilicet de qua infra dicemus. Panem et vinum obtulit Melchisedech [33], obtulit et Christus in cœna discipulis [34] ; sed illic figura corporis, hic substantia veritatis : dedit enim corpus proprium de Virgine sumptum, in quod panem credimus transsubstantiatum. Hoc itaque sacramen-

[16] II Par. 29. [17] Exod. 35. [18] Matth. 2. [19] Marc. 12 ; Luc. 21. [20] Rom. 15 ; Gal. 2. [21] Exod. 34. [22] II Cor. 9. [23] Exod. 35. [24] II Par. 2. [25] Matth. 21. [26] Cap. 12. [27] Hebr. 9. [28] Luc. 19. [29] Joan. 11 [30] Exod. 30 [31] Rom. 10. [32] Gal. 5. [33] Gen. 14 [34] Matth. 26.

tum idcirco fit ex pane, quia Christus se panem asserit, dicens : « Ego sum panis vivus qui de cœlo descendi [94], » de quo dicitur : « Panem angelorum manducavit homo [95]. » Vel quia sicut panis conficitur ex multis granis, ita personale corpus Christi ex multis membris, et generale, quod est Ecclesia, ex multis fidelibus [97]. Grana vero de thecis suis flagellis excutiuntur, arefacta inter duos lapides conteruntur, ex quibus farina facta, aspergitur aqua, et compastinatur; inde panis factus in clibano mittitur, qui decoctus in candorem mutatur. Ita Christi membra, vel Christus, nobile granum, de quo : « Nisi granum frumenti cadens, etc. [98] », de theca, id est comitatu apostolorum gladiis et fustibus separatus, opprobriis arefactus ; a Judæis et gentibus quasi duobus lapidibus flagellatus, a reprobo Barabba quasi per cribrum sequestratus, proprio sanguine conspersus, cruci conligitur, passionis igne decoctus in candorem immortalitatis convertitur [99].

Fideles quoque de theca veteris vitæ flagello prædicationis excutiuntur, arefiunt pœnitentia, duarum legum cuduntur doctrina, cribrantur dum ab infidelibus segregantur, consperguntur aqua baptismatis, compastinantur vinculo charitatis [40], in camino tribulationis excocti, candore innocentiæ perfunduntur ; et ad Dei imaginem reformantur [41] ; hoc sacramentum. Ideo fit ex vino quia Christus se vitem fecit dicens : « ego sum vitis vera [42] ; » vel quia sicut vinum conficitur ex multis acinis, sic partiale corpus Christi ex multis membris, et generale, quod est Ecclesia, ex multis fidelibus. Acina in prelo duobus lignis in torculari premuntur, et in vinum eliquantur ; ita membra Christi, vel ipse Christus duobus lignis crucis pressus est, ex cujus latere sanguis fusus est [44] ; fideles quoque in tribulationibus, pressuris mundi, calcantur, et sanguinem pro Christo fundentes, ipsi per passionem incorporantur. Hoc sacramentum, sicut Alexander papa decrevit, fit ex aqua ; quoniam aqua de latere Christi exivit [45], vel quia aquæ multæ sunt populi multi [46]. Per hoc ergo quod aqua vino miscetur, intelligitur quod populus sanguine Christi redimitur, vel quia redemptus est sanguine passionis et aqua baptismatis. Utrum alterum sine altero transsubstantietur, et in quid aqua transsubstantietur ? Si transsubstantiantur, quomodo est ? Sed exploratoribus theologis, quos labor exagitat inquirendi, ad præsens relinquamus, cum et de his etiam alibi super decretis, et in theologiæ disputationibus studiose tractaverimus. Scimus tamen quod nec populus sine sanguine salvatur, nec, nisi populi causa, hoc mysterium agitur.

Panis iste sacramentalis in carnem, et vinum in sanguinem transit; quia paschalis Agnus pro nobis occisus [46], carnem nostram a morte redemit, et sanguinem fundens, pro nobis animam suam posuit [47], et animam nostram quæ in sanguine habitat a criminibus expiavit [48]. Et attende quod, licet sint duæ species, non tamen sunt duo sacrificia. Unitas enim Verbi unitatem efficit sacrificii. Hoc est enim illud pallium, quo Noe filii contexerunt [49], quo Christiani Christi ebrietatem, id est passionem sub sacrificio tegunt. Panis iste utrum debeat esse de azymo vel fermento quæstio est propter Græcorum importunitatem ; aiunt enim : Beata Virgo prægnans fuit de Spiritu sancto, recte ergo per fermentatum significamus Dominicam incarnationem, propter virginei ventris tumorem. Respondeo : Non offerimus in sacrificium Virginis uterum, nec ad transsubstantiandum credimus uterum necessarium, sed fidem et Dei verbum ; qui enim manibus operatur, et verbum dicit, sed non credit, est asinus ad lyram aures arrigens, sed cantilenæ melodiam non intelligens : unde qui visibilem panem comedit et invisibilem non credendo expellit, Christum occidit ; quia vitam a vivificando sejungit, et quasi mortuum corpus laniat sacrificii. Unde reus est corporis et sanguinis Domini [50]. Hæc vita spiritualis est, quæ sic in sacrificio absque vita animali, sicut lux solis sine calore, nobis repræsentatur in opere lunæ. Item ait Græcus: Azyma offerre est judaizare ; si ergo hoc Latine figurativum observare contendis, judaizas et in reliquis, in circumcisione et sacrificiis. Respondeo : Et quidem azyma significat ut epulemur in azymis sinceritatis et veritatis [51]. Non tamen hæc tam necessariæ rei abjicienda est figuratio : non enim cunctas legis consuetudines significativas abjecimus, sed quædam adhuc etiam actualiter celebrantur, ut eorum significata opportune et importune nostris sensibus ingerantur : nam templo, altari, candelabro, thuribulo, oleo, plenilunio, in pascha utimur, et similibus ; nec tamen in his judaizare censemur. Quod igitur sit azyma offerendum probat Latinus, quia Dominus legem adimplens azyma benedixit, fregit et dedit discipulis dicens : « Hoc facite in meam commemorationem [52]. » Secundum vero legem non erat fermentum offerendum, juxta illud : « Non immolabis super fermento panem hostiæ meæ [53], » et alibi : « Septem diebus azyma comedetis [54]. » Unde Paulus : « Epulemur non in fermento malitiæ, sed in azymis sinceritatis et veritatis [55], » ut inter Christum, qui de massa peccatrice carnem assumpsit sine peccato, velut azymum de fermento, et inter Christianum populum, qui per aquam figuratur, nihil sit malitiæ vel corruptionis, sicut in azymo, inter frumentum et aquam nihil est alienæ confe-

---

[94] Joan. 6. [95] Psal. 77. [97] Ephes. et Col. 1. [46] Joan. 12. [49] Matth. 26, 27 et 28. [40] Col. 3. [41] II Cor. 3. [42] Joan. 15. [43] Joan. 19. [44] Ibid. [45] Apoc. 17. [46] Exod. 12. [47] Joan. 10. [48] Levit. 17. [49] Gen. 9. [50] I Cor. 11. [51] I Cor. 5. [52] Matth. 26. [53] Exod. 23. [54] Exod. 12 ; Deut. 16. [55] I Cor. 5.

etionis. Panis hic in modum formatur denarii, tum quia panis vitæ [86] Christus pro denariis traditus est [87] ; tum quia idem versus denarius in vinea laborantibus in præmio dandus est [88]. In hoc pane sæpe scribitur imago et nomen imperatoris ; quia per hunc panem in imaginem Dei reformamur [89], et nomina nostra in Libro vitæ scribuntur [90]. Est autem hic panis a sacerdotibus formandus et coqnendus, sicut et in mensa ponendus, ad instar panum, qui propositionis et sacerdotales etiam dicebantur [91] ; et licet Christus semel credentes sua morte redemit [92], hoc tamen sacramentum Ecclesia quotidie necessario repetit ob illas causas, quia in vinea laborantes eo quotidie reficiuntur [93], et ut neophyti per illud incorporentur et ut memoria passionis Christi quotidie mentibus fidelium ad imitandum infigatur. Ideoque dicitur panis quotidianus : Sicut enim olim fuit necessaria ejus in carne præsentia, quæ mori posset, sic et modo est necessaria ejus in sacramento præsentia, qua manducari possit ; quia dicitur : « Nisi manducaveritis carnem Filii hominis et biberitis ejus sanguinem, non habebitis vitam in vobis [94]. » Tali autem ordine a ministris est offerendum:

Primo sacerdos lotus et sacras vestes indutus ingreditur sanctuarium, perveniens ad altare consecratum. Hic est Christus, qui cœnaculum grande stratum est ingressus cum discipulis cœnaturus [95]; et vide quia Zacharias papa instituit, in reverentiam sacramenti, ne quis ingrediatur ad altare cum baculo, ne quis etiam capite velato, et ne quis missam celebret absque sacerdotalibus vestibus consecratis, et nisi in altari consecrato.

Postmodum corporale diaconus in altare disponit; subdiaconus vero calicem portat in sinistra, patenam in dextera, et desuper corporale, unus cantorum oblatum cum fanone, et vinum cum ampulla. Alter vero præbet aquam vino miscendam, ad ultimum archidiaconus aquam fundens in calicem offert episcopo. Hæc est quarumdam Ecclesiarum consuetudo : subdiaconus est Christus, calix passio, patena crux, sinistra præsens vita, dextera futura, corporale Ecclesia, unus cantor Judaicum populum significat, alter gentilem, ampulla devotionem, oblata corpus, vinum sanguinem, aqua designat Ecclesiam, archidiaconus Christum, episcopus Deum Patrem. Ergo subdiaconus calicem portat in sinistra ; quia Christus de torrente in via bibit [96], id est sustinuit passionem in præsenti vita. Patenam in dextera, quia pervenit ad gloriam, propter hoc enim exaltavit illum Deus [97]. De super corporale : ejus enim passionem Ecclesia non desinit imitari; corporale enim multo labore candidatur, et Ecclesia per multas tribulationes conformatur Christo [98]. Subdiaconus etiam noster Christus

patenam cum calice portavit, quando crucem cum passione bajulavit [99]. Primus cantor offert oblata cum fanone, et vinum cum ampulla; quia primitiva Ecclesia de Judæis suscepit, fidem passionis in devotione mentis. Et vide quoniam oblata non nudis manibus, sed cum fanone candidato offertur; quia Christi corpus tantum ab his digne suscipitur, qui carnem suam cum vitiis et concupiscentiis crucifixerunt [100]. Alius cantor offert aquam, et diaconus eam vino miscet et offert episcopo. Hæc est gentilitas, quæ suam obtulit multitudinem, quam Christus in sua passione obtulit Patri Deo; noster autem ordo hic est, scilicet quod subdiaconus calicem et patenam cum pane et vino offerat diacono, diaconus autem oblata ad manus perferat sacerdotis, vel quod apud diligentiores fit, omnia in ipso disponat altari; lex enim, quam subdiaconus significat, hoc nostræ salutis sacrificium solummodo præfiguravit in Melchisedec [1], sed per evangelicam traditionem, quam significat diaconus, ad altare, id est ad solemnem ritum pervenit Ecclesiæ.

Quod solus episcopus aquam miscet vino, significat quod solus Christus populos redemit sanguine [2]; quod sacerdos oblata in altari deponit super crucem in consecratione altaris cum chrismate factam, hic est Christus qui carnem suam cruci affixit. Quod diaconus calicem cum vino, et aquam in dextero latere mittit, hoc est quod Evangelium, sanguinem et aquam de dextero latere Christi manasse docet [3]. Quod diaconus corporale disponit, hoc est quod Evangelium Christum, vel corpus Christi, imo totam ipsius humanitatem plene describit; corporale enim corpus Christi significat; quia, sicut corporale de puro lino conficitur, et multo labore in candorem vertitur, sic corpus Christi, de utero Virginis per multas tribulationes in gloriam transivit resurrectionis [4]; vel significat ipsius corporis tribulationem, munditiam et gloriam; vel significat ipsum Christum ; quia, sicut corporale complicatur, ut nec initium, nec finis ejus appareat, sic ejus divinitas initio caret, nec finem habet; et sicut oblatum adjungitur corporale et ponitur in altari, sic caro juncta divinitati affigitur cruci. Vel significat sindonem in qua Domini corpus legimus involutum [5]; Ideoque Silvester instituit sacrificium altaris duntaxat in panno lineo celebrari. Qui vero duo corporalia ponit, duo significat linteamina, quibus Joseph corpus Domini aromatibus conditum, involvit [6]; vel per unum multiplicatum, multiplicem, id est multis modis declaratam Christi humanitatem, per alterum multiplicem laborem ejusdem.

Sacerdos dum sacrificium thurificat, petit ut ejus oratio super passionem Domini facienda dirigatur ad aures Divinitatis [7] in odorem suavitatis; vel

[86] Ioan. 6. [87] Matth. 26. [88] Matth. 20. [89] II Cor. 3. [90] Luc 10. [91] Exod. 25; Levit. 24. [92] Hebr. 9. [93] Matth. 20. [94] Joan. 6. [95] Luc. 22. [96] Psal. 109. [97] Phil. 2. [98] Act. 14. [99] Joan. 19. [100] Gal. 5. [1] Gen. 14. [2] Apoc. 5; Isa. 53. [3] Joan. 19. [4] Matth. 20. [5] Matth. 27. [6] Ibid. [7] Psal. 140.

significat quod Christus pro nobis oblatus sit Patri odor suavitatis [79], et in hoc recolit quod sacerdos thymiama Domino, ingressus tabernaculum, offerebat, quod prohibuit Dominus in hominum usus offerri [80]; unde est quod oblato thure benedicto super altare, si descenderit thuribulum ad populum, aliud thus sine benedictione est apponendum et hominibus offerendum; inde etiam est quod odor thuris benedicti non datur in Ecclesia sponso et sponsæ. Exinde sacerdos se inclinans coram altari, orat et dicit : *Suscipe*, etc.; Christus enim ad pedes discipulorum se inclinans post sacramentum in cœna traditum, oravit ad Patrem [80]. Deinde vertens se ad populum dicit : *Orate, fratres*, quia Christus monuit apostolos orare [81]. Monet autem sacerdos orare, ut sacrificium fiat Domino acceptabile; ideoque ab hinc debemus orationibus et psalmis intendere; et aiunt quidam quod, antequam dicat *Orate*, sub silentio dicere debet in hac conversione : *Dominus vobiscum*, dicentes quod hæc conversio significet illam privatam apparitionem, qua Dominus post resurrectionem apparuit Magdalenæ [82]. Postmodum super oblata recitat secretam; quia Christus in montem Oliveti prolixius segregatus ab apostolis, quasi secretus oravit, dicens : « Pater, si fieri potest, transeat a me calix iste [83]; » et orat sacerdos pro acceptione hostiæ, quod populum facere præmonuerat. Significat et recolit hoc silentium sacrificium in sacrificiis patrum absconditum, ut in Abel [84], Isaac [85], et in agno paschali [86], in vitula rufa [87], in hirco emissario [88]; vel significat latibulum Christi ante passionem. Dominus namque noster jam non palam ambulabat apud Judæos, cum cogitarent eum interficere, sed abiit in regionem juxta desertum, in civitatem quæ dicitur Ephrem [89]; in quo figuravit quod abiturus erat in regionem gentium, pedibus evangelizantium. Et item latuit in Hierusalem. Unde et agnus qui erat decima quarta luna immolandus, observabatur a decima luna reclusus [90]. Orat ergo sacerdos in hoc silentio, et sanctum præparat sacrificium, quia Dominus noster saltare passionis meditabatur in suo latibulo sacramentum; quia vero proximo jam pascha palam Dominus ambulavit, maxime, cum Lazarum suscitavit [91]; ideo sacerdos vocem levat, et alta voce secretam concludit sic : *Per omnia sæcula sæculorum.* Ad quod alte respondeat populus : *Amen;* quod interpretatur *fiat*, quo verbo est usus Dominus in creatione mundi dicens : « Fiat lux [92]; » ac si dicat populus : Confiteor quod eo verbo quo mundus est creatus, et etiam recreatus. Hic, secundum quosdam, quintum inchoatur officium, in quo illud tempus ad memoriam nobis reducitur, quando Christus in cœna magnum stratum ascendit, ibi Deo gratias egit [93]; secundum Joannem [94], hymnum cantavit, ergo per *Dominus vobiscum*, orationem quam pro discipulis fecit [95], accipimus. Per *Sursum corda*, ascensum in cœnaculum recolimus; vel per *Dominus vobiscum*, regem præsentem cœlorum optamus; qui nos tales efficiat, ut apud nos illud convivium facere dignetur, in quo sursum corda levantes super caput ejus, cum muliere unguentaria alabastrum unguenti nardi pistici pretiosi effundere valeamus [96], id est divinitatem Filii unguento confessionis catholicæ confiteri. Nam per *Sursum corda*, ad confitendum Filii divinitatem surgimus. Cyprianus ait : Quod ideo *Sursum corda* dicimus, ut omnis cognitio carnalis abscedat, nec quidquam animus quam id solum cogitet quod precatur, claudat adversario pectus et soli Deo pateat, nec ad se hostem Dei tempore orationis adire permittat. Vel per *Sursum corda*, angelorum ministerium imploramus, qui nostra vota suscipiant, et ad Deum perferant: vel nos ad angelicas harmonias erigimus, unde et delectabili voce cantamus. Per *gratias agamus*, Christi recolimus gratiarum actiones et invitamus populum ad agendum gratias Deo Patri per Filium, per quem redimimur et cum angelis ad laudandum admittimur.

Unde sequitur præfatio, id est sequentis canonis prælocutio et præparatio, quæ mentes nostras ad Christi mysterium præparat. In hujus præfationis scriptæ principio forma hujus litteræ V ponitur in sacramento, V enim Christi significat humanitatem, D vero divinitatem, illa ex una parte aperitur, et ex alia clauditur, quia Christi humanitas est ex matre visibiliter, sed Spiritu sancto invisibiliter, cujus non sum dignus solvere corrigiam calceamenti [97]. Ista vero littera O, circuloso orbe concluditur, quia Divinitas est æterna, et sine principio et fine; apex crucis in medio est Christi passio. Ideo ergo hæc figura in præfationis principio ponitur; quia per mysterium unionis et Dominicæ passionis pacificantur homines angelis, sociantur humana divinis in præconio Salvatoris; in præfationibus enim omnibus conveniunt homines, et angeli ad concinendum præconia regi. Unde et alta et delectabili voce cantantur, quia angelorum præconia repræsentantur. Et nota quod præfationes Gelasius elimato sermone composuit, sed cum olim fuerint innumeræ præfationes, nunc solummodo novem cantari instituit scilicet : de Natali, de Epiphania, de Jejunio, de Cruce vel de Passione, de Resurrectione, de Ascensione, de adventu Spiritus sancti, de Trinitate, de Apostolis ; Urbanus vero decimam præfationem adjunxit de beata Maria. Est etiam undecima, scilicet quotidiana, cui quidem interseruntur aliæ post *æquum et salutare*, aliæ post *æterne Deus*, aliæ post *Dominum nostrum*. In omnibus sermo dirigitur ad Patrem, cui majestas attri-

[79] Ephes. 5. [80] Exod. 30. [80] Joan. 13; Matth. 26. [81] Ibid. [82] Joan. 20. [83] Matth. 26. [84] Gen. 4. [85] Gen. 22. [86] Exod. 12. [87] Num. 19. [88] Levit. 16. [89] Joan. 11. [90] Exod. 12. [91] Joan. 11. [92] Gen. 1. [93] Matth. 25. [94] Joan. 17. [95] Marc. 14. [96] Marc. 14. [97] Joan. 1.

buitur propter auctoritatem, *quam laudant angeli,* in quorum appellatione intelliguntur *archangeli;* *dominationes adorant; potestates,* in quibus et principatus intelliguntur, admirando *tremunt;* cœli, id est *throni cœlorumque virtutes,* jubilant; *seraphim,* in quibus intelliguntur et *cherubim, socia exsultatione concelebrant.* Nota quod seraph atque cherub, ut ait Hieronymus, singularis sunt numeri et generis masculini, cujus pluralis terminatio cherubim, non quod in ministris Dei sit sexus, sed vocabula juxta linguæ proprietatem d.. versis generibus appellantur. Græca vero consuetudo scribit neutro genere cherubim et seraphim, *cum quibus nostras voces* adjungimus, *supplici* laudis *confessione dicentes; Sanctus, sanctus, sanctus.* Ter repetitur, quia Trinitas collaudatur. *Dominus, Deus,* hoc semel et singulariter profertur, quia unitas adoratur. *Sabaoth,* id est exercituum angelicorum; qui agunt gratias de beneficiis Creatori, dicentes : *Pleni sunt cœli et terra gloria tua;* sed cœli quidem re, terra autem spe; tunc vero et re plena erit, cum adimplebitur illud : « Fiat voluntas tua, sicut in cœlo et in terra [10], » Ilucusque est hymnus angelorum, qui sumptus est de Isaia, qui vidit seraphim clamantia : « Sanctus, sanctus, sanctus, Dominus exercituum! plena est omnis terra gloria tua [11]; » prævidens tempus gloriæ, tempore namque legis notus fuit in Judæa Deus [100], sed tempore gratiæ venient ab oriente et occidente, qui recumbent cum Abraham, Isaac et Jacob [1]. *Hosanna in excelsis. Benedictus qui venit in nomine Domini. Hosanna in excelsis,* hoc sumptum est de Evangelio [2]; unde cum cantatur, nobis signaculum crucis imprimimus, Nam et hic repræsentamus hilarem clamorem infantium, Domino cum floribus occurrentium, et gratias agimus Christo de beneficio nostræ redemptionis, qui per crucem triumphavit et nos triumphare facit [3]; et est hymnus hominum Christi humanitatem adorantium, et de humani generis, redemptione gaudentium et dicentium : Hosanna quasi, hosi anna, id est *salva, obsecro:* anna enim apud Hæbreos est interjectio obsecrantis; sed cum integrum sit Hosanna, cur dicimus Hosanna? Respondeo : Aut ignorantes corrumpimus, aut scienter synalephantes collidimus, ut in metris facere consuevimus; salva, inquam, o Domine, qui habitas in excelsis. Quod Hosanna iteratur causa est, ut corpore et anima inter angelos deputemur, quem hymnum Sixtus papa ad missam cantari præcepit. Et vide quod in hoc concentu angelorum, et hominum, quandoque organis et musicis utimur instrumentis; quod sumptum est a David [4], et Salomone [5], qui instituerunt hymnos in sacrificio Dei organis et aliis musicis instrumentis concrepari, et laudes a populo conclamari. Veruntamen quanto cor ma-

jus est quam corpus, tanto Domino devotius confitemur corde quam corpore ; nostri enim cantores sunt tuba et psalterium, cithara et tympanum; chorus, chordæ et organum; nostri demum, cymbala bene sonantia sicut in fine psalterii sufficienter exponitur. Ad hoc modo gestibus, modo verbis repræsentatur passio Christi; nam diaconus et subdiaconus, post dorsum vadunt episcopi, in quo figuratur fuga apostolorum, qui in passione Christi fugerunt [6]; si qui vero stant retro altare prospicientes in episcopum, significant mulieres, quæ, a longe stantes, ejus passionem viderunt [7]; omnes autem et qui retro stant, et qui in faciem episcopi aspiciunt, inclinant se, majestatem divinam et incarnationem Domini venerantes, quæ introducta sunt per cantum angelorum et hominum; ordo enim angelicus, dicens : *Sanctus, sanctus, sanctus, Dominus Deus Sabaoth,* majestatem introducit divinam : ordo hominum, dicens : *Benedictus qui venit in nomine Domini;* adventum significat in carne, vel inclinatio significat discipulorum confusionem, quam habebant de morte Christi, qui non audebant se erigere et confiteri se discipulos ejus esse [8]. Ideoque stant inclinati, quousque dicatur : *Libera nos a malo;* vanum enim erat eis ante lucem surgere [9], id est ante resurrectionem de Christo gloriari; per quam sunt ab omnibus tribulationibus liberati; unde hæc petitio septima est, et septenarius universitatis numerus est.

Post hæc, sacerdos osculatur pedes majestatis, et se signat in fronte, et se inclinans, dicit : *Te igitur,* innuens quod reverenter ad mysterium crucis accedant, sed in quibusdam codicibus majestas Patris, et crux depingitur Crucifixi, ut quasi præsentem videamus quem invocamus, et passio quæ repræsentatur, cordis oculis ingeratur; in quibusdam vero altera tantum. Et sacerdotum quidam prius osculantur pedes majestatis, et postea crucifixi secundum seriem canonis : quidam prius crucifixi, et postea majestatis; quia per Filium pervenitur ad Patrem [10]. Canon Græce, Latine dicitur *regula;* quia per hunc regulariter fit sacramenti consecratio. Dicitur et actio, quia in eo agitur causa nostra cum Deo. Sub silentio pluribus de causis dicitur : primo, quia Deus non oris, sed cordis clamorem attendit; unde et Moysi dixit : « Quid clamas ad me [11]? » cum tamen ipse taceret; cum enim Deo cogitationibus loquamur, non est vox reboans necessaria. Unde Dominus : « Intra in cubiculum etc. Patrem tuum [12], » et Propheta : « In cubilibus vestris compungimini [13]. » Sic orans Publicanus audiri meruit, quod Pharisæus vociferans obtinere non potuit [14]; verba tamen proferimus, ne animemur penitus ignorare quid debeamus petere, vel intendere. Alia est, ne longa declamatione de-

---

ficiamus, vel ne populus orare impediatur, qui tunc orare tenetur, ut supradiximus. Vel ne verba tanti mysterii per quotidianum usum vilescant, et ne sciantur a laicis, qui abuterentur eis in locis incompetentibus [sicut de pastoribus legitur, quod cum die quodam super lapidem quemdam posuerint panem et vinum, et desuper hæc verba protulerint, repente panis in carnem, et vinum conversum est in sanguinem; quos igne cœlitus misso ultio divina percussit]. Unde sub anathemate præcipitur, in synodali decreto, ut nullus canonem dicat, nisi vestibus sacris indutus, et in libro, et super altare, et super sacrificio. Vel ad significandum quod humana ratio nequaquam tantum mysterium plenarie capere potest ; ideoque secreta voce dicitur ; vel per hoc repræsentatur, quod olim sacerdos Sancta sanctorum secreta secretorum ingrediebatur [16]. Rursus secreto agitur, eo quod hæc immolatio ad solum pertinet sacerdotem, dicat ergo sacerdos : *Te igitur.* Et attende, quia canon incipit a tau, T, quæ formam exprimit crucis ; unde et in ea consuevit crucifixus depingi, ut passio cujus signum subjacet oculis, infigatur et oculis cordis sacerdotis, qui alloquitur Patrem quasi præsentem'; ideoque dicit : *Te,* et inclinat se sacerdos usque ad altare, quoniam hic incipit mysterium passionis Christi, qui obediens Patri se usque ad aram crucis inclinavit [16], et ecce pontifex, qui ingrediebatur semel in anno Sancta sanctorum [17], ecce Christus, qui semel introivit æterna redemptione inventa.

Clementissime Pater, id est mentem clarificans, dicitur enim clemens, quasi clara mens : mens autem clarescit, cum Deum propitium sentit. Inde est quod hoc sacramentum sine lumine celebrari non debet ; lumen enim significat Spiritum sanctum, qui hoc sacramentum consecrat, qui hoc digne percipientes illustrat ; lumen et lætitiam designat, et hoc sacramentum nobis æternam lætitiam donat. *Petimus,* hic osculatur altare in reverentiis passionis, *Benedicas hæc dona,* de tribus signaculis quæ his fiunt, et de aliis quæ sequuntur, hic communiter exsequemur. Cruces igitur, quæ quatuor habent angulos facimus super sacrificium ; quia Christus, dum in cruce pependit, quatuor climata mundi redemit, et ea sex ordinibus ordinamus, vel propter perfectionem senarii, qui ascribitur corpori Christi, vel ut solido et perfecto, vel quia per ejus passionem mundus est redemptus ; qui fuit sex diebus perfectus, et qui est sex ætatibus distinctus. Et attende quod fere in quolibet ordine, per imparem numerum signacula disponuntur ; quia corpus Christi unum permanens non scinditur ; aut enim tres cruces facimus, et fidem sanctæ Trinitatis exprimimus, aut quinque, et quinque partitam Domini

passionem denotamus. In primo ordine tres cruces facimus, cum dicimus : *Hæc dona, hæc munera, hæc sancta sacrificia :* ubi tempus ante legem, quod tribus intervallis distinguitur innuimus, scilicet ab Adam ad Noe ; inde ad Abraham, inde ad Moysen ; in quibus ætatibus justi Christum suis sacrificiis præfiguraverunt ; ut Abel in agno [18], Melchisedech in pane et vino [19] : Abraham in filio [20]. In secundo ordine quinque cruces facimus dicentes : *Benedictam, ascriptam, ratam, corpus, et sanguis,* ubi tempus legis exprimimus ; quod quinque libris distinguitur et in singulis Christi passio denotatur, vel quod quinque personis regebatur, scilicet judice, rege, principe, propheta et sacerdote [21], in quorum manibus Christus assimilatur. Nam quid est Josue per simulationem vincens regem urbis Hay [22], nisi Christus per infirmitatem superans superbiam diaboli ? Quid est David in spelunca [23], nisi Christus in sepultura? Quid est Zorobabel ortus in confusione [24], nisi Christus natus in carne ? Quid est quod Helias sedit in torrente Carith [25], nisi quia Dominus, de torrente passionis in calvaria bibit [26] ? Quid est Jesus indutus sordidam vestem [27], nisi Christus qui alienigenam duxit uxorem ? In tertio ordine suscipientes panem et vinum in manibus, duas cruces facimus, unam super panem, alteram super calicem dicentes : *Qui pridie,* etc., ubi tempus cœnæ, et tempus innuimus gratiæ, in quo duo parietes in angulari lapide conjunguntur [28], vel gigas [29] geminæ substantiæ crucifigitur. In quarto ordine quinque cruces facimus dicentes : *Hostiam puram, hostiam sanctam, hostiam immaculatam, panem sanctum vitæ æternæ, et calicem salutis perpetuæ ,* ubi significamus quod Christus in carne quinque vulnera suscepit, et quinque sæcula redemit. In quinto ordine tres cruces facimus, dicentes : *Sanctificas, vivificas, benedicis,* etc., ubi repræsentamus primitivam Ecclesiam, quæ suscepit fidem Trinitatis. In sexto ordine quinque cruces cum oblato facimus, quatuor super calicem dicentes : *Per ipsum, et cum ipso, et in ipso, est tibi Deo Patri omnipotenti,* et quintam ad latus calicis dicentes : *In unitate Spiritus sancti :* ubi modum notamus Dominicæ passionis, qui quatuor vulnera pertulit in manibus, et pedibus, et quintum in latere. Ex præcedentibus liquet nos facere xxiii signa, quæ cum fiant tribus digitis propter fidem Trinitatis, si ea triplicaveris, lxix habebis : quibus si tria signa quæ cum oblato super calicem facimus dicentes : *Pax Domini sit semper vobiscum,* adjeceris, lxxii fiunt hæc, scilicet lxxii linguæ per superbiam dispersæ, per Christi humilitatem congregatæ, per ejus passionem redemptæ, per ejus corpus et sanguinem ei conjunctæ. Videtur Augustino, si tantum semel fieret crux super panem et

---

[16] Exod. 30. [16] Philip. 2. [17] Hebr. 9. [18] Gen. 4. [19] Gen. 14. [20] Gen. 22. [21] Osc. 15. [22] Jos. 8. [23] I Reg. 22. [24] I Esdr. 2. [25] III Reg. 17. [26] Psal. 109. [27] Matth. 27, Zach. 5. [28] Ephes. 2. [29] Psal. 18.

vinum, sufficere posse; quia semel crucifixus est
Dominus ⁹⁰. Nunc ad litteram revertamur.

Hæc dona, quoad panem, in quo sunt farina et
aqua; hæc munera, quoad vinum, in quo sunt
vinum et aqua; hæc sancta sacrificia, quoad
utrumque illibata, id est sine labe, sicut Agnus
Paschalis immaculatus ⁹¹; quia significat Christum
qui est sine macula et ruga; vel hæc tria verba
tribus crucibus insignimus, quia gratias agimus
trino Deo qui dat nobis calicem salutis accipere,
et nomen Domini invocare ⁹²; qui dat nobis donum, et a nobis munus recepit in sacrificium.
Eadem enim sacrificia dona sunt, et munera:
sunt dona, quia nobis ab illo donata, ut sustenta-
remur'; munera, quoniam a nobis illi oblata, ut
laudaretur : donum enim est quod donatur a superiori, munus quod ab inferiori, sacrificia sunt ut
sacrificentur; vel secundum Augustinum. Dona
offerimus, cum nos ipsos ei donamus. Munera cum
ejus beneficiorum memores sumus. Sacrificia illibata, cum ei humilitatem et laudes impendimus.

Inprimis, quæ tibi offerimus. Vide quod canonis
oratio in quinque dividitur, unde et quinquies *Per
Christum Dominum nostrum* concluditur, eo quod
per quinque partitam Domini passionem oratio fidelium exauditur. Prius offerimus pro Ecclesia catholica : et ecce legalis pontifex, qui ingrediens
Sancta sanctorum orabat ⁹³, ecce Christus qui ante
passionem oravit et se glorificavit, et discipulos conservavit ⁹⁴, et adhuc pro nobis quotidie interpellat ⁹⁵.
Sic sacerdos pro se et pro tota preces fundit Ecclesia, quæ consistit in prælatis et subditis ; unde
subditur de prælatis :

Una cum famulo tuo papa nostro; quod quidam addunt *de antistite et rege,* nova traditio est. *Et omnibus orthodoxis atque catholicæ et apostolicæ fidei
cultoribus.* Hic excluduntur sch'smatici et hæretici,
qui non sunt orthodoxi, id est rectæ fidei; nec catholicæ, id est universalis. Post hæc adjicitur et de
subditis : *Memento, Domine, famulorum famularum-
que tuarum, quorum tibi fides cognita est et nota devotio :* ob hoc catechumeni, qui sacramenta fidei non
receperunt, in principio canonis excluduntur. Scriptum est enim : « Alienigena non vescetur ex eis,
quia sancta sunt ⁹⁶. » Illos ergo ad esum agni duntaxat assumimus, qui nostræ domui conjuncti sunt :
omnem scilicet domesticum fidei a principe ad ple-
beum, ab apostolo ad publicanum. *Pro quibus offerimus actu, vel qui tibi offerunt* devotione. *Pro se,* ex-
egesis, id est expositio, est quod sequitur, *pro redemptione animarum suarum, pro spe salutis et
incolumitatis suæ. Communicantes.* Concludit in
oratione beatæ Virginis, et apostolorum, et martyrum commemorationem, tum ut repræsentet legalem pontificem, qui portabat in vestibus nomina
patrum ⁹⁷, et etiam Christum qui novit mente et

actu nomina suarum ovium ⁹⁸, tum ut eorum preces et merita divinæ protectionis auxilio muniantur.
Ideo sancta Dei Genitrix memoratur in hoc sacrificio, quia vera hostia de virginali processit utero.
Ideo quoque apostoli, quia passionem Christi verbi
et sanguinis testimonio probaverunt. Nam Petrus,
Andreas et Philippus sunt crucifixi ; Paulus, Jacobus, Matthæus et Bartholomæus decollati ; Jacobus,
Simon, Thaddæus necati, Joannes veneno cruciatus,
Thomas transfossus. Idcirco et martyres adjiciuntur,
quia ipsorum cruciatu Christi passio confirmatur,
ex quibus quidam pontifices summi, ut Linus ; quidam episcopi, ut Cyprianus Carthaginensis ; quidam
diacones, ut Laurentius ; quidam milites, ut Cryso-
gonus. Joannes et Paulus, quidam medici, ut Cosmas et Damianus, quia omnes gradus vel ordines
passionis Domini testimonium præbuerunt. Forte
confessores non sunt hic nominandi quia proprie
martyres sunt testes. Quidam tamen adjiciunt hic
nomina suorum patronorum. *Hanc oblationem servitutis nostræ,* etc. : in hac secunda oratione orat pro se et
famularibus sibi, ut eorum oblationem Dominus pla-
catus accipiat, quam per pronomen demonstrati-
vum Domino repræsentat. *Diesque nostros,* etc. Hoc
Gregorius addidit ut nullus hic securus existat ; sed
qui stat, videat ne cadat ⁹⁹.

Quam oblationem : hic accedit ad Domini consecrationem, dicens : *Quam oblationem,* id est terrenam
materiam ad corpus tui Filii destinatam, *tu
Deus, quæsumus, in omnibus ;* hoc est tota cogitatione, tota vita et toto intellectu, digneris facere
benedictam, id est spiritu sancto replere; *ascriptam,*
id est divinitati ascribere ; *ratam,* id est in veritate,
ut ad salutem sufficiat, solidare ; *rationabilem,* in
nostra fide ; *acceptabilem,* in nostra devotione. Ecce
Abigail uxor viri stulti, quæ prohibuit David sanguinem effundere, et propriam manum polluere, cui
benedixit David, dicens : « Benedictus Dominus
Deus Israel, et benedictum eloquium tuum, et benedicta tu, quæ prohibuisti ne irem ad sanguinem,
et ne ulciscerer me manu mea ⁴⁰. » Hæc est Ecclesia,
quondam uxor diaboli, quæ oblatione præsentis sacrificii prævenit Christum agonizantem, rogatque
pacem, ne sic se ulciscatur, ut cum viro æterna
pereat damnatione ; quam oblationem et orationem
David perficit : benedictam, dum ejus benedicit eloquium ; ascriptam, dum nulla oblatione deletur,
ratam, dum remissionis sententia non violatur.

Qui pridie, id est priori, die *quam pateretur, accepit panem, benedixit, fregit, dedit discipulis, et ait :
Accipite, et manducate, hoc est corpus meum ⁴¹.* Hoc
tragicis gestibus quod littera sonat, exprimimus.
Aiunt quidam quod *Benedixit,* benedictione occulta
nobis, alia quam ista : *Hoc est corpus meum,* qua
nunc utimur ; alii, quod *Benedixit* eadem benedictione, unde sic mutant litteram *Benedixit, dicens :*

---

⁹⁰ I Petr. 3. ⁹¹ Exod. 12. ⁹² Psal. 115. ⁹³ Hebr. 5 et 9. ⁹⁴ Joan. 16. ⁹⁵ Rom. 8. ⁹⁶ Exod.
29 ; Levit. 22. ⁹⁷ Exod. 28. ⁹⁸ Joan. 10. ⁹⁹ I Cor. 10. ⁴⁰ I Reg. 25. ⁴¹ Matth. 25.

ut corpus meum, et postea *fregit, et dedit disci-*
dicens : *Accipite, et manducate,* inculcatio
um est, nec est intelligendum quod acce-
corpus de manu Domini sibi ministrarent, sed
insecravit, ipse et ministravit ; si vero cum
ixit crucis signum apposuit, ipsi norunt qui
ates fuerunt; præsertim cum nondum erat
in sanctæ crucis vexillum ; et quod sicut alibi
inque panibus dicitur [44] *Benedixit,* id est gra-
multiplicationis infudit, sic etiam hic credimus
pendum· *Benedixit,* id est gratiam transsub-
undi infudit, ut panis transsubstantiaretur in
in ; et Spiritu sancto replevit, vel repletam
it, et sic fregit, in quo morti se subjiciendum
it. Et vide quod ad prolationem istorum ver-
: *Hoc est corpus meum,* panis divinitus trans-
ntiatur in carnem, divina etenim materialis
ntia hujus sacrificii est verbum quod ad ele-
m accedens perficit sacramentum ; sic ver-
arni unitum efficit hominem Christum. Equi-
: Mirabilis Deus in operibus suis [45], › sed mi-
is est, de nihilo cuncta creare quam crea-
transsubstantiare ; nam et natura magistra
subtiliatur in ignem ; et homo vinum calidum
idum mutat acetum ; nec tamen ista dicimus,
istud humana ratione probare velimus ; huc
ogica non ascendit, hoc mathematica non
it; in hoc physica deficit; sensus enim pri-
enet regionem , imaginatio secundam, ratio
a. In his illæ matronæ ludere consueverunt,
les est excellentior illis, quæ non habet mecum humana ratio præbet experimentum.
no igitur hoc disputet, sed cessent argu-
ubi fides quæritur ; humiliter quæratur
line periculo non discutitur; firmiter creda-
iod sine præmio non habetur ; intellectus
idem transcendit, quo sancti non jam in æni-
, sed vident facie ad faciem [46].
piens hunc præclarum calicem , hic in my-
sed non hoc in metallo; hic in figura, sed
in materia. Nam hic et ille , quem Christus
as tenuit, ebrietatem, id est passionem Do·
significat et significavit. Ecce David noster qui
chis insanire videtur [47]; qui se manibus ge-
um panem et vinum tenens, ait : *Hoc est cor-*
rum, hic est sanguis meus; de cujus ore de-
salivæ, dum creditur infantilia loqui, dicens :
manducaveritis carnem Filii hominis et bi-
ejus sanguinem , non habebitis vitam in vo-
› Hic pendens in cruce tympanixavit et ad
i, id est conclusa corda Judæorum impegit.
sacerdos panem elevat, significat cibum esse
excellentiorem. S militer et de potu : *Gra-*
pens, de nostra salute , qui non meritis, sed
justificati sumus [48]. *Benedixit,* etc. exposita non

A exponas. *Accipite et bibite.* O felix ebrietas! salutaris satietas! quæ quanto copiosius et dignius
sumitur , tanto sobrietatem mentibus amplius donare dignatur. Judas bibit, sed sitim non extinxit
ignis æterni ; quia assumpsit indigne mysterium
Jesu Christi [49]. Et vide quoniam sic quisque discipulorum calicem accepit, quod unicuique Dominus
propinavit. Unde et sacerdos hic calicem deponit,
sed non derelinquit, dicens : *Hic est calix sangui-*
nis mei [50], id est continens sanguinem, vel sanguinis significans passionem. Et vide quia passio dicitur calix , vel a calida potione ; vel quia mensurate
sumitur : fidelis est enim Dominus , qui non sinit
nos affligi plus quam portare possimus [51]. *Novi et*
æterni testamenti : subaudi confirmator. Sacra Scri-
B ptura dicitur Testamentum, quasi mentis defuncti
testatio; quia continet nobis promissa legata et fi-
deicommissa. Vetus quidem Testamentum promittebat nobis temporalia : « Et dabo vobis terram
fluentem lacte et melle [52]; » sed in Novo Christus
per sanguinem et mortem suam nobis in hæreditatem vitam legavit æternam. Novum dicitur Testamentum, quia novus pro nostra redemptione sanguis effunditur; olim effundebatur sanguis animalis
irrationalis, non hominis innocentis [53]. Æternum
dicitur, quia in aliud testamentum non mutabitur
sicut mutatum est Vetus in Novum. *Mysterium fi-*
dei, quoniam aliud videtur et aliud intelligitur, species panis et vini cernitur, corpus Christi et sanguis creditur. Mysterium Græce, Latine *secretum.*
C Hoc credere jubemur, discutere non audemus. *Qui*
pro vobis apostolis *et pro multis* efficaciter *effundetur,*
non pro omnibus ; nam sufficit omnibus, sed so-
lis efficit electis , qui unione charitatis corpus
Christi sunt. Quod baptismo purgatur a culpa, sanguine liberatur a pœna, et est hæc hujus sacramenti
utilitas, ut ejus ope fiat possibile corpus, quod
terra est, cœlum ascendere ; « Quia nemo ascendit
in cœlum, nisi Filius hominis [54]; » cui quasi capiti membra corporis adnectuntur omnes qui in
fide hujus sacramenti efficiuntur filii Dei, et sic
corpus unum, caput cum membris, ascendit in cœlum. Intentionem vero tanti corporis in sequenti
D verbo Veritas ipsa declarat, dicens : *Hæc quoties-*
cunque feceritis, in mei memoriam facietis; in mei
memoriam, qui pro vobis languores portavi [55],
crucem subii [56], resurrexi [57], cœlos ascendi [58]. Et
nunc stringantur duo digiti vel ob reverentiam sacramenti , vel in signum quod sacerdos accedat
primo, id est Filius obediat Patri ; unde sequitur
ex voce sacerdotis et plebis. *Memores tam beatæ*
passionis, resurrectionis et ascensionis. Hæc tria potius memorat Ecclesia, quia primum nostram vulnerat charitatem, secundum confortat fidem , tertium lætificat spem. *De tuis donis ac datis.* Dona

an. 6. [44] Psal. 71, 138. [45] Greg. hom. 26. [49] I Cor. 13. [50] I Reg. 21. [51] Joan. 6. [52] Rom.
' Joan. 13. [53] Matth. 20 [54] I Cor. 10. [55] Levit. 20. [56] Hebr. 9. [57] Joan. 3. [58] Isa. 55
i. 19. [57] Marc. 16. [58] Act. 1

sunt in re æterna, data in opere temporali. *Offeri-* A
mus hostiam puram, scilicet corpus , *hostiam san-*
ctam, id est sanguinem : *hostiam immaculatam,*
quoad utrumque; vel hostiam puram , id est ab
aliis hostiis separatam , hostiam sanctam, id est
sanctificantem ; hostiam immaculatam , id est a
maculis emundantem. Moraliter offerimus hostiam
puram , hostiam sanctam, hostiam immaculatam,
cum offerimus hostiam de corde puro , conscientia
bona et fide non ficta [20]. Sequitur : *panem sanctum*
vitæ æternæ; hic est Christus, quo pasti finaliter, sa-
tiabimur æternaliter; *calicem salutis perpetuæ,* cujus
gustu salutem perpetuo consequemur : quinque cruces inter hæc verba signacula sunt quinque dilecti [21], plagæ quinque viventis; petræ foramina, in
quibus nidificat immaculata columba [22]. Super quæ
cum oravit pro hostia transsubstantianda, eamque
transubstantiavit, et transubstantiatam Patri obtulit, nunc orat pro ipsius acceptione, ut eam ad
instar antiquorum sacrificiorum acceptet, et in
conspectum divinæ proferat majestatis ; ut per ejus
interpellationem ad Patrem , et per ejus nostram
perceptionem , repleamur cælestis gratiæ benedictione. *Sicuti accepta habere dignatus es ,* similitudinis est, et non quantitatis ; multo enim ac-
ceptius est hoc sacrificium Deo quam quod obtulit
Abel [23], quod Abraham [24], quod Melchisedech [25];
quia valet amplius res quam umbra , veritas quam
figura ; ipsam enim similitudinem desideramus magis quam acceptionis quantitatem. Similes sumus C
Abel, si recte offerimus et recte dividimus , quod
quia Cain non fecit, peccavit : recte enim obtulit,
quia Deo, cui debuit ; sed male divisit, quia cor
suum auferens Deo, se sibi retinuit ; Abel vero se
Domino subdidit, ideoque Dominus ad Abel et ad
munera ejus respexit. Abrahæ quoque similes sumus, cum Deo filium Isaac, id est hilarem voluntatem offerimus, et hilariter obedimus. Melchisedech
etiam assimilamur , cum sine experimento rationis
humanæ firmiter credimus, quod sub specie panis
et vini, carnem et sanguinem accipiemus Jesu
Christi. Itaque recte dividamus cum Abel, hilariter
cum Abraham, spiritualiter cum Melchisedech, nos
ipsos innocentiæ , obedientiæ , justitiæ sacrificium
offerentes , arietinam spiritus proterviam deponentes , taurinam feritatem exuentes , hircinam
libidinem jugulantes , juxta illud : « Holocausta
medullata offeram tibi cum incenso arietum ;
offeram tibi boves cum hircis [26]. » Et ita Dominus
acceptabit sacrificium nostrum, sicut munera Abel,
sicut sacrificium Abrahæ, et sicut sacrificium et
immaculatam hostiam Melchisedech. Hæc, inquam,
moraliter ad nos referuntur, sed allegorice Christum respiciunt, verbi gratia : *Pueri tui justi Abel ;*
hic in agno quem obtulit, et in se , qui cum esset

triginta annorum innocens occubuit , illam immaculatam Christi hostiam figuravit. *Patriarchæ nostri*
Abrahæ. Hic patriarcha princeps patrum Deus Pater est : quod sicut Abraham Isaac obtulit, sed arietem immolavit, sic Filium Unigenitum pro nobis
tradidit [27], cujus carne immolata divinitas permansit illæsa. Melchisedech hic sine patre et matre legitur fuisse, et in pane et vino sacrificasse dicitur [28]; per quem merito Dei Filius intelligitur, qui
est Rex Sadoch, Rex justitiæ, juste remunerans
justos, et juste damnans injustos, qui est sine matre
in cœlo, sine patre in terris , qui se præbuit in
specie panis et vini discipulis [29]. Et quod Leo papa
addidit in canone *sanctum sacrificium, immacula-*
tam hostiam.

Per sequentem sacerdotis inclinationem, mors B
Christi intelligitur, quæ in præmissis sacrificiis figurabatur et repræsentabatur ; quod Christus, inclinato capite, emisit spiritum [30]. Et vide, secundum
quosdam infra canonem diaconus lavat manus, significans quod Pilatus se lavit, cum se mundum ab
ejus sanguine proclamavit [31]; vel quod opera nostra
sordida Christi passione mundantur, vel quod nullus immundus ad percipienda fidei sacramenta procedat. *Jube hæc perferri per manus sancti Angeli tui*
in sublime altare tuum. Hic est Angelus magni consilii, consiliarius ille [32], cujus consilio Pater nun-
dum creavit et recreavit [33]. *Sublime altare in con-*
spectu Dei, est Christus crucifixus, sedens in
dextera Patris. Igitur Angelus fert hæc sacramenta
in sublime altare , in conspectu Dei dum cicatrices
ostendens interpellat ad Patrem pro nobis [34], hæc
sacramenta conficientibus. Quod alicubi dicitur :
Jube hoc perferri consociandum corpori Christi, sic
intelligitur ; jube significatum hujus, id est militantem Ecclesiam consociari triumphanti ; vel , disso-
nantia est rem a sua specie alienari : petimus ergo
ænigma [35] viatoris evacuari et nobis comprehenso-
ribus corpus in specie propria revelari. *Ut quotquot,*
etc. Quod hic altare ter presbyter osculatur, agit gratias Trinitati, quæ per passionem Domini sibi genus
reconciliavit humanum [36] : *Corpus et sanguinem,* quidam signant hic bis ; quia gigas substantiæ geminæ
crucifigitur ; quidam vero nequaquam. *Sumpseri-* D
mus : secundum primitivam Ecclesiam, vel in sacramento et re, vel re tantum, juxta illud : « Crede,
et manducasti [37]. » *Omni benedictione.* Hic se presbyter signat, ut mereatur benedictionem consequi,
et cœlesti gloria repleri.

Memento etiam, Domine, famulorum famularum-
que tuarum. Hic pro defunctis in Christo quiescentibus orat Ecclesia, ut eis hæc prosint sacramenta ;
ubi notare poteris nomina quæ volueris [sed non
in Die Dominica, ut quidam aiunt ; quia creduntur
animæ tunc observatione Dominica, requiem ha-
bere]. Et quidem congrue hæc interseritur memo-

---

[20] I Tim. 1.   [21] Cant. 8.   [22] Cant. 2.   [23] Gen. 4.   [24] Gen. 22.   [25] Gen. 14.   [26] Psal. 65.   [27] Rom. 8.
[28] Hebr. 7.   [29] Matth. 26.   [30] Joan. 19.   [31] Matth. 27.   [32] Isa. 9.   [33] Prov. 8.   [34] Rom. 8.   [35] I Cor. 13.
[36] II Cor. 5.   [37] August.

ria transeuntium, « qui in Domino moriuntur [77]. » Finita est enim memoria mortis Domini, et sequitur mors nostra, Christus præcessit, et nos ejus vestigia sequimur [78]. *Nobis quoque peccatoribus*; hic pro pœnitentibus exoramus, et paululum expressa voce silentium interrumpimus, et pectus percutimus memorantes latronis confessionem et petitionem, scilicet : « Memento mei, Domine, dum veneris in regnum tuum [79] , » et miserentis Dei promissionem, scilicet : « Hodie mecum eris in paradiso [80]. » Percussura pectoris est pœnitentiæ, et luctus indicium. Quidam hanc elevationem referunt ad centurionem [81]. *Cum Joanne*, quidam intelligunt Joannem Baptistam, quidam Marcum, qui etiam Joannes dictus est [82]. Et vide quod hic octo viri et septem feminæ computantur; quia per hoc sacrificium septem charismata gratiarum, et octo beatudines jungentur in nobis, item hic diversitas sexuum et ordinum continetur. Nam ex evangelistis et episcopis est Joannes, qui et Marcus dicitur, qui fuit præsul Alexandriæ; ex diaconibus Stephanus protomartyr; ex apostolis Matthias; ex septuaginta discipulis Barnabas; ex patriarchis Ignatius; ex apostolicis Alexander; ex presbyteris Marcellinus; ex exorcistis Petrus, ex conjugatis Felicitas et Perpetua; ex virginibus Agatha et reliquæ omnes, quoniam omnes hoc sacrificium suo sanguine firmaverunt. Ecce bina commemoratio sanctorum rememorat legion, et superhumerale, in quibus legalis pontifex gestabat nomina patrum [83]. *Per quem hæc omnia... bona creas*, ut sint; *sanctificas* tibi deputando; *vivificas*, animando; *benedicis*, ut utilia sint; *præstas*, ut prosint. Hic ter signatur, quia passio Domini consummatur : unde consequenter corporale aufertur, quia velum templi scissum est, a summo usque deorsum [84]; et quidquid de passione fuerat clausum, modo est revelatum ; unde, sumpto aceto, dixit : « Consummatum est [85]. » Cum denuo super calice discooperto cum hostia ter signatur his verbis : *Per ipsum, et cum ipso, et in ipso*, centurionis confessio memoratur qui dixit : « Vere Filius Dei erat iste [86], » quia cum revelata passione miracula, vidit per ipsum Filium, qui erat hostia, Patrem agnovit et Spiritum sanctum intellexit. Duæ quoque cruces, quæ cum eadem hostia fiunt in latere calicis, in hæc verba : *Est tibi Deo Patri omnipotenti, in unitate Spiritus sancti*, Sanguinem et aquam significant quæ fluxerunt de latere patientis [87]; vel eum crucifixum significant pro duobus populis : et hæc omnia in capite consummata, suam ad membra transferunt utilitatem. Unde pluraliter dicitur, *omnia bona*; spirituale etiam corpus pluraliter propter membrorum pluralitatem ostendit, et demonstrat, ac si dicat : Per Christum nos creas. Quidam apponunt mirificas,

et quidem mirificatio cum omnibus communis per creationem , per gratiam fit singularis, et terrenus homo cœlestis. *Sanctificas* in baptismo, *vivificas* in verbo, quasi pabulo vitæ, *benedicis* in augmento gratiæ, *et præstas nobis*, post mortem, vitam æternam. *Per ipsum*, nos creanti; *cum ipso*, nos recreanti, *et in ipso*, nos ad gloriam suscitanti, *est tibi Deo Patri omnipotenti in unitate Spiritus sancti omnis honor et gloria*. Hic cum hostia calicem tangimus, innuentes quod ad passionem Domini facta sit redemptio mundi, unde cum quatuor sint partes orbis, quidam tangunt quatuor partes calicis. *Per omnia sæcula sæculorum*. Hucusque fuit canon, id est regula cui quidquam addere, vel diminuere non est devotionis, sed præsumptionis, cujus conclusio, scilicet *per omnia sæcula sæculorum*, alta voce levatur, tum quia Dominus alta voce tradidit spiritum, tum quia centurio clamavit : « Vere Filius Dei erat iste [88]; » tum quia mulieres lamentabantur flentes Dominum, tum ut repræsentetur quod sacerdos legalis foras exibat, ut lavaret vestimenta : quod est publice pro populis exorare, tum ut populus sciens finem canonis , respondeat : *Amen*. Asseverans quod presbyter fecit et impetrans quod oravit, dicente vero sacerdote : *Per omnia sæcula sæculorum*, diaconus calicem sublevat; cum fanone partem ejus cooperit, secundum quosdam, et post in altari deponit, et cum corporali cooperit oblatam et calicem, significans Joseph ab Arimathia, qui corpus Domini de cruce suscepit, et faciem sudario velavit, et in sindone munda involvit, et in sepulcro deposuit et lapide celavit [89].

Sacerdos qui oblatam elevat Nicodemum repræsentat [90], et hæc elevatio Christi depositionem de cruce, depositio vero collocationem in sepulcro demonstrat. Diaconus qui sacerdotis humerum osculatur, innuit quod Joseph deponens corpus ipsum fuerit osculatus quod in sepulturis aliquibus repræsentatur ; vel innuit quod Deum nequimus videre , nisi per speculum in ænigmate [91]. Sacerdos etiam hostiam osculatur, innuens quod Nicodemus idem fecerit quod Joseph , vel potius per Domini passionem factam esse nostram reconciliationem [92].

Oremus. Ab hoc loco maxime orare debemus prostrati, usque ad finem *Pater noster*, in diebus profestis ; in festivis autem stantes. *Præceptis salutaribus moniti*; tres articuli sequentes, scilicet *Præceptis*, *Pater noster*, *Libera nos*, significant tres dies Dominicæ sepulturæ. Ideoque his duntaxat utimur in Parasceve, et est hæc præfatio vel captatio ad orationem Dominicam. Præcepta et divinam institutionem dicit, quia Dominus et hanc instituit, et apostolis sic orare præcepit.

Pater noster. Orationem Dominicam beatus Gregorius dici ad missam instituit ; asserens incon-

Apoc. 14. [78] I Petr. 2. [79] Luc. 23. [80] Ibid. [81] Matth. 8. [82] Act. 4. [83] Exod. 28. [84] Matth. 27. [85] Joan. 19. [86] Luc. 23. [87] Joan. 19. [88] Luc. 23. [89] Joan. 19. Matth. 27; Marc. 15. [90] Joan. 19. [91] I Cor. 13. [92] Rom. 5.

gruum esse, ut super eucharistiam oratio diceretur, quam scholasticus composuerat, et illam omitter⁰, quam Dominus ipse dictaverat et apostoli dicere consueverant; quod cum a Græcis acceperit, in hoc differre voluit, ut cum apud Græcos ab omni populo dicatur, apud nos a solo sacerdote cantetur. Hæc oratio alta voce cantatur, ut communicaturi sibi dimittant, sicut ibi continetur, offensas, ne indigni accedant ad mensam Domini ⁹³.

Vel ideo non dicitur sub silentio, quia est de Evangelio. Sed objicitur quia de hac oratione Dominus ait : « Cum orabis, intra in cubiculum tuum, et clauso ostio ora Patrem tuum ⁹⁴. » Verum non dicit ostium, occultam domum, sed cordis secretum, id est ut a mala cogitatione pectus nostrum mystica fidei clave claudamus, et labiis clausis incorrupta mente loquamur. Pater antiquorum dicebatur Dominus, quasi servorum, sed nunc est per gratiam pater, quæ libertatis vox est, et magna fiducia ; quid enim filiis perseveranter et digne petentibus denegabit ⁹⁵, qui jam dedit quod Pater est ; cum illos de regno velut inutiles servos ejecerit⁹⁶, Filius hæreditatem tribuit, quos pane angelorum ⁹⁷ et carne vituli reficit saginati⁹⁸. Noster, quod commune est omnibus ; nemo dicat meus, quod soli Christo convenit, qui est filius per naturam; nos autem per adoptionis gratiam. Non ergo superbiant nobiles, cum simus ejusdem Patris filii. Nihil sibi arroget dives, cum simus fratres et cohæredes ⁹⁹. Qui es in cæli, id est in secretis, in angelis, in sanctis, in spiritualibus per gratiam. Sanctificetur nomen tuum; septem petitiones in hac oratione continentur, quas tantum apostolos dixisse super hoc sacramentum audivimus. Prima quarum hæc est : Sanctificetur nomen tuum. Hoc nomen quod petimus sanctificari est Pater, quo relative dicimur filii Dei : quod petimus sanctificari in nobis, ut sanctificationem Patris imitemur, et nomen Patris moribus et vita ostendatur in filiis : ergo iis moribus vivendum est, ut filii et fratres Christi esse possimus ¹⁰⁰ ; quia filius non est, qui ab ejus degenerat voluntate, nec in eum tendit fide. Vel sanctificari, id est confirmari in nobis, ut nec ipse desinat esse Pater noster, nec nos filii ejus, ut qui in baptismate sanctificamur, in eo quod esse cœpimus, perseveremus. Vel sanctificetur nomen tuum, id est sicut est sanctum, innotescat nobis, ut nihil putemus sanctius esse. Simile est, Deus clarificetur in nobis¹, et magnificetur.

Secunda petitio est : Adveniat regnum tuum, id est ad te veniat Ecclesia, in qua regnas, de qua dicitur : « Simile est regnum cœlorum², » sagenæ missæ in mari, vel ad nos veniat regnum cœlorum, quod nobis promisisti dicens : « Percipite regnum quod vobis paratum est³; vel adveniat regnum tuum

regnum Dei semper est, sed ad nos veniat, id est nobis manifestetur, quod regnas in sanctis et in te sancti regnant, quia non poterimus ignorare, cum Dominus venerit judicare.

Tertia est : Fiat voluntas tua, sicut in cœlo et in terra. Voluntas Dei semper fit, sed petimus ut libertas nostræ voluntatis et operis divinæ consonet voluntati; sicut in angelis, ita in hominibus ; sicut in justis, ita in peccatoribus; sicut in Christo, ita in Ecclesia ; sicut in mente, ita in corpore; ut spiritus et caro sint unus homo spiritualis ; cujus cor et caro exsultent in Deum vivum⁴, qui non sibi, sed tibi vivat. Vel voluntas est custodia præceptorum. Hæc tria perfectius in futuro ; sed interim ex parte oramus ut postea perfectius in nobis impleantur. Panem nostrum quotidianum, vel famil-arem, alia littera supersubstantialem, vel egregium. Et dicitur supersubstantialis Latine, epionsion Græce, segulla Hebraice. Panis noster est Deus, noster refugium, et virtus⁵ qua quotidie egemus, qui est super omnes substantias, quem petimus nobis dari; quia in ipso vivimus. Vel panis noster est verbum Dei vel præcepta Dei, quæ sunt nobis quotidie necessaria⁶; quia « non in solo pane vivit homo, sed in omni verbo quod procedit de ore Dei⁷ : » quem petimus nobis dari, quia in ipso reficimur. Vel panis noster est corpus Christi, quod est nostræ humanitatis, quo quotidie egemus, quia, quotidie peccamus, de quo : « Panis quem ego dabo vobis, caro mea est pro mundi vita »⁸ : quem petimus nobis dari, quia in ipso recreamur; ergo qui sumus implicati peccatis, petimus ut simus digni cœlestibus alimentis. Dimitte nobis debita nostra, sicut et nos dimittimus debitoribus nostris. Debita vocat peccata, culpas, offensas, quibus Deum offendimus : et exinde nos rei debitores existimus, quæ petimus nobis dimitti, ut liberi ad patriam redeamus, sed eo pacto eave cautione : Sicut nos dimittimus debitoribus nostris, id est offensoribus nostris, qui nos offenderunt : unde et nobis satisfacere debent; aliter nullus est orationis fructus, quia Dominus dicit : Nisi dimiseritis hominibus, nec Pater vester dimittet vobis⁹. » Et ne nos inducas in tentationem diabolicam. Tentat Deus ut probet ¹⁰, et tentat homo ut discat¹¹, tentat diabolus ut decipiat¹²; sed, nunquid Deus inducit in hanc deceptionem? non; sed deserit et tentari permittit, sed nunquid non tentatio est utilis ad coronam¹³? est; quia ubi major lucta, ibi major corona ; petimus ergo ne nos inducat in tentationem, id est ne nos deserens in tentatione vinci et succumbere sinat. Sed libera nos. Vide quod in omnibus petitionibus ad nos pertinentibus unus orat pro omnibus, ut da nobis, dimitte nobis, et ne nos inducas, libera nos, quia Deus pacis et concordiæ, sic unus pro omnibus

---

⁹³ I Cor. 11.   ⁹⁴ Matth. 6.   ⁹⁵ Luc. 11.   ⁹⁶ Matth. 21.   ⁹⁷ Psal. 77.   ⁹⁸ Luc. 15.   ⁹⁹ Ephes. 3.   ¹⁰⁰ Rom. 8.   ¹ Joan. 17.   ² Matth. 13.   ³ Matth. 25.   ⁴ Psal. 83.   ⁵ Psal. 45.   ⁶ Exod. 10.   ⁷ Deut. 8; Matth. 4.   ⁸ Joan. 6.   ⁹ Matth. 6, 18.   ¹⁰ Gen. 22; Sap. 3.   ¹¹ Dan. 1.   ¹² Matth. 1.   ¹³ Jacob. 1.

orare voluit[11]; quomodo in se uno omnes ipse portavit; ut uno ore, sicut tres pueri[13], Domino benedicamus. Sequitur *a malo* a culpa, a pœna temporali et æterna, quo facta nihil est metuendum, et nihil restat orandum : Ecce septima petitio finis est orationis et finis nostræ persecutionis. Et vide dum hæc septem petitiones dicuntur, diaconi stant inclinati communionem exspectantes, in quo significant apostolos qui, post mortem Domini[14] per septem hebdomadas exspectaverunt confirmationem Spiritus sancti[17]; subdiaconi vero quiescunt, quia mulieres in Sabbato, quod est dies septimus, siluerunt[18].

Sequitur embolismus, id est super accrescens : super accrescitur enim ultimæ petitionis repetitio et expositio. Illa dicit : *Libera nos a malo.* Iste subdit a quibus malis, præteritis, præsentibus et futuris, et subditur transitus ad orationem, in qua pro pace danda reverenter orat Ecclesia, Ambrosiana quidem aperte, Romana sub silentio et breve silentium, sabbatum respicit, in quo Dominus in sepulcro quievit. Similiter et Dominica oratio cum petitionibus ponitur in designationem illius septimæ diei, in qua laborabant apostoli[19]; laborabant orantes ut liberarentur a malis. *Libera nos*, ecce ultimæ petitionis repetitio et expositio, intercedente beata; ecce transitus, in quo ad impetrandam gratiam pacis mater exigitur Salomonis, id est *viri pacifici*, et Michael *nuntius pacis*, et Baptista *præco pacis*, et tres apostoli testes pacis, plures pacis non hic computantur, quia « in ore trium testium stat omne verbum[20]. » Embolismo finito, non concluditur : *Per Dominum*, hæc est enim præfationum et embolismorum consuetudo, sed ei continuatur oratio : *Da pacem.* Hic patena presbytero præsentatur, de cujus observatione variæ sunt consuetudines : alicubi enim tenet eam acolythus et subdiaconus, ille involutam, iste vero nudam : sacra enim vasa duntaxat a consecratis clericis sunt tractanda ; sed apud nos eam ad te igitur, usque nunc subdiaconus observavit, quæ cum a patere dicatur : Sanctarum feminarum, quas sub diaconus repræsentat, corda significat, quæ latitudine charitatis in obsequio Christi patebant, dum aromatibus ungere corpus Domini veniebant[21]. Per hoc ergo quod subdiaconus diacono patenam præbet, recolitur quod mulieres late resurrectionem Christi credentes, eam apostolis nuntiarunt, qui demum Domino suæ fidei latitudinem obtulerunt, vel per subdiaconum intellige Nicodemum[22], qui etiam late credidit et obsequium Salvatori exhibuit ; da, inquam, pacem pectoris, ut simus a peccato liberi ; da pacem temporis, ut simus ab omni perturbatione securi ; nocet infirmis enim perturnatio : et ecce quam apertius enodatur a quibus malis erui deprecemur. Et vide quod sacerdos cum osculata patena se in utraque ultima clausula signat : quia per crucem et hoc sacrificium, et odorem ejus omnia in cœlis et in terris pacificata denuntiat[23]; oblata frangitur, quia Dominus in cœna panem benedixit, et fregit[24]; hæc et illa fractio f. actionem corporis in cruce significant, aut panis fractionem, in qua cognitus est post resurrectionem[25]; vel diversitatem corporis Christi, scilicet ambulantis, quiescentis et sedentis : de tribus enim partibus infra dicemus. Papa oblatam non frangit, sed partem ex ea mordet et reliquam in calicem mittit; quia Christus infernum momordit[26], et inde sumptos in paradisum misit[27]. Alta voce concluditur : *Per omnia sæcula sæculorum*, ut populus desiderans pacem respondeat : *Amen* ; vel hæc vocis, quæ sequitur, elevatio bonum significat nuntium Dominicæ resurrectionis, per quam hilaritatem et claritatem recipiemus æternam.

CAPUT VII.
DE SEXTA PARTE MISSÆ.

« Viduam Sion benedicens benedicam[28]. » « Per mortem, et in morte Domini percepit fidelis anima benedictionem, ad quam circa mortis officium, diaconus populum se humiliare invitat, cui trina benedictione pontifex benedixit, et quarto dicens, quod ipse præparare dignetur, eam confirmat; et quinto benedictionem concludit et pacem Omnipotentis. Has benedictiones præfiguravit Jacob, qui, moriens, filiis benedixit[29]. Moyses etiam moriturus, filios Israel benedictionibus locupletavit[30]; sic Christus moriens discipulis sermonis benedictionem exhibuit, ostendens quod quos prius dilexerat, etiam in fine dilexit[31]. Sic quoque ad inferna descendens, sedentibus in tenebris benedixit, cum eos educens, in cellarium Patris inducens, eis pacem sempiternam attribuit, quod repræsentat episcopus, cum post repræsentationem mortis populo quinquies benedicens adjungit : *Et pax ejus sit semper vobiscum.* Quinquies autem benedixit, quia Deus primo benedixit hominibus, dicens : « Crescite et multiplicamini[32]. » Secundo post diluvium dicens idem[33]; tertio benedixit, cum patriarchis benedictionem promisit per missionem Christi[34], et eam in judicibus et regibus, principibus, prophetis et sacerdotibus figuravit; quarto benedixit, cum Filium suum misit, qui descendens, et ascendens benedixit, et benedictionem per Spiritum sanctum confirmavit; quinto benedicet dicens : « Venite, benedicti Patris mei[35]. » Quidam non irrationabiliter hoc officium non esse de septem officiis missæ firmiter asseverat, eo quod has benedictiones Romana non invenit Ecclesia : unde nec utitur eis. Quicunque tamen eas invenerit, recte in eo loco ponuntur, ubi Christus ad inferos descendisse creditur, scilicet

---

[11] I Cor. 11; Rom. 15. [13] Dan. 3. [14] Luc. 24. [17] Act. 2. [18] Luc. 23. [19] Marc. 6. [20] Deut. 19; Matth. 18. [21] Marc. 16. [22] Joan. 19. [23] Col. 1. [24] Matth. 26. [25] Luc. 24. [26] Ose. 13. [27] Psal. 67. [28] Psal. 151 [29] Gen. 49. [30] Deut. 33. [31] Joan. 13. [32] Gen. 1. [33] Gen. 9. [34] Gen. 22 [35] Matth. 25.

proximo, ante resurrectionem, cum eductis de A
carcere æternam tribuit benedictionem.

CAPUT VIII.

DE SEPTIMA PARTE MISSÆ.

« Pauperes ejus saturabo panibus [36]. » Rediens
episcopus ad sacrificium, populi videns affectum
ex eo quod respondetur, *Amen*, et pacis desiderium,
ait : *Et pax ejus sit semper vobiscum.* Sacerdos vero
dicit : *Pax Domini sit semper vobiscum.*

Pacem orat illam, quæ superat omnem sensum [37].
Attende quod diaconus qui corporale removit et
calicem tenet, significat eum qui lapidem et lintea-
men amovit et tumulum custodivit [38]. Et hæc dicens,
sacerdos vel episcopus ter super calicem cum particula signat et infundit calici; quia cunctis in B
cœlo et terra pacificatis, ad corpus rediit anima
Jesu Christi. Quidam infundunt antequam dicant :
Pax Domini, quod etiam non vacat a mysterio ;
quia post resurrectionem manifestum est pacem
datam hominibus bonæ voluntatis [39]. Cui populus
recompensans, respondet : *Et cum spiritu tuo* ; et
hilariter optans, ut per misericordiam Agni nobis
pax illa donetur, et a nobis corpus pacifici digne
sumatur, cantat : *Agnus Dei, qui tollis peccata mundi, miserere nobis ; et dona nobis pacem ;* ad dandam
pœnitentiam in remissionem peccatorum, faciendam pacem Dei, hominum et angelorum. Hæc omnia fecit. Unde cantatur *miserere nobis*, et *dona nobis pacem*, quod inter communicandum, a clero et
populo cantari Sergius papa decrevit; Christus C
agnus dicitur propter innocentiam, vel ab agno
quod est pium, quia nos sola pietate redemit; vel
ab agnoscendo, quia pendens in cruce [40], Patrem
agnovit obediendo, matrem cognovit eam virgini
commendando, genus humanum cognovit redimendo. Petimus ergo ut ille innocens, qui nos sua
passione redemit, nobis eam repræsentantibus misereatur, et qui ad hoc passus est, ut faceret pacem, rex pacificus nobis pacem tribuat; ipse enim
est agnus immolatus prædestinatione ab origine
mundi [41]. Ipse est agnus paschalis, per quem a servitute Ægyptiorum populus liberatur [42]. *Agnus Dei,
qui tollis peccata mundi, miserere nobis,* hoc sumptum est de Evangelio [43], quod triplicatur ob superiorem triplicem notitiam. Vel tunc cantatur, quia D
corpus Christi triformiter intelligitur ; ambulans in
terra, quiescens in sepulcro, residens in cœlo.
Agnus Dei, qui tollis peccata mundi, miserere nobis.
Vide quod bis dicitur *miserere nobis*, et in tertia
vice : *Dona nobis pacem*, quod sumptum est a Veteri Testamento [44], ubi forma similis invenitur.
Clamantes enim dicebant : « Parce, Domine, parce
populo tuo ; » et postea variabant : « Ne des hæreditatem tuam in opprobrium, » et merito bis dicitur
miserere nobis, et semel, *dona nobis pacem*, eo quod in

hac duplici vita, scilicet actionis et contemplationis
est nobis misericordia necessaria ; in alia vero pax nobis concedetur æterna. In cœna tamen Domini secundum quosdam ter dicitur : *Miserere nobis.* In missa
pro defunctis, *dona eis requiem*, et debet dici interpollate et mistim cum oratione. Facta corporis et
sanguinis commistione, per quam Domini resurrectionem accipimus, sacerdos pacem populo tribuit.
Quod præfiguravit Josue [45] qui, hostibus superatis,
terram obtinuit, quam sorte divisit, et in pace possedit ; sic Christus resurgens, diabolo superato, pacem et dona dedit hominibus [46], hanc resurrectionem, et acta resurgentis pontifex repræsentat ; cum
enim tertiam particulam sanguini miscet, et in calicem mittit, innuit quod anima Christi ad corpus
rediit.

Post hæc, sicut Honorius papa decrevit, pacem
populo porrigit ; quia resurgens humano generi
pacem dedit, daturus vero pacem, sumit pacis osculum ab ipsa eucharistia, secundum quosdam, secundum alios a sepulcro vel ab altari et a libro, et
impertit eam secundum quosdam subdiacono, vel
diacono, vel cantori ; secundum alios archipresby-
tero, qui cum fuerat a sinistris, accepturus vadit
ad dexteram pontificis, per quem designatur populus gentilis, qui factus est princeps in fide, primus
in pace ; qui transivit de sinistra infidelitatis, ad
dexteram fidei et æternitatis. Per hunc descendit
pax ad populum, sed primo ad viros, postea ad
mulieres ; quia vir est caput mulieris [47] ; verum viri
et mulieres se non osculentur, propter lasciviam,
propter quam sequestrantur, non solum osculo
carnali, sed etiam situ locali : ab his ergo personis
mutuo dentur oscula, quæ nulla titillatione libidinis
excitantur. Populus autem ob tria se invicem osculantur, primo , quia Domini sui gratiam, et angelorum concordiam per mortem se promeruisse gratulantur ; secundo , cum simus filii Dei Patris [48] et
Ecclesiæ matris, sumus fratres in Christo [49], et
ideo reficiendi uno pane quasi hæreditario [50] ; tertio, quia in osculo caro carni et spiritus spiritui
jungitur, et nos qui carnis propagine de Adam
conjungimur, etiam charitatis vinculo connectimur.
Qui ergo se odientes osculantur, Judæ proditoris
osculum imitantur. Post oscula sumitur eucharistia,
quasi dicatur, in unitate non est, qui corporis ejus
particeps non est. Sacerdos primo communicat,
corpus per se nullo ministrante de altari suscipiens ; quia Christus corporum nostrorum nullius
ministerio perficiet restaurationem ; sanguinem
vero de manu diaconi sumit, quoniam animarum
per ministerium hominum reficit redemptionem :
communicans itaque partem sibi sumit vicarius
Jesu Christi, qui, cum panem fregit discipulis in
Emmaus, partem sibi retinuit, partesque Lucæ et
Cleophæ distribuit [51]. Sic et sacerdos diacono et

[36] Psal. 131. [37] Phil. 4. [38] Matth. 28; Joan 20.
[39] Luc. 2. [40] Luc. 23; Joan. 19. [41] Apoc. 13.
[42] Exod. 12. [43] Joan. 1. [44] Joel. 2. [45] Josue 13 et infra. [46] Luc. 24; Joan. 20. [47] I Cor. 11; Ephes.
5. [48] Rom. 8. [49] Matth. 23. [50] I Cor. 10. [51] Luc. 24.

subdiacono dividit. « Partemque postmodum piscis assi et favi mellis manducavit, et reliquias dedit discipulis [50]. » Unde postquam diaconus et subdiaconus se communicaverint, fratres accedant, ut et ipsi partem sanctæ communionis accipiant. Et vide quod oblata in tres partes dividitur, sicut olim similago legalis frustratim offerebatur : una a sacerdote sumitur, una quandoque in altari in pyxide infirmis ad viaticum reservatur, tertia in calicem mittitur. Prima est corpus mysticum, id est Ecclesia ambulans super terram; secunda est similiter mysticum dormiens usque ad diem judicii in sepultura; tertia est personale resumptum in gloria; vel mista sanguini significat Ecclesiam militantem in terris; aliæ vero illos, qui sunt in purgatorio, et qui triumphant in cœlo. Vel tripartita fragmenta Sanctæ Trinitatis hostiam significant, et etiam particula, quæ sanguini jungitur, Filii personam insinuat. Et cave quia, licet oblata aut etiam corpus Christi in sacramento sic frangatur, et pluribus distribuatur, tamen totus Christus et integer permanet in cœlo, et sumitur a singulis totus et integer in sacramento; nec transit in alimentum corporis, nisi spiritualiter; virtus enim ipsius satiat hominem interiorem, qui satiatus exteriorem exhilarat; et vide quia, licet totus sumatur, tamen corpus tantum sumi dicitur usualiter, quia res censetur secundum quod videtur, vel locutio est; aiunt quidam, a sputo post sacrificium sumptum abstinendum. Et revera magna deberet reverentia sumi, et cautela provida custodiri; verumtamen « spiritualis omnia judicat, et ipse a nemine judicatur [51]. » Omnia munda mundis [52]; sputum quidem est naturale, et sine peccato procedit. Processio sputi proficit sanitati. Licet agere pro sanitate, quod egit Christus pro nostra salute. Nam lutum fecit Dominus ex sputo, et linivit oculos cæci nati [53]. Qui sic cavet ne cum sputo panem vel vinum ejiciat; caveat ne unum verbum ex his quæ Dominus locutus est ex ejus corde labatur et decidat, nam et ipsa spiritus et vita sunt [54]; ego autem spuere, si abundat humor phlegmaticus, non omitto; quia confido in Domino, carnem et sanguinem, in spiritualem animæ et corporis transire refectionem. Nec, ut assumptum cum superfluitatibus exeat, aut si per venas defluat investigo. Sed pie credens, si quid de agno remanet; secundum legem [55] comburendum relinquo, id est Spiritui sancto commendo.

Postmodum communicat populus, quia non solum comedit Christus cum paucis apostolorum [56], sed etiam ascensurus cum multitudine discipulorum. Communicet unusquisque raro, vel quotidie secundum quod melius crediderit faciendum. Nam Zachæus recepit eum gaudens in domum suam [59]. Centurio dixit : « Non sum dignus ut intres sub tectum meum [60]. » Orationes quibus utimur pacem

daturi, et communicaturi non exponimus. Tum quia expositione non indigent, tum quia aliæ proferuntur ab aliis plures vel pauciores. Interim communio cantatur, ut significet hilarem et reciprocam apostolorum de resurrectione collationem, quale est illud : Surrexit Dominus vere [61]; et quod narrabant, quomodo cognoverunt eum in fractione panis; vel ut cum justis gratiæ Dei communicemus. Et est communio gratiarum actio, juxta illud : « Edent pauperes et saturabuntur, et laudabunt Dominum [62]. »

Sequitur salutatio : Dominus vobiscum. Qui negant benedictiones sextum fore officium, hoc ultimum rationabiliter ponunt; nam hæc salutatio benedictionem illam significat, qua Dominus ascensurus discipulis benedixit [63]. Sequitur et oratio, quæ postcommunionem vocatur, in qua sacerdos orat pro his qui ad communionem eucharistiæ accessere : et debet esse una, vel tot in numero, quot fuere collectæ, et significat orationem capitis nostri, scilicet Domini nostri Jesu Christi, qui apud Patrem quotidie interpellat pro nobis [64]. Quod autem sacerdos ad altaris dextram transit, significat Christum ad Judæos in fine sæculi reversurum; quia, cum intraverit plenitudo gentium, Israel convertetur ad Dominum [65]. Salutatio ultima sequitur : Dominus vobiscum, quæ significat vitam æternam. Nota quod sacerdos septem vicibus in missa populum salutat; quia mysterium missæ ad septem dona Spiritus sancti refertur. In prima enim salutatione spiritus intelligitur sapientiæ; quia sapientia intravit in hunc mundum, ut salvaret nos [66]. In secunda, spiritus intellectus; ideo namque prædicavit, ut doceret nos. In tertia spiritus consilii; hic enim secreto Dei consilio se passioni obtulit, ut redimeret nos. In quarta, spiritus fortitudinis; quia pendens in cruce diabolum expugnavit, ut liberaret nos. In quinta, spiritus scientiæ; quia resurgens discipulos salutavit, et eis sensum aperuit, ut erudiret nos [67]. In sexta, spiritus pietatis; quia sola pietate humanam naturam super astra levavit ut exaltet nos. In septima, spiritus timoris; quia angeli timebunt, cum venerit ad judicium, ut glorificet nos. Sed in quinque tantum ad populum se convertit. Primo salutavit ante collectam, secundo ante evangelium; tertio ante offertorium, quarto ante sacrificium, quinto ante pacis osculum, sexto post communionem, septimo post completionem, id est ultimam orationem; in illa quæ ante sacrificium, non convertit, quia tenet in manibus sacrificium. In cæteris vero se convertit ad populum, quos salutamus, eis faciem repræsentamus. Quinquies se convertit ad populum; quia legitur in resurrectione quinquies apparuisse.

Sequitur conclusio : Ite, missa est : tripliciter missa finitur. In solemnitatibus quoties cantatur : Te Deum laudamus; Gloria in excelsis Deo; termi-

[50] Ibid. [51] I Cor. 2. [52] Rom. 14; Tit. 1. [53] Joan. 9. [54] Joan. 6. [55] Exod. 19. [56] Matth. 20; Luc. 24. [59] Luc. 19. [60] Matth. 8. [61] Luc. 24. [62] Psal. 21. [63] Luc. 24. [65] Rom. 8. [66] Rom. 14. [67] I Tim. 1. [67] Luc. 24.

natur per *Ite, missa est*. Et est sensus : Ite post
Christum, et sequimini ipsum. Non est sedendum,
sed ad patriam festinandum : quia missa est ad
Deum Patrem placandum hostia, per quam fracta
sunt tartara. O utinam cum hoc audimus, illuc tendat mens nostra, quo abiit hostia, ut, ubi est corpus,
illic congregentur et aquilæ [66] : ibi simus desiderio,
ubi desideratus cunctis gentibus [67] nos exspectat
cum suo tropæo, qui sic pro nobis Patri supplicat,
volo ut, ubi ego sum, illic sit et minister meus [68]; vel
ite, missa est, id est immolatus est agnus, et reser-
vatus paradisi introitus, sequimini eum, mortifi-
cando carnem nostram cum vitiis et concupiscentiis [71], et quia sermo dirigitur ad præsentes. Ideo
sacerdos vel diaconus hoc dicens, dirigat vultum
suum in populum, cui populus : *Deo gratias; et est
sumptum hoc ab eo, quod populus accepta licentia
permissu Pharaonis abiit de Ægypto, et grates retulit Deo [72]. Vel ab eo qui a Cyro suscepta licentia,
de Babylonica captivitate ad Hierusalem rediit, et
Deo gratias egit [73] : sic nos pro acceptis beneficiis
nostræ redemptionis, referamus gratias Redemptori, qui ascendit ad dexteram Patris [74], quotidie
interpellans pro nobis apud Patrem [75].

Unde post ascensionem , prædicantes apostoli
dicebant : Gratias agite, sine intermissione orate [76].
Ipsi quoque regressi sunt in Hierusalem, benedi-
centes Dominum [77]; sic nos accepta benedictione ad
patriam ibimus, ubi semper in gratiarum actione
permanebimus. In prima tamen missa Natalis, secundum quosdam, non debet dici : *Ite, missa est*,
ne populus videatur habere licentiam, cum sit de-
tinendus ad aliam missam. In aliis diebus terminatur per *Benedicamus Domino*, et est sumptum de
apostolo, vel psalmis, vel de hymno trium puerorum, ubi dicitur : « Benedicamus Patri et Filio [78].»
In missa pro defunctis terminatur ex consuetudine
per *Requiescant in pace*; et sunt hæ orationes quasi
aggratulativæ interjectiones. Cum per *Benedicamus
Domino* vel *Requiescant in pace* fit terminatio, dirigat sacerdos, vel diaconus, faciem ad orientem,
et mentem ad Dominum.

Benedictio sacerdotis post missam illam significat
benedictionem quam Christus, post resurrectionem,
discipulis dedit [79], vel Spiritus sanctus in die Pentecostes fidelibus attulit, vel per quam Ecclesia thalamum sponsi gloriosa intrabit. Et sumuntur hujusmodi finales benedictiones a veteri more; nam patriarcha Jacob in novissimo suæ vitæ filiis benedixit [80]; sic et Moyses populo Dei benedixit ante mortem [81]; sic Dominus discipulis ante ascensionem [82].
Inde est quod cum separamus commitivam, vel
protectivam quærimus benedictionem. Vel sumuntur ab eo quod Dominus præcepit dari benedictiones in monte Garizim super legis observatores, sicut

e contrario maledictiones in Hebal super transgres-
sores [83] : ab illis benedictionibus assumimus benedictiones, et a maledictionibus excommunicationes.
Hymnum trium puerorum Toletanum concilium
cantari post missam instituit, et negligentes anathemati subdidit. Quem idcirco dicimus, quia Domino pro omnibus beneficiis gratias agere debemus,
quem in sæculum sæculi in æternum laudabimus.
Panem Dominicum post missam populo tribuimus
benedictum, sanctæ communionis vicarium : in
primitiva enim Ecclesia omnes, qui missæ intererant, communicabant, eo quod apostoli omnes de
calice bibere dicente sibi Domino : « Bibite ex hoc
omnes [84]. » Offerebant enim magnum panem, quod
adhuc Græci servant, et omnibus sufficientem; sed
postquam Ecclesia est numero aucta, sed sanctitate propter carnales diminuta, statutum est ut
solis diebus Dominicis communicarent; sed quia
postea refriguit charitas multorum [85], unde sibi su
mebant communicantes judicium [86], institutum est
ut ter in anno communicent : Natali, Pascha, Pentecoste, et utinam semel digne communicent! Contra hunc itaque primæ institutionis defectum triplex
est remedium. Primum est pacis osculum : ideoque in Gallicana Ecclesia datur in omni missa,
nisi defunctorum; secundum est panis benedictus,
qui eteulogia dicitur, qui quia in Quadragesima
propter abstinentiam dari non debuit; institutum
est tertium remedium, scilicet oratio super populum
qui prædicitur : *Inclinate capita vestra Deo*. His omnibus rite peractis, sacerdos et alii revertuntur ad
propria. In altari corporali dimisso, sacerdos qui
ad propria redit est Christus qui legatione peracta
in gloriam Patris ascendit. Fideles etiam revertuntur, dum de carceris exsilio liberati in gloriæ libertatem eripiuntur [87]. Corporale in altari est munditia
castitatis in presbytero, vel Ecclesia in Christo.

CAPUT IX.
BREVIS RECAPITULATIO MISSÆ.

« Judicasti, Domine, causam meam [88]. » Nulli
dubium quod missa pugnæ sit repræsentativa, repræsentans cujusdam pugnæ conflictum et victoriæ
triumphum. Et quod repræsentat nobis triplicem
pugnam : unam figurantem, duplicem figuratam;
unam in capite, aliam in membris. Figurans fuit
cum Moyses Amalec prostravit [89], Josue septem
populos expugnavit [90], David Goliam, Saulem et
Philisthæos superavit [91]. Figurata in capite est,
quia Christus cum diabolo pugnans, ipsum superavit et infernum exspoliavit [92]; figurata in membris
est, quia impugnamur, non solum a mundo, sed a
carne et a diabolo; non est enim nobis colluctatio adversus carnem et sanguinem . sed adversus principes et potestates [93]. Sacerdos itaque
celebrans missam ex his quæ facit, et quæ circa

[66] Matth. 24; Luc. 17. [67] Agg. 2. [68] Joan. 12 et 17. [71] Gal. 5; Col. 3. [72] Exod. 12. [73] I Esdr. 1.
[74] Ephes. 4; Hebr. 1. [76] Rom. 8. [78] I Thes. 2 et 5. [79] Luc. 24. [80] Dan. 5. [81] Luc. 24. [82] Gen. 49.
[83] Deut. 33. [84] Luc. 24. [85] Deut. 27 et 28. [86] Matth. 26. [87] Matth. 24. [88] I. Cor. 11. [89] Rom. 8.
[90] Thren. 3. [91] Exod. 17. [92] Josue 6 et infra. [93] I Reg. 17. [92] Col. 2. [93] Ephes. 6.

eum fiunt, breviter et velociter habeat in mente.
figurantia quæ præcessere, figurata quæ sunt in capite completa, et quæ sunt a nobis moribus adimplenda. Cum processionem facimus cum vexillis,
reliquiis, libris, cereis et thuribulis, recolamus
Moysen, qui signis et prodigiis de Ægypto populum
per desertum ad terram promissionis perduxit [10].
Ibi populus armatus, hic clerus sacris vestibus.
Ibi arca, hic scrinium reliquiarum. Ibi tabulæ Testamenti de monte Sinai, hic liber Evangelii de
altari. Ibi columna ignis, hic cereus igneus. Ibi
virga, hic sceptrum regis vel baculus pontificis. Ibi
Moyses et Aaron, hic rex et episcopus. vel episcopus repræsentans utrumque; in baculo regem, in
mitra pontificem. Recolamus et Josue qui Jericho
circuivit [11], quæ corruit, et populus regnum obtinuit. Ibi clangor tubarum, hic strepitus campanarum. Recolamus David [12] et Salomonem [13], qui arcam Dei hymnis et canticis reduxerunt, et in templo
locaverunt. Simus memores Jesu Christi, qui de
sinu Patris venit in mundum [14]; de præsepi ad
templum [15]; de Bethania in Hierusalem [16]; de
Hierusalem in montem [1]: optantes ut de mundo
revertamur ad patriam, quasi de una Ecclesia ad
aliam; de militanti ad triumphantem : sequentes
crucem, id est vestigia Crucifixi, et nos vitiis et concupiscentiis crucifigentes [2]. Sequentes vestigia sanctorum, præcepta Evangeliorum; induti loricam
justitiæ, cingulum continentiæ, scutum fidei, galeam
salutis æternæ [3]. Unde sacerdos pugnaturus contra
spiritualia nequitiæ in cœlestibus, sacris vestibus
quasi induitur armis, sumens sandalia pro ocreis,
ne quid pulveris inhæreat pedibus, amictum pro
galea, albam pro lorica, cingulum pro arcu, subcingulum pro pharetra, stolam pro hasta, mapulam
vel manipulam pro clava, casulam pro clypeo, librum pro gladio. Sic armatus pro omnibus ad altare procedit, et per confessionem diabolo renuntiat, et se accusat; quia sapiens in principio sermonis accusator est sui [4]. Per orationes et cantus
diabolum incitat, dum casulam super humerum complicat, gladium contra hostem parat. Dum legitur
epistola voce præconis, imperatoris dantur edicta.
Cantor est tubicen, præcentores, qui chorum regunt, duces qui exercitum ad pugnam instruunt :
quibus lassescentibus alii subveniunt. Cantus sequentiæ, plausus est victoriæ. Dum evangelium legitur, adversarius vulneratur, aut exercitus dispersus post victoriam adunatur; quem dum prædicat episcopus, imperator laudans victores affatur;
oblationes sunt spolia, quæ victoribus dividuntur.
Cantus offertorii, triumphus qui exhibetur imperatori. Sed rursus populo negligentia resoluto, Philisthæus consurgit adversus Israel. Unde inter Goliam et David duellum indicitur [5] : hæc est torpens

A anima, vel genus humanum. cui diabolus bellum
indicit, sed a Christo, qui pro nobis pugnat, vincitur : hic est enim verus David, *manu fortis et visu
desiderabilis*, qui a Patre ad pugnam mittitur; qui
oves pavit, qui ursum et leonem superavit [6]; qui
baculum contra Philisthæum portavit, dum crucem
contra diabolum bajulavit. Rursus missa quasi
quoddam judicium imitatur : unde *canon* actio vocatur; est enim actio causa, quæ in publico coram
judicibus agitatur. In missa enim causa nostra cum
Deo judice agitur. Oratorium est prætorium, Deus
judex. diabolus accusator. sacerdos advocatus et
defensor. Hic est enim Moyses, qui causam populi
ad Dominum allegabat [7]; cujus patrocinio delatoris
fallacia confutatur; innocentia nostra comprobatur
et absolvitur, aut judicis ira placatur et per misericordiam culpa remittitur. Rursus missa tragœdiarum gestus populo repræsentat; tragicus enim noster cum dicit : *Orate*, rememorat Christum, qui
apostolos orare monuit [8].

Per secretam significat Christum qui, sicut agnus
absque voce ad victimam ivit [9]. Manuum expansio
est Christi in cruce extensio; canonis secretum,
passionis silentium; osculum pacis, gaudium resurrectionis. Breviter et in summo concludimus, quodque celebrantur in officio missæ usque ad secretam, respiciunt ad ea quæ de Christo leguntur et
operibus ejus usque ad Dominicam Palmarum. Nam
introitus ad cœtum respicit antiquorum prophetarum; Kyrie eleison ad eos qui fuerunt circa Christi adventum; Gloria vero ad cantum angelorum ;
salutatio et collecta ad adventum Salvatoris, qui ad
hoc venit, ut salvaret nos [10]; epistola vero ad prædicationem Joannis [11], graduale ad vocationem apostolorum [12], alleluia ad lætitiam cordis eorum,
evangelium ad Domini prædicationem, Credo ad
populi conversionem, offertorium ad ejusdem populi devotionem. Nunc quæ sequuntur, ea respiciunt quæ de Christo usque ad ascensionem leguntur. Nam panis significat corpus, vinum sanguinem;
calix item corpus, quia vinum in calice, sanguis est
in corpore. Corporale munditiam corporis. Patena
latitudinem fidei et charitatis; vel aliter, ut in his
versibus continetur :

Ara crucis, tumulique calix, lapidisque patena,
    Sindonis officium candida byssus habet.

Aqua populum : sicut igitur aqua vino, sic jungitur Ecclesia Christo. Secreta latibulum Christi
[13]. Retronea statio subdiaconorum et diaconorum,
fugam discipulorum [14]. Inclinatio presbyteri est mors
Christi [15]. Demum a *Te igitur*, usque ad *nobis quoque peccatoribus*, quædam respiciunt ad orationem
quam Dominus fecit in monte [16]; quædam ad passionem, quam subivit in cruce. Ab ipso *nobis* usque ad commissionem corporis et sanguinis, per-

---

[10] Exod. 7 et infra. [11] Jos. 6. [12] II Reg. 6. [13] III Reg. 8. [14] Joan. 8; I Tim. 1. [15] Luc. 2.
[16] Joan. 12. [1] Matth. 27; Joan. 19. [2] Gal. 5. [3] Ephes. 6. [4] Prov. 18. [5] I Reg. 17. [6] Ibid. [7] Exod.
32. [8] Matth. 26. [9] Isa. 53. [10] Joan. 3; I Tim. 1. [11] Matth. 3. [12] Matth. 4. [13] Joan. 11. [14] Matth.
26. [15] Matth. 27 [16] Matth. 5.

natur per *Ite, missa est*. Et est sensus : Ite post A
Christum, et sequimini ipsum. Non est sedendum,
sed ad patriam festinandum : quia missa est ad
Deum Patrem placandum hostia, per quam fracta
sunt tartara. O utinam cum hoc audimus, illuc tendat mens nostra, quo,abiit hostia, ut, ubi est corpus,
illic congregentur et aquilæ [49] : ibi sinus desiderio,
ubi desideratus cunctis gentibus [50] nos exspectat
cum suo tropæo, qui sic pro nobis Patri supplicat,
volo ut, ubi ego sum, illic sit et minister meus [51]; vel
ite, missa est, id est immolatus est agnus, et reser-
vatus paradisi introitus, sequimini eum, mortifi-
cando carnem nostram cum vitiis et concupiscentiis [52], et quia sermo dirigitur ad præsentes. Ideo
sacerdos vel diaconus hoc dicens, dirigat vultum
suum in populum, cui populus : *Deo gratias ;* et est B
sumptum hoc ab eo, quod populus accepta licentia
permissu Pharaonis abiit de Ægypto, et grates retulit Deo [53]. Vel ab eo qui a Cyro suscepta licentia,
de Babylonica captivitate ad Hierusalem rediit, et
Deo gratias egit [54] : sic nos pro acceptis beneficiis
nostræ redemptionis, referamus gratias Redemptori, qui ascendit ad dexteram Patris [55], quotidie
interpellans pro nobis apud Patrem [56].

Unde post ascensionem , prædicantes apostoli
dicebant : Gratias agite, sine intermissione orate [57].
Ipsi quoque regressi sunt in Hierusalem, benedi-
centes Dominum [58]; sic nos accepta benedictione ad
patriam ibimus, ubi semper in gratiarum actione
permanebimus. In prima tamen missa Natalis, se- C
cundum quosdam, non debet dici : *Ite, missa est*,
ne populus videatur habere licentiam, cum sit de-
tinendus ad aliam missam. In aliis diebus terminatur per *Benedicamus Domino*, et est sumptum de
apostolo, vel psalmis, vel de hymno trium puerorum, ubi dicitur : « Benedicamus Patri et Filio [59]. »
In missa pro defunctis terminatur ex consuetudine
per *Requiescant in pace ;* et sunt hæ orationes quasi
aggratulativæ interjectiones. Cum per *Benedicamus
Domino* vel *Requiescant in pace* fit terminatio, dirigat sacerdos, vel diaconus, faciem ad orientem,
et mentem ad Dominum.

Benedictio sacerdotis post missam illam significat
benedictionem quam Christus, post resurrectionem,
discipulis dedit [60], vel Spiritus sanctus in die Pentecostes fidelibus attulit, vel per quam Ecclesia thalamum sponsi gloriosa intrabit. Et sumuntur hujusmodi finales benedictiones a veteri more ; nam patriarcha Jacob in novissimo suæ vitæ filiis benedixit [61] ; sic et Moyses populo Dei benedixit ante mortem [62] ; sic Dominus discipulis ante ascensionem [63].
Inde est quod cum separamus commitivam, vel
protectivam quærimus benedictionem. Vel sumuntur ab eo quod Dominus præcepit dari benedictiones in monte Garizim super legis observatores, sicut

e contrario maledictiones in Hebal super transgres-
sores [64] : ab illis benedictionibus assumimus benedictiones, et a maledictionibus excommunicationes.
Hymnum trium puerorum Toletanum concilium
cantari post missam instituit, et negligentes anathemati subdidit. Quem idcirco dicimus, quia Domino pro omnibus beneficiis gratias agere debemus,
quem in sæculum sæculi in æternum laudabimus.
Panem Dominicum post missam populo tribuimus
benedictum, sanctæ communionis vicarium : in
primitiva enim Ecclesia omnes, qui missæ intererant, communicabant, eo quod apostoli omnes de
calice bibere dicente sibi Domino : « Bibite ex hoc
omnes [65]. » Offerebant enim magnum panem, quod
adhuc Græci servant, et omnibus sufficientem ; sed
postquam Ecclesia est numero aucta, sed sanctitate propter carnales diminuta, statutum est ut
solis diebus Dominicis communicarent ; sed quia
postea refriguit charitas multorum [66], unde sibi su
mebant communicantes judicium [67], institutum est
ut ter in anno communicent : Natali, Pascha, Pentecoste, et utinam semel digne communicarent ! Contra hunc itaque primæ institutionis defectum triplex
est remedium. Primum est pacis osculum : ideoque in Gallicana Ecclesia datur in omni missa,
nisi defunctorum ; secundum est panis benedictus,
qui eteulogia dicitur, qui quia in Quadragesima
propter abstinentiam dari non debuit ; institutum
est tertium remedium, scilicet oratio super populum
qui prædicitur : *Inclinate capita vestra Deo*. His omnibus rite peractis, sacerdos et alii revertuntur ad
propria. In altari corporali dimisso, sacerdos qui
ad propria redit est Christus qui legatione peracta
in gloriam Patris ascendit. Fideles etiam revertuntur, dum de carceris exsilio liberati in gloriæ libertatem eripiuntur [67]. Corporale in altari est munditia
castitatis in presbytero, vel Ecclesia in Christo.

CAPUT IX.

BREVIS RECAPITULATIO MISSÆ.

« Judicasti, Domine, causam meam [68]. » Nulli
dubium quod missa pugnæ sit repræsentativa, repræsentans cujusdam pugnæ conflictum et victoriæ
triumphum. Et quod repræsentat nobis triplicem
pugnam : unam figurantem, duplicem figuratam ;
D unam in capite, aliam in membris. Figurans fuit
cum Moyses Amalec prostravit [69], Josue septem
populos expugnavit [70], David Goliam, Saulem et
Philisthæos superavit [71]. Figurata in capite est,
quia Christus cum diabolo pugnans, ipsum superavit et infernum expoliavit [72]; figurata in membris
est, quia impugnamur, non solum a mundo, sed a
carne et a diabolo ; non est enim nobis colluctatio adversus carnem et sanguinem . sed adversus principes et potestates [73]. Sacerdos itaque
celebrans missam ex his quæ facit, et quæ circa

[49] Matth. 24; Luc. 17.   [50] Agg. 2.   [51] Joan. 12 et 17.   [52] Gal. 5; Col. 3.   [53] Exod. 12.   [54] I Esdr. 1.
[55] Ephes. 4 ; Hebr. 1.   [56] Rom. 8.   [57] I Thes. 2 et 5.   [58] Luc. 24.   [59] Dan. 3.   [60] Luc. 24.   [61] Gen. 49.
[62] Deut. 33.   [63] Luc. 24.   [64] Deut. 27 et 28.   [65] Matth. 26.   [66] Matth. 24.   [67] I. Cor. 11.   [67] Rom. 8.
[68] Thren. 3.   [69] Exod. 17.   [70] Josue 6 et infra.   [71] I Reg. 17.   [72] Col. 2.   [73] Ephes. 6.

euin fiunt, breviter et velociter habeat in mente. figurantia quæ præcessere, figurata quæ sunt in capite completa, et quæ sunt a nobis moribus adimplenda. Cum processionem lacimus cum vexillis, reliquiis, libris, cereis et thuribulis, recolamus Moysen, qui signis et prodigiis de Ægypto populum per desertum ad terram promissionis perduxit [20]. Ibi populus armatus, hic clerus sacris vestibus. Ibi arca, hic scrinium reliquiarum. Ibi tabulæ Testamenti de monte Sinai, hic liber Evangelii de altari. Ibi columna ignis, hic cereus igneus. Ibi virga, hic sceptrum regis vel baculus pontificis. Ibi Moyses et Aaron, hic rex et episcopus, vel episcopus repræsentans utrumque; in baculo regem, in mitra pontificem. Recolamus et Josue qui Jericho circuivit [21], quæ corruit, et populus regnum obtinuit. Ibi clangor tubarum, hic strepitus campanarum. Recolamus David [22] et Salomonem [23]. qui arcam Dei hymnis et canticis reduxerunt, et in templo locaverunt. Simus memores Jesu Christi, qui de sinu Patris venit in mundum [24]; de præsepi ad templum [25]; de Bethania in Hierusalem [26]; de Hierusalem in montem [1]: optantes ut de mundo revertamur ad patriam, quasi de una Ecclesia ad aliam; de militanti ad triumphantem: sequentes crucem, id est vestigia Crucifixi, et nos vitiis et concupiscentiis crucifigentes [2]. Sequentes vestigia sanctorum, præcepta Evangeliorum; induti loricam justitiæ, cingulum continentiæ, scutum fidei, galeam salutis æternæ [3]. Unde sacerdos pugnaturus contra spiritualia nequitiæ in cœlestibus, sacris vestibus quasi induitur armis, sumens sandalia pro ocreis, ne quid pulveris inhæreat pedibus, amictum pro galea, alham pro lorica, cingulum pro arcu, subcingulum pro pharetra, stolam pro hasta, mapulam vel manipulam pro clava, casulam pro clypeo, librum pro gladio. Sic armatus pro omnibus ad altare procedit, et per confessionem diabolo renuntiat, et se accusat; quia sapiens in principio sermonis accusator est sui [4]. Per orationes et cantus diabolum incitat, dum casulam super humerum complicat, gladium contra hostem parat. Dum legitur epistola voce præconis, imperatoris dantur edicta. Cantor est tubicen, præcentores, qui chorum regunt, duces qui exercitum ad pugnam instruunt; quibus lassescentibus alii subveniunt. Cantus sequentiæ, plausus est victoriæ. Dum evangelium legitur, adversarius vulneratur, aut exercitus dispersus post victoriam adunatur; quem dum prædicat episcopus, imperator laudans victores affatur; oblationes sunt spolia, quæ victoribus dividuntur. Cantus offertorii, triumphus qui exhibetur imperatori. Sed rursus populo negligentia resoluto, Philisthæus consurgit adversus Israel. Unde inter Goliam et David duellum indicitur [5]: hæc est torpens

anima, vel genus humanum. cui diabolus bellum indicit, sed a Christo, qui pro nobis pugnat, vincitur: hic est enim verus David, manu fortis et visu desiderabilis, qui a Patre ad pugnam mittitur; qui oves pavit, qui ursum et leonem superavit [6]; qui baculum contra Philisthæum portavit, dum crucem contra diabolum bajulavit. Rursus missa quasi quoddam judicium imitatur: unde canon actio vocatur; est enim actio causa, quæ in publico coram judicibus agitatur. In missa enim causa nostra cum Deo judice agitur. Oratorium est prætorium, Deus judex. diabolus accusator, sacerdos advocatus et defensor. Hic est enim Moyses, qui causam populi ad Dominum allegabat [7]; cujus patrocinio delatoris fallacia confutatur; innocentia nostra comprobatur et absolvitur, aut judicis ira placatur et per misericordiam culpa remittitur. Rursus missa tragœdiarum gestus populo repræsentat; tragicus enim noster cum dicit: Orate, rememorat Christum, qui apostolos orare monuit [8].

Per secretam significat Christum qui, sicut agnus absque voce ad victimam ivit [9]. Manuum expansio est Christi in cruce extensio; canonis secretum, passionis silentium; osculum pacis, gaudium resurrectionis. Breviter et in summa concludimus, quodque celebratur in officio missæ usque ad secretam, respiciunt ad ea quæ de Christo leguntur et operibus ejus usque ad Dominicam Palmarum. Nam introitus ad cœtum respicit antiquorum prophetarum; Kyrie eleison ad eos qui fuerunt circa Christi adventum; Gloria vero ad cantum angelorum; salutatio et collecta ad adventum Salvatoris, qui ad hoc venit, ut salvaret nos [10]; epistola vero ad prædicationem Joannis [11], graduale ad vocationem apostolorum [12], alleluia ad lætitiam cordis eorum, evangelium ad Domini prædicationem, Credo ad populi conversionem, offertorium ad ejusdem populi devotionem. Nunc quæ sequuntur, ea respiciunt quæ de Christo usque ad ascensionem leguntur. Nam panis significat corpus, vinum sanguinem; calix item corpus, quia vinum in calice, sanguis est in corpore. Corporale munditiam corporis. Patena latitudinem fidei et charitatis; vel aliter, ut in his versibus continetur:

Ara crucis, tumulique calix, lapidisque patena,
   Sindonis officium candida byssus habet.

Aqua populum: sicut igitur aqua vino, sic jungitur Ecclesia Christo. Secreta latibulum Christi [13]. Retronea statio subdiaconorum et diaconorum, fugam discipulorum [14]. Inclinatio presbyteri est mors Christi [15]. Demum a Te igitur, usque ad nobis quoque peccatoribus, quædam respiciunt ad orationem quam Dominus fecit in monte [16]; quædam ad passionem, quam subivit in cruce. Ab ipso nobis usque ad commissionem corporis et sanguinis, per-

[20] Exod. 7 et infra. [21] Jos. 6. [22] II Reg. 6. [23] III Reg. 8. [24] Joan. 8; 1 Tim. 1. [25] Luc. 2. [26] Joan. 12. [1] Matth. 27; Joan. 19. [2] Gal. 5. [3] Ephes. 6. [4] Prov. 18. [5] I Reg. 17. [6] Ibid. [7] Exod. 32. [8] Matth. 26. [9] Isa. 53. [10] Joan. 3; 1 Tim. 1. [11] Matth. 3. [12] Matth. 4. [13] Joan. 11. [14] Matth. 26. [15] Matth. 27 [16] Matth. 5.

tinet ad sepulturam; unde calicis ab altari eleva-A tatur, quod summo mane missa cantatur, ex consuetudine est, non ex ordine, sed propter necessitudinem. Leo papa diluculo ad missam intrabat; nescio an commoditate, an ratione, an sola usus apostolici potestate, et forte qui necessitate præveniunt tertiam aut offerunt post nonam amore divino, ut non prætereat eis dies absque sacrificio, possunt excusari cum discipulis qui vellebant spicas in *sabbatis* [21], et cum David qui comedit panes propositionis [22]; vel forte post nonam propter gastrimargiam vitandam, vel quia in missa memoriam facimus passionis, mortis et sepulturæ, resurrectionis et ascensionis. Ideo cantatur tot variis horis quia tertia flagellatur, sexta immolatur, nona moritur, post nonam sepelitur, mane surgit, cœlos ascendit. Semel in die missa debet celebrari ab uno sacerdote, quia semel Christus pro nobis voluit immolari [23]. Si tamen necessitas cogit, ut, cum duæ festivitates occurrunt, duæ possunt vel tres (ut quidam asserunt) celebrari : tum quia licite fit in Natali, tum quia tripartita est passio Christi; passus est enim linguis insultantium, manibus verberantium, clavis crucifigentium. Ipse etiam est a patriarchis gestibus immolatus, a prophetis verbis sacrificatus, a Patre et se ipso realiter oblatus [24]. Legitur tamen quod Leo papa sæpe septies, aliquando novies in eadem die missam celebravit. Sicut ergo licet presbytero missam pluries celebrare, sic licet religioso laico in die pluries communicare; neutrum tamen est appetendum; quia familiaritas parit contemptum, et contemptus manducanti judicium; discretio vero et devotio gratiam, quam eucharistia redolet tam effectu quam nominis etymologia.

tio, est corporis a cruce remotio, et rursus in altari depositio, est ejusdem in tumulo collocatio. Commistio vero pertinet ad resurrectionem. Oblatæ fractio ad illam fractionem, quam Dominus fecit in Emmaus [17]. Salutatio ad id quod ait apostolis : « Pax vobis [18]. » Ultima salutatio est ad apostolos commitiva in ascensione Domini benedictio, vel æterna salutatio; et scias quod olim non tanto apparatu, neque tam solemni missam apostoli cantavere, sed duntaxat epistolam et evangelium prælegentes ad sola verba Domini, cum oratione Dominica consecrabant ; at sancti patres et apostolici viri solemnitates, quas præmisimus addidere.

Nunc qua hora et quoties sit missa celebranda quærere non est inutile. Tribus ergo horis est missa regulariter celebranda. Tertia, sexta et nona; tertia, ut Telesphorus instituit, et Gregorius approbavit; quia tunc est Dominus crucifixus linguis Judæorum clamantibus : « Crucifige [19]. » Tunc etiam est a militibus flagellatus. Sexta, quia tunc est immolatus et manibus crucifixus. Nona, quia tunc exspiravit. Tertia cantatur in festivis, sexta in profestis, nona in jejuniis ; tamen in Sabbatis quatuor temporum, valde sero celebretur propter sacros ordines, qui pertinent ad Dominicam. In Sabbatis quoque Paschæ et Pentecostes sero cantetur, quod ex benedictione cerei deprehenditur, cum dicitur : *Hæc nox*, et ex collecta, ubi dicitur : C *Deus qui hanc sacratissimam noctem*. Et hoc, vel quia nocte illa Dominus resurrexit ; vel propter visitationem mulierum ad sepulcrum Domini [20]. In natali autem Domini missa prima de nocte can-

[17] Luc. 24.   [18] Ibid.   [19] Joan. 19.   [20] Joan. 20.   [21] Matth. 12.   [22] 1 Reg. 21.   [23] Rom. 6; 1 Petr. 3.   [24] Rom. 8.

LIBER QUARTUS.

DE OFFICIIS ECCLESIÆ.

PROLOGUS.

Expedit his, quos labor officiorum exagitat, investigare, quid sit officium, et unde dicitur : Officium est, ut ait Isidorus, congruus actus uniuscujusque secundum leges et mores civitatis, vel instituta professionis : alia namque sunt instituta monachorum, alia canonicorum. Dicitur autem officium, ut ait Hieronymus, quasi efficium; quia unusquisque debet efficere suum officium ; vel quia in eo sunt agenda, quæ prosint omnibus et nulli officiant. Sunt autem officia quædam generalia per totum annum observanda, ut matutina et septem horæ : quædam sunt specialia secundum diversitatem temporum, secundum distantiam solemnitatum. Alia enim cantantur in Quadragesima, alia in Ad-

D ventu, alia in Pascha, alia in Natali. Primo de generalibus prosequamur. Generaliter enim dicimus nihil esse psallendum, nisi quod est a summo pontifice canonizatum : in primitiva enim Ecclesia diversi diversa cantabant ad suam voluntatem; verumtamen observabant Symbolum et Dominicam orationem. Postmodum, cum hæreses pullulassent, Theodosius imperator, qui hæreses exstirpavit, Damasum papam rogavit, ut catholico viro committeret ecclesiasticum officium ordinare; commisit ergo Hieronymo presbytero in tribus linguis, Hebraica, Græca Latinaque perito; qui Romæ sub apostolicis septem fuerat conversatus. Tunc autem morabatur in Bethlehem cum Paula et Eustochio : ordinavit itaque psalmos, epistolas et evangelia, et

ex maxima parte omnia officia nocturna et diurna A
præter cantum, quod opus Damasus papa canoni-
zavit, et per omnes Ecclesias observari præcepit.
Gelasius et Gregorius orationes et cantus addidere,
et lectionibus et evangeliis coaptavere. De his ergo
officiis prosequentes, a noctis inchoemus officio,
ut a tenebris prodeamus in lucem non econverso.

CAPUT PRIMUM.
DE FERIALIBUS NOCTURNIS.

« Media nocte surgebam ad confitendum tibi [14]. »
Nocte quidem surgere, vigilare, Deum laudare,
orare, et adorare non vacat exemplis et rationibus, David enim dicit : « Media nocte surgebam ad
confitendum tibi; » et alibi : « Præveni intempe-
sta nocte [15], » alia littera, « in maturitate, » quod
idem est, ut asserit Augustinus; tempestivum enim
dixere veteres opportunum a tempore, vel a tempestate ducto vocabulo, secundum eam significationem, qua historici dicunt, ea tempestate, id est
eo tempore, unde intempestivum aiunt importunum :
similiter immaturitas est tempus immaturum, id
est non opportunum. Illud est nocturnum actionibus non opportunum, et Dominus in oratione per-
noctabat [17]. Et Paulus, et Sylas in carcere media
nocte psallebant [18]; et est ratio, quia Dominum
dormientes Ægyptios percussisse, et vigilantes
Hebræos legimus liberasse [19]. Item, quia media
nocte et Dominica nocte, natus est Christus, quem
angeli gloriam cantantes laudavere, pastores vigilantes adoravere [20]. Item, quia pro nobis est nocte C
comprehensus [21]. Item, quia media et Dominica
nocte momordit infernum [22]; et veluti Samson [23] ab
allophylis obsessus media nocte confractis portis
inferni surrexit a mortuis. Item, quia tunc veniet
ad judicandum, sicut exterminator Angelus in
Ægyptum. Unde : « Media nocte clamor factus est
[24]. » Ideoque in vigiliis excubamus, ut cum eo revertente a nuptiis, ad libertatis viam perveniamus.
Item, quia umbratiliter vigilias committamus angelicas, de quibus infra dicemus, et per excubias
nocturnas diaboli vitamus insidias. Ob has causas itaque nocte surgentes currimus, auditis campanis, ad ecclesiam, veluti audito clangore tubarum
currit exercitus ad militiam; milites itaque regis
summi ad aulam regiam venientes, et eam ingredien-
tes ad altare inclinamus; quia, quasi regem milites adoramus; æterni etenim Regis milites sumus,
cui semper in procinctu spiritualis militiæ adesse
debemus; ad altare inclinantes trinam facimus
orationem, ter dicentes : Pater noster ad Patrem,
et Filium, et ad Spiritum sanctum, sermonem dirigentes : cum ad Patrem loquimur, ad medium altaris nos, intentionem cordis, et statum corporis
Domino præsentamus, propter Patris potentiam, et
nostram perseverantiam. Cum ad Filium loquimur,

ad sinistram altaris nos convertimus propter ipsius
exinanitionem [25], et nostri lapsus offensionem.
Cum ad Spiritum sanctum loquimur ad dextram
altaris pertransimus propter ipsius benignitatem,
et nostram gratiæ consecutionem. Interim secundum tintinnabulum sonat ; primum tintinnabulum
quod squillo vocatur, significat Paulum acute prædicantem, secundum Barnabam sibi associatum [26].
Cum invicem tertiam compulsamus, innuimus quod
Judæis repellentibus verbum Dei, apostoli convertuntur ad gentes, quas in fide instruunt Trinitatis
et quatuor Evangeliorum imbuunt disciplinis [27].
Unde quidam quater sonant. Quidam ad hæc habent proprias orationes, sermonem ad Patrem, et
Filium, et Spiritum sanctum dirigentes.

Trina facta oratione, psalmos graduales incipimus, qui sunt quindecim, significati per quindecim
gradus Salomonis, quibus ascendebatur ad templum Domini [28]. Et per quindecim alios Ezechielis, quibus visum est ei ascendi in civitatem Dei
[29]. Quindenarius numerus constat ex septenario
et octonario. Quindecies ergo psallimus ostendentes quod utriusque Testamenti mandata observare
debemus. In primis quinque Gloria Patri, non utimur pro defunctis orantes; quia per quinque
sensus corporis peccata commisimus, quæ non
Deo, sed nobis imputare debemus, orantes ne propterea nobis vita negetur, sed per Dei misericordiam requies concedatur æterna. In sequentibus
decem psalmis Dei misericordiam nobis et nostris
proximis imploramus: et Gloria Patri subjungi-
mus, quia quod a catena peccatorum absolvimur,
quod Te Deum toto corde perquirimus, quod tunc
Decalogum observamus : Non nobis, Domine, non
nobis, sed nomini tuo da gloriam [30]; gloriam exhi-
bemus. Post hæc a rege loquendi licentiam quærimus, ut ei Laudes annuntiemus, dicentes : Domine,
labia mea aperies, et os meum annuntiabit laudem
tuam [31]; cum in nocte dormitum ivimus, os et po-
ctus signo crucis quasi Domini sigillo munivimus ;
et ideo ab eo cujus sigillum est reserandi labia licentiam postulamus.

Sed cur homo dicit Deo : Domine, labia mea
aperies [32], cum Deus dicat homini : Aperi os tuum,
et ego implebo illud [33]? Respondetur, hic liberum
notatur arbitrium : ibi sine gratia manifestatur
infirmum ; sed quia frustra quis vigilat, nisi Dominus custodiat civitatem ; idcirco divinum imploramus auxilium, dicentes : Deus, in adjutorium meum
intende ; Domine, ad adjuvandum me festina [34]. Et
vide quia peccati nocte regnante laudes Dei clausa
labia tacuerunt, nunc peccator exsurgit; sed quia
« Non est speciosa laus in ore peccatoris [35], » petit
ut Deus et ejus aperiat, et ut perfectius laudet, divinum auxilium implorat. Et attende quod horarum

[14] Psal. 118. [15] Ibid. [17] Luc. 6. [18] Act. 16. [19] Exod. 12. [20] Luc. 2. [21] Matth. 26. [22] Ose. 13.
[23] Jud. 16. [24] Matth. 25. [25] Phil. 2. [26] Act. 13. [27] Ibid. [28] II Par. 9. [29] Ezech. 40, 47. [30] Psal.
413. [31] Psal. 50. [32] Psal. 80. [33] Psal. 42 . [34] Psal. 69. [35] L. cli. 15.

omnium est dignitas reverenda, cum earum ini- A
tium et finem referamus ad Dominum. Nam in initio Dominum invocamus *in adjutorium*, in fine
Deo gratias agimus. Impetrata loquendi licentia, et
implorato regis auxilio , ut regis benevolentiam
captemus, a præmissis laudibus inchoamus dicentes : *Gloria Patri et Filio et Spiritui sancto ,*
sicut erat in principio et nunc et semper, et in sæ-
cula sæculorum. Amen. Hunc versum Hieronymus
adinvenit', et in fine psalmorum dicendum instituit ; et quoniam quidam sunt pigri ad regis præconia , vel ad militiam convenire; ideo sicut præco
mittitur per civitatem milites invitare, sic cantor
inchoat invitatorium; et fratres invitans subdit :
Venite. Et considera quod invitatoriis vox humili
nota præmittitur , et postea exaltatur, quoniam B
Ecclesia prius secreto quasi ostio clauso, propter
se Deum laudat et orat "; deinde manifeste propter alios , ut accendat ardor proximos : cum
hymnum communiter cantamus, omnes convenisse
milites, post invitationem in regis præconia, designamus, juxta illud : « Audivit, et lætata est
Sion ". » Est autem hymnus laus Dei cum cantico, quem stantes cantamus, ut in erectione corporum significemus, quod mentes dirigamus ad Dominum. Nisi enim mens consonet linguæ, certum
est vocem quantumcunque sit clamosa, Deo non
placere.

Deinde nocturnos incipimus. Et vide quia no- C
cturna nocturnæ dicitur pro hora, nocturni nocturnorum pro officio. Vel nocturna nocturnæ pro
collectione psalmorum ante lectionés; nocturni
nocturnorum pro psalmis, lectionibus, responsoriis ; nocturnæ nocturnarum , pro temporibus. In
profestis diebus unam quidem nocturnam, in solemnitatibus vero tres consuevimus celebrare ; in profestis commemoramus nostri exsilii servitutem;
in solemnibus autem liberationem. Cum itaque simus prius filii iræ, et postea filii gratiæ ", prius
de officio profestorum , postmodum vero de officio
festivorum agamus, ut de ira ad gratiam , de nocte ad diem, de servitute ad libertatem pervenire
possimus ; a quo enim quis superatur illius, servus
efficitur ; diabolus humanum genus devicit et diræ
servituti subegit ". Ut ergo ab hac liberemur, no- D
cturnis horis, divinis officiis insudamus ; verum
quia nostram servitutem, per sex ætates extendi
imploramus, ideo sex noctibus hebdomadis idem
officium regulariter celebramus ; in quo duodecim
psalmos cum sex antiphonis , cum tribus lectionibus, et totidem responsoriis decantamus ; olim
psalmi varie canebantur ; nam alii quinquaginta,
alii plures, alii pauciores. Unde cum Patres conve-
nissent, ut de numero definirent, angelo revelante,
duodenarius numerus est institutus. Nocti ergo
duodecim horas ascribimus, pro unaquaque psal-

mum Deo cantamus, ut a cæcitate mentis , et negotio perambulante in duodecim horarum tenebris " per Dei misericordiam perveniamus ad lucem æternitatis. Vel duodecim sunt menses anni,
in quibus diabolo, vel mundo servimus. Duodecim
sunt apostoli quorum doctrina liberamur. Duodecim ergo psalmos cantamus, ut a servitute per doctrinam apostolicam libertati donemur. Et vide quia
psalmus dicebatur modulatio, per cantum decem
chordarum, a psalli quod est tangere : nunc autem
psalmus est laus Dei bonam significans operationem ; ideoque dum eos canimus, stare debemus,
ut demonstremus nos esse paratos ad boni operis
exercitium in causa nostra et fratrum. Psalmos
combinamus, ostendentes nec laudes nostras,
nec opera nostra sine charitate valere , quæ consistit in dilectione Dei et proximi ". Duos psalmos cum una gloria secundum consuetudinem
Gallicanæ Ecclesiæ terminamus ; quia laudes nostræ
tunc acceptantur in gloriam Trinitatis, si consistunt
in vinculo charitatis.

Psalmos chorus concinit alternatim. Chorus a
chorea, vel a corona, vel a concordia nomen accepit. Olim circa aras in modum coronæ circumstan-
tes concorditer concinebant, sed Flavianus et
Theodorus alternatim psallere instituere. Duo ergo
chori psallentium designant angelos , et spiritus
justorum , quasi reciproca voluntate Dominum
laudantium, et se ad bonam operationem invicem
exhortantium. Sex antiphonæ sunt sex ætates, in
quibus necessaria est bona operatio et dilectio
Dei et proximi ; vel sex antiphonæ sex sunt opera
misericordiæ, quæ sunt esurientem cibare , sitientem potare , nudum vestire , hospitem colligere,
infirmum visitare, incarceratum redimere ". Quæ
si observaverimus, de tenebris hujus noctis vel
mortis ad veram lucem et vitam perveniemus æternam. Vel per antiphonam charitas, vel devotio
mentis accipitur. Unde alternantur ; quia charitas ad minus inter duos habetur : et psalmi alternatim cantantur sub una antiphona, id est sub uno
vinculo dilectionis onera portantur " ; verbi gratia, unus legit, alter seminat, tempore fructus
lector satori doctrinam, sator lectori panem porrigit, unitas itaque symphoniæ , et dispositio concordiæ ordinatæ, bene ordinatæ civitatis insinuat
unitatem, ut eam surdus visu capiat et auribus cæcus intelligat : inde est etiam quod psalmis antiphonæ intermiscentur , quia fides per dilectionem
operatur ". Ideoque antiphona dicitur *vos reci-*
proca, quasi contra sonum, ab anti et phonas ;
quia psalmus secundum melos antiphonæ intona-
tur et manus operatur, secundum quod a charitatis igniculo excitatur. Est autem antiphona can-
tilena ad recreationem animorum divinis laudibus
inserta ; et quidem nihil amplius charitate re-

<hr>

" Matth. 6.   " Psal. 95.   " Ephes. 2.   " II Petr. 2.   " Psal. 90.   " Matth. 22.   " Matth. 25.
Gal. 6.   " Gal. 7.

creat animos ab æstibus vitiorum. Nihil magis invitat eosdem ad præconia superiorum. Hunc cantum Ignatius Antiochenus chorum angelorum audivit in cœlestibus alternare ; ideoque sic suam ecclesiam alternatim cantare docuit et ab eo tota Ecclesia alternandi formam accepit. Antiphona ante psalmum incipitur ab uno , et ab omnibus terminatur ; quia Deus prius dilexit nos, cujus dilectioni respondere debemus [40]. Item ante psalmum incipitur, post psalmum tota cantatur; quia tunc laus nostra, vel opera Deo placent, si a devotione incepta in dilectionis plenitudinem terminatur, vel quia charitas hic initiatur , in futuro consummabitur. Neuma in fine significat justorum gaudium ineffabile, dilectione vel prædicatione , mentium devotione , fidei amplitudine , operum executione , spei erectione, charitatis dilatatione. Tres lectiones legimus; quia tres vigilias posuit Dominus, dicens : « Si in prima, si in secunda, si in tertia vigilia venerit, et ita invenerit, beati sunt servi illi [41] ; » quæ tres vigiliæ tres designant ætates : pueritiam , juventutem et senectutem ; in quibus ne a diabolo seducamur , bene vigilando Dominum laudare tenemur. Vel per tres lectiones doctrinas electorum trium temporum designamus. Cum quibus interpollate responsoria decantamus; innuentes quod quidquid in tribus electi docuere temporibus, et quidquid nos in tribus ætatibus agimus, ad Deum trinitatemque referimus , et trinitatem in fide, spe et charitate glorificamus : ideoque responsoria dicuntur a respondendo ; quia innuunt quod sanctis monitis Dei , quæ in lectionibus proponuntur, factis respondere debemus, ne similes simus pueris in foro ludentibus et dicentibus : « Cantavimus et non saltastis ; lamentavimus, et non planxistis [42] : » inde est quod responsoria respondent in materia lectionibus, dum tristia tristibus, et lætis læta succinimus. Verbi gratia , dum lector , velut Joannes [43], non manducans, nec bibens, prædicat pœnitentiam, aut lamentum Dominicæ passionis; nos quoque respondendo ploramus; et dum lector, veluti Filius manducans, et bibens , nobis de gaudio regni proponit, nos itidem respondendo psallamus : est tamen in casu aliter fieri. Et considera quod cum vocibus modulamur, quandoque planctum innuimus , quandoque lætitiam repræsentamus. Voces autem graves , acutæ et superacutæ, significant tres ordines humanæ conversationis, scilicet conjugatorum continentium et virginum; qui tricesimo, et sexagesimo, et centesimo fructu remunerabuntur [44]. Vel juxta tria volumina Salomonis, incipientium, proficientium et perfectorum. Vel responsorium dicitur, quia choro canenti responsorium , versus ab uno respondetur, qui etiam versus dicitur; quoniam ad responsoriam vertitur ut totum responsorium iteretur. vel

saltem ejus particula : in quo solvitur quæstio musica de versu secundi toni, qui terminatur in C, cum secundus semper in D, et dicimus quod non est ibi finis, sed in repetitione responsorii, quem cantum Ambrosius primo composuit , et ab eo tota Ecclesia formam accepit. Hæc omnia cum gloria concludimus et terminamus, eo quod omnia ad fidem et gloriam Trinitatis referimus ; et vide quia quod uno responsorio præcinente, chorus concorditer sequitur; illud astruit quod Apostolus ait, ut idipsum omnes dicamus, et non sint in nobis schismata [45].

CAPUT II.

DE FESTIVIS NOCTURNIS.

« Si in prima, et secunda, et tertia vigilia Dominus servos vigilantes invenerit, beati sunt servi illi [41]. » In solemnibus vero diebus, ut Dominicis et aliis, noctis officium per tres nocturnos distinguimus : imitantes excubias cœlestis Hierusalem, quæ ædificatur ut civitas [46], et servatur per angelorum vigilias, qui terni ternas distinguunt , dum ter terni trinitati concinunt. Sic et nos qui in illam tendimus, unde et ejus nomine Hierusalem nominamur, quia illius umbram gerimus ; tres nocturnos in Dominica celebramus , in qua die angelorum consortium promeruimus, vel imitamur Ecclesiæ primitivæ tres interpollatas excubias, quæ ter in nocte surgebat ad confitendum Domino, ut finitis in tribus psalmis tribus nocturnis, in aurora compulsatis campanis, cantaret Te Deum laudamus, et laudes ; et fuit hæc consuetudo trium excubiarum sumptæ a civitate obsessa, ubi ternis excubiis ab hostilibus cavetur insidiis. Civitatem nostram, scilicet Ecclesiam, diabolus impugnat, et ei maxime insidiatur in nocte.

Nox est enim peccatis accommoda ; ideoque attentius in nocte nos convenit excubare, ut possimus latentis hostis insidias declinare. Sed cum postea charitate frigescente pigritarent homines toties surgere, statutum est ut media nocte surgerent et tres nocturnos continuo decantarent. Tres quoque nocturni Ecclesiæ militiam memorant; quæ in castris Domini sub tribus temporibus, ante legem, sub lege, sub gratia militavit et militat. Quodlibet vero tempus tres habet distinctiones. Tempus ante legem distinguitur ab Adam usque ad Noe, et a Noe usque ad Abraham, et ab Abraham usque ad Moysen. In prima distinctione vigilavere Abel, Enos, Enoch et Lamech : quod in quatuor psalmis innuitur. « Beatus vir , » cantat Abel [47], « qui tanquam lignum plantatum secus decursus aquarum » dedit « in suo tempore justitiæ fructum [48], » dum pro justitia conservanda occubuit. « Quare fremuerunt [49], » cantat Enos qui Domino in timore servivit [50], dum nomen Domini invocavit. « Domine, quid multiplicati sunt [51], » cantat Enoch [52], quem

[40] I Joan. 4.   [41] Luc. 12.   [42] Matth. 11.   [43] Matth. 3.   [44] Matth. 13.   [45] I Cor. 1.   [41] Luc. 12.   [46] Psal. 121.   [47] Gen. 4.   [48] Psal 1   [49] Psal. 2.   [50] Gen. 4.   [51] Psal. 3.   [52] Gen. 5.

Dominus suscepit, dum eum in paradisum transtu- A
lit. « Domine, ne in furore tuo⁶⁰, » cantat La-
mech⁷⁰, quem Dominus exaudivit, dum ei talem
filium dedit, qui genus humanum a furore Dei in
arca servavit; hi psalmi quatuor sunt, qui sub una
gloria cantantur secundum quorumdam consuetudinem : sicut et sub una antiphona concluduntur;
quia patres illi quatuor virtutibus floruere, Trinitatem coluere et laudibus extulere. In secunda distinctione primi temporis vigilavere Noe, Sem, He-
ber et Thare, quod psalmi sequentes insinuant.
« Domine Deus meus⁷¹, » cantat Noe⁷², quem Dominus in illa generatione justum invenit, et ideo a
persequentibus aquis salvum fecit. « Domine Dominus noster⁷³, » cantat Sem⁷⁴, quem Dominus
gloria et honore coronavit, dum eum super fratres B
patris benedictio sublimavit. « Confitebor tibi⁷⁵, »
cantat Heber⁷⁶, qui mirabilia Dei narravit, cum
cœvitatem gigantum dissipavit. « In Domino con-
fido⁷⁷, » cantat Thare⁷⁸, qui in Ur Chaldæorum
positus in Domino confidit, cujus pars calicis ignis
et sulphur exstitit. Hi quoque psalmi quatuor sunt
qui sub una gloria et antiphona concluduntur, ob
rationem præmissam. In tertia distinctione primi
temporis vigilaverunt Abraham, Isaac et Jacob, et
Joseph, quod sequentes psalmi declarant : « Salvum
me fac⁷⁹, » cantat Abraham⁸⁰, quem Dominus
salvum fecit, in cujus tempore sanctus defecit, quia
mundus idololatriæ serviit. « Usquequo⁸¹, » cantat Isaac⁸², quem Dominus in sacrificio respexit. C
« Dixit insipiens⁸³, » cantat Jacob⁸⁴ cui spes Dominus fuit. Unde ibi dicitur : Exsultabit Jacob, lætabitur Israel. « Domine, quis habitabit⁸⁵, » cantat
Joseph⁸⁶, qui sine macula fuit, dum adulterium
recusavit. Hi quoque psalmi quatuor sunt, et simili
ratione sub una gloria et antiphona concluduntur,
vel per hos duodecim psalmos numerum patriarcharum memoriæ commendamus, qui fidem sanctæ
Trinitatis per exercitationem quatuor virtutum habuere; ideoque sub tribus gloriis psalmorum qua-
ternarii comprehenduntur; nec unus psalmorum
ab aliis separatur; quia, ut ait Augustinus, qui
habet unam virtutem, habet omnes.

Post psalmos versus sequitur; quia decet, ut afflictus ad requiem convertatur : unde qui psallendo D
stabat, nunc ad lectionem sedeat; unde versus a
vertendo dicitur; quia chorus se vertit ad orientem,
vel quia se vertit de psalmis ad lectionem. A pueris
cantatur, ut intelligamus nostra Deo placere servitia, si fiant cum innocentia. Et vide quod versus
acuta exclamatio est animorum excitatio, ne incepto
opere pigritemur; qui quandoque nos excitat ad
orationem, ne muscæ perdant suavitatem un-
guenti⁸⁷; quandoque ad lectionem, ne torpeamus

securitate sedendi. Notum est enim quod in lectione sedemus, sessio pertinet ad securitatem, securitas negligentiam parit. Quandoque spectat ad
hymnum, ut ad præconia Christi simus vigiles et
intenti : ideoque modo præcedit orationem, modo
lectionem, modo hymnum, ut Magnificat et Benedictus. In hoc officio versus lectiones præcedunt,
in aliis vero sequuntur : ex qua varietate laborans
animus delectatur, dum orationi lectio, et lectioni
succedit oratio. Et primus quidem versus : Memor
fui nocte⁸⁸, sed et secundus : media nocte, statum
temporis notat, scilicet nocturni, licet medium dicatur quidquid est inter primum et ultimum; unde,
licet in ipso meditullio non surreximus, mendacii
redarguendi non sumus. Tamen quidam somni desides videri mentiri nolentes, mutant versum et
dicunt alterum scilicet : « Quoniam tu illuminans
lucernam meam⁸⁹. » Tertius versus : « Exaltare,
Domine, in virtute tua⁹⁰, » statum notat officii, et
promittit cantum virtutum, quæ ad Novum pertinent Testamentum. Per Dominicam orationem, quæ
secreto dicitur, secretum Regis consilium intelligitur, ut propositæ similitudinis prosequamur
exemplum. Quæ oratio hic ideo dicitur, ut per eam
tentationes diaboli expellantur; cum enim diabolus
sentit nos legere velle, quæ pertinent ad instructionem morum, vel in quibus victoriæ sanctorum
continentur de illo, tunc nos acrius impugnat. Unde
nos oratione Dominica præsumimus, ne succumba-
mus tentationi; et cum hæc oratio sub silentio dicatur, ut diligentius capiatur; vel quia Deo loquimur, ultima pars alta voce concluditur, scilicet :
Et ne nos inducas in tentationem, ut pateat, ad
quid illa dicatur oratio, scilicet ne lector per phan-
tasticam tentationem efferatur, et auditor a lectionis intellectu et profectu fraudetur. Vel lectiones
orationibus prævenimus orantes dominum mes-is,
« ut mittat operarios in messem suam⁹¹, » et aperiat cor nostrum in lege sua et in præceptis suis⁹²,
ne semen verbi Dei quod audituri sumus, aut vol-
cres comedant, aut spinæ suffocent, aut in petra,
ubi non habeat humorem, accrescat⁹³. Versus post
orationem est mandatum post consilium. Et memento quod semper sequens versus est annuntian-
dus, nisi ad evangelium, ubi dicitur : Exaudi,
Christe. Quidam tamen nullum versum annuntiant.
Vicissitudines lectorum sunt successiones legatorum; qui, dum : Jube, Domne, benedicere dicunt,
licentiam proficiscendi petunt; dum eis benedicitur, licentia datur, in quo innuitur quod nullus in
ecclesia legere debeat, nisi concessus, nullus prædicare, nisi missus : « Quomodo enim prædicabunt
nisi mittantur⁹⁵. » Ipsa lectio est injunctæ legationis exsecutio : Tu autem, Domine, legati reversio;

---

⁶⁰ Psal. 6. ⁷⁰ Gen. 5. ⁷¹ Psal. 7. ⁷² Gen. 6 et 7. ⁷³ Psal. 8. ⁷⁴ Gen. 9. ⁷⁵ Psal. 9. ⁷⁶ Gen. 11.
⁷⁷ Psal. 10. ⁷⁸ Gen. 11. ⁷⁹ Psal. 11. ⁸⁰ Gen. 12. ⁸¹ Psal. 12. ⁸² Gen. 2:. ⁸³ Psal. 13. ⁸⁴ Gen. 28.
⁸⁵ Psal. 14. ⁸⁶ Gen. 39. ⁸⁷ Eccle. 10. ⁸⁸ Psal. 118. ⁸⁹ Psal. 17. ⁹⁰ Psal. 20. ⁹¹ Luc. 10. ⁹² II Mach.
1. ⁹³ Luc. 8. ⁹⁵ Rom. 10.

eo quod misericordia imploratur, innuitur
legationis, vel prædicationis officium non sine
us vel levis culpæ pulvere peragi posse: unde
tinus : verbum prædicationis securius audi
nam dicitur : prædicator enim per terram
lat. Et difficile est ejus qui per terram ambu-
edes nullo pulvere sordidari; et prædicato-
cum se bene prædicare persenserit, nullate-
spiritu elationis erigi. Quod vero Deo gra-
gimus, non ad lectoris preces, sed ad præmis-
ertinet lectionem; gratias agimus, quod no-
ctrinæ suæ panem frangere dignatur, ne fame
adi verbum Domini pereamus. Nam ad
nes, in fine quarum *Tu autem, Domine*, non
editur, scilicet ad capitula regularium hora-
in quibus verbum Dei seminatur; Deo gratias,
assuetudine respondetur. Et attende quod si-
Ecclesia duo sunt ordines : sapientes et intes, sic sunt duæ lectionum materies. In
enim lectionibus quæ ad missam leguntur,
tes instruuntur. In his quæ in nocte re-
ur, insipientes erudiuntur. Unde et expo-
r.

rsus attende quod forma terminandi lectiones
ipartita est, aut enim per *Tu autem, Domine*,
natur, aut cum prophetiæ leguntur, per *Hæc
Dominus : Convertere ad me, et salvæ eris*, aut
Threni Jeremiæ leguntur, per *Hierusalem,
salem, convertere ad Dominum Deum tuum*;
mpliciter, ut in officio defunctorum. Quidam
et ibi speciali conclusione utuntur; vel le-
s, prædicationes illorum Patrum præferunt,
soria vitam eorum significant, per quam præ-
oni respondetur. Tempus legis distinguitur a
usque ad David, et a David usque ad trans-
tionem Babylonis, et a transmigratione Babylo-
que ad Christum. In prima distinctione hujus
eis vigilavere sacerdotes, ut Aaron, dum do-
in secunda judices, ut Gedeon, dum judicavit;
tia reges, ut Salomon, dum populum rexit.
sequentibus psalmis innuitur; nam : Con-
me, exprimit sacerdotes, quorum Domi-
ars fuit hæreditatis et calicis. Exaudi, Do-
justitiam meam, innuit judices, quorum
am prodiit de vultu Omnipotentis. Diligam
mine insinuat reges quos Dominus con-
super gentes. Ad singulos psalmos, qui
nt, *Gloria* redditur, et antiphona, quia sin-
rædicti ordines Trinitatem adoravere, et lau-
extulere. Sequentes lectiones sunt eorum
ationes. Responsoria operationes, et gratia-
ctiones. Tempus gratiæ distinguitur in tem-
ostolicæ prædicationis, et tempus persecutio-
tempus pacis. In primo vigilaverunt apostoli,
undo martyres, in tertio confessores; quod in
atibus psalmis evidenter innuitur; nam :

Cæli enarrant gloriam Dei. exprimit apostolos;
quia in omnem terram exivit sonus eorum.
Exaudiat te, declarat martyres; quia protexit
eos in die tribulationis suæ. — Domine, in
virtute; innuit confessores qui non sunt fraudati
voluntate labiorum suorum.

Hoc pacis tempus cœpit a Constantino rege, qui
lætatus in virtute Dei super salutare Christi, vehementer exsultavit, dum Nicænam synodum congregavit. In prima hujus temporis hora modulatus est
Paulus, dicens : Regi sæculorum immortali, et
invisibili, soli Deo honor et gloria in sæcula sæculorum. Amen. In secunda Laurentius, dicens :
Gratias tibi ago, Domine, quia januam tuam ingredi merui; in tertia Gregorius, qui arte musica
divinum concinnavit officium, et nos vigiliæ hujus
primam custodiam observamus, dum prædicamus.
Secundam cum tribulationes in patientia sustine-
mus. Tertiam quando contemplationi vacamus. Sed
quia extrema gaudii luctus occupat; ideo ultimi versus, ultimi psalmi tempora tangunt summotenus Antichristi, qui erit clibanus ignis in tempore vultus sui, quem Dominus turbabit, et ignis
cum suis complicibus devorabit. Postmodum electi
perpetuo cantabunt, et in Domini virtutibus exsultabunt. Ad hos quoque singulos psalmos, qui tres
sunt, *Gloria* redditur et antiphona. Quia Christiani
fide, spe florent, et charitate colunt Trinitatem, et
laudibus efferunt majestatem. Lectiones sunt doctrinæ fidelium. Responsoria, vita, quæ debet respondere doctrinæ; hæc omnia in Dominica nocte
cantantur, eo quod omnes supradicti in Christi
resurrectione salvantur. Et vide quod ad tertiam
vigiliam, evangelium recitatur, eo quod est in tempore gratiæ prædicatum. Unde fallit hic etymologia
responsorii : non enim responsoria de historiis
respondent evangelicis lectionibus; similiter nec
illud quod in æstivo tempore de Trinitate cantatur.

Idem est, et in sanctorum vigiliis, in quibus lectionibus propter vigilias alteratis responsoria non
mutantur. Illud quoque sciendum est quod in tertia vigilia iteratur in antiphonis *Alleluia*. In solemnitatibus quoque sanctorum tres nocturnos aut vigilias celebramus, et in unaquaque tres psalmos,
tres versus, tres lectiones et responsoria tria cantamus. Ex quibus novem psalmi, novem versus, novem lectiones, novem responsoria efficiuntur. Ternarius et novenarius in omnibus idem significant.
Hæc igitur omnia celebramus, ut sanctos per fidem
sanctæ Trinitatis associatos novem ordinibus angelorum ostendamus : et ut nos per hæc officia Trinitati usque adeo placeamus, quod eisdem ordinibus
associari possimus; vel tres psalmi, tres versus,
tres lectiones, tria responsoria, in tribus nocturnis,
sunt triginta sex; hæc itaque celebramus, ut per

mos. 8. Rom. 1. Psal. 15. Psal. 16. Psal. 17. Psal. 44. Psal. 18.
19. Psal. 20. 1 Tim. 1. Prov. 14. Psal. 20. Ibid.

fidem sanctæ Trinitatis, per observantiam decem mandatorum et exhibitionem sex operum, coronari cum sanctis in cœlestibus mereamur; vel per tres nocturnos tam in Dominicis quam in sanctorum natalitiis, quæ ad præsentem gratiam pertinent, tres vigilias accipimus, secundum illam evangelicam doctrinam : « Si in prima, secunda et tertia vigil a Dominus servos vigilantes invenerit, beati sunt servi illi [1] » Pluralitas lectionum, pluralitatem significat prædicatorum, qui sunt tempore gratiæ, sicut paucitas in p ofestis raritatem significat tempore legis ; sicut enim gallus in nocte profunda rariores solet edere cantus, vicinante vero diei lætitia crebriores; sic ante incarnationem Domini cum populus ambulabat in tenebris [2], rari fuere præcones et operarii pauci [10]; sed in tempore plenitudinis [11], et in die salutis [12]; omnes gemellis fetibus, et sterilis non est in eis [13] : quod tamen in Pascha tribus tantum lectionibus utimur, aliam continet rationem, ut infra dicemus.

Porro hymnus, quem Augustinus et Ambrosius invenerunt, scilicet : *Te Deum laudamus*, qui supradicta omnia sequitur, et alia voce cantatur, significat lætitiam mulieris de drachma, quam invenit accensa lucerna [14]. Unde et tunc secundum quosdam accenduntur luminaria. Quod finis ille : *Per singulos dies*, et cætera quæ sequuntur altius concinuntur, et tunc tintinnabula compulsantur, significat vicinarum convocationem, et earum de drachma reperta congratulationem. Vel jam dictus hymnus futurum gaudium et lætitiam repræsentat [14], quam Ecclesia requiescens a laboribus suis est in die judicii consecutura.

CAPUT III.

DE SEPTEM CANONICIS HORIS.

« Septies in die laudem dixi tibi [16], » Populus a Babylone reversus ex doctrina Esdræ [17], Deum quater in nocte, quater in die laudabat. Quater in nocte, scilicet vespertino, completorio, nocturno et matutino; quater in die, scilicet prima, tertia, sexta et nona. Sic et nos per quaternarium psallimus, ut Domino quodlibet elementum nostri corporis offeramus. Rursus octies Domino confitemur, ut ad octavam pervenire possimus; sed Propheta : Nocte media confitendum, et septies in die, dicit Dominum esse laudandum [18]; cujus in hoc opere auctoritatem sequimur et mysterium. In septem ergo canonicas horas dividitur diurnum officium, scilicet laudes, matutinas, primam, tertiam, sextam, nonam, vesperas et completorium ; septies quippe in die laudes Domino dicimus, propter septem ætates sæculi, vel hominis, vel septiformem gratiam Spiritus sancti, vel septem mysteria Jesu Christi. Quilibet enim dies totum repræsentat hujus sæculi tempus, quod per septem intervalla distinguitur. Nam laus ma-

tutina recolit illud tempus in quo primi parentes Deum in paradiso laudavere. Prima illud in quo Abel; in tertia Noe, in sexta Abraham, in nona prophetæ, in vespera notantur apostoli, in completorio novissimi justi. Dies etiam vitam uniuscujusque hominis repræsentat quæ septem ætatibus variatur. Ergo per matutinam commemoramus infantiam, per primam pueritiam, per tertiam adolescentiam , per sextam juventutem, per nonam senectutem, per vesperam senium, per completorium finem vitæ. Ergo septies, id est semper; quia dum septies in die laudem Domino dicimus, totum sæculi tempus, et totam vitam hominis ad Deum referendam notamus; sicut beatus Nicolaus, dum quarta et sexta feria matris ubera non sugebat; infantiam suam ad Dominum referebat : vel septies Dominum laudamus, dum pro universis beneficiis nobis a Deo collatis vectigales et gratiarum actiones exsolvimus. Nam et septenarius numerus est universitatis, septies quoque in die Domino confitemur, quia per septiformem gratiam Spiritus sancti, de tenebris vitiorum, et servitute diaboli, quam nocturnum officium repræsentat. prodimus ad solem justitiæ, et eripimur in libertatem, quam diurnum repræsentat officium.

Septem vero mysteria Jesu Christi nobis in carne exhibita inferius exponemus; quæ causas exhibent septies Domino confitendi. Has itaque septem horas nullus audeat præterire, nisi velit ingratus Spiritui sancto, et in conspectu Domini vacuus apparere [19]; has etenim horas apostolos legimus observasse : unde Petrus et Joannes ascendebant in templum ad horam orationis nonam [20]. Et item Petrus sexta hora comedere volens, ad orationem cœnaculum ascendebat [21]. Cum igitur septies in die confiteri Domino debeamus, cumque duodecim sint horæ diei [22], sub istis septem alias comprehendimus quinque : sub prima primam, sub secunda secundam, sub tertia tertiam, sub quarta quartam, et sub sexta sextam, et sub septima septimam, sub octava octavam, sub nona nonam, et sub decima decimam, sub vespere undecimam, sub completorio duodecimam. Cur autem potius in his horis diei quam in aliis celebramus officium ? Ratio est exquirenda.

Matutina itaque dicitur a mane, et mane a manibus. Manes secundum gentiles sunt dii infernales, quos dicebant, diem tota nocte clausum tenere, et eum mane terris emittere. Unde et mane idem bonum dicitur, eo quod nihil melius in hac vita, luce videtur. Ideoque laus matutina quasi pro luce nobis exhibita Deo cantatur; qui nos a tenebris erroris reduxit ad viam veritatis. Item hoc tempore Domino confitemur; quia hora tali Deus mundum creavit, et astra matutina [23], scilicet angelos, qui mox suavi concentu suo conditori jubilavere, quos

[8] Luc. 12.   [9] Isa. 9.   [10] Luc. 10.   [11] Gal. 4.   [12] II Cor. 6.   [13] Cant. 4.   [14] Luc. 15.   [15] Apoc. 14.   [16] Psal. 118.   [17] II Esdr. 9.   [18] Psal. 118.   [19] Deut. 16.   [20] Act. 3.   [21] Act. 10.   [22] Joan. 11.   [23] Job. 38.

hac hora canentes imitamur, qui astra vespertina vocari possumus; quia Christum solem pro nobis occidentem sequimur [34], ut per eum in resurrectione [35], quasi in ortu solis ad astra matutina perveniamus. Item hac hora Dominus populum suum per mare traduxit, et in mari Ægyptios interfecit, ut in Exodo legitur [36]. In hac igitur hora Deo gratias agimus, qui nos per baptismi gratiam de Pharaonis imperio liberavit, ut nos ad terram promissionis adduceret. Item hac hora volunt quidam justos a somno mortis evigilandos, qui de nocte mundi ad lucem pervenient : vel in hac hora, sicut in aliis, mysteria sequemur Jesu Christi, qui est nocte comprehensus, mane illusus, et Petri misertus [37]; hora prima gentibus traditus; tertia flagellatus, et voce crucifixus; [38] sexta cruci affixus, et tunc tenebræ factæ sunt super universam teram [39]; nona mortuus, et tunc latro salvatur; velum templi scinditur, latus ºerforatur; in undecima, de cruce deposilus; in duodecima sepultus [40]. Item in nocte infernum exspoliavit, mane surrexit; in prima hora Mariæ apparuit; tertia duabus a monumento redeuntibus obviavit [41]; sexta Jacobo; nona Petro; vespera duobus ambulantibus in Emmaus Scripturas aperuit, et hospitatus in fractione panis se manifestavit [42]. Completorio apostolis dixit : « Pax vobis, » et cum eis manducavit [43]. Item cum Petrus tota nocte in piscando laborasset, Christus mane in littore stetit, et rete piscibus adimplevit [44]. Prima eum septem discipulis manducavit, cum eis dixit : Pueri, habetis aliquod pulmentum ; et oves Petro commisit [45]. Tertia Spiritus sanctus* in apostolos descendit [46]. Sexta in die Ascensionis cum discipulis discubuit. Nona eisdem videntibus cœlos ascendit [47]. In vespera mundum venit salvare [48]. In fine veniet retribuere, qui etiam in vespera cum discipulis ante passionem cœnatus fuerat [49], pedes laverat, et corpus suum eis tradiderat [50]. In completorio in Gethsemani pro eis oraverat [51]. Ergo propter hæc mysteria, quæ de Jesu Christo in his horis habita in scriptis habemus, has horas, et non alias canonicas observamus. Laudes videlicet matutinas, ut cum Petro fugiamus ad lacrymas [52] et cum Domino resurgamus [53]. Primam, ut simus primo regnum Dei quærentes [54], et ei primogenita nostrorum operum offerentes [55], qui traditus gentibus, passus est propter delicta nostra et resurrexit propter justificationem nostram [56]; ut nobis sol justitiæ oriatur [57] et ut justificati [58], et gratia septiformi conjuncti epulemur cum illo in mellito et æterno convivio [58]. Tertiam ut flagellati Christi patientiam imitemur, et Spiritu sancto baptizemur.

Sextam, ut exaltatus a terra nos trahat ad se et eruat a tenebris irruentibus super terram [59]. Nonam, ut sæculo moriamur, cum latrone salvemur [61]; revelata facie Dei gloriam contemplemur [62], sanguine redimamur, et aqua lavemur, demum super astra levemur ; vesperam ut vespertinum regis sacrificium recolamus [63], quod præfiguravit novum sacrificium in vespera institutum, ut Christo consepeliamur [64], et ut testamento hæredes instituamur, exemplo humilitatis per lotionem pedum [65], et vinculo charitatis per novum mandatum, et injecto charitatis igne accendamur ad hospitalitatem pauperum, et illuminemur ad intelligentiam Scripturarum. Completorio, ut fructificent in nobis sudor ejus, et oratio, et requies, et pacifica salutatio.

CAPUT IV.

DE MATUTINIS LAUDIBUS IN FERIALIBUS DIEBUS.

« In matutino interficiebam omnes peccatores terræ [66]. » Tempus ante nocturnum significat nostram vitam in peccatis. Nocturnum officium, nostri exsilii servitium, laus matutina pænitentiæ suffragium, per quam tendimus ad lucis gaudium et libertatis.

Ideoque primum psalmum dicimus in ferialibus matutinis : Miserere mei, Deus [67]. Quem psalmum Judæi conversi frequentabant, et nunc frequentat Ecclesia ; quia provocat ad pænitentiam, per quam fit resurrectio a morte animæ. Sicut enim cantatur in matutinis Dominicis : Dominus regnavit [68], pro resurrectione Christi a morte corporis, sic in ferialibus : Miserere mei, Deus [69], pro resurrectione fidelium a morte animarum a tenebris ad lucem prodeuntium. Ideoque in secundo psalmo, qui per singulas ferias variatur, de mane, vel luce mentio reperitur; ut in Verba mea; « Mane astabo tibi [70]; » in Judica me, « Emitte lucem tuam [71]; » in Te decet; « exitus matutini, et vespere delectabis [72]; » in Domine, refugium, « mane floreat [73]; » in Domine, exaudi, « auditam fac mihi mane misericordiam tuam [74]; » in Bonum est confiteri Domino, « ad annuntiandum mane misericordiam tuam [75]; » qui psalmi non immerito sic in matutinis laudibus ordinantur ut in eis notari possit ordo Christianæ conversionis; nam Verba mea, vox est Ecclesiæ primitivæ ad hæreditatem Domini vocatæ; Judica me, vox ejus ad gentes intrantis; Te decet, canitur in figura gentilitatis fidem recipientis; Domine, refugium, vox est Judæi resipiscentis; Domine, exaudi, vox ejusdem contra Antichristi persecutionem orantis; Bonum est, vox Ecclesiæ in Domino quiescentis, quæ ex ipsorum psalmorum titulis, et sententiis

---

[34] Malach. 4; Luc. 4. [35] Marc. 16. [36] Cap. 14. [37] Matth. 26. [38] Matth. 27. [39] Ibid. [40] Joan. 19. [41] Marc. 16. [42] Luc. 24. [43] Ibid. [44] Joan. 21. [45] Ibid. [46] Act. 2. [47] Marc. 16. [48] Act. 1. [49] Matth. 26. [50] Joan. 13. [51] Matth. 26. [52] Ibid. [53] Marc. 16. [54] Matth. 6. [55] Levit. 27. [56] Rom. 4. [57] Mal. 4. [58] Rom. 5. [59] I Cor. 5. [61] Joan. 12; Exod. 10. [62] Luc. 23. [63] II Cor. 3. [64] Exod. 29; Num. 28. [65] Rom. 6; Col. 2. [66] Joan. 13. [67] Psal. 100. [68] Psal. 50. [69] Psal. 92. [70] Psal. 50. [71] Psal. 5. [72] Psal. 42. [73] Psal. 64. [74] Psal. 89. [75] Psal. 112. [76] Psal. 91.

prudens lector eliciat. Quia vero per charitatem fit A
remissio peccatorum et acquisitio regni cœlorum
⁴⁵; ideo duo psalmi sequuntur scilicet : *Deus, Deus
meus* ⁴⁷ et *Deus, misereatur nostri* ⁴⁸, in quibus agitur de dilectione Dei et proximi ; in primo de dilectione Dei, unde ibi dicitur : « Sitivit in te anima
mea ⁴⁹ ; » in secundo vero de dilectione proximi, unde
ibi dicitur : «Cognoscamus in omnibus gentibus
salutare tuum ⁵⁰. » Ideoque sub una gloria concinuntur ; quia dilectio Dei et proximi sic sese comitantur, ut in Christiana professione altera sine altera
non habeatur. Vel ideo sub una gloria cantantur,
quia in eis una Christi persona veneratur. Vel ideo
sub una gloria continuantur, quia in eis fides et
operatio intelliguntur : « fides autem, sine operibus,
mortua est ⁵¹, » per quæ duo libertatem et gloriam B
consequemur. Et quia exhibitio operis est proba-
tio dilectionis, ideo per sex dies sex cantica victoriæ succinuntur, per quæ sex opera misericordiæ
intelliguntur. Nam in secunda feria, dicentes : *Confitebor* cum Isaia ⁵³ cantamus ; quia, sicut ille vicit
populum infidelem, sic nos vitia superavimus. In
tertia cum Ezechia gaudemus, dicentes : *Ego dixi*
⁵³ ; quia, sicut ille mortem corporis, sic nos mortem animæ evasimus ; ideoque subditur ibi : *Vivens,
vivens confitebitur tibi* ⁵⁴. In quarta, dicentes : *Exsultavit cor*, cum Anna tripudiamus ⁵⁵ ; quia, sicut
ille vicit æmulam, sic nos carnem vicimus. In quinta
vero, dicentes : *Cantemus* ⁵⁶, lætamur cum populo
Israel ; quia, sicut ille Ægyptios per Moysen, sic nos C
diabolum et dæmones per Christum subterfugimus.
In sexta quoque, dicentes : *Domine, audivi*, cum
Habacuc ⁵⁷ gratulamur ; quia, sicut ille Babylonem,
sic nos evasimus peccatorum confusionem. In Sabbato, dicentes : *Audite* ⁵⁸, cum Moyse hilarescimus ;
quia, sicut illius populus, devictis hostibus, terram
promissionis intravit, sic nos, vitiis superatis, promissam indulgentiam, libertatem et lætitiam consequemur.

   Possunt etiam temporis gratiæ successibus adaptari ; nam secunda feria illud tempus recolit, in
quo primo vexillum crucis erigitur, ut ex præcedentis psalmi : *Verba mea* et sequentis cantici :
Confitebor littera patet, cum dicitur : « Notas facite
in populis adinventiones ejus ⁵⁹. » Feria tertia illud D
tempus significat, in quo imperatores Ecclesiam
persequebantur. Ideoque plangens, ait : *Judica
me, Deus*, unde canticum legitur Ezechiæ qui languore corporis infirmabatur. Feria quarta illud
tempus innuit, in quo exaltata est Ecclesia super
inimicos ; ideoque exsultat cum illis qui sunt de Babylonis liberati, dicens : *Te decet*, et cantat cum
Anna quæ est liberata de afflictione Phenennæ. Feria
quinta illud tempus innuit, in quo Moysi populus
intrabit ad fidem. Ideoque psalmus canitur, qui

oratio Moysi titulatur, et ejusdem canticum additur.
Feria sexta celebratur passio Salvatoris. Ideoque
psalmus cantatur, qui subtitulatur ipsi David, cum
persequebatur eum illius suus Absalon, id est Judas.
Ideoque et in cantico dicitur : *Cornua in manibus
ejus* ⁶⁰. Sabbatum celebratur in memoria electorum,
qui erunt in fine mundi, quod colligitur ex titulo
psalmi, scilicet psalmus cantici in die Sabbati, et ex
cantico filiis Israel post laborem itineris dato. Vel
sex adaptentur ætatibus ; nam, in die secunda separavit Dominus aquas ab aquis ⁶¹. In ætate secunda
contigit diluvium ⁶², quæ duo significavere baptismum. Christus etiam in die secunda creditur baptizatus. Ideoque in secunda die recte legitur canticum de baptismo, ubi dicitur : *Haurietis aquas in
gaudio de fontibus Salvatoris* ⁶³ ; ubi fideles ab infidelibus separantur. Tertia ætate Isaac liberatur a
morte ⁶⁴. Ideoque in tertia die recte legitur canticum Ezechiæ, cui Dominus per quindecim annos
vitam adjunxit. Sic et nobis in Trinitatis fide manentibus per observantiam Decalogi, et fidem quinquepartitæ passionis mortem auferet, et vitam donabit æternam. Quarta ætate Anna fuit fecundata,
et ideo in quarta die legitur canticum Annæ : sic
Ecclesia per quatuor Evangelia est electa, et Synagoga repudiata. Quinta ætate liberatus est populus
de captivitate Babylonis ⁶⁵, et ideo quinta die legitur
canticum Moysi de liberatione populi de manibus
Pharaonis. Sexta ætate crucifixus est Dominus, et
ideo in sexta die legitur canticum de ipsius passione, ubi dicitur : *Cornua in manibus ejus* ⁶⁶, Sabbato requievit Dominus ab omni opere quod patuerat ⁶⁷ ; et jacuit in sepulcro ⁶⁸.

   Ideoque in Sabbato legitur canticum, quod datum est filiis Israel post laborem itineris, cum intrassent in terram promissionis. Et vide inter psalmum et canticum differentiam ; quia psalmus significat operationem, canticum laudem ex operatione.
Exinde : *Laudate Dominum de cælis* subditur ⁶⁹.
Tres psalmi sunt in quibus triumphum de mundo,
carne et diabolo memoramus ; et quia ut tanta libertas et gloria reveletur in nobis ⁷⁰ quandiu sumus
in via, est nobis doctrina et consolatio necessaria.
Ideo sacerdos in persona Domini capitulum subdit :
Vigilate ⁷¹. Vel nox præcessit ubi nos hortatur in
fide perseverare, et misericordiæ operibus intendere : opera tenebrarum abjicere, et arma lucis
induere ⁷², et consolatur per promissionem gloriæ ;
quod ideo capitulum dicitur ; quia de capitibus sumitur epistolarum ; quod, licet sit lectio, tamen
legitur sine, *Jube, Domine, benedicere ; et absque*
sacerdotali benedictione ; quia proprium est sacerdotis illud legere ; et prælati ecclesiæ non debent
licentiam petere, sed dare ; nec dicit : *Tu autem*,
quia sacerdos est perfectus, ut suggestionibus

⁴⁵ I Petr. 4. ⁴⁷ Psal. 62. ⁴⁸ Psal. 66. ⁴⁹ Psal. 62.
⁵⁰ Ibid. ⁵¹ Reg. 2. ⁵² Exod. 15. ⁵³ Cap. 3. ⁵⁴ Psal. 66. ⁵⁵ Jac. 2. ⁵⁶ Cap. 12. ⁵⁷ Isa. 38. ⁵⁸ Deut. 32. ⁵⁹ Isa. 12. ⁶⁰ Habac. 3. ⁶¹ Gen. 1.
⁶² Gen. 7. ⁶³ Isa. 12. ⁶⁴ Gen. 22. ⁶⁵ I Esdr. 1. ⁶⁶ Isa. 12. ⁶⁷ Gen. 2. ⁶⁸ Matth. 27. ⁶⁹ Psal.
148. ⁷⁰ Rom 8. ⁷¹ I Cor. 15. ⁷² Rom. 13.

diaboli facile non succumbat; alicubi tamen a sub- A intellectum : « Accedit enim homo ad cor altum,
ditis pronuntiatur. Et attende quod in nocturnali
officio copiosius quam in diurno lectionibus vacamus, quia eis aures libentius accommodamus. Rursus attende quod in hujusmodi lectionibus auctor
non pronuntiatur, sicut in lectionibus missæ; eo
quod seduli in officiis ex lectione cognoscunt auctorem. Ad missam vero conveniunt laici, quibus est
auctor incognitus. Quod autem in matutinis quandoque præmittitur, sermo sancti illius et illius, ad
cautelam fit, quia verendum est, ne erroneus auctor
in medio proponatur, et quia sæpe ex lectione auctor non agnoscitur. Deinde sequitur hymnus, per
quem lætitia, quam habemus de libertate, innuitur;
sed ne ingrati de beneficio videamur, beneficium
confitemur in versu : *Repleti.* Postea liberatori nostro grates referimus, et in ejus laudem prorumpi-
mus, alta voce dicentes : *Benedictus Dominus Deus
Israel* [52]. Quare? quia nos in miseria positos visitavit, redemit, de manu inimicorum liberavit,
scientiam salutis in remissionem peccatorum per
viscera misericordiæ dedit, illuminavit, et in viam
pacis direxit. Et vide quod in tribus duntaxat horis, tria dicimus evangelia in aurora. *Benedictus*
cantatur, quia ubi vera lux nuntiatur; in vespera :
Magnificat, quia in fine mundi, sicut ibi dicitur :
« Deus superbos disperdet, et humiles exaltabit [54].»
In completorio : *Nunc dimittis,* quia post judicium
sancti in pace regnabunt; antiphona devotionem
significat, quam habere debemus in laudibus Re- C
demptoris. *Dominus vobiscum;* magister et discipuli
pro se invicem orant, et se invicem resalutant. Et
est sensus : laudem vestram Dominus recipiat, et
præmio vitæ remuneret. *Et cum spiritu tuo,* scilicet
cum pro nobis sis oraturus. Orationes autem non
exaudiet Dominus, nisi ex bono corde processe-
rint; ipse, sine quo nihil bonum, sit cum spiritu
tuo. Sacerdos autem de sua bonitate non se esse
sufficientem reputans, subdit : *Oremus,* quasi dicat,
orate mecum ut, quod postulamus, citius impetremus. Oratio quam dicit significat indulgentiam
quam Dominus repromisit; *Amen,* scilicet fiat nobis quod orasti. Rursus dicit : *Dominus vobiscum.*
Et est iterata salutatio, affectuosa oratio, ut impetrata gratia perseverent; demum concluditur : *Be-* D
nedicamus Domino. Deo gratias, per quæ significatur
quod usque ad finem vitæ debemus Deo persolvendo
gratias pro beneficiis benedicere. Dicitur autem *Be-*
nedicamus a pueris; ad ostendendum quod nisi per
pœnitentiam efficiamur ut parvuli, digne Deum
laudare nequimus [55], vel ad indicandum quod laus
nostra puerilis est, scilicet insufficiens ; cum enim
de Deo loquimur, balbutiendo sicut possumus, pro-
nuntiamus, laudamus, sed non sufficimus ; quia
supereminentia Dei nostrum superat eloquium et

et exaltabitur Deus [56]. » Deinde sequuntur sanctorum suffragia, quia quandiu vivimus tanquam in
lubrico positi sumus, et a dæmonibus impugnamur ; et ideo sanctorum suffragiis semper egemus.

CAPUT V.
DE MATUTINIS LAUDIBUS IN FESTIVIS DIEBUS.

« In matutinis, Domine, meditabor in te [57]. »
Tempus ante nocturnum significat tempus mortis
ante legem, in quo silebant homines a laudibus
Dei. Tempus nocturni significat tempus legis datæ
Moysi. Tempus laudis matutinæ significat tempus
gratiæ, a resurrectione usque ad finem mundi, in
quo tempore Deum laudare tenemur. De bonis naturæ quæ hac hora nobis contulit creando ; de bonis gratiæ, quæ hac hora nobis dedit resurgendo ;
de bonis gloriæ, quæ hac hora nobis dabit resu-
scitando ; ideoque totum hoc officium est laudibus
plenum, ad quas laudes per versum auditores sacerdos excitat, et demum auxilium divinum implorat : postmodum chorus ad idem festinans auxilium, in summa trinitate glorificat Deum. Exinde,
excepto Quadragesimali tempore, a psalmo *Domi-*
nus regnavit [58] incipimus. Et sunt octo psalmi, quia
octo sunt ordines electorum salvati per aquam baptismi, sicut octo animæ fuere in arca, in aqua
diluvii [59] : nam primus ordo est Ecclesiæ primitivæ in Judaico populo conversantis, secundus est
ejusdem ad gentilitatem transeuntis, tertius est
gentilitatis credentis, quartus est Judæi resipiscentis, quintus erit tribulatorum per Antichristum ;
sextus, septimus et octavus erunt fruentium Christo post Antichristum, qui tres esse dicuntur, quia
colligentur ex Asia, Africa et Europa. Qui quia simul Dominum laudabunt [60], ideo tres psalmi laudum cantantur sub una antiphona et una gloria. In
omnibus igitur his psalmis legis umbram, et gratiæ
veritatem ostendimus. Umbram, quia Dominus post
liberationem populi de Ægypto, super eum regnavit,
et legem dedit, et in tabernaculo decorem induit. Veritatem, quia post redemptionem populi sui Christus
a morte resurgens regnavit, et decorem immortalitatis induit [1]. Unde primitiva Ecclesia laudes extollit, dicens : *Dominus regnavit.* Merito cantatur hic
psalmus in laudibus ; quia continet laudes Christi,
et septem locos laudis, ut super eumdem psalmum
exponitur. *Jubilate* [2], hic umbram ostendimus ; quia
populus Dei portas, scilicet terram promissionis
intravit, et Domino jubilavit, et servivit. Veritatem,
quia gentilis populus fidem recepit, et Christo jubilat omnis terra, et servit gentilitas in lætitia. *Deus,*
Deus meus [3]; hic psalmus indicat umbram regum
Salomonis, et aliorum in Domino lætantium ; cui,
Deus misereatur nostri [4], sine interpositione gloriæ

---

[52] Luc. 1.   [54] Ibid.   [55] Matth. 18.   [56] Psal. 63.   [57] Psal. 62.   [58] Psal. 92.   [59] Gen. 6; I Petr. 5.
[60] Isa. 52.   [1] Psal. 92; Rom. 6.   [2] Psal. 99.   [3] Psal. 62.   [4] Psal. 66.

continuatur; quia regnum Juda et regnum Israel
in una lege sociantur. Indicat etiam tempus gratiæ,
in quo sedata persecutione Ecclesia gentilis in Domino meditatur, et os hæreticorum obstruitur. Hic
enim psalmus cantatur ex persona gentilitatis, unde
sic intitulatur psalmus David cum esset in deserto
Idumææ, per Idumæam gentilitas intelligitur. cui,
Deus misereatur, sub una *Gloria* jungitur; quia Judaicus populus ei in una fide sociabitur. *Benedicite*,
innuit tempus in quo Nabuchodonosor tres pueros
in caminum posuit ignis [1]; et illud tempus, in quo
Antichristus tres filios Noe friget in camino tribulationis. Ideoque sine *Alleluia* et *Gloria* cantatur;
quia tunc omnis laus Ecclesiæ reprimetur, vel ideo
sine *Gloria*; quia Trinitatem in eo recolimus, dicentes: *Benedicamus Patri, et Filio, cum sancto
Spiritu.*

Et vide quod hymnus iste tres habet distinctiones. In prima invitantur superiores creaturæ ad
laudem Creatoris; scilicet quæ sunt super cœlum,
quæ in cœlo, quæ in aere. In secunda invitantur
creaturæ terrenæ, et quæ moventur in aquis. In
tertia invitantur homines, spiritus et animæ, ut
cum omni creatura Domino benedicamus; quia sicut tres pueri Nabuchodonosor caminum ignis, sic
nos diabolum et incendium inferni evasimus. Et
bene convenit hoc canticum diei Dominico, et cuilibet festivo; quia in prima die Dominus omnia
creavit [2], et per resurrectionem suam postmodum
innovavit. Ideoque in ea die et in festivis, quæ resurrectionem Dominicam imitantur, hoc canticum
legitur, in quo Dei creaturæ ad laudem Creatoris
invitantur. Quidam vero aiunt in hoc cantico passionem Christi nobis ad memoriam reduci, quia
Nabuchodonosor diabolus est, ministri Judæi, caminus ignis ara crucis, tres pueri Christus, in quo
tria pura: divinitas, caro et anima, vel ex quo tria
sacramenta: spiritus, sanguis et aqua [3], *Laudate
Dominum de cœlis* [4]. Illud tempus umbræ denuntiat
quo populus de Babylone rediit [5], et templum ædificavit et illud gratiæ, in quo, Antechristo occiso,
universa Ecclesia Deum laudabit. Ideoque tres
psalmi sub una *Gloria* cantantur; quia Christiani,
gentiles et Judæi, vel Noe, Job et Daniel; vel col-
lecti ex tribus partibus orbis, Asia, Africa et Europa
in una religione et laude et parentia convenient:
vel quia in eis laudibus eum qui est trinus et unus
extollimus. Capitulum est secundum præteritam
umbram Esdræ prædicatio. Hymnus populi de reditu et templi dedicatione gratulatio, vel capitulum
est angeli repromissio, quando promisit Zachariæ
filium [10], et hymnus de Christi nativitate et resurrectione gratulatio. Vel capitulum est modernorum
ne in bello deficiamus, exhortatio et hymnus est
Ecclesiæ de Antichristi victoria exsultatio; vel ca-

pitulum tuba novissima [11], et hymnus laus æ-
terna.

Per versum qui sequitur, scilicet: *Dominus regnavit*, innuitur quod post resurrectionem rata est
Christo in cœlo et in terra potestas [11]; qua regnavit in præsenti Ecclesia, in triumphanti regnaturus
in sæcula. Consuetudo in omnibus horis dicendi
versiculum inolevit ab arca, quæ dum in tabernaculo reponebatur, dicebatur: « Revertere, Domine,
ad multitudinem filiorum Israel [13]. » Unde versus
dicimus orantes, ut ad nos revertatur, et nostræ
mentes ad Dominum revertantur; unde a reversione
nomen accepit.

Hic in nocturnis ante lectionem dicitur, ut ad
audiendum verbum Domini animus incitetur. In
aliis horis post lectionem, ut ex intervallo horarum doctrina Domini non negligatur: Per canticum, *Benedictus* [14], quod illucescente die cantatur, primus Christi significatur adventus qui plebem suam visitavit, redemit, et sedentes in tenebris et umbra mortis illuminavit [14]. Vel secundus,
in quo Ecclesiam, quæ diu sederat in tenebris
hujus mundi, post psalmos, lectiones, hymnum et
versum, et antiphonam, scilicet post bona opera,
doctrinam, laudes, conversionem et mentium devotionem claritate perpetua illustrabit, quando ser-
viemus Domino sine timore, in sanctitate et justitia omnibus diebus vitæ nostræ. Interim incensatur altare. Thuribulum est cor, ignis charitas,
incensum oratio, quæ tunc ad Dominum dirigitur, cum per verbum Evangelii cor nostrum igne
charitatis accenditur, et in fidem passionis expan-
ditur; unde sacerdos incensans dicit: *Dirigatur,
Domine, oratio mea, sicut incensum in conspectu
tuo* [16]. Et congrue post psalmos, et lectionem sequitur incensatio; quia, qui bene operatur et alios
docet, bonum reddit odorem, et bene operandi
aliis præbet exemplum. Oratio est ultima illa benedictio: « Venite, benedicti Patris mei [17]. » *Benedicamus Domino*, laus est finalis et ineffabilis.
Ideoque sæpe verbis dimissis cum neumis jubilamus. Nota quod eædem sunt laudes in Dominicis
et Paschalibus diebus, et festivitatibus Sanctorum;
quia repræsentant gaudia resurrectionis Christi,
et nostræ, quæ per fidem resurrectionis sancti
jam quædam gaudia percipientes, plenius in stola
duplici consequuntur.

CAPUT VI.
DE PRIMA.

« Paterfamilias exiit primo mane conducere operarios in vineam suam [18]. » Nunc de prima et reliquis horis agamus, in quibus pastores et operarios imitamur: nam et in his horis paterfamilias
conduxit operarios in vineam suam. Ideoque psalmodiæ ab istis horis et non ab aliis nuncupan-

---

[1] Dan. 3. [2] Gen. 1. [3] I Joan. 5. [4] Psal. 118. [5] I Esdr. 1. [10] Luc. 1. [11] I Cor. 15. [12] Matth. 28.
[13] Num. 10. [14] Luc. 1. [15] Isa. 9. [16] Psal. 140. [17] Matth. 25. [18] Matth. 20.

tur, et in istis celebrantur. 'Sacerdos igitur pastor
est ovium, grex populus, pascua Dei mandata,
multæ bestiæ gregi inimicæ; nam hinc : « Leo
rugiens circuit quærens quem devoret [19]; » hinc
draco deviantes veneno interimit, hinc lupus ra-
pit, hinc ursus invadit. Ideoque pastor, cui est
cura de ovibus [20], ait : *Deus, in adjutorium meum
intende* [21]; et attende quod versiculus iste in
omnibus præmittitur horis, et est sumptus a Veteri Testamento. Atca enim quotidie circumdaba-
tur ab inimicis. Moyses igitur dum elevabatur
et portabatur, dicebat : « Surge, Domine, et dissipentur inimici tui, et fugiant qui oderunt te a facie tua [22]. » Sed et Ecclesia persecutionem patitur intus et extra, ideoque divinum imploramus
auxilium, dicentes : *Deus, in adjutorium meum intende* : similiter in omnibus præmittitur : *Gloria
Patri*, ut glorificemus Trinitatem [23], sine qua nih.l
possumus [24]. Oves itaque summum Pastorem invocant et glorificant, et in hymno consequenter
implorant, ut eas in diurnis actibus a nocentibus
custodiat. Quinque psalmi sequuntur, ut quinque
sensus operariorum per diem divinitus muniant.
Vel tres sunt sub tribus gloriis comprehensi, eo
quod Trinitas in nostris operibus glorificatur; dicentes : *Deus, in nomine tuo* [25], iter arripiunt; et
quoniam alieni insurrexerunt [26], petunt ut vi sua
inimicos disperdat, et oves ex omni tribulatione
eripiat; sicut David eripuit a Ziphæis [27]. Hunc enim
psalmum David cecinit cum Ziphæi voluere eum
Sauli tradere. Ziphæi *florentes* interpretantur; hi
sunt membra diaboli, qui nos prosperitate seducunt. Cum nobis ergo ea diabolus multipliciter in-
sidietur, ad vitandam ejus calliditatem, hunc psalmum summo diluculo canimus. In *Beati immaculati* [28], et sequentibus octonariis, ovibus pascua proponuntur, ut lex Domini, mandata, justificationes
et testimonia. In hoc psalmo tractatur de moribus;
quia oportet, quem Deus liberavit a vinculis et
carcere, ut assistat Deo bonis moribus in omni devotione. In Dominicis vero diebus, et præsertim
a Septuagesima usque ad Pascha novem psalmos
dicimus, ut cum novem ordinibus angelorum in
resurrectionis ●udio Trinitatem laudare possimus.
In primis quinque, *Deus, Deus meus* [29], et sequentibus, de Christi passione cantatur; quia per meritum quinquepartitæ passionis pervenit Christus
ad gloriam resurrectionis, quod et nobis speremus,
si eum imitari volumus [30]. Quatuor sequentes innuunt, quod in quatuor mundi partibus per doctrinam quatuor Evangeliorum Deum laudare debemus. In *Deus, in nomine tuo salvum me fac* [31] :
petimus erroris depositionem. In *Confitemini Domino* [32], exhortamur ad laudis confessionem. In
Beati [33], ad laudis operationem. In *Retribue* [34], ad

mandatorum meditationem; verum quia fides est
fundamentum mandatorum, et victoria quæ vincit
mundum [35] : et quia cætera sine fide frustrantur [36];
et operarius sine fide frustra vineam colit; et pas-
stor sine fide frustra ovile custodit, ideo subditur
Symbolum fidei scilicet : *Quicunque vult*, quod Athanasius, Alexandrinus episcopus, rogatu Theodosii
imperatoris, ad eradicandam invalescentem hæreticorum perfidiam et divulgandam fidem catholicam
edidit : quod singulis diebus Ecclesia cantandum
esse in Prima constituit; quia tunc maxime ad ecclesiam populus convenit; vel quia fides principium
salutis existit. Quidam tamen omitturit in illis diebus, quibus in missa *Credo in unum Deum* concinunt.

Sed potius est hoc curiositatis, et desidiæ quam
rationis; quia populus in *Quicunque vult*, de' fide
a pastoribus docetur; et in *Credo in unum Deum*,
fidem suam quasi doctus quilibet confitetur. Athanasius vero, in hoc suo symbolo duas principales
fidei partes, scilicet de Trinitate et de Verbi incarnatione describit. Sed de libero hominis arbitrio
præmittit, dicens : « Quicunque vult salvus esse : »
nemo enim nisi volens credit; cum cætera possit
homo nolens, credere non potest nisi volens. « Ante
omnia opus est, ut teneat catholicam fidem. « Hæc
enim est bonorum omnium fundamentum. Hæc

Prima petit campum dubia sub sorte duelli,

sed quia fidei nomen poterat inducere confusionem,
determinat, dicens : « catholicam, » quæ tum propter
universalium præcepta regularum, ut Boetius ait,
quibus Christianæ religionis auctoritas intelligitur,
tum propterea, quod ejus cultus per omnes mundi
terminos pene emanavit, catholica, vel universalis
vocatur; quia catholicon Græce, Latine dicitur
universale : non enim quælibet fides facit Christianum; nam ut generaliter comprehensa, fides est
perceptio veritatis cujuslibet rei cum mentis assensu; perceptionum vero alia est invisibilium,
alia visibilium : rursus invisibilium perceptionum
alia est eorum, quæ ratione percipiuntur; alia
eorum quæ sunt supra rationem, ut Deum esse trinum et unum, et incarnatum, de Virgine natum,
passum, et similia. Primæ duæ non habent meritum,
quoniam habent ab humana ratione principium;
nam fides non habet meritum cui humana ratio
præbet experimentum. Tertia duntaxat efficit Christianum; « quam nisi quisque servaverit, « per se, ut
adultus, et discretus; vel per alium, ut qui non est
scientiæ capax, « integram » sine hæreticæ pravitatis
contagione, «inviolatamque» sine schismaticis viola-
tione, « absque dubio in æternum peribit : » « Sine
fide namque impossibile est placere Deo [37] : » et ubi

---

[19] I Petr. 5. [20] Joan. 10. [21] Psal. 69. [22] Num. 10: Psal. 67. [23] Joan. 15. [24] Ambr. in hymnum·
Jam lucis. [25] Psal. 53. [26] Ibid. [27] I Reg. 25. [28] Psal. 118. [29] Psal. 21. [30] Hebr. 2; Rom. 6
[31] Psal. 53. [32] Psal. 117. [33] Psal. 118. [34] Ibid. [35] I Joan. 5. [36] Hebr. 11. [37] Ibid.

causa non subest. nec effectus adest : fides est
causa humanæ salutis ⁴⁹; ergo ubi defecerit, salus
esse non poterit. « Fides autem catholica hæc est, ut
unum Deum in Trinitate, et Trinitatem in unitate
veneremur ; neque confundentes personas, neque
substantiam separantes : » de unitate prius, et postea
de personarum distinctione prosequamur. Unitatum
alia est integralis, quæ consistit ex partibus ut
corpus. Alia formalis quæ a forma trahit originem
ut idolum. Alia naturæ, ut ego et tu unum sumus.
Alia voluntatis, ut nobiscum unum sint ⁵⁰; alia
principalis, vel singularis, vel solitudinis, vel simplicitatis ; principalis est, quia prima singularis,
vel solitudinis est, quia sola. Non enim inveniuntur aliqua quæ et plura sint, et singulariter unum,
nisi in Trinitate. Simplex est, quia nec plicam partium, nec plicam recipit proprietatum. Et ut ostendat hanc unitatem esse intelligendam secundum
simplicitatem subdit : « Qualis Pater, talis Filius,
talis Spiritus sanctus ; » id est, quidquid de Patre substantialiter prædicatur, similiter et de Filio et de
Spiritu sancto dicitur. Et supponit exempla de sex
nominibus, scilicet : Increatus, immensus, æternus,
omnipotens, Deus et Dominus, quæ de singulis dicuntur personis, et de omnibus non pluraliter, sed
singulariter, et in summa, verbi gratia : « Increatus
Pater, increatus Filius, increatus Spiritus sanctus,
non tamen tres increati, sed unus increatus; » sic et
de reliquis.

Et vide quod horum quædam negative, quædam
affirmative de Deo dicuntur ut increatus, scilicet
non creatus ; immensus, id est sine mensura ; æternus, sine principio et fine ; omnipotens dicitur, non
quia possit facere quidquid vult facere, sed quia
potest facere quicquid vult fieri. Vel omnipotens,
id est principaliter potens. Tres enim sunt potestates ; prima Deus, secunda angelus, tertia homo ;
vel omnipotens per causam, id est a quo omnis
potestas, sicut etiam dicitur omne bonum per causam. Deus proprium est Creatoris nomen, et ad
cultum pertinet divinitatis, quod tractum est a
Græco Theos.

Et vide quod quandoque ponitur personaliter, ut
Deus genuit Deum, id est Pater Filium, et uterque
Deus est ; Dominus, ut ait Augustinus, non est na-
turæ sed potestatis, sed hic secundum quod dici-
tur a domino, quia « Dominus nomen est illi ⁶⁰.
Verum secundum quod dicitur a dominando, indica-
tivum est relationis, « quia sicut singillatim unam-
quamque personam Deum, ac Dominum confiteri
Christiana veritate compellimur ; ita tres deos, aut
Dominos dicere catholica religione prohibemur. »
Ac si dicat hæc essentialia non pluraliter, sed sin-
gulariter dicuntur de omnibus, et in summa.

Et attende quid sit veritas Christiana. Quod u
magis liqueat, vide philosophicam veritatem ; phi
osophica veritas est natura, vel cognitio rei ; u

humanitas est veritas hominis secundum quam
quis verus est homo. Sed Christiana veritas intelligit Deum sine quantitate magnum, sine qualitate
bonum, sine tempore sempiternum, sine loco ubique totum, sine situ præsentem, sine mutabilitate
mutabilia facientem. Item philosophica veritas habet,
quia si Pater est magnus et Filius magnus, Pater et
Filius sunt magni. At Christiana veritas Patrem et
Filium, et Spiritum sanctum, non tres magnos,
sed singulum magnum, et tres unum magnum appellat, et hæc est una regularum universalium, a
quibus, ut secundum Boetium diximus, fides Catholica nominatur. De personarum vero distinctione,
dicit Athanasius : « Alia est persona Patris, alia Filii, alia Spiritus sancti. » Persona dicitur grammatice, omne id de quo in oratione agitur ; dicitur et
poetice larva, ut repertor honestæ personæ ; dicitur
et conditio, vel fortuna, ut : « Deus non accipit personam hominis ⁶¹, » scilicet non attendit cujus
conditionis vel fortunæ. Secundum Boetium persona est rationalis naturæ individua substantia. In
theologia igitur personam esse, est discretum esse
relativa proprietate ; personales enim proprietates
ut paternitas, et filiatio, et processio sunt relatio-
nes, ut paternitas est relatio Patris ad Filium, filiatio est relatio Filii ad Patrem, processio relatio
Spiritus ad utrumque. Et ita Patrem esse, Filium
esse, Spiritum sanctum esse, non est aliquid esse,
sed ad aliquid esse. Unde Augustinus : Cum Pater
est, non illud ex quod est, id est non est relatione,
qua Pater est, est ipse divina substantia. Paternitas est in Patre, et ipsa Pater est, et sic de aliis.
Unde : in personis proprietas, et in essentia unitas.
« Pater a nullo est factus, nec creatus, nec genitus. »
Cum a nullo dicitur, auctoritas demonstratur. Inter
factum et creatum hoc interest, quod inter facere
et creare ; nam facere est de subjacenti materia aliquid producere ; creare vero de nihilo.

Et vide quod operatio Dei est quadripartita : una
est æterna, tres sunt temporales. Æterna est, qua
Filium ante omnia tempora genuit, secundum quam
operationem dicitur Pater, aut genitor. Prima temporalis est qua ex nihilo creavit hylem, seu chaos,
id est confusam elementorum materiem, secundum
quam operationem dicitur creator. Secunda temporalis est, qua materiam illam per opera sex dierum
distinxit ⁶², secundum quam dicitur conditor, vel
opifex. Tertia est temporalis, qua species creatas
per successionem continuat, secundum quam dicitur sator et auctor. « Filius a Patre solo est, non factus, nec creatus, sed genitus. Spiritus sanctus a
Patre et Filio non factus, nec creatus, nec genitus,
sed procedens. « Inter generationem Filii, et processionem Spiritus sancti, differentiam assignare vox
humana non sufficit : nisi quod Filius sic a Patre
procedit, ut sit Filius ; Spiritus autem non sic procedit ut Filius dici possit « Unus ergo Pater, non

tres patres; unus Filius, non tres filii; unus Spiritus sanctus, non tres spiritus sancti. » Vide quod cam dicitur unus Deus, multitudo deorum excluditur, cum dicitur tres personæ singularitas excluditur. Unde Augustinus : Qui dixit Deum tres personas, non voluit diversitatem, sed noluit singularitatem. « In hac Trinitate nihil prius aut posterius, nihil majus aut minus, » potestate. Auctoritas tamen Patri, qui a nullo procedit, ascribitur; « sed totæ tres personæ coæternæ sibi sunt, » ergo nulla tempore prior; « et coæquales, » ergo nulla minor : in quo notatur Arius, qui dogmatizavit Filium Patre minorem; « ita ut per omnia, sicut jam supradictum est, unitas in Trinitate, et Trinitas in unitate veneranda sit. « Qui vult ergo salvus esse, ita de Trinitate sentiat; » ecce summa et conclusio præcedentium. Unitatem vero in Trinitate veneramus, et e converso, cum dicimus, credimus et adoramus, tres esse unum, et e converso. « Sed necessarium est ad æternam salutem ut incarnationem quoque Domini nostri Jesu Christi fideliter credat. » Hic de Verbi agitur incarnatione : sicut enim ad salutem exigitur fides divinitatis, sic etiam humanitatis; quia sine fide Mediatoris nemo salvari potuit [49]. Tres enim fuere leges : lex naturæ, lex litteræ, lex gratiæ. Lex naturæ consistit in ratione et voluntate; in utraque languebat homo; quia et ratio in contemplatione boni cæcutiebat; et voluntas in appetitu boni deficiebat. Lex litteræ dabat consilium sed non auxilium, monebat affectum, sed non movebat, peccata non auferebat, sed prohibendo augebat. Quia

Nitimur in vetitum semper, cupimusque negata [50].

Et Apostolus : « Lex subintravit, et delictum abundavit [51]. » Lex igitur gratiæ necessaria fuit, quæ illas duas leges ad effectum ducit. Nam sine collyrio gratiæ lippus est oculus [52], tam naturæ quam litteræ; propterea Sapientia spuit in terram, et linivit oculos cæci a nativitate [53]. Hic est Christus, qui, sicut ait Apostolus [54], est nobis sapientia et justitia et sanctificatio. Sapientia est nobis rationem dando; justitia, nos de manu inimici liberando; sanctificatio, peccata dimittendo; redemptio, pro nobis patiendo. Hæc est Dei virtus et Dei sapientia, quæ ædificavit sibi in utero, et de utero virginali, et erexit columnas septem [55], scilicet sapientiam invisibilium, intellectum visibilium, scientiam moralium, pietatem miserendi, consilium adjuvandi, fortitudinem liberandi, timorem Domini caste diligendi : his enim virtutibus ab ipsa creationis et incarnationis hora fuit anima Christi plenius adornata, ut in nullo proficere posset.

Quod enim dicitur proficiebat sapientia et ætate [56], intelligendum est nobis. Jesus Christus duo sunt nomina non ejusdem rationis, nam Jesus est nomen

personæ, sicut Petrus : Christus vero nomen est sacramenti, sicut sacerdos, et propheta; quæ nomina non per litteras, sed per notulas scribi consuevere, ut qualitas Scripturæ insinuet qualitatem naturæ, ut sicut divina natura est incomprehensibilis, sic nomen quod ponitur ad ipsam significandam, semiphoris scribitur litteris. Creaturarum naturæ quandoque comprehenduntur, et ideo earum nomina per litteras plenarie describuntur. Vel quia non sumus sufficientes solvere corrigiam calceamentorum illius personæ [57]. « Deus est ex substantia Patris, » scilicet ex Patris substantia, id est ex Patre substantia, ut generatio referatur ad personam, non ad essentiam, quæ nec generat, nec generatur; « ante sæcula genitus, » hoc improprie dicitur, nam ante, proprie temporis est designativum; tempus autem non fuit ante mundum, sed incœpit esse cum mundo. Unde sic describitur : tempus est motus, et mora mutabilium rerum; unde, si quis quærat si Deus fuerit ante mundum, vitiosa est quæstio : non enim præcedit creator creaturam temporis quantitate, quia significat ante; sed naturæ simplicitate. « Homo est ex substantia matris in sæculo natus : » *ex* præpositio, substantialiter, materialiter, potentialiter accipitur, et partialiter : substantialiter, ut ex substantia Patris ante sæcula genitus; materialiter, ut ex substantia matris in sæculo natus; potentialiter, ut qui conceptus est ex Spiritu sancto. Partialiter ut ex anima rationali, et humana carne subsistens; similiter et *de* præpositio, ut de Patre, de matre, de Spiritu sancto. « Perfectus Deus, perfectus homo ex anima rationali, et humana carne subsistens, æqualis Patri secundum divinitatem; minor Patre secundum humanitatem. Qui licet Deus sit et homo, non duo tamen, sed unus est Christus; unus autem non conversione divinitatis in carnem, sed assumptione humanitatis in Deum. » Et attende duos esse modos conjungendi per appositionem et per compositionem, quod etiam grammatici de præpositionibus docent; dicentes : illam per appositionem conjungi, quæ in nullius transit in ipsa appositione compositionem; illam vero per compositionem conjungi, ex qua et dictione cui adjungitur aliqua dictio componitur, verbi gratia de utroque : « Dixit insipiens in corde suo [58]. » Similiter in rerum naturis. Res enim per appositionem junguntur, quando ex eis nihil componitur, de quo componentia prædicentur, verbi gratia : Abraham appositus est ad patres suos, unde collegium efficitur, de quo apposita non prædicantur. Res vero per compositionem junguntur duobus modis; per commistionem, et sine commistione. Per commistionem quando una convertitur, vel potius in aliam confunditur, ut vinum et aqua; nam quod horum super excreverit alterum confundit; sine commistione, quando ex diversis substantiis aliquid ita componi-

[49] Act. 4. [50] Ovid. Am. III, IV, 17. [51] Rom. 5. [52] Apoc. 3. [53] Joan. 9. [54] I Cor. 1. [55] Prov. 9. [56] Luc. 2. [57] Joan. 1. [58] Psal. 52.

tur, quod componentium proprietates, et naturæ de A composito prædicentur, ut homo constat ex spiritu et corpore, et bene dicitur homo est vivus propter animam, et homo est albus propter corpus. Et dicitur homo est rationalis propter animam, et homo est corporeus propter corpus ; hæc autem conjunctio divinitatis ad humanitatem fit, ut quidam dicunt, per compositionem sine commistione, quia Christus est Deus et homo ; ubi non est commistio neque conversio. Unde bene dicitur : non conversione divinitatis in carnem, sed assumptione humanitatis in Deum. Conversio namque substantiam mutat, assumptio exaltat. [Secundum alios, incarnationis ratio sumenda est, non secundum compositionem sed secundum habitum. Unde [cum] dicitur : Deus est homo, Deus est factus homo, Deus cœpit esse B homo, habitus prædicatur; factus est enim humanatus, et assumpsit hominem, vel potius ea, quæ sunt hominis. Unde quod sequitur, « Unus omnino non confusione substantiæ, sed in unitate personæ, » dicunt hanc propositionem *in* non notare compositionem, sed personæ simplicitatem : sicut enim simplex fuit ante, sic et postea ; non enim humana natura assumpta est de esse illius personæ, vel cum Verbo una persona, sed est in unitate personæ, id est non auxit numerum, vel quantitatem personæ. Quidam non apponunt *in*, dicentes : Sed unitate personæ. Sed alii dicunt hanc personam Christum constare ex Deo et homine, scilicet anima et carne, et ita ex tribus substantiis, non tamen quasi ex partibus. Unde cum dicitur, Deus est homo, natura, scilicet humanitas prædicatur.] « Nam, sicut anima rationalis, et caro unus est homo ; ita Deus et homo unus est Christus.» [Videtur fuisse dicendum: Anima rationalis, et caro unus sunt homo. Ut enim rei suppositæ singularitas exigit verbi singularitatem, ut Sicardus scribit, sic rerum suppositarum pluralitas verbi exigit pluralitatem, ut Petrus et Paulus ascenderant in templum. Singularis itaque numerus ponitur pro plurali.]

Et vide hanc similitudinem non accedere plena collatione ad demonstratum ; nam caro et anima sunt partes hominis constitutivæ, et destructionem unius earum sequitur totius destructio ; non autem sic in Christo, Deo et homine ; nam ante D fuit Deus, quam Deus esset homo, et ideo assumptus homo non est pars constitutiva personæ. Ita sicut anima, et caro non sunt plures homines ; sic Deus et homo non sunt plures Christi. « Qui passus est pro salute nostra : » unde « tanquam avis ad occisionem ductus est [13]. » Hic est summus pontifex, quo moriente antiquitus in lege captivi, liberi dimittebantur, et ad suas hæreditates revertebantur [14]. Mors etenim Christi gladium Dei ante paradisum amovit [15]. Hic est serpens in quem respicientes a serpentum morsibus liberantur [16]. « Descendit ad in-

feros, » juxta illud : « Æstimatus sum cum descendentibus in lacum [17].» — « Tertia die resurrexit a mortuis. » Unde Osee : «Post duos dies vivificabit nos, et tertia die suscitabit nos [18]. » — « Ascendit in cœlos [19]. » Juxta illud : Ascendens Christus in altum. Tres sunt cœli : aereum, ubi ales volat ; æthereum ubi stellæ rutilant; empyreum, ubi angeli Deum laudant. « Sedet ad dexteram Dei Patris omnipotentis. » Unde Pater ad Filium : « Sede a dextris meis [20]. » Nomine dextræ non significatur situs, vel circumscriptio divinitatis ; sed beatitudo humanæ felicitatis ; in quo empireo, in qua felicitate homo assumptus est, omni angelicæ dignitati prælatus. « Inde venturus est judicare vivos et mortuos. Ad cujus adventum omnes homines resurgere habent cum corporibus suis, et reddituri sunt de factis propriis rationem. » Quæ rationis redditio non fiet verborum expressione, sed conscientiæ attestatione : ad memoriam etenim revocatis operibus nostris, bonis et malis, unicuique manifestum erit, utrum sit dignus amore, vel odio [21], vita vel supplicio. « Et qui bona egerunt, ibunt in vitam æternam. » In qua quicunque fuerit, demum integram perfectionem in corpore et anima possidebit. Septem sunt in quibus integra perfectio consistit ; tria sunt animæ, scientia, justitia, et lætitia ; menti enim humanæ, tres vires naturaliter insunt, ut philosophi dicunt, scilicet, rationabilitas, concupiscibilitas, irascibilitas ; quarum singula in hoc statu miseriæ duo habent circa se, habitum videlicet, et privationem. Enimvero circa rationabilitatem sunt scientia et ignorantia, circa concupiscibilitatem, justitia et injustitia, circa irascibilitatem lætitia et tristitia ; sed in statu gloriæ rationale nostrum implebitur scientia ; concupiscibile, justitia ; irascibile vero, lætitia. Erit igitur anima perfectæ scientiæ, justitiæ et lætitiæ ; quia quælibet virtus erit ibi sine impedimento et contrarietate. Quatuor sunt corporis, immortalitas, impassibilitas, agilitas et pulchritudo. Corpus autem, ut ait Apostolus [22], erit spirituale, non corporeæ substantiæ veritatem amittendo, sed ut spiritus cibo non indigendo. Erit igitur immortale, quia ultra non morietur, nec mors illi ultra dominabitur [23]. Erit impassibile, quia nulla passione ulterius molestabitur. Altius etiam exponamus, dicentes : quod in statu creationis habuit homo posse peccare, posse non peccare ; posse pati vel mori, posse non pati et non mori. In statu corruptionis habet posse peccare, non posse non peccare ; posse pati et mori, non posse non pati et non mori. Non posse non peccare sic intellige, non posse esse sine peccato, scilicet sine causa peccati ; causam dicimus concupiscentiam : vel non posse esse diu sine peccato. In statu glorificationis habebit posse non peccare, posse non pati, et non mori ; et non posse pati, et non posse mori : ideoque erit corpus immortale et

[13] Isa 53. [14] Num. 35. [15] Gen. 3. [16] Num. 21; Joan. 3. [17] Psal. 87. [18] Ose. 6. [19] Psal. 67; Ephes. 4. [20] Psal. 109. [21] Eccle. 9. [22] I Cor. 15. [23] Rom. 6.

impassibile. Erit etiam et agile , quia etiam veloci-
tatem cogitationis ad omnia comitabitur. Erit et
pulcherrimum, quia sicut sol fulgebit in regno Patris [44]. Exuetur itaque homo in utraque parte di-
ploide confusionis [45], et induetur stola geminæ glorificationis.

« Qui vero mala in ignem æternum. » Novem
pœnarum generibus in inferno miseri crucian-
tur, eo quod novem ordinibus angelorum associari operibus non merentur. Prima est ignis
inexstinguibilis, ut si totum mare influeret non
exstingueretur, de quo hic dicitur : Qui mala egerunt ibunt in ignem æternum. Secunda est aqua
intolerabiliter frigida, in qua etiam si mons igneus
mitteretur, totus in glaciem verteretur, de his duobus dicitur : Transibunt ab aquis nivium ad calorem nimium [46]. Tertia est vermis immortalis, de
qua vermis eorum non morietur , et ignis non exstinguetur [47]. » Quarta sunt tenebræ exteriores, de
quibus in Evangelio, mittuntur in tenebras exteriores : ibi erit fletus, et stridor dentium [48]. Quinta
est fetor putridus et indeliciens, de quo Joannes :
« Missus est diabolus in stagnum sulphuris [49]. »
Sexta est confusio peccatorum , eo quod omnibus
revelabuntur abscondita tenebrarum [50]. Unde Joannes : « Libri aperti sunt [51]. » Septima est horribilis
visio dæmonum, unde Job . « venient super eum
horribiles [52]. » Octava est pro varietate criminum
varietas flagellorum. Unde Joannes : « Judicatum
est de singulis secundum opera eorum [53]. » Nona
est miserabilis clamor flentium, et ululantium, quia
plangent se super se omnes tribus terræ [54]; dignus
est enim ut qui hic igne concupiscentiæ arsit, ibi
flebiliter ardeat : qui frigore malitiæ riguit, ibi stri-
deat; quem invidia consumpsit, vermis conscientiæ
rodat; qui lucem odit, luce non gaudeat : qui in
luxuriæ fetore putruit, fetorem olfaciat ; qui detegere peccata contempsit, ea detegat ; qui Deum
videre noluit, dæmones videat; qui exhibuit membra sua servire iniquitati , ad iniquitatem per singula recipiat talionem [55]; qui noluit gaudere cum
gaudentibus, fleat cum flentibus [56]. « Hæc est fides
catholica quam nisi quisque fideliter firmiterque
crediderit, salvus esse non poterit. » Dicitur fides,
virtus, qua creditur et hæc proprie ; dicitur et effectus, vel actus fidei, scilicet ipsum credere, et
hæc improprie ; dicitur et res quæ creditur, et hæc
item improprie. De prima tres sunt virtutes : fides,
spes et charitas; de secunda : « Fides tua te salvum
fecit [57], » id est actus, non enim virtus, sed actus
in meritum reputatur; de tertia, hæc est fides catholica. In capitulo, pastor oves [58], et paterfamilias
operarios [59], ne in calore et labore deficiant, consolatur ; quasi dicens viriliter agite in nomine Domini,

quia « Omnis quicunque invocaverit nomen Domini salvus erit [60]. » Unde alacres gratias agunt, et
cum Petro Christum Filium Dei vivi confitentur et
invocant, dicentes : « Christe Fili Dei vivi , miserere nobis [61]. » Quidam tamen non dicunt capitulum, neque responsorium ; quia per primam intelligunt pastoris operam, qui debet prius operari , ut
in aliis horis alios ad operandum valeat exhortari.

Ergo post psalmos continuo dicunt : Exsurge,
Christe, adjuva nos [62], vertentes se ad orientem.
Ideoque versus dicitur, et est sensus : Exsurge,
scilicet fac nos exsurgere, sicut intelligebatur illud
Moysi, cujus vicem tenet : Revertere, Domine,
ad multitudinem filiorum Israel [63], id est fac nos
reverti. Preces quæ sequuntur, scilicet Kyrie eleison,
propter tria dicuntur : ad resecandum superfluas cogitationes, ad impetrandum misericordiam propter
oves errantes, et operarios fatiscentes. Ad postulandum auxilium contra tentationes, ut possimus,
in Dominica oratione, Patrem securius invocare.
Ter autem Kyrie eleison, ter Christe eleison, et rursus ter Kyrie eleison, aut in singulis semel, propter
tres status divinitatis; tres ait status propter nos,
non propter Deum, « apud quem non est transmutatio, nec vicissitudinis obumbratio [64]. » Primus
fuit ante nativitatem , in quo colebatur trinus , et
unus, et dicebatur Dominus ; quia « Dominus nomen illi [65]. Secundus in humanitate. Ideoque invo-
catur Christus qui, licet sit « via, veritas et vita [66], »
est tamen una persona ; et rursus sic est una
quod non separatur a Trinitatis substantia. Tertius
est in clarificatione , ubi clarius trinus, et unus
agnoscitur, et adoratur , et Dominus appellatur.
Dominica oratio privatim dicitur , quia in ea Deo
loquimur, qui non tantum verba, sed renes et corda scrutatur [67]. Vel ut eam cum majori diligentia
capiamus : in qua septem petimus , ut a septem
vitiis liberemur, ut septem donis ditemur, ut septem
beatitudinum præconia consequamur, finis autem
aperte dicitur , ut ab omnibus confirmetur. Per
duos sequentes versus : Vivet anima mea. Erravi
sicut ovis quæ periit [68], patet de ovibus errantibus,
id est pœnitentibus agi, quæ per pastorem ad ovile
ducuntur [69]; sed quia via redeunti est fides, quæ
est ut scutum viatorum contra insidias hostium [70];
ideo subditur Symbolum apostolorum, scilicet, Credo in Deum Patrem ; cujus expositionem in Scru-
tiniorum tractatu, Deo propitiante, ponemus. Confessio subjungitur, quia post confessionem peccata
venialia dimittuntur ; sine quibus, ab ovibus et ope-
rariis præsens vita non ducitur : Preces pro ipso
qui loquitur operario, pro pastoribus, pro regibus,
pro populo, pro vivis et pro defunctis : Miserere
mei, Deus [71], pro pœnitentibus, et oratio pro astan-

---

[44] Matth. 13. [45] Psal. 108. [46] Job 24. [47] Isa. 66. [48] Matth. 25. [49] Apoc. 20. [50] I Cor. 4. [51] Dan.
7; Apoc. 20. [52] Job 20. [53] Apoc. 20. [54] Matth. 24; Apoc. 11. [55] Rom. 6. [56] Rom. 12. [57] Luc.
:, 8. [58] Joan. 10. [59] Matth. 20. [60] Rom. 10. [61] Matth. 16. [62] Psal. 43. [63] Num. 10. [64] Jac.
1. [65] Psal. 67. [66] Joan. 14. [67] Psal. 7 [68] Psal. 118. [69] Joan. 10. [70] Ephes. 6. [71] Psal. 50.

tibus multiplicantur ; quia per tales fructus pulvis a pedibus operariorum excutitur, et oves a pestiferis pascuis liberantur, et pœnitentes Domino reconciliantur. Ob eamdem etiam causam septem psalmi pœnitentiales, in Quatragesima et litaniæ cantantur. Sed attende quod sacerdos qui prius prostratus orabat, et nunc surgit, et stans orat summum Patremfamilias, Christum significat, qui prius conversatus in terris [93], oravit pro peccatoribus [94], et postea resurgens [95] et ascendens in cœlum, interpellat pro nobis [96], quod ad nostram salutem spectat. Ideoque præcedit et sequitur salutatio ; nam cum Dominus surrexit, discipulos salutavit dicens : « Pax vobis [96], » et post interpellationem, salutabit; quia salutem æternam donabit. Benedicamus Domino significat benedictionem qua Christus benedixit discipulis post resurrectionem [97]; unde ipsi gratias egere. Vel est laus finalis, quæ erit in gloria, cum gratiarum actione. Demum quia solent pastores greges ad alia pascua minare, et pabulo salem, ut melius sapiat, admiscere; sic prælatus fratres in capitulum ducit, quibus per pabulum salis sanctorum exempla in Martyrologio proponuntur; et per versum : Pretiosa in conspectu Domini mors sanctorum ejus [98], ad patientiam invitantur, et orationem. Sancta Maria, etc., sanctorum auxilia postulantur; postmodum, quia pro diversitate locorum occurrit diversitas adversariorum, pastor divinum ter petit auxilium contra insidias diaboli, carnis et mundi cum dicit : Deus in adjutorium meum, intende [99]; deinde simul omnes orant et misericordiam petunt, dicentes : Kyrie eleison et Libera nos a malo. Dicentes : Pater noster, et operum dilectionem, dicentes in bonum : Respice, Domine, in servos [100]. Exinde pastor tanquam per se et pro ovibus sollicitior, eas dirigi, et in lege Domini postulat sanctificari et custodiri, dicens : Dirigere et sanctificare, regere et gubernare. Demum lectionis et prædicationis pabulo reficiuntur maxime qui in monasteriis degunt, qui in omni hora Dei servitio sunt occupati, semper avidi Scripturarum pabulo satiari. De officio et ordine tractari, est de sequenti ; pascua, et dicta ovibus providere, quod sequitur. Adjutorium nostrum in nomine Domini, et Benedicite, licentiantur oves ad pascua, et operarii ad cultum vineæ festinare [1], ut valeant in mundi vespera denariium retributionis accipere.

CAPUT VII.

DE TERTIA, SEXTA ET NONA

Daniel tribus temporibus in die flectebat genua sua, et orabat, ut in ejusdem libro legitur [2]; per quæ tria tempora, tertia, sexta et nona secundum Hieronymum intelliguntur. Post Danielem, Esdras quater in die cum populo Domino confitebatur [3], hoc est, secundum Bedam, hora prima, tertia,

sexta et nona. Sexta quoque, tempore gratiæ, volens Petrus comedere, ad orationem ascendit cœnaculum [4] ; nona præterea Petrus et Joannes pergebant ad templum [5] : ideoque tertia, sexta et nona celebri officio auctoritate veterum decorantur. Igitur in his tribus horis in primordio, more solito divinum imploramus auxilium, quod est in omni opere bono faciendum. Exinde Trinitas glorificatur, Deus in hymno laudatur : postea ternis psalmis psallitur ; quia in nostris operibus Trinitas veneratur. Item in prima, tertia, sexta et nona per octonarios psallimus, quia tunc bene gregem pascimus, et vineam colimus, dum octo beatitudinibus intendimus, quos combinamus, si duo præcepta charitatis observamus. Et vide quod undecim facimus combinationes, ad emendandum undenarium nostræ transgressionis, vel ut pro quavis hora diei, in qua deliquimus, unum Domino, legis et charitatis, binarium offeramus, ut pro prima. Beati, pro secunda ; retribue, pro tertia ; Legem pone, pro quarta, Memor esto ; pro quinta Bonitatem fecisti; pro sexta, Defecit ; pro septima, Quomodo dilexi; pro octava, Iniquos odio habui; pro nona, Mirabilia ; pro decima Clamavi ; pro undecima, Principes [6]. Et est notabile quod in quolibet octonario aliquid de lege Domini memoratur ; quia per eum vinea colitur, et denarius æternitatis acquiritur [7]. Rursus in quatuor horis ad psalmos duodecies Gloria canitur, ut pro quavis hora, in qua deliquimus, de remissione peccatorum Deo gloriam rependamus. Verum in tribus horis, tertia, sexta et nona, triplex status innuitur præliantium, proficientium, fatiscentium. In tertia præliantes aiunt : Respondebo exprobrantibus mihi verbum [8]. In sexta proficientes adjungunt : Tota die meditatio mea est [9]. In nona fatiscentes, dicunt : Tribulationes et angustiæ invenerunt me [10]. Per antiphonas charitatem exprimimus, sub qua psalmos concludimus, si per eum nostra opera Domino commendamus, juxta illud : « Omnia opera vestra in charitate fiant [11]. » Capitulum est boni pastoris ad opera exhortatio. Responsum est hilaris operariorum responsio. Versus, qui ostendit, quod ad Dominum mentem vertimus, est boni operis fructus. Oratio est pastoris ad operarios commendatio. Benedicamus Domino, et Deo gratias, est operariorum ad pastorem gratiarum actio. Et sumitur hic ordo ab his, qui secundum Esdram [16] murorum opera faciebant, alii vero armis operarios defendebant : sic et in his horis modo psallimus : psalmus autem operationem eorum significat, quos princeps docet per lectionem et munit per orationem. Vel sumitur a triplici genere musicorum. Musica namque fit aut pulsu digitorum, ut in psalterio, et similibus; aut cantu sicut in voce, aut flatu, sicut in sono tubæ. De primo dicitur : Laudate eum in

[93] Baruch. 3. [94] Isa. 53. [95] Matth. 28. [96] Rom. 8. [96] Luc. 24. [97] Ibid. [98] Psal. 115. [99] Psal. 69. [100] Psal. 89. [1] Matth. 20. [2] Dan. 6. [3] II Esdr. 9. [4] Act. 10. [5] Act. 3. [6] Psal. 118. [7] Matth. 20. [8] Psal. 118. [9] Ibid. [10] Ibid. [11] I Cor. 16 [16] II Esdr. 4.

psalterio et cithara [13]; de secundo : Psallite in vo-
ciferatione [14]; de tertio : Laudate eum in sono tubæ [15]. Quando psalmos dicimus, primum genus
musicæ adimplemus; quando legimus, secundum
exercemus: quando cantamus, tertio genere delectamur, usque adeo ad altiora nos extendentes,
ut ad Trinitatis gloriam in responsorio veniamus.
Vel potius sumitur ab Apostolo qui ait : « Imple-
mini Spiritu sancto loquentes vobismetipsis in psalmis, hymnis et canticis [16]. » Psalmi pertinent ad
operationem, hymni ad laudem, cantica vero ad
evangelicam exsultationem : unde gloria eis continuatur : quia nusquam tanta gloria Deo confertur,
quanta in cœtu sanctorum et angelorum. In his
etiam horis in ferialibus preces interseruntur, quæ
in festivis rationabiliter omittuntur. In ferialibus
enim ploramus nostram peregrinationem; ideoque
utimur obsecrationibus, orationibus et postulationi-
bus, pro nobis et omnibus in commune, ut : Ego
dixi : Domine, miserere mei [17], etc. Sed in festivis recolimus nostram et Domini resurrectionem.
Et qui hic manentem civitatem non habemus [18],
cœlestem Hierusalem nobis futuram inquirimus ;
ubi non habebit locum miseria, et ideo pro miseris
non implorabitur misericordia.

CAPUT VIII.
DE VESPERTINA SYNAXI.

Vespertina oratio ascendat ad te, Domine! Hic
etiam ut in aliis horis prædiximus, divinum auxilium imploramus, et gloriam Trinitati ascribimus. Postmodum quinquies psallimus, propter
quinque vulnera Christi, qui se pro nobis obtulit
sacrificium in vespera mundi : quod patriarchæ
ante legem, prophetæ sub lege præfiguraverunt,
cum Domino ad vesperam sacrificia obtulerunt [19].
Vel quinquies psallimus, ut nobis peccata quinque
sensuum dimittantur : eadem ratione pectus quinque digitis tundimus [20]. Hoc etenim flet m illorum
insinuat, quibus occidit sol justitiæ [21]. Vel quinquies psallimus, quia pro labore quinque sensuum
præmium exspectamus : nam et in hac hora dies
clauditur, et finis operum, et initium sequitur præmiorum. Cantantur autem psalmi secundum materiam diei, ut in Dominica nocte, qua per resurrectionem Christus vicit leonem, cantatur Benedictus
Dominus Deus meus [22], qui continet victoriam David contra Goliath [23]. Cæteri laudes personant. Et
vide quod vespertinum et matutinum officium cæteris horis modis psalmidicis numero præferuntur,
eo quod in senaria operum distinctione vespere
et mane solummodo memorantur [24]. Et in veteri
lege [25] antiquitas matutini et vespertini officii
commendatur. Antiphona est cantus animæ, virtus
dilectionis, quæ psalmis intercantantur, ut opera

corporis in charitate fiant. Sequitur capitulum patrisfamilias, per quod excitat operarios assurgere
Domino venienti. Deo gratias, vox est aggratu-
lationis laborantium. In capitulo quod psalmos
sequitur, futuræ diei qualitas vicinatur; nam
opera comitatur expositio pœnarum, vel manife-
statio præmiorum. In capitulo igitur officia divi-
dentes, per præcedentia laborem, per sequentia
præmium significamus : ideoque præcedentia consistunt in psalmis, et sequentia in hymnis, et canticis. Vel per præcedentia noctem præsentem, in
qua plurimum laboramus; per sequentia diem futuræ exaltationis accipimus; quia nox præcedit,
dies autem appropinquabit [26]. Ante noctem gloriosam, dies ab initio mundi noctem præcedebat [27],
significans quod a die paradisi descenderat homo
ad noctem inferni. Sed in nocte resurrectionis, quæ
fuit utriusque diei communis, facta est recipro-
catio, ut nox diem præcedat; innuens quod per
Christi resurrectionem, post mortem carnis de
profundo noctis tenebrosæ transibimus ad claritatem lucis perpetuæ. Inde est quare in vesperis officium sequentis diei incipimus, quia
vespertina synaxis primum est officium secundum
Esdræ consuetudinem, in quaternario nocturno.
Unde vespertinum officium a vespera stella nominatur, quæ in principio noctis oritur. Ideoque tunc
debent hoc officium secundum Esdræ consuetudinem celebrare. Post capitulum quidam adjiciunt
responsorium, ut hilaritas operantium Patrisfamilias excitationi respondeat : et hoc dicunt in
omnibus horis esse agendum, nisi in laudibus
matutinis, ubi superfluum videretur in responsoriis delectari, cum nocturnalibus continuentur excubiis. Alii capitulo versum conjunctum adjiciunt;
quia sicut responsorium excludit canticum Zachariæ, sic et canticum Beatæ Mariæ. Hymnus
qui sequitur est exsultatio laborantium de suo
profectu. Versus est eorumdem laborantium in se
vicaria excitatio, vel exhortatio. Vel hymnus est
canticum victoriæ ; versus pulsatio ad ostium gloriæ. Et vide quod versus aut debet notare statum
temporis, aut officii : statum temporis notat versus primæ, scilicet Exsurge, Christe, adjuva nos [28],
ubi cum dicitur : exsurge, minuitur initium operæ.
Similiter in versu tertiæ : Adjutor meus esto, ne
derelinquas me [29], cum dicitur : Ne derelinquas me,
notatur status pugnæ ; similiter in versiculo sextæ, Dominus regit me, et nihil mihi deerit, in loco
pascuæ ibi me collocavit [30], significatur status profectus et perfectionis. In versiculo nonæ : Ab occultis meis munda me, Domine, et ab alienis parce
servo tuo [31]; status demonstratur frigescentis dilectionis. Statum quoque temporis innuunt versiculi,

---

[13] Psal. 150. [14] Psal. 32. [15] Psal. 150. [16] Ephes. 5. [17] Psal. 40. [18] Hebr. 13. [19] Ephes. 5; Hebr. 9. [20] Exod. 29; Num. 28. [21] Jer. 15; Amos. 8. [22] Psal. 143 [23] I Reg. 17. [24] Gen. 1. [25] Exod. 29; Num. 28; IV Reg. 16. [26] Rom. 13. [27] Gen. 1. [28] Psal. 43. [29] Psal. 26. [30] Psal. 22. [31] Psal. 18.

qui in passione et resurrectione cantantur; sed
versus vespertinales, officii statum insinuant, ut
vespertina oratio, etc. Ex quibus verbis colligitur
quod vespertina oratio actitatur.

Canticum beatæ Mariæ, scilicet : *Magnificat*,
triplici de causa in vesperis frequentamus : ut incarnationem Domini recolamus; ut acta Virginis
recolentes, ejus intercessionem precibus merere-
mur; ut ejusdem castitatis exempla sequamur.
Magnificat [11] autem in vesperis, quia Virgo portavit Dominum in vespera mundi; hoc canticum est
exsultatio laborantium, quorum spiritus exsultat
in Domino ; quia fecit eis magna qui potens
est, cujus misericordia est in sæcula [12]. Ob hanc exsultationem repræsentandam lampades accenduntur
in vesperis ; vel pro hoc cantico principaliter accenduntur, eo quod Evangelium est, vel ut nos de
numero adolescentularum, et quinque prudentum,
curramus cum lampadibus bonorum operum, in
odorem unguentorum [13] beatæ Virginis, intrantes
cum ipsa in gaudium Domini nostri [14]. Et quia
opera non sunt in lampadibus radiantia , nisi fuerint charitate formata , ideo canticum clauditur
sub antiphona. Interim a sacerdote, qui vicem tenet
Aaron, incensatur altare illa ratione, quam prædiximus in *Benedictus*. Preces etiam adjiciuntur in
ferialibus diebus et excluduntur in festivis , illa
ratione, quam in aliis horis superius prætaxavimus. Oratio est ultima Domini ad operarios benedictio; quod orationes in fine dicuntur, ab Actibus
sumitur apostolorum [15], qui, quando disjungeban-
tur , positis genibus suis orabant; quæ finales orationes collectæ dicuntur, quod tractum est a Levitico [16], ut scenopegia ultimum festorum legalium
collecta vocatur : quia ibi flebat fructuum collectio,
quæ figurabat futuram nostrorum operum collectionem, cum dicetur : « Ecce homo, et omnia
opera ejus cum eo [17]. » Collectæ illæ ratione quam
prædiximus in tractatu missæ. *Benedicamus Domino*, laus est finalis et ineffabilis exsultatio. *Deo gratias*, est de consummato cursu gratiarum actio.

CAPUT IX.

DE COLLATIONIBUS ET COMPLETORIO.

« In pace in idipsum dormiam et requiescam
[18]. » Collatio traxit originem a sanctis Patribus,
qui solebant in vesperis convenire et de Scripturis
conferre, ad instar operariorum ad recreationem
invicem confabulantium. Ideoque vitas Patrum, et
his similia, quæ potius sunt delectationi quam honori, in nostris collationibus legimus ; et nobis eru-
ditiores licite, si dubium occurrerit, interrogamus.
Completorium dicitur , quia opera nostra complentur, sed et usus quotidianus cibi, et potus,
et communis eloquii ; unde moris est, ut monachi, post completorium oris claustra muniant, et

significat finem vitæ præsentis. In quo numero
electorum completo, complebit Deus gaudium sanctis suis; unde quia Dominus judicat fines terræ [19], « per *Converte nos , Deus salutaris noster* [20]
incipimus orantes, ut nos a malo convertat, et iram
suam a nobis avertat, et quia merita non sufficiunt, ejus adjutorium postulamus, dicentes : *Deus,
in adjutorium meum intende* [21]. Quatuor psalmos
ad placandum Dominum dicimus; quia corpus quod
ex quatuor elementis constat, in morte resolvitur;
quod Domino commendamus. Tres primi loquuntur de morte vel Domini passione: et ideo eis utimur in completorio nostræ vitæ. *Cum invocarem*
canimus, ut *in pace in idipsum* [22], id est immu-
tabili dormiamus. *In te, Domine, speravi* [23] sub-
jungimus, ut cum Christo in manus Patris spiritum commendemus [24], unde et in eo versu finem
psalmi accipimus, quem Dominus exspirans in cruce
dixit; et est sextus versus, quia in sexta ætate
Christus obiit; et nos in eadem sic dormiamus, ut
membra quiescant et cor ad Dominum vigilet, ut
caro in sepulcro quievit, et divinitas vigilavit. *Qui
habitat in aajutorio altissimi* subdimus, ut a quatuor tentationibus liberemur, scilicet *a timore
nocturno, a sagitta volante in die, a negotio perambulante in tenebris, ab incursu, et dæmonio meridiano* [25], id est ab incurrente dæmonio. Prima est
levis et occulta, secunda levis et manifesta, tertia
gravis et occulta, quarta gravis et manifesta. Quarto loco : *Ecce nunc benedicite Dominum* [26] inter
psalmos concludimus, ut post mortem in domo Domini, et a Domino benedicamur, et Domine benedicamus. In hymno, capitulo, versu, victoriam
de nocturnis illusionibus rogamus, et custodiri, *ut
pupillam oculi* [27] deprecamur, aut victoriam de
insidiis diaboli, carnis, et mundi, aut de quatuor
supradictis cogitationibus postulamus, ut in Christo qui vicit mortem, mundum et diabolum, triumphemus [28]. Hic ergo versus : *Custodi nos, Domine, ut pupillam oculi*, statum monstrat temporis et officii, scilicet, custodiam Salvatoria circa
pericula noctis. Et attende quod, secundum quosdam, capitulum præcedit hymnum in hoc officio,
sicut in vesperis et aliis horis, ut hymnus Evangelio, quod hic dicitur continuetur, secundum alios
hymnus præcedit capitulum, quod est per aliarum
horarum apostrophem: nam in cæteris horis hymnus præcedit psalmum, hic psalmus hymnum, ut
adimpleatur, quod invenitur in titulis psalmorum,
psalmus cantici et canticum psalmi. Rursus quod
capitulum hymnum, et hymnus præcedit capitulum, morem boni sequitur oratoris, in cujus ore
modo laudes præveniunt exhortationem, modo exhortatio laudes. Illud quoque notabile est quod
cum septenæ sint partes cæterarum horarum, sci-

---

[11] Luc. 1. [12] Ibid. [13] Cant. 1. [14] Matth. 25. [15] Act. 20. [16] Cap. 23. [17] Eccl. 11. [18] Psal. 4.
[19] I Reg. 2. [20] Psal. 84. [21] Psal. 69. [22] Psal. 4. [23] Psal. 50. [24] Luc. 23. [25] Psal. 90. [26] Psal. 133.
[27] Psal. 16. [28] Hebr. 2; Joan. 16; Luc. 11; Col. 2.

ersus cum gloria, hymnus, psalmus, et le-
antus, preces et oratio; in tribus scilicet ma-
laudibus, vesperis et completorio additur
ava, canticum videlicet evangelicum; quo-
næ tres horæ pertinent ad octavum, scilicet
i resurrectionem, qui mane surrexit, in ve-
se discipulis manifestavit, in completorio
ilis ait : « Pax vobis [40]. » Eapropter in his
horis hymnus, qui est exemplum lætitiæ,
æ sequitur, ut continuetur Evangelio gratiæ.
elium hujus officii est canticum Simeonis,
t : *Nunc dimittis* [80], in quo pacem rogamus
æm, ut sicut Simeon transire cupiens, post-
vidit Christum, dimitti rogavit, sic nos post
fidei perveniamus ad splendorem speciei, ubi
x æterna. Preces etiam et Dominicam ora-
adjungimus, ut nos ab hostibus, qui insi-
r in tenebris, et vitæ calcaneo, muniamur [81].
» quoniam ad primam et completorium apo-
m Symbolum non omittimus; quia cuncta
opera in ejus nomine incipimus et conclu-
in quem credimus. Similiter ad utrum-
lcium confessionem, et *Miserere mei, Deus*
cimus, ut quidquid in nocte peccavimus
lie deliquimus, per confessionem et pœniten-
illuamus, adimplentes illud : « Confitemini
rum peccata vestra, et orate pro invicem,
emini [82]. » Respicientes etiam illud quod
acerdos farinæ assarium offerebat in die
aæ, medietatem mane, medietatem post me-
[86].

ifi cium autem nostrum est spiritus humilia-
similiter et utrumque soli Deo referimus
ar primitiarum et decimarum [86]. Unde pro
enienti festo non mutantur, nisi Christi, qui
it [87] (ut in Paschali tempore aiunt quidam)
æ Virginis ad confirmandum, quod idem est
Dei et Filius hominis, et significant preces
atem, quæ semper est necessaria, in princi-
quod significandum humili voce servitium
tur, et in fine. Ideoque preces in fine ponun-
tima oratio est ultima benedictio. *Benedica-*
mino, Deo gratias, laus est finalis, et inef-
et de consummato cursu gratiarum actio.
» illud non est de officio negligendum, quod,
lam aiunt, nocturnale officium recolit tem-
Adam ad Noe, matutinale a Noe ad Abra-
rima ab Abraham ad Moysen, tertia a Moyse
d, sexta a David usque ad adventum Chri-
a ab adventu primo usque ad secundum,
ominus venerit ad judicandum. Per vesperas
unt Sabbatum animarum, quo requiescent a
us suis [89]; per completorium, illud tempus
solemnitatis, in quo venient electi percipere
» [80], et consummabitur gaudium sanctorum,

cessabit lucta et pax succedet æterna : in qua det
sponsus sponsæ dormire et immutabiliter requiescere [90].

CAPUT X.

DE OFFICIO MONASTICO.

« Celebra, Juda, festivitates tuas, et redde vota
tua [1]. » Nahum confitentes alloquitur, præcipiens
vota reddere, quæ propria voluntate vovere. Vovere
quippe voluntatis est, sed vota reddere necessitatis ;
votum est conceptio mentis animi deliberatione firmata. Vota monachi continua sunt, obedientia, habitus vestium, abrenuntiatio propriorum, jejunium,
silentium et regulare officium, de quo tractare,
cæteris omissis, intendimus. Beatus itaque Benedictus aliter a canonicis ordinavit officium, nec est
ab Ecclesia reprobatum, sed a beato Gregorio ro-
boratum, qui ait : « Sanctus vir non potuit aliter
dare quam vixit. » Dicit ergo semel : *Deus, in ad-*
jutorium meum intende [8], et post ter : *Domine, labia*
mea aperies [8]. propter reverentiam unitatis et Trinitatis. Exinde psalmum : *Domine, quid multipli-*
cati sunt, eo quod a somno, secundum quosdam,
dicit in eo : *Ego dormivi et soporatus sum* [8]. Inde
per invitatorium, et *Venite,* ad Ecclesiam venire
invitat. Proinde Ambrosianus sequitur hymnus. De
hymnis superius diximus. Sed hic adjiciendum putamus hymnos etiam patres veteres cecinisse [88], ut
David, et tres pueros in fornace [88]. Sed etiam ipsius
Domini et apostolorum habemus exemplum [87]. In
his demum qua beatus Ambrosius floruisse cognoscitur, ex ejus nomine Ambrosiani vocantur.
Vel quod ab ipso sint conditi, vel quia ejus tempore
cœperunt celeberrime in Ecclesia celebrari. Ad hoc
septem psalmos cum antiphonis suis et quatuor lectiones, cum totidem responsoriis in primo nocturno
adjecit, et totidem in secundo. Senarius vitam designat activam, in qua sex opera misericordiæ nos
convenit exercere, si ad vitæ contemplativæ perfectionem volumus pervenire [88], quæ per quaternarium lectionum responsorium propter quatuor
Evangelia designatur ; vel per octonarium utrorumque propter octo beatitudines figuratur [89]. In
tertio nocturno idem vir vitæ venerabilis tria cantica censuit esse cantanda in laudem Trinitatis, a
qua utriusque vitæ perfectionem dari nobis credimus
et speramus.

Quod cum *Alleluia,* quod est canticum cœleste,
cantatur, innuit quod ad laudem Trinitatis non sufficiat laus vocis humanæ vel quia pro laudibus Trinitatis perveniemus ad canticum cœlestis lætitiæ.
Deinde quatuor lectiones de Evangelio, quæ sequuntur, insinuant quod laudatores Trinitatis per
doctrinam quatuor Evangeliorum, quatuor virtutibus insigniti, muniti et eruditi sunt; per quatuor
responsoria, quæ sequuntur, laudantium hilaritas

sc. 24. [60] Luc. 2. [61] Gen 3. [62] Psal. 50. [63] Jac. 5. [64] Levit. 6. [65] Psal. 50. [66] Deut. 12.
. 9. [68] Apoc. 14. [69] Matth. 25. [1] Cant. 3. [2] Nahum. 1 ; Psal. 75. [3] Psal. 69. [4] Psal. 50.
5. [5] Psal. 64. [6] Dan. 3. [7] Matth. 26. [8] Matth. 25. [9] Matth. 5.

Intelligitur. Et vide quod canonici novenario, monachi vero duodenario lectionum utuntur. Novenarius enim tetragonus est, scilicet æquis undique lateribus quadrus, et convenit prædicatoribus, quorum verbum et opus debent æqua lance proportionaliter trutinari. Duodenarius vero inæqualibus constat lateribus, quia ter quatuor, aut quatuor tria duodecim faciunt, et convenit monachis ad instar Jacob [70] cum Deo luctantibus et pede altero claudicantibus; quia minus operantur, et amplius meditantur. Rursus quaternarius illius ordinis sancti quadratam significat stabilitatem ejusdem; quadrigas Aminadab [71], quadruplum videlicet sensum Scripturarum historicum, allegoricum, tropologicum et anagogicum, in quibus ille sanctus ordo præ cæteris meditatur. Sed ne hoc agentes bonum sibi ascribant, sed totum Deo tribuant, se vero inutiles servos dicant [72], subjungunt: *Te Deum Laudamus.*

Post hoc legitur evangelium, quod denarium, scilicet, vitam designat æternam, quæ digne laudantibus in fine reddetur: unde solemniter et cum honore cantatur, ad quod sequitur *Amen*, id est fiat nobis quod ex Evangelio credimus et speramus. Per hymnum qui canitur in extremo, scilicet: *Te decet laus*, ultima intelligitur gratulatio, quando percepto denario exsultabunt sancti in Domino [73]: ideoque magna cum delectatione cantatur et hymnus dicitur; nam, ut dicimus, hymnus est laus Dei cum cantico. In matutinis laudibus pene totidem, et eosdem psalmos, hymnos et cantica, tam ferialibus quam festivis, ut superius exposuimus, et in ea lem significatione beatus Benedictus instituit. Eo tamen mutato quod *Deus, misereatur nostri* [74], p imo voluit indirectum absque antiphona decantari. Vel quia tenebris fatiscentibus diluculo matutinæ cantantur; hic autem dicitur: *Illuminet vultum suum super nos* [75]. Vel quia hoc officium ad Domini pertinet resurrectionem, per quam accepimus gratiam et benedictionem; quod sequitur: *Miserere mei Deus secundum magnam misericordiam tuam* [76], psalmus vel Jubilæus recolit remissionem, tum propter psalmorum numerum, tum propter pœnitentialem, quam in se continet humilitatem. Rursus id specialius ordo monasticus habet, quod in matutinis et vesperis Dominicam orationem dicit in voce propter simplices, et versutos; sunt enim qui eam non intelligunt, aut obliviscuntur; et sunt qui spinam odii gerentes in corde fratrem odiunt, et dicere nolunt: *dimitte nobis debita nostra, sicut et nos dimittimus, debitoribus nostris* [77]: hoc ergo dicere compelluntur in publico, ut purgentur ab illo vitio; et hoc in matutino, id est fine diei, ut noctem aut diem non pertranseat quis sine reconciliatione fratris; in aliis autem horis non dixit in voce dici; quia sæpe contingit fratri fratrem

irasci, et quodam furoris impetu commoveri, qui licet statim animum non cohibeat, exspectandus est ad veniam; quia sufficit si e sol non occidat super iracundiam [78]. > Ternarius psalmorum in prima, tertia, sexta, nona et completorio, fidem sanctæ Trinitatis insinuat, ad quam sunt diurna opera referenda. Quaternarius psalmorum in vesperis, vel ad quadraturam suberiorem nos dirigit; vel ad quaternarium cardinalium virtutum, circa quarum cardines expedit ut opera nostra vertantur.

Et attende a mysterio non vacare, quod monachi se toto corpore gyrent ab oriente in occidentem, significantes Deum ubique adorandum: quia ubique præsentem. Vel potius, quod cum rationabili metu ab ortu nostræ nativitatis usque ad occasum mortis sequi tenemur, sicut firmamentum ab oriente naturaliter vertitur in occidentem. Hoc etiam transmontana designat Ecclesia cum dicit: *Gloria Patri*, se inclinat in orientem, et subdens, *sicut erat*, se vertit in occidentem. Et est hæc quædam species devotionis; devotionem autem statuit ille magister in officiis exhibendam: si enim credimus Deum ubique præsentem, tunc eum maxime credamus adesse, cum ad divinum opus corpore et mente assistimus, sed et angelorum præsentiam adesse non dubitamus. Servite itaque, fratres, Domino in timore [79], servite in psalmis, in lectionibus; exsultate in hymnis et jubilationibus; in timore additur et tremore, ut servitium non sit negligens, nec exsultatio torpens. In psalmis, ut cum melodia cantentur, quo facilius animi ad compunctionem flectantur, ut qui verbis non compunguntur, modulationis dulcedine moveantur; ardentius enim, ut experimento cognovimus, per cantum anima movetur infirma ad pietatis affectum. In lectionibus, ut pronuntientur, in quibus est quidem non parva audientium ædificatio: unde licet cum psallitur, psallatur ab omnibus; et cum oratur, oretur ab omnibus: tamen cum legitur, faciendum est silentium et est ab omnibus audiendum. Unde si quis supervenerit, Deum capite inclinato adoret, frontem persignet, et aurem lectioni accommodet, ne obtentu orationis fructum perdat ejus quæ legitur, lectionis: nam eam non semper habebit, orandi vero potestas semper in promptu erit. In orationibus, ut sit devota, si enim principi sæculario, qui est cinis et vermis, est submissa voce loquendum, quanto majori devotione est Domino supplicandum, qui est creator omnium. Sit etiam brevis, quia e in multiloquio non deerit peccatum [80]; > ideoque Dominus ait: e Orantes nolite multum loqui [81]. > inde quoque mos est Græcorum frequenter sed parum orare. Et attende quod in singulari oratione tamdiu prostrati jacere debemus, quousque cogitationes varias comprimamus, ut ait

---

[70] Gen. 52. [71] Cant. 6. [72] Luc. 17. [73] Psal. 149. [74] Psal. 66. [75] Ibid. [76] Psal. 50. [77] Matth. 6. [78] Ephes. 4. [79] Psal. 2. [80] Prov. 10. [81] Matth. 6.

Gregorius. In conventu vero breviter est orandum, et facto signo ab oratione surgendum. Et vide quod cum sacerdos in voce dixerit orationem, non debet aliis verbis orare, sed illam orationem corde attendere, ut ea dicta respondeat : Amen. Rursus quod usque adeo debent fratres prostrati jacere, quousque dicatur : In unitate Spiritus sancti Deus, excepto completorio, in quo prostrati jacemus', quousque dicatur : Benedictio Dei Patris omnipotentis, et Filii, et Spiritus sancti.

Tunc erigimur, ut Amen respondeamus. Sit præterea oratio pura, ex cordis puritate procedens, lacrymarum compunctionem inducens, de irriguo superiori et inferiori [64]; nam, ut ait Gregorius, veraciter orare est amaros in compunctione gemitus, et non composita verba sonare. Sit etiam persevo-

A rans : quia, « si quibus perseveraverit usque in finem salvus erit [63]. » Sit quoque operibus concordans, ut vertatur os turturis ad axillam [64]. In hymnis autem exsultandum, ut sit laus Dei cum cantico [65] : nam si laus est et non Dei, non est hymnus ; et si laus est, et Dei, sed non cantetur, proprie non est hymnus, licet largo vocabulo dicatur : « Hymno dicto, exiere in montem Oliveti [66]. » In voce quoque exsultationis est Domino exsultandum [67], sic tamen ut mens voci concordet : quod et de cæteris intelligendum est, ut psallamus spiritu, psallamus et mente [68], psallamus Domino sapienter, id est corde, ore, cupientes non tam voces nostras, quam sensum et verba hominibus et Deo placere. Amen.

[63] Joan. 15.   [64] Matth. 24.   [65] Levit. 1.   [66] Psal. 68.   [66] Matth. 26.   [67] Psal. 46.   [68] I Cor. 14.

LIBER QUINTUS.

—

PROLOGUS.
DE MULTIPLICITATE LIBRORUM, ET VARIETATE TEMPORUM.

Excursis generalibus, specialia prosequamur de concordia et diversitatibus officiorum. Verum quia concordia consurgit ex multiplicitate librorum, et diversitas officiorum ex varietate temporum, idcirco de librorum pluralitate et temporum varietate utilia præmittamus. Cum igitur ecclesiasticum officium consistat in lectione et cantu, duæ sunt maneries librorum ecclesiasticorum. Nam alii sunt lectionarii, alii cantuarii. Lectionarii sunt bibliotheca, passionarius, legendarius, nomiliarius, sermologus, epistolarius, evangeliarius, collectarius et ordo. Bibliotheca dicitur a biblis, quod est liber; vel a biblo, quia quondam scribebatur in biblis, et theca. quod est positio et æquivocum ad armarium, ubi libri reponuntur, et a magnum volumen, quod utrumque continet Testamentum. Vetus in tria partitur, in historiam, prophetiam, hagiographa; historia XXI volumina continet, scilicet : Pentateuchon, qui dicitur Thorah, scilicet lex. Ili quinque libri Moysi : Genesis, Exodus, Leviticus, Numeri, Deuteronomium, super quos jurant Hebræi, sicut nos super Evangelia, veluti sacratiora illa penes illos, ista penes nos. Pentateucho vero adjuntur duo, scilicet, Josue, et Judicum, et vocatur Eptateuchos. Deinde sequitur liber Ruth et Regum quatuor partitiones. Postea sequuntur duo libri Paralipomenon; duo Esdræ; duo Machabæorum; liber Tobiæ, Judith et Esther; et sunt xxi, quia docuere Decalogum corpore ac mente, in unitate fidei observandum. Prophetæ sunt sexdecim : Isaias, Jeremias, Daniel, Ezechiel, et duodecim prophetæ, qui sunt

B sexdecim, quia docent decem præcepta per sex opera esse complenda. Sequuntur hagiographa, scilicet liber Psalmorum, Job, tres libri Salomonis, ut Parabolæ, Ecclesiastes, Cantica. Libri Sapientiæ et Ecclesiasticus, qui sunt septem; quia docent vitam æternam per dona Spiritus sancti adipiscendam. [Apocrypha tamen esse dicuntur liber Tobiæ, Machabæorum, Sapientiæ, Philonis, id est Diligite justitiam, et liber Jehu filii Sirach, Omnis sapientia a Domino Deo est, qui dicitur Ecclesiasticus, hos quatuor apocryphos Ecclesia non authenticat, quoniam eorum auctores ignorat. Nam duo tenent sententiam Salomonis et alios duos Esdram credimus composuisse, qui reparavit bibliothecam a Babiloniis C combustam.] Sequuntur libri Novi Testamenti, scilicet, quatuor evangelistæ, Epistolæ Pauli quatuordecim, Apocalypsis, Epistolæ canonicæ septem; Actus apostolorum. Hi libri duorum Testamentorum sunt pene septuaginta duo contra septuaginta duas linguas superborum, ut septuaginta duæ linguæ convertantur ad Dominum. Passionarius est in quo sunt passiones martyrum ; legendarius, in quo est conversatio confessorum ; homiliarius est, in quo sunt expositiones evangeliorum ; sermologus est liber sermonum hiemalium et æstivalium ; epistolarius et evangeliarius sunt partes bibliothecæ; collectarius est liber collectarum, sicut hymnarius hymnorum, et ordo exorcismorum, et benedictionarius benedictionum. Cantuarii libri sunt tres : antiphonarius, gradualis, trophalis. Antiphonarius a digniori nomen accepit, scilicet ab antiphonis, cum et ibi versus sint, et responsoria : legitur enim in Tripartita Historia, quod beatus Ignatius audivit angelos cantantes antiphonas; ideoque iu-

stituit antiphonas cum psalmis in choro, quasi A
chorea cantari, et idcirco dicuntur antiphonæ, quia
sicut responsoria respondent ad historiam, sic antiphonæ ad psalmodiam. Antiphonarium beatus Gregorius centonizavit et compilavit. Gradualis dicitur
a gradibus, eo quod in diebus festis super gradus
ascenditur, ibique in ambone cantatur. In profestis
ante gradus altaris concinitur. Trophalis vel tropha-
nafius est liber in quo trophi, et *Kyrie eleison*, cum
prosis et sequentiæ continentur, et dicitur a troph s
quod est *conversio;* quia convertitur ad introitum;
unde et trophium dicitur *zona*, quæ vertitur ab
umbilico ad umbilicum. Varietas vero temporum ex
variis statibus accidit humanæ conditionis : sicut
enim annus solaris quatuor temporum successione
dilabitur, hiemis in qua semina jaciuntur, veris in B
quo semina prodeunt et in spicas acuuntur, æstatis,
in qua messes albescunt et falce succiduntur, au-
tumni, in quo grana separantur a paleis : paleæ
comburuntur, et grana in horreis recunduntur ; sic
et magnus annus vitæ præsentis durans a principio
mundi usque ad finem sæculi, quadripartita successione metitur; fuit enim primo tempus deviationis
ab Adam usque ad Moysen, in quo omnes declinaverunt a cultu D i, et simul inutiles facti sunt, et non
fuit qui faceret bonum, non est usque ad unum [19];
serviebant enim creaturæ potius quam Creatori [20].
Secundum tempus fuit revocationis a Moyse usque ad Christum, in quo revocati sunt per legem
et prophetas, et edocti de adventu Christi, de vita
tione peccati, de dilectione unius Dei. Tertium
tempus fuit reconciliationis a Nativitate Domini
usque ad Ascensionem ; in quo divina reconciliantur humanis ; quia facta est gloria in excelsis Deo,
et in terra pax hominibus bonæ voluntatis [21]. »
Quartum tempus est nostræ peregrinationis, ab
ascensione Domini usque ad consummationem sæculi. Primum comparatur nocti, secundum mane,
tertium meridiei, quartum vesperæ. Sic et homo ingreditur in peccato, sed devians revocatur in baptismo, progreditur in opere, sed egreditur et consummatur in morte. Hæc tempora magni anni videns
Ecclesia pro varietate temporum, laudabili varietate
utitur officiorum. Nam in Adventu recolit tempus
revocationis. In Septuagesima usque ad octavas
Paschæ tempus deviationis. In paschalibus diebus
usque ad octavas Pentecostes tempus reconciliationis. Ab octavis Pentecostes usque in Adventum tempus peregrinationis. Propterea librorum compositionem hoc artificiali ordine prosequentes, secundum quatuor tempora quatuor faciemus in officiis
divisiones. In hoc enim tempore incipit Ecclesia suæ
militiæ spiritualis officia, quia figuram prætendit,
ut diximus, revocationis, in quo tenet rem, et
non sequitur ordinem : non enim decebat a tem-

pore deviationis incipere, quæ desiderabat errorem
vitare, et medicum invenire.

CAPUT PRIMUM.

DOMINICA PRIMA DE ADVENTU.

Aspiciens a longe, ecce video Dei potentiam venientem. Adventum Domini ex causa duplici celebramus : duplex est enim adventus Domini. Primus fuit in humilitate, secundus erit in majestate :
advenire namque scilicet ad nos venire dicitur Dominus, qui ubique est per invisibilem præsentiam
majestatis, dum assumpto eo, quod visibile est, se
visibilem visibus nostræ carnis ostendit, quod tunc
factum est, quando « Verbum caro factum est, et
habitavit in nobis [22], » et tunc [secundus] fiet, quando
videbimus Filium hominis venientem in nubibus
cœli [23]. Illud itaque tempus quod nativitatem Domini
antecedit, propterea nominatur Adventus, quia in eo
commemorantur partim ea quæ ad primum, ut *Ecce
Virgo concipiet* [24] : partim quæ ad secundum, ut *Ecce
in nubibus cœli* [25] ; partim quæ ad utrumque spectare
videntur, ut *lætentur cœli et exsultet terra* [26]. Eorum
vero quæ ad primum pertinent, alia sunt epithala-
mia Virginis, alia paranymphi archangeli Gabrielis,
alia sunt Præcursoris præconia, alia crepitacula pro-
ficiscentis Salvatoris, alia sunt tripudia conversæ
gentilitatis. Nam paranymphus annuntiavit : « Virgo
concepit [27], » Præcursor digito demonstravit [28],
Salvator advenit, gentilitas credidit. Quæ vero ad
illa, vel ad illa pertineant providus lector in officialibus libris attendat. In officialibus autem quibusdam, ut in lectionario et evangeliario quinque
notantur hebdomadæ propter quinque ætates sæcul i
præcedentis, in quibus præcessit venturi præconium
Salvatoris : et in quibus electi fuere, qui crediderê,
speravere et dilexere Adventum Domini. In quibusdam vero, ut in antiphonario et graduali duntaxat
quatuor attitulantur propter legem, psalmos, pro-
phetias et gentilium libros, in quibus omnibus
adventus Domini prænotabatur. Vel lector monet ad
suscipiendum Christum purgare corporis hospitium
ex quatuor elementorum materia compaginatum, vel
lector monet activos per adventum Christi de terra
aquilonis adduci : unde in Jeremia : *Eduxit Dominus semen Israel de terra aquilonis* [29], scilicet de
peccatis. Hi sunt quinquies mille viri Deum secuti,
ex quinque panibus pasti, de quibus in Evangelio dicitur [100]. Cantor vero ad altiorem conversationem
excitat, et exhilarat contemplativos, qui vehuntur in
quatuor quadrigis Aminadab [1]. Hi sunt quatuor millia virorum septem panibus [2], id est septiformi gratia
refectorum. Hujus causa distantiæ, reor in introitu
tabernaculi quinque, sed ante Sancta sanctorum
columnas quatuor exstitisse [3]; quoniam incipientes
castigantur per legis virgam, perfecti roborantur per

---

[19] Psal. 13. [20] Rom. 1. [21] Luc. 2. [22] Joan. 1. [23] Luc. 21. [24] Isa. 7. [25] Dan. 7. [26] Psal. 95.
[27] Luc. 1. [28] Joan. 1. [29] Jer. 25, 51. [100] Joan. 6. [1] Cant. 6. [2] Marc. 8. [3] Exod. 26, 27.

gratiam, ad quorum mentium gaudium repræsentandum fit renovatio cantuum ; ad eos dicit versus
vespertinalis : *Rorate, cœli, desuper, et nubes pluant
justum, aperiatur terra,et germinet Salvatorem* [4]. Ipsi
enim sunt cœli, qui rorant subtilia de incarnatione
Christi, ut « Verbum caro factum est [5]. » Ipsi nubes, quæ pluunt grossiora, ut Joseph despomsavit
Mariam [6]. Ad eosdem etiam versus matutinalis ait :
*Vox clamantis in deserto, parate viam Domini, rectas
facite semitas Dei nostri* [7]. Viam parare est pœnitentiam agere et prædicare ; semitas rectas facere,
post mandata consilia observare. Sæpius tamen tres
hebdœmadæ in Adventu coluntur propter tria tempora, ante legem, sub lege, sub gratia, de excursu
quarum infra latius disputabimus. Principium autem Adventus semper est in die Dominico celebrandum, non ante v Kalendas Decembris, nec post in
Nonas ejusdem mensis, sed in his septem diebus
ubicunque Dominicus occurrerit, ibi Adventus Domini celebretur. Nunc vero nocturnis et diurnis
officiis insistamus

*Ecce nomen Domini venit de longinquo, et claritas
ejus replet orbem terrarum* [8]. Hoc in Isaia de secundo
adventu exponitur, quod etiam de primo sic valet
intelligi. *Ecce* vox demonstrativa temporis innuit
brevitatem, *nomen Domini* est ipse Patris Filius, unde:
« Non nobis, Domine, non nobis, sed nomini tuo
da gloriam [9] ; » *Venit de longinquo*, quia de cœlo ad
terram [10], de sinu Patris in uterum Virginis. *Et claritas ejus*, id est doctrina vel fama, *replet orbem
terrarum;* quia flagrat unguentis optimis, ut oleum
effusum effunditur [11], cujus odore tota domus repletur [12].

*Audite verbum Domini, gentes, et annuntiate in
insulis, quæ procul sunt, et dicite* [13] : *Ecce Salvator
noster adveniet, et jam nolite timere* [14]. Gentes convertendas Jeremias ad fidem Mediatoris invitat ; quia
non est aliud in quo nos salvari oporteat [15]; quem
Mediatorem Verbum appellat, quoniam sicut ex verbo
mentis intentio declaratur, sic per Filium Pater
agnoscitur [16]. Hoc est Verbum in quo et per quod
omnia facta sunt [17]; de quo Psalmista : « Eructavit
cor meum verbum bonum [18]. » Est autem verbum
inspiratum, ut hominis intellectus ; est et indicatum,
ut divinus cultus ; est et eructatum, ut Deus homo
factus. *Audite* hoc *verbum Domini*, quo cœli firmati
sunt [19], *et annuntiate* illud in finibus terræ [20]; quia
reminiscentur, et convertentur ad Dominum omnes
fines terræ, *et dicite : Ecce salvator noster adveniet,*
quasi ad nos veniet ; quia notum faciet Dominus
salutare suum in conspectu gentium revelabit justitiam suam [21]. *Ergo nolite timere* , sed « accedite
ad eum et illuminamini, et facies vestræ non con-
fundentur [22] : » *Dicite filiæ Sion : Ecce Rex tuus*

venit tibi mansuetus, ut salvet te [23]. Ad custodes murorum, ad vigiles qui custodiunt civitatem, ad custodes filiæ Sion sermonem dirigit Isaias, id est ad
doctores Ecclesiæ, ut dicant : *Filia Sion, ecce Rex
tuus venit mitis*, id est annuntient credentibus et
Deum spectantibus primum Salvatoris adventum
qui in mansuetudine venit ad salutem.

*Lætabitur deserta, et exsultabit solitudo, et flore-
bit quasi lilium* [24]. Prophetat Isaias de conversione
gentilitatis ; quæ ante Salvatoris adventum fuerat a
Deo *deserta*, in via sine Christo, qui est « via, veritas
et vita [25]; » solitudo sine lege, sine doctore. Sed per
adventum, et post adventum *lætabitur* mente, *exsultabit* corpore, *florebit* bonæ opinionis odore, *quasi
lilium*, unde : « Sicut lilium inter spinas, sic amica
mea inter filias [26]. » In medio namque nationis
pravæ atque perversæ [27] moratur Ecclesia rubens in
martyribus, candens in confessoribus, virens in virginibus, redolens in doctoribus.

*Erit in novissimis diebus mons domus Domini in
vertice montium* [28]. De prælatione Christi loquitur
Isaias dicens : *In novissimis diebus*, de quibus Jacob
[29], ut annuntiem vobis quid futurum sit in novissimis diebus ; in tempore, id est plenitudinis, et plenitudine temporis, in ultima scilicet ætate. *Mons
domus Domini* qui est caput Ecclesiæ Dei, quem
quasi lapidem vidit abscisum de monte sine manibus et crevisse in magnum montem [30]. Præparatus
a Deo prædestinatus ; secundum hominem sola gratia præelectus [31]. *Erit in vertice montium*, id est omnes super eos protegens, eisque de plenitudine [32] sui
fontis instillans : bi sunt angeli et omnes sancti, de
quibus : « Montes in circuitu ejus [33]. » Gabriel Angelus locutus est Mariæ, dicens : *Ave, gratia plena,
Dominus tecum , benedicta tu inter mulieres, et benedictus fructus ventris tui* [34]. Lucas nomen angeli
posuit, ut ex ipsa nominis interpretatione quid ministraturus venerat demonstres. Gabriel *fortitudo
Dei* dicitur, quia illum annuntiat qui ad debellan-
dum diabolum veniebat [35]. Hic locutus est Mariæ,
maris stellæ, quæ lucem fluctuantibus in sæculo genuit ; vel maris dominæ, quæ Dominum totius mundi
portavit : *Ave, gratia plena*, per Evam mors intravit
in mundum, per te salus et vita : unde merito salutaris voce nomini Evæ contraria. Illa gratia fuit
evacuata, tu vero gratia plena triplici ; quia virginitatis munus Domino obtulisti ; quia visu et colloquio angeli perfrui meruisti ; quia totius gratiæ auctorem sæculo edidisti. Nam *Dominus tecum*, in
animo tuo per dilectionem ; in utero tuo per incarnationem ; in auxilio tuo per virtutum collationem.
Benedicta tu inter mulieres, quia sine exemplo mu-
liebris conditionis virgo es, mater es, theotocos es.
Benedictus fructus ventris tui, de quo Propheta præ-

[4] Isa. 45.   [5] Joan. 1.   [6] Matth. 1.   [7] Isa. 40.   [8] Isa. 50.   [9] Psal. 113.   [10] Joan. 3, 16.   [11] Cant. 1.
[12] Joan. 12.   [13] Jer. 31.   [14] Isa. 62.   [15] Act. 4.   [16] Matth. 11.   [17] Joan. 1.   [18] Psal. 44.   [19] Psal. 32.
[20] Psal. 21.   [21] Psal. 97.   [22] Psal. 33.   [23] Isa. 62; Zach. 9.   [24] Isa. 35.   [25] Joan. 14.   [26] Cant. 2.
[27] Phil. 2.   [28] Isa. 2.   [29] Gen. 49.   [30] Dan. 2.   [31] Rom. 1.   [32] Joan. 1.   [33] Psal. 124.   [34] Luc. 1.
[35] Hebr. 2.

dixit : « De fructu ventris tui ponam super sedem **A** tuam [36]. »

Maria dixit, putas : Qualis est ista salutatio? quia conturbata est anima mea, et quia paritura sum Regem, qui claustrum virginitatis meæ non violabit. D. Luca sumitur beatæ Mariæ responsio, quæ more virginis de aspectu virili et more humanæ fragilitatis de angelica visione, et de insolita salutatione turbatur, et de novo concipiendi modo miratur, unde subdit :« Quomodo in me fiet istud? » «Ecce Dominus veniet, quem Joannes prædicavit venturum esse cum gloria : » hoc sumitur de Matthæo; ait enim Joannes de Christo, sicut legitur in Matthæo : « Fortior me est, qui post me venturus est [37] : » Christum enim, licet jam venisset in mundum, tamen prædicavit esse venturum; quia venturus erat ad prædicandum et baptizandum; unde sequitur : « Ille vos baptizabit Spiritu sancto, et igne [38]; » Spiritu sanctificationis in præsenti, igne purgationis in futuro. Venturus etiam erat cum gloria denique ad judicandum; quia « Pater omne judicium dedit Filio [39]. » Unde **B** « cujus ventilabrum in manu ejus [40], » id est judicium in potestatem, Dominum Salvatorem nostrum exspectamus, qui dat salutem corpori nostro et confirmat in nobis claritatem suam. Hæc dicit Apostolus [41] ad Philippenses in persona Patrum antiquorum et modernorum. Exspectavere enim Patres antiqui Messiam ad redimendum, exspectamus et nos ad judicandum, et utrique ad salvandum. Illi ad animarum salutem, nos ad corporum sanitatem. Salus **C** propríe est animæ; sanitas, corporis. Nunc est tempus salutis, quod antiqui exspectavere. Unde Apostolus : « Ecce nunc dies salutis [42]. » In futuro erit tempus sanitatis, quod nos exspectamus quando hoc mortale induet immortalitatem, hoc corruptibile incorruptionem [43]. Quando Salvator noster reformabit corpus humilitatis nostræ configuratum corpori claritatis suæ [44]. Utrumque tamen pro utroque ponitur. Unde : qui dat salutem corpori nostro et confirmat in nobis claritatem suam. In primo adventu confirmavit in nobis claritatem doctrinæ vel gratiæ; in futuro confirmabit claritatem gloriæ.

Lapides qui sunt in via remotete [45]; *quia Dominus noster veniet cum salute;* ad similitudinem corporum parit nobis medicamen animarum; quandiu noxii sunt humores in corpore, inutile est nutritiva superaddere; quia non pura corpora quanto magis nutries, tanto magis lædes; et cum ferrum est in vulnere, non est malagma apponere; et sincerum est nisi vas, quodcunque infundis acescit, et « in malevolam animam non introibit sapientia; quia non habitat in corpore subdito peccatis [46], » sed egressus vitii virtutum operatur ingressum. Ergo ejicite *lapides* de plateis, duritiam vitiorum de latitudine cordium;

si fuerit in progressu operum *remotete;* nolite relinquere lapidem super lapidem [47]; *quia Dominus noster veniet cum salute,* quare « agite pœnitentiam, appropinquabit enim regnum cœlorum [48]. »

Aspiciens a longe, ecce video Dei potentiam venientem, et nebulam totam terram tegentem, etc. Illud responsorium non est Gregorianum, sed a quodam monacho fuit appositum et compilatum. Cætera sunt a Gregorio compilata; unde non debet illud ista præcedere, nisi tantum invaluisset usus Ecclesiæ. Cantatur autem hoc responsorium in persona Joannis Baptistæ, vel sponsæ dicentis : *Aspiciens a longe,* a terra videlicet ad cœlum, *video Dei potentiam venientem.* Licet proprie Patri potentia, Filio sapientia, Spiritui sancto benignitas assignetur, hic tamen potentiam accipe Filium Dei, cui « Data est potestas in cœlo et in terra [49]; » qui est « Dominus potens in prælio [50]. » Cui propheta : « Accingere gladio tuo super femur tuum, potentissime [51]. » Hic venit, dum se visibilem demonstravit. *Et nebulam totam terram tegentem :* hæc nebula est misericordia Dei, quæ præstat refrigerium contra æstum vitiorum. Hanc Moyses intravit cum ad suscipiendam legem ascendit [52]. Hanc Petrus intellexit, cum in nube lucida videns Dominum, Moysen et Eliam dixit : « Faciamus hic tria tabernacula [53]. » Hæc post dedicationem in templo apparuit [54]. Hæc populum in desertum deduxit et ab igne protexit [55]. Hæc est virtus Altissimi, quæ Virgini obumbravit [56]; quæ totam terram tegit; quia « misericordia Domini plena est terra [57]; » quia « solem suum oriri facit super bonos et malos [58]. » Vel nebulam dicit infidelitatem aut ignorantiam; ignorabat enim homo Deum, se ipsum, natale solum, et concupiscentiam esse peccatum. Hæc nebula totam terram tegebat; quia « omnes declinaverunt, simul inutiles facti sunt [59], » et « a planta pedis usque ad verticem, non erat in eis sanitas [60]. »

Ite obviam ei, et dicite : Nuntia nobis si tu es ipse qui regnaturus es in populo Israel. Similia dixit Joannes discipulis : « Parate viam Domini [61]. » Et per discipulos ad Christum : « Tu es qui venturus es, an alium exspectamus [62]? » Vel sunt sponsæ verba ad adolescentulas dicentis : *Ite obviam* **D** sponso [63].

Via Dei ad nos fides est, vel misericordia; quia nostra ad ipsum charitas est; utramque propheta notavit, dicens : « Deus meus impolluta via ejus [64], » scilicet, fides, posuit immaculatam viam meam, scilicet charitatem. *Ite ergo per viam charitatis, et dicite : nuntia nobis,* etc. Revela nobis per Scripturam, per inspirationem æternam, magis ac magis, per tuam præsentiam, *si tu es* Messias in lege promissus, et si regnaturus es in populo Israel, in po-

---

[36] Psal. 131. [37] Matth. 3. [38] Ibid. [39] Joan. 5. [40] Matth. 3. [41] Phil. 2. [42] II Cor. 6. [43] I Cor. 15. [44] Phil 3. [45] Jer. 50. [46] Sap. 1. [47] Luc. 19. [48] Matth. 3. [49] Matth. 28. [50] Psal. 23. [51] Psal. 44. [52] Exod. 20. [53] Matth. 17. [54] II Par. 7. [55] Exod 14. [56] Luc. 1. [57] Psal. 32. [58] Matth. 6. [59] Psal. 13. [60] Isa. 1. [61] Joan. 1. [62] Matth. 11. [63] Cant. 5; Matth. 25. [64] Psal 17.

præparasti ad visionem tuam, ut tibi A
Libera Deus Israel ex omnibus tribula-
is [68]. » Et quoniam lex, psalmodia et pro-
c Salvatoris adventum prænuntiavere, vel
patres ante legem hunc adventum præ
res sub lege desideravere, patres gratiæ
e. Idcirco tres versus sequuntur, per quos
sm temporum intelliguntur. Dicit ergo
el Ecclesia : Vos patres ante legem , qui-
æ, et filii hominum, simul in unum dives,
Ite obviam [69], etc. Terrigenas dicit malos,
parte Adæ de terra plasmati, qui terrena
; filios hominum dicit bonos, qui sunt in
i Adæ filii hominis ; divites subdit quos
appellaverat, pauperes, quos filios homi-
»rgo quique, id est quilibet terrigenæ, ma-
s ; et filii hominum spiritu pauperes [67],
mul in unum. In uno ovili agni et hædi,
pisces boni et mali [66] ; in uno utero Jacob
; in una arca Sem, Cham et Japhet ; in
granum et palea [70]. Ite obviam, et vos
agressum incipiatis, vos boni per pro-
roficatis. Vos etiam patres sub lege dici-
jis Israel, intende ; qui deducis velut ovem
ntia nobis, etc. Qui regis Israel Judaicum
er doctrinam legis Deum videntem ; qui
virtute in virtutem [71] ducis veluti ovem
n Joseph, populum gentilem augmenta-
umentum mortificatum [72] ; intende, super
pietatis infunde. Et nuntia nobis, etc. Vos
tres sub gratia dicite : Tollite portas,
vestras, et elevamini portæ æternales, et
qui regnaturus est, etc. O principes et
aeris hujus, et o geminina viperarum [74],
rtas mortis, vitia, per quæ diabolus in-
da, et o portæ æternales, virtutes ad æter-
icentes, elevamini contra vitia, et per vos
habitabit Rex gloriæ, qui regnaturus est
Israel.

de quod ad tertium versum non respon-
ntia nobis, quia patres Novi Testamenti
sunt de adventu Christi ; Patres gratiæ
Je introitu Regis gloriæ. Verum quia nun-
scit nec sufficit, nec sufficiet fides incar-
ne fide sanctissimæ Trinitatis, ideo sub-
Gloria Patri, et Filio, et Spiritui sancto.
i venit in humilitate, venturus est etiam
la [75], ideo responsorium denuo repetitur ;
que vero nebulam accipias ad litteram :
nim in nubibus cœli [76]. » Sicut nubes su-
o, sic erit nubes et caligo in circuitu
I breviter, tres versus cum una Gloria re-
t, quod patres Deum trinum et unum in-

tellexere ; unde Abraham tres vidit, et unum adoravit [78].

Aspiciebam in visu noctis, et ecce in nubibus cœli
Filius hominis veniebat, et datum est ei regnum, et honor, et omnis populus, tribus et linguæ servient
ei [79]. Daniel cœlestibus flagrans desideriis, unde, et
vir desideriorum meruit appellari [80], accepto per
angelum intellectu, his verbis investigat iles divitias
sacramenti absconditi a sæculis, hoc est mysterium
incarnationis Verbi, quod in principio erat apud
Patrem [81], aperuit, dicens : Aspiciebam in visu, aut
visione noctis. Triplex est visio, noctis, diei, lucis :
nocturna ante gratiam, diurna sub gratia, lucida in
gloria. In nocturna videre patriarchæ et prophetæ :
omnes enim Patres nostri sub nube fuere [82] ; nam
« brachium Domini cui revelatum est [83] ; » velata
fuit facies Moysi, velum pendebat in medio templi
[84]. Unde et hic Daniel aspiciebat in visu noctis. In
diurna videre apostoli, quibus apparuit humanitas
Salvatoris nostri [85] ; a quibus in terra visus est, et
cum eis conversatus est [86] Emmanuel [87], id est nobiscum Deus ; nobiscum formæ participatione, carnis peccati similitudine et conversatione [88]. In lucida videbunt filii Dei facie ad faciem [89], quando soluta erit corrigia calceamenti [90], quando secundum
Zachariam [91] non erit dies, vel nox, sed tantum lux :
quia cessabit noctis et diei vicissitudo, et erit lucis
continuatio. Hanc distinctionem visionum veritas in
Evangelio innuit inquiens : « Abraham exsultavit,
ut videret diem meum, vidit et gavisus est [92]. »
Item : « Multi reges et prophetæ voluere videre,
quæ vos videtis, et non viderunt [93], » supple : quomodo vos videtis ; illi enim viderunt in nocte, vos
in die. Illi in figura, vos in veritate. Et ecce in nubibus cœli Filius hominis veniebat : nubes cœli, caro
Verbi, non de cœlo ducta, sed cœlestis ; quia Spiritus sancti operatione formata ; de qua Isaias : « Ascendit Dominus super nubem levem [94] ; » nubes
est, quia præstat refrigerium contra æstum vitiorum ; levis, quia a culpa immunis est. In hac nube
venit Filius hominis, ut in Daniele continetur usque
ad Antiquum dierum, id est æqualitatem Patris.

Unde « cum esset in forma Dei, non rapinam arbitratus est se esse æqualem Deo [95]. » Et datum est
ei regnum, et honor, scilicet « nomen quod est super
omne nomen [96], » quod est ab æterno datum, sed in
tempore manifestatum : et res tunc dicitur fieri.
quando innotescit. Unde : « Data est mihi potestas
in cœlo, et in terra [97]. Et omnis populus, tribus et
linguæ servient ei; nam ut Isaias ait : « Et curva-
buntur omnia genua, et jurabit omnis lingua in
Domino [98]. »

Potestas ejus, potestas æterna, quæ non aufere-

---

24. [68] Psal. 48. [69] Matth. 5. [66] Matth. 13. [69] Gen. 25. [70] Gen. 7. [71] Psal. 83. [72] Joan
al. 23. [74] Matth. 3. [75] Matth. 25. [76] Dan. 7; Luc 21; Act. 1. [78] Psal. 96. [79] Gen. 48
[80] Dan. 10. [81] Joan. 1. [82] I Cor. 10. [83] Isa. 53. [85] Exod. 34; II Cor. 3; Exod. 26.
[86] Bar. 3. [87] Isa. 7. [88] Rom. 8. [89] I Cor. 13. [90] Joan. 17. [91] Zach 14. [92] Joan. 8.
[94] Isa. 19 [95] Philipp. 2. [96] Ibid. [97] Matth. 28 [98] Isa. 45.

tur, et regnum ejus quod non corrumpetur. Nam regni A ejus non erit finis.

Missus est Gabriel angelus ad Mariam virginem desponsatam Joseph. His verbis Lucas [99] texuit ordinem annuntiationis. De desponsata Salvator nasci voluit, ut per virum generationis ordo texeretur; et ut mater quasi adultera non lapidaretur, ut et virgo solatium viri, et testem integritatis haberet; ut diabolus incarnationis mysterium ignoraret.

Ave, Maria, gratia plena. His verbis idem Lucas modum conceptionis annexuit, subdens : *Spiritus sanctus superveniet in te, et virtus Altissimi obumbrabit tibi; superveniet,* inquam, te protegendo; te ab omni sorde purgando, et exinde *virtus Altissimi,* scilicet Verbum Dei, *obumbrabit tibi,* ex te carnem sumendo. Umbra a lumine corpore objecto solet formari. Anima Virginis non sufficiebat capere plenitudinem divinitatis, et ideo *virtus* in virgine *obumbravit,* umbram fecit, dum lux incomprehensibilis divinitatis corpus in ea suscepit humanitatis. *Quod enim ex te nascetur sanctum, vocabitur Filius Dei.* Nos in peccato concepti [100], natura sumus iræ filii [1], sed per gratiam possumus sanctificari; sed Christus, qui non est decimatus in lumbis Abrahæ [2], non est conceptus ex virili semine, merito sancte nascitur, et *Dei Filius* appellatur. *Quomodo in me fiet istud, quoniam virum non cognosco?* Legerat Virgo : *Ecce virgo concipiet* [3] non ergo dubitabat Virginem parituram ; sciebat enim quod prophetiam oportebat impleri, sed quia quomodo fieret non legerat, non audierat, quomodo impleretur inquirebat. Hoc est enim mysterium absconditum a sanctis, a prophetis non prædictum, angelo reservatum [4], quasi : Quomodo concipiam, quæ proposui semper in virginitate permanere? Interrogative, et sunt duæ dictiones; vel admirative, et est una dictio. Et attende ordinem : In primo responsorio divinitas adoratur, in secundo humanitas honoratur, in tertio et quarto, qualiter divinitas sit incarnata ostenditur. Quæ incarnatio per Apostolum confirmatur qui dixit : *Salvatorem exspectamus* [5], per prophetas roboratur, qui aiunt : *Audite verbum Domini.* « Ecce Virgo concipiet [6]. » Ecce dies veniunt, per legem comprobatur, ubi Moyses ait : *Obsecro, Domine, mitte quem missurus es* [7]. Et quia venit ideo « lætentur cœli et exsultet terra [8]. »

Salvatorem exspectamus. Hoc Apostoli verbum ad secundum præcipue spectat adventum. *Audite verbum Domini,* superius exposuimus, exposita namque præteribimus; non exposita, si quid tamen in eis ambiguitatis occurrerit, non prætermittemus.

Ecce virgo concipiet, et pariet filium, et vocabitur nomen ejus, admirabilis, Deus, fortis [9]. Dicunt Ju-

dæi quod hoc nomen virgo non est hic integritatis, sed ætatis, id est puella, sed secundum hoc non erit signum, nec intellectus explicabitur Isaiæ : cum enim de liberatione civitatis et gentis suæ desperasset Achaz, ait Dominus per Isaiam : « Pete tibi signum a Domino in profundo inferni, sive in excelsum supra [10] : » Quasi vis ut terra scindatur, vel cœlum aperiatur ? Moyses accepit signum de terra, quando misit signa et prodigia in medio terræ Ægypti, et in Pharaonem, et in servos ejus, ranas, locustas, sciniphes, et similia [11]. De cœlo quoque, ut grandinem, et tenebras trium dierum [12]. Saul de profundo inferni, quando Samuel est suscitatus [13]. Ezechias de cœlo, quando sol est decem lineis regressus [14]. Cumque respondisset : « Non petam, non tentabo Dominum [15], » audivit : *Ecce,* quasi demonstro vobis, quod *Virgo concipiet, et pariet filium;* « Verbum caro factum est [16] » nostræ liberationis et salutis indicium. *Et vocabitur nomen ejus,* etc. De nominibus Christi latius infra dicemus.

Super solium David, et super regnum ejus sedebit in æternum, id est super humiles sicut fuit David; humiles enim solium sunt Christi dicentis : « Super quem requiescet spiritus meus, nisi super humilem, et quietum ? [17] » Hi regnum sunt Christi, quod tradet Deo et Patri [18]. *Obsecro, Domine, mitte quem missurus es; et vide afflictionem populi tui* [?]. *Sicut locutus es : veni, et libera nos* a solis ortu et occasu, ab aquilone, et mari [19]. Cum dixisset Dominus ad Moysen : « Vidi afflictionem populi mei in Ægypto, descendi ut liberem eum de manibus Ægyptiorum [?]. » *Veni* et mittam te, ut educas filios Israel de Ægypto; ait Moyses : *Obsecro, Domine, mitte quem missurus es,* scilicet Filium tuum, ad liberandum populum tuum. *Vide afflictionem populi tui,* quantum in Ægypto, scilicet in mundo affligitur a Pharaone, id est diabolo, in luto luxuriæ, in lateribus avaritiæ. *Sicut locutus es,* dicens : Descendi ut liberem, sic *veni et libera nos* habitantes, a solis ortu et occasu; ab aquilone et mari [20], id est austro. Vel totum de secundo adventu : Mitte Filium ad judicandum, vide ad miserendum ; veni ad liberandum ; a solis ortu, etc. quia veniunt ab oriente et occidente ; aquilone et meridie, qui recumbent cum Abraham, Isaac et Jacob [21].

Ecce dies veniunt ; dicit Dominus, et suscitabo David germen justum ; et regnabit Rex, et sapiens, et faciet judicium, et justitiam in terra. Et hoc nomen quod vocabunt eum : Dominus justus noster. In diebus illis salvabitur Juda, et Israel habitabit confidenter. Hæc dicit Jeremias [22], quæ de primo adventu particulariter accipiuntur. Confortamini manus fatigatæ, et genua debilia, roboramini : qui pusillo animo estis mente convalescite, ne timete, dicit

---

[99] Cap. 1. [100] Psal. 50 [1] Ephes. 2. [2] Hebr. 7. [3] Isa. 7. [4] Col. 1. [5] Phil. 3 [6] Isa. 7. [7] Exod. 4. [8] Psal. 95. [9] Isa. 7-9. [10] Ibid. [11] Exod. 8. [12] Exod. 9. [13] I Reg. 28. [14] IV Reg. 20; Isa 38. [?] Isa 7. [?] Joan. 1. [?] Isa. 66. [?] I Cor. 15. [?] Exod. 4. [?] Psal. 106. [?] Exod. 5. [?] Psal. 106 [?] Matth. 8; Luc. 13. [?] Cap. 23.

Dominus; quia venio disrumpere jugum captivita- **A**
tis vestræ. Ecce dominator Dominus cum virtute
veniet ⁵⁴. Isaias hortatur, ut cor et caro exsultent
in Deum vivum ⁵⁵, dicens : vos manus a bonis operibus dissolutæ, peccatorum oneribus fatigatæ confortamini in fide, et vos genua debilia diversis ad
idola cultibus claudicantia, roboramini spe, et vos
pusillanimes convalescite in charitate : Nolite timere
insidias diaboli, adversa mundi, eos qui corpus occidunt; sed eum timete, qui potest corpus et animam perdere in gehennam ⁵⁷, scilicet dominatorem
Dominum, qui veniet cum virtute, jugum nostræ
captivitatis disrumpere.

Lætentur cæli, et exsultet terra ⁵⁸ : Cœli sunt majores et cœlestes, ut prædicatores qui enarrant gloriam Dei ⁵⁹, vel angeli. Terra sunt minores et terreni, ut auditores qui compluuntur nubibus cœli.
*Jubilate, montes, laudem; quia Deus noster veniet,
et pauperum suorum miserebitur. Orietur in diebus
ejus justitia, et abundantia pacis* ⁶⁰. *Montes* sunt illi,
in quibus fundata est Sion, in quos salit sponsus.
Omnes invitantur ad *laudem quia venit cum pauperum* providentia. Pauperes dicit gentes sine lege.
Venit etiam cum *justitia et abundantia pacis*. Et
vide quia responsorium de Isaia, et versus assumitur de propheta, quod sæpe invenies in antiphonario, ut ex diversis locis compilatio fiat. *Leva, Hierusalem, oculos tuos, et vide potentiam regis. Ecce
Salvator venit salvare te a vinculo* ⁶¹. ⟨ Leva in circuitu oculos tuos ⁶², ⟩ et vide potentem Regem.
Isaias hortatur Ecclesiam, vel animam, ut levet **C**
oculos mentis, et videat per intelligentiam regem
potentem; quia venit eam solvere a vinculo peccati, pœnæ et diaboli.

*Erumpant montes jucunditatem, et colles justitiam;
quia lux mundi cum potentia venit. De Sion exibit
lex, et verbum Domini de Hierusalem.* Hæc de Isaia
sumuntur ⁶², qui majores et minores ad lætitiam,
et justitiam observandam invitat, secundum quod
eam Dominus in Hierusalem observandam mandavit, vel Ecclesia primitiva docuit, et observavit, quæ
fuit Sion per *speculationem,* et H erusalem per *pacis visionem.*

Laudes matutinæ utrumque sonant adventum.
Primum : In illa die, quando secundum prophetiam **D**
Joelis ⁶⁴, montes, apostoli, stillabant dulcedinem
prædicationis : et colles, doctores, fluebant lac et mel
doctrinæ minoribus et majoribus. Tunc jucundata
est secundum Zachariam ⁶⁵, Sion, id est ecclesia de
Judæis, et exsultavit Hierusalem, id est ecclesia de
gentibus. Tunc omnes, id est de omni genere sitientes salutis et scientiæ venere, secundum Isaiam ⁶⁶,
ad aquas baptismatis et doctrinæ. Secundum : *Ecce
Dominus veniet, et omnes sancti ejus cum eo.* Enoch
ait, ut Judas ⁶⁷ asserit. ⟨ Ecce Dominus veniet in

sanctis millibus suis facere judicium contra omnes. ⟩ **A**
⟨ Ecce veniet propheta magnus, et ipse renovabit
Hierusalem, novam dando legem, et nova condendo
præcepta. Hæc, et responsoria cum versibus, quæ
cantantur ad horas : et quædam feriales antiphonæ
de libris propheticis, quædam vero de Evangelio
colliguntur; quarum quasdam superius exposuimus, quasdam propter sui evidentiam lectori expo-
nendas relinquimus. Officium vero diurnum primæ
Dominicæ, primum significat Salvatoris adventum.
Illud ante omnia generaliter non est prætermittendum, quod sanctum evangelium principale est omnium quæ dicuntur ad missæ officium; sicut enim
caput præeminet cæteris membris, et illi cætera **B**
membra subserviunt; sic evangelium toti præeminet
officio missæ, et omnia quæ ibi cantantur et leguntur, illi consentiunt intellectuali ratione, verbi gratia, in hac prima Dominica de Adventu Domini legitur evangelium. *Cum appropinquasset Dominus
Hierusalem, misit duos ex discipulis suis solvere asinam alligatum, et adducere eam sibi, ut in soluta
mansuetus sederet, et in Hierusalem reduceret* ⁶⁸. Vel
propter illam clausulam : *Benedictus qui venit in
nomine Domini!* Vel quia ipsum factum, quod ibi
describitur, bene congruit tempore : ideo namque
Dominus advenit, id est ad nos in carne venit, ut
asinam, id est genus humanum a diabolo peccatorum vinculis alligatum miseratus absolveret, et in
soluto quiesceret, et ipsum in cœlestem Hierusalem,
unde captivum abductum fuerat, per vias suas
equitatis salutis reduceret. Sed quia non reducitur,
nisi ad Dominum levaverit animam; ideo in introitu **C**
cantat : *Ad te levavi animam meam, Deus meus* ⁶⁹ :
et est vox generis humani, veteris originalis peccati et idololatriæ vinculis alligati, in suam cœlestem patriam redire volentis; ac si dicat : Tempore
deviationis meæ levavi manus meas, et cor meum
ad opera manuum mearum dicens ; ligno, vel la-
pidi : Tu es Deus meus ⁷⁰; nunc vero tempore curationis et renovationis meæ : *Ad te levavi animam
meam* , quia tu vere es *Deus meus*, et ideo *in te confido* ⁷¹. Unde : *Non erubescam, neque irrideant me
inimici mei* ⁷², scilicet dæmones vinculis peccatorum me diutius alligantes neque confundant me, et
ita erit. *Etenim universi, qui te exspectant, non con-
fundentur* ⁷³, et quia *ad te levavi animam meam*, ut **D**
ad te venirem ; ideo, *vias tuas, Domine, demonstra
mihi, et semitas tuas edoce me* ⁷⁴, id est præcepta
et consilia. Et quia de via sæpius graditur ad devium, ideo quæ viæ sint ambulandæ, et quæ non
ambulandæ Paulus docet in epistola, dicens : ⟨ Scientes quia hora est jam nos de somno surgere ⁷⁵. Via
est de somno surgere, arma lucis induere, honeste
ambulare ⁷⁶. Devium est in nocte pigritari; opera
tenebrarum operari, in comessationibus et similibus delectari; quod in epistola concluditur : ⟨ In-

---

⁵⁴ Isa. 33. ⁵⁵ Psal. 83. ⁵⁷ Matth. 10. ⁵⁸ 95. ⁵⁹ Psal. [18. ⁶⁰ Isa. 49; Psal. 85. ⁶¹ Isa. 62. ⁶² Isa.
49. 60. ⁶² Cap. 2. ⁶⁴ Cap. 3. ⁶⁵ Cap. 9. ⁶⁶ Cap. 55. ⁶⁷ Vers. 11. ⁶⁸ Matth. 21. ⁶⁹ Psal. 24.
⁷⁰ Jer. 2. ⁷¹ Psal. 24. ⁷² Ibid. ⁷³ Ibid. ⁷⁴ Ibid. ⁷⁵ Rom. 13. ⁷⁶ Ibid.

dnimini Dominum Jesum Christum [47]; » idem est
ac si dicat asinæ : Ascensorem suscipe regem. Sed
quia non est volentis, neque currentis, sed Domini
miserentis [48], ideo subditur in Alleluia : *Ostende no-*
bis, Domine, misericordiam tuam [49].

Graduale et offertorium de introitu replicantur, et
fit ideo replicatio, ut qui stat, videat ne cadat [50].
Beatus homo, qui semper est pavidus [51]. Ecce homo
animam ad Dominum levavit, vias Domini didicit,
de somno surrexit, et velut asina ascensorem accepit. Sed potest esse, ut anima ad terrena declinet,
vias ignoret, mentis somnus obrepat, unde offensus
eques suum velit mutare vehiculum : ideoque re-
plicat in graduali : *Universi qui te,* etc. ; *et vias tuas,*
etc. ; et perseverat in offertorio : *Ad te levavi,* etc.
Et etiam addit : *Dirige me in veritate tua* [52].

Communio : *Dominus dabit benignitatem* [53], consolatur se ipsum cantor hodiernus, id est genus
humanum, videns per os Prophetæ quod de benignitate Spiritus sancti *terra nostra,* id est beata virgo
concipiens *dabit fructum suum* [54], scilicet Deum et
hominem, per quem a peccatorum vinculis solve-
tur et in patriam reducetur. Orationes manifeste
primum adventum respiciunt : et est congrue, statio ad sanctum Petrum; ipse est enim primus apostolorum, qui ad solvendum asinam missi sunt ; cui
consors fuit Paulus Romæ, ut sicut illi duo missi
sunt in Hierusalem ad solvendum animal subjugale,
sic isti missi sunt Romam, ut de capite mundi a
peccatis soluto facerent vehiculum Jesu Christi. Et
attende quod beatus Gregorius stationes ordinavit,
in quibus viginti homelias Evangelii diverso tempore declaravit. Alias vero lassescente stomacho
aliis pronuntiandas commisit. Quædam vero Ecclesiæ legunt Evangelium : *Erunt signa in sole et luna*
[55]; quod ad secundum pertinet Salvatoris adventum; in quo dicitur : *Prope est regnum Dei;* cui
adaptatur epistola, ubi dicitur : *Propior est nostra*
calus [56], et quia prope est regnum tuum, Domine;
ideo *ad te levavi,* dicit cantor, vetus homo, vel Joannes Baptista, ut quidam aiunt, *animam meam,*
Deus meus ; et ideo : *Vias tuas demonstra mihi,* et,
Ostende mihi misericordiam tuam [57], et quasi de misericordia certificatus concludit : *Dominus dabit*
benignitatem, id est affectum bonum, *et terra nostra,*
scilicet caro, *dabit fructum suum,* id est opera bona.
Orationes etiam congrue secundo adaptari possunt
adventui.

In feria quarta et sexta, leguntur evangelia de
habitu et prædicatione Joannis, quæ prædicatio
partim ad secundum spectat adventum, ut ibi : *Ge-*
nimina viperarum, quis vos docuit fugere a ventura
ira? [58] Item : *Securis ad radicem arboris posita est*
[59]. Item : *Ventilabrum in manu ejus* [60]. Illis igitur
epistola coaptatur. *Gratias agite* [61], ubi agitur de

fide Thessalonicensium et de futuro judicio. Partim ad primum, ut : *Venit fortior me;* unde sumitur antiphona matutinalis : *Venit fortior post me,*
cujus non sum dignus, id est sufficiens, *solvere cor-*
rigiam calceamentorum [62], id est aperire sacramentum incarnationis. Hic de toto adventu quædam
sunt generaliter adjicienda, ut illud quod per totum
adventum totus legitur Isaias : quia tam primum,
quam secundum non solum prophetat, sed etiam
evangelizat Salvatoris adventum, nisi quod transi-
lire debeat lector quod legitur in Natali, *Populus*
gentium, primo tempore [63]; *consolamini* [64], *consurge*
[65]; et quod legitur in Epiphania : *Surge, illuminare*
[66]; hæc namque pertinent ad Christum natum, cætera vero ad nasciturum. In jejuniis tamen quatuor
temporum, et in vigilia non legitur de Isaia ; quia
proprias habent lectiones et officia. Item, per totum
Adventum lætitiæ cantica subticentur, ut : *Te Deum*
laudamus, Gloria in excelsis, Ite missa est; quia
justi, ante Christum adventum, in inferni tristitia
tenebantur. Vel ut gratia Novi Testamenti præstan-
tior Veteri cognoscatur. Vel, *Te Deum laudamus,*
ideo subticetur, ut in die festo cum majori gaudio
festivius resumatur, nam quod rarum est pretiosius
est. Unde in Samuele :

« Et erat sermo Domini pretiosus [67], » quia rarus
vel quia nondum est præsens, quem exspectamus·
ad præsentem enim sermo dirigitur. *Gloria in ex-*
celsis, similibus omittitur rationibus. Vel hæc tertia
ratione, scilicet ut quasi noviter cantetur ea die,
qua per angelos sumpsit initium. *Ite missa est,* ideo
omittitur, ne populus, qui est docendus assidue,
licentietur. Et cave quod quidam simpliciter asseverant, hæc tria se vicissitudine comitari, quod licet sæpius, non tamen semper : nam in cathedra
beati Petri, etiam si sit in Quadragesima, secundum quosdam, cantatur : *Te Deum laudamus,* aliis
omissis, quoniam hoc cantico solemus uti ad intro-
nizandum episcopos in sedes suas. Et hac die est in-
tronizatus Petrus in cathedra Antiochena. Præterea,
Gloria in excelsis, et *Ite missa est,* dicuntur in cœna
Domini, si præsens sit episcopus, et celebret officium
olei : sed, *Te Deum laudamus* omittitur. Præterea, *Gloria in excelsis,* cantatur in nocturna missa
natalis : nec tamen usque ad tertiam missam, secundum quosdam, dicendum est : *Ite missa est,* ut
populus sciat, se adhuc tertiam missam auditurum :
Alleluia vero in Adventu non dimittitur propter firmam spem antiquorum de Christi incarnatione, et
nostram certitudinem de futura glorificatione. Item
per totum adventum vestes lætitiæ deponuntur : non
enim subdiaconus tunica, nec diaconus utitur dalmatica ; quia lex, quam significat subdiaconus,
ante incarnationem Domini Evangelii ornatu care-
bat; et claritas evangelii, quam diaconus significat,

[47] Ibid. [48] Rom. 9. [49] Psal. 84. [50] I Cor. 10. [51] Prov. 28. [52] Psal. 24. [53] Psal. 84. [54] Ibid. [55] Luc.
21. [56] Rom. 13. [57] Psal. 84. [58] Matth. 3. [59] Ibid. [60] Ibid. [61] 1 Thess. 5. [62] Matth. 3. [63] Isa. 9.
[64] Isa. 40. [65] Isa. 52. [66] Isa. 60. [67] 1 Reg. 3.

nondum apparuerat. Vel quia nondum venerat, qui A juniis, et eleemosynis, et orationibus sine intermis-
vestem innocentiæ et immortalitatis nos induere
debebat, Vel ut in festo avidius assumatur ; quia
omnia rara cara : utuntur autem casula veste sacerdotali, non ut in ea legant, aut ministrent ; sed eam
lecturi, et administraturi exuunt, profitentes non
esse vestem propriam, sed ob reverentiam alicujus
festi eam recipere commodatam. Vel in repræsentatione charitatis ; ideoque diaconus Evangelium
legens duplicat eam in humerum ; quia oportet
prædicatorem ex charitate sui et alterius onera
ferre **, sibi lumbos præcingere ", pro suis lucernas
in manibus ardentes habere ". Vel tractum est ab
antiquis sacerdotibus, qui dum sacrificabant summitates balthei super lævum humerum reflectebant.
Item per totum adventum, secundum quosdam,
horæ beatæ Virginis conticentur, eo quod totum officium illius ad laudem ejus pertinet. Similiter et
specialia sanctorum suffragia reticentur, ut quidam aiunt, tam in missæ collectis, quam in vesperis et cæteris horis ; eo quod singulis diebus generalis sit omnium sanctorum commemoratio, per
hanc antiphonam : *Ecce Dominus veniet, et omnes
sancti ejus cum eo*, et per hanc orationem : *Conscientias nostras*, etc., quæ semper in matutinis, et
vesperis dicenda sunt post *Benedicamus Domino*,
quidam ante, sed cave ; quia si dicatur, conscientias nostras, quæsumus, Domine, visitando purifica,
ut veniens Jesus Christus Dominus noster, cum omnibus sanctis paratam sibi in nobis inveniat mansionem ; pertinet ad adventum mentis : est enim
adventus in carne, in mente, in majestate. Attende
etiam quod a prima Dominica de Adventu usque ad
Epiphaniam, non debent nuptiæ celebrari ; imo
etiam vir debet abstinere a lecto uxorio, nisi debitum exigatur : eo quod sit orationi vacandum in
adventu, et sacris solemnitatibus cum ferialibus
suis, sed movet quosdam quod diximus ad Epiphaniam, dubitantes, an hæc prohibitio ad Octavam
extendatur : quidam aiunt, quod extenderetur, nisi
quia Dominus nuptias tam sui præsentia, quam
miraculo decoravit. Sanius est quod extendatur,
sicut officium conversionis aquæ vinum differtur ad
Dominicam, quæ Epiphaniæ comitatur Octavam (3).
Similis est causa prohibitionis de tribus hebdomadibus ante nativitatem sancti Joannis Baptistæ,
scilicet ut vacent liberius orationi : instituerat enim
Ecclesia duas quadragesimas præter majorem,
unam ante natalem Domini ; aliam ante nativitatem
beati Joannis, in quibus erat vacandum orationibus, jejuniis et eleemosynis ; sed propter hominum
fragilitatem duæ sunt redactæ in unam ; et item
illa divisa in tres hebdomadas Adventus, nisi ob
prædictam causam fiat excursus, in quibus est je-

sione vacandum ; et ideo a nuptiis abstinendum.
Et ita celebratur Adventus, partim in ærumna cum
jejunamus, quia nondum habemus quod in secundo
Adventu speramus ; partim in gaudio cum dicimus :
Alleluia; quia per primum Adventum, de eo quod
in secundo speramus, certificati sumus. Ergo jejunatur pro nostra et antiquorum dilatione. Jubilatur autem sicut in hebdomada Pentecostes pro futuræ beatitudinis certitudine.

CAPUT II.
DOMINICA SECUNDA DE ADVENTU.

Hierusalem cito veniet salus tua. Hæc historia
secundæ hebdomadæ partim ex propheticis, partim
ex evangelicis libris assumitur ; in qua responsoria
pariter, et antiphonæ de utroque adventu ponuntur ;
et hæc de ½a dixisse sufficiat : sufficiat enim in
primæ historiæ lectionibus expositionis formam
dedisse, cum omnium expositioni operam dare,
opus nimis expansum et plenum, tædium generaret.
Illud notabile est quod cantus per singulas hebdomadas renovatur, propter gaudium proficientium,
qui proficiunt de virtute in virtutem, ut videant
Deum deorum in Sion ". Officium diurnum secundum significat Salvatoris adventum, in quo legitur
evangelium " : *Erunt signa in sole et luna*; ubi
præmissis signis, quæ gloriosum adventum sunt
præcessura ; subditur : *Tunc videbunt Filium hominis
venientem in nubibus cæli*; deinde sequitur peregrini
populi, peregrinæ matris filii vagientis de absentia
patris, quem nondum viderat consolatio, scilicet :
*His fieri incipientibus, levate capita vestra : quoniam
appropinquat redemptio vestra*; et infra : *Prope est
regnum Dei*. Cui flenti, quia incolatus ejus in miseria prolongatur ", commiserescens mater lætificans, et consolans eum, tuba prophetica præcinit
in introitu : *Populus Sion , ecce Dominus veniet ad
salvandum gentes, et auditam faciet gloriam vocis
suæ* ", hujus scilicet : « Venite, benedicti Patris
mei ". » Sed quia sine oratione non est mentis solatium, sed callidæ proditionis indicium, ideo subdit : *Qui regis Israel, intende, qui deducis velut ovem
Joseph* ", et subdit collectæ : *Excita, Domine*; huic
consolationi concordat epistola sequens, scilicet :
*Quæcunque scripta sunt ; quæ nos invitat ad patien-
tiam, et consolationem Scripturarum, ut per hæc
spem habeamus eorum, quæ promiserunt patres antiqui* ", scilicet de salute gentium et lætitia sanctorum, quam lætitiam graduale : *Ex Sion species decoris ejus* ", eum manifeste venturum canens, cujus decor est ex Sion, id est salus ex Judæis, illis
sanctis annuntiat, qui sunt ad dexteram congregandi, eo quod ordinavere Testamentum Novum
super sacrificia. Filius audita consolatione materna

(3) Hæc extensio modo sublata est ex decreto Concilii Tridentini, unde prohibitio protenditur ad
diem tertiam Epiphaniæ inclusive.

** Gal. 6. ** Luc. 12. ⁷⁰ Luc. 11. ⁷¹ Psal. 83. ⁷² Luc. 21. ⁷³ Psal. 119. ⁷⁴ Isa. 50. ⁷⁵ Matth.
25. ⁷⁶ Psal. 79. ⁷⁷ Rom. 15. ⁷⁸ Psal. 49.

de adventu patris, de suæ gentis salute, de consortis lætitia gaudet in alleluia, dicens : *Lætatus sum in his quæ dicta sunt mihi, in domum Domini ibimus. Stantes erant pedes nostri in atriis tuis, Hierusalem*[79]. Postmodum per evangelium certificatus ubi dicitur : *Cœlum et terra transibunt; verba autem mea non transibunt*[80], securior in offerenda subjungit : *Deus, tu conversus vivificabis nos*[81]. Communio : *Hierusalem, surge*[82], summam hujus officii concludit, quæ est hortari ut peregrina Hierusalem, id est præsens Ecclesia patienter exsilium hujus vitæ perferat, perferens surgat, surgens stet in excelso, ût stans videat jucunditatem, quæ veniet sibi a Domino ; surgere, et stare, hoc est quod dicitur in Evangelio, capita levare; hoc est quod in collecta conclusitur terrena despicere et amare cœlestia. Ideoque merito est hac die statio ad Hierusalem, ad cujus cor lætificandum totum spectat officium; vel quia in *alleluia* cantatur : *Stantes erant pedes nostri in atriis tuis Hierusalem;* quidam legunt evangelium : *Cum audisset Joannes*[83]; quod ad secundum speciat adventum, ex eo quod Joannes quærit : *Tu es qui venturus es, an alium exspectamus? Cui Dominus : Ecce ego veni ad redimendum, et rursus veniam ad salvandum, quod ex signis conjecturare potestis; quia cœci vident*[84], etc. feria IV, VI et Sabbato leguntur Evangelia de testimonio Christi de Joanne, et testimonio Joannis de Christo, et ejus adventu, de quo loquitur epistola : *Patientes estote*[85].

CAPUT III.

TERTIA DOMINICA DE ADVENTU.

Ecce apparebit Dominus[86]. Et in hac historia, partim ex prophetia, partim ex Evangelio compilata sunt. Utriusque adventus communia tam antiphonæ quam responsoria; officium vero diurnum specialiter pertinet ad gaudium prædicatorum, qui alios docent de adventu Domini. Ideoque de illo famoso prædicatore Joanne Baptista legitur evangelium : *Miserunt Judæi*[87], vel cum audisset, qui Dominum digito demonstravit , et venturum evangelizavit, quem Dominus negavit hominem mollibus vestitum, et annuntiavit officio, vel meritis angelum voce prophetica , dicens : *Ecce ego mitto angelum meum*[88]. Quis non erubescat flere, qui per officium prædicationis meretur vocabulum nuncupationis angelicæ? *Gaudete* potius, cantat Apostolus in introitu : *Modestia vestra nota sit omnibus hominibus*[89]. Quod si oculos suos compresserint, et eam coram eis lucentem videre noluerint, nihil solliciti sitis ; Dominus enim prope est, quia lucem vestram etiam videre nolentibus ingeret, tantummodo petitiones vestræ innotescant apud Deum; unus enim ille testis contra omnes detractores prævalebit, qui avertet captivitatem Jacob[90], qui replebit vos pace,

quæ exsuperat omnem sensum[91]. Audita consulatione de Adventu Domini, orat Ecclesiæ rector in collecta : *Aurem tuam;* ut tenebras, quas patimur, in eo quod falso judicamur, sua visitatione illustret, et exhortatur subditos in Epistola : *Sic nos existimet homo*[92], ut de magistris suis nihil nisi bonum existiment, et ante tempus non judicent; quod et si susurrones judicare non desinunt, consolatur se ipsum dicens . *Mihi pro minimo est, ut a vobis judicer, aut ab humano die*[93]. Sed quia gravis est sarcina detractorum, postulat eum in graduali, et Alleluia, qui sedet super Cherubin[94], id est habet scientiæ plenitudinem, ut excitet potentiam suam, veniat et intendat, ut illuminet abscondita tenebrarum, et manifestet consilia cordium[95], avertat captivitatem[96] et remittat iniquitatem[97]. Quod, quia procul dubio futurum , rector in offertorio securus utitur præterito pro futuro, dicens : *Benedixisti, Domine, terram tuam*[98]. Communio : *Dicite pusillanimes*[99], conclusio est summæ hujus officii, quæ est rectores hortari, ut pusillanimes effecti propter infamiam detractionis, tamen confortentur propter conscientiam cordis et devotionem mentis, et confidant in adventu Salvatoris, quod in completa postmedum postulatur. Huic officio de Ecclesiæ rectoribus instituto congruit statio ad sanctum Petrum, qui rector obtinuit principatum.

In feria quarta hujus tertiæ septimanæ, brumalis temporis est jejunium institutum; inter cæteras hebdomadæ ferias, quarta et sexta jejuniis deputantur; quia memoria Dominicæ passionis sunt præ aliis insignitæ. Nam in quarta feria, Dominus est a Juda venditus, sed a Judæis in sexta feria crucifixus. Inde est quoque quod per singulas hebdomadas habent evangeliorum et epistolarum proprias lectiones. Ideoque jejunia quatuor Temporum a lege habuerunt initium, de quibus Zacharias[100], jejunium quarti, quinti, sexti, septimi et decimi domui Judæ et Hierusalem in dies festos vertetur in gaudium : quæ jejunia ob diversas plagas, quæ illis temporibus acciderunt, ut ait Hieronymus super Zachariam, illis in mensibus instituerunt, quod etiam non vacat a mysterio. Sicut enim quatuor sunt corporis elementa, quatuor anni tempora per tres menses distincta, sic quater in anno jejunamus tribus diebus; tres dies ad tres menses referentes, et Domino de mense diem unum salubribus contentatiis (sic) offerentes, ut nobis quietam vitam tribuat, et corporis quatuor protegat elementa, et jejunium corpora lasciva maceret et castiget; vel ter quater jejunamus, ut Domino dierum primitias offeramus. Hoc autem brumale jejunium aliorum temporum jejuniis celebrius est, magis plenarium habens officium, pertinens ad Salvatoris adventum, ut dum

[79] Psal. 121. [80] Matth 24. [81] Psal. 84. [82] Baruch. 5. [83] Matth. 11 [84] *Ibid.*; Isa. 35. [85] Jacob. 5. [86] Apoc. 14. [87] Joan. 1. [88] Matth. 11; Mala 3. [89] Phil. 4. [90] Psal. 84. [91] Rom. 15. [92] 1 Cor. 4. [93] *Ibid.* [94] Psal. 79. [95] 1 Cor. 4. [96] Psal. 13. [97] Psal. 84. [98] *Ibid.* [99] Isa. 55. [100] Cor. 8.

caro jejuniis affligitur, anima redemptionis suæ A
testimoniis ex sacra lectione, vel concentu Ecclesiæ
delectetur, et quidem sic pertinet ad Salvatoris adventum, ut pertineat ad ejus templum, ad Spiritus
sancti sacrarium. beatam virginem loquor, in qua
Deus novem mensibus habitans, dignatus est fieri
homo. Nam ex Evangelio : *Missus est Angelus* [1].
Paranymphi recitatur annuntiatio, virginis consensus, et Domini Incarnatio, quæ propheticis tubis
fuerat antea declamata. Unde propheta præcinit in
introitu : *Rorate cœli desuper, et nubes pluant ju-*
stum [2]. Rorate dicit, et pluere : quia descendit verbum in aulam credulæ virginis, sicut pluvia descendit in vellus [3]. Cœlos dixit et nubes, angelos
et prophetas, qui enarrant gloriam Dei [4]. In prophetica lectione : *Erit in novissimis diebus* [5], agit de B
monte Domini, qui de parvo lapide crevit in montem [6], qui regnabit in domo Jacob. Unde recte subditur in graduali. *Tollite, introibit Rex gloriæ*, et:
Quis ascendet in montem Domini [7]. In epistolari lectione : *Locutus est Dominus ad Achas; Pete tibi*
signum a Domino [8], manifeste agit de beata virgine,
cui bene succinitur graduale : *Prope est Dominus*
omnibus invocantibus eum [9], ac si dicat : Pete, quia
prope est et ne qua subrepat dubitatio subditur in
offertorio. *Confortamini*; aliud, secundum quosdam, offertorium : *Ave Maria*; et communio : *Ecce*
virgo, sumpta sunt de Evangelio, et ideo rationabiliter ad sanctam Mariam statio convenit hodierna. C

Sexta feria legitur Evangelium : *Exsurgens* [10], et
Epistolaris lectio : *Egredietur virga* [11], quæ manifeste de adventu Domini et beata virgine intelliguntur, qui cum esset in immaculata virgine, prope
fuit. Ideoque in Introitu Ecclesia præcinit: *Prope*
esto Domini, et Beati immaculati [12]; graduale :
Ostende nobis, Domine [13], et offerenda : *Deus tu*, vel
secundum alios : *Audi Israel*; primum respiciunt
adventum, quem quia cœli narraverunt [14], id est
apostoli prædicaverunt, in secundo adventu cum
Domino judicaturi [15]; idcirco est hodierna die statio ad sanctos apostolos, de quibus in cantico virginis, de quo fit in Evangelio mentio, dicitur : *De-*
posuit potentes, id est superbos scribas et Phari- D
sæos, *Et exaltavit humiles* [16], id est apostolos; et in
communione : *Ecce Dominus veniet, et omnes sancti*
ejus cum eo [17]; sequens Sabbatum, et omnia quatuor Temporum Sabbata dicuntur Sabbata duodecim lectionum, cum sex duntaxat legantur, quod
est ab antiqua Romanorum consuetudine derivatum; quia cum Romana Ecclesia esset Græcis et
Latinis permista, singulæ lectiones in utraque lingua recitabantur; quia in una duntaxat lingua reci-
tatæ ab utriusque linguæ populis non intelligebantur; vel ut utriusque populi unanimitas intelliga-

tur; adhuc dicitur hoc fieri in ecclesia orientali ;
itaque dum unaquæque bis legitur duplicato senario duodecim computantur, propter duodecim lectiones, non lectionum, aut sententiarum varietates.
Sed cum in quarta feria duæ legantur lectiones, et
in Sabbato sex, cur sexta feria in unius paupertate relinquitur? satius esset hoc novenarium tribus
diebus per ternarium dividi, sed hæc non vacant a
ratione. Nam in Sabbatis quatuor temporum statutum est, ut ordines celebrentur; qui sunt in Sabbatis ordinandi, in præcedenti quarta feria sunt
eligendi. Ideo autem ordinandi in quarta feria eliguntur, quoniam in quarta ætate levitæ a David [18],
et Salomone [19] ad templi ministeria distribuuntur.
Electi vero sunt in utriusque Testamenti pagina
examinandi. Ideoque duæ leguntur lectiones, prima
cum tono declinante, et significat primum Testamentum, quod terrena promisit, ut : « Dabo vobis
terram lacte et melle manantem [20]; » unde ad terram genua flectimus. Secunda cum tono ascendente, et significat secundum, id est Novum Testamentum, quod cœlestia æterna et excelsa promittit,
ut : « Beati pauperes spiritu, quoniam ipsorum est
regnum cœlorum [21]; » quia, licet hæc duo Testamenta in superficie litteræ duo diversa promittere
videantur, tamen in spiritu illud unum promittunt,
de quo dicitur : « Porro unum est necessarium [22], »
et ad illam unam et æternam nos dirigunt, de qua
dicitur : « Unam petii a Domino, hanc requiram,
ut inhabitem in domo Domini, omnibus diebus vitæ
meæ [23]; » idcirco in sexta feria, in qua creati sumus,
una tantum lectio legitur, et acuto accentu cantatur; verum, quia ad illam unam, non nisi per opera
misericordiæ pervenitur; ideo in Sabbato sex lectiones leguntur; vel quarta feria duæ lectiones leguntur, quia in quarta ætate lex et prophetia servanda mandantur. Semel genua flectuntur, quia
tam in lege quam in prophetia unus Deus colendus
præcipitur. In sexta feria una lectio recitatur; quia
in sexta ætate, lex et prophetia in evangelica unitate complentur, ubi *Flectamus genua* dicitur, quia
Christus Legislator adoratur, vel cum in quarta
feria duæ recitentur propter prædictas rationes, secundum profectum jejunii tres deberent in sexta
feria recitari, et in Sabbato quatuor, sed duæ a
sexta feria in Sabbatum transferuntur, et una in
sexta feria remanente, sex in Sabbato recitantur,
ut ordinandis sacri officii proferendi opulentia reservetur, qui et ad jejunium instruuntur et ad sacram tirones militiam titulantur, quarum quatuor
ita cum primis quatuor ordinibus distinguuntur,
quod post singulas orationes sequuntur singuli ordines, quibus singulis datis sequuntur singulæ lectiones, cum singulis responsoriis, ac si dicatur :
Orat Ecclesia pro vobis ordinandis, et hi ordines

[1] Luc. 1. [2] Isa. 45. [3] Judic. 6 ; Psal. 71. [4] Psal. 18. [5] Isa. 2. [6] Dan. 2. [7] Psal. 23. [8] Isa. 7. [9] Psal. 144. [10] Luc. 1. [11] Isa. 11. [12] Psal. 118. [13] Psal. 84. [14] Psal. 18. [15] Matth. 19. [16] Luc. 1. [17] Jula 14. [18] II Reg. 6. [19] III Reg. 8. [20] Num. 14. [21] Matth. 5. [22] Luc. 10. [23] Psal. 26.

dantur vobis ad legendum et psallendum, ite ergo A
legere et cantare.

Sed videte ut quod ore legitis et cantatis, corde
credatis, et quod corde creditis, operibus compro-
betis; videte ut quatuor virtutibus polleatis, ut, in
quatuor ordinibus Dominum benedicentium esse
possitis, quibus Psalmista dicit : « Domus Israel
benedicite Domino ; Domus Aaron benedicite Domino, Domus Levi benedicite Domino, qui timetis
Dominum benedicite Domino ¹⁴ »; undecunque sint
quatuor præcedentes lectiones, et responsoria,
quinta lectio : Angelus Domini descendit, cum oratione præcedenti et hymno sequenti, tam in hoc
Sabbato, quam in rhis quatuor temporum Sabbatis
non mutantur, sed continuo semper in quinto loco
leguntur et pertinent ad jejunium. Sicut enim pueris a Babylonico rege in fornacem missis cœlestis
gratia subvenit, et fecit medium fornacis quasi ventum roris flantem ¹⁵; sic a rege confusionis diabolo
per incentiva libidinum prostratos, jejuniorum et
orationum instantia liberat : Hoc enim genus dæmoniorum non ejicitur, nisi in oratione et jejunio ¹⁶;
liberati vero Dominum laudare tenentur, et ne videantur beneficiorum ingrati, canticis magnificare,
vel pertinent ad sequentium sacrorum ordinum sacramentum. Nam quia vasa figuli probat fornax ¹⁷,
et quia dicit Apostolus : « Ii primo probentur ; et
sic ministrent ¹⁸; » ideo sacris ordinibus fornacis
prophetia præmittitur; quia, sicut pueri in fornace
ignis, sic in sacris ordinandi probantur in camino C
tribulationis, unde benedictiones sequuntur, quia
post probationem coronantur. Ad idem pertinet sequens oratio : Deus qui tribus pueris, postquàm
præstatur ordo subdiaconatus, ut novitio subdiacono Epistola deputetur : ad orationes super pro-
phetias genua flectimus, super epistolam vero nequaquam. Quidam tamen ad Angelus Domini nunquam genua flectunt, ne videantur Nabuchodonosor statuam adorare. Postea præstatur ordo diaconatus, ut novitio diacono evangelium assignetur.
Post sacerdotes ordinantur, ut tirones cum ordi-
natore introeant ad altare, hinc inde morantes, et
cum signante signantes, quidam vero inter lectionem, Angelus Domini et epistolam, ordines sacros
præstant, ut post consecrationem conserratis pro- D
ponant epistolam et evangelium ad instar boni pastoris, qui mittens filium suum, docet eum quid
et qualiter sit acturus; per Epistolam monentur
custodire benedictionem quam acceperunt, per
Evangelium dicitur eis : Ite, docete omnes gentes ¹⁹.
Quidam, subdiaconatu præstito ante epistolam
ratione præmissa, continuo post eam diaconatum
præbent et sacerdotium, quibus præstitis in vocem
lætabundam erumpunt : Laudate, eo quod hi præsertim ordines invitantur ad laudes. Præstantur autem hi ordines præsertim circa evangelium ; quia

Moyses et Aaron levitas in tabernaculi ministerium
ordinavit, et Christus septuaginta duos discipulos
ordinatos ad prædicandum misit.

Illud quoque notabile est quod ordines præsertim quatuor temporibus exhibentur, quæ sunt
dierum primitiæ, ut ordinandi se sciant esse primates ecclesiæ; et ut quatuor virtutibus exornen-
tur; et sub quatuor Evangeliis servire Christo et
Ecclesiæ moneantur. In vere, ut virtutibus floreant; in æstate, ut charitate ferveant; in autumno,
ut fructus bonorum operum metant; in hieme, ut
collecta servent in horreo, et eis fruantur in Domino.
In quadragesima quoque, ut vitiis marceant; in
jejuniis et a jejunantibus, et jejunis, ut apostolos
imitentur; qui cum Paulum et Barnabam ad evan- B
gelizandum gentibus delegarent ²⁰, et presbyteros
per Ecclesias constituerent, jejunantes et orantes
eis manus imposuerunt ²¹, commendantes eos Domino, in quem credidere, ut intelligant quanta
devotione dantium et accipientium debeat hujus
benedictionis tribui sacramentum, quod in Sabbato celebratur, eo quod Dominus inter cæteros
dies præ cæteris Sabbatum sanctificavit ²², per quod
intelligimus, ordinatos non solum a servili opere
sed etiam a vitiis cessare debere ²³. Hodie tamen,
licet in Sabbato fiat, debet diei Dominico deputari,
unde in ejus vespera, a qua sumit initium, debet
ordinatio celebrari, et ad mane Diei Dominici,
dummodo continuato jejunio, valet extendi; et
congrue in hac die celebrantur mysteria sacerdota-
lium benedictionum in quo sunt collata charismata
gratiarum. In hac enim die Dominus resurrexit,
in hac apostolis (ut dicitur), « insufflavit, dicens :
« Accipite Spiritum sanctum, quorum remiseritis
peccata remittuntur eis ²⁴. In hac Spiritus promissus advenit, unde merito ad hanc diem sacerdotalem dirigimus benedictionem, ut cum Domino resurgente in novitate vitæ ambulemus ²⁵, et cum
apostolis hilariter cantare possimus : Veni Sancte
Spiritus, reple tuorum corda fidelium, scilicet ordinatorum. Quod in Sabbato medianæ hebdomadæ,
et in Sabbato sancto celebratur, sicut invenitur in
canonibus, ordinatio forte in illorum diei actus respicit, et officium, ut sicut tunc neophyti ad baptismum, sic vocentur ad hujus characteris sacramentum. Hæc solemnis prædictorum dierum observantia, sacris duntaxat ordinibus est observanda.
Minores enim ordines in celebribus diebus licet
episcopis erogare. Ad subdiaconatum vero et ultra
nisi in prætaxatis diebus non licet alicui episcoporum, præterquam Romano pontifici, aliquos promovere. Ideoque scoti redarguuntur episcopi, qui subditos in dedicationibus ecclesiarum ad sacros ordines promovebant. Ordinationes hujusmodi Petrus
primus et princeps instituit, cui post Christum
summum Ecclesiæ collatum est pontificium. Ideoque

¹⁴ Psal. 113 ; Psal. 134.   ¹⁵ Dan. 3.   ¹⁶ Matth. 17.   ¹⁷ Eccli. 27.   ¹⁸ I Tim. 3.   ¹⁹ Matth. 28.   ²⁰ Act.
13.   ²¹ Act. 14.   ²² Gen. 2.   ²³ Exol. 20.   ²⁴ Joan. 20.   ²⁵ Rom. 6.

tam in hoc Sabbato, quam in cæteris quatuor Temporum statio congrue celebratur ad Sanctum Petrum.

Tunc ad summam recurramus officii, quod ad utrumque spectat adventum, sicut in lectionibus, excepta quinta, et responsoriis patuit præcedentibus, sicut et liquet in epistola : *Rogamus*[16], in qua agitur de filio iniquitatis, quem Dominus interficiet illustratione sui adventus. Tractus epistolam comitatur, ne ordinatus in superbiam elevetur, sed ad gemitum sui et aliorum potius deprimatur. Ad adventum vero pertinet evangelium : *Anno quintodecimo*, ubi dicitur : *Quod salutare Dei videbit omnis caro*[17] ; quod offertorium : *exsulta filia*[18] et communio : *Exsultavit ut gigas*[19], nemini exstat ambiguum. Illud etiam non est silentio prætereundum, quod hoc Sabbatum semper oportet præcedere vigiliam Domini, tum quia uterque dies est officiatus, tum quia Sabbatum est de adventu, vigilia nequaquam, sed de natali, et pertinet ad tempus gaudii, quod ex ipsa patet ordinatione Gregorii, qui ultimas adventus antiphonas ad evangelium posuit istas : *Completi sunt dies*, et *Ecce completa sunt omnia*[19]. Ideoque cum adventus ad minus regulariter habere debeat viginti unum diem, id est tres septimanas integras præter vigiliam Domini, cumque semper incipiat ad Dominica, si Natalis fuerit in Dominica, oportet adventum per quatuor hebdomadas prolatari ; quod si fuerit in feria secunda in Sabbato, tum pro jejunio quatuor Temporum, tum pro vigilia jejunabitur, et in Dominica vigiliæ officium celebrabitur, et *Alleluia* cantabitur propter adventum, vel diem Dominicum. Et attende quod tres septimanas adventus trium temporum Patres accipimus, primi fuerunt ante legem, qui sicut granum in terram jactum est a fructu remotum, sic procul a Domino remoti clamant in introitu : *Ad te levavi*[20]. Secundi fuerunt sub lege, qui doctrina legis instructi, et ideo ad lumen propius accedentes, in introitu, *Sion populus* appellatur. Tertii fuerunt prophetæ, præsertim illi, quos invenit illa nativitas ut Simeon, quibus, quia redemptor est prope, dicitur in introitu missæ : *Gaudete*[21]. Aiunt quidam quod in officio primæ Dominicæ agitur de vocatione Judæorum. In secunda vero de vocatione gentium, unde dicitur ibi : *Ad salvandas gentes*, in tertia de vocatione utriusque populi, unde hic dicitur : *Gaudete, Gaudete*, et cantatur in prima, in persona Joannis; in secunda, in persona, prophetarum; in tertia, in persona apostolorum; in quarta sequenti, in persona doctorum; rursus de gentium vocatione loquentium, et ut in collata gratia perseverent exhortantium, ut de gratia spei perveniant ad gloriam speciei.

CAPUT IV.

DOMINICA QUARTA DE ADVENTU.

Canite tuba in Sion[22]. Hac quoque historia quartæ

Dominicæ partim ex prophetis, partim ex Evangelio compilata, communia utriusque decantatur adventus, et maxime vocatio gentium declaratur per Christi adventum, ubi in persona apostolorum, vel doctorum dicitur : *Canite tuba, vocate gentes*, in Graduali vero : *Prope est Dominus*. Hæc Dominica vacans antiquitus intitulatur, vel quia proprium non habet officium sed mutuat alienum, scilicet *Rorate* et hoc propter ordines præcedentis diei in quibus apostolicus fuit occupatus; sæpius enim in Decembri consueverant ab apostolicis ordines celebrari; vel ideo, quia numerum excedit adventus, scilicet viginti unius diei, quos circa inter Dominicas adventus non debuit computari, sed vacans appellari; vel potius, quia hujus diei statio nulli sanctorum legitur assignata, et merito; hodie namque legitur Evangelium : *Miserunt Judæi*, in quo dicit Joannes : *Non sum dignus solvere corrigiam calceamentorum ejus*[23]. Si ergo Joannes, quo major inter natos mulierum nemo surrexit[24], non est sufficiens incarnationis Christi mysterium denudare; « generationem enim ejus quis enarrabit : »[24] Quomodo scilicet Verbum incorporatur, quomodo vivificatur, animatur, quomodo Alpha concipitur, cui sanctorum hoc mysterium creditur, ut apud illum debita statione hoc officium celebretur? Porro si rite considerentur officia, illorum sanctorum virtutibus, vel meritis consonare videntur, apud quos solemnibus stationibus deputantur; sic ad sanctum Petrum, qui habet principatum ligandi et solvendi[25], statio celebratur, cum asinæ solutio nobis evangelizatur[26]; sic cum scrutinia, vel catechumeni signantur ad catechizatorem gentium recurritur. Proinde vacat ista Dominica, non quia non sit officium ejus authenticum, vel proprium non habeat officium, sed quia sit de ordinatissima stationum dispositione rationabiliter exceptum, utpote materiam habens nulli sanctorum investigabilem, omnibus impensam, sed per solum sanctum Spiritum administratam, qui in triclinio virginalis uteri solus medius, solus conscius et unus fuit cœlestium nuptiarum architriclinus. In quo utero videns gentilitas calceatam fore divinitatem in Introitu, secundum quosdam modernos, clamat ad eam, dicens : *Memento nostri, Domine, in beneplacito populi tui*[27], hoc est in Filio, in quo solo beneplacuisti ex millibus populi, qui fuit tuus ab initio mundi; et inde congratulatur aliis in epistola dicens : *Gaudete*[28], sed et juxta considerationem uteri virginalis cantat in graduali : *Prope esse Dominum*, et *celerem ejus adventum*, *Alleluia, Veni Domine*, offertorium : *Confortamini* : communio : *Ecce Virgo*, nota sunt in quibus desiderat, et consolatur, et causam concludit consolationis. Et vide quod hebdomada proxima nativitati præparatio merito nominatur et in ea historia, *clama in fortitudine* decantatur, quæ non, ut simplices au-

[16] II Thess. 2. [17] Luc. 3. [18] Zach. 9. [19] Psal. 18. [20] Luc. 2. [21] Psal. 24. [22] Phil. 4. [23] Joel. 2. [24] Joan. 1. [25] Matth. 11. [26] Isa 53. [27] Matth. 16. [28] Matth. 21. [29] Psal 105. [30] Phil. 4.

tumant, ad quatuor Tempora, sed ad Domini per- A
tinet proximam nativitatem. Unde cum sex matu-
tinalibus laudibus decantatur; quia per sex ætates
antiqui se ad adventum præparaverunt, et nos per
sex opera misericordiæ ad secundum etiam præpa-
ramur. Verumtamen feriales antiphonas, quæ in
festo sancti Thomæ scriptæ sunt, octava die antea
canere consuevimus, et docet cantus ante nativitatem proximam renovari; quia, sicut per plures,
et frequentiores, et novos nuntios magis et magis
movetur animus subditorum ad sollicitudinem su-
scipiendi prælatum, sic per renovationem cantuum
magis excitamur, ut simus dignum venturo Domino
habitaculum. Potest tamen et totus adventus
præparatio nominari. Unde in principio legitur : B
*Abjiciamus opera tenebrarum, et induamur arma
lucis*, etc.,[51]. Quæ omnia sunt præparationis
insignia. In hac hebdomada, septem antiphonæ
secundi toni cantantur, unaquæque per ordinem suo die, usque ad nativitatem, quæ ideo
sunt secundi toni; quia diriguntur ad Christum
qui factus est gigas geminæ substantiæ, et sunt
septem, quia requievit in eo spiritus sapientiæ,
et intellectus, spiritus consilii et fortitudinis,
spiritus scientiæ et pietatis, et spiritus timoris Domini[52], per quæ septem dona suæ nobis Incarnationis gratiam ministravit. Ipse enim est sapientia,
qua Pater omnia fecit[53], qui venit in spiritu sapientiæ docere nos viam prudentiæ. Ipse est Adonai,
qui nomen suum indicavit Moysi[54], cui legem dedit C
in Sinai[55], qui venit in spiritu intelligentiæ nos
redimere. Ipse est radix Jesse[56], qui crucis in patibulo stetit in signum populorum, qui in spiritu
consilii venit nos liberare. Ipse est clavis David
qui aperit et nemo claudit, claudit et nemo aperit[57]
cellaria paradisi et inferni, qui in spiritu fortitudinis venit nos de inferni claustris educere.

Ipse est oriens sol justitiæ[58], qui spiritu scientiæ
nos venit illuminare. Ipse est rex gentium, lapis
angularis[59], qui venit salvare nos spiritu pietatis.
Ipse est Emmanuel, *nobiscum Deus*[60], qui per spiritum timoris venit ad salvandum nos, et charisma
nobis dedit amoris. Omnes hæ antiphonæ incipiunt
per O, quod potius admirative, quam vocative ponitur. Vel ideo sunt septem, quia cantantur in de- D
signatione antiquorum patrum, qui septenario servientes adventum Domini exspectabant, unde in
omnibus *Veni* dicitur. Cantantur autem in Vesperis, quia Dominus venit in vespera mundi; hic est
Elias, qui sero carnes, et in mane panes vescitur[61],
Dominus, scilicet noster, qui in ultima ætate mundi carnem assumpsit et diluculo resurgens in pacem angelorum transivit[62]. Si novem secundum
quosdam cantantur, additur una pro Virgine quæ

concepit; altera pro angelo qui ad Virginem introivit[63].
Si duodecim fuerint, duodecim prophetæ exprimun-
tur, qui Christi adventum prædicaverunt, quem
duodecim apostoli testimonio roboravere, ex quo
duodecim tribus et ex eis duodecim millia signati
salvantur[64].

CAPUT V.
IN VIGILIA NATALIS DOMINI.

*Hodie scietis quia veniet Dominus, et mane videbi-
tis gloriam ejus*[1]. Dies iste vigilia dicitur natalis
Domini, vigiliæ a pastoribus inceperunt. More antiquo duo nocturnalia præcipuis festivitatibus age-
bantur officia, unum tantum in initio noctis a pontifice cum suis capellanis absque *Venite*, illud in
medio noctis articulo, sicut adhuc ab aliquibus in
solemnibus observatur, et populus qui ad festum
venerat, tota nocte in laudibus vigilabat; sed postquam illusores laudabile institutum in ludibrium
mutaverunt, et turpibus cantilenis, et saltationibus,
et fornicationibus operam dederunt, vigiliæ sunt
interdictæ et dies jejuniis dedicati pristinum vigiliarum nomen retinuerunt; inter quas vigilia Domini celebrior est et præcipua, proprium habens
officium nocturnum atque diurnum. Super *Venite,
hodie scietis, quia veniet Dominus, et mane videbitis
gloriam ejus*, hoc est de Exodo parva mutatione
transsumptum, nam cum dixisset Dominus filiis
Israel : « Ecce ego piuam vobis panes de cœlo,
dixerunt Moyses et Aaron ad eos, vespere scietis
quod eduxerit vos Dominus de terra Ægypti, et
mane videbitis gloriam ejus[65]. » Vespere enim co-
turnix, et mane manna super castra descendit. Co-
turnix caro Christi, manna figura fuit verbi Dei[66],
panis vici de cœlo descendit[66], vespere carnem
et mane verbum accepimus, cum in fine sæculorum
« Verbum caro factum est[68], » et hoc in finibus
sæculorum, licet verisimilius vespera dicatur, tamen et mane dicitur, eo quod in eo, velut tempore
gratiæ, sol justitiæ nobis illuxit[70], et novum mane
novum scientiæ lumen, Novum Testamentum credentibus reparavit. Igitur, *hodie scietis et mane videbitis gloriam ejus*, id est in tempore gratiæ Verbum incarnatum per experientiam cognoscetis;
unde sic illis dictum est hoc, ut se præpararent ad
esum Dominicæ carnis; vel dicitur spiritualiter ad
eos, qui in Salvatoris ortu fuerunt, et verum manna suscipere meruerunt, vel hæc brevis clausula
verius ex una parte ad Nativitatem, ex alia pertinet ad resurrectionem, sic *hodie*, id est vita præsenti
scietis, quia veniet Dominus, id est panis vivus,
qui de cœlo descendit[71], *et mane*, id est in resurrectionis gloria, non solum humanitatem, sed
etiam *gloriam* divinitatis *ejus videbitis*.

Ad Laudes : *Judæa et Hierusalem nolite timere,*

[51] Rom. 13. [52] Isa. 11. [53] Psal. 103. [54] Exod. 6. [55] Exod. 31. [56] Isa. 11. [57] Isa. 22; Apoc. 3.
[58] Zach. 6; Malach. 4. [59] Isa. 28. [60] Isa. 7. [61] III Reg. 17. [62] Psal. [63] Luc. 1. [64] Apoc. 7.
[65] Exod. 16. [66] Ibid. [67] Cor. 10. [68] Joan. 6. [69] Joan. 1. [70] Malach. 4. [71] Joan. 6.

cras egrediemini, et Dominus erit vobiscum. Hoc frequens et celeberrimum divinæ consolationis oraculum mittit nos ad historiam Paralipomenon, quando, regnante Josaphat, congregati sunt filii Amon et Moab cum habitatoribus montis Seir adversus Judam, convenitque omnis Juda in Hierusalem et in templum Domini ad precandum faciem ejus, et stantibus illis coram Domino cum uxoribus et liberis, et vociferantibus ad Dominum exclamavit Jahaziel filius Zachariæ, levites de medio multitudinis in spiritu Domini dicens : « O Juda et Hierusalem nolite timere, cras egrediemini, et Dominus erit vobiscum [11]. » Amon interpretatur *populus turbidus*, Moab *ex patre*, Seir *hispidus;* hæc sunt vitia hominum turbantia et exasperantia a diabolo procedentia, quæ fuerant ad nostrum introitum congregata, nec erat qui adjuvaret, donec venit Samaritanus in carne, qui vulneratum fomentavit et stabulario commisit [12]; ad eos ergo, qui ante Nativitatem Domini tenebantur in potestate diaboli, vel in claustris inferni sermo dirigitur. *O Juda et Hierusalem,* id est confitentes et pacem desiderantes, *nolite timere, cras,* id est in proximo *egrediemini, et Dominus erit vobiscum.* Similis vobis, habitabit in vobis. Moraliter o activi, quibus est peccatorum confessio necessaria, et o contemplativi, quibus est pacis visio in desiderio, « nolite timere eos qui occidunt corpus [13], » *cras,* id est in proximo *egrediemini* de corpore mortis hujus [14], *et Dominus erit vobiscum,* ergo cupite dissolvi et esse cum Christo [15]. Ex his duabus clausulis, videlicet, *hodie scietis, quia veniet Dominus ; Juda et Hierusalem nolite timere;* fere cætera nocturni officii contexuntur, de quo scias quod in quacunque feria vigilia Domini venerit, illius feriales psalmos cum antiphonis et canticum obtinebit : at si fuerit in Dominica, sex responsaria de historia canite, et tria de ipsa vigilia cum laudibus suis. Hodie quoque et usque ad nocturnæ Epiphaniæ Symbolum Athanasii, secundum quorumdam consuetudinem, subticetur, diurni quidem officii constat esse intentionem ostendere, non solum quod Christus natus sit, sed etiam et de quo, et cur natus sit, et quantus sit : Natus est, ut dicitur in Epistola Pauli [16] et in Evangelio [17], cum esset de semine David, de Maria desponsata Joseph; hodie namque Mariæ desponsatio legitur, ut sciatur quod alii fuerit desponsata, scilicet Joseph; et ab alio fecundata, scilicet a Spiritu Sancto. Natus est ut populum salvum faceret ex iniquitatem terræ deleret; *hodie* in spe per sacramenta gratiæ, *mane* in re per revelationem gloriæ : hæc patent in introitu et graduali : *hodie scietis, et Alleluia.* Crastina die, quidam habent *Alleluia, Ave Maria; Alleluia* tamen in vigiliis non cantatur propter ob-

servationem jejunii, nisi fuerit in Dominica, tunc enim non omittitur propter resurrectionem Domini. Idem quoque patet in communione, revelabitur. Sed quia ejus incarnatio erat futura Judæorum dispersio, ideo versus in graduali subditur, *qui regis,* in quo pro eis oratur. Quantus sit ostendit psalmus qui cantatur ad introitum, scilicet : *Domini est terra [19].* De quo etiam sumitur offerenda : *Tollite portas,* et vide quoniam hæc vigilia propriam habet collectam, ideoque debet in Vesperis dici, quod et in omni vigilia (secundum quosdam), generaliter est observandum, ut si propriam habet collectam in missa, dicatur et in vesperis ; si non habet propriam, dicatur in vesperis collecta festi sequentis. In vesperis autem vigiliæ natalis psalmi cantantur : *Laudate pueri Dominum [20]. Laudate Dominum omnes gentes [21]. Lauda, anima mea, Dominum [22]. Laudate Dominum, quoniam bonus [23]. Lauda Hierusalem [24],* secundum quosdam, in quibus invitamur ad laudes. At (secundum alios), *Laudate pueri [25]. Qui confidunt [26]. In convertendo [27]. Memento [28]. Benedictus Dominus Deus meus [29],* et merito; quia primus devotos invitat ad Dominum laudandum jugiter et prædicandum. Secundus monet in Domino confidere. In tribus sequentibus causa redditur, quare sit laudibus instandum et in Domino confidendum, scilicet : quia nostram captivitatem convertit [30] et nobiscum magnificavit [31]; quia promissa complevit, dum fructum ventris David super sedem ejus constituit [32] ; quia inclinavit cœlos atque descendit [33]; quia demum de alto manum suam emittet [34], ut nos eripiat ab aquis multis et a filiis alienis.

CAPUT VI.
IN NATALI DOMINI.

Puer natus est nobis [35]. In fine anni Dominus voluit nasci, ut ostenderet se venire in ultima ætate mundi. In sexta feria conceptus, in Dominica natus fuit; in sexta feria crucifixus, in Dominica resurrexit, ut qui hominem in sexta feria plasmatum perdiderat, in sexta feria liberaret, et qui in Dominica veniens, oriens ex alto [36], nos illuminaret, et hæc regula compati comprobatur. Nam si retro percurras v. illius anni inveniens concurrentem. In nocte quoque natus est, juxta illud : « Dum medium silentium tenerent omnia, et nox suum perageret cursum, omnipotens Domini sermo a regalibus sedibus venit [37], » inde est quod media nocte ad annuntiandum nativitatem surgimus, quia credimus tunc Virginem peperisse et puero professenninis, id est cantilenis quas nutrices pueris faciunt, *Gloria in excelsis Deo [38]* cantasse; sed nec vacat a mysterio. In nocte namque natus est, ut se clam sub carne latentem venire signaret, vel ut se ad illumi-

---

[11] II Par. 20. [12] Luc. 10. [13] Matth. 10. [14] Rom. 7. [15] Phil. 1. [16] Rom. 1. [17] Matth. 1. [18] Psal. 22. [19] Psal. 112. [20] Psal. 116. [21] Psal. 145. [22] Psal. 146. [23] Psal. 117. [24] Psal. 112. [25] Psal. 124. [26] Psal. 125. [27] Psal. 131. [28] Psal. 145. [29] Jer. 1. [30] Psal. 125. [31] Luc. 1 : Psal. 131. [32] Psal. 17. [33] Psal. 143. [34] Isa. 9. [35] Luc 1 [36] Sap. 18. [37] Luc. 2

nandum nostram noctem venire demonstraret, quoniam habitantibus in regione umbræ mortis lux
orta est eis ⁹⁹. Unde ab ejus natali dies prolongan-
tur, quia credentes in eum ad æternitatis lucem
vocantur. Rationabiliter itaque nocturna celebrantur officia, et secundum antiquum morem ascribun-
tur duo natali Domini nocturnalia. Unum in quo
antiphonæ : *Dominus tanquam diffusa est*, et responsoria *hodie nobis*, cum aliis concinuntur ; aliud
in quo antiphonæ : *Dominus, in sole elevamini*, et
responsoria : *Ecce agnus Dei* cantantur, sed hoc ad
Octavam relinquitur. Nunc primo insistamus super :
Venite, Christus natus est nobis, venite, adoremus.
Hoc in persona angelorum cantatur, a quibus pastores, vel potius omnis populus ad adorandum natum Dominum invitatur. Nos igitur ad hæc tripudia
invitati, ei congaudentes in tribus psalmis psallimus.

In quorum primo agitur de æterna Christi et ineffabili genitura ; in secundo vero de Christi incarnatione ; in tertio de laudibus sponsi et sponsæ ; eique in tribus lectionibus per Isaiæ oracula testificamur, qui non tam prophetice quam evangelice
incarnationem Christi descripsit : ei quoque in tribus responsoriis cum angelis jubilamus, quæ repræsentant nobis cuncta in cœlis et in terris ¹⁰⁰ per
hanc Christi nativitatem restaurata. In primo quorum, in quo gaudet exercitus angelorum, cantatur
restauratio cœlestium. In secundo ubi pax vera descendit, cantatur reparatio terrestrium. In tertio ubi
dicitur quod introivit in regionem nostram, recolitur liberatio in regione umbræ mortis habitantium ¹. Et quia hæc cuncta Trinitas operatur, idcirco, secundum quosdam, ad singula, vel secundum
alios, post hæc tria subditur gloria. Quia vero ines-
fabiliter fabrica mundi per verbum Dei creatur ⁹ ;
'Idcirco in fabrica mundi jubilatur. Item quia ines-
fabiliter de Virgine, tanquam sponsus de thalamo
suo processisse creditur ⁹, idcirco in tanquam
neuma resonatur ; item quia ineffabiliter Patri et
Spiritui sancto coæqualis esse prædicatur, idcirco
in *Gloria Patri* jubilus exsultat. Et quia ipse est
alpha et omega ⁴, idcirco in A et O modulatur.

In secundo nocturno, lectiones de expositionibus
legimus, et cantantes cum pastoribus jucundamur,
dum ipsorum devotionem recolentes, eos ad Bethleem festinasse et Christum in præsepio canimus
invenisse ⁵. In tertio nocturno primo ponitur antiphona : *Ipse invocabit me*, quæ est de vı differentia, et septimo loco inducit psalmum : *Misericordias
Domini in æternum cantabo* ⁶ ; quia ejus misericordia cantatur, qui septiformi gratia venit eum redimere, qui fuerat vıı die creatus et lapsus ⁷. In
eodem nocturno frequentatur in antiphonis *Alleluia*, quia in tertio tempore, id est gratiæ, advenit

A mundo lætitia ; in eodem legimus Evangelia ; duo
versantur circa temporalem nativitatem, in tertio
gigas geminæ substantiæ declaratur. Et attende
quod novenarium per tria nocturna distinguimus,
ut patres trium temporum intelligamus sociandos
novem ordinibus angelorum, unde in primis duobus
Alleluia subticetur, quia patres illis sociati sunt,
sed murmurabant infra claustra inferni ; at in tertio frequentatur, quia patres nostri temporis transeuntes, angelis illico sociantur. Ternarius in primo nocturno, tres sunt patres in tempore primo :
Abraham, Isaac et Jacob. Ternarius in secundo :
Legislator, psalmista et propheta. Ternarius in tertio : homines de tribus partibus orbis, aut Ecclesia
primitiva, Ecclesia gentium et ultima conversio reliquiarum, qui omnes per bonam operationem, et
doctrinam Evangelicam, et fidem sanctæ Trinitatis,
perveniunt ad collegium angelicæ societatis ⁸. Solent mulieres parturientes visitare, et matri, et filio exennia ferre : has in responsoriis trium nocturnorum imitamur, dummodo Christum, modo virginem salutamus, vel quasi utrique munera offerentes, utrique applaudimus. Et vide quia in primo
prophetæ, in secundo doctores, in tertio leguntur
evangelistæ, quia de incarnatione Christi prophetia
præcessit, quam sub obscuram expositor, quasi
pastor enucleavit, Evangelista elucidavit. Item attende quod ante nocturnos solent tres panni, secundum quosdam, super altari deponi, et singulis nocturnis unus auferri, primus est niger pro tempore
ante legem ; secundus subalbidus pro tempore legis ;
tertius profusus rubore pro tempore gratiæ, quo
tertio sublato luminaria plenius accenduntur Ecclesiæ. Post hæc cantatur Evangelium Matthæi :
Liber generationis Jesu Christi ⁹. Jacob in nocte dormiens vidit scalam, eique Dominum innixum, et in
ea descendentes angelos et ascendentes ¹⁰. Quid est
scala Jacob? nisi generatio Christi, cui Dominus
innititur, dum per Joseph in ultimo gradu locatur ;
angeli descendentes et ascendentes sunt omnes electi, qui prius ad suscipiendam Incarnationis Christi fidem humiliantur, et postmodum ad videndam
ejus gloriam sublevantur : quia factus homo Deus
primo vagit in cunis, et baptizatur in aqua Jordanis,
postmodum cœlestibus coruscat miraculis ¹¹ ; per
primum nos docet humiliari exemplo suæ humilitatis ¹² ; per secundum nos erudit humiles suscitari
ad intelligendam gloriam suæ divinitatis. Utrumque
scilicet descensum et ascensum Matthæus et Lucas
videntur innuere, dum Christi generationem de-
scribunt, alter descendendo, alter ascendendo.
Vel ideo Matthæus ¹³ descendendo computat; quia
humanitatem Christi describit, per quam ad nos
descendit. Lucas ¹⁴ ascendendo refert, quoniam a
baptizato incipiens usque ad Deum ascendit, ef-

⁹⁹ Isa. 9. ¹⁰⁰ Ephes. 1. ¹ Isa. 9. ² Gen. 1 ; Psal. 32. ³ Psal. 18. ⁴ Apoc. 1. ⁵ Luc. 2. ⁶ Psal 88.
⁷ Gen. 1 et 2. ⁸ Rom. 11. ⁹ Matth. 1. ¹⁰ Gen. 28. ¹¹ Matth. 5. ¹² Phil. 2. ¹³ Cap. 1. ¹⁴ Cap. 3.

stendens baptismi; quia baptizati efficiuntur
i. Scalam dormiens vidit in nocte : ideoque
generationem legimus in nocte profunda, non
corporeo, sed supernorum contemplatione
mtes. Juxta illud : « Ego dormio, et cor
vigilat [15]. » Et attende quod hæc generatio in-
David et Abraham, et concludit Joseph. Qui-
ibus factæ sunt promissiones, dictum est
ad Abraham : « In semine tuo benedicentur
gentes [16], » quæ promissio hominem signi-
David : « De fructu ventris tui ponam super
tuam [17], » quæ promissio hominem et re-
gnificat : ad Joseph : « Pariet tibi filium, et
s nomen ejus Jesum, ipse enim salvum fa-
opulum suum a peccatis eorum [18], » quæ
sio hominem et Deum pronuntiat. Et sicut
adraginta duas mansiones pervenitur ad Jor-
[19], et exinde in terram promissionis, sic per
ginta duos patres pervenitur ad Virginem
n Salvatoris. In medio vero apposuit Evange-
aab meretricem, et Ruth Moabitidem, innuens
Christus non solum Judæis, sed etiam genti-
neral, quod et Propheta prædixerat : « Me-
o Raab, et Babylonis scientium me [20], » id
itudinis confusarum gentium. Raab enim la-
Babylon confusio dicitur. Evigilans a somno
prorupit in confessione Domini, dicens :
Dominus est in loco isto [21], » et nos gene-
cantata concrepamus in laudes Dei, dicen
e Deum laudamus; in quo etiam congratula-
drachma perdita, quam mulier invenit, ac-
lucerna [22]. Surgens a somno Jacob, erexit
n in titulum, fundens oleum desuper [23]; et
neratione, et laudis confessione cantata, mis-
solemnia celebramus, ubi lapidem angula-
erigimus, et oleum confessionis et devotio-
undimus.

munione cantata, matutinas laudes interse-
antequam collecta ultima concludatur, in
quatuor psalmi ad præsentem statum perti-
in primo : Dominus regnavit [24], Regis deco-
pulchritudinem collaudamus; in secundo :
te [25], nos vicissim ad laudes invitamus; in
velut in deserto Idumeæ sitientes, et di-
Deus, Deus [27]; in quarto imbrem miseri-
petimus, dicentes : Deus misereatur [28]. Ex-
creaturas Dominum laudare monemus dicen-
benedicite [29], tres vero qui sequuntur, scili-
audate Dominum de cœlis [30], cantate [31], lau-
ominum in sanctis ejus [32], ad futurum statum
ent, in quo una cum angelis Dominum sine
intermissione laudabimus. His psalmis Ec-
quasi choræam ducit, dum sponsa liberatori
matutinis laudibus concinit, quas sacerdos
nissæ collecta concludit, quæ varietas, licet

pro festi decore fieri videatur, missa tamen laudes
ea ratione præcedit : quia prius fuit illa æterna genitura, de qua missa loquitur; quam aliqua fuerit
creatura, quæ Deum laudare potuerit. Una collecta
laudes jet missam terminat : quoniam ad eum referenda est Christi incarnatio, a quo est æterna generatio. Et hæc prima missa, non per Ite missa est,
sed per Benedicamus Domino, terminetur, ne populus ab officio licentietur. Quidam vero, finito nocturno, confestim incipiunt : Te Deum laudamus,
repræsentantes in hoc horam, in qua natus est
Christus : mox subjungunt missam cum Gloria in
excelsis, repræsentantes gaudium angelorum. Exinde subdunt : Liber generationis, repræsentantes
gaudium hominum; sed nostra Ecclesia, post novem responsoria, missam celebrat, qua finita, subdit evangelium : Liber generationis, et post evangelium : Te Deum laudamus; quia generatio divinitatis præcessit generationem humanitatis, quorum
notitia fuit nobis materia laudis.

Nunc missarum officia prosequamur. Tres missæ in Natali Domini celebrantur secundum institutionem Thelesphori papæ, qui missam in nocte
voluit celebrari, ad ostendendum quod idem est,
qui in nocte nascitur et in altari immolatur, et ad
recordationem angelorum, qui in illa nocte ceci-
nerunt illum angelorum hymnum : Gloria in excelsis Deo [33]. Auctor officii mane voluit aliam celebrari, ut novæ Lucis in mundum introitus demonstretur; et quia sanctificavit eum Pater ab exordio
conceptionis, ideo sacrificium offertur in exordio
lucis, seu propter vi itationem pastorum ad præsepium Domini, in quo invenerunt pabulum [34], unde
quotidie reficiuntur animæ sanctorum. Rursus
tertia missa in hora tertia celebratur, ut missæ
debitus ordo servetur. Hæ tres missæ tria tempora
significant, constat enim tria tempora mundi per
hanc singularem nativitatem salvari. Per missam
quæ in nocte cernitur, tempus ante legem ignorantiæ
tenebris involutum accipitur, ideoque in nocte cantatur, et in ea legitur : Populus gentium qui ambulabat in tenebris [35]. Per missam quæ in aurora cantatur, tempus legis exprimitur in quo lux fidei
mundo per Scripturas ostenditur, ideoque, in aurora cantatur, et in ea dicitur : Lux fulgebit. Per
missam tertiam quæ in die ad horam tertiam celebratur, dies salutis et tempus gratiæ denotatur, in
quo Christus nascitur; ideoque in die canitur et in
ea dicitur : Puer natus est nobis [36] : hoc est quod in
Levitico [37] dicitur : « Vetustissima veterum comedetis, et novis supervenientibus, vetera abjicietis; »
vetustissima est naturalis lex, vetus lex mosaica;
nova lex Evangelica; naturalis docuit intelligere
Deum, unde prima missa de æterna loquitur genitura : Mosaica Dominum promisit nasciturum.

ant. 5. [15] Gen. 22. [16] Psal. 131. [17] Matth. 1. [18] Josue 3. [19] Psal. 86. [20] 28. [21] Luc. 15.
28. [22] Ephes. 2. [23] Psal. 93. [24] Psal. 99. [25] Psal. 62. [26] Psal. 66. [27] Dan. 3. [28] Psal. 148.
l. 459. [29] Psal. 10. [30] Luc 2. [31] Ibid. [32] Isa. 9. [33] Ibid. [34] Cap. 26.

Unde in secunda missa dicitur : *Lux fulgebit.*
Evangelica prædicat natum. Unde in missa tertia
dicitur : *Puer natus est nobis.* Unde metrice scriptum est :

> In natali sacrosacræ solemnia missæ,
> Quid significent, aut cur celebrentur habe:
> Nocte prior sub luce sequens, in luce suprema.
> Sub Noe, sub templo, sub Christo sacra fuerunt,
> Nox, aurora, dies, umbra, figura, Deus.

Prima missa pertinet ad generationem, quæ est
de secreto, id est substantia Patris, quæ est de
Patre sine matre, ideo in nocte canitur : *Quia generatio ejus non enarrabitur* [19]; vel quia omnes
fuerunt ante legem, eam fere penitus ignoraverunt.
Ideoque et in ea cantatur : *Hodie, et ante Luciferum
genui te* [20]. Secunda pertinet ad illam generationem,
quæ est de utero virginis, quæ est de matre sine
patre. Ideoque diluculo canitur ; quia homines legis
semiplenam de ipsa notitiam habuerunt, ideoque
in ea canitur : *Lux fulgebit hodie super nos, quia
natus est Dominus nobis.* Tertia pertinet ad utramque, quod ex ejus Evangelio patet, ubi namque dicitur : ‹ In principio erat Verbum, › æterna significatur, ubi subditur, ‹ Verbum caro factum est [21], ›
temporalis ostenditur, ideoque in die cantatur, quia
homines gratiæ per temporalem Nativitatem plenius
agnoverunt divinitatem, quia per notitiam Filii pervenitur ad Patrem [22]. Officium igitur primæ missæ
pene per omnes suas partes divinam commemorat
nativitatem, ut introitus : *Dominus dixit ad me :
Filius meus es tu, ego hodie genui te* [23], id est æternaliter genui te, nam hodie, ut beatus asserit Augustinus, quia præsentia significat, et in æternitate nihil est præteritum quasi esse desierit, nihilque futurum, quasi nondum sit, sed præsens
tantum ; quia, quidquid æternum est, semper est ;
ideo divinitus accipitur ibi : *Ego hodie genui te.*
Idem in graduali, et alleluia, et communione canitur, et repetitur quod in introitu præmittitur,
sed quomodo hæc membra capiti suo conveniunt,
scilicet evangelio nativitatem ex virgine prose-
quenti ? sed et cum ibi dicitur : *Maria peperit filium
suum primogenitum* [24], plane præmissæ materiæ
coaptatur ; quia primogenitum non referimus ad
Mariam, sed asserimus genitum primo, id est ante
omnem creaturam, vel quia divinitas hæc calceata
venit ad nos, et per hoc calceamentum divinitatem
agnovimus, ideo in collectis, in lectionibus, in Evangelio, in offertorio fit evidenter nativitatis de virgine commemoratio ; unde quidam aiunt, quod intentio totius officii ad temporalem nativitatem potest
referri, ut exponat : *Hodie* scilicet hac die *ante
luciferum*, stellam videlicet matutinam, *genui te*, id
est generationem tuam sum operatus ; et quod in
Evangelio dicitur : *Maria peperit filium*, scilicet
primogenitum, id est post, vel ante quem nullum.

Officium vero secundæ missæ totum consonat dictis
pastorum dicentium, ut legitur in Evangelio :
*Transeamus usque Bethleem, et videamus hoc Ver-
bum, quod factum est* [25], qui gratulantes aiunt in
Introitu : *Lux fulgebit* ; sed ait semidoctus gram-
maticus : cur non dicunt : Lux fulget, orta erat
stella ex Jacob? [26] Convenientius tamen dicitur :
Lux fulgebit ; quia cœlum rubet in aurora, fulget
in tertia, in sexta fervet, in vespere tepet ; vel dicitur : *Lux fulgebit*, in persona legis, quæ temporalem nativitatem antiquis patribus repromisit, et
subilitur : *Dominus regnavit, decorem indutus est* [27],
illum decorem, quo coronavit eum mater sua [28].
Hæc est humanitas, ornatus miserationis, diadema
pietatis, pulchritudo charitatis, et addunt in graduali :
Benedictus qui venit, et in alleluia : *Dominus regnavit*, et quis sit, et quantus sit in offerenda suppo-
nunt dicentes : *Deus enim firmavit orbem terræ* [29].
Et quia primus paries est ex Hebræis, ideo primitiæ, scilicet pastores in communionem loquuntur
ad eos : *Exsulta, filia Sion* [30]. Ecclesia ex Hebræis
dicitur : *Filia Sion*, quia in Sion, quæ et Hierusalem
erat templum et Sancta sanctorum. In utraque missa
statio debuit esse ad Sanctam Mariam, quia nobis
de utero ejus vera salus advenit, sed causa inter-
currit, ut ad Sanctam Anastasiam eatur, quæ hoc
die per martyrium transivit ad Dominum ; ideoque
in secunda missa secunda dicatur oratio de Sancta
Anastasia. Officium tertiæ missæ personat mirabilia
verbi Dei, quod erat in principio, et incipit esse
caro, sicut legitur in Evangelio [31] : *Hoc verbum
est puer qui, secundum prophetam, natus est nobis* [32],
ut canimus in introitu ; et hoc canticum novum, de
quo Propheta : ‹ Cantate Domino canticum novum [33] ; › et Jeremias : ‹ Novum faciet Dominus
super terram [34]. › Hoc est illud brachium Domini [35], quod secundum propheticam hujus diei lectionem paravit Dominus in oculis gentium ; hæc
est locutio, quam secundum apostolicam lectionem
locutus est Pater in Filio qui multifarie locutus est
olim patribus in prophetis [36]. Et attende quod tam
in vigilia, quam in tribus missis hodiernæ festivitatis duæ lectiones sine intervallo, prima de propheta Isaia, secunda legitur de Apostolo, quia
Christus pro duobus populis in uno pariete con-
jungendis nascitur ; vel quia super basim prophetarum fundata est columna apostolorum ; vel quia
activi et contemplativi per hanc nativitatem in una
fide salvantur ; vel quia per prophetas et apostolos,
et evidentius per illum et istum, vel utrumque
Testamentum, ejus nativitas concorditer prædicatur ; hi sunt duo Cherubin, qui propitiatorium tegunt seseque vultibus versis in propitiatorium
respiciunt [37]. Per propitiatorium incarnatus Dominus figuratur, de quo Joannes : Ipse est propitiatio

---

[19] Isa. 53. [20] Psal. 109. [21] Joan. 1. [22] Joan. 14. [23] Psal. 2. [24] Luc. 2. [25] Ibid. [26] Num. 24.
[27] Psal. 92. [28] Cant. 3. [29] Psal. 92. [30] Isa. 12. [31] Joan. 1. [32] Isa. 9. [33] Psal. 97. [34] Jer. 51.
[35] Psal. 97. [36] Hebr. 1. [37] Exod. 25.

pro peccatis nostris [27]; dum ergo non discrepant, sed mysterium incarnationis concorditer narrant illud prophetando, istud asservando, in propitiatorium vultum suæ intentionis dirigunt, et se vicissim respiciunt, hoc quoque verbum est illud salutare de quo protinus canitur in graduali : *Viderunt* [28].

Hæc est lux magna, quæ descendit in virginis uterum : « Quæ illuminat omnem hominem venientem in hunc mundum [29]. » Et attende quod neumæ, quæ modulantur in *Kyrie eleison*, vel *alleluia* ; potius per E, vel per A jubilantur, ut per has vocales significemus spirituale gaudium , quod nobis in partu Virginis est restitutum , cui facta est mutatio ejus nominis Eva, dicente Angelo : « Ave Maria [30] ; » Ave quidem vox est gaudii, Eva luctus, quem nascentes exprimunt lugentes, E, vel A. Hic demum, est dives ille et potens qui dicitur in offerenda : *Tui sunt cœli, et tua est terra, tu humiliasti superbum* [31], sed nunquid hodie humiliavit, quando Patrem et matrem vocare nescivit ? Respondeo : Humiliavit per causam, juxta illud : « Accelera, spolia detrahe, festina prædari [32]. » In communione de eodem , qui est salutare concluditur, quod, *Viderunt omnes fines terræ* [33], quod quia beatus Petrus vidit, et confessus est præ cæteris, revelante sibi Patre, qui est in cœlis [34] ; ideo statio est ad Sanctum Petrum. Illud non est silentio prætereundum, quod ab hodie ad octavam Epiphaniæ semper ad primam, tertiam, sextam et novam dicimus responsoria, et eorum versus cum Alleluia, ad repræsentandum summam lætitiæ, quæ advenit tempore gratiæ. Vesperæ quoque Natalis Domini singulis diebus prius totæ cantentur. Postea *Magnificat* cum Antiphona, et collecta de sequenti festo beati Stephani, et aliorum dicatur. Quidam vero dicunt secundam vesperam totam, quidam duntaxat antiphonam et collectam, et est privilegium istarum vesperarum ; quia cum cætera officia pro supervenienti festo mutentur, istæ vesperæ non mutantur, et est singulare in istis, eo quia Dominus venit in vesperis, id est in ultima ætate mundi ad salvandum saltem reliquias generis humani.

CAPUT VII.

DE OCTAVA DOMINI.

Postquam consummati sunt dies octo, ut circumcideretur puer, vocatum est nomen ejus Jesus [35]. In die Natalitio duo festa concurrunt, parientis et partus, id est matris et filii ; sed propter illii celebritatem, de matre plene solemnizare nequivimus. Ipsius ergo solemnia reservavimus ad octavam, hoc significantes quod si Christo in hac vita servierimus, de Ecclesiæ glorificatione, quam Maria figurat, in octava, id est in futura vita gaudebimus, ideoque nocturnum officium, ex magna parte ad virginem pertinet parientem ; idcirco et duæ missæ

celebrantur, prima de Matre : *Vultum tuum* [36]; alia de Filio : *Puer natus est nobis* [37] ; quod si quis alteram voluerit omittere, non omittat illam, quæ spectat ad virginem, ut dicat orationem : *Deus, qui salutis æternæ*, quæ dicenda est a Circumcisione usque ad Epiphaniam, et ab Octava Epiphaniæ usque ad Purificationem. In hac vero die triplex solemnitas intimatur, scilicet Ogdoadis, circumcisionis et nominis impositionis, ut in Evangelio legitur : *Postquam consummati sunt dies octo* [38] : verborum trium fit commemoratio. Prima solemnitas Ogdoadi assignatur, id est octavæ diei, et quia sequentes dies octavarum nominibus decorantur , idcirco de octavis fecundior sermo decurrat. Octavum diem celebrandum Leviticus liber insinuat, dicens : « Dies octavus erit celeberrimus atque sanctissimus [39]. » Celebrantur autem octavæ diversis et specialibus causis, verbi gratia, celebratur Octava Nativitatis ob reddendam causam primæ diei ; in die Nativitatis colimus Christi adventum ad nos, in Octavis colimus hominum adventum ad Christum ; ipse autem venit ad nos, ut ircmus ad eum, et hoc ex antiphonis manifeste dignoscitur. Ibi dicitur : *Genuit puerpera regem*. Hic *O! admirabile commercium!* nomine commercii datur intelligi , aliud dari et aliud accipi. Dedit nobis Christus suam divinitatem et accepit nostram humanitatem; quod dedit, colitur in nativitate ; quod accepit, colitur in octava die. Membra juncta capiti congratulantur in festivitate præsenti, sic et in aliis antiphonis : in illis agitur de Nativitate, in istis de membrorum copulatione, quæ facta est per Nativitatem. Antiphona illa : *Mirabile mysterium hominis*, declarat assumptionem, cum dicitur : *innovantur*. Ecce nova permutatio naturarum quia Deus fit homo, et homo Deus ; sic tamen, ut quod fuit permansit, et quod non erat assumpsit, non passus commistionem, quam Sabellius identitavit, nec divisionem, quam Arius oblatravit. Ob similem causam octava celebratur Epiphaniæ. Nam in Epiphania cantatur : *Quod Dominus est baptizatus* ; in Octava causa redditur cur baptizatus, scilicet ut baptizemur, ut a peccatis per nostrum lavacrum abluamur, quod ex ipsis antiphonis declaratur : *Veterem hominem*. Hic quæritur cur Octava Passionis eodem rationis articulo non celebretur ? Sicut enim Christus, qui est sol justitiæ [40], natus est non propter se, sed ut lux nostris mentibus, qui eramus in tenebris appareret [41] ; sicut etiam baptizatus est non propter se, sed ut nostra pascat lavaret [42]; sic mortuus est non propter se, sed ut nos moreremur peccato, per quod nos a morte liberaret [43]. Respondeo : quia superveniens festum lætitiæ obumbrat , et abolet commemorationem tristitiæ, verumtamen licet reddatur ratio, cur non fiant, non tamen usquequaque in

[27] I Joan. 2.   [28] Psal. 97.   [29] Joan. 1   [30] Luc. 1.   [31] Psal. 88.   [32] Isa. 8.   [33] Psal. 97.   [34] Matth. 16.   [35] Luc. 2.   [36] Psal. 44.   [37] Isa. 9.   [38] Luc. 2.   [39] Levit. 23.   [40] Mal. 4.   [41] Isa. 9 ; Luc. 1.   [42] Rom. 6.   [43] Hebr. 2.

similibus exigitur, cur hæc fiant, nam et circum-A immaculatus [14], non habens maculam, neque ru-
cisus est carnaliter, ut circumcidamur spirituali-
ter [15]. Jejunavit ut jejunemus [16]; pedes lavit ut lavemur [16]. Non tamen octavas istorum, aut similium celebramus. Sed Octavæ sanctorum, ut Stephani et aliorum ob causam dissimilem celebrantur.
In natalitiis enim ipsorum, receptacula colimus
animarum, in octavis resurrectionem corporum.
Unde in titulis Psalmorum dicitur, *pro octava*.

Et attende : Quod quorumdam sanctorum celebrantur Octavæ, ne hoc mysterium lateat, non autem omnium, ne vilescat, et etiam, si non valemus
omnium festa celebrare sanctorum, quanto minus
octavas eorum? Rursus dissimilem habet causam
octava paschalis solemnitatis, cui cum sit octavæ
mysterium, octava tamen additur propter octo beatitudines, quæ in illa solemni octava percipientur.
Rursus dissimilem habet causam Octava Pentecostes, quæ ideo celebratur, ut operum sancti Spiritus consummatio declaretur; est demum omnium
octavarum ratio generalis, quod octava redit ad caput, quod de beatitudinibus asserit Augustinus.
Idem quoque dies primus est et octavus, id est Dominicus. Ideoque resurrectio Domini dicitur facta
in octava, id est in die Dominica. Idcirco igitur observatur celebritas octavarum, ut revertamur ad
primum innocentiæ statum; in cujus innocentiæ
recordatione, in octava die Circumcisio agebatur,
ut mens circumcisa fieret ab omni carnali contagione. De circumcisione et nominis impositione C
sermo succedat, et merito in octavo die circumcisionis, et nominis, quod est Jesus, impositionis solemnitas celebratur; quia, sicut in die Nativitatis
ostenditur, qualiter Christus venit ad nos, ut salvaret nos, scilicet per incarnationem; sic in octavis
ostenditur, qualiter veniemus ad ipsum, ut salvemur ab ipso, scilicet per circumcisionem. De circumcisione sciendum est quod Dominus eam præcepit Abrahæ, in signum obedientiæ et justitiæ, fidei et discretionis populi [17]. Fiebat autem in octavo
die petrino cultello in membro luxuriæ, in quo pro-
toplastus verecundiam sensit inobedientiæ, significans quod in octava gratiæ per fidem Christi omnis
peccati corruptio deleatur, et in octava gloriæ
per Christum omnis etiam pœnæ corruptio penitus D
aboleatur [18]. Unde hoc festum celebrant subdiacones, juvenes et fortes, ad significandum, quod in
octava resurgentium nulla erit debilis ætas, non senectus, non senium, non impotens pueritia, sed
omnes occurremus in virum perfectum [19] cum hoc
mortale induet immortalitatem et hoc corruptibile
incorruptionem [20]. Hujus effectus erat peccati originalis abolitio. Cur ergo Christus qui fuit agnus

gam [21], « qui peccatum non fecit, nec inventus est
dolus in ore ejus [22]; » cur, inquam, voluit circum-
cidi, qui nihil habuit in se, quod debuit amputari?
Respondeo : sicut voluit in templo præsentari [23],
sicut et baptizari [24], sicut et de agno paschali cum
discipulis epulari [25], sic voluit in corpore circum-
cidi non propter se, sed propter nos. Tum ne Judæi
stomacharentur in eum, dicentes : Hunc non esse
Messiam promissum in lege; quia non vivit secundum legem, qui de se ipso postea dixit : « Non veni
solvere legem, sed adimplere [26]. » Tum propter figuram; carnalis etenim circumcisio figurat præsentem spiritualem, quæ est ex gratia, et futuram, quæ erit in gloria; nec dedit nobis exemplum
carnaliter circumcidendi; quasi « circumcidimini,
Christus vobis nihil proderit [27], » sed invitavit nos
spiritualiter ad spiritualem circumcisionem, id est
vitæ innovationem, ad quam nos invitat Spiritus per
Jeremiam, dicens : « Novate vobis novale [28]. » Et
forte non sine occulta causa hæc innovationis solemnitas in anno gentilitatis novo concurrit; quia
tunc novum annum augurata strena, et bono omine
celebrabimus, si mente et spiritu renovati fuerimus [29]; demum carnalem circumcisionem baptismi
sequentis institutione mutavit. Tum propter hone-
statem, quia honestius est aqua lavari, quam corpore mutilari; propter utilitatem, quia communius
est; cum enim solum mares circumciderentur, mares et feminæ baptizantur, et quis efficacius est,
quia circumcisio duntaxat ab originali peccato
mundaret, baptismus et mundat ab omni, et pandit
aditum paradisi. De nominibus vero Christi sciendum est quod quædam ex ipsis de Christo relative,
vel quasi relative dicuntur, ut pastor [30], sponsus [31]
et mediator [32], quædam non relative ut homo [33].
Item nonnulla ex ipsis de Christo translative dicuntur, ut agnus, ovis [34], vitulus [35], serpens [36],
aries [37], leo [38], vermis [39]. Item quædam, cum sint
institutione appellativa, sunt ei prærogativa privilegii appropriata, ut Christus quod sic Græce, *Messias* Hebraice, *unctus* dicitur Latine. Unxit eum
Deus oleo lætitiæ præ consortibus suis [40]; hoc nomen est oleum effusum, ideoque adolescentulæ dilexerunt eum [41]; hoc nomen, cum sit Græcum,
Græca scribitur abbreviatione sic ΧΡΣ. Nam Χ ponunt Græci pro *chi*; Ρ vero pro *r*; *c* autem pro *s*.
Si autem per *s* scribitur Latina terminatione finitur, ergo si longo schemate scribitur, per aspirationem ita pingatur, Christus. Jesus autem est proprie proprium nomen illius personæ impositum ei
ab Angelo in die conceptionis et ab hominibus in
die circumcisionis et dicitur *Jesus* [42] Hebraice, *soter*

[14] Luc. 2, [15] Matth. 4. [16] Joan. 13. [17] Gen. 17; Rom. 4. [18] Rom. 6. [19] Rom. 8. [20] Ephes. 4.
[21] I Cor. 15. [22] Isa. 53; Joan. 1. [23] Ephes. 5. [24] I Petr. 2. [25] Luc. 2. [26] Matth. 3. [27] Matth. 26.
[28] Matth. 5. [29] Gal. 5. [30] Jerem. 4. [31] Ephes. 4. [32] Joan. 10. [33] Psal. 18. [34] Tim. 2. [35] Joan. 1.
[36] Isa 53. [37] Luc. 15. [38] Num. 21; Joan. 5. [39] Gen. 22. [40] Apoc. 5. [41] Psal. 21. [42] Psal. 44.
[43] Cant. 1. [44] Luc. 1 et 2.

Græce, *Salvator* Latine ; unde Angelus ad Joseph : A « Vocabis nomen ejus Jesum : ipse enim salvum faciet populum suum a peccatis eorum [5], » quod nomen Porphyrius philosophus Græca et Latina lingua peritus Latine scribebat *Jesus*, Græce per II, quam Græci pro i longa sonant. Unde quidam profert *Gisus*. Latini vero pro *e* longa, rectius ergo videtur sic esse pingendum JIIC per Græcam abbreviationem quam JHS per Latinam aspirationem. Vocatur etiam alpha et omega, id est principium et finis [6]. Vocatur et Emmanuel [7] quod est interpretatum *nobiscum Deus*. Nobiscum enim est per præsentiam majestatis. Vocatur præterea via, veritas et vita [8] ; via in exemplo, vel in præcepto, veritas in promisso, vita in præmio. De his nominibus copiose reperies in illa sequentia : *Alma chorus*. Sabbaoth, id est *Deus exercituum* [9] ; Adonai [10], quod est *Dominus ;* Athanathos, id est *immortalis ;* Kyrios, id est *Dominus ;* Theos, id est *Deus ;* Pantocrator, id est *omnipotens ;* Homousios, id est *ejusdem essentiæ,* nomina sunt Dei, non tantum personæ Christi. Vocatur præterea Christus secundum Isaiam [11] admirabilis, consiliarius, Deus fortis, Pater futuri sæculi, princeps pacis : Admirabilis in Incarnatione, quid enim mirabilius est, quam quod « Verbum caro factum est [12] ? » Consiliarius in integra rerum cognitione, hic est Angelus magni consilii, « in quo sunt omnes thesauri sapientiæ et scientiæ Dei absconditi [13], » cui omne cor patet et omnis voluntas loquitur. Deus in rerum creatione : hic est enim C puer, qui creavit stellas, imo omnia per ipsum facta sunt, et sine ipso factum est nihil [14]. Fortis in rerum dispositione : hæc est enim sapientia, quæ « attingit a fine usque ad finem fortiter [15], » hæc librat omnia in pondere, numero et mensura [16]. Pater futuri sæculi, in meritorum retributione, hic est enim paterfamilias, qui ponet rationem cum servis suis, et ei, qui fidelis exstitit in commissis, inquiet : « intra in gaudium Domini tui. [17] » Princeps pacis dicitur, vel quia mediator fuit Dei, et hominum et angelorum [18], vel quia confert illam pacem, quæ exsuperat omnem sensum [19], cujus « pacis non erit finis [20]. » Vocatur etiam Christus ineffabili nomine Tetragrammaton, id est *quatuor litterarum,* quæ sunt Jo, He, vau, He, quæ sunt D apud nos, I, e, u, he : est ergo nomen *Jeuhe,* quod dicitur *ineffabile,* non quia non valet fari, sed quia non est Deus hoc nomine, nisi in arduis invocandus ; vel ejus sententia sufficienter nequeat explicari. Cujus interpretatio talis : Iod *principium,* he *iste,* vau *passionis vitæ,* quasi *iste est principium vitæ passionis.* Genitivus Græcorum more ponitur pro ablativo, passionis, pro passione, id est per passionem. Quomodo autem vita nostra ab ipsius morte dependeat, non sufficimus intueri. Quod diximus gentilitatem novum annum, hodie

celebrare, intellige secundum Romanos ; Arabes enim incipiunt post solstitium æstivale ; ab Hebræis autem inchoatur in Martio. Annum quoque intellige usualem : est enim annus solaris circuitus solis semel per zodiacum, ex quo per quadriennium quadrantis ratione unius diei summa colligitur, quæ quartum annum generat bissextilem ; est annus lunaris circuitus lunæ duodecies per zodiacum, qui cum a solari diebus undecim suppletur, ex his triplicatis annus embolismalis efficitur ; est etiam annus usualis hodie secundum usus hominum sumens initium. Est annus emergens capiens a quovis die principium : est annus naturalis, cum luna soli supponitur, unde sol eclypsim patitur ; est annus magnus, cum omnia sidera ad suum locum et ordinem revertuntur ; est annus apud Græcos olympias ab agone olympio dictus, qui de quarto in quartum annum observabatur. Est apud Romanos annus lustralis quinque annorum spatium, quod lustrum appellabatur ; quia solutis censibus sacrificabant et urbem lustrabant. Est apud eosdem annus indictionalis, qui ter quinos continet annos. Est apud Hebræos annus jubilæus, id est remissionis, qui septennis completis annorum hebdomadibus celebratur. Est apud Christianos viatores annus benignitatis et gratiæ, in quo Christus venit et nos sola benignitate redemit. Est apud sanctos comprehensores annus æternitatis et gloriæ in quo « exsultabunt sancti in gloria [21] » sine fine.

Solarem annum per quatuor tempora : ver, æstatem, autumnum et hiemem, et per duodecim menses diviserunt philosophi. Mensis est spatium in quo luna semel percurrit zodiacum. Gentiles mensibus nomina quædam ex diis, quædam ex causis, quædam ex numeris imposuerunt. Januarium ergo dixerunt ab idolo, et re ab idolo ; quia ex Jani bifrontis nomine vocaverunt, in cujus primo die Jani solemnia celebrabant, sed verius a re Januarius appellatur, eo quod anni Janua, et principium constituitur. Februarius autem ab idolo dicitur, scilicet a februo, id est Plutone ; vel a re a febribus, vel a februo, as ; quia in ejus prima die civitas februabatur. Martium ad honorem Romuli sic appellaverunt, qui cum Martis filium crediderunt, et sic ab idolo. Nam a re dicitur a maribus, eo quod tunc animantia mares desiderant. Aprilis quasi aperilis dicitur eo quod germen tunc aperitur in florem, et sic vocatur a re ; ab idolo vero dicitur ab Aphros, quæ est Venus, quasi Aphrilis. Maius a Maia matre Mercurii. Junius a Junone vocatur, sed verius majus à majoribus, Junius a junioribus appellatur ; quia quod majores dictabant in Maio, hoc juvenes exsequebantur in Junio. Julius a Julio Cæsare. Augustus ab Octaviano vocatur augusto, nam prius Julius quintilis, et Augustus appellabatur sextilis. September, October, November, Decem-

---

[5] Matth. 1.   [6] Apoc. 1.   [7] Isa. 7.   [8] Joan. 14.   [9] Isa. 5.   [10] Exod. 6.   [11] Cap. 9.   [12] Joan. 1.   [13] Col. 2. [14] Joan. 1.   [15] Sap. 8.   [16] Sap. 11   [17] Matth. 25.   [18] I Tim. 2.   [19] Philip. 4.   [20] Isa. 7.   [21] Psal. 149.

ber, ex numeris et imbribus aeris acceperunt vocabulum.

Menses quoque in Kalendas, Nonas et Idus diviserunt. Kalendæ a colendo dicuntur, eo quod mensium principia colebantur, vel potius a Calon, quod est *bonum;* et scito quod apud Ægyptios principia mensium prænuntiabantur. Ideoque decimo Kalendas et sic de reliquis invenitur. Nonæ dicuntur a nundinis, et Idus dicitur divisio mensis. Menses etiam in se quatuor continent hebdomadas; hebdomada vero dicitur ab hebdomos Græca voce, quæ interpretatur latine *septimus;* quia septem dierum cursu peragitur. Dies est spatium viginti quatuor horarum, cujus duæ sunt partes, dies et nox. Dies est solis præsentia super terram, cujus tres sunt partes : mane, meridies et suprema. Nox est absentia solis super terram, cujus septem sunt partes : crepusculum, dictum quasi creperum, quod est dubium. Vesperum dicitur ab ortu stellæ, cui hoc nomen est. Conticinium, cum omnia silent. Intempestum, id est inopportunum, cum aliquid agere non est opportunum. Gallicinium a Galli cantu dicitur. Matutinum a stella, vel a mane. Antelucanum a luce, id est quod diluculum. Qui vero quatuor esse dicunt, crepusculum et vesperum sub conticinio comprehendunt, et matutinum in antelucano intelligunt; hæ quatuor partes vigiliæ nominantur, quod sumptum est a pastoribus, vel castrorum excubiis, quas Dominus in Evangelio aliis nominibus appellavit, scilicet : sero, an media nocte, an galli cantu, an mane. Gentes diebus a planetis nomina indiderunt, primum diem a sole nominantes, qui est princeps et gubernator omnium siderum, sicut hic dies primus dierum omnium ; secundum a luna, tertium a Marte, quartum a Mercurio, quintum a Jove, sextum a Venere, septimum a Saturno : singulis planetis horas singulas tribuentes, ut cuicunque prima post viginti quatuor occurrerit, ipse planeta nomen illius diei vindicabit. Est igitur hic ordo planetarum : Saturnus, Jupiter, Mars, Sol, Venus, Mercurius et Luna, a quibus philosophi dierum nomina contraxerunt, eo quod a singulis aliquid esse in homine voluerunt, ut a Saturno tarditatem, a Jove temperantiam, a Marte fervorem, a sole spiritum, a Venere voluptatem, a Mercurio eloquentiam, a luna corpus. Apud Hebræos dicitur prima Sabbati, secunda Sabbati, tertia Sabbati, quarta Sabbati, quinta Sabbati, sexta Sabbati, Sabbatum. Et est sensus, prima Sabbati, hoc est prima a Sabbato, et sic de cæteris. Nos vero dies ferias appellamus, vel ab eo, quod feriari dicatur, quasi fari; in creatione mundi per singulos dies ait Dominus : « Fiat lux [1], » vel quia feriari est vocare, et est a gentilibus derivatum, qui dies festos ferias appellabant ; nos autem omnes dies ferias appellamus, vel quia singulis missarum solemnia celebramus; vel quia quotidie a peccatis

cessare tenemur. Dicitur ergo dies Dominica, in qua Dominus resurrexit, dicitur eadem prima feria, id est prima dies, in qua sit feriandum, id est a peccatis vacandum ; similiter et de aliis ; vel Sabbatum olim dies feriatus est habitus, ideoque dies Dominica dicitur prima feria, id est prima a feria, sicut prima Sabbati. Sabbati vero nomen de Hebraica veritate Christiana religio conservavit.

Et attende quod sunt dies siderales, in quibus sidera moventur ; et homines a navigationibus excluduntur. Sunt præliares, de quibus in libro regum [2], tempore quo reges ad bella solent procedere. Sunt intercalares , quos scimus duodecim mensibus superesse. Sunt caniculares, in quibus canicula terras incendit. Sunt solstitiales, in quibus sol stare videtur. Sunt æquinoctiales, in quibus dies noctibus adæquantur. Sunt fasti, in quibus jura fantur. Sunt nefasti, eis contrarii. Sunt festi, id est festivi, ut dies azymorum [3]. Sunt profesti, quasi procul a festis, ut feriales ; sunt dies mali, unde Apostolus, redimentes tempus quoniam dies mali sunt [4]; quia in eis plus solito homines affliguntur; sunt e contrario boni; sunt dies Ægyptiaci in quibus creditur Ægyptus fuisse percussa, vel quorum observatio ab Ægyptiis fuit inventa. Est quoque dies salutis, in quo Dominus venit ad salvandum. Est dies judicii, vel dies Domini [5], in quo veniet ad judicandum [6]. Dies in quibus vivimus nostri sunt ; quia in eis pro libero arbitrio certamus, at dies judicii non nostra est, sed dies Domini [7], quia suo nos remunerabit arbitrio, qui erit bonis dies lætitiæ, malis autem calamitatis et miseriæ [8]. Dies autem viginti quatuor horas, hora vero quatuor puncta. Ista quoque sunt mysteriis plena. Tunc enim Janum bifrontem colimus, cum prætærita peccata plangimus, et a sequentibus præcavemus ; cum obliti priorum cum Apostolo anteriora nos extendimus [9]. Annus est generalis Christus, cujus membra sunt quatuor tempora, scilicet quatuor evangelistæ. Duodecim menses hi sunt Apostoli, septimanæ, quilibet septem dona sancti Spiritus habentes ; dies, quilibet per fidem Trinitatis ad octo beatitudines pervenientes ; horæ, quilibet quatuor virtutibus redolentes ; vel per annum totum hujus vitæ præsentis tempus accipimus ; per quatuor tempora, quatuor status Ecclesiæ militantis, scilicet statum pacis, tyrannicæ persecutionis, hæreticæ pravitatis, simulatæ familiaritatis. Hi sunt quatuor equi, scilicet albus, rufus, niger et pallidus, de quibus Joannes loquitur in Apocalypsi [10]. Quilibet status tres continet dimensiones in electis septem lampadibus coruscantes [11], scilicet principium, medium et finem ; continet et diem et noctem, id est prosperitatem et adversitatem; in utraque fuerunt duodecim prophetæ et duodecim apostoli, et etiam omnes doctores veteris et novæ legis : qui dicuntur viginti quatuor [12]; vel quia fi-

[1] Gen. 1. [2] II Reg. 11. [3] Matth. 26. [4] Ephes. 5. [5] II Cor. 6. [6] II Petr. 2. [7] I Thess. 2. [8] Soph. 1. [9] Philipp. 3. [10] Apoc. 6. [11] Apoc. 1. [12] Apoc. 5.

dem sanctæ Trinitatis annuntiant per quatuor cli- A
mata mundi, vel quia sex opera exercent quadripar-
titi Evangelii , et hos omnes fulciunt quaternarum
puncta virtutum; vel annus est militia vitæ hominis
super terram [14]. Quatuor tempora quatuor ætates,
adolescentia, juventus, senectus et senium; vel quatuor virtutes, in quibus sanctæ Trinitati servire,
tribus virtutibus redolere, septem donis abundare
debemus in prosperis et in adversis, ut per quaternarium virtutum perveniamus ad senarium operum,
et per ternarium virtutum ad octonarium beatitudinum.

CAPUT VIII.
DOMINICA CIRCA OCTAVAM.

*Dum medium silentium tenerent omnia, et nox in
suo cursu medium iter haberet, omnipotens Sermo tuus
a regalibus sedibus venit* [15]. Tria sunt silentia, primum ante legem, secundum sub lege, tertium erit
in gloria. Primum fuit ignorantia languoris, secundum desperatio curationis, tertium adeptio sanitatis. Homo enim ante legem morbum suum non
agnoscebat, et ideo silens remedium non quærebat ;
et hoc est primum silentium. Ut autem lex subintravit [16], languidus morbum agnovit, et per opera
legis sanari quæsivit [17] ; sed agnoscens neminem
per legem posse justificari [18], diuturnis clamoribus
fatigatus, de salute desperans iterum siluit. Et non
solum siluit homo, sed etiam omnia, scilicet homines, angeli et elementa, quæ prius Christo nascituro
vel per voces, vel per indicia præbuerant testimo- C
nia. Hoc est secundum silentium, quod cum tenerent omnia, nox in suo cursu medium iter habebat.
Triplex nox intelligitur : diabolus, fluxus vitæ præsentis et peccatum. Tria quoque sunt itinera : primum ad cœlum, secundum ad infernum, tertium
præsentis vitæ stadium. Vel medium iter est genus
humanum, vel spiritus humanus, medius inter spiritum qui moritur et carne tegitur, et spiritum qui
nec moritur, nec carne tegitur. Diabolus universum
genus humanum possidebat, et suo cursu ad barathrum perditionis trahebat. Præsens quoque vita
nox est, cujus primum est iter de non esse ad esse
per generationem; ultimum de esse ad non esse per
corruptionem, medium de alicujus modi esse ad alterius modi esse per alterationem. Præsentis enim
cursus vitæ est quem nascendo intramus, vivendo
percurrimus, moriendo eximus : in hoc cursu nox
ista medium iter habuit, cum mors universos quos D
reperit in stadio vitæ præsentis, ad inferos traxit;
nox quoque peccati, dum ab originali peccato incipiens per actualia discurrebat, dum naturalis et
scriptæ legis prævaricatione succedente, peccatum
ad summum venerat incrementum, medium iter
habuit, dum « mors ab Adam usque ad Moysen regnavit [19], » et etiam usque ad adventum Domini
perseveravit. Cum igitur omnis spes recuperandæ

salutis perierat, et nox secum omnia rapiebat, omnipotens sermo ad liberandum mittitur, ut divinæ
gratiæ munus amplius commendetur. Moyses Dei
famulus multa verba protulit, multos sermones im-
potentes emisit, qui quod promiserunt efficere non
valuerunt ; sed unus, et unicus est Sermo Patris :
quia « semel locutus est Deus [20], » et ipse est omnipotens ; quia non solum « dixit et facta sunt [21],»
sed « quæcunque voluit, fecit [22]. » Hic Sermo venit.
Sed unde venit? Et quo ? A regalibus sedibus, a
consensu Patris, ab æqualitate majestatis ad carnem, ad crucem, ad mortem, a lumine cœli ad tenebras inferni. Sic veniens silentium interrupit ;
quia locutus est pacem, dedit gratiam, proposuit
misericordiam, promisit veniam. Cœperunt igitur
ægri accelerare ad medicum, et fidei puritate et
veritatis confessione magnis clamoribus remedium
flagitare. Adhuc iste Sermo loquitur, dum promissa
in suis quotidie operatur, adhuc ægrotus flagitat,
ut per gratiam sanitatem recipiat ; sed cum plena
sanitas venerit, non erit amplius quod petatur, juxta
illud : « In illa die non rogabitis Patrem quidquam [23],» et tunc erit tertium consummationis silentium.

Officium vox est primitivæ Ecclesiæ, in quo Domini recolit nativitatem, cujus fructum prædicat in
epistola : *Quanto tempore* [24] : quia de servitute
transivimus ad filiorum adoptionem, et ipsum commendat, secundum sapientiam, ut in evangelio :
Erat Joseph [25], in quo dicitur : *Puer crescebat, et
confortabatur plenus sapientia, et gratia Dei erat
cum illo*. Secundum potentiam, ut in alleluia, *Dominus regnavit* [26], et offerenda, *Deus enim firmavit* [27]; secundum pulchritudinem, ut in graduali,
Speciosus forma [28]; in communione vero, *Tolle
puerum* [29], tempus fugæ notatur, quo descendit
Dominus in Ægyptum, et mystice respicit ad gentilitatis adoptionem, quia Dominus de Judæa transivit
ad gentes, ut eas adoptaret hæredes. Et attende
quod, si Nativitas Domini, vel solemnitas Sancti
Stephani, vel Sancti Joannis, vel Innocentum fuerit in die Dominico, cantabitur hoc officium post
octavam Domini ; sin autem, infra octavam cantatur. Unde si Dominica fuerit in sanctorum octavis,
cantabitur hoc officium de Dominica, et fiet duntaxat commemoratio de octava. Proinde quidam
aiunt quod, sicut officium Natalis dici est gaudium
gentium, quæ viderunt salutare Dei, sic hodiernum
officium est revocandorum in fine sæculi præconium
Judæorum. Non enim gloriari debet oleaster adversus ramos bonæ olivæ [30], nec minor frater indi-
gnari contra majorem [31], sed roget inter convivia
patrem, ut exeat, et delinitum blandis monitis introducat ; quia qui modo positus est in ruinam,
ponetur in resurrectionem in Israel, sicut in Evangelio dicitur [32]. Tunc adimplebitur quod Apostolus

---

[14] Job 7.   [15] Sap. 18.   [16] Rom. 5.   [17] Joan. 5.   [18] Gal. 3, 5.   [19] Rom. 5.   [20] Psal. 61.   [21] Psal. 32.
[22] Psal. 113.   [23] Joan. 16.   [24] Gal. 4.   [25] Luc. 2.   [26] Psal. 92.   [27] Ibid.   [28] Psal. 44.   [29] Matth. 2.
[30] Rom. 11.   [31] Luc. 15.   [32] Luc. 2.

in Epistola dicit : Quod *misit Deus Filium suum,*
natum ex muliere, factum sub lege, ut eos qui sub
lege erant redimeret [53]. Tunc parvulus qui fuit
sub elementis [54], id est sensu litterali, hæres erit,
et regni solium obtinebit; sed nunc est Dominus in
Ægypto [55], scilicet apud gentes, quæ quondam sub
Pharaone, scilicet diabolo, militabant, sed tunc per
fidem revertetur ab Ægypto in terram Israel, scilicet ad Judæos, cum reliquiæ salvabuntur [56]; de
qua reversione agitur in Evangelio : *Defuncto He-*
rode [57], quod legitur in vigilia Epiphaniæ, quæ
totum præter evangelium a missa de aurora mutuatur officium : *Lux fulgebit,* eo quod in Epiphania,
gloriosa apparitione Domini comprehensoria, qua,
sicut est, Dominus apparebit [58], sancti fulgebunt in
Deo [59], et Deus fulgebit in eis. De hac die quæritur,
si sit in ea jejunandum ; et quidem videtur, quia
sibi officium appropriatur, et alleluia in officio, nisi
in Dominica, subticetur.

CAPUT IX.

IN EPIPHANIA DOMINI.

Tribus miraculis ornatum diem colimus. Hodie
stella magos duxit ad præsepium. *Cum esset natus*
esset Dominus *in Bethlehem Judæ in diebus Herodis*
regis, ecce magi ab Oriente venerunt Jerosolymam
dicentes : Ubi est qui natus est rex Judæorum? Vi-
dimus enim stellam ejus in Oriente, et venimus ado-
rare eum [60]. Zoroastes rex magicam artem invenit,
de cujus semine Balaam exstitit, qui de Christo
prophetavit dicens : « Orietur stella ex Jacob, et
consurget homo de Israel [61]. » Ex hujus progenie
hi tres magi fuerunt, qui adorare Dominum cum
muneribus, auro, thure et myrrha venerunt. Magi
dicti sunt mathematici, scilicet in stellis periti. Et
tres fuere primitiæ gentium, a quibus Dominus voluit adorari, ut a tribus partibus mundi, Asia, Africa
et Europa, et ex tribus filiis Noe, gentes innueret
convertendas : qui tria munera obtulerunt, dum in
auro regem, in thure Deum, in myrrha credidere
mortalem. Vel per tria munera physicam, ethicam,
logicam, vel historiam, tropologiam et allegoriam,
vel sapientiam fidei, orationem et bonam intelligimus operationem. Venere autem, stella duce, a natali duodecimo die, ut significaretur gentes ad fidem
Christi, « sermone cooperante [62], » per duodecim
apostolos attrahendas. Sed si primitus in die natali
stellam viderunt, quomodo tam cito de tam remotis
partibus venire potuerunt? Respondent quidam quod
ante nativitatem eam viderunt; alii, quod super
dromedarios venerunt : dromedarius est animal minus camelo, sed velocius eo ; currit enim una die
quantum equus tribus diebus. Ideo dicitur a δρομος,
quod est *cursus*, et ἀρετή, quod est *virtus*. De stella
quæritur quo devenerit post completum officium.
Respondent quidam quod in puteum cecidit, et adhuc quibusdam, sed non nisi virginibus, apparet;

alii quod in primordialem resoluta est materiam.
Quoad hoc miraculum dicitur hæc solemnitas Epiphania, ab ἐπὶ, quod est *supra*, et φῶσις, quod est
apparitio. Hodie Christus « cum esset incipiens annorum triginta [63], » in Jordane baptizatus est a
Joanne tribus de causis, ut omnem justitiam adimpleret [64], ut Joannis opera comprobaret, ut aquæ
vim regenerativam tribueret. Ideo in tricesimo anno
voluit baptizari, et postea prædicare, quia prædicator prius fortis debet esse et mundus in se, et post
hæc aliis prædicare. Hæc etiam ætas convenit præ-
dicatori. In Jordane baptizatur in signum humilitatis, a Joanne in signum gratiæ Dei. Jordanis enim
descensus, Joannes *Dei gratia* interpretatur ; quia
his qui in baptismo humiliantur gratia Dei confertur. In hoc baptismo Trinitas apparuit, Pater in
voce, Filius in carne, Spiritus sanctus in columbæ
specie; ideoque secundum hoc miraculum hæc solemnitas vocatur Theophania, a Θεός, quod est
Deus. Hodie, revoluto anno, Dominus aquam vertit
in vinum ad nuptias architriclini [65], secundum
quod miraculum hæc solemnitas Bethphania vocatur, a *beth*, quod est *domus.* Ait Beda super com-
mento Lucæ Dominum eodem die, revoluto anno,
quartum fecisse miraculum, scilicet, de refectione
panum ; secundum quod dicitur hæc solemnitas
Phagiphania, a φαγεῖν, quod est *comedere.* Sed de
hoc quasi non authentico non solemnizat Ecclesia. De tribus vero primis miraculis quæritur, quod
miraculum cui miraculo præferatur? Aiunt Græci
baptisma cæteris præferendum, propter quod baptismi sacramentum numerosius et solemnius hodie
concelebrant, quibus in canonibus Romana contradicit Ecclesia. Tum quia alterius et alterius rationis fuit ejus, et noster baptismus, tum « quia quicunque baptizati sumus in Christo, in morte ipsius, »
non in baptismo, « baptizati sumus : Consepulti
enim sumus cum illo per baptismum in morte [66]; »
unde postquam surrexit a mortuis baptizandi
potestatem, et formam dedit apostolis, dicens :
« Euntes, docete omnes gentes, baptizantes eos in
nomine Patris et Filii et Spiritus sancti [67]; » de
quo cum eos ante passionem instruere potuisset,
noluit, dans intelligi gratiam regenerationis ex sua
resurrectione cœpisse, et vim regenerativam aquarum ex suo latere profluxisse ; eminet itaque potius
illud, quod a magis utique gentilibus est adoratus,
quod cordibus gentium magnam spiritualium præstat materiam gaudiorum : assumens enim illos
« pax nostra fecit utraque unum [68]. » Quid cœlesti
miraculo plenius, quam quod magos non Scripturæ, non hominis, non angeli magisterium, sed
per stellam docuit solius Spiritus sancti oraculum ?
Quid cœlesti magisterio dignius? Quid auro regem,
thure Dominum, et myrrha confiteri mortalem? Ex
his tribus miraculis, præsertim ex primo hujus diei

[53] Gal. 4. [54] Ibid. [55] Matth. 2. [56] Isa. 10, et Rom. 9. [57] Matth. 2. [58] I Joan. 3. [59] Matth. 13.
[60] Matth. 2. [61] Num. 24. [62] Marc. 16. [63] Luc. 3. [64] Matth. 3. [65] Joan. 2. [66] Rom. 6.
[67] Matth. 28. [68] Ephes. 2.

ginatur officium, nocturnum videlicet et diur- A
Nocturnum in sui principio discrepat ab
: non enim cantatur : *Venite, exsultemus*
o ⁶⁹, tum quia reges ad Dominum adorandum
t ⁷⁰, non etiam invitati, unde statim post :
e, labia mea aperies ⁷¹, quasi ex improviso di-
Afferte Domino ⁷² (secundum nostram con-
inem, cantatur antiphona summam conti-
sequentis officii, scilicet tribus miraculis).
tiam *Venite* non cantamus, nec invitatorium,
odiare videamur; ipse namque invitavit prin-
acerdotum, et scribas populi, et sciscitaba-
els ubi Christus nasceretur; magis enim dixit :
mveneritis, renuntiate mihi, ut et ego veniens
i eum ⁷³, quod dicebat, non ut Christum
et, sed perderet; simili de causa, triduo ante B
i pacis osculum nemini damus, ne proditori
dmiles videamur. Tum forte, quoniam ad
i reservatur antiphona : propter gentes,
ixta mundi ætate ad fidem Christi venere, vel
sificandum quod Christus ad quem psalmus
, venit in plenitudine temporum ⁷⁴; senarius
verfectionem significat. Notandum est quod
lphonis priorum nocturnorum non ponitur
a; quia statui veteri deputantur.
aus nocturnus tangit tempus legis naturalis,
> Abraham arietem offerebat ⁷⁵, in quo se ad
idum, adorandum Dominum invitabant; se-
i vero tangit tempus legis Mosaicæ, in quo
ixe gentes venturas ad adorandum Dominum C
lebant; tertius vero ad novum pertinet Testa-
m, quod habet initium a baptismo : quapro-
abet antiphonam in capite : *Fluminis impe-*
um psalmo : *Deus noster* ⁷⁶, et cum hujus-
ordo psalmorum præposterus, et inusitatus,
vrito tenet septimum locum; quia pertinet ad
rmem gratiæ spiritum per vim baptismi
m; sequentes quoque antiphonæ cum psalmis
ovum indicant Testamentum, et hi tres psalmi
a monstrant commotionem gentium contra
ationem apostolorum, subversionem idolo-
; conversionem fidelium. Hæc autem diximus
lam quorumdam consuetudinem : nos enim
is *impetus*, cum suo psalmo ponimus in primo D
no, et *Venite* in tertio, servantes psalmorum
m rectum, naturalem et consuetum : quod et
lit, quia gentes in tempore gratiæ venere ad
Et vide quod ascensus in antiphonis consi-
r; continet enim prima periocha sacerdotes;
a, reges; in tertia, usque ad angelos perve-
in tertio nocturno frequentat Alleluia : quia
vmpore redempta lætatur Ecclesia, post ter-
octurnum sequitur evangelium de baptismo
ratione Christi ⁷⁷. Et vide quia duo evan-
e generatione Christi leguntur in nocte;
in nativitate, alterum hodie, quia utraque

generatio Christi in nocte, id est obscura, nec
priorum sensibus intellecta ; una est carnalis, altera spiritualis; in carnali descendimus computan-
tes, et ponitur *genuit* ut carnalis, et temporalis
exprimitur successio; in spirituali ascendimus, et
ponitur *qui fuit*, et subditur filius, ut spiritualis
generationis denotetur adoptio. Quare autem Matthæus descendat, et Lucas ascendat, superius præ-
tractavimus ; vel ideo ascendendo computat Lucas,
quia proprium est sacerdotum ut ab infimis perducant plebem ad suprema. Evangelio lecto, *Te*
Deum laudamus, de Christi generatione gaudentes,
altisone resonamus. Officium vero diurnum totum
pertinet ad id quod diximus esse præcipuum, et
principale miraculum, scilicet ad primitias gentium
et ad munera magorum.

Sancta ergo Ecclesia de gentibus electa pro suo
vocationis initio gaudens, Deo generosum laudis
offert pro sua salute præconium, dicens : *Ecce ad-*
venit, quod sumitur de Isaia ⁷⁸, sed non sic ibi continue reperitur; licuit enim cantoribus ad instar
apicularum, quæ ex diversis floribus unam mellis
dulcedinem componunt, ex variis locis Scripturæ
cantum Deo hilaritatis componere, gratior est mi-
stura bonorum. *Ecce*, in propatulo est, quod Dominus natura, dominator effectu *advenit*, ad nos
venit, scilicet carnem assumpsit; vel ut alludamus
præsenti diei, ad nos venit, scilicet qui in carne latebat, per multa signa Deus esse apparuit, ut per
stellam et munera, per vocem paternam et Spiritum in columba cætera sint manifesta. Et attende
quod moris est in hac die Pascha Domini prænun-
tiare his verbis : *Novit charitas vestra, fratres*
charissimi, quod, annuente Christi misericordia, tali
die Pascha Domini celebrare debetis : ideo prænuntiatur, quia non sicut cæteræ festivitates celebratur;
cæteræ namque stabiliter annuatim observantur,
solem et stellas comitantur, sol gerit typum Christi
qui est sol justitiæ⁷⁹, stellæ sanctos significant juxta
illud Apostoli : « Stella differt a stella in clari-
tate⁸⁰, » sicut ergo sol et sidera secundum visum
nostrum sunt immutabilia, sic Christi nativitas et
sanctorum natalitia immutabiliter celebrantur. Paschalis vero solemnitas ex mandato Domini lunam
sequitur, ut inferius declarabitur; luna vero secundum visum hominum crescere et decrescere
sæpe videtur. Rursus nec eadem est per singulos
annos in eodem die; namque est hodie xiv, revoluto anno additis xi, erit hodie xxv, et tertio anno
additis xi, et abjectis xxx, erit hodie vi. Rursus
Paschalis solemnitas non nisi in die Dominico celebratur, sed qui dies Dominicus est, in futuro secunda feria nominabitur, et ideo illa solemnitas variatur, cujus mutatio mutationem inducit LXXmam.
LXmam Ascensionis et Pentecostes, cæteros namque numero dies nec plures, nec pauciores, opor-

ial. 94. ⁷⁰ Matth. 2. ⁷¹ Psal. 50. ⁷² Psal. 28. ⁷³ Matth. 2. ⁷⁴ Gal. 4. ⁷⁵ Gen. 22.
. 45. ⁷⁷ Luc. 3. ⁷⁸ Cap. 3. ⁷⁹ Mal. 4. ⁸⁰ 1 Cor. 15.

tet, sicut inferius docebimus, esse inter LXXmam et Pascha, inter Pascha et Ascensionem, inter Pascha et Pentecosten. Ideoque necessario illa solemnitas prænuntiatur, ut sciamus per quod temporis spatium post festivitatem Epiphaniæ nos illam historiam *Domine, ne in ira tua* [81], cantare, et quando LXXmam oporteat inchoare. In Dominico die, qui infra Octavam occurrit, secundum nostram consuetudinem, lectiones sunt de Dominica ad *Benedictus*, antiphona *Fili*; ad *Magnificat*, antiphona *Puer*; introitus *In excelso*, epistola *Obsecro*, evangelium *Cum esset*, oratio *Vota*. Postquam fit commemoratio de Epiphania, cæteræ horæ de Epiphania dicantur. Sed horum ratio, et excursus inferius exponetur. In Octava Epiphaniæ de baptismo, scilicet de secundo Epiphaniæ miraculo jubilatur, ut in antiphona *Veterem hominem*, et cæteris quæ sequuntur, quæ translatæ sunt de Græco in Latinum. Ideoque gravius in dictamine continetur idioma, quæ sunt de VII tono, quia pertinent ad baptismum, ubi septiformis gratia sancti Spiritus operatur, et sunt VIII pro veræ Octavæ, ad quam Baptista ducit, baptismi mysterio et baptismi merito. Officium ad Octavam differtur, quia vicem tenet circumcisionis, quæ in VIII die celebrabatur, et cantatur hac die invitatorium; quia prædicantibus apostolis, ad baptismum sunt homines invitati. Tertium miraculum, scilicet conversio aquæ in vinum, ad Dominicam reservatur quæ Octavam sequitur. Unde fit judicium quod non ante VIII licuit, sed ex nunc duntaxat liceat sacramentum colere nuptiarum.

CAPUT X.

DE OFFICIIS POST DOMINICAM PRIMAM EPIPHANIÆ.

Domine, ne in ira tua arguas me, neque in furore tuo corripias me [82]. Hanc historiam, tam in antiphonis quam in responsoriis Dominicalibus et ferialibus, de psalmis constat assumptam, qua utimur ab Octava Epiphaniæ usque ad LXXmam; quia in præcedentibus solemnitatibus ad sæculare gaudium lapsi sumus, conviviis et cantibus lascivis indulsimus; idcirco psalmis ad pœnitentiam invitantibus utimur in responsoriis et antiphonis, et Epistolas Pauli, quæ quodammodo ad pœnitentiam instruunt, recitamus. Unde sequenti die post Octavam, epistolas et ferialia ponimus; vel quia, sicut post legem prophetia, sic post evangelium Scriptura sequitur apostolica. Quam pœnitentiam quia pro spe lætitiæ subimus, ideo jubilamus psalmos et alleluia cantamus; quod in ultimo ad vesperam multiplicamus officio; quia digne pœnitentes de hac vita ad requiem transeunt, et immensam angelorum lætitiam percipiunt sempiternam. Sed de his latius inferius dicemus. Officia vero diurna aliam habent considerationem; pertinet enim ad apparitionem, id est deitatis manifestationem: sic-

ut enim a die Natalis usque ad Epiphaniam apparuit ex officiis humanitas Salvatoris [83], sic in tribus Dominicalibus quæ sequuntur officiis divinitas elucet ejusdem. Nam in prima Dominica legitur evangelium : *Cum factus esset Jesus annorum duodecim*, in quo dicens : *Nesciebatis quia in his, quæ Patris mei sunt, oportet me esse* [84]? manifeste declarat se esse Deum, illum scilicet cui millia millium serviunt angelorum [85]. Ideoque cantatur : *In excelso throno*, ubi dicitur quod eum adorant angelorum multitudo, in graduali collaudant; ad idem in alleluia et offertorio terram invitant dicentes : *Jubilate Deo, omnis terra* [86]. Sed quia laus Salvatoris non bene sedet in labiis peccatoris [87]; ideo vitæ sanctimoniam Apostolus in Epistola præhortatur et obsecrat. Communio consonat evangelio. In secunda vero Dominica legitur evangelium in quo dicitur quod Dominus invitatus ad nuptias, aquam vertit in vinum [88]; quod fuit magnum suæ divinitatis indicium. Solus enim Deus potest naturam mutare et nostrum corruptibile in gloriam reparare. Propter quod eum omnis terra adoret, et psallat [89], et jubilet, et confiteatur et laudet, et angelos ad laudandum invitet, ut apparet in introitu, graduali, alleluia et offerenda; communio consonat evangelio. In tertia Dominica legitur evangelium : *Cum descendisset* [90], in quo dicens : *Volo, mundare*, benignitatem et potestatem suæ divinitatis ostendit. Unde leprosus mundatus, quasi choraula, tam angelos quam homines ad Deum adorandum invitat, dicens in introitu : *Adorate Dominum* [91], et in graduali : *Timebunt* [92], et causam reddit in alleluia et offerenda, dicens : *Dextera Domini* [93]; communio consonat evangelio.

Ecce quam evidenter in Dominicalibus tribus officiis divinitas apparet, quæ tres sunt, quia tribus annis Dominus prædicavit, et suam divinitatem miraculis declaravit. Hæc tria officia Christi nobis insinuant beneficia præstita nobis ad lætificanda corda nostra; unde cantamus in offertoriis : *Jubilate* [94]: jubilandum enim est, quod nos educit de claustris inferni, et liberat de inferno inferiori [95], vel quia in primo istorum trium annorum, id est statim post baptismum, post tentationem accessere angeli et ministravere ei [96]. Ideo statim post Epiphaniam in Dominica die quæ ante Octavam occurrit, cantatur in introitu : *In excelso*; et legitur evangelium : *Cum factus esset Jesus annorum* XII [97]; et bene congruit, ut illud post XII diem Nativitatis, proxima Dominica legeretur quod post, duodecimo anno constat esse peractum et, si necesse fuerit, in sequenti etiam Dominica repeteretur. Nostra tamen obtinet consuetudo ut si terminus LXXmæ prolongatur, in Dominica infra Octavam tantum de Epiphania dicatur. Si autem Epiphania fuerit in Dominica post Octavam, Dominicale officium dese-

---

[81] Psal. 6.   [82] Psal. 6, 37.   [83] Tit. 3.   [84] Luc. 2.   [85] Dan. 7.   [86] Psal. 99.   [87] Eccle. 15.   [88] Joan. 2. [89] Psal. 65.   [90] Matth. 8.   [91] Psal. 95.   [92] Psal. 101.   [93] Psal. 117.   [94] Psal. 65.   [95] Psal. 85. [96] Matth. 4.   [97] Luc. 2.

ratur ; et quia in secundo anno miraculis manifestius coruscavit, ideo in secunda Dominica legitur
epistola in qua gratiarum dona scribuntur [98], et
evangelium de initio signorum Domini recitatur [99];
quod etiam ea congruit ratione, quoniam hoc miraculum secundo baptismatis anno legitur esse peractum, quod quia litteræ in spiritum, terræ in
cœlum , corruptibilis in incorruptibile mutatio
figuratur, ideoque omnis terra Deum adoret, in introitu jubilatur.

Dicitur tamen quod Augustus Cæsar ad gloriam
Romani imperii fecit edictum ut de singulis civitatibus orbis aliquis Romam veniret, afferens inde
tantum terræ, quantum pugnus capere posset, ut
per hoc omnes Romano imperio subditos esse constaret. Quod etiam factum est. Et ex ea terra mon-
ticulus prodiit super quem ecclesia postmodum
ædificata fuit in hac Dominica dedicata. Ideoque
in ejus dedicatione cantatur : *Omnis terra adoret
te* [100]. Et quia in tertio anno sua nos passione redemit, per quam utrumque populum ab æterna infirmitate curavit [1], ideo legitur evangelium de infirmo et leproso curatis [2]; ideoque fit in cantibus
verborum geminatio, ut *Lætata est Sion, et exul-
taverunt filiæ Judæ* [3], et in graduali : *Timebunt gentes. . . . et reges* [4], et in alleluia et offerenda : *Dextera Domini, dextera Domini* [5]. Per utriusque vero
populi curationem adauctus est numerus angelorum. Ideoque in introitu ad laudes invitantur cum dicitur : *Adorate* [6]. Verum quia non sanatur putridus humor, nisi deponatur superbiæ tumor, ideo
legitur in epistola, ut, ad exemplum Christi patientis et non percutientis, non simus malum pro
malo reddentes [7]. Addunt quidam quartam Dominicam, et quartum evangelium, quo, Christo in naviculam ascendente, mare turbatur et ipse dormiens a suis excitatur [8], quia secundum quosdam
in quarto anno post baptismum crucem ascendit, et
diabolus turbam Judæorum commovit, et Christus
somno mortis obdormivit, et ad utilitatem suorum
tertia die resurrexit.

Eorum quoque non est silentio prætermittenda
sententia, qui totum spatium hujus temporis, scilicet a Natali usque ad Purificationem, ascribunt
infantiæ Salvatoris ; ideoque non debent, ut aiunt,
fieri commemorationes sanctorum , maxime de
cruce, ne objiciatur, « non coquas hædum in lacte
matris [9]. » Ideoque in vigiliis nocturnis, legitur de
Novo Testamento propter præsentem statum eju-
dem hominis Christi, quam dies isti significant, magnusque præco sanctæ novitatis Paulus in gentium
manus accedit, qui cum veteri lege novam conferens gratiam, legem factorum deprimebat, et legem
fidei cum palma justitiæ sublevabat, et est hæc
quædam XLma Christi constans ex duobus perfectis numeris, senario duplicato et XXVIIIo. Duplicitas senarii duplicem significat perfectam humanitatem corporis et animæ, unitas majoris perfecti,
divinitatis unitatem; ideo sicut in xii diebus jubilatur de apparitione humanitatis, sic in XXVIIIo
de apparitione divinitatis. Hanc XLmam in gaudio
celebramus, quia Christi incarnatio fuit gaudium
angelorum et hominum. Post quam XLmam sequitur Ypopanti, id est, præsentatio Domini, qua excitamur ad nostram præsentationem Deo et Patri.
XLta ergo dies præsentem statum demonstrant Ecclesiæ, ubi per quatuor mundi partes satagimus,
ut Decalogum impleamus, id est « juste et pie vivamus in hoc sæculo, exspectantes beatam spem,
et gloriam regni magni Dei [10], » in qua præsentatione apparebit nobis Dominus gloriosus. Ideoque his diebus cantatur versus : *Quoniam ædificavit Dominus Sion, et videbitur in gloria sua* [11]. Inde
est etiam quod circa Ypopanti merito cantatur introitus : *Adorate* [11], quia tunc erit nobis ad faciem manifestum, chorum angelorum adorare Dominum.

CAPUT XI.
DE YPAPANTI DOMINI.

Postquam impleti sunt dies purgationis Mariæ [13],
etc. Duo fuere in lege præcepta, quorum alterum ad parientem, alterum pertinebat ad partum.
Ad parientem, ut si mulier masculum pareret, XLta
diebus ab ingressu templi veluti immunda cessaret [14] : quia puerperium in immunditia conceptum
dicitur XLta diebus informe : at si feminam, spatium temporis duplicaret : sanguis enim menstruus,
qui partum comitatur, usque adeo censetur immundus, ut ejus tactu, sicut Solinus ait, fruges ares-
cant et herbæ moriantur. Sed quare tempus pro
femina duplicatur? Solutio : quia dupla est feminei
germinis maledictio ; habuit enim maledictionem
Adæ, et insuper, « In dolore paries [15] ; » vel quia,
sicut ait peritia physicorum, feminæ in conceptu
manent informes duplo tempore masculorum. Transactis purificationis diebus pariens offerebat colum-
ham et turturem pro peccato ad partum, quia pro
filio vel filia offerebat agnum anniculum in holocaustum, et quæ agnum habere nequiverat, offerebat duos turtures, vel duos pullos columbarum,
alterum in holocaustum pro filio, alterum pro suo
peccato, significans, sive quis robusta, sive debilia
creaverit opera, pro his offerebat agnum, scilicet
divitias innocuæ vitæ, vel columbam et turturem,
scilicet simplicitatem et castitatem ; vel actionem
et contemplationem, semper autem pro peccatis
utriusque irrigui compunctionem. Hæc oportuit
virginem observare, non ut indigens purgaretur,
nec ut filius sanctificaretur, sed ne legem solvere
videretur. Duplex est igitur hodierna solemnitas

[98] Rom. 12. [99] Joan. 2. [100] Psal. 65. [1] Isai. 55. [2] Matth. 8. [3] Psal. 96. [4] Psal. 101.
[5] Psal. 117. [6] Psal. 96. [7] Rom. 12. [8] Matth. 8. [9] Exod. 25, et Deut. 14. [10] Tit. 2. [11] Psal. 101.
[11] Psal. 96. [13] Luc 2. [14] Levit. 12. [15] Gen. 3.

parturientis et partus, id est matris et filii, quo ad matrem dicitur purificatio, quo ad filium \`pponanti, quod interpretatur *obviatio*, quia sicut in hodierno legitur evangelio : Simeon obviavit Domino dum a parentibus præsentabatur in templo [10]; imo, secundum Malachiam, dominator Dominus venit ad templum [17] : *Simeon namque, vir justus et timoratus, responsum acceperat a Spiritu sancto non visurum se mortem donec videret Christum Domini,* sic accepit eum in ulnas suas, et dixit : *Nunc dimittis, Domine, servum tuum in pace* [18]. Sed Anna superveniens Domino confitetur, exspectans Redemptionem Israel [19]. Propterea de regina, de rege, de Anna, et Simeone prophetice et evangelice tam nocturnum quam diurnum celebratur officium.

Sed illud non est silentio prætereundum, quod in hac die solemnem cum cereis processionem facere consuevimus, quasi cum Anna et Simeone Domino visibiliter occurrentes. In manibus enim lumina portare est cum Simeone confiteri, et credere Christum esse paratum ante faciem omnium populorum, *lumen ad revelationem gentium* [20], quod et illuminat omnem hominem venientem in hunc mundum [21], et qui visibiliter eum portare non possumus, ejus visibile signum, et ei conveniens gestamus in manibus. Per ceram etenim Christi humanitatem accipimus : sicut enim apes ceram cum melle virginali producunt opere; nulla enim libidine solvuntur, nullo concubitu miscentur; sic beata Virgo Christum Deum et hominem salva uteri sui genuit integritate. Per ellychnium mortalitas, per ignem exprimitur ejus divinitas : qui-A dam per ellychnium intelligunt divinitatem, et per flammam ignis dona sancti Spiritus, quibus fuit præ participibus inflammatus [22]. Candelas igitur in figura Christi post XLta dies manibus portamus in festo Virginis, ut cum quinque prudentibus virginibus accensis bonorum operum lampadibus sponso Christo [23], portantes nostros manipulos [24] obviemus, et per beatam Virginem cœlestem urbem ad nuptias intrare, et in cœlesti templo post quadragenarium pœnitentiæ et observationem Decalogi et evangelicæ doctrinæ per Christi misericordiam purgati præsentari possimus. Qui ante cancellos in ipsa processione decantant : *Responsum accepit*, significant prophetas et nativitatem Domini, et misericordiam prænuntiantes. Melodia respondentium est gaudium hanc Dei misericordiam suscipientium. Tenentes igitur eas in manibus dicamus : *Suscepimus, Deus, misericordiam* [25]. Mulieres quoque in hoc beatam Virginem imitantur, cum post partum transactis quadraginta diebus, ecclesiam ingrediuntur, significantes quod si Virginem fuerint imitatæ, post vitam præsentem ingredientur æternam. Et attende quod gentiles in hujus mensis principio civitatis mœnia lustrabant, et Februo, id est Plutoni consecrabant, quam lustrationem Sergius papa mutavit in hodiernam processionem. Et attende quod Purificatio non habet octavam, eo quod ad veterem legis ritum, et non ad novum pertinet. Testamentum, figurans quod in quadragenario C vitæ per quadragenarium pœnitentiæ sic purificemus, ut in cœlesti sanctuario sistere valeamus.

[16] Luc. 2. [17] Mal. 3. [18] Luc. 2. [19] Ibid. [20] Ibid. [21] Joan. 1. [22] Psal. 44; Hebr. 1. [23] Matth. 25. [24] Psal. 125. [25] Psal. 47.

LIBER SEXTUS.

PROLOGUS.

Ordine præpostero nobis ab ecc.esia generis humani proponitur error, et deviatio, a qua sicut superius egimus, quia non decuit inchoare, post primum specialis tractatus opusculum, in quo de revocatione tractavimus; pulsat animum debitum ordinis naturalis, et auris prurit exigere, unde nos studuerit medicus revocare. Ideoque in hac secunda specialis tractatus parte operæ pretium est de ipsa generis humani deviatione proponere capitula.

CAPUT PRIMUM.

DE DOMINICA IN SEPTUAGESIMA.

Circumdederunt me gemitus mortis [26]. Hæc Domi nica LXXma nominatur eo quod hic habet exordium LXXta dierum, quæ incipit hodie, et terminatur in sabbato Paschalis hebdomadæ, quæ LXXma

est rememorativa præteritorum, et significativa præsentium. Rememorat enim tempus LXXta annorum, quibus Israel fuit sub servitute Babyloniorum. Legitur [27] enim, Nabuchodonosor, rex Babylonis, Hierusalem bellica manu destruxit, populum captivavit, et LXXta annis operibus duris affecit; unde Jeremias : « Servient regi Babylonis septuaginta annis [28], » verumtamen annis LXta transactis, Cyrus, qui et Christus dictus est, regnum Babylonicum subjugavit, populoque redeundi licentiam dedit [29]; unde pars cum Zorobabel ad patriam rediens templum Hierosolymis cum gaudio ræedificavit [30], pars autem in captivitate remansit usque ad completionem LXXta annorum. Quibus completis, sub Dario et Assuero feliciter reversi sunt, et tunc duplex gaudium habuere. Mystice Nabuchodonosor diabolus, Babylonia mundus, Hieru-

[26] Psal. 17. [27] IV Reg. 25. [28] Jer. 25. [29] I Esdr. 1. Isa. 45. [30] I Esdr. 2.

salem est paradisus. Nabuchodonosor populum a
Hierusalem in Babyloniam captivavit, cum diabolus genus humanum de paradiso in confusionem
et exsilium hujus mundi seduxit [21], ubi LXXta
annis affligitur. Vel quia præsens vita septem dierum curriculo volvitur; vel quia septem millibus
annorum includitur. Ab initio mundi usque ad ascensionem Domini vi millia computamus, ex tunc
quidquid temporis sequitur usque ad finem sæculi
vii millenario comprehendimus, cujus terminum
solus Deus novit. Ecce duas annorum septuagesimas
unam historialem, alteram mysticam, utramque
præsens dierum LXXma quam celebrat Ecclesia,
repræsentat; historialem rememorat, mysticum significat et figurat. Sicut enim filii Israel in illa
captivitate organa deposuere, dicentes: « Quomodo
cantabimus canticum Domini in terra aliena [22] ? »
de quibus Jeremias : « Perdam ex eis vocem gaudii
et lætitiæ, vocem sponsi et sponsæ [23]; » sic et nos
in vita præsenti non gaudere, sed lugere debemus.
Quod repræsentamus in hoc tempore, cum deponimus signa lætitiæ in cantibus, vestibus et cibis. In
cantibus ut Alleluia. Causa est quod Alleluia non
quamvis laudem, sed illam gloriam significat de
qua dicitur in Psalmo : « Exsurge, gloria mea,
exsurge, psalterium cum cithara, exsurgam diluculo [24]. » Gloria Patris. est Filius, qui citharam nostræ humanitatis assumpsit, quam in passione fractam, per resurrectionem in psalterium reformavit. Hanc prophetæ voluere videre, et non viderunt [25]. A nobis quoque sponsus abiit et recessit [26].
Cum igitur statum Ecclesiæ nondum redemptæ recolimus et nostrum incolatum plangimus [27], merito
Alleluia deponimus. Quod quidam sepeliunt in Sabbato ad sextam, quidam ad nonam, quidam in vesperis, quidam in matutinis, quidam in prima diei
Dominicæ, quæ varietas provenit ex diei varia inchoatione. Quidam enim diem incipiunt a meridie,
quidam a nona, quidam a vespera, quidam a media
nocte, quidam ab aurora. Ecclesia vero inchoat a
vesperis; quia « nox præcessit, dies autem appropinquavit [28], » ideoque rectius in vesperis Alleluia deponitur, et hoc statuit Alexander papa secundus, ut ejus geminatio ad finem præcedentis
temporis pœnitentiæ, quia laus sequetur angelica,
ut superius diximus, referatur, vel ejus depositio
luctui sequentis assignetur. Unde et quædam ecclesiæ Alleluia deponunt cum magno tripudio; quædam vero cum gemitu et suspirio; illi repræsentant futuram reparationem, isti de paradiso ejectionem [29]; sic Alleluia licentiantes frequentamus, sicut recessuris a nobis collum et os, frontem et oculos osculamur. Pro deposito alleluia utitur in principio horarum Ecclesia : Laus tibi, Domine, rex
æternæ gloriæ, non quod æquipolleant : illa enim

vox est angelica, ista humana; illa Hebraica, et
ideo dignior; ista Latina , et ideo minus digna. In
antiphonis et responsoriis utimur : In æternum. In
missa pro Alleluia dicimus tractum. Non fit commutatio in Hebraica lingua, quæ, sicut Hieronymus
ait super Isaiam, Græco sermone opulentior est,
nec fit in Græca, quæ Latina ditior est; sed pro Alleluia commutat omnibus pauperior lingua Latina,
ad significandum paupertatem vitæ præsentis.
Item lætitiam in cantibus intermittimus, ut Te
Deum laudamus, excepto secundum quosdam, quod
in cathedra Beati Petri cantetur, eo quod sit hymnus inthronizandorum, et eo die Petrus fuit in Antiochena cathedra inthronizatus. Item lætitiam in
cantibus intermittimus, ut Gloria in excelsis, excepto in Cœna Domini, si episcopus adfuerit, et missam celebraverit, propter olei reverentiam; et merito Te Deum laudamus, et Gloria in excelsis
subticemus; quia cum nos merito peccatores repræsentemus, in ore peccatoris [30] non bene personant præconia Salvatoris, vel quia, ut prædiximus, status repræsentatur Ecclesiæ, nondum per
Christum redemptæ. Hæc autem cantica sunt ad
Christum specialiter pertinentia.

Et vide quia triplex est cantus Ecclesiæ : unus
tristitiæ, ut in hoc tempore; alius lætitiæ, ut in Pascha; tertius gloriæ consummatæ, ut in die Pentecoste. In vestibus lætitiam intermittimus; quia,
sicut illi vestes nuptiales deposuere, sic et nos
dalmaticam, et subdiaconales quæ sunt vestes solemnes similiter, et usuales lugubres in hoc tempore debemus inducere vestes. In cibis quoque
tristitiam repræsentamus, tum quia jejuniis affligimur, tum quia delicatis non utimur.

Jejunandum quidem esse Zacharias ostendit, dicens : « Cum jejunaretis per hos septuaginta annos,
nunquid jejunium jejunastis mihi [31] ? » Ideoque
proximam hebdomadam jejunio Græci sanctificant.
Jejunemus itaque saltem ab amicitia hujus mundi;
verum sicut illi in LXo anno per Cyrum a Babylonica servitute sunt liberati, sic nos in sexta ætate
sæculi per Christum sumus a diaboli servitute redempti, nobisque reddita est innocentiæ stola per
remissionem baptismi [32], ideoque in Sabbato sancto
unum alleluia cantamus, jam spe quietis æternæ et
recuperationis patriæ gratulantes. Et sicut pars cum
Zorobabel repatriavit, pars vero in captivitate remansit [33], sic et pars fidelium defunctorum cum
Christo surrexit [34], pars in exspectationis consolatione permansit; pars quoque viventium pervenit
ad fidei gratiam, pars perstitit in perfidia; sed et
illi qui Hierusalem sunt reversi, quamvis lætitiam
habuere, tamen pro uxoribus et filiis, et pro sociis,
pro apparatu, sollicitudine non caruere, sic et nos
in præsenti Ecclesia laboramus et ingemiscimus, et

[21] Gen. 3. [22] Psal. 136. [23] Jer. 7. [24] Psal. 56. [25] Luc. 10. [26] Cant. 6. [27] Psal. 119.
[28] Rom. 13. [29] Gen. 3. [30] Eccli. 15. [31] Zach. 7. [32] Luc. 15. [33] I Esd. 2. [34] Matth. 27;
1 Thess. 4.

quamdam corporis sollicitudinem gerimus [46] : propterea cum Alleluia tractum in Sabbato et in hebdomada graduale cantamus. Completo LXXmo anno,
omnes sunt reversi, et ideo gaudium geminavere,
propterea in Sabbato albarum alleluia duplicamus,
significantes quod, finito nostro exsilii tempore,
captivitas absolvetur, stola geminabitur. Moraliter
etiam quilibet in paradiso per aquam baptismi generatur, post baptisma per peccata in Babyloniam
captivatur, ubi cum dierum septenario conversus et
agit septenarium in luctu pœnitentiæ, ut in die resurrectionis ad cœlestem Hierusalem cum gaudio
revertatur. Et vide quod alleluia in Sabbato deponitur in declivo, in Sabbato inchoatur, in Sabbato
geminatur; quoniam in lapsu Adæ, qui erat in magna quiete, gaudium perdidimus, sed animabus in
requie recuperamus, et corporibus in resurrectione
denique geminabimus. Illud etiam notabile est quod
LXXma incipit a mœrore, et terminatur in lætitiam, per quod significat pœnitentiam; hæc est
namque natura pœnitentialium psalmorum. Item
partem habet in tristitia, partem in lætitia semiplena; quoniam qui cum pœnitentia transeunt,
percipiunt animarum beatitudinem, vel saltem certam in purgatorio exspectationem. Item LXta diebus repræsentamus viduitatem Ecclesiæ, scilicet
utque ad sanctam quartam feriam; postea tribus
mortificationem carnis nostræ, usque ad sanctum
Pascha; deinde sex diebus opera misericordiæ quæ
si facimus post baptismum, in Sabbato consequimur requiem et geminam lætitiæ stolam. Item incipit a Dominica et terminatur in Sabbato, eo quod
a mansione paradisi nostra captivitas inchoavit, et
usque ad futuram requiem perdurabit, vel quia qui
per peccatum a Domino nostro recessimus, per misericordiam ad requiem revertemur. Rursus incipit
a Februario juxta Zachariam, qui dicit in XImo
mense Sabat : « In secundo anno Darii factum est
ad cum verbum Domini [47] : » Sabat nostra lingua
vertitur in virgam, sonat enim austeritatem et correctionem; quia in hoc tempore LXXmæ de peccatis nostris per quæ sumus a diabolo captivati, nos
corripere et emendare debemus. Item per decem
hebdomadas extenditur; quia per Decalogum ad
lætitiam pervenitur. Igitur quia per LXXmam tempus deviationis et culpæ significamus, et nostram
præsentem captivitatem recolimus; ideo Genesim
incipimus, et Heptaticum, et Ruth legimus usque ad
Dominicam Palmarum. Ubi humani generis error
et deviatio, et notatur expulsio, quam etiam flebiliter canimus, et canendo flemus, imo et antiquam
historiam prosequimur, in qua miseriæ veteris vitæ
narrantur, ejectio Adæ [48], diluvium Noe [49], et exitus Abrahæ [50]. In matutinis laudibus omittitur
Dominus regnavit [51]; quia psalmus est lætitiæ, et

A perfectos informat, sed dicimus : Miserere mei,
Deus [52], et Confitemini [53]; quia per pœnitentiam venitur ad laudis confessionem, et per timorem ad
spem : primus enim psalmus inculcat nobis timorem de pœna peccatorum; sed quia per contritionem innascitur fiducia nobis ad Dominum acceden-
di, ideo Deum laudantes dicimus ad alterutrum :
Confitemini. De his duobus, scilicet timore et spe,
dicit Moyses : « Non accipies loco pignoris inferiorem et superiorem molam [53], » id est a peccatore,
qui debitor est, timorem et spem. In prima vero
cantatur : Deus, in nomine tuo [54], cum sequentibus,
et Dominus regnavit [55], ne aliquid de psalterio prætermittatur, quod totum in septimana legatur, cum
totum olim singulis diebus legeretur; ea de causa
B dicitur et Confitemini [56], vel ut instruantur pueri,
ut sciant in ramis palmarum Domino confiteri [57].
Hujusmodi enim psalmus proprie ad illam diem
pertinet, propter istum versum : O Domine, salvum
me fac; o Domine, bene prosperare; Benedictus qui
venit in nomine Domini [58]. Quod in missa cantatur :
Circumdederunt me gemitus mortis, vox est primitivæ Ecclesiæ plorantis in Abel protomartyre præ-
centore, cujus sanguis de terra clamavit ad Dominum, qui aperuit os suum, et suscepit eum de manu
Cain fratris sui [59]. Unde statio est ad Sanctum Laurentium, cujus mors pretiosa [60] novo et inaudito
genere passionis clamavit in cœlum, et audita est
per universum mundum. Unde et in Romana Eccle-
C sia præ cæteris martyribus est authentica. Vox est
etiam humani generis ingemiscentis quod gaudium
et lætitiam perdidit, tribulationem et dolorem invenit [61]. Languidus enim homo descendens de Hierusalem in Jericho incidens in latrones, spoliatus,
vulneratus, semivivus relictus [62], a felicitate paradisi, a facie sui Creatoris ejectus, plorans ait : Circumdederunt me gemitus mortis. Sed quia divinum
de recuperatione salutis accepit oraculum, dicente
Domino ad serpentem : « Inimicitias ponam inter te
et mulierem, semen tuum et semen illius; tu in-
sidiaberis calcaneo ejus, et ipsa conteret caput
tuum [63]; » hujusmodi enim verbis victoria promittitur Redemptoris, qui, cum sit semen duntaxat
mulieris, inimicitias contra serpentem in tantum
D exercuit, ut caput ejus contereret, et ejus vasa diri-
peret et ei omnem potestatem auferret [64]. Ideo subdit : In tribulatione mea invocavi Dominum, et exaudivit de templo sancto suo vocem meam [65], more prophetico præ nimia certitudine præteritum ponitur
pro futuro; ideoque dilectionem Redemptori promittit subdens : Diligam te [66].
Sed quia longa via restabat ab Adam usque ad
nativitatem Christi, LXXVII etenim generationes
in Evangelio computantur [67], ideo legitur epistola
de longo stadio : Nescitis quod ii qui in stadio cur-

[46] Rom. 8; II Cor. 5. [47] Zach. 1. [48] Gen. 3. [49] Gen. 7. [50] Gen. 12. [51] Psal. 92. [52] Psal. 50.
[53] Psal. 117. [53] Deut. 24 [54] Psal. 21. [55] Psal. 92. [56] Psal. 117. [57] Matth. 21. [58] Psal. 117.
[59] Gen. 4. [60] Psal. 115. [61] Psal. 114. [62] Luc. 10. [63] Gen. 3. [64] Luc. 11. [65] Psal. 17. [66] Ibid.
[67] Luc. 3.

runt [67], ubi invitamur ad bellum, quia, « non est nobis colluctatio adversus carnem et sanguinem, sed adversus principes et potestates [68], » et monemur de militiæ disciplina, scilicet abstinere ab his quæ pugnam impediunt, ut victores bravium accipiamus, et torque victoriæ coronemur. Et quia hoc stadium sex ætatibus distinguitur, et quia qui mane conducti sunt, pondus et æstum portavere murmurantes, quia novissimi primitus intravere, ideo legitur evangelium de sex ætatibus et de murmurantibus [69]. Consolantur se tamen longanimes in spe, dicentes in graduali : *Adjutor* [70], et cum se esse in profundo delictorum agnoscant, a similitudine Jonæ, clamant, gemunt et orant [71], dicentes in tractu : *De profundis* [72]. Et attende quod omnes fere tractus authentici gravibus vocibus componuntur, et omnes fletum et tristitiam sanctorum in præsenti vita, seu activa seu contemplativa degentium, per lacrymabilem cantum et gravitates sonorum insinuant : unde tractus dicuntur, vel quia præ gravitate sui tractim cantantur, vel quia sancti suspirantes gemitum ab imo pectoris trahunt. Licet enim aliquando gaudeant, vel pro beneficio gratiæ jam perceptæ, vel pro spe percipiendæ gloriæ, unde aliquoties prorumpunt in melos et verba lætitiæ, tamen in lacrymarum valle morantes, præsertim cum incolatum nostrum Ecclesia repræsentat, lacrymas effundunt super flumina Babylonis [73-74] pro suis, et aliorum excessibus, dum ex vicinitate Babylonici fluvii, alios vident aspergi, alios jam immersos rapacitate fluminis deorsum ferri. Sed quia præsens ploratus quandoque fit pro irriguo superiori, quandoque pro inferiori [75], modo pro dilatione supernæ beatitudinis, unde : « Heu mihi ! quia incolatus meus prolongatus est [76], » modo propter maculas vitæ præsentis, unde : « Poculum meum cum fletu miscebam [77] ; » ideo licet tractus graves habeant voces, tamen in verbis quandoque lætitiam exprimunt, ut *Laudate* [78], quandoque tristitiam repræsentant, ut *De profundis* [79] ; vel quod tractus tractim cantatur, et suaviter insonat auribus, significat quod cum Apostolo in longanimitate et suavitate perseveremus [80]. In offerenda, *Bonum est* [81], modo qui languet, sed redemptionem exspectat, Deum confitetur et laudat, modo perturbatur et miratur quod boni laborant et mali floreant [81], subdens : *Quam magnificata* [82], modo interitum peccatorum et exaltationem bonorum per unicornem christum futuram prædicit; communio, *Illumina* [83], vox est servi spoliati gloria vultus Dei, qui positus in tenebris orat, ut inimicitiarum paries dissolvatur [83], ut jubare veri solis irradiatus non confundatur; vel omnis planctus officialis insinuat, cui affectui debitores esse debemus, scilicet quod per

A planctum, et humilitatem perveniamus ad Domini passionem.

CAPUT II.

DOMINICA DE SEXAGESIMA.

Exsurge, quare obdormis, Domine ? exsurge, et non repellas in finem [86]. Hæc Dominica LXma nominatur eo quod hic habet exordium LXta dierum, quæ incipit hodie, et terminatur in quarta feria paschalis hebdomadæ, ubi cantatur : *Venite, benedicti* [87]. Sexagesimus numerus viduitatem significat, eo quod claustrum ingreditur continentiæ, sicut trigesimus conjugium, eo quod se blandis digitis osculetur. Hæc ergo LXma significat tempus viduitatis Ecclesiæ, scilicet quo viduata fuit per mortem, id est lapsum protoplasti, vel per absentiam sponsi, qui peccatoribus abest per gratiam, et viatoribus per humanitatis præsentiam. Licet enim Christus nobis sit præsens secundum divinitatem, juxta illud : « Ero vobiscum usque ad consummationem sæculi [88], » tamen absens est secundum quod peregre profectus est [89] ; et dicitur LXma a sexies decem. Ad remedium etenim et ad consolationem data sunt in præsenti sex opera misericordiæ et decem præcepta Decalogi, ut se in eis exerceat, et per eorum observationem sibi sui sponsi mereatur januam aperiri. Hæc qui observaverit audire merebitur : *Venite, benedicti*, quod cantatur in ultimo die LXmæ; vel senarius numerus perfectus est suis partibus; computatus denarius mercedem significat operum [90]. Si quis ergo per denarium, scilicet per perfectionem operum, mercedem quærit, ipse percipiet regnum in feria quarta promissum. Hujus diei nocturnum officium est eadem quæ in LXXma cantatur historia de lapsu primi hominis, ver quem viduatur et peregrinatur Ecclesia.

In officio vero diurno exsilium deplorat, et per liberationem Deum exorat, dicens : *Exsurge, quare obdormis, Domine* [91]; dubitative loquitur quia peccata separant inter Deum et hominem. Humiliata est enim in pulvere anima nostra, et hæsit in terra venter noster, sed exsurge et redime nos propter nomen tuum, non propter nostrum meritum; tu enim dignatus es redimere nos, non sumus digni suscipere : cujus liberationis in officio diurno modus exprimitur, et effectus; modus, quia facienda erat per eum, qui formam servi accipiens, exivit [92] seminare semen suum, sicut legitur in evangelio [93], et quia seminaturus erat per aratores, scilicet apostolos, quorum fuit unus vas electionis [94], spermologus, qui plus aliis seminavit, per quem gentes gratiam cognovere [95], ideo statio est ad Sanctum Paulum, ideoque de ipso mentio fit in collecta, ubi dicitur : *Deus, qui conspicis*, quia ex nulla nostra virtute subsistimus, vendidimus enim nos sub pec-

[67] I Cor. 9. [68] Ephes. 6. [69] Matth. 20. [70] Psal. 9. [71] Jonas 2. [72] Psal. 129. [73-74] Psal. 136. [75] Josu. 15. [76] Psal. 119. [77] Psal. 101. [78] Psal. 146. [79] Psal. 129. [80] II Cor. 6. [81] Psal. 91. [81] Psal. 72. [82] Psal. 103. [83] Psal. 52. [86] Ephes. 2. [87] Psal. 43. [87] Matth. 25. [88] Matth. 28. [89] Matth. 25. [90] Matth. 20. [91] Isa. 20. [92] Phil. 2. [93] Luc. 8. [94] Act. 9. [95] Act. 17; I Cor. 15.

cato [96], et in nobis non est virtus solvendi [97], ideoque oramus, ut Dominus se intromittat ad solvendum; ob id quoque labores et pericula Pauli numerantur in epistola [98] : *Libenter suffertis*, et attende
quod sæpe suum stationes ordinantur officium, ut
hodie; quia statio est ad Sanctum Paulum, agitur
in oratione et epistola de laboribus Pauli, similiter
intuitu stationis mentio fit de martyribus Cosma et
Damiano in quinta feria, et de Susanna in Sabbato
ante mediam XLmam. Rursus Paulus, bonus athleta,
modum evadendi exprimit in epistola confortans,
ut despiciamus insipientes dominos, qui nos in servitutem redigunt, qui nos devorant. Effectus exprimitur in graduali et in tractu; quia disseminatio
verbi quibusdam fuit odor vitæ in vitam, quibusdam
odor mortis in mortem [99], quidam enim positi sunt,
ut rota, et stipula ante faciem venti [100]; quidam cognovere nomen Dei, et ad pœnitentiam sunt com-
moti, ut fugiant a facie arcus [1], scilicet judicii, et
liberentur electi. Post commotam terram semen in-
ducitur, ut in evangelio sequitur, et attende quod
in LXXma vinea colitur, et ager in LXma seminatur. Offerenda : *Perfice gressus* [2], consonat evangelio; timendum est, ne semen verbi Dei secus
viam expositi a volucribus, scilicet immundis spiritibus, diripiatur, aut a sollicitudinibus et divitiis
hujus sæculi suffocetur, aut honorem, scilicet pin-
guedinem charitatis non habens arescat in nobis,
et sic non perficiantur gressus nostri. Oremus itaque singuli, oremus universi, ut Dominus gressus
nostros perficiat, mirificet super nos misericordias
suas, custodiat semen ut pupillam oculi, ne a spinis
suffocetur; protegat sub umbra alarum, ne solis
ardore desiccetur; eripiat ab impio, ne de nostris
cordibus auferatur [3], ut bona terræ fructificet, et
fructum afferens in patientia, dicat : *Ego cum justitia apparebo in conspectu tuo* [4], et sic in communione
cantatur : *Introibo ad altare Dei* [5]; cum terra simus, in horrea cœli non ascendemus, nisi verbo
Dei portemur, sed per ipsum sublevabimur portantes manipulos [6] justitiæ lætificando Deo juventutem
nostram in vigore vernalitatis æternæ.

CAPUT III.
DOMINICA IN QUINQUAGESIMA.

*Esto mihi in Deum protectorem, et in domum re-
fugii ut salvum me facias* [7]. Hæc Dominica Lma nominatur eo quod hic habet exordium Lta dierum,
quæ incipit hodie, et terminatur in die sancto Paschæ. Decebat enim ut sicut tres fuerant illius populi reversiones, prima sub Zorobabel, secunda et
tertia sub Esdra [8], sic nos nostra peccata deflentes
et de peccatis misericordiam implorantes tres faceremus terminationes, scilicet in Sabbato, in quarta
feria et in Pascha reverteremur ad gloriam trium-
phantes. Hæc ergo Lma significat tempus remissionis; Lmus etenim annus jubileus in veteri lege dicebatur [9], scilicet remissionis, vel pœnitentiæ, et
Lmus psalmus : *Miserere mei, Deus*, psalmus est
remissionis et pœnitentiæ, et eo maxime utimur in
hoc tempore, et dicitur Lma a quinquies decem, et
septem in se perfectas continet septimanas; quinarius ergo significat quinque vulnera Christi, aut
quinque opera sensus humani, et denarius decem
præcepta Decalogi, et septenarius septiformem gratiam Spiritus sancti. Si ergo firmiter passionem
Domini crediderimus et per exteriorem administrationem Decalogum in sancto Spiritu compleverimus,
consequemur a Domino remissionem et perveniemus
ad beatam et gloriosam resurrectionem. Vel Lta
dies in pœnitentia ducimus, ut in sequentibus Lta
diebus, scilicet a Pascha usque ad Pentecosten, quos
in lætitia sumus acturi, non excedamus, quin die
Pentecostes Spiritus sancti gratiam suscipere mereamur. In hujus diei nocturnali officio legitur, et canitur de diluvio; quia per ipsum pœnitentia designatur, sicut enim diluvium per ter quinquaginta
dies extenditur, sic pœnitentia pro cogitatu, pro
verbis et pro factis injungitur. Et est notandum
quod prius de diluvii pœna, quam de Abrahæ obedientia canitur, et demum in antiphonis evangelicis de cæco illuminato subjungitur; quia qui se
a peccatorum sordibus per pœnitentiam laverit, et
Dei mandatis obedierit, a Christo illuminari gaudebit. Officium vero diurnum sumit a cæco, scilicet
humano genere fundamentum. Nam ut legitur in
Evangelio : *Cum appropinquasset Dominus Jericho,
cæcus sedebat secus viam mendicans et dicens : Fili
David, miserere mei*, licet a turbis increparetur; cui
Dominus : *Respice, fides tua te salvum fecit* [10]. Hic
cæcus est humanum genus quondam ignorans Deum,
se ipsum, natale solum et concupiscentiam esse
peccatum [11]; qui licet a turbis invisibilium hostium
impediretur, præveniens tamen adventum illumi-
nationis, ab eo, in quem sperabat, petit in introitu
protectionem, refugium et ducatum in via, salutem
et liberationem, dicens : *Esto mihi in Deum protectorem et in locum refugii* [12]. Populus revertens
planctu, fuga et orationibus utebatur [13]. Sic et nos
per pœnitentiam revertentes, modo plangimus, dicentes : *Circumdederunt* [14] et *Exsurge* [15]; modo fugi-
mus et oramus, dicentes : *Esto mihi in Deum protectorem et in locum refugii* [16], ubi etiam innuimus, quod in expeditione simus, et in LXXma plan-
gebamus, et in LXma dubitabamus, nunc de protectione confidimus. Epistola consonat evangelio
non solum ex eo verbo, quod ibi dicitur : *Videmus
nunc per speculum et in ænigmate* [17]; sed ex eo quod
excellentiorem viam demonstrat, scilicet charita-

[96] Rom. 7. [97] Matth. 18. [98] II Cor. 11. [99] II Cor. 2. [100] Psal. 82. [1] Psal. 59. [2] Psal. 11.
[3] Ibid. [4] Psal. 42. [5] Ibid. [6] Psal. 125. [7] Psal. 30. [8] I Esdr. 2 et infra. [9] Levit 25; Num. 36.
[10] Luc. 18. [11] Rom. 7. [12] Psal. 30. [13] I Esdr. 3 et infra. [14] Psal. 17. [15] Psal. 43. [16] Psal. 30.
[17] I Cor. 13

tem. Hæc est per quam fides salvificans operatur, A
hæc est oculus cordis, qua quisquis caret, cæcus
est, in tenebris ambulat, et nescit quo vadat [16];
nam cum Dominus illuminare genus humanum incœpit [19], oculos ejus hoc collyrio prius inunxit [16],
dicens : « Diliges Dominum Deum tuum [16]. » In hac
epistola ponuntur monumenta nostræ militiæ necessaria, fides, spes et charitas, tria hæc.

In graduali triumphatori militiæ gratias exsolvimus de certa spe triumphi, dicentes : Tu es Deus
qui facis mirabilia; et quia generis humani duo
sunt populi, et ambo sunt per Christum illuminati,
et participes triumphi, ideo dicitur : Notam
fecisti in gentibus virtutem tuam, et subditur : Liberasti filios Israel et Joseph [17], ideoque in tractu :
Omnis terra ad illuminatoris et triumphatoris præconia invitatur, cum dicitur : Jubilate [13], quasi dicat : « Accedite ad eum, et illuminamini [14], » Servite Domino qui fecit nos [18], non ei cui vendidimus
nos [16]; ideoque in Evangelio cæcus petitionem congeminat, dicens : Fili David, miserere mei [17]; ideoque in offerenda gratias de illuminatione utriusque
populi duplicat, dicens : Benedictus es, Domine;
Benedictus es, Domine [20]; et aliis verbis magis ac
magis dupliciter illuminari póstulat, dicens : Doce
me justificationes tuas, doce me justificationes tuas [20],
vel bis dicit justificationes propter viam testimo-
niorum veritatis et mandatorum. Sed quia non satis
est ad viam pervenisse et illuminationem scientiæ
percepisse, nisi abjiciamus opera carnis [20], congrue C
terremur illorum exemplo, de quibus dicimus in
communione Manducaverunt [21]. Et quia in magno
corpore cæci hujus, princeps Petrus est illuminatus,
dicente ad eum Filio Dei : « Beatus es, Simon Bar-
Jona · quia caro et sanguis [22]; » ideo convenienter
ad eum hæc statio deputatur ; et nota evangeliorum
consequentiam rationabiliter ordinatam : in LXXma
vineam colimus, in LXma semen spargimus, in
Lma fructum lucis in cæco illuminato colligimus.

CAPUT IV.

IN CAPITE JEJUNII.

Convertimini ad me in toto corde vestro, in
jejunio, et fletu, et planctu, et scindite corda vestra, et non vestimenta vestra [23]. Hæc dies Caput
jejunii nuncupatur ; hæc etenim quarta feria qua- D
dragesimale jejunium inchoatur; exceptis sex Dominicis diebus, triginta sex in jejunio remanebant.
Unde sanctus Gregorius triginta sex dies abstinentiæ duntaxat nobis insinuat. Forte nondum
erant hi quatuor additi, quos oportuit addi ad sup-
plementum quadragesimalis jejunii, et recte incipientes a quarta feria quadraginta sex dies conti-
nuamus in abstinentia. Legitur enim quod Salomon
in quarta ætate ædificavit Domino templum [24];
ideoque nostra jejunia a quarta feria incipiunt ut

in Pascha Dei templum esse possimus; vel ideo a
feria quarta jejunare incipimus, quia Christum
eadem die suum jejunium inchoasse didicimus,
cum in quarta feria baptizatus fuerit, et in eadem
baptismatis die jejunium inchoaverit; vel quia quaternarius est numerus laterum æqualitate perfectus.
Unde fortitudo quartum tenet locum in numero
virtutum, et hoc nomen fortis quartum est in nominibus Christi. Ideoque eadem feria vocantur catechumeni, et ad ordines ordinandi, et sicut legitur
quadraginta sex annis templum ædificatum, sic
præsens jejunium quadraginta sex diebus in abstinentia continuatur.

Unde in Evangelio : « Quadraginta sex annis ædificatum est templum hoc, et tu in tribus diebus ex-
citabis illud [25] ? » Si quis dixerit, a primo anno
Cyri, in quo fuit cœpta ædificatio templi usque ad
sextum annum Darii, in quo apud Esdram legitur
consummata, quadraginta quinque annos solummodo computari, sciat quod secundum Josephum
in XLVI ejus eminentiora fuere completa. Templum
etiam corporis Christi XLVI annis creditur ædificatum; quia Virgo XII annorum exstitit cum Unigenitum genuit, qui anno XXXIV, secundum quosJam,
mortis calicem bibit. Unde nomen Adam, quod ex
quatuor compaginatur, ei merito convenit. Litteræ
vero nominis ejus, cujus corpus ex quatuor elementis conficitur, non immerito ex quatuor mundi
climatibus assumuntur, scilicet Anatole, quod est
oriens, Dytis quod est occidens, Arctos quod est
septentrio, Mesembria quod est meridies, quæ al-
phabetali calculo, in eumdem numerum surgunt;
nam A in numero Græcorum significat unum, D
vero quatuor, item A unum, M vero quadraginta,
quæ simul juncta XLVI fiunt. Eapropter quadraginta
sex dies observamus in abstinentia, ut qui carnaliter per quatuor mundi partes a primo parente con-
spergimur, illo numero afflicti secundi Adæ corpori conformemur, ut illum in sancto Pascha digne
percipere mereamur. Vel quia puerperium XLVI diebus in utero jacet informe, ideo tot diebus jejunii
et orationibus vacamus, ut informe nostrum Domino reformemus. Qui ergo usque nunc in expeditione fuimus, nunc pugnam sanctis jejuniis
inchoamus. Unde in collecta : Concede, quæsumus,
Domine, præsidia militiæ Christianæ sanctis inchoare
jejuniis.

Et quia Quadragesimale jejunium hodie, secundum ecclesiasticam institutionem, habet initium;
idcirco in nocturno et diurno officio frequentantur
cantus et lectio de jejunio, quæ de epistola, Convertimini [26], et evangelio, Cum jejunatis [27], potius assumuntur. Sed jejunium infructuosum est sine cordis contritione, lacrymarum effusione, eleemosynarum largitione, vigiliis et oratione, quæ omnia sunt

[16] Joan. 12. [19] Luc. 1. [16] Apoc. 3. [17] Matth. 22. [13] Psal. 76. [14] Psal. 99. [18] Psal. 55.
[16] Psal. 99. [16] Rom. 6 et 7. [17] Luc. 18. [20] Psal. 118. [20] Ibid. [20] Gal. 5. [21] Psal. 77. [22] Matth.
16. [23] Joel. 2. [24] III Reg. 6. [25] Joan. 2. [26] Joel 2. [27] Matth. 6.

fructus pœnitentiæ, quæ sunt arma nostræ pugnæ. Idcirco et de istis quædam in nocturnis et diurnis officiis inseruntur, ut in introitu : *Misereris* [36], et in graduali : *Miserere mei* [39], et in tractu : *Domine* [40]. Et attende quod hoc tractu usque ad Passionem utimur, in secunda quarta et sexta feria, ut in diebus arctiori jejunio deputatis incœptæ pœnitentiæ memores, oratione et jejunio combinemus. Offerenda : *Exaltabo te* [41], est gratiarum actio de impetrata remissione; communio : *Qui meditatur* [42], est aliorum exhortatio de legis meditatione : et consonat Evangelio, quia meditari in lege est thesaurizare in cœlo [43]; hæc autem missa cantetur in nona, et mox vespera sequatur, ut in Quadragesima. In hac missa, et in omnibus Dominicis diebus usque ad Passionem Domini dicenda est prælatio : *Qui corporali* **B** *jejunio.* Quidam tamen in Dominicis quotidiana utuntur, eo quod ab arcto jejunio excipiuntur.

Illud non est silentio prætereundum quod Samaritanus ille, qui dolorem agnovit [44], dicens : *Circumdederunt me* [45], ideoque orationes ingeminavit, dicens : *Exsurge* [46], et *Esto* [47], videns non posse curari sine cataplasmate pœnitentiæ, hodie per medicinam salutis induit cinerem humilitatis et cilicium asperitatis, quia cinis et cilicium sunt arma pœnitentium. Hodie namque capitibus nostris cineres imponimus, ad memoriam reducentes quod dictum est Adæ : « Pulvis es, et in pulverem reverteris [48]. » Hoc etiam habitu confitentes, quia non sumus dii neque de cœlo, qui dii esse cupivimus [49], **C** sed homines et de terra principium habemus, Job quoque favillam et cinerem ad memoriam revocamus [50]. Hodie cilicia vestimus, protoplasti perizoma recolentes [51], Ninivitarum pœnitentiam ad memoriam revocantes [52], Joannis habitum recolentes [53]. Hodie pedes nudamus, nuditatem repræsentantes Adæ [54], et significantes quod indigemus ornatu gratiæ. Hodie processionem facimus, innuentes quod repatriare contendimus, sed quoniam hostes nobis in itinere scimus obsistere [55], ideo armati virtutibus nitimur ad pugnam « contra spiritualia nequitiæ [56] » obviam ire. Hodie quoque diem expulsionis nostræ de paradiso recolentes, de ecclesia peccatores ejicimus, et ejectis pœnitentiam sep- **D** tennem, aut alias, pro criminum quantitate, injungimus, quia genus humanum in Adam lapsum, judicio Dei, in hoc exsilio septem millibus damnatur annorum. Maria quoque leprosa septem diebus exstitit extra castra [57]. Exsilium quoque indicimus, quia Cain in manifestam Dei vindictam factus est vagus et profugus super terram [58] : carcer vero pœnitentiæ a Joseph habet initium [59]. Tam in carcere quam in exsilio comam et barbam nutriunt;

A cujus incultus a Joseph [60], vel David [61] Ecclesia cœpit exemplum. In hoc exsilio baculum portant in signum correctionis, per quam reditur ad gratiam communionis. Est autem hic baculus cubitalis, quia in qua mensura mensi fuerint, remetietur eis [62]. Formam vero ejectionis in concilio reperies Agathensi; canones autem pœnitentiæ in libro pœnitentiali.

In quinta feria legitur epistola de Ezechia [63], et evangelium de puero centurionis [64]. Illi dies adjecit Dominus, isti sanitatem restituit : per quæ monemur jactare cogitatum nostrum in Domino [65], ad eum clamare, in eum credere [66], cum perseveranter orare [67]. In sexta feria legitur epistola, *Clama* [68], et evangelium, *Audistis* [69]. In utroque Dei testimonia, quæ a carnalibus carnaliter intelligebantur, spiritualiter exponuntur; nam in epistola dicitur non esse jejunandum ad lites et contentiones, in evangelio dicitur, quod non diligamus, non eleemosynas faciamus, non oremus, ut ab hominibus videamur. Igitur in utroque a vana gloria dehortamur, et ad spiritualem intelligentiam, et opera misericordiæ invitamur, ne de via pereamus [70], sed veniam a Domino consequamur. In Sabbato legitur epistola : *Si abstuleris* [71], ubi nobis lux, et requies promittuntur; et evangelium : *Cum sero* [72], ubi apostoli de conflictu maris ad portum accedunt securitatis, et de tenebris ignorantiæ ad notitiam perveniunt Salvatoris. Hoc Sabbatum, licet habeat epistolam et evangelium sicut nonnulla per anni circuitum, non tamen est in cantibus officiatum, quoniam secundum quosdam nondum erat solemni jejunio deputatum : hodie vero jejunemus, ut ad Sabbatum perveniamus.

CAPUT V.

PRIMA DOMINICA DE QUADRAGESIMA.

Invocabit me, et ego exaudiam eum, eripiam eum, et glorificabo eum, longitudine dierum adimplebo eum [73]. Hæc Dominica Quadragesima nominatur, eo quod habet hic exordium quadraginta dierum, quæ incipit hic et terminatur in Cœna Domini : per quos quadraginta pœnales dies rememoramus quadraginta annos, quibus populum ab Ægypto ad patriam redire cognovimus. Legitur enim quod filii Israel in Ægypto sub Pharaone longo tempore servire [74], sed per Moysen liberati quadraginta annis eremum transiere [75], pastum de cœlo [76], potum de saxo durissimo percipientes [77], et sic ad terram lacte et melle manantem denique pervenere [78]. Mystice numerus iste, ut ait Augustinus, laboriosi hujus temporis est sacramentum, quo adversus diabolum dimicamus. Tempora enim quadripartitis vicibus currunt, et mundus quatuor partibus ter-

[36] Sap. 11.   [39] Psal. 56.   [40] Psal. 102.   [41] Psal. 29.   [42] Psal. 1.   [43] Matth. 6.   [44] Luc. 17.   [45] Psal. 17.   [46] Psal. 43.   [47] Psal. 50.   [48] Gen. 3.   [49] Ibid.   [50] Job 30.   [51] Gen 3.   [52] Joan. 3.   [53] Matth. 3. [54] Gen. 3.   [55] Exod. 15.   [56] Ephes. 6.   [57] Num. 12.   [58] Gen. 4.   [59] Gen. 39.   [60] Gen. 41.   [61] I Reg. 21. [62] Matth. 7, et Marc. 4.   [63] Isa. 38.   [64] Matth. 8.   [65] Psal. 54.   [66] Joan. 14.   [67] Luc. 11.   [68] Isa. 58. [69] Matth. 5.   [70] Psal. 2.   [71] Isa. 58.   [72] Marc. 6.   [73] Psal. 90.   [74] Exod. 12.   [75] Num. 14   [76] Exod. 16. [77] Exod. 17.   [78] Josue 5.

minatur : nos ergo qui longo tempore in hoc mun- A do sub diabolo servivimus, sed per Christum liberati, cujus corpore pascimur, et sanguine potamur [78], per observantiam decem præceptorum, et quatuor Evangeliorum, quæ multiplicata quadragenarium faciunt, ad terram lacte et melle manantem, scilicet ad paradisum redire debemus. Itaque celebrantes hanc Quadragesimam, et illos annos quadraginta recolimus, et nostram reversionem ad patriam significamus. Sed quoniam exeuntes ab Ægypto per XLII mansiones terram promissionis intravere [79], et mox Pascha celebravere, ideo duos dies addentes post XLII dies Pascha Domini celebramus, et in die quam fecit Dominus exsultamus [80]. Si quis ergo festinat ad patriam [81], hunc numerum satagat adimplere. Eodem quoque numero genealogia B Domini a Matthæo describitur [82], Jechonia bis computato; si quis ergo desiderat per baptismum pervenire ad Christum, illo numeri sacramento perveniat, sicut Hieronymus ait, quo Dominus a patriarcha pervenit ad virginem, quasi ad Jordanem, qui pleno gurgite fluens Spiritus sancti gratiis redundabat. Ex his autem XLII diebus, sex Dominicæ a jejuniis excipiuntur, nam per quadraginta sex hebdomadas habentem totum hujus vitæ tempus accipimus, vel quia surget in quinquagenarium calculo multiplicationis, vel quia sit tempus afflictionis, vita vero sex ætatibus mundi vel hominis variatur, in qualibet licet universaliter sint afflictiones, aliquid tamen habuimus consolationis, ubi in prima delectabatur Adam in paradiso [83]. In secunda Noe consolabatur in cataclysmo [84]. In tertia Joseph Israelem a fame liberavit [85]. In quarta Salomon in pace regnavit [86]. In quinta de Babylonia reversi sumus [87]. In sexta de sponsi præsentia exsultavimus [88]; vel, licet in singulis nostris ætatibus delinquamus, unde et in singulis hujus temporis hebdomadibus, et plangendo canimus, et cavendo plangimus, et carnem criminum incentivam jejuniis affligimus; tamen per sex opera misericordiæ peccata corrigimus, et peccatorum veniam promeremur, unde sex Dominicis afflictionem jejuniorum absolvimus. Vel forte in memoriam Dominicæ resurrectionis, et pro spe nostræ resurrectionis hoc tantillum in nostro fletu percipimus consolationis. D Sex itaque diebus a jejunio de XLII exceptis, XXXVI duntaxat remanent in jejunio, hi sunt decima dierum nostrum CCCLXV numero decurrentium; dignum enim fuerat, ut qui de aliis rebus decimas damus, etiam de diebus decimam solveremus, ut quidquid aliis temporibus contra Dei præcepta peregimus, hac dierum decima corrigamus, unde forte hoc tempus debet potius decima quam quadragesima nominari. Sed sicut Hæbræi decimam suorum bonorum Deo summo Regi dabant [89], sic ethnici

suis diis et regibus suorum bonorum quadragesimam persolvebant, quam et hodie Veneti navalibus in teloneis extorquent, et ideo forte a ritu gentilium hoc tempus non decimam, sed quadragesimam nominamus. Huic tamen Xmæ in XXXVI diebus in jejunio quatuor præcedentes dies adduntur, in memoria eorum quatuor, quæ nos incurrisse lugemus, scilicet quod propter escam de paradiso sumus ejecti, quod bestiali cibo addicti, quod his pœnis afflicti, quod apud tartara durius affligendi, vel ad intelligentiam quatuor ordinum quos in judicio futuro videbimus. Primus erit judicantium, hi sunt perfecti; secundus per judicium judicandorum, hi sunt conjugati; tertius est damnatorum, hi sunt increduli; quartus est damnandorum, hi B sunt fideles bonis operibus vacui, vel potius moraliter, ut quidquid ex lascivia quatuor elementorum, quidquid præterea in quatuor temporibus anni, quidquid in quatuor curriculis diei, contra observantiam quatuor Evangeliorum commisimus, horum quatuor dierum jejuniis emendemus, vel ut per quatuor virtutes nos ad jejunium fulciamus, ut anima, quæ quatuor mortibus cogitationis, locutionis, operationis, consuetudinis vel impœnitudinis moritur, earum auxilio sublevetur, et sic verius hoc jejunium quadragesima nominatur, in quo quidquid contra legem et Evangelium delinquimus, emendare tenemur, vel denarium Deo quater offerimus, ut pro quotidianis peccatis nostram disciplinam memoriter et devotius observemus. Quaternario numero, ut ait Augustinus, diurna et annua curricula peraguntur; dies enim matutinis, meridianis, vespertinis et nocturnis defluit horis; annus vero labitur vernis, æstivis, autumnalibus et hiemalibus mensibus, in quibus omnibus ab amore retrahimur æternorum, et ideo per quaternarium quotidianum excessum intelligimus delictorum. Denarius vero totam nostram continet disciplinam. Nam, ut idem asserit Augustinus, Creatoris et creaturæ scientia significat quæ ad homines pertinet erudiendos; nam scientia et disciplina est ut creatura serviat Creatori. Creator Deus est, ex quo omnia, per quem omnia, in quo omnia [90], et ideo Trinitas Pater, et Filius, et Spiritus sanctus hic D colitur ab animo, qui eum diligit ex toto corde, tota anima et tota mente [91].

Hæc tria sunt : animo corpus subjicitur ad regendum ex elementis quatuor compaginatum. Ergo quadraginta diebus jejunare, est hunc denarium quater ducere, scilicet nobis temporaliter confirmare, et temporalia commissa per hunc denarium, id est servitium, quod creatura Creatori exhibeat emendare. Vel ideo quadraginta diebus jejunamus orationibus prævenientes ut in sequentibus quadraginta, scilicet a Pascha usque ad Ascensionem,

[78] I Cor. 10.   [79] Jos. 5.   [80] Psal. 117.   [81] Heb. 4.   [82] Matth. 1.   [83] Gen. 2.   [84] Gen. 8.   [85] Gen. 42 et infra.   [86] III Reg. 5.   [87] I Esd. 1   [88] Matth. 9.   [89] Levit. 27.   [90] Deut. 32.   [91] Matth. 22.

quos in lætitia sumus acturi, non excedamus quin
caput nostrum ad cœlos sequi valeamus. Vel quadraginta diebus jejunamus, ut eo numero, quo a
Deo recessimus, eidem reconciliemus, nam per
quaternarium corporis vel anni, mundi vel diei,
præcepta Decalogi violavimus. Hoc numero Nini-
vitæ pœnituere [10]; hoc spatium dabitur eis, qui sub
Antichristo apostatabunt, hæ sunt cortinæ sacerdotum in atrio tabernaculi quadraginta cubitorum [11];
vel potius quadraginta diebus jejunamus, ut scientia legis, et prophetarum, et maxime Domini nostri
Jesu Christi imitationem et gratiam mereamur; jejunavit enim Moyses ad accipiendam legem quadraginta diebus [12], similiter et Elias [13], Daniel quoque
tribus hebdomadibus jejunavit [14], Dominus noster
quadraginta diebus absque cibo post baptismum
statim, ubi tentatus est in deserto a diabolo, jejunavit [17]. At illi jejunavere pro merito, sed Dominus
pro institutione, jejunavit etiam et pro exemplo,
unde nonnulli unam quadragesimam duntaxat observant. Communius est tres observare, eo quod
Moyses, ut tradunt Hebræi, ter ascendens ad Dominum jejunavit, vel potius, quia tres in tribus leguntur jejunasse quadragenis, Moyses, Elias, Dominus, sed cum Dominus cujus imitatores esse debemus post baptismum illico jejunaverit.

Cur Ecclesia post Epiphaniam non statim, sed
ante Pascha jejunandum instituit? Solutio. Primo :
quoniam Christi passioni resurrectio continuatur ;
jejunamus ergo ante Pascha rogantes, ut cui per
afflictionem carnis compatimur, cum illo in gloria
resurgamus [18]. Et est ad instar ægroti, qui magis
affligitur, cum approximat sanitati. Secundo : quoniam hoc tempore filii Israel terram promissionis
intraverunt [19], vel de Babylonia reversi sunt, et mox
Pascha celebravere. Jejunamus ergo ut, peracto labore, cum Christo resurgamus, et de hac vita ad æternam transitum faciamus. Tertio : quoniam verno
tempore naturali motu caliditatis et humiditatis
cuncta viventia lasciviunt in libidinem : jejunamus
igitur hoc tempore, ut jumentum nostrum castigan-
tes in servitutem redigamus [100], et ab impetu luxuriæ refrenemus. Hanc igitur Ecclesia Quadragesimam prædictis ex causis instituit jejunandum. Sed
quia clerici sicut præcedunt populum ordine, sic
deberent præcedere sanctitate : ideo Telesphorus
papa VIImam addidit septimanam, vocans hoc tempus quinquagesimam, quod nec etiam mysterio caret ; nam, sicut per sex hebdomadas vi intelligimus
misericordiæ opera, sic per vii hebdomadas, vii
modi significantur, quibus crimina remittuntur,
scilicet per baptismum, per martyrium, per eleemosynam, per indulgentiam, per prædicationem, per
charitatem, per pœnitentiam; procedente vero tempore, quoniam ex præmissione quorumdam pontificum his in Sabbato comedebatur, ne propter je-

junium vi feriæ natura debilitaretur. In redemptione
Sabbatorum hujus temporis addidere hebdomadam
octavam, vocantes hoc tempus sexagesimam. Demum
propter venerationem Dominicæ ascensionis
statuere sancti Patres, ut quinta feria sicut Dominica celebris haberetur ; unde et adhuc eadem die
lautius procuramur ; pro illis nonam hebdomadam
addidere, et sic septuagesimam instituere ; totam
secundum Græcos jejunio sanctificantes, de quibus
superius satis copiose tractavimus. Nunc ad Quadragesimam revertamur, quod tempus, quia pœnitentiæ solet et debet ascribi, pœnitentiæ vero fructus
sunt jejunium, et vigiliæ, et aliæ carnis afflictiones,
eleemosyna corporalis, et spiritualis, et alia opera
misericordiæ, oratio et deprecatio, et aliæ species
contemplationis, fletus et lacrymæ, et alia insignia
contritionis, ideoque de his et similibus, ad pœnitentiam pertinentibus in diurnis et nocturnis officiis, in hac die, et sequentibus copiose legit, et
cantat Ecclesia. Et est notandum quod propter jejunii principium ordo intercipitur historiarum, cum
in septuagesima et sexagesima cantatum fuerit de
Adam, et in quinquagesima de Noe, et Abraham. In
hac prima interponitur de fructibus pœnitentiæ; in
secunda vero de Jacob, in tertia de Joseph, in quarta
cantabitur de Moyse ; hodiernum vero diurnum officium pugnaturos per jejunia contra diabolum hortatur viriliter ad dimicandum. Mos est ducis pugna-
turi tironibus dimicaturis proponere, qui juste pu-
gnant, quod præmium exspectant, qua cautela, et
quibus armis utantur, quorum exempla sequantur,
quorumve auxilium præstolentur, causam prædicat
Evangelium, et cautelam, quæ omnia ex præsenti
colliguntur officio. Sed colligere lectori relinquo,
et quidem jam pars pugnæ peracta est ; quia dixit
ille, quem invocavimus protectorem : *Invocabit me,
et ego exaudiam eum* [1], et in epistola : *Tempore accepto exaudivi te, et in die salutis adjuvi te* [2]. In
graduali nos angeli custodiunt [3], in tractu veritatis
scuto circumdamur [4] ; in evangelio ad triumphum
tendimus, inimico dicentes : *Vade retro, Satana* [5].
Et attende quod ab hac die hunc psalmum : *Qui habitat*, frequentat Ecclesia, quia sit his diebus in magno certamine constituta. Hic autem psalmus informat eos qui in certamine positi suam in Domino
ponunt spem, et ab ipso postulant adjutorium.

Rursus ab hac die usque ad Parasceven crucis
operiuntur, et velum ante altare suspenditur; quod
a veteri lege derivatum esse creditur. Velum namque, secundum legem, miro opere contextum et
pulchra varietate distentum, inter sancta sanctorum suspendebatur, per quod arca populo velaba-
tur [6], quod in passione Domini scissum est [7], hoc
est cœlum, quod dividit inter corporalia et spiritualia, quo nobis celatur Christus, et civitas illa
superna, quod postmodum, ut liber complicatur [8],

---

[10] Jon. 2. [11] Exod. 26, 36. [14] Exod. 34. [13] III Reg. 19. [16] Dan. 10. [17] Matth. 4. [18] Rom. 6.
[19] Jos. 5. [100] I Cor. 9. [1] Psal. 90. [2] II Cor. 6. [3] Psal. 90. [4] Ibid. [5] Matth. 4. [6] Exod. 26. [7] Matth. 27.
[8] Isa. 34.

et ut tentorium colligetur [9], et tunc facies Domini A
revelabitur [10]. Vel hæc est ,rhomphæa, quæ fuit
ant januam paradisi [11], quæ sublata est in passione Domini , vel potius hæc est littera legis,
scilicet carnalis observantia, quam et velamen super faciem Moysi positum significavit, quod est
super corda Judæorum usque in hodiernum diem [11];
ideoque non vident faciem Moysi gloriosam, scilicet legis spiritualem intelligentiam. Hæc est tene-
brositas aquarum in nubibus aeris [13], scilicet obscura sententia in prophetia.

Quia igitur in hoc tempore designatur tempus
deviationis et culpæ et præsertim illorum qui adventum Domini præcesserunt, et velamen ante oculos habuerunt, idcirco, sicut his diebus Vetus legitur Testamentum, in quo littera continetur obscura de incarnatione, et passione et resurrectione B
Domini, et de futuri gloria regni ; sic cruces operiuntur et latent, et velamina suspenduntur et pendent. Sed quoniam etiam tunc fuere animalia ru-
minantia, et ungulas scindentia, et boves arantes [14],
scilicet Scripturarum mysteria discernentes, et spiritualiter intelligentes, ideo post velum ingrediuntur sacerdotes pauci, quibus « datum est nosse
mysterium regni Dei [18]. » Hæc velamina in passione Domini removentur, tum quia velum templi
scissum est [16], tum quia gladius igneus remotus
est, tum quia cœlum reseratur, et liber clausus septem signaculis aperitur [17]. Evidentius apertus est
in Christi resurrectione, cum sensus apostolorum
aperuit, et ejus Scripturas exposuit [18] : evidentis- C
sime aperietur in nostra resurrectione, cum nobis
cœlestis gloria denudabitur. Et est hodie statio ad
Lateranas, quæ constructa est in honore Salvatoris, et plusquam prophetæ Joannis, eo quod officium hodiernum Salvatoris nostri prophetice resonat felicitatem, qui præ omnibus, et pro omnibus super aspidem et basiliscum ambulavit et leonem
et draconem conculcavit [19].

Feria secunda legitur evangelium [20] quo Filius
hominis in sua majestate venturus et gentes ante
se positas separaturus ostenditur, sicut pastor oves
ab hœdis, statuens oves a dextris, hœdos a sinistris, inquiens illis : Venite, et intonans istis : Dis-
cedite. Hic nimirum sermo propheticus, juxta eumdem sensum, prævenit in Epistola, dicente Domino :
Ecce ego requiram oves meas, et educam eas in ter- D
ram suam, et pascam eas in montibus Israel, in rivis,
in ædibus, in pascuis pinguibus [11]. Quæ in epistola
posita non sunt nisi regnum, de quo in evangelio
dicitur : Venite, benedicti Patris mei, percipite regnum quod vobis paratum est ab origine mundi.
Item, ut inter oves computemur, et hoc regnum
percipere mereamur, oculi nostri sint ad Dominum

Deum nostrum, et oremus ut misereatur nostri [11]
ut respiciat super servos, et exaudiat preces eorum, et det nobis intellectum, ut non timeamus
millia populi circumstantis nos [1]

Et non est silentio prætereundum quod, quia
præceptum habemus, ut pro regibus et omnibus
qui in sublimitate positi sunt [11], et pro his, qui in
pressuris et ignis camino laborant, oremus. Idcirco
preces hoc die facimus, et de tertio in tertium duntaxat diem, ne populus illicietur tædio facimus. Ut
autem nos sub potenti manu Domini humiliemus [13],
in hoc die et omnibus sequentibus, orationibus deputatis in principio primæ orationis vice totius officii, Flectamus genua, dicimus. Et attende quod ob
plures causas nos ad terram prosternimus : tum,
quia Christum adorantes cum ad terram descendisse
et carnem de terra credimus induisse ; tum quia
reducti us ad memoriam, cum in paradiso quasi
angelici creati fuerimus, corpora nostra propter
lapsum nostrum inter animalia bruta jacere et animam corporali mole gravari [14] ; tum ut ipso actu
confiteamur nos peccatores esse, et terrenis desideriis inhærere, dum vultum terræ et animam pavimento infigimus [17] ; tum ut cordis contritionem
significemus et erubescentiam, eo quod oculos ad
Deum levare non audemus [18] ; tum quia de pulvere
sumpti sumus [19] ; tum quia per nos non erigimur ;
tum quia videmus ubi sumus, et quare cadimus ;
tum ut quia Christo omne genu flectitur [20], innuamus. Unde nec est unum tantum, sed utrumque
flectendum, ne Judæis similes videamur [11], vel ut
inter duliam et latriam in hoc differentiam assigne-
mus. Hic autem ritus a gentilibus sumpsit exordium, qui honorem regibus exhibentes, eos genu
flexo adorant, imo potius ab ipso Abraham, qui cadens in terram Dominum adoravit [11], quem prophetæ fuere imitati, et Apostolus, dicens : « Flecto
genua mea ad Patrem Domini nostri Jesu Christi [11]. » In privatis quidem orationibus, quando
nos ad terram sternimus ob præmissas causas,
quandoque, flexis genibus, elevata facie oramus,
quasi dicentes : Trahe me post te [14] ; quandoque
« stantes » oramus, quasi lætantes quod « in domum Domini ibimus [15], » in primo exprimimus
conditionem, in secundo vero desiderium, in tertio
spem, in tantum hoc die et in sequentibus oratio
super populum dicitur, quæ est vicaria sanctæ communionis.

Olim omnes communicabant, et communicaturos
diaconus ad flectendum genua invitabat ; nunc vero,
quia multi suscipiunt Domini corpus indigne, pro
communione utimur oratione, diacono sicut prius
suo fungente officio, et dicente : Humiliate capita
vestra Deo [16] ; quia « quicunque se humilaverit

[9] Num. 9.   [10] I Cor. 15 et II Cor. 3.   [11] Gen. 3.   [12] Exod. 34 et II Cor. 3.   [13] Psal. 17.   [14] Levit. 11
[15] Deut. 14.   [16] Luc. 8.   [17] Matth. 27.   [18] Apoc. 6.   [19] Luc. 24.   [20] Psal. 90.   [21] Matth. 25.   [22] Ezech.
34.   [23] Psal. 122.   [24] Psal. 3.   [25] I Tim. 2.   [26] I Petr. 5.   [27] Sap. 9   [28] Psal. 118.   [29] Luc. 18.
[30] Gen. 2 et 3.   [31] Philipp. 2.   [32] Matth. 27.   [33] Gen. 17.   [34] Ephes. 3.   [35] Cant. 1.   [36] Psal. 121.   [37] I Cor. 11.

exaltabitur [37], » et quisquis his bonis actibus bene- A
dicetur, æternæ benedictioni ascribetur. In hac sacerdos milites Christi pugnæ commendat ad dimicandum contra hostem antiquum, et insidias inimicorum, et ideo munit eos per ministrum armis
humilitatis dicens : *Humiliate capita vestra Deo,*
et sic tandem infundit super eos protectionem suæ
benedictionis; et hoc magis in Quadragesima, quando
adversarius noster sollicitus circuit quærens quem
devoret [38], et in prima quidem collecta genua flectimus in postulatione justitiæ, quæ est necessaria
in præsenti vita, in ultima vero conquiescimus in
gratiarum actionem pro diurno denario vitæ futuræ[39] :
hæc autem faciemus per totam Quadragesimam,
nisi in Dominicis diebus et in missis festivis usque
ad Cœnam Domini.

Feria tertia legitur evangelium [40] de his qui ven-
debant et emebant in templo, quos Dominus potenter
ejecit, et verbo redarguit et relictis calumniatori-
bus, in Bethaniam abiit, scilicet in domum obedientiæ, scilicet ad gentes quæ in auditu auris factæ
sunt obedientes [41]. Bene ergo in prophetica lectione
præmittitur : *Quærite Dominum, dum inveniri potest* [42], et loquitur ad calumniatores Judæos, ut quæ-
rant eum, dum prope est ; *quia veniet tempus,*
quando prope eos non erit, scilicet cum in Bethaniam, id est ad gentes transiverit. Et quod sequitur, « prosperabitur in his, ad quæ misi illud, » Evangelio congruit, in eo quod potenter, et prospere C
venditores ejecit, et mensas nummulariorum et ca-
thedras vendentium columbas evertit. Cætera quæ
in introitu, graduali, offerenda et communione
cantantur, sunt quærentium Dominum orationes,
consolationes et gratiarum actiones.

Feria quarta solemnitas jejunii duplicatur, unde
pœnitentium asperius jejunantium corpora desiccan-
tur; in his non habitat, sicut in Evangelio dicitur,
*Spiritus immundus, qui ambulat per loca arida quæ-
rens requiem et non invenit* [43] ; quia corpora jejuniis
desiccata, fastidit; ad jejunia ergo libentius appetenda Moysi [44] et Eliæ [45] præmittuntur exempla,
quorum uterque in singulis lectionibus quadraginta diebus et quadraginta noctibus jejunasse perhibetur. Propter itaque jejunii geminationem duo
versus in graduali ponuntur; et attende quod ad D
priorem orationem dicimus : *Flectamus genua,* ad
secundam vero *Dominus vobiscum,* non autem *Flectamus genua ;* dicitur enim sitam in duorum testamentorum memoriam. Ea quæ in introitu, graduali,
tractu, offerenda, communione cantantur, sunt
consolationes, et orationes, ut jejunantes a tribulationibus eripiantur, et ne his qui jejuniis affliguntur, inimici dominentur.

Feria quinta, legitur evangelium [46] in quo Judæi
gloriantes, quod essent filii Abrahæ, convincuntur

non esse filii Abrahæ; quia non faciunt opera ejus,
sed ex patre diabolo, ejus opera faciendo. Vel ut
quibusdam moris est, legitur evangelium [47] de divite qui apud inferos cruciatur, patremque vocans
et deprecans Abraham, non ut filius exauditur. His
consonat illud propheticum, quod in epistola præmittitur, quod si vir justus genuerit filium sanguinem effundentem, et universa detestanda facientem,
ipse quidem in justitia sua vivet; filius autem ejus,
qui operatus est iniquitatem, morte morietur [48]; et
cætera, quæ sunt in introitu, graduali et offerenda
sunt laudes et orationes justi. Communio : *Panis
quem ego dedero* [49] declarat, unde justus vivat, scilicet de carne Christi. Et attende, quod feriæ quintæ
olim propria non habebant, sed a Dominicis æsti-
valibus, in offerebatur, et eorum evangelia non
sunt de jejuniis instituta, sed de divite et Lazaro,
et viduæ filio suscitato. Olim etenim, ut prædiximus, non jejunabant, sed uti in Dominicis solem-
nizabant, sed postmodum a Gregorio juniore Quadragesimæ fuerunt adjunctæ jejunio, et in offeratæ.
Inde est quod varietas epistolarum et evangeliorum
in quintis feriis reperitur.

Feria sexta legitur evangelium in quo baptismi
gratia significatur, qua juventus animæ sicut aquilæ
renovatur [50], et redimitur de interitu vita ejus, et
coronatur in misericordia et miserationibus; nam
piscina [51] significat Judaicum populum, vel beatam
Virginem, in quam Angelus magni consilii descendit [52], cum formam servi accipiens, se ipsum exinanivit [53]; motus aquæ turbatio Judæorum, sanitas
unius conversio gentium in unitate fidei convenien-
tium, in sacramento baptismi humiliter descendentium. Huic congruit prophetica lectio, ubi dicitur :
*Si averterit se impius ab impietate sua, feceritque ju-
dicium et justitiam, vita vivet, et non morietur* [54].
Sed a diuturno languore sanabitur. In introitu et
graduali orat ægrotus in aquam descendens; in
offerenda et communione agit gratias de sua liberatione, et increpat Judæos incredulos de sua obstinatione. Sabbato ordinatis, et cæteris altaris
Christi ministris hoc evangelium competenter legitur : *Assumpsit Jesus Petrum, Jacobum et Joannem, et duxit eos in montem excelsum* [55]. Sacerdotes
enim et cæteri altaris ministri cum ad tantum ministerium promoventur, quasi in montem altissimum cum Domino ascendunt ut, revelata facie,
splendidam ejus faciem speculentur [56], et intelligant
quid cum ipso, vel de ipso Moyses et Elias, scilicet lex et prophetæ loquantur, et populo inferiori
annuntient fidem catholicam, et moralem doctrinam. Congrue igitur præmittitur apostolica lectio :
*Rogamus vos, fratres, corripite inquietos, consolamini
pusillanimes* [57] ; ipsorum est enim hoc officium, qui
ad hoc ordinati sunt, ut pastores sint animarum.

[37] Matth. 23. [38] I Petr. 5. [39] Matth. 20. [40] Matth. 21. [41] Psal. 17. [42] Isa 55. [43] Matth. 12. [44] Exod. 24. [45] III Reg. 19. [46] Joan. 8. [47] Luc. 16. [48] Ezech. 18. [49] Joan. 6. [50] Psal. 102. [51] Joan. 5. [52] Isa. 9. [53] Phil. 2. [54] Ezech. 18. [55] Matth. 17. [56] II Cor. 3. [57] I Thess. 5.

m : *Benedictus es* [x], et tractus : *Laudate* [x],
unt ordinatorum, cætera sunt orationes, aut
em, aut universaliter pœnitentium, unde
iones prophetiarum flectere genua non obli-
ur. Quidam aiunt quod ob reverentiam
icæ lectionis, quæ hodie legitur, ad ora-
super populum capita non humiliamus.

CAPUT VI.
DOMINICA SECUNDA IN QUADRAGESIMA.

ssus Jesus secessit in partes Tyri et Sidonis,
mulier Chananæa ab illis finibus egressa cla-
dicens. Domine, miserere mei, Fili David [x].
ominica antiquitus intitulatur Dominica va-
n quod omni vacat officio, sed aliquo: non
acat nocturno, nec epistola, nec evangelio,
o cantu diurno. Ideoque nec in antiphonario,
istolario, nec in evangeliario, sed duntaxat
luali Dominica vacat debet intitulari. Noctur-
fficium ad historias redit, ubi cantatur de
qui patrem cibavit, fratrem supplantavit [x],
i vidit, lapidem erexit, oleum infudit [x], Deum
cum angelo pugnavit [x]. Hæc omnia conve-
pœnitentibus, et vitia supplantantibus. Diur-
fficium capit ab evangelio, sicut et cætera,
nentum, ubi de Chananæa legitur, cujus a
nio filia vexabatur. Mulier Chananæa mater
clesia, filia peccatrix anima, orat Ecclesia
servans in simplicitate, patientiam in humi-
constantiam in stabilitate pro qualibet anima
trice, ut detur ei facultas resistendi peccato,
detur in ea sanctificatio, de qua dicit Apo-
in Epistola: *Hæc est voluntas Dei sanctifi-*
vestra, ut abstineatis a fornicatione; ut sciat
usque vestrum vas suum possidere in sanctifi-
e [x]. Cætera quæ sunt in introitu, graduali,
, offerenda et communione, clamores sunt
aneæ quæ aliunde sumuntur. Romanus enim
fex cum præstandis ordinibus esset intentus,
a vespera incipiens in Dominica die præsta-
fficium ordinare nequivit, ideoque inscribitur
nica vacat, et officium aliunde suscepit. Su-
tur autem a die jejunii; quia passiones mali
ierii [x], quæ per dæmonium significantur,
quibus ejiciendis orat mulier in Evangelie :
n ejiciuntur nisi oratione et jejunio [x]. »
ria secunda legitur evangelium : *Ego vado et*
etis nic, et in peccato vestro moriemini [x], ubi
uat se ad gentes transiturum, et Judæos pro-
peccatum infidelitatis deserturum, quod Da-
prævidens lacrymosa conquestione deplorat,
ostulat Domini furorem et iram avertere, et
em super sanctuarium desertum ostendere. Ea
in introitu, graduali, offerenda, communione

cantantur, sunt orationes et consolationes, et
laudes conversæ gentilitatis conversarumque gentium, quibus Dominus tribuit intellectum [x].

Feria tertia legitur evangelium de supercilio Scribarum et Pharisæorum, qui sedebant super cathedram Moysi dicentes et non facientes, quos tandem
percutit, concludens : *Qui se exaltaverit humiliabi-*
tur, et qui se humiliat exaltabitur [x] ; eo quod illi su-
perbi a magisterio scientiæ Dei removendi, et humiles magistri de gentibus illorum erant cathedram
etiam accepturi, quod etiam per illam Sareptanam
viduam designatur [x], de qua in lectione præmittitur, ad quam perrexit Elias, cum multæ essent viduæ in Israel, quibus fimbrias magnificantibus, et
in sterilitatis superbia permanentibus dicitur ;
« Auferetur a vobis regnum Dei, et dabitur genti
facienti fructum ejus [x]; et alibi : « Mandabo nubibus meis, » scilicet prædicatoribus, « ne pluant
super illam imbrem [x]; » Sareptanæ vero viduæ
quæ Dominum in fidei suscepit hospitio et duo crucis ligna collegit, et subcinericium pœnitentiæ panem fecit, humilitatis suæ merito, nec farina defecit
in hydria, nec oleum in lecytho; quoniam et legis
habet scientiam et Evangelii spiritualem observat
intelligentiam. Sareptana itaque mulier in introitu
suum erga Christum affectum ostendit dicens . *Tibi*
dixit cor meum [x]; et in graduali se ipsum consolatur et hortatur, dicens : *Jacta cogitatum tuum* [x];
in offerenda misericordiam petit [x], in communione quasi secura se mirabilia narraturam promittit [x].

Feria quarta legitur Evangelium in quo Dominus
discipulis suam passionem revelans ait : *Ecce ascen-*
dimus Hierosolymam, et Filius hominis tradetur [x].
Quæ passio fuit humani generis redemptio, unde in
fine concluditur : *Filius hominis veniet dare animam*
suam redemptionem pro multis [x]. Bene ergo præmittitur oratio Esther, quæ orat Dominum pro hæreditate quam redemit, et bene convenit historia de
qua sumitur hæc oratio Passioni; quia sicut Aman
crucem Mardochæo paravit, et in ea captus est [x], sic
diabolus Christo, et in ea deceptus est. Orans igitur
Esther dicit in introitu : *Ne derelinquas me* [x]; et in
graduali : *Salvum fac populum* [x], et quasi de salute
secura, subdit in offerenda : *Ad te, Domine* [x], et in
communione concludit : *Justus Dominus* [x], vel potius sunt verba Christi patientis, qui dicit in versu
graduali : *Ero similis descendentibus in lacum*, pendens igitur in cruce [x], sibi et suis adjutorium petit,
qui de Patris justitia et gratia confidit.

Feria quinta legitur evangelium, in quo docet
Dominus non in hominis, sed solius Dei testimonio
confidendum, dum de se ipso loquens, ait secundum carnis fragilitatem : *Si ego testimonium perhi-*

---

[x] Dan. 3. [x] Psal. 116. [x] Matth. 15. [x] Gen. 27. [x] Gen. 28. [x] Gen. 32. [x] I Thess. 4.
id. [x] Matth. 17. [x] Joan. 8. [x] Cap. 9. [x] Psal. 15. [x] Matth. 23. [x] III Reg. 17. [x] Matth.
[x] Isa. 5. [x] Psal. 26. [x] Psal. 54. [x] Psal. 50. [x] Psal. 9. [x] Matth. 20. [x] ibid. [x] Esth. 13.
Psal. 37. [x] Psal. 27. [x] Psal. 24. [x] Psal. 10. [x] Matth. 27.

beo de me ipso, testimonium meum non est verum;
et infra : *Ab homine testimonium non accipio;* et infra : *Habeo testimonium majus Joanne* [66]. His consonat lectio de Jeremia [67] præmissa : *Maledictus qui confidit in homine;* et ita : *Benedictus vir qui confidit in Domino;* confidens igitur orat in introitu, et graduali, et offerenda, in persona Moysi, in qua fit verborum repetitio; quia sæpe pro populo ad Dominum intercessit [68]. Communio : *Qui manducat,* ostendit quid utilitatis proveniat confidenti, scilicet quod in Christo maneat, et Christus in eo [69]. Hæc communio bene congrueret Sabbato ante Dominicam Palmarum.

Feria sexta, legitur in evangelio de patrefamilias, qui vineam locavit agricolis, qui non tantum servos, sed hæredem proprium occiderunt, dicentes : *Hic est hæres, venite occidamus eum, et habebimus hæreditatem ejus* [70], cui parabolæ consonat lectio, quæ præmittitur de Joseph, de quo fratres dixerunt : *Ecce somniator venit, venite occidamus eum* [71]. Hæres et Joseph typum gerunt Domini, qui venditus, morti traditus [72], et sepultus est [73], et sic ejectus est de vinea sua, et tanquam lapis inutilis ab ædificantibus reprobatus [74], cum regno Dei transmigravit ad gentes facientes fructum ejus, sicut Joseph translatus a suis ad alienos pavit Ægyptios, qui quoniam justitiam dilexit, et tam fratrum quam aliorum insidias multas evasit [75], ideo cantat in introitu : *Ego autem cum justitia apparebo* [76]; et in graduali : *Ad Dominum cum tribularer* [77], et in offerenda : *Domine, in auxilium* [78], et in communione : *Tu, Domine, servabis* [79].

Sabbato tam in evangelio, ubi legitur [100] de homine, qui duos filios habuit, quam in epistola, ubi legitur de Jacob, et Esau [1], duorum populorum, Judaici videlicet et gentilis, significatio continetur. Quorum prior, quoad cultum unius, scilicet Judaicus, junioris, id est gentilis populi pœnitentiam patre suscipiente, invidia torquetur, foris stans, quem gaudere potius oportuerat; quia frater suus mortuus fuerat, et revixit, perierat, et inventus est [2], quia sicut in introitu canimus : *Lex Domini irreprehensibilis convertens animas, testimonium Domini fidele, sapientiam præstans parvulis* [*], et quidem bene consonat. Evangelio præcurrens epistola, cum illic juniore fratre epulante cum patre, major foris permanet in agro, sic Jacob epulas offerente, et consilio Rebeccæ, quæ Spiritum sanctum significat, ad benedictionem festinante, Esau foris in venationibus occupatur; terrenis enim sensibus et carnalibus observationibus detentus Judaicus populus gratiam spiritualem amittit. Gentilis vero conversus ad pœnitentiam de lege Domini in introitu gloriatur et cantat; in graduali, Domino confitetur

A et laudat [*]; in offerenda, oculos suos petit illuminari, ne dormiat, aut inimicus ei prævaleat [*]. Et attende quod rationabiliter, in secunda Quadragesimæ septimana legitur evangelium de filio prodigo ad patrem revertente; quia gentilis populus per doctrinam legis et Evangelii ad Creatoris cultum revertitur, et quivis pœnitens per fidem et operationem, vel per duo præcepta charitatis Domino reconciliatur.

CAPUT VII.

DOMINICA TERTIA IN QUADRAGESIMA.

Oculi mei semper ad Dominum, quoniam ipse evellet de laqueo pedes meos [*]. Nocturnum officium hu-

B jus tertiæ Dominicæ ordinem comitatur historiæ. Cum enim in Dominica præcedenti cantatum fuerit de Jacob, in hac succinitur de Joseph qui, venditus a fratribus [*], fratres in fame ditavit [*]; et Christus a Judæis crucifixus genus humanum sua morte redemit, et redimendo a dæmonio liberavit, ut in hodierno legitur Evangelio, super quo diurnum fundatur officium : *Erat enim Jesus ejiciens dæmonium et illud erat mutum* [*], et secundum alium evangelistam [*], etiam surdum, hoc est genus humanum in diaboli potestate ligatum, et mutum, et surdum, loqui et audire verba Dei; sed cum forti armato fortior supervenit, et vasa ejus diripuit, foras misso principe mundi [10], surdus audivit, et mutus Verba Dei narravit. Qui ergo fuerat mutus, nunc

C facundus et gratulabundus dicit in introitu : *Oculi mei semper ad Dominum* [11]; et ne iterum deficiat, implorat subdens : *Respice in me* [12], et in graduali : *Exsurge, Domine* [13]. Deinde vox quondam muti secunda facundia, cujus os aperuit Sapientia, preces suas ingeminat, et decenti similitudine, in tracta perorat dicens : *Ad te levavi* [14]; in offerenda, jam eloquens prædicat justitias Domini rectas, eo quod a se humiliato dæmonium exierat, sed ad Judaicum populum superbientem spiritus immundus redierat. In communione de muto factus orator gratulatur quod, sicut passer invenit sibi domum, et turtur nidum [15], ne autem reddamus vires hosti qui assumat septem spiritus secum nequiores se, qui ingressi habitent in nobis [16], exaudiamus Paulum,

D militem illius fortioris egregium, qui docet in Epistola, ut simus *imitatores Dei, sicut filii charissimi,* ne sit in nobis *fornicatio,* vel *immunditia* [17]. Sequamur in martyrio Laurentium, apud quem hodie statio celebratur, sicut ille fortem armatum, scilicet diabolum de atrio suo, quod Roma fuit, ejecit, unde Prudentius in persona martyris :

> *Discede, adulter Jupiter,*
> *Stupro sororis oblite,*
> *Romam relinque liberam.*

---

[66] Joan. 5. [67] Cap. 17. [68] Exod. 32. [69] Joan. 6. [70] Matth. 21. [71] Gen. 37. [72] Matth. 26. [73] Matth. 27. [74] Psal. 117. [75] Gen. 39 et infra. [76] Psal. 16. [77] Psal. 119. [78] Psal. 39. [79] Psal. 11. [100] Luc. 15. [1] Gen. 27. [*] Luc. 15. [*] Psal. 18. [*] Psal. 91. [*] Psal. 12. [*] Psal. 24. [*] Gen. 37. [*] Gen. 49 et infra. [*] Luc. 11. [*] Matth. 9. [10] Joan. 12. [11] Psal. 24. [12] Psal. 9. [13] Psal. 122. [14] Psal. 18. [15] Psal. 83. [16] Luc. 11. [17] Ephes. 5.

Sic nos vitiorum flammas exstinguentes, de diabolo triumphemus.

Feria secunda. Significat Dominus in evangelio se ad gentes transiturum, cum dicit : *Nemo propheta acceptus est in patria sua* [10], ac si dicat : Quia me non honoratis, transibo ad eos qui me honorabunt. Item cum subdit Eliam non ivisse ad viduas Israel, sed duntaxat ad viduam Sareptanam [11], et Elisæum non sanasse leprosos Israel, sed duntaxat Naaman Syrum [12]; amplius in eo quod *ejecerunt eum extra civitatem, et duxerunt in supercilium montis, super quem fundata erat civitas illorum, ut præcipitarent eum; ipse autem transiens per medium illorum ibat*, significatur ab illis transitura salus. Cum enim ex supercilio superbiæ, in qua unanimiter habitabant, eum in profundum oblivionis præcipitare vellent, ipse pedibus suis, id est sanctis prædicationibus suis per medium eorum ivit ad gentes. Bene ergo huic evangelio præmittitur lectio de Naaman Syro [13] : Elisæus enim Christum, Naaman leprosus significat gentilem populum, idololatram et immundum, qui venit ad Christum fide : sed Christus non ivit ad illum corpore, sed mandavit illi dicens : *Vade, et lavare septies in Jordane*, hoc est quod ait apostolis : « Euntes in mundum universum, docete omnes gentes, baptizantes eos in nomine Patris, et Filii, et Spiritus sancti [14]. » Septies leprosus lavatur, quoniam in baptismo Septiformis gratias Spiritus sancti operatur, ex quo renascimur, et remissionem peccatorum accipientes in novitatem innocentiæ sicut parvuli restituimur. Cætera quæ in introitu, graduali, offerenda, communione cantantur, sunt orationes, consolationes et gratiarum actiones Naaman Syri, id est gentilis populi, exhibitæ Christo, qui dedit ex Sion salutare Israel, et avertit captivitatem plebis suæ [15].

Feria tertia. Commendatur in evangelio opus misericordiæ, dicente Domino : *Si peccaverit in te frater tuus, corripe eum;* et infra : *Dimitte peccanti in te, non dico septies, sed usque septuagies septies* [16]. Corripere et dimittere opera sunt misericordiæ. Pulchre ergo præmittitur lectio de muliere oleo multiplicato ; mulier enim quædam viro mortuo ad Elisæum clamabat; quia creditor ejus filios in servitutem redigere contendebat, cui præcepit Eliseus vasa vacua mutuari, ostia claudere, oleum infundere, de quo multiplicato solveret creditori, et viveret de reliquo [17]. Hæc est Ecclesia, quæ generat filios in baptismate, quos defuncto sanæ cognitionis intellectu, diabolus improbus fœnerator pro nummis perniciosæ voluptatis et pravæ actionis trahere conatur in servitutem perpetuæ mortis, sed Christus data potestate ligandi, et solvendi pastoribus, sicut in evangelio hodierno legitur, præcipit ostia claudere et vacuis vasis oleum infundere, scilicet pec-

A catores privatæ corrigere, et vacuos scientia replere, et eis misericorditer nondum *septies, sed septuagies septies*, scilicet de universis transgressionibus indulgere, et quidem sæpe redundat oleum, ut in Magdalena [18]. Sed quem non ungit oleum indulgentiæ, *sit tanquam ethnicus et publicanus* [19], et asperioris secetur cauterio pœnitentiæ. Mulier itaque pro filiis orans, ait in introitu : *Ego clamavi* [20]; in graduali : *Ab occultis* [21]; demum precibus exaudita gratias agit in offerenda : *Dextera Domini* [22]; et docet in communione quales se debeant exhibere, qui volunt oleum misericordiæ. Qui volunt requiescere in monte, ingrediantur sine macula, et operentur justitiam [23].

B Feria quarta. Legitur evangelium [24], in quo Dominus Pharisæos calumniantes quod discipuli Domini transgrediantur traditiones seniorum, versa vice redarguit, et criminationis spiculum in actores caute retorsit, scilicet quod propter traditiones hominum transgrediantur Dei mandata, illud maxime : *Honora patrem et matrem* [25]. Bene ergo præmittitur lectio, ubi ab honore patris inchoatur, et alia Dei mandata sequuntur. Item quod in Evangelio dicitur : *Populus hic labiis me honorat, cor autem eorum longe est a me*, hoc est quod in lectione præmittitur : *Stetitque populus de longe* [26]. Item quod in evangelio discipuli accedentes ad Jesum docentur ; in epistola Moyses accedens ad caliginem, in qua erat Deus, instruitur : quæ in introitu, graduali, offerenda, communione cantantur, sunt Moysi, vel C discipulorum Domini orationes et gratiarum actiones.

Feria quinta legitur evangelium, in quo Dominus venientes ad se turbas, ut eum regem facerent : quia manducaverant de panibus ejus, et saturati fuerant, hortatur dicens : *Operamini non cibum qui perit, sed qui permanet in vitam æternam*, quas redarguerat, dicens : *Venistis non quia signa vidistis, sed quia de panibus manducastis* [27], in quo percutit sacerdotes, qui veniunt ad altare, non quia delectet eos mysteria contemplari, sed quia decimas appetunt, et oblationes, cui congrue præmittitur lectio Jeremiæ [28], ubi Dominus promittit se habitaturum cum eis, et sic quasi regem D futurum eorum, qui talem cibum fuerint operati, ut calumniam non faciant, innocentem sanguinem non effundant, sed vias suas bonas faciant et recte inter virum et virum dijudicent [29]. Salus populi, vox Domini est populum consolantis. Graduale, offerenda et communio, voces sunt populi de regis gratia confidentis, et est hodie statio ad sanctos Cosmam et Damianum, ideoque de eis fit mentio in collecta.

Feria sexta legitur in evangelio quod Jesus fatigatus ex itinere hora sexta sedit super puteum

---

[10] Luc. 4. [11] III Reg. 17. [12] IV Reg. 5. [13] IV Reg. 5. [14] Marc. 16; Matth. 28. [15] Psal. 13. [16] Matth. 18. [17] IV Reg. 4. [18] Luc. 7. [19] Matth. 18. [20] Psal. 16. [21] Psal. 18. [22] Psal. 117. [23] Psal. 14. [24] Matth. 15. [25] Exod. 20. [26] Ibid. [27] Joan. 6. [28] Cap. 7. [29] Psal. 77.

loquens cum muliere Samaritana, quæ venerat A
haurire aquam [36]. Notum est mysterium, Dominum
ex itinere quo ad nos in sexta venisse ætate, usque
ad mortem fatigatum, sedisseque super puteum,
id est humanæ sapientiæ superasse profundum,
qui docuit Samaritanam, scilicet Ecclesiam alienigenam, quæ hauriebat aquam mortuam de cister-
nis, ut biberet, scilicet de obscuris doctrinis philosophorum, quæ satiare non poterant, ex qua qui
biberet sitiret iterum, sed qui biberet ex ea quam
ipse daret, id est Spiritu sancto, non sitiret in
æternum. Huic congrue præmittitur lectio de filiis
Israel dicentibus ad Moysen : *Da nobis aquam* [39],
qui, licet diffidens virga bis silicem percussit, unde
egressæ sunt aquæ largissimæ. Moyses significat
Judaicum populum incredulum, populus sitiens
genus humanum, petra Christum [40], quem Moyses
bis percussit, cum in crucis duobus lignis appendit [41], post percussionem aqua sancti Spiritus inundavit. Jesus itaque fatigatus, virga percussus, in
introitu : *Fac mecum* [42], in graduali : *In Deo speravit* [43], in offerenda : *Intende* [44], et in communione :
Qui biberit [45], orans pro populo sese suosque consolatur.

Sabbato legitur Evangelium [46] de muliere deprehensa in adulterio, de cujus sententia Scribæ et
Pharisæi Dominum tentaverunt, si pro misericordia
legis obviaret justitiæ, vel pro justitia declinaret
misericordiam, quibus sic obvia mansuetudo cum
justitia, ut recedentibus accusatoribus, quos cau-
teriata subtrahit conscientia, solæ remaneant miseria et misericordia. Huic Evangelio congrue præmittitur lectio Danielis, quamvis Hieronymus dicat quod non inveniatur in Hebraico, ubi legitur :
*Susanna a falsa criminatione adulterii Dei auxilio
liberata* [47] ; at illa per misericordiam, ista vero la-
pidationem evasit per justitiam. In hoc ergo officio
obviant sibi veritas et misericordia [48] eodem præsidio pietatis in simili sexu, sed disparibus causis.
Utraque igitur orat in introitu, dicens : *Verba* [49],
et offerenda, *Gressus* [50], in graduali vero se consolatur [51], communio de evangelio sumitur. In hujus
sabbati completorio antiphona : *Media vita* cantatur,
eo quod nunc mediana Quadragesimæ incipiat septimana ; qui vero eam in præcedenti quinta feria
cantant, numerum dierum jejuniis afflictorum attendunt. Hanc itaque scholasticis viris sub brevi-
loquio duximus exponendam : *Media vita*, Christus
est, ipse enim est mediator Dei et hominum [52], ipse
« via, veritas et vita [53], » ipse quidem sanctus, ipse
Deus, ipse fortis [54], ipse misericors et salvator [55].
Ad Christum ergo sermo dirigitur : *O media vita* id
est O Christe ; vel media vita sancta Trinitas est,
quæ est in se vita, et nobis vita media, id est
sufficiens, et communis, ad quam sermo dirigitur ;

o media vita, scilicet o sancta Trinitas ; ideoque
subdistinguitur : sancte Deus, sancte fortis, sancte
misericors, id est Pater, Fili, et sancte Spiritus,
a quo, et per quem, et in quo salvamur, et ideo
Salvator, et Trinitas appellatur ; ad quemcunque
tamen sermonem dirigimus, adjutorium quærimus, quia in morte sumus, in miseriis præsentis
vitæ, petimusque ne tradat nos amaritudini mortis
æternæ ; vel, o Domine, nos existentes in vita
media sumus in morte. Prima fuit vita justitiæ et
innocentiæ, in qua creatus est homo ; secunda
vita peccati et miseriæ, in quam lapsus est homo ;
tertia erit vita immortalitatis et gloriæ, ad quam
reparabitur homo ; nos igitur in media vita sumus
in morte ; quia vita peccati media mors est vitæ
justitiæ, et ideo quærimus adjutorem ; vel o fidelis
vita media, id est sperne temporalia bonis malisve
communia, quia in morte sumus, ideoque te adjutorem, Domine, postulamus.

CAPUT VIII.

DOMINICA QUARTA IN QUADRAGESIMA.

*Lætare, Hierusalem, et conventum facite omnes,
qui diligitis eam* [56]. Omnis scientia proprium loquendi, scribendi, significandi continet idioma.
Sicut familiare est theologis numerorum inimicitias
præterire, sic per ejusdem appellationis, vel de-
monstrationis numeros idem pariter significare,
verbi gratia, sex opera misericordiæ significatur
per VI, et LX', et per sex C., sex millia. Salus tamen perfectionis augmento pro adauctæ decadis
additamento. Septuaginta igitur annos Babylonicæ
captivitatis, sicut per septuaginta dies, et supra
diximus, sic etiam et per septem Dominicas memorat Ecclesia, primam quarum, cum sit ab hac
ultima septima Septuagesimam vocat, et sextam,
Sexagesimam, quintam Quinquagesimam. Quia
igitur populus in illa septuagenaria captivitate sedit, et flevit super flumina Babylonis [57] ; et in fine,
Cyro permittente, lætabundus exivit, et gratulans
Hierusalem introivit [58], ideo cum in prima Dominica populus captivatus fleverit dicens : *Circumdederunt me* [59] ; et in secunda oraverit dicens :
Exsurge Domine [60], in tertia quoque oraverit dicens : *Esto mihi* [61], in quarta consolationem acceperit, dicente Domino : *Invocabit me, et ego exaudiam eum* [62], in quinta quoque orationi rursus in-
stiterit dicens : *Reminiscere* [63] in sexta vero, Dario
licentiam tribuente, consolationem de reversione
perceperit, ideoque dixit : *Oculi mei* [64], in hac septimana, tanquam in fine Septuagesimæ ingrediens
Jerusalem gratulabundus exsultat, dicens : *Lætare,
Jerusalem* [65].

Septenarium quoque vitæ præsentis, quæ septem
dierum curriculo volvitur, vel, ut diximus, septem
millibus annorum includitur, vel potius septem

---

[36] Joan. 4. [39] Num. 20. [40] I Cor. 10. [41] Joan. 19. [42] Psal. 85. [43] Psal. 27. [44] Psal. 5. [45] Joan. 4.
[46] Joan. 8. [47] Dan. 13. [48] Psal. 84. [49] Psal. 5. [50] Psal. 18. [51] Psal. 22. [52] I Tim. 2. [53] Joan. 14.
[54] Dan. 9. [55] Isa. 9. [56] Isa. 66. [57] Psal. 136. [58] I Esd. 1 [59] Psal. 17. [60] Psal. 43. [61] Psal. 30.
[62] Psal. 90. [63] Psal. 24. [64] Ibid. [65] Isa. 66.

ætates, quibus mundus ipse distinguitur, sicut per dies septuaginta, sic per septem Dominicas repræsentat Ecclesia. Prima ætas est ab Adam ad Noe, secunda vero, a Noe usque ad Abraham, vel secundum quosdam, ad Moysen; tertia, a Moyse ad David, quarta a David usque ad transmigrationem Babylonis; quinta, a transmigratione Babylonis usque ad adventum Domini, sexta, usque ad finem sæculi; septima, similiter usque ad eumdem finem. Simul enim currunt, sed illa ʼin vigilantibus, et laborantibus, ista in dormientibus et quiescentibus, ubi requiescunt electorum animæ inter ubera lætantes matris suæ supernæ Jerusalem. De his ætatibus ait Dominus : In sex tribulationibus liberaberis, et in septima non tanget te malum [66]; ɔ senarias dicit tribulationes omnes, sex ætatum angustias, sex ventos, qui nos a sex lateribus feriunt, qui sunt ab anteriori, suggestio dæmonum, a posteriori peccatorum delectabilis memoria præteritorum, ab inferiori titillat carnis, a superiori consensus rationis, a dextris prosperitas, a sinistris adversitas : a quibus omnibus qui liberatur per Dominum liberatur. Unde : « multæ sunt tribulationes justorum, et de omnibus his liberavit eos Dominus [67]. » Liberamur autem in morte, quæ est confinium vitæ ad vitam, a quo in ætate septima requiescent animæ a laboribus suis [68]. Quod has septem ætates septem Dominicæ repræsentent, ex earum declaratur officiis : in prima quarum velut infantia mundi clamat homo a felici delectatione dejectus, in qua protomartyr Abel occiditur, cujus sanguis de terra clamavit ad Dominum [69], ideoque ejus voce quasi præcentoris clamat Ecclesia : Circumdederunt me gemitus mortis [70]. Et quia per multas ætates et longa tempora oportet eam in hujusmodi labore gemitibus, et portare pondus diei et æstus [71], ideo legitur epistola de longo stadio [72], et de ætatibus legitur in Evangelio.

In secunda vero Dominica, velut in pueritia mundi, concipiens homo spem suæ reconciliationis, ex eo quod Dominus dixit ad Noe : Ego statuam pactum meum vobiscum [73]. » Hujus pacti vel reconciliationis accelerationem voce Noe quasi præcentoris implorat Ecclesia dicens : Exsurge, quare obdormis, Domine [74]. Cujus reconciliationis modus in evangelio, et cæteris exprimitur, et effectus, ut supra docuimus. In tertia vero Dominica, velut in adolescentia mundi, concipiens homo suam liberationem, ex eo quod eduxit Dominus per Moysen, et Aaron filios Israel de Ægyptiaca servitute [75] suæ protectionis et liberationis accelerationem voce Moysi quasi præcentoris orat Ecclesia dicens : Esto mihi in Deum protectorem [76]. Et vide quia, quando misit Dominus Moysen ad populum et fecit coram

eis mirabilia, et dedit eis vitæ mandata [77], ex tunc cœpit ille magnus cæcus illuminari, scilicet genus humanum, de quo in hodierno legitur evangelio, qui sic increpatur a turba, dum lucem a Domino postularet [78], sicut filii Israel opprimebantur ab Ægyptiis, dum peterent ire viam trium dierum, ut Domino sacrificarent [79]. Quarta Dominica juventutem designat Ecclesiæ, in qua regum diademate coronatur, et sapientia prophetarum ornatur, in quorum manibus Christus assimilatur [80]; nam regum et prophetarum David eximius eligitur [81], qui manu fortis, et visu desiderabilis interpretatur, qui Christum nomine præsignavit, victoriis præfiguravit, psalmis, et canticis annuntiavit, sicut enim David Goliam [82] et Leonem, sic Christus diabolum superavit, qui super aspidem et basiliscum ambulavit. Unde hodiernum officium voce David præcentoris in cantibus celebratur [83], et in Evangelio de victoria Christi personatur [84]. Quinta Dominica significat senectutem Ecclesiæ, in qua deficere naturalis calor incœpit. Nam, templo diruto, populo sub Nabuchodonosor in Babylone captivato [85], Ecclesia captivata nec altare, nec templum habuit, sed ad salices organa sua suspendit [86]. Unde nec ab re hæc Dominica vacat, nec habet officium, nisi ab alia feria mutuatum; illa vero captivitas peccatricis designat animæ captivitatem, quæ, non nisi in jejunio et oratione repellatur [87]; idcirco Ecclesia, quasi voce Danielis in illa captivitate clamantis [88], de jejunio mutuatur officium, quod totum mœrore perficitur, et per Chananeæ filiam a dæmonio vexatam eadem animarum captivitas intelligitur. Idcirco de ipsa legitur evangelium [89].

Sexta Dominica significat Ecclesiæ senium, scilicet fines sæculorum, cum Dei Filius venit in mundum et a diaboli potestate liberavit genus humanum. Unde ne sit immemor accepti beneficii et ingratum, gratulatur et ait : Oculi mei semper ad Dominum [90]. Merito ergo legitur evangelium de dæmoniaco liberato [91]. Hæc autem septima et ultima Dominica sabbatum significat mundi, in quo sanctorum animæ requiescunt, deposito carnis onere, et velut post bella victrices depositis armis feriatæ lætantur, et singulis stolis remuneratæ binas in gloria præstolantur. Illic Jerusalem quæ sursum est, quæ libera est, quæ est mater nostra [92], lætatur, et diem festum agens [93] pro numero filiorum de peregrinatione redeuntium reposita refundit epulas, et lactens ex suis uberibus exprimit consolationis maternæ delicias. Unde quidquid hodie canitur in nocturnis, est de liberatione populi de Ægypto, scilicet de liberatione animæ de corpore mortis hujus [94]. Quod autem in diurno personatur officio, est de lætitia et satietate cœlestis Jeru

[66] Job. 5. [67] Psal. 33. [68] Apoc. 14. [69] Gen. 4. [70] Psal. 17. [71] Matth. 20. [72] I Cor. 9. [73] Gen. 7. [74] Psal. 43. [75] Exod. 12. [76] Psal. 30. [77] Exod. 20. [78] Luc. 18. [79] Exod. 5. [80] Ose. 15. [81] I Reg. 16. [82] I Reg. 17. [83] Psal. 90. [84] Matth. 4. [85] IV Reg. 25. [86] Psal. 136. [87] Matth. 17. [88] Dan. 9. [89] Matth. 15. [90] Psal. 24. [91] Luc. 11. [92] Gal. 4. [93] Psal. 75. [94] Rom. 7.

salem; nam et satietas de quinque panibus, et duobus piscibus, de qua legitur in evangelio [95], satietatem designat æternam quæ hic incipit, et terminatur in futuro. Nunc enim per ea quæ de libris Moysi, psalmorum et prophetarum accipimus, ex parte cognovimus [96]. Tunc vero Jesus qui abiit trans mare Galileæ, id est « resurgens a mortuis [97] » omnes sæculi amaritudines pertransivit, omnem multitudinem ad se venientem, et omnes supernæ Jerusalem filios eam ablactatos grandi saturabit convivio, cujus in typum Abraham ablactato filio liberæ unico Isaac in die ablactationis, grande convivium celebravit [98]. Omnes ergo hoc convivio satiandos sancti Spiritus allocutio consolatur dicens : *Lætare, Jerusalem*, et attende quod verba lætitiæ multiplicantur, eo quod a multiplicibus tribulationibus liberamur, et ad multiplicia gaudia evocamur : *Et conventum facite omnes qui diligitis eam*, quia satiabimini, quia ibitis « in domum Domini [99], ubi erit pax et abundantia, de qua in graduali canitur : ad quam cum pervenerimus, complebitur quod in tractu subditur : *Non commovebitur in æternum qui habitat in Jerusalem* [100]; in offerenda invitantur ad laudes omnes in illa mensa convivantes [1]; sed ne quis intelligeret de Jerusalem Palæstina, in communione determinatur, ut intelligantur quæ dicta sunt de Jerusalem quæ nondum est ædificata, sed adhuc ædificatur, ut civitas [2] ex vivis lapidibus, in quam ascendunt tribus, tribus Domini [3], tribus regales et tribus sacerdotales.

Ipsa quoque ecclesia, ad quam statio hodierna præfigitur, sanctam civitatem cœlestem Jerusalem nomine suo designat : dicitur enim sancta Jerusalem, ut, peregrinantibus in hoc sæculo civibus cœli, qui non habent hic civitatem permanentem, sed futuram inquirunt [4], ipso nomine supernæ civitatis memoriam excitet, et eam a longe peregrini salutent [5]; differt autem hujus stationis ratio ab ea quæ est adventus Domini secunda, quia videlicet illa futuræ beatitudinis est annuntiatio; hæc, quasi præsentis contemplatio : inde et festivius agimus; quia spei nostræ festivitas est. Hac enim die Christianus imperator coronatur, ut coronam supernæ Jerusalem meditetur. In hac die rosam auream Romanus pontifex plenam balsamo propriis manibus gerit, non gratia temporalis delectationis, sed spiritualis significationis; flos enim iste florem illum significat, qui se ac se loquitur dicens : « Ego flos campi et lilium convallium [6]; » aureus est, quia « Rex regum, et Dominus dominantium [7], » cujus rubor apparuit in insignibus passionis [8], et odor in gloria resurrectionis. Hac quoque die duæ collectæ Romani ordinis auctoritate dicuntur, sicut in Annuntiatione Dominica, ut quasi duplex festum

exsolvere videamur. Si quis objiciat : Cur hoc in festis præcipuis, ut Nativitatis Domini, et similium, non observatur? respondeo, quia per octavas producuntur, nec unius diei observantia coangustantur. Quidam vero aliter a Septuagesima distinguunt officia, nec deserit eos verborum materia, dicentes quod una populi peregrinatio legitur in Ægypto [9], et una captivitas in Babylone [10] : per utramque significatur nostra peregrinatio et captivitas in hoc mundo : Duæ quoque reversiones populi Dei leguntur : una de sub Pharaone per mare Rubrum et desertum ad terram promissionis [11]; altera de Babylone in Jerusalem [12]. Per quas significantur nostræ reversiones, prima de sub potestate diaboli per baptismum et pœnitentiam ad Ecclesiam; secunda est de hujus mundi confusione ad æternæ pacis perfruitionem. Captivitas et peregrinatio, sicut supradiximus, per septenarium dilatantur. Unde per quatuor hebdomadas denotantur.

In omnibus ergo nocturnis officiis, et diurnis quidquid legitur et cantatur, aut vox est peregrinorum de sua peregrinatione dolentium, aut vox captivorum de sua captivitate gementium, aut vox est redeuntium de tenebris ad lucem, de infidelitate ad fidem, aut vox est redeuntium de luctu ad gaudium, de mundo ad cœlum, et quidem sæpius in nocturnis vox est peregrinantium, in matutinis laudibus captivorum, in missali officio redeuntium; quæ quorum sit, diligens lector attendat. Per quid autem nostra reversio fiat, in duabus sequentibus Dominicis Passionis exprimitur, scilicet per Domini passionem, quia duæ sunt nostræ reversiones, vel duæ Domini passiones, una in scipso, altera qua patitur in corpore. Unde : « Saule, quid me persequeris [13] ? » Mox Dominica resurrectionis sequetur, in qua nostra reversio consummabitur.

Feria secunda legitur evangelium in quo, Pharisæis interrogantibus Jesum quod signum ostenderet, et in qua potestate nummularios de templo ejiceret, respondit : *Solvite templum hoc, et in tribus diebus excitabo illud* [14], loquens de templo corporis sui; non imperat, sed prædicit. Sequitur : *Ipsi non credebat seipsum eis* [15]. Huic evangelio recte præmittitur lectio de duabus meretricibus, quæ coram Salomone de vivente filio contendebant, quarum alteri dicenti : *Nec mihi nec tibi, sed dividatur* [16], non reddidit infantem vivum rex Salomon. Hæ mulieres Synagogæ et Ecclesiæ typum gerunt : Synagoga peperit filium, quem dormiens oppressit, hic est Christus, quem carne genuit, et secundum humanitatem in cruce suspendit, Ecclesia quoque filium habuit, quem illæsum servavit, hic est Christus quem in utero fidei concepit et peperit, quem divinitatem

---

[95] Joan. 6. [96] I Cor. 13. [97] Rom. 6. [98] Gen. 21. [99] Psal. 121. [100] Psal. 124. [1] Psal. 138. [2] Psal. 121. [3] Ibid. [4] Hebr. 13. [5] Hebr. 11. [6] Cant. 2. [7] Apoc. 19. [8] Isa. 63. [9] Gen. 46; Exod. 1. [10] IV Reg. 25. [11] Exod. 12. [12] I Esdr. 1. [13] Act. 9. [14] Joan. 2. [15] Ibid. [16] III Reg. 3.

vivere non dubitavit. Ili sunt duo hirci, quorum alter mactatur, et alter emittitur [17]. Hi sunt aries et Isaac [18]; quasi duo filii, non tamen duo Christi, sed unus identitate personæ, gigas geminæ substantiæ quem Synagoga utero fidei nec concepit, nec peperit, sed desideravit occidi, et adhuc memoriam ejus cupit exstingui. Sed verus Salomon puerum, scilicet semetipsum, non credidit Synagogæ, sed transivit in fidem Ecclesiæ, quodam modo dicens apostolis : « Date huic infantem vivum; hæc enim est mater » nostra [19]. Hæc est igitur quæ orat in introitu, graduali, communione, et in offerenda omnem terram ad jubilandum invitat [20].

Feria tertia legitur evangelium in quo arguit Judæos de prævaricatione legis Moysi dicens : *Nonne Moyses dedit vobis legem, et nemo ex vobis facit legem ?* [21] Quare non debet eis illa Moysi oratio patrocinari, scilicet « Quiescat ira tua, et esto placabilis super iequitia populi tui » [22]. Deinde arguit eos de homicidio subdens : *Quid me quæritis interficere ?* Bene igitur huic evangelio præmittitur lectio, qua dicitur a Domino Moysi : *Descende de monte, quia peccavit populus tuus, dimitte ut irascatur furor meus contra eos, ut deleam eos;* cui Moyses : *Cur, Domine, irascitur furor tuus,* etc. [23]. Hæc oratio valuit pro illis usque ad tempus in quo crucifixerunt Filium Dei, sicut Moysi promiserat Dominus, dicens : *Dimisi juxta verbum tuum. Verumtamen in die ultionis visitabo et hoc peccatum eorum* [24]; quæ in introitu, et graduali ponuntur sunt orationes Moysi ; quæ vero in offerenda et communione, sunt consolationes · ejusdem.

Feria quarta sacramenta quæ novæ sunt Ecclesiæ propria, inchoantur, scilicet scrutinia. Filios Israel prædiximus in septuagesimo anno de Babylonica captivitate reversos [25]. Reversi vero incertos habuere sacerdotes. Unde Esdras et alii sapientes genealogias diligenter scrutati sunt, et Judæos a gentilibus, sacerdotes a Judæis separaverunt [26]. Ita et nos non in aliqua præcedentium, sed duntaxat in hac hebdomada, quæ finem illius septuagesimæ designat scrutinia inchoamus, ut credentes ab incredulis segregemus, quos in sacrosancta solemnitate nostræ redemptionis, ex aqua et spiritu renovemus. Moris quippe fuit in Ecclesia non alio tempore regenerationis nostræ celebrari sacramentum, nisi mortis immineret periculum. Unde : « quicumque in Christo baptizati sumus, in morte ipsius baptizati sumus » [27], sicut a mortuis resurrexit : sic in novitate spiritus ambulemus [28]. Omnis igitur Ecclesiæ proles, quam per anni circulum divini verbi pabulo generabat, hac die sua nomina dabat, in quibus erat perscrutandum ne qua radix amaritudinis inesset [29],

ut in hæreticis, ne sancta illis prius darentur, quam christiana fides radices in mentibus eorum fixisset [30], unde, nominibus datis quilibet eorum per sequentes dies usque ad Paschæ solemnitatem fidei regulam audiebat, et sic lactatus, et grandescens in plenilunio, id est in baptismo plena fide symbolum reddens Christo commoriebatur, et resurgebat : ideoque dicebatur catechumenus, quod interpretatur *audiens,* vel *instructus,* quoniam in fide baptizandis necessaria, etiam conversatione morum post baptismam observanda instruebatur. Unde catechizatio dicitur *instructio,* et *scrutinium,* a scrutando, at priusquam sagena piscibus multiplicantibus impleatur [31]; quia periculosum erat tantam multitudinem differre propter occasiones mortis, præsertim propter infantes, quorum tenera vita levi occasione succiditur, visum est expedire passim baptizandis indulta licentia, cuncta prævenire pericula, baptismi tamen solemnitate vel in paucis ad Dominicam resurrectionem propter similitudinem reservata. Quarta vero feria potius quam alia die scrutinium inchoatur, quinque ex causis : Primo quia sicut quarta feria stellæ creatæ sunt, et soli et lunæ sociatæ [32], ita fideles hodie concipiuntur qui Christo soli, et Ecclesiæ lunæ conjunguntur; secundo, quia in quarta ætate sæculi Christianum imperium ex promissione sumpsit exordium, jurante Domino ad David : *De fructu ventris tui ponam super sedem tuam* [33]. » Ideoque merito christiana religio in quarta feria, et in quarta hebdomada capit initium quæ juvenilem ætatem hominis repræsentat, quæ apta est gubernaculo imperii et regalem ætatem significat, quæ innovata est ex promissione regni Christi de quo regno angelus ad Virginem : » Regnabit in domo Jacob in æternum [34]; » tertio, quia sicut in quarta ætate per Salomonem templum Domino ædificatum est [35], ita et nunc baptizandi in templum Domini, hac quarta feria præparantur : quarto, quia ut in quarta feria proditus est Dominus a Juda, ut pro redimenda Ecclesia moreretur, sic quarta feria catechizatur Ecclesia, ut pro Christo acquirendo nulla vitei pericula ; quinto, quoniam quatuordecim agnus diebus observabatur et præparabatur, et luna quinta decima immolabatur [36].

Decet ergo ut Ecclesiæ nova soboles, quæ ad moriendum Christo præparatur, diebus quindecim, anteriori jejunio spiritualiter saginata ætati lunæ, quæ illam significat, exæquetur ; nam si sexta feria, quæ est passione quinta decima, scrutinia celebrarentur, tredecim tantum dies in jejunio præparationi restarent, quia, duobus intervenientibus diebus Dominicis, jejunare non licet. Igitur, dum quarta feria scrutinia inchoantur, et sequentes

[17] Levit. 16. [18] Gen. 22. [19] III Reg. 3. [20] Psal. 99. [21] Joan. 7. [22] Exod. 52. [23] Ibid. [24] Ibid. [25] I Esdr. 1. [26] I Esdr. 2, 8. [27] Rom. 6. [28] Ibid. [29] Hebr. 12. [30] Matth. 7. [31] Matth. 16. [32] Gen. 1. [33] Psal. 131, 8; II Reg. 7. [34] Luc. 1. [35] III Reg. 7. [36] Exod. 12.

quindecim dies doctrinæ fidei et disciplinæ morum A
et jejuniis impenduntur, nova Ecclesia pulchra ut
luna [37], fide plena, Christo commoriens, et resurgens illi in baptismate copulatur. Et licet scrutinia, ut diximus, diebus quindecim observentur, tamen septies tantum scrutinia celebrantur, ut dum
septenario numero impleatur catechumeni, detur
illis septiformis gratia Spiritus sancti. Hoc autem
ordine scrutinia celebrantur : Cum infantes venerint ad januam ecclesiæ, nomina infantium ab acolytho scribuntur. Postmodum per nomina vocantur
in ecclesia, et statuuntur masculi ad dexteram, et
feminæ ad sinistram. Ad januam veniunt qui fidem petunt, fides enim est Ecclesiæ janua ; quorum
nomina scribuntur in cælo [38], et viriliter agentes[39]
in judicio statuentur a dextris, effeminate vero viventes a sinistris [40]. Deinde exorcista, cujus est
hoc officium proprie, interrogat si diabolo renun-
tient, operibus et pompis ejus. Omnis quippe homo
qui in originali peccato nascitur, jure domini diaboli subditur : cujus jus fideles effugiunt, dum
Christi jugo se subdunt [41]. Opera diaboli quædam
spiritus , quædam corporis operatione patrantur ;
spiritus ut superbia, ira et similia ; corporis, ut
fornicatio, ebrietas, et similia. Pompæ diaboli sunt
spectacula, choreæ, ludi, lasciviæ, et, ut breviter
perstringam, omnes honores vani atque superflui ;
Deinde de fide Patris et Filii et Spiritus sancti interrogantur, sine qua nemo Deo placere legitur [40].
Dehinc diabolus exsufflatur, ut Spiritus sancti ha- C
bitaculum efficiantur ; frontibus eorum signum crucis pro sigillo imprimitur, ut domus Dei contra
dæmones muniatur. Hoc signum videns, diabolus
contremiscit, et fugit, reminiscens quod eo victus
fuit. Fronti vero crux imprimitur, ut Christum
crucifixum se non erubescere moneantur. Postmodum per crationes in unitate recipiuntur Ecclesiæ , per salis gustum condiuntur doctrina sapientiæ.

Deinde per exorcismos diabolus effugatur, ideoque ter *maledicte* repetitur, quia per fidem Trinitatis diabolo viriliter obviatur. Seorsum mares ad
austrum , seorsum feminæ ad aquilonem exorci-
zantur, quia majora magis intelligentibus, et minora minus capientibus, et frigidis sunt propi-
nanda. Quod saliva nares et aures tanguntur,
hoc petitur, ut doctrina, quæ fluit de altissimis [43], D
per aures eorum introeat, eisque suave redoleat.
Ab ostiario introducuntur et excluduntur ; quoniam
a Spiritu sancto per Christum, qui est ostium [44],
in cœli cellarium introducentur [45], vel opposita
romphœa excluduntur [46]. Ab acolytho, qui est ac-
censor luminum illuminantur, ut effugatis peccatorum tenebris et erroris cæcitate depulsa, lumine
intelligentiæ illustrentur. A diacono super eos Evangelium legitur, quoniam eis evangelica doctrina

proponitur ; quatuor autem in ultimo die leguntur
eis evangeliorum initia ; quia de quatuor mundi
partibus ad fidei veniunt sacramenta [47]. Quod unus
de masculis, et una de feminis ab acolythis in sanctuarium deferuntur, significat, quod de utroque
sexu ad fidem evangelicam convertuntur ; Symbolum Apostolorum, et Oratio Dominica super mascu-
los et feminas dicuntur, et exponuntur Græca et
Latina lingua, ubi utraque fuerit Ecclesiæ notatum,
ut omnis lingua Domino confiteatur [48], tum ut omnis sapientia , omnisque potentia ad Dominum referatur. Græci namque sapientia, et Romani potentia præcellebant. Expositionem Orationis Dominicæ superius in tractatu missæ præmisimus.

Hic autem sub compendio Symbolum apostolicum
exponamus, ubi Patrem creatorem omnium confitemur, ubi et Filium æqualis potestatis adjungimus,
qui de Spiritu sancto conceptus, et natus de Virgine prædicatur, qui passus, crucifixus, mortuus,
et sepultus fuisse dicitur qui ad inferna descendisse, et die tertia resurrexisse cognoscitur, qui cœlos ascendisse , et ad dexteram Patris sedere creditur , qui venturus ad judicandum vivos et mortuos
exspectatur. In hoc eodem Symbolo Spiritus sanctus in eadem cum Patre, et Filio deitate indiscre-
te adjicitur ; in eodem sancta Ecclesia catholica
nominatur, in qua sanctorum communio, peccatorum remissio, carnis resurrectio, vitæ æternæ perceptio perdocentur. Cujus symboli verba quidem
pauca sunt, non humanæ sapientiæ sermone, sed
vera divinitus ratione disposita. Mysteria vero magna sunt per prophetas longis temporibus ante
prævisa , et per apostolos declarata : unde Symbolum dicitur communis morsus, vel collatio, eo quod
in eo duodecim articuli quasi secreta proponuntur,
et ab apostolis conferuntur, quæ et distinguere, et
auctoritatibus intendimus Veteris Testamenti munire. *Credo in Deum patrem omnipotentem, creatorem cœli et terræ.* Aliud est, ut ait Augustinus, credere Deo, aliud credere Deum, aliud credere in
Deum. Credere Deo est credere vera esse quæ loquitur, quod et mali faciunt, et nos credimus homini , sed non in hominem ; credere Deum est credere quod ipse sit Deus, quod etiam et dæmones
faciunt ; credere in Deum est credendo amare, credendo in eum ire, credendo ei adhærere, quod
soli boni faciunt. Ergo qui dicit Credo in Deum mentitur, si non diligit Deum ; nisi dixeris quod in persona loquitur Ecclesiæ, vel non quid sit loquitur,
sed quid debeat esse. Dicens Deum singulariter,
deorum effugat pluralitatem, unde : « Audi, Israel :
Deus tuus unus est [49], » et Apostolus : « Unus Deus,
una fides et unum Baptisma [50]. » Dicens *Patrem*,
incipit personas distinguere , de quibus Isaias :
« Qui appendit tribus digitis molem terræ [51] ? »
et alibi : « Seraphim clamabant : sanctus, sanctus,

[37] Cant. 6.   [38] Luc 10.   [39] Psal. 26.   [40] Matth. 25.   [41] Matth. 11.   [42] Hebr. 11.   [43] Eccli. 24
[44] Joan. 10.   [45] Cant. 2.   [46] Gen. 3.   [47] Luc 15.   [48] Philip. 2.   [49] Deut. 6.   [50] Ephes. 4.   [51] Isa. 40.

sanctus [50], » et Dominus : « Baptizate omnes gentes, in nomine Patris et Filii, et Spiritus sancti [51]; » et Joannes evangelista : « Tres sunt qui testimonium dant in cœlo : Pater, Verbum et Spiritus [52]. Pater est prima non tempore, sed auctoritate in Trinitate persona. Quod sequitur *omnipotentem*, nomen est essentiale, ut in Symbolo Athanasii declaravimus, ideoque illud ad subjectum Deum vel ad relativum Patrem non sine ratione referimus dicentes : *Credo in Deum* omnipotentem, vel in *Patrem omnipotentem*. Similiter et quod sequitur, *creatorem cœli et terræ;* ubi confutatur hæreticus, qui alium cœli, alium teræ asserit creatorem ; alium cœlestium, alium terrestrium ; alium corporum, alium animarum, contra quos ait David : « In principio tu, Domine, terram fundasti, et opera manuum tuarum sunt cœli [53]; » et Apostolus : « In ipso condita sunt universa, in cœlo et in terra [54]. »

Et in Jesum Christum, Filium ejus unicum, Dominum nostrum. Ecce altera in Trinitate persona, hic est Jesus qui salvum fecit populum a peccatis eorum [55], hic est unicus Patris Filius, de quo David : « Filius meus es tu, ego hodie genui te [56]; » et Apostolus : « Misit Deus Filium suum, natum de muliere, factum sub lege [57]; » hic est Dominus noster, quia nos creavit, quia nos servos alienos pretio sanguinis emit.Quidam jungunt *unicum Dominum nostrum.*

Qui conceptus est de Spiritu sancto, natus ex Maria Virgine : Ecce primum Christi sacramentum, scilicet incarnatio, ac si dicat, qui cum sit Deus, factus est homo, non ex virili semine, sed conceptus operatione Spiritus sancti; *Natus ex Maria Virgine*, unde Isaias : « Ecce Virgo concipiet, et pariet Filium, et vocabitur nomen ejus Emmanuel [58], » et angelus in Evangelio : « Ave, Maria, gratia plena Dominus tecum, » et infra : « Spiritus sanctus snperveniet in te, et virtus Altissimi obumbrabit tibi [59]. »

Passus sub Pontio-Pilato, crucifixus, mortuus et sepultus est. Ecce secundum in humilitate Christi sigillum, scilicet passio cujus tempus describitur, *sub Pontio Pilato*; forma subditur, *crucifixus*, finis concluditur, *mortuus et sepultus*, unde plangens dicit ex ore David et Jeremiæ : « Foderunt manus meas et pedes meos, et dinumeraverunt omnia ossa mea [60]. » De morte, ait propheta, Domini fuit exitus mortis [61]. »

De sepulcro. Isaias : « Sepulcrum ejus gloriosum [62]. » Hæc sunt in Evangelio manifesta.

Descendit ad inferna, tertia die resurrexit a mortuis. Ecce tertium sacramentum, scilicet resurrectio, sed de descensu ad inferna præmittitur, et a quo mortui liberantur, unde in Osea : « De manu mortis liberabo eos, de morte redimam eos, ero mors tua, o mors, ero morsus tuus, o inferne [63].» Hic est Evangelicus fortis, qui fortem ligavit,etejus vasa diripuit [64]. Hic est qui dicit in Psalmo : « Ego dormivi, et soporatus sum, et resurrexi, quoniam Dominus suscepit me [65], » qui Patri dicenti : « Exsurge, gloria mea, exsurge, psalterium et cithara [66],» brevi sermone respondit : « Exsurgam diluculo [67], » cujus resurrectionis mulieres et viri perhibent testimonium in Evangelio [68]

Ascendit ad cælos, sedet ad dexteram Dei Patris omnipotentis. Ecce quartum sacramentum, scilicet ascensio, ascendit enim, sicut ait David : « Super cherubin et volavit, volavit super pennas ventorum [69], » et : « Paravit in cœlo sedem suam, et regnum ejus omnibus dominabitur [70]. » Cui Pater ait : « Sede a dextris meis, donec ponam inimicos tuos scabellum pedum tuorum [71]; » et ut ascensioni quoque de visu testimonium non deesset, ut ait Lucas : « Videntibus discipulis elevatus est, et nubes suscepit eum ab oculis eorum [72]. »

Inde venturus est judicare vivos et mortuos. Ecce quintum quod nondum est opertum sigillum, veniet enim rex manifeste, cui Pater judicium dedit [73], et sicut David : » Et parabit in judicio thronum suum et judicabit populos in justitia [74], » et alibi : « Deus manifeste veniet, Deus noster, et non silebit [75], » et Lucas : « Ita veniet, sicut vidistis eum euntem in cœlum [76], » et Micheas : « Judicium Domini est populo suo [77]. »

Credo in Spiritum sanctum. Ecce tertia in Trinitate persona ; scilicet Spiritus sanctus, de quo Moyses : « Spiritus Domini ferebatur super aquas [78], » et David : « Flavit spiritus et fluent aquæ [79]; » et Dominus in Evangelio : « Spiritus, qui a Patre procedit [80], » docebit vos omnia [81]; » ille enim docet, ille sanctificat,ille unit, ille peccata remittit. Per hunc resurrectionem in gloriam, per hunc consequitur vitam æternam.

Unde sequitur, *sanctam Ecclesiam catholicam*, et junges ita, *credo in Spiritum sanctum, sanctam catholicam* Ecclesiam, id est per Spiritum sanctum Ecclesiam fidelium sanctificari ; similiter, et quæ sequuntur : *credo in Spiritum sanctum, sanctorum communionem*, scilicet per Spiritum sanctum sanctos in vinculo charitatis uniri ; et *credo in Spiritum sanctum, remissionem peccatorum*, id est per Spiritum peccata remitti ; similiter, *credo in Spiritum sanctum, carnis resurrectionem et vitam æternam*, id est per Spiritum sanctum carnem gloriam consecuturam et animam vitam æternam. Vel sic *credo in sanctam Ecclesiam catholicam*, nec ita dicimus, ut asserit Augustinus, credere in Ecclesiam, sicut in

[50] Isa. 6. [51] Matth. 28. [52] 1 Joan. 5. [53] Psal. 101.   [54] Col. 1. [55] Matth. 1. [56] Psal. 2. [57] Gal. 4. [58] Isa. 7. [59] Luc. 1. [60] Psal. 21 ; Jer. 18. [61] Psal. 67. [62] Isa. 11. [63] Ose. 13. [64] Luc. 11. [65] Psal. 3. [66] Psal. 56. [67] Ibid. [68] Matth. 28; Marc. 16; Luc. 24; Joan 20. [69] Psal. 17. [70] Psal. 102. [71] Psal. 109. [72] Act. 1. [73] Joan. 5. [74] Psal. 9; Psal. 97. [75] Psal. 49 [76] Act. 1. [77] Mich. 6. [78] Gen. 1 [79] Psal. 117. [80] Joan. 15. [81] Joan. 14.

Deum credere, Ecclesiam credimus, dum in Eccle- A
sia conversantes in Deum tendimus, et quæ sequuntur nos inde sequi firmissime profitemur, scilicet
*sanctorum communionem , peccatorum remissionem,
carnis resurrectionem et vitam æternam.* Unde sic
junges : *Credo in sanctam Ecclesiam catholicam,
sanctorum communionem,* id est per fidem quam
habeo existens in sancta et universali Ecclesia,
assequor sanctorum communionem, id est concordiam et unionem : sicut est enim unus Pastor, sic
unum ovile [1], sicut unus Deus sic una fides, et
unum baptisma [2]; vel percipio sanctorum communionem , id est panem benedictionis , de quo dicitur : ‹ Crede et manducasti [3]. › Similiter et quæ
sequuntur : *Credo in sanctam Ecclesiam, remissio-* B
nem, id est per fidem, quam habeo existens in sancta et universali Ecclesia, consequor peccatorum
remissionem, id est lepræ curationem, de qua dicitur in lege [4], et Evangelio [5] : Maria soror Aaron
cum septem diebus fuerit extra castra , est a lepra
mundata [6], Naaman Syrus septies in Jordane lotus est a lepra curatus [7], sic et Dominus decem
leprosos mundavit, sed unus tantum dedit gloriam
Deo [8]; de Magdalena quoque dicitur : ‹ Quia dimissa sunt ei peccata multa, quia dilexit multum
[9]. › Paralytico quoque Dominus ait : ‹ Fili, remittuntur tibi peccata tua [10]. › Sequitur :
   *Credo in sanctam Ecclesiam Catholicam , carnis
resurrectionem,* id est per fidem , quam habeo existens in Ecclesia, consequor carnis resurrectionem, C
de qua Job : ‹ Credo quod Redemptor meus vivit,
et in die novissimo resurrecturus sum, et in carne
mea videbo Deum Salvatorem meum [11]. › Unde et
in Evangelio : ‹ Deus Abraham , Isaac et Jacob
non est Deus mortuorum sed vivorum [12], et Apostolus : ‹ Omnes quidem resurgemus, sed non omnes
immutabimur [13]. › Similiter jungendum est et
quod sequitur : *Credo in sanctam Ecclesiam catholicam vitam, æternam,* id est per fidem, quam habeo
in Ecclesia , consequar vitam æternam. Hæc est
terra viventium, de qua David : ‹ Credo videre bona Domini in terra viventium [14]. › Est autem vita
æterna videre Deum Patrem, et quem misit Jesum
Christum [15]. ›
   His ita peractis de Ecclesia neophyti ejiciuntur , D
quia qui regenerati non sunt, nec inter Dei filios
computari, nec Christi mysteriis convenit interesse.
Quidam catechumenos ante evangelium ejiciunt,
sed non laudo, cum eis sit prædicandum Evangelium , sicut prædicaverunt apostoli primitiis gentium. Sed sacrificio interesse non debent , tum
quia orat sacerdos pro *circumstantibus, quorum fides cognita est, et nota devotio :* isti autem adhuc
infideles vocantur, tum quia quod conficitur , illis
porrigitur. Et attende quod ante hanc quartam fe-

riam in Dominica , vel in secunda feria est hujus
quartæ feriæ scrutinium populis annuntiandum his
verbis : *Scrutinii diem , dilectissimi fratres , quo
electi nostri divinitus instruantur, imminere cogno-
scite, ideoque sollicita devotione sequenti quarta feria
circa horam nonam convenire dignemini , ut cœleste
mysterium, quo diabolus cum sua pompa destruitur,
et janua cœlestis regni aperitur, inculpabili mysterio
peragere valeamus.*
   Item feria quarta, finitis missarum solemniis,
presbyter annuntiat et Sabbato proximo ad
scrutinium revertantur , et sic iterum, atque iterum annuntiat donec septem scrutinia compleantur.
   Nunc missæ hujus diei prosequamur officium :
legitur ergo evangelium de cæco nato [16]. Hic est genus humanum, qui principem tenebrarum sequens,
perdidit oculos in primo parente [17] : ideoque cœ-
cus dicitur a nativitate. Pro hoc exspuit Dominus
in terram, et fecit lutum, et linivit oculos ejus dicens : *Vade ad natatoriam Siloe, et lava. Abiit ergo,
lavit et vidit* [18]. Sputum quod a capite descendit, divinitatem Christi significat, Verbum quod Pater
eructavit [19], Pater caput, Verbum in terram quam
omnis ventus agitabat, exspuit, cum Filium misit, et
in Virginis utero in unam personam pulveri nostræ
naturæ conjunxit. Ergo lutum ex sputo et pulvere
Christus est ex divinitate et humanitate; cujus fides
cum cæco magno prædicatur, cujus oculi luto,
quod fecit Dominus, liniuntur, qui ad natatoria
mittitur cum catechizatus, id est verbo prædicationis instruitur , in baptismi fonte lavatur. Et vide:
Quod Siloe *fons missi* dicitur; id est Spiritus sancti
qui missus a Patre et Filio inibi maxime operatur.
Ab hoc Evangelio universa membra dependent officii, verbi gratia : *Dum sanctificatus fuero in vobis,
congregabo vos de universis terris, et effundam super
vos aquam mundam, et mundabimini ab omnibus in-
quinamentis vestris* [20]. Sanctificatur Dominus in catechumenis, dum audiunt, et credunt quod sanctus
sit; effunditur super eos aqua munda, scilicet Spiritus sanctus, per quem visibilis aqua mundificat;
quo mundati sic vivunt, ut testimonio ei sint
quod sanctus sit, cujus præcepto et ipsi sancti
sunt. Idem legitur in prima lectione, et additur :
*Auferam cor lapideum de carne vestra, et dabo vo-
bis cor carneum.* Cor carneum, id est molle habent
catechumeni, dum capiunt in Scriptura, vel disciplina doctrinam fidei,quam non capiunt corda Judæorum lapidea, quæ confringuntur, quorum in typum fractæ sunt priores tabulæ [b]; in typum vero
gentium aliæ præcisæ [a]. Alia quoque lectio , *Lavamini et mundi estote* [c], similiter ad catechumenos
baptizandos pertinet.
   Leguntur autem duæ lectiones, quoniam catechu-

---

[1] Joan. 10. [2] Ephes. 4. [3] D. Augustinus. [4] Levit. 14. [5] Matth. 8. [6] Num. 12. [7] IV Reg. 5.
[8] Luc. 17. [9] Luc. 7. [10] Matth. 9. [11] Job. 19. [12] Matth. 22. [13] I Cor. 15. [14] Psal. 26. [15] Joan. 17.
[16] Joan. 9. [17] Gen. 3. [a] Joan. 9. [b] Psal. 14. [c] Ezech. 36. [d] Exod. 32. [e] Exod. 34. [f] Isa. 1.

meni ad operationem geminæ dilectionis, vel ad
doctrinam utriusque Testamenti, vel de fide et moribus sunt instruendi. Unde in prima lectione de
fide, in secunda vero de moribus agitur ; baptizandi enim, ut ait Augustinus, non solum docendi
sunt, quid credere debeant, sed etiam quemadmodum se ab hoc pravo sæculo eripiant. Evangelizare
Christum est non tantum dicere quæ sunt credenda de Christo, sed quæ observanda sunt ei qui accedit ad compaginem corporis Christi ; et sicut sunt
duæ lectiones, ita etiam duæ collectæ, sed ad unam
tantum genua flectimus, quoniam ad unitatem fidei
catechumenos invitamus. Sic quoque sunt duo gradualia ad eundem sensum concinentia ; vox est
etenim Ecclesiæ novam sobolem catechizantis : *Venite, filii; audite me, timorem Domini docebo vos* [7];
et illa : *Beata gens*, etc. [8]. Nec immerito augmentum
lectionum, collectarum et gradualium accumulat
præsens officium, ut augmentum filiorum habeat
spiritualium augmenta ciborum. In offerenda sunt
præconia cæci, scilicet generis humani, vel Christiani
populi, pro sua illuminatione Deum laudantis, et ad
laudes alios invitantis [9]; communio est ejusdem cæci confessio dicentis, *Lutum* [10], et repetitur ; quia
cæcus Judæis bis dedit tale responsum, vel quia in
duobus p pulis Deus illuminavit genus humanum.
Cum enim eum foras ejecissent Judæi nihil de luto
audire volentes, ipse non cessavit lutum, id est incarnationem Domini, confiteri dicens : *Lutum fecit*, etc. Unde sequitur illa beatitudo, de qua Dominus : « Beati eritis cum vos oderint homines,
et persecuti vos fuerint [11]. »

Illud non est silentio prætereundum quod ubi
scrutinia peraguntur, propriæ collectæ pro catechumenis dicuntur : *Omnipotens sempiterne Deus Ecclesiam tuam*. Item, *remedii*, etc. Hodierna vero statio
ad Sanctum Paulum non immerito celebratur, tum
quia fuit catechizator orbis terrarum, Doctor videlicet gentium [12], tum quia mirabiliter fuit ipse catechizatus [13]. Non enim didicit Evangelium ab homine, sed miraculosa Domini revelatione [14]. Ipse quoque non longe dissimilis est evangelico cæco. Nam
a nativitate cæcus in anima, triduo cæcus in corpore ad natatoria baptismi salutaris accessit, et
anima et corpore vidit, et decertantibus Judæis, et
eum extra suam synagogam ejicientibus, lutum, id
est incarnationem D mini prædicavit.

Feria quinta, legitur evangelium ubi Dominus
ait : *Pater meus usque modo operatur, et ego operor* [15]. De qua operatione intelligat subjungit : *Si,
cut Pater suscitat mortuos, et vivificat, sic et Filius
quos vult vivificat*, ubi agitur, ut dicit Augustinus,
de resuscitatione præsenti, quæ fit per fidem, qua
trans t homo a morte falsitatis ad vitam veritatis,
a morte iniquitatis ad vitam justitiæ. Huic evange-

A lio recte præmittitur lectio de filio Sunamitis, quem
puer missus ab Elisæo cum baculo non resuscita-
vit ; demum veniens Elisæus se super puerum incurvavit, huc et illuc deambulavit, puer autem septies oscitavit, et oculos aperuit [16]. Hæc resuscitatio pueri resuscitatio est per fidem generis humani, ad quod resuscitandum misit Dominus puerum
cum baculo, scilicet Moysen cum legis aculeo, quæ
dicebat : Si quis hæc vel illa fecerit morte moriatur ; sed nequivit suscitare mortuum, quia , Paulo
teste, lex neminem duxit ad perfectum [17]. Domum
versus veniens Elisæus se super puerum incurvavit,
cum servi formam accepit [18], deambulavit , quando
prædicavit ; vel cum ad gentes de Judæa transivit,
et ex his septies puer oscitavit, et oculos aperuit,

B quia homo mortuus in peccatis , septiformem gratiam Spiritus sancti recipiens , fide in Domino vivit [19], et sic amoris spiritu reviviscit, quem terro-
ris virga, non corripit. Cætera quæ in introitu, graduali, offerenda, communione cantatur, resuscitati
sunt consolationes et orationes.

Feria sexta. Legitur evangelium de Lazaro,
quem Dominus diligebat [20]. Isque typum gerit cujusque fidelis, qui, licet sit amicus Domini per fidem, illi tamen moritur per iniquam operationem,
obrutus in sepulcrum malæ conscientiæ, fetens per
labem infamiæ, qui tandem per occultam inspirationem Dei, magna timore futuri judicii, quasi magno Salvatoris clamore concussus , ad vitam per
pœnitentiam resilit, et, conscientiæ sepulcro per

C confessionem aperto, a vinculis peccatorum absolvitur. Et attende quod semper hac die quæ est r
Passione Domini quinta decima, hoc legitur evangelium, quia constat hac die Lazarum suscitatum.
De quo Evangelio sumitur responsorium : *Occurrerunt Judæi*, quod hodie cantatur : cui evangelio
congrue præmittitur lectio de filio Sareptanæ mortuo, quem suscitavit Elias, ponens eum super lectum, et expandens se tribus vicibus super eum [21].
Hæc mulier est Ecclesia, quæ fide suscipit Christum in hospitio cordis ; filius ejus quilibet fidelis,
qui tunc moritur, cum morte dignum peccatum
admittit. Lectus Eliæ catholicam designat Ecclesiam, in qua sola animæ reviviscunt, dum per fi-

D dem Trinitatis a peccatorum morte resurgunt. Cætera laudes confessiones et consolationes sunt cujuslibet a peccatis resuscitati.

Sabbato legitur evangelium : *Ego sum lux mundi* [22], ubi de seipso Dominus perhibet testimonium,
et per legem probat necessario concedendum : cui
congruit lectio quæ præmittitur, ubi ait : *Ecce
testem populis dedi eum ducem et præceptorem gentibus* [23]. Et attende quod duæ lectiones hoc Sabbato leguntur ob eas causas quas in quarta feria
præmisimus ; nam in hac die scrutinium, et etiam

---

[7] Psal. 53. [8] Psal. 32. [9] Psal. 65. [10] Josue 9. [11] Matth. 5. [12] I Tim. 9 [13] Act. 2. [14] Gal. 1. [15] Joan. 5. [16] IV Reg. 4. [17] Hebr. 7. [18] Philipp. 2. [19] Rom. 1. [20] Joan. 11. [21] III Reg. 17. [22] Joan. 8. [23] Isa. 55 : Nunc in missali non hic prædicta lectio, sed altera ex cap. 49 Isaiæ.

ordines celebrantur, unde propter augmentum filiorum convenit, ut accrescant spiritualium alimenta ciborum. Recte igitur præmittitur in introitu
illa vox Ecclesiæ : *Sitientes , venite ad aquas* [15].
Ubi vocantur catechumeni ad baptismum, ordinandi ad ordinis sacramentum, utrique ad lucem,
et sapientiæ ebrietatem , et convenit hæc aqua sapientiæ cum evangelica luce quia idem est lux
mundi, et sapientia Domini, idem fons vitæ, et lumen de lumine. Cætera, quæ in graduali, offerenda
et communione dicuntur, consolationes sunt catechumenorum, aut etiam illius cui contradicebant
Judæi testimonium.

CAPUT IX.
DOMINICA DE PASSIONE.

Judica me, Deus , et discerne causam meam [16].
Post septem Dominicarum ordinatissimam dispositionem, quibus, ut dictum est, septem ætates mundi
figurantur quæ omnes sunt passione redemptæ;
ipsius Dominicæ passionis celebratio inchoatur, et
quasi longa funeris pompa præmissa, sequitur ipsa
nostræ salutis victima, ingerens oculis ea quæ pro
nobis pertulit vulnera, et mortis insignia. Incipit
autem hujus celebritas passionis a fine Sabbati,
id est a vespera lucem hujus Dominicæ præcedente;
quoniam , Lazaro in præcedenti sexta feria suscitato, quidam de Bethania abierunt ad Pharisæos,
et narraverunt eis miraculum, quorum multi ascenderant Jerosolimam, ut sanctificarent se [16]. Mos
erat Judæis ex præcepto legis sanctificare seipsos
ante Pascha, ipsamque sanctificationem initiari
prima die mensis primi, qua tabernaculum fuerat
dedicatum, et qua præcipiebatur agnum eligere ad
immolandum. Cum igitur ea sexta feria fuerit Neo-
menia, id est prima dies mensis [17], ad sanctificationem, multi Judæi, pontifices et Pharisæi convenerant, qui audientes signum, mox, ut Joannes
ait, hoc est in Sabbato « collegerunt concilium
adversus Jesum et ex illo die cogitaverunt , ut interficerent eum ; ac deinceps Jesus non in palam
ambulabat apud eos [18] ; » quia nondum venerat
hora ejus ; ideoque in vespera Sabbati, quasi post horam ejus concilii, publicum luctum incipit Ecclesia, suo compatiens Domino, ut capiti membra, et
ex tunc lugendo recitat vexillum regis, mysterium
crucis, acetum, fel, et arundinem, clavos et lanceam perforati corporis, diem passionis, orationes
patientis, illusiones inimicorum, et insidias eorum.

Hæc et his similia in vesperis et nocturnis plangit officiis, quæ de authenticis Veteris et Novi Testamenti sunt congesta Scripturis. Ideoque et nos
quodammodo secedimus, dum voces lætitiæ subticemus. Nam *Gloria Patri* in responsoriis, et ad
missam in introitu subtrahimus ; similiter ad *Venite*, ubi repetitio invitatorii solet mutari , ut ad

primum versum repetatur a medio, et ad secundum
a principio. Subticetur *Gloria*, tum quia versiculus
ille ad laudem pertinet Trinitatis , secunda vero
Trinitatis persona passioni subjacuisse memoratur.
Unde tota Trinitas dehonestatur, tum quia « Dominus jam non in palam ambulabat. » Idcoque
vocem laudis ejus et gloriæ quodammodo suppri-
mimus, et aliquantulam silentio præterimus : non
tamen usquequaque, quia nec in fine psalmorum.
Remissior enim debet esse luctus, quia non statim
post habitum concilium traditus est Agnus in manus
lanistarum. Jeremias in nocturnis frequentatur vigiliis, tum quia verbis, et suis pressuris passionem
Domini designavit, et in tribulationibus non decessit, licet aliter autument Judæi, scilicet eum a populo descendente in Ægyptum lapidatum, tum quia
cæcitatem Israel præfiguravit ; in eo quod Sedechiæ
captus est, et occisis filiis ejus a rege Babylonis,
exoculatus est [19]. Captus est enim Judaicus populus
in superbia sua, cujus oculos, filiis occisis, id est
carnalibus legis operibus, in quibus nihil vitalis
gratiæ Dei remansit , diabolus eruit , ut videntes
cæci fiant [20] : obscurati sunt oculi eorum, ne videant, et dorsum eorum semper incurvatur [21]. Tum
etiam, quia futuram abjectionem gentis Judaicæ
sub typo captivitatis, quæ tunc accidit, lacrymosis
lamentationibus deploravit.

Hæc supra scripta Passionem Domini celebrantes
duabus hebdomadis observamus, tum propter duo
Testamenta, quorum alterum Dominum passurum,
alterum vero passum annuntiat, tum quia pro duobus populis passus est, tum quia in manibus patriarcharum assimilatur, et in verbis prophetarum prænuntiatur [22], sive, quia qui ante legem et sub lege
inglorii et murmurantes, in inferno fuerunt, per
Christum in tempore gratiæ reconciliati sunt, quod
per tertiam significatur hebdomadam, id est paschalem. Nunc diurnum missæ prosequamur officium, ubi ex eo quod in evangelio dicitur : *Jesus
abscondit se et exivit de templo* [23], evidenter innuitur quod templum et universa Judæorum sancta
erant propter eorum superbiam a Domino deserenda, juxta illud : « Auferetur a vobis regnum
Dei [24], » et illud Josephi : « Transeamus ab his
sedibus, » idem in epistola declaratur, scilicet quod
melior pontifex, perfectius tabernaculum [25], efficacius sacrificium commutatur [26], cum vetera novis
supervenientibus abjiciuntur. Introitus, *Judica me,
Deus* [27]; et graduale : *Eripe me* [28], voces sunt Domini de templo exeuntis, et secundum humanitatem orantis, ut manifesto discrimine discernatur
causa ejus, id est justitia ejus, id est fides Evangelii a justificationibus legis : quod etiam factum
est in eo quod templum destructum et sacrificia
sunt abolita. Si enim stetisset potentia regni Judaici, cultusque veteris templi majori fuisset im-

[15] Isa. 55. [16] Psal. 42. [16] Joan. 11. [17] Exod. 12. [18] Joan. 11. [19] IV Reg. 25. [20] Luc. 8. [21] Psal.
68. [22] Osc. 13. [23] Joan. 8. [24] Matth. 21. [25] Hebr. 9. [26] Levit. 26. [27] Psal. 42. [28] Psal. 142.

pedimento Christianæ fidei, quia non facile potuissent carnales discernere vacuitatem veteris sacerdotii, si fulciretur prosperitate et gloria temporali.
Sicut enim mortuo Moyse filii Israel, Josue duce,
transierunt Jordanem [20], sic destructo veteri sacerdotio, transimus ad salutarem Christi baptismum.

In tractu subdit causam, cur de templo exierit,
quia *Sæpe expugnaverunt me a juventute mea* [40],
scilicet a sanguine Abel justi prolungaverunt iniquitatem, perseveranter occidendo meos [41] usque
ad meipsum, de quo dixerunt : « Hic est hæres ;
venite; occidamus eum [42]. » In offerenda : *Confite-*
bor [43], præmium poscit obedientiæ, *factus obediens*
usque ad mortem [44], dum secundum humanitatem
subdit : *Retribue servo tuo, et vivam*, id est resur-
gam, et tunc custodiam, id est custodiri faciam
sermones tuos [45]. Communio, *Hoc est corpus meum* [46],
vox novi pontificis de templo exeuntis, semel in
sancta per proprium sanguinem ingredientis [47],
ipsumque pro trious ordinibus effundentis, scilicet
pro Noe, Job et Daniele. Unde vice trina repetitur,
cujus sacerdotii, quia Petrus primus fuit hæres,
primus post Christum dignitate et tempore pontifex, qui dicentem : « Sequere me [48], » secutus est ;
simili morte cinctus, quo nolebat adductus [48*], recte
ad ipsum statio in hodierno celebratur officio.

Feria secunda legitur Evangelium, ubi dicit Dominus : *Quæretis me, et non invenietis, et ubi ego*
sum, vos non potestis venire [49], muro scilicet infidelitatis obsistente. Quo dicto se transiturum ad gentes
minabatur. Unde quoque illi divinantes dixerunt :
Nunquid in dispersionem gentium iturus est [50]? Huic
evangelio recte præmittitur lectio de Jona propheta,
qui missus est prædicare Ninivæ civitati magnæ,
quem fugientem in Tharsis fluctibus marinis im-
mersum cœtus absorbuit, et tertia die vivum evomuit, et tunc demum Ninive ad ejus prædicationem
territa triduo pœnituit [51] ; Jonas *columba* dicitur :
hic est Christus, qui ad salutem mundi a Deo Patre
missus est ; et cum nollet corporali præsentia gentem adire, inter Judæorum persequentium fluctus
et seditiones remansit : quem mors absorbuit, sed
tertia die surrexit. Ad cujus prædicationem per
apostolos, dum mundus trina mersione baptismi
lavatur, pœna triduana salvatur. Cætera sunt orationes Ninivitarum orantium et Regem gloriæ confitentium.

Feria tertia legitur evangelium in quo dicitur
quod Jesus ambulabat in Galilæam : Non enim
volebat in Judæam ambulare ; quia Judæi quærebant eum interficere; et infra cum privatim ascen-
disset in Judæam ad diem festum, Judæi quærebant
eum dicentes : *Ubi est ille* [52] ? Huic evangelio congruit lectio, quæ præmittitur de Daniele, quamvis

non inveniatur in Hebraico, qua dicitur quod congregati Babylonii ad regem dixerunt : *Trade nobis*
Danielem, qui Bel destruxit, et draconem interfe-
cit [53]. Babylonii congregati ad regem quæsierunt
Danielem, et Judæi congregati quæsierunt Christum. Illi miserunt illum in lacum leonum, isti
vero miserunt illum in aram, de qua descendit in
sepulcrum ; ille morsus leonum evasit, iste a mortuis resurrexit. Ibi rex confessus est esse magnum
Deum Danielis, hic Babylonia credidit facta fidelis
juxta illud Petri : « Salutat vos Ecclesia, quæ est
in Babylone collecta [54]. » Cætera sunt consolationes
Danielis, vel Christi orationes.

Feria quarta legitur evangelium in quo non solum Christum quem quærebant, sed etiam se Deum
testatus est Dominus dicens, Judæis quærentibus
si esset Christus : *Loquor vobis, et non creditis*, et
infra : *Ego et Pater unum sumus* [55]. Audiat Arius
unum; audiat Sabellius, quod non dixit unus. Recte
igitur illa præmittitur lectio, in qua populo duræ
cervicis se per varia præcepta Dominum Deum esse
testatur, dicens : « Ego sum Deus vester [56] ; » sic
isti rebelles, et filii rebellium injuriosi et filii inju-
riosorum, duram cervicem habentes, a repromis-
sione longe fieri meruerunt, sicut illi in deserto
prostrati sunt [57]. Cætera sunt verba Christi inimicorum insidias evadentis, et Patrem orantis et
exaltantis [58].

Feria quinta legitur evangelium, ubi dicitur,
quod cum quidam vellent apprehendere Jesum, et
tamen nemo misisset in eum manum, dixerunt pontifices ad ministros : *Quare non adduxistis eum?*
Responderunt ministri : Nunquam sic locutus est
homo, sicut hic loquitur ; et infra Nicodemus :
Nunquid lex vestra judicat hominem, nisi prius au-
dierit quid faciat ? At illi pontifices invidentes, et
in semetipsos rixantes, *domum reversi sunt, unus-*
quisque in domum suam [59] ; quia nec operibus credunt, nec etiam suis testibus acquiescunt, sed ut
Scripturam obumbrent, et ne quid de ipso laudis
audiant, aures obturant et latitant, atque ob culpam Christiani repudii pœnam merentur exsilii, et
quidem exsulant, et exsulabunt sicut patres eorum
Danielis temporibus exsulaverunt. Sed quia reliquiæ Israel salvæ fient [60] ; ideo sicut tres pueri [61]
pro illis patribus oraverunt, sic et nos pro reliquiis.
Oratione trium puerorum continetur oratio ; cætera
sunt voces populi sua scelera confitentis, et ad
gratiam anhelantis ; et attende quod hac die legitur
Evangelium convenientem, ubi dicitur : *Quod reversi*
sunt, unusquisque in domum suam, et in offerenda
cantatur : *In salicibus in medio ejus suspendimus*
organa nostra [61] ; quia post hanc diem nullum
evangelium legitur, in quo Dominus Judæis publice

---

prædicasse narretur. Ecce illud ergo divinitatis A officii hoc agere nequeat, atque ita domino papa
organum in illis salicibus, id est infructuosis homi-
nibus Babylonis suspensum [49].

Feria sexta legitur evangelium : *Collegerunt pon-*
tifices ∴ Pharisæi concilium adversus Jesum, et
dicebant : Quid faciemus, quia hic homo multa signa
facit ? si dimittimus eum sic, omnes credent in eum ;
causamque suæ sollicitudinis quasi rationabilem
adhibebant dicentes : *Venient Romani, et tollent*
nostrum locum, et gentem [43] ; erant enim sub imperio Romanorum ; quia jam ablatum erat sceptrum
de Juda et dux de femore ejus [44], et Pilatum præsidem Romanæ potestatis habebant. Causam itaque
suæ sollicitudinis prætendebant, ne, cum rex appel-
laretur, ipsi rei majestatis apud Romanum imperium
addicerentur. At illi, quia sic timuerunt pruinam, B
irruit super eos nix [45], et duplici sunt contritione
contriti [46]. Nam et locum perdiderunt et gentem [47],
et deleti de libro viventium, in terra sunt scripti.
Unde lectio præmittitur Jeremiæ de ipsorum, qui
pro temporalibus Dominum dereliquerunt, duplici
contritione. Cætera verba sunt Domini Mediatoris
inter insidias inimicorum secundum humanitatem
orantis.

Sabbatum vacat, quia Dominus papa eleemosynam dat. Dominus in hoc Sabbato Bethaniam venit,
in domo Simonis recubuit, Martha ministravit,
Maria unguento pretioso Jesu pedes inunxit, et
domum odore implevit [48]. In quibus tria nobis
commendantur, obedientia, eleemosyna et fama. C
Si enim obedientes sumus, ad nos venit, et in nobis
Dominus requiescit ; si pauperibus subvenimus,
cum Martha ministramus ; sed cum Maria ungimus.
cum virtutum studiis indulgemus : vel hoc celebri
mysterio commendatur duntaxat odoriferum opus
eleemosynæ ; Maria namque typum gessit Ecclesiæ,
pedes Domini pauperes sunt et infirmi qui, quamvis extrema sint, ejus tamen sunt membra per
conjunctionem et unitatem fidei. Mulier pedes Domini ungit, et capillis suis qui corpori fluunt,
extergit, quoties divites, qui sunt in Ecclesia, pauperes fideles blandimento misericordiæ fovent, et
de his quæ sibi abundant, illorum inopiam supplent. Augustinus dicit quod illud unguentum justitia
fuit, ideoque libra fuit. Unge itaque pedes Jesu,
juste vivendo , ejus sectare vestigia, capillis terge,
pauperibus de superfluis tuis impende. Ut itaque
dominus papa celebrem cum Martha ministrante,
vel cum Maria pedes ungente, capillis tergente,
Domino cœnam exhibeat, hoc Sabbato eleemosynam donat, ut exhibeat membris Christi, quod
devotæ mulieres exhibuere capiti, et sic domus
impleatur odore unguenti, id est mundus vel Ecclesia bona fama, ut nobis imitationis pretiosum
relinquatur exemplum. Hac etiam die mandatum
celebrat, cum in cœna Domini ob magnitudinem

circa pedes Domini et mandatum occupato, merito vacat hoc Sabbatum officio ; verumtamen inscribitur evangelium de proditione Judæ, cui recte
præmittitur lectio Jeremiæ, ubi dicitur : *Venite,*
cogitemus contra Justum cogitationes [49].

CAPUT X. 4
DOMINICA IN RAMIS PALMARUM.

Domine, ne longe facias auxilium tuum a me [70].
Notabile est et admiratione dignum quod, quasi
eodem cursu, mundum creavit Dominus et recreavit.
Sicut enim creaturus hominem , et cætera propter
hominem, a Dominica die incepit , sexque diebus
operatus, sexta feria hominem creavit, et in Sabbato ab omni opere cessavit [71]. Sic hominem recrea-
turus a Dominica incepit, Jerusalem ingrediens,
singulisque diebus ingressus, feria sexta redemit
in cruce patiens, et in Sabbato requievit in sepulcro dormiens. Sicut igitur hac prima die dixit :
«Fiat lux [71],» a luce incipiens opus creationis, sic
eodem die cum luce vel claritate hoc opus ingreditur salutiferæ passionis. Hac etenim die Jerusalem passurus ingreditur [73], quod non solum
mundi primordiis, sed etiam præcepto congruit
legis. Erat enim tunc decima luna de qua Dominus
ad Moysen : « Decima die primi mensis tollat
unusquisque agnum per familias, et domos suas,
et servabitis usque in quartam decimam diem
ejusdem mensis, et immolabit eum universa multitudo filiorum Israel ad vesperum [74]. » Ut ait
Beda : « Concordia non solum in rebus, sed etiam
in temporibus invenitur Veteris et Novi Testamenti;
sicut enim decima die immolandus agnus domum
introducitur, sic passurus Christus Jerusalem ingreditur. Hic est enim verus Agnus, qui abstulit
peccata mundi [75], qui hac decima die se offert
Jerusalem ingrediens passioni. Ingressurus autem,
ut in hodierno legitur evangelio, præmisit duos
discipulos , ut adducerent asinam alligatam, et
pullum cum ea. Adducentes vero *imposuerunt super*
eos vestimenta sua, et eum desuper sedere fecerunt;
plurima autem turba straverunt vestimenta sua in
via, alii autem cædebant ramos de arboribus, et qui
præibant, et sequebantur, clamabant : Hosanna filio
D *David, Benedictus qui venit in nomine Domini* [76].

Mystice : equitatus tuus, o Domine, salvatio [77] ;
per hæc enim significasti quod ascensurus ad montem Olivarum, id est ad dexteram Patris, qui est
« Pater misericordiarum et Deus totius consolationis [78], » mittens apostolos , qui, ligandi et solvendi potestate recepta [79], asinam et pullum, id est
Judaicum populum et gentilem , ab oneribus peccatorum absolverent, et, adducto genere humano
tibi per fidem, supersedens (sedes enim Dei est
anima justi [80]), super sedendo salvares, in cæles-
tem Jerusalem adduceres, angelis cum palmis et

---

[48] Psal. 138. [43] Joan. 11. [44] Gen. 49. [45] Job. 6. [46] Jer. 17. [47] Joan. 11. [48] Joan. 12. [49] Jer.
18. [70] Psal. 21. [71] Gen. 2. [72] Gen. 1. [73] Matth. 21. [74] Exod. 12. [75] Joan. 1. [76] Matth. 21 [77]
Habac. 3. [78] II Cor. 1. [79] Joan. 20. [80] D. Greg. hom. 33.

ramis olivarum, quæ sunt insignia pacis et victoriæ, A
cum laudibus occurrentibus. In repræsentatione
hujus gloriosæ Dominicæ receptionis, celebrat hodie
cum ramis et floribus Ecclesia processionem,
olivas et palmas gerens in manibus. Si non habet
olivas, alias portat frondes, et flores, maxime qui
vireant diuturno virore : moraliter etiam innuens
quod, cum processionem facimus, Christum ad nos
venientem excipimus. Cum pueris obviam imus,
si innocentiam observamus ; olivas gerimus, si
misericordiæ operibus indulgemus ; palmas portamus, si de vitiis et diabolo victoriam obtinemus ;
virentes flores et frondes gestamus, si virtutibus
exornamur ; vestimenta sternimus, carnem morti-
ficantes ; ramos carpimus, sanctorum vestigia imitantes.

Quod Ecclesia civitate egreditur, ovanter ad B
crucem et promontoria vadens, recolit pueros Hebræorum ivisse montem versus Oliveti, et innuit
quod « absit nobis gloriari, nisi in cruce Domini
nostri Jesu Christi [81] ! » Absit et sperare in quanta-
libet gloria mundi ! Qui autem pontifici extra urbem
juxta crucem constituto cum suis occurrunt, et
cum ipso populum præcedente civitatem ingrediuntur, accuratius faciunt. Forte et hac nostra
processione recolimus processionem filiorum Israel,
qui hac die Jordanem siccis pedibus transiverunt,
et cum triumpho terram promissionis intraverunt [82].
Nec est hæc processio inter alias Dominicales
computanda. Hæc enim est præconium passionis,
illæ vero significativæ sunt et rememorativæ Dominicæ resurrectionis, vel ascensionis, de quibus infra C
dicemus. Unde rectius faciunt qui ante tertiam
Dominicalem præmittunt processionem, et post
tertiam hujus diei cum palmis celebrant. Et quidem
nostræ processioni lectio Zachariæ et evangelium
Joannis præmittuntur, quoniam ibi Dominica processio prophetatur, hic historia declaratur.

In tractu infantes ad præconia invitantur; passio
vero in missa legitur [83], quoniam Dominus ingrediens Jerusalem calici passionis exponitur, vel
quia « extrema gaudii luctus occupat [84],» et ideo
post gaudium processionis subditur lectio passionis, vel quia Dominus illi exsultationi inseruit
lamentum eversionis [85], et quia dixit pendens in D
cruce : Deus meus, Deus meus, ut quid me dereliquisti [86]? Constat vigesimum primum psalmum
totum ex ipsius persona conscriptum; unde pene
totus in ejus persona in hodierno cantatur officio.
Primum in introitu : Domine, ne longe facias, orat
Patrem, ne elonget auxilium, id est resurrectionem,
sed ab unicornibus, id est ab his, qui sunt singularis
superbiæ suam liberet humilitatem; in tractu verbis
ejusdem psalmi prolixius utitur. Epistola congrue
passioni præmittitur, ubi dicitur, quod Christus
factus est obediens usque ad mortem, mortem autem

crucis [87]. De graduali quæritur cur hac die cantetur, cum ejus personæ nullatenus convenire videatur ; non enim personæ Christi convenit : Mei
pene moti sunt pedes [88]. Sed psalmus ex quo sumitur est illorum correctio, qui Deum duntaxat in
prosperitate laudabant. Has laudes Christus evacuat,
qui nos sua passione confirmat ne scandalizemur,
videntes malos prosperari, et bonos deprimi.

Quis enim justus videns ipsam Justitiam cruci-
fixam, non patienter ferat, si eum adversitatis gladius aut virga percutiat? Tamen et pars gradualis
personæ Christi congrue coaptatur, cum dicitur :
Tenuisti, etc. Nam in voluntate sua eum deduxit,
et in manus inimicorum tradidit. In offerenda manifesta sunt verba Christi patientis, et insignia passionis, quæ sumpta sunt de psalmo sexagesimo octavo, qui totus ex persona Salvatoris orantis in
passionis agone conscribitur. Et attende quod hac
die, et in tertia et in quarta feria, dicitur ante passionem : Dominus vobiscum, sed non, Gloria tibi,
Domine ; nostræ tamen consuetudinis est ad nullam passionem præmittere, Dominus vobiscum, nec
Gloria tibi, Domine, nec librum osculari, nec in-
censare, nec etiam nos, vel librum signare, sed
cum venitur ad eum locum : Altera die [89], etc.,
incensum datur, liber osculatur, fontibus signum
crucis imprimitur, communio de Passione sumitur, quæ duplicatur, vel quia Dominus pluries sic
oravit, vel quia pro duobus populis passus fuit. Et
attende quod hæc hebdomada Major appellatur,
quia prolixius, et majus habet officium. Dicitur
etiam Pœnosa, quia tunc debemus peccata nostra
punire ; dicitur et Sancta, quoniam impii justifi-
cantur in ea, in qua utimur præfatione de Cruce.

Feria secunda, secunda dies mundanæ creationis, minus et cæteris ornata diebus. Nam cum
dixisset Dominus : « Fiat firmamentum in medio
aquarum [90], » non est additum, « vidit Deus quod
esset bonum [91]. » Licet enim apud Septuaginta In-
terpretes hoc quidem addatur, tamen in veritate
Hebraica non habetur : in quo binarius numerus
infamatur, quia primus ab unitate degenerat et divisionem significat. Unde in ipso facta est aquarum
divisio ; non est ergo mirum si hæc dies secunda,
quæ respicit illam, ut diximus, minus cæteris in officio suo Dominicæ mortis purpuratur insignibus.
Verumtamen hujus diei continet evangelium, quod
venit Jesus Hierosolymam, et cum gentiles eum videre vellent [92], utpote salutem suam, de qua Jacob : « Ipse erit exspectatio gentium [93] », granum
frumenti se appellavit [94], Judæorum infidelitate
mortificandum, sed gentilium fide multiplicandum,
et infra subdidit : Si exaltatus fuero a terra, omnia
traham ad me. Hoc dicebat significans qua morte
esset moriturus [95]. Quia ergo Hierusalem venit, et in manus quærentium se, animam suam tra-

[81] Gal. 6. [82] Jos. 3. [83] Matth. 26, 27. [84] Prov. 14. [85] Luc. 19. [86] Matth. 27. [87] Philipp. 2.
[88] Psal. 72. [89] Matth. 27. [90] Gen. 1. [91] Ibid. [92] Joan. 12. [93] Gen. 49. [94] Joan. 12. [95] Ibid.

didit, congrue præmittitur lectio Isaiæ dicentis in A
persona Domini : *Retrorsum non abii, corpus meum
percutientibus dedi* [10]. Cætera sunt orationes pas-
suri, quibus impugnantes expugnari et se postulat
eripi.

Feria tertia passionem præcedit lectio Jeremiæ
dicentis in persona Domini : *Ego quasi agnus qui
portatur ad victimam*, et infra : *Consilia cogitaverunt
adversum me dicentes : mittamus lignum in panem
ejus* [11]. Per hos dies quibus Dominus docebat in
templo, et noctibus ad montem Oliveti revertebatur,
hæc fuerunt illorum consilia : quia superbus Aman
quærebat in domo sua quomodo perderet Mardo-
chæum [18] : hic est diabolus quærens in cordibus Judæorum quomodo interficeret Jesum, hoc lignum
est crux Domini, Judæis scandalum, sapientibus B
stultitia [19], nobis vero gloria. Unde in introitu :
Nos autem gloriari oportet in cruce Domini [100]. Cætera sunt verba Christi agonizantis et resurrectionis gloriam exorantis.

Feria quarta formatus est sol visibilis ad mundi
lucem [1], et venditus est Sol justitiæ ad nostram
salutem [2] : Hac etenim die pacti sun: Judæi dare
pecuniam proditori, qui spopondit eis tradere Salvatorem [3]; igitur pro eo quod hæc feria est Ecclesiæ capite diminuta, per totum anni circulum, secundum post sextam feriam obtinet locum in observatione pœnitentialium jejuniorum. Propterea
quoque hac die passio legitur [4], ubi Dominus in
agonia factus orasse dicitur. Ne quis ergo stare D
præsumat elatus, cum ille pro nobis genua deposuerit, præcinitur in introitu : *In nomine Domini
omne genu flectatur* [5], quia ex his pro persecutoribus
orare tenemur. Docet ordo Romanus hac die genu-
flexiones et orationes facere, quas in sexta feria
consuevimus recitare. Et vide. quod hæc antiphona,
licet rarum sit, de Apostolo sumitur, et intercipit
institutor officii : *Omnis lingua confiteatur*, eo quia
Judaica silet. Deinde sequuntur duæ lectiones, et
ad utramque *Flectamus genua* dicitur. Et sunt hæ
lectiones Isaiæ, qui satis evidenter commercium innuit venditoris dicens : *Ecce merces ejus cum eo* [6].
Sed et habitum exprimit patientis, dicens in prima :
Quis est iste qui venit de Edom, id est sanguineis
vel terrenis Judæis, *tinctis vestibus*, id est membris D
corporis, quæ sunt vestimenta divinitatis, sanguinis
purpura sumpta, *de Bosra?* Bosra est civitas in
Moab, et interpretatur *firma;* translativa est Jerusalem, quam Dominus suo firmaverat quondam
auxilio, sed facti Moabitæ, id est ex patre diabolo [7],
vestes regis tinxere purpura sanguinis. Cumque
respondisset : *Ego qui loquor justitiam* [8]. Iterum interrogatur : *Quare ergo rubrum est in-
dumentum tuum, et vestimenta tua sicut calcantium
in torculari* [9]? Quasi cur cruentatus es pressura

crucis, si tu justitiam loqueris? at ille : *Torcular
calcavi solus* [9], pro omnibus, ut omnes liberarentur. In secunda quoque lectione describitur in eodem schemate, in quo ab evangelista repræsentatur
in passione, ubi *non est ei species, neque decor* [10],
et infra : *Sicut ovis ad occisionem ducetur*. Duæ
vero lectiones leguntur : quia Christus pro duobus
populis traditur. Ad utramque genua flectuntur,
quia ab utroque populo adoratur, et quia in ejus
nomine cœlestium, et terrestrium genuflecti-
tur [11].

Post primam, graduale cantatur; post secundam,
vero tractus : utrumque in persona Christi, cum
tribulabatur , orantis est ; tractus autem quinque
versus habet, propter quinque vulnera Christi. Et
attende quod hic agitur, quod unus amplius versiculus, et in Parasceve et in Sabbatis Quatuor Temporum, invenitur, scilicet ut epistolam continuo
tractus sequatur. In aliis enim diebus epistolas
aut graduale sequitur, aut alleluia, ne nos musicus
reprehendat dicens: « Cantavimus, et non saltastis,
lamentavimus, et non planxistis [12]. » Alleluia canitur pro salutatione, graduale pro planctu subjungitur pœnitentiæ. Sed quia musicus ille nobis aufertur, nam hodie venditur, in Parasceve crucifigitur, ideo ad majorem luctum insinuandum tractus
epistolam committatur. Quod enim tractus majorem
luctum significet quam graduale, per hoc innuitur,
quia nunquam cum alleluia cantatur, nisi ob causam specialem in Sabbato paschali, ubi duæ lectiones leguntur, quia Christus qui pro nostra anima
et carne mortem subiit, nunc morti ascribitur :
pro utrisque enim Christus mortuus est. Unde
Ambrosius : « Caro Christi pro salute corporis et
sanguis pro anima nostra effusus est. » In prima recolitur mors animæ ; ideoque unus versus sequitur,
quia unus homo non nisi unam habet animam; in
secunda corporis , ideoque tractus cum quinque
versibus sequitur, ut quinarius sensuum corporis
insinuetur , per quorum fenestras mors ingreditur [13]. Lecta passione, in offerenda repetita committatur oratio. In communione vero sunt voces et
verba flentis, et tamen de Sion, pro qua petitur,
misericordia consolantis [14].

CAPUT XI.
GENERALIA TRIUM DIERUM.

*Sicut fuit Jonas in ventre ceti tribus diebus, et
tribus noctibus* [15], sic triduanæ Dominicæ mortis
exsequias tribus diebus in magna tristitia repræsentat Ecclesia ; et, ordine inusitato propter inor-
dinata corda Judæorum, suum celebrat officium,
incipiens a quinta feria duabus ex causis, vel quoniam jam intervenerat infame commercium Judaicæ
proditionis, vel quia septuaginta duobus horis voluit
defuncti Christi exsequias celebrare. Ut septua-

---

[98] Isa. 50.   [97] Jer. 11.   [98] Esther 5.   [99] I Cor. 1.   [100] Gal. 6.   [1] Gen. 1.   [2] Malach. 4.   [3] Matth. 26.
[4] Luc. 22, 23.   [5] Philipp. 2.   [6] Isa. 62, 63.   [7] Joan. 8.   [7] Isa. 63.   [8] Isa. 53.   [9] Ibid.   [10] Ibid.   [11] Philipp.
[12] Matth. 11.   [13] Jer. 9.   [14] Psal. 101.   [15] Matth. 12.

ginta duorum discipulorum tristitiam posset exprimere, noctem vero Dominicæ resurrectionis decebat victoriæ gaudiis illustrari; et ideo mortis luctum nocte quintæ feriæ oportuit præveniri.

His itaque tribus diebus, id est septuaginta duobus horis, scilicet quintæ et sextæ feriæ, et Sabbati, hujus insignia tristitiæ humanis auribus et oculis præferuntur, videlicet quod neque nocturnæ vigiliæ, neque horæ diurnæ initium et finem habeant consuetum. Subticentur enim in vigiliis nocturnis. *Deus in adjutorium*, hymnus, *Gloria* etiam in fine psalmorum, *Jube, domne*, et *Tu autem* in lectionibus, quarum tres potius lamentando quam legendo leguntur, singulæ candelæ per psalmos singulos exstinguuntur; alicubi duodecim, alicubi viginti quatuor, alicubi septuaginta duo luminaria disponuntur. Quibus exstinctis ad *Benedictus* [14], vocis quasi crepantis sonus emittitur, deinde per *Kyrie eleison* lugubria lamenta cantantur; et sic vigilia cum *Pater noster*, et *Miserere mei Deus* [15], et inusitato fine clauduntur, et quinque reliquæ horæ usitatis principio carent, et fine. Imminente vespera, id est in fine quintæ feriæ, majora sequuntur tristitiæ incitamenta, quoniam altaria spoliantur, vino lavautur, campanæ conticescunt, tabulæ compulsantur; omnes præter nocturnas vigilias, regulares horas absorbet triste silentium. Usum novimus, mysteria requiramus.

Regularibus igitur horis principium et finem subtrahimus, quia Christus qui est « alpha et omega, initium et finis [16], » est nobis ablatus, et in manus impiorum traditus. Ideoque laudibus nostræ jocunditatis, id est regularibus horis capita præcidimus, quia capite diminuti sumus, fines quoque ipsarum, ut, *Per Dominum nostrum*, et *Benedicamus Domino*, et *Gloria Patri*, omnino omittimus. In quo repræsentamus antiquam Ecclesiæ consuetudinem : Hieronymus enim hunc usum instituit, et Damaso scripsit : « Similiter et *Te Deum laudamus* sub silentio præterimus. » Quomodo enim eum rogabimus in nostrum intendere adjutorium quem proprio auxilio destitui cernimus ? Quomodo ei exsultabimus, quem capi, flagellari, et in cruce pendere videmus ? Vel ideo invitatorium non cantamus, ut conventum malignantium [17], qui adversus Jesum fecere concilium [18], devitemus. Quomodo ei cantabimus gloriam et hymnum laudis, dum factus est opprobrium gentium et abjectio plebis [19] ? Si enim gloria ejus est resurrectio, juxta illud : « Exsurge, gloria mea [20], » ergo humiliatio est mors et sepultura.

Quomodo quoque *Jube Domne*, et *Tu autem*, benedictio vel misericordia postulatur, cum pastor misericors deficiat et arietes disperguntur [21] ? Vel per *Jube Domne*, intelliguntur ad prædicationem euntes, per *Tu autem*, a prædicatione redeuntes.

Quoniam ergo his diebus nulli a Christo mittebantur, vel ad eum revertebantur, ideoque neutrum dicitur; novem lectiones a canonicis et monachis dicuntur, tres primæ de Jeremia propheta lamentationes, quæ non tam legendo quam plangendo recitantur [22], quia sicut rex Josias a Jeremia, sic rex noster ploratur ab Ecclesia; inscribuntur per alphabetum Hebraicum : Aleph interpretatur *doctrina*, beth *domus*, gimel *plenitudo*, daleth *tabularum*. Hæc est prima connexio ubi dicitur quod doctrina Ecclesiæ quæ est domus Dei [23], est in plenitudine Scripturarum. He, *ista*, vau, zain, et heth *vita*. Hæc est secunda connexio, ubi dicitur quod ista, et hæc doctrina, quam prædiximus, est vita qua vivimus. Teth *bonum*, jod *principium*, hæc est tertia connexio, ubi dicitur quod *bonum est principium*, per Scripturas, quasi per speculum, saltem in ænigmate cognoscere Dominum [24]. Caph *manus*, lamed *cor et disciplina*, hæc est quarta connexio ubi dicitur, quod merito cordis disciplina exigitur; quia nihil facere possumus, nisi quæ facienda sunt agnoverimus. Mem *ex ipsis*, nun *sempiternum*, sammech *adjutorium*, hæc est quinta connexio, ubi dicitur, quod ex Scripturis est nobis sempiternum auxilium. Hain *oculos*, pe *erravit*, zadi *justitia et consolatio mentibus*, cof, *aspice*, ress, *caput*, se, *super vulnus*; tau, *signum*, vel *consummatio*, hæc est septima connexio, ubi et in Domino, sit mysticus intellectus, ubi dicitur aspice in Scriptura contineri caput nostrum, a quo habemus medelam super vulnera, et consequemur consummationem, id est vitam æternam.

Tres aliæ de Psalmista, tres aliæ lectiones de Apostolo subsequuntur, ut pateat, quod quem prophetæ prævidere occidendum, apostoli docent occisum. Et vide quia novem psalmi, novem lectiones, et novem sunt responsoria, ternis nocturnis disposita, eo quod tria genera hominum, quæ per aginam, molam et lectum unum [27] distinguuntur, quæ in tribus temporibus creduntur fuisse, scilicet patriarcharum, legis et prophetarum ; et ad inferos descendisse : Sociavit Dominus actioni, et cognitioni, et gaudio novem ordinum angelorum. Psalmi pertinent ad actionem, lectiones ad operum Dei cognitionem, responsoria vero ad exsultationem. Sic itaque Salvatoris exsequiæ celebrantur, ut in modico apice ab aliorum defunctorum exsequiis distare videantur. Exstinctio vero, quæ sequitur, candelarum, est harum proprie proprium exsequiarum. Nam hæ tenebræ tribus noctibus celebratæ, significant tenebras, quæ tribus horis, ab hora sexta usque ad horam nonam fuere super faciem terræ, dum sol pendebat in cruce [28]; et ideo tribus noctibus lumen exstinguitur; quia verus sol triduo jacuit in sepulcro; duodecim luminaria exstinguuntur, cum duodecim apostoli disperguntur, juxta illud :

---

[14] Luc. 1. [15] Psal. 50. [16] Apoc. 1. [17] Psal. 63. [18] Joan. 11. [19] Psal. 21. [20] Psal. 56. [21] Zach. 13 ; Matth. 26. [22] Thren. 1. [23] 1 Tim. 3. [24] 1 Cor. 13. [27] Luc. 17. [28] Matth. 27.

« Percutiam pastorem et dispergentur oves gregis [50]. »

Per viginti quatuor luminaria secundum quosdam, similiter apostolos intelligimus, qui sunt duodecim horæ nocturnæ, id est Ecclesiam illuminantes, qui Dominum gloriæ in nocte hujus sæculi prædicavere. Unde in festivis noctibus viginti quatuor gloriæ decantantur, verbi gratia, primo ad *Deus in adjutorium*, secundo ad *Venite*, tertio ad hymnum, novies ad psalmos, ter ad responsoria, item ad *Te Deum*, item ad *Deus in adjutorium*, quinquies item ad psalmos, idem ad hymnum, demum ad *Benedictus*, quæ consideratæ fiunt viginti quatuor gloriæ, quasi totidem horæ, quas omnes glorias propter exstinctum solem justitiæ subticemus, et ideo luminaria toties exstinguimus. Per septuaginta duo luminaria, septuaginta duos discipulos accipimus, quorum tristitiæ scandalum repræsentamus ; idem etiam intelligimus, per septuaginta duas horas ut prædiximus, in tristitia celebratas ; vel numerosa luminaria, quæ surgentes ad matutinas reperimus ardentia, significant sanctos, qui prophetando sermone lucentes, solem justitiæ [30] nasciturum quasi stellæ præviæ nuntiaverunt, quos Judæi occidere. Exstinctio igitur candelarum excæcationem Judaicæ gentis significat quæ prophetas occidit, et eos qui ad se missi fuerant lapidavit [31], tandem occiso Domino prophetarum, in tenebris perfidiæ cecidit. In eo quod singulæ ad psalmos exstinguuntur, significatur quod singuli prophetæ ab illis sunt occisi, completo suæ ministerio prophetiæ ; quæ ultima exstinguitur major cæteris, secundum quosdam, significat Christum, qui fuit Dominus prophetarum ; secundum vero alios, non major cæteris, et similiter significat Christum, qui reputatus est quasi unus ex prophetis [32]. Hic ultimus exstinguitur ; quia nullus post eum apud illos propheta surrexit, sed exstinctus, ejus perfidiæ tenebras dereliquit. Ad canticum autem evangelicum exstinguitur, quia Christus evangelizans occidetur ; et attende quod pastoris officia, ut capitulum, subticentur ; quia pastores dispersi fuerant ; versus tamen, quod est minorum officium, non demittitur ; quia discipuli minus cogniti videbantur. Unde et hoc officium triduanum potius a minoribus celebratur in typo minorum discipulorum, et mulierum quæ Dominum sequebantur. Vociferatio ad *Benedictus* [33] in tenebris, concrepatio est Judæ proditoris, et cæci disceuli salutatio, « Ave, Rabbi [34]; » clangor, et tremor canentium est tumultus Dominum persequentium, et eum ironice adorantium. Vel significantur lamenta sanctarum mulierum quæ sequebantur Dominum, quæ leguntur propterea lamentari « se dentes contra sepulcrum [35]. »

Est autem, secundum quorumdam consuetudi-

nem, hic ordo canentium : **Cantores ante altare** decantent *Kyrie eleison, Christe eleison, Domine, miserere ;* chorus respondeat, et clamet similiter populus. Cantores, *Christus Dominus factus est obediens pro nobis;* chorus et populus respondent similiter. Cantores, *Christus, Dominus qui passus est ;* chorus et populus similiter. Cantores, *Christus, Dominus ;* chorus vero et populus semper respondeant, *Kyrie eleison, Domine miserere.* Hoc tamen, quia pro nobis vita in ligno moritur, non nisi in sexta feria proferatur. Oratio et alia quæ sequuntur sub silentio in tenebris, significant quod apostoli trepidavere in occultis. Postmodum novus ignis de lapide vel cristallo producitur, quia per Christum mediatorem nostrum nobis Spiritus sanctus infunditur. Reaccenditur autem ad nostram utilitatem et propter nostram infirmitatem, quia sine lumine non possumus esse, alioquin post primam exstinctionem deberet exstinctus remanere usque ad resurrectionem. Altare Christum significat ; sicut enim præminet templo, sic Christus corpori suo. « quod est Ecclesia [36]. » Unde : « Altare de terra facietis mihi [37]. » Altare de terra facere est incarnationem ejus credere vel sperare; super quod munus offerimus etiam, et actus nostros incarnationis Dominicæ fide solidamus.

Cum itaque nudum altare conspicimus, illud propheticum ad memoriam revocamus, scilicet : « Ecce vidimus eum, et non est ei species, neque decor, et consideravimus eum despectum, et novissimum virorum [38] ; » quod accidit in passione, nam antea formosus, speciosus forma præ filiis hominum exstitit [39] ; vel altaris exspoliatio Christi est denudatio, qui fuit denudatus ad columnam et ad crucem, cum divisere milites sibi vestimenta sua [40], feceruntque partes quatuor, et super tunicam miserunt sortem [41]. Vel altare nudum significat Christum ab apostolis derelictum. Unde : « Qui juxta me erant, de longe steterunt [42]; » et in Evangelio : « Relicto eo, omnes fugerunt [43] : » nam vestimenta altaris sunt. Vel significant Christum divinitatis gloria denudatum. Unde : « Deus, Deus meus, ut quid me dereliquisti [44]? » Clamat caro moritura separatione divinitatis, id est qnia non præstabat solitum auxilium, hic est Noe, qui vineam plantavit, bibit, inebriatus est, et denudatus est [45]. Christus in quo requiem invenimus animabus nostris [46], qui gentem Judaicam fovit, de cujus amaritudinibus inebriatus est, cum somno mortis soporatus est ; et tunc apparuit divinitatis gloria denudatus. Vino et aqua altaria lavantur ad significandum, quod de latere Christi fluxere sanguis et aqua [47], vel ut ostendatur quod non Joannis, sed suo baptismo fuerit baptizatus, scilicet ex aqua et Spiritu sancto. Lavantur autem cum psalmodia pœnitentiali, vel

[49] Zach. 13. [30] Malach. 4. [31] Matth. 23 [32] Matth. 16. [33] Luc. 1. [34] Matth. 26. [35] Matth. 27. [36] Coloss. 1. [37] Exod. 20. [38] Isa. 55. [39] Psal. 44. [40] Matth. 27. [41] Joan. 19. [42] Psal. 37. [43] Matth. 26. [44] Matth. 27. [45] Gen. 9. [46] Matth. 2. [47] Joan. 19.

cantu ad passionem pertinente. Hispida vini et olei, cum quibus lavantur, flagella significant, quibus pectus sacratissimum tundebatur.

Et attende quod quidem in ipsa quinta feria, hora jam advesperascente, altaria denudantur, sed duntaxat, in Parasceve lavantur quod magis congruit rationi. Campanæ conticescunt, per quas apostolos intelligimus, qui, charitatis igne docente, in protectione Dei cœli [45] quasi terræ fortitudinis commanentes, intus suspensa ratione pœnitentes, non tacebant prædicare nomen Dei : sed in passione non solum conticuerunt, sed etiam fugerunt [46], et veritatem negaverunt. Unde campanis silentium non indicimus, nisi a vespera qua traditus est Dominus, quando videlicet omnes fugerunt discipuli, præter Joannem qui erat notus pontifici [47]. Nostræ tamen consuetudinis est ad primam quintæ feriæ, et non ulterius campanas sonare : per signum vero tabulæ terrorem accipimus ; ideoque tabula percutitur ; quia magnus timor a Judæis apostolis incutiebatur. Vel per lignum in ligno, malleum, scilicet in tabulato suspensum, intelligimus Christum, qui est lignum plantatum secus decursus aquarum [48], qui in crucis ligno pependit. Solum ergo lignum pulsatur, quia solus torcular calcavit [49], vel in usu ligneo Salvatoris innuitur humanatio ; etenim humilior est æris sono. Notatur antiqua Ecclesiæ consuetudo. Unde orientalis Ecclesiæ usum adhuc tenet lignorum, non propter æris penuriam, sed propter vetustatem. Silentium horarum significat illud silentium apostolorum, quando jam non circuibant evangelizando vicos et urbes, sed hymno dicto exierunt cum Jesu in montem Olivarum, qui, cum dixisset Dominus : Ecce appropinquat, qui me tradet [50], præ tristitia dormitaverunt, et a laudibus conticuerunt ; unde a completorio silentium inchoatur. Sed cum diurnas horas triste silentium aperiat, quare nocturnas vigilias melodia colorat? Respondeo, quia diurnis horis significamus præsentiam Dominicæ passionis. Nocturnis autem vigiliis priora tempora designamus, quibus futuram eamdem passionem prophetæ prænuntiaverunt, qui quia non tacentes interfecti sunt, idcirco nobis voces illorum proferentibus, candelæ, ut prædiximus, exstinguuntur.

CAPUT XII.
IN CŒNA DOMINI.

Sume tibi, Moyses, aromata prima et oleum de olivis [51]. Sicut feria primæ hebdomadæ, quæ fuit nostræ creationis genus ex aquis ortum [52], partim remittitur gurgiti, partim levatur in aera, ut stirpe una proditum diversa rapiat loca, sic et in quinta feria hujus hebdomadæ, quæ est nostræ recreationis, sacramenta unius ejusdemque salutis, partim nos deprimunt in tristitiam, partim levant ad gaudia, id-

eoque diverso cultu vel habitu tristitiæ videlicet, et lætitiæ, hodierna celebrantur officia, et quidem causas tristitiæ superius exposuimus ; nunc vero causas lætitiæ prosequamur. Hodie namque pœnitentes absolvuntur, et ejecti ab ecclesia in capite jejunii hodie in gremium matris suæ recipiuntur pluribus ex causis ; qua, sicut prædiximus, hac die pisces separantur ab avibus, pisces in imis et humidis relinquuntur, sed ad cœlestia volucres elevantur [53]. Pisces sunt peccatores, sed volucres innocentes aut pœnitentes, vel quia Joannes Baptista in fine quintæ ætatis pœnitentiam prædicavit [54], et Christus in fine quintæ ætatis, qui postea solvit chirographum humani generis [55]; ideo Ecclesia pœnitentes in quinta feria solvendos esse instituit vel quia hodie captus est Dominus et ligatus [56], ideo ligati hodierna die solvuntur ; ut quid enim misericordia ligatur, nisi ut miseros peccatores solveret pœnitentes ? sicut ait Apostolus : « Christus pro impiis mortuus est [57], » vel quia hodie lavit Dominus pedes discipulorum [58], ideo fit hodie solutio pœnitentium, nam lotio pedum remissionem denotat peccatorum. Forma reconciliationis est hæc : exit pontifex ad januas patentes Ecclesiæ, ubi jacent pœnitentes in terra prostrati, et eos vice Christi vocat ad timorem Domini, dicens : *Venite, venite, venite, filii, audite me, timorem Domini docebo vos* [59], hanc esse vocem Christi, probat titulus psalmi, de quo sumitur, qui talis est. *Psalmus David, cum immutavit vultum suum coram Abimelech, et ferebatur manibus suis, et dimisit eum Abimelech* [60]. Abimelech interpretatur *Patris mei regnum*, per quem Judæos accipimus, coram quibus verus David mutavit vultum, id est sacrificandi ritum, et ferebatur in manibus, quando panem et vinum dedit discipulis suis, dicens : « Hoc est corpus meum, et hic est sanguis meus [61], » quod quidem hodie factum est ; dicens ergo pontifex vicarius Jesu Christi *venite*, pœnitentes invitat ad corporis sanguinisque convivium ; proinde pro eis orat, genua flectit, eos admonet, eosque reconcilians in ecclesia introducit. Illud notabile est quod undique januæ pateant, ut adverto nec ab austro, nec ab aquilone, id est nec justos, nec peccatores quin accedant ad misericordiam prohibendos, et a Pascha, eo quod in octava nostræ resurrectionis nullum erit improperium peccatorum electis. Illud quoque notabis quod recepti, crines et barbam, quam nutrierant, deponunt et se vestes mundas induunt, a Joseph capientes exemplum, qui de carcere sublatus, tonsus est, lotus et vestibus decoratus [62]. Per hæc quoque innuitur quod deponentes multitudinem peccatorum, induunt vestimenta virtutum.

Hodie chrisma conficitur et consecratur. Tres sacræ sunt species unctionis, oleum infirmorum,

[45] Psal. 90. [46] Matth. 26. [47] Joan. 18. [48] Psal. 1. [49] Isa. 63. [50] Matth. 26. [51] Exod. 30. [52] Gen. 1. [53] Ibid. [54] Matth. 3. [55] Col. 2. [56] Matth. 26. [57] Rom. 5. [58] Joan. 13. [59] Psal. 53. [60] I Reg. 21. [61] Matth. 26. [62] Gen. 41.

pallium nubes lucida, quæ illos obumbravit; duo cantores sunt prædicatores duo præcepta charitatis populis annuntiantes. Secundum vero romanum ordinem, ampullæ in sinistro brachio deferantur, quia Christus conversatus est in vita præsenti, et cum sindone antequam veniant ad altare media pars cooperiatur, et media denudetur, quia Christus ante passionem modo latuit, ut cum fugit in Ægyptum [40], cum inter cognatos quærebatur, cum parentibus subjiciebatur [41]; modo se palam exhibuit, ut cum prædicavit ultra hominem dicens : « Ego et Pater unum sumus [42], » et cum miracula fecit, in quibus suæ divinitatis virtutem ostendit; cum autem ab altario benedictæ recedunt, de manu pontificis exeuntes, visibiles et nudæ salutentur, quia Christus ab ara crucis præsentiam suam eis præbuit, quos testes suæ resurrectionis esse voluit. Cæteris autem invisibiles, et coopertæ ad salutandum deferuntur; quia Christus in cœlum rediens, factus est hominibus invisibilis, qui licet eum non videant, tamen quotidie venerando salutant; ergo sindon munda est ejus caro, vel conversatio immaculata. Quinquies ab episcopo salutatur, ut de quinque vulneribus ei gratiarum actio referatur. His itaque peractis, schola dicat : *Agnus Dei*, et communionem, deinde communicent presbyteri, et cæteri communicaturi.

Tunc chrisma vetus et oleum in lampadibus comburatur, et novum per presbyteros dividatur. Hæ tres unctiones ex eodem fiunt liquore; quia, licet divisiones operationum sint, idem tamen est spiritus, qui operatur omnia in omnibus [43]. Illæ tres unctiones hac die merito consecrantur; quoniam hodie agnus ad vesperam immolabatur, de cujus sanguine uterque postis et superliminare domorum in quibus erat edendus, liniebatur, ut hoc signo viso exterminator Ægypti [44], domos sacri convivii præteriret intactas, quo præfiguratum est, si frontibus nostris unctione chrismatis quasi sanguine Christi, qui unctus interpretatur, signum crucis imprimitur, diabolus in domibus animarum nostrarum nullam nocendi habeat potestatem. Recte ergo qua die illud figurativum agebatur, significatum solemniter celebratur. Sed dices : consequens est igitur, ut hac nocte pueri confirmentur, id est in frontibus chrismate sacro signentur ? Respondeo : Sancta Ecclesia diem illum, in quo passus est Dominus, luctui dedicavit, et solemnitatis et convivii gaudium in diem tertium, quo resurrexit Dominus, reservavit, ut tunc demum pro recuperata salute animarum, quæ parata est in sexta feria, et pro futura corporum resurrectione, quæ donata est nobis in octava, paschalis Agni convivium celebremus, dicentes : *Pascha nostrum immolatus est Christus. Itaque epulemur* [45]. Rectius ergo, sumentes illud, unde postea nostrarum frontium signare debeamus, ab ipsa signatione usque ad convivium paschale cessamus, ut tunc sub

Pharaone transeuntes per mare Rubrum, signantes domos contra exterminatorem celebremus paschale convivium. Sed dices : Cur itaque usque in Sabbatum chrismatis unctio non differtur? Respondeo : Quia ab hac quinta feria usque in vesperam Sabbati, a missarum solemniis vacamus. Ipsum autem chrisma non nisi inter missarum solemnia fas est consecrari, sed ante missam baptismum convenit celebrari, ut infra dicemus. Vel in quinta feria unctio celebratur, quia Christus in quinta fuit unctus ætate; nam in quinta venit, qui in sexta sanguine consecravit, de cujus unctione dicit Daniel : « Ungatur Sanctus sanctorum [46]; » et Isaias : « Spiritus Domini super me, eo quod unxit me; ad annuntiandum mansuetis misit me, ut mederer [47]; » et David : « Unxit te Deus, Deus tuus, oleo lætitiæ præ consortibus tuis [48]; » cujus unctio extunc cœpit, cum « Verbum caro factum est [49], » cum plenitudo divinitatis in eo corporaliter habitavit [50]. Tunc autem completa est, cum in baptismo super ipsum Spiritus sanctus in specie columbæ descendit [51]. Ideoque unctio quæ hodie conficitur ad ungendum, usque ad baptismum defertur, ut significemus Spiritum super Dominum in baptismo visibiliter descendisse, et nos in baptismo Spiritum sanctum accipere. Ex his patet in vespera Sabbati, statim post baptismum esse confirmandum, ut postea celebretur paschale convivium, et quidem puto saltem in paucos esse inchoandum confirmationis mysterium. Hodie cœnans Dominus cum discipulis, inter cœnandum lavit pedes eorum ; surgens enim a cœna lavit, et post lotionem iterum recubuit [1]. In eo ergo quod Joannes dicit hæc fieri, *cœna facta*, intelligitur parata, non consumpta. In lotione pedum nobis humilitatis exemplum præbuit, et mysticum figuravit: *Exemplum enim*, inquit, *dedi vobis, ut quemadmodum ego feci, ita et vos faciatis* [2]. Quomodo cum simus pulvis et cinis [3], non erubescimus cervicem erigere, cum opifex humani plasmatis dignatus est se discipulorum vestigiis applicare ? Quod humilitatis exemplum moriturus exhibuit, ut eorum quos suos scribebat hæredes, mentibus arctius inhæreret. Mystice surrexit a cœna, id est a convivio paternæ gloriæ cum prodiit ex accubitu Patris. Vestimenta sua deposuit, cum se exinanivit [4]; linteo se præcinxit, cum formam servi accepit [5]; misit aquam in pelvim, qua pedes lavit discipulorum, dum effudit sanguinem in remissionem peccatorum, quo lavatur pedes, id est actus nostri : quamvis enim loti simus in baptismo per fidem, si tamen diximus quia peccatum non habemus, nos ipsos seducimus [6]. Nam cum postea vivitur, terra calcatur, unde Petrus quamvis esset lotus, et mundus, tamen audivit : *Si non latero tc, non habebis partem mecum* [7], quotidie pedes lavat nobis, cum interpellat pro nobis [8]. Ad quod significandum hodie pavimenta Ecclesiæ la-

[40] Matth. 2. [41] Luc. 2. [42] Joan. 10. [43] I Cor. 12. [44] Exod. 12. [45] I Cor. 5. [46] Dan. 9. [47] Isa. 61. [48] Psal. 44. [49] Joan. 1. [50] Col. 2. [51] Matth. 3. [1] Joan. 13. [2] Ibid. [3] Gen. 18. [4] [5] Ibid. [6] I Joan. 1. [7] Joan. 13. [8] Rom. 8.

vantur. Nam lotio pavimentorum est signum lotio-
nis pedum, et lotio pedum est signum remissionis
peccatorum. Sed ad hunc sensum evangelicæ lo-
tionis recte præmittitur epistola : *Convenientibus,*
ubi ostenditur qualiter hoc sacramento lavamur,
scilicet si manducantes, non manducemus et biba-
mus indigne [9]. Illud validum humilitatis exemplum
tanquam hæredes et filii memoriæ commendantes,
ad ejus exemplum, mandatum in hodierna vespera
celebramus dupliciter. Primum est prælatorum ad
subditos, secundum quorumlibet ad pauperes. Constat quod prælatis potestas et humilitas sunt necessaria. Potestate usus est Dominus, quando flagello de
resticulis facto, ejecit nummularios de templo [10].
Hanc indixit Dominus protoplasto, ut dominaretur
bestiis terræ [11].

Si ergo subditi fuerint similes bestiis, utantur
baculo, et virga prælati. Humilitate usus est Dominus, dum lavit pedes discipulorum, dicens : *Qui
major est vestrum, fiat ministrator* [12]. Cumque pedes
eorum lavisset, edidit eis sermonem splendidissi-
mum, in quo sedule repromittit Spiritum sanctum [13]. Unde et nos lotis discipulorum pedibus
eumdem sermonem legimus vel audimus, significantes quod non nisi lotis et mundis gratia Spiritus sancti confertur ; secundum mandatum præfiguravit Dominus in Sabbato præcedenti, quando
venit Bethaniam, et Maria unxit pedes Jesu, et capillis extersit, et impleta est domus ex odore unguenti [14]. Pedes ungere est pauperes eleemosynis
fovere ; capillis extergere est eos superfluis reficere : hujus mandati figura. Merito prævenit illud,
sic enim debemus lavare pedes eleemosynarum unguento, ut lavemur a Domino, cujus mandati hic
est ordo. Prius panem comedimus, et pauperes inde
reficimus ; deinceps a mensa surgentes, pedes pauperum lavamus ; quo facto, ad mensam redimus, et
iterum comedimus, reficimus et reficimur. Sed objicitur, quia sub anathemate præceptum est, ne
ideo jejunium hac die solvatur ? Respondeo : Non
est hoc jejunium frangere, sed cœnam exemplo
Domini interrumpere. Unde nec mensa parata movetur, hinc inolevit mos canonicus, ut cum mandatum celebrant, primo in claustrales officinas, pauperes introducant, ad convivium discumbant, eosque sufficienter reficiant ; nimirum Christus in illis
suscipitur, in Bethaniam, id est in domum obedientiæ, in qua Dominus epulatur cum Maria, quæ surgens a cœna, lavit pedes Jesu : sic pauperes epulantur, imo Dominus in pauperibus, cum filia contemplationis effundentis in eos libram unguenti, id est
intentionem eleemosynæ suaviter coram Domino
redolentis. Hodie quoque cœnans Dominus cum discipulis, post typicum agnum, tradidit eis corpus
et sanguinem suum [15] Vetus finiens Testamentum

et inchoans Novum, quod decuit fieri in fine quintæ
feriæ, adveniente sexta feria, eo quod in fine quintæ ætatis, et in primordio sextæ lex finem, et Evangelium sumpsit initium. Nunc in eo completur, quod
in eodem antea figurabatur, quando Judæis eum
lapidare volentibus, exivit de templo et abscondit
se ab eis [16]. Tunc enim exivit, quando eorum sacrificia dereliquit ; tunc se abscondit, cum novi sacrificii ritum instituit, in quo a carnalibus agnosci
nequivit. Igitur quia verus pontifex hodie sacrificium verum et novum instituit, Novumque Testamentum suis hæredibus moriturus sanguine suo
conscripsit, ideo sicut sol interdum inter medias
nebulas rutilat, sic missa inter tristes horas exsultat ; nam in medio tristitiæ sola missa solemnem
concentum, lætumque ministrorum meretur ornatum, ne quid venustatis sancto sacrificio desit, utpote in die suæ institutionis : est enim dies ista
solemnior omni alia solemnitate, exceptis solemnitatibus Trinitatis ; nam omnes ministri, qui possunt,
vestes debent habere solemnes, non solum ob solemnitatem novi sacrificii, sed etiam, quia perditas
sanctitatis vestes recuperant pœnitentes, sed et cantica lætitiæ cantantur et gloriæ, ut *Gloria in excelsis Deo*, non solum ob solemnitatem Eucharistiæ,
sed etiam, quia chorus angelicus gaudet de reconciliatione pœnitentium, ab unctione credentium,
per quæ pax confertur hominibus bonæ voluntatis [17]. Unde secundum nostram consuetudinem,
pax datur, sed secundum alios, ad tertium *Agnus
Dei*, non dicitur *Dona nobis pacem*, sed *Miserere
nobis*, nec pax datur, quia Judas hac nocte pacis
osculo tradidit illum [18], qui est vera pax et fecit
utraque unum [19]. Sed *Gloria in excelsis* et cæteræ
solemnitates non ab aliis, nisi ab episcopis observentur, qui soli habent in hodiernis sacramentis
plenitudinem potestatis. Verumtamen nec ab aliis
Flectamus genua, nec oratio super populum profe-
rantur. Missæ vero officium nostræ redemptionis
continet summam et mysterium. Nam in evangelio
legitur de pedum lotione [20], in epistola de corpore
Christi et sanguine [21], in introitu vero de cruce [22],
in graduali de morte [23], in offerenda de resurrectione [24]. Nam hæc omnia secundum mysticum
sensum ex Evangelio, quod est caput officii pendent.
Christum enim, ut prædiximus, a cœna surgere est
ab accubitu Patris venire ; vestimenta deponere, se
exinanire [25] ; linteum præcingere, formam servi
accipere [26] ; aquam in pelvim mittere, sanguinem
suum effundere ; pedes lavare, peccata remittere
linteo extergere, passionis fide mundare ; vestimenta
resumere, est vestem gloriosæ carnis induere. Iterum recumbere, est ascendere et in dexteram Dei
sedere [27], ad hæc pertinet offerenda ; discipulos docere, est eis Spiritum sanctum mittere [28]. Verum-

[9] I Cor. 11. [10] Joan. 2 ; Matth. 21. [11] Gen. 1. [12] Luc. 22. [13] Joan. 13. [14] Joan. 12.
[15] Matth. 26. [16] Joan. 8. [17] Luc. 2. [18] Matth. 26. [19] Ephes. 2. [20] Joan. 13. [21] I Cor. 11.
[22] Gal. 6. [23] Phil. 2. [24] Psal. 117. [25] Phil. 2. [26] *Ibid.* [27] Hebr. 1. [28] Act. 2.

tamen, quia nondum perfecti credebant, ideo non
dicitur Credo, communio sumpta est de evangelio [19].
Ecce breviter summa redemptionis humanæ, quæ
fuit omnibus sufficiens, unde agitur in oratione :
Deus a quo, et Judas, de duobus generibus pœnitentium, uno proficientium, ut latronis confitentis,
qui audire meruit : « Hodie mecum eris in paradiso [20], » et alio non proficientium ut latronis con-
temnentis, et Judæ proditoris, qui se suspendit laqueo [21]. Quæ quoque Redemptio facta est in vespera
mundi, id est in sexta ætate sæculi : ideoque missa
vespertina synaxis in senario psalmorum numero
continuatur, et utrumque sub una oratione officium
terminatur, per Ite missa est, si episcopus adest, vel
per Benedicamus Domino, propter vespertinam con-
clusionem : Concedat nobis Redemptor, per sacramenta, perfectum ut consequamur redemptionis effectum.

CAPUT XIII.

IN PARASCEVE.

Egredimini, filiæ Sion, et videte Regem in diademate, quo coronavit eum mater sua [22]. Sicut in sexta
die Deus formavit hominem de limo terræ, et inspiravit in faciem ejus spiraculum vitæ [23], sic in sexta
ætate et sexta feria deformatum reformavit, captivatum a diaboli potestate redemit, dum pro nobis,
non pro se crucifixus, languores nostros tulit et dolores ipse portavit [24]. Et hæc est illa sexta feria, quæ
sibi nomen Parasceven antonomastice vindicavit. Parasceve præparatio interpretatur. Omnis autem sexta
feria Parasceve dicebatur a Judæis inter' Græcos
dispersis, eo quia in quinta feria præparabant quæ
forent in Sabbato necessaria, juxta quod de manna
fuerat eis præceptum [25], scilicet sexta die colligetis ex
eo duplum, quoniam in Sabbato non licebat cibos
parare, sicut nec manna colligere. Qui vero inter
Romanos degunt hanc diem usitatius cœnam puram
cognominant. Hæc autem sexta feria sibi Parasceve
nomen quadam specialitate retinuit; quia Dominus
hac die nobis et pro nobis obtulit illud manna dulcedinis, quod nobis sufficiat ad Sabbatum æternitatis. De qua die quæritur utrum sit observanda in
gaudio et lætitia, vel potius in tristitia? Videtur
enim, quod gaudiis sit celebranda solemnibus, eo
quia sit principium nostræ salutis. Item si sanctorum martyrum passiones, quibus ad immortalitatis
gloriam transivere, festivis decorantur honoribus,
et merito, quia « pretiosa in conspectu Domini
mors sanctorum ejus [26]; » videtur quod hæc passio
excellentiori sit veneranda tripudio; quia Rex sanctorum sanctis paradisum aperuit, dicens crimi-
noso : « Hodie mecum eris in | radiso [27]; » qua
captivitas est mundi redempta, . . 'rni claustra
confracta, janua cœlestis aperta. Item gloriandum,
ait Apostolus, in cruce Domini nostri Jesu Christi [28].

A Respondeo : Sancti statim post martyrium evolant
ad regnum, Christus vero descendit in infernum;
unde et si quædam nos ad exsultandum invitent,
quædam tamen alia nostram exsultationem obnu-
bilant, ut auctoritas et conscientia culpæ. Nam ex
evangelica didicimus auctoritate, ut hac die con-
tristemur, et Judæis gaudium relinquamus. Cum
enim dixisset Dominus : « Modicum et non vide bi-
tis me, et iterum modicum et videbitis me, » statim
adjunxit : « Mundus gaudebit, vos vero contristabimini [29]. » Rursus mulieribus eum plorando sequentibus ait : « Nolite flere super me, sed flete super
vos et filios vestros [30]. » Gaudio ergo, nostræ culpæ
conscientia contradicit, quia nos contumaces servi
commisimus, quod vapulat ille Dominus : « Exsol-
vit enim quæ non rapui [31]. » Differendum est igitur gaudium tantæ salutis, necessariæ redemptionis, ereptæ captivitatis, januæ cœlestis apertionis,
de quibus objecimus; differendum est, inquam,
usque in diem tertium quo victor resurrexit, et
tunc pro redemptione animarum, quæ hac die patrata et resurrectione corporum, quæ illa die condita est pro duplici munere solemnitas geminetur
ecclesiæ. Hac vero die tristitiam repræsentet, ambulet unusquisque demisso capite, propter conscientiam culpæ; solvamus cum Moyse calceamenta
de pedibus, ut audiamus Christum de medio rubi
dicentem : « Videns vidi afflictionem populi mei,
et gemitum eorum audivi et descendi liberare
eum [32]; » non salutet unus alium. Unde nec hac
die dicendum est : Dominus vobiscum, nec osculetur, quia Judas cum salutatione et pacis osculo tradidit Dominum [33].

A mane usque ad nonam teneamus profundum
mœrori amicum silentium cum solitudine meditationis, recolentes pugnam et opprobria Salvatoris.
Nam et Moyses ait : « Dominus pugnabit pro vobis,
et vos tacebitis [34]. » Hora vero nona, quia Dominus
moriturus clamavit : « In manus tuas, Domine,
commendo spiritum meum [35], » et centurio dixit :
« Vere Filius Dei erat iste [36], « et Joseph, et Nicodemus acceperunt corpus et involverunt linteis cum
aromatibus [37]; quia licuit his et aliis discipulis
appropinquare, et funeri querelas deprimere dila-
psis persecutoribus divino spectaculo satiatis, vel
per miracula territis; hac, inquam, hora nona
conveniamus, ut funeri. Nona cantata, planctum
funebrem exhibeamus hoc ordine. Primo duæ lectiones leguntur; quia pro duobus populis passus est
Christus, Hebræo scilicet et gentili, vel pro salute,
ut prædiximus, carnis et animæ. Et scito quod hic
ordo servatur antiquus et ex consuetudine sumitur
Ecclesiæ primitivæ, quæ non repellebat penitus
Judaismum, qui legebat in Sabbatis suis unam lectionem ex lege, alteram ex prophetis. Leguntur

---

[19] Joan. 13. [20] Luc. 23. [21] Matth. 27. [22] Cant. 3. [23] Gen. 2. [24] Isa. 53. [25] Exod. 16.
[26] Psal. 115. [27] Luc. 23. [28] Gal. 6. [29] Joan. 16. [30] Luc. 23. [31] Psal. 68. [32] Exod. 5. [33] Matth.
26; Luc. 22. [34] Exod. 14. [35] Luc. 23. [36] Matth. 27. [37] Joan. 19.

autem sine titulo; quia caput Ecclesiæ nobis aufertur. Prima sumitur de Oseæ prophetia [44], secunda
vero de lege [45]; quoniam passio Christi fuit a prophetis prænuntiata [46] et a lege præfigurata; hæc
sunt duo animalia in medio quorum agnoscitur
hi sunt Moyses et Elias, inter quos transfigura-
tur [47]. Prima est præconium resurrectionis, cum
ibi dicatur : *Post duos dies vivificabit nos, et in die
tertia suscitabit nos*; in secunda modus exprimitur
passionis, ubi dicitur : *Immolabit eum universa
multitudo ad vesperam.*

Duo tractus intercantantur; singulas enim lectiones
singuli tractus sequuntur, quod luctui congruit.
Nam tractum cantum constat esse lugentium, ideoque tractus in longum protenditur : lugemus enim
pro peccatis quæ committimus, pro pœnis quas
patimur, et pro incolatu qui prolongatur [48]; et non
cantatur graduale cum tractu, ut in quarta feria,
sed duo tractus, ad intentionem majoris luctus.
Primus tractus nos excitat ad tremorem, dicente
Habacuc : *Domine, audivi auditionem tuam, et timui* [49]. Si enim Habacuc videns in manibus Christi
cornua crucis expavit, quid faciemus videntes fortitudinem ejus in nubibus cœli? Et habet hic tractus quatuor versus, ad significandum quatuor cornua crucis, quibus Christus constans ex quatuor
elementis affigitur inter duos latrones; unde in uno
versuum cantatur : *In medio duorum animalium
crucifigitur*; vel homo redimitur constans eisdem
quatuor elementis, ad fidem vocatus e quatuor partibus orbis. Ut autem magis hominem excitet ad
timorem, in plerisque sic cantatur ecclesiis, ut post
singulos versus, tractus vicissim, nunc a principio,
nunc a medio repetatur. Secundus tractus instruit
nos ad orationem in tempore tribulationis, per vocem David, contra Goliam decantantis et dicentis :
Eripe me, Domine, ab homine malo [50]; noster enim
David, Christus hodie magnum Goliath, id est diabolum debellavit. Et habet hic tractus decem versus; quia per nostram transgressionem Decalogi,
nos Golias captivavit, a cujus potestate nos hodierna passione Dominus liberavit; quædam vero
ecclesiæ evitant hodie tractum : *Qui habitat in adjutorio* [51], et olim cantabatur; quia Christus a diabolo velut a dracone : primo, scilicet in jejunio,
latenter fuit tentatus [52], secundo ab eodem velut a
leone, acriter est in passione vexatus. Quod in illo
versu notatur : *Super aspidem et basiliscum ambu-
labis, et conculcabis leonem et draconem* [53]; vel quia
in serie psalmi hujus docemur imitari passionem
Christi; sed prævaluit consuetudo, ut : *Eripe me,
Domine* [54], cantetur; quoniam ibi certamen passionis exprimitur. Postea legitur passio secundum
Joannem. Verumtamen sive *Dominus vobiscum,*

propter Judæ salutationem; et secundum quosdam,
sine titulo, quia capitis patimur diminutionem.
Duabus de causis legitur hodie passio secundum
Joannem [55], tum quia ultimo post alios scripsit,
tum quia passioni præsens interfuit. Notus enim
pontifici aliis fugientibus securus accessit, et juxta
crucem stetit, cum matre Domini et sorore matris;
quem cum vidisset Dominus, matri sicut filium
commendavit, et sicut filio matrem [56]. Rationabiliter ergo in die qua nostris oculis passio repræsentatur, ejus testimonium legitur [57], qui vidit et testimonium perhibuit, et scimus quia verum est testimonium ejus.

Nunc consideremus ea quæ Dominus pertulit :
quia non solum quæ gessit, sed etiam quæ passus
fuit, ad nostram ædificationem pertinere voluit : per
spineam ergo coronam, quam capiti ejus imposuerunt [58], illud significatur, quod de illo fuerat prophetatum, scilicet peccata nostra ipse portavit [59]. Nam spinæ peccata designant, quæ animam pungunt et lace-
rant; quæ propter peccata etiam terræ nostræ leguntur
inflicta, ut : « Terra tibi spinas et tribulos germinabit [60]. Ecce *filiæ Sion videte regem* Salomonem *in spineo
diademate, quo coronavit eum mater sua* [61], Synagoga, in die desponsationis ejus et in die lætitiæ cordis ejus. In hac scilicet die, qua nascituræ sibi
sponsæ, id est Ecclesiæ, in lætitia cordis sui, prima
elementa produxit. Per vestem purpuream [62], qua
circumdedere eum, ejus intelligimus mortalitatem,
per coccineam [63], charitatem ; coccus enim est ignei
caloris : sed in veste sacerdotali bis tinctus [64] jubetur assumi, propter dilectionem Dei et proximi.
Dominus autem propter nimiam charitatem suam,
qua dilexit nos, induit vestem mortalitatis [65], et
bibit calicem passionis, in eo quod ejus facies vela-
batur, colaphizabatur et alapis cædebatur [66], velamen Judæorum intelligimus, qui cum usque in
hodiernum diem [67] in vicis colaphizant, et maledictis exalapant. Nobis in patientia prædicatorum
præbuit humilitatis exemplum. *Postmodum crucifixerunt eum.* Crux, quod multis modis in Veteri
Testamento fuerat figurata. Dictum est angelo per-
cutienti Ægyptum, ubi T, Tau, scriptum invenies,
primogenitum non occides [68]. Omnes enim damnantur, qui per fidem Mediatoris non salvantur.
Moyses etiam erexit serpentem æneum in deserto,
et omnes qui videbant eum, salvabantur a morsu
serpentium [69]. Serpens æneus similitudinem habet
serpentis, non tamen est verus serpens; sic Christus similitudinem habuit carnis peccatricis, non
tamen peccatrix est [70]. Crucis figura est quadripartita, vel propter quatuor elementa, quæ in nobis
vitiata, sua passione curavit. Vel propter homines,
quos de quatuor partibus orbis ad se traxit, juxta

---

[44] Ose. 6.   [45] Exod. 12.   [46] Habac. 3.   [47] Matth. 17.   [48] Psal. 119.   [49] Habac. 3.   [50] Psal. 139;
I Reg. 17.   [51] Psal. 90.   [52] Matth. 3.   [53] Psal. 90.   [54] Psal. 139.   [55] Joan. 18.   [56] Joan. 19.   [57] Ibid.
[58] Ibid.   [59] Isa. 53.   [60] Gen. 3.   [61] Cant. 3.   [62] Joan. 19.   [63] Matth. 27.   [64] Exod. 28.   [65] Ephes. 3.
[66] Matth. 26; Joan. 18.   [67] II Cor. 3.   [68] Exod. 12.   [69] Num. 21.   [70] Rom. 8.

illud : « Si exaltatus fuero a terra, omnia traham A
ad me ipsum [15]. » Et Sedulius ait :

Quatuor inde plagas quadrati colligit orbis.

Vel hæc quadratura pertinet ad mortalitatem; habet enim longitudinem, latitudinem, sublimitatem et profundum. Profundum est acumen, quod terræ infigitur; longitudo est inde ad brachia, latitudo est in expansione, altitudo vel sublimitas a brachiis ad caput. Profundum significat fidem, quæ est posita in fundamento [16]; altitudo, spem, quæ est reposita in cœlo; latitudo, charitatem, quæ etiam ad sinistram, id est ad inimicos extenditur [17]; longitudo, perseverantiam [18], quæ sine fide concluditur.

Aiunt quidam quatuor ligna quatuor genera in Domini cruce fuisse, scilicet basem, et erectum, transversum, et tabulam quam Pilatus fecit addi, ut fieret inscriptio tituli; milites vero, cum Dominum crucifixissent [19], diviserunt sibi vestimenta sua, et super tunicam miserunt sortem [20]. Quod duo subdiaconi, vel diaconi repræsentant, duos pannos altari superpositos removentes. Vel remotio pannorum fugam significat apostolorum, qui erant quasi vestes Christi. Nam Petrus negavit [21], Joannes nudus aufugit [22]. Vestis inconsutilis non dividitur [23]; quæ significat unitatem Ecclesiæ, et veritatem Catholicæ fidei, quæ non valuit a schismaticis scindi. Et attende quatuor esse Christi vestium depositiones. Nam in cœna deposuit, et resumpsit [24]. Ad columnam et apud Herodem nudatus legitur, et reindutus [25]. Ad crucem vero nudatus est, et non reindutus [26]. Prima pertinet ad apostolos quos in brevi resumpsit; secunda pertinet ad pœnitentes, quos resumit assidue; tertia pertinet ad reliquias, quas resmet in fine; quarta vero ad perversos baptizatos, qui non resumuntur, sed æternaliter damnabuntur.

In hora sexta crucifixus est Dominus, et factæ sunt tenebræ ab hora sexta usque ad nonam [27]. » Inde est quod apud quosdam in hora sexta ignis exstinguitur, et in nona reaccenditur. Quia sol in sexta lumen abscondit, et in nona reddidit, has trium horarum tenebras in trium dierum tenebris figuramus, ut supradiximus. « Egredimini, filiæ Sion [28], ab his tenebris, imo ab illis quæ per istas significantur, id est cæcitatem mentium quæ adhuc D operit faciem Judæorum. » Cum Dominus penderet in cruce, sitienti acetum cum felle mistum porrexere [29], de quo « cum gustasset noluit bibere [30]. » Sitiebat Dominus salutem generis humani, sed vinea Domini Sabaoth, de qua exspectabat, ut faceret uvas et fecit labruscas [31], et potui suo mortis miscuit amaritudinem, qua modice gustata, id est per triduum, jam de genimine vitis illius bibere noluit [32]. « Resurgens enim a mortuis jam non moritur; mors illi ultra non dominabitur [33]. » Ergo

per reprobatam aceti amaritudinem, intelligimus gentis Judaicæ reprobationem. Per arundinem vero, ejus animam intelligimus. Hæc est virga conversa in colubrum [34], ut colubros assumeret Ægyptiorum. Anima enim Christi quodammodo descendens in mortem, quæ per colubrum in mundum intravit, mortes peccatorum absorbuit [35], et item in virgam, id est in potestatem pristinam rediit. Quod crura Domini non franguntur [36], significat universas vias ejus inviolabiles; sicut enim per ossa virtutes, sic per crura vias ejus accipimus. Unde in Canticis : « Crura ejus, columnæ marmoreæ fundatæ super bases aureas [37], » id est itinera ejus pulchra super divinitatis sapientiam firmata. Igitur ossa ejus nec crura franguntur; quia virtutes ejus, et viæ non violantur. « Unus militum lancea latus ejus percussit, et continuo sanguis et aqua exivit [38]. » Hæc est arca Domini, id est humanitas Salvatoris, quæ fenestram, id est vulnus lanceæ habet in latere [39].

Et vide quia quinque partita fuit effusio sanguinis Jesu Christi : prima in circumcisione, secunda in sudore, tertia in flagellatione, quarta in crucifixione, quinta in lanceatione. Sed in cruce quinaria effusio sanguinis invenitur. Unde canon missæ in quinque partes dividitur. Sed qualiter decuit, ut latus lancea foraretur, cujus crura ne frangerentur, non decuit; sic decuit, ut sicut de costa dormientis socia formata fuerat Eva [40], sic de latere mortui soror et sponsa nasceretur Ecclesia, quæ C sanguine redimitur et aqua lavatur [1]. Unde : « Nisi quis renatus fuerit ex aqua et Spiritu sancto, non potest introire in regnum cœlorum [2]. » Siquidem hujus aquæ sacramentum ab hoc miraculo sumpsit exordium. Baptizatus est ergo Dominus in sua passione, de quo baptismo loquitur ad filios Zebedæi : « Potestis bibere calicem quem ego bibiturus sum? Aut baptismo, quo ego baptizor, baptizari [3]? » Nomine calicis et baptismi passionem designat martyrii. Et alibi : « Baptismo habeo baptizari, et quomodo coarctor, usque dum perficiatur [4]. » Quo baptismo sordes lavit suæ mortalitatis, de quibus in Zacharia legitur : « Jesus indutus erat sordidis vestibus [5], et sordes nostræ infirmitatis. Unde : In firmitates nostras ipse tulit [6]. »

Perfecta passione, orationes pro omnibus dicuntur, quia licet persecutiones patiamur ab inimicis, tamen semper ad orationes reverti debemus; vel quia Christus pro omnibus crucifigitur, pro omnibus se ad aram crucis obtulit; vel quia stans ad aram pro cunctis oravit, juxta illud : « Stetit angelus juxta aram templi, habens thuribulum aureum in manu sua [7]. » Hodie pro nobis ad aram stetit, et orationis thuribulum adolevit. Oravit enim pro se dicens : « Pater, clarifica Filium tuum [8]; » et pro

[15] Joan. 12.   [16] Hebr. 5.   [17] Matth. 5.   [18] Matth. 10.   [19] Matth. 27.   [20] Joan. 19, et Psal. 21.
[21] Matth. 26.   [22] Joan. 18.   [23] Joan. 19.   [24] Joan. 13   [25] Joan. 19.   [26] Matth. 27.   [27] Matth. 27.
[28] Cant. 3.   [29] Matth. 27.   [30] Ibid.   [31] Isa. 5.   [32] Matth. 26.   [33] Rom. 6.   [34] Exod. 7.   [35] I Cor. 15.
[36] Joan. 19.   [37] Cant. 5.   [38] Joan. 19.   [39] Gen. 6.   [40] Gen. 2.   [1] Ephes. 5.   [2] Joan. 3.   [3] Marc. 10.
[4] Luc 12.   [5] Zach. 3.   [6] Isa. 53.   [7] Apoc. 8.   [8] Joan. 17.

suis dicens : « Pro his rogo, quos dedisti mihi » ; » A
et pro his qui credituri erant in eum, dicens : « Non
tantum pro his rogo. sed pro illis qui credituri
sunt in me [10]. » Recte ergo licet omni tempore pro
omni statu Ecclesiæ fideliter orare debeamus, præcipue tamen hac die solemni pro nobis, et pro cunctis etiam alienis, ut gentilibus et Judæis, schismaticis et hæreticis orationes offerimus, juxta illud :
« Et data sunt ei incensa multa [11], » sed et quia
Dominus in cruce pendens oravit decantans hunc
psalmum : « Deus, Deus meus, respice in me [12], »
et a quibusdam creditur, usque ad : « In te, Domine, speravi, » et cum ventum esset ad hunc versum [13] : « In manus tuas, Domine, commendo spiritum meum, emisit spiritum [14]. »

Ideo et nos in solito more post passionem oramus : B
Habet enim usus ut in aliis diebus ante evangelium
orationes dicamus, hodie vero post passionem evangelicam orationes multiplicamus. Item, usus habet
Ecclesiæ, ut ante orationes dicatur, *Dominus vobis-*
cum, quæ est propria vox et sacerdotis officium ;
sed his orationibus, eas præmittitur, quia Sacerdos et Dominus noster occiditur. Ad singulas
orationes genua flectimus, quia nationes omnes Christo genua curvare monstramus, vel ut per habitum
corporis ostendamus devotionem mentis. Pro Judæis
vero non flectimus genua, ut vitemus illorum illu-
sionem, quoniam irrisorie sua Deo flectebant [15], vel
quia cæcitas, quæ contigit in Israel [16], nulla potest
oratione depelli, donec plenitudo gentium subintra-
verit [17], ideo non est pro eis vehementer orandum, C
ideoque nec genua flectimus. Est tamen orandum
utrumque, quoniam futurum est, ut qui est exaltatus in cruce, omnia trahat ad se [18]. Et cave quod
non sunt orationes, quæ præmittuntur genuflexionibus, sed sunt præfationes, et exhortationes, quæ
omnes incipiunt ab *Oremus*, in quibus ostenditur
pro quibus in sequentibus orationibus orare valemus. Unde in fine duntaxat orationum sequentium
respondetur. *Amen.*

Tres accusationes Judæi contra Dominum propo-
suere, scilicet quod tributum negasset [19]; quod se
regem fecisset [20], et quod se Filium Dei dixisset [21].
Contra has tres accusationes, tres Salvator eis ob-
jicit accusationes quæ de Michæa sumuntur, scilicet : D
Popule meus; Quia eduxi; Quid ultra debui [22] ? Ubi
exprobrat eis beneficia sua, scilicet liberationem de
Ægypto, regimen in deserto, introductionem in terram optimam. Ac si dicat : Accusas me de negatione
tributi, potius deberes agere gratias ; quia te liberavi de servitute Ægypti. Accusas quod me regem
feci, potius deberes agere gratias ; quia te in deserto
regaliter pavi. Accusas quia dixi me Filium Dei, potius deberes agere gratias, quia terram lacte et

melle manantem contuli tibi. Tres quoque illusiones
ei fecere. Prima fuit quando velata facie colaphis
eum cædebant [23]; secunda, quando milites flexis
genibus eum adorabant, dicentes : « Ave, rex Judæorum [24], » quod Judæis ascribitur, quia curam dedere ; tertia, quando pendenti in cruce dicebant :
« Vah qui destruis templum Dei [25]. » Contra has
tres illusiones tres præmittimus adorationes ; *Agios,*
Sanctus, et hæc in duabus linguis, Græca scilicet
et Latina. Nam tertia silet Hebræa. Vel tres antiphonæ : *Popule meus, quia eduxi, quid ultra debui*, sensibus parum, aut nihil differentes, verbis et modulatione consimiles. Triplicem tituli Scripturam significant ; qui scriptus fuit Hebraice, Græce et Latine :« Jesus Nazarenus rex Judæorum [26]. » Si principium tituli tribus linguis scriptum fuerit ignoratur,
sed de hac clausula constat, « rex Judæorum. » Hebraice sic, *Malchos Judæorum*; Græce *basileos ex-*
omosoleon; Latine *rex confitentium.* Quod quia ne-
gavere Judæi, dicentes : « Noli scribere, rex Judæorum; sed quia ipse dixit : Rex sum Judæorum [27]. »
Idcirco istud in illis antiphonis astruitur ab effectu,
scilicet quod tanquam rex eorum eduxit eos de Ægypto et deduxit eos per desertum, et introduxit in
terram bonam. Quod in titulum scriptum fuit « Jesus, » in singulis concluditur antiphonis. *Salvatori ;*
quod ibi « Nazarænus, » ad singulas respondetur
Agios, Sanctus; et quia titulus tribus linguis fuit
scriptus, ideo duabus linguis respondetur, Græca
scilicet, et Latina, quæ scriptum adorant. Hebraica
vero contradixit, et adhuc blasphemat.

Supradictas ergo diaconi vel presbyteri albis induti canentes antiphonas, crucem illo deferunt, ubi
Græce ac Latine respondetur, ac devote adoratur;
quia Dominus crucifixus transivit a perfidia Judæorum ad confessionem et devotionem gentium, por-
tantibus illum innocentibus apostolis et cantantibus, id est totis viribus opprobrium crucis confitentibus et prædicantibus, interdum tamen perseeu-
tionum pondere fessis, aliquantulum quiescentibus.
Unde : Qui crucem portant nunc eunt, nunc ut
fessi subsistunt. Exinde velamen auferunt læti clamantes : *Ecce lignum crucis*, hoc est velamen quod
fuit super faciem Moysi [28]. Hoc est illud quo se
Dominus a Judæis abscondit [29], quod revelatum est,
quando velum templi scissum est [30]; quod etiam
Dominus revelavit quando in cruce pependit, ideoque dixit : « Consummatum [31]; » nam ante passionem omnia Christianæ fidei sacramenta, et tota legis doctrina latebat sub littera, sed in passione sunt
omnia revelata. Tunc vexilla Regis prodeunt, quæ
antea latuere, tunc et Dominus revelavit, quando
sensum Scripturarum aperuit [32]. Hoc est lignum,
quo aquæ dulcescunt amaræ [33], quæ legem signifi-

---

[9] Joan. 17 [10] Ibid. [11] Apoc. 8. [12] Matth. 27; Psal. 21. [13] Ibid. [14] Luc. 23; Psal. 30. [15] Matth. 27.
[16] Rom. 8. [17] Ibid. [18] Joan. 12. [19] Luc. 23. [20] Joan. 19. [21] Ibid. [22] Mich. 6. [23] Matth. 26.
[24] Matth. 27. [25] Ibid. [26] Joan. 19. [27] Ibid. [28] I Cor. 1. [29] Exod. 34; II Cor. 3. [30] Joan.
8. [31] Matth. 27. [32] Joan. 19. [33] Luc. 24. [34] Exod. 15.

cabant, quæ hanc amaritudinem præcipiebant, oculum pro oculo, et similia ⁵². Sed dulces efficiuntur, dum lignum Dominicæ passionis et dicta evangelica proponuntur : « Qui te percusserit in unam maxillam, præbe ei et alteram ⁵⁶. » Crux denudata salutatur, quia per crucem salus hominibus reformatur, et sicut a Judæis incredulis deridebatur, sic nunc a fidelibus adoratur. Sed cum Dominus in asina fuerit honoratus ³⁷, et in cruce dehonestatus, quare crucem et non asinam adoramus? Respondeo : honor in asina terrenus erat, et salus non inde prodibat, sed opprobrium in cruce nostra salus erat. Hic est gladius David, quo Goliam occidit ⁵⁸, qui diu fuit servatus, et in honore habitus. Ita crux qua diabolus occiditur [honoratur,] adoratur, [id est cum reverentia salutatur,] et osculatur, [et hæc species adorationis, dulia vocatur, quæ debetur etiam creaturis. Est alia quæ latria nuncupatur, qua solus Deus est adorandus.] Dum autem crucem osculamur, nos ad terram prosternimus, ut humilitas mentis per habitum corporis demonstretur; et quia sicut Christus humiliatus est Patri pro nobis usque ad mortem ⁵⁹, sic nos ejus mortis imitatores humiliari oportet. De hoc cultu crucis ait Sedulius :

Neve quis ignoret speciem crucis esse colendam.

De modo prostrationis ait Augustinus : « Si quis sic humiliatur ut genua figat, adhuc habet quo amplius humilietur. Quisquis sic humiliatur, ut hæreat venter ejus in terra, ultra quo humilietur, non habet. Dum crucem adoramus, laudes ejus et præconia decantamus, scilicet antiphonas et rhythmos : *Crucem tuam. Crux fidelis, Pange, lingua.*

His ita rite peractis sacerdos se casulam induat, ad altare accedat. Tuncque more solito subdiaconus, vel duo presbyteri deferant ad altare corpus Dominicum, quod pridie fuit reconditum. Rationabile videtur ut hac die corpus Domini conficeretur, et inde usque in diem Sabbati, jugi silentio consopiti, a sacri altaris ministerio vacaremus. Hac enim die Christus immolatus, Sabbato quievit in sepulcro, et discipuli totam noctem sequentem in tristitia transegere, donec, mulieribus diluculo referentibus quæ audierant et viderant ⁶⁰, in gaudium respirare cœperunt. Respondeo : *Dominus noster pridie quam pateretur, accipiens panem et calicem, benedixit, deditque discipulis suis, dicens : Hoc est corpus meum, Hic est calix meus.* Tunc est immolatus in manibus suis, de qua immolatione subjunxit : *Hoc facite in meam commemorationem ⁶¹.* Ab hac igitur, quæ non est omittenda, cum sit firmiter injuncta, sexta feria est dies secunda, qua velut in monumento quiescat. Sabbatum vero tertia, qua velut a morte resurgat. Præterea, quia Dominus in parte noctis, quæ lucescit in prima Sabbati resurrexit ⁶², idcirco illam a silentio, vel tristitia, quam exigebat, requies sepul-

cri vehementer abstraxit, et eam gaudii jubar incorporabiliter illustravit. Triduum ergo Dominicæ mortis, quod perfici nequivit eo respectu, quo ipse est a Judæis trucidatus, eo transponitur, quod ipse manibus est immolatus. Cujus quoque rei illud maximum est indicium, quod in nocte Cœnæ luminaribus exstinctis vigilias celebramus, sicque fit, ut in quinta feria, quasi sexta in duplum manna colligatur ⁶³, quoniam in hac die quasi Sabbato non invenitur ; vel hodie corpus Christi non conficitur ; quia pro nobis hodie revera immolatur, et, veniente veritate, debet figura cessare ; vel quia sublatus est hodie verus sacerdos. Descendit enim ad inferos : vel quia ablata est hostia de manibus Christi, et nostris. Non ergo sacrificent amici, dum trucidant inimici, vel. quia velum templi scissum est ⁶⁴, et altare destructum ⁶⁵ ; vel quia Moyses ait : « Vos tacebitis, et alius pugnabit pro vobis ⁶⁶, » scilicet Christus ; « torcular enim calcavit solus ⁶⁷. »

Cum igitur hac die non sit corpus Domini conficiendum, ad hanc diem est causa triplici reservandum : Prima est propter infirmos, ne aliquis decedat sine viatico ; secunda est propter religiosos, qui his tribus diebus communicant ; tertia est propter officium adimplendum. Species autem vini causa triplici non reservatur; prima est, quia de facili ex negligentia laberetur; secunda est, quia dixit Dominus in cœna : « Amodo non bibam de hoc genimine vitis, donec bibam illud in regno Patris mei ⁶⁸ ; » tertia est, quia per panem, Novum intelligimus Testamentum ; per vinum vetus, ad quod significandum cum bibisset Dominus, inquit : « Consummatum est ⁶⁹, » et calix finitur, et panis servatur, eo quod lex finem ⁷⁰, et evangelium habet initium ⁷¹ : Novis enim supervenientibus, vetera transierunt. Cum autem duo presbyteri corpus Dominicum ad altare detulerint, sacerdos assistens, eo super corporali deposito, et calice, sicut moris est, cum vino in calice collocato dicat : *Oremus. Præceptis salutaribus.* Constat hunc locum esse in canone, ubi elevato calice cum corpore Domini dicitur : *Per omnia sæcula sæculorum* et sequente hac præfatione : *Præceptis salutaribus.* Calix interim cooperitur, in quo nobis illud figuratur, quod de cruce depositum corpus Domini sepelitur. Ideoque per duos presbyteros, qui corpus ad altare deferunt, repræsentamus Joseph ab Arimathæa, et Nicodemum, qui tulerunt corpus ad sepeliendum ⁷². Tres canonis articuli super deposito corpore proferuntur, scilicet : *Præceptis, Pater noster, et Libera nos, quæsumus;* quia tribus diebus, ut infra dicemus, sepultus Dominus occultatur. Ex præmissis colligitur, quod sola oratio Dominica non sufficiat ad Eucharistiam consecrandam.

Si enim sufficeret, non esset necessarium corpus

⁵⁵ Exod. 21. ⁵⁶ Matth. 5. ³⁷ Matth. 22. ⁵⁸ I Reg. 17. ⁵⁹ Philip. 2. ⁶⁰ Luc. 24. ⁶¹ Matth. 26. I Cor. 11. ⁶² Matth. 28. ⁶³ Exod. 16. ⁶⁴ Matth. 27. ⁶⁵ I Mach. 4. ⁶⁶ Exod. 14. ⁶⁷ Isa. 63. ⁶⁸ Matth. 26. ⁶⁹ Joan. 19. ⁷⁰ Levit. 26. ⁷¹ II Cor. 5. ⁷² Joan. 19.

Domini conservari ad diem hodiernum. Tali modo A dormivit. Ideoque dies ista Sabbatum appellatur,
missam apostoli celebrabant; prius enim missam quod *requies* interpretatur, antonomasia Sabbatum
celebraturi, ad conficiendum, hæc verba solummodo sanctum, propter requiem Jesu Christi, in cujus
proferebant : *Hoc est corpus meum, hic est sanguis* morte sanctificati sumus, vel propter fontem ba-
meus. Sed postea orationem Dominicam addidere, ptismi, qui hodie benedicitur, ubi constat novam
et hæc est apostolorum consuetudo, quæ hic repræ- prolem Ecclesiæ sanctificari. In quo circa vespe-
sentatur. Beatus vero Gregorius, Gelasius et Cœle- ram noctis, quæ lucescit in prima Sabbati [41], officii
stinus, alia superaddidere ; cum ventum fuerit us- solemnitas inchoatur, et quasi per totam noctem
que ad : *Per omnia sæcula sæculorum,* more solito usque ad diei claritatem continuatur, ut illud adim-
sacerdos hostiam frangat, qua fracta, non dicat pleatur : « Nox illuminatio mea in deliciis meis, et
Pax Domini sit semper vobiscum, eo quod oscula nox sicut dies illuminabitur [42]. » Tribus enim de
circumstantium non sequuntur. Similiter et tertiam causis hæc dies illuminata refulget in deliciis no-
portionem in calicem mittens, non dicat : *Hæc sa-* stris. Propter redemptionem animarum, quæ licet
crosancta commistio corporis et sanguinis Domini ; sit in die Parasceves morte Domini reparata, ejus
non enim sanguis adest. Unde quæritur si ex con- tamen gaudium et lætitia est ad hanc noctem præ-
tactu vinum consecratur? Respondeo : Non conse- B missa ratione translata. Propter resurrectionem cor-
crari, sed sanctificari. Est enim differentia inter porum, quæ, Domino resurgente, prima Sabbati
consecratum et sanctificatum. Consecrare est con- speratur futura ; ideoque vigilamus, et resurgenti
secrationem transubstantiare, similiter accipitur vigilando concinimus. Propter baptismi sacramen-
sanctificare, sed laxe ; sanctificari est ex tactu sacræ tum, quod hodie celebratur ; quoniam ab illis causis
rei reverendum effici. Exinde *Agnus Dei* prætermit- sumpsit exordium, et illarum nobis tribuit fructum.
tatur ; quia non videtur invocandus esse, qui cerni- Celebratur enim hac die catechumenorum officium,
tur in agone deficere. Cum silentio communicet ut catechumeni Christo consepulti per baptismum
presbyter, et omnes communicare debent. Unde in morte, cum eo resurgant [43], Hæc ergo nox Pas-
communio non cantatur, sed nobis silentibus, san- cha dicitur quod *transitus* interpretatur, quia trans-
guis ille quem sumimus, de ore nostro pro nobis ivit Dominus de mundo ad Patrem, de morte ad
clamat ad Dominum. Nos enim sumus illa terra, vitam. Transimus et nos (« Pascha enim immola-
quæ aperuit os suum et bibit sanguinem Abel [43], id tus est Christus ») [44] de hoste ad Patrem, de tene-
est Christi quem effudit Cain, id est Judaicus popu- bris ad lucem, de reatu ad gratiam, de pœna ad
lus. Unde factus est vagus et profugus super terram C gloriam, de pugna ad victoriam. Hæc nox in pleni-
[44], juxta illud : « Disperge illos in virtute tua [45], » lunio celebratur, luna jubar luminis a sole mutua-
factus est maledictus illa maledictione : « Sanguis tur. Luna est Ecclesia, sol Christus, qui, dum occi-
ejus super nos [46]. » Facta communione, Psalmi dit, occiditur; sed ejus occasu Ecclesia gratiæ ple-
vespertini senario numero decantantur, et sub una nitudine illustratur. Hæc nox, æquinoctio transacto,
collecta : *Respice, Domine,* totum officium, id est eum dies noctem superat, celebratur ; quia post
missa et vesperæ terminentur. Hoc facto, crux re- ignorantiam prolongatur de Deo scientia ; et ubi
ponatur in suo loco. Alicubi est consuetudo, ut cho- abundavit iniquitas, superabundavit et gratia [45].
rus dicat psalmos ante eam. Episcopus etiam, aut Hæc nox celebratur in vere, eum post hiemis aspe-
ejus vicarius, usque ad illam horam, in qua Domi- ritatem flores vernant, volucres jubilant ; quia, pulso
nus resurrexit. Officio celebrato, uno duntaxat refi- perfidiæ gelu, mundus floruit pulchritudine virtu-
cimur ferculo, eo quod hac die unum solum sibi tum, et in omnem terram exivit sonus [46] apostolo-
Dominus incorporavit, latronem videlicet cui dixit : rum. Hæc nox est utriusque diei communis : nam
Hodie mecum eris in paradiso [47]. usque nunc dies naturaliter præcedebat noctem ;
significans lapsum primi Adæ, qui ad tenebras de
luce descendit ; sed ex nunc artificialiter nox diem

CAPUT XIV.
IN SABBATO SANCTO.

Induite novum hominem, qui secundum Deum D
creatus est [48]. Sicut Deus operibus creationis mundi
sexta die completis, septima requievit ab omni opere
quod patrarat [49], sic in sexta ætate recreationis
operibus consummatis, juxta quod Dominus dixit
pendens in cruce : « Consummatum est [50], » in septima requievit ætate. Cum enim anima ejus pas-
sibilitatem corporis exivit, quodammodo in requie
fuit. Sicut etiam hominis creatione in sexta feria
facta, in die proxima requievit, sic ejusdem recrea-
tione in eadem feria celebrata, Dominus in sepulcro

præcedat, insinuans reparationem secundi Adæ, qui
nos ad lumen de tenebris reparavit. Hæc nox quadragenarium terminat afflictionis et quinquagenarium
inchoat absolutionis, quia per resurrectionem de
servitio captivitatis ad jubileum transibimus libertatis. Hæc nox mediat inter septimam et octavam
alterius Testamenti alpha et omega ; nunc officium,
et ejus ordinem, prosequamur. In principio igitur
officii totus in Ecclesia debet ignis exstingui, et novus de lapide, calybe percusso, vel crystallo soli objecta debet elici et de sarmento foveri ; ignis ve-

[41] Gen. 4. [42] Ibid. [43] Psal. 58. [44] Matth. 27. [45] Luc. 23. [46] Eph. 4. [47] Gen. 2. [48] Joan. 19.
[49] Matth. 28. [50] Psal. 138. [51] Rom. 6. [52] I Cor. 5. [53] Rom. 5. [54] Psal. 18.

tus veterem significat legem, cujus in morte Christi
figuræ completæ fuere, et ideo velut exstinctæ cessare debuerunt, sed de lapide, id est Christo, qui
est lapis angularis [67], qui verbere crucis percussus,
Spiritum sanctum nobis effudit ; vel de crystallo inter solem et escam mediante, id est Christo qui fuit
mediator inter Deum et nostram infirmitatem [68], qui,
sicut testatur, ignem in terram mittere venit [69]. Novus ignis elicitur. dum per ejus passionem, resurrectionem Spiritus sanctus nobis infunditur, cui
præbet alimenta idem Christus, qui est vitis vera [70].
Non est vana religio solemni processione ad hujus
ignis b nedictionem exire : « Eamus, inquit Apostolus, ad eum extra castra, improperium ejus portantes [71]. » Procedentes igitur ad illum ignem, me-
minisse debemus, exeundum nobis ad illum, quem
Judæi extra castra projecerunt, et benedicimus illum cum cruce et aqua, ut nos vi passionis ejus, per
quem Spiritum sanctum accipimus, lotos esse significemus. Et attende quod sicut his singulis diebus,
cœna Domini Parasceve, et Sabbato sancto, ignis
exstinguitur ; sic, aiunt quidam, ut novus ignis in
memoriam passionis, ut prædiximus, accendatur ;
cum igne solemniter benedicto, exeat diaconus ad
fores Ecclesiæ dicens ter : *Lumen Christi,* cui respondet chorus : *Deo gratias.*

Exinde veniens in chorum, cereum benedicat.
Benedictionem cerei Zosimus, Ecclesiæ Romanæ
pontifex vicesimus octavus instituit, ut Christus ad
memoriam visibiliter reduceretur. Qui, sicut ait Augustinus, est in omnibus rebus ad memoriam re-
ducendus, a cujus dulcedine benedictionis inchoantur præconia Dominicæ resurrectionis. Nam cereus renovatus et illuminatus Christum significat,
qui in carne gloriosa resurrexit a mortuis, et verus
Deus apparuit, et vere in eo splendor exstitit divinitatis , qui tristitiam discipulorum , imo totum
mundum serenavit sua lætitia charitatis, quem con-
tristaverat exstinctio lampadum, id est prophetarum,
et majoris lampadis, id est passio Salvatoris, cujus
ceram apis sine concubitu mater eduxit ; quia Christi carnem virgo Maria concepit et peperit [72], et
Deum in carne quasi mel in cera proferens inviolata
permansit. Cum itaque per cereum Christus significetur, merito annus ab incarnatione Domini consequenter inscribatur ; vel quia Christus est maximus annus antiquus et plenus dierum [73], in quo est
plenitudo bonorum omnium [74]. Sicut in anno fertili-
litas fructuum, cujus duodecim menses, apostoli,
dies fideles, horæ sunt pueri baptizati. Indictio quoque et epacta nihilominus inscribuntur ; quoniam
actiones hominum, et successiones temporum, Christo disponente, ordinantur. Et attende quod indictio
spatium quindecim annorum, et singulus eorum
vocatur æra ; æra vero tributum, quod annis singulis
solvebatur.

Cereum diaconus benedicit, non sacerdos vel
episcopus ; quia Christi resurrectionis præconium,
per minorem sexum fuit apostolis manifestatam,
scilicet mulieres [75], non per apostolos mulieribus.
Nam, quia mulier a diabolo missa viro mortem obtulit [76], pulchre sexus idem a redivivo Christo missus, virili sexui vitam evangelizavit. Accedens ad
benedicendum frustula secum portat incensi, ut ea
cruciculæ cereo insculptæ offerendo infigat : Illæ
namque mulieres emerunt aromata, ut venientes
Jesum ungerent crucifixum [77]. Benedicens ait :
Exsultet. Cum post salutat populum, eum reddit
benevolum et attentum, dicens : *Dominus vobiscum.*

In *columnæ illuminatione,* hujus columnæ præconia novimus, quam in honore Domini rutilans ignis
accendit ; ubi quidem innuitur, quod idem per cereum præsentatur, quod per columnam, quæ præcedebat filios Israel [78], prætigurabatur ; columna
quippe nobis figuram tenuit humanitatis ; columna
vero ignis, divinitatis, columna filiis Israel in tertia
mansione, post esum agni, concessa, ut Hieronymus
ait : Præcessit populum ad mare Rubrum, et per
desertum, quousque Jordanem transiret, et terram promissionis intraret. Inde est quod cereus
tertia die post cœnam Domini ante baptismum,
est secundum quosdam, benedictus, ante neophytos, ad baptisterium, et in officiis usque in octavam
solemnitatis, vel ante pontificem, qui est caput populi, deportatur. Columna tra populo faciebat,
obumbrabat a sole, protegebat ab hoste, illumina-
bat in nocte, sic Christus obumbrat contra æstum
vitiorum, protegit a suggestionibus dæmonum, illuminat omnem hominem venientem in hunc mundum [79], donec eum perducat ad regnum cœlorum,
offerens, etc. *Quam rutilans ignis accendit,* hæc est
divinitas quæ humanitatem in sepulcro jacentem
iterum animavit, id est animam corpori copulavit,
vel novam ignis novam ipsius doctrinam, qui ait .
« Mandatum novum do vobis [80], » aut novam gloriam in resurrectione exhibitam figuravit. Sequitur:
*Qui licet divisus in partes mutuati tamen luminis
detrimenta non novit ;* ex eodem igne cerei consecrati omnes, qui sunt in ecclesia, cereoli accedun-
tur, misit enim Dominus ignem in terram [81], et quid
voluit nisi eum vehementer accendi ? et de plenitudine ejus omnes accepimus [82]; stans etiam in die,
qua resurrexit in medio discipulorum, ait illis :
« Accipite Spiritum sanctum [83], » quos apostolos
binos ad prædicationis officium delegatos [84], duo
minores cerei repræsentant, vel prophetas et apostolos, vel omnes Ecclesiæ doctores, gemina charitate
ardentes, aut etiam verbo et opere præfulgentes.

Si autem non fuerit nisi unus cereus minor, significat ordinem apostolorum, quibus sicut de se
dixerat : « Ego sum lux mundi [85], sic de eis adjunxit : « Vos estis lux mundi [86]. » Ambo catechu.

[67] Ephes. 2. [68] I Tim. 2. [69] Luc. 12. [70] Joan. 15. [71] Hebr. 13. [72] Isa. 7. [73] Dan. 7. [74] Joan. 1,
Col. 2. [75] Luc. 21. [76] Gen. 3. [77] Marc. 16. [78] Exod. 13. [79] Joan. 1. [80] Joan. 13. [81] Luc. 12.
[82] Joan. 1. [83] Joan. 20. [84] Luc. 10. [85] Joan. 8. [86] Matth. 5.

menos præcedunt, quia Christus per se et per apostolos Ecclesiam illuminavit. Offerens incensum cicit : *Suscipe, sancte Pater, incensi hujus sacrificium vespertinum*; vespertinum legis sacrificium significabat in mundi vespera Dominum immolandum ; cum ergo crux insculpitur, crucifixi status designatur . *Quam*, etc.

Cereus benedictus in octava Paschæ secundum quorumdam consuetudinem ad fumigandas domos populo distribuitur, eo quod in ultima resurrectione Christus fidelibus in præmio tribuetur, ad quod expressius significandum Romani agnos faciunt de cera oleo mista ; in agno enim cereo, agnus præfiguratus, et in Pascha immolatus ad memoriam reducitur, cui sanctus Gregorius oleum infudit, quando Paschalis agni mysteria reseravit. Sequitur de baptismo quem hodie celebramus ; quoniam hac nocte fortem fortior superveniens alligavit[17] et paradiso spolia reddidit. Item : quia quicunque baptizati sumus in Christo Jesu, in morte ipsius baptizati sumus, consepulti enim sumus cum illo per baptismum in morte, ut quomodo resurrexit Christus a mortuis per gloriam Patris, ita et nos in novitate vitæ ambulemus[18]. » Mors Christi nostræ mortis fuit abolitio[19],sed mors Christi simpla, nostra vero dupla ; nam per unam Christi mortem, ejus mortis in baptismo nanciscimur abolitionem, quæ mortis Christi suscipit in baptismate similitudinem, hæc est mors animæ, quam statim salvatrix gratia depellit ; aliam vero, quæ corporis est, censuræ justitiæ reservavit, sed et hoc mortale absorbebitur. Et rationis erat ut sicut mors animæ causa fuerat corporeæ mortis, sic etiam justificatio spiritus causa fieret gloriosæ corporeæ mutationis. Baptismum Dominus instituit, cum de latere suo sanguinem et aquam produxit, quem postea edictali lege firmavit, dicens : « Nisi quis renatus fuerit ex aqua, et Spiritu sancto, non introibit in regnum cœlorum[20]. » Baptizatus est Dominus in sua passione, unde : « Baptismo habeo baptizari[21]. » et quomodo coarctor usque dum perficiatur, in quo fluvium sanguinis, et aquæ profudit, et totum corpus, quod est Ecclesia[22] lavit, et super nivem dealbavit[23]; sic de latere Christi nascitur Ecclesia, sicut de latere Adæ fabricatur Eva[24]. Ille ergo fuit baptismus Abrahæ et aliorum universalis et latronis in cruce pendentis[24]. Paulum vero legimus baptizatum[26] ; quia nondum erat in corpore universalis Ecclesia, sed in synagoga Satanæ. De aliis apostolis utrum fuerint aqua baptizati, reperire non potuit Augustinus, sicut ait in epistola quam scribit ad Seleucianum; quidam aiunt eos fuisse aqua baptizatos, cum Dominus lavit pedes eorum[27]. Alii non dubitant eos fuisse baptizatos aqua, forma Joannis aut Christi[28], per quorum ministerium Christus alios baptizavit. Baptizaverunt enim alios

ante passionem , ut quidam arbitrantur, in forma Joannis, post resurrectionem in forma Salvatoris , dicentis : « Euntes, docete omnes gentes, baptizantes eos, in nomine Patris. et F II . et Spiritus sancti[29].» Hæc est sacramenti forma substantialis ; cætera vero solemnitatis , in quibus diabolus adjuratur, et quasi judiciali sententia condemnatur. Quæ quo leguntur ordine prosequemur. Leguntur igitur in quibusdam ecclesiis viginti quatuor lectiones. Duodecim Græce propter auctoritates Septuaginta Interpretum , quorum auctoritas floruit in Græcia ; Latine propter auctoritatem Hieronymi, cujus translatio prævaluit in Italia : unde , licet sint viginti quatuor lectiones, non tamen sunt nisi duodecim in sententiis lectiones, quæ Græce et Latine leguntur propter auditorum diversitatem , ut prædiximus, cum de Sabbatis quatuor temporum loqueremur. Duodecim autem leguntur, quia baptizandi catechumeni duodecim apostolorum doctrina imbuuntur ; qui duorum dierum varietatibus instruuntur, scilicet in quarta feria et hodie, ut si forte per oblivionem dilapsum est, quod in quarta feria post mediam Quadragesimam didicerunt, aut si aliqui abfuerunt, nunc perfectius et plenius instruantur ; vel bis duobus duorum dierum varietatibus instruuntur, non ut doctrinam intelligant variare ; sed, secundum Bedam , vitam præsentem sciant in fide et operatione consistere. In quibusdam vero ecclesiis sex tantum lectiones leguntur ; quia catechumeni ad opera misericordiæ invitantur. Quotcunque legantur, tituli subticentur, vel quia Christus caput nostrum[100] nondum nobis redditur; vel potius , quia baptizandi , ad quos pertinet officium , in Scripturarum ignorantia detinentur. Cum enim Scripturam non intelligant, non expedit eis auctores nominare. Tituli namque in lectionibus recitantur, ut auctores cœlestis doctrinæ, et cives supernæ Hierusalem intelligantur, et sapientes, qui audiunt, amore dulcedinis nominis conceivum suorum avidius lectionem intelligant. Quia ergo neophyti cives illius cantantes ignorant, ideo lectionis titulos non pronuntiant. Propterea quoque in nocte, et sine tono leguntur; quoniam in eis insipientes, et catechumeni simplices instruuntur, vel idcirco duodecim lectionibus, quæ catechumenis leguntur, tituli subtrahuntur; quia neophyti nondum sunt inter duodecim millia signati[1]. Lectiones typum gerunt Eliezer servi Abrahæ, qui jussu domini sui, mortua Sara, Isaac Rebeccam duxit in uxorem, quam invenit ad fontem, cui dedit armillas , et inaures ad ornandam faciem, nec mora reliquit patris domum , et hilariter festinat ad sponsum[2]. Sacerdotes antiqui dierum legati Dei Patris venientes ad fontem baptismi novæ plebi, Christo nostro, risui vel gaudio conjungendæ porrigunt, legendo lectiones , in aures fidei et doctrinæ quæ armillas

[17] Luc. 11. [18] Rom. 6. [19] Hebr. 2. [20] Joan. 3. [21] Luc. 12. [22] Ephes. 5. [23] Psal. 50. [24] Gen. 2. [1] Luc. 23. [26] Act. 9. [27] Joan. 13. [28] Joan. 4. [29] Matth. 28. [100] Ephes. 1. [1] Apoc. 9. [2] Gen. 24.

induitur, dum obediens operatur. Isaac conjungitur, A
dum obliviscens populum suum et domum patris sui [3]
per dilectionem Christo copulatur, et hæc fiunt,
mortua Sara ; quia synagoga, quæ illum genuit,
sanguine suffocata, cum dixit : « Sanguis ejus
super nos et super filios nostros [4], » sponsa de
gentibus acceleravit Ecclesia.

Prima lectio scilicet : *In principio creavit Deus
cælum et terram*, convenit baptizandis, ex eo quod
in ea dicitur : *Spiritus Domini ferebatur super aquas;*
et infra : *Faciamus hominem ad imaginem et similitudinem nostram* [5]. Ad imaginem est, in quantum rationalis est, ad similitudinem est in quantum bonus est, imago namque respicit naturalia
sed similitudo gratuita, imagine homo carere non
potuit, sed similitudinem ob culpam amisit, quam, B
ut recuperaret, Spiritus Domini fertur super aquam
baptismi, ergo ideo legitur, quia in ea Trinitatis
mentio innuitur, et Spiritus sancti virtus ostenditur, item convenit baptizandis ex distinctione dierum et operibus eorumdem. Sicut in *principio creavit Deus cælum et terram*, sic et nunc creat in Baptismo novam Ecclesiæ prolem, *et dividit aquas ab
aquis*, spirituales a carnalibus, et ex aquis producit
pisces et volucres [6]; id est eos qui sæcularibus inna-
tant curis et eos « quorum conversatio est in cœlis [7],»
terra quorum, id est caro, aliis producit herbam
virentem, et pomiferum, et ligna virtutum, aliis germinabit spinas et tribulos vitiorum ; omnibus tamen
in firmamento Scripturæ, sol et luna, et cætera C
luminaria præsunt [8], doctores videlicet majores et
minores, qui relucent super bonos et malos [9],
sapientibus et insipientibus [10], et sicut postmodum
hominem creavit, et denique requievit [11], sic in
baptismo recreat, et regenerat, et requiem dat
hic a culpa, sed futuram exspectamus, quæ erit
simul perfectius a culpa et pœna.

Secunda lectio, scilicet : *Noe cum quingentorum
esset annorum* [12], per hoc convenit sacramento baptismi ; quia loquitur de inundatione diluvii, in
qua sicut peccatores pereunt et justi salvantur ; sic
in baptismo peccata delentur, et animæ liberantur.

Tertia scilicet *tentavit Deus Abraham* [13], per hoc
accedit ad baptismum, quoniam Isaac denuntiat
immolandum. Hic est Christus, in cujus morte ba- D
ptizati sumus [14], in quo benedictionem accipimus.

In quarta lectione *factum*, manifesta est figura
baptismi ; nam per sacerdotem Moysen [15] repræsentamus, per baptismum mare Rubrum ; per cereum columnam, per catechumenos Ægyptios, per
jam baptizatos, Hæbræos, unde illorum voce mox
sequitur canticum victoriæ : *Cantemus*, cantandum
est enim quoniam in morte nostri agni Ægyptiorum primogenita moriuntur et in mari Rubro Ægy-

pii submerguntur, peccata enim originalia et actualia in baptismo sanguine Christi rubenti penitus
absorbentur.

Quinta quoque lectio scilicet : *Hæc est hæreditas* [16],
manifeste baptisma pronuntiat, ubi dicitur : *Omnes sitientes, venite ad aquas* [17]

Sexta, scilicet : *Audi Israel* [18], indicat incarnationem, dicens : *In terris visus est, et cum hominibus conversatus est* [19].

Septima, scilicet : *Facta est super me* [20], nostram
insinuat resurrectionem.

Octava, scilicet : *Apprehendent septem mulieres
virum unum* [21], septem innuit dona, quæ in sacramento baptismatis conferuntur. Christi etiam, et
Ecclesiæ continet conjunctionem, quæ facta in
Salvatoris incarnatione, plenius fiet in resurrectione.
Ideoque illæ duæ præmittuntur lectiones, conjungitur etiam Ecclesia Christo in lavacri sacramento,
unde et hic subditur : *si abluerit sordes filiarum
Sion* [22], propterea, sequitur canticum : *Vinea
facta est dilecto. Vinea enim Domini Sabaoth, domus Israel est* [23].

Nona scilicet : *Dixit Dominus ad Moysen* [24], immolationem præcipit agni Paschalis, id est Christi,
cujus sanguine redimimur et aqua lavamur.

Decima, scilicet : *Factum est verbum* [25], manifeste quoque declarat passionem Domini, quæ fuit
origo baptismi.

Undecima quoque renatis congruit, scilicet :
Scripsit Moyses [26], ubi legem Dei renatis præponit,
et in cantico superna promittit [27]. Ideoque sequitur
canticum : *Attende.*

Duodecima, scilicet : *Nabuchodonosor*, etiam baptisma declarat, in quo Spiritus sanctus peccata
consumit, sicut angelus flammam fornacis exstinxit [28]. Unde catechumeni canticum : *Sicut cervus* [29], cum gaudio resonant ; quia fontem vitæ desiderant. Qui quatuor legunt lectiones, istis utuntur
*In principio, Factum est in vigilia, Apprehendent
septem mulieres, Hæc est hæreditas*, vel *scripsit
Moyses*, quæ quatuor hodie leguntur, quia quatuor
fidelium genera, scilicet simplices, intelligentes,
proverti et sapientes, quatuor modis videlicet per
historiam, allegoriam, tropologiam, anagogen erudiuntur. Hodie namque neophytis nostris quadruplex mensa proponitur. Nam prima lectio simplices
de sua formatione erudit, ubi dicitur : *Faciamus
hominem ad imaginem et similitudinem nostram* [30],
et item masculum et feminam creavit eos. Unde
sacerdos orat ut imaginem catechumenis, quam in
hominibus creavit, restituat. Secunda lectio, intelligentes, de modo restitutionis per allegoriam instituit, dicens : *Ægyptios 'in mari submersos* [31],
Hebræos liberatos, significans dæmones et peccata

[3] Psal. 44. [4] Matth. 27. [5] Gen. 1. [6] Ibid. [7] Phil. 3. [8] Gen. 1. [9] Matth. 5. [10] Rom. 1. [11] Gen.
2. [12] Gen. 5, 6. [13] Gen. 22. [14] Rom. 6. [15] Exod. 14. [16] Isa. 54. [17] Isa. 55. [18] Bar. 3. [19] Ezech.
37. [20] Isa. 4. [21] Ibid. [22] Ibid. [23] Isa. 5. [24] Exod. 12. [25] Joan. 3. [26] Deut. 31. [27] Deut. 32.
[28] Dan. 3. [29] Psal. 41. [30] Gen. 1. [31] Exod. 14.

submergi, et animas in baptismate liberari. In persona igitur Hebræorum, et eorum, qui a vitiis liberantur in fonte, sequitur canticum victoriæ : *Cantemus*. Postea sacerdos orat, ut sicut illi ab Ægyptiis, sic isti a dæmonibus liberentur. Tertia lectio
provectos, per tropologiam edocet, ubi dicitur quod
sordes filiarum Sion laventur *in spiritu judicii* et
sanguis Hierusalem in *spiritu ardoris* [28]; quia quod
leve est, lavant lacrymæ, quod grave asperitas pœnitentiæ, quæ omnia per septiformem Spiritum lavantur in fonte. Hæc sunt septem mulieres, quæ
apprehenderunt virum unum. Hanc canticum sequitur : *Vinea*; quia bonos mores lætitia comitatur
æterna, et pertinet hoc canticum ad Synagogam,
quæ conjungetur viro, cum intraverit gentium plenitudo [29]. Postmodum sacerdos orat, ut post præsentia, æterna bona percipiant. Quarta lectio sapientes per anagogen erigit ad cœlestia, dum hæreditatem promittit æternam [30]; hanc duo cantica
sequuntur, quoniam in illa hæreditate baptizati
corpore, et anima gratulabuntur, vel quia in lectione, duo conjunguntur, scilicet mores præsentis
vitæ et hæreditas futuræ, de quibus Propheta :
« Anima ejus in bonis demorabitur, et semen ejus
hæreditabit terram [31]. » Ideoque verba lectionis et
canticorum conveniunt. Ibi dicitur : *Omnes sitientes*, hic vero : *Sitivit anima* [32], ibi : *David fidelis* [33]:
hic : *Deus fidelis* [34], ibi : *Descendit imber* [35], hic,
« Descendit sicut ros » verba mea [36], sed post canticum : *Attende cœlum*, sacerdos orat, ut firma sit
hæreditatis promissio. Post aliud canticum : *Sicut
cervus*, iterum orat, ut fontem vitæ catechumeni
sitiant; lectiones autem cantica subsequuntur in
persona catechumenorum, quia catechumeni futuri
sunt de numero centum quadraginta quatuor millium, qui cantant canticum novum [41], vel quod potius est, exsultant, quoniam ab Ægyptiorum oneribus liberantur. Sed quia quandiu sumus in corpore, hæc exsultatio debet esse in tremore et labo-
riosa carnis mortificatione, ideo cantus efferimus
in tractus, qui sunt lugentium, et significant præsens exsilium. Item prima lectio lapsum narrat humanum, unde nullum sequitur canticum : quia
lapsus homo ignarus *Deo gratias* non cantavit, sed
obmutuit et obsurduit. Ideo baptizando dicitur :
ephpheta, quod est adaperire [43]. Tres sequentes tria
tempora mundi respiciunt, ante legem, sub lege,
sub gratia, quibus ad restitutionem lapsi, proponitur esse necessarium sacramentum baptismi. Unde
in secunda lectione, de his quibus nondum erat lex
data, dicitur : *Omnes in Moyse baptizati sunt in
nube et in mari* [43]. In tertia de his qui erant sub
lege, dicitur : *Si laverit Dominus sordes filiarum
Sion* [44]. In quarta : *Omnes sitientes* [45], invitat ad
bibendum aquas de fontibus Salvatoris, qui dixit

Samaritanæ : « Qui biberit aquam quam ego dedero, fiet in eo fons aquæ vivæ salientis in vitam
æternam [46]. » Quia igitur in singulis temporibus
remedium agnovere baptismatis, ideo tribus lectionibus singula cantica succinuntur, et quartum sine
præcedenti lectione concluditur, ut taciturnitati
primæ vicem rependant neophyti, ut qui de lapsu
siluerant, certificati de restitutione gaudia gemi-
nent ; vel doctrinam ulterius non exspectant, quoniam gaudentes festinant ad lavacrum : *Sicut cervus
desiderat ad fontes aquarum* [47]. Illud sciendum est
quod quisquis fuerit ordo, quatuor sunt cantica per
quatuor pedes, ut de lectionibus suprædiximus ; et
dicuntur cantica, quia cantantur, vel quia in libris
authenticis cantica nominantur. Nam de primo dicitur : *Cecinit Moyses carmen Domino* [48], de secundo : *Cantabo dilecto meo canticum patruelis
mei* [49], de tertio : *Scripsit Moyses canticum* [50], de
quarto dicitur in præfatione cantici. Illud notabile
est quotcunque fuerint lectiones, quod semper orationes sequentes ad lectiones, et tractus respiciunt
præcedentes, et est præposterus ordo; aliàs primo
sacerdos orat, secundo legit lector, exinde succinit
cantor. At hic primo legitur, ut neophytis doctrina
fidei proponatur. Secundo cantatur in persona illorum, ut cognoscatur quanta sit devotio, et hilaritas baptizandorum, qua cognita, sacerdos orat
confidenter ut eorum devotio non deficiat, sed incrementa suscipiat ; et sicut lectionibus tituli sup-
primuntur, sic eadem ratione orationibus *Dominus
vobiscum* subtrahitur. Dum lectiones leguntur, duodenarius adimpletur numerus litaniarum, per tres
quaternarios clericorum, quibus oratur, ut in
baptizandis doctrina capiat apostolorum fide Trinitatis et quatuor virtutibus præditorum; vel septenæ fiunt ad impetrandam septiformem gratiam,
et quinæ ad obtinendam quinque sensuum custodiam, et quia per nos ad hoc impetrandum non
sufficimus, sanctorum suffragia postulamus. At
illud non est silentio prætereundum, quia in lectionibus et litaniis, senes præcedunt, et juvenes subsequuntur, vel quia senex servus adduxit Rebeccam, ut Isaac juvenis apprehenderet eam [51], vel
quia in baptismate juvenescit Ecclesia, et renovatur, ut aquilæ juventus nostra [52].

His rite completis solemniter, ut in processionibus, ad fontes accedimus cantantes hos versus :
Rex sanctorum, et non debent esse fontes nisi in
Ecclesia quia mater est, ex qua nova progenies generatur, baptismus dicitur *unctio*, vel *lotio*. Baptismum Noe in diluvio [53], Moyses in mari Rubro [54],
Salomon in mari Æneo [55] præfiguravit. Joannes
officio demonstravit [56], Dominus baptismo confirmavit, passione consecravit, mandato præcepit [57].
Episcopus vel sacerdos Deum Patrem orat, et per

[28] Isa. 4. [29] Rom. 11. [30] Isa. 54, 55. [31] Psal. 26. [32] Psal. 41. [33] I Reg. 22. [34] Deut. 32. [35] Isa. 55.
[41] Psal. 132. [43] Apoc. 14. [44] Marc. 7. [45] I Cor. 10. [46] Isa. 4. [47] Isa. 55. [48] Joan. 4. [49] Psal. 41.
[50] Exod. 15. [51] Isa. 5. [52] Deut. 31. [53] Gen. 24. [54] Psal. 102. [55] Gen. 7. [56] Exod. 14. [57] III Reg. 7.
[58] Matth. 3. [59] Joan. 19; Matth. 28.

Jesum Christum, Spiritum sanctum implorat. Ideoque prius legit in modum orationis, sed postmodum gaudens Spiritum sanctum advenisse, gratias
agens, cantat in modum præfationis. Fontis consecratio, in nomine sanctæ Trinitatis, et maxime in
sancti Spiritus invocatione perficitur; sancta namque Trinitas sic opera sua divisit, ut Pater hominem
conderet, Filius redimeret, Spiritus sanctus illuminans regeneraret, et regenerans illuminaret; et
tamen indivisibilia sunt opera Trinitatis : spiritum
adoptionis sacerdos implorat ut aquam sanctificet
et fecundet : cum in modum crucis manu dividit
aquam, recolit quod Moyses aquam tactu ligni dul-
coravit [44], et aqua illa baptismum, lignum vero
crucem præfiguravit.

Per insufflationem in transversum, immundi
spiritus expulsionem insinuat. Ideoque dicitur :
Spiritus immundus abscedat, in quo adimpletur
verbum Domini : « Princeps mundi hujus ejicietur
foras [45] ; » per trinam in altum eam fieri in sanctæ
Trinitatis invocatione demonstrat. Egresso diabolo,
aqua munitur crucis signaculo cum dicitur : *Sit
hæc sancta*, ut sit *libera ab impugnatoris incursu*,
ne ulterius locum habeat redeundi ; et rursus ad
idem, per invocationem sanctæ Trinitatis munitur,
cum subditur, *sit fons virus*. Per trinam, etenim
manufactam divisionem trinam sanctæ Trinitatis
accipimus operationem, quod ex ipsis adjectivis in
oratione convincitur; quia fons vivus ad Patrem;
aqua regenerans ad Filium, unda purificans refertur ad Spiritum sanctum ; sicut enim in baptismo
Christi [46] Trinitas adfuit ut Pater in voce, Filius
in persona, Spiritus sanctus in columba, sic et nostra benedictio per invocationem debuit fieri Trinitatis; cum ergo dicitur : *Per Deum vivum*, Pater innuitur, deinde Filius cum subditur *Per Jesum
Christum ;* exinde Spiritus sanctus cum additur
Virtus Spiritus tui. Et attende quod in hujus serie
benedictionis miracula facta in aqua ponuntur, scilicet quod in creationis primordio « spiritus super
aquas ferebatur [41], » quod in diluvio [42], per aquam
nocentis mundi crimina purgabantur, quod in principio ab arida separatur [43], quod in convivio in
vinum convertitur [44] ; ut sicut tunc miraculose Domini jussis aquæ paruerunt, ita nunc præter naturalem mundationem, quam lavandis possunt adhi-
bere corporibus, sint etiam miraculose purificandis
mentibus efficaces. Vocis mutatio est sancti Spiritus adventatio, vel potius mentis quædam humilis præparatio ad impetrandum adventum Spiritus
sancti in aquam. Quem post alta voce, et hilari
sacerdos invitat, dicens : *Descendat in hanc.* Unde
cum protinus cereos in aquam mittimus, Spiritum
sanctum in aquam descendere non dubitamus, et
secundum hoc unum duntaxat immittimus; una
enim fuit columna in nocte fulgida, in die nube-

cula [45] ; hic est Christus, qui venit, ut qui non vident videant, et qui vident cæci fiant [46] ; sed quasi
duo leguntur; sicut enim cereus illuminatus columnam rememorat ignis, et personam significat
Filii, sic cereus exstinctus columnam nubis et personam Spiritus sancti. Unde secundum quosdam
rationabiliter in aquam duo cerei deponuntur. Cereus cum a cereo illuminatur, significat apostolos,
columnas Israeliticas Spiritu sancto repletos, a
Christo fuisse illuminatos. Quidam vero differunt
utrumque cereum neophytorum illuminare, quousque lampades illuminentur ecclesiæ. Vel duo cerei
dilectionem significant Dei et proximi : qui vertitur
ad dexteram dilectionem Dei, qui vero ad sinistram
dilectionem proximi; per chrismatis et aquæ commistionem, significamus Christi et Ecclesiæ conjunctionem ; exinde pueri baptizentur, ita prius in-
terrogentur de fide, et si abrenuntient Satanæ, et
operibus ejus, et pompis ejus, ut eis oris confessio
fiat ad salutem [47].

Et vide quod hoc officium prælibatum est in
scrutinio, sed forsitan ideo repetitur ; quoniam aliqui abfuerant, vel quia per negligentiam quod
acceperant amiserunt, et quod per abrenuntiationem primus hospes expellitur, per confessionem,
secundus ingreditur. Propter hanc abrenuntiationis
et confessionis repetitionem, titulatur in sacramen-
tario, *In sabbato Paschæ ad reddentes ;* reddunt
enim quod in scrutiniis acceperunt. Deinde in pectore et inter scapulas oleo liniuntur, ut ad fidem
et operationem roborentur : per pectus fidem, per
scapulas operationem; per hæc duo salvatur homo.
Vel ut mente et corpore tuti abrenuntient operibus
diaboli, spiritualibus et carnalibus ; vel in pectore
ut capaces sint ad intelligendum verbum Dei, in
scapulis, ut robusti sint ad portandum jugum Domini [48]. Postea baptizantur his verbis : *Baptizo te
in nomine Patris et Filii et Spiritus sancti ;* et quia
in nomine Trinitatis baptizantur, ideo tertio immer-
guntur, vel, ut per fidem sanctæ Trinitatis a tribus
mortibus eripiantur, scilicet, cogitationis, locutionis et operationis, vel ut a tribus prævaricationibus
liberentur, scilicet legis naturalis, Mosaicæ et
Evangelii, vel ut trinæ morti Christi conformentur,
quoniam in morte ipsius baptizati sumus [49]. Est
autem in hunc modum mersio facienda. Primo recta
facie versus aquam, et verso capite ad orientem. Secundo verso capite ad aquilonem. Tertio verso capite
ad meridiem, ut crux in mersione formetur ; quia qui
baptizatur, mundo crucifigitur, et cruci Christo configitur [50]. Quod vero pueris nomen imponitur in
baptismo, inde est quia baptismus est vicarius circumcisionis, in qua nomina pueris imponunt Hebræi, eo quod tempore circumcisionis Abrahæ nomen fuerit immutatum : cum enim prius diceretur
Abram [51], postea dictus est Abraham. Cum puerum

[44] Exod. 15. [45] Joan. 12. [46] Matth. 3. [41] Gen. 1. [42] Gen. 7. [43] Gen. 1. [44] Joan. 2. [45] Exod.
15. [46] Joan. 9. [47] Rom. 10. [48] Matth. 11. [49] Rom. 6. [50] Gal. 2, 6. [51] Gen. 17.

ite sacerdos extraxerit, illum patrini susci-
quibus cum in manu tenentibus, eum in
: chrismate sacerdos inungat, in quo quasi
isatur, et ei Spiritus sanctus pro arrhabone
ur, quod papa Silvester instituit [13] .Cum
premium dilataretur Ecclesiæ, nec omnibus
pi valerent per confirmationem occurrere, ne
hrismatis unctione perirent, instituit ut a sa-
ibus in vertice supra cerebrum, ubi est sedes
tiæ ungerentur, et quod hic datur spiritus
rrhabone, in confirmatione vero sequenti,
t per episcopum, datur ad robur et augmen-
aliæ, si decesserit pro rata gratia, dat au-
am et gloriæ. Verumtamen et sine unctione
ius solo baptismo salvari, sed stella differt a
in claritate [13]. Sacerdos inungens his verbis
: Deus omnipotens, Pater Domini nostri Je-
isti, qui te regeneravit ex aqua et Spiritu san-
tique dedit tibi remissionem omnium peccatore te liniat chrismate salutis in vitam æter-
episcopus vero confirmans similibus utitur
dicens : Omnipotens sempiterne Deus, q: i
rure dignatus es hunc famulum, vel hanc fa-
tuam ex aqua et Spiritu sancto, quique de-
i remissionem peccatorum omnium, emitte in
ptiformem Spiritum tuum Paracletum de cœlis.
piscopus pro confirmandis, quod sumptum
Actibus apostolorum, ubi dicitur : Cum au-
apostoli, qui erant Hierosolymis, quod rece-
naria Verbum Dei, miserunt ad eos Petrum
mem, qui, cum venissent, oraverunt pro eis ut
ent Spiritum sanctum. Tunc imponebant ma-
per illos et accipiebant Spiritum sanctum [14].
) colligitur quod illuc ire debent episcopi,
nt, quibus necesse sit manus imponi. Cumque
enerint, orent pro eis, dicentes : Emitte in
iritum septiformem, Spiritum sanctum tuum
etum de cœlis. Nullus enim discipulorum, ut
gustinus, dedit illis Spiritum sanctum, sed
it ut veniret in eos, quibus manus impone-
Quare septiformem Spiritum dixerit subdit :
m sapientiæ et intellectus, spiritum consilii
itudinis, spiritum scientiæ et pietatis, et
evit eum spiritu timoris Domini [15]. Propheta,
ait Gregorius, de Christo loquebatur, qui
lestibus ad ima descendit; nos autem qui
nis ad cælestia tendimus, hos gradus ascen-
numerare debemus, ut a timore ad sapien-
werveniamus : « Initium ergo sapientiæ est
Domini [16]. » Hic est primus ascensionis gra-
d timor ante Omnipotentis oculos nullus est,
a sublevatur ad pietatem, qui proximo non
tur, qui ejus tribulationibus non compatitur;
e secundus gradus est pietatis. Sed quia pie-
andoque per inordinatam vel dissolutam mi-
diam erat, si forte parcit quæ parcenda non

A sunt, parcit temporalem pœnam, sed ædificat ad
gehennam, ideo tertius gradus est scientia quæ docet quid ex justitia puniat, quid ex misericordia
dimittat. Sed quid, si sciat quid agere debeat, sed
virtutem recte agendi non habeat? Crescat itaque
scientia in quartum fortitudinis gradum, ne timore
trepidet, sed defendat bona quæ sentit. Sed si
fortitudo provida non fuerit, et minus circa vitia
circumspecta, ipsa præsumptione in casum ruit;
ascendat igitur ad quintum gradum scilicet ad
consilium, ut provideat, quo se præmuniat. Sed
consilium non adest, ubi intellectus deest; ascendamus igitur ad sextum gradum, scilicet intellectum. Sed quid si intellectus magno acumine vigilet? Ascendamus ad septimum gradum scilicet sapientiam, ut quæ acute intellectus invenerit, ma-
ture sapientia moderetur. Sapientia namque pertinet ad vitam, sicut scientia pertinet ad doctrinam.

Sequitur : Consigno eum signo crucis in vitam
propitiatus æternam. Consigno, inquam, ut Spiritum
non amittat. Hac oratione completa, ut dicit Romanus libellus, faciat crucem episcopus cum pollice et
chrismate in frontibus singulorum, ita dicens .
Signo te signo crucis, confirmo te chrismate salutis,
in nomine Patris, et Filii, et Spiritus Sancti. Amen.
Tam sacerdos quam episcopus ungit signaculo crucis, ad ostendendum signum quo redempti sumus;
illud enim exterminatori ostendimus in præsenti,
ut domos nostras pertranseat [17], et ostendemus Domino in futuro, ut nos inter redemptos enumeret.
Ideoque in frontibus hoc signum ponitur ab episcopis, tum quia tutius videtur, quod in fronte figitur,
tum quia ibi aurea lamina cum ineffabili nomine a
pontifice portabatur [18]. Chrismalis unctio ad vitam
pertinet, et doctrinam quæ duo connexa in septem
donis, ut prædiximus, inveniuntur. Cum pollice fit
unctio, quia in consecratione pontificis est ad hoc
spiritualiter consecratus, vel quia omne datum optimum descendit a Patre luminum [19]. Ut hæc manus
impositio a solis fiat episcopis, Beda super Actus
apostolorum [20] ab eis probat assumptum sic : Philippus fuit unus de septem diaconis; si enim apostolus fuisset, manum imponere potuisset, ut acciperent Spiritum sanctum; hoc enim solis pontificibus debetur. Inunctum salutat episcopus, dicens :
Pax tibi. Hic enim modus salutationis ad novum
pertinet hominem, qui secundum Deum creatus
est, in sanctitate et veritate [21]. Septem diebus hæc
unctio conservetur, et non lavetur; quia Spiritus
sanctus per hanc unctionem in septem donis venit
ad hospitem; nam et ad hospites primitivos ejus
adventus diebus totidem observatur. Vel quia per
septenarium præsentis vitæ curriculum intelligimus. In septem diebus unctio non lavetur, ut in
nobis adimpleatur, quod Salomon ait : Omni tem-

inc locum allegat. Guil. Durand in Rationali, l. 1, c. 8, n° 10.   [13] I Cor. 13.   [14] Act. 8.
11.   [16] Psal. 110.   [17] Exod. 12.   [18] Exod. 28.   [19] Jac. 1.   [20] Cap. 8.   [21] Eohes. 4.

pore sint vestimenta tua candida, et oleum de capite tuo non deficiat [49]. » Baptizatus, mitra coronatur et alba veste induitur; quia Christi regis et
sacerdotis membrum efficitur, nam per mitram regis
coronam, per albam sacerdotalem accipimus dignitatem. Vel per albam, significamus innocentiæ stolam, quam in primo parente perdidimus, sed per
Christum in baptismo recipimus. « Amicti stolis
albis, » ut dicit Apocalypsis [50], et item : « Beati
qui lavant stolas suas, ut sit potestas eorum in
libro vitæ. [51]. » Est autem hæc alba vestis de lino
ad similitudinem cappæ facta, cui secundum quosdam fimbria supersuitur rubricata, quæ repræsentat
funem, quam Raab per fenestram dimisit [52], ad cujus
signum salvata est, et domus ejus tota, et significat
passionem Domini, quæ est salvantis origo baptismi.

Secundum quosdam, baptizandis dantur et calceamenta, quæ sunt Dominicæ mortis insignia, ut
exemplo ejus, qui propter nos mortuus est, carnem
suam vitiis et concupiscentiis mortificet baptizatus [53]. Ecce minor filius, scilicet gentilis populus,
qui substantiam suam vivendo luxuriose consumpserat, et porcos in longinqua regione paverat alienos, nunc revertitur, cui pater vitulum saginatum
occidit ; annulum, id est fidei signaculum, tribuit [54],
quam, dum profitetur se credere, constat in tabulis
cordis scriptam habere. Primam quoque stolam
Pater induit, juxta illud : Omnes qui in Christo
baptizati estis, Christum induistis [55]. Hæ sunt vestes
sine quibus, qui convivium regis ingreditur, audiet
vocem terribilem : « Amice, quomodo huc intra-
sti, non habens vestem nuptialem [56] ? » Illud notandum est quod cum sacerdos omnes de baptismate
levat, omnium pater est et omnes docere tenetur :
sic dicitur Marcus fuisse filius Petri. Sed quia non
posset omnibus vacare, et debita jura persolvere,
ideo curæ patrinorum, vel competentium illos commendat, qui dicuntur competentes, quasi cum
puero baptismum, vel fidem petentes, qui pro eis
spondeant, eosque Symbolum et Orationem Dominicam doceant, quæ omnes Christiani, aut lingua
Latina, aut paterna scire tenentur, et qui hæc ignorat, Christianus non esse convincitur. Cumque illos
illa docuerint, eos pro suo posse custodire debent,
ne a fide vel justitia devient, utpote fidejussores
illorum fidei, responsuri de omni excessu eorum in
die judicii. Nec dubitandum est alterum ab alterius
fide salvari, et per confessionem fidelium catechumenos a dæmonibus liberari; quia legimus filiam
Syrophenissæ per confessionem maternam, ab im-
mundo spiritu liberatam [57]; cujus rei causam Augustinus ostendit, dicens : « Ut quis regeneretur per
officium alterius, facit hoc unus spiritus, ex quo
regeneratur oblatus; non enim scriptum est : Nisi

quis renatus fuerit ex voluntate parentum aut fide
offerentium, sed ex aqua et Spiritu sancto [58], ergo
aquæ fortis sacramentum, et Spiritus intus operatur
gratiæ beneficium. » Numerus patrinorum hic est :
unus ad omnia sacramenta sufficere potest ; sed
quia in ore duorum vel trium testium stat omne
verbum [59], ideo tres ad plus debent esse, ut carnalis copula per spiritualem impediatur [60]. Et aiunt
quidam quatuor genera hominum a patrinatu esse
prohibenda, scilicet monachos vel monachas, item
infideles, item semifideles, ut qui non sunt confir-
mati. Item simul vir et uxor nisi voto præstito castitatis, sed et cognati a quibusdam prohibentur [61],
quoniam expedit, ut per baptismum charitatis dilectio propagetur.

Et attende quod bis in anno canonice baptizatur,
scilicet duntaxat in Sabbato quod requies interpretatur ; quoniam æterna requies per baptisma
tribuitur [62]. Igitur in Sabbato paschali baptisma celebremus, ut Christo mortuo consepeliamur, et Sabbato Pentecostes, ut Spiritum sanctum in baptismo
recipere mereamur. Sed nullus nisi sacerdos baptizare præsumat ; quia canones contradicunt. Verum
frequens est aliquid extra canones inveniri, nam
qui necessitate ægritudinis, persecutionis, obsidionis et naufragii coarctantur, omni tempore, et a
quovis etiam laico, dummodo in nomine Patris, et
Filii, et Spiritus sancti, et aqua simplici baptizentur;
et si supervixerint, ut volunt quidam, post hæc a
sacerdote catechizentur. Quidquid tamen sit de catechismo, in fronte chrismentur ab episcopo. Nam
et in hac simplicitate baptizabant apostoli, scilicet
in stagnis et fontibus, et duntaxat in nomine Trinitatis explicito vel implicito, utpote in nomine Christi. sed Clemens ex doctrina Petri addidit unctionem chrismatis et olei. Leo, Damasus et Ambrosius solemnitates alias addiderunt, ut exorcismos,
et similia, et quæritur non otiose si in cervisia vel
medone, oleo, vino, aut alio liquore liceat baptizare?
Respondent quidam, non nisi in aqua pura licere.
Præterea si esset aqua turbida, vel lixivium, dicunt
quidam quod potest baptizari. Quando autem alius
liquor scilicet, vinum, vel oleum, vel alius humor
blavæ vel gomi mistus aqua, ipsi aquæ prædomina-
tur, non potest baptizari, et si non immergitur cum
verbis, non fit, id est si prius vel ante dicantur
verba, quando mergatur. In aqua baptizatur, quia
copiosius invenitur, et hanc Spiritum in principio
fovisse legitur [63], et quia sordes abluit, sitim com-
primit, imaginem reddit, ignem exstinguit ; sic in
baptismate a peccatorum sorde lavamur, a fonte
vitæ potamur, in imaginem perditam restauramur,
unde ignis pœnarum exstinguitur. Quod autem in
Evangelio legitur : « Ille vos baptizabit Spiritu san-

---

[49] Eccl. 9. [50] Cap. 4. [51] Apoc. 22. [52] Josue 2, 6. [53] Gal. 5. [54] Luc. 15. [55] Jer. 51; Hebr.
8, 10. [56] Matth. 22. [57] Matth. 15. [58] Joan. 5. [59] Matth. 18. [60] Modo per concilium Tridentinum
unus tantum admittitur, aut duo ad summum, scu unus et una. [61] Hoc impedimentum per dictum concilium modo sublatum est. [62] Hoc intelligendum est de baptismo solemni. [63] Gen. 1.

igne [17], » sic intelligitur spiritu sanctificatio-
igne tribulationis in præsenti, vel purgationis
uro, vel igne ardoris, quo accensi sunt apo-
a die Pentecostes [18]; et nos accendimur in
s impositione, qui consumit lignum, fenum
alam [19]; quia Deus noster ignis consumens
, et calorem præstat vitæ æternæ, et lumen,
il ea, quæ sunt mortalibus oculis clausa. Hæc
diximus, canonica baptismi solemnitas in
nona celebratur, quoniam in eadem Christus
asse legitur [1], in cujus morte baptizati su-
; hac etiam hora venit angelus ad Cornelium
as ei baptismum [2]; hac hora linteum Pe-
paruit, animalibus plenum. Neophytis bapti-
lampades ecclesiæ, et eorum cerei proti-
ncendantur, ut bonorum operum lampadibus
o reverenter occurrant filii Ecclesiæ per Chri-
illuminatæ; nec debuerunt cerei neophytorum
illuminari quam Spiritus sanctus eorum
purgaverit. Solemus hanc illuminationem
s usque ad officium missæ, sive ut credamus
spositionem manus episcopi eos illuminari,
tia in nocte celebratur, quæ sicut illustrata
rvia resurrectionis, sic illuminetur cereorum
bus. Solemnitate baptismi completa, cam-
palsantur secundum quosdam, et ad fontes
m triplici litania. Et vide quod ante bapti-
. et post litaniæ circa baptisterium peragun-
tia legitur in Apocalypsi : « Iris erat in circuitu
, » Iris significat intercessiones sanctorum,
Ecclesiam, pro qua præcedentes adventum
, et sequentes sancti devotissime oraverunt,
it. Fit autem hæc litania circa fontes usque
rte *Joannes*, ora pro nobis*, eo quod primus
ptista. Deinde similiter cum terna litania
s usque ad *Omnes sancti, orate pro nobis*, ad
ndum quod omnes sancti orant pro Filio
to, qui mortuus fuerat, et revixit, perierat
atus est [3], ut in vera fide Trinitatis participet
ento baptismatis, vel ut Dominum quem
ms est, diligat toto corde, tota mente, totia
[4]. Baptismo celebrato possunt presbyteri
celebrare, quia statim convivium sacrificii
ial construitur [7], et pro filio invento vitulus
us adjicitur [8]. Hic est Christus qui dicitur
, quia pro nobis est immolatus; et ideo sagi-
quia plenitudine divinitatis [9] impletus; cui
o senior Filius, id est Judaicus populus non
eresse, sed stans foris detrahit; exibit autem.
d eum, et ut ingrediatur ad epulas suade-
undo reliquiæ Israel convertentur et salvæ
Interim non est plenum paternæ domus, id
sentis Ecclesiæ, gaudium, quia licet Judai-
ulus semper oderit salutem gentium, Ec-
aman Christianorum dolet quod sua salus
oariat scandalum, ideoque nonnulla orna-

menta in tam festivo subtrahuntur officio, ut introitus, gradualis, offertorium et Agnus Dei, et communio; vel ideo introitus subticetur, quia caput nostrum adhuc est apud inferos, et nondum nobis
redditur; vel antiquus mos repræsentatur, quando
missæ non habebant introitus, igitur hoc officium
per *Kyrie eleison* inchoatur, ut de venatis lætitia
declaretur; et memento quia fuit hæc, antæ Cœlesti-
num papam, incipiendi missam consuetudo. *Gloria
in excelsis Deo* subjungitur, quia pax hominibus
bonæ voluntatis [11] in baptismo tribuitur; unde gaudent angeli, quoniam de ipsis ordo angelorum decimus restaurabitur. Quod enim *Gloria in excelsis*,
canticum sit angelorum nulli dubium est, cum quibus chorus exsultat, personant symphoniæ, et signa concrepant, quæ hactenus secundum quosdam
fuerunt muta.

Sequitur : *Dominus vobiscum*, non *Pax vobis*, et
ita dicitur oratio : *Deus, qui hanc sacratissimam
noctem*; hic constat quod hæc missa, vel in nocte,
vel saltem in solis occasu debet celebrari, nec ut
Hieronymus ait : Usque ad noctis medium licet dimittere populum exspectantem adventum Christi,
ut infra dicetur : « Et celebrantem diem festum in
condensis usque ad cornu altaris [13]. » Sed nec in
hac die Sabbati, sicut nec in præcedenti missa fuit
celebranda; quia constat apostolos his diebus siluisse
et in tristitia fuisse. Simile est in Sabbatis ordinatio-
num; quoniam tam in hac die quam in illis missa non
est de Sabbato, sed pertinet ad diem Dominicam.
Exinde renatos Paulus alloquitur, dicens : « Si con-
surrexistis cum Christo [15], » qui baptizantur, id est
ad similitudinem mortis ejus, simul etiam in Christo resurgunt, in quo est eorum vita abscondita,
cum quo apparebunt in gloria, ad quam repræsentandam ministri altaris solemnes vestes induunt,
vel ut renatorum stolam innocentiæ demonstrarent;
graduale non canitur, quia baptizati per opera nondum in virtutibus gradum fecerunt; vel quia data
est per Cyrum licentia revertendi [16], idcirco sine
mora prorumpunt in vocem confessionis et laudis
dicentes : *Alleluia, Alleluia*, quod a Septuagesima
conticetur, modo redditur; quia sicut spes libertatis fuit per Cyrum exhibita captivatis, sic in baptismo et in resurrectione Christi nobis jucunditas
futuræ vitæ promittitur, et est hic alleluia, angelorum de baptizatis exsultatio, qui misericordiam
Domini consecuti sunt.

Unde sequitur : *Confitemini Domino quoniam bonus, quoniam in sæculum misericordia ejus* [18]; quod
enim *alleluia*, canticum sit angelorum, Joannes in
Apocalypsi [19] demonstrat, dicens : « Audivi quasi
vocem tubarum multarum in cœlo dicentium : Alleluia. » Vel est communis resurrectionis gratulatio : hic enim psalmus proprie ad diem pertinet resurrectionis, unde ibi dicitur : *Hæc est dies quam*

atth. 3, [10] Act. 2. [99] I Cor. 3. [100] Deut. 4.
45. [4] Matth. 22. [7] Psal. 140. [8] Luc. 15.
3. [16] I Esd. 1. [18] Psal. 117. [19] Cap. 19.

fecit Dominus. Sed quoniam revocatis a captivitate A
Babylonica magna superfuit sollicitudo, et renatis,
qui resurrexerunt in resurrectione prima, grandis
superest labor bonorum operum [17], ut partem habeant in resurrectione secunda, in quo labore super
est metus et fletus, propter periculum gehennæ, et
præsentis excessus, et desiderium vitæ æternæ, ideo
post alleluia, quod significat lætitiam de spe, tractus sequitur, quod significat luctum de excessibus
et incolatu a regno. Sicut enim homo de gaudiis
paradisi transivit ad tristitiam mundi, de quiete
ad sudorem, sic renati de lætitia remissionis ad solitudinem laboris, et ad lacrymas irrigui superioris
et inferioris; non enim expedit hic sine fletu gaudere, et est hic ordo præposterus, et inconsuetus.
Non enim consuevimus alleluia cantare cum tracti- B
bus, sed cum gradualibus, sed et tunc gradualia
præponimus, et postea succinimus alleluia, ut in
die crastina; sed hic alleluia præcedit tractum propter gaudium revertentium; in aliis præcedit graduale, propter profectum proficientium; vel præponitur alleluia, in memoriam prioris status Adæ,
subsequitur tractus in memoriam sequentis status;
vel alleluia neophythorum significat præcedentem
purificationem, tractus sequentem coinquinatio-
nem; vel alleluia verbum Hebræum erudiendis dignitate præcedit, quoniam hæc lingua primo Deum
laudavit. Hucusque fuit sacrificium neophytorum, et
ad eos fuere voces officialium; sed dehinc resurrectio ad memoriam revocatur, nam in Evangelio C
legitur [18] de sollicitudine mulierum quærentium
Dominum, ante quod Evangelium lumen non portatur; quia nondum venit hora, qua Dominus resur-
rexerat, sed apud inferni tenebras latitabat; vel
quia mulieres, solummodo mortalem esse credebant, et occulte ad tumulum ibant; vel pro cæcitate
ignorantium posse resurgere. Portator autem incensum; quia mulieres emerunt aromata, ut venientes ungerent Jesum : *Credo in unum Deum* subjungitur, et per totam sequentem hebdomadam frequentatur, quo renati asseverant, se in Deum tendere, et ea quæ de Christo dicta sunt in Evangelio,
firmissime credere. Offertorium vero non cantatur,
quia mulieres offerentes aromata propter legis mandatum silenter et latenter venerunt ad monumentum [19]. Præfationem : *Te quidem omni tempore*, con- D
stat ad resurrectionem Domini pertinere, ideoque
tam in hac missa, quam in diebus sequentibus usque
ad Ascensionem cantatur, excepto quod hic dicitur :
In hac potissimum nocte, cras, et infra octavam
dicetur : *In hac potissimum die*, transacta octava
dicatur : *Te quidem omni tempore, sed in hoc potissimum gloriosus prædicare.*

Sanctus, sanctus, sanctus non omittitur, quoniam
angeli resurgentis laudes non omiserunt, sed resurrectionem mulieribus annuntiaverunt. In canone

quoque cum dicitur : *Communicantes*, additur : *Et
hanc noctem sacratissimam celebrantes*, ubi similiter
sit supradicta mutatio, in quo etiam sit mentio de
renatis, cum dicitur : *Hanc igitur oblationem servitutis nostræ, sed et cunctæ familiæ tuæ quam tibi
offerimus, pro his quoque quos regenerare dignatus
es ex aqua et Spiritu sancto.*

Agnus Dei non cantatur, quoniam apostoli vel
mulieres conticebant, et non esse Agnum qui tolle-
ret peccata mundi credebant. Quidam vero ter dicunt : *Agnus Dei*, cum *miserere nobis* : Non enim
dicendum, *Dona nobis pacem*, nec pax est tribuenda, vel propter vitandum osculum proditoris, vel
quia Christus qui est vera pax nostra [20] nondum
pacem annuntiavit, quia nondum resurrexit, quare
in die resurrectionis apostolis ait : « Pax vobis [21]. »
Unde forte hic modus salutationis ab episcopo in
principio missæ hujus differtur, ut novam salutationem in die suæ originis populus affectuosius am-
plectatur; nostræ tamen consuetudinis est ut pax
detur ea ratione, qua *Gloria in excelsis Deo* cantatur, secundum quosdam. Illic cerei accenduntur,
quia per Agnum qui tollit peccata [22], quasi tenebras
mundi, lumen accipiunt baptizati. Communio quoque non cantatur, forte quia baptizati non communicant usque in diem crastinum, vel quia vicem
ejus supplent vesperæ quæ sequuntur. Tacentibus
tamen cantoribus nihilominus sacerdos suum implet officium, quia mulieribus et apostolis timenti-
bus et dubitantibus de resurrectione, Dominus operatus est nostram salutem [23]. Facta communica-
tione, vice communionis vesperæ decantantur ita :
Antiphona, alleluia cum unico et brevissimo psalmo : *Laudate Dominum omnes gentes* [24], et antiphona vesperæ autem, cum hymno evangelico : *Magnificat* [25] : ambo sine *Gloria Patri et Filio* ; quia
nondum est Filius gloriosus. Ideo tam breves vesperæ decantantur, ne neophyti, qui nondum consueverunt audire officium, tædio afficiantur, demum cum oratione missæ concluditur. Vesperæ
ante missæ orationem cantantur, ne finita missæ
populus abeundi licentiam habere videretur, vel totum officium in una oratione completur, quoniam
in Christi passione sacramentum baptismatis consummatur, vel dies hic in missam non in vesperam
terminatur, ut Christus qui nos morte redemit, sine
fine laudetur, qui est in sæcula benedictus.

CAPUT XV.
DE PASCHALI SOLEMNITATE.

Resurrexi, et adhuc tecum sum [26]. Hodierna solemnitas, resurrectio Domini, vel Pascha vocatur.
Resurrectio dicitur, quoniam hac die Dominus resurrexit. Sed quæritur utrum in nocte, vel qua hora
Dominus resurrexerit? Respondeo, secundum Hieronymum, Ambrosium et Græcum sermonem, quod
noctis tempus elegit. Illic est enim Samson, qui ab

[17] Apoc. 20.   [18] Matth. 28.   [19] Luc. 23.   [20] Ephes. 2.   [21] Luc. 24.   [22] Joan 1.   [23] Psal. 73.
[24] Psal. 116.   [25] Luc 1.   [26] Psal 138.

sis obsessus, nocte portas tulit et in verticem A
s ascendit [97]. Samson interpretatur *sol eo-*
hic est Christus, sol justitiæ [98], qui custodi-
obsessus, et armis, media nocte, a somno
s exsurgens portas inferni jus mortis aufe-
ad dextram Patris ascendit, nocte quoque rens nobis innuit quod in secundo adventu ita
r in nocte veniet [99], quemadmodum factum est
bus Noe et Lot [90], quando vendentibus cun-
et ementibus, et plantantibus, et ædificanti-
repentinus supervenit interitus; hoc ergo no-
empore significavit, quod semper debemus
parati; quia sicut hominibus quiescentibus
rexit, ita « qua hora non putatis Filius homi-
eniet [91]. » Et hæc causa quare ut supradixi-
usque ad noctis medium non licet dimittere
um, ut Dominus venturus vigilantes inveniat :
enim mulieres somnum oculis non dederunt,
noctem pro die, desiderium pro luce, lunam
tre pro sole, et a vespere iter accipientes, di-
o, dum adhuc essent tenebræ, ad monumen-
renerunt et aromata portaverunt [92], sic animæ
s mente vigiles cum odoribus virtutum festi-
ad illum, qui sicut fur veniet ad judicium.
t tamen quidam, quod per quadraginta horas
uus exstitit, ut quatuor partes mundi in legis
logo mortuos vivificaret. Duæ namque sunt
s mortis illius, qui nostras duas mortes fuga-
t unus est dies qui tenebras illuminavit. His
istinus consentire videtur, qui dicit : « Domi- C
diluculo surrexisse. » His etiam consentit Ec-
l, quæ pro resurrectione matutinas eadem ce-
t hora. Sunt autem quadraginta horæ, quatuor
rtinæ parasceves, et triginta sex duarum no-
n, et unius diei. Verum, quacunque resurrexe-
ora, constat quod hac die, quæ est per synec-
en a die mortis tertia, resurrexit. Triduana
exstitit, ut trium temporum peccata deleret,
singulis temporibus, singulos dies mortis ex-
ens; vel ut nobis propitiationem Trinitatis in-
luæ obtineret. Inde est quod sub trina immer-
e in Trinitatis nomine baptizamur. Hoc est tri-
n Hebræorum, de quo : « Ibimus viam trium
um, et sacrificabimus Deo nostro [93]. » Abraham D
que proficiscens ad immolandum Isaac pervenit
ocum, quem dixerat ei Deus [94], in die tertio;
est triduum de quo Dominus ait : « Hodie, et
dæmonia ejicio, sanitates perficio, tertia die
ummor [95]. »
imus dies est pœnitentiæ, in quo passus est;
ndus justitiæ, in quo dormivit; tertius retribu-
s, in quo resurrexit. Pœnitentia cruciat, justi-
ranquillat, retributio lætificat; hi tres dies si-
cantur per tres quinquagesimas psalmorum;
que prima terminat in pœnitentiam : « Mise-

rere mei, Deus [96]; » secunda in justitiam : « Misericordiam, et judicium cantabo tibi, Domine [97]; »
tertia vero in laudem : « Omnis spiritus laudet Dominum [98]; » hos tres dies Ecclesia repræsentat per
vigilias et festivitates, et octavas sanctorum. Dominus etiam triginta tribus annis super terram ambulavit, in quibus ternarium duplicavit, unum decem,
et alterum limitis singularis. Si ergo ternarius
apud philosophos est insignis, pro eo quod præter
unitatem primus est eorum, qui non recipiunt se-
ctionem; apud theologos insignior, tum propter individuam Trinitatem, tum propter Christi conversationem, tum propter mortem, quietem et resurrectionem. Hac die surrexit, quæ est mundi prima,
et rediens ad caput, octava, de qua dicitur in
Paralipomenon [99], et in titulis psalmorum. Quam B
octavam, sicut septem mundi præcedunt ætates,
quarum sex sunt viantium, et una dormientium;
sic septem dies nostræ recreationis hanc diem præcedunt. Sicut quoque septem dominicæ a *Circum-*
dederunt, usque ad *Lætare, Hierusalem* præcesserunt, quasi interposita Dominicæ passionis memoria;
hæc Dominica octavæ ætatis sequitur repræsentativa. In qua sicut octava est eadem primæ, sic re-
stituetur homo in idipsum, ad quod fuerat con-
ditus, imo supra primæ originis reparabitur dignitatem, et consequetur corporis et animæ felicissi-
mam immortalitatem. Hoc forte significat octava
beatitudo, quæ redit ad caput, id est ad primam;
quoniam utriusque præmium est regnum cœlorum [60]. Hanc etiam octavam circumcisio significabat, quam lex octavo die præcipiebat [61], ad idem
respiciunt sanctorum octavæ, quorum natalitia colimus, quoniam egressos a corporibus primam recipere stolam non dubitamus, scilicet beatitudinem
sempiternam. Addimus et octavas; quia recepti
sunt in immortalitatem gloriosam. Hac die resurrexit, quæ fuit mensis primi decima septima. Mensis primus est apud Hebræos, Nisan, id est *Aprilis,*
qui menses computant secundum lunæ cursum
duodecies, vel terdecies repetitum. Duo namque
sunt anni : communis et embolismalis; communis
habet duodecim lunationes, embolismalis vero tredecim. In mense primo resurrexit die crescente;
quia per ejus resurrectionem, tenebræ mortis cœ-
pere minui, et dies vitæ cœpit augeri, et quia ipso
est lumen de lumine, per quem venitur ad diem
lucis æternæ. In luna decima septima resurrexit, ut
per observantiam Decalogi perduceret nos ad ætern'
requiem Sabbatismi. Ergo tunc surrexit, cum luna
petit alta, ad significandum quod Ecclesia debet
petere alta vi tutum, et scandere templa cœlorum.
In tertia hebdomada lunæ resurrexit, per quod tertium tempus advenisse, scilicet gratiæ, significavit.
Inde est quod cum semper in lunatione Aprilis

Judic. 16. [98] Malach. 4. [99] I Thess. 5. [90] Matth. 24. [91] Luc. 12. [92] Joan. 20. [93] Exod. 5. [94] Gen. [95] Luc. 13. [96] Psal. 50. [97] Psal. 100. [98] Psal. 150. [99] II Paral. 7. [60] Matth. 5. [61] Gen. 17; t. 12.

hanc solemnitatem, et in plenilunio ex mandato
Domini celebremus, quandoque in nostro Aprili,
quandoque in Martio solemnizamus. Sed cum eam
post lunationes duodecim constituimus, innuitur
quod per decem præcepta legis et duo præcepta
charitatis, ad resurrectionis gloriam perveniemus ;
si vero eam post lunationes tredecim observamus,
innuitur quod per Decalogum, et fidem Trinitatis
perveniemus ad gloriam æternitatis. Illud attende quod
cum Judæi fixum habeant Paschalem terminum in
decimam quartam lunam, nos in sequenti Dominica
diem Domini celebramus, tum, sicut ait Augustinus, ut nostra festivitas a Judæorum discrepet festivitate, tum quia ex jussione angeli monemur
hoc festum in Dominica celebrare. Solemnitas ista
Pascha vocatur, et est hoc nomen primæ declinationis, et neutri generis, quod in tribus solis Græcis
nominibus invenitur, scilicet Pascha, manna et
mammona, vel est tertiæ declinationis, ut dicatur,
Pascha, paschatis, sicut dicitur phantasma, phanta-
smatis. *Phase*, Hebraice ; *Pascha*, Græce, *transitus*
Latine. In nominatione hujus solemnitatis Græca
utimur lingua, non Hebræa, licet sit dignior, ne
judaizare videamur. Item Græca utimur non Latina
propter auctoritatem. Græca tantæ fuit auctoritatis
antiquitus in Italia, ut festivitates et dignitates Græcis vocarentur nominibus, ut Pascha, Pentecoste,
Epiphania Hypopantis ; dignitates, ut episcopus, archiepiscopus, apostolicus ; vel secundum Augustinum, hoc nomen Pascha divina dispositione compositum est a Græco *Paschin*, quod *pati* sonat, et
Hebræo *phase*, quod *transitus* interpretatur. Bene
hæc duo in hoc nomine conveniunt, quoniam in
passione Domini fuit transitus ejus, unde ab eo die,
quo Agnus ad immolandum includebatur, id est a
Ramis palmarum usque ad octavas Paschæ, Pascha
vocatur ; verumtamen secundum consuetudinem
vulgi, Dominica de Ramis palmarum, dicitur Pascha floridum, sexta feria Phase, hodie vero Pascha.
Et dicitur Pascha historice, allegorice, tropologice,
anagogice : historice, quia quando Pascha legitur
celebratum, angelus exterminator Ægyptum pertransit, et primogenita interfecit per illas, domos,
quarum postes agni sanguine in forma Tau oblitas
non invenit [12]. Tunc etiam populus Israel de Ægypto transivit, id est exivit, tertiaque die mare Rubrum pertransiit [14]. Allegorice transit Ecclesia per
baptismum ab infidelitate ad fidem. Tropologice transire debet anima per confessionem et contritionem
de vitio ad virtutem. Anagogice, transivit Christus de mortalitate ad immortalitatem, de morte ad
vitam, de claustris inferni ad gaudia paradisi, ut
nos transire faciat de hac mundi miseria ad æterna
gaudia.

Hæc solemnitas, quocunque vocabulo nominetur,
est solemnitas solemnitatum : sicut dicuntur Sancta
sanctorum et Cantica canticorum, eo quod excedunt
alia cantica, sic dicitur solemnitas solemnitatum,
eo quod solemnitates cæteras hujus solemnitatis antecedit nobilitas. Ideoque omnia lætitiæ proponuntur
insignia ; nam templum emundatur et ornatur, in
parietibus, in choro, in altari et ministris : in parietibus enim cortinæ ; pallia oloserica extenduntur, in
choro dorsalia tapeta, banchalia disponuntur ; velamen quod erat ante crucem, vel in altum erigitur, vel removetur, vel retro altare ponitur ; quia
prius occulta modo sunt manifesta. Altare quoque
suis ornamentis decoratur, ut vexillis, crucibus
quæ secundum quosdam, significant victoriam Jesu
Christi ; textis evangelicis, phylacteriis, id est
vasculis de argento, vel auro, vel ebore, vel quovis metallo, aut lapide pretioso. ubi reliquiæ reconduntur, quod statutum fuit contra Helvidium,
qui fideles deridebat, eo quod sanctorum cineres
observabant, contra quem statuit Ecclesia, ut honorifice servarentur, quasi decem præcepta, scilicet in vasculis pretiosis, et simili vocabulo nun-
cupatis. Nam phylacterium phylacterii est chartula,
in qua decem præcepta Pharisæi portabant, et dicitur a *Phylaxe* quod est *servare*, et *Thorath* quod
est *lex*, unde in Evangelio : « Dilatant phylacteria,
et magnificant fimbrias [23] ; » phylacteria est vascu-
lum, ubi sanctorum reliquiæ reponuntur, et dicitur a *Phylaxe* quod est *servare*, et *teron* quod est
extremitas : quia aliquid de extremitatibus, ut
dens, vel digitus, vel aliquid tale servatur.

Vestitur altare palliis pretiosis, in quo trium
colorum velamina ponuntur in quibusdam ecclesiis scilicet nigrum, subalbidum et rubeum, ad tria
tempora significandum : nigrum significat tempus
ante legem, quod removetur, finita prima lectione
cum responsorio suo. Subalbidum quod significat
tempus sub lege, removetur ad secundam ; rubeum
quod Christi significat passionem, ad tertiam. Hic
templi talis et tantus ornatus spiritualiter nostri
templi designat ornatum ; ministri quoque ad decorem hujus solemnitatis se balneis prælavant,
barbas et plantas, id est coronas, radunt, et capillos deponunt, vestes nigras exuunt et albas induunt ; quæ, licet ad decorem fiant, ad spiritualem
quoque hominem referuntur. Non enim lavamur
ad voluptatem, sed ad significationem. Nam per
extrinsecam ablutionem significamus in animo
emundationem : rasio pilorum, qui sunt stomachi
superfluitates, depositio est superfluorum ; capillos super aures tondere, est quinque sensus corporis ad serviendum Domino expedire. Plantam nudare est medium inter nos, et Deum removere ;
nigram vestem exuere, est asperitatem pœnitentiæ
deponere ; albas induere, est stolam immortalitatis
firmiter exspectare ; vel per albas vestes significamus stolam innocentiæ renatorum, vel repræsentamus hodiernam apparitionem angelorum [16]. Ecce
in templo tam gloriose decorato, ministri tam de

[12] Exod. 12.   [14] Exod. 14.   [23] Matth. 23.   [16] Marc. 16.

ornati accedunt ad officium, qui noctur-
ălebrantes officium, tribus psalmis utuntur ad
entandum ea trium dierum opera, quæ Do-
repromisit [1], scilicet, dæmones ejicere,
æa perficere, et die tertia consummari ; de pri-
ima dicit antiphona : *Consilium meum non*
m impiis, et psalmus : *Beatus vir qui non*
a consilio impiorum [2]; de secundo, secunda :
mihi gentes, et psalmus . *Dabo tibi gentes* [3];
lio, tertia cum psalmo suo : *Ego dormivi* [4].
m disjungit ab impiis, secundum conjungit
tertium facit nos resurgere per justificatio·
Primum in exorcizatis expellit diabolum per
antiationem, secundum in eis sanitatem per-
ar fidem, tertium eos justificat per manus
itionem ; his ergo tribus psalmis utimur ad
candum hæc tria nobis exhibita, diaboli ab-
liationem, capitis conjunctionem, mentium
ationem ; vel ad figurandum quod per opera
spei et charitatis repellantur a nobis opera
arum, scilicet suggestio diaboli, delectatio
, et consensus animi ; vel ad repræsentan-
epulturam triduanam, quæ præcessit resur-
aem diurnam ; vel potius per tres psalmos,
mpora significantur ; tres antiphonæ cantan-
quibus patriarchæ, prophetæ et apostoli si-
intur ; tres lectiones leguntur, quia lex, psal-
rophetiæ, resurrectionem Domini profitentur;
esponsoria subsequuntur, quia tres ordines,
Job, Daniel Christi resurrectione salvantur.
lis responsoriis, *Gloria Patri* subjungitur in
sdam ecclesiis, quia Trinitas ab omnibus oris collaudatur ; in quibusdam vero non nisi
Gloria, tribus responsoriis, secundum ge-
·m consuetudinem, continuatur ; vel ternarium
mibus frequentamus propter sacramentum
ami, in trium personarum nomine celebrati ;
 mcitate utimur lectionum propter paucitatem,
unc aderat, prædicatorum. Nam apostoli nu-
pauci, metu Judæorum muti, de morte Domini
i, de audita resurrectione quasi deliri [5]; qua
tate volunt quidam uti usque in Pentecosten,
lo facti sunt prædicatores numero plures,
ncto Spiritu ferventiores [6]; alii solemnita-
otius attendentes, integrum et solemnem ser-
umerum ; quia etsi apostoli muti fuerunt, ta-
illoquium angelorum et frequens Domini visi-
non defuerunt.
rio responsorio cum *Gloria* decantato, cum
i et solemnitate de choro ad aliquem locum
mus, ubi sepulcrum imaginarium coaptamus,
introducuntur personæ, sub personis mulie-
et duorum discipulorum Joannis et Petri, qui
pulcrum Domini quærentes eum, venerunt,
ædam aliæ personæ in personis angelorum,
Christum a mortuis resurrexisse dixerunt [7];

in personis quorum recte cantari potest, illa secundi responsorii particula : *Nolite timere*, et cætera usque ad finem responsorii. Tunc redeunt ad
chorum, quasi fratribus referentes quæ viderunt et
audierunt : in personis quorum convenienter cantatur illud responsorium : *Congratulamini*, sine
versu ; si quis autem habet versus de hac repræsentatione compositos, licet non authenticos,
non improbamus. Tunc chorus, audita Christi
resurrectione, prorumpit in vocem altisone cantans : *Te Deum laudamus*. Quidam hanc repræsentationem faciunt, antequam inchoent matutinas,
sed hic est locus proprius eo quod *Te Deum lau-*
damus exprimit horam, qua Dominus resurrexit :
Noster autem sacerdos crucem ante matutinum
incensat, et aspergit aqua benedicta, et ter alta
voce dicit ante altare : *Christus Dominus noster*
resurrexit a mortuis, et chorus respondet : *Deo*
gratias. Postea sequitur antiphona : *Christus re-*
surgens, versiculus : *Dicite in nationibus*, oratio :
Respice.

Postea crux ponatur in loco suo, et interim
cantetur antiphona : *Super omnia ;* deinde laudes
matutinæ cantentur. Quod psalmi, qui cantantur
ad laudes matutinas ad resurrectionem pertineant,
superior stylus aperuit. Ad primam vero quidam
dicunt totum psalmum : *Confitemini Domino* [8],
quia præcipue ad resurrectionem pertinet ; alii solum versum : *Hæc dies :* quo etiam in hac et aliis
horis utimur pro capitulo , quia vitam illam figuramus, qua doctrina nullis erit necessaria [9], sed
omnes docti gratulabimur et exsultabimus. Quicunque vult non dicitur ; quia hoc tempus significat
octavam, ubi non erit fides, quæ evacuabitur sed
res, quæ comprehendetur. Ob eamdem causam
parvum Symbolum subticetur in prima , scilicet
Credo in Deum , quoniam « cum venerit quod
perfectum est|, evacuabitur quod ex parte est [10]. »
Preces etiam prætermittuntur, quia ubi non erit
miseria, non erit petenda misericordia ; ubi non
erit tentatio, non erit dicendum : *Libera nos a malo*.
Ut hac die processio celebretur, ex Evangelii auctoritate contrahitur, ex eo quod dicunt angeli
mulieribus : *Ite, dicite discipulis, quia præcedet*
vos in Galilæam [11]; et Dominus ad eas : *Nuntiate*
fratribus meis, ut eant in Galilæam, ibi me vide-
bunt [12]. Galilæa *transmigratio* dicitur ; in Galilæam
ire, fuit de Judæis ad gentes transire, de qua
transmigratione postea dixit : « Euntes docete omnes gentes baptizantes eos in nomine Patris , et
Filii, et Spiritus sancti [13]. » In significationem
hujus transmigrationis, hodie solemnem processionem agimus, et in significationem baptismi,
nos et loca aqua benedicta conspergimus'; non
tamen hodie benedicitur, nec in Pentecoste ; quoniam de fonte ad reservandum sumitur, antequam

Luc. 15. [1] Psal. 1. [2] Psal. 2. [3] Psal. 5. [4] Joan 20; Luc 24. [5] Act. 2. [6] Joan. 20.
sal. 117. [7] Jer. 31 ; Hebr. 8. [8] I Cor. 13. [9] Marc. 16. [10] Matth. 28. [11] Ibid.

chrisma infundatur, et antequam aliquis immer-
gatur, nec aspergimus, ut rebaptizemur, sed ut
gratiam divini nominis cum memoria baptismatis
invocemus. Aqua etiam munditiam vitæ significat,
et luminaria quæ in processione præcedunt, opera
bona, ut illud evangelicum in nobis impleatur:
« Sint lumbi vestri præcincti, et lucernæ ardentes
in manibus vestris [19]. » Crux quoque præcedit, ut
carnem crucifigamus cum vitiis et concupiscentiis [20]. Inter aspergendum cantamus Vidi aquam,
quod sumitur de Ezechiele [21], cui Dominus civitatem ostendit ædificatam super montem et vergen-
tem austrum, in qua erat mirabile templum. Civitas est Ecclesia, de qua dicitur : « Non potest
abscondi civitas supra montem posita [22]. » Templum est corpus Christi de quo : « Solvite templum
hoc, et post triduum excitabo illud [23]. » Aqua de
templo egrediens est fons baptismatis de latere
Christi procedens [24].

Sed cum fuerit lanceatus lævo, cur hic dicitur a
latere dextro? Respondeo : Duo sunt latera Christi,
dextrum et lævum. Dextrum est divinitas, , lævum
humanitas ; a latere igitur dextro exivit ; quia de
divina Christi natura, Spiritus sanctus, aqua invisibilis procedit, qui aquæ visibili, quæ de latere
lævo, id est de humanitate lanceata profluxit, sal-
vandi virtutem tribuit. Recte igitur hoc in hac processione cantamus in laudem fluminis hujus, cujus
inundatione per mortem Christi reviximus ; quæ
processio hoc ordine celebratur : cruces præcedunt,
et vexilla quæ sunt insignia victoriæ Jesu Christi.
Deinde sacerdotes dealbati, exsultantes in laudes
resurrectionis præcedunt, cum tanta populi sequentis exspectatione, per distinctas et morosas stationes, ut corporaliter illud propheticum impleri videatur : « Cum jucunditate exibitis, et cum gaudio
deducemini [25]. » Nam montes et colles exsilient exspectantes vos cum gaudio. In hac processione nihil resonet quod sit veteris historiæ, sed ea solum
cantentur, quæ gloriam personent Evangelii, inter
quæ illud præsertim admittitur: virtute magna reddebant apostoli testimonium resurrectionis Jesu [26];
quia, sicut diximus, in Galilæam transmigratis, est
apostolorum prædicatio. Cum ventum est ad medium templi, utriusque sexus populo circumstante,
totis viribus chorus in vocem exsultationis erumpat
cantans antiphonam : Sedit angelus, quæ exprimit
quid apostoli docuerunt, scilicet Christum vivere ;
et est totis viribus concinendum, et in auditum
circumstantium offerendum; quia, « in omnem terram exivit sonus eorum [27]; » vel hodierna processio illud nobis recolit, quod rex gloriæ cum exercitu redemptorum de infernalibus claustris ad cœlestia regna migravit. Et attende quod in hac die
apostolico procedente, stuppa super caput ejus accenditur, quæ velociter incineratur, ut reminisca-

tur quod ipse in cinerem debeat redigi, et ornatus
ejus in favillam converti, sed et in momento sic sit
transitura gloria mundi. Ab hodierna processione
omnes Dominicales processiones originem contraxerunt in quibus etiam caput membra sequuntur in
quibus duntaxat de Novo Testamento cantetur ;
sed inter aspergendum post Pentecosten dicatur
antiphona : Asperges n.e, Domine; quod de fide
passionis et humilitate baptismatis propheta prædixit [28] ; et scias quod aspersio salis et aquæ sumpsit ab Elisæo principium, qui salem aqua miscens
sterilitatis vitium emundavit [29], qua memores,
etiam legalis aspersionis, quæ fiebat sanguine agni,
aspergimur, ut per fidem veri sanguinis liberemur,
et fortiores in bonis operibus efficiamur [30]. In huius-
modi processionibus, quæ fiunt per anni circulum
in Dominicis, frequentius Virginem salutare, et
aliquid, quod eam proprie pertinet cantare debemus. Unde consuetudo inolevit, ut in claustris habeatur oratorium Virginis, quam in statione prima
ex primaria consuetudine salutamus. Licet enim
dicatur : quod Magdalenæ resurgens primum apparuit [31], tamen verius creditur quod Matri ante omnes apparuit ; sed ad evangelistas hoc dicere non
pertinuit quorum fuit officium testes resurrectionis
inducere, sed non decuit ad testificandum pro Filio, Matrem adducere ; si enim verba extranearum
feminarum visa sunt deliramenta [32], quomodo non
magis matrem pro Filii amore crederent delirare?
Verius ergo creditur quod Filius matri primo resurgens apparuit, sed illa ut ab initio cœperat, conservabat omnia verba hæc conferens in corde suo [33],
quod si ideo non crederetur, quia nullis hoc evangelistarum testimoniis attestatur, consequens est
quod post resurrectionem matri non apparuerit ;
quia ubi vel quando, nullus edisserit ; sed absit, ut
matrem tam dura negligentia talis filius inhono-
raverit! Non sic Romana sentit Ecclesia quæ prima
die Paschæ apud beatam Virginem celebrat stationem quasi proponens Hierusalem, id est Virginem,
quæ vidit pacem præ aliis in principio lætitiæ
suæ [34], quo circa sicut prima die ad sanctam Mariam præscribitur, sic ad ejus honorem, in Dominicalibus processionibus prima statio deputatur, ut
eam laudibus extollentes, et ad ejus oratorium fe-
stinantes, cum sponso dicere videamur : « Vadam
ad montem myrrhæ et ad collem thuris [35]. » Mons
est beata Virgo Maria, de quo sine manibus lapis ex-
ciditur [36], qui mortificationis et orationis plantis
inseritur; ad quam Filius vadit apparendo, et nos
vadimus adorando; quod vero de choro ad aliquod
imus altare, ibique stationem facimus, significat
quod animæ ibunt ad Christum, et concinent in
consortiis angelorum.

Nunc missæ prosequamur officium, quod in illum
æternitatis diem intendit, cujus aditum Deus per

[19] Luc. 12. [20] Gal. 5. [21] Cap. 47. [22] Matth. 5.
[23] Psal. 18. [24] Psal. 50. [25] IV Reg. 2. [26] Exod.
[27] Psal. 136. [28] Cant. 4. [29] Dan. 2.

[30] Joan. 2. [31] Joan. 19. [32] Isa., 53. [33] Act. 4.
24; Hebr. 9. [34] Marc. 16. [35] Luc 24. [36] Luc. 2.

Unigenitum suum, devicta morte, reseravit, ubi qui Patri dicenti : *Exsurge gloria mea, exsurge psalterium et cithara*, respondit : *Exsurgam diluculo* [77]; quia primus resurrexit primitiæ dormientium [78]; præcentor primam vocem per ora prophetarum emittit dicens ad Patrem : *Resurrexi, et adhuc tecum sum* [79]. Per hujus capitis resurrectionem patet aditus paradisi, ut oratio prima demonstrat, licet sit festum laudis, tamen inter laudandum adjicitur oratio sacerdotis. Laus habet lætitiam, oratio gemitum, promissum est nobis aliquid, nondum habemus ; quia verax est, qui promisit, gaudemus; quia non habemus, gemimus, et ut habeamus oramus, et ad hujus cantici novitatem neophytos Paulus invitat et instruit [80], ut expurgato in baptismo veteri fermento, sic custodiant novitatem conspersionis ut perveniant ad novitatem resurrectionis. Gradualis : *Hæc dies* [81], cum sit luctus liberantium non videtur in illa die recte cantari, in qua repræsentatur æternum gaudium ; sed quare per hanc cantetur hebdomadam, superius exposuimus, cum de Septuagesima tractavimus ; hic quoque adjicimus, propter baptizatos graduale cantari, quoniam arripuerunt laborem militiæ, ut pervenirent ad Alleluia æternæ lætitiæ. Grandis enim labor et gravis superest, ut partem habeant in resurrectione secunda, et cantatur graduale sex diebus, propter senarium operum. Exinde continuabitur, *Alleluia*, sed quia in hoc labore spem habemus futuræ lætitiæ, et gaudium præsentis justitiæ, ideo licet cantus sit gravis, tamen verbis dicitur exsultandum, tam in ipso quam in versibus ejus, qui per totam dispertiuntur hebdomadam. Et dies temporis, unde : ‹ Hodie si vocem ejus audieritis [82], › id est si in tempore quo vivitis ; et est dies æternitatis. Unde : ‹ Melior est dies una in atriis tuis super millia [83]. › Hanc diem hodierna festivitas inchoat, ideoque recte demonstrari dicitur : *Hæc dies*, et hodie resurrexit Dominus, sed hæc dies dum est in aurora, vel in ascensu vocatur dies salutis et gratiæ. Cum fuerit in meridie, vocabitur æternitatis et gloriæ. Hæc declivum non sentiet, ideoque solemnitas ista vesperam non habet, Alleluia. *Pascha nostrum*, quasi dicat *Laudate Dominum*; quia *Pascha nostrum immolatus est Christus* [84]. Evangelium secundum Marcum legitur [85], tum quia figuram Leonis tenet, ut rugitum Leonis resurgentis evangelizaret, tum quoniam angelum juvenem describit coopertum stola candida, ubi juventus baptizatorum innuitur, quæ renovabitur ut aquilæ [86], et erit sine macula et ruga [87]. Offerenda : *Terra tremuit* [88], vel dicitur de terræ motu, qui fuit cum Dominus resurrexit, vel de illa die, quando faciet auditum judicium, hoc scilicet : ‹ Venite, benedicti, et ite, maledicti [89], › tunc enim terra tremuit, id est impii terrebuntur;

quia etiam ‹ virtutes cœlorum movebuntur [90], › et terra quiescet, id est impii nocere desinent. Communio sicut Alleluia sumitur de epistola [91]; aiunt quidam quod *resurrexi* vox sit Sponsi ad sponsam, eam de morte sua in præsenti tempore consolantis, cui sponsa : *Posuisti*. Cætera sunt concentus angelorum et hominum, de Christi resurrectione gaudentium, vel vox est generis humani, quod in Adam cecidit et per Christum resurrexit. Et attende quod duplex est hujus diei sacrificium, vespertinum, scilicet, et matutinum. Vespertinum celebratum est in nocte, matutinum in die; quia duplex est causa hodiernæ solemnitatis, redemptio animarum, quæ Parasceve in vespera, Christi morte parata est, et resurrectio corporum, quæ prima Sabbati, Christo resurgente confirmata est. Et vide quod hac die benedicitur Agnus, qui, secundum Romanum ordinem, non ad altare sed ad mensam est benedicendus. In regularibus autem horis ab hodie usque ad octavam Pentecostes semper ad responsoria, et eorum versus dicimus *Alleluia*. Demum cum omnes regulares horæ supradictæ novitatis præferunt insignia, vespertina synaxis, scilicet congregatio est hujus festivitatis claritate præ cæteris illustrata : non enim eam per *Deus in adjutorium* inchoamus, quoniam in illa vita non sicut hic adjutorio indigebimus; sed per *Kyrie eleison* inchoatur, quia vespertina hora Sabbati Paschalis baptisma fuit per *Kyrie eleison* inchoatum, et in Trinitatis nomine celebratum, propterea in eadem hora et in eisdem verbis per totam hanc hebdomadam in festivæ regenerationis jucunditatem sancta Trinitas adoratur. Vel per *Kyrie eleison* incipitur, ut quasi non existens per se officium, missæ officio continetur; nam, ut diximus; hæc dies vesperam non habet, quia declivum æternitas non agnovit. Tres psalmi sub uno *Alleluia* dicuntur; quia per fidem Trinitatis ad æternum Alleluia, id est gaudium pervenitur; vel hi tres psalmi resurrectioni, quæ tertia die facta est, conveniunt Jesu Christi. pro capitulo sequitur : *Hæc dies* sicut in aliis, quia ibi non erit necessaria doctrina, sed exsultatio; vel ut notetur, sollicitudo baptizatorum adhuc peregrinantium et laborantium ; quia nondum habent gaudium, nisi spei, quo pervenient ad Alleluia rei; pro hymno sequitur *Alleluia*, quod est proprium illorum civium hymnus.

Post *Magnificat* cum antiphona, dicta oratione, proceditur ad salutandum crucem, per quam et in qua nacti sumus animarum redemptionem.

Exinde cum jubilis ad fontem procedunt, ubi duo psalmi cantantur; quia per geminam dilectionem ad fontem vitæ pertingitur, qui etiam psalmi baptizatis, et baptismo conveniunt. Baptizatis ut *Laudate, pueri, Dominum* [92], qui circa fontes can-

[77] Psal. 56.   [78] I Cor. 15.   [79] Psal. 138.   [80] I Cor. 5.   [81] Psal. 117.   [82] Psal. 94.   [83] Psal. 83.   [84] I Cor. 5.
[85] Cap. 16.   [86] Psal. 102   [87] Ephes. 5   [88] Psal. 75.   [89] Matth. 25.   [90] Luc. 21.   [91] I Cor. 5.
[92] Psal. 112.

tantur, et est admonitio laudis ad neophytos, qui A
facti sunt pueri, id est a vitiis puri, pro quibus mater Ecclesia jubilat ad fontes in laudem ejus gratiæ, per quem meruit esse, quod in cantico amoris
audivit : « Fons hortorum, puteus aquarum viventium [93]. » Postea transitur ad oratorium Sancti Andreæ cum psalmo : *In exitu Israel* [94], qui convenit
baptismo cum dicitur : *Quid est tibi, mare, quod fu-
gisti?* [95]. Ad Sanctum Andræam itur ; quia mons
sicut aries exsultavit [96], cui Gregorius spiritualiter
devotus exstitit, unde Ecclesiam illi fabricavit.
Quod cum processione ad fontem solemniter imus
per septem dies, ad memoriam reducimus transitum Israel per mare Rubrum [97], qui moratus est
juxta littus septem diebus, et singulis veniebat ad
littus, cantans Domino canticum Moysi ; vel transitum per Jordanem in ordine factum, vel processiones vespertinales hujus hebdomadæ reversionem
significant captivitatis Babyloniæ [98]. Hæc est enim
hebdomada revertentium, qui in fine suæ captivitatis revertentur ad Dominum ; et sic vesperæ trina
statione complentur, sicut hic baptismus in Trinitatis nomine celebratur : qui vero fontes non habent,
non exeant, sed quinque psalmos continue dicant,
et post collectam diei, de cruce collectam adjungant.
Hæ eædem vesperæ quotidie repetuntur ; quia pro
una et eadem die tota hebdomada reputatur. Illud
quoque notabile est quod a Pascha usque post Pentecosten, non flectimus genua, sed stantes oramus,
ut libertatem, quam resurgendo nobis acquisivit Dominus, profiteamur. Nam et mulieres ad visionem
angelicam non corruerunt, sed vultum solummodo
inclinaverunt [99] ; sed et preces omittimus, quia non
erit deprecatio miserorum, sed duntaxat laudatio
beatorum, similiter et in Dominicis et in festivis,
in quibus repræsentatur nostra resurrectio et societas angelorum. Sed hæc apud canonicos, nam
apud quosdam monachos aliter in precibus observatur, sicut in lectionibus et stationibus. Nam neque
se coarctant ad ternarum numerum lectionum, nec
cum fontes non habeant, fontium vacant solemnitatibus, nec in vespertinis delectantur stationibus :
hæ namque sunt pontificales traditiones, et ad pastores plebium pertinentes.

Ad supradicta hodierna officia omnes Christiani D
debent libere convenire ad applaudendum gloriæ
resurrectionis quæ revelabitur in nobis [100]. Hæc
solemnitas igitur est jubilæus Christianorum, in qua
discordes pacificentur, offensa remittantur, qui deli-
querant reconcilientur, debita non exigantur. Erga-
steria non aperiantur, venalia non exponantur, exceptis illis sine quibus cœna diei non potest, captivi relaxentur, pastores et servi ad servitia non
arctentur, ut libertate valeant perfrui, et in festivitate futuræ lætitiæ delectari. Inde est quod in
claustris quarumdam ecclesiarum etiam episcopi

cum suis clericis Decembrica libertate utuntur, descendentes etiam ad ludum choreæ, vel pilæ, quamvis non ludere laudabilius sit, et dicitur hæc Decembrica libertas, eo quod mense Decembris pastores, servi et ancillæ quædam libertate apud gentiles a dominis donarentur, et collectis mensis cum
eis convivarentur. Et attende quod gentilitas ad
plausum idolorum choreas instituit, ut deos suos,
et voce laudarent, et eis toto corpore servirent, volentes etiam in eis, aliquid more suo figurare mysterii ; nam per circuitionem intelligebant firma-
menti revolutionem, per manuum complexionem
cœlorum connexionem, per melodias cantantium
harmonias planetarum ; per corporum gesticulatio-
nes, signorum vel planetarum motiones ; per plausum manuum et strepitum pedum, crepitationes
tonitruorum ; sed quod illi suis idolis exhibuerunt,
cultores unius Dei ad ipsius præconia converterunt.
Nam populus de mari Rubro egressus, choream
duxisse, et Maria cum tympano legitur præcinuisse,
[1] et David ante arcam totis viribus saltavit et cum
cithara psalmos cecinit [2], et Salomon circa altare
cantores instituit, qui voce, tuba, cymbalis, organis
et aliis musicis instrumentis cantica persolvisse leguntur [3].

Cum autem hæc solemnitas illam octavam significet, quæ sequitur septenarium hujus vitæ, cur habet octavas, cum etiam ejus celebritas protenda-
tur non tantum per octo dies, sed et usque ad diem
Pentecostes? Respondetur quia resurrectio futura
significata est per circumcisionem, quæ octava die
mandata est [4], cui veræ circumcisioni octo sunt
beatitudines [5], quarum octava redit ad primam, ut
quasi in cithara Domini, de qua dicitur : *Exsurge,
gloria mea, exsurge psalterium et cithara* [6], personet
cœleste diapason ; et ideo ad repræsentandum has
beatitudines solemnibus octo dierum officiis celebremus octavas Dominicæ resurrectionis, quæ causa
est et signum nostræ futuræ circumcisionis. Quas
beatitudines coaptat Augustinus in libro *De doctrina Christiana* septem spiritibus, omittens ultimam ; quia redit ad primum : Timor, inquit, efficit
paupertatem, id est humilitatem : dum enim mortem timemus æternam, superbiæ motus ligno crucis affigimus ; pietas, mansuetudinem : dum enim
Deum colimus, quod est officium theosebiæ, mite-
scimus, et nos divinæ Scripturæ subjicimus ; scientia, luctum : nam qui apponit scientiam, apponit dolorem [7] ; fortitudo, tolerantiam in adversis, ut semper esuriamus justitiam et sitiamus [8]. Consilium
efficit misericordiam, dum alterius misereatur, qui
sui vellet alterum miserari. Intellectus purgat oculum mentis, ut mundi corde Deum videant [9] ; sapientia facit pacem pectoris, ut perveniatur ad pacem
æternitatis. Ecce quod per gradus a timore pervenitur ad sapientiam. Unde : « Initium sapientiæ ti-

[93] Cant. 4.   [94] Psal. 113.   [95] Ibid.   [96] Ibid.   [97] Exod. 14.   [1] I Esdr. 1.   [2] Luc. 24.   [100] Rom. 8.
[1] Exod. 15.   [2] II Reg. 6.   [3] II Par. 5.   [4] Gen. 17.   [5] Matth. 5.   [6] Psal. 56.   [7] Eccl. 1.   [8] Matth. 5.
[9] Ibid.

mor Domini [10]. › Septem ergo diebus baptismalia celebrantur officia, vel quia baptizati Spiritu septiformi ditantur, vel quia ipsorum temporis universitas dierum septenario volvitur, quibus quia præcipue fides, spes, charitas, sunt necessaria, ideo tribus psalmis utimur in matutinis; sed exinde multiplicantur, ut boni mores diversorum operum accumulentur, vel per septem dies unius coloris officium celebramus, ut totius nostræ vitæ curriculum, ad mortem et resurrectionem Domini referamus; sicut enim dies resurrectionem, sic nox mortem Domini repræsentat · una die resurrexit Dominus, sed tamen per septem dies dicimus : *In hac potissimum die gloriosius prædicare*, et : *Hæc est dies.* Una fuit Christi mors, tribus continuata diebus, sed tamen per septem noctes, tres psalmos dicimus, et tres lectiones. Ille ergo tres cantat psalmos in nocte, qui mente se tenet consepultum Christo, et mortuum esse peccato, qui non operatur peccatum [11]. Ille cantat, *hæc dies*, per septem dies, qui in justificatione perseverat. Nunc his spiritibus et beatitudinibus, singulorum dierum officia coaptemus. Superius igitur officium ipsius Dominicæ Resurrectionis pertinet ad timorem, qua timemus terribilem sententiam Judicis. Cum enim dicet Patri Rex et Judex omnium, *Resurrexi, et adhuc tecum sum* [12], in suggillationem inimicorum dicentium : ‹ quando morietur, et peribit nomen ejus [13]; tunc magnus erit timor et tremor, unde et in offerenda. *Terra tremuit* [14], hic spiritus timoris et fundamentum ponitur, super quo firmiter ædificatur; est enim primus septe n graduum, per quos juxta Ezechielem [15] ad portam orientalem ascenditur. Sed movere potest cur a timore incipientes in sapientia terminemus, cum Isaias [16] cœperit a sapientia, et descenderit ad timorem? Sed Isaias hæc dicens, Salvatorem descripsit, et a summo descendit. Nos vero de terrenis ad cœlestia tendere conamur, et ideo gradus ascendendo connumerare debemus, ut a timore ad sapientiam pervenire possimus. Et quia hic spiritus, ut diximus, efficit humilitatem, ideo statio est ad Sanctam Mariam, quæ fuit regina humilium, unde inquit : ‹ Respexit humilitatem ancillæ suæ [17]. ›

Secunda feria, legitur evangelium [18] de duobus discipulis euntibus in Emmaus, quibus Dominus Scripturas aperuit Moysi et omnium prophetarum, cui congruit lectio Actuum apostolorum, ubi dicitur : *Huic omnes prophetæ testimonium perhibent* [19]. In hoc evangelio probat Dominus suam passionem humano generi necessariam, et fingens se longius ire, talem se illis exhibuit in corpore, qualis apud illos erat in mente, et hoc argumento peregrinos esse cogendos; et panem in Ecclesia benedicendum. Nam quem in expositione Scripturæ non cognove-

runt, in fractione panis agnoverunt; quia non auditores, sed factores legis justificabuntur [20], et veritas melius operando quam audiendo intelligitur. Et attende quod hoc hodie, licet legatur evangelium de apparitione Domini, non tamen hodie, sed heri hæc apparitio fuit; decem etenim apparitiones Christi post resurrectionem in evangeliis inveniuntur, quinque in ipsa die, quinque postea, sed et in Apostolo dicitur [21] quod apparuit Jacobo, et quingentis fratribus simul. Aiunt quidam quod et ipsa die primo apparuit matri, sed et Jacobo, qui votum voverat non comedere, sed et Joseph qui pro eo tenebatur in carcere. Ex Evangelio sumitur *Alleluia, Mane*, et offerenda : *Angelus*, ex eo quod ibi dicitur mulieres visiones vidisse angelorum, qui dicunt eum vivere, similiter et communio : *Surrexit*, ex eo quod ibi dicitur : ‹ Surrexit Dominus vere et apparuit Simoni. › Ad pietatem ergo pertinet hoc officium, in quo continetur rememoratio Scripturarum, et per pietatem accedit ad mansuetudinem. Mansuetis autem terra promittitur illa de qua dicitur : ‹ Beati mites, quoniam ipsi possidebunt terram [22], › scilicet fluentem lac, et mel, unde et in introitu : *Introduxit vos Dominus in terram fluentem lac et mel* [23], et sunt hæc verba Moysi, populum post esum agni de Ægypto ducentis; introduxit, inquam, spe; sed et in illam introduxit re, quam Caleph dedit Aseæ filiæ suæ [24] irrigatam irriguo superiori et inferiori. Irriguum inferius timor est; superius, amor. Caleph etenim, qui quasi *cor* interpretatur, dat animæ devotionem cum timore pariter, et amore. Hodierna statio est ad Sanctum Petrum, vel quia sicut Virgo humilibus, sic fuit Petrus mitibus in exemplum, vel quia largiori gratia utrumque dedit ei Deus irriguum inferius, cum post trinam negationem flevit amare [25] : superius cum Dominus resurgens apparuit Simoni, sicut legitur in Evangelio [26], et canitur in communione.

Feria tertia legitur evangelium : *Stetit Jesus* [27], ubi dicitur quod hac voce : *Pax vobis*, apostolos Dominus salutavit, et subauditur; sit, vel est : quia fuit prima vox ejus ad discipulos post resurrectionem. Ideo vicarius ejus utitur ea, cum primo se vertit ad populum; sed ut ostendat se unum ex nobis, postea dicit : *Dominus vobiscum*. Ubi quoque multifario suam resurrectionem probavit, scilicet, per visum, per tactum, cum se palpabilem demonstravit, et cicatrices ostendit, quas tribus de causis præcipue reservavit, ad probationem resurrectionis, ad intercedendum pro nobis, ad improperandum perfidis. Rursus per gustum; quia cum discipulis manducavit, in quo cibus assumptus creditur, sicut aqua per ignem vel radium solis absumitur, resolutus. Manducavit autem partem piscis assi, et favum mellis. Ipse quidem est piscis ca-

[10] Psal. 110. [11] Rom. 6. [12] Psal. 138. [13] Psal. 40. [14] Psal. 75. [15] Cap. 40. [16] Cap 11. [17] Luc. 1. [18] Luc. 24. [19] Act. 10. [20] Rom. 2. [21] I Cor. 15. [22] Matth. 5. [23] Exod. 13. [24] Jos. 15. [25] Matth. 26. [26] Luc. 24. [27] Ibid.

ptus in aquis humani generis laqueo mortis. Ipse A
favus, scilicet mel in cera, id est divinitas in humana natura : comedimus cum talem credimus.
Ipse quoque piscem assum comedit et favum, cum
nos pro Christo in camino tribulationis assatos,
ab amore internæ dulcedinis non recedentes, sibi
ad æternam quietem incorporat, ubi sociabimur
vera dulcedine. Rursus eamdem per auditum probat, cum Scripturas exponit, quod pertinet ad
scientiam, unde, in introitu, aqua sapientiæ, beati
viri potati referuntur [12], intonante de cœlo Domino.
In offerenda : Et Altissimo dante vocem suam [13],
fontes aquarum apparuisse memorantur. In communione qui cum Christo surrexerunt, quæ sursum
sunt, quærere et sapere jubentur [14]. Præterea in
Evangelio sensus ad intelligendum Scripturas disci- B
pulis aperitur. Scripturarum quippe intelligentia
lamentorum et luctus est causa effectiva. Sicut
enim per medium occisorum gradiens, saltem aliquantulum represso risu compungitur, sic qui legit in Scripturis prophetas occisos, et Dominum
prophetarum, saltem aliquantulum dolore morde-
tur, et quanto quis sua peccata intelligit, tanto in
luctum, et pœnitentiæ lamenta prorumpit ; hic luctus quem scientia efficit, non est luctus mortuorum, qui fit communi lege naturæ, sed est pœnitentiæ. Unde : cum Dominus discipulis sensum aperuit Scripturarum, addidit : Oportuit prædicari pœnitentiam et remissionem peccatorum in omnes gentes [15]. Licet igitur his diebus sit gaudiis vacandum, C
tamen ineptam lætitiam removeamus, nec carnes
agni sine lactucis agrestibus comedimus [16] ; quia :
« Beati qui lugent [17]. »

Illud notabile est quod, cum omnes graduales
versus hujus hebdomadæ sumantur de psalmo cxvii,
hodiernus sumitur de cvi, eo quod iste psalmus exhortatur fideles ad laudes Dei, qui per scientiam
sui redemit et liberavit eos a quadruplici tentatione ;
quia liberavit eos de necessitatibus eorum, id est ab
infidelitate, et quia liberavit eos de necessitatibus eorum, id est a prava consuetudine, et liberavit eos a
tædio bonæ actionis, et eduxit eos a versutiis hæreticæ impugnationis. Alleluia, Oportebat; sumitur
de Evangelio. Hodierna statio est ad Sanctum Paulum, vel quia singulari gratia Dominus ei aperuit D
intelligentiam Scripturarum, ut ipse testatur : Non
a me, nec ab homine accepi Evangelium meum, sed
per revelationem Domini nostri Jesu Christi [18]; vel
per eum maxime adimpletum est, quod in hodierno
legitur Evangelio, scilicet, oportuit prædicari pœnitentiam in omnes gentes. Ideoque et ejus prædicatio
legitur in hodierna lectione Actuum Apostolorum [19];
et vide quia per hos tres dies est solemnius ferian-
lum, in sequentibus autem licet viris ruralia opera
exercere, non tamen feminis nere ; quia ruralia
magis sunt necessaria ; nunquam vero choreas du-

cere ; quia dicit Gregorius : « Melius fodere et arare,
quam choreas cucere. » Inde est quod illi singuli
dies habent responsoria propria, cæteri mutuata :
secundum quosdam quidam habent usque in quintam feriam appropriata. Illud quoque, licet risum
moveat, non tamen a mysterio vacat quod in quibusdam regionibus in feria secunda mulieres viros
verberant, viri vero mulieres in hac tertia. Per
quod notatur quoniam se invicem corrigere debent,
ne alter ab altero his diebus tori debitum exigat;
Julianus enim papa saltem tribus diebus ante
communionem, et tribus post ab amplexibus vacare præcepit, quod sumptum est a Davide, qui cum pueris
suis accepturus panes propositionis, ait ad Abimelech : « Continuimus ab heri, et nudiustertius [20]. »

Feria quarta legitur evangelium , ubi dicitur
quod Mane facto stetit in littore maris, dicens discipulis piscantibus : Mittite in dexteram navigii rete,
miserunt et traxerunt pisces CLIII. Deinde septem illos discipulos, qui piscabantur, ad convivium invitavit, dicens : Venite, prandete : et dedit eis panem
et piscem assum [21]. Mare dies est judicii, in quo
transacta nocte sæculi non apparebit Dominus ulterius in fluctibus sæculi, sed stabilis erit in æternitatis soliditate. CLIII pisces in dextera navigii reperti
et ad littus tracti sunt in fide Trinitatis perfecti, in
dextera, in fine sæculi congregandi. Septem discipuli cum Domino discumbentes, est Ecclesia Spiritu septiformi illustrata, quæ receptis corporibus
ad epulas, cum Domino discumbet æternas, ubi
epulabitur non in fermento veteri, sed in azymis
sinceritatis et veritatis [22], et comedet non serpentem pro pisce, nec lapidem pro pane [23] sed panem
verum et piscem assum, id est cognoscet Christum
esse Deum et hominem passum. Hæc est illa saturitas, qua « beati qui esuriunt et sitiunt justitiam,
quoniam ipsi saturabuntur [24]. « Quod ergo dicitur
in Evangelio : Venite, prandete, hoc est quod cantatur in introitu : Venite, benedicti Patris mei, percipite regnum [25] : hoc etenim regnum est prandium
æternum, ubi erunt pisces magni, sed unus super
prunas, non passionis sed amoris, de quo Isaias [26]
dicit ; « Dominus cujus ignis in Sion, et caminus
in Hierusalem. » Et vide quia rationabiliter in feria
quarta nobis regnum a Christo promittitur, quia in
quarta ætate regnaverunt David et Salomon, in
quorum manibus Christi regnum specialius et plenius significatur. Et quia Petrus supradictum rete
traxit in terram; ipsi enim commissa est Ecclesia,
ipsi specialiter dictum est : « Pasce oves meas [27]. »
Ideo pro epistola sumitur ejus prædicatio de Actibus apostolorum [28]. Ad saturitatem quoque pertinet
offerenda : Portas cœli aperuit [29], scilicet prophetas qui prædixerunt, angelos qui annuntiaverunt,
Mariam quæ genuit, apostolos qui prædicaverunt,
doctores qui exposuerunt. Per hos omnes pluit

[12] Eccl. 15.   [13] Psal. 17.   [14] Col. 5.   [15] Luc. 24.
[16] I Reg. 21.   [17] Joan. 21.   [18] I Cor. 5.   [19] Luc. 11.
21.   [20] Act. 5.   [21] Psal. 77.
[22] Exod. 12.   [23] Matth. 5.   [24] Gal. 4.   [25] Cap. 15.
[26] Matth. 5.   [27] Matth. 25.   [28] Cap. 31.   [29] Joan.

Dominus manna in ora egentium animarum, id est A
Dei verbum vel corporis sacramentum, ut non deficerent in via tendentes ad patriam, ubi comedent
panem angelorum. Versus gradualis : *Dextera Domini* [44], congruit verbo Evangelii : *Mittite in dexteram navigii rete*, vel potius vox est hominis in littore stantis, id est in æternitate, et dicentis : *Dextera Domini fecit virtutem* [45], quia potentia Verbi
mihi uniti fecit me vincere mortem. Ideoque *Dextera Domini exaltavit me* [46], id est laudabilem fecit
me. Itaque repetit : *Dextera Domini fecit virtutem;*
ut ostendat resurrectionis qualitatem, scilicet æternam. Unde sequitur : *Non moriar sed vivam* [47].
Juxta quem sensum canimus cum Apostolo in alleluia et communione Christi resurrectionem [48], et
pertinent hæc ad fortitudinem, et quia Laurentius B
fuit piscis assus, fortis in esurie, et esuriens in
fortitudine, ideo statio fit hodie ad Sanctum Laurentium.

Feria quinta legitur in evangelio quod Maria,
quæ fuerat in civitate peccatrix, quæ lavit pedes
Domini, Pharisæo murmurante [81], stabat ad monumentum foris plorans, et post allocutionem angelorum conversa retrorsum vidit Jesum, et prius vocata
vocavit magistrum. Cui Jesus : *Noli me tangere, nondum enim ascendi ad Patrem meum et Patrem vestrum,
Deum meum et Deum vestrum* [52]. Hæc est ecclesia de gentibus, quæ deserens errores cucurrit ad
fontem gratiæ, Judaico populo invidente. Foris stetit ; quia legis et prophetarum scientiam non introivit, sicut centurio [53], et eunuchus, qui cum le- C
geret Isaiam, non intelligebat ; sic et multi alii quæsierunt, et tamen foris steterunt [54] : ut legimus
quosdam Philippo dixisse : « Volumus Jesum videre [55], » sed non illuxit eis veritas ante ascensionem. Unde subditur *Noli me tangere; nondum enim
ascendi ad Patrem meum, sed vade ad fratres meos,
et dic eis : Ascendo*, etc. Ac si dicat Ecclesiæ · Non
tanges me per fidem ante ascensionem, sed postea
venies ad me fide per fratrum meorum prædicationem. Tunc adimplebitur illud Oseæ : « Vocabo non
plebem meam, plebem meam, et non misericordiam
consecutam, misericordiam consecutam [56]. » De my-
stico hujus evangelii sensu hodiernum procedit officium. Gentilis enim Ecclesia est ille mutus, et
illi infantes Deum loqui nescientes, de quibus cantatur in introitu : *Victricem manum* [57], etc. Unde
in collecta : *Deus qui diversitatem gentium*, etc. [58],
quod in evangelio per peccatricem significatur, in
epistola per Æthiopem [59] : uterque enim significavit gentilem Ecclesiam justificandam, quæ conjuncta est Judaico populo per lapidem angularem de
quo in versu gradualis dicitur : *Hic lapis lucidus est,
et illuxit nobis* [60], ut canitur in alleluia. Ideoque dies

solemnitatis in offerenda vocatur ; *Hic est dies magnus et præclarus, dies de die, lumen de lumine, in
quo exivimus de terra Ægypti, et ducti sumus in ter
ram fluentem lac et mel* [61]. In quo Æthiops exuit nigredinem [62], et Maria suæ accidiæ cæcitatem [63] ; cujus virtutes nos populus acquisitionis in communione annuntiare jubemur ; « quia de tenebris vocavit nos in admirabile lumen [64]. » Pertinet igitur
hoc officium ad consilium et misericordiam. Magnum enim fuit consilium peccatricis, pedes lavare
lacrymis, ut misericordiam consequeretur ; et quia
fratres Domini, de quibus agitur in evang lio sunt
apostoli, per quos hæc omnia sunt adimpleta, scili
cet os muti apertum, disertæ linguæ infantium, ideo statio fit ad sanctos apostolos.

Feria sexta legitur in evangelio [65] quod discipuli
abierunt in Galilæam, et viderunt Dominum, et formam acceperunt baptismi, scilicet, in nomine Patris et Filii, et Spiritus Sancti, quem Dominus his
verbis injunxit : *Euntes docete omnes gentes, baptizantes eos, in nomine Patris, et Filii et Spiritus Sancti.
Docentes eos servare omnia quæcunque mandavi
vobis.* Ubi notandum est quod auditor prius est
catechizandus, id est de fide docendus. Secundo
baptizandus, tertio in mandatis Dominicis instruen-
dus. Ideoque scrutinia præcedunt baptisma. Galilæa *transmigratio* interpretatur, quod bene congruit baptizatis, qui de vetustate vitæ transeunt
ad novitatem [66], quæ transmigratio repræsentata
est in transitu maris Rubri [67]. Ideoque cantatur
in introitu : *Eduxit eos Dominus*, etc. [68], et in offerenda : *Erit vobis hic dies memoriale*, scilicet, in
quo mare transitis [69]. Repræsentata est etiam in
Noe [70]. Ideo legitur de eo in Epistola Petri : *Christus semel* [71]. Sicut namque Noe, qui *requies* dicitur, rexit arcam super undas cataclysmi, sic Christus requies vera gubernat Ecclesiam super unda
baptismi. Versus gradualis, servato ordine : *Lapidem quem reprobaverunt ædificantes, hic factus est
in caput anguli* [72], cum communione, gloriam exprimit, et honorem quo per passionem coronatus
est Dominus, dicens in Evangelio : « Data est mihi
omnis potestas in cœlo et in terra [73]; » pertinet
igitur hoc officium ad munditiam cordis; in baptismo namque lavantur corpus et anima. Et
quia mundis cordibus visio Dei promittitur, ut
ibi : « Beati mundo corde, quoniam ipsi Deum videbunt [74]; » et per munditiam ad intellectum pervenitur, ideo recte in Evangelio dicitur quod
transmigrantes Deum viderunt, et videntes adoraverunt, quod quia fuit in monte, scilicet in Nazareth, et ut Hieronymus ait, in domo Mariæ.
Ideo hodierna statio est ad Sanctam Mariam.

Sabbato legitur in evangelio [75] quod Petrus et

---

[44] Psal. 117. [45] Ibid. [46] Ibid. [47] Ibid. [48] Luc. 24 ; Rom. 6. [81] Luc. 7. [52] Joan. 20. [53] Act. 10.
[54] Act. 8. [55] Joan. 12. [56] Ose 2; Rom. 9. [57] Sap. 10. [58] Joan. 20. [59] Act. 8. [60] Psal. 117.
[61] Exod. 43. [62] Jer. 13. [63] Luc. 7. [64] I Petr. 2. [65] Matth. 28. [66] Rom. 6. [67] Exod. 14. [68] Psal. 77.
[69] Exod. 12; Levit. 23. [70] Gen. 7. [71] I Petr. 3. [72] Psal. 117. [73] Matth. 28. [74] Matth. 5. [75] Joan. 20.

Joannes accurrerunt ad monumentum. Et licet A
Joannes præcucurrerit, tamen Petrus sequens prius
introivit, et postea Joannes. Hi sunt duo populi :
Petrus significat gentes quæ posterius venerunt ad
notitiam passionis, sed tamen ex primis crediderunt.
Joannes Synagogam quæ in lege et prophetis prius
audivit Domini passionem, sed nondum credere in
mortuum voluit. Credet autem, cum reliquiæ Israel
salvæ fient [14]. De his duobus populis, scilicet credentibus et non credentibus, .Petrus loquitur in
epistola hodierna : *Deponentes* [17]; de credenti dicitur in introitu : *Eduxit Dominus. populum suum*
[16], eduxit Dominus Israel de Ægypto cum auro et
argento, sed eis in deserto murmurantibus, et ideo
pereuntibus [17], eduxit eos qui non murmuraverunt
de deserto in terram promissionis [40], in voce ex-   B
sultationis. Propter eosdem omittimus graduale, et
duplicatur alleluia : quia qui neophyti laborabant,
nunc Deum voce et opere laudant. Ad eosdem
pertinet alleluia : *Laudate, pueri, Dominum* [81] : totus enim ille psalmus ad electionem dirigitur gentium
quod ex ejus illo fine probatur : « Qui habitare facit
sterilem in domo [81a]. » Ejusdem pueris convenit quod
canitur in offerenda : *Benedictus qui venit in nomine
Domini* [83]. Hunc enim versiculum cantaverunt
pueri occurrentes Domino ad passionem venienti [83].
Quod sequitur : *Benediximus vobis de domo Domini* [84], adjecit mater Ecclesia, dicens pueris suis :
Benediximus vobis, id est signavimus vos baptismate, nos qui sumus familia.Domini ; quia *Deus
Dominus illuxit nobis* [85]. Sequens versus : *Hæc*   C
es: dies, ad gaudium spectat credentium. Ille alius
lapidem, quem reprobaverunt, ad suggillationem
Pertinet Judæorum. ¡Ad eosdem credentes pertinet communio : *Omnes qui in Christo* [86], etc.
Pertinet igitur officium istud ad pacificos, qui filii Dei vocabuntur [87]; «dedit » enim Dominus« his, qui
credunt in nomine ejus, » «potestatem filios Dei fieri [88], » quibus datur sapientia perfrui. Maternum
exigit privilegium Lateranensis ecclesiæ, ut cum in
ea cœptum sit baptismum in die Sabbati Paschæ,
in eadem hodie concludatur, quæ est sedes apostolica, in honore sancti Salvatoris, et Joannis Baptistæ a Constantino constructa. [Et vide quia no-   D
men ad lateranas antiqua probra sparci Neronis
accusat, qui maleficis potionibus usus, illic latens
ranas evomuit ; sed ubi abundavit iniquitas, illic
superabundavit et gratia [89]. Nunc enim illic Romani imperii mater est. Ecclesia]. Quæ illos quos
in Sabbato sancto genuit, hac octava die spiritualis
petra circumcidit ; quæ non credentibus est lapis
offensionis et petra scandali, sed credentibus est
honor, et caput anguli [90]. Hæc circumcisio non
est carnalis, sed spiritualis, de qua Petrus in hodierna dicit epistola : *Deponentes omnem malitiam*

etc. [91]. Hæc est Sephora uxor Moysi, quæ filios circumcidit, dicens ad Moysen : « Sponsus sanguinum
tu mihi [92]; » Moyses Christus est. Sephora alienigena, mater Ecclesia de gentibus sumpta, quæ ne
Moyses occidatur in filiis, filios circumcidit, quo
rum sanguis Moysi pedes, id est vestigia tangit.
*Christus enim passus est pro nobis, vobis relinquens
exemplum, ut sequamini vestigia ejus* [93], cui Ecclesia : *Sponsus sanguinum tu mihi es*, quasi dicat :
Tu mihi te, vel me tibi despondens, sanguinem
tuum in dotem fudisti. Ideoque et ego meam carnem crucifigam vitiis et concupiscentiis [94], et si ar-
ticulus exegerit, sanguinis mei vicem rependam.
Et attende quod hæc septimana vocatur In albis,
eo quod baptizati olim his diebus candidis vestibus
utebantur a die baptismi usque in hodiernum diem,
ad significandum, ut prædiximus, innocentiæ stolam, et debet per dies octo portari, ut in præsenti
septenario corporum munditiam conservemus, quibus in octava glorificationem in requie adipiscemur;
his enim vestibus innuimus ! quales in præsenti
vita esse debemus, scilicet mundi, et qualia corpora
sumus denique recepturi. Et solent hæc vestimenta
esse duplicia ; quia sancti duplicia possidebunt [95],
videlicet beatitudinem et glorificationem.

Quod et in Sabbato deponunt ea, significat quia
requiem in exitu vitæ invenient, et cum rursus
lotæ fuerint eas non alii, sed iidem residuunt ; quia
animæ corpora non aliena recipient, sed ea, quæ in
hac vita rexerunt. Hac tota septimana baptizati ad
ecclesiam deferuntur, ut corpore Salvatoris alan-
tur, ad instar filiorum Israel, qui, post transitum
maris, manna sunt educati ante ingressum terræ
promissionis : quos sicut columna præcessit [96], sic
istos cereus antecedit. Attende quod ii octo dies
totam vitam repræsentant Christianam; dies baptismi
introitum fidei, in quo baptizati unum concinunt
alleluia ; quia stolam suam lavant in sanguine
Agni [97]; sed tractus sequitur, quoniam adhuc pere-
grinantur. Ille tractus tamen est laudatorius; quia
« cantabiles sunt ei justificationes Domini in loco
peregrinationis [98] » vel repræsentat vitam veteris
Adæ, qui fuit in statu lætitiæ, ideoque alleluia cantatur ; sed hæc lætitia non fuit sempiterna, ideoque
tractus sequitur. Sequentes sex dies, in quibus graduale et alleluia cantantur, totam vitam præsentem,
vel propter sex opera, vel propter sex ætates hominis, repræsentant, in quibus in actione et contemplatione laboratur, in sudore vultus sui homo pane
vescitur [99]; sed *alleluia* post graduale cantatur ;
quia labor et tristitia in gaudium convertentur [100].
Omnes pene versus, graduales de psalmo *Confitemini* [1] assumuntur, quoniam hic psalmus de æterna
loquitur lætitia. Hoc autem Sabbatum futuram vitam significat, in qua geminatur alleluia propter

[14] Rom. 11. [17] I Petr. 2. [16] Psal. 104. [17] Num. 21 ; I Cor. 10. [40] Jos. 4. [81] Psal. 112. [81a] Psal.
112. [83] Psal. 117. [83] Matth. 21. [84] Psal. 117. [85] Ibid. [86] Gal. 3. [87] Matth. 5. [88] Joan. 1. [89]
Rom. 5. [90] I Petr. 2. [91] Ibid. [92] Exod. 4. [93] I Petr. 2. [94] Gal. 5. [95] Isa. 61. [96] Exod. 16. [97]
Apoc. 7. [98] Psal. 118. [99] Gen. 3. [100] Joan. 16. [1] Psal. 117.

nostram resurrectionem, vel propter A
is, quas induent corpus et anima, vel
rit lætitia sempiterna [2]; quia lætitia, unum
quia sempiterna, secundum concinitur
die terminatur Septuagesima, quam su-
ivitati Babylonicæ [3] comparavimus, quam
parare possumus filiis Israel, qui cum
Egyptiaca servitute [4], fleverunt dicentes:
runt [5] : Exsurge [6] : Esto [7].

quartæ feriæ, id est capitis jejunii, ita
dicatur Moysi, Solve calceamentum de
ls. Officium quadragesimæ, est quasi
haraonis et Moysi, ut liberaretur popu-
aptismus mare Rubrum [8]. Transitus per
ab ducibus, est deportatio neophytorum
ebdomadam sub presbyteris et patrinis,
nitur tandem in hoc Sabbato ad terram
is, ideoque frequentatur alleluia, quæ
) fit ab hoc Sabbato usque ad Sabbatum
osten. Hi sunt quinquaginta dies annuum
d est jubilatione plenum, scilicet futu-
ulgrificantes in qua per omnes vicos Hie-
universis cantabitur alleluia. Sicut enim

B

in præcedenti præsens vita, sic in ista futura exsultatio significatur. Unde in illa jejuniis et orationibus intendimus, in ista jejunia relaxamus et laudibus indulgemus. Primam figuravit Christi passio,
secundam resurrectio; vel ut in præcedenti actio, in
ista intelligitur contemplatio; de anno tamen quin-
quagenario in Pentecoste latius prosequemur. In
vesperis hodiernis feriales psalmi cum alleluia
dicuntur. Attende quod in antiquis libris annoti-
num Pascha notatur, quod anniversarium dicitur:
olim etenim qui in præcedenti pascha baptizati fuerunt, in sequenti anno diem suæ regenerationis solemniter recolebant, reducentes; ad memoriam secundam nativitatem, de qua dixit Dominus Nico-
demo : « Nisi quis renatus fuerit ex aqua, et Spiritu sancto [10], etc. » Nicodemus figuram tenet eorum qui credunt, aut fidem acceperunt, sed nondum fideliter operantur : tales sunt neophyti, qui
per hoc Evangelium solemnizant. Quod forte sumitur a gentili populo miseriam nascebatur, natalitium
observabat (4). Multo magis, ille celebrandus est, in
quo regeneramur ad gratiam, ut regnemus in
gloria.

[2] IV Reg. 25. [4] Exod. 2. [5] Psal 17. [6] Psal. 43. [7] Psal. 30. [8] Exod. 3, [9] Exod. 7,
[10] Joan. 3.

) corruptus.

LIBER SEPTIMUS.

—

PROLOGUS.

am præcepti prævaricator a via justitiæ
', sed misericors Dominus, qui non obli-
ereri [11], errabundum per nuntios revo-
im filio revertenti, Pater occidit vitulum
stolam dedit, et annulum [12], et licet
) consumpserat portionem, tamen ad
m reconciliat hæreditatem. Quam recon-
in sequenti periocha celebrat solemni-
la

CAPUT PRIMUM.

DOMINICA IN OCTAVA PASCHÆ.

do geniti infantes, rationabile sine dolo
cite [14]. Hodiernæ diei officium ad octa-
tquidem beatitudinem, quæ est : « Beati
Jonem patiuntur propter justitiam, quo-
m est regnum cœlorum [15], quæ, quia
ut primum, eadem est, quæ prima, ideo
intatur officium. Verumtamen et paulu-
eo quod ejusdem beatitudinis alia in
in hac ultima causa notatur; ibi enim
m dicitur : « Beati pauperes spiritu [16]; »
rtyrium cum dicitur : « Beati qui per-
patiuntur [17]. » De quo martyrio dicitur
) [18] Cum esset, quod foribus clausis,
tus manentibus propter metum Judæo-

C rum, Dominus in medio illorum stetit, et pacem
illis annuntiavit. Per discipulos clausos omnes illos
accipimus, qui persecutionem patiuntur propter justitiam [19], qui non audent venire in publicum ob
rabiem persecutorum, sicut nec discipuli propter
metum Judæorum. De eodem martyrio loquitur
Joannes in Epistola [20], Omne quod natum est,
dicens : « Tres sunt qui testimonium dant in terra,
spiritus, aqua, et sanguis. » His tribus testibus,
scilicet Spiritu sancto, aqua baptismi, martyrio
sanguinis Christi, confirmatur fides nostra, et adju-
dicatur his regnum, qui persecutionem patiuntur
propter justitiam. Ad idem martyrium pertinet alleluia. Post dies octo. Introitus vero, Quasi modo geniti, per sequentes dies hebdomadæ cantandus
est; quod etiam congruit Evangelio per aliam sententiam, quam Dominus de futuris fidelibus proferens in Evangelio : Beati, inquit, qui non viderunt
et crediderunt [21], ubi fides a Domino commendatur,
sed ne solam fidem nobis sufficere putaremus, præ-
libatur nobis in introitu regula vivendi, ut hauria-
mus lac doctrinæ de uberibus Salvatoris [22], vel
matris Ecclesiæ, sine qua fides mortua est [23]. Huic
sententiæ consonat extrema particula præcedentis
Epistolæ, scilicet : « Qui credit in Filium Dei habet testimonium Dei in se [24]. » Similiter et commu-

[11] Psal. 76. [12] Luc. 15. [13] I Petr. 2. [14] Matth. 5. [15] Ibid. [16] Ibid. [17] Ibid. [18] Joan. 20.
[19] I Joan. 5. [20] Joan. 29. [21] Isa. 12. [22] Jac. 2. [23] I Joan. 5.

nio : *Mitte manum*, etc., cujus plana littera fidem
nostram ædificat, sed si intus perspicimus, per
Thomam reliquias Israel accipimus, quæ non credent nisi cum res apparuerit, præcedentibus Enoch
et Elia. Nos autem laudabilioris fidei sumus; quia
in auditu auris obedivimus [16]. Sic ergo credamus,
et credentes vivamus, ut beatitudinem consequamur.

CAPUT II.

DOMINICA PRIMA POST OCTAVAM PASCHÆ.

Misericordia Domini plena est terra [17]. In hac
Dominica celebrantur concilia, in quibus est forma
quam sequi debeant, animarum pastoribus proponenda. Ideoque per hodiernum officium eis forma
proponitur, et exemplum. Forma ut sint misericordes, unde in introitu : *Misericordia Domini plena
est terra*, et sint constantes in verbo Dei, unde sequitur : *Verbo Domini cœli firmati sunt*. Exemplum,
ut Christus qui *passus est pro nobis, vobis relinquens
exemplum, ut sequamini vestigia ejus*, sicut legitur
in epistola [17]; qui fuit pastor bonus, cognoscens
oves suas, et ponens animam suam pro ovibus suis,
sicut legitur in Evangelio [18], de quo cæteræ partes
officii pendent, ut : *Alleluia. Ego sum Pastor bonus;* similiter et communio; offerenda vero, quæ
est : *Deus, Deus meus, ad te de luce vigilo* [19]; sic
congruit Evangelio, quia psalmus iste sic intitulatur : *Psalmus David, cum esset in deserto Idumœæ.*
Desertum sunt Judæi Deum descerentes et a Deo deserti. Iidem sunt Idumæi, id est terreni vel sangui-
nei, qui fuderunt sanguinem prophetarum [20], et
Domini. In hoc deserto Christus bonus Pastor posuit animam pro ovibus suis, dans nobis exemplum
ut pro custodia gregis ad Deum, non ad mercedem
vigilemus, manus levemus, et veniente lupo non
fugiamus, sed animam pro ovibus ponamus, ne
fures aut mercenarii deputemur. Attende quod ante
resurrectionem lex et prophetæ legebantur; post
resurrectionem vero, Apocalypsis, et Epistolæ canonicæ, quæ sunt apostolorum, leguntur, et cantibus jubilantur; lex etenim, et prophetæ Christi
passionem et resurrectionem prædixerunt, sed apostoli jam factam annuntiaverunt et testificati sunt.
Ideoque responsorium illud cantatur : *Virtute magna
reddebant apostoli testimonium resurrectionis* [21]. Et
vide quia secundum Romanum ordinem semper in
Dominicis novem lectiones leguntur; licet Magunti-
num concilium a Pascha usque ad Pentecosten,
tres tantum instituerunt esse legendas, ut servitium
in die cantetur; quia in futuro Trinitas comprehendetur, et a sanctis in luce Domino servietur. Rationabiliter quoque legitur Apocalypsis et canitur, eo
quod in ea visio Christi, et angelorum collocutio
memoratur. In illa enim vita, quam Paschale significat tempus, animæ visione Trinitatis et angelorum

consortio gratulabuntur. Legitur autem Anocalyp-
sis cum historia, *Dignus*, quindecim diebus, postea
legantur epistolæ cum historia, *Si oblitus*, usque ad
Ascensionem, adjunctis quoque sermonibus et homeliis. Quod autem in quodam responsorio dicitur:
Decantabat populus in Israel alleluia, et canit universa multitudo Jacob legitime, et ipse David [22]
cum cantoribus citharam percutiebat in domo Domini, illud respicit quod regno Saul destructo, id
est mortis imperio, arca, id est humanitas Salvatoris, in qua sunt manna, id est verbum, et tabulæ
testimonii, id est thesauri sapientiæ et scientiæ Dei
absconditi [23], in Hierusalem ducitur et in tabernaculo collocatur, ut æterna pacis visione fruatur et
ad Patris æqualitatem gloriosus exaltetur. Cum superius temporibus infantiæ Domini Paulum dixerimus esse legendum, nunc vero Scriptura cæterorum apostolorum, patet quod toto tempore sive
ante passionem, sive postea, qua Domini præsentia
memoratur, congrue præcones Novi Testamenti
loquantur, id quasi ab uberibus sponsi filii consolationis lacte potentur; hæ namque Scripturæ sunt
ubera [24], de quibus dicitur : « Meliora sunt ubera
tua vino [25]. » De quibus sic nos reficiat Dominus,
cujus *misericordia plena est terra* [26], ut omnes de
plenitudine ejus accipiamus [27].

CAPUT III.

DOMINICA SECUNDA POST OCTAVAM PASCHÆ.

Jubilate Deo, omnis terra [28]. Hæc et cæteræ quæ
sequuntur Dominicæ usque ad Ascensionem pertinent ad gaudium resurrectionis, quod Dominus in
cœna promiserat futurum post tristitiam passionis.
Quæ duo, scilicet tristitiam et gaudium, Dominus
in Evangelio [29], *Modicum* etc., per similitudinem
mulieris parturientis ostendit, quæ quoque Petrus
innuit in Epistola [30], *Obsecro*, per abstinentiam et
glorificationem. In abstinentia enim labor est, ut
parturientis, in glorificatione qua Deus glorificatur
in operibus nostris, est gaudium, ut nati hominis
in mundo. Sicut enim cum mulier peperit, non
meminit pressuræ propter gaudium, quia natus est
homo in mundo, sic qui detrahebant nobis, ex
nostris operibus glorificant Deum in die visitationis.
Quod præfiguratum est in Thamar [31], quæ cum de
Juda concepisset et de fornicatione apud Judam
accusata fuisset, illa perferens annulum, armillam
et baculum : De viro inquit, cujus hæc sunt concepi.
Thamar operiens vultum est Ecclesia de præteritis
erubescens erroribus, sedit in itinere, quo Judas
ibat ad lavacrum ad tondendas oves, id est occurrit Christo ad baptismum veuienti, quemadmodum
desiderat cervus ad fontes aquarum [32]. Quæ cum
de Christo fidem concepit, et eamdem fidem pro
annulo, opera fidei pro armilla, justificationem pro
virga suscepit, accusatur a gentibus et Judæis,

[16] Psal. 17. [17] Psal. 32. [17] I Petr. 2. [18] Joan. 10. [19] Psal. 62. [20] Matth. 21, 23. [21] Act. 4.
[22] II Reg. 6. I Par. 15 [23] Col. 2. [24] Isa. 66. [25] Cant. 4. [26] Psal. 32. [27] Joan. 1. [28] Psal. 65.
[29] Joan. 19. [30] I Petr. 2. [31] Gn. 38. [32] Psal. 41.

quod sit mendacio formata et errore polluta. At
illa per prædicta pignora probat quod ex vero Deo
concepit, cum quo glorificabitur in die visitatio-
ris. Ad hoc gaudium pertinet introitus : *Jubilate
Deo.* Nam et huic psalmo titulus præscribitur : *In
finem canticum resurrectionis.* Ad idem pertinet offerenda : *Lauda, anima mea, Dominum ;* nam et
hic psalmus intitulatur ab *Alleluia ,* quodque in
ipsius versu dicitur : « Dominus erigit elisos, Dominus solvit compeditos [45], » congratulatio est illorum , quorum tristitia est conversa in gaudium.

CAPUT IV.
DOMINICA TERTIA POST OCTAVAM PASCHÆ.

*Cantate Domino canticum novum , quia mirabilia
fecit* [46]. In hac Dominica legitur Evangelium : *Vado
ad eum qui me misit, et nemo ex vobis interrogat
me: Quo vadis ? sed quia hæc locutus sum vobis,
tristitia implevit cor vestrum; sed expedit vobis ut
vadam , quia si non abiero, Paracletus non veniet
ad vos ; si autem abiero, mittam eum ad vos* [48].
Multi hæc verba referunt ad Ascensionem , putantes eum tunc primum abiisse, sed oberrant; quia, ut
ait Lucas [46], quando ascendit reversi sunt discipuli
in Hierusalem cum gaudio magno, hic autem dicitur : *Tristitia implevit cor vestrum,* et infra : *mundus autem gaudebit, vos vero contristabimini.* item
oberrant , quoniam ea die qua resurrexit, insufflavit
apostolis, dicens : « Accipite Spiritum sanctum ,
quorum remiseritis peccata, remittuntur eis [47]; »
hic autem dicitur, *si non abiero, Paracletus non veniet ad vos.* Non ergo de itinere Ascensionis , sed
Passionis hic accipitur. In morte namque de mundo transivit ad Patrem, nam et hæc verba dixit ea
nocte qua tradendus erat; unde pascha *transitus*
interpretatur de hoc : de hoc ergo transitu, ait *vado
ad eum qui me misit, et nemo ex vobis interrogat me,
Quo vadis ?* Quibus verbis æquipollent et illa : «Torcular calcavi solus; circumspexi, et non erat auxiliator [48]. » Post hunc transitum constat datum esse
Paracletum, Spiritum videlicet sanctum , consola-
torem, in remissionem omnium peccatorum. Quod
non fieret nisi unus pro omnibus debitum Adæ
solveret. Nam Joanne testante [46], nondum erat
spiritus datus; quia nondum Christus glorificatus,
nec alio modo nisi per sanguinem accipimus reconciliationem , juxta Apostolum dicentem . « Sine
sanguinis effusione, non fit remissio [50]. » Ergo *si
non abiero,* id est si mortuus non fuero, *non veniet
Paracletus,* id est non fiet peccatorum remissio.
Cui æquipollet illud : « Nisi granum frumenti mortuum fuerit [51], » etc. Item quod ait : « Rogabo Patrem meum, et alium Paracletum dabit vobis [52]; »
non melius accipitur, quam quod in cruce rogavit,
ubi exauditus est pro sua reverentia [52]. Verumtamen quoniam ex ascensione certificati apostoli de

potentia Domini exspectaverunt spiritum in monte
promissum, recte juxta eam canimus et legimus,
quomodo moriturus illum promisit , et cœlum
ascensurus repromisit, ut mortem ejus causam do-
nationis sciamus effectivam. Quod in Evangelio sequitur · *Cum venerit, arguet mundum de peccato, de
justitia et de judicio,* sic intellige ; de peccato infidelitatis, quod habent ; de justitia, quam non habent ; de judicio, quod non timent ; huic Evangelio
recte præmittitur lectio : *Omne datum optimum* [54];
Paracletus enim promissus est, *datum optimum do-
numque perfectum.* Per hoc donum veterem hominem exuimus, novum induimus. Quod est cantare
canticum novum [55]. Et ideo in introitu : *Cantate ,*
cantamus ; et in offerenda : *Jubilate* [56], jubilamus;
quia donum hoc causa est jubilationis æternæ. De
Evangelio sumitur alleluia, *expedit ut ego vadam,*
et communio : *Dum venerit Paracletus consolator
noster.*

CAPUT V.
DOMINICA QUARTA POST OCTAVAM PASCHÆ.

Vocem jucunditatis annuntiate, et audiatur [57]. In
hac Dominica legitur evangelium : *Si quid petieritis Patrem in nomine meo, dabit vobis ; Petite et accipietis, ut gaudium vestrum plenum sit* [58]. Hæc in
fine sermonis sui locutus est Dominus de gloria
ascensionis , in qua discipuli certificati sunt de
omnipotentia Salvatoris ; quia scilicet, ut ait Joannes , « habemus advocatum apud Patrem Jesum
Christum, et ipse est propitiatio pro peccatis [59]. »
Ideoque juxta ascensionem hoc præmittitur evangelium, sed quia ne petamus inhonesta, lingua est
refrenanda, ideo legitur Epistola : *Estote factores,*
ubi subditur : *Si quis putat se religiosum non refrenans linguam suam, hujus vana est religio* [60]. His autem, qui sicut in fine legitur, *immaculatos se custodiunt ab hoc sæculo,* dicitur : *Petite , et accipietis ,*
sicut dixit Elias ad Elisæum : « Postula a me quod
vis, ut faciam tibi ante quam tollar a te. At ille ,
Obsecro ut spiritus tuus duplex fiat in me [61]. »
Elias enim, currus Israel et auriga ejus Christus
est, qui ut auriga doctrinæ verbo Ecclesiam regit,
et ut currus divinitatis vehiculo in cœlum subve-
hit. Elisæus hic quilibet vir apostolicus, in quo duplex efficitur spiritus Christi , Christus enim mitis
inter homines ambulavit , unde Spiritus sanctus
super eum in specie columbæ apparuit [62]. Sed idem
spiritus facit apostolicos viros, prout causa , vel
tempus exigit, modo mites, modo zelo ferventes.
Ad subditos namque nunc in virga, nunc in spiritu
veniunt mansuetudinis [63]. Quod autem dicitur : *Petite et accipietis ,* intellige quod petitio debet esse
pia et perseverans ; pia quidem ut expediat,
perseverans ut non deficiat. Gaudium quod in
Evangelio promittitur, est jucunditas, quam usque

---

[45] Psal. 145. [46] Psal. 97. [48] Joan. 16. [46] Cap. 24. [47] Joan. 20. [48] Isa 63. [46] Joan. 7. [50] Hebr.
9. [51] Joan. 12. [52] Joan. 14. [52] Hebr. 5. [54] Jac. 1. [55] Col 3. [56] Psal. 97. [57] Psal 63. [58] Joan. 16.
[59] 1 Joan. 2. [60] Jac. 1. [61] IV Reg. 2. [62] Matth 39. [63] 1 Cor. 4.

ad extremum terræ in introitu nuntiare monemur.
Est et beneficium pro quo in offerenda benedicere
gentes [a] invitantur. Est et illud salutare [a], quod
etiam annuntiare in communione jubentur, per
quod plenum gaudium accipere merebantur.

CAPUT VI.

IN LITANIIS.

Exaudivit de templo sancto tuo vocem meam [a].
Illius evangelicæ promissionis, scilicet « Petite et
accipietis [a], » memor sanctus Mamertus Viennensis episcopus, in ea firmam spem ponens, in hac
hebdomada litanias instituit, de quibus ut latius
prosequamur, sciendum est quod litania Græce,
Latine dicitur *supplicatio*, eo quod in litaniis Domino supplicamus, ut nos ab omni adversitate, et
subitanea morte defendat, et sanctos rogamus, ut
pro nobis ad Dominum intercedant. Sunt autem
duæ litaniæ, major et minor : major celebratur in
festo Beati Marci, et dicitur major tum auctoritate
instituentis, tum auctoritate loci ; apostolicus enim
eam instituit Romæ, cujus institutionis causas,
Paulus, montis Cassinæ monachus, Longobardorum
historiographus, ita describit, dicens, quod tempore Pelagii papæ tanta fuit aquarum inundatio
per Italiam, qqod aquæ ascendebant usque ad superiores fenestras templi Neronis, quod erat miraculum. Tunc per Tiberim affluit multitudo serpentium, inter quos fuit maximus draco, ex quorum
flatibus aer est corruptus, et inde emersit pestis
inguinaria qua homines passim, et subito morie-
bantur ; qua cum pene totus Romanus populus deleretur, Pelagius papa omnibus jejunium et pro-
'cessionem indixit, sed in ipsa processione, cum
septuaginta aliis exspiravit, cui substitutus Gregorius primus, qui et Magnus dictus est, hanc litaniam ubique terrarum observari præcepit, ideoque
dicitur hæc litania Gregoriana, vel Romana. Minor litania dicitur in respectu superioris a minori
auctoritate instituentis et loci. Beatus namque Mamertus eam Viennæ instituit : temporibus etenim
ejus circa Viennam terræ motus crebro fiebant, et
domus et ecclesiæ corruebant. Sabbato quoque Paschali, dum ipse Mamertus divinum celebraret officium, igne cœlitus misso combustum est civitatis
illius palatium. Præterea bestiæ, ut lupi et apri,
non solum in villis, sed etiam in civitatibus turma-
tim contra homines confligentes, eos devorabant.

Propter has pestes sanctus Mamertus triduanam
processionem et triduanum indixit jejunium. Ad
similitudinem Ninivitarum [a] triduanum consueto
more jejunium indicitur ; aut propter tres mundi
partes, quæ sunt Asia, Africa et Europa, vel propter tres ordines Ecclesiæ, scilicet Noe, Job, et
Daniel, qui omnes indigent pœnitentia. Et illud triduum elegit, quod est inter præmissam sponsionem :
« Petite et accipietis, » et Dominicam ascensionem,

ut sicut Ninivitas ab urbis subversione liberavit,
sic nos a cladibus eripiat, et quasi cœlum ascensurus memoratæ sponsionis petitionem exaudiat
nobisque demum cœlum ascendere tribuat [a]. Tempus etiam vernale tam apostolicus in sua quam
episcopus in suis litaniis elegit, eo quod tunc fructus
terræ sunt in flore et teneritate, et ideo facile cor-
rumpuntur per temporis incommoditatem. Quod
ut Deus avertat, preces facimus et litanias. Unde
per panem et piscem et ovum, de quibus legitur in
Evangelio [a], hæc tria quidam exponunt, scilicet
fructum terræ, fructum aquarum, fructum animalium. Moraliter vero per piscem fidem, per ovum
spem, per panem intellige charitatem, quæ hoc
tempore sunt petenda, ut a vitiis resurgentes his
virtutibus roborati cœlum cum Domino scandere
valeamus. Rursus bellicosum tempus elegit, in quo
rogat Ecclesia, ut qui destruxit consilium Achito-
phelis [a], destruat eorum consilia, qui tota die constituunt prælia [a], et pacem violant in Ecclesia.
Cumque ex institutione Beati Mamerti laudabilis
triduani jejunii consuetudo in Gallicana duntaxat
Ecclesia servaretur ; denique fuit Romæ canonizata, et sic particularis facta est universalis. Illud
notabile est quod hæ triduanæ litaniæ sunt antiquiores litania majori ; hæ namque tempore Zenonis imperatoris institutæ fuere, illa vero tempore
Mauritii ; quis quem præcesserit chronographia describit. In omnibus litaniis hic esset ordo servandus,
et olim servabatur. In primo loco processionis
clerici ; in secundo claustrales, ut monachi et canonici ; in tertio moniales ; in quarto pueri ; in quinto
laici ; in sexto viduæ ; in septimo conjugatæ. Sed
Romæ ex instituto Gregorii sic ordo notatur, scilicet
clerici viri, monachi et monachæ, conjugatæ, viduæ,
pueri, illi de illa procedant ecclesia. Sed quod nequimus in numero personarum, supplemus in numero litaniarum ; septies enim litaniam dicere
debemus, antequam insignia deponamus. In omnibus litaniis hæc insignia deferuntur, cruces et
vexilla. Quorum usum a Constantino sumpsit Ecclesia, qui cum in somnis crucis signum vidisset,
eique dictum fuisset : Vince in hoc, jussit crucem
in vexillis bellicis insigniri. Quod autem crux major a bajulo crucis de altari tollitur, recolit quia
de Christi humeris tulit eam Simon Cyrenæus [a].
Quarumdam Ecclesiarum consuetudinis est etiam
draconem deferre primis duobus diebus ante crucem et vexillum, cum longa et inflata cauda ; tertio
vero die post crucem, et vexilla cum cauda depressa. Hic est diabolus, qui nos per tria tempora
ante legem, sub lege, sub gratia fallit, aut fallere
cupit. In primis duobus erat quasi dominus orbis,
ideoque princeps, vel deus mundi vocatur, inde
est quod in primis duobus diebus cum inflata cauda
præcedit ; in tempore vero gratiæ per Christum

---

[a] Psal 65. [a] Psal. 95. [a] Psal 17. [a] Joan. 16. [a] Joan. 5. [a] Joan. 16. [a] Luc. 11. [a] Esth.
7. [a] Psal. 139. [a] Matth. 27

victus fuit, nec audet regnare patenter, sed homines seducit latenter, inde est quod in ultimo die
sequitur cum cauda depressa. Ex his modo leo,
modo vero draco vocatur. Leo fuit ad Christum
crucifigendum, draco ad tentandum, leo quoque
erit tempore Antichristi, de quo Joannes dicit in
Apocalypsi [75] : « Vidi Satan de cœlo cadentem velut
fulgur, et traxit secum tertiam partem stellarum. »
Per has stellas homines intelligimus, quorum prima
pars perfecti, secunda imperfecti, tertia reprobi,
qui sunt cauda diaboli. In omnibus litaniis jejunandum est cibo Quadragesimali, non divina auctoritate
Scripturæ, sed institutis majorum, quæ sunt tenenda
pro lege; in omnibus est etiam ambulandum in
pœnitentiali et flebili habitu, quasi ad repræsentandum mulieres, quæ plangentes, sequebantur
Dominum [76]. Pro imminentibus enim periculis
juxta mandatum Domini plangendum nobis est
super nos et super filios nostros. In omnibus etiam
omnes debent a servilibus operibus vacare viri et
mulieres, etiam servi et ancillæ, et donec processio
terminetur, processioni adesse : ut sicut omnes
peccaverunt, sic. et omnes pro venia supplicent,
omnes ad Deum corda cum manibus elevent, id est
studium orationis erigant cum merito bonæ operationis. Denique omnes litaniæ eodem celebrantur
officio. Quo commonemur per evangelicam similitudinem perseverare, pulsantes ad ostium amici
scilicet Christi, cujus pueri secum sunt in cubili;
quia post laborem passionis quiescit in lecto gloriæ
consummatæ cum suis. Ab hoc amico tres panes
petimus, id est intelligentiam Sanctæ Trinitatis, ut
alius amicus, id est noster amicus qui ad temporalia deviaverat appetenda, et redit ad viam quæ
ducit ad patriam, superna meditando cœlesti ali-
monia reficiatur; ut autem ad intelligentiam Trinitatis pervenire possimus, instantia triplici po-
tulamus, dum petimus orando, quærimus recte
vivendo, pulsamus perseverando, et tria petimus,
scilicet fidem, spem et charitatem, quæ per piscem,
ovum et panem accipimus. Quibus tria Dominus
opponit, scilicet Serpentem, Scorpionem et Lapidem, quæ sunt infidelitas, retro aspicere et reminisci præteritorum, duritia cordis, rigor scilicet
odiorum.

Epistola [76] quoque pulsantis ad amici januam
competenter animat ad perseverantiam, proferens
exemplum de Elia, ut argumentemur a simili,
amicum posse vinci improbitate pulsandi. Nec te
moveat quod de Justo proponatur exemplum, unde
ibi dicitur : *Multum valet deprecatio justi assidua.*
Peccatoribus enim Jacobus loquebatur apostolus
ita dicens : *Confitemini alterutrum peccata vestra* [77].
Confiteri peccata est principium justitiæ : « Justus
enim in principio accusator est sui [78], » id est ab

accusatione sua incipit justificari. Jacobus ergo
vorat justum peccatorem accusatione sua justifi-
catum. Quidquid petere debeat, prima docet oratio,
scilicet, ut contra adversa omnia muniamur; qui
quasi certificatus de precibus exauditis cantat in
introitu : *Exaudivit* [79], et in offerenda : *Confitetur
Domino nimis* [80], id est per improbitatem, propter
quam surgit evangelicus amicus, qui dat amico suo
panes quotquot habet necessarios, et ad camdem
confessionem cæteros invitat in Alleluia : *Confitemini* [81]; communio : *Petite, et accipietis* sumpta
est de Evangelio. Illud demum de processionibus
est generaliter advertendum, quod sicut in missa,
Christi pro nobis in mundum legatio figuratur, sic
in processionibus nostris ad patriam nostram reversio denotatur, et nostrarum processionum solemnitas egressum populi de Ægypto pene in omnibus
comitatur. Sicut enim ille per Moysen ereptus est
de manibus Pharaonis [82], sic populus Dei per Christum liberatur de ore leonis. Sicut tabulæ testamenti de monte accipiuntur [83], sic liber Evangelii
sumitur de altari. Eos columna ignis præcedebat [84],
et nos lumen candelæ præcedit. Præ turmis illorum
signa ferebantur; et ante nos cruces et vexilla portantur. Levitæ portabant tabernaculum fœderis [85],
et nostri subdiacones et diacones plenaria portant
et capsas. Arca fœderis a sacerdotibus portabatur,
et apud nos scrinium, aut feretrum cum reliquiis
a presbyteris deportatur. Aaron summus sacerdos
sequebatur ornatus, et apud nos episcopus infulatus. Apud eos Moyses cum virga, apud nos rex
cum sceptro, vel episcopus cum sambuca. Ibi
clangor tubarum, hic strepitus campanarum. Ibi
populus armatus, hic virtutibus adornatus. Ibi populus aspergebatur sanguine [86], hic aqua benedicta
cum salo. Illis obviat Amalech sitiens [87], nobis
turba dæmonum nostræ vitæ semper insidians. Josue
victor existit [88], et noster Jesus victoriam nobis
obtinuit. Cum ad aliquam ecclesiam tendimus, tunc
quasi ad terram promissionis accedimus. Cum
ecclesiam cantantes introimus, quasi gaudentes
ad patriam pervenimus. Cum circa ecclesias feretrum campanarum compulsione portamus, quasi
cum arca, cum sono tubarum, cum clangore populi
Jericho circuimus. Jericho vero corruit et destruitur, cum in nobis concupiscentia vincitur; David
etiam et Salomon nos ad processiones informave-
runt, cum Arcam Domini David in tabernaculum [89],
Salomon in templum [90], cum hymnis et canticis
portaverunt, et sub alis cherubin locaverunt, sic
humanitas Christi ascendens cœlum ingreditur et
ab angelis perenniter adoratur.

CAPUT VII.

IN VIGILIA ASCENSIONIS.

Omnes gentes plaudite manibus [91]. In Vigilia Ascen-

---

[75] Luc. 10; cap. 12.   [76] Luc. 23.   [76] Jacob. 5.   [77] Ibid.   [78] Prov. 18.   [79] Psal. 17.   [80] Psal. 108.   [81] Psal. 105 et 117.   [82] Exod. 14.   [83] Exod 31; 34.   [84] Exod. 13.   [85] Num. 2.   [86] Exod. 24,   [87] Exod. 17.   [88] Jos. 6.   [89] II Reg. 6.   [90] III Reg. 8.   [91] Psal. 46.

sionis Domini evangelium legitur : *Sublevatis oculis* A
*in cœlum dixit Jesus : Pater, venit hora, et nunc est,
clurijica Filium tuum ut Filius tuus clarificet te* [93].
Quod nunc ideo legitur, quia quod passurus oravit, hominibus innotuit cum ascendit, vel quia in
fine concluditur : *Ego ad te venio*, in quo rogat pro
his quos dedit ei Pater, ut sint in Patre unum, id
est in corde uniti vicissim unde præcedit epistola :
Multitudinis credentium [90]. De hac unione, scilicet
hominum ad Deum, et inter se in introitu præmitti
non potuit. Nam in manibus operatio, in plausu
lætitia, in manuum conjunctione charitatis intelligitur communicatio. Sic ergo manibus plaudere
jubemur, ut quæcunque operamur, omnia in hilaritate et charitate fiant. Vel pertinet introitus iste
cum alleluia : *Ascendit*, et cum offerenda : *Portas* B
cœli aperuit [95], ad futuram ascensionis solemnitatem. Communio sumitur de Evangelio. Quidam
non incongrue supradicta officia Paschalis hebdomadæ, per septem dona Spiritus sancti, ad eos
referunt, qui sunt baptismo renati, ut renatus afla-
tu spiritus sapientiæ dicat : Resurrexi [96], qui per
Adam cecideram, nunc a morte animæ resurrexi;
per quid resurrexerit Evangelium [96] declarat, scilicet per resurrectionem Domini ; quid inde acqui-
sierit, spiritus instruit intellectus, dicens : Introduxit vos in terra [97], scilicet Ecclesia, et adhuc
addit spiritus consilii, aqua sapientiæ potavit eos [99];
quid inde quoque acquirere debeat spiritus indicat
fortitudinis dicens : « Venite, benedicti Patris mei [99]. » C
Quod ex his collatis beneficiis Deum laudare debeat,
spiritus scientiæ docet, dicens : « Victricem [100]. »
Quid resurrectio renatis attulerit, spiritus pietatis
indicat dicens : « Eduxit eos Dominus in spe [1], »
et adhuc spiritus timoris adjungit, dicens : « Eduxit
Dominus populum suum [2]. » Pro his omnibus beneficiis in baptismo collatis hominibus angeli gratulantur, homines Domino confitentur, et ad Christi
præconia se invicem exhortantur, gratias agunt,
jubilant, beneficia et beneficiorum causas rememo-
rant, et ad majora confidenter aspirant, et circa
hæc cæteræ partes officiorum suprascriptæ septimanæ versantur. Et vide quia hic mutatur ordo
donorum. Et attende quod per officia hujus septimanæ ad quatuor introitus quater, et ad tres ter D
ponitur alleluia ; quia sancta Trinitas a quatuor
mundi partibus collaudatur, et de Christi resurrectione et de hominum receptione.
In prima Dominica : *Quasi modo geniti* [3] baptizati monentur a matre, ut infantes innocenter vivere, et lac sanctæ Scripturæ concupiscere, ut
Paschale sacramentum per Christi resurrectionem
acquisitum moribus et vita teneant, mundum vin-
cant, et cum Christo triumphent, et lætitiam in

corpore et anima simul obtineant, propter quam
Alleluia duplicatur, vel quia mortem evaserunt, et
spem vitæ habere meruerunt, vel propter actionem
et contemplationem, vel propter gaudium prædicatorum et conversorum.

In secunda vero Dominica, scilicet : *Misericordia
Domini* [4], baptizati jam instructi Christi misericordiam intonant, et Trinitatem prædicant. Nam in
misericordia Spiritum, in *verbo* Filium, in *Dei*, Patrem annuntiant. Præponunt vero Spiritum, per
quem sunt sanctificati, deinde Filium per quem
redempti, deinde Patrem cui reconciliati, et quia
Trinitatem concinunt, ideo ter jubilant alleluia.

In tertia Dominica : *Jubilate* [5], baptizati ad laudem Dei totum mundum invitant, et Trinitatem personant, cum in Deo Patrem, in nomine Filium, in
laude Spiritum sanctum accipiunt. Et quia per duo
præcepta charitatis firmantur in fide Trinitatis, ideo
prius bis, deinde ter concinunt alleluia.

In quarta Dominica : *Cantate* [6], rursus baptizati
ad Dei laudem gentes conversas invitant, et Trinitatem commemorant. Dum in Domino Patrem, per
mirabilia Filium, per justitiam intelligunt Spiritum
sanctum. Et quia fidem Trinitatis gentes a quatuor
mundi partibus acceperunt ; ideo Trinitatem sub
quarto alleluia concludunt.

In quinta Dominica : *Vocem jucunditatis* [7], rursus baptizati liberatorem suum gentibus annuntiant, qui Trinitatem per ter positum concinunt
Alleluia ; et sicut hic continetur instantia prædicantium, sic in offertorio : *Exaudivit* [8], sollicitudo
se ab errore convertentium, et in offertorio : *Omnes
gentes* [9], applausus in cœlum intelligitur ascensu-
rorum.

CAPUT VIII.

DE ASCENSIONE DOMINI.

*Ubicunque fuerit corpus, illic congregabuntur et
aquilæ* [10]. Dum Redemptorem nostrum cœlos ascendisse credimus, spem nostram vacillantem erigimus, et mente in cœlestibus habitamus : spei namque certitudine jam rem possidemus, ad quam
illum pervenisse gaudemus, et quod nunc spe,
Deo propitio sumus possessuri in re ; inde est quod
eorum, quæ in ascensione cantantur, quædam sunt
ascensionis peracta narratio, ut illud : *Post passionem* [11], et illud : *Omnia pulchritudo*, et illud :
Ascendens [12], et illud : *Ascendit Deus* [13] ; quædam
sunt consolatio sponsi ad sponsam, ut « Non tur-
betur cor vestrum neque formidet [14]; » et illud :
Tempus est, ut revertar [15], et illud : *Si non abiero* [16].
Quædam sunt aggratulatio sponsæ ad sponsum, ut
illud responsorium : *Exaltare, Domine* [17], et illud :
Ponis nubem [18]. In narratione spes concipitur, in
consolatione erigitur, in aggratulatione certificatur,

[93] Joan. 17. [90] Act. 4. [95] Psal. 77. [96] Psal. 138. [96] Marc. 16. [97] Exod. 13. [99] Eccli. 15.
[99] Matth. 25. [100] Sap. 10. [1] Psal. 77. [2] Psal. 104. [3] Petr. 2. [4] Psal. 32. [5] Psal. 65. [6] Psal. 97.
[7] Psal. 65. [8] Psal. 6. [9] Psal. 71. [10] Matth. 24. [11] Act. 1. [12] Psal. 63. [13] Psal. 46. [14] Joan. 14.
[15] Job 12. [16] Joan. 14. [17] Psal. 20. [18] Psal. 103

vel delectatur. Similiter in officio diurno narratur
ascensio in epistola [19], et evangelio, ubi dicitur
quod Dominus *assumptus est in cœlum, et sedet ad
dexteram Dei* [20], id est in æqualitate Patris, et in
alleluia, *Dominus in Sina* [21]. Consolatur sponsus in
alio alleluia : *Non vos relinquam* [22]. Aggratulatur
sponsa in communione, dicens : *Psallite Deo qui
ascendit super cœlum cœli ad orientem* [23], hoc est,
usque ad Verbum sibi rationaliter unitum, quod
non dicitur ortum, vel oriturum, sed oriens [24] :
quia semper Filius a Patre procedit [25]. Vel super
cœlum cœli ad orientem, hoc est super firmamentum cœli ad orientalem plagam. Quod cantatur in
introitu, et offerenda : *Viri Galilæi* [26], sumitur de
epistola, in qua clausula percutitur ab angelis eorum superbia, qui transfixerunt [27], et eorum mundana sapientia , qui non cognoverunt [28], et eorum
pigritia qui talenta sibi commissa cum lucro debito
non reportaverunt, et sollicitatur eorum desiderium,
qui adventum Domini diutius exspectaverunt [29] :
hoc enim officium totum consistit in sollicitudine
et gaudio.

Et attende quod hac die non est processio ne-
gligenda, per quam Dominum cum discipulis de
Hierusalem in montem Oliveti processisse commemoramus [30], vel nos eum sequi debere figuramus,
quo videlicet introivit [31], et eadem via scilicet per
viam obedientiæ, propter quam exaltavit illum
Deus , et dedit illi nomen quod est super omne
nomen [32]. Quod repræsentavit cum duxit eos foras
in Bethaniam [33], quæ interpretatur *obedientia*. Unde
in processione cantant quidam responsoria ad
ipsam eductionem pertinentia, ut eduxit Dominus :
cum igitur hac die processionem rationabiliter agamus , nihilominus et hoc rationabilius est, quod
non sicut in die Paschæ, vel cæteris Dominicis antequam tertia dicitur , sed ea cantata celebratur.
In Paschali et Dominicalibus aqua benedicitur in
memoriam baptismatis, et venerationem ; ideoque
præcedunt tertiam, in qua Spiritus sanctus super
discipulos descendit [34], ut sicut prius baptizamur,
et postea Spiritum sanctum accipimus, sic aqua
benedicta prius nos, et nostra loca respergimus,
et post modum adventus sancti Spiritus memoriale,
il est tertiam decantamus. Cur autem in Dominicis
diebus baptismatis memoria renovetur , superius
enodatur. At in hac die tertia cantata, processio
celebratur similiter et omnes aliæ, quæ non sine
aquæ benedictione solemniter celebrantur, tum ut
missæ conjungantur officio, tum quia nullus eum
sequitur, nisi sanctificatus Spiritu sancto. Et vide
quod primitiva Ecclesia quintam feriam observabat in memoriam ascensionis, sicut et Dominicam
in memoriam resurrectionis, et tunc in quinta feria
fiebat processio, processionis hodiernæ rememorativa, sed multiplicatis sanctorum solemnitatibus,
sublata est quintæ feriæ solemnitas de medio, et
translata est processio ad Dominicam. Ecclesiam in-
gredientes et ad ecclesiam redeuntes recolimus
apostolos regressos in Hierusalem [35], sed licet illi
sine Christo, nos tamen cum cruce crucifixi ; quia
dixit : « Vobiscum ero usque ad consummationem
sæculi [36]. »

CAPUT IX.
DOMINICA POST ASCENSIONEM.

Exaudi , *Domine* , *vocem meam, qua clamavi ad
te* [37]. Apostoli post primam unctionem , quam in
Christi morte susceperant, insufflante illo et dicente : «Accipite Spiritum sanctum [38], » secundam exspectabant quam promiserat Dominus dicens : « Si
abiero mittam Paracletum ad vos [39]. » Exspectantes ergo decantant in introitu : *Exaudi* ; qui rursus
de psalmo vicesimo sexto, *Dominus illuminatio*,
assumitur, cujus titulus est, *in finem psalmus David* , priusquam liniretur ; agitur enim ibi de unctione David quæ fuit triplex [40]. Primo namque
unctus est in signum regis futuri, secundo in regem
super tribum Juda [41], tertio super totum Israel [42].
Nos quoque idem cantamus, quia unctionem tertiam exspectamus. Prima enim unctio est in baptismo, secunda in confirmatione, aut in pœnitentiæ confessione; tertia erit in resurrectione. Vel
prima fuit in apostolis, secunda in Judæis, tertia in
gentibus. Unguentum enim quod descendit in barbam Aaron [43], id est in apostolos, qui fuere barbati, id est viri perfecti et consummati, et fuere
Aaron, id est montani scilicet Christi, qui fuit mons
in vertice montium [44]; illud, inquam, unguentum
descendit in oram vestimenti, id est in Judæos
electos apostolis vicinos Dominum vestientes , et
descendit sicut ros Hermon in montem Sion id est
gratia exaltati perfundit gentes Deum speculantes.
Et quoniam apostoli exspectantes , ut diximus,
erant in templo, et orantes, laudantes, et benedi-
centes Deum [45], idcirco in nostra exspectatione in
epistola : *Estote prudentes* [46], invitamur ad orationes, et in offerenda : *Lauda, anima mea, Dominum* [47], provocamur ad laudes. Quis autem fuerit
effectus illius apostolicæ unctionis, Evangelium [48]
declarat : *Cum venerit*, ubi dicitur : *Vos testimonium perhibebitis ; quia ab initio mecum estis.*

Et attende quod ob præmissam causam, scilicet
quoniam apostoli exspectabant indui virtute ex
alto, hæc septimana dicitur exspectationis, in qua
solent quidam jejunare et orationi vacare usque ad
Pentecosten, eo quod apostoli per hoc tempus jejunasse leguntur. Sed magister Gilbertus probat
jejunandum non esse, quia est de Paschali tempore,

[19] Act. 1.   [20] Marc. 16.   [21] Psal. 67.   [22] Joan. 14.   [23] Psal. 67   [24] Zach. 3, 6.   [25] Joan. 15.
[26] Act. 1.   [27] Zach. 12; Joan. 19.   [28] I Cor. 1   [29] Matth. 25.   [30] Matth. 28.   [31] Act. 1.   [32] Philip. 2.
[33] Luc. 24.   [34] Act. 2.   [35] Luc. 24 ; Act. 1.   [36] Matth. 28.   [37] Psal. 26.   [38] Joan. 20.   [39] Joan. 16.
[40] I Reg. 16.   [41] II Reg. 2.   [42] II Reg. 5.   [43] Psal. 132.   [44] Isa. 2.   [45] Luc. 24; Act. 1.   [46] I Petr. 4.
[47] Psal. 145.   [48] Joan. 15, 16.

tentiæ, secundus justitiæ, tertius laudis vitæ æter- A
næ; ideoque prima terminatur in *Miserere mei Deus*
[13], secunda in *Misericordiam et judicium* [14], tertia in
Omnis spiritus laudet Dominum [15]. Illi sunt ct.
psalmi, totidem fuere dies diluvii [16]; hos ergo canimus ut a diluvio et omni periculo liberemur. De
quinquagesima personarum Abraham quæsivit a
Domino dicens : « Si quinquaginta justi fuerint ibi,
nunquid parces eis [17]? » De quinquagesima dena-
riorum dicitur in Evangelio de duobus debitoribus,
quorum unus debebat quingentos denarios et alius
quinquaginta [18]. Sed de his nihil ad præsens, solus
enim quinquagesimus dies a Pascha, Pentecostes
(usitato vocabulo) nominatur, a *pente*, quod est
quinque, et *coste* quod est *decem*, quia qui per
quinque sensus corporis in vinea Domini labora-
bunt, hi spiritu replebuntur, in futuro æternæ re- B
tributionis denarium accipere merebuntur [19].

Et surgit hic numerus ex septenario in seducto
superaddita unitate, septem enim hebdomadæ sunt
a Pascha usque ad hanc diem, tum quia in hac die
septiformis gratia datur, tum quia meritis gratiæ
septiformis per septenarium hujus vitæ ad illam
unam pervenitur, de qua dicitur : « Unam petii a
Domino, hanc requiram [20],» septem namque millibus annorum, expletis per septiformem Spiritum
ad idem gaudium perveniemus. At attende quod antiqui observabant septimum diem, ut Sabbatum,
septimam septimanam, ut Pentecosten, septimum
mensem ut septembrem, septimum annum ut ju-
bilæum, septimum septimæ decadis annum, ut
sexagesimum septimum annum, et de hoc semel,
cum data fuit eis licentia de captivitate Babylonica
revertendi [21]. Hic quoque numerus surgit ex quadragenario suis partibus multiplicato, qui tenet in
se bonorum operum perfectionem, vel superadjun-
cto denario, qui non continet eorumdem remune-
rationem. Et merito quidem de statu contritionis
et pœnitentiæ pervenitur ad statum remissionis et
gloriæ, et per operum perfectionem ad remunera-
tionem. Et recole quod sicut ex legis præcepto in
Pascha offerebant manipulos spicarum [22], sic in
Pentecoste duos panes primitiarum. Nos igitur ab
eo quo Dominus resurrexit, et corpus suum quasi
novarum frugum manipulum sacrificavit, diem D
quinquagesimum observemus, in quo Spiritum
sanctum accepimus, et duos panes offeramus, gratias agentes pro lege tunc in lapidibus data et pro
gratia in cordibus nostris diffusa [23]. Solemnizemus
post septem hebdomadas die quinquagesimo, jubi-
læum repræsentantes, ut post circulum hujus
vitæ ad annum æternitatis pervenire possimus, in
quo non laborabimus, sed antiquam possessionem,
quam peccando perdidimus, recuperabimus. In
hoc die tres ponuntur antiphonæ : *Factus est repente* [24], *Confirma* [25], *Emitte Spiritum* [26], quæ com-

paratæ ad tres paschales antiphonas : *Ego sum* [27],
Postulavi [28], *Ego dormivi* [29], abundantiorem significant perfectionem. Plus enim est spiritu vehementi
repleri [100], qui pulverem pedum excutiat, quam cum
impiis non computari; plus est confirmari, quam
in hæreditate deputari; plus est renovari faciem
terræ, quam a peccatis resurgere [1].

Quidam novem, sicut in aliis Dominicis, volunt
legere lectiones, sed canonicum est tres duntaxat
legere, propter sacramentum baptismi in trium
personarum nomine celebrati, vel ob triduanam
sepulturam Domini, cui sumus in baptismate consepulti [2], vel quia in potentia miraculorum unum
est opus individuæ Trinitatis; vel propter fidem,
spem et charitatem, quas ab initio intellectus debet omnis Christianus habere. Tam nocturnum
quam diurnum officium prædicat miraculum hodiernum, quod in epistola evidentius declaratur,
cum dicitur : *dum complerentur dies Pentecostes,
erant omnes discipuli pariter in eodem loco, et factus est repente de cœlo sonus* [3], qui significavit illum, qui erat iturus in omnem terram, de quo in
omnem terram exivit sonus apostolorum [4]. Sequitur, *tanquam advenientis spiritus vehementis*. Ideo
venit in spiritu vehementi, quia sicut ventus vehemens projicit pulverem a facie terræ, sic adventus Spiritus ejicit a corde hominis omnem terre-
nitatem. Sequitur, *et factum est quia apparuerunt
illis dispertitæ linguæ, tanquam ignis*. In igne datur, ut faceret eos ferventes amore charitatis; vis
ignis unam materiam consumit, ut ligna, alteram
reficit et fovet ut corpora nostra; sic ignis Spiritus
sancti rubiginem peccatorum consumpsit, et animas ad amorem Dei et proximi calefecit; in linguis
datur ut efficeret eos facundos in omni genere sermonis. Quare *repleti Spiritu sancto cœperunt loqui
variis linguis prout Spiritus sanctus dabat eloqui
illis*, vel linguis omnibus loquebantur vel sua, id
est Hebræa lingua loquente ab omnibus intelligebantur, ac si loquerentur propriis, ipsi quoque linguas omnium quasi propriam intelligebant. In
hora tertia datur, quia sancta Trinitas prædicanda
mandatur; dedit igitur Spiritus sanctus facundiam,
dedit et omnium scientiam, et doctrinam, unde in
Evangelio : *Ille vos docebit omnia* [6], et introitu :
Spiritus Domini replevit orbem terrarum [6], ubi Dei
prædicatur potentia, qui solus ubique, solus omnia
replet, nisi enim ubique, non fuisset simul in apostolis magno terrarum spatio separatis nec esset in
diversis fontibus consecrandis. Vel replevit orbem
terrarum, dum apostolos inebriavit, quorum sonus in omnem terram exivit [7]; et quoniam orbis
terræ per quatuor climata separatur, ideo quater alleluia concinitur. Duplex vero, quod post epistolam canitur *alleluia*, vel significat, ut sæpe diximus, duplicandam lætitiam, vel etiam spiritum

[13] Psal. 50. [14] Psal. 100. [15] Psal. 150. [16] Gen. 8. [17] Gen. 18. [18] Luc. 7. [19] Matth. 20. [20] Psal. 26.
[21] II Par. 36. [22] Levit. 25. [23] Rom. 5. [24] Act. 2. [25] Psal. 67. [26] Psal. 103. [27] Psal. 1. [28] Psal. 2.
[29] Psal. 3. [100] Act. 2. [1] Matth. 10. [2] Rom. 6. [3] Act. 2. [4] Psal. 18. [5] Joan. 14. [6] Sap. 1. [7] Psal. 18.

bis apostolis datum scilicet de terra et de cœlo, A *cunque dixero*[13]. Et attende quod assumptio gen-
vel eos spiritu et mente psallentes[8] ; vel conversio-
nem duorum populorum. *Et hoc quod continet
omnia, scientiam habet vocis*, id est novit, qua
mente quisque loquatur ; vel habet scientiam omnium, per quæ et de quibus potest vox humana
variari, vel scientiam vocis, id est vocem scientiæ
habet, id est facit nos habere, ut quæ ipso inspirante apostoli proferrent. cum intelligentia pro-
nuntiarent. Offerenda : *Confirma*[9], huic diei convenit ; constat enim fidem datam fuisse apostolis,
sed infirma fuit in eis. Unde Petrus ad vocem ancillæ negavit[10] ; quam eis Dominus hodie confirmavit, et nos nobis petimus confirmari. *A templo
sancto tuo quod est in Hierusalem, tibi offerent reges munera*, id est apostolorum Ecclesia, qui sunt
Ecclesiæ fundamenta, nam « salus ex Judæis est[11]. »
Communio : *Factus est*, sumitur de epistola[12].
Et vide quoniam hoc festum per septem dies celebratur, vel propter præsentis vitæ sacramentum,
vel propter animarum Sabbatismum, vel quia per
septem dona Spiritus sancti, corporibus et animabus plena gaudia conferuntur : unde septem ultimi
psalmi a laudibus titulantur ; quia per septiformis
gratiæ operationem gaudia conferuntur æterna. In
quibus tres leguntur quotidie lectiones, ut septem
fratres tres procurent sorores[13], id est septem dona
tres virtutes, fidem, spem, charitatem, ut Gregorius prosequitur in *Moralibus*; horum enim dierum officia septem donis Spiritus sancti adaptantur ;
hesternum igitur, et hodiernum, pertinent ad sapientiam, et intellectum, ut ex superioribus patet.

Secunda feria agitur in officio de assumptione gentium, ad quarum salutem *misit Deus Filium suum
Unigenitum in hunc mundum, ut salvaretur mundus
per ipsum*, ut testatur hodiernum evangelium[15], quam
salutem operatus est Spiritus sanctus. Nam Petro loquente, cecidit Spiritus sanctus super gentes, ut hodierna testatur epistola[16]. Ad quam salutem perficiendam, ut cantatur in introitu : *Cibavit eos Dominus
ex adipe frumenti et de petra melle saturavit eos*[16],
sermo divinus frumentum est, cujus palea Judæi
et adipe satiantur gentiles[17]. Vel frumentum Christus est, cujus adeps Spiritus sanctus, quo fideles
satiantur, melle de petra, id est doctrina de Christo
procedente, in quo sunt omnes thesauri sapientiæ et
scientiæ Dei[18]. Hic quoque ob promissiones Dei
quater concinitur alleluia, sic et in sequentibus
exponere memor eris. Ad eam quoque perficiendam,
ut concinitur in offerenda : *Intonuit de cœlo Dominus*[19], quando factus est repente de cœlo sonus[20],
et apparuerunt fontes aquarum[21], id est revelata
sunt per Apostolos velamina Scripturarum, et hæc
omnia facta sunt Spiritu operante. Unde sequitur
in communione : *Spiritus sanctus docebit vos quæ-*

tium ad tempus fuit dilata, unde : « In viam gentium ne abieritis[13], » sic tempore congruo fuit denique imperata. Unde : « lie, baptizantes omnes
gentes[14] ; » per se namque gentibus non prædicavit, sed per apostolos. Sic Isaac minori filio Jacob
nihil de offerendo sibi cibo mandavit, ut benedictionem acciperet, sed per operationem Rebeccæ
primatum benedictionis accepit[15], quæ quia facta
sunt occulto Dei judicio, unde exclamat Apostolus :
« O altitudo divitiarum sapientiæ et scientiæ Dei[16], »
ideo hodiernum officium pertinet ad consilium. Et
sciendum est quod per totam septimanam solemnitates sunt servandæ, ut *Gloria in Excelsis*, *Credo*,
et *Ite missa*, et *Te Deum*, et *Alleluia*, tum ut ba-
B ptizatorum saluti congaudeamus, tum ut futuræ lætitiæ plenitudinem figuremus.

Tertiæ feriæ continet officium commendationem
apostolorum et successorum, hi sunt ostiarii, de
quibus agitur in evangelio[17], qui ovibus aperuit
ostium fidei. Constat namque non aliter accipi
gratiam, nec intrari Ecclesiam nisi per apostolicæ
fidei januam. Isti manus super baptizatos imponunt,
et sicut dicitur in epistola : *Baptizati proinde Spiritum sanctum accipiunt*[18]. Istorum vox est in introitu : *Accipite jucunditatem gloriæ*, in quo, quia
per geminam dilectionem ad fidem pertingimus
Trinitatis, ideo quinquies concinimus alleluia. Et
est sensus : *Accipite jucunditatem gloriæ*, id est
Spiritum sanctum, qui vos glorificabit et clarifica-
C bit, ut quisque de se dicere possit, quod dicitur in
communione : *Spiritus qui a Patre procedit, ille
me clarificabit*[19], qui vobis quoque, ut in offerenda
cantatur : *Portas cæli*[20], id est apostolorum Scripturas aperiet, et quoniam hæresiarchas in spiritu
fortitudinis sunt aggressi, et aggrediuntur, idcirco
pertinet hodiernum officium ad fortitudinem. Non
incongrue dicunt : Qui spiritum faciunt ostiarium ;
ipse namque per ostium Christum introducit ad
Patrem.

Quarta feria officio suo prædicat scientiam, quæ
est donum Spiritus sancti, qui sanctos usque adeo
illuminavit. Quod de quinque libris Moysi, paucisque prophetarum Scripturis librorum copia crevit,
D quod Daniel prævidens ait : « Pertransibunt. plurimi, et multiplex erit scientia[21]. » Quod mystice
nobis innuit Evangelium[22] de quinque panibus et
duobus piscibus, quæ sicut multiplicata sunt inter
ora comedentium. Sic lex et prophetæ inter studia
contrectantium. De hoc spiritu dicit sapientia in
lectione prima : *Spiritus Domini replevit orbem
terrarum*[23], et Isaias in secunda : *Nolite, ubi effundam aquam super sitientem*, et infra, *effundam Spiritum sanctum super semen tuum*[24]. Et vide quod dua
lectiones leguntur, eo quod ad fidem duo populi

---

[8] I Cor. 14. [9] Psal. 67. [10] Matth. 26. [11] Joan. 4. [12] Act. 2. [13] Job. 1. 42. [14] Joan. 3. [15] Act. 10.
[16] Psal. 80. [17] Joan. 12. [18] Col. 2. [19] Psal. 17. [20] Act. 2. [21] Psal. 17. [22] Joan. 14. [23] Matth. 10.
[24] Matth. 28. [25] Gen. 27. [26] Rom. 9 ; Rom. 11. [27] Joan. 10. [28] Act. 8. [29] Joan. 15, 16. [30] Psal. 77.
[31] Dan. 12. [32] Joan. 6. [33] Sap. 1. [34] Isa. 14.

convertuntur, vel quoniam ordinandi in utriusque A Testamenti pagina imbuuntur, quibus in evangelio panis, id est sacra Scriptura proponitur. His præcedens congruit introitus : *Deus dum egredereris* [20].

Nam per scientiam egressus est Deus, id est notus effectus ; et quia meditando sacras expositiones, exposuere Scripturas, ideo in offerenda cantatur : *Meditabar in mandatis tuis* [30], et quia dicunt id ipsum, nec sunt in eis schismata , recte in communione subjungitur : *Pacem meam* [27]. Et attende quod solemnitati sancti Spiritus jejunium quatuor temporum non derogat hodiernum, sed potius illustrat ; quia deliciæ sancti Spiritus, deliciarum carnalium fastidium important, et quia sponso ablato apostolis jejunandum erat, sicut Dominus prædixerat, quando « sponsus auferetur ab eis, tunc jejunabunt [30]; » unde repleti Spiritu sancto sponte jejunare cœperunt [30]. Quocirca in præcedenti secunda feria quidam æstivalem inchoant quadragesimam, quidam vero sanius hodiernum jejunium autumant hujus temporis quadragesimalis initium ; cui quidam terminum statuunt in festivitate Sancti Joannis sive sex habeat septimanas, sive nequaquam. Alii festivitatem Sancti Joannis includunt, et eo usque jejunantes sine termino præfixo procedunt, ubi senarium compleant hebdomadarum. Hanc quadragesimam probat Hieronymus non esse necessitatis, sed voluntatis, dicens : Nos unam facimus quadragesimam, illi tres, quasi tres passi fuerint salvatores, non quod per totum annum jejunare non liceat, excepta Pentecoste, sed quod aliud sit necessitate, allud voluntate munus offerre. Sed hæc dixit Hieronymus contra Montanum hæreticum, qui apud suos tribus quadragesimis statuit jejunandum.

Quinta feria non habet officium proprium, sed a die Dominica mutuatur, ut a Sabbato in Sabbatum septem duntaxat sint officia, septem donis Spiritus sancti deputata ; quidam tamen et huic officio mutuato non incongrue donum ascribunt , hujusce ascriptiones facere non a Sabbato, sed a Dominica incipientes. Qui in Dominica ponunt Spiritum sapientiæ, in secunda feria intellectus, in tertia consilii, in quarta fortitudinis, et in hac quinta ponunt Spiritum scientiæ qui dat scrutari profunda, sicut D canitur in alleluia. *Spiritus omnia.*

Sexta feria agitur in Evangelio de filia archisynagogi [44] quæ post sanationem hemoroyssæ resuscitatur : in quo significatur illa sancti Spiritus operatio ; quia synagoga nunc mortua pietate revivicset, postquam plenitudo gentium [44] eadem introierit pietate. Huic congrue præcedit illa prophetica loctio : *Exsultate , filiæ Sion , in Deo, qui dedit vobis imbrem matutinum et serotinum* [42]. Hæc est doctrina evangelica nobis per apostolos collata, jam prædicata, et adhuc novissimis temporibus prædicanda, ibi subjungitur *et comedetis, et saturabimini cibo*, videlicet spirituali, de quo in introitu : *Repletur os meum laude tua* [43], unde et puellæ resuscitatæ jussit dare manducare, refecta namque interius, dicet quod in offerenda canimus : *Benedic, anima mea, Domino* [44], et tunc impletam erit universaliter quod in communione cantatur : *Spiritus ubi vult spirat* [45]. prius vadens ad Judæos, secundo ad gentes, postmodum rediens ad Judæos ; quia « nemo potest dicere Dominus Jesus , nisi in Spiritu sancto [46]. »

Sabbato figurat officium duorum concordiam populorum, Judæi videlicet et gentilis. Hi sunt duo cæci, de quibus dicitur in Evangelio [47], quod sunt illuminati a Christo ; de qua concordia loquitur Paulus , in epistola ad Judæos et gentiles directa dicens [48] : *Justificati ex fide pacem habeamus ad Deum per Dominum Jesum Christum* , sed cum pax, aut concordia nequaquam vera sit, nisi per charitatem, ideo præcinitur in introitu : *Charitas Dei diffusa* [49], in quo ter ponitur alleluia, quoniam ad fidem Trinitatis pervenitur per obsequia charitatis. Et non solum reliquæ partes officii, sed etiam lectiones ad jejunium pertinentes attestantur operationem et gratiam Spiritus sancti, ut prima : *Effundam de Spiritu meo* [50], et secunda : *Locutus est* [51]. Ubi dicitur : Numerabitis septem hebdomadas usque ad alteram diem expletionis hebdomadæ septimæ, » præsentem intellige festivitatem quæ olim dicebatur festivitas hebdomadarum ; et quia postquam gentes intraverint, reliquiæ salvabuntur [50], idcirco eis nunc flentibus, et sponsum exspectantibus dicit Dominus : *Nam vos relinquam orphanos* [52], quod in communione canimus ; quia igitur hæc concordia fiet imminente die judicii, qui erit etiam electis causa timoris, idcirco pertinet hoc officium ad timorem, vel quia timor introducit charitatem, licet charitas foras mittat timorem [53]. Et nota quod in ordine istorum officiorum descendendo computamus, in ordine vero Paschalium, secundum Augustinum, ascendendo ; quia per hæc descensus ad nos Spiritus sancti, per illa noster ad illum significatur ascensus. Et cave quia præter hæc officia ad jejunium pertinentia, quæ in quarta et in sexta feria, et in hoc Sabbato exposuimus, aliæ quidem lectiones, et evangelia, in eisdem diebus inveniuntur, quæ forte solemnitati magis appropinquare videntur, sed tam hæc quam illa gratiam Spiritus personant, et operationem. Unde quidam non incongrue duas missas celebrant, unam in tertia de festo cum *Gloria in excelsis Deo, et credo*, aliam in nona de jejunio sine *Gloria in excelsis Deo* : in qua sunt clerici ordinandi, qui merito in hac hebdomada ordinantur, ut sancti Spiritus dona percipere mereantur. Et

[20] Psal. 77. [30] Psal. 118. [27] 1 Cor. 4 ; Joan. 14. [30] Matth. 9. [30] Act. 13, 14. [40] Matth. 9. [41] Rom. 11. [42] Joel. 2. [43] Psal. 70. [44] Psal. 102. [45] Joan. 3. [46] 1 Cor. 12. [47] Matth. 9. [48] Rom. 5. [49] Ibid. [50] Joel. 2. [51] Levit. 23. [52] Rom. 11. [53] Joan. 14. [54] Joan. 4.

memento, quod in hac die terminatur quinquagesima, unde et hodie frequentatur alleluia, et cantatur pro gradualibus *alleluia*, nec flectuntur genua; pertinet enim ad octavam. Et illud quidem generale est quod quoties in die de tempore gratiæ materia assumitur, aut dies ad octavam refertur; genua non flectimus, sed in orationibus stantes collatam nobis gratiam, et conferendam gloriam profitemur, ut cum olim essemus servi curvi, non fracto jugo incedamus erecti, ut in Dominicis diebus, et sanctorum natalitiis, et Paschalibus.

Inclinare tamen capita possumus, ut mulieres devotas ad monumentum imitemur [55]. Illud quoque non est silentio prætereundum, quod quatuor sunt status Ecclesiæ : primus est culpæ, secundus culpæ et pœnæ, tertius pœnæ et gratiæ, quartus gratiæ et B gloriæ. Primum repræsentat Ecclesia in Septuagesima, ideoque subticet, *Te Deum*, et *alleluia*; quia non est speciosa laus in ore peccatoris [56], et *Gloria in excelsis Deo*, quia positus est inter Deum et homines paries inimicitiarum [57]. Secundum repræsentat in Adventu, ideoque etiam supradicta cantica subticentur præter alleluia; quia lex data Deum intelligere docuit et laudare. Tertium repræsentat in æstivo tempore, ideoque propter gratiam acceptam in festivis ista cantantur, sed propter pœnam in ferialibus subticentur, præter alleluia,

quod etiam quotidie frequentatur; quia spes de resurrectione futura non infirmatur. Quartum repræsentat inter Pascha et Pentecosten, ideoque suprascripta cantica lætitiæ quotidie frequentantur, et multiplicantur. Verum quia nondum habemus gloriam, quam exspectamus [58], ideo *Te Deum laudamus*, et *Gloria in excelsis*, in ferialibus subticemus, et in Dominicis, in quibus quasi dupliciter resurrectionem repræsentamus, scilicet intuitu temporis et diei, duo alleluia propter duplicem stolam cantamus, sed in ferialibus unum, quoniam ante resurrectionem anima duntaxat fruitur beatitudine. In festivitatibus sanctorum duo, vel propter octavam, vel propter requiem et perfruitionem. Nec te moveat, quod non rectum, sed præposterum ordinem Ecclesia repræsentat, eo quod erunt novissimi primi et primi novissimi [59]; sic ergo varietas dierum et statuum humanorum varietatem induit officiorum, ut alia celebrentur cum responsorio solo, alia cum alleluia solo, alia cum alleluia et responsorio, alia cum responsorio et tractu, alia cum alleluia et tractu, ut in Sabbato sancto; quia neque actus hominum sunt iidem, ut interdum lugeant et laborent, interdum gaudeant et contemplationi operam dent [60]. Responsorium significat actionem, alleluia contemplationem, tractus luctum, alleluia lætitiam.

[55] Luc. 34. [56] Eccl. 15. [57] Isa. 59. [58] Rom. 8. [59] Matth. 20. [60] Eccl. 3.

LIBER OCTAVUS.

PROLOGUS.

Licet a devio simus Scripturarum præconio evocati, sed et Domini sanguine pretioso redempti, tamen adhuc viatores, et de torrente in via bibentes [61], peregre proficiscimur [62] et a Domino peregrinamur [63], quam peregrinationem repræsentat Ecclesia in Dominicis usque ad Adventum sequentibus.

CAPUT PRIMUM

DOMINICA IN OCTAVA PENTECOSTES, QUÆ EST PRIMA POST PENTECOSTEN.

Domine, in tua misericordia speravi, exsultavit cor meum in salutari tuo [64]. De hac Dominica, quæ est prima post Pentecosten, triplex est varietas; quidam enim cantant de Trinitate, alii de Octavis, alii vero historiam incipiunt, *Præparate*. vel *Deus* [omnium exauditor]; qui de Trinitate cantant, hanc rationem allegant, quia post adventum Spiritus sancti, confestim prædicari et in baptismo celebrari cœpit fides, et confessio Patris et Filii, et Spiritus sancti. Nam ante resurrectionem, non innotuit distinctio Trinitatis, post resurrectionem regula data, « euntes in mundum universum, do-

cete omnes gentes, baptizantes eos, in nomine Patris et Filii, et Spiritus sancti [65], » nunc primum acta est exhibita, cum in ipsa die Pentecostes tria millia hominum sunt conversa. Recte igitur post adventum Spiritus illico sequitur officium Trinitatis, ut post acceptum baptismum, et receptum Spiritum, fidem quam prædicamus vocibus, exerceamus operibus. Totum itaque Trinitatis officium nocturnum, seu diurnum sanctam redolet Trinitatem, in quo legitur evangelium : *Erat homo ex Pharisæis* [66], in quo remedium baptismi commendatur, quod in Trinitatis invocatione confertur. Huic congruit præcedens lectio de Apocalypsi [67] : *Vidi ostium*, ubi dicitur : *Mare vitreum simile crystallo*. Mare namque baptismum significat. Ibi quoque sequitur : *Sanctus, sanctus, sanctus, Dominus Deus Sabbaoth*, ubi Trinitatis notatur unitas.

[Officia Trinitatis Alcuinus invenit; temporibus namque Attilæ, qui Christianos flagellavit, et omnia fere volumina professionis Christianæ destruxit, Alcuinus magister Caroli historiam de Trinitate composuit, responsoria scilicet et antiphonas, missam et sequentiam; fecit etiam historiam de Sancto

[61] Psal. 109. [62] Matth. 25. [63] II Cor. 5. [64] Psal. 12. [65] Matth. 28. [66] Joan. 3. [67] Cap. 4.

Stephano, quas ambas obtulit Alexandro papæ, qui A respuit illam de sancta Trinitate, dicens : « Sicut non est speciale officium unitatis, sic non oportet esse Trinitatis, maxime, cum singulis Dominicis festum sit unitatis et Trinitatis. » Tandem superveniente hæresi Ariana, fere fuit Trinitatis fides exstincta, sed Hilarius, et Eusebius, et Ambrosius restiterunt. Consensit igitur ea de causa Gregorius magnus, ut de Trinitate specialia cantaremus, et ecclesia ædificaremus, licet similia de unitate non fiant. Multi enim de Trinitate dubitaverunt, qui in confessione unitatis nullatenus erraverunt. Exinde igitur est, quod de historia Trinitatis inveniatur varia consuetudo. Alii namque non utuntur ea, sequentes reprobationem Alexandri. Alii utuntur ea, et cantantes eam in hac prima Dominica, sequuntur B primam institutionem Alcuini. Alii ponunt eam in ultima Dominica, sequentes ultimam approbationem Gregorii.] Qui autem celebrant de octavis eamdem ponunt epistolam, et idem quod prædiximus evangelium propter baptismatis sacramentum, cæteris observatis, sicut in die solemni. Celebrant autem octavam, ad insinuandum perfectionem, vel consummationem operum Spiritus sancti. Per septem dies opera gratiæ septiformis, in octava consummatio declaratur. Et quoniam octava redit ad caput, omnia sicut in illo festo a vespera in vesperam in ipsis vesperis et tribus nocturnalibus psalmis observant. De his octavis dicit Augustinus : « Celebrationem octavarum feriarum novi homines celebramus. C Baptismus neophytorum licet in Sabbato peragatur, ad illum tamen baptismum pertinet, quem apostoli susceperunt in die Pentecostes », cujus octava dies est Dominica sequens. » Qui vero historiam : Præparate, ponunt (sicut nos in hac nostra Ecclesia facere consuevimus), melius faciunt quia Romanam sequuntur Ecclesiam, nostræ peregrinationis recolentes, et recurrentes historiam. Nam per Septuagesimam significavimus expulsionem generis humani de patria paradisi ; per quadragesimam servitutem populi sub Pharaone ; per Pascha agni immolationem ; per quadraginta dies paschales, quadraginta annos in deserto ; per Rogationes, terræ promissæ ingressionem ; per septem dies Pentecostes, in quibus septem dona dividuntur, terræ datæ D divisionem. Per tempus ergo, quod ab hodie sequitur, significamus populi afflictionem et gubernationem factam per judices et reges. Ideoque ponuntur in manibus lectorum quatuor libri Regum : quorum primum scripsit Samuel ; secundum Nathan ; tertium et quartum Neemias ; et duo libri Paralipomenon, quos scripserunt sapientes Synagogæ. Et quia judicum maximus Samuel, et regum maximus fuit ipse David, et ejus filius, idcirco istorum dicta potius, et opera in historia jubilantur. Vel ideo ista leguntur, quia sicut illi pugnaverunt, sic et nos, accepto Spiritu pugnare debemus. Præparate,

vox est Samuelis ". Deus exauditor, vox David regis ". Qua historia utendum est usque ad Kalendas Augusti. David itaque dum a Saul et servis suis affligitur, et ad gentes ire compellitur : de suis viribus diffidens, et de Dei adjutorio præsumens ait in introitu : Domine, in tua misericordia sperari ". In collecta vero : Deus in te sperantium ". O at similiter in graduali : Ego dixi ", in alleluia : Verba mea "; in offerenda : Intende "; de necessitatibus suis liberationem implorat. In communione, pro collatis beneficiis gratias agit dicens : Narrabo ; in evangelio " utriusque persona exprimitur, dum in divite Saul, in Lazaro David pauper accipitur, qui divitem de non exhibita charitate redarguit, per quam regni solium acquisivit, quæ in epistola commendatur cum dicitur : Deus charitas est ". Mystice Lazarus mendicus Christianus est populus, qui dum esset gentilis confugiens ad fidem Trinitatis cupiebat refici de interiori sensu legis, quasi de micis, quæ cadebant de mensa divitis judaici populi. Hic Lazarus affligitur a Judæis, ab infidelibus, ab hæreticis, a malis catholicis, qui omnes purpura vestiuntur et splendide epulantur. Judæi purpura carnis est nobilitas, de qua gloriabantur, dicentes : Nos filii Abrahæ sumus "; epulum vero ipsius, lex Mosaica. Gentilium et malorum catholicorum purpura divitiæ sæculares. Epulum vero, philosophica scriptura vel carnalia desideria. Hæreticorum purpura est bonorum operum simulatio ; epulum, corruptibilis sermo. Sed Christianus populus humiliter sua peccata confitens, terrena despiciens, cœlestia petens, ut ulcerosus abjicitur : cum a prædictis in hac vita contemnitur, sed qui perdit hic animam suam, inveniet eam ". Hujus ergo mendici vox est : Domine, in tua. Qui velut cantor hodiernus in introitu de Dei misericordia præsumit, et in epistola causam reddit, quia Deus charitas est, qui prior dilexit nos, et misit Filium suum propitiationem pro peccatis nostris, et ad charitatem persecutores invitat, subdens : Diligamus Deum ". Et adhuc in graduali, in alleluia, in offerenda devotius orat.

In communione, et in fine introitus gratiarum promittit impendere actiones. Secunda feria, licet sit de hac Dominica varia Ecclesiarum consuetudo, in hoc tamen conveniunt omnes, ut per hebdomadam prædictæ historiæ, Præparate, responsoria et antiphonæ decantentur, et Regum libri legantur ; in diurnis vero officiis Romana Ecclesia per totam septimanam Dominicam repetit, salvo quod in quarta, et sexta feria speciales epistolæ et evangelia titulantur. Tempore quodam, Dominico officio nondum ordinato, hæresi pullulante, ne officium divinum deperiret, prima feria cantabant de Trinitate, in secunda de charitate, in tertia de sapientia, quarta de Spiritu sancto, quinta de angelis, sexta de cruce Domini, Sabbato de beata Maria. Sed postea factum est ut illud cessaret, quod ve-

" Act. 2.   " I Reg. 7.   " I Reg. 17.   " Psal. 12.   " Psal. 40.   " Psal. 5.   " Ibid.   " Psal. 9.   " Luc. 16.   " I Joan 4.   " Joan. 8.   " Joan. 12.   " Joan. 1.

e urgente factum fuerat, et Dominico officio
o, statutum est, ut prima feria suum haberet
a, scilicet de Trinitate, secunda de angelis,
ne primo creati sunt in bonis gratuitis; tunc
ivisa fuit lux a tenebris [1], id est boni an-
malis; quia tunc ceciderunt mali, boni vero
ati sunt. Prima autem feria creati fuerunt
is naturalibus; cantatur etiam alia de causa,
cet defunctis adhibeamus suffragium ange-
Eadem quoque feria missa pro defunctis
ir quia, ut dicunt quidam, in prima feria re-
im habent illi qui sunt in purgatorio, et sta-
unda feria ad pœnas redeunt; ut autem la-
s eorum subveniatur, missa pro defunctis
ir. Institutum quoque fuit, ut quarta feria
retur, et in illa die debet cantari missa de die
ica; in sexta feria de cruce, in septima de
Virgine. Quod initium habuit, quia olim in
ntinopoli in quadam ecclesia erat imago
Virginis, ante quam dependebat velum, quod
cooperiebat imaginem. Hoc velum sexta feria
speras recedebat ab imagine, nullo movente
i miraculo, quasi deferretur in cœlum, ut ad
i posset imago a populo prospici. Celebratis
vesperis in Sabbato descendebat ante cam-
onam, id est imaginem, et ibi manebat usque
tam feriam. Hoc viso miraculo sancitum est,
per illa feria de Beata Maria in Ecclesia de-
etur. Vel ideo, quia ipsa est porta nobis ad
n cœlorum, quod per diem Dominicam figu-
r; ideo solemnizamus de illa feria septima,
ræcedit diem Dominicam, vel ut solemnitas
solemnitati filii continuetur, et ut festivius
iu die, in quo Deus requievit ab opere [2].
ius vero magister Caroli rogatu archiepiscopi
cii instituit missam de Trinitate in Dominica
feria secunda de sapientia, in feria tertia de
i sancto, in feria quarta de charitate, in feria
de angelis, in feria sexta de cruce, in Sab-
e Sancta Maria. Nonnulli celebrant de angelis
unda feria. Alii pro defunctis, in tertia pro
is vel pace; in quinta pro tribulatione, in
t superius de cruce, et in Sabbato de Virgine,
t superius dictum est. Cujus missam quidam
iori semper cultum celebrant, scilicet cum
in excelsis Deo, et *Te Deum laudamus* in
m Virginis dicitur matutinis. Quod si aliæ
cantentur, orationes de præmissis materiis
runtur, ut per suffragia patrocinia sentian-

CAPUT II.

DOMINICA SECUNDA POST PENTECOSTEN.

us est Dominus protector meus, et eduxit me
ludinem [3], qui accepto regno fecit cœnam
m, de qua dicitur in Evangelio : *Multos invi-
imicos et inimicos* [4]. Sed cum inimici, qui

fuerant [...] ad eos qu [...]
mirari, si [...] cula præcla [...]
nus protect [...] modo gratias [...]
modo orat ut eum [...]
vid est Christus, [...] invitat, qui [...]
anteponunt, hum [...] perbiam in actione [...]
quite sæculum, [...] nia quæ habes et da [...]
sequere me [5], respon [...]
Juga boum emi quinque [6] [...]
cogitatio terrenorum, de [...]
voluptas carnis, imped [...]
Jesu Christi. Alios autem [...]
peres spiritu [7]. Quibus discu [...]
gitur in epistola : *Nolite mirari*, [...]
et infra : *Filioli non diligamus* [...]
sed opere et veritate [8]. Chorus ergo [...]
satietate refectus exsultat in intro [...]
est Dominus ; et adhuc in sequenti [...]
et adorat. Et attende quod alleluia D [...]
pius omittimus, quoniam aliter, et [...]
et in aliis gradualibus disponuntur. L [...]
gens lector attendat, et diligenter un [...]
officiorum assignet. Illud tamen est [...]
quod alleluia de Trinitate, *Qualis Pater*, [...]
nicis canimus, ut fidem hilariter profite [...]
speciem perveniamus.

CAPUT III.

DOMINICA TERTIA POST PENTECOSTEN.

*Respice in me, et miserere mei, quia unicus et p [...]
per cum ego* [9]. David cum regnaret et prosperitate
floreret, adulterum et homicidium commisit [10] ; sed,
propheta eum increpante, pœnituit. Hæc est ovis
quæ perierat et inventa est. Per David intelligimus
quemlibet pœnitentem, quem consolatur Dominus in
evangelio [11], dicens : *Qui perdiderit ovem, aut dra-
chmam gratulatur cum invenerit eam* ; et : *Gaudium
est in cœlo super uno peccatore pœnitentiam agente.*
Ubi notatur, quanta sit cura Deo de peccatoribus
convertendis, quanta sit angelorum congratulatio
de conversis, quos etiam consolatur et admonet
Petrus in Epistola, dicens : *Humiliamini sub potenti
manu Dei* ; et infra : *Cura est Deo de nobis* ; et infra : *Ipse perficiet, confirmabit et consolidabit vos* [12].
In hunc ergo pœnitens omnem suam sollicitudinem
ponat ut hic dicitur : *Cogitatum suum jaciat* [13]. Ut
in graduali cantatur : *Spem suam figat* [14]. Ut in offerenda subjungit : *Sperent in te* [15]. Hic pœnitens
orat in introitu : *Respice in me* [16] ; et in communione : *Ego clamavi*. Et attende quod hoc officium

[1]. [2] Gen. 2. [3] Psal. 17. [4] Luc. 14. [5] Joann. 3. [6] Psal. 12. [7] Psal. 6, 7. [8] Luc. 18;
16. [9] Luc. 14. [10] Matth. 5. [11] Joann 3. [12] Psal. 24. [13] II Reg. 11. [14] Luc. 15. [15] I Petr.
Psal. 34. [16] Psal. 9. [17] Psal. 24. [18] Psal. 10.

Stephano, quas ambas obtulit Alexandro papæ, qui A
respuit illam de sancta Trinitate, dicens : « Sicut
non est speciale officium unitatis, sic non oportet
esse Trinitatis, maxime, cum singulis Dominicis
festum sit unitatis et Trinitatis. » Tandem superveniente hæresi Ariana, fere fuit Trinitatis fides
exstincta, sed Hilarius, et Eusebius, et Ambrosius
restiterunt. Consensit igitur ea de causa Gregorius
magnus, ut de Trinitate specialia cantaremus, et
ecclesia ædificaremus, licet similia de unitate non
fiant. Multi enim de Trinitate dubitaverunt, qui in
confessione unitatis nullatenus erraverunt. Exinde
igitur est, quod de historia Trinitatis inveniatur varia consuetudo. Alii namque non utuntur ea, sequentes reprobationem Alexandri. Alii utuntur ea,
et cantantes eam in hac prima Dominica, sequuntur B
primam institutionem Alcuini. Alii ponunt eam in
ultima Dominica, sequentes ultimam approbationem
Gregorii.] Qui autem celebrant de octavis eamdem
ponunt epistolam, et idem quod prædiximus evangelium propter baptismatis sacramentum, cæteris
observatis, sicut in die solemni. Celebrant autem
octavam, ad insinuandum perfectionem, vel consummationem operum Spiritus sancti. Per septem dies
opera gratiæ septiformis, in octava consummatio
declaratur. Et quoniam octava redit ad caput, omnia sicut in die festo a vespera in vesperam in ipsis
vesperis et tribus nocturnalibus psalmis observant.
De his octavis dicit Augustinus : « Celebrationem
octavarum feriarum novi homines celebramus. C
Baptismus neophytorum licet in Sabbato peragatur,
ad illum tamen baptismum pertinet, quem apostoli
susceperunt in die Pentecostes [68], cujus octava dies
est Dominica sequens. » Qui vero historiam : Præparate, ponunt (sicut nos in hac nostra Ecclesia
facere consuevimus), melius faciunt quia Romanam
sequuntur Ecclesiam, nostræ peregrinationis recolentes, et recurrentes historiam. Nam per Septuagesimam significavimus expulsionem generis humani de patria paradisi, per quadragesimam servitutem populi sub Pharaone ; per Pascha agni immolationem ; per quadraginta dies paschales, quadraginta annos in deserto ; per Rogationes, terræ
promissæ ingressionem ; per septem dies Pentecostes, in quibus septem dona dividuntur, terræ datæ D
divisionem. Per tempus ergo, quod ab hodie sequitur, significamus populi afflictionem et gubernationem factam per judices et reges. Ideoque ponuntur
in manibus lectorum quatuor libri Regum : quorum primum scripsit Samuel ; secundum Nathan :
tertium et quartum Neemias ; et duo libri Paralipomenon, quos scripserunt sapientes Synagogæ.
Et quia judicum maximus Samuel, et regum maximus fuit ipse David, et ejus filius, idcirco istorum
dicta potius, et opera in historia jubilantur. Vel
ideo ista leguntur, quia sicut illi pugnaverunt, sic
et nos, accepto Spiritu pugnare debemus. Præparate,

vox est Samuelis [69]. Deus exauditor, vox David regis [70]. Qua historia utendum est usque ad Kalendas
Augusti. David itaque dum a Saul et servis suis
affligitur, et ad gentes ire compellitur : de suis
viribus diffidens, et de Dei adjutorio præsumens
ait in introitu : Domine, in tua misericordia sperari [71].
In collecta vero : Deus in te sperantium [72]. O at
similiter in graduali : Ego dixi [73], in alleluia : Verba
mea [74] ; in offerenda : Intende [75] ; de necessitatibus
suis liberationem implorat. In communione, ;pro
collatis beneficiis gratias agit dicens : Narrabo ;
in evangelio [76] utriusque persona exprimitur, dum
in divite Saul, in Lazaro David pauper accipitur,
qui divitem de non exhibita charitate redarguit, per
quam regni solium acquisivit, quæ in epistola commendatur cum dicitur : Deus charitas est [77]. Mystice
Lazarus mendicus Christianus est populus, qui dum
esset gentilis confugiens ad fidem Trinitatis cupiebat refici de interiori sensu legis, quasi de micis,
quæ cadebant de mensa divitis judaici populi. Hic
Lazarus affligitur a Judæis, ab infidelibus, ab hæreticis, a malis catholicis, qui omnes purpura vestiuntur et splendide epulantur. Judæi purpura carnis
est nobilitas, de qua gloriabantur, dicentes : Nos
filii Abrahæ sumus [78] ; epulum vero ipsius, lex Mosaica. Gentilium et malorum catholicorum purpura
divitiæ sæculares. Epulum vero, philosophica scriptura vel carnalia desideria. Hæreticorum purpura
est bonorum operum simulatio ; epulum, corruptibilis sermo. Sed Christianus populus humiliter sua
peccata confitens, terrena despiciens, cœlestia petens, ut ulcerosus abjicitur : cum a prædictis in
hac vita contemnitur, sed qui perdit hic animam
suam, inveniet eam [79]. Hujus ergo mendici vox est :
Domine, in tua. Qui velut cantor hodiernus in introitu de Dei misericordia præsumit, et in epistola
causam reddit, quia Deus charitas est, qui prior
dilexit nos, et misit Filium suum propitiationem
pro peccatis nostris, et ad charitatem persecutores
invitat, subdens : Diligamus Deum [80]. Et adhuc in
graduali, in alleluia, in offerenda devotius orat.

In communione, et in fine introitus gratiarum
promittit impendere actiones. Secunda feria, licet
sit de hac Dominica varia Ecclesiarum consuetudo,
in hoc tamen conveniunt omnes, ut per hebdomadam prædictæ historiæ, Præparate, responsoria et
antiphonæ decantentur, et Regum libri legantur ;
in diurnis vero officiis Romana Ecclesia per totam
septimanam Dominicam repetit, salvo quod in
quarta, et sexta feria speciales epistolæ et evangelia titulantur. Tempore quodam, Dominico officio
nondum ordinato, hæresi pullulante, ne officium
divinum deperiret, prima feria cantabant de Trinitate, in secunda de charitate. in tertia de sapientia, quarta de Spiritu sancto, quinta de angelis,
sexta de cruce Domini, Sabbato de beata Maria.
Sed postea factum est ut illud cessaret, quod ne-

[68] Act. 2.   [69] I Reg. 7.   [70] I Reg. 17.   [71] Psal. 42.   [72] Psal. 40.   [73] Psal. 5.   [74] Ibid.   [75] Psal. 9.
[76] Luc. 16.   [77] I Joan. 4.   [78] Joan. 8.   [79] Joan. 12.   [80] Joan. 4.

e urgente factum fuerat, et Dominico officio o, statutum est, ut prima feria suum haberet ι, scilicet de Trinitate, secunda de angelis, ne primo creati sunt in bonis gratuitis; tunc ivisa fuit lux a tenebris **, id est boni animalis; quia tunc ceciderunt mali, boni vero ιati sunt. Prima autem feria creati fuerunt is naturalibus; cantatur etiam alia de causa, cet defunctis adhibeamus suffragium ange-Eadem quoque feria missa pro defunctis ir quia, ut dicunt quidam, in prima feria re-ιm habent illi qui sunt in purgatorio, et sta-ιunda feria ad pœnas redeunt; ut autem la-ι eorum subveniatur, missa pro defunctis ιr. Institutum quoque fuit, ut quarta feria 'etur, et in illa die debet cantari missa de die ca; in sexta feria de cruce, in septima de 'irgine. Quod initium habuit, quia olim in ntinopoli in quadam ecclesia erat imago 'irginis, ante quam dependebat velum, quod :ooperiebat imaginem. Hoc velum sexta feria speras recedebat ab imagine, nullo movente miraculo, quasi deferretur in cœlum, ut ad ι posset imago a populo prospici. Celebratis vesperis in Sabbato descendebat ante eam-onam, id est imaginem, et ibi manebat usque am feriam. Hoc viso miraculo sancitum est, per illa feria de Beata Maria in Ecclesia de-ιtur. Vel ideo, quia ipsa est porta nobis ad ι cœlorum, quod per diem Dominicam figu-·; ideo solemnizamus de illa feria septima, ræcedit diem Dominicam, vel ut solemnitas solemnitati filii continuetur, et ut festivius in die, in quo Deus requievit ab opere **. us vero magister Caroli rogatu archiepiscopi :ii instituit missam de Trinitate in Dominica feria secunda de sapientia, in feria tertia de sancto, in feria quarta de charitate, in feria de angelis, in feria sexta de cruce, in Sab-ι Sancta Maria. Nonnulli celebrant de angelis ɪnda feria. Alii pro defunctis, in tertia pro ι vel pace; in quinta pro tribulatione, in ι superius de cruce, et in Sabbato de Virgine, superius dictum est. Cujus missam quidam iori semper cultum celebrant, scilicet cum in excelsis Deo, et Te Deum laudamus in ɪ Virginis dicitur matutinis. Quod si aliæ cantentur, orationes de præmissis materiis runtur, ut per suffragia patrocinia sentian-

CAPUT II.

DOMINICA SECUNDA POST PENTECOSTEN.

us est Dominus protector meus, et eduxit me udinem **, qui accepto regno fecit cœnam n, de qua dicitur in Evangelio : Multos invi-micos et inimicos **. Sed cum inimici, qui

fuerant fautores Saulis, venire noluerunt : loquitur ad eos qui venerant, dicens in epistola : Nolite mirari, si odit vos mundus **, hic etiam hodie ora cula præcidit in introitu, dicens : Factus est Domi-nus protector meus. Et adhuc in cæteris cantibus, modo gratias agit Deo, qui tot bona tribuit ei **, modo orat ut eum ab hostibus eruat**. Mystice Da-vid est Christus, qui cœnam fidei præparavit, multos invitat, qui se excusantes sæcularia spiritualibus anteponunt, humilitatem prætendunt in voce, su-perbiam in actione. Cum enim dicitur eis : relin-quite sæculum, sequimini Dominum : ι Vende om-nia quæ habes et da pauperibus, tolle crucem, et sequere me **, ι respondet unus : Villam emi, alius : Juga boum emi quinque **, alius : Uxorem duxi; nam cogitatio terrenorum, delectatio quinque sensuum, voluptas carnis, impediunt ad cœnam accedere, Jesu Christi. Alios autem compellit intrare, ut pau-peres spiritu **. Quibus discumbentibus ait quod le-gitur in epistola : Nolite mirari, si odit vos mundus, et infra : Filioli non diligamus verbo, neque lingua, sed opere et veritate **. Chorus ergo discumbentium satietate refectus exsultat in introitu dicens : Factus est Dominus; et adhuc in sequentibus gratias agit et adorat. Et attende quod alleluia Dominicalia sæ-pius omittimus, quoniam aliter, et aliter in aliis, et in aliis gradualibus disponuntur. Ea igitur dili-gens lector attendat, et diligenter universitatibus officiorum assignet. Illud tamen est adjiciendum, quod alleluia de Trinitate, Qualis Pater, in Domi-nicis canimus, ut fidem hilariter profitentes, ad speciem perveniamus.

CAPUT III.

DOMINICA TERTIA POST PENTECOSTEN.

Respice in me, et miserere mei, quia unicus et pau-per sum ego **. David cum regnaret et prosperitate floreret, adulterium et homicidium commisit **; sed, propheta eum increpante, pœnituit. Hæc est ovis quæ perierat et inventa est. Per David intelligimus quemlibet pœnitentem, quem consolatur Dominus in evangelio **, dicens : Qui perdiderit ovem, aut dra-chmam gratulatur cum invenerit eam ; et : Gaudium est in cœlo super uno peccatore pœnitentiam agente. Ubi notatur, quanta sit cura Deo de peccatoribus convertendis, quanta sit angelorum congratulatio de conversis, quos etiam consolatur et admonet Petrus in Epistola, dicens : Humiliamini sub potenti manu Dei; et infra : Cura est Deo de nobis; et in-fra : Ipse perficiet, confirmabit et consolidabit vos **. In hunc ergo pœnitens omnem suam sollicitudinem ponat ut hic dicitur : Cogitatum suum jaciat **. Ut in graduali cantatur : Spem suam figat **. Ut in of-ferenda subjungit : Sperent in te **. Hic pœnitens orat in introitu : Respice in me **; et in commu-nione : Ego clamavi. Et attende quod hoc officium

n. 1. ** Gen. 2. ** Psal. 17. ** Luc. 14. ** I Joan. 3. ** Psal. 12. ** Psal. 6, 7. ** Luc. 18; 46. ** Luc. 14. ** Matth. 5. ** I Joan 5. ** Psal. 24. ** II Reg. 11. ** Luc. 15. ** I Petr. ʰsal. 54. ** Psal. 9. ** Psal. 24. ** Psal. 16.

cantatur circa festum Sancti Joannis Baptistæ quia
legitur populum ad pœnitentiam provocasse [100].

CAPUT IV.

DOMINICA QUARTA POST PENTECOSTEN.

*Dominus illuminatio mea, et salus mea, quem ti-
mebo* [1]? David post peccatum adulterii et homicidii,
sic est afflictus ab Absalone filio suo judicio Dei [2],
quod ejectus est de solio regni [3]. Hic est hypocrita
qui alios judicans, festucam in oculo fratris, in suo
vero trabem non considerat [4]. Per hunc igitur
quemlibet hypocritam figuramus super aliquos regnantem et afflictiones patientem [5]. Cui dicit Dominus in Evangelio : *Estote misericordes, sicut et Pater vester cœlestis misericors est;* et infra : *Nolite
judicare et non judicabimini,* et ita infra : *Cæcus
cæcum ducere non potest;* et infra : *Ejice trabem de
oculo tuo* [6]. Huic etiam ad tolerantiam passionum
Paulus in epistola dicit : *Existimo quod non sunt
condignæ passiones hujus temporis ad futuram gloriam, quæ revelabitur in nobis* [7]. Hic demum passionibus afflictus, et moribus castigatus, oculo cordis
humiliatus, exsultat in introitu dicens : *Dominus
illuminatio mea* [8]. Orat in graduali et in offerenda,
applaudit in communione, quod ei Dominus adjutor
exstiterit et liberator [9], quod non sibi, sed Domino
tribuit.

CAPUT V.

DOMINICA QUINTA POST PENTECOSTEN.

Exaudi, Domine, vocem meam qua clamavi ad te [10].
David post flagella regnum cum tripudio redditur, et filio ejus promittitur. Hic est Christianus populus, qui persecutorum malleis concutitur :
hæc est navicula, quæ fluctibus tunditur [11]. Hoc est
rete, quod præ multitudine piscium frangi videtur,
sicut in evangelio legitur [12]; pisces sunt carnales
et hæretici, qui non tantum Ecclesiam premunt,
sed etiam quantum in eis est, rete fidei rumpunt.
Illos pisces invitat Apostolus ad opera spiritus, et
ad vinculum unitatis dicens in epistola : *Omnes
unanimes in oratione estote* [13]. Inter hæc pericula
Ecclesia constituta orat in introitu : *Exaudi* [14], et
in graduali : *Protector* [15], et quia quandoque tran-
quillitati redditur, eique pro solatio pax æterna
promittitur; ideo gratias agit in offerenda, ei, qui
sibi tribuit intellectum [16], et in Communione :
Unam petii a Domino [17], propositum suum confirmat in unitate fidei, ut perveniat ad unitatem spei.
Et attende quod hoc officium cantatur circa festum
Beati Jacobi. Quia sicut dicitur in Evangelio : « Relictis retibus, secutus est Dominum, et factus est
piscator hominum [18], » supplantator, re et nomine,
vitiorum.

CAPUT VI.

DOMINICA SEXTA POST PENTECOSTEN.

Dominus fortitudo plebis suæ [19]. David moriens
pro devictis hostibus Deo gratias agit. Et ut bonus
paterfamilias Salomoni uncto et ejus populo benedicit [20]. Hæc est Ecclesia, quæ filios in baptismate
generatos, et chrismate confirmatos instruit ad
perfectionem, dicens in evangelio : *Nisi abundave-
rit justitia vestra plus quam Scribarum et Pharisæorum, non intrabitis in regnum cælorum* [21]; instruit ad vitæ novitatem, et Christi imitationem,
dicens in epistola : *Quicunque baptizati in Christo
in morte ipsius baptizati sumus,* et infra : *In novitate vitæ ambulemus* [22]. Et hortatur in introitu;
quia Dominus est fortitudo [23], Filius autem instructus, orat in graduali : *Convertere* [24], et in offerenda : *Perfice* [25], et se Domino immolaturum promittit in Communione : *Circuibo* [26], ut justitia sua
abundet in Domino.

CAPUT VII.

DOMINICA SEPTIMA POST PENTECOSTEN.

Omnes gentes plaudite manibus [27]. Defuncto David successit pacificus Salomon, sub quo sopitis
bellis, in laude Dei populus exsultavit [28]. Ideoque in
hac Dominica veniunt ad manus legentium libri Sapientiæ, scilicet, opera Salomonis, ut Parabolæ,
Ecclesiastes et Cantica, liber Sapientiæ, quem
Philo composuit, et Ecclesiasticus, quem Jesus,
filius Sirac edidit, et tamen Salomoni propter stylum attribuuntur. Et historia in principio, quibus
utendum est usque ad Kalendas Septembris, vel his
nunc utimur operibus sapientiæ; quia mensis iste
calidus est, et æstum significat vitiorum, in quo
nos oportet sapienter degere, sicut in medio nationis pravæ atque perversæ [29], vel quia mensis iste
scilicet Augustus sextus est, unde sextilis ante Augustum Cæsarem vocabatur, et verus noster Salomon in sexta ætate venit, qui fecit utraque unum [30],
qui fuit Dei virtus et Dei sapientia, qui docuit nos
sapienter vivere et docere [31]; hic est Christus, Rex
regum [32], qui septem panibus, et paucis pisciculis,
ut legitur in Evangelio [33], satiavit eos, qui de longe
venerant, et eum triduo sustinuerant. Hi scilicet
qui ad Dominum ab idololatria convertuntur, et
fidem Trinitatis habentes esuriunt et sitiunt justitiam [34]. Qui prius servierant immunditiæ et iniquitati ad iniquitatem, nunc autem serviunt justitiæ in
sanctificationem, ut legitur in epistola [35] : *Humanum,* etc. Quos relectos rex pacificus ad plauden-
dum invitat in introitu : *Omnes gentes* [36], et in graduali : *Venite, filii* [37], vocat ad timorem Dei. Illi
vero se ipsos Domino offerentes in holocaustum [38],

---

[100] Matth. 3.   [1] Psal. 26.   [2] II Reg. 11.   [3] II Reg. 15.   [4] Matth. 7; Luc. 5.   [5] Job 34.   [6] Luc 6.
[7] Rom. 8.   [8] Psal. 88; Psal. 12.   [9] Psal. 17.   [10] Psal. 26.   [11] Matth. 8.   [12] Luc. 5.   [13] I Pet. 3.
[14] Psal. 26.   [15] Psal. 85.   [16] Psal. 15.   [17] Psal. 29.   [18] Matth. 16.   [19] Psal. 22.   [20] III Reg. 1.
[21] Matth. 5.   [22] Rom. 5.   [23] Psal. 17.   [24] Psal. 89.   [25] Psal. 16.   [26] Psal. 26.   [27] Psal. 46.   [28] III Reg. 5.
[29] Phil. 2.   [30] Ephes. 2.   [31] I Cor. 1.   [32] Apoc. 19.   [33] Marc. 8.   [34] Matth. 5.   [35] Rom. 6.   [36] Psal.
64.   [37] Psal. 33.   [38] Dan. 3.

orant in offerenda, et communione. Illic est notandum, quod quoties mutatur historia, cantandum
est ad vesperas Sabbati responsorium de historia,
et in matutinis similiter nonum responsorium de
historia. In cæteris vero Dominicis, ad vesperas in
Sabbato : *Deum time;* in matutinis dicere consuevimus novum responsorium de Trinitate, ut eam
confiteamur, per quam salvamur.

CAPUT VIII.

DOMINICA OCTAVA POST PENTECOSTEN.

*Suscepimus, Deus, misericordiam tuam in medio
templi tui* [49]. Salomon templum Hierosolymis ædificavit, auro et gemmis ornavit, et in eo cultum
Dei per ministeria sacerdotum celebrem ordinavit [50].
Templum hoc est Ecclesia, quæ ædificatur, dum
ejus fides destructis hæresibus roboratur, de quibus in evangelio dicitur : *Attendite a falsis prophetis* [51], quod et si de hypocritis et falsis Christianis
possit intelligi, specialiter tamen de hæreticis qui,
quia Spiritu Dei non aguntur, filii Dei non sunt, ut
in epistola dicitur : *Debitores* [52]. Quibus enim spiritus testimonium reddit, hi filii sunt Dei. Qui lætabundi exclamant in introitu : *Suscepimus* [53], et orant
in graduali : *Esto* [54], et hæreticos terrent in offerenda : *Populum* [55]. Et eosdem alliciunt, in communione : *Gustate* [56]. Templum etiam est beata
Virgo Maria, in qua vere suscepimus Dei misericordiam. Unde circa ejus festum rationabiliter
præsens cantatur officium : cum sit templum Domini, et sacrarium Spiritus sancti.

CAPUT IX.

DOMINICA NONA POST PENTECOSTEN.

*Ecce Deus adjuvat me, et Dominus susceptor est
animæ meæ* [57]. Post septimum annum templum dedicatur [58], ideoque post septem dies hæc Dominica
de eadem re officiata notatur. In qua dedicatione
munera offeruntur, arca infertur, Deus laudatur.
Hæc dedicatio templi est per septiformem Spiritum
facta corroboratio fidei. Qua corroborata, jura ecclesiastica statuuntur, debita repetuntur, sicut in
evangelio dicitur [59], in quo *dominus laudavit villi-
cum iniquitatis,* qui memor Dominicæ indignatio-
nis misericorditer egit cum debitoribus suis. Hic
est quivis præpositus animarum, qui memor suæ
fragilitatis, qua vel peccavit, vel peccare potuit, vel
poterit, peccata confitentibus pœnitentiam misericorditer imponit. Huic congruit epistola [60] : *Non
simus,* ubi dicitur : *Qui se existimat stare, videat ne
cadat,* ut vidit villicus iste, qui de collato beneficio
remissionis Deo confitetur, et gratias agit in introitu, dicens : *Primum quærite regnum Dei* [61]

CAPUT X.

DOMINICA DECIMA POST PENTECOSTEN.

*Dum clamarem ad Dominum, exaudivit vocem
meam* [62]. Dedicato templo Dominus Salomoni apparuit [63]. Per quod Dominum preces Salomonis
exaudisse innotuit; fide namque roborata, Dominus
per multorum miracula coruscavit, et sicut Salomon levitas reprobos reprobavit, approbatos elegit,
sic Dominus, ut legitur in evangelio [64] : *Ejecit de
templo vendentes et ementes,* et ut dicitur in epistola [65] : *Scitis,* eos elegit, quibus Spiritus dona
divisit. *Alii namque datur sermo sapientiæ* [66]; ut
Dioscoro et Ignatio, qui ad instar angelorum alternatim psallere chorus instituit. *Alii sermo scientiæ* [67], ut Athanasio, qui fidem per articulos distinxit. *Alii fides* [68], ut Petro, super quam petram
fundatur Ecclesia [69]. *Alii gratia sanitatum* [70], ut
Antonio, qui multos curavit. *Alii operatio virtutum* [71], ut Martino, qui miraculis coruscavit. *Alii
prophetia* [72], ut Joanni Eremitæ. *Alii discretio spirituum* [73], ut Machario. *Alii genera linguarum* [74], ut
Hieronymo. *Alii interpretatio sermonum* [75], ut Ambrosio. Hi cum intelligunt suas preces a Domino
exaudiri, jubilant in introitu : *Dum clamarem* [76],
et in alleluia : *Te decet* [77]. Ubi notandum est quod
fere ubicunque in cantu scribitur Hierusalem, neuma producitur, ut cœlestis Hierusalem jubilatio
figuretur. Idem est, quoties Alleluia duobus versibus insignimus, ut de stola duplici gaudeamus.
Orant in graduali : *Custodi* [78], et in offerenda : *Ad
te* [79]. Quorum sacrificium acceptatur, et in communione : *Acceptabis sacrificium* [80]. Et attende,
quod hoc evangelium [81], in quo Hierosolymorum
destructio prædicatur, legitur in Augusto ; quia
prius a Nabuchodonosor, postmodum a Romanis
in hoc mense destructa fuisse civitas invenitur.
Nostram civitatem stabiliat Dominus, et voces nostras exaudiat. Nobisque Spiritus dona dispertiat.

CAPUT XI.

DOMINICA UNDECIMA POST PENTECOSTEN.

*Deus in loco sancto suo, Deus qui inhabitare facit
unius moris in domo* [82]. Regina Saba Hierosolymam
venit videre templum et audire sapientiam Salomonis [83]. Quæ in templo quidem oravit, aurum et
gemmas obtulit. Hæc est Ecclesia quæ de ritu gentilitatis et de viis erroris venit Hierosolymam, id
est ad *visionem pacis,* audire sapientiam Christi, regis pacifici, et obtulit sapientiæ aurum et gemmas
naturalium virtutum. Hæc se diu fuisse peccatricem
cognoscit, et ideo sub parabola publicani se humiliat, et dicit : *Deus, propitius esto mihi peccatori ;* de
quo Dominus in evangelio concludit : *Qui se humiliat
exaltabitur* [84]. Huic congruit Epistola Pauli humilis et
quieti, in ea de se dicentis : *Ego sum minimus
apostolorum* [85]. Hic humilis Dominum laudat, et
gratias agit, in introitu : *Deus in loco* [86], et in graduali, et in offerenda, et cum munera prædicta

[49] Psal. 47. [50] III Reg. 6. [51] Matth. 7. [52] Rom. 8. [53] Psal. 47. [54] Psal. 30. [55] Psal. 17. [56] Psal.
33. [57] Psal. 53. [58] III Reg. 8. [59] Luc. 16. [60] I Cor. 10. [61] Matth. 6. [62] Psal. 54. [63] III Reg. 9.
[64] Matth. 21. [65] I Cor. 12. [66] Ibid. [67] Ibid. [68] Ibid. [69] Matth. 16. [70] I Cor. 12. [71] Ibid.
[72] Ibid. [73] Ibid. [74] Ibid. [75] Psal. 54. [76] Psal. 64. [77] Psal. 16. [78] Psal. 21. [79] Psal. 50.
[80] Luc. 19. [81] Psal. 67. [82] III Reg. 10. [83] Luc. 18. [84] I Cor. 15. [85] Psal. 67.

obtulerit, cæteros, maxime Pharisæum, qui decimas A
obtulerat, ad offerendum invitat, in communione :
Honora ", sed nunc temporis hæc communio congrue cantatur, quando frugibus horrea, et cellaria
vino replentur, quibus devote Dominus honoratur.

CAPUT XII.

DOMINICA DUODECIMA POST PENTECOSTEN.

Deus in adjutorium meum intende ". Salomone
quidem mortuo, regnum dividitur ". Et ideo mensis
Septembris historia bipartitur. Prima pars in una
historia consolidatur. Alia variatur, quia regnum
Juda in David familia stabilitur; sed regnum Israel
occupatur a plurimis. Unde et historia de his justis,
qui gentibus intermisti fuerant compilatur: ut de
Job, Tobia, Judith et Esther. Sed et hæc opera veniunt in manus legentium; ita in prima Septembris B
hebdomada legitur Job, quem ipse scripsit, cum
responsoriis : *Si bona.* In secunda liber Tobiæ, quem
ipse composuit. In tertia Judith, quem Achior edidit. In quarta, liber Esther, quem Mardochæus, vel
potius Esdra composuit. Sed et liber Esdræ post
hæc opera recitatur ; et cum his cantantur responsoria : *Peto, Adonai, Domine;* his temporibus prophetavit Elias, qui gessit typum Christi. Sic, mortuo Constantino, Ecclesia separatur. Una pars est
catholica, altera per multa schismata separata ; a
quibus catholica multa adversa pro Domino tolera-
vit, sicut illi, quorum opera nunc temporis leguntur. Inter catholicos quidam sunt perfecti, quidam
imperfecti. Perfecti sunt prædicatores, idonei mi- C
nistri et cooperatores Dei. Qui dicunt in epistola " :
Fiduciam talem habemus, etc. Hi adducunt imperfectos et alienos, surdos et mutos ad gratiam Jesu
Christi, sicut legitur in evangelio ". Illi quidem
surdi sunt et muti, qui obsurdescunt a præceptis
audiendis, et obmutescunt a præconiis extollendis.
Vox itaque perfectorum est : *Deus in adjutorium
meum intende* ". Qui Dei adjutorium implorant, ut
hæreticis valeant resistere, et eos corrigere, et ad
Dei gratiam adducere. Aut vox est imperfectorum
proficientium, qui ut proficiant, Dei implorant auxilium. In graduali : *Benedicam* ", et alleluia : *Domine, refugium* ", vox siquidem est perfectorum
gratias agentium de illis se a persecutione aliquoties temperantibus, et istis proficientibus. Et quia D
Moyses fuit unus eorum, qui obtulerunt pro peccatis subditorum, ideo in offerenda cantatur : *Precatus est Moyses* ". Isti perfecti sunt terra illa, quæ
satiata fructu operum, donis videlicet, Spiritus sancti,
producit fenum jumentis, id est doctrinam hominibus.
Unde in communione : *De fructu* " et attende quod
recte de Job et Moyse insimul cantatur; quoniam
contemporanei reperiuntur, per quorum exemplum ad patientiam, et mansuetudinem invitamur.

CAPUT XIII

DOMINICA DECIMA TERTIA POST PENTECOSTEN.

Respice, Domine, in testamentum tuum ". Eliæ
discipulus exstitit Elisæus, cujus meritis hostium
multitudo fugatur, et civitas a periculo liberatur ".
Hic est Samaritanus de quo legitur in Evangelio ";
qui hominem qui inciderat in latrones, videlicet
genus humanum quod lex vel propheta reconciliare
non potuit, liberavit. Assumens enim nostram humilitatem, oleum misericordiæ et vinum justitiæ
peccatorum plagis infudit, et super jumentum corporis sui peccata nostra perferens ad stabulum Ecclesiæ usque perduxit. Et stabularius, id est apostolis et successoribus commendavit. Hunc quippe
sacerdos, vel levita sanare nequivit; quia lex neminem ad perfectum duxit, unde in epistola " : *Abrahæ.*
Ubi probatur quod ex lege non est justificatio ; quia
tunc erant omnia sub peccato. Itaque vox populi
liberandi et infirmi generis humani sanitatem a Sa-
maritano petentis : *Respice,* eadem in graduali, *Respice et exsurge* ", similiter in offerenda : *In te,
Domine* ". Communio : *Panem de cœlo* ", quæ sum-
tur de libro Sapientiæ, est liberati gratiarum actio.

CAPUT XIV.

DOMINICA DECIMA QUARTA POST PENTECOSTEN.

*Protector noster, aspice, Deus, et respice in faciem
Christi tui* ". Multis regibus Hierusalem et Juda,
multa beneficia Deus contulerat. Solus Ezechias
monitus ab Isaia " ut domui suæ disponeret, pro
acceptis beneficiis gratias rependit. Hic est unus
decem leprosorum, de quibus agitur in evangelio ";
quod cum omnes essent mundati, non est inventus
nisi unus, qui daret gloriam Deo. Illis ergo, qui
gratias non egerunt, dicitur in epistola " : *Spiritu
ambulate, et desideria carnis non proficietis.* Ille itaque unus qui Ecclesiæ significat unitatem, orat in
introitu : *Protector,* ubi dicitur : *Melior est dies una
in atriis tuis super millia* ", id est melius est corde
uno et anima una id ipsum sapere, quam schismata
generare ; et gratias agit, in graduali : *Bonum est* ",
et alios ad idem invitat, in offerenda : *Immittit angelus* "; quæ quidem offerenda, bene simul cum
Tobia cantatur, cum et ejus filius per angeli obsequium liberetur. Ubi dicitur : *Gustate et videte* ', et
quid sit gustandum, in communione cantatur : *Panis quem ego dabo* '. Feria quarta legitur evangelium ' de surdo et muto, quem apostoli curare non
potuerunt, eo quod illud genus dæmoniorum non
ejicitur nisi in oratione et jejunio, quod bene diei
convenit. Hodie namque jejunium est quatuor Temporum. Ideoque duæ lectiones leguntur, ut ordinandi in duobus præceptis charitatis, vel duabus
legibus instruantur : prima de calcatore uvæ, tempori conveniens '; secunda, videlicet Esdræ, con-

" Prov. 3. " Psal. 69. " III Reg. 12. " II Cor. 3. " Marc. 7. " Psal. 69. " Psal. 35.
" Psal. 89. " Exod. 52. " Psal. 103. " Psal. 75. " IV Reg. 5. " Luc. 40. " Hebr. 7; Gal. 5.
" Psal. 73. " Psal. 50. " Sap. 16. " Psal. 85. " Cap. 38. " Luc. 17. " Gal. 5. " Psal. 83.
" Psal. 117. " Psal. 53. ' Tob. ' Joan. 6. ' Marc. 9. ' Am. 2.

gruit ordinandis [3]. Quibus dicitur in introitu : *Ex-*
sultate [4]. Qui meditari [7] promittunt in offertorio.
Communio : *Comedite pinguia* [8], sumitur de lectione
secunda.

Feria sexta hodiernum officium pœnitentiam
exprimit ordinandorum. Unde in Evangelio [9] : *Fa-*
ctum est, peccata paralytico dimittuntur. Et in lectione Oseæ ad conversionem instruuntur [10], et in
introitu : *Lætetur* [11], ad quærendum Dominum invitantur. Graduale et communio sunt orationes electorum. Offerenda, consolatio eorumdem.

Sabbati quoque officium ad doctrinam pertinet
ordinandorum, qui monentur in Evangelio [13], ne
doctrina ipsorum sit sterilis, ut fici arbor infructuosa ; nec vita illorum sit terrenis implicita, sicut mulier incurvata. In epistola [14] vero, ubi de
primo et secundo agitur tabernaculo, monentur ut
sic serviant in tabernaculo Ecclesiæ militantis, ut
Domino præsententur in tabernaculo triumphantis.
In lectionibus, hoc Septembris jejunium indicitur,
causa institutionis et ejus utilitas intimatur. Cæteræ
sunt ordinandorum exhortationes, orationes et
consolationes. Communio, scilicet *Mense septimo*,
de Levitici [16] lectione assumitur. Merito in hoc
mense fit clericorum ordinatio, quoniam in hoc
mense fiebat tabernaculorum celebratio. Ordinati
vero sunt Ecclesiæ ministri in Dei tabernaculo per
septiformem gratiam in septem gradibus constituti.
Ideoque celebratur ordinatio in tertia septima ;
quia in tertio tempore, scilicet gratiæ, fuit ab apostolis instituta, olim tamen alia ratio fuit a sapientibus assignata. Nam olim instituta fuere jejunia,
in prima septimana Martii, in secunda Junii, in tertia Septembris, in quarta Decembris, ut imitarentur initia thessere decadum Jesu Christi. Cum enim
quis ordinatur quodammodo, ut Christo attineat,
generatur, prima ergo persona thessere decadis est
Abraham, a quo sumitur ordinatio primæ hebdomadæ Martii. Prima persona secundæ thessere decadis est David, a quo sumitur ordinatio secundæ
Junii septimanæ. Initium tertiæ est Jechonia a quo
sumitur ordinatio in tertia septimana Septembris.
Demum est Christus in quarto loco, a quo sumitur
ordinatio in quarta septimana Decembris. Sumuntur
autem potius ab his personis, quam ab aliis ordinationes. Vel quia fuerunt in genealogia majores,
vel propter nominum interpretationes. Dicitur enim
Abraham : *Pater multarum gentium*, David *fortis*;
Jechonia *præparatio Domini*.

Sic illi, qui ordinantur, debent esse patres, fortes, præparati ad Evangelium Jesu Christi. Vel
sicut a persona in personam sunt quatuordecim generationes, sic ab ordinatione in ordinationem septimanæ quatuordecim inveniuntur, ut ordinandi
periti sint, et in Decalogi et Evangelii disciplina.

Nunc autem jejunia ex causis præmissis aliter ordinantur, scilicet, jejunium universale, in prima
hebdomada Quadragesimæ ; æstivale in hebdomada
Pentecostes ; autumnale, sicut prius, in tertia septimana Septembris. Ita ut semper in tertia quarta
feria inchoatur. Hiemale semper in Sabbato ante
vigiliam Domini terminetur. Et memento quod supra scripta quatuor Temporum jejunia sunt inviolabiliter observanda, et nulla voluntaria occasione
mutanda. Tum ut pro ubilibet ordinandis Domino
supplicemus. (Licet enim in hac Ecclesia hodie
ordinatio non celebretur, tamen cum alii clerici
ordinentur jejunandum est, et pro eis orandum ;
quia sunt nobis fratres et in domo unanimes [18].
Tum ut unitas Ecclesiæ diversis hominum usibus
non divellatur, quod quidem fieret, si uno pran-
dente, alius jejunaret. Rursus memento quod apostolici usque ad Simplicium in Decembri semper
ordines celebrabant, ut ordinandos coaptarent ge-
nerationi Jesu Christi ; Simplicius vero addidit
ordines in Februario tribuendos, ut ordinandos vici-
nius incorporaret corpori Jesu Christi.

CAPUT XV.
DOMINICA DECIMA QUINTA POST PENTECOSTEN.

Inclina, Domine, aurem tuam ad me [16]. Josiæ
regi prophetavit Jeremias Hierusalem destructionem et populi captivitatem, quoniam ad terrenorum sollicitudinem se converterat, et Dei legem et
justitiam deseruerat [17]. Congregans Josias populum
præcepit legem neglectam custodiri, sed et nunc
temporis non desunt, qui sperant in incerto divitiarum, de victu potius, et vestimento solliciti,
quam de regno Dei [18]. Quibus magnus Josias in
Evangelio dicit : *Nolite solliciti esse, quid mandu-*
cetis, nec quid induamini. Primum quærite regnum
Dei et justitiam ejus, et hæc omnia adjicientur vo-
bis [19]. Eosdem Paulus alloquitur in epistola [20] :
Si Spiritu vivimus, Spiritu et ambulemus. Non effi-
ciamur cupidi inanis gloriæ. Et ita qui seminat de
carne, metet corruptionem. Eorum igitur, qui hæc
Josiæ præcepta fideliter amplectuntur, vox est in
introitu : *Inclina* [21], et in graduali : *Bonum est* [22],
et in offerenda : *Exspectans* [23]; communio vero declarat cibum regni petendi, et fructum quem sequimur ex eo, quia manemus in Deo.

CAPUT XVI.
DOMINICA DECIMA SEXTA POST PENTECOSTEN.

Miserere mihi, Domine, quoniam ad te clamavi
tota die [24]. Josia defuncto, Hierusalem destruitur,
populus captivatur et premitur [25]. Ideoque in hoc
mense Octobri Machabæorum historia legitur, et
cantatur : *Adaperiat* [26], qui a suis adversariis admodum premebantur. Quorum partem primam Simon pontifex edidit ; aliam Joannes filius ejus ;
posteriorem quidam Judæus agrestis, sed eruditus.

---

[3] II Esdr. 8. [4] Psal. 80. [7] Psal. 118. [8] II Esdr. 8. [9] Luc. 5. [10] Ose. 14. [11] Psal. 104. [13] Luc. 13.
[14] Hebr. 9. [16] Cap. 23. [16] Psal. 67. [17] Psal. 85. [17] IV Reg. 22, 23. [18] I Tim. 6. [19] Matth. 6.
[20] Gal. 5. [21] Psal. 85. [22] Psal. 91. [23] Psal. 39. [24] Psal. 85. [25] IV Reg. 23, 24. [26] II Mach. 1.

In captivi militantem designant Ecclesiam, in qua A tui fideles inveniantur [44]. Prædictus Daniel [47] in servitute positus oravit pro populi libertate : cui angelus apparuit, qui et populum dimittendum, et Christum nasciturum prædixit. Maximus itaque Daniel revertentes a peccatorum captivitate monet in Evangelio [48]. Accesserunt, ut legem Moysi in duobus præceptis observare non obliviscantur. Vel, secundum alios, in alio monet evangelio [49], ut cum sederint in cathedra, si bene prædicant, non male vivant. In epistola [50] gratias agit Paulus de reversione captivorum et remissione peccatorum, et collatione donorum. Introitus itaque vox est Danielis, pacem revertenti populo deprecantis, qui in graduali : Lætatus sum [51], lætatur ; quia populus intraturus in domum Domini, prænuntiatur ; in offerenda et communione invitat et monet populum revertentem, ad instar Moysi, altaria erigere et hostias immolare [52].

suunt duces et satellites, doctores et discipuli, perfecti et imperfecti. Doctores vidua significat evangelica [34bis]; quæ vidua est, quia militans cum Sponso triumphanti non est. Cujus filius moritur, cum discipuli pro quovis crimine ab Ecclesiæ corpore separantur : resuscitantur, cum gratia infunditur. Hæc igitur orat in evangelio pro filii resuscitatione, id est gratiæ infusione. Et hortatur in Epistola [37] : Ne deficiat in tribulationibus, et hujus rei gratia flectit genua sua. Hæc eadem orat introitu : Miserere [37bis], et in offerenda : Domine [38]. Graduale respicit ad id quod dicitur in evangelio : Accepit autem omnes timor [39bis]. Communio : Domine, memorabor [40], gratiarum est actio. Vel hic mensis Octobris, ut quidam aiunt, designat octavam. Sicut B ergo Judæi finitis præliis et templo restaurato, in hymnis et confessionibus Domino benedicebant [40bis]; sic in octava magnæ festivitatis sancti festivius exsultabunt [41].

CAPUT XVII.
DOMINICA DECIMA SEPTIMA POST PENTECOSTEN.

Justus es, Domine, et rectum judicium tuum [33]. Daniel in captivitate positus somnia regis exposuit [35]. De morte Susannam eripuit [35bis]. Ipsum vero Deus de lacu leonum liberavit [36]. Hic est exemplo ad id quod legitur in evangelio : Cum intraret [36bis]. Nam residens in novissimo loco meruit ascendere, et cum se humiliaret, meruit exaltari, invitans alios in Epistola Pauli ad humilitatem, dicens : C Obsecro vos ego, vinctus in Domino, ut digne ambuletis vocatione, qua vocati estis, omni cum humilitate et mansuetudine [37], hoc est ad exemplum ejus, qui vos vocavit, qui fuit, in medio discipulorum, sicut qui ministrat [38]; qui dixit eis : « Discite a me quia mitis sum et humilis corde [39]. » Introitus : Justus es, Domine [40], collaudat illam sententiam evangelicam : Omnis qui se exaltat humiliabitur, et qui se humiliat exaltabitur [41]. Graduale : Beata gens [42], universalem continet beatitudinem illorum, qui se humiliaverunt, et flagella Domini cum patientia sustinuerunt. Offerenda manifeste declarat Danielis exemplum, cum dicitur : Oravi [43], in cujus versu fit mentio de angelo : quod satis congruit ; quoniam hoc officium cantatur circa dedicationem Sancti D Michaelis. In communione monet Daniel suos captivos, aut quivis humilis suos convivas, sua vota Domino reddere ; et se humiliare « ei qui aufert spiritum principum [44], » id est superborum, dicens : Da huic humili locum [45].

CAPUT XVIII.
DOMINICA DECIMA OCTAVA POST PENTECOSTEN.

Da pacem, Domine, sustinentibus te, ut prophetæ

CAPUT XIX.
DOMINICA DECIMA NONA POST PENTECOSTEN.

Salus populi ego sum, dicit Dominus [53]. Transactis septuaginta annis, Cyrus populum abire permisit, cui populo Zorobabel et sacerdotes verba Dei annuntiant, et ad revertendum confortant. Sic noster Cyrus, ut in hodierno legitur evangelio dixit paralytico sanato : Surge, tolle lectum tuum et vade in domum tuam [54]. Sed prius, ut in epistola dicitur [55], oportet te novum hominem induere, ut valeas in domum tuam redire. Qui ergo populum a captivitate liberavit, qui paralyticum a dissolutione sanavit, veraciter in introitu cantat : Salus, etc. Populus autem liberatus, et paralyticus sanatus orationem et elevationem manuum, in graduali dirigit ad eum, dicens : Dirigatur [56]; sed et pedes olim dissolutos confortat, in offerenda : Si ambulavero, ad ambulandum, in medio tribulationum [57], et in communione : Tu mandasti [58], ad custodiam justificationum.

CAPUT XX.
DOMINICA VICESIMA POST PENTECOSTEN.

Omnia quæ fecisti nobis, Domine, in vero judicio fecisti [59]. Post reversionem a captivitate, Hierusalem reædificatur, et templum restauratur per Zachariam et Aggæum, Esdram et Malachiam [60], per D quos adventus Domini prænuntiatur. Ideoque in hoc mense Novembris usque ad Adventum Domini cantatur historia de prophetis : Vidi Dominum, et in manus legentium scripta veniunt prophetarum, Ezechielis, Danielis, et Duodecim prophetarum, qui liber ab ipsis editus est, vel a senioribus Synagogæ. Captivitas illa corporalis, nostram significat spiritualem. A captivitate reversio est peccatorum remissio. Rex itaque prophetarum volens super-

---

[34bis] Luc. 7. [37] Ephes. 5. [37bis] Psal. 85. [38] Psal. 70. [39bis] Psal. 101. [40] Psal. 70. [40bis] II Mach. 10. [41] Juan. 7 ; Psal. 149. [33] Psal. 118. [35] Dan. 2. [35bis] Dan. 13. [36] Dan. 14. [36bis] Luc 14. [37] Ephes. 4. [38] Luc. 22. [39] Matth. 11. [40] Psal. 118. [41] Luc. 14. [42] Psal. 32. [43] Dan. 9. [44] Psal. 75. [45] Luc. 14. [46] Eccli. 36. [47] Cap. 9. [48] Matth. 22. [49] Matth. 23. [50] I Cor. 1. [51] Psal. 121. [52] Exod. 40 ; Psal. 95. [53] I Esdr. 1, 2. [54] Matth. 9. [55] Ephes. 4. [56] Psal. 140. [57] Psal. 137. [58] Psal. 118. [59] Dan. 3. [60] Passim.

nam Hierusalem restaurare, nuptias filio celebravit, et sicut in evangelio legitur [61], multos ad cœleste prandium invitavit. Et attende quod tres
nuptiæ leguntur in evangelio. De primis dicitur
quod *Simile est regnum cœlorum homini regi, qui fecit nuptias filio suo* [62]. Hic filius est Christus, qui humanam naturam sibi copulavit; ubi fuit thalamus
Virginis uterus : unde « tanquam sponsus procedens
de thalamo suo [63], » ad has nuptias homines ante
legem per patriarchas, deinde per prophetas sub
lege invitavit. De secundis dicitur [64] : « Vos similes
hominibus exspectantibus dominum suum, quando
revertatur a nuptiis. » Hic dominus Christus est,
novus homo, qui ascendens angelicam naturam sibi
copulavit. Ad has nuptias gentes per apostolos
convocavit.

De tertiis dicitur: « Virgines quæ præparatæ erant,
cum eo intraverunt ad nuptias [65]. » Hic sponsus
est Christus qui Ecclesiam post judicium sibi copu-
labit, et in thalamo gloriæ collocabit. Ad has per
prælatos Ecclesiæ quotidie invitamur. De primis solemnizat Ecclesia in Christi Nativitate; de secundis
in Ascensione; de tertiis in Resurrectione. Christus
sponsam assumet, et de Babylonia mundi in cellarium paradisi introducet [66]. De quibus nuptiis hic
potest intelligi. Cum enim intrasset homo non habens vestem nuptialem, ejectus est in tenebras exteriores [67]; cæteri nuptialem indui, sunt cum Domino copulati. Hi sunt lapides vivi, ex quibus ædifi-
cantur muri Hierusalem [68]. Ne igitur ad captivitatem similem revertamur et a nuptiis excludamur,
monet nos Paulus in epistola præcedenti : *Videte
quomodo caute ambuletis, non quasi insipientes,
sed ut sapientes* [69]. Introitus itaque : *Omnia quæ
fecisti* [70], vox est Danielis captivitatem præteritam
recolentis, et eam suis meritis Dei judicio ascriben-
tis. Similiter in offerenda : *Super flumina* [71]; captivitatem illam ploramus; sed in graduali : *Oculi
omnium* [72], gratias agimus. In communione . *Memento verbi* [73], postulamus ut nuptias promissas in
spe, percipiamus in re.

CAPUT XXI.

DOMINICA VICESIMA PRIMA POST PENTECOSTEN.

In voluntate tua, Domine, universa sunt posita [74].
Reversi a captivitate, quamvis civitatem construxe-
rint tamen a circumjacentibus adversariis impugnantur [75]. Cum enim homo positus in conflictu
virtutum et vitiorum interdum cœperit sanctis florere virtutibus, et uxor ejus, sicut vitis abundans
excreverit in lateribus domus suæ, id est Ecclesiæ,
et filii ejus sicut novellæ olivarum in circuitu
mensæ suæ [76], ex improviso tentator domum constantiæ concutit, et opera virtutum conterit. Hujus
itaque præliationis concussionem, vel periculum

significat, in evangelio febris, quæ pene exstinxe-
rat reguli filium [77]. Præcedens epistola [78] hunc præ-
liatorem confortat, et arma spiritualia inducit dicens : *Confortamini.* Vox igitur præliantis est : *In
voluntate tua* [79], et in graduali : *Domine, refugium* [80],
et in communione : *In salutari* [81]. Ubi aut Deo victoriam ascribit, aut orat, aut gratias agit. In offerenda vero : *Vir erat* [82], fortis præliatoris exemplum proponitur. Ea namque in homine moraliter intelliguntur, quæ in Job historialiter leguntur.
Ubi notandum est quod in offerenda verba non repetuntur, at quasi ridiculose in versibus geminan-
tur : quod inde est, quia ægrotanti et loqui co-
nanti verba intercipiuntur, et sæpius incœpta vix efficiuntur. In versibus, Job ægrotans loquitur. In
offerenda vero scriptor non ægrotans de Job in tertia persona profatur, cujus nobis in exemplum patientia commendatur.

CAPUT XXII.

DOMINICA VICESIMA SECUNDA POST PENTECOSTEN.

*Si iniquitates observaveris, Domine, Domine, quis
sustinebit* [83] ? Adhuc populus Dei affligitur, quod
peccatis exigentibus promeretur. Et hæc afflictio
corporalis spiritualem significat afflictionem, quæ
fuit ab exordio mundi, est et erit usque in finem
sæculi. Increbrescet autem in temporibus Antichristi, quando refrigescet charitas multorum [84], quando veniet rex rationem ponere cum servis suis, et
servum tradet tortoribus, quoadusque universum
debitum reddat, ut hodiernum prædicat evangelium [85]. Cujus debiti laxationem ut quisquis nostrum obtineat, orandum est ne charitas refrige-
scat, sed sicut in epistola dicitur hodierna : *Magis
ac magis abundet in omni scientia* [86]. Magnitudinem
itaque sui debiti quivis attendens, dicit in introitu :
Si iniquitates [87]; utilitatem charitatis, quæ et peccare prohibet, et commissa debet, aspiciens, ait in
graduali : *Ecce quam bonum, et quam jucundum habitare fratres in unum* [88]. Quæ cohabitatio est unguentum, id est remissio peccatorum, quæ descendit a capite Christi in barbam, id est in apostolos
et in oram, id est in nos. Servus nequam evangelicus hoc unguentum non habebat; quia conservo
debitum non relaxabat. In offerenda : *Recordare,*
quæ sumpta est de oratione Esther [89], commonemur
orare, ut placeant verba nostra in conspectu Regis,
qui posuit rationem cum servis. Hæc, inquam,
verba : *Dimitte nobis debita nostra* [90]. Non autem
placebunt hæc verba in conspectu Principis, nisi
dimiserimus « *et nos debitoribus nostris.* Quod canitur in communione : *Dico,* sumitur ex evangelica
auctoritate, ubi peccator intelligitur debitor, qui debitori compatitur, de cujus conversione gaudium in
cœlo habetur [91].

---

[61] Matth. 22. [62] Ibid. [63] Psal. 18. [64] Luc. 12. [65] Matth. 25. [66] Cant. 1. [67] Matth. 22.
[68] I Petr. 2; Psal 50. [69] Ephes. 5. [70] Dan. 3. [71] Psal. 136. [72] Psal. 144. [73] Psal. 118. [74] Esther. 13.
[75] I Esdr. 4 et infra. [76] Psal. 127 [77] Joan. 4. [78] Ephes. 6 [79] Esther 15. [80] Psal. 89. [81] Psal.
118. [82] Job 1. [83] Psal. 129. [84] Matth. 24. [85] Matth. 18. [86] Philip 1. [87] Psal 129. [88] Psal. 132.
[89] Cap. 14. [90] Matth. 6. [91] Luc. 15.

CAPUT XXIII.

DOMINICA VICESIMA TERTIA POST PENTECOSTEN.

Dicit Dominus : Ego cogito cogitationes pacis, et non afflictionis [10]. Usque adeo demum populus afflictionibus premebatur, quod dare censum Cæsari cogebatur; quod illud tempus figuravit, in quo suo servitio Antichristus populum universum adducet unde legitur evangelium in quo proponitur si liceat censum dari Cæsari, an non [11]? Ubi monemur, illum sequi, ad cujus imaginem sumus creati. Qui non solum animam nostram fecit ad imaginem sui, sed ut in epistola dicitur : *Corpus humilitatis nostræ configurabit corpori claritatis suæ* [12]. Et quoniam tunc temporis Israelis reliquiæ salvabuntur [13], illud in introitu Dominus annuntiat, quod de eis fuerat prophetatum, scilicet : *Ego cogito cogitationes pacis, et non afflictionis, invocabitis me, et ego exaudiam vos, et reducam captivitatem vestram de cunctis locis* [14], qui respondent in graduali : *Liberasti nos* [15], et in offerenda : *De profundis* [16]. Quos denuo Dominus in communione certificat de salute dicens : *Amen dico vobis* [17].

CAPUT XXIV.

DOMINICA VICESIMA QUARTA POST PENTECOSTEN.

Sequitur et alia Dominica, in qua legitur evangelium de filia principis, et hemorroissa [18]. Filia principis est Synagoga ; hemorroissa, gentilium Ecclesia. Illi primo salus promittitur, sed isti primo donatur. Dentum illi promissa confertur; salutem enim Judæis paratam gentilis prævenit Ecclesia. Sed cum plenitudo gentium intraverit, tunc Israel salvus fiet [1]. Quæ ut impleantur orat in epistola Paulus dicens : *Non cessamus pro vobis orantes* [2]. Et attende quod hæc Dominica proprium cantuale non habet officium, vel quia vexabitur Ecclesia persecutionibus Antichristi, et ideo sua continet organa ; vel quia præcedens officium huic evangelio rectissime coaptatur ; vel quia hæc Dominica sæpius abundat, et ideo proprio vacat officio.

CAPUT XXV.

DOMINICA VICESIMA QUINTA POST PENTECOSTEN.

Sequitur etiam et alia lectione et evangelio decorata. In qua legitur evangelium de quinque panibus, quibus saturavit Dominus quinque millia hominum [3]. Quod etiam ad illud tempus congrue spectare videtur, in quo Judæa quinque librorum Moysi spirituali saturabitur intelligentia. Tunc implebitur illud Jeremiæ quod legitur vaticinium : « Ecce dies veniunt; « ubi dicitur : » In diebus illis salvabitur Israel [4]. » Huic quoque lectioni præcedens cantuale concordat officium. Sicut enim in lectione dicitur : *Vicit Dominus, qui eduxit, et adduxit semen domus Israel de terra aquilonis, et de cunctis terris* [5], sic et in introitu cantatur : *Reducam captivitatem vestram de cunctis locis* [6]. Soluti ergo illa, qua nunc

tenentur captivitate, in graduali : *Liberasti* [7], gratiarum referunt actionem, et in offerenda : *De profundis* [8], ad hoc porrigunt orationem ; qui suæ petitionis, in communione : *Amen dico vobis* [9], recipiunt certificationem. Illud demum notabile est, quod historiæ veteris excursum fecimus in Dominicis a David usque ad Adventum Domini, eique stadium currentis Ecclesiæ comparavimus, ab adventu humilitatis usque ad ultimum majestatis. Ideoque in hac ultima Dominica cæteras concludente recte ponitur officium, quod ad utrumque Domini pertinere possit adventum, ut illud Jeremiæ propheticum : *Ecce dies veniunt, et suscitabo* [10], ecce primus adventus ; *In diebus illis salvabitur Juda* [11], ecce secundus. Sed et in evangelio [12], recte agitur de quinque panibus ; quia post quinque millia annorum, datus est nobis, in primo adventu panis angelorum [13]. Abhinc etiam quinque Dominicæ computantur usque ad diem illum, in quo panis ortus in præsepio prædicabitur [14]. Nostræ consuetudinis est hanc epistolam et hoc evangelium cum officio ponere Trinitatis. Infra hebdomadam vero sicut in cæteris feriatis. Et congrue circa festum Sancti Andreæ hoc evangelium legitur, quoniam in eo ipsius mentio continetur. Illud etiam non est silentio prætereundum, quod, licet nocturnas lectiones æstatis ad illam seriem temporis, quæ fuit a David usque ad adventum Domini, retulerimus, congrue tamen etiam ad illam referre possumus, quæ a primitiva cœpit Ecclesia. Sicut enim Sauli successit David, unde primo legitur in primis libris Regum [15], sic dæmonum cultui cultus unius Dei ; et sicut regnum David per Roboam et Jeroboam in scissuras dividitur, ut legitur in libris sequentibus [16], sic Ecclesiam scindit hæreticorum insania. Demum sequuntur libri Salomonis ; quia post pugnas hæreticorum claruere in Ecclesia sanctorum doctorum ingenia. Postmodum sequitur liber Job, ubi agitur de persecutionibus et consolationibus ejus ; quia, quamvis in pace floreat Ecclesia, tentationibus tamen non desunt spiritualium adversariorum. Quorum quanto occultior est pugna, tanto difficilior, sed gloriosior acquisita victoria erit.

Rursus quoque adjiciendum est quod singulos menses præteritis possumus adaptare temporibus. Nam per Januarium, in quo novus annus inchoatur, tempus a diluvio intelligitur, ubi mundus renovatur. Per Februarium, in quo alleluia deponitur, illud tempus innuitur, in quo universitas linguarum confunditur. Per Martium, in quo Quadragesima sæpius celebratur, illud accipitur, in quo Dei populus in Ægypto affligitur. Per Aprilem ubi Pascha observatur, illud tempus ostenditur, in quo populus a Pharaone liberatur. Per Maium, in quo de Pente-

---

[10] Jer. 29. [11] Matth. 22. [12] Philip. 3. [13] Rom. 11. [14] Jer. 29. [15] Psal. 45. [16] Psal. 129. [17] Marc. 11. [18] Matth. 9. [1] Rom. 11. [2] Coloss. 1. [3] Joan. 6. [4] Jer. 23. [5] Ibid. [6] Jer. 29. [7] Psal. 45. [8] Psal. 129. [9] Marc. 11. [10] Jer. 23. [11] Ibid. [12] Joan. 6 [13] Psal. 77 [14] Luc. 2 [15] 1 Reg. 16. [16] III Reg. 12

coste solemnizatur, illud tempus recolitur, in quo populus in terra promissionis gratulatur. Junius et Julius, in quibus historia Regum legitur, regnum Saul et David commemorant. Augusto in quo liber Sapientiæ recitatur, regnum sapientis Salomonis insinuatur. Reliqui quatuor menses regna principalia notant, scilicet Babylonicum orientis, Persarum, quod est in meridie, Græcorum, quod est in aquilone, Romanorum, quod est in occidente. Igitur historia Job, quæ legitur in Septembri per duas hebdomadas, regnum exprimit orientis. Unde ibi dicitur : *Erat vir ille magnus inter omnes orientales* [17], et legitur per duas hebdomadas, quia regnum illud duravit duas annales hebdomadas, id

[17] Job. 1.

est per bis septingentos annos : tot enim inveniuntur a tempore Nini, a quo regnum Babyloniæ incepit, usque ad Cyrum regem Persarum, in quo defecit. In reliqua parte Septembris, regnum Persarum innuitur. Quocirca duæ historiæ leguntur, eo quod nunc de Persis, nunc de Medis reges assumebantur ; historia Machabæorum, quæ legitur in Octobri, Græcorum significat regnum, sub quibus Machabæi fuere afflicti. Per Novembrem et Decembrem, in quibus prophetiæ leguntur, regnum Romanorum, in quo Christi religio viget, accipitur. Prophetiæ vero maxime de Christo loquuntur, cujus nativitas est in fine anni, sicut regnum Romanorum in fine mundi.

LIBER NONUS.

De Festivitatibus sanctorum, et prius eorum, quæ sunt ab Adventu usque ad Nativitatem Domini.

—

« Exsultant sancti in gloria, lætantes in cubilibus suis [18]. » Quondam viatores, facti sunt comprehensores [19]. Quondam peregrini [20], facti sunt reges domestici [21]: quorum exsultationi eo exsultat Ecclesia, cum eorum celebrat natalitia. Sed quia sicut cedrus Libani multiplicabitur in domo Domini [22], saltem de paucis pauca in medium proferamus. De illis ergo solemnitatibus sanctorum, quæ in Adventu contingunt, hoc est, secundum quosdam, generaliter observandum quod, licet in adventu subdiaconalibus tunicis et dalmaticis Ecclesia non utatur, et *Te Deum laudamus, Gloria in excelsis*, et *Ite missa est* intermittantur, tamen in festo Sancti Andreæ et Sancti Thomæ prædictas laudes et glorificationis insignia non omittit, sed ubique in eis non immerito solemnizat; in cæteris vero sanctorum solemnitatibus non ita, nisi ubi celebratur, aut commemoratur ecclesiæ Dedicatio, aut ejus sancti festivitas, cujus Ecclesia proprio est insignita vocabulo. In istis igitur, id est Sancti Andreæ et Sancti Thomæ et dedicationibus ecclesiarum, et in festis ipsis ecclesiis appropriatis in hora tertia, seu mane, missa de festo cum prædictis solemniis celebratur. Quod et in aliis festis novem lectionum est, dum tamen sine solemniis, observandum. In hora vero nona, missa de jejunio cantetur. Illud quoque non est silentio prætereundum quod, si festum Sancti Andreæ fuerit in die Dominico, cum in eodem secundum regulam inchoetur Adventus, festum ad secundam feriam transferatur ; quia ille dies Dominicus privilegiatus est. Idem in similibus, ut infra dicemus. Regula vero de Adventus initio hæc est : *Andreæ festo propinquior esse memento*. Vel sic : *Andreæ festo quæ-*

cunque propinquior exstat. Adventum Domini feria prima docet. Aliam prædiximus, cum de Adventu Domini tractaremus. Itaque festum Beati Andreæ quandoque præcedit Adventum, quandoque in ipso continetur Adventu.

CAPUT PRIMUM.

DE SANCTO ANDREA.

Beati Andreæ passionem scripsere presbyteri Asiani, ejusdem Andreæ discipuli, dicentes quod de crucis mysterio, et altaris sacrificio disputavit. In Achaia multum populum acquisivit, tandem sub Egæa proconsule crucis patibulum subiit. In quo biduo pendens, nec Deum laudare, nec populo desiit prædicare. Unde populus eum a proconsule repetebat, dicens : « Concede nobis hominem justum. Redde nobis hominem sanctum. » Demum, cum Deo gratias agens in patibulo exspirasset, Maximilla corpus ejus conditum aromatibus sepelivit. Ex hac legenda, et vocatione ipsius, quæ in Evangelio continetur: « Ambulans Jesus juxta mare [23], » ipsius compaginatur historia.

CAPUT II.

DE SANCTO NICOLAO.

Beati Nicolai vitam, et in vita sua patrata miracula, memoriali stylo doctores Argolici mandavere, dicentes quod ex illustri prosapia ortus, ab utero matris, vel a puerilibus annis fuit Spiritu sancto repletus. Qui tres virgines ab infami fatris commercio liberavit. Qui ad summum sacerdotium divina fuit revelatione promotus. Qui nautis naufragantibus subvenit. Qui triticum multiplicavit. Qui Dianæ fallaciam oleo incentivo detexit. Qui quosdam a capitali sententia, et alios a carcere liberavit. Ex cujus tumba oleum resultat, diverso-

[18] Psal. 149.   [19] I Cor. 13.   [20] I Petr. 2.   [21] Ephes. 2.   [22] Psal. 91.   [23] Matth. 4.

rum medicina languorum. Quod substituto ponti-A
fice sede privato profluere desiit, restituto profluu-
xit. Quantis ergo hic Nicolaus post obitum coruscavit miraculis, nec stylus sufficit scribere, nec ul-
lius facundia posset exprimere. » Ex hac ergo legenda hodierna compaginatur historia.

CAPUT III.

DE SANCTA LUCIA.

Beata Lucia pro matre hemorreissa ad sepulerum
Beatæ Agathæ virginis intercedebat. Cui Beata Agatha per somnium dixit : « Soror mea Lucia quid a
me petis, quod per te poteris ipsa præstare continuo? » et infra : « Sicut per me civitas Catanen-
sium sublimatur a Christo, ita per te civitas Syra-
cusana decorabitur. » Et sanata est mater ejus ex
illa hora. Postmodum cum patrimonium pauperibus erogasset, eam sponsus coram Paschasio consule accusavit, cui, cum eam ad dæmoniorum sacrificium invitaret, Evangelii et Apostoli sermonibus erudita, constanter in faciem restitit. Ideoque B
recte in diurno officio cantatur : *Dilexisti justitiam* [14],
Et Diffusa est gratia [15]. Unde Paschasius eam leno-
nibus violandam, et igni cremandam exposuit. At
leno vincitur et ignis exstinguitur. Demum virgo
Lucia gladio per viscera transforatur et moritur.
Ex hac legenda hodierna compilatur historia.

CAPUT IV.

DE SANCTO THOMA.

Beati Thomæ legenda, et si quid ex ea sumptum
in responsoriis, vel antiphonis reperitur, inter apocrypha deputatur.

CAPUT V.

DE FESTIS A NATIVITATE DOMINI USQUE AD SEPTUA-
GESIMAM.

De festis a Nativitate Domini usque ad Septuagesimam hæc regula est observanda, quod in festo
Sancti Stephani, et cæteris, aut quæ occurrant,
aut quæ occurrere possunt, tam matutinæ, quam
cæteræ horæ de festo cantentur, exceptis vesperis
ad Nativitatem Domini pertinentibus. Quibus de
Nativitate cantatis, cantetur antiphona, cum versiculo, et collecta, quando cum antiphona adjiciunt
Magnificat.

CAPUT VI.

DE SANCTO STEPHANO.

Beati Stephani passio perpetrata creditur in Augusto. Ea, inquam, die, qua ejus celebratur inventio. Et inventio facta est in die hodierno. Sed
quia festum passionis dignius est festo inventionis,
ideo transportatur ad tempus Dominicæ Nativitatis.
Vel eo quod hac die dedicata sit ejus basilica ; vel
quia Stephanus est protomartyr : qui primus post
Domini Ascensionem, eodem scilicet anno Passionis Domini, martyrium pro Christo sustinuit, quod
est nasci in cœlis. Cujusmodi natalem nobis Christi
Nativitas contulit. Decuit ergo Natalem Stephani

Natali Domini continuari, ut notaretur alteram ex
altera sequi. Unde legitur : *Heri natus est Christus
in terris ut hodie Stephanus nasceretur in cœlis*, ex
quo verbo colligitur quod obitus sanctorum, na-
tales, aut natalitia nominentur, eo quod tunc in
angelica societate nascantur. Cujus historiam composuit Alcuinus Caroli capellanus : nocturnales antiphonas de psalmis, quibus attitulantur, accepit ;
cætera de Actibus apostolorum [16] evidentius assumuntur, ex eo loco : *Stephanus plenus gratia*, etc.
Frequentatur autem alleluia in versiculis, vel propter solemnitatem Dominicæ Nativitatis, vel propter gaudium de consortio Stephani, et angelicæ
concionis. In hac die legitur evangelium [16] de oc-
cisione prophetarum, in quo dicitur : *A sanguine
Abel justi ; sicut* enim ille fuit protomartyr in Veteri Testamento, sic iste in Novo ; vel quia ibi dicitur : *Lapidas eos qui ad te missi sunt.* Stephanus
autem legitur [17] lapidatus. Vel quia ibi dicitur :
Benedictus qui venit in nomine Domini, quod congruit proximæ Nativitati. Hujus festum, qui fuit
eximius diaconorum, debent celebrare diaconi,
dummodo non usurpent officium presbyteri, sicut
alicubi desipiunt, super lectiones dando benedictiones.

CAPUT VII.

DE BEATO JOANNE EVANGELISTA.

Beati Joannis evangelistæ Natalis, vel Transitus
non contigit hodie. Sed cum esset nonaginta novem
annorum, in quadragesimo quarto anno post pas-
sessionem Domini, hujus mundi viam deseruit in
nativitate Beati Joannis Baptistæ. Unde quia festum
illius majus est, quo inter natos mulierum major
non exstiterit [18], in cujus nativitate angelus gaudere
prædixit [19], idcirco festum hujus ad eam diem
transfertur in qua Ephesi legitur infulatus. Quod
et ea decuit ratione, ut Sponsus, qui est rubicundus
et candidus [20] duos haberet comites : Stephanum
martyrio rubicundum, et Joannem virginitate can-
didum. Hic supra pectus Domini in cœna recubuit [21],
cui Christus Virginem virgini commendavit [22]. Hic
testimonium Christo perhibuit [23]. Apocalypsim
composuit. Hic exsilio est relegatus, et olei dolio
missus. Tandem senium in pace finivit. Ideoque
dixit Dominus : « Sic eum volo manere, quid ad
te ? » Aiunt quidam quod, cum post celebratam
missam descendisset in tumulum, evanuit ab oculis
circumstantium. Et cum terra scaturiat ex fundo,
addunt eum sub terra vivere et terram ejus ambelitu
scaturire. Alii, in cœlum translatum esse. Igitur
partim ex Evangelio , partim ex ejus tribulatione
hodierna complicatur historia. In cujus ultimo responsorio, scilicet *In medio Ecclesiæ*, quod sumitur
de libro Sapientiæ [24], in quo agitur de spiritu intellectus, neuma jubilatur, quia per spiritum intellectus fuit de ineffabili verbo Dei locutus. Qui

[14] Psal. 44.   [15] Ibid.   [16] Act. 6 et 7.   [16] Matth. 23   [17] Act. 7.   [18] Matth. 11.   [19] Luc. 1.   [20] Cant. 5.
[21] Joan. 13.   [22] Joan. 19.   [23] Joan. 21.   [24] Ibid.   [25] Eccli. 15.

quoniam accepto lumine Deo sacrificium obtulit
virginitatis, ideo missa cantatur in exordio lucis;
quæ autem in utraque missa cantantur et leguntur,
manifeste ad ipsum pertinere videntur, et quia presbyter fuit et episcopus, hujus festum presbyteri
maxime celebrent et episcopi.

CAPUT VIII.
SANCTORUM INNOCENTIUM.

Innocentium passio non protinus secuta est in
die quarto, sed anno revoluto. Nam in primo anno
Herodes magos exspectavit, et accusatus Romam
ivit. Qui rediens et videns quod illusus esset a magis, in die quarto secundi anni pueros interfecit a
bimatu et infra [80]. *Bimatus* Græce, Latine dicitur
annus vel *biennium*. Timuit enim ne puer cui sidera
famulantur, supra vel infra ætatem sibi speciem
transformaret. Tunc impletum est illud Jeremiæ [87]:
« Vox in Rama, id est in excelsis, audita est. Rachel plorans filios suos, » mulieres videlicet Bethlehem, juxta quam sepulta est Rachel [88]. « Noluit consolari, » id est inconsolabiliter doluit, de eo quod
non sunt, id est esse desierunt. Hodiernæ historiæ
de psalmis nocturnales sumuntur antiphonæ;
cætera de Evangelio, vel Apocalypsi [89] liquido coll.-
guntur. Quod autem dicuntur centum quadraginta
quatuor millia, finitum ponit; quia Deus omnes
sub certo numero comprehendit. Sed et numerus
mysterium continet Trinitatis perfectæ per quatuor
mundi climata divulgatæ. Nam ternarius ductus per
quaternarium facit duodecim. Et rursus duodecim
per quaternarium quadraginta octo. Et quadraginta
octo per quaternarium, centum quadraginta quatuor. Quod etiam dicitur: « Vidi sub altare Dei
animas interfectorum [90], » sic est accipiendum,
quod Joannes vidit animas occisorum sub altare,
id est humilitas capiti suo, vel in abscondso,
quia nemo percipit hic, quomodo ibi sint. Hac die
subtrahuntur vestes festivæ, ut dalmatica et subti-
tile, et subticentur cantica lætitiæ, ut *Te Deum laudamus, Gloria, Alleluia* in missa, et *Ite missa est*,
eo quod ad inferos descenderunt. Vel quia in his
parvulis intelliguntur pusilli Ecclesiæ, qui mortem
p. r hæreticos patiuntur: est enim Herodes, hæreticus versipellis; vel propter maternam tristitiam
repræsentandam: et hæc quidem observanda sunt,
nisi festum advenerit in Dominica die. Tunc enim
nullum canticum prætermittitur, propter gaudium
futuræ glorificationis. Dicimus tamen, *Gloria Patri,*
et in nocturno frequentamus etiam *Alleluia*; quia,
licet ad inferna descenderint, tamen per resurrectionem Christi assumptis in gaudio non hæsitamus,
unde quidam pro *alleluia* in missa cantant, *Laus
sibi*. Alii cantemus *Eia*. Quæ cantantur et leguntur
in missa quam manifeste ad innocentes pertineant,
expositione non indigent. Festum Innocentum pueri
celebrent innocentes, dummodo indebitum non
usurpent officium.

CAPUT IX.
FELICIS IN PINCIS.

Felicis in Pincis a loco titulus assumitur. Pincis
enim locus est juxta urbem, ubi corpus confessoris
feliciter honoratur, cujus anima in cœlo felicius coronatur.

CAPUT X.
MARII MARTHÆ, AUDIFAX, ET HABACUM.

Beatorum martyrum Marii, Marthæ, Audifax et
Habacum passionem Romani scripsere presbyteri,
quod cum ad jussum Claudii, Marii manus inci-
derentur, et filiorum Audifax et Habacum, Martha
sanguinem mariti et filiorum colligebat, et inde
faciem suam liniebat. Demum pater et filii sunt
decollati, et postmodum semiusti, et Martha submersa puteo obdormivit in Domino. Ex his in ho
dierno festo antiphonæ colliguntur.

CAPUT XI.
SANCTORUM FABIANI ET SEBASTIANI.

Beatorum martyrum Fabiani, et Sebastiani festivitas sub duplici collecta commemoratur, in
missa et utraque una per Dominum terminatur,
Nocturnale officium, quod duntaxat ad sanctum
pertinet Sebastianum, ex ejus vita et passione constat procul dubio derivatum. Qui licet imperatoribus fuisset acceptus, eorum tamen jussu fuit sa-
gittatus, et donec deficeret fustigatus. Cujus corpus in cloacam prius ejectum, post a quadam
matrona juxta apostolorum fuit vestigia colloca-
tum.

CAPUT XII.
SANCTÆ AGNETIS.

Beatæ Agnetis passionem sanctus scripsit Ambrosius, dicens quod ignibus fuit injecta. Quibus
per orationem exstinctis, vitam gladio percussa
finivit: ex qua passione cantualem constat historiam mutuatam. Quam quia præfecti filius adama-
vit, recte in ejus festo cantatur introitus: *Me exspectaverunt peccatores* [91]. Illud autem notabile
non est infructuoso silentio tegi quod hæc festu
vitas non habet octavam. Unde nec scribendum est,
octavo Agnetis, sed secundo Agnetis, ut non intelligatur octava, sed solemnitas repetita, propter
miraculum, quod ea die contigit, dum parentibus
apparuit dicens: « Nolite lugere me mortuam, sed
congratulamini mihi, quia cum his virginibus
sedes accepi; » et celebratur officium, sicut in principali festo.

CAPUT XIII.
DE FESTIS A SEPTUAGESIMA USQUE AD PASCHA.

De festis a Septuagesima usque ad Resurrectionis diem hæc est, secundum quosdam, regula observanda, quod in festo Purificationis, et Cathedræ
Sancti Petri, et Sancti Matthiæ, et Annuntiationis,
et Dedicationis, et patroni specialis, et in annotino
Pascha, laudis cantica, ut *Te Deum, Gloria in excelsis* et *Ite missa est* non supprimantur, sed omnia

[80] Matth. 2.   [87] Cap. 31.   [88] Gen. 35.   [89] Cap. 14.   [90] Apoc. 6.   [91] Psal. 118.

ut in aliis temporibus, præter *Alleluia*, cantentur. Et una missa de festo, altera de jejunio in Quadragesima celebretur, sicut in jejunio, id est cum litaniis, et genuflexionibus.

CAPUT XIV.
DE SANCTO BLASIO.

Beatus Blasius medicus, non solum homines, sed etiam animalia ægrota sanabat. Cum tandem episcopus factus fuerit incarceratus, quædam mulier ei cibum cum candela ferebat, qui dixit mulieri quod, singulis annis, in die obitus sui, ad ejus memoriam, candelam offerret, et Deus eam ab infirmitatibus et adversitatibus liberaret, et quod ipsa in bonis temporalibus abundaret. Quod et factum est. Ex his igitur inolevit consuetudo, ut pro variis infirmitatibus hominum et jumentorum ad ipsum vota plurima dirigantur, et ad ejus honorem cum candelis vota solvantur.

CAPUT XV.
DE SANCTA AGATHA.

Beatæ Agathæ passio cantualem nobis præbet historiam, quæ post alapas, equuleum et tortiones, post mamillarum abscissionem et curationem, et in carbonibus volutationem, tandem est in carcere consummata. Ad cujus caput in tumulo posita est tabula visibiliter per angeli ministerium, in qua erat scriptum : *Mentem sanctam, spontaneam, honorem Deo, et patriæ liberationem;* ideoque inolevit consuetudo circa vicos cum tabula ejus imaginem continente processionem fieri.

CAPUT XVI.
IN CATHEDRA SANCTI PETRI.

Beati Petri Cathedram celebramus, eo quod in eodem Antiochena fuit locatus episcopus. Unde, licet forte : *Gloria in excelsis*, et *Ite missa est*, secundum quosdam subticeantur, tamen, *Te Deum laudamus* omittere non debemus; quia in electione pontificum cantare consuevimus. In nocturnali ergo officio, historiam beati Petri propriam cantamus. In diurno vero cum episcopali solemnizamus officio, scilicet *Statuit* [14] : hujus sedem recolimus, ut per cum sedem in cœlo nobis paremus. Quinto decimo vero Kalendas Februarii primum Romanæ sedi sedisse in *Martyrologio* legitur.

CAPUT XVII.
DE SANCTO MATTHIA.

Beatus Matthias sorte ad apostolatum electus [15], sicut meruit apostolorum consortium, ita quoque similis solemnitatis officium. Ilic fuit unus de septuaginta discipulis, qui pro Juda Iscarioth sorte ab apostolis fuit electus. Ideoque Matthias interpretatur *donatus*.

CAPUT XVIII.
IN ANNUNTIATIONE VIRGINIS.

De Annuntiatione Domini ita consuevit opponi, scilicet quod *Gloria in excelsis*, quod est canticum Nativitatis, et *Ite missa est*, quod est Resurrectionis.

et *Te Deum laudamus*, quod est drachmæ repertæ [16], in ea cantari non debeant, eo quod nondum ea Dominus in rebus humanis fuerat prosecutus; sed qui solemnizare contendunt, respondent hoc festum esse festorum Christi fontem et principium : et licet nondum in re, vel in tempore prædicta contigerant, tamen in spe ipsorum prodigia præcedebant. Si hoc festum fuerit in Dominica passionis, vel olivarum, ad secundam feriam transmutabitur; hoc enim generale est in privilegiatis Dominicis. Si autem hoc festum in triduo ante Pascha occurrerit, in Sabbato ante palmas anticipabitur; quidam vero transferunt ad octavam. Similiter si fuerit in die Paschæ, non incongrue poterit infra hebdomadam celebrari, in quo historia de Adventu compilata cantatur.

CAPUT XIX.
DE FESTIS A RESURRECTIONE USQUE AD OCTAVAM PENTECOSTES.

De festis a Resurrectione usque ad octavam Pentecostes, hæc regula generaliter est observanda, quod in omnibus sanctorum festis cantetur historia : *Beatus vir* [16]. Hæc in apostolis, martyribus, confessoribus, virginibus; hæc in uno et in pluribus frequentatur : unus enim iste *Beatus* Christus est, secundum regulam Ticonii, caput et membra. Hic est enim martyr, de quo dicitur in antiphona : *Filiæ* [16], quem, scilicet caput, coronavit Dominus stola immortalitatis, in hoc tempore solemnitatis et lætitiæ [17], scilicet membra, postea coronabit, et in illo tempore, quod istud significat, quod erit æternitatis et gloriæ. Hic est qui loquitur in officio nunc temporis frequentando; frequentamus autem in hoc tempore in festivitatibus sanctorum identitatem officiorum, eo quod in suo significativo idem erit denarius omnium [18] : et quia tunc glorificati erimus unum cum Christo nunc temporis glorificato. Item alia regula, scilicet quod in festo trium lectionum unum solummodo *alleluia*, in festo novem duo cantentur, unum de resurrectione, quod non repetitur, et alterum de festo. Sed quæritur quare non celebretur festum illorum, qui cum Christo resurrexisse creduntur, et cœlos ascendisse ? Unde in Evangelio : « Multa corpora sanctorum qui dormierant surrexerunt cum Christo [19]. » Solutio : De ipsorum morte non est solemnizandum, quia ad inferos descenderunt, de glorificatione siquidem solemnizare debemus. Sed propter auctoritatem majoris hoc non valemus, sed eorum festa per alia tempora distribuimus, scilicet cum ipsorum ecclesias dedicamus. Inde est quod alicubi terrarum inolevit non reproba consuetudo ad memoriam sanctorum Veteris Testamenti ecclesias ædificare et consecrare, ut Abraham, Isaac et Jacob, David et Danielis, et aliorum.

---

[14] Eccli. 45. [15] Act. 1. [16] Luc. 15. [16] Psal. 111. [16] Cant. 3. [17] Psal. 8. [18] Matth. 20. [19] Matth. 27.

CAPUT XX.
DE SANCTO MARCO.

In festo Sancti Marci observantur litaniæ majores ad sanctum Petrum, de quibus diximus.

CAPUT XXI.
SANCTORUM PHILIPPI ET JACOBI.

In Kalendis Maii celebratur passio Philippi et Jacobi Minoris. Qui minor dictus est, non ætate, sed vocatione : quod hodie in fratrum susceptione consuetudo servat Ecclesiæ. Iste Jacobus dictus est frater Domini [10], quia ei assimilabatur in facie. Vel quia erant consanguinei germani. Judæi ex more fratres eos vocabant, qui ex utraque parte sanguinis se contingebant. Dominus Jesus et Jacobus filii fuerunt duarum sororum, quæ nupserant duobus fratribus, Joseph et Alphæo ; Jesus putabatur filius Joseph, Jacobus Alphæi filius fuit [11]. Iste Jacobus fuit episcopus Hierosolymitanus, qui, post Pascha Domini, prior missam in Hierusalem celebravit. Qui cum prædicaret nomen Christi, perticis fullonum præcipitatus est a Judæis de pinnaculo templi. Antiphonæ, quæ eis appropriantur, de verbis Evangelii assumuntur. Et attende quod in primitiva Ecclesia celebrabantur in hac die non solum festa horum, sed etiam omnium apostolorum. Sic enim in plenariis invenitur antiquis. Cum enim apostoli particulares non habent solemnitates, statutum fuit ut in die passionis istorum celebraretur omnium solemnitas apostolorum, eo quod hoc tempus maxime consonat gaudiis singulorum. Significat enim octavam ubi Deus erit omnia in omnibus [12], et bonum unius erit gaudium omnium.

CAPUT XXII.
DE SANCTA CRUCE.

Constantinus imperator in signo crucis multitudinem barbarorum devicit. Cujus mater Helena lignum crucis in Calvaria per quemdam Judam invenit. Cujus inventionis diem Hierosolymitana duntaxat prius celebravit Ecclesia. Sed postmodum Eusebius papa illum ubique celebrari præcepit. Hoc eodem die festivitas est Alexandri, Eventii et Theoduli martyrum. Et ideo in matutinis commiscetur officium. Hic Judas, olim Judæus, conversus ad fidem, factus est episcopus Hierosolymitanus. Et vocatus mutato nomine Cyriacus, quem Julianus Apostata interfecit. [Hic Julianus a pueritia magus, dum ad ejus invocationes multitudo dæmonum concurrisset, fecit signum crucis, et omnes evanuere. Hic Julianus cum esset monachus tres ollas auri cuidam abstulit mulieri, quæ illi religionis simulatori aurum celans sub cinere commendavit, quod ille furatus, cinerem solummodo reddidit. Cum quo Romam fugiens prius consulatum, et postmodum acquisivit imperium. Hic ergo, cum vellet per artem magicam imperare, ut dæmones propitios ad obsequendum haberet, memor quod in

A signo crucis quasi odio penitus evanuerant, Judam crucis inventorem mutato nomine Cyriacum episcopum interfecit. Sed hunc Cyriacum alius Cyriacus vindicavit. Nam cum Julianus destructionem cuidam monasterio minaretur, et fratres pertimescerent, visum est abbati quadam nocte, quod beata Virgo monasterium introiret et cuidam militi nomine Cyriaco a septem diebus sepulto præciperet, ut eam de Juliano vindicaret. Hic itaque arreptis armis templo affixis, equum adhuc in stabulo existentem ascendit, et ad inimicos se transtulit Juliani. Sequenti vero die abbas visionem monachis revelavit, qui omnia diligentius inquirentes, nec militem in sepulcro, nec arma in templo, nec equum invenere in stabulo. Tertia die confligente Juliano cum hostibus, a prædicto mortuo est interfectus. Qui sequente nocte, jubente abbate, ad tumulum rediit et equum, et arma in suis reposuit locis. Sepultus itaque est Julianus Constantinopoli, de cujus tumba fetor intolerabilis evaporat.]

CAPUT XXIII
DE SANCTO JOANNE ANTE PORTAM LATINAM.

Festum Joannis ante portam Latinam, festum est Beati Joannis Evangelistæ, quem Domitianus in ferventis olei dolio posuit ante portam Latinam : sic enim olim vocabatur. Sed beatus Joannes nullam in eo sustinuit læsionem, ipsum divina gratia protegente. Tamen quoad se martyr exstitit, et illud Evangelium adimplevit : « Calicem meum bibetis [13]. » Ideoque statuit Ecclesia ejus constantiam recolere, et hoc voluntatis martyrium celebrare, ac si martyrium pertulisset in re. Post hæc Domitianus illum in Pathmos insulam relegavit, ubi Apocalypsim vidit.

CAPUT XXIV
FESTUM SANCTÆ MARIÆ AD MARTYRES.

Festum Sanctæ Mariæ ad Martyres dedicatio est ecclesiæ Sanctæ Mariæ, ad honorem ipsius, et omnium martyrum. Cum enim singula Romanorum idola non potuissent habere singularia templa, Romani quidem commune templum ædificavere, quod Pantheon nominavere. Quod abjectis idolis Bonifacius ad honorem Beatæ Virginis, et omnium martyrum dedicavit. Nondum, enim fiebat festiva commemoratio confessorum. Statuit igitur hac die, scilicet in Idus Mai festum martyrum celebrari, sicut festum Apostolorum in Kalendis. Sed utrumque festum, scilicet, Apostolorum et Martyrum commemorationem, Gregorius septimus transtulit ad diem Kalendarum Novembrium.

CAPUT XXV.
DE SANCTO MICHAELE.

Festum victoriæ Sancti Michaelis inde sumit originem quod, cum barbari depopularentur Apuliam, Christiani, jejunio triduano indicto, sancti Michaelis auxilium imploravere : per cujus patrocinium hostes terga dedere, et Christiani victoriam obtinuere.

---

[10] Gal. 1.   [11] Luc. 3.   [12] I Cor. 15.   [13] Matth. 20.

Quocirca statutum est, ut ad honorem sancti Michaelis, commemoratio hujus victoriæ celebraretur singulis annis in viii Idus Maii.

CAPUT XXVI.

DE FESTIS QUÆ SUNT AB OCTAVA PENTECOSTES USQUE AD ADVENTUM DOMINI.

De festis quæ sunt ab octava Pentecostes usque ad Adventum Domini, hæc est regula observanda, quod prævidendum est, si Dominicæ deficiant, vel usque ad Adventum abundent. Si enim deficerent, festa, quæ in eis occurrerent, ad secundas ferias, transferantur; alioquin in ipsis, exceptis privilegiatis, licite celebrentur.

CAPUT XXVII.

SANCTORUM MARCELLINI ET PETRI.

Passio Marcellini et Petri nobis præbet de ipsis cantuales antiphonas; Petrus enim exorcista in carcere positus, Arthemii et Candidæ filiam dæmoniacam liberavit. Quos Marcellinus presbyter ejus socius baptizavit.

CAPUT XXVIII.

SANCTORUM GERVASII ET PROTASII.

In festo beatorum Gervasii et Protasii cantatur introitus: *Loquetur Dominus pacem in plebem suam* [1]. Eo quod illa die pax inter Romanos et Longobardos facta fuerit. Officia namque sanctorum partim conveniunt ipsis sanctis, partim his eventibus, qui in ipsorum evenere diebus.

CAPUT XXIX.

DE SANCTO JOANNE BAPTISTA.

Nativitas Beati Joannis Baptistæ habet vigiliam, et solemnitatem, non autem octavam. Mos fuit olim ut in festivitatibus sanctorum venirent homines cum uxoribus et filiabus ad ecclesiam, et ibi cum luminaribus pernoctarent. Quod adhuc in quibusdam locis secundum antiquam consuetudinem servatur. Sed quia frequenter contingebat in his vigiliis virgines corrumpi, et ad maleficia majorem opportunitatem haberi, propterea, sicut præidimus, institutum est, ut vigiliæ in jejunia converterentur. Nomen tamen antiquum in omnibus perseverat; vocantur enim vigiliæ, et non jejunia. Hæc tamen Nativitatis solemnitas utrumque ob sui reverentiam continet, scilicet jejunium et pernoctat onem. Sed cum beatus Joannes sit in peccato conceptus, cur ejus nativitas celebratur? Respondeo: Duplex est nativitas, prima in utero, secunda ex utero; prima conceptionis, secunda parturitionis. Conceptus est quidem in peccato, sed sanctificatus in utero. Juxta illud: « Antequam exires de vulva sanctificavi te [2]. » Quod licet Jeremiæ dicatur, tamen de utroque accipitur. Et ideo hæc ejus nativitas celebratur. Sed quomodo erat sanctificatus qui dixit: « Ego a te debeo baptizari [3], » id est a peccato mundari? Respondeo: Hoc in persona dixit Ecclesiæ: celebratur igitur hæc nativitas propter historiam et propter allegoriam. Propter

historiam quoniam angelus eam prædixit, et addidit: Multi in nativitate ejus gaudebunt [4]. » Huc accedit quod sterilis peperit, senex genuit, mater prophetavit, pater obmutuit, denique benedixit. Propter allegoriam; quia præfiguravit ortum gloriæ, præcessit præco Judicem, in annuntiatione, in nativitate, in prædicatione, in morte, in descensu ad inferos. Officium ergo hujus solemnitatis partim est de Veteri Testamento, partim de Novo; quia Joannes fuit finis Veteris, et initium Novi Testamenti. Fuit lapis angularis inter Vetus et Novum Testamentum. Unde una missa cantatur in aurora; quia ipse fuit finis noctis. Nam « Lex et prophetæ usque ad Joannem [5], » et initium diei. Ejus namque nativitas fuit aurora nativitatis Christi, quasi ortus solis, vel in exordio lucis sacrificium offertur, quoniam ab incepto lumine obtulit sacrificium abstinentiæ. Alia cantatur in die, secundum aliarum solemnitatum consuetudinem. Et attende quod in hoc festo non est *alleluia* frequentandum, quamvis in aliis frequentetur aliquando, vel quia Joannes figurat legem, vel quia ejus nativitas fuit ante Domini resurrectionem. Quidam tamen faciunt officium absque *alleluia*, in initio noctis, propter figuram legis, et post iterant officium cum *alleluia* in medio noctis, terminantes illud in principio lucis propter memoriam Dominicæ resurrectionis, et nostræ futuræ glorificationis.

CAPUT XXX.

SANCTORUM JOANNIS ET PAULI.

Joannis et Pauli passio a quodam fuit Terrentiano descripta. Hi duo fuere discipuli familiares, vel potius eunuchi Constantiæ, filiæ Constantini et Helenæ. Qui Gallicanum sponsum Constantiæ converterunt. Demum sub Juliano imperatore a Terrentiano decollati, quem postea delicti pœnituit, et ad fidem Christianorum accessit. Ex hac legenda compilantur cantuales antiphonæ.

CAPUT XXXI.

APOSTOLORUM PETRI ET PAULI.

Apostolorum Petri et Pauli passio fuit eodem die, et sub eodem, scilicet Nerone principe, perpetrata, licet quidam aliter sentiant. Sed quamvis eos principis et diei conjungat identitas, tamen ob Romanam civilitatem pœnarum intercessit diversitas; quia Petrus crucifixus est, et Paulus decollatus. Quæ pœna videbatur minus dedecoris continere: ipse enim « civis Romanus, » sicut legitur in Actibus apostolorum [6]. Quorum corpora conjunxit eadem sepultura. Sed demum, Christiana religione crescente, cum utrique Apostolo Christiani propriam ædificassent ecclesiam, ut vellent eorum corpora separare, dubitarent autem quæ cujus essent ossa, orantibus illis, responsum est majora fore prædicatoris, minora piscatoris, et sic ab invicem separata in propriis sunt ecclesiis collocata. Alii dicunt quod Sylvester papa volens ecclesias consecrare,

[1] Psal. 84.   [2] Jer. 1.   [3] Matth. 3.   [4] Luc. 1.   [5] Luc. 16.   [6] Cap. 22.

tam magna quam parva ossa in lance, summa cum A
reverentia ponderavit. Et medietatem in una ecclesia medietatem in alia collocavit. Cum ergo eodem
die sit passio perpetrata, eodem esset eorum solemnitas celebranda. Sed beatus Gregorius instituit ut, eo die, celebraretur specialius solemnitas
Petri ; in sequenti, commemoratio Pauli : tum quia
eo die fuit dedicata ecclesia Petri : tum quia major
est dignitate : tum quia prior conversione, et secundum quosdam passione : tum quia primatum tenuit
Romæ. Quod autem invenitur alicubi Paulum esse
majorem, alibi vero esse æqualem, sic intelligitur :
major est prædicatione, minor dignitate, æqualis
vitæ sanctitate. Hoc festum habet vigiliam, solemnitatem et octavam ; vigiliam ut ei compatiamur,
cum quo regnare quærimus ⁶⁰ ; solemnitatem, ut de B
ipsorum prima stola lætemur ; octavam, ut de secunda futura procul dubio gratulemur. Considerantes enim jam sanctis adesse principium felicitatis, finemque, id est consummationem extendi usque
in octavam resurrectionis, jure usque in octavam
diem producimus diem solemnitatis. In solemnitate
itaque Petri cantatur historia, partim ex Evangelio,
partim ex Actibus apostolorum, partim ex ipsius
passione, vel miraculis compilata. In commemo-
ratione vero sancti Pauli cantatur historia præsertim ex verbis ipsius collecta, cujus antiphonæ versibus insigniuntur : quia plus cæteris in prædicatione laborasse creditur ⁶¹. Infra octavam non singularia, sed utriusque communia cantantur officia, C
ut : Ecce mitto vos ⁶².

CAPUT XXXII.
DE FESTO DIVISIONIS PETRI, ET PAULI.

De festo divisionis apostolorum diversi diversa
sentire videntur. Quidam enim dicunt quod sit
de illa divisione, quæ facta est in Hierusalem post
duodecim annos, quando separati sunt ad prædicandum gentibus. Alii, de prædicta ossium divisione
Petri et Pauli, quæ facta fuit in Nonis, aut VIII
Idus Julii, in quo festo, illa sequentia magna cantatur : Cœli enarrant ⁶³. Et illud evangelium legitur ⁶⁴ : Recumbentibus. Quod est Evangelium Ascensionis. Quidam in fine incipiunt : Dominus quidem
Jesus postquam locutus est, etc. ⁶⁵.

CAPUT XXXIII.
SEPTEM FRATRUM.

Septem fratrum filiorum sanctæ Felicitatis, qui
per varia supplicia nacti sunt regnum æternæ felicitatis.

CAPUT XXXIV.
DE TRANSLATIONE SANCTI BENEDICTI.

De Translatione Sancti Benedicti. Devastato enim
ejus, sicut prædixerat, a gentibus monasterio, translatum est corpus ejus in Gallias, et ibi condigne
sepultum.

CAPUT XXXV.
DE SANCTO JACOBO MAJORE.

Beatus Jacobus Major, frater Joannis Evangelistæ,
filius Zebedæi ⁶⁶, missus est ad prædicandum Hispanis ; sed eis verbum audire nolentibus, Hierosolymam rediit, et quos converterat, errantes invenit,
propter Hermogenem et Philetum arte magica miracula facientes. Quos apostolus aggrediens ad fidem convertit. Hunc Herodes gladio decollavit ⁶⁷.
Cujus corpus Hermogenes , et Philetus et alii tres
discipuli in navi posuerunt. Et intrantes mare sine
remige sepulturæ locum divina Providentia tribuerunt. Et tandem in Hispania in regno Lupæ
applicuerunt. Erat enim regina sic vocata nomine
et merito vitæ. Cui dixere discipuli : « Dominus
Jesus Christus misit corpus discipuli sui ad vos, ut
saltem suscipiatis mortuum, quem noluistis suscipere vivum. » Quos cum Lupa carnifici commen-
dasset, et ipse eos in carcerem misisset, carcerem
exierunt, et demum carnificem, et ejus civitatem
ad fidem converterunt. Quod audiens Lupa doluit,
et boves indomitos ad deferendum corpus apostoli
fraudulenter exhibuit, qui signo crucis impresso
mansueti effecti sunt. Posuerunt ergo discipuli
corpus super lapidem vivum, cui lapis cessit, et
sarcophagum ipsa depositio sine opere humano
corpori coaptavit. Hunc ergo lapidem cum corpore,
usque in medium palatium Lupæ, sine alicujus regimine portaverunt. Unde stupefacta regina ad fidem est conversa ; et de ejus palatio ecclesia est
dedicata. Festum igitur Beati Jacobi, quod est VIII
Kalendas Augusti, festum hujus dedicationis est, non
ejus passionis, cum passus fuerit circa Pascha, ut
in illa continetur epistola : Misit Herodes ⁶⁸. Hoc
itaque festum non habet vigiliam , vel jejunium.

De Jacobis binis non ambigat amodo quivis.
Hic satus Alphæo fuit, alter et a Zebedæo,
Quem prius audisti, fratrem memor assere, Christi,
Jerusalem primum legimus quem sede potitum
Vulgo solemnis Maii solet esse Kalendis.
Major, id est iste, frater fuit Apocalistæ,
Qui sibi natalem Julii colit a pede septem.

CAPUT XXXVI.
SANCTI PETRI AD VINCULA.

Festum Sancti Petri ad Vincula fuit taliter institutum : Theosebia, uxor Theodosii imperatoris, Hierosolymam proficiscens, vidit in Alexandria festum
celebrari in Kalendis Augusti de triumpho habito
de Cleopatra, et Marco Antonio. Unde vehementer
doluit quod damnato et gentili tantus honor exhiberetur : perveniens Hierosolymam, catenas, quibus
Petrus sub Herode fuerat alligatus, acquisivit, Romam rediens eas apostolico præsentavit, qui alias
catenas, quibus sub Nerone fuerat alligatus, appor-
tari præcipit, quæ se tangentes usque adeo sunt
miraculose conjunctæ, ac si semper fuissent eadem.

---

⁶⁰ Rom. 8 ; II Tim. 2. ⁶¹ I Cor. 15. ⁶² Matth. 10. ⁶³ Psal. 18. ⁶⁴ Marc. 16. ⁶⁵ Ibid. ⁶⁶ Matth.
4. ⁶⁷ Act. 12. ⁶⁸ Ibid.

Theodosius igitur, ad honorem Beati Petri eccle- A
siam ædificavit, ibique catenas imposuit, quæ dedicata est in Kalendis Augusti, ubi solemnitas Piscatoris offuscaret solemnitatem imperatoris, et catena
Petri exstingueret torquem Augusti.

CAPUT XXXVII.¹
DE INVENTIONE SANCTI STEPHANI.

Inventionem Sancti Stephani diximus esse factam
eo die, quo ejus passio celebratur, et e converso,
sed facta est transmutatio prædictis causis. Illud
autem sciendum est, quod in ejus inventione multa
fecit miracula Deus. Unde in hoc die in quo celebratur inventio, sermo de miraculis est populo
proponendus. Historiam vero cantare consuevimus, excepto responsorio : *Hesterna die Dominus.*

CAPUT XXXVIII.
DE TRANSFIGURATIONE DOMINI.

Transfigurationem Domini celebramus in die
Sancti Sixti, non quod ea die fuerit facta, sed ab
apostolis manifestata.Transfiguravit enim se Dominus circa principium veris, ubi discipulis, qui
viderant, præcipit ne cui dicerent, donec resurgeret
a mortuis ⁶⁰. Illi ergo usque ad hunc diem eam
penitus celavere, quia ergo hæc transfiguratio ad
illum pertinet statum, quem, post resurrectionem
fideles sunt habituri. Idcirco hac die sanguis de
novo vino conficitur, si valeat inveniri, ut significatur quod in Evangelio dicitur : « Amodo non bibam C
de hoc genimine vitis, donec bibam illum novum
in regno Patris mei ⁷⁰. [Quod si nequiverit inveniri,
saltem parum de matura uva in calicem com-
primatur, aut racemi benedicantur, ex quibus homines communicentur.

CAPUT XXXIX.
DE SANCTO LAURENTIO.

Laurentium et Vincentium cognatos beatus Sixtus
Romam de Hispania duxit. Vincentius in Hispaniam
rediit, ibique martyrio vitam finivit. Laurentius
Romæ remansit, ubi gravissima tormenta sustinuit
sicut in ejus legenda continetur, ex qua cantualis
historia compilatur. Habet autem sanctus Laurentius duo privilegia : solus enim inter martyres habuit vigiliam,quam superius jejunium appellavimus. D
Secundum est in octava : ipse namque duntaxat, et
sanctus Stephanus habent octavam inter martyres,
sicut Martinus inter confessores. Tertium est privilegium in regressibus antiphonarum, sicut de ₑ
Beato Paulo prædiximus ; sed Paulus habet regressus propter excellentiam prædicationis, iste vero
propter excellentiam passionis. Licet enim aliqui
sancti vel majora, vel æque gravia sustinuere tormenta, non tamen ea tam generaliter, et sic authentica tenet Ecclesia : tum propter loci dignitatem, passus namque fuit Romæ : tum propter
ipsius auctoritatem. Sicut Laurentius Sixtum,
sic Hyppolitus secutus est Laurentium, de quo-

⁶⁰ Matth. 17.   ⁷⁰ Matth. 26.   ⁷¹ II Cor. 11.   ⁷²
Cant. 2.

rum passionibus jubilat Ecclesia in antiphonis.

CAPUT XL.
DE ASSUMPTIONE SANCTÆ MARIÆ.

Transitus beatæ Virginis antonomastice Assumptio nominatur, quæ prius est assumpta in anima,
et postmodum sicut pie creditur, assumpta in corpore. Elizabeth mulier religiosa de Saxonia dicit
sibi revelatum fuisse quod quadraginta diebus
post assumptionem animæ, assumpta fuit in corpore.
Et attende quod quinque sunt festivitates authenticæ
de beata Virgine : prima est Nativitas, secunda est
Annuntiatio, tertia Partus, quarta Purificatio, quinta
est Assumptio. Verumtamen secunda et tertia potius
sunt Domini ; inter alias, quæ ad Virginem specialiter pertinent hæc major est ; regulariter enim ve- B
rum est de quolibet sancto quod majus est festum
transitus, quam aliud de eo ; quia de miseria transit
ad vitam, nisi in casu, ut in Joanne Baptista. Ideoque duntaxat hæc Virginis festivitas habet jejunium
et octavam, in qua dicuntur quædam quibus in ecclesiarum dedicationibus utimur. Lectiones quoque
de cantico amoris, et antiphonæ et responsoria similiter assumuntur, eo quia figuram tenet Ecclesiæ : sicut enim beata Maria mater est et virgo et
sponsa, sic et Ecclesia, mater sanctorum, nomen
tenet virginitatis et sponsæ ; virginitatis, inquam,
mentis et fidei, quæ prævalet virginitati carnali.
Unde : « Despondi vos uni viro virginem castam
exhibere Christo ⁷². » Est autem hujus cantici legenda medietas usque ad octavam ; alia vero medietas ad Nativitatem ejusdem Virginis reservetur. Huc
ergo congrue accedit, quod circa festum istud Salomonis libri legantur. Sermo vero Hieronymi :
Cogitis me Paula, et Eustochium, a quibusdam legitur in Ecclesia, sed factus est ad hoc, ut legatur in
capitulo et in mensa. In missa legitur evangelium ⁷⁰
de Martha et Maria Magdalena secundum allegoriam : beata namque Virgo fuit castellum, quia bene
se munivit contra diabolum ; ipsa fuit Martha , quia
nulla melior in actione ; ipsa fuit Maria, quia nulla
melior in contemplatione, de cujus contemplatione
dicitur : « Maria conservabat omnia verba hæc in
corde ⁷⁰. » Et vide quod quatuor sunt evangelia de
beata Maria ; unum est : *Missus est* ⁷⁴, quod non
debet dici, nisi in Adventu et Annuntiatione ; alia
possunt dici, quoties de ipsa peculiaris missa debet
cantari, ut illud : *Stabat* ante crucem, ubi dicitur ⁷⁵ quod Virgo virgini commendatur ; et nota
quod in hac die benedicuntur herbæ ; quia sicut
lilium inter spinas, sic et ipsa inter filias ⁷⁶.

CAPUT XLI.
DE DECOLLATIONE SANCTI JOANNIS BAPTISTÆ.

Beatus Joannes Baptista fuit decollatus circa
Pascha, cujus corpus sepeliere discipuli sine capite
in Sebaste civitate, ubi Dominus multa operabatur
miracula. Unde illuc Christianorum turba maxima
confluebat, ideoque Julianus Apostata ejus ossa per
agros spargere fecit ; sed cum miracula non cessa-

⁷⁰ Luc. 10.   ⁷³ Luc. 2.   ⁷⁴ Luc. 1.   ⁷⁷ Joan. 19.   ⁷⁶

rent, essa collegere, et ea combussere, et in pulverem ventilavere ; sed digitus ille, quo Dominum
demonstravit dicens : « Ecce Agnus Dei [17], » comburi nequivit, et latenter a fidelibus sublatus est :
quidam enim fideles, qui gentilibus intererant, quod
occultare poterant, reservabant. Hoc itaque festum
est de collectione. et combustione ossium, quod
celebrat Ecclesia, quasi in jam mortuo secundum
martyrium : vel cum beata Tecla prælatum digitum
inter Alpes attulisset, et ecclesiam construxisset,
dedicata est, et est hoc festum dedicationis. Vel
caput Hierosolymis fuit humatum, quod beatus
Joannes duobus monachis orientalibus, qui Hierusalem adorare venerunt, revelavit, qui juxta Herodis habitaculum illud Kalendas Martias invenere ;
sed post ab aliis per lacum in Emisseham civitatem
in quodam specu ignobiliter fuit reconditum, donec
denuo Marcello presbytero revelatum, et per ejus
urbis episcopum IV Kalendarum Septembrium elevatum. Ex quo tempore cœpit in eadem urbe Decol-
latio celebrari, ea die, ut arbitror, quo caput est
elevatum, et cantatur historia de antiphonis martyrum, et responsoriis, et antiphonis causam decolla-
tionis continentibus compilata.

CAPUT XLII.

DE SANCTO FELICE ET ADAUCTO.

Cum beatus Felix ad martyrium traheretur, accessit quidam, et ait carnificibus : Et ego Christianus sum ; cui carnifices : Ergo et tu cum eo venias.
Cum ergo nomen ignoraretur, vocatus est Adauctus ;
alii dicunt Audactus.

CAPUT XLIII.

DE CONCEPTIONE ET NATIVITATE SANCTÆ MARIÆ.

Conceptionem beatæ Virginis quidam aliquando
celebravere, et forte adhuc aliqui celebrant, ob revelationem cuidam abbati in naufragio factam. Sed
non est authentica, imo videtur aliquibus prohibenda, dicentibus quod fuerit in peccato concepta.
Nativitas etiam olim celebrari non solebat, sed quidam vir religiosus pluribus annis audivit angelos
in hac nocte solemnizantes in cœlis, cui causam
quærenti revelatum est angelos gaudere, quoniam
beata Virgo nata fuit in illa nocte, quod apostolicus
authenticavit, et inde festum celebrari præcepit,
quod nec habet jejunium, nec octavam, in quo cantatur historia de laudibus beatæ Virginis, et legitur
evangelium [18] : Liber generationis. Ubi quæritur,
quare potius Joseph quam Mariæ generatio compu-
tetur ? Respondeo : Vel quia Joseph et Maria de eadem
tribu fuere : tribus autem genealogiæ per viros et
non per feminas est computanda ; vel quia maluit
vocari filius fabri [19], quam matrem lapidari, et revera filius est fabri illius, qui fabricatus est auroram et solem [20].

CAPUT XLIV.

DE EXALTATIONE SANCTÆ CRUCIS.

Exaltatio sanctæ Crucis ideo celebratur, quia
Cosdroas, rex Persarum, Hierosolymam invadens
loca sanctissima profanavit, et lignum Dominicæ
crucis secum tulit : [quod sedens in solio, sibi a
dextris posuit, loco filii ; gallum a sinistris, loco
Spiritus sancti, et se patrem jussit nominari.] Quod
audiens, romanus imperator Heraclius vindicavit, qui
bellum adversus Persas indicens Cosdroen superavit ;
qui cum postea crucem Domini Hierosolymam portaret, portæ per se clausæ sunt, et audita est vox de
cœlo : Regem regum non sic intrasse Hierusalem,
sed humilem, et super asinam sedentem [21]; quod
rex audiens humiliatus est, et portæ sponte apertæ
et rex civitatem introivit pedibus nudis, et cum per
crucem tunc miracula fierent, crucem exaltavit, et
Exaltationis diem in futuris temporibus, episcopis
sibi consentientibus, in suo imperio statuit esse solemnem. Est tamen Inventionis festum majus quam
festum Exaltationis. Illud enim ab Eusebio papa
institutum, istud per Heraclium. Verumtamen et
Sergius papa longis post temporibus in sacrario
beati Petri invenit capsam argenteam, et in ea
crucem ex salutiferi ligni magna portione compo-
sitam, pretiosis lapidibus adornatam, quæ posita
in basilica Salvatoris adoratur a populo in die Exaltationis, in quo celebratur et festivitas martyrum
unde commiscetur officium.

CAPUT XLV.

DE DEDICATIONE SANCTI MICHAELIS.

Dedicatio Sancti Michaelis quare celebratur, in
ejus historia declaratur ; sed quare, cum sit festum
omnium angelorum, in laudes quorum de Apocalypsi jubilatur, quare singularius ascribitur Michaeli ? Respondeo : Quia ipse est, qui missus est
in Ægyptum [22], qui fecit illas plagas, qui divisit
mare Rubrum [23], qui duxit populum suum per
desertum et duxit in terram promissionis [24]; hic
est præpositus paradisi, custos animarum, ideoque
illum magis venerari debemus. Et est nomen unius
angeli , vel potius quoties aliquis ad aliquid
magnum et mirabile faciendum mittitur, Michael
nuncupatur.

CAPUT XLVI.

DE SANCTO REMIGIO.

Beatus Remigius primum regem Gallorum inunxit, gentem Francorum ad fidem convertit, qui inter
cætera miracula puellam a morte suscitavit, ideoque Francorum papa dicitur et in tanta veneratione
habetur in Francia, quod festum illius offuscat festum Beati Michaelis.

CAPUT XLVII.

DE SANCTO LUCA.

Beatus Lucas, natione Syrus, beati Pauli discipulus, Antiochensis patriarcha, prædicator exstitit
in Bithynia, ubi sua morte non martyrio vitam finivit. Duo volumina composuit : Evangelium et
Actus apostolorum ; a beato Paulo præsertim edo-

[17] Joan. 1.   [18] Matth. 1.   [19] Matth. 13,   [20] Psal. 73.   [21] Matth. 21.   [22] Exod., 12.   [23] Exod. 14.   [24]
Exod 15.

c!us, etiam et ab aliis didicit, quod docuit, præ- A
dicavit, et scripsit.

CAPUT XLVIII.

APOSTOLORUM SIMONIS ET JUDÆ.

Simon et Judas fratres quoque Domini fuisse
dicuntur. Anna et Hismeria sorores fuere. De Hismeria nata est Elisabeth, quæ fuit mater Joannis
Baptistæ [48], filii Zachariæ; Anna de Joachim genuit
beatam Virginem, quæ nupsit Joseph. Mortuo Joachin, nupsit Anna Cleophæ fratri Joseph viri Mariæ, et genuit aliam Mariam, quæ nupsit Alphæo,
ex quo suscepit Jacobum Minorem, Simonem et
Judam, qui dicitur Thaddæus, et Joseph Barsaban,
qui cognominatur Justus, ne propter injustitiam
credatur ab apostolatu fuisse reprobatus. Mortuo B
Cleopha nupsit Anna Salome, et suscepit tertiam
Mariam, quæ nupsit Zebedæo, qui genuit ex ea Jacobum Majorem [49], et Joannem evangelistam. Unde
hi versus, de linea beatæ Virginis.

Tres tribus Anna fertur peperisse Marias
Quæ nupsere viris : Joseph, Alphæo, Zebedon ; item
Anna viro Joachin peperit te, Virgo Maria,
Ex qua processit sine semine vera Sophia.
Post hoc de Cleopha peperit te, virgo, sororem,
Quæ parit Alphæo Simonem, Jacobum Minorem,
Joseph Barsaban Thaddæum nomine Judam.
Hoc quoque defuncto cuidam Salome copulatur
Ex qua natorum Zebedæi genitrix generatur.

Et attende quod *fratres* in divina Scriptura pluribus modis accipitur, natura, gente, cognatione, similitudine, religione. Natura ut Jacob et Esau [47], C
gente ut omnes Judæi. Unde : « Si emeris fratrem
tuum, » et ibi : « Constitue unum de fratribus tuis,
principem super te, quem Deus elegerit [48]. » Cognatione, ut : « Ecce mater et fratres tui foris stant
quærentes te [49]. » Similitudine, ut : Jacobus frater
Domini [50]. Religione, ut « Vade, dic fratribus meis [1] » ;
et : « Ecce quam bonum et quam, jucundum habitare
fratres in unum [2]. »

CAPUT XLIX.

IN FESTIVITATE OMNIUM SANCTORUM [53].

De festo Omnium Sanctorum pauca superius præ-
libavimus. Hic tamen adjiciendum est hoc festum
habere jejunium, quod non debet mutari, ut quidem faciunt propter sanctum Quintinum, cujus fe- D
sti variatur officium, prout habetur varietas sanctorum : primum enim responsorium est, secundum quosdam, de sancta Trinitate, secundo loco
de beata Maria, tertio de angelis, quarto de prophetis, quinto de apostolis, sexto de martyribus,
septimo de confessoribus, octavo de virginibus,
nono simul de omnibus beatis. Alii ponunt in primo
loco de unitate : « Vidi Dominum sedentem [54]. »
Secundo vero de Trinitate. Huic festo bene congruit epistola de numero signatorum [55], et evangelium de numero beatitudinum [56].

CAPUT L.

DE EXSEQUIIS MORTUORUM.

Festo Omnium Sanctorum continuatur commemoratio mortuorum. Tres sunt dies continui tribus mysteriis deputati. Nam vigilia Omnium Sanctorum dies est afflictionis, solemnitas dies est exsultationis, hodie vero dies est orationis. In
primo, nos jejunando affligimus, præsentis vitæ miseriam recolentes. In secundo, sanctorum beatitudini congaudemus, gratiarum actiones Domino referentes. In tertio, pro his qui in purgatorio detinentur oramus, eis modo mitiorem pœnam, modo
plenam absolutionem orationibus impetrantes;
quorum officium primo fuit ab apostolis institutum, sed ab origine, ut testatur Isidorus in libro
De officiis ecclesiasticis, fuit adauctum, et plenius
ordinatum. De quo dicit Augustinus in Enchiridion.
Dicimus origine in ecclesiasticis officiis post apostolos fuisse secundum; hoc officium a veteri lege
sumpsit initium. Nam, mortuo Jacob, flevere filii
septuaginta diebus in Ægypto, septem in Arad [40].
Mortuo Moyse, flevit populus triginta diebus [41], inde
est quod hodie septenarium et tricenarium observat pro defunctis Ecclesia. Septenarium, ut ad
animarum perveniat sabbatismum, vel ut eis dimit-
tatur universitas delictorum : septenarius etenim
universitatis est numerus ; quia totum hominem
comprehendit ; anima enim tres habet vires, rationabilitatem, concupiscibilitatem, irascibilitatem ;
corpus autem quatuor elementa, vel quatuor humores, vel cum septenarium celebramus, intercedi-
mus pro peccatis quæ mente commisere, et corpore. Ideoque dicit Salomon : « Luctus filii mortui septem diebus [42]. » Tricenarius ex tribus constat denariis.

Hæc itaque mortuis celebramus, ut per decem præceptorum observationem perveniant ad sanctæ Trinitatis perfruitionem, vel ut per orationes emenda-
tur, quod in fide Trinitatis et opere Decalogi deliquere;
quidam tamen tribus diebus officium celebrant mortuorum juxta illud : « Qui tetigerit cadaver hominis, aspergatur hac aqua die tertia [43]. » Et in libro
Sapientiæ. « Fac luctum hominis secundum meritum ejus, uno die, vel duobus, propter detractionem
[44], » subaudi præter diem obitus. Tres autem dies
celebramus, ut sint Christi membra, qui in corde
terræ triduana jacuit sepultura; vel ut mortuis remittantur peccata quæ commisere cogitatione, verbo
et opere, vel commiserit peccantes in sanctam Trinitatem. Vel pro spiritu, anima et corpore. Quidam
celebrant novenarium, ut a pœnis liberati associatur novem ordinibus angelorum; non tamen approbatur, sed interdicitur, quoniam a gentilibus introductum esse videtur, qui mortuos suos novem diebus lugebant, et in nona die cineres recondebant,
et hoc spatium novemdiale, id est novem dierum

---

[48] Luc. 1. [49] Matth. 4. [47] Gen. 25. [48] Deut. 17. [49] Matth. 12. [50] Gal. 1. [1] Joan. 20. [2] Psal.
132. [53] Vide sup. cap. 24. [54] Act. 7. [55] Apoc. 7. [56] Matth. 5. [40] Gen. 50. [41] Deut. 34. [42] Eccli. 22.
[43] Num. 19. [44] Eccli. 38.

m, vel officium appellabant. Quidam addunt
genarium et quinquagenarium, ut per affli-
i pœnitentiæ perveniant ad jubilationem.
genarius namque numerus est pœnitentiæ,
quadragenariam popui afflictionem, et qua-
mam Jesu Christi [1], et quia ex suis partibus
ilus surgit in quinquagenarium, qui significat
m et annum remissionis; quia per contritio-
. afflictionem pervenitur ad peccatorum re-
iem, ad octavam ætatem, in qua erit remissio
i libertas, vel ideo celebrant quadragenarium
quagenarium, ut condonetur eis per orationes
inu quidquid commisere in transgressione
præceptorum, et quatuor evangeliorum, et
s sensuum. Melius tamen sicut ternarium
i, sic quadragenarium vivis ascribimus. Unde
ccatis quadragesimas injungimus : quoniam
unt in corporis quaternario et præceptorum
o. Centesimum diem ea constat indagine ce-
lum, ut mortui transeant a læva in dexteram,
a in triumphum, a terra in cœlum, a miseria
am, a morte in vitam, et quidem hos dierum
os, nonnulli benignius interpretantur, ut per
cedentes nullatenus excludantur, in quibus
otio debeamus; sed cum in singulis diebus
id prædictos terminos facienda sit memoria
rum, celebrius in terminis officia peraguntur.
rsarium universalis observat Ecclesia, ut de
alamitatis perveniatur ad annum æternitatis.
nniversarium sanctorum celebramus ad ipso-
morem, et nostram utilitatem, sic etiam deum ad ipsorum utilitatem et nostram devo-
, sperantes eos aliquando ad sanctorum con-
i transituros. Quemcunque diem luctui depu-
in his semper exsequiis ad instar triduanæ
sepulturæ, laudis et lætitiæ Christi cantica
ntur : ut : Domine, labia mea aperies [2], et Deus
torium meum intende [3], et Venite exsultemus [4],
ia Patri, et Jube, Domine, et Benedictus, et
:m, et Te Deum laudamus; et Benedicamus, et
itias, et Ite missa est. Lætitiam subticemus,
on bene conveniunt, nec in una sede moran-
ius et gaudium, tristitia et lætitia. Laudes
nimus, quia quo mortui transeant, ignora-
i ideo nescimus unde Dominum laudare de-
i de justitia vel misericordia. Gaudium subti-
, quia tristes in hunc mundum intravimus,
iores eximus. In vigiliis itaque mortuorum
int genera lectionum : de Job, de libro Sa-
i, ut ibi sumas initium, « Melius est ire ad
i luctus, quam ad domum convivii [5]; » præ-
de quondam sermone Augustini, quem
i mortuis. Quidam legunt etiam de psalmis.
inque fuerint lectiones, ita sunt terminandæ :
tortui qui in Domino moriuntur [6], sicut in
: Convertimini ad me, et salvi eritis; et in
a : Hierusalem, Hierusalem, convertere ad Do-

A minum Deum tuum [7]. Hoc psalmo Te decet [8] utimur
in exsequiis mortuorum : quoniam ibi agitur de reditu captivitatis filiorum Israel in terram promissionis; sic ista de captivitatis miseria ad vitam proficiscuntur æternam. Ad missam non debet thus portari per
chorum nec offerri, id est altare thurificari, sed
circa corpus tantum, nam in lege prohibitum fuit [10],
ne pro peccatis offerretur oleum lætitiæ [11] et thus
suavitatis, sed luctus et contritio mentis. Exsequiæ
vero mortuorum pro ipsorum celebrantur excessibus, et mors primum est vindicta peccati, eadem
ratione non debet cum oleo celebrari; quia dicit
Origines, sacrificium pro peccato non fit in d o. Ad
eamdem missam pax non datur, quia non mortuis
communicamus : nos enim sumus in sexta ætate.

B illi vero in septima. Unde cum celebratur missa de
die, non debet esse corpus intra ambitum ecclesiæ.
Quod si corpus adesset, exportetur, licet sit apostolicus, vel imperator, in vestibulum ecclesiæ, et
cantata missa de die, ad missam pro mortuis repor-
tetur; vel ideo pax non datur, quia utrum cum Creatore pacem habeant, ignoramus, vel quia in exsequiis mortuorum, sequimur exsequias Dominicæ
passionis, ubi subtrahitur osculum pacis.

Quantum expediat pro defunctis missarum solemnia facere inde patet, quod in historia invenitur
Angelorum, scilicet quemdam presbyterum opinatum
esse de fratre suo, quod esset mortuus in bello,
qui tamen non erat mortuus, sed vinculatus. Missas

C ergo pro illo quasi defuncto quotidie celebrabat.
Tempore missarum quotidie solvebantur vincula
vulnerati.

Et attende quod cum integre defunctorum
celebratur officium, a vespera est incipiendum :
Placebo Domino [12], et non est in vespera terminandum; quoniam hoc officium finem habebit, cum
animæ salvandorum ab omni pœna liberatæ lætitia
perfruentur æterna. Sanctis de quibus certi sumus,
quod beatitudinem perfruuntur, duas vesperas
attribuimus, primas pro stola animæ jam accepta,
secundas pro stola corporis percipienda, quæ nunquam finem habebit. Post vespertinalia vero, et
matutinalia defunctorum officia cantamus psalmum :
Domine, ne in furore [13], qui cum sit in ordine

D sextus, pro octava intitulatur, quasi in sex ætatibus
Dominum per hunc psalmum rogantes, ut septem
ætatum tormenta possimus evadere, et ad octavam
gloriæ pervenire. Rursus sciendum est quod quidam omni tempore festivis excepto, orant generaliter pro defunctis in officio vespertinali, et matutinali, quidam pro eis missam quotidie celebrant,
quidam in initio mensis novem psalmos, novem
lectiones et novem responsoria cantant, et quidem
sancta et salubris est religio, pro defunctis exorare, ut a peccatis solvantur, quibus si supplicationes deessent, frustra in locis quantumlibet
sanctis exanimata corpora ponerentur; delectat

uth. 4. [2] Psal. 50. [3] Psal. 69. [4] Psal. 94. [5] Ap. c. 14. [6] Eccle. 7. [7] Isa. 45. [8] Jer. 4.
64. [10] Levi. 5. [11] Psal. 44. [12] Psal. 114. [13] Psal. 6.

stylum de mortuis et morituris, sepultis et sepe- A
liendis aliquid addere, quod aures pascat, et animas
foveat. Moriturus itaque dum laborat in extremis,
super cinere et palea deponatur, ad instar beati
Martini, qui jacens in cinere vitam finivit, in quo
innuitur quod cinis est et in cinerem revertetur [13]. ·
Antequam passio Christi, vel pars ejus legatur, ut
ad majorem compunctionem moveatur, crux etiam
ante pedes ejus ponatur, ut moriens eam cernat,
et magis conteratur, et debet recta facie jacere, ut
cœlum respiciat, et antequam exspiret, ejus anima
Domino commendetur. Postquam exspiravit, campanæ pulsentur, ut populus audiens, oret pro eo,
pro muliere bis, quia ipsa invenit alteralitatem.
Ipsa enim prima fecit hominem alienari a Deo [14];
pro viro ter, quia primo inventa est trinitas in   B
homine. Primo enim formatus est Adam ex terra,
secundo Eva ex costa [15], tertio homo ex utroque,
et ita est ibi trinitas. Pro clerico tot vicibus, quot
ordines habet, ad ultimum compulsari debet, ut
ita sciat populus pro quo sit orandum. Similiter
compulsatur, cum ad ecclesiam defertur, et cum de
ecclesia ad tumulum deportatur. Sed attende quod
antequam ad ecclesiam deferatur, lavetur, ad significandum quod si anima per confessionem fuerit a
culpa mundata, utrumque in die judicii, corpus et
anima glorificationem et munditiam consequetur
æternam; cum vero corpus lotum fuerit, induatur
secundum statum et ordinem suum. Laicus cilicio
induatur, ut hac veste repræsentet insignia pœnitentiæ; nam cinis et cilicium sunt arma pœniten-   C
tium. Alicubi vero maxime divites sudariis in-
duuntur, caligis et sotularibus calceantur, quod
sumitur ab eo quod in evangelio [16] legitur de
sudario et sindone Christi. Clerici vero tondeantur,
et radantur, et induti vestes sui ordinis sepeliantur,
quod licet in aliis ordinibus propter paupertatem
sæpius omittatur, tamen in sacerdotibus et episcopis non patimur omittendum : vestes enim
sacerdotales virtutes significant, cum quibus præ
cæteris sunt Domino præsentandi. Hic quæritur
utrum homines sint futuri nudi post diem judicii?
Videtur quod vestiti : tum ex hac universali ecclesiarum consuetudine, quæ mortuos consuevit induere;
tum quia Dominus in transfiguratione vestitus   D
apparuit [17], unde vestimenta ejus apparuerunt
alba sicut nix; tum quia post resurrectionem quoque vestitus apparuit, tum quia angeli solent apparere vestiti [18]. Respondeo : Hæc omnia nobis in
figura contingunt, nihil de veste vel corporis qualitate præsumimus, cum sufficiat credere, quod in
salvandis non erit infirmitas, nec ulla deformitas.
Exinde corpus revestitum in feretro ad ecclesiam
deportetur, et cum missa celebrata fuerit, percantet
eum sacerdos , et si plures fuerint sacerdotes ,
omnes habeant stolas, et dicant orationes cum illo

qui præcantavit eum. Præcantatus portetur ad speluncam a consimilibus, ut diaconus a diaconibus,
sacerdos a sacerdotibus, si adsunt, alioquin necessitas non habet legem, demum clericus a clericis,
laicus a laicis, et præsertim ab illis, qui sunt ejusdem consortii, seu fraternitatis. Mulieres vero
corpora defunctorum non debent portare, ne cogantur sua membra lasciviam incitantia denudare.
In spelunca vero aqua ponitur benedicta propter
illusiones dæmonum; solent enim desævire in
corporibus mortuorum, ut quod non potuerunt in
vita saltem faciant in sepultura. Thus apponitur, vel
propter fetorem vitandum, vel ad ostendendum, quod
mortuis prosit auxilium orationum. Carbones apponuntur in testimonium sepulturæ, plus enim durat
carbo sub terra, quam aliquid aliud; cum ergo carbo
sub fovea reperitur, sepultura fuisse deprehenditur.
Unde ad communes usus de cætero non redigitur.
Hedera quoque, vel laurus apponitur, ut animæ
vita perpetua significetur; licet enim corpus deficiat, anima tamen vivere non desistit. Cupressus
etiam alicubi apponitur, et aliæ frondes quæ fetorem valeant inhibere. Aiunt quidam cupressum
apponi, quia cæsa non iterum surculescit, sed tota
moritur; sic homo mortuus, non denuo reviviscit.
Fiunt autem hæc, non quia cadaveribus insit sensus, sed vel ad figuram, vel ad resurrectionem spe-
randam, vel ad Dei provocandam benevolentiam,
cui placent talia pietatis officia.

Et attende quod sepulcra variis nominibus appellantur; locorum itaque alius est sacer, et qui per
manus pontificis est Deo dicatus, ut ecclesia; alius
sanctus, ut qui servitoribus ecclesiæ deputatur, de
quo sub interminatione æternæ pœnæ sancitum
est, ne quis eum violare præsumat, ut secundum
canones ambitus ecclesiarum , secundum leges
muri et munimina civitatum. Alius religiosus, ubi
secundum statuta Romanorum corpus integrum,
aut caput hominis sepelitur; caput ideo dico, quia
truncus sine capite locum non efficit religiosum;
quia nullus duas sepulturas potest habere, sed ubi
caput, ibi sepultura ejus dicitur esse, sive sit Judæus, sive paganus. At secundum statuta Christianorum locus non est religiosus, nisi ubi Christianus fuerit sepultus; qui locus vocatur cœmeterium,
ut prædiximus, id est humatorum, vel mortuorum
dormitorium, et est triginta, vel quadraginta passuum, forte ob easdem causas, quibus diem terce-
narium et quadragenarium diximus observandos.
Dicitur et polyandrum, vel andropolis, quasi civitas virorum, a polis, quod est civitas, et andros,
quod est vir. Dicitur et sepulcrum quia inibi sepulti sunt sine pulsu. Dicitur et mausoleum ; Mau-
solus fuit vir quidam, cui defuncto fecit uxor gloriosam sepulturam, quam mausoleum a viro nomi-

---

[13] Gen. 3.   [14] Ibid.   [15] Gen. 2.   [16] Joan. 20.   [17] Matth. 17.   [18] Joan. 20.

Unde inolevit consuetudo, ut quælibet nobilultura mausoleum vocetur.

itur et dormitorium a dormiendo, quoniam quiescunt eorum corpora, *qui in Domino mor* [19]. Dicitur et monumentum, quasi monens m cujuslibet transeuntis, quod cinis sit et in m revertetur [20]. Dicitur et tumulus, quasi s tellus. Dicitur et ergasterium, ab *erga*, quod labor, et *staron* quod est statio, eo quod ibi t corpora spirituum, qui requiescunt a labosuis [21]. Dicitur et sarcophagus a *sarcos* quod ro, et *phagum* quod est *comedere*, quia ibi omeditur, id est consumitur. Dicitur et Py, a *pyr* quod est *ignis*, vel quia corpora igne ta et incinerata ibi reconduntur, vel quia hoc sepulturæ ad instar ignis, incipit a lato, et in acutum et altum ut pyramis illa, quæ 'acus Sancti Petri, ubi repositi sunt cineres Cæsaris, de quo est dubium, utrum sit unus, ares. Unde si lapis est unus, dic qua fuit arte s; si lapides multi, dic ubi contigui; et vide m antiquitus homines in suis domibus seintur, sed propter fetorem cadaverum, statut, ut extra civitatem sepelirentur in omni d hoc deputato : nobiles in montibus, ignoa radicibus eorum. Hæc de gentilibus; sed qui unum Deum coluere, sciendum est quod ua ætate duo sacramenta fuere duntaxat in : oblatio videlicet et pœnitentia [22]. In secrevit cultus unius diei, qua Noe fecit art ad sacrificandum inclusit animalia [23]. In vero, ampliatus est cultus, dum Abraham grum ad faciendum sepulcrum [24]. In quarta, us est cultus Dei, quia lex est per Moysem , et sacrificia sunt instituta [25]. In quinta, iterum ampliatur per Salomonem [26], qui tem'cecit, et servitores instituit. In sexta venit us, qui se obtulit hostiam Deo placentem et us sufficientem [27]. Itaque cœmeterium ab im sumpsit initium. In cœmeterio igitur Chrium non nisi Christianum convenit sepeliri, idæum, non paganum, sed nec quemlibet anum; nullus enim interfectus in maleficio tur in cœmeterio, ut latro in latrocinio, adul-adulterio, miles in hasti ludio, pedes in lio, bellator in bello non justo, hæreticus, municatus, et sui ipsius homicida. Omnes 'liantur sepultura asini [28], nisi probatum os cum pœnitentia transivisse, vel sacerdot pœnitentiam petivisse; similiter et quem de ri, aut loco consimili exire constitit, si is .itu moriatur, eadem sepultura scilicet asini tur, nisi, ut supra probatum fuerit, eum ntiam habuisse, vel postulasse. Ergo latro libulo in quo suspenditur, sepeliatur; cæteri cripti ubilibet, dummodo extra cœmeteria

sepeliantur, nisi satisfecerint; quod si satisfecerint, ei cœmeteria non negentur. At si quis in ludo pilæ vel trochi, choreæ vel balnei, vel similium subito moriatur, poterit in cœmeterio sepeliri; quia, licet faceret quod facere non deberet, tamen nemini nocere intendebat; sed, quia mundialibus occupabatur, aiunt quidam quod sine psalmis, et cæteris mortuorum exsequiis sepeliatur. Verum si quis incumbens operi necessario vel utiliter faciendo subito moriatur, nisi notorium fuerit vel eum esse in aliquo criminali, vel eum ex genere delicti anathemate fore notandum, et in cœmeterio sepeliatur, et pro ipso exsequiæ celebrentur; mulier ergo, quæ in partu moritur, quamvis in ecclesiam portari non debeat, ut quidam aiunt, forte, ne pavimentum sanguine maculetur, sed extra ecclesiam ei obsequium celebretur, tamen in cœmeterio sepeliatur; alii quod licite in ecclesiam deferatur. At si cum puero in ventre decesserit, de ventre puer abstrahatur, et mortuus extra cœmeterium sepeliatur. Defensori justitiæ, si in justo prælio moriatur, cœmeterium et officium libere conceduntur. Interfecti tamen in ecclesiam non portentur, ne pavimentum sanguine maculetur; quod si cœmeterium habere nequiverint, sepeliantur ubicunque locum aptum invenerint. Illud autem notabile est quod ubicunque Christianus extra cœmeterium sepelitur, crux capiti apponatur, vel ad designandum eum fuisse Christianum, vel quia diabolus timet accedere ubi locum signo crucis viderit insignitum. Si quis autem in æquore moriatur, si terra vicina fuerit, illuc navigent ad eum sepeliendum, alioquin in capsella cum pecunia, si habet, includatur, et in mare projiciatur, ut qui cum invenerit, sciat se pretium accipere, quo eum terræ debeat commendare. Esto autem quilibet sic sepeliendus ut, capite posito ad occidentem, pedes dirigat ad orientem, in quo innuitur, et quasi positione oratur, ut de casu festinet ad ortum, de mundo ad cœlum; et vide quod orationes quæ exspirationem præcedunt, ut animæ commendatio, et quæ sequuntur, ut vigiliæ et cæteræ mortuorum exsequiæ pro valde bonis sunt gratiarum actiones, pro valde malis sunt qualescunque vivorum consolationes, pro mediis, id est non valde bonis pœnarum purgationes. Sunt enim animæ, quæ, statim ut exeunt a corporibus, ut passer volant ad Dominum; sunt aliæ quæ descendunt in infernum, sunt mediæ, quæ vadunt in purgatorium, quarum intuitu fiunt eleemosynæ, orationes, jejunia et sacrificia, sed propter incertitudinem pro omnibus etiam fiunt; melius enim supererunt ista his, quibus nec prosunt, nec obsunt, quam deerunt his, quibus prodesse possunt.

CAPUT LI.
QUATUOR CORONATORUM.

De quatuor coronatis hoc notabile reperitur, quod

ioc. 14. [19] Gen. 3. [20] Apoc. 14. [21] Gen. 4. [22] Gen. 7. [23] Gen. 23. [24] Exod. 34. [25] Levit. 4. eg. 7 et infra. [26] Phil. 4. [27] Ihier. 22.

quinque fuerunt, qui venerant ad construendum A sic de beati Clementis et cæterorum, ut generalius
templum Diocletiani ; cognito quod erant Christiani, dicam, sanctorum operibus, miraculis et pas-
martyrio sunt coronati, quorum nomina, quia nota sionibus moris est antiphonas et responsoria com-
fuere, idcirco in collecta ponuntur. Post duos annos, pilare.
alii quatuor martyrium susceperunt, quorum corpora sepulta sunt juxta corpora prædictorum quinque, quorum nomina, quia fuere ignota, vindica-
verunt sibi nomen quatuor coronatorum, et statuit

CAPUT LIV.

GENERALIA DE FESTIS.

verunt sibi nomen quatuor coronatorum, et statuit
Melchiades, ut dies eorum sub nominibus prædictorum quinque celebris haberetur, postea vero fuere
quidam religioso eorum nomina revelata, scilicet :
Severi, Severiani, Carpofori et Victorini, nomina
tamen festi et loci propterea non mutantur.

CAPUT LII.

DE SANCTO MARTINO.

Beatus Martinus fuit de Pannonia, quæ est circa
Austriam, oriundus ; inde quoque fuit beatus Hieronymus. Hic Martinus duplici gaudet privilegio,
scilicet : quia par apostolis dicitur in officio, et
quia solus inter confessores habet octavam ; par
quidem apostolis propterea dicitur, ut quidam
aiunt, quia per eum magna et numerosa miracula
coruscarunt, vel potius propter hoc sequens speciale miraculum : Cum Turonis esset episcopus,
quidam pauper et nudus ab eo tunicam petiit, unde
procuratori suo præcepit. ut illi tunicam emeret,
qui emit penulam, id est pene nullam, quæ vix
ad genua et in manicis vix extendebatur ad brachia, quam videns beatus Martinus, illam induit, et
suam pauperi dedit. Exinde cum stans ad altare
missarum solemnia celebraret, laxis sacris vestis
manicis retro labentibus, nuda usque cubitum brachia remanserant, et confestim torques aurei brachia circumdederunt, et globus igneus apparuit
super caput ejus, per quod ostensum est Spiritum
sanctum super eum, sicut super apostolos, descendisse [20], propter quod parapostolis dicitur exstitisse.
Hic solus inter confessores habet octavam, sicut Laurentius inter martyres habet vigilias, ille enim
dixit : « Igne me examinasti, et non est inventa
in me iniquitas [21] ; » hic vero dæmoni dixit : « Nihil invenies in me, cruenta bestia. » Ecce quomodo
concordant argumento, et ideo conveniunt privilegio. Attende quod coppam ejus reges Francorum
portare consuevere in præliis, unde ipsius custodes
ab ipsa capellani dicuntur. Cantualis historia ex
ejus Vita et miraculis compilatur.

CAPUT LIII.

DE SANCTA CECILIA.

Beata Cecilia Valerianum sponsum suum, et Ti-
burcium fratrem ejus ad fidem convertit. Rursus ad
ejus prædicationem Urbanus papa quadragintos (sic)
baptizavit. Tandem Almachius eam fecit igne cremari, et jussit postea decollari, sed ei caput, licet
tertio ictu percussa, non potuit amputari, ex hac
passione vel legenda cantualis compilatur historia,

Generaliter de festis est attendendum quod si
duo festa pleno officio in uno die conveniunt, aut
de uno pleniter agatur, et de altero duntaxat per
antiphonam et orationem mentio fiat, aut alterum
in diem alterum differatur ut festum Pauli. Item
nullius sancti post missam mentionem facit Ecclesia, de quo tantum tria responsoria canit, sed festum novem lectionum ad omnes celebrat horas.
In omni festo novem lectionum cantatur : Te Deum
B laudamus, Gloria in excelsis, et Alleluia, nisi in casu,
ut in Adventu, et Septuagesima, et in festo Innocentum, et utimur antiphonis de laudibus ad primam, ad tertiam, ad sextam, ad nonam, et genua
non flectimus, eo quod eos ad lætitiam sempiternam transisse credamus. Inde est etiam, quod in
tertia periocha, quæ ad Novi Testamenti gloriam
pertinet, frequentatur sæpe in antiphonis alleluia
ut Exaltabuntur cornua justi [22], alleluia, Lux orta
est justo, alleluia [23]. Item si major festivitas præcedit minorem, totum fiat de præcedenti et antiphona
duntaxat, ut supra, et oratio de sequenti. Quod si
minor majorem, fiet de capitulo in antea de sequenti, nisi præcedens trium solummodo lectionum,
et nisi sequens, festum fuerit principale, ut beatæ
Virginis, apostolorum, et oratorii proprium : tunc
enim cantarentur totæ vesperæ de sequenti ; si autem festivitates æquales fuerint, a capitulo in antea
de sequenti cantetur. Item si festum papæ martyris,
totum officium de martyre fiat, excepta missa, quæ
est de episcopo celebranda. Rursus si festum novem lectionum fuerit in Sabbato, vesperæ de Sabbato celebrantur, nisi festum fuerit principale : illud
autem principale dicimus, in quo Credo in unum
D Deum canere consuevimus ; tunc enim a capitulo
in antea cantabitur de Dominica ; si autem fuerit
in Dominica privilegiata, ad secundam feriam transferatur. Privilegiatam illam dicimus cui appro-
priatam historiam invenimus. In aliis vero, licet
solemnizare de festo. Quidam vero, et homiliam
evangelicam prætermittant, transferunt ad secundam feriam. Quidam sex lectiones de festo, et homiliam de Dominica pronuntiant. At si festum novem lectionum in secunda feria fuerit, in die Dominico, dicantur vesperæ de ipsa Dominica, nisi
festum fuerit principale, tunc enim de festo a capitulo cantabuntur, sed et idem in festis Sancti
Michaelis, Sancti Laurentii, Sancti Martini et Sancti Nicolai facere consuevimus ; at si festum fuerit
Beatæ Virginis, vel oratorii proprium, totæ vesperæ
de festo cantantur. Rursus in illorum sanctorum
vigiliis nona de festo cantetur, in quorum vigiliis
missa de vigilia celebratur.

[20] Act. 2. [21] Psal. 16. [22] Psal. 74. [23] Psal. 96.

CONCLUSIO.

Hæc sunt ic·····, ·t meri vini pocula, fratres et filii, quæ vous ·· ······ in cœna et cœnaculo, præsentavimus: ·· ···· ostia claudimus, ne fauces masticando fatiscat, ne stomichus plenus eructet, quia

Omne sura reactum vi·no de pectore manat.

A Comedite ergo, et bibite quod satis est, justiti·m tamen esurientes, et in præsenti epulo sitientes, ut in futuro satiemini, cum apparuerit gloria Domini [54]. Amen.

[54] Matth. 5.

Explicit Mitrale.

INDEX CAPITULORUM.

SICARDI

CREMONENSIS EPISCOPI

CHRONICON.

PRÆFATIO.

(MURATORI, *Rerum Ital. Script.*, tom. VII, pag. 523.)

Sicardus Cremonensis episcopus, ævo suo illustris, famam quoque apud posteros sibi quæsiverat Chronico ab antiquissimis temporibus ad sua usque deducto, quod tamen majorum nostrorum incuria hucusque delituit. Hujus Historiæ mentionem non uno in loco olim deprehendi, hoc est in libris ms. Gualvanei de la Flamma, et Andreæ Danduli, atque in editis aliorum scriptorum. Quare nihil non egi ut alicubi monumentum hoc Italicæ eruditionis, tandiu nobis ereptum, detegerem; dolens nempe tam paucas ex antiquis Italiæ historiis ad nos pervenisse, pauciores vero publica luce donatas. Et quidem Sicardus is erat qui et ex eruditione sua, atque ex tempore quo floruit, magni nobis faciendus videlatur.

Deprehendi tandem ex catalogo librorum aliquot nondum editorum Augustæ bibliothecæ Cæsareæ Vindobonensis, Chronicon Sicardi, diu olim a me conquisitum, ibi asservari cum hoc titulo: *Sighardi episcopi Cremonensis Chronicon incipiens a creatione mundi, pertingit usque ad A. C. 1231.* Meminerat et Lambecius in *Comment. de Bibl. Cæs.*, lib. II. Quare pluribus egi apud præclarissimum procerem comitem Antonium de Collalto, ut ab illustrissimo tunc et doctissimo bibliothecæ Cæsareæ præfecto, postea vero Romanæ Rotæ auditore, nunc autem celsissimo Tridentinæ urbis episcopo ac principe, Joanne Benedicto Gentilotto, mihi impetraretur ejusmodi operis exemplar. Ejus tamen conatibus, meisque votis tunc nullus effectus respondit. Certior interea factus fui opus idem scriptum reperiri in bibliotheca sereniss. electoris ducis Bavariæ.

Sed et illic spes mea frustrata est; nam dum gravi bello cedere, ac solum vertere coactus fuit ille excelsi animi princeps, exemplum hujus Chronici expetente Cæsareo quodam ministro, codex ms. ac membranaceus e bibliotheca eductus cum ipsius ministri morte inopportuna evanuit. Interea cum attentiori oculo perscrutarer ms. codices Estensis bibliothecæ, visus sum mihi inscius possidere quod alibi tanta anxietate quærebam. In eadem quippe bibliotheca servatur membranaceus ac pervetustus codex, quem scriptum censeo temporibus Guilielmi de Bobio episcopi Regiensis, hoc est circiter annum Christi 1290; in hunc enim episcopum desinit catalogus episcoporum Regiensium in calce libri positus. Ibi vero Chronicon innominati auctoris habetur cum hocce tantum titulo: *Incipit Chronica imperatorum Latinorum et Græcorum, et regum Longobardorum, et aliarum nationum.* Primum capitulum est *de Ptolemæo Dionysio, et de gestis quæ fuerunt suo tempore, et aliis baronibus, et de gestis Pompeii.* Subsequuntur capitula *de Julio Cæsare, et de gestis ejus.* Tum *de Octaviano imperatore, et de gestis ejus.* Hisce, quæ ex probatis auctoribus decerpta erant, mirabar subinde interspersa fabulosa quædam commenta, nempe *de visione quam vidit Octavianus imperator de beata Maria. De patre et matre Pilati,* aliaque id genus, quæ mihi insulsum consarcinatorem, imo ridendum exhibeant, ac proinde ab ipsa Historia animum meum prorsus avertebant. Verum legere pergens, quo plus progredior, eo pluris æstimandum scriptorem reperio. Tum se mihi in postrema parte objiciunt, quæ ab uno Sicardo profecta nemo negabit, quale potissimum illud erat, quod de Homobono Cremonense, piissimo viro in sanctorum album sua cura illato, ad annum 1198 is refert, seque anno 1203 in Armeniam fuisse peregrinatum: quod revera a Sicardo episcopo factum auctor est Ughellus in *Ital. sac.*, tom. IV, atque ante eum scriptor Vitæ Innocentii III pontificis maximi adnotarat, quo teste episcopus Cremonensis cruce assumpta in Orientem navigavit. Ad hæc narrat ille quæ tum Constantinopoli, tum in Armenia gesserit, ut demum agnoscas Sicardum plane his verbis sese pinxisse.

Sed quod me in eam sententiam vehementius induxit, Gualvaneus de la Fiamma in *Manipulo Florum* non semel Sicardi Chronicon laudat. Ad annum 590 sunt ejus verba: *Hic, idest in ista civitate Mediolanensi, Virgilius natione Mantuanus togam secundum Sicardum suscepit.* Potuisset Gualvaneus hujus rei testem afferre Eusebii Chronicon a S. Hieronymo Latinitate donatum, a quo hæc Sicardus sumpsit; verum sat illi fuit, vetustissimo scriptore dimisso, Sicardum recentem commemorare, a quo revera hæc producuntur cap. 1. Rursus idem Galvaneus cap. 37 auctor est, Maximianum Augustum *Mediolani imperialem purpuram deposuisse secundum Sicardum.* Eadem exhibet et Chronicon Estense. Ad hæc Gualvaneus cap. 49 ejusdem *Manipuli* scribit: *Isto tempore fuit bellum de Rivolta; et ipso tempore secundum Sicardum apud Cremam totus populus Cremonensis ductus fuit Mediolanum in carceribus.* Exhibentur hæc ipsa in Chronico nostro ad annum 1159. Denique, ut alia loca prætermittam, Gualvaneus cap. 205 Mediolanensium prælium atque victoriam in bello adversus Fridericum Ænobarbum referens ait: *Unde clamat Sicardus: «O rota fortunæ, quæ quondam humiliavit Mediolanenses, et nunc exaltavit; imo Dominus, qui pauperes fecit Mediolanenses, et modo ditavit, superbum deponens de sede.»* Eadem verba repetit

Corius Mediolanensis historicus sub nomine *Aicardi scriptoris eorum temporum*, Sicardum memorare volens : quem errorem si in typographos rejicere velis. non impedio. Sunt et alii veteres qui a Sicardo exclamationem hanc mutuati in suas historias intulerunt. Atqui eamdem totidem verbis habet Chronicon Atestinum ad annum 1176. Quam concordiam rerum ubi perspexi, etsi chronologi nomen non appareret, hunc tamen alium a Sicardo esse non posse tandem statui.

Quamobrem litteris denuo supra laudatum eruditissimum Cæsareæ bibliothecæ præfectum Gentilottum, nunc amplissimum Tridentinum episcopum, conveni, simulque Estensis Chronici exemplar ad eum misi, ut perspiceret utrum cum Vindobonensi codice paria complecteretur. Ille eumdem scriptorem utrobique deprehendit, quanquam inter se in nonnullis codices discreparent. Quare ut est in omnia humanitatis officia pronus, venia facta ab Augustissimo Romanorum imperatore Carolo VI, hujusce Collectionis meæ patrono clementissimo, Cæsareæ bibliothecæ codicem a tempore Caroli Magni usque ad finem describendum curavit, et ad me continuo misit, quo mihi in promptu esset de hoc argumento lectores commonefacere tutius. En ergo quæ animadverti. Vindobonensis codex purum putum Sicardi Chronicon exhibet, deductum a creatione mundi ad annum 1221. Prologi titulus, miniatis litteris efformatus, ab hisce verbis exordium sumit : *Incipit Prologus super Chronicam, quæ est a domno Syghardo Cremonensi episcopo edita. Rerum Creator omnium et opifex earumdem genus humanum in ea sorte locavit, ut sibi vicissim vivant*, etc. Tum Chronici initium ita se habet : *Adam nomina rebus imposuit, de cujus costa formata est Eva, de qua genuit Cain*, etc. Exinde breviarium exhibet tum sacræ, tum profanæ historiæ usque ad tempora Caii Julii Cæsaris, quæ tamen omnia, utpote nullius ævo nostro usus, perlibenter suis in tenebris jacere sum passus. Postea uterque codex, videlicet Cæsareus ac Estensis, pari concordia breves Romanorum imperatorum Vitas, atque iisdem verbis, complectuntur ad annum usque 1213, in qu m desinit Estensis. Hæc autem inter eos differentia intercedit, quod codicis Estensis Chronicon eodem sæculo, quo Sicardus e vivis excessit, interpolatum est ab anonymo quodam, quem patria Regiensem puto; aliqua enim intermiscuit, fabuloso plane atque exsibilanda ; ac præterea quædam ad reges Longobardos, et alia postremo loco ad civitatem Regiensem spectantia, ac potissimum nomina consulum ac potestatum illius urbis adjecit. Quod pleraque hæc additamenta præciderim, lectores, ut puto, facile mihi ignoscent; putidas enim fabulas nemo sani capitis amet. Quæ vero ad Regium Lepidi pertinent, infra loco suo, hoc est in altero Chronico, a me Lector accipiet.

Sed illud in primis animadvertendum est in hoc discrepare inter se codices istos, quod nonnulla in Atestino desiderentur quæ in Cæsareo occurrunt; et vicissim haberi in Estensi multo plura quæ frustra in Cæsareo requiras. Atque id potissimum perspicias in iis quæ Sicardus Estensis narrat de gestis suo tempore in Oriente a crucesignatis. Hæc eumdem Sicardum habere auctorem qui peregrinantibus in eam regionem sese adjunxerat. At iis de rebus ne γρῦ quidem complectitur Sicardus Vindobonensis. Unde autem effluxerit dissimilitudo ista inter ejusdem Chronici exemplaria, si quis petat, conjecturam hanc meam responsum habeat. Ut infra edisseram, duplex Chronicon post se reliquit Sicardus. Cæsareus codex unum tantummodo complectitur, quale ab hoc auctore procusum est, hoc est sine ullo prorsus additamento. Contra Estensis codicis scriptor, quippe qui, ut conjicio, non amanuensis. sed auctoris gloriam consectaretur, in usum suum, præter paucas aliorum historias, illud ipsum Sicardi Chronicon magnam partem in suam invexit Historiam, ac præterea ex altero ejusdem Chronico lacinias aliquot decerpsit, suoque operi immiscuit. En igitur quare uberior interdum ac ditior videatur historicus noster in codice Estensi quam in Cæsareo. Dixi geminum Chronicon videri mihi a Sicardo fuisse conscriptum ; hujus enim rei idoneum testem laudare possum Gualvaneum de la Flamma supra memoratum, qui circiter annum Christi 1325 florebat, ac *Manipulum Florum*, sive Mediolanensis historiæ Brev arium concinnabat. Ita ille ad annum 1214 scribit : *Isto anno Sicardus episcopus Cremonensis, qui Mitrale et Chronicam pulcherrimam composuit, in Domino moritur*. Rectius fecisset Gualvaneus, si in subsequentem annum 1215 Sicardi obitum rejecisset. Sed quod nunc quæreLamus, vides, Sicardum duo diversa opera contexuisse, alterum *Chronicæ* seu *Chronici* titulo distinctum ; alterum vero *Mitrale* nuncupatum. Non minus istud quam illud historica fuisse complexum, mihi perquam verisimile est (4) ; tum quod *Mitrale*, non pontificum, sed *imperatorum* alibi a Gualvaneo appellatur, tum etiam quod ab eodem Gualvaneo *Mitrale*, non secus ac *Chronicon*, ut liber historicus citatur atque adhibetur. Fortassis in uno ex iis libris *Vitas imperatorum*, in altero vero *Romanorum pontificum Vitas*, atque historiam potissimum ecclesiasticam fuerit persecutus.

Itaque in edendo hoc opere hujusmodi ratione sum usus. Dimissis quæ nativitatem Domini præcedunt, utpote superfluis, codicis Estensis textum produco ab ejus exordio usque ad Caroli Magni imperium. Commenta ibi sparsa atque, ut puto, a Regiensi consarcinatore adjecta, sustuli ; reliquis autem additamentis, si qua sunt, peperci, aut quod minime videbantur a Sicardi calamo aliena, aut quod non inutilia scitu duxi. In eodem autem codice Estensi ms. ac membranaceo alterum Chronicon habetur, hactenus ineditum cujus mentionem feci in Præfatione ad Godefridum Viterbiensem (5). Illius titulum accipe : *Incipit Liber de temporibus, et ætatibus. Breve compendium collectum ex variis chronicis, et per ordinem digestum de temporibus, in quibus sederunt certi pontifices Romani, et imperatores imperaverunt, reges regnaverunt, sederunt Regini pontifices, consules et potestates. Civitatem Reginam rexerunt*, etc. quam postremam partem, hunc titulum præferentem *Memoriale potestatum Regiensium*, ut nuper sum pollicitus, edere suo loco constitui. Exordium autem ducit hæc Historia ab ortu Christi, et fere tota versatur in Vitis Romanorum pontificum, quas tamen easdem esse deprehendi ac vulgatæ sub Anastasii Bibliothecarii nomine, sed plerumque breviatas. In ura codicis historica quædam additamenta apponuntur, ad martyrum præcipue aliorumque sanctorum memoriam servandam, inter quæ nonnulla mihi a Sicardo desumpta fuisse videbantur. Rem uno exemplo ostendam. Ad Vitam Damasi I papæ hæc in margine adjiciuntur : *His temporibus Damasi papæ. Valentiniano et Valente imperatoribus, anno secundo Valentiniani, Damasus, et paulo post Ursinus diaconus Romæ fuerunt episcopi ; sed prævaluit Damasus. Hic damnavit Liberium, et annullavit omne quod fecerat. Anno v Valentiniani Hilarius Pictaviensis moritur. Anno VII, Eusebius Vercellensis moritur. Anno xI, Ambrosius, cum esset catechumenus, Mediolani ad sacerdotium postulatus, multipliciter fugiens, a Valentiniano legitur audivisse « Noli timere, quia Deus, qui elegit te, ipse te adjuvabit ; et ego adjutor et defensor tuus semper existam. » Post hanc consecratur episcopus. Ex tunc Italia ad fidem convertitur, et Aquilcienses clerici quasi chorus sanctorum, habentur*

---

(4) Post editum supra Sicardi *Mitrale*, Muratorium hic omnino falsum esse nemo non videt. EDIT.

(5) Vide *Patrologiæ* tom. CXCVIII.

Temporibus quoque Valentiniani Athanaricus rex Gothorum Christianos per ... ...
pulus Arii, fidem impugnavit, sicut et Apollinaris Laodicenus, qui, etc. H... ...
Cremonensem, testis est mihi locuples Andreas Dandulus in Chronico. I... ...
ubi hæc leguntur : *Dicit autem Sicardus episcopus quod Aquileienses clerici* ...
ctorum habebantur. Verum quæ Sicardi sint in eo Chronico, quæve aliorum ...
nemo, ut censeo, possit; ac propterea ab iis edendis supersedi. Cum ver ...
Sicardi Historia venit , tunc Vindobonensis Cæsareæ bibliothecæ codice u... ...
ita ut quæ plura habet hic noster, pone subjiciam, sed semper indicato al... ...
sit narratio. Quæ vero exigui momenti varianția sunt, subdam ad instar notarum . ...
potui de Sicardi reliquiis colligere, erit in posterum eruditæ genti ad manus.

Reliquum est ut nunc de hoc ipso Sicardi labore quid ego sentiam atque ...
omni deposito, edicam. Quæ ille congessit usque ad tempora Caroli Magni, ...
eruditis iis quibus curæ est a fontibus, non autem a rivulis, historiæ veritas ...
quoque nonnulla mihi videre videor quæ alibi frustra perquiras, deperditis ...
historiis, quibus ille suo tempore utebatur. Quod si illic te lædat fabulosum aliquid ...
quo l resecare ego ausus non fuerim , tu aut illud Regiensi scriptori Sicardum ...
Sicardo ipsi, ævo parum critico degenti, ignosce. Nam et ille in ea Historiæ par ...
dubio Auctorem agnoscit, non satis sibi cavit a fabulis atque erroribus vulgarium ...
rei exemplum petenti ejusdem Caroli Magni Vita statim occurrat ; eum quippe ...
grinatum in Palæstinam, et per duodecim præcipuos pugnatores bella gessisse ...
mus) inter quos *Rolandus, Uliverius,* etc. Hæc a Romanensibus fabulis desumpta. Ita ...
Berengarios Italiæ reges obtrudit, quem errorem in Historia plurimi subinde propa... ...
plus mirere, etiam domi suæ hospitem se prodit Sicardus. Si ei credimus, sub O... I A... ...
Cremonæ fuit episcopus, qui corpus beati Hymerii transtulit. Imperante vero Ottone II L... ...
monæ fuit episc pus. Sed veniam det Sicardus : ex uno episcopo duos illis incaute f... ...
a Liuzone alius est Liutprandus, uti jam diu recte adnotavit Ughellus, atque ego in Præfatio... ...
nicon ejusdem Liutprandi tom. II *Rer. Italic.* satis evicisse me puto (u). Quare jam int... ...
facile rudibus iis sæculis cæspitarent historici, quoties de eventibus ab ætate sua remoti ...
et eos deficiebant cœvi scriptores. Attamen quæ hactenus attuli, nihil obstant, quominus S... ...
aliis antiquioribus additus , suum quoque præsidium eruditioni præbere possit , ac potissimum ...
sui aut proxime præteriti temporis acta enarrat. Si non alia ipsum nobis commendarent ...
autem plura) hoc unum ejus laudem , et quidem non exiguam , statuere queat. Elegant ...
sermone supra sæculi sui morem singula describit , atque ita Friderici I Augusti expeditionem ...
mam in Orientem , et subsecuta crucesignatorum gesta ob oculos ponit , ut fortasse , quod ...
res eorum temporum Orientales , plerosque alios scriptores post se reliquat. Adde, nemine... ...
nostris tot nobis quot Sicardus monumenta reliquisse de inclyta progenie marchionum Montisfer... ...
eorumque præclaris in Oriente gestis. Atque hinc est cur doleam quod utilissimi scriptoris locutio... ...
tiones aliquot jam exciderint, neque omnes educere in omnium conspectum queam. In his etiam quæ ...
nunc prodeunt , optassem ut emendationes codices mihi præsto fuissent ; abundant enim vitiatis ...
ctionibus tam Cæsareus Vindobonensis quam Estensis. Sed quando nec plura , nec meliora exhibere ...
licet , erit honesti Lectoris hæc quæ dare possum , sibi ac aliis bonarum litterarum amatoribus ...
gratulari, mihi vero in reliquis proniorem fortunam precari.

(6) Vide *Patrologiæ* tom. CXXXVI, col. 785.

SICARDI CHRONICON.

De Ptolemæo Dionysio, et de gestis, quæ fuerunt suo tempore, et de aliis baronibus, et gestis Pompeii, et de morte dicti Pompeii.

Ptolemæus Dionysius apud Ægyptum regnavit annis xxx. Apud Judæos Alexandra, mortuo viro, regnavit an. ix, quæ primogenitum Hircanum declaravit pontificem. Temporibus Dionysii orta est hæresis Pharisæorum. Apud Romanos Albanorum civitas capta est occasione civilis belli, et bellum gladiatorum fuit in Campania. Post hæc nova bella consurgunt in Hispania, in Pamphilia, in Macedonia et in Dalmatia : de omnibus triumphaverunt Romani. Nicomedes rex Bithyniæ populum Romanum hæredem instituit. Lucullus Mithridatem virum insanientem, Byzantium quæ nunc est Constantinopolis, fugavit et oppressit. Interea novum bellum in Italia oritur, non levius bello Annibalis. Lucullus, victa Armenia, et Mesopotamia, et Nisibi capta pri-

mus imperator est appellatus. Alter Lucullus capta Bile, et cæteris urbibus de Hæsis triumphavit usque ad Danubium, et de profugis in Rhodopæis montibus et multis aliis. Confecto bello Macedonico, adhuc manente Mithridatico, Creticum reparatur, ad quod Metellus missus cepit universam Provinciam, unde Creticus est appellatus. His temporibus Marcus Pontius Cato Stoicus philosophus agnoscitur. Defuncta Alexandra Hircanus filius Alexandri et Alexandræ sedit in sede pontificali apud Judæos annis xxxiv, quem multum persecutus est Aristobulus frater ejus. Sed tunc Hircani consiliarius erat Antipater Idumæus, cujus consilio fugit Hircanus ad Aretam regem Arabum, qui venit in Judæam, et obsedit Hierusalem. Audiens Pompeius, qui erat in Armenia, dissensionem fratrum, ascendens Hierusalem, cepit eam, et templum profanavit, et equos, ut dicitur, in porticibus stabulavit : ob quam rem

Corius Mediolanensis historicus sub nomine *Aicardi scriptoris eorum temporum*, Sicardum memorare volens : quem errorem si in typographos rejicere velis, non impedio. Sunt et alii veteres qui a Sicardo exclamationem hanc mutuati in suas historias intulerunt. Atqui eamdem totidem verbis habet Chronicon Atestinum ad annum 1176. Quam concordiam rerum ubi perspexi, etsi chronologi nomen non appareret, hunc tamen alium a Sicardo esse non posse tandem statui.

Quamobrem litteris denuo supra laudatum eruditissimum Cæsareæ bibliothecæ præfectum Gentilottum, nunc amplissimum Tridentinum episcopum, conveni, simulque Estensis Chronici exemplar ad eum misi, ut perspiceret utrum cum Vindobonensi codice paria complecteretur. Ille eumdem scriptorem utrobique deprehendit, quanquam inter se in nonnullis codices discreparent. Quare ut est in omnia humanitatis officia pronus, venia facta ab Augustissimo Romanorum imperatore Carolo VI, hujusce Collectionis meæ patrono clementissimo, Cæsareæ bibliothecæ codicem a tempore Caroli Magni usque ad finem describendum curavit, et ad me continuo misit, quo mihi in promptu esset de hoc argumento lectores commonefacere tutius. En ergo quæ animadverti. Vindobonensis codex purum putum Sicardi Chronicon exhibet, deductum a creatione mundi ad annum 1221. Prologi titulus, miniatis litteris efformatus, ab hisce verbis exordium sumit : *Incipit Prologus super Chronicam, quæ est a domno Syghardo Cremonensi episcopo edita. Rerum Creator omnium et opifex earumdem genus humanum in ea sorte locavit, ut sibi vicissim vivant*, etc. Tum Chronici initium ita se habet : *Adam nomina rebus imposuit, de cujus costa formata est Eva, de qua genuit Cain*, etc. Exinde breviarium exhibet tum sacræ, tum profanæ historiæ usque ad tempora Caii Julii Cæsaris, quæ tamen omnia, utpote nullius ævo nostro usus, perlibenter suis in tenebris jacere sum passus. Postea uterque codex, videlicet Cæsareus ac Estensis, pari concordia breves Romanorum imperatorum Vitas, atque iisdem verbis, complectuntur ad annum usque 1213, in quam desinit Estensis. Hæc autem inter eos differentia intercedit, quod codicis Estensis Chronicon eodem sæculo, quo Sicardus e vivis excessit, interpolatum est ab anonymo quodam, quem patria Regiensem puto; aliqua enim intermiscuit, fabuloso plene atque exsibilanda ; ac præterea quædam ad reges Longobardos, et alia postremo loco ad civitatem Regiensem spectantia, ac potissimum nomina consulum ac potestatum illius urbis adjecit. Quod pleraque hæc additamenta præciderim, lectores, ut puto, facile mihi ignoscent; putidas enim fabulas nemo sani capitis amet. Quæ vero ad Regium Lepidi pertinent, infra loco suo, hoc est in altero Chronico, a me Lector accipiet.

Sed illud in primis animadvertendum est in hoc discrepare inter se codices istos, quod nonnulla in Atestino desiderentur quæ in Cæsareo occurrunt ; et vicissim haberi in Estensi multo plura quæ frustra in Cæsareo requiras. Atque id potissimum perspiciæ in iis quæ Sicardus Estensis narrat de gestis suo tempore in Oriente a crucesignatis. Hæc eumdem Sicardum habere auctorem qui peregrinantibus in eam regionem sese adjunxerat. At iis de rebus ne γρῦ quidem complectitur Sicardus Vindobonensis. Unde autem effluxerit dissimilitudo ista inter ejusdem Chronici exemplaria, si quis petat, conjecturam hanc meam responsum habeat. Ut infra edisseram, duplex Chronicon post se reliquit Sicardus. Cæsareus codex unum tantummodo complectitur, quale ab hoc auctore procusum est, hoc est sine ullo prorsus additamento. Contra Estensis codicis scriptor, quippe qui, ut conjicio, non amanuensis, sed auctoris gloriam consectaretur, in usum suum, præter paucas aliorum historias, illud ipsum Sicardi Chronicon magnam partem in suam invexit Historiam, ac præterea ex altero ejusdem Chronico lacinias aliquot decerpsit, suoque operi immiscuit. En igitur quare uberior interdum ac ditior videatur historicus noster in codice Estensi quam in Cæsareo. Dixi geminum Chronicon videri mihi a Sicardo fuisse conscriptum ; hujus enim rei idoneum testem laudare possum Gualvaneum de la Flamma supra memoratum, qui circiter annum Christi 1325 florebat, ac *Manipulum Florum*, sive Mediolanensis historiæ Breviarium concinnabat. Ita ille ad annum 1214 scribit : *Isto anno Sicardus episcopus Cremonensis, qui Mitrale et Chronicam pulcherrimam composuit, in Domino moritur.* Rectius fecisset Gualvaneus, si in subsequentem annum 1215 Sicardi obitum rejecisset. Sed quod nunc quærelamus, vides, Sicardum duo diversa opera contexuisse, alterum *Chronicæ* seu *Chronici* titulo distinctum ; alterum vero *Mitrale* nuncupatum. Non minus istud quam illud historica fuisse complexum, mihi perquam verisimile est (4) ; tum quod *Mitrale*, non pontificum, sed *imperatorum* alias a Gualvaneo appellatur, tum etiam quod ab eodem Gualvaneo *Mitrale*, non secus ac *Chronicon*, ut liber historicus citatur atque adhibetur. Fortassis in uno ex iis libris *Vitas imperatorum*, in altero vero *Romanorum pontificum Vitas*, atque historiam potissimum ecclesiasticam fuerit persecutus.

Itaque in edendo hoc opere hujusmodi ratione sum usus. Dimissis quæ nativitatem Domini præcedunt, utpote superfluis, codicis Estensis textum produco ab ejus exordio usque ad Caroli Magni imperium. Commenta ibi sparsa atque, ut puto, a Regiensi consarcinatore adjecta, sustuli ; reliquis autem additamentis, si qua sunt, peperci, aut quod minime videbantur a Sicardi calamo aliena, aut quod non inutilia scitu duxi. In eodem autem codice Estensi ms. ac membranaceo alterum Chronicon habetur, hactenus ineditum cujus mentionem feci in Præfatione ad Godefridum Viterbiensem (5). Illius titulum accipe : *Incipit Liber de temporibus, et ætatibus. Breve compendium collectum ex variis chronicis, et per ordinem digestum de temporibus, in quibus sederunt certi pontifices Romani, et imperatores imperaverunt, reges regnaverunt, sederunt Regini pontifices, consules et potestates. Civitatem Reginam rexerunt*, etc. quam postremam partem, hunc titulum præferentem *Memoriale potestatum Regiensium*, ut nuper sum pollicitus, edere suo loco constitui. Exordium autem ducit hæc Historia ab ortu Christi, et fere tota versatur in Vitis Romanorum pontificum, quas tamen easdem esse deprehendi ac vulgatæ sub Anastasii Bibliothecarii nomine, sed plerumque breviatas. In ora codicis historica quædam additamenta apponuntur, ad martyrum præcipue aliorumque sanctorum memoriam servandam, inter quæ nonnulla mihi e Sicardo desumpta fuisse videbantur. Rem uno exemplo ostendam. Ad Vitam Damasi I papæ hæc in margine adjiciuntur : *His temporibus Damasi papæ, Valentiniano et Valente imperatoribus, anno secundo Valentiniani, Damasus, et paulo post Ursinus diaconus Romæ fuerunt episcopi ; sed prævaluit Damasus. Hic damnavit Liberium, et annullavit omne quod fecerat. Anno v Valentiniani Hilarius Pictaviensis moritur. Anno vii, Eusebius Vercellensis moritur. Anno xi, Ambrosius, cum esset catechumenus, Mediolani ad sacerdotium postulatus, multipliciter fugiens, a Valentiniano legitur audivisse « Noli timere, quia Deus, qui elegit te, ipse te adjuvabit ; et ego adjutor et defensor tuus semper existam. » Post hæc consecratur episcopus. Ex tunc Italia ad fidem convertitur, et Aquileienses clerici quasi chorus sanctorum habentur.*

(4) Post editum supra Sicardi *Mitrale*, Muratorium hic omnino falsum esse nemo non videt. EDIT.
(5) Vide *Patrologiæ* tom. CXCVIII.

Temporibus quoque Valentiniani Athanaricus rex Gothorum Christianos persecutus est. Eunomius, discipulus Arii, fidem impugnavit, sicut et Apolliuaris Laodicenus, qui, etc. Hæc a uctorem habere Sicardum Cremonensem, testis est mihi locuples Andreas Dandulus in Chronico, lib. iv, cap. 13, ad annum 368, ubi hæc leguntur : *Dicit autem Sicardus episcopus quod Aquileienses clerici hoc tempore quasi chorus sanctorum habebantur.* Verum quæ Sicardi sint in eo Chronico, quæve aliorum scriptorum, tuto discernere nemo, ut censeo, possit; ac propterea ab iis edendis supersedi. Cum vero ad Caroli Magni imperium Sicardi Historia venit, tunc Vindobonensis Cæsareæ bibliothecæ codice uti incipio, simulque Estensi, ita ut quæ plura habet hic noster, pone subjiciam, sed semper indicato alterutro codice, unde sumpta sit narratio. Quæ vero exigui momenti variantia sunt, subdam ad instar notarum. Hac ratione quidquid potui de Sicardi reliquiis colligere, erit in posterum eruditæ genti ad manus.

Reliquum est ut nunc de hoc ipso Sicardi labore quid ego sentiam atque sentiendum judicem, studio omni deposito, edicam. Quæ ille congessit usque ad tempora Caroli Magni, modico usui futura sunt eruditis iis quibus curæ est a fontibus, non autem a rivulis, historiæ veritatem haurire. Attamen ibi quoque nonnulla mihi videre videor quæ alibi frustra perquiras, deperditis neæpe ante hæc tempora historiis, quibus ille suo tempore utebatur. Quod si illic te lædat fabulosum aliquid, aut male consultum, quo I resecare ego ausus non fuerim, tu aut illud Regiensi scriptori Sicardum sarcienti tribue, aut Sicardo ipsi, ævo parum critico degenti, ignosce. Nam et ille in ea Historiæ parte quæ eum procul dubio Auctorem agnoscit, non satis sibi cavit a fabulis atque erroribus vulgarium chronologorum. Cujus rei exemplum petenti ejusdem Caroli Magni Vita statim occurrat; eum quippe Sicardus tradit peregrinatum in Palæstinam, et per duodecim præcipuos pugnatores bella gessisse (nos *Paladini* appellamus) inter quos *Rolandus*, *Ulirerius*, etc. Hæc a Romanensibus fabulis desumpta. Ita ille quatuor nobis Berengarios Italiæ reges obtrudit, quem errorem in Historia plurimi subinde propagarunt. Sed quod plus mirere, etiam domi suæ hospitem se prodit Sicardus. Si ei credimus, sub Ottone I Augusto *Luyso Cremonæ fuit episcopus, qui corpus beati Hymerii transtulit.* Imperante vero Ottone II *Liutprandus Cremonæ fuit episc pus.* Sed veniam det Sicardus : ex uno episcopo duos illos incaute fecit; neque enim a Liuzone alius est Liutprandus, uti jam diu recte adnotavit Ughellus, atque ego in Præfatione ad Chronicon ejusdem Liutpiandi tom. II *Rer. Italic.* satis evicisse me puto (u). Quare jam intelligas quam facile rudibus iis saculis cæspitarent historici, quoties de eventibus ab ætate sua remotis res erat, et eos deficiebant coævi scriptores. Attamen quæ hactenus attuli, nihil obstant, quominus Sicardi fetus, aliis antiquioribus additus, suum quoque præsidium eruditioni præbere possit, ac potissimum ubi sui proxime præteriti temporis acta enarrat. Si non alia ipsum nobis commendarent (commendant autem plura) hoc unum ejus laudem, et quidem non exiguam, statuere queat. Eleganti enim sermone supra sæculi sui morem singula describit, atque ita Friderici I Augusti expeditionem postremam in Orientem, et subsecuta crucesignatorum gesta ob oculos ponit, ut fortasse, quod est ad res eorum temporum Orientales, plerosque alios scriptores post se relinquat. Adde, neminem ex nostris tot nobis quot Sicardus monumenta reliquisse de inclyta progenie marchionum Montisferrati, eorumque præclaris in Oriente gestis. Atque hinc est cur doleam quod utilissimi scriptoris lucubrationes aliquot jam exciderint, neque omnes educere in omnium conspectum queam. In his etiam quæ nunc prodeunt, optassem ut emendationes codices mihi præsto fuissent; abundant enim vitiatis lectionibus tam Cæsareus Vindobonensis quam Estensis. Sed quando nec plura, nec meliora exhibere licet, erit honesti Lectoris hæc quæ dare possum, sibi ac aliis bonarum litterarum amatoribus gratulari, mihi vero in reliquis proniorem fortunam precari.

(G) Vide *Patrologiæ* tom. CXXXVI, col. 785.

SICARDI CHRONICON.

De Ptolemæo Dionysio, et de gestis, quæ fuerunt suo tempore, et de aliis baronibus, et gestis Pompeii, et de morte dicti Pompeii.

Ptolemæus Dionysius apud Ægyptum regnavit annis xxx. Apud Judæos Alexandra, mortuo viro, regnavit an. ix, quæ primogenitum Hircanum declaravit pontificem. Temporibus Dionysii orta est hæresis Pharisæorum. Apud Romanos Albanorum civitas capta est occasione civilis belli, et bellum gladiatorum fuit in Campania. Post hæc nova bella consurgunt in Hispania, in Pamphilia, in Macedonia et in Dalmatia : de omnibus triumphaverunt Romani. Nicomedes rex Bithyniæ populum Romanum hæredem instituit. Lucullus Mithridatem virum insanientem, Byzantium quæ nunc est Constantinopolis, fugavit et oppressit. Interea novum bellum in Italia oritur, non levius bello Annibalis. Lucullus, victa Armenia, et Mesopotamia, et Nisibi capta pri-

mus imperator est appellatus. Alter Lucullus capta Bile, et cæteris urbibus de Hæsis triumphavit usque ad Danubium, et de profugis in Rhodopæis montibus et multis aliis. Confecto bello Macedonico, adhuc manente Mithridatico, Creticum reparatur, ad quod Metellus missus cepit universam Provinciam, unde Creticus est appellatus. His temporibus Marcus Pontius Cato Stoicus philosophus agnoscitur. Defuncta Alexandra Hircanus filius Alexandri et Alexandræ sedit in sede pontificali apud Judæos annis xxxiv, quem multum persecutus est Aristobulus frater ejus. Sed tunc Hircani consiliarius erat Antipater Idumæus, cujus consilio fugit Hircanus ad Aretam regem Arabum, qui venit in Judæam, et obsedit Hierusalem. Audiens Pompeius, qui erat in Armenia, dissensionem fratrum, ascendens Hierusalem, cepit eam, et templum profanavit, et equos, ut dicitur, in porticibus stabulavit : ob quam rem

dicitur, quod qui fuerat in præliis fortunatissimus A
prius, post hæc fuit infortunatus. Pompeius itaque
Hierosolymis tributum imposuit, Hircanum pontificem confirmavit, Aristobulum captivavit, et rediens
Romam, Syriæ administrationem et Judææ Scauro
commisit. Hic est, qui Hispaniam, Albaniam, Armeniam, Asiam, Syriam, Lusitaniam, Piratas, Mithridatem et Judæam subjugavit, unde et imperator
est appellatus. Sed et Catilina contra patriam con-
juravit, qui demum in agro Piceno cum suis confossus est. Postmodum Gabinius Scauro succedit ;
gentem Judæorum per pentarchias, id est *quinque*
conventus, divisit. Sub Gabinio militabat Marcus
Antonius. Gabinio successit Crassus, factus præses
Syriæ ; qui ut Parthos comprimeret, templum auro
exspoliavit, quare merito auro in os infuso interiit ;
cui successit Cassius. Julius vero Cæsar de Germanis Gallis, Britannis triumphavit, et omnes inter
Rhenum, et Rhodanum, et Alpes usque ad Ocea-
num subjugavit. Appius rex Romano populo Lybiam
testamento concessit. Eisdem temporibus Virgilius
in pago, qui dicitur Andos, juxta Mantuam nascitur,
qui postea Cremonæ studuit, Mediolani togam sumpsit, et inde Romam venit. Horatius Venusii nascitur. Apollodorus Græcus, Titus Livius historicus,
et Curio promptus orator, claruerunt. Rediens Julius de Gallia victor Romam, exercitu dimisso apud
Ariminum, quæsivit alterum consulatum ; sed con-
tradictum est a Pompeio, Marcello et Catone : ideoque Julius Cæsar solvit Aristobulum Romæ liga- C
tum, et mittens cum exercitu sperabat obtinere victoriam ; sed ab amicis Pompeii occisi sunt Aristobulus, et Alexander filius ejus. Alius vero filius
Antigonus fugit ad quemdam Ptolemæum, qui accepit sororem Antigoni uxorem, et genuit Lysa-
niam, qui post fuit Abilinæ tetrarcha. Et reversus
Julius ad exercitum contra patriam se armavit.
Pompeius autem, et omnis senatus, et universa nobilium multitudo de Urbe aufugit, et in Græciam
transivit, et contra Cæsarem bellum paravit. Cæsar
utique vacuam Urbem ingressus, se dictatorem fecit.
Inde vadens in Hispaniam, exercitum Pompeii superavit. Inde transiens in Græciam cum Pompeio
in Æmathia dimicavit. Unde Lucanus :

Bella per Æmathios plus quam civilia campos.
Pompeius victus fugit in Alexandriam, ut a Ptole- D
mæo rege Ægypti peteret auxilium. Sed et Ptolemæus occidit eum, et caput et annulum misit ad
Cæsarem. Cæsar autem Alexandriam ivit, et cum
Ptolemæo navali certamine dimicavit, cujus corpus
in lorica aurea fuit inventum. Eo mortuo, regnum
Cleopatræ sorori ejus, cum qua consuetudinem stupri habuerat, dedit. Regnavit annis xxii et fuit dicta
Cleopatra soror et uxor dicti Ptolemæi. Hæc a serpente periit, et sic regnum Ptolemæorum, vel La-
gidum, defecit, quod stetit per annos ccxcv. Antipater autem fuerat cum Pompeio ; sed eo mortuo
Cæsar adhæsit, et Ægyptios ad obsequendum Cæsari sua prudentia inclinavit. Ejus ergo gratia Cæ-

sar pontificatum confirmavit Hircano. Fecit Hircanum regem et Antipatrum judicem procuratorem.
Postmodum in Thessalia, Africa, Hispania cum
Pompeii fautoribus de omnibus triumphavit. Romam rediens singulare imperium obtinuit.

De Julio Cæsare, et de ejus gestis, et de morte ejus.

Julius Cæsar regnavit apud Romanos annis iv,
mensibus vii. Fuerat ante Romæ imperatum sub
septem regibus annis 243. Postea vero sub consulibus res acta est annis 464. Cœpitque Julius imperare anno primo Cleopatræ, et anno post pontificatum Hircani. Cum igitur honores ex sua voluntate
præstaret, et senatui ad se venienti non assurgeret,
conjuratum est contra eum, et viginti tribus vulneribus, dolo Bruti et Cassii, confossus est. Vir, quo
nullus unquam felicius in bellis enituit, nam quin-
quagies dimicavit ; quo nullus celerius scripsit, nemo velocius legit : quaternas epistolas simul dictavit ; tantæ fuit bonitatis, ut quos armis subegerat,
clementia magis vinceret. Ab hoc Cæsare principes
Romanorum Cæsares appellati sunt. Julius Cæsar
Idibus Martii occisus est in curia a senatoribus.
Obiit autem anno ætatis suæ lvi. Cujus corpus combustum est, et tumulatum in columna, quæ Julia
nuncupatur. Ante mortem ejus fulmen cecidit in
foro, quod de nomine ejus statuæ superposito C
litteram capitalem abrupit ; et fenestræ thalami ejus
tanto strepitu sunt apertæ, quod domum rupturam
crederent. Eadem die datæ fuerunt ei, cum iret in
Capitolium, litteræ mortis indices, quæ in manu
occisi nondum solutæ fuerunt inventæ. Post mortem ejus tres soles apparuerunt in oriente, convenientes in unum corpus solare, significantes quod
trium potestates redirent in monarchiam, vel significantes quod notitia trini et unius Dei toti orbi
imminebat futura. Romæ Basilica Julia dedicatur.
Antonius mensem Quintilem Julium nominavit ,
quia in eo mense Julius natus est. His temporibus
boves in suburbano Romæ ad aratorem locuti sunt,
frustra se urgeri dicentes, magis defuturos homines
quam frumenta. Nota, Pompeium in Ægypto a Ptolemæo rege Ægypti occisum esse, cum Pompeius
ad eum confugeret. Unde Cæsar eum persecutus
occidit Ptolemæum, pro eo quod ausus fuerit principem Romanorum occidere. His temporibus, Ser-
vius Sulpicius jurisperitus, et Publius Servilius
Isauricus claruerunt. Cassius in Judæa templum
exspoliat.

De Octaviano imperatore, et de gestis et actibus, quæ
fuerunt suo tempore.

Octavianus Cæsar Augustus regnavit apud Romanos annis lvi et mensibus v. Annis xii cum Antonio, xliv solus. Anno ab Urbe condita 710, quidam dicunt 700 minus 8, Antonius Cæsaris occisores persequebatur, quos senatus fovebat. Ergo contra Antonium missi sunt duo consules, et cum eis
tertius, scilicet Octavianus adolescens sexdecim annorum, natus Patre Octaviano senatore, maternum
genus trahens per Juliam familiam, nepos Julii.

Cæsar suum dedit nomen, et hæreditatem testamento A
reliquit. Igitur hi profecti contra Antonium, juxta
Mutinam vicerunt eum. Et ecce rursus civilia bella.
Sed post duo consules mortui sunt, et illi exercitus
Cæsari paruerunt ; qui cum Antonio pacem fecit, et
cum exercitu et Antonio Romam rediit. Item Antipater mortuus est bibendo venenum. Quatuor habebat filios, scilicet Phasælum procuratorem Judæorum, Herodem procuratorem Galilææ, Josephum,
Pheroram, et filiam Salomam. Itaque reversi sunt
Antonius et Octavianus. Mortem Cæsaris vindican-
tes, occiderunt Ciceronem oratorem, et multos nobiles, et post hæc Brutum et Cassium. Dimicantes
obtinuerunt, diviseruntque inter se Rempublicam.
Octavianus Hispaniam, Galliam et Italiam ; Antonius Asiam, Pontum, Syriam et Orientem, qui Pha- B
sælum et Herodem procuratores tetrarchas effecit.
Sed rex Parthorum Hierusalem obsedit et Antigo-
no regnum restituit, tradens ei Hircanum et Phasælum. Herodes autem fugiens venit Romam, et
coronatus est in regem super Judæam. Rediens
Herodes cum Romanis cepit Hierusalem, et Antonius occidit Antigonum, et confirmavit Herodi regnum. Ad hæc Antonius, repudiata sorore Cæsaris
Octaviani, cujus bajulus post mortem Cæsaris remanserat, nitebatur multo certamine ei auferre
imperium ; et duxit in uxorem Cleopatram reginam
Ægypti potentissimam in auro et argento et lapidibus pretiosis, et populo. Cumque Antonius et Cleopatra cum magno apparatu navium et populi contra C
Romam venire cœpissent, hoc Romæ auditum est.
Octavianus vero cum ingenti apparatu obviam ivit,
et aggressus est eos ad Epyrum, et sic orta est pugna ; in qua pugna navis reginæ, quæ tota erat
deaurata, cœpit declinare. Quod Antonius videns
declinavit, quem insecutus est usque Alexandriam,
qui irruit in ferrum et se ipsum occidit. Cleopatra
autem videns conservatam se pro triumpho, ornata
auro, et lapidibus pretiosis voluit sua pulchritudine
Octavianum decipere, et sicut cæteros ad libidinem
specie provocare. Sed non est flexus ; imo eam custodiri præcepit. Videns igitur se despectam intravit
ita ornata mausoleum viri sui, et posuit ad mamillas duas Persinas, quod est genus serpentis. Octavianus autem tulit inde infinitam pecuniam ex illa D
victoria, et triumphavit Alexandriam et Ægyptum,
et totam regionem Orientis, et ita victoriosus reversus est Romam. Et susceperunt eum senatores
et omnis populus Romanus cum magno triumpho.
Et quia victoria ista fuit in Sextilibus Kalendis,
posuerunt ei mensi nomen Augustus, ab augendo
Rempublicam. Statuerunt, ut omni anno in Kalendis
Augusti tota civitas hanc festivitatem illius victoriæ
ad honorem Octaviani Cæsaris, et tota Urbs floreat
et gaudeat in tanta festivitate.

*Additamentum posterioris, sed antiqui scriptoris ad
chronicon Sicardi in codice Estensi.*

Hic ritus perduravit usque ad Arcadii viri Eu-
doxiæ tempora, quæ mortuo ejus marito remansit
cum filio suo Theodosio parvulo, quæ viriliter regebat imperium, ac si vir ejus Arcadius viveret.
Hæc inspirante divino nutu, et negotio reipublicæ,
ivit Hierosolymam, sepulcrum Domini, et alia sanctuaria visitatura. Inter multa negotia reipublicæ
comprovinciales detulerunt ei ingentia munera ,
inter quæ catenas beati Petri apostoli. Et cogitavit
non alibi eas catenas poni, nisi ubi beati Petri corpus requiescit in pulvere. Veniens autem Romam
in Kalendis Augusti vidit illum antiquissimum ritum paganitatis a populo Romano celeberrime fieri
in Sextilibus Kalendis, quem nullus Romanorum
pontificum removere potuit. Aggressa est papam
Pelagium, et senatores et populum, quatenus hoc
munus, quod petere vellet, ei concederetur. Cui
diligenter condonare promiserunt. Regina vero dixit : *Video vos tam sollicitos in Sextiles festivitates
in honorem imperatoris mortui Octaviani pro victoria, quam fecit contra Ægyptios. Rogo vos, ut mihi
donetis honorem imperatoris mortui Octaviani ad
honorem imperatoris cælestis, et apostoli Petri, cujus catenas a Hierosolymis adduxi. Et sicut ille liberavit nos ab Ægyptiaca servitute, ita ille imperator cælestis liberet vos a servitute dæmonum. Et volo
facere ecclesiam ad honorem Dei et beati Petri, ibique ponere catenas ; quam ecclesiam et domnus apostolicus dedicet in Kalend. Augusti, et vocetur Sanctus Petrus ad Vincula, ubi domnus apostolicus an-
nualiter in hac ecclesia missarum solemnia celebret.
Et sicut beatus Petrus ab angelo fuit a vinculis absolutus, ita Romanus populus cum benedictione a
peccatis absolutus incedat.* Quod populus audiens,
gravissime suscepit : tandem papæ et reginæ concessit, quæ fabricavit ecclesiam, quam domnus papa
dedicavit in Kalend. Augusti, sicut Eudoxia Christianissima imperatrix proposuerat ; ubi posuit
catenas beati Petri prælibatas, et catenas beati
Petri Neronianas, et beati Pauli, ut ibi populus Romanus in hoc die Kalendarum Sextilium
confluat, et salutet catenas apostolorum Petri et
Pauli.

Anno XLI Octaviani Augusti natus est Joannes
Baptista, qui exsultavit in utero matris, et natus
solvit linguam patris. Prædixerat enim angelus
Zachariæ sacerdoti seni, quod de Elisabeth sterili
et sene filium generaret, quod quia discredidit,
factus est mutus. In sexto vero mense missus est
Angelus Gabriel in civitatem Nazareth ad virginem
Mariam desponsatam Joseph, dicens : *Ave Maria,
gratia plena, Dominus tecum,* etc., ut in Evangelio
continetur (*Luc.* 1). His temporibus Octaviani, fontem olei manasse de Transtiberi usque in Tiberim,
et e taberna meritoria per totam diem ; significans
gratiam Christi ex gentibus. Et circulus ad speciem cœlestis arcus circa solem apparuit, ejusdem
gratiæ significativus. Temporibus Cæsaris Octaviani
Augusti Falcidius legem tulit, quæ Falcidia nomi-

natur. Virgilius, Horatius, Ovidius Naso, Varrus A
et Nicca, Æmilius Veronensis, Quinctilius Cremonensis poetæ, et Cornelius, Sallustius historici, Ar-
torius medicus Augusti, Varro philosophus, Albu-
cius Novariensis, et Messala Corvinus rhetores fuerunt. Ægyptus itaque Romano imperio per Octavianum subacta est anno xv regni ejus, apud quam
regnatum fuerat post Alexandrum per duodecim
reges annis 295. His temporibus, Herodes contra
regem Arabum ab Antonio missus fuerat ; sed rediens in gratiam Cæsaris admissus est, et amplians
ei regnum, tradidit ei Trachonitidem, et Myrrhæam,
et totam maritimam usque ad Pyrgum Simeonis ;
deditque ei Cæsar cccc Galatas satellites, qui
postea vocati sunt Herodiani. Eodem tempore, ut
ait Tertullianus, vel potius xlii anno imperii Cæ-   B
saris Augusti, et xxxii regni Herodis, Maria peperit filium primogenitum. Hic est finis quintæ ætatis, quæ senectuti comparatur, eo quod in hac
plebs Hebræa in multis malis oppressa est, et continet generationes xiv. Fuerunt anni ab Adam
usque ad Christum anni 5199, a diluvio 3300 minus 45, ab Abraham 2015, a David 1046. A transmigratione Babylonis 589 ; alii dicunt, 586. Ab
Urbe condita 752 ; quidam dicunt, 53. Nota. Ad
cujus tempus elucidandum, aliquot annos, qui ad
rem pertinent, singulariter et evidentius decla-
remus.

Anno igitur Octaviani Augusti x defecit pontificatus Judæorum. Anno xi Herodes alienigena, filius C
Antipatri Ascalonitæ, et matris Epyridis Arabicæ,
suscepit, ut prædiximus, a Romanis Judaicum regnum. Cujus principatus modo per duces, modo
per reges, modo per pontifices fuerat hactenus a
Judæis obtentus. Imminente vero Christi nativitate
ad alienigenam translatum est, ut adimpleretur illud Propheticum : Non deficiet princeps, vel non
auferetur sceptrum de Juda, nec dux de femore ejus,
donec veniat qui mittendus est, et ipse est exspectatio
gentium (Gen. xi ix). Sed Herodes combussit libros
genealogiæ gentis Judæorum, ut deficientibus pro-
bationibus crederetur ad eum pertinere regnum
Hic complentur 69 anni hebdomadæ Danielis, qui
faciunt 483. Defecit etiam successio generis sacerdotalis, cum emeretur sacerdotium a Romanis. D
Anno Octaviani Augusti xlvii et regni Herodis
xxxvii scatentibus e corpore vermibus miserabiliter Herodes mortuus est ; qui fuit in aliis fortunatissimus, sed in domesticis infelicissimus. Qui
multas civitates construxit, scilicet Cæsaream, quæ
Turris Stratonis antea vocabatur ; Samariam re-
parans. Sebasten, id est Augustam, nominavit. In
Hierusalem multas domos ædificavit, et turrim,
quam ad honorem Antonii vocavit Antoniam, sed
nunc dicitur Turris David. Construxit et aquilam
auream super Speciosam Portam templi ; et ad honorem posuit Romanorum, quam Judæi dejecerunt
in morte ipsius. Fecit et in Ascalone domum regiam, unde Ascalonita vocatus est. Fecit et templa

multa ad honorem Cæsaris, sed et templum Domini decoravit. In Syriæ singulis urbibus opera
multa construxit ; sed homicidia et parricidia multa
commisit. Nam Hircanum, et filium ejus, et sororem suam, uxorem cum duobus filiis, et socrum, et
duos viros sororis unum post alium fecit occidi.
Jussit quoque Sileam nobiliores in morte sua Judæos occidere ut, eo mortuo, plangeretur ab universa Judæa saltem invita. Et cum de novem uxoribus numerosam genuisset prolem, tres jussit occidi, Antipatrum , Alexandrum et Aristobulum.
Tres autem superstites exstiterunt, Archelaus, Herodes Antipas et Philippus. Aristobulus vero reliquit filium suum Herodem Agrippam et filiam He-
rodiadem. Mortuo Herode, orta est inter fratres de
regno seditio ; inter quos, cum Romæ coram Cæsare litigassent, Cæsar regnum divisit, medietatem
Archelao, aliam medietatem inter Herodem Anti-
pam et Philippum. Archelao quidem Judæam tradidit et Idumæam. Herodi regionem trans flumen, et
Galilæam , Philippo Ituræam et Trachonitidem.
Factus est Archelaus dinarchus, sed quandoque
monarchus, intellige secundum opinionem vulgi,
vel promissionem Augusti, vel iactantiam sui. Herodes autem et Philippus facti sunt tetrarchæ.
Anno xlviii regni Augusti, et primo Archelai, et septimo fugæ Christi, monitus est Joseph per Angelum, ut rediret in terram Hierusalem. Sed audiens,
quod Archelaus regnaret in Judæa, noluit illuc venire, sed veniens in Galilæam cum matre et puero
habitavit in Nazareth. Anno Augusti liv, cum esset
puer Jesus duodecim annorum, ascendit Hierosolymam cum parentibus ad diem festum, et sedit in
templo in medio doctorum, audiens et interrogans
(Luc. ii). His temporibus, censu Romæ agitato, inventa sunt hominum nonagies et trecenta et sexaginta millia. Romam veniens Archelaus, cum accusaretur, a Cæsare damnatus est, et apud Viennam in exsilium relegatus. Sol eclipsim patitur,
et Augustus moritur, cum regnasset xiv annis
post Nativitatem Domini. Aiunt quidam, quod regnavit annis lvi, mensibus vi, diebus x.

*De Tiberio Cæsare filio Octaviani adoptivo et gene-
ro ; et de Pontio Pilato, quem dictus Cæsar procuratorem Judææ instituit. Et de gestis et actis,
quæ fecit, et fuerunt suo tempore.*

Tiberius Augustus filius adoptivus fuit Octaviani Cæsaris. Apud Romanos regnavit annis xxiii.
Hic vivente Augusto sub eo de Rhætis, Vindelicis,
Armenis et Pannoniis triumphavit ; ideoque Augustus adoptavit eum in filium. Fuit enim privignus
ejus, et gener. Similiter adoptavit et Agrippam, id
est Herodem. Tiberius adoptatus Darmatas seu Sarmatas in Romanam redegit potestatem. Factus imperator multos reges ad se per blanditias vocatos
non remisit, inter quos Cappadocem Archelaum retinens, cujus regnum in provinciam vertitur, et
Mazazam civitatem, caput regni, Cæsaream appellavit. Hic Tiberius vino indulsit, unde cum nomen

nahæret Claudius Tiberius Nero, joculatores voca-A
bant eum Caldius Biberius Mero. Apud Judæos re-
legato in exsilium Archelao, missi sunt procuratores unus post alium : Coponius, Marcus Annius
Rupinus. Valerius, qui sæpe vendidit sacerdotium.
Anno xii Tiberii Cæsaris Philippus tetrarcha Pa-
neadem Cæsaream Philippi vocavit, constituens
in ea plurimas ædes, et Sephorim aliam civitatem
Juliam vocavit. Anno xiii Valerio Romam reverso
Tiberius Pontium Pilatum Judææ procuratorem instituit. qui Hierusalem veniens statuas Cæsaris
erexit: et cum Judæi supplicassent de statuis amo-
vendis, minatus est eis mortem ; at illi potius mortem eligebant, quam leges patrias profanarent. Ad-
mirans itaque Judæorum constantiam in legalibus
institutis, statuas jussit auferri. Anno xiv Tiberii B
Herodes tetrarcha Tiberiadem condidit, et Libya-
dem. Anno xv imperii Tiberii Cæsaris, procurante
Pontio Pilato Judæam, tetrarcha autem Galikæw
Herode, Philippo autem fratre ejus tetrarcha Itu-
reæ et Trachonitidis regionis, et Lysania Abilinæ
tetrarcha , sub principibus sacerdotum Anna et
Caipha, prædicatur baptismus pœnitentiæ in remissionem peccatorum. Et veniens omnis Judæa
in Betharam regionem trans Jordanem baptizaba-
tur ab eo. Erat autem Joannes vestitus pilis camelorum, et zona pellicea circa lumbos ejus : locustas et mel silvestre comedebat, in deserto inha-
bitans (Matth. iii). Eo tempore erant tres sectæ
Judæorum, a communi vita et opinione distantes.
Pharisæi phylacteria, scilicet pictacia chartarum, C
quibus Decalogus erat inscriptus, in brachiis et in
fronte gerebant, et spinas in fimbriis. Animas defunctorum dicebant transire in alia corpora usque
ad resurrectionem. Sadducæi negabant resurrectionem, putantes animas cum corporibus interire.
Essæi, vita quasi monachi, dicebant animas omnes
a principio creatas, pro temporibus incorporari.
Eodem tempore dicti Tiberii Cæsaris exierunt Sca-
thoarii de Scanadabia insula in mari Oceano posita ; qui venientes juxta Rhenum, fecerunt Burgos,
ideoque dicti sunt Burgundiones. Cujus tempore
primi habitatores dicebantur Allobroges. Et cum
regnasset Tiberius annis v post passionem Domini
mortuus est. Eodem tempore Sudarium Veronicæ
deportatum fuit Romam de Hierusalem, et liberatus fuit Tiberius a lepra ; et vindicta Christi facta
fuit de Judæis propter mortem Christi ; et mortui
et destructi fuerunt principes sacerdotum, et venditi per Titum et Vespasianum ; et Pilatus in navi
vivus deductus fuit Romam.

De Caio Caligula, et de Herode tetrarcha, qui occidi
fecit Joannem Baptistam , et de gestis, quæ fecit,
et fuerunt suo tempore.

Anno ab Incarnatione Domini 38, Caius Caligula
regnavit apud Romanos annis iv, mensibus x. Hic
fuit sceleratissimus. Nam cum sororibus suis stu-
prum commisit : post eas exsilio condemnavit. Hic
anno primo Imperii sui Agrippam, id est Herodem,

de vinculis liberavit, et Judææ regem instituit, et
apud Judæos regnavit annis vii. Herodem vero te-
trarcham apud Lugdunum exsilio condemnavit,
ubi cum Herodiade adultera extrema mortuus est
egestate, anno ab Incarnatione Domini 38. Anno 17
vel secundum quosdam 16, Imperii Tiberii Cæsaris, Herodes tetrarcha jussit decollari Joannem Baptistam : caput datum est puellæ in disco. et humatum est corpus in Hierosolymis ; Discipuli sepelierunt in Sebaste. Audivit autem Herodes famam de
Jesu, et dubitabat an esset Joannes, qui resurre-
xisset a mortuis, et quærebat eum videre. Tempore Caii Caligulæ Pontius Pilatus incidens in multas
calamitates, demum se propria manu occidit. Caius
Caligula jussit in templo et synagogis Judæorum,
et suas et Jovis imagines erigi , et se Dominum vocari.

De Claudio et de morte beati Jacobi fratris Joannis , et de gestis, quæ fecit et fuerunt suo tempore.

Anno ab incarnatione Domini nostri Jesu Christi
43. Claudius patruus Drusi , qui apud Maguntiam
sepultus est, regnavit apud Romanos annis xiv ,
mensibus vii, diebus xxviii. Hic de Britannis triumphavit, et Orcades insulas Romano adjunxit imperio. Rex Agrippa (alio nomine dictus Herodes)
occidit Jacobum, fratrem Joannis, gladio ; sed is ,
qui eum obtulerat ad martyrium, capite punitus est
quia confessus, se esse Christianum. Petrum quoque misit in carcerem ; sed angelus Domini eripuit
eum de manibus Herodis. Anno iv descendens Herodes vel Agrippa in Cæsaream, sedens pro tribu-
nali gloriabatur, et post mortem inter deos relatus
est, et divus appellatus. Cujus temporibus descriptio facta est ; Romæ sexaginta octo centena
quadraginta quatuor millia ; alibi dicitur : sexagies
mille millia nongenta quadraginta unum millia hominum inventa sunt. Esque temporibus tri,ínta
millia virorum in die Pascha constipatione populi
in foribus templi necantur, ut dies festus converte-
retur in luctum. Anno vi Claudii tanta fames fuit
Romæ, quod imperator vix furorem plebis evase-
rit. Post hæc Claudius Agrippæ filium Agrippam
substituit in regnum Judæorum, et regnavit apud
Judæos annis xxxvi. Eodem tempore Felix quemdam Ægyptium falsum prophetam , qui multa millia virorum congregaverat, ut irruerent in Hierusalem, de quo Acta apostolorum faciunt mentionem ,
in fugam convertit. Cum itaque Paulus coram Felice fuerit accusatus, Felix liberam concessit ei
custodiam. Anno ix Judæos tumultuantes Roma
ejecit.

De Nerone imperatore, qui multa mala fecit et fieri
fecit suo tempore, quia interfecit matrem, amitam,
et uxorem, fratrem et magistrum suum Senecam.
Et de morte beati Jacobi, Marci, Petri et Pauli ,
et Lucani, et aliis gestis.

Anno ab Incarnatione Domini 58. Nero apud Romanos regnavit annis xiv , mensibus vii , diebus
xxviii. Hic fuit similis Caligulæ avo suo, et eo po-

natur. Virgilius, Horatius, Ovidius Naso, Varrus A
et Nicea, Æmilius Veronensis, Quinctilius Cremonensis poetæ, et Cornelius, Sallustius historici, Ar-
torius medicus Augusti, Varro philosophus, Albu-
cius Novariensis, et Messala Corvinus rhetores fuerunt. Ægyptus itaque Romano imperio per Octavianum subacta est anno xv regni ejus, apud quam
regnatum fuerat post Alexandrum per duodecim
reges annis 295. His temporibus, Herodes contra
regem Arabum ab Antonio missus fuerat; sed rediens in gratiam Cæsaris admissus est, et amplians
ei regnum, tradidit ei Trachonitidem, et Myrrhæam,
et totam maritimam usque ad Pyrgum Simeonis;
deditque ei Cæsar cccc Galatas satellites, qui
postea vocati sunt Herodiani. Eodem tempore, ut
ait Tertullianus, vel potius xlii anno imperii Cæ- B
saris Augusti, et xxxii regni Herodis, Maria peperit filium primogenitum. Hic est finis quintæ ætatis, quæ senectuti comparatur, eo quod in hac
plebs Hebræa in multis malis oppressa est, et continet generationes xiv. Fuerunt anni ab Adam
usque ad Christum anni 5199, a diluvio 3300 minus 45, ab Abraham 2015, a David 1046. A transmigratione Babylonis 589; alii dicunt, 586. Ab
Urbe condita 752; quidam dicunt, 55. Nota. Ad
cujus tempus elucidandum, aliquot annos, qui ad
rem pertinent, singulariter et evidentius decla-
remus.

Anno igitur Octaviani Augusti x defecit pontificatus Judæorum. Anno xi Herodes alienigena, filius C
Antipatri Ascalonitæ, et matris Epyridis Arabicæ,
suscepit, ut prædiximus, a Romanis Judaicum regnum. Cujus principatus modo per duces, modo
per reges, modo per pontifices fuerat hactenus a
Judæis obtentus. Imminente vero Christi nativitate
ad alienigenam translatum est, ut adimpleretur illud Propheticum : Non deficiet princeps, vel non
auferetur sceptrum de Juda, nec dux de femore ejus,
donec veniat qui mittendus est, et ipse est exspectatio
gentium (Gen. xlix). Sed Herodes combussit libros
genealogiæ gentis Judæorum, ut deficientibus pro-
bationibus crederetur ad eum pertinere regnum
Hic complentur 69 anni hebdomadæ Danielis, qui
faciunt 483. Defecit etiam successio generis sacerdotalis, cum emeretur sacerdotium a Romanis. D
Anno Octaviani Augusti xlvii et regni Herodis
xxxvii scatentibus e corpore vermibus miserabiliter Herodes mortuus est; qui fuit in aliis fortunatissimus, sed in domesticis infelicissimus. Qui
multas civitates construxit, scilicet Cæsaream, quæ
Turris Stratonis antea vocabatur; Samariam re-
parans, Sebasten, id est Augustam, nominavit. In
Hierusalem multas domos ædificavit, et turrim,
quam ad honorem Antonii vocavit Antoniam, sed
nunc dicitur Turris David. Construxit et aquilam
auream super Speciosam Portam templi; et ad honorem posuit Romanorum, quam Judæi dejecerunt
in morte ipsius. Fecit et in Ascalone domum regiam, unde Ascalonita vocatus est. Fecit et templa

multa ad honorem Cæsaris, sed et templum Domini decoravit. In Syriæ singulis urbibus opera
multa construxit; sed homicidia et parricidia multa
commisit. Nam Hircanum, et filium ejus, et sororem suam, uxorem cum duobus filiis, et socrum, et
duos viros sororis unum post alium fecit occidi.
Jussit quoque Sileam nobiliores in morte sua Judæos occidere ut, eo mortuo, plangeretur ab universa Judæa saltem invita. Et cum de novem uxoribus numerosam genuisset prolem, tres jussit occidi, Antipatrum, Alexandrum et Aristobulum.
Tres autem superstites exstiterunt, Archelaus, Herodes Antipas et Philippus. Aristobulus vero reliquit filium suum Herodem Agrippam et filiam He-
rodiadem. Mortuo Herode, orta est inter fratres de
regno seditio; inter quos, cum Romæ coram Cæsare litigassent, Cæsar regnum divisit, medietatem
Archelao, aliam medietatem inter Herodem Anti-
pam et Philippum. Archelao quidem Judæam tradidit et Idumæam. Herodi regionem trans flumen, et
Galilæam, Philippo Ituræam et Trachonitidem.
Factus est Archelaus dinarchus, sed quandoque
monarchus, intellige secundum opinionem vulgi,
vel promissionem Augusti, vel iactantiam sui. Herodes autem et Philippus facti sunt tetrarchæ.
Anno xlvii regni Augusti, et primo Archelai, et septimo fugæ Christi, monitus est Joseph per Angelum, ut rediret in terram Hierusalem. Sed au iiens,
quod Archelaus regnaret in Judæa, noluit illuc venire, sed veniens in Galilæam cum matre et puero
habitavit in Nazareth. Anno Augusti liv, cum esset
puer Jesus duodecim annorum, ascendit Hierosolymam cum parentibus ad diem festum, et sedit in
templo in medio doctorum, audiens et interrogans
(Luc. ii). His temporibus, censu Romæ agitato, inventa sunt hominum nonagies et trecenta et sexaginta millia. Romam veniens Archelaus, cum accusaretur, a Cæsare damnatus est, et apud Viennam in exsilium relegatus. Sol eclipsim patitur,
et Augustus moritur, cum regnasset xiv annis
post Nativitatem Domini. Aiunt quidam, quod regnavit annis lvi, mensibus vi, diebus x.

*De Tiberio Cæsare filio Octaviani adoptivo et gene-
ro; et de Pontio Pilato, quem dictus Cæsar procuratorem Judææ instituit. Et de gestis et actis,
quæ fecit, et fuerunt suo tempore.*

Tiberius Augustus filius adoptivus fuit Octaviani Cæsaris. Apud Romanos regnavit annis xxiii.
Hic vivente Augusto sub eo de Rhætis, Vindelicis,
Armenis et Pannoniis triumphavit; ideoque Augustus adoptavit eum in filium. Fuit enim privignus
ejus, et gener. Similiter adoptavit et Agrippam, id
est Herodem. Tiberius adoptatus Darmatas seu Sarmatas in Romanam redegit potestatem. Factus imperator multos reges ad se per blanditias vocatos
non remisit, inter quos Cappadocem Archelaum retinens, cujus regnum in provinciam vertitur, et
Mazaram civitatem, caput regni, Cæsaream appellavit. Hic Tiberius vino indulsit, unde cum nomen

naheret Claudius Tiberius Nero, joculatores vocabant eum Caldius Biberius Mero. Apud Judæos re-
legato in exsilium Archelao, missi sunt procuratores unus post alium : Coponius, Marcus Annius
Cuphus. Valerius, qui sæpe vendidit sacerdotium.
Anno xii Tiberii Cæsaris Philippus tetrarcha Pa-
neadem Cæsaream Philippi vocavit, constituens
in ea plurimas ædes, et Sephorim aliam civitatem
Juliam vocavit. Anno xiii Valerio Romam reverso
Tiberius Pontium Pilatum Judææ procuratorem instituit, qui Hierusalem veniens statuam Cæsaris
erexit: et cum Judæi supplicassent de statuis amo-
vendis, minatus est eis mortem ; at illi potius mortem eligebant, quam leges patrias profanarent. Ad-
mirans itaque Judæorum constantiam in legalibus
institutis, statuas jussit auferri. Anno xiv Tiberii
Herodes tetrarcha Tiberiadem condidit, et Libya-
dem. Anno xv imperii Tiberii Cæsaris, procurante
Pontio Pilato Judæam, tetrarcha autem Galilææ
Herode, Philippo autem fratre ejus tetrarcha Itu-
reæ et Trachonitidis regionis, et Lysania Abilinæ
tetrarcha, sub principibus sacerdotum Anna et
Caipha, prædicatur baptismus pœnitentiæ in remissionem peccatorum. Et veniens omnis Judæa
in Betharam regionem trans Jordanem baptizaba-
tur ab eo. Erat autem Joannes vestitus pilis camelorum, et zona pellicea circa lumbos ejus : locustas et mel silvestre comedebat, in deserto inha-
bitans (*Matth.* iii). Eo tempore erant tres sectæ
Judæorum, a communi vita et opinione distantes.
Pharisæi phylacteria, scilicet pictacia chartarum,
quibus Decalogus erat inscriptus, in brachiis et in
fronte gerebant, et spinas in fimbriis. Animas defunctorum dicebant transire in alia corpora usque
ad resurrectionem. Sadducæi negabant resurrectionem, putantes animas cum corporibus interire.
Essæi, vita quasi monachi, dicebant animas omnes
a principio creatas, pro temporibus incorporari.
Eodem tempore dicti Tiberii Cæsaris exierunt Sca-
thoarii de Scanadabia insula in mari Oceano posita ; qui venientes juxta Rhenum, fecerunt Burgos,
ideoque dicti sunt Burgundiones. Cujus tempore
primi habitatores dicebantur Allobroges. Et cum
regnasset Tiberius annis v post passionem Domini
mortuus est. Eodem tempore Sudarium Veronicæ
deportatum fuit Romam de Hierusalem, et liberatus fuit Tiberius a lepra ; et vindicta Christi facta
fuit de Judæis propter mortem Christi ; et mortui
et destructi fuerunt principes sacerdotum, et venditi per Titum et Vespasianum ; et Pilatus in navi
vivus deductus fuit Romam.

*De Caio Caligula, et de Herode tetrarcha, qui occidi
fecit Joannem Baptistam, et de gestis, quæ fecit,
et fuerunt suo tempore.*

Anno ab Incarnatione Domini 38. Caius Caligula
regnavit apud Romanos annis iv, mensibus x. Hic
fuit sceleratissimus. Nam cum sororibus suis stu-
prum commisit : post eas exsilio condemnavit. Hic
anno primo imperii sui Agrippam, id est Herodem,
de vinculis liberavit, et Judææ regem instituit, et
apud Judæos regnavit annis vii. Herodem vero te-
trarcham apud Lugdunum exsilio condemnavit,
ubi cum Herodiade adultera extrema mortuus est
egestate, anno ab Incarnatione Domini 38. Anno 17
vel secundum quosdam 16, Imperii Tiberii Cæsaris, Herodes tetrarcha jussit decollari Joannem Baptistam : caput datum est puellæ in disco, et humatum est corpus in Hierosolymis ; Discipuli sepelierunt in Sebaste. Audivit autem Herodes famam de
Jesu, et dubitabat an esset Joannes, qui resurre-
xisset a mortuis, et quærebat eum videre. Tempore Caii Caligulæ Pontius Pilatus incidens in multas
calamitates, demum se propria manu occidit. Caius
Caligula jussit in templo et synagogis Judæorum,
et suas et Jovis imagines erigi, et se Dominum vocari.

*De Claudio et de morte beati Jacobi fratris Joan-
nis, et de gestis, quæ fecit et fuerunt suo tempore.*

Anno ab incarnatione Domini nostri Jesu Christi
43. Claudius patruus Drusi, qui apud Maguntiam
sepultus est, regnavit apud Romanos annis xiv,
mensibus vii, diebus xxviii. Hic de Britannis triumphavit, et Orcades insulas Romano adjunxit Imperio. Rex Agrippa (alio nomine dictus Herodes)
occidit Jacobum, fratrem Joannis, gladio ; sed is,
qui eum obtulerat ad martyrium, capite punitus est
quia confessus, se esse Christianum. Petrum quoque misit in carcerem ; sed angelus Domini eripuit
eum de manibus Herodis. Anno iv descendens Herodes vel Agrippa in Cæsaream, sedens pro tribu-
nali gloriabatur, et post mortem inter deos relatus
est, et divus appellatus. Cujus temporibus descriptio facta est ; Romæ sexaginta octo centena
quadraginta quatuor millia ; alibi dicitur : sexagies
mille millia nongenta quadraginta unum millia hominum inventa sunt. Easque temporibus tri,inta
millia virorum in die Paschæ constipatione populi
in foribus templi necantur, ut dies festus converte-
retur in luctum. Anno vi Claudii tanta fames fuit
Romæ, quod imperator vix furorem plebis evase-
rit. Post hæc Claudius Agrippæ filium Agrippam
substituit in regnum Judæorum, et regnavit apud
Judæos annis xxxvi. Eodem tempore Felix quemdam Ægyptium falsum prophetam, qui multa millia virorum congregaverat, ut irruerent in Hierusalem, de quo Acta apostolorum faciunt mentionem,
in fugam convertit. Cum itaque Paulus coram Felice fuerit accusatus, Felix liberam concessit ei
custodiam. Anno ix Judæos tumultuantes Roma
ejecit.

*De Nerone imperatore, qui multa mala fecit et fieri
fecit suo tempore, quia interfecit matrem, amitam,
et uxorem, fratrem et magistrum suum Seneccam.
Et de morte beati Jacobi, Marci, Petri et Pauli,
et Lucani, et aliis gestis.*

Anno ab incarnatione Domini 58. Nero apud Romanos regnavit annis xiv, mensibus vii, diebus
xxviii. Hic fuit similis Caligulæ avo suo, et eo po-

jor, quia matrem, amitam, uxorem, fratrem et magistrum suum Senecam occidit, qui fuit de civitate
Cordubensi, patruum Lucani. Et civitatem incendit,
ut similitudinem ardentis Trojæ videret. In re militari nil ausus, fere Britaniam perdidit, et Armeniam. Qui tantæ fuit luxuriæ, ut retibus aureis et
funibus purpureis piscaretur. Romæ Thermas ædificavit. Anno vii imperii Neronis Jacobus frater
Domini Hierosolymitanus episcopus de pinnaculo
templi pertica fullonis jactatus et mortuus est.
Anno secundo imperii sui Festum Felici substituit
præsidem Palæstinæ, a quo Paulus Cæsarem appellavit. Cui Festus : *Cæsarem appellasti : ad Cæsarem
ibis.* Cum rex Agrippa venisset Cæsaream ad salutandum Festum, indicavit Festus regi de Paulo,
coram quo Paulus etiam comparuit. De morte beati
Marci evangelistæ multipliciter est scriptum.

———

*Additamentum posterioris , sed antiqui scriptoris ad
chronicon Sicardi in codice Estensi.*

In passione sua legitur, quod imperantibus Gaio
et Junio (alibi, quod primo Neronis anno, quidam
octavo) mortuus est. *Hic Petri in baptismate filius,
et in sermone discipulus fuit. Hic Evangelium in
Italia scripsit rogatu Romanorum , ut quod Petrus
docuerat verbo, litteris in memoria conservarent.
Post hæc in tota regione Ægypti baptizatis ordinavit episcopum. Multos quoque varios infirmos sanavit, leprosos mundavit, dæmoniacos liberavit. Demum ecclesia constructa per fratres in loco, qui Bu-
culus nominatur, insidiatores in mense Pharmuthi ,
id est Aprili et festivitate septiplica fune trahentes
eum, dicebant : « Trahamus bubalum de Buculi. »
Sanctus vero Domini gratias agebat Domino Jesu
Christo, dicens : « In manus tuas Domine, commendo spiritum meum. » Et tunc cum gentiles reliquias
ejus comburerent, factæ sunt tenebræ, tempestas et
imber. Posuerunt ergo justi corpus ejus in Alexandria in loco lapidis excisi cum gloria , venerantes
memoriam ejus. Quod longo tempore post Venetias
creditur esse translatum, ubi colitur et veneratur.
Et merito ad Italiam translatum est, ubi ejus Evangelium primo prædicatum. Cujus discipulus fuit
Hermagoras Aquileiensis. Hermagoras vero Syrus,
et Inventius Papiensis claruerunt. Eodem tempore
Neronis, discipuli Pauli fuerunt Dionysius Areopa-
gita, qui apud Athenas sacerdotium adeptus est, et
Crescens , et Trophimus, qui ad Gallias profecti
sunt ; et Lucas , qui ad ejus doctrinam scripsit E-
vangelium, et ad ejus sequelam Actus apostolorum.

Demum vero cum a Romanis quæreretur ad pœnam, quia magnam partem senatus occiderat, a senatu fugatus est et occisus. Dicitur quod se ipsum
occidit, et in eo omnis Augusti familia consumpta
est. Temporibus Neronis Lucanus claruit, qui de-
prehensus in conjuratione quadam , brachium ad
secandas venas præbuit, Horatius rhetor, qui et
Thebaidos appellatur. Eo tempore terræ motus Ro-

mæ et in Asia fuerunt. Fulmen cecidit ante mensam
Neronis. Ejus tempore Cornutus poeta magister
Persii claruit. Sed Cornutum Nero misit in exsilium.
Eodem tempore, an. xii Ne. onis et xxxvi post passionem Domini , et lxx ab Incarnatione (alibi dicitur xiv Neronis, et xxxviii Dominicæ passionis)
Nero Petrum occidit crucis patibulo, capite deorsum, sicut elegit, verso ; et sepultus est in Vaticano
juxta viam Triumphalem ; et eodem die Paulum
occidit gladio. Hic fuit Judæus Gamalielis discipulus, qui xiv scripsit Epistolas, sed propter stylum
de ultima dubitatur , et creditur esse Barnabæ , et
Lucæ, vel Clementis. Et cum ad Paulum Seneca
scripsisset epistolas , Paulus quoque scripsit ad
eum. Est autem sepultus in Via Ostiensi, anno
xxvii, ut quidam aiunt, post passionem Domini.
Hi duo, sicut ait Clemens, habuerunt uxores. Nam
Petrus, cum uxorem vidit duci ad passionem, gavisus ait : *O conjux, memento Domini.* Paulus negat se suam circumducere , ut expeditius posset
prædicationi vacare.

*De Galba, et Ottone, et Vitellio, et Vespasiano , et
aliis gestis.*

Anno ab Incarnatione Domini 72, post mortem
Neronis Galba in Hibernia , Otto Romæ , Vitellius
in Germania, Vespasianus in Palæstina electi sunt
ad imperium. Nero namque contra Judæos Vespasianum miserat. Sed Galba septimo mense capite
truncatur. Hujus temporibus fuit Linus papa , Otto
levi prælio victus se ipsum occidit ; Vitellius a ducibus Vespasiani occiditur. Itaque Vespasianus
exercitum filio Tito commendans , Romam venit,
et confirmatus regnavit annis ix, mensibus xi ,
diebus xxii. Qui moderatissime rexit imperium :
erat enim justus, largus, lætus , patiens , immemor
offensarum. Ecclesia, quæ Hierosolymis congregata
fuerat, responso accepto , transivit ad castrum,
Pellam nomine, trans Jordanem. Ablatis justis viris Titus anno secundo imperii patris sui Judæam
et Hierusalem diebus Azymorum subvertit , diebus
merito, quibus Dominum occiderunt. Alii occiderunt gladio, alii fame, usque adeo quod matres si-
lios comederent. Alii vero igne combusti sunt, alii
venumdati, alii captivati , usque ad decies centena millia. Hic est igitur ille, secundum Prophetam,
Aper de silva, qui devastavit eam (Psal. lxxix).
Fuerunt autem a prima ædificatione templi, quod
fuit sub Salomone, usque ad hanc ruinam anni
5102, alii dicunt 5089. A secunda , quæ fuit sub
Dario 590, a captivitate sub Antiocho 238, a Passione Domini 39 vel potius 40 (supra Isaiam legitur 42). Hanc ruinam prodigia præcesserunt, scilicet cometes stella similis gladio , et immensum
fulgur repentinum in templo , et voces dicentes :
Transmigremus hinc ; et janua ferreis vectibus munita, sponte patefacta : currus et quadrigæ, armatorum cohortes in aere, et vitula in sacrificiis agnum
enixa ; et prophetia cujusdam rustici clamantis, et
nil aliud in ore habentis, quam verba hæc : V. s

ab oriente . vox ab occidente, vox a quatuor ventis, vox super Hierusalem et templum, vox super sponsam et sponsum : væ Israelitis ! et divisio civium, quia pars templum, pars tenuit arcem , pars reliquam civitatem. Unde Isaias (*Cap.* LXVI) : *Vox populi de civitate, vox de templo.* Post excidium Judæorum ex universis locis convenientes in unum Apostoli, cæterique discipuli, qui supererant, elegerunt Simonem Cleophæ filium, et Jacobo substituerunt. Temporibus Vespasiani Achaia, Lycia, Rhodus, Byzantium, Samos, Thracia, et multæ aliæ regiones , quarum quædam liberæ, quædam sub regibus degebant , amissis regibus sub Romano imperio rediguntur, capitolium incenditur, et ædificari incipit.

De Vespasiano, et de vindicta, quam fecit de Judæis, et de pestilentia Judæorum , fame et mortalitate eorum, et aliis gestis. Et de Josepho.

Refert Josephus, quod propter peccatum mortis Jacobi Justi factum sit excidium Hierusalem, et dispersio Judæorum. Sed non solum ob mortem Jacobi, sed etiam ob mortem Domini præcipue hæc destructio facta est, secundum quod Dominus dicit : *Non relinquetur inde lapis super lapidem , eo quod non cognoveris tempus visitationis meæ* (*Matth.* xxiv). Sed quoniam Dominus non vult mortem peccatoris (*Ezech.* xxxiii), et ut ipsi excusationem non haberent, per XL annos pœnitentiam eorum expectavit, et per apostolos, maxime per Jacobum fratrem Domini, inter eos continue prædicantem , eos ad pœnitentiam revocabat. Sed, cum per admonitionem eos non posset revocare , voluit eos saltem prodigiis exercere. Nam in his XL annis, sibi ad pœnitentiam datis, multa monstra et prodigia, sicut refert Josephus , evenerunt : *Nam stella præfulgens gladio per omnia similis visa est civitati desuper imminere , ac per totum annum exitialibus flammis ardere. In quodam festo Azymorum hora noctis nona tantus fulgor aram templi circumdedit , ut omnes diem clarissimum putarent. In eadem festivitate vitula ad immolandum adducta, inter ministrorum manus agnum subito est enixa. Post aliquot dies prope solis occasum visi sunt currus , et quadrigæ in omni regione per aerem fieri, et armatorum cohortes misceri nubibus, et urbem circumdare agminibus improvisis. In alio die festo qui Pentecostes appellatur, noctu sacerdotes in templum ingressi ad ministeria ex more complenda, motus quosdamque strepitus senserunt , ac voces subitas audierunt dicentes : « Tran eamus ab his sedibus. » Ante quartum etiam annum belli , vir quidam nomine Jesus, Ananiæ filius in festo Tabernaculorum repente clamare cæpit : « Vox ab oriente, vox ab occidente, vox a quatuor ventis, vox super Hierusalem, et super templum : vox super sponsos et sponsas , vox super Hierusalem universam. »* Prædictus igitur vir capitur, cæditur, verberatur ; sed ille aliud dicere nequiens, quanto plus verberabatur. tanto eadem fortius clamitabat. Ad Judicem igitur adducitur ; tormentis diris afficitur ; usque ad putredinem ossium laniatur. Sed ille nec preces nec lacrymas effundebat, sed cum quodam ululatu per singula pene verbera eadem proferebat , addens etiam hoc : « Væ, væ Hierosolymis. » Hæc Josephus.

Cum autem Judæi nec admonitionibus converterentur, nec tantis prodigiis terrerentur, post XL annum Dominus Vespasianum et Titum Hierusalem adduxit, qui ipsam civitatem funditus destruxerunt. Vespasianus namque Romam adiit, et destruendi Judæam et Hierusalem a Tiberio licentiam impetravit. Per annos igitur plures exercitum congregavit, et Hierusalem cum copioso exercitu Vespasianus advenit; et in die Paschæ Hierusalem per circuitum potenter obsedit, ibique infinitam multitudinem, quæ ad diem festum venerant, conclusit. Per aliquod autem tempus, antequam Vespasianus Hierusalem adveniret, fideles, qui ibi erant, a Spiritu sancto admonentur, ut inde recedant, et in quodam oppido trans Jordanem, quod Pellam vocant, secedant, ut absens ab urbe sanctis viris cœlesti vindicta fieret locus, tam de urbe sacrilega, quam de populo scelerato.

Quamdam autem civitatem Judææ nomine Jonaparam, in qua Josephus princeps et dux erat, primo omnium est aggressus. Sed Josephus cum suis viriliter resistebat. Tandem Josephus videns imminere excidium civitatis, assumptis undecim Judæis, subterraneam domum intravit, ubi quatriduana fame jacuerunt afflicti. Judæi vero consentiente Josepho malebant ibidem mori quam Vespasiani se subjicere servituti. Volebant se mutuo interficere, et sanguinem suum in sacrificium Deo offerre. Et quoniam Josephus inter eos erat dignior, volebant eum primitus occidere, ut ejus effusione sanguinis Deus citius placaretur; vel ut Chronica dicit, ideo mutuo se interficere volebant, ne darentur in manibus Romanorum. At vir prudens Josephus et mori nolens, judicem mortis et sacrificii se constituit ; et quis prior alio occisurus esset, inter binos et binos sortem mittere jussit. Missis itaque sortibus, sors nunc unum, nunc alium morti tradidit, donec ventum est ad ultimum, cum quo Josephus sortes missurus fuit. Tunc Josephus homo strenuus et agilis gladium illi abstulit, et quid magis eligeret, vitam scilicet aut mortem, requisivit, et ut sine dilatione eligeret, præcepit. Et ille timens respondit : *Vivere non recuso, sed gratia tui vitam conservare valeo.* Tunc Josephus uni familiari Vespasiani, qui sibi etiam familiari, latenter locutus est ; et ut sibi vita donaretur, petiit ; et quod petiit, impetravit. Cum autem ante Vespasianum Josephus esset adductus, dixit ei Vespasianus : *Mortem meruisses, si hujus petitionibus liberatus non esses.* Josephus : *Si quid perperam actum est, in melius commutari potest.* Et Vespasianus : *Qui victus est, quid facere potest ?* Et Josephus : *Aliquid facere potero, si dictis meis aures tuas demisero.* Et Vespasianus : *Concedatur, ut verbis inhæreas; et quidquid boni dicturus es, pacifice audiatur.* Et Josephus : *Imperator interiit, et senatus imperatorem te fecit.* Et Vespasianus : *Si propheta es, quare non es vaticinatus huic civitati, quod meæ subjicienda sit ditioni?* Et Josephus : *Per quadraginta dies hoc eis prædixi.* Interea legati Romanorum venerunt. Vespasianum imperatorem sublimatum asserunt, eumque venerati sunt. Hæc supradicta Chronica testatur, quod scilicet Josephus Vespasiano prædixit tam de imperatoris morte, quam de sua sublimatione. Reliquit autem Vespasianus Titum filium suum in obsidione Hierusalem.

Titus autem, ut in Historia apocrypha legitur, audiens patrem suum in imperium sublimatum, tanto gaudio et exsultatione repletur, quod nervorum contractione ex frigiditate corripitur, et altero crure debilitatus paralysi torquetur. Josephus autem audiens infirmitate laborare, causam morbi, et morbum, et tempus morbi diligenter inquirit. Causa nescitur ; morbus ignoratur. De tempore autem, quoniam audita patris electione hoc sibi accidit, aperitur. Josephus autem vir sapiens et providus ex paucis multa conjecit, et ex tempore morbum et causam invenit. Sciens quod gaudio et lætitia superabundanti debilitatus fuit, animadvertens itaque quoniam contraria contrariis curantur ; sciens etiam quidquid amore conquiritur, dolore frequenter amittitur, quærere cœpit, an aliquis esset, qui principis inimicus obnoxius teneretur. Et erat ibi servus adeo molestus Tito, ut sine vehementi cordis turbatione nullatenus in eum posset respicere, nec etiam nomen ejus audire. Dixit itaque Tito : *Si curari desideras, omnes, qui in meo comitatu venerint, salvos efficias.* Cui Titus : *Quicunque in tuo comitatu venerint, securus habeatur et salvus.* Tunc Josephus cito prandium fieri præcepit, et mensam suam mensæ Titi oppositam locavit, et servum a dextris suis sedere fecit. Quem Titus respiciens, molestia conturbatus infremuit ; et qui prius gaudio infrigidatus fuerat, accessione furoris incaluit, nervosque distendens curatus fuit. Post hæc Titus et servum in sui gratiam, et Josephum in sui amicitiam accepit.

Biennio igitur a Tito Hierusalem obsessa, inter cætera mala, quæ obsessos graviter perurgebant, tanta fames omnes tenuit, quod parentes filiis, et filii parentibus, viri uxoribus, et uxores viris cibos non tantum ex manibus, sed etiam ex ipsis dentibus rapiebant. Juvenes etiam ætate fortiores velut simulacra per vias oberrando palam exanimes cadebant. Qui mortuos sepeliebant, sæpe super ipsos mortuos mortui cadebant. Fetorem autem cadaverum non ferentes, ex publico sumptu ipsa sepeliebant ; sed deficiente sumptu et vincente cadaverum multitudine, de muro cadavera præcipitabant. At Titus circuiens cum videret valles cadaveribus repletas, et totam patriam ex eorum fetore corruptam, manus suas cum lacrymis ad cœlum levavit : *Deus, tu vides, quia ego hæc non facio.* Tanta ibi

fames erat quod calceamenta sua et corrigias comedebant. Matrona etiam genere et divitiis nobilis, sicut legitur in *Historia ecclesiastica,* cum prædones ejus domum intrantes eam omnibus exspoliassent, nec sibi ulterius quod comederet remansisset, parvulum filium suum lactantem tenens in manibus, ait : *Infelicis matris infelicior fili! In bello, in fame, in direptione cui te reservabo? veni ergo nunc, o mi nate, esto matri cibus, prædonibus furor, sæculis fabula.* Et his dictis, filium jugulavit et coxit ; et dimidium comedens, partem alteram occultavit. Et ecce confestim prædones odorem carnis coctæ sentientes in domum irruunt, et nisi carnes prodat, mortem minantur. Tunc illa detegens infantis membra : *Ecce,* inquit, *vobis partem optimam reservavi.* At illos tantus horror invasit, quod nec loqui potuerunt. Et illa : *Meus est hic filius, meum est peccatum, securi edite, quia prior ego comedi quod genui. Nolite fieri aut matre religiosiores, aut feminis molliores. Quod si vicit vos pietas, et horretis, ego totum comedam, quæ dimidium jam comedi.* Illi vero trementes et territi discesserunt.

Tandem secundo anno imperii Vespasiani Titus Hierusalem cepit, et captam subvertit, templumque funditus destruxit. Et sicut Judæi Christum triginta denariis emerant, sic et ipse uno denario triginta Judæos vendidit. Sicut autem narrat Josephus, nonaginta septem millia Judæorum venditi sunt, et undecies centena millia fame et gladio perierunt.

—

Additamentum antiqui interpolatoris ad chronicon Sicardi in codice Estensi.

Legitur quoque, quod Titus intrans Hierusalem, quemdam murum densissimum vidit, ipsumque perforari præcepit, factoque foramine quemdam intus senem aspectu et canitie venerabilem invenerunt. Qui requisitus, qui esset, respondit se esse Joseph ab Arimathia Judææ civitate, seque a Judæis ibidem inclusum et muratum fuisse, eo quod Christum sepelisset ; addiditque quod ab illo tempore usque nunc cœlesti sit cibo pastus, et divino lumine confortatus. In Evangelio tamen Nicodemi dicitur quod, cum Judæi ipsum reclusissent, Christus resurgens eum inde eripuit, et in Arimathiam duxit. Potest dici, quia cum eductus a prædicatione Christi non cessaret, a Judæis iterum est inclusus.

—

Mortuo quoque Vespasiano imperatore, Titus filius ejus eidem in imperio successit, qui fuit vir clementissimus et multæ liberalitatis, tantæque bonitatis fuit, sicut ait Eusebius Cæsariensis in Chronica, et testatur Hieronymus, quod dum quodam sero recordatus fuisset, quod illo die nil boni egisset, aut nihil dedisset, ait : *Diem perdidimus.*

De origine Josephi, et nativitate, et cujus filius fuit; et de compositione librorum, quos fecit.

Operæ pretium sane est post ista noscere, quis

fuerit hic Josephus, et unde vel ex quo genere ori- A
ginem ducens; qui tantam nobis materiam rerum
gestarum cognitionemque præstitit. Exponit ergo
etiam hæc ipse de se hoc modo, scribens : *Josephus
Mathathiæ filius Hierosolymis sacerdos, qui et in ipso
primo bello Romanos oppugnavit, et posterioribus
nihilominus interfuit præliis necessitate constrictus.*
Constat igitur, hunc virum per idem tempus non
solum apud Judæos proprios cives, verum etiam
apud Romanos habitum esse nobilissimum, ita ut
litterarum merito in urbe Roma etiam statua donaretur, et libri ejus bibliothecæ traderentur. Conscripsit itaque *Antiquitatum* historiam in xx libris.
Belli vero *Judaici* cum Romanis historiam vii voluminibus comprehendit, qua non solum Græca facundia, verum etiam et patrio, id est Hebræo sermone, suis etiam civibus se edidisse confirmat : dignus, cui præ cæteris omnibus debeat credi. Sed et
alia ejusdem viri exstant *De Judæorum vetustate*
duo volumina, in quibus contradicere Appioni cuidam Grammatico videtur, qui illis temporibus adversum Judæos scripserat, et ad alios quosdam, qui
mores gentis Judæorum atque instituta lacerave-
rant. In primo ergo ex his libris duobus, quæ volumina apud Hebræos in auctoritate habentur,
secundum majorum traditionem per hæc docet.

*Prologus de libris quos Josephus composuit contra
Appionem.*

Neque igitur innumera, inquit, *apud nos habentur
volumina inter se invicem discordia ; sed duo tantum
et viginti sunt libri, qui omnium temporum seriem*
C
*continent, qui et juste creduntur divinitus inspirata.
Ex quibus quinque sunt Moseos, continentes legem
vitæ, et successionis humanæ prosapiam, usque ad
ipsius Moseos terminum protendentem ; qui paulo
minus trium millium annorum continentiam gerunt.
A morte vero Moseos usque ad Artaxerxem, qui regnavit apud Persas, quæ gesta sunt, prophetæ quinque per ea tempora tredecim voluminibus conscripserunt. Reliqui vero quatuor libri, hymnos in Deum,
et vitæ instituta ac monita mortalibus tradunt. Ab
Artaxerxe vero usque ad nostrum tempus singula quidem conscripta, non tamen priori simili fide sunt habita, pro eo quod non exstiterit prophetarum jugis et
certa successio. Rebus ergo ipsis constat, quod nos*
D
*venerabiliter utamur Scripturis nostris. Nam, quam-
vis tot sæcula intercesserunt, neque addere quis unquam, neque auferre aut permutare quid ausus est.
Sed omnibus gentis nostræ hominibus insita hæc
quodammodo, atque ingenita fides est, credere, hæc
Dei esse consulta, et his jugiter inhærere, ac pro
ipsis, si ita res poposcerit, libenter et animam ponere.* Sit etiam hæc pars historiographi his in locis
a nobis, ut arbitror, non incompetenter inserta.
Est adhuc ejus aliud elegans satis volumen : quod
animus sit, qui imperium teneat in nobis. Quem libellum quidam *Machabæorum* attitulaverunt, pro
eo quod certamina inibi et agones pro pietate a
Machabæis fratribus desudata contineat. Sed et in

A fine vicesimi *Antiquitatum* libri significat idem
ipse, composuisse quatuor volumina comprehen-
sura secundum fidem et religionem patriam *De Deo,
et de substantia ejus, ac legibus, et cur quædam apua
eos liceant, quædam non liceant.* Sed et alia nonnulla opuscula a se dicit esse composita. In fine
etiam supradicti vicesimi *Antiquitatum* libri. Justum
quemdam ex Tiberiade, qui conatus sit hoc idem
opus, quod ipse explicuerat, aggredi, arguit falsitatis per hæc verba : *Sed non ego te imitatus in his,
quæ conscripseram. Ipsis enim imperatoribus obtuli
libros meos, cum adhuc ipsa, quæ gesta sunt, pene
in oculis haberentur ; quippe qui conscius mihi essem,
servare in omnibus veritatem, nec me dictorum testimonio fefellit opinio. Sed et aliis pluribus obtuli,
quorum multi etiam ipsis interfuere bellis, sicut
Agrippa rex, et nonnulli ejus propinqui. Imperator
quidem Titus in tantum probavit, ex istis debere libris ad omnes homines rerum gestarum notitiam pervenire, ut manu subscriberet publice ab omnibus eos
legi debere. Rex vero Agrippa sexaginta duabus epistolis de Operis nostri veritate testatus est, ex quibus et duas inserui.* Sed de his satis. Nunc ad narrationis nostræ seriem redeamus.

De Tito Vespasiani filio imperatore.

Anno ab Incarnatione Domini 82, Titus Vespasiani filius regnavit apud Romanos annis ii et mensibus ii. Qui fuit Græca et Latina lingua disertissi-
mus, facundus, pius, largus; dicens, nullum
debere tristem ab imperatore discedere; unde cum
quadam die recordatus fuisset in cœna, se nil illo
die cuiquam præstitisse, ait : *Amici, hanc diem per-
didi.* Hujus temporibus Cletus, quem Petrus presbyterum fecit, successit post Petrum papam.

De Domitiano imperatore filio Vespasiani.

Anno ab Incarnatione Domini 84, Domitianus
filius Vespasiani, et frater Titi junior regnavit apud
Romanos ann. xv. Hic superbissimus fuit, ut se
Deum et Dominum jusserit appellari, et aureas et
argenteas statuas in Capitolio sibi erigi, mensem
Octobrem Domitianum suo nomine quoque vocari.
Verumtamen Romæ multa opera fecit, Capitolium,
Forum, Porticus Divorum, Isium, et Serapium,
Horrea, Præparatoria, et Pantheon, et Stadium, et
multa alia. De Dacis et Germanis triumphavit. Eunuchos fieri prohibuit. Philosophos et mathemati-
cos de urbe ejecit. Christianos persecutus est, et
Joannem apostolum in ferventis olei dolio posuit,
et cum inde illæsus exisset, in Pathmos insula relegavit, ubi Apocalypsim scripsit. Eodem tempore
Domitiani, Josephus a Vespasiano jam captus Romam venit, et multa conscripsit, præsertim xxiv.
Antiquitatum libros ab exordio mundi usque ad xiv
annum hujus Domitiani, unde statua Romæ donatus est. Et eodem tempore Quinctilianus Romæ
scholam habuit, et salarium de Fisco primum accepit. Eodem tempore omne genus et regnum Hebræorum, et præcipue regis David omnino deletum fuit a Domitiano imperatore, exceptis quibus-

15

dam, qui dicebant non deberi sibi terrenum impe- A
rium, sed cœleste, quos ad voluntatem eorum libe-
ros abire permisit; demum cum multos nobiles
de senatu occidisset, suorum conjuratione occisus
est.

De Nerva imperatore.

Anno ab Incarnatione Domini 99, Nerva apud
Romanos regnavit ann. i et mens. iv. Vir fuit strenuus et modestus, qui missos in exsilium per Domitianum solvit. Idem creditur de Joanne apostolo,
qui reversus est Ephesum. Ista est metropolis
Asiana. Audi fabulam de Joanne. Cuidam episcopo
quemdam juvenem commisit. Episcopo absente, juvenis princeps latronum effectus est. Cum repeteret
eum Joannes, ait episcopus : *Mortuus est.* Cui Joannes : *Bonum te custodem fratris animæ reliqui!* De- B
mum per Joannem ad pœnitentiam revocatus est.

De Trajano imperatore.

Anno ab Incarnatione Domini 100, Trajanus regnavit apud Romanos ann. xix et mens. vi, et diebus xv. Hic fuit tantæ civilitatis et fortitudinis,
ut omnibus præcedentibus principibus merito præferatur ; nam cum alii imperium defendissent, iste
nobiliter ampliavit. Nam Asia et Babylonia capta
usque ad Indiæ fines accessit. De Dacis et Scythis
triumphavit. Hymbrios, Sauromatas, Arabas, et
Boffotanos in fidem accepit. In mari Rubro classem
instituit, ut fines Indiæ subjugaret. Armeniam, Assyriam, Mesopotamiam subjugavit, et provincias
fecit. Nil elegit injustum ad augendum fiscum. Sed C
persecutor fuit Christianorum. Nam cum Plinius
cujusdam provinciæ procurator eum consuluisset,
si Christianos occideret, cum nil mali in eis repe-
riret, præter obstinationem non sacrificandi, et an-
telucanos cœtus ad canendum cuidam Christo, ut
Deo ; respondit quod nullus Christianus inquirere-
tur ; si quis tamen incidenter præveniretur, puniri
oporteret. Demum Trajanus apud Seleuciam Isauriæ, ut dicitur, mortuus est, cujus ossa in urna
aurea in Foro delata super columnam sunt. Solus
omnium intra urbem in foro sepultus est. In his
diebus Anacletus papa Romæ sedit. Post eum successit Evaristus papa Romæ.

De Adriano imperatore.

Anno ab Incarnatione Domini 120, Adrianus re- D
gnavit apud Romanos ann. xxi. Hic cognominatus
est Ælius. Facundissimus fuit et diligentissimus
circa ærarium, et militum disciplinam. In utraque
lingua peritus. Pater Patriæ dictus. Tributa urbis
relaxavit. Alexandriam a Romanis subversam publicis instauravit expensis ; et ad instaurandam civitatem Nicomediæ, quæ in terræ motu corruerat,
de publico dedit expensas. Atheniensibus sibi petentibus de libris Draconis et Solonis jura composuit.
Contra Sarmatas bellum gessit. Judæos secundo,
Romano imperio rebellantes anno secundo imperii
sui cepit. Sixtus papa Romæ sedit. Sixto successit
Telesphorus.

De Tito Antonino imperatore.

Anno ab Incarnatione Domini 142, Titus Antoni
nus regnavit apud Romanos ann. xxii, et mens. iii
qui Pius propter clementiam dictus est; Pater Patriæ, quia accusationibus incensis debita relaxavit,
Ærarium opulentum servavit; regibus amicis non
minus venerabilis. Eodem tempore Galenus medicus
claruit, qui Pergami natus claruit. Eodem tempore
sedit Romæ Hyginus papa. Post eum successit
Anicius : post eum successit Pius in episcopatu.
His temporibus Hygini papæ, Valentinus, et Cerdo,
et Marcion hæretici Romam venerunt. Valentinus
dicebat, duo esse principia, profundum, et silentium, et ex his triginta sæcula. Cerdo et Marcion,
duo principia, bonum et malum. Ambo resurrectionem carnis negabant, animæ tamen salutem
promittebant. In Alexandria vero Basilides suam
doctrinam evomuit, dicens ccclxv cœlos secundum
numerum dierum anni. Hoc autem nomen *Abrasas*
commendabat, quia numerum istum contineat. Cujus discipuli se Gnosticos nominabant ad præsumptionem excellentioris scientiæ. Sed ab aliis dicebantur Bothonitæ, id est cœnosi, a turpitudine,
quam in mysteriis exercebant, contra quem scripsit
doctus Agrippa.

De Marco Antonino Vero, cum fratre Lucio Aurelio imperatoribus.

Anno ab Incarnatione Domini 165, Marcus Antoninus Verus cum fratre Lucio Aurelio regnavit
apud Romanos ann. xix, et mens. i. Usque ad hoc
tempus singulares fuerunt Augusti. Hinc primum
bini. Hi Seleuciam ceperunt, de Parthis triumphaverunt. Contra Germanos et Sarmatas, Marcoman-
nos, Quados, Dacos, Vandaios, Suevos, Pannonios
dimicarunt. Et cum suus exercitus æstuaret, quibusdam militibus Christianis, qui sub eo militabant, orantibus, contra spem largissimus imber effusus est in exercitu, sed in hostes fulgur et ignis.
Marcus, defuncto fratre, filium suum Commodum
regni consortem fecit, et multis multa largitus est,
ita quod ærarium exhauserit ; pecuniam, quæ de-
bebatur, tabulis incensis remisit. Et ne quid boni-
tati deesset, seniores leges novis constitutionibus
temperavit. Adeo magnificus fuit, ut centum simul
leones exhibuerit. Cumque Smyrna civitas Asiæ
corrueret terræ motu, per decennium ad ipsius in-
staurationem tributa remisit. Octavo anno Marci
Antonini Soter Romæ fit papa.

De Commodo Marci filio imperatore.

Anno ab Incarnatione Domini 184, Commodus
Marci filius regnavit apud Romanos ann. xiii. Nihil
paternum habuit, nisi quod contra Germanos dimicavit. Septembrem a suo nomine Commodum nominari voluit. Thermas Romæ fecit. Uxoris poculo
est occisus. Adeo nequam fuit, quod etiam mortuus
humani generis diceretur inimicus, quia multos
nobiles interfecit. Victor Eleutherio in apostolica
sede successit. Hisque temporibus fuerunt Cata-
phrygæ, a Phryg̀a dicti hæretici, qui secundas

as condemnabant, quorum auctor fuit Monta- A
qui se Paracletum nominabat, habens secum
mulieres, Priscam, et Maximillam insani spi-
quæ se prophetissas esse jactabant.

De Helvio Pertinace imperatore.

10 ab Incarnatione Domini 197, Helvius Perti-
*egnavit apud Romanos mensibus vi. Hic se-
cnario ma'or cum præfecturam urbis ageret,
natus-consulto imperare jussus est; et quia
iaciter resistebat, Pertinax dictus est; quem,
senatus rogaret quod uxorem suam vocaret
stam, respondit : *Quod sufficeret, quod regna-
ritus.* Pertinax Juliani scelere occiditur.

De Juliano imperatore.

10 ab Incarnatione Domini 197, Julianus apud
nos regnavit mensibus vii, quem apud Pon- B
lilvium Severus occidit. Post dictum Helvium
iacem fuit.

Di Severo imperatore.

10 ab Incarnatione Domini 198, Severus regna-
iud Romanos ann. xvii. Hic fuit oriundus ex
i, philosophus, civilibus studiis clarus, sed
s. Multa bella feliciter gessit, nam Parthos,
s, Britannos superavit; et quemdam Clau-
Albinûm, qui fuerat in morte Pertinacis, et
sarem in Gallia fecit, apud Lugdunum occi-
.eceptas provincias vallo cingi fecit a mare ad
per cxxii miilia passuum, et mansiones fecit.
.ianos persecutus est. Demum Eboraci moxi-
. Britannia.

De Antonino Severi filio imperatore.

10 ab Incornatione Domini 217, Antoninus
i filius, proprio nomine Bassianus, regnavit
Romanos ann. vii, mens. vi, dictus cogno-
) Caracalla a genere vestis, qua utebatur, et C
iomine vocata est. Thermas Romæ fecit, quæ
sunt Antonianæ. Impatiens libidinis fuit usque
quod novercam duxit uxorem. Nihil memora-
ræter quod diximus fecit. Hujus temporibus
ephyrinus papa, cui successit Calixtus papa.
itonini Severi filii hujus tempore Quinta Edi-
venta est Hierosolymis, cujus auctor non ap-
l. Ammonius Alexandrinus canones evangelio-
compesuit. Hierosolymis Alexander, adhuc
te Narcisso episcopo ordinatur propter æta-
habebat enim cxvi annos, et cum eo pariter
siam rexit. Sed Tertullianus sanctam impu-
t Ecclesiam ; et persecutio magna fuit Chri-
)rum.

De Macrino imperatore.

no ab Incarnatione Domini 223, quidam impe-
nomine Macrinus regnavit apud Romanos
i, mens. ii. Nihil dignum memoriæ fecit.

De Marco Aurelio Antonino imperatore.

no ab Incarnatione Domini 224, Marcus Aure-
Antoninus regnavit apud Romanos ann. iv.
xstitit impudicus, quod nullum genus obsce-
s omisit.

De Alexandro Aurelio imperatore.

Anno Domini 228, Alexander Aurelius regnavit
apud Romanos ann. xiii. Hic Xerxem regem Persarum vicit, et disciplinæ militaris tam severus corrector fuit, ut quasdam legiones tumultuántes ex-
auctoraverit. Ulpianum, Paulum, Papinianum ju-
risperitos assessores habuit. Thermas ædificavit,
eunuchos reprobavit, dicens esse tertium genus
hominum, nec videndum, nec usu habendum. Et
demum apud Maguntiam decollatus est. Eodem tempore Romæ sedit Urbanus papa.

De Maximino imperatore.

Anno Domini 241, Maximinus regnavit apud Romanos ann. iii. Hic ex corpore militari primus, et
ab exercitu sine senatus auctoritate imperator
electus est ; qui fuit persecutor ecclesiarum, sub
quo Pontianus Romanus pontifex in Sardinia deportatus martyrio coronatur. Hic a Pupieno occiditur, quo tempore regnum usurpans occiditur. Pontiano successit Anterus papa. Tempore Pontiani
papæ, et Maximini Berillus hæreticus Ecclesiam
impugnavit. Sabellus hæreticus desipuit, cujus discipuli Sabelliani, et Patripassiani dicti sunt, quia
identitatem et Trinitatem dogmatizantes Patri
etiam passionem ascribebant.

De Gordiano imperatore.

Anno Domini 244, Gordianus regnavit apud Romanos ann. vii, quo Romam ingresso Pupienum et
Albinum , qui imperium arripuerant, interfecit.
Hic Parthos, Persas et Medos superavit. Fraude
Philippi occisus est. Post Gordianum Philippus
cum filio suo imperavit ann. xii. Hic Philippus
Christianus per Origenem efficitur. Ambos Decius
occidit. Eodem tempore sedit Romæ Fabianus papa,
qui per columbam Spiritus sancti electus est ; qui
statuit singulis annis chrisma renovari et vetus
comburi. Hic martyrio coronatur. Eodem tempore
supervenit Novatus ex Africa, et separavit de Ecclesia Novatianum, et quosdam confessores, postquam
Moyses in carcere defunctus est, qui fuit ibi menses xi, et sic multi fugerunt. His temporibus fuerunt hæretici dicentes, animas cum corporibus interire simul, et cum corporibus iterum suscitan-
das. Item et alii nomine Elcesaitæ, qui licet de
Novo et Veteri Testamento, quibus voluerant,
testimoniis uterentur, tamen multa refutabant, ut
Apostolum ; et dicebant se habere librum de cœlo
lapsum.

De Philippo imperatore.

Anno Domini 250, Philippus apud Romanos regnavit annis xii. Qui filium suum sibi æquivocum
regni consortem effecit, et urbem sui nominis in
Thracia constituit ; et primus omnium de Romanis imperatoribus in Christum credidit, et, ut dicitur, Christianus effectus est. Cui, cum vellet in
Paschali solemnitate communicare, rogavit episcopus, donec peccata confessus esset, staret inter
pœnitentes : quod patienter fecit. Hic thesauros

beato Sixto donavit. Philippus severus fuit, et a A manos ann. I mens. IX. Hic parcus fuit, modestus,
Decio ambo occisi sunt.

De Decio imperatore.

Anno Domini 257, Decius apud Romanos, regnavit ann. I, mens. III. Hic de Pannonia natus
fuit. Civile bellum compressit. Filium cæsarem
fecit : et cum Philippos patrem et filium occidisset, in odium eorum Christianos persecutus est,
et beatos Laurentium et Hippolytum interfecit. Decius a diabolo et ab hostibus interficitur.

De Gallo cum filio suo Volusiano.

Anno ab Incarnatione Domini 258, Gallus cum
filio suo Volusiano, regnavit apud Romanos ann. II,
mens. IV. Iis temporibus fuit pestis, quæ pene genus humanum exstinxit. Ab Ejula occiditur. His
temporibus fuit Novatus Romanus presbyter hæreticus, a quo Novatiani dicti sunt; sed se ipsos
non Novatianos, sed Catharos appellabant, id est
mundos, propter munditiem ; secundas nuptias
non admittebant, reconciliationem pœnitentibus
denegabant. Hoc tempore Lucius papa Romæ sedit.

De Æmiliano imperatore.

Anno Domini 258, Æmilianus natione Maurus,
regnavit apud Romanos mens. II, tertio namque
mense luit pœnam tyrannidis occupatæ.

De Valeriano et Galliano.

Anno Domini 258, Valerianus, et Gallienus Valeriani filius, regnavit apud Romanos ann. XV. Valerianus in Rhætia electus est ab exercitu. Gallienus Romæ a senatu. Valerianus persecutus est C
Christianos, sed non diu, quia dum bellum gereret
in Mesopotamia, captus est a Sapore rege Persarum, et apud Parthos ignobili servitute consenuit.
Nam Sapor equum ascensurus, pedem ejus cervi-
cibus imponebat. Gallienus vero prius feliciter, demum perniciose gessit imperium. Nam eo in omnem lasciviam dissoluto, Germani venerunt usque
ad Ravennam. Alamanni, vastatis Galliis, transierunt
in Italiam. Dacia perditur. Græcia, Macedonia,
Pontus, et Asia per Gothos depopulantur. Pannonias occupant Parthi, Mesopotamiam et Assyriam.
Germani obtinuerunt Hispanias, ceperuntque Cete-
tonem civitatem. Horum igitur imperium Romano
fuit nomini perniciosum. Illorum ignavia seu infe-
licitate Galliæ demum per Posthumum, qui in D
Gallia purpuram accepit, receptæ sunt. Demum
Gallienus Mediolani moritur. Dionysius papa parochias divisit, et in singulis propter pœnitentes singulos instituit sacerdotes. Et post eum Felix papa.
Sub hoc Gallieno septem tyranni regnaverunt :
primus Geminus apud Nursam, secundus Posthu-
mus decem annis in Gallia regnans occiditur, tertius Æmilianus Maguntiæ occiditur, quartus Ma-
rius ibidem interficitur, quintus Victorinus Galliæ creatur et occiditur, sextus Tetricus a militibus
occiditur, septimus Maurus in Syria ab uxore occiditur.

De Claudio imperatore.

Anno Domini 274, Claudius regnavit apud Ro-

manos ann. I mens. IX. Hic parcus fuit, modestus,
justus, et regendæ reipublicæ idoneus; qui Gothos
Illyricum et Macedoniam vastantes prælio vicit ;
Alamannos apud Lacum Benacum superavit. Ob
quæ clypeus aureus et aurea statua fuit ei in Capitolio collocata, et post mortem divus appellatus
est. Eodem tempore Dionysii papæ, Claudii, et
Valeriani, et Gallieni ejus filii, Paulus Samosate-
nus hæreticus exstitit, qui Christum solum hominem confitebatur. Et Manes, a quo Manichæi, qui
fuit de Perside, qui nunc dicebat se Christum,
nunc Paracletum : et fecit duodecim discipulos
ad instar Christi. Et prædictus Claudius morbo
obiit. Post Quintilius frater Claudii imperator eligitur.

De Quintilio fratre Claudii.

Anno Domini 276, Quintilius frater Claudii a
senatu imperator eligitur ; sed XVI die sui imperii
apud Aquilegiam occiditur.

De Aureliano imperatore.

Anno Domini 276, Aurelianus regnavit apud
Romanos ann. V, mens. VI. Vir in bello potens,
haud dissimilis Alexandro; qui tribus præliis in
Italia, scilicet apud Placentiam et Ticinum victor
exstitit. Tetricum, qui adhuc Galliam tenebat, superavit; et Aurelianis civitatem ædificavit, et
Zenobiam uxorem quondam Odenati, quæ mortuo
viro adhuc Orientis tenebat imperium, superavit
apud Inmas non longe ab Antiochia. Cum itaque
triennio Romanum orbem ab invasoribus liberasset, ingrediens Romam triumphum habuit, quasi
receptor Orientis, præcedentibus eum Tetrico, et
Zenobia. Hic primus apud Romanos diadema capiti suo imposuit, et aurata veste usus est. Hic
Romam firmioribus muris cinxit. Templum soli
ædificavit. Populo usum porcinæ carnis instituit.
Demum cum Græciam introisset, inter Constantino
polim et Heracleam fulmen juxta ipsum cecidit, et
non multo post occisus est, et inter deos annumeratus est.

De Floriano.

Anno Domini 282, Florianus regnavit apud Romanos mens. II, diebus XXIII. Nil egit memoria
dignum. In Tharso occiditur.

De Tacito imperatore.

Anno Domini 282, Tacitus regnavit apud Romanos mens. VI. Vir egregius. Sed nihil potuit, morte
præventus.

De Probo.

Anno Domini 283, Probus regnavit apud Romanos ann. VI, mens. III. Vir militaris et civilis,
qui Gallias a barbaris occupatas recepit. Et cum
bella innumera peregisset, pacem orbi recuperavit, dicens, milites in brevi necessarios non futuros.
Iste Probus a militibus occiditur. Ipse tyrannos
occidit, Saturnum, Proculum et Bonosum. Cujus
temporibus Felix Romæ sedit episcopus, cui successit Eutychianus Romæ episcopus. Et his temporibus invaluit hæresis Manichæorum, dogmati-

zans duo principia, bonum et malum ; purgationem per sua sacramenta promittens, non recipiebat. Vetus Testamentum et Novum corrumpebat; quæ usque in hodiernum diem venenum effudit.

De Caro cum filiis suis Numeriano et Carino.

Anno Domini 289, Carus apud Romanos regnavit ann. II, cum filiis Numeriano et Carino, quos cæsares instituit. Carus vero cum Parthos et Persas vicisset, super Tigridem fulmine percussus interiit. Numerianus per insidias, Carinus in prælio brevi tempore occiduntur. Quorum tempore Caius Romæ sedit episcopus, qui fuit de genere Diocletiani imperatoris.

De Diocletiano.

Anno Domini 290, Diocletianus regnavit apud Romanos ann. xx. Hic Herculium Maximianum cæsarem fecit, qui pacem Galliæ reformavit, ideoque ex Cæsare fecit Augustum, assumens eum consortem imperii, et regnavit ann. xvI. Et quia Britannia, Africa et Ægyptus, et Oriens occupabantur, Constantium quoque et Galerium cæsares fecit. Constantio privignam Herculii dedit uxorem, nomine Theodoram : Galerio suam dedit nomine Valeriam. Cum his igitur, et per hos Britanniam recepit, et Galliam, et Africam, et Ægyptum. Cum itaque Diocletianus victis hostibus tam gloriose regnaret, primus se ut Deum adorari præcepit, et gemmas in vestibus inseri fecit et in calceamentis ; prius enim imperatores salutabantur ut judices, et sola purpura privatum habitum exercebant. Thermas Romæ fecerunt Diocletianus et Maximianus ; Romæ triumphum habuerunt, præcedentibus victis hostibus, et præda virorum. Demum Diocletianus Nicomediæ, Maximianus, Mediolani purpuram deposuerunt, et privatam vitam elegerunt, dicentes, se propter ætatem minus idoneos regimini reipublicæ ; quod a tempore non fuit auditum. His temporibus Marcellinus Romæ fit episcopus, cui successit Marcellus, cui, cum fuisset per xxx dies corpus martyris inhumatum , beatus Petrus apostolus apparuit in visione dicens: *Marcelle, sepeli corpus fratris mei Marcellini juxta me , ut quos non separavit martyrium, quosque justificavit Dei gratia, non separet sepultura ;* quod factum est, quia secus pedes apostoli sepultus est.

De Constantio et Galerio.

Anno Domini 310, Constantius et Galerius, qui prius cæsares erant, creantur augusti, et diviserunt orbem ; et Constantius Italiam, Gallias et Africam, Galerius vero Illyricum, Orientem et Asiam obtinent. Sed Constantius vir egregius et civilis fisco divitias non accumulans, dicens, publicas opes melius a privatis haberi quam intra unum claustrum servari, solum Galliis voluit esse contentus. Amicus fuit Christianorum, quos in sua religione vivere concessit. Obiit autem Eboraci, et inter divos relatus est. Reliquit vero tres notandos filios , scilicet Constantinum de Helena concubina , et Constantium, et Dalmatium de

Theodora uxore legitima. Dalmatius genuit alium Dalmatium. Constantius vero Gallum et Julianum. Et Constantinus concubinæ filius successit ei , rex in Britannia factus. Galerius vir militaris Illyrico moratus, duos cæsares fecit. Maximinum, quem præfecit Orienti, et Severum, cui dedit Italiam. Sed interim Maxentius filius Herculii Maximiani Romæ apud Romanos Augustus appellatur. Veniens ergo Severus in Italia a Galerio missus, urbem obsedit ; sed a militibus desertus est, et fugiens Ravennam, interfectus est. Aspiravit Herculius Maximianus ad resumendum fastigium, intendens nudare filium ; et profectus est ad Constantinum, cui Faustam filiam suam dederat in uxorem ; sed et cum eum interficere vellet, detectis insidiis per filiam, quæ viro detexit, fugit Herculius Massiliam, ubi et mortuus est. Per idem tempus Galerius fecit Licinium imperatorem imperii sui consortem. Sicque Galerio defuncto respublica a quatuor imperatoribus regebatur, Constantino, Maxentio, Licinio, et Maximino. Maximinus persecutionem in Christianos molitus, moritur apud Tarsum ; sicque Licinius solus obtinuit Orientem. Constantinus autem cum jam regnasset quinque annis, affectavit totius orbis imperium ; et cum sollicitus esset, quod Romam haberet civitatem, in sexto anno regni sui, congregata multitudine barbarorum supra Danubium contra eum, vidit in somno crucis figuram in cœlo splendere, et audivit dici sibi Græce *en to auto nica*, quod Latine sonat : *In hoc vince.* Jussit igitur hoc signum ex auro et pretiosis lapidibus fabricari in vexillo et armis suis. Igitur hoc signo, et sacerdotum consilio, qui dicebant, quod Christus in hoc signo vicit mortem, et diabolum, et infernum, et victoriosus cœlos ascendit, audacter ingressus est bellum, et obtinuit : veniensque Romam movit bellum adversus Maxentium, et vicit eum, et occidit apud Pontem Milvium ; et ita Constantinus Romæ positus est in solio, ut ille. Adhuc Diocletianus vivebat, et in villa sua moritur ; et solus privatorum inter deos refertur. Licinius Orientis imperator Christianos persequitur, sub quo Basilius Ponti episcopus martyrio coronatur ; sed demum Thessalonicæ a privatis occiditur. Constantinus ergo monarcha effectus est, qui tres filios habebat, scilicet Constantinum, Constantium, et Constantem, et cæsares instituit, qui præessent Galliæ, Orienti et Italiæ. De Gothis, Cimbris, et multis aliis triumphavit. Multas leges composuit, sed uxorem Faustam occidit.

Constantini temporibus Eusebius Romæ sedit episcopus, sub quo, ut quidam aiunt, inventa est crux Domini nostri Jesu Christi, et baptizatus est Judas frater beati Stephani, et Quiriacus vocabatur. Eusebius Constantinum catechizavit. Eusebio successit Melchiades. Timotheus Romæ pro Christo patitur, cujus martyrium sanctus papa Melchiades dedicavit. Sed et hic Melchiades martyrio coronatus est. Omnes pontifices præter . . . . . . hucusque

martyrio coronati exstiterunt. Post hunc Romæ A quæ potius collobii nomine est appellanda. His
Silvester fit episcopus, qui propter persecutionem
in monte Soracte latebat; quo latente, Constantinus,
qui variis curis implicitus distulerat baptizari, lepra
percussus est. Qui cum ei consultum fuisset, ut in
puerorum sanguine lavaretur, audiens maternos
fletus, ait : *Dignitas Romani imperii de fonte nascitur pietatis*. Et sic pietas imperatoris pii jussit ma-
tribus filios reddi; propter quam pietatem proxima
nocte misit Dominus Jesus apostolos suos Petrum
et Paulum ad eum, qui suaserunt, ut per Silvestrum
baptismum acciperet, et per orbem ecclesias restauraret. Citatus ergo Silvester ad eum veniens monuit,
ut per hebdomadam jejunaret, templa idolorum
clauderet, incarceratos relaxaret, eleemosynas faceret. Quibus peractis, baptizavit eum. Coram quo, B
et Cratone philosopho, Zenone philosopho, et illustribus judicibus superavit undecim Judæos, de fidei nostræ articulis disputantes, probans, quod tres
sunt personæ, et unus Deus, et quod Christus Deus
est, et quod ipse sit, qui a prophetis prænuntiatus
est. Duodecimum vero indocilem superavit, vivificando Taurum, quem verbo Judæi occiderunt.

Ad hæc igitur Helena mater Augusti, quæ judaizare incœperat, ad fidem conversa est, et ad majorem nostræ fidei affectationem cujusdam draconis ora
conclusit. Proinde Christiana religio brevi tempore
multiplicata est, et per orbem usquequaque diffusa;
et quæ hactenus in latebris convenit, ex nunc auctoritate principum res publica fuit, uti et Christus, C
et Ecclesiæ sacramenta. Nam edicto Constantini
templa gentilium subvertuntur, ecclesiæ consti-
tuuntur. Nam et ipse ecclesiam Sancti Petri, terram ipsemet fodiens, et alias patriarchales, et alias
Romæ construxit. Refugientibus ad ecclesiam impunitatem permisit. Decimas ad dedicationem ecclesiarum censuit offerendas, et per judices exigen-
das. Dominicæ diei vacationem indixit. Crucis
patibulum prohibuit. Signum crucis in numismate
figurari præcepit. Possessiones ecclesiis concessit.
Nam et regalia Silvestro dedit : et statuit, ut omnes
episcopi subsint Romano pontifici; et ut Ecclesia in
tranquillitate maneret, Byzantium secessit, quam
fabricis et honoribus ad tantum fastigium provehere
molitus est, ut Romæ faceret æmulam, et secunda D
Roma diceretur, quæ a Constantino Constantinopolis appellatur.

Silvester itaque Romæ sedens auctoritate pontificali publice usus est, qui statuit, ne Romanus præsul ab aliquo judicetur, et ne presbyter nisi xi testibus condemnetur, et ne major a minore accuse-
tur, et ne clericus ante laicum judicetur. Præterea
nomina dierum in ferias commutavit, et in quarta,
et sexta feria, et Sabbato jejunium diffinivit propter
Dominicam sepulturam. In Dominica vero die so-
lemnizatum propter resurrectionem, et in quinta
feria propter ascensionem. Qui quoque statuit, quod
presbyter chrismate liniat baptizatum in vertice.
Et præcepit in Ecclesia uti dalmatica semiplena,

temporibus Arius presbyter Alexandrinus multos
suæ associavit impietati, dogmatizans, Patrem et
Filium et Spiritum sanctum non esse unius essentiæ ; contra quem Nicæna fuit synodus congregata
cccxviii episcoporum, ubi cum de fide tractaretur,
imperator ait ad sacerdotes : *Deus dedit vobis potestatem de nobis judicandi. Vos autem non potestis ab
hominibus judicari. Item, vos estis dii (Psal. lxxxi).
Non est conveniens, ut homo judicet deos; sed ille
solus, de quo dicitur : « Deus stetit in synagoga deorum (ibid.).* » Ubi Symbolum apostolorum fidei est
exaratum, et multa præterea per episcopos constituta. Donatus quoque impie dogmatizavit, baptizatos rebaptizans, et Filium minorem Patre, et Spiritum sanctum minorem Filio docens. Aiunt quidam,
ut *in Tripartita historia* legitur, quod Constantinus
ultimo suæ ætatis anno baptizatus sit ab Eusebio
Nicomediensi episcopo. Distulerat enim tanto tempore baptizari, desiderans hoc in Jordane fluvio
promereri. Alii, quod baptizatus a Silvestro, reba-
ptizatus ab isto Ariano, eo quod in dogma declina-
verat Arianum. Quod si verum est, usus bono principio, malo concluditur fine. Sed abhorret a vero,
ut catholica indubitanter credit Ecclesia. Demum
cum Constantinus bellum pararet in Persas, juxta
Nicomediam mortuus est, anno ætatis suæ lvi, regni xxxi, cujus mortem crinita stella prænuntiavit.
Cujus temporibus Alexander Alexandriæ fit episcopus, fortissimus Evangelii prædicator. Paphnucius
confessor et Ægypti episcopus. Quirinus episcopus,
et Sisinius martyrio coronatur. Methodius episcopus,
qui fuit Tyri episcopus, multa composuit, qui ad
extremum temporibus Constantini, vel, ut quidam
aiunt, Decii et Valeriani, martyrio coronatus est.
Juventius presbyter Hispanus Evangelia versibus
dictavit heroicis. Spiridion Cyprorum fuit episcopus. Cujus caulibus cum adhuc essent fures accedentes, nullo ligante subito ligabantur. Cui filia
defuncta de quodam deposito interroganti respondit. Cujus horreum cum fideliter in victualibus occurreret plenum, cuidam fraudatori exinanitum
apparuit. Qui quoque cibis aliis deficientibus, cuidam peregrino defecto carnes porcinas obtulit in
Quadragesima comedendas, et ne peregrinus comedere vereretur, ipse prius comedit. Helena Constantini mater pergens Hierusalem, locum Dominicæ Passionis ubi erectum erat simulacrum Veneris, expurgavit, ubi tres cruces invenit; quarum
una fuit Dominica; quæ, orante Macario episcopo,
sic discernitur, quia tactu ejus mortuus suscitatur,
mulier ab ægritudine liberatur. Præterea clavos invenit, partem quorum in galea filii, partem in freno
posuit. Sicque adimpletum est illud Zachariæ : *Erit
quod in freno est equi sanctum Domino*. Ligni quoque pars est in tiara sacerdotali. Pars dicitur in
statua Constantini.

De Constantino, Constantio et Constante.

Anno Domini 311, Constantinus, et Constantius,

et Constans filii Constantini, quos prædictus pater eorum cæsares instituit, regnaverunt apud Romanos ann. xxiv. Jusserat autem Constantinus pater supradictorum, quod Dalmatianus nepos, Dalmatii fratris filius, cum filiis imperaret. Sed factione interemptus est. Constantinus apud Aquileiam occisus est. Constans aliquando consulte regnavit, qui Francos domuit; sed Arianus effectus est : militibus intolerabilis, factione Magnentii tyranni, non longe ab Hispaniæ partibus interfectus est. Constantii fuit diversa fortuna. Nam a Persis multa perpessus est, Sapore rege Persarum Mesopotamiam vastante, et Nisibi civitatem obsidente. Magnentium Tyrannum, qui Gallias, Hispaniam, Africam et Italiam obtinuerat, vicit, qui apud Lugdunum se propria manu occidit ; et Decentius frater ejus, quem ad tuendas Gallias Cæsarem miserat, audita morte fratris, Senonis laqueo se suspendit. Cuidam quoque Veternioni circa Illyricum electo regium insigne detraxit. Ad hæc Gallum filium patrui cæsarem fecit, et Orienti præfecit. Gallus autem Judæos oppressit, et multos nobiles Antiochiæ interfecit. Demum a Constantio propter invidiam occisus est. Silvanus etiam, qui res novas in Galliis moliebatur, exstinctus est. Solus ergo Constantius princeps et Augustus in Romano fuit imperio. Qui Julianum Galli fratrem cæsarem fecit, et Constantiam sororem sibi dedit in uxorem, eumque ad Gallias misit, ubi multa per ipsum egregia facta sunt. Demum Julianus, barbaris fugatis a militibus augustus appellatus est. Cumque adversus Constantium arma levaret, Constantius nimia cogitatione inter Asiam et Cappadociam mortuus est. Eisdem temporibus Marcus Silvestro successit, Marco Julius, et post Julium Liberius Romæ sedit episcopus. Successit Felix papa.

De Juliano monacho et apostata.

Anno Domini 264 Julianus monachus et apostata regnavit apud Romanos ann. ii, mens. viii. Hic liberalibus disciplinis exstitit eruditus, et utraque lingua peritus. Hic coquos, tonsores et eunuchos exosos habuit. Coquos, quia cibis simplicibus utebatur, ut philosophus; tonsores, quia unus multitudini sufficiebat; eunuchos, quia uxor ejus obierat. Scriptores vero antiquæ fortunæ restituit, eisque salarium instituit. Et ut sine contradictione obtineret imperium, simulata religione jussit episcopos de vinculis Constantii penitus relaxari. Sed cum fuerit ab initio Christianus, et, ut dicitur, monachus, factus imperator, ad idola rursus reversus, tactus est Christianorum proditor et persecutor. Qui Galilæos, id est Christianos (sic enim prius nominabantur) poetarum et philosophorum prohibuit legere disciplinas, dicens : Nostris telis vulneramur, quia Christiani nostris scriptis armati contra nos bella suscipiunt. Qui dum in odium Christi Judæis templum Hierosolymitanum reparandi licentiam tribuisset, eis repurgationem facientibus terra de valle crescebat, eisque reparantibus subito fit ter-

ræ motus, saxa discutiuntur, et igneo globo ab interiori templo egresso ædificatores prosternuntur incendio. Sed ne crederetur hoc casu factum, in vestibus cunctorum crucis apparuit signum. Qui quoque signum de publicis imaginibus jussit auferri; et Jovis et Martis, et similium formas imprimi. Ut ubicunque ritus paganorum et sacrificia devotius servarentur, præcepit ut sacerdotes paganismi ritus imitarentur Christianorum, et sanctimoniam sacerdotum. Denique Julianus de Parthis victor remeans, in Persas profectus, conto illa perfossus interiit, et a paganis inter divos relatus est. Utrum vero ab homine, vel ab angelo sit occisus penitus ignoratur; cujus mortem præsens spiritu, sed absens corpore quidam religiosus agnovit. Post dictum Julianum successit Jovianus imperator.

His temporibus, Liberii papæ et Juliani fuit Hilarion monachus : et multi martyres pro Christo passi sunt, ut Gordianus et Epimachus; Romæ Joannes, et Paulus, et Donatus. Theodulus in Phrygia, qui dum cremaretur, ait ad carnificem : Altera latera igni suppone; ne dum comburere cœperis, semicrustas invenias. Basilius presbyter vitam martyrio finivit. Ossa beati Joannis Baptistæ combusta, et in pulverem dispersa. Athanasius, Eusebius Vercellensis, Osius Cordubensis concilium Alexandriæ celebrant, ubi Patrem, Filium, et Spiritum sanctum Trinitatem nominaverunt, et his nominibus substantia et subsistentia utendi licentiam tribuerunt contra eos, qui dicebant non esse utendum, quia substantia diffinitur, Deus vero diffiniri non potest, et Evagrius ait : Quod ineffabile est, ratione taciturnitatis adoretur. Nota quod prædicti papæ Liberii, et Constantii filii quondam Constantini tempore fuit Maximianus Treverorum episcopus, qui Athanasium cum honore suscepit ; sed postmodum Athanasius Alexandriam ad litteras Constantii reversus est. Eusebius quoque Vercellensis episcopus martyr et episcopus natione Sardus, et Dionysius Mediolanensis episcopus, et Romanus presbyter nomine Pancratius, damnantur exsilio, qui contradicebant Ario. Serapion multa conscripsit. Joannes cognomento Sappes Persarum episcopus, et Eusebius presbyter Romanus confessor et martyr, Martinus presbyter, et Archelaus diaconus claruerunt, cujus corpus Cremonam episcopus Lando portavit. Hilarius vero Pictaviensis multa de Christiana religione composuit, qui fuit lucifer Romanorum, lucerna Ecclesiarum, lapis pretiosus, qui ad quæcunque sermone pulchro ascendit, aureoque ore locutus est. Sed synodus apud Seleuciam, Ariminium et Mediolanum celebratur, in quibus damnatur fides nostra, quia omnes toto orbe polluebantur Ecclesiæ Ariana impietate. Sed quidam Audeus, a quo Audiani, qui et Antropophormitæ dicti fuerunt, Deum conformem humanæ imagini dogmatizabant, quia dixit : Faciamus hominem ad imaginem, et similitudinem nostram (Gen.i). Macedonius etiam auctor erroris, Spiritum san-

ctum creaturam esse docebat, unde ejus discipuli A
Macedoniani, vel Pneumatici, vel Semiariani, quia
ex parte consentiebant eis, dicebantur. Photinus
præterea negabat, Christum ante sæcula natum.
Acacius fuit novi erroris inventor, seu verius imitator. Aetius vero pro suis categoriis et syllogisti-
cis prælectionibus ab Ecclesia pellitur. Apostoli
namque nos fidem, non dialecticam docuerunt. Cujus discipuli non dicebantur Aetiani ; sed vocati
sunt Eunomiani ab Eunomio discipulo ejus. Eu-
doxius etiam Patrem dixit *Asebis*, et Filium *Eusebis*, quæ vocabula cum active et passive ponantur, ab Ecclesia cum auctore sunt repudiata. *Asebis*
enim *non colens* vel *non cultus ; Eusebis, bene colens*, vel *bene cultus* interpretantur. His temporibus, Sapor rex Persarum in Christianos sæviens B
Antiochiam venit. Sed orationibus Jacobi episcopi
prævalere non potuit, cujus precibus ciniphes et
culices exercitum confuderunt, ejus animalia vio-
lantes et fugere compellentes. Macarius discipulus
Antonii eremiticam vitam duxit. Plures autem fuerunt Macarii sanctimonia commendandi. Donatus
magister Hieronymi grammaticam docuit. Victorinus rhetor statuam in foro promeruit. Reliquiæ
Timothei discipuli Apostoli Constantinopoli inveniuntur. Ossa beati Andreæ apostoli et Lucæ evangelistæ, qui obierat in Bethania, a Constantinopoli-
tanis miro favore de Achaia translata suscipiuntur.

De Joviano imperatore.

Anno Domini 367, Jovianus regnavit apud Romanos mens. viii. Hic cum ab exercitu fuit electus,
ait, se Christianum non posse præesse paganis. Cui
exercitus : *Et nos per Julianum Christi nomen abjecimus : Christiani tecum esse volumus ;* quibus auditis imperii sceptra suscepit. Qui cum Sapore rege
Persarum rerum necessitate compulsus pacem fecit, sed ignobilem ; quia Nisibin, et magnam partem Mesopotamiæ sub certis finibus ei tradidit ;
quod ab urbe condita nunquam accidit, ut licet
legiones Romanæ sub jugo immitterentur, sicut
accidit in Numidia, et Numantia, et Hispania : nihil tamen finium tradiderunt. Demum repente mortuus est, et inter deos relatus est. Cujus tempore
synodus Antiochiæ celebratur, qua Macedonius dam- D
natus est. Et quidem res ecclesiastica sub eo disposita bene fuisset, nisi mors talem principem hominibus abstulisset. Eodem tempore prædicti Jo-
viani fuit beatus Geminianus episcopus Mutinen-
sis ; et eodem tempore fuit Liberius papa, et
beatus Severus archiepiscopus Ravennæ, qui electus fuit per columbam Spiritus sancti.

De imperatoribus Valentiniano, et Valente.

Anno Domini 368, Valentinianus et Valens frater
ejus regnavit apud Romanos ann. xiv et mens. v.
Pater horum fuit quidam Gratianus, genere Pan-
nonicus. officio funarius, cui venalitium funem por-
tanti filio Valentiniano quinque milites nequierunt
extorquere ; quo merito allectus est ad militiam et

inde ad præfecturam millenariam. Cum sub Juliano
militaret, et Christianam fidem gereret, jussus ab
imperatore, aut idolis immolare, aut a militia discedat, discessit. Sed mortuis Juliano et Joviano,
qui in Christo millenarium perdiderat tribunitium,
in locum persecutionis accepit imperium. Qui fratrem Valentem in regni consortium assumit, sed et
filium germanum de uxore Severa genitum, necdum puberem fecit augustum. Valentinianus Saxones oppressit, et Burgundionum plus quam octoginta millia, qui non multo post tempore Christiani
effecti sunt. Demum cum bellum contra Sarmatas
pararet, apud Burguionem apoplexia mortuus est.
Anno secundo Valentiniani Damasus, et paulo post
Ursinus diaconus Romæ fuerunt episcopi, sed prævaluit Damasus. Valens imperator fautor Ariano-
norum ecclesiam quamdam a Catholicis abstulit,
et Arianis dedit. Ad quem accedens Basilius ait :
*Imperator, scriptum est : « Honor regis judicium
diligit (Psal.* xcv*), » et iterum : « Judicium regis
justitia. » Et cur cor tuum imperavit, ut Catholici de
ecclesia ejicerentur, et Arianis daretur?* Cui imperator : *Iterum ad contumelias reverteris, o Basili.
Non decet te.* Et ille : *Decet me pro justitia etiam
mori.* Tunc Demosthenes præfectus epularum imperatoris, fautor Arianorum, et loquens pro eis,
fecit barbarismum ; cui ait Basilius : *Tuum est de
pulmentariis regis cogitare, non dogmata divina de-
coquere.* Qui mox confusus tacuit. Dixit imperator
Basilio : *Vade, et judica inter eos, sed non secundum
immoderatum amorem populi.* Abiens ergo dixit coram Catholicis et Arianis, ut fores ecclesiæ clau-
derentur, et utriusque partis sigillo munirentur ;
et ad quorum orationes aperirentur, sua esset. Quod
cum omnibus placuisset, orantibus Arianis tribus
diebus et noctibus, et venientibus ad fores ecclesiæ,
non sunt apertæ. Tunc Basilius, processione ordinata, venit ad ecclesiam, et facta oratione, levi
ictu de baculo pastorali fores tetigit, dicens : *Tollite portas, principes, vestras, et elevamini portæ
æternales, et introibit rex gloriæ (Psal.* xxiii*). Et
continuo sunt apertæ. Et intrantes, Deo gratias
reddiderunt, et reddita est ecclesia Catholicis. Fecit
autem imperator promitti multa Basilio, si sibi con-
sentiret. *Pueris,* ille respondit, *ista conveniunt,
nam qui divinis saginantur eloquiis, corrumpere de
divinis dogmatibus, nec unam syllabam patiuntur.*
Tunc imperator indignatus dum de ejus exsilio
sententiam vellet scribere, primus, secundus, tertius calamus fractus est, unde indignatus char-
tam fregit. Tum temporis Romæ sedebat Felix papa.
Post eum successit Liberius secundo.

De Gratiano imperatore.

Anno Domini 382, Gratianus post mortem Va-
lentis regnavit apud Romanos ann. vi. Hic fuit litteris mediocriter instructus, parcus libidinis, cibi
et somni, imperii sui ; qui templa Domino dedicavit ; qui ut Orthodoxos pastores exsulantes ad ovilia redirent, procuravit. Hic Valentinianum fratrem

parvulum socium assumpsit imperii, quem pater
de Justina genuerat. Nam Severam uxorem legitimam matrem Gratiani repudians, pulchritudine
captus cujusdam Justinæ virginis, Valentinianus
eam duxit uxorem, de qua genuit Valentinianum :
genuit, et Justam, et Gallam. Gratianus præterea
Theodosium filium Theodosii in consortem assumpsit imperii, sibique tenens Hispaniam, Theodosio
regnum tradidit Orientis. Vidit in somnis, quod
Meletius Antiochensis episcopus se chlamidem ve-
stiret episcopalem, corona caput ornaret. Veniens
Constantinopolim, præcipiensque, ut congregaren-
tur episcopi, Meletium ex præcedenti visione cognovit. Gratianus cum videret sibi hostes in Galliis
imminere, fretus Christi patrocinio, impari numero
se in hostem dedit, quos incredibili felicitate con-
fecit. Sed quidam Maximus in Britannia imperator
efficitur, contra quem, cum ad Gallias venisset,
Gratianus accessit ; sed fugiens, Lugduni captus,
et occisus est. Maximus ultra procedens Valentinianum Augustum de Italia expulit, et Victorem
filium suum regni consortem effecit. Valentinianus igitur in Orientem ad Theodosium fugit. Interim Theodosius omnem suam fiduciam ad opem
Christi conferens, Alanos, Hunnos, Gothos incunctanter aggressus vicit, et cum Athalarico rege Gothorum fœdus iniit. Athalaricus ergo Constantinopolim veniens, et videns magnalia imperatoris et
urbis, ait : Imperator, es Deus terrenus. Cumque
apud Constantinopolim naturæ concesserit, Theodosius condignæ tradidit sepulturæ. Unde Gothi
benignitatem Theodosii considerantes, se Romano
dederunt imperio. Parthi quoque, cæteræque bar-
baræ nationes, prius Romanis inimicæ, ultro legatos ad Theodosium miserunt, et cum eo fœdus inierunt. His temporibus, Damasus papa, et post Damasum Syricius papa.

De Theodosio et Valentiniano.

Anno Domini 388, Theodosius et Valentinianus
regnaverunt apud Romanos ann. VII, et postea solus
ann. III. Theodosius ergo cum Thracias liberasset
ab hoste, Arcadium filium suum, quem fecit Augustum, Constantinopoli derelinquens, contra Maximum se armavit, eumque major fide, sed longe
minor bellico apparatu, apud Aquileiam cepit et occidit. Filium quoque Victorem interfecit. Theodosius Romam veniens, Valentinianum restituit, et
Constantinopolim remeavit. Valentinianus itaque
restitutus Italiæ potitur imperio. Sed cum in Galliam
transisset, dolo Arbogastis comitis, et Eugenii
Grammatici eloquentissimi, apud Viennam strangulatus est. Arbogastes igitur Eugenium elegit imperatorem nomine, ipse actu imperator. Theodosius hoc audiens, fultus prophetia cujusdam Joannis monachi, imo auxilio Dei, Arbogasti et Eugenio
qui, cum Mediolanum exirent, dixerunt, quod si
victores redirent, in Ecclesia stabularent, et clericos sub armis ponerent, bellum intulit. Sed a suis
quasi destitutus, signo crucis et oratione obtinuit.

Ventus enim flavit ex parte Theodosii, qui spicula
hostium repellebat, et sua fixius infigebat. Captus
est igitur Eugenius, et occisus. Arbogastes se ipsum
occidit, unde .

O nimium dilecte Dei ! tibi militat æther ;
Et conjurati veniunt ad classica venti.

Cum itaque Theodosius in pace regeret solus, templa gentilium omnino destruxit, leges instituit, la-
scivias in commessationibus prohibuit, consobri-
narum nuptias interdixit. Hujus quanta fuerit apud
Dominum et homines devotio, præsenti patet exemplo. Nam, cum apud Mediolanum ecclesiam vellet
intrare, prohibitus est ab Ambrosio, nisi publice
pœniteret, quia multa millia hominum Thessalonicæ fecit occidi. Qui prohibitionem humiliter pertulit, satisfactionem non erubuit. Rursus cum inter
cancellos post oblationem moram faceret, ait Ambrosius : Egredere, quia purpura imperatores efficit,
non sacerdotes. Imperator patiens obedivit. Hujus
uxor fuit Placidia, quæ curam habebat pauperum,
visitans xenodochia, ollas eorum propriis manibus
tergens, jus degustans et offerens, et similia faciens,
quæ mos est famulis operari ; quæ marito dicebat :
Cogita quid fuisti et quid sis, et Creatori non eris
ingratus. Quæ precibus obtinuit, ne imperator cum
Eunomio sermonem haberet ; timebat enim, ne
calliditate ipsius in ejus errorem incurreret. De
hac genuit Theodosius Arcadium et Honorium.
Qua defuncta, Gallam filiam Valentiniani senioris
et Justinæ duxit uxorem, de qua genuit Placidiam,
cui postea matris nomen accessit. Mortuus est
Theodosius apud Mediolanum, cujus corpus Constantinopolim translatum est. Utramque rempublicam filiis Arcadio et Honorio quietam reliquit. Regnavit autem Theodosius partim cum
Valentiniano, partim solus cum filiis ann. XVII.

De Arcadio et Honorio.

Anno Domini 398, Arcadius cum jam cum patre
regnasset ann. XII, post mortem patris regnavit cum
fratre Honorio ann. XIII. Arcadius in Oriente, Honorius in Occidente. Interea Gildo comes Africæ
Africam usurpavit, cujus frater Maselzer perfidiam
perhorrescens in Italiam venit. Gildo filios duos occidit. Maselzer sciens per Theodosium, quantum
valeat oratio pro fide Christi, dies aliquot cum sanctis in jejuniis continuavit. Vidit itaque noctu beatum Ambrosium, paulo ante defunctum, sibi victoriam et modum, diem et locum indicantem. Pergens
ergo cum quinque millibus, octoginta millia hostium
sine bello in deditionem accepit. Gildo in Africam
rediens strangulatus interiit. Maselzer superbia tu-
mens ecclesiam Dei temerare ausus est ; nam quosdam inde extraxit, de quo sacrilegio punitus est.
Radagaysus rex Gothorum cum ducentis millibus
Gothis repentino Italiam inundavit impetu. Invadit
illico Romam. Clamatur a cunctis, se hæc ideo
perpeti, quod neglexerint sacra deorum. Blasphematur Christus. Sed non sinit Deus suam potentiam
minorem infidelium virtute videri. Capitur Rada-

gaysus, et tanta Gothorum multitudo in monte Fæ- A
sulano, quod singuli singulis aureis venderentur. Arcadius autem cum a Roma rediret, Theodosium
filium relinquens Constantinopoli, moritur. Cujus
temporibus Anastasius papa; post Anastasium Innocentius papa. Anastasius Acacium hæreticum voluit occulte revocare, et percussus ab angelo interiit.

De Honorio cum Theodosio filio fratris sui Arcadii.

Anno Domini 410, Honorius cum Theodosio filio
fratris sui Arcadii regnavit apud Romanos ann. xv.
Honorius circa initia imperii sui Romanis bellum
gladiatorum interdixit. Contra quem Gothi armantur, et Alarico duce anno ab urbe condita 1164,
Romam invadunt; ex parte incendunt, et a sexto
die quo ingressi fuerant, deprædata urbe fuerunt B
egressi. Ecce igitur altera Babylon. Sicut enim Babylon post 1164 annos a sui conditione vastata est
a Medis, et ab Arbace rege ipsorum, sic post totidem annos a sui conditione, Roma vastatura Gothis
et ab Alarico rege ipsorum : præcepto prius dato,
ut quantum possent, a sanguine temperarent, et si
quis in sacra loca, præsertim sanctorum Petri et
Pauli basilicas, intraret, securus maneret. Tunc
Alarico defuncto, Athaulphum regem constituentes
Gothi Romam redeunt, ut si quid residui fuerat,
more locustarum erodant, auferentes inde Placidiam, quam sibi Athaulphus duxit uxorem. Interea
Stilico, qui fuerat tutor Honorii, ut filium substi-
tueret imperio, Suevos, Alanos, Wandalos, Burgun- C
diones ad arma commovit. Quo cognito, pater et
filius occiduntur. Constantinus etiam tyrannus in
Britannia imperator electus, misit in Hispaniam
filium Constantem nomine. Contra quem Honorius
Constantium comitem strenuum et bellicosum misit ad Gallias, qui Constantinum apud Arelatem
occidit. Filius etiam Constans apud Viennam peremptus est. Athaulphus præterea Gothorum imperator effectus a Constantio capitur. Ilos et multos
alios tyrannos Honorius industria Constantii superavit. Itaque Walia rex Gothorum effectus Placidiam honeste servatam fratri restituit, et pacem
cum eo fecit; quam Honorius Constantio dedit uxorem, de qua genuit Valentinianum. Præterea illum
in consortem suscepit imperii. Sed evolutis sex D
mensibus mortuus est. Post hæc Honorius exercitum
in Britanniam misit, ad defendendum eam a Scotis
et Pictis. Similiter et in Hispanias ad defendendum
eas a Wandalis et Alanis. Placidia vero vidua a fratre Honorio repulsa, ivit in Orientem cum filiis
Honorio et Valentiniano, quæ a Theodosio Arcadii filio honeste recepta est. Honorius autem cum
regnasset cum patre annis duobus, et cum fratre
annis xiii et cum nepote xv pacatam relinquens
urbem, apud Romam moritur, et juxta martyrium
Petri apostoli sepelitur, cui soboles nulla remansit.
Licet enim duas Stiliconis filias, unam post alteram, habuisset, Dei tamen judicio virgines decesse-
runt. Quo mortuo, quidam Joannes invasit imperium

fultus auxilio Castieii magistri militiæ et Aetii. Cujus
tempore sedit Romæ Zosimus; post eum successit
Bonifacius papa. Post Bonifacium Cœlestinus papa.

De Theodosio II imperatore.

Anno Domini 426, Theodosius apud Romanos
regnavit anno xxv. Hic usque adeo fuit sapiens,
quod inter confabulantes experimentum omnium
videretur habere causarum; usque adeo patiens et
clemens, ut nullum se lædentium morti subjiceret,
dicens : Utinam ad vitam possem mortuos revocare!
Quarta et sexta feria Christianitatis studio jejunabat. Sacris litteris eruditus philosophiam operibus
exercebat. Regalia ejus sicut monasterium erant;
iram, tristitiam et libidinem sicut inimicos superabat. Cujus uxor Eudoxia Christianissima plurimum
litterata. Theodosius itaque Valentinianum filium
amitæ suæ, scilicet Augustæ Placidiæ, cæsarem
facit, et cum militibus et matre mittit eum contra
Joannem ad recipiendum imperium. Venientes igitur mira felicitate Joannem opprimunt et regnum
victores accipiunt. Et quia Ravennates Joanni fave-
rant, eos depopulati sunt. Quibus, sicut mare Rubrum patuit Moysi, sic terra paludosa et invia,
bilis et pervia facta est. Castinum exsilio damnave-
runt, Aetio venia data, quia ejus studio Hunni ad
propria remearunt. Ad hæc Valentinianus de cæsare
fit augustus. Post hæc Bonifacius intra Africam rebellis efficitur, qui ad auxilium suum Wandalos et
Alanos intromisit, Africam, rapinis et ferro, flam-
maque vastantes. Sed, pace facta, venit Bonifacius
ad Italiam, ubi morbo exstinctus est. In pace illa
data est Wandalis in Africa portio ad inhabitandum;
ubi Gensericus rex eorum, volens Catholicam fidem
Ariana impietate subvertere, quosdam episcopos de
civitatibus suis ejecit, suæque hæresi constituit;
nolentes diversis suppliciis afflictos occidit. Postea
dolo pacis Carthaginem cepit, et loca divini cultus
in habitacula privata convertit. Est autem Carthago
a Wandalis capta anno Domini 585, postquam cœpit Romanæ ditioni parere. Item Gensericus Siciliam graviter affligit. Theodosius imperator contra
Wandalos exercitum cum magna classe direxit; sed
magis fuere Siciliæ oneri, quam præsidio. Genserico
Carthaginem reverso, Hunnis Illyricum et Thracias
devastantibus, exercitus Theodosii ad defensionem
Orientalium revertitur provin iarum. Postmodum
inter Valentinianum et Genseri.um pax firmata est,
et Africa inter eos certis spatiis civisa est. Interim
Aetius Patritius effectus est. Crudicerium Burgundionum regem bello contrivit. Interim Gothi quoque
Narbouenses infestant; contra quos, Hunnis auxi-
liantibus, bellum geritur, cum quibus etiam pax
facta est humilius quam ante prælium poposcis-
sent. Wandalis et Gothis ita furentibus, Theodosius
ad Valentinianum Constantinopolim vadit, et filiam
ejus nomine Eudoxiam in uxorem accepit. Rursus
Britannia incursionibus Scotorum et Pictorum præ-
mitur. Piratæ partem insulæ invaserunt, quibus
Angli societatem promittunt; sed ex adjutoribus

impugnatores fiunt. Piratæ quoque Siciliam vastaverunt. Demum Theodosius Constantinopoli moritur, et sepelitur; qui dicitur habuisse cursorem nomine Palladium, qui terminos Romani pertransibat
imperii; unde quidam ait de ipso : *Iste vir, cum sit
lata Romana respublica, eam parvulam sua velocitate
demonstrat.* Eodem tempore Romæ sedit supradictus
Cœlestinus, et post eum Sixtus papa, et post cum
successit Leo papa.

De Martiano imperatore.

Anno Domini 452, Martianus regnavit apud Romanos ann. vii. Valentiniano adhuc in Occidente
regnante. Fuit autem Martianus vir gravissimus,
non solum reipublicæ, sed et Ecclesiæ necessarius :
contra quem, et Valentinianum, gravissimum oritur bellum. Nam Attila rex Hunnorum, qui Brenda
fratrem suum regni consortem occiderat, Thracias
et Macedoniam, Pannonias, et Daciam, Turcos, et
Rugos, et cæteras nationes, Aquilonis in finibus
commanentes, cum suis regulis sibi parere coegit.
Ad demoliendum etiam Occidentale imperium aspiravit. Igitur non minori fultus sagacitate, quam armorum fortitudine, amicitiam petebat Gothorum
contra Romanos, et Romanorum contra Gothos, ut
si hos divideret, utrosque facilius subjugaret. Cujus
astutias Aetius prævidens, cum Theoderico rege
Gothorum fœdera fecit. Occurrit igitur Aetius Attilæ,
fueruntque Aetio in auxilio Gundicarius rex Burgundionum, et Theodoricus rex Gothorum, Franci,
Saxones, et Alani, et alii multi. Convenere ex utraque parte in campos Catalaunicos : congrediuntur,
et 280 millia hominum occiduntur. Ibi rex Gothorum occubuit. Utrique parti fuit lacrymabilis pugna. Neuter cessit exercitus, sed tamen Attila superatur. Torismundus Theodorici filius de paterno
funere dolens, statuit Attilam obsidione coarctare
usque ad internecionem. Sed Aetius timens, si Attila occideretur, ne Romani a Gothis opprimerentur,
suasit Torismundo redire domum, ut susciperet regnum. Quo reverso, Attila reintegratis viribus, et
majori collecto exercitu, Italiam furibundus per
Pannonias introivit, Aquileiam aggressus, quam obsedit triennio. Demum cum ciconiæ uno impetu ex
urbe volarent, et pullos rostris forinsecus exporta-
rent, hoc augurio fultus Attila urbem expugnavit et
cepit.

De Leone imperatore.

Anno Domini 459, Leo Major regnavit apud Constantinopolim ann. xv, apud Romam vero quidam
Avitus imperator efficitur. Quo defuncto, Majorianus
apud Ravennam invadit imperium : quo juxta Tar-
raconam occiso, quidam Severus apud Ravennam
eligitur. Cujus tempore Sogor rex Alanorum in Italiam venit, sed a Ricimere præside Liguriæ superatus, et juxta Pergamum occisus est. Severo successit Anthemius; cujus temporibus Gensericus rediens
in Italiam, navali certamine superatus est. Servandus præfectus Galliarum, et Romanus Patricius aspirantes ad imperium, capti sunt. Ricimer, qui Me-

diolani morabatur, insidias paravit Anthemio; et
licet sanctitate pollens Epiphanius episcopus Ticinensis pacem composuisset, Ricimer tamen fœdus
violans, urbem invadit. Roma dividitur : pars illum,
pars sequitur istum. Bilimer rector Galliarum veniens in auxilium Anthemii, a Ricimere superatur
et occiditur. At post mensem tertium languoribus
cruciatus interiit. Quidam quoque Olybrius regiam
dignitatem adeptus est septem menses, et occubuit.

De Zenone imperatore.

Anno Domini 464, Zeno apud Constantinopolim
regnavit ann. xviii. Mater autem pueri Leonis, timens impetum Zenonis, puerum occulte clericum
fecit, qui in clericatu permansit usque ad tempora
Justiniani. Zenone puerum exigente, mater alium
similem obtulit. Apud Romam quidam Augustulus
in Italiam veniens, fugato nepote Patritio, qui regnum
invaserat, imperium invasit et obtinuit. Mox Odoacer
cum multitudine Herulorum et Thuringorum ab extremis Pannoniæ finibus in Italiam venire contendit, qui
transiens per rura Noricorum, audita fama Severini
servi Dei, ad eum petiturus benedictionem accessit. Cui
benedictione data Severinus ait : *Vade nunc ad Italiam
Odoacer, vilissimis pellibus indutus, multis cito plura
largiturus.* Ingresso Italiam patricius Orestes occurrit, sed intra Ticinum recepit se. Odoacer vero civitatem fortiter expugnatam ingreditur, gladius sæ-
vit, omnia ignis assumpsit, Orestes capitur, et apud
Placentiam detruncatur. Ad hæc Odoacer multas
civitates solo æquavit ; totam Italiam subjecit ; regiam dignitatem arripuit ; adimpleta est Severini
prophetia. Augustulus videns universam Italiam
subdi viribus Odoacris, cum rempublicam vix undecim mensibus tenuisset, imperialem deposuit majestatem : et ita venerabile Romanorum imperium,
et Augustalis illa sublimitas, quæ ab Augusto, scilicet Octaviano, incepit apud Romam, cum hoc Au-
gustulo periit. Anno ab Incarnatione Domini 475
Odoacer Romam ingressus per xiv annos quiete
possedit regnum Italiæ. Sed post Theodoricus
filius Theodemir regis, rex et ipse Ostrogo-
thorum, qui gratiam Zenonis imperatoris habebat in tantum, quod eum consularibus apud
Constantinopolim fascibus sublimasset, eique
statuam æream equestrem ante palatium ere-
xisset, conquerentibus Ostrogothis, quod imperia-
lia sibi stipendia non sufficerent, ad imperatorem
accedens suorumque penuriam exponens, Italiam
sibi petiit. Annuit imperator, et Italiam ei concessit, populumque Romanum commendavit. Proti-
ciscens, primo Gepidorum regem, et regem Bulgarorum prostravit. Demum juxta Sontium flumen
Aquileiæ castrametatus est ; ubi Odoacer sibi occurrens fugatus est. Exinde cum Theodoricus Veronam accederet, Veronæ Odoacer occurrit, cujus
exercitus in fugam conversus ex magna parte in
Athesi mergitur. Theodericus Veronam invadit.
Odoacer Romam rediit, sed obseratis portis exclu-
sus, Ravennam reversus est, cujus munitionum

obstacula fecit. Theodoricus vero pertransiens Mediolanum accessit, ubi multitudo militum ad eum
pervenit. Sed Odoacris exercitus crevit, ideoque
Theodoricus se apud Ticinum munivit. Interim
Gundubaldus rex Burgundionum Liguriam ingressus
multa diripuit, et captivos abduxit. Theodoricus
Ravennam accessit, et pene per triennium obsedit.
Tandem Odoacrem in fide susceptum occidit. Post
beatissimum Epiphanium ad Gundubaldum pro
redimendis captivis nuntium misit, cui, exceptis
illis, pro quibus pretium dedit, sex millia captivorum concessa sunt. Igitur Theodoricus Romam
profectus, a Romanis magno gaudio suscipitur,
quibus singulis annis ad subsidium concessit
centum viginti millia tritici modiorum. Et sic
tertio anno sui ingressus in Italiam, totius Italiæ adeptus est ditionem; nisi quod Gothis Ticinum
ingressis, mox Rugi civitatem invadunt, et per
biennium depopulantur. Theodoricus iste, licet illitteratus, fuit tamen sapientissimus, qui dicebat,
quod *Qui habet aurum, et dæmonem, celare non potest.* Hic cuidam sponsæ metu sponsi filium proprium denezanti ait : *Non habebis virum, nisi hunc,
quem tu negas filium :* quo audito, statim confessa
est suum esse filium. Et ecce alius Salomon. Hic
Veronæ, Ravennæ, Ticini palatia fecit, cujus tempore felicitas maxima fuit, pax et abundantia magna. Hic ut sui regni vires stabiliret, Chlodovici
regis Francorum filiam accepit uxorem. Sorores
suas et neptes tradidit, unam regi Wandalorum,
aliam regi Thuringorum, aliam regi Wisigothorum,
alios aliis, ita ut gens non prætermitteretur, quæ
Theodorico vel pactionis fœdere, vel affinitate non
fuerit sociata. Dum hæc apud Italiam aguntur, apud
Britanniam Saxones et Britones hinc inde confli-
gunt; et nunc hi, nunc illi palmam habuerunt. Sed
tandem Saxones potiores totum per longum insula potiuntur. Apud Africam Hunnericus successit
Genserico Arianus; ccc et ultra capit episcopos
catholicos; multis manus et linguas abscidit, nec
tamen catholicæ confessionis loquelam eripuit.
Ecclesias clausit; sed, Zenone imperatore suppli-
cante, reserantur, et episcopi reconciliantur. Apud
Orientem Thracia a Bulgaris devastatur. Constantinopolis incenditur. Cujus temporibus Simplicius
papa sedit. Post eum successit Felix papa; et post
eum successit Gelasius papa.

De Anastasio imperatore.

Anno Domini 492 Anastasius regnavit apud Constantinopolim an. xxvi qui Eutychianam sapuit
hæresim, dicens in Christo duas naturas deitatis
et humanitatis. Hujus temporibus sedit Anastasius
papa Romæ, a cujus communione multi clerici discesserunt, eo quod communicasset Photino, qui
communicaverat Acacio. Post quem duo papæ fuerunt electi, Symmachus et Laurentius. Unde post
multa facta homicidia Symmachus obtinuit et firmavit, in festis cantari *Gloria in excelsis Deo*, etc.,
et habitacula pauperibus instituit.

De Justino imperatore seniore.

Anno Domini 519 Justinus senior regnavit apud
Constantinopolim annos ix. Ad hunc quoque misit
Hormisda papa virum sanctitate præcipuum Germanum Capuanum episcopum pro fidei reintegra-
tione, qui digne susceptus est, et fidem consolida-
vit. Hoc tempore apud Africam catholica reformatur Ecclesia. Nam, defuncto Thrasimundo Ariano,
successit Hildericus filius ejus ex captiva filia Valentiniani principis ortus, quem pater moriens voluit astringere, ne catholicæ faveret Ecclesiæ; at
ipse priusquam regni jura susciperet, universos
episcopos in exsilium missos restituit, et catholicam Ecclesiam in Africa reformavit, quæ lxxiv annis fuerat destituta. Justinus similiter apud Orientem cœpit sævire, ut hæreticorum nomen exstingueretur. Quod cum Theodoricus rex adhuc in
Italia vivus, Ariana labe pollutus, audivit, Joannem
papam, qui Hormisdæ successerat, ad Justinum
dirigit, intimans, quod nisi hæreticis suas redderet
Ecclesias, universos Italiæ populos occideret. Joannes Constantinopolim ingrediens, turbis occurrentibus ei, in conspectu populi cæco lumen reddit
supplicanti. Hic itaque de sua suorumque salute
sollicitus, magnis fletibus Justino supplicat, ut suæ
legationis seriem, licet injustæ, accipiat, ut Italiæ
perituræ consulat. Annuit imperator.

De Justiniano imperatore.

Anno Domini 527 Justinianus apud Constantinopolim regnavit an. xxxviii. Justinianus ab Augusto
quinquagesimus primus sumpsit imperium, regnan-
tibus in Francia adhuc filiis Clodoici. Iste Christianissimus imperium quasi jam mortuum prudentis-
sime suscitavit; rempublicam reparavit. De Persis
per Belisarium patricium magnifice triumphavit.
Leges ante editas nimietate diffusas in compendium
conformavit, atque correxit; nam omnes Constitutiones principum, quæ utique in multis voluminibus habebantur, intra duodecim libros coarctavit,
idemque volumen *Codicem Justiniani* appellari
præcepit; cursumque singulorum magistratuum,
sive judicum leges, quæ usque ad duo millia pene
libros erant extensæ, intra quinquaginta librorum
numerum redegit, eumque codicem *Digestum,* sive
Pandectarum vocabulo nuncupavit. Quatuor etiam
Institutionum libros, in quibus breviter universa-
rum legum textus comprehenditur, noviter exposuit. Novas quoque leges, quas ipse statuerat, in
unum volumen redactas eumdem codicem *Novella*
nuncupari sancivit. Nam per Belisarium Wandalorum gentem, capto eorum rege Gelismero, usque
ad internecionem delevit, Africamque totam post
annos nonaginta et sex Romano imperio restituit.
Rursumque Belisarii viribus Gothorum in Italia
gentem, capto Witige eorum rege, superavit. Mau-
ros quoque post hæc Africam infestantes, eorumque regem Antalam per Joannem exconsulem mirabili virtute protrivit. Pari etiam modo et alias
gentes belli jure compressit. Quam ob causam pro-

pter horum omnium victorias ut Alamannicus, Gothicus, Francicus, Germanicus, Alanicus, Wandalicus, Africanusque diceretur, habere agnomina meruit. Exstruxit quoque idem princeps intra urbem Constantinopolim ecclesiam Sanctæ Sophiæ, id est Sapientiæ divinæ, quæ est Christus Filius Dei; insuper alia infinita ecclesiarum beneficia miro opere et ornamento construxit. Regem Herulorum nomine Craten convertit, et baptizavit. Tunc etiam rex Hunnorum nomine Garda, et cum eo quædam mulier vidua ex principibus Hunnorum, et alii gentis illius, centum millia baptismi gratiam receperunt. Rex itaque Atalaricus cum matre sua Eudoxia in tuitionem Justiniani imperatoris suscipitur. Atalarico post pauca a suis occiso, mater ejus Theodatum in regnum suscipit, qui postea ingratus et perfidus eam in balneo strangulavit. Justinianus, Wandalis ab Africa eliminatis, Africam in Romanam provinciam reformavit. Theodatus traditor et strangulator uxoris, pœnas Justiniani metuens, Agapitum papam ad imperatorem pro petenda indulgentia et pace transmittit; qua impetrata, fecit se ab ipso pontifice ad fidem catholicam revocari. Ubi et ipse pontifex diem suum functus, dum per portam regiæ urbis feretrum portaretur, cæcus quidam tacto feretro fuit illuminatus. Post hæc Belisarius patricius Theodatum ob commissum in uxorem scelus occidit, et Witegisium post Theodatum regnum invadentem captum ad imperatorem transmisit; atque totum regnum Gothorum, quod Jordanis auctor eorum per duo millia annorum et amplius stetisse commemorat, tunc fluivit, atque per eum sub Justiniano tam Wandalis ab Africa, quam Gothis ab Italia exstirpatis, utrasque provincias in pristinam Romanorum subjectionem reduxit. Hucusque Jordanis episcopus natione Gothus, ut ipse testatur sua Chronica, Gothorum Historias protelavit. Belisarius patricius cum Theodeberto filio Chlodovici fratre Lotharii, qui cum ducentis millibus Italiam invaserat, bellum commisit, et rogantibus Francis pacem concessit. Interea Parthi totam Syriam et urbem Antiochiam invadunt et depopulantur, quibus occurrens Beliaarius patricius, Wandalorum et Gothorum triumphator, vicit, et a terminis Romanorum repressit. His diebus Gothi cum rege suo Totila tumultuantes in Italiam deferuntur. Eisdem temporibus gens Langobardorum, quæ ab insula Scantia, quam alii vocant Scandinaviam, a qua etiam primi Gothi egressi fuerunt, cum Alboino rege suo in Pannonia habitabant; qui non multo post Italiam occupaverunt. Belisarius patricius in Italia manens, præcepto Theodoræ Augustæ Silverium papam invitus in exsilium misit. Vigilio quoque successori suo similiter fecit. Ilis quoque temporibus sedit sanctus Agapitus papa; et post eum Silverius papa; et post Silverium Vigilius papa; cui successit Pelagius papa, et post eum Joannes papa.

De regibus Longobardorum et gestis eorum, quæ fecerunt, et fuerunt suis temporibus.

Primus rex Longobardorum vocabatur Agelmundus filius Agionis, et regnavit annis xxxiii et gubernavit, et rexit Longobardos per idem tempus, et adoptavit in suum filium, qui postea fuit secundus rex Longobardorum.

Secundus rex Longobardorum fuit Lamissio post Agelmundum, et regnavit annis xl.

Tertius rex Gildeoth filius Letech regnavit xxiv annis.

Quartus rex Gildeothot rex Longobardorum regnavit et rexit xxi annis.

Quintus rex Gedeus, sub quo in Ruglanda provincia Rugorum temporibus Odoacri, de quo prædiximus, habitabant, in quam multis bellis et laboribus venerant fatigati.

Sextus rex Claffo filius Gedeonis regnavit xxviii annis.

Septimus rex Walterus regnavit annis vii.

Octavus rex Vacco dux super aliquantis Longobardicæ gentis principatus est, et ex filia filium suscipiens, eum Walterium nominavit.

Nonus rex Andolin, qui Longobardos in Pannoniam duxit, et fuit pater Alboin. Rodelindam in matrimonium habuit, quæ ei Alboin, virum bellis aptum et per omnia strenuum, peperit. Mortuus est itaque Andolin, et regnavit annis xxi. Ac deinde in regnum jam decimus Alboin ad regendam patriam cunctorum votis accessit.

Alboinus decimus rex Longobardorum sedes proprias, hoc est Pannoniam, amicis suis Hunnis contribuit, eo scilicet ordine, ut si quo tempore Longobardis necesse esset reverti, sua rursus arva repeterent. Igitur Longobardi, relicta Pannonia, cum uxoribus et natis, omnique supellectile Italiam properant possessuri. Habitaverunt autem in Panuonia annis xlii de qua egressi mense Aprili per indictionem primam alio die post sanctum Pascha, cujus festivitas eo anno juxta calculi rationem ipsis kalendis Aprilis fuit, cum jam anni a Domini Incarnatione 568 essent evoluti.

Clepus undecimus rex, nobilissimus vir, quem Liguriæ provinciæ regem statuerunt et fecerunt, regnavit duobus annis et mensibus sex. Post mortem ipsius regis sub judicibus fuerunt per decem annos. Postea elegerunt alium regem.

De Justino minore imperatore, nepote Justiniani.

Anno Domini 567 Justinus minor apud Constantinopolim regnavit aun. xii. Hic fuit nepos Justiniani. Vir in omni avaritia deditus, contemptor pauperum, senatorum spoliator; cui tanta fuit cupiditas et rabies, ut arcas juberet ferreas fieri, in quibus ea, quæ rapiebat, auri talenta congereret. Quem etiam ferunt in hæresim Pelagianam delapsum. Hic cum a divinis mandatis aurem cordis averteret, justo Dei judicio, amisso rationis intellectu, amens effectus est. Hic Tiberium cæsarem ascivit, qui ejus palatium, vel singulas provincias gubernaret.

De Tiberio imperatore.

Anno Domini 578. Tiberius Constantinus regnavit apud Romanos annis viii. Huic Sophia Augusta paravit insidias, volens Justinianum filium suum sublimare. Sed spe sua cassata est. Hic Persas debellavit et vicit, et magnam prædam cum xx pariter elephantis adduxit. Demum Mauritium virum strenuum una cum filio Sophiæ elegit in imperium, filiamque suam sibi tradidit, dicens : *Sit tibi imperium cum hac puella concessum; utere eo felix, memor semper, ut æquitate et justitia delecteris.* Iste Tiberius fuit homo justus, utilis, et strenuus, eleemosynarius, in judiciis æquus, in victoriis clarus, et quod his omnibus superavit, verissimus Christianus. Eodem tempore fuit Benedictus papa primus, et post eum Pelagius papa secundus.

De Mauritio imperatore.

Anno Domini 585 Mauritius Cappadox primus ex Græcorum genere in imperium confirmatur; regnavit annis xx. Hic quinquaginta millia soldorum misit Oldeberto regi Francorum, ut Lombardos impugnaret, et de Italia exterminaret.

Autharum filium Delfonis Longobardi elegerunt in regem, et fuit duodecimus rex Longobardorum, qui regnavit annis vii et destruxit civitatem Birsiliæ positam super ripam fluminis Padi, et modo dicitur Bersellus.

Agiluf tertius decimus rex Longobardorum, qui sicut Authari assumpsit regiam dignitatem, sic et in matrimonium Theodolindam ejus uxorem, cujus supplicatione rex fidem catholicam tenuit, et possessiones Ecclesiæ ampliavit. Cui reginæ Gregorius papa primus multa scripsit.

De Phoca imperatore.

Anno Domini 606 Phocas regnum invasit apud Constantinopolim, qui regnavit annis viii. Cujus anno secundo beatus Gregorius cum sedisset annis xiii, et mensibus vi, et diebus x, migravit ad Christum. Eodem tempore Prasini et Veneti per Orientem et Ægyptum bella moverunt. Agiluf pacem cum Phocate composuit annualem. Persæ Romanis Hierosolymam et multas provincias abstulerunt, et sancta profanantes, etiam vexillum Dominicæ crucis abducunt. Contra Phocatem Heraclianus, qui tunc Africam regebat, bellum movit, eumque regno et vita privavit, tradens regnum Heraclio filio suo. Eodem tempore sedebat Romæ beatus Gregorius papa primus, et post eum successit Sabinianus papa primus, et post eum successit Bonifacius papa tertius, cui successit Bonifacius papa quartus, qui impetravit a Phocate imperatore templum, quod Pantheon vocabatur, quod idem imperator eidem Bonifacio dedit et concessit. Et ibi dictus papa fecit Ecclesiam in honorem Beatæ Mariæ et Omnium Sanctorum in Kalendis Novembris. Et tempore prædicti Bonifacii papæ fuit Mahometh.

De Heraclio Heracliani filio.

Anno Domini 614, Heraclius Heracliani filius apud Constantinopolim regnavit annis xxxii, alii dicunt annis xlviii. Hic fuit Christianissimus qui, crucem Domini Hierosolymas reportavit. Hic duos filios habuit, Heracleonem et Constantinum. Agiluf cum Heraclio, et cum Francis pacem composuit. Sed Avares Forum-Julii capiunt ad proditionem Romildæ uxoris Gisulfi ducis Fori-Juliani, quam rex Avarum promisit accipere in matrimonium. Sed Longobardis peremptis et captis, rex una nocte habuit eam in matrimonio; alia nocte tradidit duodecim Avaribus, qui sibi succedentes eam libidine satiarent. Novissime jussit eam ligari ad palum, inquiens : *Talem te dignum est habere virum in maritum, quæ potius libidini, quam civium et consanguineorum saluti prospicere voluisti.* Hujus ducissæ duæ filiæ, ne Avaribus contaminarentur, carnes pullorum crudorum mamillis fasciis alligaverunt, ut putrefactæ fæterent. Cum igitur Avares eas contingerent, putantes eas naturaliter fætere, dicebant omnes Lombardas fætidas. Quarum postea nupsit una regi Alamannorum, alia principi Bajoariorum. Ad hæc cum regnasset Agiluf xxv annis, diem clausit extremum, cujus filius fuit Adaloald rex.

Adaloald filius Agiluf quartus decimus rex Longobardorum cum Theodelinda matre sua successit, et tunc fuerunt Ecclesiæ restitutæ.Cumque regnasset Adaloald annis x et mente insaniret, a Longobardis ejectus est.

Arioald substitus est rex quintusdecimus Longobardorum, et regnavit annis xii.

Rotharus sextusdecimus rex Longobardorum,qui fuit fortis et justus, sed arianus; et tunc fere in qualibet civitate Longobardorum erant duo episcopi, unus catholicus et alter arianus. In civitate Ticinensi apud basilicam Sancti Eusebii Anastasius arianus episcopus resedit, sed postea ad fidem catholicam est conversus, et tunc erat alter episcopus catholicus. Codicem composuit Rotharus legum, quæ Longobardæ vocantur, anno lxvii, ab introitu Longobardorum in Italiam. Multa subjugavit; et cum regnasset annis xvi, regnum Longobardorum Rodoaldo filio suo reliquit.

Rodoaldus decimus septimus rex Longobardorum regnavit annis v. Cujus uxor Godiperga ecclesiam apud Ticinum Sancti Joannis construxit. Interim Simsebinus princeps Gothorum multas in Hispania urbes sibi subjecit, et Judæos sui regni ad fidem convertit. Heraclio successit Heracleonus filius, qui regnavit annis ii, deinde frater ejus Constantinus, qui regnavit mensibus vi. Cui successit filius æquivocus, Constans etiam nominatus. Hisque temporibus fuit Romæ papa Deusdedit; cui successit Bonifacius papa quintus. Post eum successit Honorius papa primus; post quem successit Severinus papa ; et post eum Joannes papa quartus ; et post eum Theodorus papa primus.

De Constantino, qui et Constans.

no Domini 649 Constantinus, qui et Constans, Constantinopolim regnavit annis xxviii, qui hæreticus. Cujus temporibus Martinus papa primus, quem, quando missarum solemnia cebat, Spatarius quidam occidere voluit, sed ssus aorasia eum non vidit. Demum Constaneum misit in exilium, ubi migravit ad Domiet miraculis coruscavit. Cui successit Eugepapa primus, canonum scientia plurimum ius. Et post eum Vitalianus, qui cantum cont, quo hodie Romani utuntur. Hujus Constanimporibus regina Persarum, nomine Cæsara, io habitu Constantinopolim venit, et baptis-, quem desiderabat, accepit, quam Augusta de levavit. Quod audiens rex Persarum, legatos igustum pro uxore direxit. Legati reginam t. Imperator se reginam ignorare fatetur, sed rem noviter baptizatam ostendit. Quam legati scentes venerantur, supplicant, ut revertatur; espondit : *Nuntiate regi vestro, nisi crediderit ristum, me ulterius consortem habere non po-* Quid plura? Rex cum sexaginta millibus hon Constantinopolim venit, et cum omnibus atur, ab Augusto de fonte levatus. Cum uxore itur honoratus.

pertus decimus octavus rex Longobardorum, iecessit Rodoaldo, et condidit oraculum Sancti ioris apud Ticinum; et cum regnasset annis i, regnum duobus filiis Bertarith et Gondireliquit. Gondipertus Ticini, Bertarith sedit lani. Sed Grimoald dux Beneventanus Gondin fraudulenter occidit; quo audito, fugit rith Mediolanensis, et stetit in exsilio.

moaldus decimus nonus rex Longobardorum rit, qui Francos in Italiam venientes multa prostravit juxta civitatem Astensem. Constanigitur, ut Italiam a Longobardorum manibus et, Athenas venit, et mare transiens, Tarenpplicuit, et quemdam eremitam consuluit, si a Longobardorum posset viriliter superare. espondit, quod gens Longobardorum modo iri non posset, quia beatus Joannes Baptista s continuo intercedit, eo quod regina basilijus in Moedicia construxit. Progrediens inde, iam civitatem destruxit. Ageruntiam civitane capere nequivit. Beneventum obsedit, ubi ild Grimoaldi regis filius ducatum habebat. ildus itaque Grimoaldo patri suo nuntium , auxilium petiit. Rex festinavit. Imperator lim se recepit, et inde bello cum suo damno o, Romam perrexit. Cui papa Vitalianus clero devote occurrit et populo. Imperator Petro pallium obtulit auro contextum; et nansisset Romæ diebus xii, ornamenta civiecclesiarum, et Sanctæ Mariæ, ubi fuerat on, et tecta ænea deposuit, et civitatem auro iavit. In Siciliam regressus est, et ibi per ennium mansit; et tales Calabriæ, Siciliæ,

A Africæ, Sardiniæ afflictiones indixit, quod nulli spes vitæ remaneret. Sed in balneo apud Syracusas occiditur.

De Constantino, Constantini vel Constantis Augusti filio.

Anno Domini 677, Constantinus, Constantini vel Constantis Augusti filius apud Constantinopolim regnavit annis xvii. Cujus temporibus Theodorus archiepiscopus, et Adrianus abbas a Vitaliano papa missi sunt ad informationem ecclesiarum. Ad quod Theodorus iste, ut quidam aiunt, librum pœnitentialem composuit. Vitaliano successit Adeodatus papa; post quem Donus papæ, qui paradisum ante basilicam Beati Petri candidis marmoribus mirifice statuit. Post Dono papæ successit Agatho papa, qui causa componendæ pacis inter imperatorem et Longobardos, Constantinopolim ivit, et osculum in porta civitatis cum cuidam leproso dedisset, illico sanatus est. Apud Longobardos quoque Grimoald cum regnasset annis ix, in basilica Sancti Ambrosii mortuus et sepultus est, quam apud Ticinum cen struxit.

Bertarith vicesimus rex Longobardorum tunc profugus, ut redeat in Italiam voce divina monetur. Reversus in regem sublimatur; cujus uxor Rodelinda basilicam Sanctæ Mariæ ad Perticas ædificavit. Ipse vero ecclesiam Sanctæ Agathæ, et Portam Palatinam apud Ticinum construxit, et martyrum Primi et Feliciani corpora condidit. Cumque reguasset xv annis, Cuniperto filio suo regnum reliquit, quem Alachis dux Tridentinus contra fidelitatem, adnitentibus et Aldone et Agrasone Brixianis civibus, regno et palatio Ticinensi privavit. Hic Alachis clericos odio habuit; qui quodam Thoma diacono ad se veniente, ait : *Veniat, si habet femoralia munda.* Ad quem diaconus ait : *Dicite illi, quia Deus potest in meis causis reprehensionem intenire : ipse non potest.* Sed per Dei gratiam misit in auxilium regis. Rex de Alachis et exercitu ejus victoriam habuit. Hic Cunipertus uxorem suam audiens Theodotem puellam de pulchritudine commendare, eam cognovit; et in monasterio, quo ejus nomine appellatur, apud Ticinum collocavit. Franci ante venerabile corpus beati Benedicti per D noctare simulantes, in castro Cassini ossa beat Benedicti et sanctæ Scholasticæ furati sunt, et ii suam patriam portaverunt. Agathoni successit Leo papa secundus; et post eum successit Benedictus papa secundus; et post eum successit Joannes papa quintus, qui composuit librum *De pallii dignitate* tempore infrascripti Justiniani Minoris filii Constantini.

De Justiniano minore Constantini filio.

Anno Domini 697, Justinianus Constantini filius apud Constantinopolim regnavit annis x. Hic Africam a Sarracenis recuperavit, et cum eis pacem fecit terra marique. Similiter provincia Africa redacta est sub Romano imperio. Hujus tempore fuit supradictus Joannes papa; cui successit Sergius papa quem misso Zacharia spatario suo jussit Constantinus imperator deportari, quia synodo, quam Constantinopoli fecerat, subscribere nolebat. Sed militia Ravennæ, vicinarumque partium Zachariam contumeliose repulit. Hunc Justinianum Leo regno privavit, et in Ponto in exsilio reposuit. Et regnavit is cum Tiberio annis septem. Ilis diebus facta est synodus Aquileiæ. Justinianus, post imperium recuperatum, Leonem et Tiberium occidit, et quando reuma de naso tergebat, unum de Leonis fautoribus jugulari præcipiebat. Gallicinum quoque patriarcham Constantinopolitanum, qui ei contrarius fuerat, erutis oculis, Romam misit, Cyrum abbatem, qui eum in Ponto aluerat, patriarcham fecit.

Cunipertus vicesimus primus rex Longobardorum, cum regnasset ann. xii. Regnum Liuperto filio suo reliquit, eique tutorem Asprandum instituit. Sed Ariperth puerum occidit, tutorem fugavit, regnum invasit, Laudum et Pergamum cepit. Hic Ariperth, hac illac pergens, quid de se diceretur, et qualem justitiam judices facerent, privato habitu explorabat. Hic Ariperth Alpes Cotias Ecclesiæ Romanæ donavit vel restituit. Sed Gisulphus dux Beneventi Campaniam invasit. Ilis temporibus Benedictus Mediolanensis archiepiscopus Romæ causam habuit pro Ecclesia Ticinensi, sed victus est. Joanni papæ successit Sisinnius, et Sisinnio Constantinus; quem Constantinum papam Justinianus Augustus ad se Constantinopolim venire fecit, et in platea civitatis ejus pedibus advolutus veniam impetravit; eumque honorifice suscepit et remisit, et privilegia renovavit. Cujus Constantini temporibus duo Saxonum reges Romam orationis causa venere, et ambo mortui sunt. Demum Justiniani exercitus in Pontum contra Philippicum missus, eum fecit imperatorem, qui Constantinopolin veniens, Justinianum occidit. Cujus temporibus in urbe Roma fames facta est magna per annos tres, post quos tanta fuit ubertas, ut fertilitas inoptata oblivioni mandaretur.

De Philippico imperatore.

Anno Domini 717 Philippicus apud Constantinopolim regnavit ann. i, mens. vi, qui Cyrum ad monasterium suum remisit; Constantino papæ litteras pravi dogmatis direxit; quas papa respuit, et hujus rei causa gesta vi synodorum in porticu Sancti Petri fecit pingi; statuitque populus Romanus, ne charta, vel effigies, aut nomen imperatoris reciperetur hæretici, nec pro eo ad missarum solemnia oratio fieret specialis. Hunc Philippicum Anastasius, qui Anthemius dictus, oculis et regno privavit.

De Anastasio imperatore.

Anno Domini 718 Anastasius apud Constantinopolim regnavit ann. iii. Constantino papæ litteras direxit, quibus se fautorem catholicæ fidei declaravit. Hic classem contra Sarracenos in Alexandriam misit; sed urbem reversus exercitus Theodo-

sium imperatorem elegit, et coactum imperio confirmavit.

Aripertus vicesimus secundus rex Longobardorum, cum regnasset ann. xii et fugeret a facie hostium suorum, in Ticino flumine suffocatus est. Regnavit Asprandus meus. iii vicesimus tertius rex Longobardorum, qui successit Liutprandus filius ejus. Ilis temporibus claruit beatus Leonardus monachus.

De Theodosio imperatore.

Anno Domini 721 Theodosius apud Constantinopolim regnavit ann. v, qui Anastasium fecit ordinarii presbyterum. Ilis temporibus conversi sunt Germani ad Christum per Bonifacium episcopum.

De Leone imperatore.

Anno Domini 722, Leo apud Constantinopolim regnavit ann. xxv. Hic apud Constantinopolim imagines sanctorum incendit, et mandavit Gregorio III ut idem Romæ faceret. Sed pontifex hoc contempsit, et imperatorem excommunicavit. Exercitus quoque Ravennæ, Venetiarumque unanimiter elegissent alium imperatorem, nisi pontifex restitisset. Augustus ad pejora progreditur, imagines ejus Salvatoris et Genitricis ejus imagines concremari fecit; et quia plerique Constantinopoli resistebant, aliqui sunt capite truncati, alii aliter mutilati. Et tunc passa est sancta Theodosia. Patriarcha sceleri non consentiens, propria sede expulsus est. Ilis quoque temporibus Sarraceni Constantinopolim per continuum triennium obsederunt; sed fame et pestilentia confusi sunt; et reverten:es subita tempestate contritis navibus perierunt. Intus Constantinopolim ccc millia pestilentia interierunt.

Liutprandus vicesimus tertius rex Longobardorum, qui fuit tantæ audaciæ, quia cum jurassent aliqui cum occidere, cum eis silvam ingrediens, evaginato gladio dicebat : *Facite, quæ cogitatis*. Et tantæ fuit pietatis, quod eis cuncta confessis protinus dimittebat. Et cum Liutprandus regnum obtineret Longobardorum, et equitaret per districtum Mediolani, homines illarum partium ad ejus præsentiam accedentes conquerebantur, ei, quod non habebant mensuram, et quod unus alterum in mensura decipiebat. Qui posuit pedem super quemdam lapidem magnum et spatiosum, volens in eo signum fieri ad modum pedis sui, ad quod emere et vendere deberent. Sed Dei potentia signum pedis ejus in ipso lapide fuit sculptum signo, et signatum, quod usque in præsentem diem ibi apparet, et dicitur *Pes Liutprandus;* ad cujus mensuram usque in hodiernum diem vendunt et emunt. Tantæ fuit potentiæ, quod Bononiam, Auximum, Subtriam, Spoletum, et alia plurima subjugavit. Ravennam obsedit, et classem destruxit. Sed et contra Romanos multa prælia gessit. Cum Romam obsideret, misit Gregorius III Carolo Martello claves confessionis Sancti Petri, rogans ut urbem liberaret et Ecclesiam defenderet a Longobardis. Sed tantæ fuit devotionis, quod Alpes Cotias Romanæ confirmavit Ecclesiæ.

eati Augustini, cum Sarraceni fuissent Sar-
depopulati, transtulit in Ticinum, et collo-
a in ecclesia Sancti Petri ad Velum aureum,
pse construxit. Ædificavit præterea in monte
is' ecclesiam Berceti. In Olonna ecclesiam
Anastasii. In palatio ecclesiam Sancti Sal-
, ubi clericos instituit; et sic per singula
e loca, in quibus degere volebat. Tantæ fuit
iæ quod magis confidebat in orationibus,
n armis. Pacis fuit amator qui Francorum
et Avarum custodivit; castus, largus, sed lit-
n ignarus; qui, cum regnasset annis xxxi et
us vi, mortuus est.
:prandus, vicesimus quartus rex Longobar-
,successit Luitprando regi. Hildeprandus re-
mensibus vi.

hius, vicesimus quintus rex Longobardorum,
it annis iv, mensibus ix. His temporibus
io successit Zacharias in apostolica sede,
Latinaque lingua peritus. Qui pacem cum
ardis fecit, et filios compatrum in matrimo-
ulari prohibuit. Bonifacius Maguntinus ar-
copus, qui Werdensem ecclesiam fecit, et
resbyter venerabilis, qui multa conscripsit,
us episcopus Ticinensis claruerunt. Leonis
rimo mortuus est Carolus Martellus, qui
rancos major in regia domo erat. Hic re-
?rancorum a longis retro temporibus intuea-

Trojæ destructionem multa millia Trojano-
b Priamo et Antenore Ravennam applicue-
t Paduam ædificaverunt, ubi sepultus est
r. Postea vero in Scythica regione civitatem
riam constituerunt. Deinde occupaverunt
iam, et dicti sunt Germani. Sed quia tem-
alentiniani imperatoris, ejus mandato vice-
anos, vocavit eos Francos, id est feroces.
·ausierunt in Thuringiam sub principibus
iede et Simone. Sed Simone defuncto, Mar-
s filium Faramundum regem fecerunt, et
ir quemdam sapientem, nomine Salagustum,
cœperunt, a quo lex Salica dicta est, qua
utuntur. Hinc Roma decrevit,· et Francia
Nam, transito Rheno, cœperunt fugare Ro-
qui habitabant ibi; et cepere Agrippinam,
nc Colonia dicitur ex novo incolatu eorum,
acum, et Cameracum, et Rhemis, et Treve-
Suessonam, Aurelianis, et pene totam Gal-
Germaniam ab Aquitania usque Baguciam
verunt. Inter reges Francorum fuerunt Miro-
quo postea reges nominati sunt Mirovei; et
veus, qui Glodosindam filiam regis Burgun-
Christianam accepit uxorem; ad cujus ora-
et exhortationes baptizatus est a sancto
jlo, angelo de cœlis oleum ministrante, quo
'ranci reges unguntur. Iste Chlodoveus vovit
suam se beato Martino daturum, si trium-
in Gothos. Triumphavit, solvit votum; sed
·e volens centum solidos transmisit; sed

equus stetit immobilis; ideoque misit alios centum
solidos, et sic equus secutus est, unde Chlodoveus
ait : Sanctus Martinus est bonus auxiliator, sed
charus negotiator. Hujus Chlodovei filii, nepotes et
pronepotes postea regnaverunt, scilicet Lotharius
filius ejus, et filii ejus Lotharii, qui regnum diviserunt. Aribertus Parisius, Guntramus Aurelianis,
Hilpericus Senonis, Sichipertus Metis obtinuit. Sed
ad tantam imbecillitatem reges devenere Francorum, quia regibus adhuc nomine solo manentibus,
major in domo regia, regni erat administrator, ut
venerabilis Arnulfus, Metensis episcopus, vitæ sanctitate perspicuus, et post Anchisus filius ejus ab
Anchise Trojano denominatus, post quem Pippinus
Grossus. Post hunc Carolus Martellus Pippini
Grossi filius ex concubinatu Alpheidæ ducissæ. Qui
Bagueram, Sueviam, Guasconiam, Saxoniam, Fri-
siam vicit, cccLxxxv millia Sarracenorum in Hispania interfecit, eosque, bellum Narbonæ committens,
maxima cæde prostravit. Et post cum Sarraceni
Arelate cepissent, legatos cum muneribus mittens
ad Liutprandum regem Longobardorum, contra
Sarracenos auxilium postulavit. Quo in adjutorium
properante, Sarraceni fugerunt. Illam quoque Provinciam subjugavit, in qua est Parisius, quæ tunc
Gaudiana vocabatur. Et vocavit eam Franciam lingua latina, Theotonice Karlinguiam. Terra vero,
quæ Franconia dicitur, a quodam Francone duce,
ut quidam asserunt, appellata est. Primus consensu
decimas Zachariæ papæ militibus dedit in feudum
pro ecclesiarum necessitate. Cum itaque regnum
Francorum tam feliciter per xxvii annos adminis-
trasset, sicut præmisimus, anno primo Leonis diem
clausit extremum, tribus relictis filiis, Carlomanno,
Pippino Nano, et Graffone, qui regni diviserunt
administrationem. Sed Graffo iniquus a fratribus
ejectus apud Averniam in quodam Castello permansit. Carlomannus habuit Theotoniam, Pippinus
Franciam. Sed post annos quatuor Carlomannus
per Zachariam papam factus est monachus in
monte Syrath; postea transivit ad montem Casi-
num, ubi etiam porcos aliquando custodivit. Pippinus itaque Nanus solus exstitit regni administrator, Hyldrico rege nomine solo manente. Sed quia
rex erat ignavus et inutilis, auctoritate Zachariæ
papæ Pippinus in regem a Bonifacio Maguntino,
aliisque principibus electus est, et Hyldrico in monte
Casino monacho facto auctoritate Stephani papæ,
qui Zachariæ successit, a fidelitate Hyldrici cum
omnibus principibus est absolutus, et in regem
unctus, ubi regnum Merovingorum finem accepit,
et regnum Carolorum incepit.

De Constantino Leonis filio.

Anno Domini 742, Constantinus Leonis filius
apud Constantinopolim regnavit ann. xxxv, qui
fuit patre pejor, quia sacrificia dæmonibus immolavit.

Astulphus vicesimus sextus rex Longobardorum
regnavit annis viii, qui Dei Ecclesiam molestavit,

16

et civitates ad jus beati Petri pertinentes invasit ; A
unde Pippinus Nanus rex Francorum rogatu Stephani papæ in Italiam venit, et Astulphum jurare
coegit, quod Ecclesiam Romanam ulterius non mo-
lestaret. Deinde Pippinus Romam veniens honorifice susceptus est. Et eo in Franciam reverso,
Astulphus nihil promissorum servavit. Unde Pippinus rediens, Ravennam et quasdam alias civitates
numero viginti cepit, et Ecclesiæ Romanæ donavit,
et Astulphum arctius obligavit. Mortuus est anno
xiv regni sui, duos derelinquens filios, scilicet
Carolum Magnum et Carlomannum, qui regnum
diviserunt. Stephano papæ successit Paulus, qui
sæpe monuit Constantinum pro imaginibus restau-
randis ; post quem Constantinus adhuc laicus sedem invasit apostolicam ; post alius Stephanus, B
et postmodum Adrianus. Post Astulphum regem
Longobardorum successit Desiderius rex Longobardorum.

Iste Desiderius Ecclesiam Romanam impugnans,
primo cepit Faventiam, et Ferrariam, seu Coma-
chium de Ravennate, abstulit exarchatu.

Anno Domini 755 tempore Astulphi regis et viii
anno domni et Silvestri papæ primi translatum est
corpus beati Silvestri Nonantulam.

Anno Domini 774, regnum Longobardorum a
Carolo rege subjugatum est, per quos regnatum
fuerat, postquam Italiam intraverant, annis ccvi.
Deinde Carolus reversus in Franciam subjugavit
Saxoniam.

———

Additamentum ad chronicon Sicardi secundum codi-
cem Es.ensem.

Reperitur in Legenda Beatæ Juliæ virginis et
martyris de Desiderio rege Longobardorum : Postea
autem tempore præcedente quidam nobilis vir civitatis Brixiæ fidelis et devotus, Desiderius nomine,
cum quodam tempore apud Ticinum Larones et po-
tentiores Longobardorum regem creaturi essent,
Desiderius alloquitur Ansam uxorem suam, dicens :
« Proficiscar Ticinum, ubi principes Longobardorum convenerunt, ut faciant sibi regem. » Uxor
vero ejus subridens ait : « Vade : forte eligent te
in suum regem. » Proficiscens devenit igitur prima
die in quemdam locum, qui usque in hodiernum D
diem appellatur Lenum , et ponens ibi se ad quies-
cendum sub quadam arbore, cum obdormisset,
ecce quidam serpens, qui surrexit subito, et venit
ad caput ejus, et astringens caudam cum capite ,
fecit in modum serti coronam in capite ejus. Serviens autem suus hæc videns, noluit eum excitare,
timens ne serpens læderet eum. Et dum hæc agerentur in somnis, videbatur Desiderio quod diadema regis Longobardorum poneretur super caput
ejus. Excitatus autem, et serpente recedente,
nulla molestia illata sibi dixit servienti suo : « Surge :
eamus, quia vidi somnium, per quod puto me
regem futurum. » Et dum essent in via, famulus
suus confessus est ei quod sibi acciderat de ser-

pente. Intrans autem aulam, in qua erat multitudo,
atque exspectans, et scire volens, quem electores
eligerent in regem, cum plurimis diebus instassent
electioni, et nulla ratione convenire possent in
unum : qui in aula exspectabant, Desiderio dixerunt :
« Vade, Desideri ; intra ad eos, et dic ad eos, quia
omnes tædio afficimur, exspectantes tanto electionem eorum. » Qui ingressus secure ad eos, narravit murmurationem omnium exspectantium regis
electionem. Illi autem videntes Desiderium, de quo
nulla mentio apud eos facta fuerat, dixit unus ex
eis coram omnibus : « Ecce Desiderius vir nobilis
est, quamvis non multum in rebus dives, strenuus
in armis. Eligamus ipsum in regem. » Breviter Dei
nutu omnes concordant in eum. Et adimpletum est
in eo, quod dictum est : « Insuspicabile portabit
diadema. » Et vocato eo in conclavi, insignia regalia imposuerunt super eum. Quod cum divulgatum esset in aula, omnes lætari cœperunt. Ipse
autem non immemor de loco illo, ubi serpens cin-
xerat ejus caput, et ubi etiam fixerat signum, ad
honorem Domini nostri Jesu et sancti Benedicti
confessoris construxit monasterium ingens et nobile, ubi copiosa monachorum multitudo in sancta
religione Domino devotissime deservivit, quod etiam
privilegiis, villis et terris plurimis dotavit. Ansa
vero uxor ejus devotissima regina, vestigia sequens
mariti, intra civitatem monasterium æque nobile
locuples de suo peculio fecit fieri, quod dotavit
magnifice villis, terris, pratis, molendinis, fonti-
C bus, servis, mancipiis tam in episcopatu Brixiæ,
quam Cremonæ, et Placentiæ, et Regii, et pluribus
aliis locis. Dona etiam largissima contulit ecclesiæ
dicti monasterii, aurum, argentum, lapides pre-
tiosos, thuribula, phialas, cruces, textus Evangelii, et alia pallia samita, et sericas vestes, sicut
decebat reginam Longobardorum, et tanto plus
quanto ex magno affectu et pia devotione hoc
agebat. Et constituit ut, de his quæ donaverat monasterio, conventus magnus haberetur sanctimo-
nialium et virginum, quæ die ac nocte devotum
obsequium Domino exhiberent. Post hæc misit devota regina gentis Longobardorum nuntios solemnes et fide dignos, ac devotos in insulam Corsicam,
D et mandavit ut corpus beatissimæ martyris Juliæ
cum omni sollicitudine deferretur ad monasterium,
quod ipsa construxerat ; qui fideliter et devote
mandata complentes, corpus dictæ virginis ad civitatem Brixiæ detulerunt, et in prædicti monasterii
ecclesia honorabiliter locaverunt, ubi per ejus
merita et orationes multis multa beneficia conferuntur, præstante Domino nostro Jesu Christo, qui
cum Patre, et Filio, et Spiritu sancto vivit et regnat in sæcula sæculorum. Amen. Iste rex Desiderius fuit ultimus rex Longobardorum

———

De Leone imperatore.

Anno Domini 777, Leo apud Constantinopolim

annis vi. Post venit imperium in manus A
eonis, nomine Irene.

De Irene uxore Leonis.

Domini 785, Irene regnavit apud Constan-
n cum filio suo Constandino ann. x.
mporibus, scilicet anno Domini 786, Cru-
im repente in vestibus appart..it. et sanguis
profluxit. Hanc Irenem, quia Carolo nubere

voluit, Græci monasterio intruserunt, et Nicepho-
rum elegerunt.

De Nicephoro imperatore, et filio ejus Stauratio.

Anno Domini 794, Nicephorus apud Constantinopolim regnavit ann. viii, post quem Stauracus
filius ejus regn..vit mensibus iv. Apud Romam his
temporibus fuit Adrianus papa I, cui successit
Leo papa III. Hic Leo papa synodum celebravit, in
qua damnavit hæreticos dicentes Christum Dei filium adoptivum

---

[se]quuntur desumpta sunt ex ms. codice Augustæ Cæsareæ Vindobonensis bibliothecæ, simulque ex ms. cod. bibliothecæ Estensis. Variantia inter eos
aut in ipso textu, aut in suppos.tis notis, indicabuntur.

De Carolo Magno imperatore.

Domini 700, anno ab Urbe condita 1552,
cum jam regnasset in Francia annis xxxiii
papa III, unctus est in imperatorem Ro-
m, et imperavit annis xiv, mense uno, die-
i. Hic confirmavit Ecclesiæ Romanæ quæ
rat ei Pippinus pater suus, et adjunxit ei
a Spoletanum et Beneventum, et alias etiam
s possessionibus ampliavit. Hic cum Mi-
qui post Stauratium apud Constantinopo-
navit annis duobus, et post cum Leone
iore, pacem perpetuam hoc modo firmavit,
r alterius frater nominetur, et alter ab
semper juvetur. Græcus imperator habeat
m et Constantinopolim, et Carolus et suc-
s habeant Romam et Occidentem. Abhinc
gesta Orientalium Græcis chronographis re-
ites, quæ apud nos gesta sunt, Occidentalia
aamur. His in pace compositis, Carolus
idem causa orationis per Constantinopolim
t per Siciliam, et Calabriam, et Apuliam
n rediit, et Aquisgranis reversus est, ubi
regni constituit, et finem vitæ suscepit anno
l 814, anno regni sui et imperii xlvi sub-
aliæ xliv, ætatis suæ lxxii. Cujus duodecim
t præcipui pugnatores. Rolandus (7), et Vol-
i cum sociis suis. Duos reliquit filios Ludo-
regem Aquitaniæ, et Pippinum (8) secundum
Italiæ. Hujus temporibus claruerunt Alcui-
aroli capellanus, Stephanus venerabilis vitæ
næ episcopus, qui cum Pippino rege Italiæ
ilit corpus sancti Zenonis ad ecclesiam,
ædificaverunt, et multis possessionibus dont.

De Ludovico filio Caroli.

o Domini 814, Ludovicus Caroli filius apud
sos cum Lothario filio suo regnavit annis xxv.
ique (9) morte patris, de Aquitania veniens,
grani per consensum principum adeptus est

Ex Codice Estensi : Rolandus, Uliverius, et
nus archiepiscopus cum sociis suis.
Ex codice Estensi : et Pippinum regem Italiæ.
Ex codice Estensi : audita namque morte

B imperii principatum. Apud quem Leo papa de im-
positis criminibus per nuntios se purgavit. Apud
Constantinopolim vero cum Leo regnasset annis
viii et mensibus vi, successit alius Michael, qui
regnavit annis viii et mensibus ix. Cui substitutus
est Theophilus filius ejus, qui post mortem patris
regnavit annis xiv et mensibus iii. Leoni papæ successit Stephanus, qui Ludovicum', ut quidam dicunt, inunxit. Huic Ludovico Italiam ingresso
beatus Joannes Baptista in visione apparuit in territorio Sabinensi, præcepitque ut ædificaret ei
ecclesiam, quam fecit, ubi dicitur Argentilla. Hic
regnum potenter obtinuit usque ad Pharum. Hic
tres filios habuit, Lotharium, quem consortem
fecit imperii ; Carolum, quem ducem fecit Aquita-
C niæ; Ludovicum, quem ducem instituit Bavariæ.
Hic Ludovicus Augustus, ut nobiles alliceret ad
clericatum, clericis licentiam dedit vestibus pretiosis inaui, uti et divisas domos habendi. Hujus
temporibus Heroldus rex Danorum cum suo populo
venit ad fidem. Ejusque temporibus, scilicet anno
Domini 823 corpus Beati Marci translatum est de
Alexandria Venetiis. Stephano papa successit Paschalis, qui (10) potestatem Lothario, cum in Italiam venisset, super Romanum populum, vivente
patre, concessit. Post Paschalem Eugenius, qui Librum Pœnitentiarum composuit, et in Franciam
misit. Post Eugenium Valentinus. Post quem Gregorius, qui ecclesiam Beati Marci, quam tempore
sui sacerdotii regenuam habuit tempore sui ponti-
D ficatus a fundamentis renovavit. Hujus Ludovici
temporibus episcopus Cremonensis fuit Atto.

*De Helena imperatrice, et Niceto, Lothario, et
Michaele Curipale.*

Hisque temporibus Constantinopoli Helena sola
imperavit annis v. Nicetus imperavit annis ix.
Romæ Lotharius annis x. Constantinopoli Michael
Curipale imperavit annis ii.

patris.
(10) Qui potestatem usque ad concessit, desiderantur in codice Estensi.

De Lothario Ludovici filio.

Anno Domini 840, Lotharius Ludovici filius apud Romanos regnavit annis xv. Ad hunc Theophilus imperator Constantinopolitanus legatos misit, promittens dare filiam suam Ludovico filio suo; sed dum ista geruntur, naturæ Theophilus iste concessit. Lotharius autem ab imperiali benedictione Roma reversus, a fratribus, scilicet Carolo Aquitaniæ, et Ludovico Bavariæ ducibus, regnare volentibus, impugnatus est. Divisit igitur cum eis imperium : Carolo cessit Francia, Britannia ; Ludovico Bavaria, Alamannia; Lothario vero Italia, Provincia et Lotharingia, a quo etiam sic denominata est. Ecce magnus defectus imperii. Cum enim Carolus quasi per medium cum Græco divisisset imperium, hic Lotharius nepos Caroli tertiam duntaxat partem habuit medietatis imperii. Qui cum tres filios habuerit, Ludovicum, Lotharium, et Carolum, quibus regnum concesserat (11), eis divisit, Ludovico Italiam cum nomine imperatoris, Lothario Lotharingiam, Carolo Provinciam. Et ecce major defectus imperii, quia devenit ad tertiam partem duntaxat tertiæ partis (12). Demum Lotharius imperator factus est monachus. His temporibus Gregorio successit Sergius in apostolatu, cujus temporibus Sarraceni vastaverunt Italiam. Cremonæ vero Quemeroardus sedit episcopus, Attonis prædicti successor.

De Ludovico Lotharii filio.

Anno Domini 855, Ludovicus, Lotharii filius, apud Romanos regnavit annis xviii. Hunc papa Sergius coronavit. Sergio successit Leo, qui ædificavit civitatem, quæ suo nomine Leoniana dicitur, et ciborium Sancti Petri, et ecclesiam quæ dicitur Sancta Maria nova. Post quem Benedictus (13). Postea Nicolaus, qui duos reges excommunicavit, Michaelem propter patriarchæ depositionem, et Lotharium propter pellicis copulationem. Hic enim papa Nicolaus de matrimonio Lothario juniori, regi scilicet Lotharingiæ, cum Gualdrada et Teuberga rescripsit. His temporibus Sarraceni Beneventum invadunt, ideoque Ludovicus fratrem suum Lotharium in suum auxilium invitavit; sed is apud Placentiam mortuus est ; unde regnum ejus Lotharingiam Carolus patruus rex Galliarum invasit. Sed adveniens imperator Ludovicus ipsum regnum Lotharingiæ, cum Carolo patruo rege Galliarum regna Franciæ et Britanniæ ita divisit, quod sedem sibi Aquisgrani retinuit. Ad hæc Beneventanus dux Adalgisus Ludovico imperatori fit rebellis, ideoque imperator in Italiam rediens, Campaniam, Lucaniam et omnes civitates Samnii cepit. His temporibus, Nicolao successit Adrianus, et Adriano Joannes. Cremonæ vero fuit episcopus Benedictus.

(11) *Ex codice Estensi :* quod sibi cessit, eis divisit, scilicet.

(12) *Ex codice Estensi :* tertiæ partis medietatis.

(13) *Ex codice Estensi :* Benedictus, cui successit Paulus papa II. Post Paulum Stephanus papa V. Cui successit Nicolaus papa I. Post eum Adria-

A *De Carolo Ludovici Senioris filio, et patruo junioris, agnomine Calvus.*

Anno Domini 874, Carolus, Ludovici senioris filius, et patruus junioris, regnavit anno uno et mensibus ix. Hic enim, cum esset rex Franciæ, Romam venit, et imperium per Joannem papam inunctus obtinuit. His diebus, frater ejus Ludovicus rex Bavariæ et Alamanniæ apud Francfurt mortuus tres filios dereliquit, Carlomannum, Ludovicum et Carolum, qui diviserunt inter se regnum Theotonicum. Carlomannus filium habuit Arnolphum nomine de nobili femina, sed non legitimum.

De Carolo juniore.

Anno Domini 875, Carolus junior (8), Lotharii filius, apud Romanos regnavit annis vii. Hic, cum B esset rex Provinciæ, Romam venit, et a Joanne papa coronatus est. Coronatus igitur privilegium fecit (9) clericorum et ecclesiarum. His temporibus Normanni Franciam invadunt, et usque Aquisgrani, Coloniamque devastant. Contra quos Carolus imperator armavit. Et tunc Godefredus, rex Normannorum, christianus effectus est, imperatore eum de sacro fonte levante. Paulo post, omnibus de Carolorum genere deficientibus, solus Carolus monarcha exstitit. Sed cum propter ægritudinem imbecillis haberetur, Arnolphus ad imperium electus est. His temporibus tres fuerunt in Lombardia episcopi gloriosi : Paulus qui Placentinam ecclesiam per Suffredum destructam reparavit, et Guibodus Parmensis, qui canonicam Parmensem instituit, et C Lando Cremonensis, qui corpus martyris Archelai de Roma Cremonam portavit, et Archarium instituit, qui pro luminaribus beneficium assignavit. Hisque temporibus Joanni papæ successit Martinus; post Martinum Adrianus.

De Arnolpho.

Anno Domini 882, Arnolphus, Carlomanni filius non legitimus, cum esset rex tertiæ partis Theutoniæ, regnavit apud Romanos annis xii. His temporibus Adriano successit Stephanus ; postea Formosus. Arnolphus igitur a Formoso coronatus imperator effectus est; qui Pergamum cepit, et totam Italiam subjugavit. His temporibus Franci perdiderunt imperium, quod apud eos fuerat circiter cxii D annis. Fuit enim imperium a pluribus, multis annis, multipliciter usurpatum, de quorum successionis ordine prosequamur. Papæ vero Formoso successerunt sequentes ordine dispositi : Bonifacius, Stephanus, Romanus, Theodorus, Joannes, Benedictus, Leo, Christophorus, qui de papa factus est monachus.

De Ludovico filio Arnulphi.

Anno Domini 902, Ludovicus regnavit annis iv apud Teutonicos. Post Ludovicum regnavit Henricus.

(14) *Ex codice Estensi :* Carolus minor Ludovici filius.

(15) *Ex codice Estensi :* fecit de libertate clericorum.

o, sed Diadema capiti non imposuit. His A
ævi Hungari depopulantur Italiam, scilicet
anni 906, viii Kalend. Octobris : postea-
arruo in annum sæpe reversi sunt et de-

...ico successit Conradus nequissimus fortu-
..et ecclesiarum devastator. Ideoque sustu-
Deus. Cui successit Henricus Saxoniæ dux
...um vocatus

De Berengario primo.

Domini 907, Berengarius primus regnavit
. Cujus tempore sedit (1C) Anastasius in
cui successit Lando. Landoni, Joannes,
s Sergii papa. Apud Teutonicos regnavit
Conradus. Hujus Berengarii cancellarius
Joannes fuit Cremonæ episcopus, qui comi-
xtra civitatem per quinque milliaria impe-
Cujus tempore sedit Sergius papa, qui Chri-
o fuerat substitutus.

De Berengario secundo
Domini 913, Berengarius secundus regnavit
.

De Hugone.

Domini 923, Hugo regnavit annis vi. Apud
eos regnavit Henricus. His temporibus Dal-
Cremonæ fuit episcopus.

De Berengario tertio.

. Domini 931, Berengarius tertius regnavit
iii. His temporibus Joanni successerunt hoc
: Leo, Stephanus, Joannes; item Leo; item
nus; postea Marinus et Agapitus.

De Lothario.

. Domini 944 Lotharius regnavit annis
.

De Berengario quarto

. Domini 947 Berengarius regnavit annis xi.
num Italiæ cum imperio adeptus est, et re-
cum Adelberto filio suo. Apud Teutonicos
it primus Otto Henrici filius. His temporibus
eni Capuam invaserunt, scilicet anno Domi-
. Romani quoque patriciatus sibi tyrannidem
verunt. Agapito vero successerunt Joannes,
ctus et Leo. Cum has inter persecutiones
er has a tyrannide Berengarii maximam pa-
Ecclesia persecutionem, ad Ottonem regem
icorum a Sede apostolica legati mittuntur,
annide Berengarii conquerentes. Tum hic
. Otto filium suum nomine similiter Ottonem
ani misit, qui de Berengario triumphavit ;
Italiam subjugavit. Adelbertus in Corsicam
Proinde rex Otto a Joanne coronatus impera-
iomen acquisivit. Et sic imperium ad Teuto-
ro gloriosa et victoriosa Ecclesiæ defensione
it.

Ex codice Estensi : Cujus tempore sedit Sergius III, qui Christophoro fuerat substitutus, et
iam electus. Cui successit Anastasius papa
papatu : cui successit Lando I. Post eum
sit Joannes papa qui filius fuit Sergii

De primo Ottone imperatore.

Anno Domini 961 primus Otto apud Romanos
regnavit annis vi, qui Joanni papæ Leonem substituit, eo quod cum Adelberto convenit. Ejecto
Leone, Joannes a Romanis restituitur, cui defuncto Benedictus substituitur. Sed imperator Bened-
ctum deposuit, et Leonem restituit, et filium suum
sibi æquivocum ab eo coronari obtinuit. Hic Leo
papa donationes factas a Justiniano imperatore,
Ariberto rege, Pippino, et Carolo Ecclesiæ Romanæ,
de consensu cardinalium, episcoporum, presbyterorum, diaconorum et totius cleri et populi Romani, imperatori Ottoni remisit, et sibi suisque successoribus concessit et largitus est, ut regnum Itali-
cum ab invasionibus liberarent et perpetuo tuerentur. Hujus majoris Ottonis temporibus Luyso Cremonæ fuit episcopus, qui corpus Beati Hymerii de
oppido sancti Flaviani sito in episcopatu Immelien-
si Cremonam transtulit..

De Ottone secundo imperatore.

Anno Domini 961, secundus Otto apud Romanos
regnavit annos xxviii. Hujus temporibus Leoni papæ successit Joannes, qui a præfecto urbis captus
et in Campaniam in exsilium missus fuit. Sed imperator a persecutoribus supplicium sumens et apostolicum restituens vindicavit. Joanni successit Benedictus, qui quoque a Thurcio Theodori filio captus in castro Sancti Angeli retrusus et strangulatus est. Benedicto successerunt Donus et Benedictus et Joannes, qui in castro Sancti Angeli fame
afflictus mortuus est. Rursus Joannes, itemque Joannes, Silvester, Joannes, aliusque Joannes. Hisque
temporibus Liutprandus Cremonæ fuit episcopus.

De tertio Ottone imperatore.

Anno Domini 994 tertius Otto apud Romanos
regnavit annis vi. Cujus temporibus terræ motus
per decem dies totam Italiam agitavit. Ejusque temporibus venerabilis Odericus Cremonæ fuit episcopus, qui arcam Beato Hymerio fabricavit, et corpus sancti Gregorii martyris Cremonam de Spoleto
portavit, et ecclesiam Sancti Laurentii quondam
capellam foris muros civitatis ædificans in monasterium etiam ditavit.

De Henrico Claudo duce Noricorum.

Anno Domini 1001, defunctis Ottonibus absque
hæredibus, Henricus Claudus dux Noricorum, id
est Baguariorum, erigitur a principibus. Qui regnavit annis xxiv. Imperavit autem xi, qui (17) multa
prælia vicit. Cujus temporibus Joanni papæ successerunt hoc ordine Sergius, Benedictus, Joannes et
Benedictus, qui ejectus fuit de papatu, et Silvester
substitutus. Sed et hoc dejecto Benedictus restituitur,
quo rursus ejecto, Gregorius substitutus est, quem

papæ.
(17) Cod. Estensis : qui anno 1014, imperator
factus est, qui multa prælia vicit, qui apud Babem-
bergam catalogo sanctorum annumeratus est.

Imperator Henricus deposuit, et ultra montes trans- A
portavit, et Clementem substituit. Hujus temporibus
Henrici, capellanus ejus, nomine Landolphus Cremonæ fuit episcopus, qui monasterii Sancti Laurentii et Cremonensis populi fuit acerrimus persecutor. Quocirca populus ipsum de civitate ejecit, et
palatium turribus et duplici muro munitum destruxit. Proinde licet episcopio multa conquisierit, tamen multa per superbiam, multa per inertiam perdidit. Hujus etiam Henrici temporibus luna tribus
diebus sanguinea facta est. Sol defecit, et fames valida fuit. Ejusque temporibus, scilicet anno Domini 1003, Simeon eremita migravit ad Dominum, cujus corpus jacet ad Sanctum Benedictum inter Padum et Lironem.

De Conrado.

Anno Domini 1026 Conradus (18) apud Romanos
regnavit annis xvi, cujus temporibus successit Clementi Damasus in papatu. Aribertus Mediolanensis
fuit archiepiscopus, et Baldus Cremonæ fuit episcopus; qui quoque monasterium Sancti Laurentii
persecutus est, et apud Lacum Obscurum impugnatus est. Defuncto Conrado vacavit imperium.

De Henrico secundo.

Anno Domini 1040, Henricus Conradi filius apud
Romanos regnavit xvii annis; cujus temporibus in
papatu sederunt Leo, qui cum Normannis in Apu-
lea dimicavit, Victor, Stephanus, cujus tempore Pa-
thera Mediolani exorta est; post Benedictus, Nicolaus, ejusque temporibus, scilicet et anno Domini
1052, Bonifacius marchio sagitta in Spineta est
occisus; et quidem ubi sagittarius pedes et genua
fixit, radix omnis aruit, et herba cum germine in
circuitu sibi ulterius non germinavit, ut divinitus apparerent latentis vestigia occisoris (19).

(18) Codex: Estensis Conradus quidam dux Francorum successit Henrico secundo, qui neptem Sancti Henrici duxit uxorem, et regnavit apud Romanos annos xiii qui eodem anno intravit Italiam. Cujus temporibus Clementi II successit Damasus II.
Anno Domini 1033, apud Constantinopolim Michael
successit in imperium, et regnavit annos iv; nam,
evulsis oculis de regno a Theodora imperatrice
ejectus est. Successitque Constantinus, qui mono-
machus factus est, et regnavit annos iii. Anno Domini 1159, Conradus moritur, et Henricus filius
substituitur.

(19) Codex Estensis: Ejusque temporibus anno
Domini 1045, ædificata est Hierosolymis ecclesia
Sanctæ Resurrectionis: et anno Domini 1054, Lu-
prandus, apostolicæ sedis Legatus, Michaelem Constantinopolitanum patriarcham excommunicavit,
quod damnaret Latinos Azymitas. Anno Domini
1056, defuncto Constantino monomacho, Theodora
imperatrix per biennium Constantinopolitanum
rexit imperium; cui successit Michael Onricas, qui
regnavit annos ii et ejectus ab Isachio factus est
monachus. Successitque Isachius, qui regnavit annos ii. Anno Domini 1056, Henricus moritur, cujus
corpus ultra montes translatum est. Et permansit
vacuum regnum annos xxvi.

(20) Codex Estensis: Sed fugiens imperatoris insidias, quem de electionibus arguebat episcoporum,
in Apuliam pervenit, ubi a Roberto Guiscardo

De Henrico tertio

Anno Domini 1063, Henricus apud Romanos regnavit annis xvi quem filius ejus usque adeo persecutus est, quod ei regalia resignavit. His temporibus Robertus Guiscardus invasit Apuliam, et etiam
Romam impugnare præsumpsit. Hierusalem a paganis capitur. Nicolao successerunt Alexander, qui
cum Cadulo Parmense episcopo sub contentione
fuit electus, sed obtinuit; et Gregorius, qui captus
est a quibusdam Romanis apud sanctum Altare nocte Natalis Domini. Sed eodem die dimissus, et in
suo statu receptus (20) est. Arnolphus autem Cremonæ fuit episcopus. His quoque temporibus, scilicet anno Domini 1070, civitas Astensis capta fuit
ab Adalasia. Demum sequentibus temporibus sequentia provenerunt. Anno Domini 1083, Nonantulam obsedit comitissa Mathildis. Anno Domini
1084, valida fames Italiam occupavit. Anno Domini 1096, multitudo peregrinorum per Cremonam
transeuntium mare transivit, qui, transactis annis
tribus, Hierusalem Dei gratia recuperaverunt. Anno
Domini 1098, primo cœpit guerra de Cremona, fri-
xorium Cremonensium. Anno Domini 1100, Paschalis papa creatur, quem quidam ex Romano clero
adeo persecuti sunt, quod tres papalia insignia
induentes eos in summos pontifices eligere præ-
sumpserint. Sed demum ab eodem Paschali confusi et prostrati sunt. Anno Domini 1102, Ferrariam obsedit comitissa Mathildis. Anno 1107,
Cremonenses, Laudenses, Papienses incenderunt
Burgum Terdonæ in mense Augusto.

Quæ sequuntur, habet codex Estensis, usque ad cap.
De Henrico quarto. Paucula vero ex his subinde
repetuntur in Codice bibliothecæ Cæsareæ, ut infra
perspicies.

Anno Domini 1084, his temporibus sancta civi-
honorifice receptus est, sed apud Salernum sepultus est. Anno Domini 1088, imperante Henrico, his
temporibus Robertus Guiscardus invasit Apuliam,
et etiam Romam impugnare præsumpsit. Hierusalem a Paganis et Turcis capitur. Quidam etiam
Turcomanni Orientalia regna ceperunt, qui sic dicti a Turco duce ipsorum. Homines agrestes sunt,
non habentes manentem civitatem, migrantes, omnia sua bona secum portantes de loco ad locum.
Anno Domini 1070, civitas Astensis capta fuit ab
Adleida. Constantinopoli vero Constantinus Ducas
contemporaneus regnavit annis viii, et post obitum
ejus Esidechia uxor ejus vi menses rexit imperium,
et nupsit Diogeni Romano, qui regnavit annis iv,
mensibus iii, et captus est a Turcis in prælio in
Oriente. Cujus postmodum oculis evulsis a Græcis
per consensum Michaelis imperatoris, et Ducas
prædicti filii Constantini, regnavit Michael per annos vi, quem Nicephorus nominatus a Græco deje-
cit imperio, et eo monacho facto, sponsam ejus
duxit uxorem, et regnavit annis iii. Sed et huic
Alexius regno privavit, et monachicum habitum
induere fecit. Anno Domini 1083, eodem tempore
Gregorii papæ VII, prædictus Henricus regnabat
apud Romanos. Apud Constantinopolim regnavit
Alexius tum solus, tum cum filio suo Kalojanne,
annis xxxvii, mensibus v. Eodem anno obsessa fuit
Nonantula a comitissa Mathilde.

rusalem tandiu a gentibus possessa, cum
res Christiani venirent ad eam, et aurum
uto in Porta porsolverent, sed non habe-
isi cum gentilibus, ubi caput reclinarent,
res Amelphitani plateam vacuam ante por-
lesiæ dicti Sepulcri a civitatis principe im-
es, asylum de suo communi ædificant juxta
erium eorumdem, quod usque hodie Sancta
le Latina vocatur, in quo possent Christiani
, cum contingeret eos accedere, posuerunt-
stodes, qui deberent Christianos recipere.
ibus itaque multis peregrinis causa devotio
ait quidam sacerdos Francigena nomine Pe-
Heio eremita, qui videns Sancta profanari,
rediens Christianis suasit, ut ad liberan-
nctam civitatem ab infidelibus festinarent.
runt itaque peregrini ; sed plus quam cen-
illia Christianorum, per Constantinopolim
ntium, quia in Dominum peccaverunt, a Tur-
ais miserabiliter occiduntur. Rediens itaque
nihilominus viriliter agens, ad papam ac-
Jrbanum secundum.

De obsidione civitatis Antiochenæ.

Domini 1098, Franci Antiochiam mense
is obsessam, in Junio feliciter obtinuerunt,
s per chordarum scalas super muri apicem
issis, operante quodam Turco, cui per som-
mperavit Christus dicens : *Quid dormis?*
Antiochiam Christianis. Et apparente eis san-
orgio milite super equum album sedente,
estibus induto, totaque nocte clamante : *Ve-*
st me : intremus civitatem, obsederunt eam ;
eni vero tanta inopia famis confecti sunt,
quos, asinos, et camelos, canes, et mures,
a in stercoribus reperta comederent. De hac
a dictum est :
m fuit urbs capta tam nobilis Antiochena,
decies centum si subtrahis inde bis unum,
ne tot erunt anni Domini de Virgine nati.

Soldanus de Perside cum ingenti exercitu
eam obsedit, et usque adeo Francos arctavit,
multi fugerent. Sed cuidam clerico fugienti
us ait : *Revertere, et dic populo ut pæniteat,*
i fient. Commiscuerunt enim se cum mulieri-
urcorum. Cum itaque pœnitentiam egissent,
em in Julio exierunt, et timore Domini misso
tes, eos viriliter fugaverunt. Fugit ipse sol-
cum xxx principibus ; fugit et Corogath ni-
rus, et nimium tædiosus. Antiochiam itaque
udus, cujus machinatione civitas fuerat ac-
a, princeps obtinuit. Eodem anno fuit prima
a de Crema, quæ est usque in hodiernum
non solum Cremonensium, sed etiam aliorum
ium Longobardorum.

ptione per Phœnicem, Sidonem, et Tyrum,
n , Capham , et Cæsaream , et Hierusu-
.

o Domini 1099, Franci progressi per Phœni-
Sidonem, et Tyrum, Acon, Capham, Cæsa-
, et Hierusalem pervenerunt, et circum circa

A quotidie processionem nudis pedibus facientes, eam
virtute magna ceperunt.

Anno milleno centeno quo minus uno
Virginis a partu, Domini qui claruit ortu,
Hierusalem Franci capiunt virtute potenti,
Quindecies Julio jam Phœbi lumine facto.
Quippe Godefredo patre, mox principe facto,
Post quadringentos viginti circiter annos.

Est recuperata, ex quo sub Heraclio secunda vice a
Sarracenis capta fuit, et deinde possessa. Capta
quidem urbe quamdam crucis particulam in secreto loco repositam invenerunt, quam ad sepulcrum Domini retulerunt. Audiens hæc rex Babylonis, ut Francos in Hierusalem caperet, acceleravit.
Sed Franci usque ad Ascalonam viriliter obviantes,
cum viriliter impugnarunt, de quorum divitiis
Franci ditati gloriose Hierusalem redire. Sed Robertus Normanniæ comes, et Robertus Flandriæ comes per Constantinopolim ad propria remearunt.
Raymundus comes Laudiciam accessit. Dux autem
Godefredus, Tancredo secum retento, Hierosolymitanum obtinuit principatum. Audientes Boamundus
princeps Antiochiæ, et Balduinus frater Godefredi
prædicti princeps Edissæ, victoriam sociorum, maximo cum labore Hierusalem pervenerunt, et Dalberto Pisano archiepiscopo in patriarcham constituto, ad suos principatus, perfecto peregrinationis
itinere, feliciter redierunt. Et fuit tempore Urbani
papæ secundi.

De Boamundo.

Anno Domini 1100, Boamundus a Turcis captus
est, et Godefredus Balduini frater electus est : qui
Edissam Balduino comiti cognato suo committens,
Hierusalem per multos labores pervenit, et modico
tempore terram ultra Ascaloniam et partes Arabiæ,
ut suæ ditioni subjiceret, perlustravit. Eodem anno
papa Paschalis creatur, quem quidam ex Romano
clero usque adeo persecuti sunt, quod tres papalia
insignia induentes eos in summos pontifices erigere
præsumerent. Sed demum ab eodem Paschali confusi, prostrati sunt.

De Balduino.

Anno Domini 1101, Balduinus in Bethlehem coronatur in regem, quod frater ejus recusaverat dicens, neminem debere coronari in regno, vel de regno regis Christi. Sed consultius sapientibus visum
est, ut quod Christo fecerunt ad ignominiam, Christiani faciant ad honorem et gloriam. Simile est de
rasura Petri, et nostra. Nondum Christiani plus
quam ccc milites habebant, et tot de peditibus, qui
Hierusalem, Joppem, Ramulam, et castrum Caphæ
custodirent, nullumque Portum præter Joppem
Cæte.a Sarraceni. Tunc temporis Januensium stolus advenit, convenitque inter regem, et eos, ut
quicunque civitatem Sarracenorum caperent, tertiam partem haberent. Primo itaque ceperunt oppidum Assur : deinde urbem Cæsaream Palestinæ,
ubi archiepiscopum constituunt. Tempore procedente rex cum paucis contra ducem Babylonensis

militiæ prope Ascalonam dimicavit, eumque et im- A nuensium cum Bertramo comite cepit, et Bertra-
mensum illius exercitum superavit. mum eumdem comitem investivit.

De captione Tortosæ, et obsidione Ferrariæ.

Anno Domini 1102, alius Francorum exercitus
superveniens labores multos et damna perpessus
est, sed postmodum Tortosam ceperunt; inter
quos fuit comes Pictaviensis, et comes Burgundiæ, et comes Blesensis, cum quibus, et vix cc.
militibus rex viginti Sarracenorum millia expugnavit infra Ramulam; aliaque vice Joppem, quam
prehendiderant, gratia Salvatoris obtinuit. Eodem
anno in Italia Ferrariam civitatem obsedit comitissa Mathildis.

De Boamundo, qui liberatus fuit a carcere.

Anno Domini 1103, Boamundus a Turcorum
carcere liberatus est, et sicut princeps Antiochiæ B
receptus est, qui et Laudiciam a Tancredo, qui eam
Constantinopolitani imperatoris hominibus abstulerat, acquisivit.

De obsidione Acon.

Anno Domini 1104, rex obsedit Acon, et auxilio
Januensium impugnavit, eamque per deditionem
obtinuit. Eodem anno Boamundus juxta Charram,
quæ est prope Eufratem, contra Turcos pugnavit
magna strage suorum. Dein Franciam properans
filiam regis Philippi Constantiam accepit uxorem,
principatu Tancredo relicto.

De Tancredo principe Antiochiæ. De expugnatione quam fecit contra Sarracenos.

Anno Domini 1105 pugnavit Tancredus Antio- C
chiæ princeps contra Sarracenos, eosque viriliter
expugnavit. Rex quoque Balduinus inter Joppem
et Ramulam cum quingentis militibus, et duobus
millibus peditum, quindecim millia Turcorum,
Æthiopum, et Arabum superavit. Eodem anno
in vigilia Nativitatis Domini Hierosolymis magnus
exstitit terræ motus.

De cometa, et duobus solibus, et stellis.

Anno Domini 1106, cometa magnus, rutilus et
niveus, incipiens in Februario L diebus apparuit
mundo. Et duo quoque soles apparuerunt, et stellæ
de cœlo pluries visæ sunt. Ugo Magnus, qui Tibe-
riadi præsidebat, Damascenos superavit; sed in
alia expeditione interiit.

De militibus Joppitis, et Boamundo.

Anno Domini 1107 milites Joppitæ quingentos
milites, et M. pedites inter Joppem et Hierusalem latitantes in latibulis superarunt. Eodem anno
Boamundus, qui de Francia in Apuliam venerat
cum quinque millibus militum, et quadraginta
millibus peditum, Duratium obsedit, eo quod Alexius Constantinopolitanus peregrinis erat infestus.

De pace Boamundi cum Alexio.

Anno Domini 1108, Boamundus pacem cum Ale-
xio fecit, et rediit in Apuliam.

De rege, qui Tripolim cepit.

Anno Domini 1109, rex Tripolim auxilio Ja-

De captione civitatis Beryti, et obsidione a Balduino rege.

Anno Domini 1110, rex Balduinus Berytum civitatem obsedit, et cepit; et Edissenis, qui a Sarracenis obsidebantur, cum Tancredo principe Antiocheno illuc adiens, annonæ auxilium dedit.
Deinde Hierusalem reversus, auxilio Germani regis
Norvegensium, qui cum LX navibus venerat peregrinis, Sidonem civitatem obsedit et cepit. Eodem
anno civitas Novariæ destructa est.

De obsidione Tyri, et destructione civitatis Laudæ.

Anno Domini 1111, rex Balduinus adivit principatum Antiochenum, et Tancredo contra Persas
tulit auxilium. Deinde regressus Tyrum obsedit,
sed non cepit. Eodem anno civitas Laudensis in
Italia capta et destructa fuit a Mediolanensibus.

De morte Tancredi.

Anno Domini 1112, Tancredus moritur, successitque Rogerius cognatus ipsius.

De eclipsi solis, et terræ motu, et comitissa Siciliæ, et de concilio.

Anno Domini 1113, sol passus est eclipsim, et
terræ motus in Hierosolymitano regno in illo bis
exstitit anno. In quo Sarraceni Christianos suo
proposito penitus destructuri, in insula, quæ est
inter Jordanem, congregati sunt. Contra quos rex
Balduinus cum suo damno pugnavit; et interim
Ascalonitæ circa Hierusalem segetes dissipparunt.
Eodem anno comitissa Siciliæ Adalaida, uxor comitis fratris Roberti Guiscardi, Acon causa peregrinationis applicuit. Eodem anno concilium apostolicus in Lateranensi Basilica celebravit, in quo
cassatum est illud privilegium, potius privilegium
appellandum, a Patribus per violentiam extor-
tum. Eodem anno civitas Cremonæ crematur incendio.

De multitudine locustarum

Anno Domini 1114, multitudo locustarum, ab
Arabiæ partibus advolans, Hierosolymitanas segetes dissipaverunt. Maximus terræ motus in Antiochenis partibus fuit; domos et munimina multa
D subvertit, ante quem muscæ tecta non introibant.

De castrametatione, quam fecerunt Turci inter Antiochiam et Damascum. Et de subversione civitatis a terræ motu. Et de obitu comitissæ Mathildis.

Anno Domini 1115, castrametati sunt Turci inter
Antiochiam et Damascum. Doldequinus itaque rex
Damascenorum pacem cum rege Balduino et
principe Rogerio composuit. Convenerantque si-
mul adversus eos. Interim Ascalonitæ Joppem ob-
sederunt. Regibus igitur ad suas reversis, soli
Antiocheni Turcos animositate valida superarunt.
Eodem anno subversa est Mamistria terræ motu.
Eodem anno rex Balduinus in quodam monte Ara-
biæ, qui est inter montem Abarim, in quo Domi-

loysem sepelivit, Jor et Synai, castrum ædi-
t, et Montem nominari præcepit. Et eodem
comitissa Mathildis obiit.

De rege Balduino, et comitissa Adelaide.

no Domini 1116, rex Balduinus dimisit Ade-
n, comitissam quondam Siciliæ, quam, sua
te, apud Edissam injuste duxerat in uxorem.

De multitudine locustarum.

no Domini 1117, in Hierosolymitanis parti-
multitudo locustarum segetes et arbores de-
it. Et luna prius rubore, postmodum tota ni-
ie perfusa est. Eodem anno rex Balduinus
im ædificavit juxta Tyrum, quod Scandileon,
. caput leonis, constituit nominandum.

De morte regis Balduini et Alexii.

io Domini 1118, rex Balduinus universæ car-
bitum solvit, cum regnasset annis xviii. Cui
a dederunt Cæder, et Ægyptus, Dan et Dama-
Et sepultus in Golgotha juxta fratrem suum
a Godefredum. Cui, sobole nulla relicta, suc-
alius Balduinus, comes Edissenus, cognatus
, qui multitudini Turcorum juxta Ascalo-
iriliter restitit; sed neutra pars alteram as-
. Eodem anno Alexius Constantinopolitanus
universæ carnis ingressus est. Regnavit pro
lojannes filius ejus.

*llasio papa II et de pestilentia principis, et de
militia et exordio militum Templi.*

io Domini 1119, Gelasius papa II, qui Pa-
papæ successit, cum in urbe concorditer
t electus, et in sede locatus, fugiens impera-
Henrici festinum adventum, apud Capuam
erationis benedictionem accepit. Imperator
i Mauritium Bracharum archiep'scopum im-
quem populus Romanus Burdinum vocavit.
ius vero per Pisas et Januam transiens, apud
um Ægidium applicuit, et Cluniacum usque
niens, ibi viam universæ carnis ingressus est,
julius. Eodem anno Antiochenorum contra
is prope Artesium oppidum, quod est prope
ochiam, dimicantium septem millia occide-
propter luxuriam principis et magnatum suo-
Sed post, cum rex Balduinus accessisset ibi-
prope, juxta oppidum Sardonis, vel Sarda-
est dimicatum, in qua pugna, licet sangui-
ta, Christiani consecuti sunt victoriam. Eo-
anno militia Templi sumpsit exordium

*llixto papa II et aliis gestis, quæ suo tempore
runt, et maxime in Lombardia, et ultra mare
Antiochia.*

no Domini 1120 Calixtus papa II creatur, apud
arum electus, qui cum esset ex patre Bur-
æ comite natus, sicut inter sæculares claris-
i, sic inter ecclesiasticos fuit eximius. Qui cum
rbem et sedem apostolicam festinaret, eccle-
Pisanam consecravit; Sutriumque accedens,
inum cepit intrusum, qui pro palafredo ca-
insidiens in transverso, et pro freno caudam
bus tenens, et pro pallio rubeo pilosa pelle

A vestitus, urbem rediens in comitatu pontificis præcedebat; et sic multipliciter illusus, in Cavensi
monasterio intrusus vitam finivit. Eodem anno
rex Hierusalem et Antiochiam visitavit, et Turcis
viriliter restitit prope Caliptum, et remisit omnem
exactionem omnibus Sarracenis, Hierusalem causa
vendendi triticum et hordeum et legumina ingressuris. Eodem anno fuit in Italia inter Cremonenses et Parmenses clades bellica, qua Cremonenses
cum Parmensibus in Parmensi glarea conflixe-
runt.

De rege Balduino, qui destruxit castrum Jaret.

Anno Domini 1121, rex Balduinus castrum, quod
Doldequinus rex Damasci xvi milliario juxta Jordanem construxerat, obsedit, et obtinuit, et ad solum usque destruxit. Cujus nomen Jartam incolæ
nominabant. Fuit olim civitas Gerasa in Arabia
sita.

De rege Hierusalem.

Anno Domini 1122, rex Hierusalem Antiochiam
ivit, et gentem Parthicam ab infestatione compe-
scuit.

De rege Henrico.

B Anno Domini 1122, videns imperator Henricus
quia non est scientia, non est potentia contra Dominum, rediit ad pacem Ecclesiæ, remittens omnem investituram, et quidquid spiritualium privilegio violento extorserat, et concedens canonicam
fieri electionem et consecrationem, sic ait: *In nomine sanctæ et individuæ Trinitatis. Ego* HENRI-
cus, etc.

De captione Balduini a Turcis.

Eodem anno Turci Balduinum ceperunt, pro quo
Eustachius, qui Cæsaream possidebat, terræ custos præficitur. Ad hæc Joppem obsederunt; sed
demum juxta Azotum gens perfida fugatur, et tru-
cidatur, et vincitur, et Dei potentia superatur. Ad
hæc Venetica potentissima classis, quæ iter ad
terræ sanctæ subventionem arripuerat, inde propitiante Domino acceleravit, et immensam Turco-
C rum classem, quæ ad obsidionem venerat, apprehendit. Ad hæc Gonsclinus comes Edissenus,, qui
diu inibi fuerat, de carcere liberatur: quod etsi
callide factum fuerit, nec calliditatem scribimus,
nec calliditatis ascribimus, sed misericordiæ et
potentiæ Dei.

De Christicolis Veneticis, qui Tyrum obsederunt.

Anno Domini 1124, Christicolæ Hierosolymitani
Tyrum cum Veneticis obsederunt. Sed iterum Ascalonitæ cum sua jactura Hierusalem infestant; et
Balach cum innumerabili exercitu Antiochenos invadit, quem Gonselinus Edissenus comes viriliter
expugnavit, eique caput abscidit. Et sic adimpletum est somnium ejus, quod viderat, quod sibi
D oculos Gonselinus erueret. Igitur in mense Junio
Tyrus capitur a Christianis, et in Dei nomine pos-
sidetur. Ubi ut quondam archiflamen, sic et nunc
instructus est archiepiscopus, qui patriarchæ Hierosolymitano constat de facto subesse, quamvis

verba Compostellana Ecclesia facta est metropolis.
Sequitur autem : Lotharii quoque temporibus regi
Balduino successit Fulco Andegavensis comes. Iste
Fulco filiam regis Angliæ habuerat in uxorem, qua
defuncta filiis ex ea susceptis, accersitus est, ut
Melisendam primogenitam Balduini duceret uxorem. Balduinus enim filium non reliquerat, sed
quatuor filias. Accessit itaque Fulco, et reginam
accepit et regnum; ex qua genuit Balduinum, et
Aimericum, qui fuerunt fratres regis Angliæ. Alia
sororum principi nupsit Antiocheno. Tertia comiti
Tripolitano. Quarta Deo in Bethania, abbatissæ
functa officio.

—

De Conrado rege.

Anno Domini 1139, Conradus apud Romanos
regnavit annis XII. Hic est Conradus, qui cum Lothario successit electus (21) : cujus temporibus in
papatu sederunt Cœlestinus papa II et Lucius papa II qui armata manu ascendit Capitolium; sed
Romani inde ejecerunt eum. Tum successit Eugenius qui, cum esset abbas Sancti Anastasii, ex
insperato concorditer electus est. Qui papa metu
civium fugit in arcem Monticelli, et inde ad monasterium Farfense, ubi gratiam consecrationis accepit. Verum quamvis ab initio fuissent ei cives in-
festi, tamen, auctore Deo, qui spirat ubi vult, quia
potens erat in opere et sermone, conversi sunt ad
pastorem et episcopum animarum suarum, et eum
cum gaudio magno et solemni processione receperunt in Urbe. Conradi regis temporibus, scilicet
anno Domini 1139, magna pars Cremonensium
a Mediolanensibus apud Cremam capta carcerali-
bus est vinculis mancipata (22). Anno Domini 1142,
Innocentius, quem prædiximus, Tiburtum obsedit.
Anno 1146, pestis erucarum invaluit super terram,
et bona terræ consumpsit : unde sequenti anno fames nonnullos maceravit egentes. Tamen eodem
anno 1147, rex Conradus zelo Dei accensus insignitus crucis munimine transmeavit, et cum eo pariter
Ludovicus rex Galliarum (23), in quo exercitu Fredericus, Frederici ducis Suevorum filius, super omnes
exstitit strenuus et gloriosus; id quod ei fuit occa-

sio, ut postmodum a principibus vocaretur ad regnum. Anno vero Domini 1149, Placentini apud
Thabianum capti fuerunt.

De Frederico imperatore.

Anno Domini 1142, Fredericus apud Romanos
regnavit annis XXXVII, qui fuit miles strenuus, et
magnanimus, mitis, affabilis, illitteratus, sed morali
experientia doctus :

Qui mores hominum mu.torum vidit, et urbes.

Cujus temporibus multa et varia sequentia eveno-
runt. Nam eodem anno, scilicet Domini 1152, Mo-
dexena capta est a Cremonensibus et Placentinis,
penitus et destructa.

—

Hæc addit codex Estensis.

Anno Domini 1153, Ascalona capta est a Christianis, eam Balduino rege, qui quasi alter exstitit
Machabæus, viriliter expugnante. Cui, tempore procedente, proh dolor! viam universæ carnis ingresso, et sobolem non relinquenti, cum frater Aimericus succedere debuisset, dilatum est, eo quod propter incestas nuptias excommunicatum non decebat
inungi. Igitur affine uxore dimissa, ex qua tamen
genuit filium et filiam, Balduinum videlicet, et Si-
billam, coronatur in regem, et aliam ducens uxorem, genuit ex ea filiam nomine Isabellam. Hic Aimericus Ægyptios subjugavit, Damascenos sæpe
contrivit. Qui demum Balduinus suscepit regnum
qui, licet ab infantia lepra percussus fines tamen
regni Hierosolymitani viriliter conservavit, et Saladinum, Christi fidei inimicum, apud montem
Gizardum mirabiliter contrivit ; et dum vixit, magnifice triumphavit. Sed dum hæc felicia in Hierosolymitano regno per multorum sequentium curricula annorum fiunt, multa infelicia, odibilia Deo,
et ab hominibus improbanda in Italico imperio
committuntur.

—

Anno Domini 1154, rex Fredericus primo in Italiam venit, qui civitatem cepit Astensem, turres et
muros destruens civitatis. Anno Domini 1153 Anastasius papa IV creatur. Arnoldus hæreticus auctoritate Frederici regis comburitur. Terdonam rex

(21) *Codex Estensis :* Cujus soror marchioni
Guilielmo de Monte Ferrato, nomine Julitta, fuit
matrimonio copulata, ex qua quinque filios genuit
eximiis meritis, hac serie rescribendos, scilicet
Guilielmum, Conradum, Bonifacium, Fredericum
et Raynerium, quorum diversa fuere dona fortunæ,
sicut inferius calamus declarabit.

(22) *Codex Estensis :* Anno Domini 1142 Innocentius cum Romanis Tiburtum obsedit, de quibus
multi capti sunt et occisi. Sed demum reversi Romani victoriam triumpharunt.

(23) *Codex Estensis :* Et comes Provincialium,
qui apud Constantinopolim pertransierunt. Et tunc
Manuel, qui patri successerat, licet Conradus neptem haberet uxorem, eos tamen perdidit, faciens
per loca deserta et inaquosa deduci, ubi maxima
parte fame gladioque perempta, Satelliam vix reliquiæ pervenerunt ; quæ cum navigio Ptolemaidem
applicuissent, scutariis salutatis una cum rege Balduino Fulconis primogenito, qui patri successerat

in regno, Templiotis pariter et Hospitaliotis, contra Damascum animantur acies, et diriguntur, et
proficiscuntur. Rege itaque Balduino cum Templa-
riis et Hospitalariis in Jordane Damasci castrame-
tato, adveniens magna nimis et fortis..................
fontibus obturatis, aquarum penuriam videns, in
multitudinem, quæ civitatem exierat, Sarracenorum
invehitur. Cumque pedestris in propria persona
duos ferocissimos singulari certamine occidisset,
cæteris terga vertentibus, ante portam Damasci
fluminis in ripa castrametatus est. Potuit ea tempestate civitas illa facillime capi, si venatores suis la-
queis non illaqueasset iniquitas. Nam rex Balduinus, et prædicti collegæ aut invidia stimulati, aut
pecunia corrupti, socios falsos defraudantes, redierunt, merito et ipsi falsa pecunia defraudati. In hoc
exercitu Fredericus Frederici ducis Suevorum fratris regis filius præ cunctis exstitit strenuus et gloriosus, quod fuit demum regni occasio adipi-
scendi.

et Spoletum cepit, et funditus destruxit.
: Romam festinans multos subjugavit hostes.
Domini 1154, Adrianus papa IV creatur, qui
Fredericum inunxit, et imperiali diademate
ivit. Imperator autem Romanos impugnavit,
es ei fidelitatem et jus debitum exhibere, in
m acrimoniam et imperialem ultionem Tibur-
censuit municipium restaurari. Post hæc in
nniam cum triumpho rediit imperiali, et ho-
is est super fluvium Rheni. Anno Domini
Mediolanenses castrum Papiensium nomine
alum destruxerunt, et Terdonam civitatem
lcaverunt. Anno Domini 1158 imperator in
i rediens, Brixienses impugnavit, Laudam ci-
n fundavit, Mediolanum obsedit ; sed fœdere
liscessit, et regalibus resignatis, pacem cum
ardis composuit, et legem in Ronchalibus
lit. Anno Domini 1159, turres Placentinorum
iimina urbis destruxit. Eodem anno Cremam
remonensibus obsedit, et vi Kalend. Februarii
ivit. Eodem quoque anno Obertus Cremonen-
scopus corpus sancti Gregorii martyris trans-
a ecclesiam Sancti Michaelis. Iis temporibus
ider papa creatur, qui sub contentione fuit
i cum Octaviano, qui cognominatus est Victor.
:hismatis in errore defuncto, Guido de Crema
alis nominatus accessit ; cui similiter in er-
iefuncto Joannes de Struma, Calixtus agno-
us, in schismate fuit similiter substitutus.
res hæresiarchas imperator manutenuit, et
a per xvii annos in Ecclesia fovit. Et quia
m est, quod qui in sordibus est, sordescat
, medio tempore multa mala intulit, multa
e perpessus est. Anno Domini 1159, cum Me-
ensibus apud Carcanum pugnavit, et utrisque
lversa fortuna. Sed anno Domini 1162 Medio-
i cepit et destruxit, inquilinis in quatuor bur-
rtiens incolatum. Demum in omnibus Lom-
i civitatibus pro sua voluntate constituit po-
s. Iis itaque victoriose peractis in Alaman-
rediit imperator victoriis gloriosus. Tempore
iente Romanis Tusculanum impugnantibus et
larriis in fortitudinis brachio eam defenden-
cum Romanorum multa millia cecidissent (24),
Domini 1167, festinus imperator venit ad ur-
et Paschalem hæresiarcham apud Sanctum
u in sedem apostolicam inthronizavit. Et cum
ni Sancti Petri ecclesiam incastellassent, non
ens patienter, Atrium profanando combussit.
rea nutu Dei, qui nullum malum præterit ;
litum, omnes pene suos mortalitate pestilen-
rdidit. Sed contra eum eodem anno 1167 ci-
i Italiæ conspirarunt, Mediolanum ræædifican-

tes. Proh dolor ! Etiam illa non fuit exspers conju-
rationis, quam in summo constituerat aliarum. In
se vertit manum, cum pestiferum sibi malleum proprio malleo reincudit. Sed divina ultio (25), et ultionis augmentum, ut filius patrum, libertus patro-
num, famulus Dominum, aut quivis, de quo fuerat
meritus, præsumendo jamjam hostis improvisus
feriat venerandum amicum. Redeuntem igitur Fredericum in patriam, itinere per planitiem interclu-
so, per abrupta et invia montium transire oportuit,
quousque ad Alamannica regna pervenit.

His temporibus fuit presbyter nomine Cremonensis electus, qui licet aliis meritis, et scientia dignus,
tamen propter schisma dejectus est. Et ut adimpleatur, quod vulgo in proverbiis dicitur : Cui accidit una non erit illa sola.

Adduntur hæc in codice Estensi.
De Manuele imperatore

Eodem anno imperator Manuel. Constantinopolitanus maximam Venetorum multitudinem per totam
Græciam dispersorum in unius diei spatio cepit,
sicut aves ab absconso venatorio laqueo capiuntur.
Eo quod in cæteros Latinos in imperatoris gratiam
constitutos insultum zelo invidiæ fecerunt, et plagis
affectos reliquerant semivivos. Quocirca Veneti cum
multitudine magna virorum, et centum galeis Ro-
maniæ insulas intrantes quasdam ceperunt. Sed
apud Chio hiemantes peste fere omnes mortui sunt.
Qui autem superstites redierunt, ducem proprium
occiderunt.

Sequuntur hæc in utroque codice ms

Sequenti anno, scilicet 1168, Lombardi coloniam,
vel novam colonorum habitationem facientes, eam
ab Alexandro papa Alexandriam vocaverunt. Alii
Civitatem Novam ; Papienses vero Paleam usque
in hodiernum diem appellant. Eodem quoque anno
Romani vires resumentes Albanum expugnaverunt,
et exspoliantes bonis omnibus, incenderunt.

Hæc habet unus tantum codex Estensis.
De obsidione Anconæ.

Anno Domini 1172, Christianus archicancella-
rius, qui erat archiepiscopus Maguntinus, Anconam
cum Venetis obsedit, et in tantum obsessos arctavit, ut immundas carnes, et coria condita, cæteraque illicita, vel immunda comederent, et caput
asini centum quadraginta denarios venderent. Tamen etiam victi viriliter restiterunt ; et refocil-
latos a Manuele Constantinopolitano pecuniæ the-
sauris de manibus persecutoris liberavit eos Dominus.

Annibal extrahi fecit, Carthaginem destinarit. Quorum multi apud Sanctum Stephanum sepulti sunt,
et habent hoc epitaphium :
  Mille decem decies et sex decies quoque seni.
(25) *Cod. Estens.* : Sed ultione divina plasmatus
malleus adversus plasmantem jam improvisus hostis ferit

) *Codex Estensis* : Infra quod tempus Theoto-
[qui apud Tusculanum pro imperatore mora-
r, Romæ apud Montem-Portum invadunt, et
tona usque ad Vesperas occiderunt, ut nun-
  ex Romanis tot millia sint cæsi, licet tem-
Annibalis tot occisi sint, ut tres cophinos ansa, quos de digitis procerum occisorum idem

Hæc in utroque codice.

Sequenti anno 1169, civitas Cremonæ cœpit murorum munimine cingi. Demum rediens imperator Italiam anno Domini 1174, Segusiam destruxit, Paleam obsedit, sed non messuit, nec quidquam in horrea reportavit. Eodem anno ad invocationem sancti confessoris Himerii omnipotens Dominus multa mirabilia fecit. Anno Domini 1175, cum Lombardi contra imperatorem apud Castesium congregati fuissent, eos redditis gladiis subjugavit, et in deditionem imperio dignam recepit.

Addit codex Estensis.

Circa hæc tempora victoriis gloriosis magnificus, quamvis leprosus, Balduinus rex Hierosolymitanus Guilielmo primogenito marchionis Guilielmi de Monteferrato filio sororem suam tradidit in uxorem. Erat enim specie decorus, vir militaris, miles strenuus, virtutibus armatus, viribus approbatus. Cui cum rex infirmus et elephantiosus coronam vellet imponere, Guilielmus renuit. Joppensem tenens jure successorio comitatum; sed in custodia regnum tenuit universum, et filium genuit elegantem nomine Balduinum, qui avunculo rege patreque defunctis, in regem postmodum coronatus est, licet ætate minor; qui in tutela fuit Templariorum. Ad regni tutelam Raymundus comes Tripolitanus a baronibus vocatus est.

Eodem anno fulgur cecidit in ecclesia Cremonensi. Anno Domini 1176, apud Lignianum dimicans exercitus imperatoris a Lombardis vincitur. O rota fortunæ, quæ nunc humiliat, nunc exaltat! Imo non fortuna, sed Dominus, *qui mortificat, et vivificat, deducit ad inferos, et reducit. Dominus pauperem facit et ditat, humiliat, et sublimat (I Reg. II)*; videns igitur imperator, quia *non in fortitudine sua roborabitur vir (ibid.)*, videns quia *Deus exaltat humiles, et deponit potentes (Luc. I)*, et considerans quod *Ecclesiam suam fundavit supra firmam petram, ut portæ inferi non prævaleant adversus eam (Matth. XVI)*: anno Domini 1177, humiliavit se sub potenti manu Dei, et pacem composuit apud Venetias cum Alexandro summo pontifice; et cum segregatus fuisset a gremio matris Ecclesiæ, reconciliatus est Ecclesiæ universali. Ubi et cum Lombardis ad VI annos, et cum rege Siculo ad XV annos treugam fecit (26). Quo anno Christiani cum Sarracenis ultra mare pugnaverunt et obtinuerunt, quia septem millia Christianorum triginta duo millia discum fecerunt Sarracenorum. Imperator igitur in Alamanniam rediit, et apostolicus Romam adiit, ubi anno Domini 1179, universale concilium celebravit, in quo canones constituit et promulgavit. Et tunc Offredus ordinator meus, vir simplex, mansuetus et Deo devotus Cremonæ fuit episcopus. Anno Do-

Hæc ex codice Estensi.

Circa tempora ista Constantinopolitanus imperator marchioni Guilielmo de Monteferrato mandavit, ut unum de suis filiis Constantinopolim mitteret, cui filiam in matrimonio copularet. Tunc temporis Conradus et Bonifacius uxores habebant; Fredericus clericali cingulo militabat, qui postmodum fuit Albensis (7) episcopus; sed magnanimiorem effecit prosapia generis, quam ordo exigeret episcopalis. Misit igitur Constantinopolim ætate minorem adolescentem Raynerium, specie decorum et aspectu venustum, cui Manuel filiam suam Kyramariam in uxorem tradidit, cumque regem Thessalonicæ coronavit.

De Manuele et Alexio.

Successit Manueli Constantinopolitano puer Alexius filius ejus, quem post Almaton de principis filia genuit Antiocheni. Hunc, cum duobus regnasset annis, occidit Andronicus, et regnavit tribus annis; qui quoque initiata iniquitate et imperatricem matrem pueri, et Raynerium imperatoris generum cum uxore occidit. Denique multos Græcos nobiles interfecit, sed et plurimos excæcavit.

De reædificatione Cremæ, et de terræ motu.

Anno Domini 1185, imperator in Italiam veniens Cremam in odium Cremonensium reædificavit. Et eodem anno Urbanus papa III creatur. Eodem anno terræ motus non modicus fuit in Italia; et exercitus Guilielmi regis Siculi contra nequitiam Andronici se armavit; et Duratium et Thessalonicam cepit. Sed iis receptis capti sunt, vel redierunt confusi. Eodem anno nuptiæ regis Henrici et Constantiæ, Rogerii quondam Siculi regis filiæ, Mediolani celebratæ fuerunt.

Hæc ex Cæsareo Vindobonensi codice.

Anno Domini 1183, imperator cum Lombardis pacem apud Constantiam fecit. Anno Domini 1184, papa Lucius Veronam venit, qui me anno præcedente subdiaconum ordinaverat, et pro hoc adventu ad imperatorem direxerat. Anno vero Domini 1185, imperator in Italiam rediens Cremam in odium Cremonensium reædificavit. Quo anno ego Sicardus præsentis operis compilator et scriba, Cremonæ, licet indigne, electus sum ad episcopale officium. Eodem quoque anno Urbanus, cardinalis et Mediolanensis archiepiscopus, papa creatur. Eodem quoque anno terræ motus modicus in Italia fuit. Anno Domini 1186, imperator quoddam castrum Cremonensium, quod Manfredi nomine vocabatur, omnino destruxit. Sed auctore Domino per meum ministerium facta est inter imperatorem et cives meos reconciliatio. Anno Domini 1187,

---

mini 1181, Lucius papa creatur, qui pro Tusculano Romanos acriter impugnavit.

---

(26) *Cod. Estens. addit* : et tunc fames in Italia fuit.

(27) Galbensis *habet ms. Estens*

ilem a Saladino capta est, et terra Domini
lelibus occupata.

—

Hæc adjiciuntur in codice Estensi.

a hujus invasionis fuit iniquitas Christia-
. Cum enim inter Saladinum et Hierosoly-
m regem pax firmata fuisset, eam Christiani
Raynaldi principis Montisregalis et domini
Iebron, caravanas Sarracenorum capientes,
r violarunt. Alia causa discordia fuit regis
is et Boamundi comitis Tripolitani. Causa
iscordiæ fuit invidia vel indignatio, quia
regina, defuncto marito, Guidoni Picta-
nupserat, et, defuncto filio, coronam dede-
egrino præter ipsius comitis assensum et
a baronum. Modus occupationis hic fuit.
ius terram ingrediens, primo Tabariam, vel
dem obsedit. Rex Guido in Mascalia castra-
r. Audi præsagium vicinæ cladi indicativum.
a nocte Heraclio patriarchæ sub tentorio in
ais lectio legeretur, locus occurrit de Arca
s, quæ olim capta fuit a Philisthæis. Mane
uugnavit. Comes Tripolitanus aufugit. Rex,
ua Crux, et sæpe dictus marchio Guilielmus
de Monteferrato, qui causa peregrinationis
nepotis custodia terram sanctam adierat,
jue barones unanimiter et populus capiun-
iristianorum arces superantur, deinde Ta-
apitur. Raynaldus prædictus, actor sceleris,
i jussu decollatur; sed et multi alii capite
tantur. Ad hæc et Acon, et Sidon, et Bery-
Biblum capiuntur. Interea nutu Dei marchio
Meferrato Conradus a Constantinopoli sepul-
Domini visitaturus advenit, et cognoscens
ab infidelibus occupatum, secundo vento
Tyrum applicuit, quem cives velut acephali
ier excipiunt, se, et civitatem ejus modera-
upponentes. Saladinus itaque de Beryto Ty-
cedens, marchionem Guilielmum Conradi
, quem bello ceperat, secum adduxit, ut pro
ione patris redditionem filii haberet et
et per patrem filio significavit, ut pro ipsius
rumdam aliorum liberatione redderet civita-
ui Conradus respondit quod nec unum la-
civitatis daret. Appropians Saladinus mina-
patrem spiculis transfigendum, et Conra-
primum sagittam in patrem missurum. O
npietas, quæ pro Christianorum salute pa-
iis barbarorum expositum, filiali omissa
itia, se jactat transfixurum! Sed o memo-
pia impietas, quæ amori patris amorem
licat præferendum! Sed ejusdem patris hor-
irem reputat contemptibilem, et quasi senem
retio redimendum. Tyro itaque septem die-
essa, rediit Saladinus Aconem; indeque
atis Neapoli, et Nazareth, Capha, Cæsarea
ae, Joppe et Azoto, Gaza simul et Ascalone,
o locis Jerusalem aggregatis, eam deditione
ria subjugavit. Templum Domini prius a
Christianis irreverenter profanatum, suo more
sanctificans et sanctificatum custodiens; sepulcrum autem Domini, et Bethlehem custodiæ Suria-
norum commisit. Ad hæc plus centum Christianorum millia subjugata abire permisit, et illos usque
Tripolim perduci. Sed a Tripolitanis et Antiochenis
exspoliati pedestres et abjecti Armeniam intraverunt; et usque ad Iconium dispersi, fame, frigore et
nuditate justo Dei judicio ad nihilum redacti sunt,
luentes pœnam, posteaquam polluerunt Dei hæreditatem. Et vide quod per Heraclium imperatorem crux fuit recuperata; sed sub Heraclio eodem
fuit postea Hierusalem a Machumetinis invasa; et
nunc sub Urbano papa recuperata, nunc sub Urbano per eosdem barbaros est subjugata.

Interea magnanimus de Monteferrato Conradus
Tyrensis dominus navali bello bis victoriam obtinuerat, et galeas et naves nonnullas, etiam de
Aconensi portu Pisanorum auxilio viriliter eductas,
et viriliter obtentas; et victualia sufficienter civibus
conquisierat. Sed et barbacanam fortius construxerat, exspectans victoriosi impetus inimici. Igitur
in mense Novembrio Saladinus ad Tyri obsidionem
secundam accessit; sed et nocte perveniente murorum Barbacanæ quadraginta cubiti corruere.
Memores itaque Tyrii Hiericho, plurimum timuerunt. Sed marchio non dormiens, viris ac mulieribus arenam, et lapides in planis etiam aspor-
tantibus, die proxima per cæmentarios restauravit.
Saladinus arcatores præmisit. Marchio Pisanos
Aconem direxit, faciens mulieres in specie virorum
muros ascendere, ut civitas populo videretur plena.
Redierunt Pisani cum victoria, duas naves conducentes onustas. Impugnavit itaque Saladinus Urbem terra marique, præsertim quia cum crederet
marchionem velle pariter et Pisanos aufugere,
custodiam galeis indixit, ex quibus quinque captis,
viris nobilibus et piratis, armis et victualibus
onustis, Saladinus dolore commotus, terrestri bello
Barbacanam invasit, impugnans eam petrariis et
manganis, gaitis, spiculis, sagittis et telis. Cumque
nimium marchio gravaretur, suis a navali victoria
revocatis, terrestri prælio dimicavit, afficiens Sarracenos multiplici damno sine detrimento suorum.
Videns itaque Saladinus, quod navali bello nequaquam proficeret, jussit ix galeas deduci Berytum,
quas Christiani viriliter persequentes, usque adeo
coarctarunt, quod octo ex illis igne proprio Saladinus comburi fecit agresti, nona littore Sidoniensi
confracta. Ergo stolio Saladini destructo, cernens
quod in obsidione proficere non valeret, machinis
universis combustis, pridie Kalend. Januarii ab
obsidione recessit; et in signum mœroris caudam
equo proprio, quem equitabat, fecit abscindi, ut
sic suos ad vindicandum injuriam incitaret.

Sequitur uterque codex.

Eodem anno portæ civitatis Cremonæ fuerunt
ædificatæ. Eodem quoque anno Gregorius apud

Ferrariam papa creatur. Hic vir fuit religiosissimus, cujus mundus in maligno positus non fuit præsentia dignus; et ideo cum sedisset vix duobus mensibus, sustulit eum Deus. Hic hortabatur plurimum Christianos crucis signum sumere, et ad recuperandum civitatem Sanctam Hierusalem, crucem et sepulcrum Domini festinare.

Imperator igitur victoriosus Italiam sibi et inter se pacatam relinquens, in Alamanniam rediens, signaculo crucis suscepto, honorabiles nuntios magnanimos ad Saladinum direxit, monens et invitans, ut terram desereret, quam invaserat Christi. Tunc temporis Gregorio successit Clemens in papatu. Nos autem rogatu civium nostrorum in Teutoniam ivimus, ut ab imperatore castrum Manfredi reædificandi licentiam impetraremus. Sed spe cassata redeuntes, anno Domini 1188, castrum Leonis felicius inchoavimus. Anno vero 1189, Bursam Cremonæ, quam fecimus fabricari, ultra mare pro terræ subventione, personis et rebus misimus oneratam.

—

Codex Estensis sequentia interserit.
De obsidione Azoti.

Anno Domini 1188, cum Tyrenses lignatum, vel herbulatum exire, Sarracenis occursantibus, non auderent, fame valida coarctati, jussu marchionis stolio navali, cui præerat Ugo Tiberiadis, Azotum invadunt, ubi admirandum, qui regem Guidonem ceperat, capiunt, Christianos quadraginta de carcere liberantes, et quingentos captivos milites, et pergentes cum immensa pecunia Tyrum, copiam victualium abducunt. Pro hujus admirandi commutatione recuperavit marchio patrem. Ad hæc naves peregrinorum adventare cœperunt; sed et Margaritus, regis Siculorum admiratus, Tyro applicuit cum stolio suo, cujus cum Tyrios piratæ male tractarent, Tyrum exire compulsi, Tripolim applicuerunt, ubi fame pereuntes pœnas promeritas receperunt. Eodem anno Saladinus Tripolim accedens, vidensque se nihil proficere posse, in Antiochenum principatum vertit habenas, subjiciens Gabulum, et Laudiciam, Saonam, et Guardiam, Trapessacum, et Guasconum, et alia plura. Postea reversus in Galilæam, Belvedere castrum munitissimum, quod fines Jordanis custodiebat, vias Tiberiadis, Neapolim et Nazareth angustabat, per inediam compulit ad deditionem. Ad hæc duo comites Guilielmi Siculi regis cum quingentis militibus et quinquaginta galeris, Tyrum applicuerunt. Advenerunt et alii multi quidem peregrini cum venerabili G. archipræsule Ravennatæ, Romanæ sedis legato. Cum his itaque marchio Sarracenorum Sidonis multitudinem forti manu prostravit. Eodem anno comitem Henricum de Deti magnanimus imperator consuetudine imperiali ad Saladinum direxit, monens et monitans, ut terram desereret, quam invaserat Jesu Christi. mos enim est imperii, ut inimicis bellum indicat, quia nullum occulte bello consuevit invadere.

De peregrinatione Ubaldi archiepiscopi cum aliis peregrinis ultra mare.

Anno Domini 1189, Ubaldus Pisanus archiepiscopus, similiter apostolicæ sedis legatus, et de omni occidentali provincia peregrini Tyrum applicuerunt. Et cum eos Tyrus capere non valeret. inter diversos diversa fuere, usque adeo quod de introitu regis Guidonis a Tripoli venientis in Urbem, et prohibitione marchionis, seditio peperit scandalum et civile bellum. Inter peregrinorum multiplicia vota, Aeon eligitur obsidenda. Invadunt igitur eam in mense Augusti, et obsident. Sed et ipsi a Saladino similiter obsidentur. Adeo impugnantur, quod nulla erat eis spes evadendi. Sed ex insperato XL naves applicuerunt, et post eos innumeri milites et barones. Saladinus itaque Christianos diu noctuque sine intermissione affligebat. Propterea marchio, et archiepiscopus Ravennas, qui nec ad obsidionem venerant, nec ad veniendum approbaverant, ab obsessis suppliciter per Nenoreusem episcopum, et Thuringiæ Langravium, ut ad eorum succursum veniant, invitantur. Venerunt, sed invito marchione, qui Turcorum versutias cognoscebat. Francigenæ de se præsumentes, ad pugnam approbant exeundum. Pugnatur, et Templarii, et peregrinorum circiter septem millia prosternuntur. Sequenti die Saladinus fecit corpora eviscerari, et in fluvium ad.... exaggerandum, et ad corruptionem aeris et aquæ, demergi. Post hæc Lombardi marchiones, et comites, et plures quingentis milites applicuerunt, inter quos Bursa Cremonensis, quæ Cremonæ fuit fabricata, et ultra mare pro terræ sanctæ subventione, personis et rebus missis onerata. Ad hæc peregrini consilia inierunt, ut Sarracenis prohiberent civitatis ingressum pariter et egressum, qui libere a monte Muscardo patebat. Et cum non invenirentur, qui vellent illic castrametari, marchio ad omnia promptus et audax ibi castrametatus est, ideoque et a Saladino acrius impugnatus. Scopulos itaque jussit incidi marinos, ut portus ibi fieret, vasa Tyrensia receptarus, qui usque in hodiernam diem portus dicitur marchionis. Muniunt se peregrini fossatis ab intus, in circuitu et foris effossis, ut in medio constituti se ab alterutrius facilius tuerentur incursibus. Duces etiam, sive rectores, ut omnis amoveretur controversia, præfecerunt, ut Francigenæ suis, et qui de imperio, imperialibus obedirent. Et ecce XLV galeæ, quæ veniunt ex Ægypto in festo Sancti Stephani, in portu applicant Aconensi. Stupefacti ergo peregrini, terra marive conclusi, elegerunt potius pugnando mori quam sine certamine subjugari. Quos marchio ad prælia doctus exanimes factos sermonibus animat, universis asserens, quod galeas Sarracenorum penitus conculcaret. Adiit itaque Tyrum in modico galeone, quamvis illa noctэ

s ad mortem cruciatu ventorum afflictus.
itaque Tyriis necessitates exercitus aperuis-
t eos ad armandum galeas animasset, dixe-
Parati sumus tecum vivere, et in mortem ire.
æ marchio in exitu Februarii cum stolio vi-
in portu exstitit Aconensi, exonerans Sar-
vrum vasa victualibus onusta pacifice eorum-
ad hæc cum civitas castellis capienda pro-
ubio superaretur, econtrario castella igne
racenis comburuntur agresti. Sed et duæ
cenorum galeæ navali certamine capiun-

*uterque codex, sed non paucis variantibus,
additisque 'ex cod. Esten.*

em anno felicissimus imperator quinque bal-
lios, Henricum inter cæteros primogenitum,
fecerat Cæsarem, Fredericum Suevorum du-
Ottonem comitem, Conradum et Philippum
t, Atheleit·m Christo nuptam, se et cæteros
egno et regalibus Cæsari commendavit, et
:ntale relinquens imperium pacatissimum et
itum, partes, his comitibus, et hoc, ut scri-
ordine, adiit Orientis (28). Exiens de Ala-
a intravit in Hungariam, ubi dicitur habuisse
inta millia pugnatorum, et ab Hungariæ rege
ifice receptus Hungariam pertransivit, misit-
l imperatorem Constantinopolitanum, episco-
Monasteriensem et comitem Robertum de
u, qui eos detinuit, et tres exercitus ad in-
n Bulgariæ, ut transitum impedirent, præ-
Erat autem ibi nemus itineris quatuor die-
cujus viam arctissimam præses Bulgariæ
ivit, et in exitu nemoris munitionem faciens,
ravit se cum exercitibus Cæsarem impugnare.
emore magno cum labore et difficultate per-
.o, dux Suevorum, qui exercitum præcede-
munitionem destruxit, et magnam illorum
udinem interfecit (29). Demum Græcus im-
r maximum Græcorum, et Turcorum exer-
contra Romanum imperatorem direxit, con-
os dux Suevorum filius ejus acriter dimi-
eos superavit et fugavit, et intra quædam

Cod. Estens. Et in festo Sancti Georgii
it iter. Et exiens de Alamannia, a Ratispona
idit navigio ad partes Austriæ, exercitu per
t cum equis et curribus comitante. Deinde
innoniam hospitali pro pauperibus infirmis
to, et hospitalariis et necessariis assignatis,
it in Hungariam, ubi dicitur habuisse xc
pugnatorum, in quibus erant xii millia mi-
Et a Bela Hungaro apud Strigonium hono-
eceptus, Hungariam pertransiit; præmisit-
imperatorem Isachim, etc.
Cod. Estens. Cum Nisam civitatem appro-
ret, comites Serviæ granter subjici affe-
t; sed serenissimus imperator pacem affe-
eos suscipere recusavit. Deinde ix Kal.
ibris civitatem, quæ Philippis dicitur, imi-
ites eam ceperunt. Est autem civitas me-
s Macedoniæ. Alias nobis innotuit, quod non
is, sed Philippolim adierunt. Ibi certificatus
perator de nuntiorum captione suorum, ibi-
isit litteras imperator Isachius imperatori,

A mœnia recipientes se, maxima vi cepit, et omnes
occidit. Duodecim vero Turcos in quadam munitione, ubi se receperant, viriliter resistentes igne
cremavit. Tunc Græcus imperator ad Romanum
imperatorem misit honorabiles nuntios numero xvi
permittens securum transitum et indemnem. Licet
igitur magnanimus imperator in vindictam prædictorum, quæ nequiter Græcus commiserat imperator, vellet Constantinopolim impugnare, victus
tamen consilio principum suadentium, ut ad terram sanctam ad Christianorum festinaret auxilium, obsides petiit, et obtinuit; qui eum Galli-
polim perducentes, transitum navigio procurave-
runt. Transivit igitur Augusti exercitus quinque
diebus; dux prior, pater posterior. Cumque per-
B transissent (30) venerunt Philadelphiam. Dux Phi
ladelphiæ forum negans, ad pugnandum se armavit; sed demum videns non posse resistere, promisit forum, et imperatori cum paucis concessit
civitatis introitum. Postmodum propter caristiam
contentio fit inter Græcos et Teutonicos. Bellum
initur, et absque imperatoris voluntate per duos
dies et noctes continuo decertatur. Demum victi
Græci se in civitatis munitionem recipientes pactum inierunt, et forum tolerabile concesserunt,
commercia cum funibus in sportis porrigentes, et
eodem modo pretia recipientes. Ad hæc cum imperator Philadelphiam civitatem exiret, dux ei nuntium pro ducatu concessit, qui exercitum per de-
C via et invia, montana et nemorosa deduxit, ubi
victualia per duos dies nullatenus invenerunt (31).
In exitu vero nemoris Græci quidam et Armeni
forum eis pro posse pacifice tribuerunt.

Ad hæc Turcomanni de Betia (32) homines agrestes, qui nullius domantur imperio, qui non in
mœnibus vel municipiis, sed morantur in agris,
infinitum et innumerabilem exercitum (33) congregantes, exercitum Christianum noctu dieque per
quatuor hebdomadas impugnarunt, ita quod exercitus Christianus semper incedebat armatus. Sed
tamen eorum multitudinem interfecit cum quodam
admirato, militiæ suæ magistro. Restanus vero do-
fastu et arrogantia plenas, dicens: *Ysachius a Deo
D constitutus imperator sanctissimus, excellentissimus,
potentissimus, sublimis, Romanorum moderator,
Augustus, hæres coronæ magni Constantini, dilecto fratri imperii sui maximo principi Alamaniæ
gratiam suam et fraternam et puram dilectionem.*
Tunc erat continentia litterarum indignatio de præ-
sumptuoso imperatoris adventu in Græciam. Deinde Græcus imperator maximam, etc.

(30) *Codex Estensis :* Post multos labores, et ar-
dua multa urbem Tyachitum, et urbem Lyciæ,
scilicet Ægeam, ubi Cosmas et Damianus fuere
martyrio coronati, deinde Sardos pervenerunt, et
Philadelphiam.

(31) *Codex Estensis :* Pertransierunt quoque
Hierapolim civitatem, ubi passus est beatus Philippus.

(32) *Codex Estensis :* De Becia, qui et Oebeduini
vocantur.

(33) *Codex Estensis :* Exercitum plus quam centum millium.

17

minus illorum cum magno exercitu in strictura A hebdomadas die noctuque acriter impugnabant, et
montium transitum prohibebat, dicens, quod non
transirent, nisi centum summarios auro et argento
oneratos darent. Imperator autem respondit, se
libenter dare, sed non nisi menolatum unum. Interim nuntii soldani, qui fraudulenter ducebant eum,
dicebant, quod cito intrarent terram soldani, in
qua gens illa sibi ulterius non noceret. Tunc quia
Deus non dimittit sperantes in se, quidam admiratus, cœlesti gratia inspiratus (34), imperatori adeo
fraudem detexit, et prælium mane futurum prædixit ; faciensque eum planitiem, in qua intrare
cœperat, devitare, cum per montana deduxit. Occurritur in montanis : hinc inde pugnatur; sed cum
relictis sarcinis et alimentis, dux de monte viriliter
descendisset, descendit et imperator, qui victoriose B
hostes impugnant, et superant inimicos : in qua
pugna dux petra percussus duos dentes amisit. Ab
hinc ductores a soldano delegati fugerunt, timentes
ne detectæ fraudis imperator faceret ultionem.
Christianus vero exercitus confisus in Domino, qui
deduxit Israel per desertum, quindecim diebus per
quamdam planitiem progressus, carnem equinam
comederunt. Agrestes vero Turci, de quibus prædiximus, eos fame defecisse penitus existimantes,
rursus in bellum assurgunt prope civitatem Pholomenam magna manu militum peditumve caterva,
quos invictissimus imperator devicit. Et cum
maxima multitudo se in quadam clausura coacti
recepissent, combusserunt Teutonici universos; et
extunc agrestes illi Turcomanni non fuerunt exercitum ulterius persecuti (35). Sed altera die Melectinus soldani filius venit obviam cum exercitu, et
ad imperatorem misit nuntios, dicens : *Revertere :
quid enim facere putas, cum habeam plura vexilla
quam tu milites ?* Et cum pervenisset imperator ad
quemdam pontem Turci fugerunt ante et retro. Sed
dux anteriores devicit, et imperator posteriores in
parte maxima interfecit; et sic pontem exercitus
pertransivit universus. Demum maxima et infinita
Turcorum multitudo ex omni parte circuunt exercitum Christianorum, ita quod eundo per quatuor

hebdomadas die noctuque acriter impugnabant, et
Christianis præter carnes equinas victualia deficiebant. Cumque non invenissent aquam per diem et
noctem, Turco quodam capto docente, aquam salsam sitibundi et famelici repererunt. Altera vero
die castrametati sunt in viridario Iconii, civitatis
Isauriæ, unde soldanus imperatori mandaverat,
quod male intraverat terram suam. Imperator autem remisit quærens, si forum tribueret, an non.
Soldanus respondit, se daturum ; sed cum nimis
earum offeret, Christiani se ad pugnandum armarunt. Et cum feria sexta Quatuor Temporum immineret, Godefredus Herbipolensis episcopus asseverans se vidisse beatum Georgium contra hostes
pro Christianis fortiter propugnantem, indicta pu- B
gna, et carnium edendarum data licentia, processerunt ad bellum. Et dux quidem civitatem expugnans, eam viriliter obtinuit, et fere omnes rebelles occidit. Imperator quoque (36) filium soldani
post terga pugnantem vicit, ac ex eis innumerabilem multitudinem interfecit.

Urbe capta potenter, soldanus se in munitionem
fortissimam, quæ erat in Urbe, recipiens, misit ad
imperatorem dicens, se velle forum dare, et quidquid vellet recipere. Imperator obsides petiit, et
propter fœtorem cadaverum (erant enim domus et
viæ cadaveribus plenæ) ab Urbe descendens in pomœriis castrametatus est. Dedit itaque soldanus obsides, dedit et forum et victualia equorum. Sed
quoniam equos ipse nimium caros vendere satage- C
bat, equum pro centum marchis videlicet offerentes, a Teutonicis econtra dolum dolo compensantibus pro marcha Ferronem recipiebant. Quod audiens soldanus, misit ad imperatorem conquerens,
quod sui pretio deciperentur. Cui respondit imperator : *Si bonum forum darent bonam acciperent mer-
cham.* Constituti sunt igitur hinc inde justitiarii taxatores. Ad hæc procedens Christianus exercitus a
quibusdam agrestibus Turcomannis, qui non sunt
de potestate soldani, multas pertulit molestias,
quousque (37) ad Armeniæ montana pervenit. In
montibus autem Armeniæ Græcos et Armenos in-

---

(34) *Codex Estensis :* Inspiratus, aut quia forte
in nostrorum manus inciderat, metu mortis imperatorem adiit, etc.

(35) *Codex Estensis :* Sed defecerunt a facie imperatoris sicut pulvis, quem projicit ventus a facie
terræ. Anno Domini 1190, Melichinus soldani filius
venit obviam cum exercitu quingentorum millium
equorum, et ad, etc.

(36) *Codex Estensis :* In filium soldani post terga
pugnantem victrices aquilas dirigens, prædicta millia Turcorum et Turcomannorum exterminavit, et
ex eis, etc.

(37) *Codex Estensis :* Quousque ad Laurendam
civitatem, quæ dividit Armeniam a Lycaonia, et ad
Armeniæ montana pervenit, ubi noctis conticinio
auditur ex improviso armorum strepitus et tumultus : qui cum nullus fuisset, inde conjecturatum
est vicini augurium infortunii. In montibus autem
Armeniæ Græcos et Armenos invenit forum alacriter exhibentes. Cum ad aures Saladini hæ victoriæ
pervenissent, expavit; et die Sancto Pentecostes

Saladinus cum tanta suorum multitudine montes et
colles et planitiem operientes, quanta nusquam si-
D mul creditur apparuisse, Christianos potenter invasit, sperans omnia tentoria usurpare, et Christianos miseros captivare. Sed evanuit cogitatio ejus,
quia Christiani viriliter resistentes, et læsionem
magnam per balistas non modicam intulerunt, Cedens itaque Saladinus magnam exercitus partem ad
resistendum imperatori transmisit. Sed, heu! paucis
diebus elapsis, et mors imperatoris innotuit, et rumor superveniens de morte Siculi regis exercitum
Christianum plurimum conturbavit. De montibus
imperator descendens, Salephy fluvium reperit, per
cujus ripam duobus diebus progressus, tertia loca
pausavit in locis amœnis.

De morte imperatoris Frederici primi.

Et cum esset æstus magnus valde, imperator descendit in flumen cum duobus militibus, ut cupiens
balneare. Cumque natare cœpisset impingens in
scopulum natando vitam amisit. A militibus igitur

tate Hierusalem tandiu a gentibus possessa, cum mercatores Christiani venirent ad eam, et aurum pro tributo in Porta porsolverent, sed non haberent, nisi cum gentilibus, ubi caput reclinarent, mercatores Amelphitani plateam vacuam ante portam ecclesiæ dicti Sepulcri a civitatis principe impetrantes, asylum de suo communi ædificant juxta monasterium eorumdem, quod usque hodie Sancta Maria de Latina vocatur, in quo possent Christiani manere, cum contingeret eos accedere, posueruntque custodes, qui deberent Christianos recipere. Venientibus itaque multis peregrinis causa devotionis, venit quidam sacerdos Francigena nomine Petrus, officio eremita, qui videns Sancta profanari, festinus rediens Christianis suasit, ut ad liberandum Sanctam civitatem ab infidelibus festinarent. Concurrunt itaque peregrini ; sed plus quam centum millia Christianorum, per Constantinopolim transeuntium, qu'a in Dominum peccaverunt, a Turcomannis miserabiliter occiduntur. Rediens itaque Petrus, nihilominus viriliter agens, ad papam accessit Urbanum secundum.

De obsidione civitatis Antiochenæ.

Anno Domini 1098, Franci Antiochiam mense Octobris obsessam, in Junio feliciter obtinuerunt, Francis per chordarum scalas super muri apicem intromissis, operante quodam Turco, cui per somnium imperavit Christus dicens : *Quid dormis ? redde Antiochiam Christianis.* Et apparente eis sancto Georgio milite super equum album sedente, albis vestibus induto, totaque nocte clamante : *Venite post me : intremus civitatem,* obsederunt eam ; Sarraceni vero tanta inopia famis confecti sunt, quod equos, asinos, et camelos, canes, et mures, et grana in stercoribus reperta comederent. De hac victoria dictum est :

Cum fuit urbs capta tam nobilis Antiochena,
Undecies centum si subtrahis inde bis unum,
Tunc tot erunt anni Domini de Virgine nati.

Deinde Soldanus de Perside cum ingenti exercitu civitatem obsedit, et usque adeo Francos arctavit, quod multi fugerent. Sed cuidam clerico fugienti Dominus ait : *Revertere, et dic populo ut pœniteat, et salvi fient.* Commiscuerunt enim se cum mulieribus Turcorum. Cum itaque pœnitentiam egissent, civitatem in Julio exierunt, et t:more Domini misso in hostes, eos viriliter fugaverunt. Fugit ipse soldanus cum xxx principibus ; fugit et Corogath nimis ferus, et nimium tædiosus. Antiochiam itaque Boamundus, cujus machinatione civitas fuerat acquisita, princeps obtinuit. Eodem anno fuit prima guerra de Crema, quæ est usque in hodiernum diem, non solum Cremonensium, sed etiam aliorum frizorium Longobardorum.

De captione per Phœnicem, Sidonem, et Tyrum, Acon, Capham, et Cæsaream, et Hierusalem.

Anno Domini 1099, Franci progressi per Phœnicem, Sidonem, et Tyrum, Acon, Capham, Cæsaream, et Hierusalem pervenerunt, et circum circa quotidie processionem nudis pedibus facientes, eam virtute magna ceperunt.

Anno milleno centeno quo minus uno
Virginis a partu, Domini qui claruit ortu,
Hierusalem Franci capiunt virtute potenti,
Quindecies Julio jam Phœbi lumine tacto.
Quippe Godefredo patre, mox principe facto,
Post quadringentos viginti circiter annos.

Est recuperata, ex quo sub Heraclio secunda vice a Sarracenis capta fuit, et deinde possessa. Capta quidem urbe quamdam crucis particulam in secreto loco repositam invenerunt, quam ad sepulcrum Domini retulerunt. Audiens hæc rex Babylonis, ut Francos in Hierusalem caperet, acceleravit. Sed Franci usque ad Ascalonam viriliter obviantes, cum viriliter impugnarunt, de quorum divitiis Franci ditati gloriose Hierusalem rediere. Sed Robertus Normanniæ comes, et Robertus Flandriæ comes per Constantinopolim ad propria remearunt. Raymundus comes Laudiciam accessit. Dux autem Godefredus, Tancredo secum retento, Hierosolymitanum obtinuit principatum. Audientes Boamundus princeps Antiochiæ, et Balduinus frater Godefredi prædicti princeps Edissæ, victoriam sociorum, maximo cum labore Hierusalem pervenerunt, et Dalberto Pisano archiepiscopo in patriarcham constituto, ad suos principatus, perfecto peregrinationis itinere, feliciter redierunt. Et fuit tempore Urbani papæ secundi.

De Boamundo.

Anno Domini 1100, Boamundus a Turcis captus est, et Godefredus Balduini frater electus est : qui Edissam Balduino comiti cognato suo committens, Hierusalem per multos labores pervenit, et modico tempore terram ultra Ascaloniam et partes Arabiæ, ut suæ ditioni subjiceret, perlustravit. Eodem anno papa Paschalis creatur, quem quidam ex Romano clero usque adeo persecuti sunt, quod tres papalia insignia induentes eos in summos pontifices erigere præsumerent. Sed demum ab eodem Paschali confusi, prostrati sunt.

De Balduino.

Anno Domini 1101, Balduinus in Bethlehem coronatur in regem, quod frater ejus recusaverat dicens, neminem debere coronari in regno, vel de regno regis Christi. Sed consultius sapientibus visum est, ut quod Christo fecerunt ad ignominiam, Christiani faciant ad honorem et gloriam. Simile est de rasura Petri, et nostra. Nondum Christiani plus quam ccc milites habebant, et tot de peditibus, qui Hierusalem, Joppem, Ramulam, et castrum Caphæ custodirent, nullumque Portum præter Joppem Cate.a Sarraceni. Tunc temporis Januensium stolus advenit, convenitque inter regem, et eos, ut quicunque civitatem Sarracenorum caperent, tertiam partem haberent. Primo itaque ceperunt oppidum Assur : deinde urbem Cæsaream Palestinæ, ubi archiepiscopum constituunt. Tempore procedente rex cum paucis contra ducem Babylonensis

minus illorum cum magno exercitu in strictura A
montium transitum prohibebat, dicens, quod non
transirent, nisi centum summarios auro et argento
oneratos darent. Imperator autem respondit, se
libenter dare, sed non nisi menolatum unum. Interim nuntii soldani, qui fraudulenter ducebant eum,
dicebant, quod cito intrarent terram soldani, in
qua gens illa sibi ulterius non noceret. Tunc quia
Deus non dimittit sperantes in se, quidam admiratus, cœlesti gratia inspiratus (34), imperatori adeo
fraudem detexit, et prælium mane futurum prædixit; faciensque eum planitiem, in qua intrare
cœperat, devitare, eum per montana deduxit. Occurritur in montanis : hinc inde pugnatur; sed cum
relictis sarcinis et alimentis, dux de monte viriliter
descendisset, descendit et imperator, qui victoriose B
hostes impugnant, et superant inimicos : in qua
pugna dux petra percussus duos dentes amisit. Ab
hinc ductores a soldano delegati fugerunt, timentes
ne detectæ fraudis imperator faceret ultionem.
Christianus vero exercitus confisus in Domino, qui
deduxit Israel per desertum, quindecim diebus per
quamdam planitiem progressus, carnem equinam
comederunt. Agrestes vero Turci, de quibus prædiximus, eos fame defecisse penitus existimantes,
rursus in bellum assurgunt prope civitatem Pholomenam magna manu militum peditumve caterva,
quos invictissimus imperator devicit. Et cum
maxima multitudo se in quadam clausura coacti
recepissent, combusserunt Teutonici universos; et
extunc agrestes illi Turcomanni non fuerunt exercitum ulterius persecuti (35). Sed altera die Melectinus soldani filius venit obviam cum exercitu, et
ad imperatorem misit nuntios, dicens : Revertere :
quid enim facere putas, cum habeam plura vexilla
quam tu milites ? Et cum pervenisset imperator ad
quemdam pontem Turci fugerunt ante et retro. Sed
dux anteriores devicit, et imperator posteriores in
parte maxima interfecit; et sic pontem exercitus
pertransivit universus. Demum maxima et infinita
Turcorum multitudo ex omni parte circuunt exercitum Christianorum, ita quod eundo per quatuor

hebdomadas die noctuque acriter impugnabant, et
Christianis præter carnes equinas victualia deficiebant. Cumque non invenissent aquam per diem et
noctem, Turco quodam capto docente, aquam salsam sitiundi et famelici repererunt. Altera vero
die castrametati sunt in viridario Iconii, civitatis
Isauriæ, unde soldanus imperatori mandaverat,
quod male intraverat terram suam. Imperator autem remisit quærens, si forum tribueret, an non.
Soldanus respondit, se daturum; sed cum nimis
carum offerret, Christiani se ad pugnandum armarunt. Et cum feria sexta Quatuor Temporum immineret, Godefredus Herbipolensis episcopus asseverans se vidisse beatum Georgium contra hostes
pro Christianis fortiter propugnantem, indicta pugna, et carnium edendarum data licentia, processerunt ad bellum. Et dux quidem civitatem expugnans, eam viriliter obtinuit, et fere omnes rebelles occidit. Imperator quoque (36) filium soldani
post terga pugnantem vicit, ac ex eis innumerabilem multitudinem interfecit.

Urbe capta potenter, soldanus se in munitionem
fortissimam, quæ erat in Urbe, recipiens, misit ad
imperatorem dicens, se velle forum dare, et quidquid vellet recipere. Imperator obsides petiit, et
propter fœtorem cadaverum (erant enim domus et
viæ cadaveribus plenæ) ab Urbe descendens in pomœriis castrametatus est. Dedit itaque soldanus obsides, dedit et forum et victualia equorum. Sed
quoniam equos ipse nimium caros vendere satagebat, equum pro centum marchis videlicet offerentes, a Teutonicis econtra dolum dolo compensantibus pro marcha Ferronem recipiebant. Quod audiens soldanus, misit ad imperatorem conquerens,
quod sui pretio deciperentur. Cui respondit imperator : Si bonum forum darent bonam acciperent marcham. Constituti sunt igitur hinc inde justitiarii taxatores. Ad hæc procedens Christianus exercitus a
quibusdam agrestibus Turcomannis, qui non sunt
de potestate soldani, multas pertulit molestias,
quousque (37) ad Armeniæ montana pervenit. In
montibus autem Armeniæ Græcos et Armenos in-

C

(34) Codex Estensis : Inspiratus, aut quia forte
in nostrorum manus inciderat, metu mortis imperatorem adiit, etc.
(35) Codex Estensis : Sed defecerunt a facie imperatoris sicut pulvis, quem projicit ventus a facie
terræ. Anno Domini 1190, Melichinus soldani filius
venit obviam cum exercitu quingentorum millium
equorum, et ad, etc.
(36) Codex Estensis : In filium soldani post terga
pugnantem victrices aquilas dirigens, prædicta millia Turcorum et Turcomannorum exterminavit, et
ex eis, etc.
(37) Codex Estensis : Quousque ad Laurendam
civitatem, quæ dividit Armeniam a Lycaonia, et ad
Armeniæ montana pervenit, ubi noctis conticinio
auditur ex improviso armorum strepitus et tumultus : qui cum nullus fuisset, inde conjecturatum
est vicini augurium infortuni. In montibus autem
Armeniæ Græcos et Armenos invenit forum alacriter exhibentes. Cum ad aures Saladini hæc victoriæ
pervenissent, expavit; et die Sancto Pentecostes

D

Saladinus cum tanta suorum multitudine montes et
colles et planitiem operientes, quanta nusquam simul creditur apparuisse, Christianos potenter invasit, sperans omnia tentoria usurpare, et Christianos miseros captivare. Sed evanuit cogitatio ejus,
quia Christiani viriliter resistentes, et læsionem
magnam per balistas non modicam intulerunt, Cedens itaque Saladinus magnam exercitus partem ad
resistendum imperatori transmisit. Sed, heu! paucis
diebus elapsis, et mors imperatoris innotuit, et rumor supervenientis de morte Siculi regis exercitum
Christianum plurimum conturbavit. De montibus
imperator descendens, Salephy fluvium reperit, per
cujus ripam duobus diebus progressus, tertia loca
pausavit in locis amœnis.

De morte imperatoris Frederici primi.

Et cum esset æstus magnus valde, imperator descendit in flumen cum duobus militibus, ac cupiens
balneare. Cumque natare cœpisset impingens in
scopulum natando vitam amisit. A militibus igitur

orum alacriter exhibentes. De montibus vero A lens Calephi flumen reperit, per cujus ripam i diebus progressus, tertia luce pausavit in mœnis.

im esset æstus magnus valde, imperator in descendit cum duobus militibus, volens se e; cunique natare cœpisset, demersus est. olor! En humidum suffocat elementum, quem ella nequiverunt vincere : invictus duritæ fluidi mollitie vincitur elementi. Portantes um ad civitatem Salaphim, aromatibus con- t. Et Duce super exercitu constituto domino, erunt Tharsum. Deinde Levoni de Montanis æs, ab eo magnifice recepti, et cum trium- gno ad civitatem Mamistriam sunt deducti ; n dux infirmaretur, visitavit eum Catholi- meniensis. Deinde profecti sunt Thegio ; per quamdam Portæ stricturam venerunt ad n, quod G storium nominatur, quod cum a io detineretur, Christianus exercitus a sagit- npeditus est. Et tunc patriarcha et princeps iæ occurrentes, ducem et exercitum cum bo Antiochiam deduxerunt. (58) Ubi de con- incipis et patriarchæ moram fecit, quousque onem Conradum de Monteferrato ad se vo- jui tunc in Aconensi erat obs.dione. Qui, vo- i audita, baronum communicato consilio, aiam festinus adivit, transiens per Tyrum, nitem Henricum de Campania tunc appli- i maximo suscepit honore. Transiensque per C m viduas et orphanos et nobiles auro et ar- usteritavit egenos. Et applicans ad Portam Simeonis, a patriarcha et principe et duce cum triumpho receptus, civitatem ingressus

est. Cui se et exercitum dux omnino commisit paternis asseverans obedire velle præceptis. Au- diens hoc Saladinus, misit exercitum sub Racha- dino fratre et Mirrhalino filio militantem, ut distri- ctum occuparet Baruti. Quod dux et marchio per- cipientes, ad Aconensem obsidionem navigio per- venerunt. Quis fuerit, quantusque marchio Con- radus, retro seriem percurramus. Guillelmus ita- que, marchio Montusferrati, uxorem accepit dominam sororem domini Conradi regis Romanorum, et domini Frederici ducis Suevorum, de qua genuit filios quinque, Guillelmum Spadam-Longam, Con- radum, Bonifacium, Fredericum et Reynerium. Iste fuit ordo nativitatis eorum, quorum diversa fuerunt dona fortunæ. Nam Guillelmum Spende- B torem, virum militarem, viribus armatum, virtuti- bus approbatum, patriarcha et rex Hierosolymita- nus, et ejus regni principes astruerunt, ut regis sororem acciperet in uxorem. Et cum rex infirmus nomine Baldoinus ei coronam vellet imponere, Guiilelmus coronam renuit; sed in custodia regnum tenuit universum; et filium forma genuit eiegan- tem qui, avunculo rege patreque defunctis, in re- gem coronatus est, licet ætate minor, cujus custo- diam mater regia diligenter observabat. Ad hæc Emmanuel imperator Constantinopolitanus majori Guillelmo, scilicet marchioni, mandavit, ut unum de filiis suis Constantinopolim destinaret, filiam suam, et regnum Salonich accepturum. Quia ergo Conradus, et Bonifacius uxores habebant, Frederi- cus clericali cingulo militabat, Raynerium adole- scentem decorum aspectu Constantinopolim misit, qui promissam imperialem filiam pariter cum Sa- lonicensi corona suscepit. Sed modico tempore

---

ensus, ad ripam semivivus ducitur, accepta ntia et corpore Domini, eo die mortuus est. olor! humidum suffocat elementum, quem ella vincere nequiverunt. Invictus duritia uidi mollitie vincitur elementi. Adimpleta die prophetia in turri circa flumen constru- lda:cis litteris exarata, scilicet : *Melior ho- s, et potentior omnibus in aquis Salephycis bitur.* Propter quam Manuel imperator Con- opolitanus inde transiturus fecit ibi pon- dificari. Portantes igitur cum ad civitatem im, aromatibus condiderunt. Et duce super n domino constituto, pervenerunt Tharsum civitatem, ubi imperatoris carnem condide-)einde Levoni de Montanis obviantes, ab eo ice recepti, et cum triumpho magno ad civi- Mamistriam sunt deducti, ubi fluvius defluit, on ab incolis appellatur, cujus fons aut po- turigo in Quadragesima duntaxat tanta per is annos repletur piscium multitudine, quod religiosi sufficienter reficiantur Armeni, ulterius in Quadragesima non comesturi. m dux infirmaretur, visitavit eum Catholicus iensis. Quo proinde Antiochiam navigio per- te, Christianus exercitus progressus e t per am, ubi Darius dicatur esse sepultus, et the- Alexandri absconsus. Deinde per quamdam dructuram pervenit ad castrum, quod Guasco- b incolis nominatur, quod cum a Saladino etur, Christianus exercitus a sagittariis im- est

(58) *Codex Estensis* : Et carnem imperatoris ho- norifice sepelierunt, ubi de consilio principis et patriarchæ moram fecit, quousque marchionem de Monteferrato ad se vocaret, qui tunc in Achonensi erat obsidione. Qua vocatione I aronum, communi- cato consilio Antiochiæ festinus advit. In cujus absentia cum pedites exercitus Achonensis a nullo refrenarentur, in festo S. Jacobi vagantium plus quam octo Saracenorum impetu occiduntur. Mar- chio vero transiens per Tyrum, comitem Henricum de Campania tunc applicantem maximo suscepit honore, qui ad exercitum veniens, dux est ab om- nibus approbatus. Transiens marchio per Tripolim, viduas, orphanos et nobiles auro et argento susten- tavit egenos. Deinde applicuit ad portum Sancti Simeonis, qui quoque Soldinus ab incolis appella- tur : juxta quem est Montanea nigra, quam multi- tudo inhabitat eremitarum, diversis linguis et mo- ribus Deum laudantium. Unde patriarcha principe et duce magno cum triumpho receptus ad civitatem usque deductus ingressus est, cui se et exercitum dux omnino commisit, ei ut paternis asseverans se obedire velle præceptis. Audiens Saladinus hæc misit exercitum sub Rachahadino fratre et Mara- halino filio militantem, ut districtum occuparet Baruti. Quod dux et marchio percipientes, cum ab Antiochia usque Tripolim pervenissent, a Sarrace- nis, et Audocras, et aliis multipliciter infestati, a Tripoli Tyrum navigio pervenerunt, ubi ossa im- peratoris arcæ tumulo commendarunt.

minus illorum cum magno exercitu in strictura A
montium transitum prohibebat, dicens, quod non
transirent, nisi centum summarios auro et argento
oneratos darent. Imperator autem respondit, se
libenter dare, sed non nisi menolatum unum. Interim nuntii soldani, qui fraudulenter ducebant eum,
dicebant, quod cito intrarent terram soldani, in
qua gens illa sibi ulterius non noceret. Tunc quia
Deus non dimittit sperantes in se, quidam admiratus, cœlesti gratia inspiratus (34), imperatori adeo
fraudem detexit, et prælium mane futurum prædixit; faciensque eum planitiem, in qua intrare
cœperat, devitare, eum per montana deduxit. Occurritur in montanis : hinc inde pugnatur; sed cum
relictis sarcinis et alimentis, dux de monte viriliter
descendisset, descendit et imperator, qui victoriose B
hostes impugnant, et superant inimicos : in qua
pugna dux petra percussus duos dentes amisit. Ab
hinc ductores a soldano delegati fugerunt, timentes
ne detectæ fraudis imperator faceret ultionem.
Christianus vero exercitus confisus in Domino, qui
deduxit Israel per desertum, quindecim diebus per
quamdam planitiem progressus, carnem equinam
comederunt. Agrestes vero Turci, de quibus prædiximus, eos fame defecisse penitus existimantes,
rursus in bellum assurgunt prope civitatem Pholomenam magna manu militum peditumve caterva,
quos invictissimus imperator devicit. Et cum
maxima multitudo se in quadam clausura coacti
recepissent, combusserunt Teutonici universos; et
extunc agrestes illi Turcomanni non fuerunt exercitum ulterius persecuti (35). Sed altera die Melectinus soldani filius venit obviam eum exercitu, et
ad imperatorem misit nuntios, dicens : Revertere :
quid enim facere putas, cum habeam plura vexilla
quam tu milites ? Et cum pervenisset imperator ad
quemdam pontem Turci fugerunt ante et retro. Sed
dux anteriores devicit, et imperator posteriores in
parte maxima interfecit; et sic pontem exercitus
pertransivit universus. Demum maxima et infinita
Turcorum multitudo ex omni parte circuunt exercitum Christianorum, ita quod eundo per quatuor

hebdomadas die noctuque acriter impugnabant, et
Christianis præter carnes equinas victualia deficiebant. Cumque non invenissent aquam per diem et
noctem, Turco quodam capto docente, aquam sal.
sam sitibundi et famelici repererunt. Altera vero
die castrametati sunt in viridario Iconii, civitatis
Isauriæ, unde soldanus imperatori mandaverat,
quod male intraverat terram suam. Imperator autem remisit quærens, si forum tribueret, an non.
Soldanus respondit, se daturum; sed cum nimis
earum offerret, Christiani se ad pugnandum armarunt. Et cum feria sexta Quatuor Temporum immineret, Godefredus Herbipolensis episcopus asse-
veraus se vidisse beatum Georgium contra hostes
pro Christianis fortiter propugnantem, indicta pu- B
gna, et carnium edendarum data licentia, processerunt ad bellum. Et dux quidem civitatem expugnans, eam viriliter obtinuit, et fere omnes rebelles occidit. Imperator quoque (36) filium soldani
post terga pugnantem vicit, ac ex eis innumerabilem multitudinem interfecit.

Urbe capta potenter, soldanus se in munitionem
fortissimam, quæ erat in Urbe, recipiens, misit ad
imperatorem dicens, se velle forum dare, et quidquid vellet recipere. Imperator obsides petiit, et
propter fœtorem cadaverum (erant enim domus et
viæ cadaveribus plenæ) ab Urbe descendens in pomœriis castrametatus est. Dedit itaque soldanus obsides, dedit et forum et victualia equorum. Sed
quoniam equos ipse nimium caros vendere satage- C
bat, equum pro centum marchis videlicet offerentes, a Teutonicis econtra dolum dolo compensantibus pro marcha Ferronem recipiebant. Quod au-
dieus soldanus, misit ad imperatorem conquerens,
quod sui pretio deciperentur. Cui respondit imperator : Si bonum forum darent bonam acciperent marcham. Constituti sunt igitur hinc inde justitiarii taxatores. Ad hæc procedens Christianus exercitus a
quibusdam agrestibus Turcomannis, qui non sunt
de potestate soldani, multas pertulit molestias,
quousque (37) ad Armeniæ montana pervenit. In
montibus autem Armeniæ Græcos et Armenos in-

(34) Codex Estensis : Inspiratus, aut quia forte
in nostrorum manus inciderat, metu mortis imperatorem adiit, etc.
(35) Codex Estensis : Sed defecerunt a facie imperatoris sicut pulvis, quem projicit ventus a facie
terræ. Anno Domini 1190, Melichinus soldani filius
venit obviam cum exercitu quingentorum millium
equorum, et ad, etc.
(36) Codex Estensis : In filium soldani post terga
pugnantem victrices aquilas dirigens, prædicta millia Turcorum et Turcomannorum exterminavit, et
ex eis, etc.
(37) Codex Estensis : Quousque ad Laurendam
civitatem, quæ dividit Armeniam a Lycaonia, et ad
Armeniæ montana pervenit, ubi noctis conticinio
auditur ex improviso armorum strepitus et tumultus : qui cum nullus fuisset, inde conjecturatum
est vicini augurium infortunii. In montibus autem
Armeniæ Græcos et Armenos invenit forum alacriter exhibentes. Cum ad aures Saladini hæc victoriæ
pervenissent, expavit; et die Sancto Pentecostes

Saladinus cum tanta suorum multitudine montes et
colles et planitiem operientes, quanta nusquam si- D
mul creditur apparuisse, Christianos potenter invasit, sperans omnia tentoria usurpare, et Christianos miseros captivare. Sed evanuit cogitatio ejus,
quia Christiani viriliter resistentes, et læsiones
magnam per balistas non modicam intulerunt, Cedens itaque Saladinus magnam exercitus partem ad
resistendum imperatori transmisit. Sed, heu! paucis
diebus elapsis, et mors imperatoris innotuit, et re-
mor superveniens de morte Siculi regis exercitum
Christianum plurimum conturbavit. De montibus
imperator descendens, Salephy fluvium reperit, per
cujus ripam duobus diebus progressus, tertia luce
pausavit in locis amœnis.

De morte imperatoris Frederici primi.

Et cum esset æstus magnus valde, imperator descendit in flumen cum duobus militibus, ut capiens
balneare. Cumque natare cœpisset impingens in
scopulum natando vitam amisit. A militibus igitur

ırum alacriter exhibentes. De montibus vero A est. Cui se et exercitum dux omnino commisit
ens Calephi flumen reperit, per cujus ripam paternis asseverans obedire velle præceptis. Au-
diebus progressus, tertia luce pausavit in diens hoc Saladinus, misit exercitum sub Rachadino fratre et Mirrhalino filio militantem, ut distri-
cernis.

m esset æstus magnus valde, imperator in ctum occuparet Baruti. Quod dux et marchio per-
descendit cum duobus militibus, volens se cipientes, ad Aconensem obsidionem navigio per-
e; cumque natare cœpisset, demersus est. venerunt. Quis fuerit, quantusque marchio Con-
lor! En humidum suffocat elementum, quem radus, retro seriem percurramus. Guillelmus ita-
ella nequiverunt vincere : invictus duritiæ que, marchio Montisferrati, uxorem accepit dominam
uidi mollitie vincitur elementi. Portantes sororem domini Conradi regis Romanorum, et
um ad civitatem Salaphim, aromatibus con- domini Frederici ducis Suevorum, de qua genuit
t. Et Duce super exercitu constituto domino, filios quinque, Guillelmum Spadam-Longam, Con-
runt Tharsum. Deinde Levoni de Montanis radum, Bonifacium, Fredericum et Reynerium.
es, ab eo magnifice recepti, et cum trium- Iste fuit ordo nativitatis eorum, quorum diversa
gno ad civitatem Mamistriam sunt deducti ; fuerunt dona fortunæ. Nam Guillelmum Spende-
ı dux infirmaretur, visitavit eum Catholi- B torem, virum militarem, viribus armatum, virtuti-
meniensis. Deinde profecti sunt Thegio; bus approbatum, patriarcha et rex Hierosolymita-
per quamdam Portæ stricturam venerunt ad nus, et ejus regni principes astruerunt, ut regis
ı, quod G storium nominatur, quod cum a sororem acciperet in uxorem. Et cum rex infirmus
o detineretur, Christianus exercitus a sagit- nomine Baldoinus ei coronam vellet imponere,
ıpeditus est. Et tunc patriarcha et princeps Guillelmus coronam renuit; sed in custodia regnum
ipsæ occurrentes, ducem et exercitum cum tenuit universum; et filium forma genuit elegan-
ıo Antiochiam deduxerunt. (58) Ubi de con- tem qui, avunculo rege patreque defunctis, in re-
ncipis et patriarchæ moram fecit, quousque gem coronatus est, licet ætate minor, cujus custo-
ınem Conradum de Monteferrato ad se vo- diam mater regia diligenter observabat. Ad hæc
ui tunc in Aconensi erat obs.dione. Qui, vo- Emmanuel imperator Constantinopolitanus majori
audita, baronum communicato consilio, Guillelmo, scilicet marchioni, mandavit, ut unum
iam festinus adivit, transiens per Tyrum, de filiis suis Constantinopolim destinaret, filiam
litem Henricum de Campania tunc appli- suam, et regnum Salonich accepturum. Quia ergo
maximo suscepit honore. Transiensque per C Conradus, et Bonifacius uxores habebant, Frederi-
n viduas et orphanos et nobiles auro et ar- cus clericali cingulo militabat, Raynerium adoles-
ustentavit egenos. Et applicans ad Portam centem decorum aspectu Constantinopolim misit,
Simeonis, a patriarcha et principe et duce qui promissam imperialem filiam pariter cum Sa-
cum triumpho receptus, civitatem ingressus lonicensi corona suscepit. Sed modico tempore

---

nsus, ad ripam semivivus ducitur, accepta
ıtia et corpore Domini, eo die mortuus est.
ılor l humidum suffocat elementum, quem
ella vincere nequiverunt. Invictus duritia
ıidi mollitie vincitur elementi. Adimpleta
lie prophetia in turri circa flumen consru-
lda:cis litteris exarata, scilicet : Melior ho-
, et potentior omnibus in aquis Salephycis
itur. Propter quam Manuel imperator Con-
ıpolitanus inde transiturus fecit imbi pon-
ılicari. Portantes igitur cum ad civitatem
m, aromatibus condiderunt. Et duce super
t domino constituto, pervenerunt Tharsum D
civitatem, ubi imperatoris carnem condide-
einde Levoni de Montanis obviantes, ab eo
ce recepti, et cum triumpho magno ad civi-
lamistriam sunt deducti, ubi fluvius defluit,
m ab incolis appellatur, cujus fons aut po-
turigo in Quadragesima duntaxat tanta per
ı annos repletur piscium multitudine, quod
religiosi sufficienter reficiantur Armeni,
ulterius in Quadragesima non comesturi.
a dux infirmaretur, visitavit eum Catholicus
ensis. Quo proinde Antiochiam navigio per-
e, Christianus exercitus progressus e t per
ım, ubi Darius dicitur esse sepultus, et the-
Alexandri absconsus. Deinde per quamdam
lructuram pervenit ad castrum, quod Guasco-
ı incolis nominatur, quod cum a Saladino
ıtur, Christianus exercitus a sagittariis im-
est

(58) Codex Estensis : Et carnem imperatoris honorifice sepelierunt, ubi de consilio principis et
patriarchæ moram fecit, quousque marchionem de
Monteferrato ad se vocaret, qui tunc in Achonensi
erat obsidione. Qua vocatione baronum, communicato consilio Antiochiam festinus adivit. In cujus
absentia cum pedites exercitus Achonensis a nullo
refrenarentur, in festo S. Jacobi vagantium plus
quam octo Saracenorum impetu occiduntur. Marchio vero transiens per Tyrum, comitem Henricum
de Campania tunc applicantem maximo suscepit
honore, qui ad exercitum veniens, dux est ab omnibus approbatus. Transiens marchio per Tripolim,
viduas, orphanos et nobiles auro et argento susten-
tavit egenos. Deinde applicuit ad portum Sancti
Simeonis, qui quoque Soldinus ab incolis appellatur : juxta quem est Montanea nigra, quam multitudo inhabitat eremitarum, diversis linguis et moribus Deum laudantium. Unde patriarcha principe
et duce magno cum triumpho receptus ad civitatem
usque deductus ingressus est, cui se et exercitum
dux omnino commisit, ei ut paternis asseverans
se obedire velle præceptis. Audiens Saladinus hæc
misit exercitum sub Rachalhadino fratre et Mara-
halino filio militantem, ut districtum occuparet
Baruti. Quod dux et marchio percipientes, cum ab
Antiochia usque Tripolim pervenissent, a Sarracenis, et Audocras, et aliis multipliciter infestati, a
Tripoli Tyrum navigio pervenerunt, ubi ossa imperatoris arcæ tumulo commendarunt.

diademate regali fruentes ambo de hoc sæculo mi- A
graverunt. Fredericus vero prædicti marchionis
filius Albensis (39) fuit episcopus, quem magnanimiorem effecit prosapia generis, quam ordo exigeret episcopalis. Nunc de Conrado historiam prosequamur.

—

Subsequuntur hæc in codice Estensi.

Et in Septembrio mense, in campo Aconis Theo-
tonici castrametati sunt; tuncque archiepiscopus
Cantuariensis applicuit. Deinde Christiani castra
exeuntes dimicantes proposuerunt, et Saladinum,
more Lombardorum vexillum in carrocia dedu-
centem, usque Saphoream et Recortanam, ubi Aconis fluvius oritur, insecuti sunt; cum de loco ad
eorum insecutionem castra mutaverint, postmodum   B
ac campum illæsi reversi sunt. Adveniente Novembrio mense valida fames Christianos invasit, ut
carnes equinas, charissimis emptas commerciis,
edere arctarentur, sicque per totam hiemem fame,
frigore, gladio macerantur. Tuncque Isabella, quondam regis Aymerici filia, regni hæreditatem, sorore
defuncta, jure successorio petens a Sighifredo Tu-
ronensi, cui nupsit, episcoporum sententia separata
est, quam barones marchioni matrimonio copulan-
tes, eum in regem et dominum elegerunt. Hic igitur ut largus et magnanimus et galeas in mari tenuit, et exercitum frumento et hordeo refocillavit
adveniente, XL navibus commerciis applicantibus.
Modius una die a centum Bisanciis ad octo   C
descendit, et in contiguo declinavit usque ad
annum.

*De Philippo comite Flandriæ, et de rege Francorum,
et duce Burgundiæ, et comite de Niverte, et comite
de Baro, et aliis gestis.*

Anno Domini 1191, Philippus comes Flandriæ, et
postea rex Francorum et dux Burgundiæ, comes
de Nivers et comes de Baro venerunt. Rex igitur
ante turrim Maledictam castra regalia fixit, et palatium lapideum fabricavit, Malvicinum rationabiliter appellatum, ut Maledicta turris mali vicinitate
palatii lapidum ictibus verum sui nominis sortiretur effectum. Mangana erigi fecit, Gattos et Cletas
apparari, et propter ignem agrestem laminis plum-
beis operiri. Comite vero Flandriarum in brevi de-   D
functo, rex a Flandrensibus fidelitate recepta, turri
Maledictæ frequentius Mangonis maledixit, et civitatem Acriam acrius impugnavit. Nam instrumentis
ejus combustis omnibus, ad jussum regis vehementer irati peregrini scalis appositis ascendunt muros,
sed angustia caloris et fumi denique depelluntur.
Albericus autem marescalcus regalis intra mœnia
urbana descendens, sicut leo rugiens sæviebat, et
cum bipenni, quæ et ascia nominatur, plurimos
unus occidens, occisus est. Cujus caput a Sarracenis ad collegas Mangano pro saxo trajicitur. Muro
perforato, duo Sarraceni civitatem egressi postula-

runt in Christi nomine baptizari, qui renati, fideles
in operibus inventi sunt. Mangana marchione præside reparantur, qui regi tradidit Tyrum, observans
quod promiserat, se scilicet coronato primitus venienti de civitate omnifario rediturum. Rex autem
suis hominibus communivit. Interea Richardus rex
Anglorum sibi Cyprum insulam subjugavit; Isaac-
hium, qui se imperatorem nominabat, capiens, et
immensas divitias et victualia et animalia deducens.
Qui a Cypro pelago sulcans, navem Sarracenorum
a Beryto proficiscentem, et Aconem properantem
invenit, in qua erant septingenti viri ad bella fortissimi cum sufficientia stipendiorum, et omni genere armorum, et igne agresti, et serpentibus, et
crocodilis, et internecioni nequiter deputatis. Hanc
igitur cum viginti quatuor galeis, cum quibus in
retroguardia suarum navium accedebat, impugnavit
ter et quater cum magno detrimento suorum. Post
hæc regis improperiis et blandimentis, minis et
præmiis promissis armantur, et navem impugnando
perforant, et submergunt, duobus e naufragio tantum superstitibus reservatis; quorum unum, cum
venisset in campum, ad Saladinum, alterum misit
in urbem. Ad hæc rex Francorum, licet rege Angliæ
dissentiente, pugnam indixit. Pugnatur et muri securi inciduntur, Sarracenis Saladino mandantibus,
ut in eorum succursum studeat accelerare. Adveniente nocte marchioni custodia denegatur, a quæ
Mostubus consensu regis Franciæ de colloquio datam securitatem accepit. Adveniente die coram regibus, aliisque baronibus colloquium celebratur,
in quo Mostubus civitatem reddere cum omnibus
rebus, dummodo personæ abire permitterentur il-
læsæ promisit; Christiani vero sanctam crucem,
captivos omnes, et regnum repetunt universum.
Mostubus Saladinum asserit consulendum. Obsidibus ergo datis consulitur; qui promisit crucem
reddere pariter et Aconem, mille quingentos Christianos, et centum milites, et ducenta millia Bizan-
tiorum.

Dum hæc agerentur, rex Angliæ murum aggreditur. Per deditionem civitas obtinetur IV Idus Julii,
anno Domini 1191; positisque a regibus in portis
custodibus, solis Francigenis et Anglicis patebat
ingressus, cæteris sive de Romano imperio, sive
aliunde, licet per biennium laborassent, opprobrio-
se rejectis. Nam intrare volentibus, colaphis et verberibus cædebantur. Sed et tredecim ex * polinis
pede truncati sunt. Cum igitur prope quinquaginta
millia hominum præter mulieres et parvulos et aliorum multitudinem, quæ vix numerari poterat, et
ampullas ignis agrestis, et galeas cum Salandris,
et galeonibus septuaginta, et cæteras divitias, quarum non est numerus, reges in suis manibus ha-
buissent, inter se omnia diviserunt. Judicet Ecclesia, et secutura posteritas, si quæ sanguine cæterorum, et hiemalibus fuerant parta laboribus, de-

—

(39) *Ms. Cæsar. habet* Calbensis.

culmen regalis honoris ad suas manus om-
lbvolvere, qui non erubescebant vix tribus
bus insudasse. Non enim sibi victoriam, sed
o ascribere debuerunt. Sed cum sibi ascri-
ræsumpsissent, reminisci debuerant aliorum,
m ossa campus sanctus incinerat, vel præsens
iera tolerabat. Nam archiepiscopus Ravennas,
avius Thuringiæ, Fredericus dux Suevorum,
lti de imperio comites et barones in Domino
i fuerunt; sed et universitatis defunctorum
us peste, fame, gladio pereuntium est iucir-
aud tantum dubium est, quod in obsidione
præter principes, ducenta millia hoc sæculo
rerunt. Ad hæc rex Franciæ conabatur mar-
m in regem promovere; rex Angliæ Guido-
istituere. Demum interposita pactione Tyrus,
et Baruth marchioni cum medietate Ascalo-
loppæ jure successorio pervenerunt. Præterea
.as Aconis et totius regni acquisiti et acqui-
ilia Guidoni.; sic tamen in vita alterius, quod
diademate uteretur. Post hæc rex Franciæ
atis pro se quingentis militibus et armis, quæ
ivenerant, templo et hospitali, et marchioni
iutis, repatriavit cum opprobrii tamen immex-
ique in faciem acclamato : *Vah, qui fugis, et
i Domini derelinquis !* Rex autem Angliæ, cum
ia promissa non solveretur, captivos omnes
. fas et licitum infecit, qui debuerant po-
rvari, et in servitutem redigi, præter Monos-
a et Carcosam, et quosdam alios milites,
iro pecunia relaxavit. Verumtamen Saladinus
ianis captivis malum pro malo non reddidit.
ngliæ exinde terra marique recuperat Capham,
iaream ; et cum accessisset Azotum, Jacobus
ena occiditur. Deinde Joppem proficiscentes
ma, Lydda, Turone militum, et Berthenubilo
intes, Ascalonem accedunt, et videntes muros
os, fleverunt super illam, muros et turres
vi ræædificantes. Interim inter regem Angliæ
em Burgundiæ, cæterosque barones Franciæ,
dia vehemens orta est, eo quod vilipendit eos.
int ergo Tyrum, progredientes ad marchio-
et cum eis quingenti electi milites ; cum qui-
Sarracenorum casalia cursitando plurimum
iebant.

—

Progrediuntur hic ambo codices.
De Henrico VI imperatore.

no Domini 1190 Henricus VI, Frederici I filius,
Romanos regnavit post patrem annis VII. (40)
Cœlestinus papa, qui Clementi successerat,
Anno 1191, et imperiali diademate coronavit.
n anno imperator apostolico dedit Tusculanum,
istolicus Romanis. Romani vero civitatem de-

) *Cod. Estens.:* Annis VIII.
) *Cod. Estens.:* Siculi, et soror Guillelmi regis.
) *Cod. Estens.:* Successorio, fratre defuncto,
atur, obtineret. Sed Tancredus jam substitu-
pud Panormum fuerat coronatus. Cum itaque
num adierit imperatrix, eam Salernitani cives

struxerunt et arcem, Tusculanos alios excæcautes,
et alios deformiter mutilantes. Eodem anno imperator cum Augusta nomine Constantia, filia quondam Rogerii regis Siculi (41), in Apuliam descendit,
ut regnum sibi, quod jure successorio (42) debeba-
tur, et quidam regulus invaserat, obtineret. Sed
Augustam quidam pirata nomine Margaritus apud
Salernum capiens, eam regalem ad urbem, Panor-
. mum scilicet, usque deducens, honestate Augusta
dignissima conservavit. Imperator vero Neapolim
obsidens pene suis omnibus pestilentiæ morte peremptis (43), vix in Alamanniam reversus est. Eodem anno fuit infortunium, quod Malamort a Cremonensibus appellatur, eo quod apud civitatem Per-
gamensium tuentes castrum contra Brixienses cum
Pergamensibus congregati, divino judicio in se
ruentes alii in oleo præcipitantes, alii capti, muti-
latique, alii mortui sunt. Sed captos rediens de
Apulia imperator e carcere liberavit. Eodem anno
imperator Cremonensibus Cremam concessit, et
privilegio confirmavit. Eodem anno rex Franciæ et
rex Angliæ cum mare transissent, Acharonem ab
infidelibus occupatam, et diu a Christianis obsessam, viriliter impugnando ceperunt. Posteaque rex
Angliæ cum Saladino pugnavit, et Ascalonem destruxit. Qui quoque, cum mare transisset, in Sicilia quasdam civitates in deditionem receperat, insulam Cypri triumphaliter obtinuerat, et naves Saladini submerserat plenas serpentibus internecioni
Christianorum nequiter deputatis. Eodem quoque
anno Conradus marchio ab assassinis occisus est,
vir militaris, et in re militari peritus, cautus et strenuus, fortis et audax, superbus, magnanimus et
devotus, humillimus. Anno 1192, imperator regem
Angliæ peregrino habitu redeuntem, a duce Austriæ
captum, detinuit in custodia, eo quod contra eum
præconsisse (sic) quædam in regno Siciliæ videretur, et necem Conradi marchionis credebatur nequiter machinatus.

—

In codice Estensi hæc adduntur.
De rege Angliæ et aliis gestis, quæ fuerunt suo tem-
pore.

Anno Domini 1192, rex Angliæ apud Ascalonem
de reditu suo et regimine terræ sollicitus, ab universo quæsivit exercitu, cui terram committeret
conquisitam securius, et conquirendam. Post vota
diversa, quidam namque Guidonem inunctum, quidam marchionem invictum, quidam comitem Campaniæ præferebant, marchio eligitur, et in facie exercitus approbatur. Igitur a rege citatur, ut prope-
ret, regales infulas accepturus et sceptra. Octavo
Kal. Maii litteræ præsentantur. Eodem die ab assassinis occiditur, clamantibus : *Non eris marchio!* non
nequiter capientes, Messanam ad Tancredum regem
miserunt, qui eam in Panormitano palatio, et honestate, etc.

(43) *Cod. Estens.:* Peremptis, sua spe propositove
cassatus est, et vix, etc.

eris rex ! quorum unus combustus est ; alius, cum A decoriaretur, confessus est, se a sene domino suo transmissum hoc fecisse imperio regis Angliæ. Tertia die comiti Henrico illuc venienti uxor gravida copulatur invita. Redit festinus Acon, civitatem obtinuit, et ingressum Guidoni prohibuit. Itaque rex Guidoni Cypricum tradidit regnum, viginti Byzantiorum millibus emptum. Post hæc Joppem obsedit Saladinus, in qua patriarcha Rodulphus electus trejuas obtinuit a Saladino, qui si usque ad biduum non habeiet succursum, redderet municipium; et cum alium non haberet, se ipsum pro oribus obsidem dedit. Duobus diebus transactis rex navigio cum Pisanis applicuit, et Sarracenos castrum expugnantes viriliter exterminavit, cui equus a castellano paratur. Hunc solum militem pedites comitantur, et extra civitatem in Turcorum faciem castrametatur. Stupent Turci unius mil.tis incursione fugati. Timuerunt plurimum Turci, ne rex tam ferus invadere velit Ægyptum. Igitur utroque exercitu fugato ad triennium treguæ pro induciis componuntur, Ascalone destruenda, et a parte neutra possidenda. Sed et in hoc rex peccavit, quia patriarcham obsidem compeditum non liberavit. Adeunt igitur Christiani sepulcrum, et inveniunt ibi Æthiopem nudum in Christianorum ignominiam oblationum libamina colligentem. Rex autem sub manu perfidi constitutum sepulcrum accedere noluit adoratum, sed festinavit ad reditum. Cum de morte marchionis suspectus haberetur, sub habitu ministri Templariorum et Hospitaliorum usque in Austriam, suis aliunde remissis, pervenit incolumis. Ubi, dum gallinas assaret, deprehenditur, capitur, et duci Austriæ præsentatur. Audiens igitur imperator regem Angliæ servili habitu redeuntem a duce Austriæ captum, eum detinuit in custodia, eo quod contra eum præsumpsisse quædam in regno Siciliæ videretur, et necem Conradi marchionis credebatur nequiter machinatus. Denique ipsum pactione sibi placita relaxavit.

Progreditur uterque codex.

Anno Domini 1194, imperator in Italiam rediens, et ad inferiora descendens, Apuliam, et Calabriam, et Siciliam subjugavit, et omnia potenter obtinens D bona terræ in Alamanniam, thesaurosque regni portavit, Margaritum (44) excæcans ipsum, et quos voluit captivavit. Anno Domini 1196, corpora sanctorum martyris Archelai et confessoris Himerii in

(44) *Codex Estens. addit :* Reginam et filium ejus, qui patrj successerat, et quos voluit captivavit. O quam digna retributio Dei, qui nullum malum præterit impunitum ! Primates, qui sederunt in insidiis cum divitibus in occultis, mensura qua mensi fuerant metiuntur, et judicio quo judicaverant judicantur. Philippus autem frater imperatoris filiam Isachii imperatoris Constantinopolitani, quæ Rogerio Tancredi filio nupserat primogenito, viduam viro defuncto, in Panormitano invenit palatio, et inventam sibi in conjugio copulavit legitimo. Sed eumdem Isachium imperatorem Alexius

area lapidea posuimus, altare xvii Kalend. Julii A consecrantes, et processionem solemniter cum cxxx vexillis ecclesiasticis facientes. Anno Domini 1197, reversus imperator in Italiam, in Sicilia mortuus est et sepultus. Ilis temporibus quidam extitit Joachim Apulus abbas, qui spiritum habuit prophetandi , et prophetavit de morte imperatoris Henrici, et futura desolatione Siculi regni, et defectu Romani imperii : quo manifestissime declaratum est. Nam regnum Siciliæ multo tempore est perturbatum, et imperium per schisma divisum.

—

(In margine codicis Cæsarei a recentiore quodam apposita est hæc adnotatio : « Plus dixisset hic au-
B *ctor si vixisset et vidisset depositionem Frederici , et successus strennos regis Caroli in regno Siciliæ. »)*

Eodem anno castrum Jovis-altæ, quod a primo lapide inchoavimus ad honorem et utilitatem palatii Cremonensis, feliciter consummavimus.

Anno Domini 1198 (45), facta est in regno de imperatoris electione seditio. Nam imperator Henricus pupillum de Augusta relinquens, a principibus obtinuerat de pupillo electionem, et jam pupillo fecerant fidelitatem. Inter Philippum quoque Frederici filium, Henrici fratrem, patruumque pupilli, nec non et Ottonem ducis quondam Henrici Saxoniæ filium, ad imperium aspirantes, in Teutonicorum C regione certatur ; nam et uterque a principibus electus est. His temporibus Innocentius papa creatur, qui ut pupillo esset adjutor, et Ecclesiæ jura defenderet, adversus quemdam Marquoardum, qui se quoque pupilli jura tueri, nescio quo spiritu, fatebatur, utroque gladio dimicaus, eum viribus debilitavit. Sed tamen adhuc Apulia, Calabria et Sicilia vario voto vacillarunt. In Alamannia quoque varietas fuit votorum ; sed concertantium nec æqua justitia, nec æqua potestas votorum. His quoque temporibus fuit quidam Cremonæ vir simplex, fidelis plurimum, et devotus, nomine Homobonus, ad cujus obitum, et ejus intercessione Dominus huic mundo multa miracula declaravit. Eapropter (46) peregre proficiscens, præsentiam summi pontificis D adii, et canonizationem, quam petebam, obtinui. Anno Domini 1199, Mediolanenses et Placentini venerunt ad burgum Sancti Domnini, et postmodum ad Castrum Novum in faucibus ; adversam suam jacturam dolentes reversi sunt. Sed Veronenses

fraler excæcans, et Alexium filium ejusdem incarcerans, imperium usurpavit.
(45) *Cod. Estens. :* Obiit imperator Henricus, filius quondam Frederici imperatoris in festivitate Sancti Michaelis in regno Siciliæ ; et facta est, etc.
(46) *Cod. Estens. :* Eapropter Romam peregre proficiscens eodem anno, scilicet 1199, præsentiam summi pontificis adii , et ut in Catalogo sanctorum annumerarentur auctoritate ecclesiastica, per divinam misericordiam feliciter impetravi. Anno, etc.

nanos discumfecerunt, ex eis innumeram mul-
nem captivantes. Anno Domini 1200, Medio-
ses et Brixienses obsederunt castrum Suncini,
vanuerunt in superbia sua. Nam Papienses
mfecerunt Mediolanensium exercitum ad Ro-
l, Cremonenses et Placentinos ad Sanctum
tam juxta Bussetum. Eodem anno facta est
Cremonenses et Mantuanos, inter quos diu
o fuit, pax et concordia, et obsequiorum in
o pacis vicissitudo. Sed inter milites Brixien-
et plebem, quam Bruzellam appellant, civilis
rdia orta est, eis plurimum utrisque dam-
*Nam, teste Domino, omne regnum in se diri-
lesolabitur, et domus super domum cadet.* Bru-
quippe partem militum dissipavit. Milites au-
um Cremonensibus confœderati sunt ; et ple-
, quibus comes Narrisius præerat, arctave-
Romani vero Bitervienses in forti brachio
garunt.
no Domini 1201, Cremonenses cum Brixien-
congregati militibus, Bruzellam Brixiensium
arunt, eorumque currum in forum, seu pla-
Cremonensium deduxerunt. Deinde facta est
iter Cremonenses, Pergamenses, Comenses et
enses, inter quos fuerat tanta seditio, quod
gladio parcerent, nec incendio. Sicut enim
mala oriuntur ex bonis nuntiis, sic Deus ex
elicit aliquod bonum. Eodem anno Medio-
ses ceperunt castrum Papiensium, Regenale
n. Anno Domini 1202, inter Cremonenses et
ntinos pacis fœdera componuntur. Quo anno
Jubilæo fere in tota Lombardia treugæ \in-
tur in lustro. In quo lustro (47) maximus fuit
s peregrinorum euntium ultra mare. Inter
fuere præcipui Balduinus comes Flandrensis,
dovicus comes Blesensis, et Bonifacius mar-
Montis-ferrati, qui omnes apud Venetias con-

A gregati convenientes, Zadram municipium Venetis
nimis infestum destruxerunt. Interea filius imperatoris Isachii, de carcere liberatus, Philippum, cognatum suum, regem Alamanniæ adiit, supplicans, ut
sibi auxilium impertiret. Anno (48) Domini 1203
dux Venetorum, cæterique barones adolescentem
Alexium unanimiter assumentes ad Illyricum pervenerunt. Et primo Duratium puero subjugarunt,
cæterisque maritimis subjugatis Constantinopolim
pervenerunt. Interea in Venetos, cæterosque Latinos Constantinopoli morantes Græcorum et Wa-
rangorum desævit atrocitas, eos impugnans, capiens et occidens. Cum cives admoniti legitimum
dominum recipere recusarent, irruentes Latini viri-
B liter in urbem ipsam, ceperunt, et palatium obsederunt, et comprehenderunt (48*). Deinde capta urbe
et populata ex magna parte, et combusta, tyrannus effugit Isachius ; restituitur et Alexius adolescens, in mense Julio in ecclesia Sanctæ Sophiæ
magnifice coronatur. Postea cum Græci Latinos
publice injuriis multis afficerent, et privatim occiderent, Latini urbem combusserunt, et prædam
maximam exportaverunt. Ad hæc cum se tyrannus
Andriuopolim recepisset, imperator juvenis collecto exercitu cum baronibus eum fugavit, et Thra-
ciam sibi subjugavit. Sed cum peregrini magnis
remunerandi promissis instarent, beneficiorum ingratus, clam et palam beneficis adversatur. Igitur
inter eum et Latinos zizaniis seminatis, Græci ha-
C bentes eum exosum, quemdam Constantium (49)
imperatorem efficiunt. Populus autem Alexium Mursuflium coronavit, in qua contentione præpotens
fuit Alexius ille Mursuflius. Adolescens vero Alexius cum vix regnasset mensibus vii (50) suffo-
catur ; pater ejus Isachius moritur. Mursuflius tyrannus de solutione pecuniale a peregrinis impetitus, solvere diffitetur. Quapropter Veneti pariter

---

) *Hæc ita efferuntur in codice Estensi :* Merito
m Jubilæo, quo et in remissione peccatorum
na Hierusalem tendentium peregrinorum ac-
ur multitudo. Inter quos fuere præcipui Bal-
s comes Flandrensis, Ludovicus comes Ble-
l, nec non et Bonifacius marchio Montisfer-
Eodem anno fuit terræ motus magnus in Sy-
uo civitates et oppida nutaverunt ; etiam ipsa
i fere corruit universa, et stellarum visa est
dem provincia maxima dimicantium pugna,
m Septentrionales ab Orientalibus victoriam
bant. Quod non est ambiguum futuri excidii
gium exstitisse. Nam prædicti peregrini apud
ias congregati, Zadram municipium Dalmatiæ munitissimum
u Adriatico situm, Venetis nimis infestum,
rante venerabili viro Henrico Dandalo duce,
lio Venetorum, invadunt ; quod non diu ob-
m Veneti destruxerunt. Interea filius impera-
Isachii prædictus puer Alexius de carcere liis, Philippum cognatum suum adiit Alaman-
regem supplicans, ut sibi auxilium imper-

) *Codex Estens.* addit : Anno Domini 1203,
fuit locustarum multitudo, quod germinantia
iserunt universa.

') *In cod. Estens. hæc ita describuntur :* Et cum

D palatium Blachernæ obsederunt, oclighita, id est
beatæ Virginis icona, ab evangelista Luca Virgini
conformata, ad confusionem hostium mœnibus superponitur, sed a Latinis reverentius adoratur.
Deinde basilographia, id est regalis scriptura cujusdam prophetæ Danielis Achivi, qui de imperatorum Constantinopolitanorum successionibus ænigmata scripsit, producitur in medio ; ubi cum legeretur, quod natio flava cæsarie ventura esset urbis
excidio, urbemque gravi expugnatura prælio, tamen ad ultimum, (quod in ipsos decidat) peritura,
hoc facto confisi Achivi repente irruunt in Latinos.
Demum urbe terra marique viriliter impugnata, et
ex magna parte combusta, tyrannus aufugit. Ad
hæc Isachius restituitur, et Alexius adolescens in
mense Julio in ecclesia Sanctæ Sophiæ magnifice
coronatur. Postea cum Græci Latinos publice injuriis multis afficerent, et privatim occiderent, Latini arma sumentes, rursus urbem combusserunt,
et prædam maximam exportarunt. Ad hæc cum
tyrannus se Andrinopolim recepisset , imperator juvenis eum collecto exercitu cum baronibus effugavit, et sibi terram subjugavit. Sed cum,
etc.

(49) *Cod. Estens.* : Constantinum.
(50) *Cod. Estens.* : Mensibus vi.

et peregrini civitatem unanimiter aggrediuntur, universam regionem in circuitu depopulantur, et Mursuflium quadam die, dum in nemorosis lateret insidiis, effugant, fratrem ejus, et vexillum, et iconam regiam capientes.

Adduntur et hæc alia in cod. Estensi.

Econtra de suis Græci viribus præsumentes, linguæ potius contumeliis ·armati quam audacia cordi [cordis?], rebellant. Eodem anno rex Armeniæ Antiochiam obsedit, et licet eam cum exercitu introierit, non tamen obtinuit. Eodem anno magister Petrus cardinalis apostolicæ sedis legatus apud .... Ciliciæ municipium Armeno Catholico, et xiv episcopis mitras et baculum, me præsente, in præsentia regis Armeni tribuit pastoralem, recipiens ab eo debitam Sanctæ Romanæ Ecclesiæ fidelitatem.

Anno Domini 1204, Græcorum verbis contumelicsis, et superbia increbrescente, Veneti ad bellum cum baronibus accinguntur, et urbem aggressi salo soloque viritim excertant ; machinis, telis et spiculis a Græcis resistitur ; sed fatiscentibus eis, a militibus impetuose itur in urbem. Murzuflius in fugam vertitur. Alius ad imperium, scilicet Ascari, a civibus infatuatis eligitur. Sed adveniente luce a Latinis Blacherna et Bucca-Leonum palatia occupantur. Quid plura ? Græcorum strage data, gens illa spiritu consilii destituta, quondam prudentiæ filia, nunc sine prudentia, sicut pulvis disperiit, sicut fumus evanuit, sicut fenum exaruit ; et Latinorum gens urbem Constantinopolitanam in mense Aprili victoriose obtinuit. Ad hæc barones Balduinum Flandriæ comitem in imperatorem diademate coronarunt, Venetis cum Januensibus votis conniventibus imperium sortientes. Nam quarta imperatoriæ majestati tribuitur, quartarum medietas cessit Venetis, et cætera peregrinis. Bonifacius vero marchio, qui Margaritam imperatricem, quondam Isachii, sororem Aymerici regis Hungari, sibi in matrimonio copulavit, Thessalonicam vindicavit. Murzuflius autem Alexium tyrannum adiens, et intendens bellum blanditiis, et alicujus spei seducere verbis, lumine privatus est ; rediensque ad urbem, a Latinis misericordiam impetravit. Sed cum rursus proditionis moliretur insidias , de Columna Tauri per sententiam præcipitatus est, ut sicut præsumpserat ascendere in altum, sic de alto rueret in præcipitium. Ascari quoque trans Hellespontum fugato, Latini victoriosi fere monarchiam Græcorum obtinebant.

Hæc eadem in Cæsareo Vindobonensi codice ita describuntur.

Anno Domini 1254, Veneti cum baronibus ceperunt urbem Constantinopolim. Mursuflius, qui se imperatorem putabat, fugit de urbe. Alius ad im-

(51) Cod. Estens. addit : Ideoque recedens ab obsidione confusus Latinorum exercitus, tamen rediit in urbem Constantinianam illæsus, cui frater imperatoris, Henrico Venetorum duce defuncto,

perium, scilicet Astari, a civibus facilius eligitur. Sed veniente luce, a Latinis Blacherna et Buccaleonum palatia occupantur. Quare plurima Græcorum strage data multorum , gens Latinorum urbem Constantinianam in mense Aprili victoriose obtinuit. Ad hæc barones Balduinum, Flandriæ comitem, imperatorem diademate coronarunt, votis convenientibus imperium sortientes. Nam quarta cessit imperatoriæ majestati, trium quartarum medietas cessit Venetis, et cætera peregrinis. Marchio vero Bonifacius obtinuit Thessalonicam. Mursuflius autem Alexium tyrannum adiens, et intendens aliquos seducere, lumine privatus, rediensque in urbem a Latinis veniam impetravit. Sed rursus cum proditionis moliretur insidias, de Columna Tauri præcipitatus est. Astari quoque trans Hellespontum fugato, Latini victores fere totam Græcorum monarchiam obtinebant. Eodem anno Græci quoque excitati, Latinis expulsis, se in Andrinopolim receperunt.

Quæ sequuntur, habet Estensis codex.

Adimpleta est prophetia , quam mathematicus quidam prædixit Achivus : Gaudete septem montes, sed non mille annos : nondum enim a Constantino millesimus advenerat annus, quando Septem-solium, id est Constantinopolis, a summo gaudio tristitiæ ruit ad ima. Eodem anno cometa magna aerem illustravit. Eodem anno venerabiles viri domnus Soffredus, et magister Petrus, presbyteri cardinales, apostolicæ sedis legati, de Syria Constantinopolim adiverunt, ubi ab imperatore, civibusque Latinis, et Græcis apud Sanctam Sophiam honorifice recepti fuerunt. Qui ibidem spiritualia negotia tam inter Græcos quam Latinos, diffinierunt. Et divina officia, me assistente, solemniter celebrantur. Nam et ego ad mandatum prædicti cardinalis magistri Petri in Sabbato quatuor temporum ante Nativitatem Domini in templo Sanctæ Sophiæ solemniter ordines celebravi. Quia et ipse pro amore Domini crucifixi peregrinans in Syriam, sicut prius, ut ei assisterem, in Armeniam, sic et post in Græciam fueram comitatus eumdem. Eodem anno Græci excitati quasi se, Latinis expulsis, in Andrinopolim receperunt.

Pergit uterque codex.

Anno Domini 1205, Balduinus imperator Constantinopolitanus Græcos in Andrinopoli congregatos obsedit. Sed a Blatis forinsecus congregatis et Cumanis ipse imperator cum quibusdam baronibus suis captus est et occisus (51). Exercitus autem illæsus reversus est Constantinopolim, cui præfuit Henricus frater imperatoris , duce Venetiæ jam mortuo. Marchio quoque Bonifacius, qui regnavit in Thessalonica, a Græcis et Blatis multa passus

---

præfuit, Henricus nomine. vir audax et exercitio militaris. Marchio quoque Bonifacius, qui Thessalonicæ regnans, circumquaque provincias subjugaverat, a Græcis et Blactis, etc.

'uit hoc anno Græcis arridens et blanda, sed
is adversa fortuna.

—

Prosequitur codex Estensis.

ım mathematici prædixerunt Achivi. Verum-
ı invictus marchio vinctum, quem ceperat,
ım, quondam imperatorem, cum uxore misit
ımbardiam, ut in custodia servaretur, et a
ıde, quam sæpius exercuerat, arceretur.

Sequentia in utroque codice ita se habent.

ıo 1206, et in Orientali et Occidentali imperio
Antiochiam prædictis ex causis inter prædi-
ertatur illustres. Anno 1207, Bonifacius mar-
lontisferrati occiditur in prælio, filios relin-
Guilielmum in Italia, et Demetrium apud
ılonicam successores. Anno 1208, sopita est
regui de Occidentis imperio concertantium.
Philippo in thalamo nequiter occiso successit
r Otto, de quo noctu præviderat in somno
ntem futura, et his versibus prophetatum,
ı :

flo, da terræ, rex Otto, rex errat Adolfus.
ron dolor! Otto tibi suspice : finit ibi (52).

o 1209, Innocentius papa coronavit regem
m. Coronatus contra patrem coronatorem
et contra matrem Ecclesiam, et contra regem
pupillum, cui præter Ecclesiam non erat
', sese confestim armavit. Propterea sequenti
scilicet 1210, papa Innocentius jam dictum
torem excommunicavit. Ipse vero nihilomi-
ırchionem cum exercitu misit in Apuliam ;
ro Thusciam iter faciens, quædam loca per
ısdam per deditionem obtinuit. Deinde pro-
in Capua biemavit.

.

Codex Estensis addit : Ænigmatis hoc anno
la declaratur. Insufflo, id est spiro. *Da terræ,*
enis, quod *rex Otto, rex Romæ dolet.* Et qui
Adolfus, electus Coloniensis. Proh dolor !
ibi ; expositio est clausulæ præcedentis.
' *finit ibi ;* ostend.t enim visio prævisori tem-
rterminatum hunc annum in pariete pictum,
adnotatum.
Codex Estensis : et gloriose receptus, per eos
ıbrum usque deducitur.
In Cod. Estens. hæc ita describuntur :
ex Papiensibus militibus dum reverte-
multi a Mediolanensibus capti sunt. Rex
antuam, et Veronam, atque Tridentum feli-
transiens , in singulis civitatibus exstitit
ıs. Exinde per Curiam introivit in Alaman-
ı a principibus de die in diem fidelitatem
ıs, apud Magonciam coronatur. Postnodum
latisponam solemnem curiam celebrans, a
ıhemiæ, et ab aliis multis principibus fideli-
ccepit. Eodem anno Almiramomelinus rex
ıniæ veniens in Hispaniam cum infinita mul-
ı Sarracenorum, minitabatur non solum Hi-
,sed et Romam, imo Europam capere univer-
d Innocentius papa III. Christianorum signa-
ıcis insignitorum fecit contra illos multitudi-
ugregani. Qui prima facie Malagon cepirunt
ıt, deinde Colatravam, Alarcos, Benaventum,
ına occupantes. Ad Portum Muradal fixere
ı. Portus autem arctus erat, ut ducenti ho-

Anno 1211, progrediens per Apuleam civitates et
loca per deditionem usque Policornu suscepit. Dum
hæc agerentur, principes Alamanniæ Fredericum
regem Siciliæ, quondam imperatoris Henrici illium,
de quo prædiximus, imperatorem elegerunt, citan-
tes eum, ut in Alamanniam properaret. Quo audito,
imperator festinans rediit, qui apud Laudam curiam
quoque celebravit inanem. Estensis enim marchio
jam cum Papiensibus et Cremonensibus et Vero-
nensibus consensit summi pontificis fœdus inire
contradictionis Inglorius igitur Alamanniam intravit.

Anno 1212, prædictus rex Siciliæ Romam veniens, a summo pontifice et a Romanis magnifice
receptus est. Deinde navigio Januam attingens, per
eorum manus, et Guilielmi marchionis Montisferrati usque Papiam ductus est, cui (53) Cremonenses ad Lambrum alacriter occurrentes, cum Cremonam cum tripudio, et hastiludio deduxerunt (54).
Inde Mantuam et Veronam, atque Tridentum feliciter transiens, in similibus urbibus exstitit gloriosus. Exinde per curiam intravit Alamanniam, et
cum principibus de die in diem solemnem curiam
celebrans, a rege Bohemiæ, et ab aliis multis principibus fidelitates accepit. Eodem anno scilicet 1212,
Almeramomeley rex Mauritanus veniens in Hispanias cum infinita multitudine Sarracenorum minabatur non solum Hispaniam, sed et Romam, imo
Europam capere universam. Sed auxiliante gratia
et virtute Domini nostri Jesu Christi, et sancti domini papæ Innocentii, reges Aragonum, et Navarræ, et Castellæ occurrerunt paganis, et eos de finibus ex parte fugaverunt vii Kalend. Augusti. Eodem
anno quidam minus decem annorum infans cum
infinita multitudine pauperum venit de Teutonia,

mines quasi toti mundo transitum prohiberent.
Nostris igitur hæsitantibus, ecce duo Christicolæ
sub specie venatorum ; quibus præcedentibus ex
alio montis latere contra spem Sarracenorum totus
montem pertransiit Christianorum exercitus, die
Sabbati non longe a castris inimicorum Christi tentoria figens. Die lunæ, diluculo, dispositis aciebus in
campo xvii Kalend. Augusti congressi sunt Christiani, et inimici Christi. Et per gratiam Salvatoris,
Christian.ssimis regibus Aragonum, et Navarræ, et
Castellæ trucidantibus hostes terga verterunt; quorum infinita millia Christicolarum gladius devora-
vit. Nam per quinque leugas fugati sine numero
corruerunt. Deinde nostri habita victoria procedentes Ubendam civitatem viriliter occuparunt, in qua
sexaginta millia utriusque sexus gentilium sedie-
runt. Demum Christianus exercitus ad propria remeavit, agens gratias Salvatori, cui est honor et
gloria in sæcula sæculorum. Amen. Eodem anno
dicitur, rex Franciæ cum comite Montisfortis
et quod aliis hominibus Cruce-signatis, et de prælio et exercitu, qui fuit in Hispania, quando
apud Amuradal imperator Sarracenorum devictus
fuit, qui quinquaginta reges habebat, a tribus regibus Hispanis, scilicet Castellæ, Navarræ, Arrago-
nense, cum adjutorio Portugallensium, de quibus
undecim millia millia acie mortui fuerunt, in cum
adjutorio Portugallensium. Eodem tempore et anno,
et mense Novembris papa Innocentius apud Lateranum celebravit concilium in anno 1215.

asserens sine nave transiturum mare, et Hierusalem A recuperaturum.

—

Quæ ita narrantur in cod. Esten.

Eodem anno 1212, sub ductu puerorum quasi duodecim annorum, qui se visionem vidisse dicebant crucis signaculum assumentium, in partibus Coloniæ pervasit multitudo innumera pauperum utriusque sexus et puerorum, Theotoniam peregrinantium, et cruce signatorum, in Italiam accessit, unanimi corde et una voce dicentium, se per siccum maria transituros, et terram sanctam Hierusalem in Dei potentia recuperaturos. Sed demum quasi evanuit universa. Eodem anno fuit fames adeo valida, præcipue in Apulia et Sicilia, ut matres etiam pueros devorarent.

—

Pergit uterque codex.

Anno 1213, die sancto Pentecostes, qui fuit eo anno in festo sanctorum Marcellini et Petri, scilicet secundo die intrante Junio (55), Cremonenses in auxilium Papiensium, quorum multi in transitu regis de Papia ad Cremonam capti fuerant, apud castrum Leonis cum carrocio convenerunt, non habentes in auxilio nisi ccc milites Brixienses. Et ecce factus est repente sonitus Mediolanensium cum suo carrocio velocius et fortius quam poterant adversus Cremonenses festinantium, in quorum auxilio convenerant Placentini milites, sagittarii Laudenses, et Cremenses milites, et pedites Novarienses, et Cumani milites, et de Brixiensibus totidem C aut plures. Circa horam tertiam inceptum est prælium. Pugnatur fortiter et viriliter ab utraque parte usque in horam nonam. Circa vero nonam Cremonenses impetum facientes in eos, straverunt ex eis multitudinem copiosam, et captum est carrocium eorum, et multa millia pugnatorum introduxerunt in castrum Leonis.

—

Additamenta continuatoris in cod. Cæsareo.

Anno 1215, obiit præsul Sicardus mense Junii, hujus præsentis operis compilator. Eodem anno mense Novembris dominus Innocentius papa apud Lateranum celebravit concilium.

Anno 1217, Cremonenses et Parmenses ingressi D sunt episcopatum Placentinorum, multas eorum villas combusserunt ; et in eodem reditu soli Cremonenses ceperunt Pontenurum, et fugatis Placentinis usque ad Montale cum multa præda et multis

(55) *In Cod. Estens. eadem ita narrantur :*
Intrantis Junii , Cremonenses in auxilio Papiensium, quorum multi, ut prædiximus, a Mediolanensibus in transitu regis de Papia ad Cremonam capti fuerunt , apud castrum Leonis unanimiter cum carrocio convenerunt, non habentes in auxilio nisi trecentos milites Brixienses. Et ecce factus est repente sonus Mediolanensium cum suo carrocio, sicut sagittæ volantes, et sicut fulgur festinantium. In quorum auxilio convenerant Placentini milites et arcarii, Laudenses et Cremonenses milites et pe-

captivis ad castrum redierunt. Secundo vero die cum Mediolanensibus et Placentinis inter Fontana et Caureium pugnaverunt ; et licet magna pars Cremonensium et Parmensium jam reversa fuisset domum , tamen postremi qui remanserant, viriliter pugnantes eis omnino restiterunt , et inimicis pluribus prostratis, denique cum gaudio et exsultatione remearunt. Eodem anno obiit dominus Innocentius papa apud Perusium mense Junii, cui Honorius papa substitutus fuit.

Anno Domini 1218, Mediolanenses viribus resumptis cum infinita multitudine, Placentinorum B videlicet et Papiensium, Vercellensium, Novarensium, Terdonensium, Cumanorum et Alexandrinorum, Laudensium, atque Cremensium, et aliorum multorum, ad petitionem Placentinorum præsumpserunt ire ad burgum Sancti Damiani, dicentes se velle et posse tradere illud in manibus Placentinorum. Quibus viriliter Cremonenses, et Parmenses cum reginis et Mutinensibus juxta castrum prædictum castrametati, in manu forti se illis opposuerunt. Et ita sua opinione iniqua Mediolanenses moverunt castra sua, et applicuerunt ea inter castrum quoddam Zubellum et locum, qui dicitur Altissimis. Cremonenses cum prædictis in eodem loco velociter occurrerunt. Die Jovis sexto intrante Junio commissum est inter eos prælium, quod duravit a nona hora usque ad solis occasum, in quo prælio Mediolanenses cum suis potenter sunt debellati atque fugati, et multis ex eis interfectis, et tractis C duobus carrociis Mediolanensium et Placentinorum vix a periculo ereptis, cum confusione et ignominia magna conversi sunt ad propria. Eodem anno imperator Otto est mortuus, cui dominus Fredericus successit, ab omnibus principibus Alamanniæ concorditer electus.

Anno 1221, primo coronatur dominus Fredericus in Romanorum imperatorem Romæ apud Sanctum Petrum.

Mille ducentis atque viginti, Christe, duobus,
Postquam sumpsisti carnem, currentibus annis,
Talia fecisti miracula, rex benedicte.
Stella comis variis Augusti fine refulsit.
Septembris lubia vites submersit et uvas.
Destruxitque Deus flurii de monte rapacis.
Lunaque passa fuit eclipsin mense Novembri.
D *Christi Natali media quoque luce diei*
Terra dedit gemitus rugiens, fremuitque frequenter,
Tecta cadunt, urbes quassantur, templa ruerunt :
Exanimes dominos fecerunt mœnia multos.
Brixia præcipue pressit ruinosa colonos.
Flumina mutarunt cursum, repetentia fontes.

dites, Novarienses et Cumani milites, et de Brixiensibus totidem aut plures, quot in Cremonensium auxilium prædiximus advenisse. Ii omnes unanimiter uno clamore et furore, imo spiritu et impetu Cremonenses, cæterosque milites forinsecus impetunt, et impugnant, fugant, capiunt et expugnant. Sed Cremonenses habuerunt victoriam de dictis Mediolanensibus, et de exercitu, et conduxerunt carrocium supradictorum Mediolanensium per vim cum magna victoria, et lætitia in civitatem Cremonæ. *Hactenus Codex Estensis.*

Sit laus tibi, Christe, quia finis est hujus libri.

PETRUS VALLIS CERNAII

NOTITIA

(**Fabric.**, *Bibliotheca med. et infim. Lat.*, tom. V, pag. 280)

us Sarnensis, sive Vallis Sarnaii seu Cernaii (*des Vaux de Cernay*) monachus, ord. Cist., in diœcesis Carnotensis et Parisiensis (1), scriptor *Historiæ Albigensium et belli sacri contra eos* A. suscepti duce et principe Simone de Monteforti, quam auctor dicavit Innocentio III. Edidit primum us Camusatus, canonicus Trecensis. Trecis 1615, 8 (2); deinde collatam cum manusc. Martini ii, monachi S. Martini Parisiensis, Franciscus du Chesne tom. V *Scriptor. Francor.*, p. 554-665 ; Bertrandus Tissier in limine tomi VII *Biblioth. Cisterc.*, editi A. 1669 Conier Bzovium ad A. 1199, 34; et Carolum Vischium, pag. 276 *Biblioth. Cisterc.*, qui Gallicæ versionis facit mentionem, vul-ʾarisiis 1569, interprete Arnoldo Sorbino, episcopo postea Nivernensi (3).

Sammarthani tom. IV, pag. 901.
Cum hoc titulo : *Historia Albigensium et sacri belli in eos anno 1209 suscepti, duce et principe Si-s Monte-Forti, dein Tolosano comite, rebus strenue gestis, auctore clarissimo Petro cœnobii Vallis-usis ord. Cisterciensis monacho, cruceatæ hujus militiæ teste oculato.*
De versionibus Gallicis libri Petri Vallis-Cernaii hæc adnotat D. Petit Radel in *Histoire littéraire France* (t. XVII, p. 251) :
n connaissait trois traductions françaises de cette histoire, dont une seule a été publiée, et qui est Arnaud Sorbin. Elle parut à Paris en 1569, plus de quarante ans avant la première publication iginal latin. Les deux autres, restées manuscrites, sont attribuées à Guillaume Pellicier, évêque ntpellier, par le P. Lelong (*Biol. hist. de la France*, tom. I, p. 376, u° 5743); mais c'est une erreur ious devons ici relever.
un des deux manuscrits qui contient vraiment la version de Guillaume Pellicier, existe à la biblio-e de Sainte-Geneviève, et forme un volume in-folio de 249 feuillets : il est intitulé ainsi : *Histoire vœusses et vaillantises de noble seigneur messire Simon comte de Montfort, faites par luy pour la foi ique en l'église de Dieu, contre les Albigeois hérétiques, depuis l'an de grâce 1206 jusqu'à 1218; pre-ment composée en latin, par frère Pierre.....; puis traduicte en françois l'an du Sauveur 1565, par re Guillaume Pellicier, évêque de Montpellier.* Ce manuscrit commence par la traduction de trois s d'Innocent III, que Pierre de Vaux-Cernay nous a conservées et qu'il a placées comme preuves à te de son histoire.
e manuscrit qui contient l'autre traduction, appartient à la bibliothèque du roi. Il est facile de se iincre, en le comparant avec le précédent, que ces deux traductions n'ont pas le moindre rapport itité. On ne trouve, en effet, dans le dernier manuscrit, ni la traduction des trois lettres d'Inno-III, qui forment le commencement de l'autre, ni celle de la lettre qui termine l'ouvrage de Pierre de -Cernay, et par laquelle Simon de Montfort ordonnait à ses sénéchaux, peu de jours avant sa mort, fendre tous les biens et toutes les maisons de saint Dominique comme les leurs propres. L'auteur version manuscrite, n° 9644 de la bibliothèque du roi, n'ayant pas traduit les premiers chapitres erre de Vaux-Cernay, sa version commence par le sixième. Enfin le style de ce traducteur n'a point pport avec celui de Guillaume Pellicier, qui est, en général, plus facile, plus clair, et dont la tra-on paraît plus fidèle.
e père Lelong (*ibid.*) indique une quatrième traduction du même ouvrage, faite, dit-il, par un in-s, qui vivait vers 1456; elle faisait partie de la bibliothèque de d'Urfé, n° LXIII, mais nous n'en avons trouver le manuscrit, non plus que celui qui est intitulé : *Francisci Roaldi, in Petri Vallium-Sarnaii llo Albigensium historiam, commentariorum libri duo, in-fol.* Nous devons regretter d'autant plus de ir pas vu ces commentaires, qu'ils contenaient sans doute des observations critiques sur les faits rtés par Pierre de Vaux-Cernay. Enfin, on voyait, dit Dom Martène (*Voyage littér.*, part. ii, p. 108), l'abbaye de Quincy, ordre de Cîteaux, diocèse de Langres, une histoire des Albigeois, dont le com-ement est semblable à celui de Pierre de Vaux-Cernay, mais la fin est différente. »

PETRI

MONACHI CŒNOBII VALLIUM CERNAII

HISTORIA ALBIGENSIUM

ET

SACRI BELLI IN EOS ANNO 1209 SUSCEPTI DUCE ET PRINCIPE SIMONE DE MONTEFORTI.

(Du:HESNE, *Script. Rer. Franc.* t. V, pag. 544, ex editione Nicolai Camusati, canonici Trecensis, collata cum ms. codice domni Martini Marier, S. Martini Parisiensis monachi.)

EPISTOLA NUNCUPATORIA

AUCTORIS

AD INNOCENTIUM III PONTIFICEM ROMANUM.

Sanctissimo Patri et beatissimo domino INNOCENTIO Dei gratia universalis Ecclesiæ summo pontifici, humilis licet immeritus servus ejus, frater PETRUS qualiscunque Vallium Cernay monachus, non solum osc la pedum, sed et ipsa pedum ejus vestigia humiliter deosculari.

Benedictus Dominus Deus Sabaoth, qui novissime diebus nostris, sanctissime Pater, cooperante vestra sollicitudine non pigra, Ecclesiam suam in partibus Provinciæ, inter persequentes hæreticorum procellas, jam quasi penitus naufragantem, per ministrorum suorum manus, de ore leonum misericorditer eripuit, de bestiarum manibus liberavit. Verum, ne tam gloriosum et tam mirabile factum, per evolutiones temporum successivas, possit in oblivionem venire, sed nota fiant in gentibus magnalia Dei nostri, aeriem fac i. qualicunque modo in scriptum redactam, vestræ, bentissime Pater, offero majestati, humiliter supplicans ne deputetur præsumptioni quod puer elementarius manum misit ad fortia : onus subire præsumpsi supra vires; quin fuit mihi intentio in hoc opere hæc sola scribendi causa, ut sciant gentes mirabilia opera Dei; maxime cum, sicut ex ipso dicendi modo perpendi potest, non studuerim superfluis verbis ornare codicem, sed simplicem exprimere simpliciter veritatem. Firmum igitur habeat. Pater bone, vestra dignatio sanctitatis, quod, etsi ad omnia quæ in hoc facto contigerint scribenda, per ordinem non potuerim pertingere, vera sunt illa quæ scripsi, cum nihil unquam apposuerim, nisi quod viderim oculis meis, vel audierim a aguæ auctoritatis personis et plenissima fide dignis. In prima autem hujus operis fronte breviter tango de sectis hæreticorum et qualiter provinciales, infidelitatis lepra infecti fuerint, a temporibus retroactis. Postea exprimo quomodo memorati Provinciales hæretici, per prædicatores verbi Dei, et vestræ sanctitatis ministros, admoniti fuerint ut redirent prævaricatores ad cor et sæpius requisiti deinde crucesignatorum adventus, civitatum et castrorum captiones, cæteraque ad progressum negotii fidei pertinentia, prout possum, per ordinem repræsento. Unde sciant qui lecturi sunt, quia in pluribus hujus operis locis Tolosani, et aliarum civitatum et castrorum hæretici et defensores eorum, generaliter Albigenses vocantur, eo quod aliæ nationes hæreticos Provinciales, Albigenses consueverint appellare. Ut autem lector in hoc libello quod quæsierit possit facilius invenire, sciet quod, secundum multiplices et successivos negotii fidei processus, per varias distinctiones digestum est opus istud

---

INCIPIT HISTORIA ALBIGENSIS.

CAPUT PRIMUM.

De legatione fratris Petri de Castronovo et fratris Radulphi de ordine Cisterciensi ad provinciam Narbonensem.

In provincia Narbonensi, ubi quondam fides flo-

ruerat, cœpit inimicus fidei superseminare zizania; desipuit populus; Christi sacramenta, qui est Dei sapor et sapientia, profanans, factus insipiens, a vera desipiens theosebia, vagus et vagans per errores in ima, factus in invio, et non in via (*Psal.*

cvi). Monachi duo Cistercienses, zelo fidei succensi,
F. Petrus videlicet de Castronovo et F. Radulphus,
auctoritate summi pontificis contra pestem infidelitatis instituti legati, negligentiam omnem relegantes, legatione sibi indicta officiose fungentes, urbem
Tolosam ingressi sunt et aggressi, a qua venenum
principaliter emanabat, plebes inficiens : sicque
deficere faciens a Christi cognitione, a veridico
splendore, a deifica charitate. Radix amaritudinis
sursum germinans, profundius in cordibus hominum convaluerat, nec sine multa difficultate potuit
explantari. Suasum est Tolosanis sæpe et multum
ut hæresim abjurarent, ut hæreticos relegarent.
Suasum fuit eis a viris apostolicis, sed minime
persuasum, adeo siquidem morti inhæserant, qui
recesserant a vita, affecti et infecti nequam sapientia animali, terrenali, diabolica ; expertes illius
sapientiæ quæ desursum est, suadibilis est, bonis
consentiens (Jac. III). Tandem illæ duæ olivæ, illa
duo candelabra ..centia ante Dominum (Apoc. IV),
servis servilem incutientes timorem ; minantes eis
rerum deprædationem, regum ac principum dedignationem intonantes; hæreseon adjurationem,
hæreticorum expulsionem eis persuaserunt. Sicque
ipsi, non virtutis amore, sed, secundum poetam :

Oderunt peccare mali, formidine pœnæ :
quod manifestis indiciis demonstrarunt : nam statim perjuri effecti, et miseriæ suæ recidivum patientes, in conventiculis suis, ipso noctis medio,
prædicantes, hæreticos occultabant. Heu, quam difficile est a consuetudine evelli ! Hæc Tolosa, tota
dolosa, a prima sui fundatione, sicut asseritur, raro
vel unquam expers hujus pestis vel pestilentiæ detestabilis, hujus hæreticæ pravitatis, a patribus in
filios successive, veneno superstitiosæ infidelitatis
diffuso. Quamobrem et ipsa in vindictam tanti sceleris, tantum dicitur jamdudum sustinuisse manus
ultricis et justæ depopulationis excidium, ut in ipso
meditullio civitatis, sulcata vomeribus planities
pateret agrorum. Unus etiam de regibus suis inclytis, qui tunc temporis in ipsa regnabant, Alaricus, ut creditur, nomine, in extremum dedecus,
pro foribus urbis ejusdem, est suspensus in patibulo. Hujus antiquæ viscositatis fæce infectum genimen, prædictæ civitatis, genimen viperarum, non
poterat etiam nunc temporibus nostris a suæ perversitatis radice divelli : quininio naturam hæreticam, et hæresim vernalem, furca dignæ ultionis
expulsam, usquequaque passa in se recurrere,

Patrissare sitit, degenerare negans,
cujus vicinitatis exemplo, sicut

Uva... compacta, livorem ducit ab uva,
Et grex totus in arvis,
Unius scabie cadit, et porrigine porci.
(Juv. sat. II, 81.)

Vicinæ urbes et oppida, radicatis in se hæresiarchis, per ejusdem infidelitatis surculos pullulantes,
inficiebantur miserabiliter et mirabiliter peste ista.
Barones terræ Provincialis, fere omnes hæretico-

rum defensores et receptores effecti, ipsos amabant ardentius, et contra Deum et Ecclesiam defendebant.

CAPUT II.
De diversis hæreticorum sectis.

Et quoniam se in hoc loco quodammodo ingerit
opportunitas, hæreses et sectas hæreticorum, enucleatius stylo brevitatis prosequi dignum duxi.
Primo sciendum quod hæretici duos constituebant
creatores, invisibilium scilicet, quem vocabant
benignum Deum, et visibilium, quem malignum
Deum nuncupabant. Novum Testamentum benigno
Deo, Vetus vero maligno attribuebant, et illud omnino repudiabant, præter quasdam auctoritates
quæ de Veteri Testamento, Novo sunt insertæ, quas
ob Novi reverentiam Testamenti, recipere dignum
æstimabant. Auctorem Veteris Testamenti mendacem asserebant, quia protoplastis dixit : *Quacunque*
die comederitis de ligno scientiæ boni et mali, morte
moriemini (Gen. III), nec, sicut dicebant, post comestionem, mortui sunt ; eum tamen revera post
gustum pomi vetiti, mortis miseriæ fuerunt subjecti. Homicidam quoque ipsum nominabant, tum
quia Sodomitas et Gomorrhæos incineravit, et aquis
diluvii mundum delevit, cum quia Pharaonem et
Ægyptios mari obruit. Omnes Veteris Testamenti
Patres, damnatos affirmabant ; Joannem Baptistam
unum esse de majoribus dæmonibus asserebant.
Dicebant etiam in secreto suo, quod Christus ille
qui natus est in Bethlehem terrestri et visibili, et
in Hierusalem crucifixus, malus fuit ; et quod Maria Magdalena fuit ejus concubina, et ipsa fuit mulier in adulterio deprehensa, de qua legitur in
Evangelio (Joan. VIII). Bonus enim Christus, sicut
dicebant, nunquam comedit vel bibit, nec veram
carnem assumpsit, nec unquam fuit in hoc mundo
nisi spiritualiter in corpore Pauli. Ideo autem diximus in Bethlehem terrestri et invisibili ; quia hæretici fingebant esse aliam terram novam et invisibilem, et in a..ia terra secundum quosdam, bonus
Christus fuit natus et crucifixus. Item dicebant
hæretici bonum Deum duas habuisse uxores, Collant et Colibant, et ex ipsis filios et filias procreasse.
Erant alii hæretici qui dicebant quod unus est
Creator, sed habuit filios, Christum et diabolum.
Dicebant et isti, omnes creaturas bonas fuisse, sed
per filias de quibus legitur in Apocalypsi, omnia
fuisse corrupta (Apoc. XIX). Illi omnes membra
Antichristi primogeniti Satanæ, semen nequam, filii
scelerati, in hypocrisi loquentes, mendacio corda
simplicium seducentes, provinciam Narbonensem,
veneno suæ perfidiæ i. feci rant. Fere t. tam Romanam Ecclesiam, speluncam latronum esse dicebant
(Matth. XXII), et quia ipsa erat meretrix illa, de qua
legitur in Apocalypsi (Apoc. XVII). Sacramenta Ecclesiæ usque adeo adnullabant, ut sacri baptismatis
undam, ab aqua fluviali non distare ; sacrosancti
corporis Christi hostiam, a pane laico non differre
publice dogmatizarent ; simplicium auribus hanc

instillantes blasphemiam, quod Christi corpus etsi A magnitudinem Alpium in se contineret, jamdudum consumptum a comedentibus et annihilatum fuisset. Confirmationem, confessionem, frivolas esse et inanes omnino reputabant. Sacrum matrimonium meretricium esse, nec aliquem in ipso salvari posse prædicabant, filios et filias generando. Resurrectionem quoque carnis dissitentes, quasdam adinventiones confingebant inauditas, dicentes animas nostras esse spiritus illos angelicos qui per superbiæ apostasiam præcipitati de cœlo, corpora sua glorificata in aere reliquerunt, et ipsas animas, post successivam qualiumcunque corporum septem, et terrenorum inhabitationem, quasi tunc demum pœnitentia peracta, ad illa relicta corpora remeare.

Sciendum autem quod quidam inter hæreticos dicebantur perfecti, sive boni homines; alii credentes hæreticorum, qui dicebantur perfecti, nigrum habitum præferebant; castitatem se tenere mentiebantur; esum carnium, ovorum, casei omnino detestabantur; non mentientes videri volebant, cum ipsi maxime de Deo quasi continue mentirentur. Dicebant etiam quod nulla unquam ratione debeant jurare. Credentes autem hæreticorum dicebantur illi, qui sæculariter viventes, licet ad vitam perfectorum imitandam non pertingerent, in fide tamen illorum se salvari sperabant, divisi siquidem erant in vivendi modo, sed in fide et infidelitate uniti erant. Qui dicebantur credentes hæreticorum, dediti erant usuris, rapinis, homicidiis et carnis illecebris, perjuriis et perversitatibus universis. Isti siquidem ideo securius et effrenatius peccabant, quia credebant sine restitutione ablatorum, sine confessione et pœnitentia se esse salvandos, dummodo in supremo mortis articulo Pater noster dicere. et manuum impositionem recipere a magistris suis potuissent. De perfectis vero hæreticis, magistratus habebant, quos vocabant diacones et episcopos, sine quorum manuum impositione, nullus inter credentes moriturus, se salvari posse credebat. Verum si morienti cuilibet quantumcunque flagitioso manus imposuissent, dummodo Pater noster dicere posset, ita salvatum, et secundum eorum vulgare consolatum æstimabant, ut absque omni satisfactione, absque omni alio remedio statim evolaret ad cœlum. Unde ridiculum quod super hoc audivimus duximus inserendum. Quidam credens hæreticorum, in supremo mortis articulo, per manuum impositionem a magistro suo consolationem tum accepit, sed Pater noster dicere non potuit, et sic exspiravit. Consolator ejus quid de ipso diceret nesciebat, salvatus videbatur per receptam manuum impositionem ; damnatus quia non dixerat Dominicam Orationem. Quid plura ? Consuluerunt hæretici quemdam militem, nomine Bertrandum de Saxiaco, qui erat hæreticus, quid de illo judicare deberent : miles autem tale dedit consilium et responsum : « De isto sustinebimus et dicemus quod sal-

vus sit; omnes alios, nisi Pater noster dixerint in fine, damnatos judicamus. » Item aliud ridiculum : Quidam credens hæreticorum in morte legavit hæreticis ccc solidos, et præcepit filio suo ut daret hæreticis pecuniam illam. Quam cum, post mortem patris, hæretici requirerent a filio, dixit eis : « Volo ut dicatis prius, quomodo est patri meo. » Et dixerunt : « Certissime scias quod salvus est, et jam in cœlestibus collocatus. » Quibus ille subridens : « Gratias Deo et vobis ; verumtamen ex quo pater meus jam est in gloria, animæ ipsius non est opus eleemosynis ; et ego tam benignos vos scio esse, quod amodo patrem meum a gloria non revocabitis. Sciatis igitur quod nihil a me de pecunia reportabitis. » Non credimus autem silendum quod B et quidam hæretici dicebant quod nullus poterat peccare ab umbilico et inferius. Imagines quæ sunt in ecclesiis dicebant idololatriam ; campanas earum turbas dæmonum affirmabant. Item dicebant quod non peccabat quis gravius dormiendo cum matre vel sorore sua, quam cum qualibet alia. Illud et inter supremas fatuitates dicebant, quod si quis de perfectis peccaret mortaliter, comedendo videlicet modicissimum carnium, vel casei seu ovi vel alicujus rei sibi inhibitæ, omnes consolati ab illo, amittebant Spiritum S. et oportebat eum iterum reconsolari ; et etiam salvati, pro peccato consolatoris, cadebant de cœlo. Erant præterea alii hæretici, qui Waldenses dicebantur, a quodam, Waldio nomine Lugdunensi. Hi quidem mali erant sed comparatione aliorum hæreticorum, longe minus perversi : in multis enim nobiscum conveniebant, in aliquibus dissentiebant. Ut autem plurima de infidelitatibus eorum omittamus, in quatuor præcipue consistebat error eorum, in portandis scilicet sandaliis more apostolorum et in eo quod dicebant nulla ratione jurandum, vel occidendum ; in hoc insuper quod asserebant quemlibet eorum in necessitate dummodo haberet sandalia, absque ordinibus ab episcopo acceptis, posse conficere corpus Christi. Hæc nos de sectis hæreticorum breviter excerpsisse sufficiat. Quando aliquis se reddit hæreticis, ille dicit qui recipit eum : « Amice, si vis esse de nostris, oportet ut renunties toti fidei quam D tenet Romana Ecclesia. » Respondet : « Abrenuntio. — Ergo accipe Spiritum sanctum a bonis hominibus : » et tunc aspirat ei septies in ore. Item dicit illi : « Abrenuntias cruci illi, quam tibi fecit sacerdos in baptismo, in pectore, et in scapulis, et in capite de oleo et chrismate ? » Respondet : « Abrenuntio. — Credis quod aqua illa operetur tibi salutem ? » Respondet : « Non credo. — Abrenuntias velo illi, quod tibi baptizato sacerdos posuit in capite ? » Respondet : « Abrenuntio. » Ita accipit ille baptismum hæreticorum, et abnegat baptismum Ecclesiæ: tunc ponunt omnes manus super caput ejus et osculantur eum, et induunt eum veste nigra, et ex illa hora est quasi unus ex ipsis.

CAPUT III.

Qualiter et quando primum prædicatores venerunt ad provinciam Narbonensem contra hæreticos.

Anno Verbi incarnati 1206, Oxomensis episcopus, Diegus nomine, vir magnus et magnifice extollendus, ad curiam Romanam accessit, summo desiderio desiderans episcopatum suum resignare, quo posset liberius ad paganos, causa prædicandi Christi Evangelium se transferre. Sed dominus papa Innocentius noluit acquiescere desiderio viri sancti : imo præcepit ei ut ad sedem propriam remearet. Factum est igitur, dum rediret a curia, et esset apud Montempessulanum, invenit ibi venerabilem virum Arnaldum abbatem Cisterciensem, et F. Petrum de Castronovo, et F. Radulphum monachos Cistercienses apostolicæ sedis legatos, injunctæ sibi legationi, præ tædio renuntiare volentes, eo quod nihil aut parum hæreticis prædicando proficere potuissent. Quotiescunque enim vellent ipsis hæreticis prædicare, objiciebant eis hæretici conversationem pessimam clericorum, et ita nisi vellent clericorum vitam corrigere, oporteret eos a prædicatione desistere. Memoratus autem episcopus, adversus hujusmodi perplexitatem salubre dedit consilium, monens et consulens ut, cæteris omissis, prædicationi ardentius insudarent : et ut possent ora obstruere malignorum, in humilitate præcedentes exemplo, pii magistri facerent et docerent ; irent pedites, sine auro et argento, per omnia formam apostolicam imitantes. Dicti vero legati hæc omnia quasi quamdam novitatem per se arripere non volentes dixerunt, quod si quis favorabilis auctoritatis eos sub hac forma vellet præcedere, ipsum libentissime sequerentur. Quid plura ? Obtulit se vir Deo plenus, moxque familiam suam Oxomum transmittens, uno comite contentus, cum duobus sæpedictis monachis, Petro videlicet et Radulpho, Montempessulanum ingreditur, abbas autem Cisterciensis Cistercium perrexit, tum quia in proximo celebrandum erat Cisterciense capitulum, tum quia post celebratum capitulum, quosdam de abbatibus suis volebat secum adducere, qui eum in exsequendo injuncto sibi prædicationis officio adjuvarent. Exeuntes autem a Montepessulano, Oxomensis episcopus et præfati monachi venerunt ad castrum quoddam Carmanum, ubi invenerunt quemdam hæresiarcham, Balduinum nomine, et Theodoricum quemdam filium perditionis et stipulam incendii. Iste de Gallia oriundus, erat quidem nobilis genere, et canonicus fuerat Nivernensis. Postea vero, cum quidam miles, qui erat avunculus ipsius et hæreticus pessimus, in Parisiensi concilio, coram Octaviano cardinale et apostolicæ sedis legato, fuisset de hæresi condemnatus, videns iste quod diutius latere non valeret, ad partes se transtulit Narbonenses, ubi ab hæreticis in maximo amore et veneratione est habitus ; tum quia 'aliquantulum cæteris acutior videretur, tum quia gloriabantur se habuisse de Francia, ubi est fons

A scientiæ et religionis Christianæ, suæ iniquitatis socium, suæ nequitiæ defensorem.

Nec prætereundum quod Theodoricum faciebat se vocari, cum Guillelmus antea vocaretur. Habita cum his duobus disputatione per octo dies, Balduino videlicet et Theodorico, prædicatores nostri universum populum dicti castri, salutaribus monitis ad sæpedictorum hæreticorum odium converterunt. Ipsos siquidem hæreticos a se libentissime expulissent, sed dominus castri, veneno perfidiæ infectus, eos sibi familiares fecerat et amicos ; verba autem illius disputationis, longum esset per omnia enarrare. Sed hoc solummodo adnectere dignum duxi : quod cum venerabilis episcopus, dictum Theodoricum, ad ima conclusionis disputando, deduxisset :

B « Scio, inquit Theodoricus, scio cujus spiritus sis, siquidem in spiritu Eliæ venisti. » Ad hæc sanctus : « Et si ego in spiritu Eliæ veni, tu venisti in spiritu Antichristi. »

Actis igitur ibi octo diebus exeuntes a castro, venerabiles viros prosecutus est populus per leucam fere unam. Illi autem recto itinere procedentes, Biterrensem aggressi sunt civitatem, ubi per dies XV, disputantes et prædicantes, confirmabant in fide paucos qui ibi erant Catholicos, hæreticos confundebant. Venerabilis autem episcopus Oxomensis et F. Radulphus consuluerunt F. Petro de Castronovo, ut ad tempus ab eis recederet ; timebant siquidem, ne occideretur F. Petrus, eo quod ipsum odio haberent hæretici super omnes. Reces-

C sit igitur F. P. ab episcopo et F. R. tempore aliquanto. Ipsi a Biterris egressi Carcassonam gressu prospero devenerunt : ubi per octo dies morantes, prædicationi et disputationibus insistebant. Contigit tempore illo prope Carcassonam miraculum, quod præteriri non debet. Metebant hæretici segetes suas, in die Nativitatis sancti Joannis Baptistæ : ipsum enim non prophetam, sed malignissimum esse dicebant ; dum igitur meterent, aspiciens unus ex eis manum suam vidit manipulum suum sanguinolentum : quod videns, putavit quod incidisset manum ; sed inveniens eam sanam, exclamavit sociis : « Quid ultra ? » Aspicientes singuli manipulos quos tenebant invenerunt eos sanguinolentos,

D manibus conservatis illæsis. Venerabilis autem abbas Vallium Guido tunc erat in illa terra, qui manipulum sanguinolentum vidit, et ipse mihi hoc narravit.

Quia vero longum esset enarrare per ordinem quomodo viri apostolici, scilicet prædicatores nostri circuibant per castra, evangelizantes et disputantes ubique, his omissis, ad præcipua veniamus. Quadam die convenerunt omnes hæresiarchæ apud quoddam castrum in Carcassonensi diœcesi, quod dicitur Mons regalis, disputaturi unanimiter adversus viros sæpius memoratos. Ad hanc disputationem rediit F. P. de Castronovo, qui, sicut paulo ante diximus, discesserat apud Biterrim. Disputantibus autem dati fuerunt judices de ipsis credentibus hæ-

reticorum ; protelata autem fuit disputatio per xv A
dies, et redacta fuerunt in scriptum hinc inde pro-
posita et tradita judicibus, ut diffinitivam sententiam promulgarent. Videntes autem ipsi judices
hæreticos suos manifestissime superatos, noluerunt
dare sententiam, sed et scripta quæ a nostris acceperant, ne venirent in publicum noluerunt reddere,
sed tradiderunt hæreticis. His peractis, recessit F.
P. de Castronovo a sociis suis, et ivit in Provinciam, et laboravit ut componeret nobiles Provinciæ,
hac autem intentione, ut auxilio eorum qui pacem
juraverant, posset hæreticos de Narbonensi provincia exstirpare. Sed comes Tolosanus, Raimundus
nomine, inimicus pacis, noluit acquiescere dictæ
paci, donec tam per guerras, quas movebant ei nobiles Provinciæ, mediante industria viri Dei, quam B
per excommunicationem ab eodem in ipsum comitem promulgatam, jurare compulsus est pacem illam.
Sed qui fidem negaverat, et erat infideli deterior
(I Tim. v), nunquam deferens juramento, juravit
pluries, pluries perjuravit. Quem vir sanctissimus
F. Petrus magna animi virtute corripuit, tyrannum
intrepidus aggrediens, eique in facie resistens, quia
reprehensibilis, imo damnabilis erat valde, confun-
debatque eum vir magnæ constantiæ, vir conscientiæ illibatæ, adeo ut exprobraret ei quod erat per
omnia perjurus : et vere sic erat.

CAPUT IV.

*Descriptio vitæ corruptæ atque morum comitis To-
losani erga Deum et ejus Ecclesiam.*

Quia ergo opportunitas se ingessit, hic de incredulitate ipsius comitis aliquid breviter explicemus.
Primo dicendum quod, quasi a primis cunabulis,
semper hæreticos dilexit et fovit, et eos in terra
sua habens, quibuscunque modis potuit, honora-
vit, usque hodie etiam, sicut asseritur, ubicunque
pergit, hæreticos sub communi habitu secum ducit, ut si ipsum mori contigerit, inter manus ipsorum moriatur : credebat enim, absque omni pœnitentia, quantumcunque peccator fuerit, se salvandum, si in ipso mortis articulo impositionem
manuum eorum potuisset adipisci. Faciebat et deferri Novum Testamentum, ut, si necesse esset, impositionem manuum cum libro reciperet ab hæreticis. Vetus siquidem Testamentum detestantur hæ- D
retici : dicunt Deum illum qui veterem legem instituit, malum esse, vocantes eum traditorem propter spoliationem Ægypti ; homicidam, propter diluvium et subversionem Ægyptiorum ; dicunt et
Moysen, Josue, David, illius mali Dei fuisse ruptarios et ministros. Dixit et sæpe dictus comes quo lam
die hæ eticis, sicut pro certo scimus, quod volebat
facere nutrici filium suum apud Tolosam inter hæreticos, ut addisceret fidem, imo infidelitatem illorum. Dixit et quadam die quod vellet dare centum
marcas argenti ut quidam miles suus posset capere
fidem hæreticorum, ad quam multoties invitaverat
eum, et quam faciebat ei sæpius prædicari. Præterea quando hæretici mittebant ei aliqua xenia vel

cibaria, gratissime suscipiebat, et faciebat optime
servari ea, nec patiebatur quod aliquis comederet
ex eis, nisi ipse et aliqui ejus familiares. Multoties
etiam, sicut certissime cognovimus, adorabat hæreticos flexis in terra genibus, et petebat ab eis
benedictionem et osculabatur eos. Quodam die erat
dictus comes in exspectatione quorumdam hominum
qui debebant venire ad eum ; sed cum non venissent, dixit : « Bene apparet quod diabolus fecit mundum istum, quia nihil succedit nobis ad votum. »
Dixit præterea idem comes venerabili episcopo Tolosano, sicut ab eodem episcopo audivi, quod monachi Cistercienses non poterant salvari, quia tenebant oves quæ luxuriam exercebant. O hæresis
inaudita! Dixit et comes dicto episcopo Tolosano
ut veniret de nocte in palatium ejus, et audiret prædicationem hæreticorum : unde perpenditur quod
sæpe de nocte audiebat eos. Erat quondam memoratus comes quadam die in ecclesia quadam ubi
missa celebrabatur : habebat autem secum quemdam mimum, qui, sicut mos est hujusmodi joculato-
rum, homines cum bucca histrionice deridebat.
Cum autem sacerdos qui celebrabat missam verte-
ret se ad populum, dicens, *Dominus vobiscum*, sceleratissimus comes dixit histrioni suo, ut contra faceret et derideret sacerdotem. Dixit præterea aliquando supradictus comes quod mallet assimilari
cuidam hæretico, qui erat apud Castras in Albigensi
diœcesi detruncatus membris et habitu miserabili,
quam esse rex vel imperator. Quod autem ipse hæreticos semper fovit, ex hoc habemus probatissi-
mum argumentum ; quia nunquam ab aliquo sedis
apostolicæ legato, potuit induci ad hoc, ut sæpedictos hæreticos de terra sua depellere, licet compulsus ab ipsis legatis multoties abjuravit. Præterea adeo parvipendebat matrimonii sacramentum,
quod quotiescunque ei displicuit uxor propria,
ipsam dimittens aliam duxit, ita quod quatuor uxores habuerit, quarum tres adhuc vivunt. Habuit
enim primo sororem vicecomitis Biterrensis, nomine Beatricem : qua dimissa, duxit filiam ducis
Cipri ; hac dimissa, duxit sororem regis Angliæ
Richardi, quæ contingebat ei in tertio gradu consanguinitatis : qua mortua, accepit sororem regis
Arragonensis, quæ similiter erat consanguinea ejus
in quarto gradu. Nec silendum est quod, cum ipse
tereret primam uxorem suam, monuit eam sæpissime ut habitum religionis assumeret. Illa autem
intelligens quid intenderet, ex industria quæsivit
ab eo, utrum vellet quod ipsa in ordine Cisterciensi
fieret monialis : ipse autem dixit, quod non. Quæsivit iterum utrum vellet quod ipsa fieret monacha
in ordine Fontis Ebraldi. Respondit comes quod
non volebat. Tunc quæsivit ab eo quid ipse vellet,
et mandavit quod, si vellet fieri eremitica, ipse ei
in omnibus provideret, et factum est ita.

Erat quidam pessimus hæreticus apud Tolosam,
Hugofaber nomine, qui quondam in tantam lapsus
est dementiam, quod juxta altare cujusdam ecclesiæ

purgavit ventrem, et in contemptum Dei cum palla altaris tersit posteriora sua. O scelus inauditum! Dixit et hæreticus prædictus quadam die quod, quando sacerdos in missa percipiebat Dominici corporis sacramentum, trajiciebat dæmonem in corpus suum : quæ omnia cum vir venerabilis abbas Cistercii, qui tunc erat abbas Grandis-silvæ in territorio Tolosano comiti retulisset, et eum moneret qui tantum facinus perpetrarat, respondit comes quod nullo modo puniret propter hoc civem suum. Abominationes prædictas narravit dominus abbas Cisterciensis, qui tunc erat archiepiscopus Narbonensis ferme viginti episcopis, me præsente in concilio apud Vaurum : adeo autem semper fuit luxuriosus et lubricus dictus comes, quod, sicut pro certo didiscimus, sorore propria abutebatur, in contemptum religionis Christianæ : ab infantia enim sua concubinas patris sui quærebat diligentissime, et cum illis diligentissime concubebat ; vix enim ei aliqua placere poterat, nisi sciret patrem suum prius accubuisse cum ea : unde et pater ipsius, tam propter hæresim, quam propter enormitatem istam, exhæredationem suam ei sæpissime prædicebat. Præterea ruptarios mirabili quoque amplexatus est affectu dictus comes, per quos spoliabat ecclesias, monasteria destruebat, omnesque sibi vicinos quos poterat exhæreditabat : ita semper se habuit membrum diaboli, filius proditionis, primogenitus Satanæ, inimicus crucis et Ecclesiæ persecutor, hæreticorum defensio, Catholicorum depressio, minister perditionis, fidei abjurator, plenus scelerum, peccatorum omnium apotheca. Ludebat quodam die comes in ludo schaccorum cum quodam capellano, et inter ludendum dixit capellano : « Deus Moysi, quem vos creditis, non poterit vos juvare in ludo isto, » et addidit : « Nunquam me juvet Deus ille. » Alio tempore, cum ipse comes a partibus Tolosanis iturus esset contra adversarios quosdam suos in partes provinciæ, media nocte surgens, venit ad domum in qua hæretici Tolosani erant congregati, et dixit eis : « Domini ac fratres, bellorum varii sunt eventus, quidquid de me contingat, in manus vestras commendo corpus et animam meam. » Quo facto, desuper abundanti duos hæreticos in veste communi secum adduxit, ut si forte mori eum contingeret, inter manus ipsorum moreretur. Infirmabatur quodam tempore comes maledictus in terra Arragonum, et cum multum invalesceret infirmitas, fecit sibi fieri lecticam, et in lectica illa faciebat se Tolosam deportari : et cum quadam die quæreretur ab eo, cur cum tanta festinatione se faceret deportari, cum tam gravissima infirmitate laboraret, respondit miser : « Quia non sunt boni homines in terra ista inter quorum manus possim mori. » Hæretici enim a fautoribus suis boni homines vocabantur, sed et amplioribus signis et dictis se fatebatur hæreticum : dicebat enim : « Scio me exhæredandum fore pro bonis hominibus istis, sed non tantum exhæredationem,

imo etiam decapitationem pro ipsis paratus sum sustinere. » Hæc de incredulitate et malitia dicti miseri dixisse sufficiat, nunc ad propositum revertamur.

CAPUT V.

De adventu xii abbatum ordinis Cisterciensis causaque prædicationis et reditu ac obitu domini Didaci episcopi Oxomensis, et disputationibus.

Celebrata disputatione prænotata in Monte-regali, dum adhuc essent prædicatores nostri apud Montem-regalem, et circumquaque verbum Dei et salutis monita seminantes mendicarent ostiatim panem suum, supervenit vir venerabilis abbas Cistercii, Arnaudus nomine, a partibus Franciæ, abbates duodecim habens secum, qui totius viri religionis, viri perfectæ et sanctæ scientiæ, viri incomparabilis sanctitatis, juxta numerum sanctissimum apostolorum, cum abbate decimo tertio, duodecim advenerunt, parati de ea quæ in ipsis erat fide et spe, omni disputanti reddere rationem (*I Petr.* iii) : et hi omnes cum pluribus monachis, quos secum adduxerant, omnem sectantes humilitatem, juxta exemplar quod eis ostensum erat in monte (*Exod.* xxv), id est quod audierant de episcopo Oxomense, pedites procedebant, statim ab abbate Cisterciense longe lateque singuli dispersi ; et assignati sunt unicuique termini proprii, per quos discurrendo prædicationi insisterent, disputationibus insudarent.

CAPUT VI.

De colloquio Apamiensi et morte Oxomensis episcopi.

Episcopus Oxomensis voluit ad suum redire episcopatum, ut et domui suæ disponeret, et prædicatoribus verbi Dei in Narbonensi provincia, de suis proventibus necessaria provideret. Dum ergo recederet tendens ad Hispaniam, venit apud Apamias in territorio Tolosano : et convenerunt ad eum Fulco Tolosanus, et Navarrus Consoranensis episcopi et plurimi abbates, habita ibi disputatione cum Waldensibus ; plane convicti sunt Waldenses et confusi, et populus castri, præcipue pauperes ex parte maxima favit nostris : ille etiam qui constitutus erat judex in disputatione, et erat favens Waldensibus, magnusque in castro illo, renuntiavit pravitati hæreticæ, et in manu domini Oxomensis obtulit se et sua : a die etiam illa et deinceps sectatores superstitionis hæreticæ viriliter impugnavit. Huic disputationi interfuit ille pessimus traditor comes Fuxi, ille crudelissimus persecutor Ecclesiæ, Christi hostis. Hic uxorem habebat manifestam hæreticam de secta Waldensium et duas sorores, quarum una sectæ Waldensium, alia vero aliorum perfidorum hæreses profitebatur. Celebrata autem disputatione prædicta in palatio ipsius comitis, idem comes Waldenses die uno, prædicatores nostros de altero procuravit. O ficta humilitas! Post hæc episcopus Oxomensis ad suum perrexit episcopatum, firmum habens propositum redeundi, quam citius posset, ad peragendum nego-

18

tium fidei in provincia Narbonensi. Peractis vero A in episcopatu paucis diebus, dum redire disponeret morte præventus, in senectute sua feliciter obdormivit : prius autem quam ipse decederet, in fata decesserat supramemoratus F. Radulphus vir bonæ memoriæ, in quadam abbatia ordinis Cisterciensis prope S. Ægidium, quæ dicitur Francia vallis. Subtractis igitur his duobus luminaribus, episcopo videlicet Oxomensi et F. Radulpho, venerabilis Guido abbas vallium Sarnay in diœcesi Parisiensi, qui cum aliis abbatibus causa prædicationis, in Narbonensem provinciam venerat vir nobilis genere, sed scientia longe nobilior et virtute, qui etiam postea episcopus factus est Carcassonensis, prior inter prædicatores constitutus est et magister, abbas siquidem Cisterciensis ad alias partes B se transtulit, quibusdam magnis negotiis tunc temporis impeditus. Discurrentes igitur prædicatores sancti hæreticosque disputando manifestissime convincentes : sed, quia obstinati erant in malitia, convertere non valentes post multum temporis, cum parum aut nihil prædicando sive disputando proficere potuissent, ad partes Galliæ sunt reversi. Nec prætereundum est quod, cum dictus abbas vallium Sarnay, cum supradicto Theodorico, et quodam alio hæresiarcha maximo, Bernardo scilicet de Cimorra, qui in Carcassonensi diœcesi præcipuus habebatur, disputasset pluries et eos sæpius convicisset, quodam die, cum sæpedictus Theodoricus, nihil aliud respondere potuisset, dixit abba- C ti : « Diu me detinuit meretrix, sed de cætero non tenebit : » hoc dicens, dicebat Romanam Ecclesiam meretricem. Nec silendum quod, cum sæpedictus abbas vallium Sarnay, alio die castellum quoddam prope Carcassonam, Lauranum nomine, causa prædicationis intraret, in ipso introitu castri signaculo crucis se signavit : quod videns miles quidam hæreticus qui erat in castro dixit abbati : « Nunquam me adjuvet signum istud ! »

CAPUT VII.
Miraculum de schedula, B. Dominici manu scripta,
quæ ter flammis injecta, illæsa resiliit.

Contigit tempore illo quoddam miraculum fieri, quod in hoc loco dignum duximus interserendum. Disputaverant quadam die quidam prædicatores D nostri, viri religiosi adversus hæreticos, unus autem de nostris, Dominicus nomine, vir totius sanctitatis, qui socius fuerat episcopi Oxomensis, auctoritates, quas in medium produxerat, redegit in scriptum, et cuidam hæretico tradidit schedulam illam, ut supra objectis deliberaret. Nocte igitur illa erant hæretici congregati in una domo, sedentes ad ignem. Ille autem cui vir Dei tradiderat schedulam, produxit eam in medium : tunc dixerunt socii sui ut in medium ignem illam projiceret, et si schedula illa comburereretur vera esset fides; imo perfidia hæreticorum : si vero incombusta maneret, fidem quam prædicabant nostri, veram esse faterentur. Quid plura? In hoc consentiunt omnes,

schedula in ignem projicitur ; sed, cum in medio igne aliquantulum moram fecisset, incombusta penitus ab igne resilivit. Stupentibus qui aderant unus cæteris durior ait illis : « Projiciatur in ignem iterum ex tunc experiemini plenius veritatem : » projicitur iterum, iterum resiliit incombusta. Quod videns ille durus et tardus ad credendum, dixit iterum : « Trina vice projiciatur, et tunc sine dubio rei exitum cognoscemus : » projicitur tertio, nec tunc quidem comburitur, sed integra ab igne resiliit et illæsa. Hæretici autem, visis tot signis, ne tunc ad fidem voluerunt converti, sed in sua manentes malitia, districtissime sibi invicem inhibuerunt ne miraculum istud per narrationem alicujus ad nostrorum notitiam deveniret; sed miles quidam, qui erat cum illis, qui aliquantulum consentiebat fidei nostræ noluit celare quod viderat, sed pluribus enarravit. Factum est autem hoc apud Montem-regalem, sicut ab ore viri religiosissimi audivi, qui schedulam hæretico tradidit superscriptam.

CAPUT VIII.
De martyrio fratris Petri de Castronovo, qui gladiis
impiorum occubuit.

Iis de prædicatoribus verbi Dei breviter prælibatis, ad martyrium viri venerabilis et athletæ fortissimi F. Petri de Castronovo, juvante Deo, veniamus : quod nullo modo melius, vel magis authentice credimus nos facturos, quam ut litteras D. C papæ, narrationi nostræ inseramus, quas Christi fidelibus destinavit, ipsum martyrium plenius continentes. Forma litterarum hæc est :

INNOCENTIUS episcopus, servus servorum Dei, dilectis filiis nobilibus viris, comitibus, baronibus et universis militibus per Narbonensem, Arelatensem, Ebredunensem, Aquensem et Viennensem provincias constitutis, salutem et apostolicam benedictionem.

Rem credulam audivimus, in communem luctum generalis Ecclesiæ deducendam, quod cum sanctæ memoriæ F. P. de Castronovo monachus et sacerdos, vir inter viros utique virtuosus, vita, scientia et fama præclarus, ad evangelizandum pacem, et confirmandam fidem, in provincia Auxitana cum aliis destinatus in commisso sibi ministerio laudabiliter profecisset, et proficere non cessaret : quippe qui plene in schola Christi didicerat quod doceret, et eum qui secundum doctrinam et fidelem obtinendo sermonem, in sana poterat exhortari doctrina, et contradicentes revincere (*Tit.* 1) paratus omni poscenti semper reddere rationem (*I,Petr.* III), ut poterat vir in fide catholicus, in lege peritus, in sermone facundus, concitavit adversus ipsum diabolus ministrum suum comitem Tolosanum Raimundum, qui cum pro multis et magnis excessibus, quos in Ecclesiam commiserat et in Deum, sæpe censuram ecclesiasticam incurrisset, et sæpe sicut homo versip. llis et callidus, lubricus et incunstans, pœnitudine simulata fuerat absolutus: tandem odium continere non prævalens quod ceperat contra ipsum,

eo quod non erat in ore ejus verbum veritatis A lium non sit digna, ut tam cito sicut forsitan ipsa
(*Psal.* cxviii) *ad faciendam vindictam in nationibus* quærit, de suo sibi martyre signum detur ; expe-
et increpationes in populis (*Psal.* cxlix), ac eo for- disse tamen credimus, ut unus ipse pro ipsa, ne
tius in eodem comite, quo magis pro majoribus tota pereat, moreretur (*ibid.*). Quæ contagio hære-
erat ipse facinoribus increpandus tam tanquam ticæ pravitatis infecta, per interpellantem occisi
collegam suum, apostolicæ sedis legatos ad villam sanguinem, a suo melius revocetur errore, hoc est
S. Ægidii convocavit, promittens super cunctis enim vetus sacrificium Jesu Christi, hoc miraculo-
quibus impetebatur capitulis satisfactionem plena- sum ingenium Salvatoris, ut cum in suis esse vi-
riam exhibere. Cum autem, convenientibus illis in ctus putatur, tunc vincat fortius in eisdem et ea
villam prædictam, præfatus comes salutaria monita virtute qua ipse mortem moriendo destruxit, a su-
sibi facta, modo velut verax et facilis promitteret se peratis interdum famulis suis, superatores eorum
facturum ; et modo, velut fallax et durus, ea pror- faciat superari. *Nisi granum frumenti cadens in*
sus facere recusaret, volentibus illis demum ab ea- *terram mortuum fuerit, ipsum solum manet ; si au-*
dem villa recedere, mortem est publice comminatus, *tem mortuum fuerit, plurimum fructum affert* (*Joan.*
dicens quod quocunque vel per terram divertant vel xii). Sperantes igitur quod de morte hujus fecun-
per aquam, vigilanter eorum observaret egressum : B dissimi grani, sit fructus in Christi Ecclesia pro-
et confestim dictis facta compensans, complices venturus, cum profecto sit dure culpabilis et cul-
suos ad exquisitas insidias destinavit. Cumque vero pabiliter durus, cujus animam ipsius gladius non
nec ad preces dilecti filii abbatis S. Ægidii, nec pertransit (*Luc.* ii), nec unquam penitus desperan-
instantia consulum et burgensium, furoris sui mi- tes, cum utilitas tanta debeat in sanguine suo esse,
tigari insania potuisset, ipsi eos, invito comite, ni- quod suæ prædicationis nuntiis circa memoratam
miumque dolente cum armatæ manus præsidio, pro- provinciam, pro qua ipse in corruptionem descendit
pe ripam Rhodani fluvii deduxerunt, ubi nocte quie- ob tanta Deus tribuat incrementa. Venerabiles fra-
verunt instante, quibusdam ejusdem comitis satel- tres nostros archiepiscopos eorumque suffraganeos
litibus, ipsi prorsus ignotis hospitantibus cum eis- monendos duximus, attentius et hortandos per
dem, qui, sicut apparuit in effectu, sanguinem quæ- Spiritum sanctum in virtute obedientiæ districte
rebat eorum. præcipiendo ut verbum pacis et fidei seminatum ab
In crastino itaque mane facto et missa celebrata de eo suæ prædicationis irriguis convalescere facien-
more, cum innocui Christi milites ad transitum se tes, et ad pugnandam hæreticam pravitatem ac fi-
fluminis præpararent, unus de prædictis Satanæ C dem catholicam confirmandam ad exstirpanda vitia
satellitibus, lanceam suam vibrans, prænominatum et plantandas virtutes indefesse studio sedulitatis
Petrum, supra Christum petram (*I Cor.* x) immo- instantes. Jam dictum Dei famuli occisorem, et
bili firmitate fundatum tantæ proditionis incautum, universos quorum ope vel opere consilio vel favore,
inter costas inferius vulneravit. Qui prius in ipsum tantum facinus perpetravit receptatores quoque vel
respiciens percussorem, et Christi magistri sui, defensores illius ex parte omnipotentis Dei Patris,
cum B. Stephano secutus est exemplum ; dixit ad Filii et Spiritus sancti auctoritate quoque BB. apost.
ipsum : « Deus tibi dimittat, quia ego dimitto, » Petri, et Pauli, et nostra, excommunicatos et ana-
pietatis et patientiæ verbum sæpius repetendo. De- thematizatos per suas diœceses denuntient univer-
inde sic transfixus, acerbitatem illati vulneris spe sis : et omnia loca prorsus, ad quæ ipse vel aliquis
cœlestium est oblitus : et instanti suæ pretiosæ ipsorum devenerint præsentibus eis, interdicto fa-
mortis articulo, cum ministerii sui sociis qui fidem ciant ecclesiastico subjacere, singulis diebus Domi-
promoverent et pacem, non desinens ordinare, post nicis et festivis, pulsantibus campanis et candelis
multas ad Dominum orationes in Christo feliciter accensis, donec ad sedem apostolicam accedentes,
obdormivit. Qui profecto, cum ob fidem et pacem, per satisfactionem condignam mereantur absolvi,
quibus nulla est prorsus causa laudabilior ad mar- D sententiam hujusmodi solemniter innovantes. Illi
tyrium, sanguinem suum fuderit, claris jam, ut autem qui orthodoxæ fidei zelo succensi ad vindi-
credimus, miraculis coruscasset, nisi hoc illorum in- candum sanguinem justum, qui de terra clamare
credulitas impediret. De quorum similibus in Evan- non cessat ad cœlum (*Gen.* iv), donec ad confun-
gelio legitur, qua ibi virtutes Jesus non faciebat mul- dendum subversos et subversores de cœlo descen-
tas, propter incredulitatem eorum (*Matth.* xiii), quia, dat ad terram Deus ultionum, viriliter se accinxe-
quanquam linguæ, non fidelibus sed infidelibus sint in rint adversus hos pestilentes qui simul in unum
signum (*I Cor.* xiv) Salvator tamen præsentatus pacem et veritatem impugnant, suorum remissio-
Herodi, qui, teste Luca, valde gavisus est, viso ipso, nem peccaminum a Deo ejusque vicario secure pro-
pro eo quod signum aliquod ab eo fieri sperabat, et mittant indultam, ut eis labor hujusmodi, ad operis
facere dedignatus est signum, et reddere interro- satisfactionem sufficiat similiter illis offensis pro
ganti responsum (*Luc.* xxiii), sciens quia incredu- quibus cordis contritionem et veram confessionem
litas signorum, non credulitatis inductio, sed vani- oris obtulerint vero Deo hujusmodi siquidem petatis illum admiratio delectabat (*Matth.* xxvi). Licet stilentes provinciales, non tam jam nostra diripere,
autem ipsa prava generatio et perversa Provincia- sed nos perimere moliuntur ; nec solum ad peri-

mendas animas linguas acuunt, verum etiam ad A
perdenda corpora manus extendunt prolisores animarum effecti, et corporum peremptores. Licet autem præfatus comes pro multis et magnis flagitiis,
quæ longum esset per omnia enarrare, jamdudum
sit anathematis mucrone percussus, quia tamen
certis indiciis, mortis sancti viri præsumitur esse
reus, non solum ex eo quod publice comminatus
est ei mortem et insidias paravit eidem, verum
etiam ex eo quod occisorem ipsius in multam familiaritatem admisit, et magnis donis remuneravit
eumdem, ut de cæteris præsumptionibus taceamus,
quæ plenius innotescunt multis. Ob hanc quoque
causam, iidem archiepiscopi et episcopi publice
nuntient anathematizatum eumdem. Et cum juxta
sanctorum Patrum canonicas sanctiones, ei qui
fidem Deo non servat, fides servanda non sit, a
communione fidelium segregato, utpote qui vitan-
dus est potius quam fovendus, omnes qui dicto
comiti fidelitatis seu societatis, aut fœderis hujuscemodi juramento tenentur astricti, auctoritate apostolica denuntient interim absolutos, et cuilibet catholico viro licere, salvo jure domino principali,
non solum persequi personam ejusdem, verum
etiam occupare et detinere terram ipsius, illius
præsertim obtentu, quod ab hæresi per suam pru-
dentiam fortiter expietur, quæ per illius nequitiam
fuit hactenus turpiter sauciata, maculata.

Quia dignum est ut manus omnium contra ipsum
consurgant, cujus manus exstitit contra omnes.
Quod si nec sic vexatio dederit intellectum, manus
nostras in eo curabimus aggravare. Si quo modo
vero satisfactionem promiserit exhibere, ipsum pœ-
nitudinis suæ hæc signa præmittere oportebit, ut
de toto posse suo depellat pravitatis hæreticæ sectatores, et se paci satagat conciliare fraternæ, cum
principaliter propter culpam quam in utroque no-
scitur commisisse, in eum ecclesiastica fuerit prolata censura; quanquam si in suas iniquitates
Deus voluerit observare, vix posset congrue satisfacere non tantummodo pro seipso, sed pro alia
multitudine, quam in laqueum damnationis induxit.
Quia vero secundum sententiam Veritatis timendi
non sunt qui corpus occidunt, sed ille qui potest
mittere corpus et animam in gehennam (*Luc.* xii),
confidimus et speramus in eo qui, ut a fidelibus
suis timorem mortis auferret, mortuus die tertia
resurrexit (*Luc.* xxiv), quod præfati hominis Dei
mors, venerabili fratri nostro Consoranensi episcopo et dilecto filio A. abbati Cisterciensi apostolicæ
sedis legatis, aliisque orthodoxæ fidei sectatoribus,
non solum timorem non incutiet, sed amorem ac-
cendet, ut ejus exemplo qui vitam æternam temporali morte feliciter est mercatus, animas suas in
tam glorioso certamine, si necesse fuerit, pro Christo ponere non formident.

Unde archiepiscopis et episcopis consulendum
duximus, admonendo, preces præceptis, præcepta
precibus inculcantes, ut legatorum ipsorum salu-

bribus monitis et mandatis efficaciter intendentes,
tanquam strenuissimi commilitones assistent eidem
in omnibus, quæ propter hæc ipsis duxerint injun-
genda, scientes quod sententiam quam ipsi non
solum in rebelles, sed etiam in desides promulga-
verint, nos ratam haberi præcipimus et inviolabiliter observari. Eia igitur Christi milites, eia stre-
nui militiæ Christianæ tirones, moveat vos generalis Ecclesiæ gemitus ; succendat vos ad tantam Dei
nostri vindicandam injuriam pius zelus. Mementote
quia Creator noster nostri non indiguit, cum nos
fecit : qui, quanquam nostro servitio non indigeat,
ut quasi per illud minus in agendo minus voluerint fatigetur, et sua omnipotentia minor sit obsequio nostro carens, occasionem tamen in hoc articulo nobis tribuit acceptabiliter serviendi. Cum igitur post interfectionem præfati justi, Ecclesia quæ
in partibus illis est, absque consolatore in tristitia
et mœrore sedente, fides evanuisse, periisse pax,
hæretica pestis et hostilis rabies fortius invaluisse
dicatur, ac si potenter in ejus novitate procellæ
non succurratur eidem, pene penitus videbitur navis Ecclesiæ naufragari, universitatem vestram monemus attentius et propensius exhortamur, ac in
tantæ necessitatis articulo in virtute Christi confidenter injungimus, et in remissionem peccaminum
indulgemus, quatenus tantis malis occurrere non ta-
detis, et ad pacificandum gentes illas, in eo qui est
Deus pacis et dilectionis intendere procuretis : et
quibuscunque modis revelaverit vobis Deus, hæreticam ibi studeatis perfidiam abolere, sectatores
ipsius eo quam Saracenos securius quo pejores
sunt illis in manu forti et extento brachio impugnando. Prænominatum etiam comitem, qui quasi
fœdus percussisset cum eadem morte propria non
recogitat (*Isa.* xxviii), si forte vexatio sibi tribuat
intellectum, et impleta facies ejus ignominia incipiat inquirere nomen Dei ad satisfaciendum nobis
et Ecclesiæ, imo Deo, pondere non desinatis induc-
tæ super eum oppressionis urgere ipsum et fautores ejusdem de castris Domini depellendo, et aufe-
rendo terras eorum in quibus relegatis hæreticis,
habitatores Catholici subrogentur, qui scilicet orthodoxæ fidei nostræ disciplinam in sanctitate et
justitia serviant coram Deo (*Luc.* i).

Datum Laterani, vi Id. Martii, pontif. nostri
ann. ii.

His dictis de morte sanctissimi viri prælibatis, ad
narrationis nostræ seriem redeamus.

CAPUT IX.

*Tolosanus et Consoranensis episcopi Romam legan-
tur, ut pontifici maximo statum Ecclesiæ in Narbonensi provincia exponant.*

Videntes igitur prælati Narbonensis provinciæ, et
alii quos tangebat negotium pacis et fidei, deces-
sisse bonos viros Oxomensem episcopum et fratres
Petrum de Castronovo, et F. Radulphum, qui fue-

iaut prædicationis in terra prænotata principes et A
magistri; animadvertentes quod eadem prædicatio
etiam jam peregerit ex parte maxima cursum suum,
nec multum profecerit, imo penitus fructu frustra'a
sit exoptato, ad pedes summi pontificis judicant
transmittendum. Accingunt ergo se viri venerabiles,
Fulco Tolosanus, et Navarrus Consoranensis episcopi, Romanique properant, supplicaturi domino
papæ ut periclitanti in Narbonensi provincia, et Bituricensi, et Burdegalensi pro pace Ecclesiæ, et
quasi penitus naufraganti manum porrigat adjutricem. Dominus autem papa Innocentius, qui defendendæ fidei catholicæ necessitatibus totis nisibus
occumbebat, tanto morbo manum apposuit medicam, generales et efficaces super hoc negotio litteras
in Franciam transmittendo, sicut inferius penius B
exprimemus. Quod audiens comes Tolosanus, imo
dicamus melius Dolosanus, perrexisse videlicet
prænotatos episcopos ad curiam Romanam, timens
se digne pro meritis puniendum, vidensque facta
sua non posse impune transire, pœnitudinem simulans, et si possit sibi præcavens in futurum : cum
multos alios jam misisset, quosdam exsecrabiles et
malignos, archiepiscopum Auxitanum et Raimundum de Rebastenchs, qui quondam fuerat Tolosanus episcopus, sed meritis suis exigentibus erat
depositus, misit Romam; conquestusque est domino papæ per nuntios illos, de abbate Cisterciensi,
qui legatione super negotio fidei fungebatur; asserens quod eum exacerbaret nimis aspere et plus C
justo; promittens etiam comes quod si dominus
papa aliquem a latere suo ad illum dirigeret, ad
voluntatem ipsius per omnia se haberet. Hoc autem
non dixit, quia vellet, se aliquatenus emendare. Sed
cogitabat, quod si dominus papa aliquem de suis
cardinalibus ad eum mitteret, ipsum posset, sicut
homo versipellis et callidus circumvenire : sed Omnipotens qui scrutator est cordium et cognitor secretorum (Sup. 1), noluit puritatem circumveniri
apostolicam, noluit tegi amplius dicti comitis pravitatem. Providit igitur juste et misericorditer justus judex, ut et dominus papa comiti quasi juste
petenti satisfaceret, et ipsius comitis malitia diutius
non lateret. Misit enim dominus papa unum de collateralibus suis clericis, ad partes provinciæ, Milo- D
nem nomine, virum utique vita honestum, scientia
præclarum, facundia disertum, qui ut, probitatem
ejus breviter perstringamus, nec terrore terreri potuit, nec minime frangi. Comes autem audiens quod
veniret magister Milo, gaudio gavisus est valde,
quia putavit quod sæpedictus magister ad ipsius se
haberet et per omnia voluntatem, discurrensque
comes per terram suam cœpit gloriari et dicere :
« Modo bene est mihi, quia legatum habeo secundum cor meum, imo ipse ero legatus. » Sed omnia evenere contraria voto illius, sicut inferius exprimetur.

(4-5) Corrupte apud Ciaconium legitur *Hugo* non
Milo.

Mittitur cum M. Milone magister Theodisius.

(4-5) Missus est autem cum dicto M. Milone, clericus quidam magister Theodisius nomine canonicus
Januensis, qui sæpedicto M. Miloni assisteret, et
ipsum in expediendo fidei negotio adjuvaret. Iste
Theodisius vir multæ scientiæ, vir constantiæ mirabilis, vir eximiæ bonitatis, qui bene se habuit in
negotio Jesu Christi, qui quanta pro eodem negotio
pericula passus sit et labores, rei exitus patefecit,
et nos postmodum curavimus latius intimare. Dominus vero papa M. Miloni dederat in mandatis ut
de omnibus quæ ad negotium fidei pertinebant, et
præcipue super facto comitis Tolosani, ad consilium Cistercii abbatis ordinaret, eo quod abbas statum negotii et versutias comitis plene sciret. Unde
et dominus papa M. Miloni expresse dixerat :
« Abbas Cistercii totum faciet, et tu organum ejus
eris; comes enim Tolosanus habet eum suspectum,
tu non eris ei suspectus. » Descendentes igitur M.
Milo et M. Theodisius (6) in Franciam, abbatem
Cistercii apud Autissiodorum invenerunt. Consuluit
igitur M. Milo abbatem Cisterciensem, super pluribus certis capitulis quæ ad negotium fidei pertinebant. Abbas vero de omnibus diligentius instruens,
consilium suum tradidit ei scriptum et sigillatum.
Monuit etiam eum et consuluit ut, antequam aggrederetur comitem Tolosanum, convocaret archiepiscopos, episcopos et alios prælatos, quos expedire videret, et eorum quæreret et haberet consilia.
Quosdam etiam de prælatis, M. Miloni expresse et
specialiter nominavit, quorum consiliis deberet
idem magister adhærere. Post hæc abbas Cisterciensis et M. Milo perrexerunt ad regem Franciæ Philippum, qui apud Novamvillam in territorio Senonico cum pluribus de baronibus suis solemne colloquium celebrabat. Erat enim dux Burgundiæ Odo,
Nivernensis et S. Pauli comites, et multi alii nobiles
et potentes. Dominus autem papa mittebat regi litteras speciales monens et deprecans ut per seipsum, saltem per filium suum Ludovicum, periclitanti in Narbonensi provincia Ecclesiæ auxilium
impenderet opportunum. Rex autem nuntio domini
papæ tale dedit responsum, quod duos magnos et
graves habebat a lateribus leones, Othonem qui
dicebatur imperator, et regem Angliæ Joannem,
qui hinc et inde ad turbationem regni Franciæ totis
viribus laborabant. Ideoque nec ipse a Francia ullo
modo exire vellet, nec filium mittere, imo satis ei
videbatur ad præsens, si barones suos ire permitteret, ad perturbandum in Narbonensi provincia pacis
et fidei perturbatores. Summus autem pontifex, ut
ad exstirpandam pestem hæreticam, fideles populos
efficeret promptiores, generales miserat litteras ad
omnes prælatos, comites et barones, et universum
populum in regno Franciæ constitutum, monens
efficaciter et exhortans ut festinarent ad vindican

(6) Ita exemplar M. non *Theodosius*, ut habet Ciaconius in Innoc. III.

dam in Narbonensi provincia injuriam crucifixi, A losanum; modus autem reconciliationis et absolu-
scientes remissionem omnium peccaminum a Deo tionis talis fuit. Adductus est comes nudus ante
ejusque vicario universis indultam, qui orthodoxæ fores ecclesiæ B. Ægidii, ibique coram legato,
fidei zelo succensi, ad opus se accingerent hujus archiepiscopis et episcopis qui ad hoc convenerant
pietatis, dummodo contriti essent pariter et con- plusquam viginti, juravit super corpus Christi, et
fessi. Quid plura? Publicatur ista indulgentia in sanctorum reliquias, quæ ante fores ecclesiæ expo-
Francia, armat se multitudo magna fidelium signo sitæ cum magna veneratione, et in multa copia a
crucis. prælatis tenebantur, quod mandatis S. R. Ecclesiæ
in omnibus obediret. Mox legatus stolam ad collum

CAPUT XI.

*Concilium apud Montilum celebratur, ibique sistendi
coram Milone dies comiti apud Valentiam præfigitur.*

Celebrato apud Novam-villam colloquio prænotato, M. Milo cum collega suo M. Theodisio, ad
partes provinciæ perrexit veniensque ad quoddam
castrum quod Montilum nuncupatur, convocavit B
archiepiscopos et episcopos quamplures. Qui, cum
ad eum venissent, quæsivit ab eis diligenter qualiter procedendum esset in negotio pacis et fidei,
præcipue in facto comitis Tolosani; voluit etiam
ut singuli prælati super certis capitulis, de quibus
eum abbas instruxerat Cisterciensia, sua ei traderent consilia scripta et sigillata. Factum est ut
præcepit, et quod auditu est mirabile, omnia tam
abbatis Cisterciensis quam prælatorum consilia sine
dissensione aliqua convenerunt. A Domino factum
est istud (*Psal.* CXVII). Post hæc misit M. Milo ad
comitem Tolosanum, mandans ei ut ad diem quam
sibi præfigebat veniret ad ipsum apud Valentiam
civitatem. Venit comes ad diem illum, et sicut fal- C
lax et sævus, lubricus et perjurus promisit legato
videlicet M. Miloni, licet in dolo, quod suam faceret in omnibus voluntatem. Legatus autem, utpote
vir cautus et prudens, prælatorum usus consilio,
voluit et præcepit ut comes Tolosanus traderet ei
pro securitate de terra quam tenebat in provincia,
castra septem. Voluit etiam ut consules Avenio-
nensis et Nemausensis civitatum, et villæ Sancti
Georgii jurarent ei, quod si comes Tolosanus mandato ipsius legati venire præsumeret ex adverso,
non tenerentur ei hominii seu fœderis fidelitate
astricti. Comitatus insuper Ingruensis, S. R. Ecclesiæ caderet in commissum. Comes vero Tolosanus, quamvis dolens et invitus necessitate compulsus, omnia quæ legatus mandaverat, adimplere D
promisit. Sicque factum est ut qui abbatem Cisterciensem durum dixerat, legatum longe diceret
duriorem. Hoc autem, Deo disponente, justissime
factum esse creditur, quod ubi tyrannus speravit
remedium, ultionem reperit et flagellum. Statim
vir totius bonitatis M. Theodisius, de mandato legati, venit in partes provinciæ, ut septem castra
de quibus supra tetigimus reciperet, et ea occuparet ex parte S. R. E. et muniret.

CAPUT XII.

*Certis cæremoniis antiquitus usitatis, comes Tolo-
sanus Ecclesiæ reconciliatur.*

His omnibus rite peractis, descendit legatus ad
villam S. Ægidii, reconciliaturus ibi comitem To-

comitis poni fecit, ipsumque comitem per stolam
arripiens, absolutum cum verberibus in ecclesiam
introduxit. Nec silendum quod, cum comes Tolosæ
introduceretur in ecclesiam, sicut diximus, S. Ægidii cum verberibus, disponente Deo, nullatenus de
ecclesia potuit exire præ turba, per viam qua intraverat; sed oportuit eum descendere in inferiora
ecclesiæ, et per ante sepulcrum B. martyris F. Petri
de Castronovo, quem occidi fecerat, nudum transire. O justum Dei judicium! quem enim con-
tempserat vivum, ei reverentiam compulsus est
exhibere et defuncto. Illud etiam notandum puto,
quod cum corpus prædicti martyris, qui in claustro
monachorum S. Ægidii prius fuerat tumulatum,
post longum tempus in ecclesiam transferretur, ita
sanum inventum est et illæsum, ac si ipsa die
fuisset tumulatum; miri etiam odoris fragrantia de
corpore sancti et vestibus emanavit.

CAPUT XIII.

*Comes Tolosanus, ficte crucem sacræ militiæ signum
sumit, quam quidem catholici exercitus milites
pectori assutam habebant.*

Post hæc omnia callidissimus comes Tolosæ, timens a facie crucesignatorum, qui ad exturbandos
hæreticos et eorum fautores in proximo, venturi
erant de Francia ad partes Narbonenses, petiit a
legato dari crucem, ut sic terram suam a crucesignatorum infestatione tueretur. Acquievit legatus,
comitique et duobus tantum de suis militibus cruces
dedit. O falsum et perfidissimum crucesignatum,
comitem Tolosanum dico, qui crucem assumpsit,
non ad vindicandam injuriam crucifixi, sed ut ad
tempus celare posset suam et tegere pravitatem!
His omnibus itaque gestis, legatus et M. Theodisius
redierunt versus Lugdunum, ut crucesignatis, qui
statim venturi erant, contra provinciales hæreticos
obviarent, per totam siquidem provinciam divulgata
erat indulgentia quam fecerat dominus papa proficiscentibus contra prædictos hæreticos, ideoque
quamplurimi nobiles et ignobiles contra hostes
crucis armaverant se in pectoribus crucis signo.
Signatis igitur in Francia ad vindicandum Dei
nostri injuriam tot fidelium millibus et signandis
nihil aliud supererat, nisi ut Dominus Sabaoth, qui
solita bonitate et inaudita benignitate inimicis suis,
videlicet hæreticis et eorum fautoribus compatiens,
plures et pluries destinaverat ad eosdem; sed illi
in perversitate sua perseverantes, in sua nequitia
obstinati, quosdam contumeliis affecerant, alios

etiam interfecerant, missis exercitibus suis, crude- A
lissimos perderet homicidas.

CAPUT XIV.

Adventus crucesignati exercitus in partes provinciæ.

Anno igitur ab Incarnatione Domini 1209 domini
papæ Innocentii II, regnante Philippo rege Francorum, circa festum sancti Joannis Baptistæ, crucesignati omnes a diversis Franciæ partibus iter
arripientes, pari consilio et provida dispositione,
apud Lugdunum urbem Galliæ convenerunt. Inter
eos autem qui ibi adfuerunt, isti præcipui habebantur, archiepiscopus Senonensis, episcopus
Eduensis, episcopus Claromontensis, episcopus Nivernensis, dux Burgundiæ Odo, comes Nivernensis,
comes Sancti Pauli, comes Montisfortis, comes de
Barro supra Secanam, Guichardus de Bellojoco, B
Willelmus de Rupibus, senescallus Andegaviæ,
Gualcherus de Joviniaco, Guido de Levis, Lambertus
de Tureyo, multi præterea nobiles et potentes, quos
longum esset pei singulos nominare.

CAPUT XV.

Comes Tolosanus it obviam crucesignatis.

Videns autem comes Tolosanus Raimundus signatorum multitudinem advenire, timensque ne
invaderent terram ejus, utpote quam de perpetratis
nequitiis, conscientiæ stimulus accusabat, exivit
obviam eis, et pervenit usque prope Valentiam civitatem : at illi egressi erant in manu excelsa, ipsos igitur inveniens prope civitatem dictam dictus
comes, pacem simulans, falsum spopondit obse- C
quium, firmissime promittens quod ad mandatum
sanctæ Romanæ Ecclesiæ ad eorum etiam arbitrium
se haberet, super quibus observandis, dedit castella
quædam pro securitate. Voluit etiam dare filium
suum in obsidem, vel seipsum. Quid plura? Etiam
associatur his hostis Christi, pergunt pariter, re-
ctoque gressu perveniunt ad Biterrensem civitatem.

CAPUT XVI.

*De malitia civium urbis Biterrensis et ejusdem urbis
obsidione, expugnatione et excidio.*

Erat autem Biterris civitas nobilissima, sed tota
veneno hæreticæ pravitatis infecta; nec solum hæretici erant cives Biterrenses, sed erant raptores,
injusti, adulteri, latrones pessimi, pieni omni
genere peccatorum. Non sit onerosum lectori si de D
malitia dictorum civium aliquid specialiter disseramus. Pergebat quadam nocte in ipso diluculo
sacerdos quidam civitatis illius ad ecclesiam divina
celebraturus mysteria, portans calicem manibus
suis : quidam autem de Biterrensibus qui se
posuerant in insidiis, arripientes sacerdotem
illum, et vehementer verberantes, fracto brachio,
ipsum gravissime vulnerarunt, accipientesque calicem quem tenebat sacerdos, ipsumque discoope-
rientes, minxerunt in eo in contemptum corporis
et sanguinis Jesu Christi. Alioque tempore, cives
sæpedicti in ecclesia B. Mariæ Magdalenæ, quæ in
civitate dicta sita est, dominum suum vicecomitem
Biterrensem Trancavilum, traditores pessimi in-

terfecerunt, episcopo etiam suo, qui vicecomitem
ab illorum manibus defendere nitebatur dentes
confregerunt. Egrediebatur die quodam canonicus
quidam Biterrensis de ecclesia majori, celebrata
missa, audiens autem tumultum laborantum in
fossatis civitatis, interrogavit quid hoc esset. Responderunt qui aderant : « Tumultus est laborantum ad fossata, quia munimus civitatem contra
Francigenas qui adveniunt; » jam enim imminebat
adventus peregrinorum : et dum ita loquerentur,
apparuit quidam senex venerandæ ætatis, qui dixit
eis : « Vos contra peregrinos civitatem istam munitis : sed quis desuper poterit vos munire? » Per
hoc innuit, quod Dominus de cœlo bellaturus esset
eos. Quo audito, illi vehementer moti sunt et
permoti : cumque vellent in senem insurgere, subito disparuit, et nusquam potuit inveniri. Nunc
propositum prosequamur. Antequam crucesignati
ad Biterrensem pervenirent civitatem, vicecomes
Biterrensis Raimundus Rogerii nomine, nobilis
quidem genere, nepos comitis Tolosani, qui, sectans
avunculi pravitatem, in nullo hæretico compri-
mebat, promiserat firmissime Biterrensis civibus
civitatis quod eos nullatenus desereret, sed cum
ipsis ad mortem usque perseverans in sæpedicta
civitate adventum Christi militum exspectaret. Sed
cum nostros appropinquare audiret, pacti oblitus,
fœderis nescius fidem frangens, confugit Carcassonam aliam suam nobilem civitatem, piures de
Biterrensibus hæreticis ducens secum. Pervenientes
igitur Biterrim nostri, transmiserunt in civitatem
ipsius civitatis episcopum, qui exierat obviam eis,
magistrum videlicet Regenaldum de Montepessulano, virum ætate, vita, scientia venerandum. Dicebant siquidem nostri quod causa perdendorum
hæreticorum advenerant, mandaveruntque civibus
Catholicis, si qui erant, ut in manus ipsorum traderent hæreticos, quos idem venerabilis episcopus,
qui eos plene noverat et etiam in scriptum rede-
gerat, nominaret; vel si istud facere non possent,
exeuntes de civitate dimitterent hæreticos, ne perirent pariter cum eisdem. Quod verbum cum sæpedictus episcopus ex parte nostrorum memoratis
civibus retulisset, noluerunt acquiescere; sed se
adversus Deum et Ecclesiam erigentes, inito cum
morte fœdere, elegerunt potius mori hæretici quam
vivere Christiani : priusquam enim nostri eos aliquatenus expugnarent, exierunt quidam de civitate,
cœperuntque nostros sagittis acrius infestare, quod
videntes servientes exercitus, qui publica lingua
dicuntur ribaldi, cum indignatione maxima muros
adeunt civitatis, nobilibusque exercitus nescientibus et penitus inconsultis, facto insultu ipsa hora,
quod dictu mirabile est, capiunt civitatem. Quid
plura? Statim intrantes, a minimo ad maximum
omnes fere necati, tradentes incendio civitatem.
Fuit autem capta civitas sæpe dicta in festo S. Mariæ Magdalenæ. O justissima divinæ dispensationis
mensura! Sicut in principio hujus libri diximus,

dicebant hæretici B. Mariam Magdalenam fuisse A Christi concubinam, præterea in Ecclesia ipsius quæ erat in civitate, sicut supra tetigimus, cives Biterrenses dominum suum occiderant, episcopo suo dentes confregerant. Merito igitur in illius festivitate capti sunt et destructi, de qua contumeliosa tot dixerant, cujus etiam ecclesiam sanguine domini sui vicecomitis videlicet, nec non episcopi fœdaverant canes impudentissimi. In eadem etiam ecclesia, in qua, ut sæpe dictum est, dominum suum occiderant cives Biterrenses, ipsa die captionis civitatis fuerunt usque ad septem millia de ipsis Biterrensibus interfecti.

Notabiliter est notandum quod sicut civitas Jerusalem XLII anno a passione Domini nostri a Tito et Vespasiano fuit destructa, ita civitas Biterrensis XLII B anno ab interfectione domini sui per Francigenas est vastata. Hoc quoque non est omittendum, quod sæpedicta civitas multoties devastata fuerit ob causam superius memoratam, semper in die festi S. Mariæ Magdalenæ; in cujus ecclesia tantum scelus perpetratum fuerat, dignam recepit ejusdem sceleris ultionem.

CAPUT XVII.

De obsidione urbis Carcassonæ et ejusdem deditione,

Capta itaque et destructa civitate Biterrensi, proposuerunt nostri recto gressu tendere Carcassonam, cives etenim Carcassonenses pessimi erant hæretici, et peccatores coram Domino nimis, siquidem illi qui in castris inter Biterrim et Carcas- C sonam positis habitabant timore exercitus fugerant, castra sua vacua relinquentes; quidam tamen qui non vocabantur ex hæretica pravitate, reddiderunt se nostris. Audiens autem vicecomes quod nostri ad obsidendam tenderent Carcassonam, milites quoscunque potuit adunavit, seque cum eis in Carcassonam recipiens, præparavit se ut contra nostros defenderet civitatem. Nec silendum quod cives Carcassonenses pessimi et infideles, refectorium et cellarium canonicorum Carcassonensium, qui erant canonici regulares, ipsa etiam stalla ecclesiæ, quod exsecrabilius est, destruxerunt, ut muros civitatis inde munirent. O profanum consilium! O munitio immunita quæ sacra immunitate, domus D Dei inviolata et destructa construitur per hæc merito destruendam, domus rusticorum intactæ conservantur, domus servorum Dei dejectæ prosternuntur! Pervenientes igitur nostri ad civitatem, in circuitu fixere tentoria, obsidionem firmantes. Depositis ergo circumquaque bellatorum agminibus, ipsa quidem die et altera a præliis siluerunt. Civitas autem Carcassona in montis cujusdam supercilio posita, duplici suburbio cingebatur, quorum utrumque munitum erat muris pariter et fossatis. Die igitur tertia sperantes nostri primum suburbium quod secundo suburbio erat aliquantulum minus forte, per insultum sine machinis se capturos, impetum fecerunt unanimes in ipsum, episeopis et abbatibus cum universo clero congregatis

in unum et cum maxima devotione cantantibus, *Veni, sancte Spiritus,* divinumque postulantibus auxilium mox adfuturum, derelictum statim primum suburbium ab hostibus, vi ceperunt.

Nec prætereundum quod nobilis comes Montisfortis primus omnium, imo solus quoad milites, in fossatum se misit audacter cum cæteris dictum suburbium impugnando. Quod captum, impletis fossatis, nostri terræ penitus adæquaverunt. Videntes autem nostri quod tam facile cepissent sæpedictum suburbium, arbitrati sunt secundum suburbium, quod longe fortius erat et munitius per insultum similiter capi posse. Die autem altero, ad murum ejusdem secundi suburbii accesserunt, quibus ad insultum instantibus, vicecomes cum suis ita se viriliter defendebat, quod ex frequenti et creberrimo jactu lapidum, nostros a fossato quod intraverant oportuit resilire: in quo conflictu contigit quemdam militem de nostris fracto crure in fossato remanere, ad quem extrahendum cum nullus auderet accedere propter jactus lapidum incessantes, vir totius probitatis videlicet comes Montis-fortis in fossatum se mittens, ipsum unico auxiliante armigero, non sine grandi propriæ vitæ discrimine liberavit. Quibus gestis, nostri mox machinas quæ dicuntur petrariæ ad diruendum murum suburbii erexerunt: quo muro aliquantulum pro jactu petrarum in summitate debilitato, nostri carrum quatuor rotarum bovinis pellibus coopertum, cum maxima difficultate muro applicantes, ad fodiendum murum artifices submiserunt. Adversarii vero ignem, ligna, lapides projicientes instantissime, ipsum carrum statim comminuerunt; fossoribus tamen in concavitate muri jam facta se recipientibus, quos nullo modo a perforatione muri potuerunt retardare. Quid plura? In crastino summo diluculo, suffosus corruit murus, mox nostris cum strepitu intrantibus, adversarii sese in superiora civitatis transtulerunt; sed postea videntes milites nostros exisse a suburbio, et se in tentoria recepisse, exeuntes de civitate quotquot de nostris in suburbio, effugantes. Pluribus etiam de nostris præ difficultate exitus interfectis, in toto suburbio ignem mittunt, sese iterum ad superiora reportantes.

Contingebat in illa obsidione quoddam, quod non prætermittendum, sed pro maximo miraculo est habendum. Dicebatur quod in exercitu erant homines usque ad quinquaginta millia; hostes autem nostri omnia in circuitu civitatis molendina destruxerant, ita quod non poterant nostri panem habere nisi de paucis castris circumjacentibus, et tamen in tanta abundantia erat ibi panis quod modicissimo pretio vendebatur, inde et dicebant hæretici, quod abbas Cisterciensis magus erat, dæmonesque adduxerat in specie hominum, quia videbatur eis quod nostri non comedebant. Illis itaque gestis, consilium habuerunt nostri, quomodo caperent civitatem; animadvertentes autem quod, si facerent hic sicut in Biterrensi factum fuerat civitate, destrueretur ci-

vitas, et omnia bona quæ in ipsa erant consume-
rentur, et ita ille qui præficiendus erat terræ illi,
non haberet unde viveret, nec posset milites et ser
vientes tenere ad terram custodiendam. Ad consilium igitur baronum tractatum est de pace in hunc
modum. Ordinatum est quod omnes egrederentur
nudi, et ita evaderent; vicecomes autem in custodia
teneretur, bona omnia remanerent illi, qui futurus
erat dominus dictæ terræ ob necessitatem superius
nominatam, factumque est ita. Egressi sunt ergo
omnes nudi de civitate, nihil secum præter peccata
portantes. Tunc adimpletum est quod dictum fuerat
per venerabilem virum Berengarium, qui fuerat
episcopus Carcassonæ. Hic, cum quadam die in
civitate sua prædicaret, civibusque, sicut solitus
erat, hæresim improperaret, noluerunt eum audire.
Quibus ille : « Vos me audire non vultis : credite
mihi ; ego tantum mugitum emittam contra vos,
quod a remotis mundi partibus venient, qui destru-
ent villam istam. Certissime autem sciatis quod, si
ferrei et altissimi essent muri civitatis istius, non
possetis vos defendere quin pro vestra incredulitate
et malitia, condignam recipiatis a justissimo judice
ultionem. » Propter hæc et his similia quæ eis vir
sanctissimus intonabat, quodam tempore expulerunt eum dicti cives de civitate, inhibendo præconis voce districtissime et sub pœna gravissimæ ultionis, ne quis in emendo vel vendendo, sibi vel suis
auderet in aliquo communicare. Nunc id quod cœpimus exsequamur. Reddita civitate et omnibus
egressis, eliguntur de exercitu milites, qui bona
civitatis fideliter custodirent.

CAPUT XVII bis.

*Eligitur comes Montis-fortis in principem territorii et
ditionis Raimundi comitis.*

Quibus omnibus peractis, consilium habuerunt
barones ad invicem, quem deberent præficere terræ
prædictæ. Et primo quidem oblatum fuit terræ dominium comiti Nivernensi, postea duci Burgundiæ ;
sed accipere noluerunt. Eliguntur igitur de toto
exercitu duo episcopi et quatuor milites, et insuper
abbas Cisterciensis apostolicæ sedis legatus ad terræ
dominum eligendum : qui firmiter promiserunt
quod illum eligerent, quem secundum Deum et sæculum scirent utiliorem. Hi septem, septiformis
Spiritus sancti gratia cooperante, totamque terram
misericorditer respiciente eligunt virum fidelem, catholicum, moribus honestum, armis strenuum, Simonem videlicet comitem Montis-fortis. Statim abbas Cisterciensis, apostolicæ sedis legatus, hujus
sacri negotii pater et magister et dux Burgundiæ,
comes etiam Nivernensis, ad ipsum veniunt, mo-
nent, rogant et consulunt ut suscipiat onus pariter
et honorem. Quod cum vir discretissimus instantissime renueret, et se fateretur insufficientem et indignum, mox abbas Cisterciensis et dux, ejus pedibus se provolvunt preces precibus inculcantes.
Comite autem adhuc renuente, abbas, auctoritate
suæ legationis utens, præcepit ei districtissime vir-

tute obedientiæ ut faceret quod petebant. Suscepit
igitur terræ gubernaculum vir præfatus ad laudem
Dei et honorem Ecclesiæ, depressionem hæreticæ
pravitatis. Hic adnectendum est quoddam relatione
dignissimum, quod contigerat paulo ante in Francia
de nobili comite Montis-fortis. Redibat quadam die
venerabilis abbas vallium Sarnay, Guido nomine
supradictus, qui negotium fidei contra hæreticos in
quantum poterat promovebat a duce Burgundiæ,
ipsius ducis litteras habens secum, continentes
quod dux rogabat comitem Montis-fortis, ut cum
ipso se accingeret ad militiam Jesu Christi contra
hæreticos, ingentia dona offerens, si in hoc acquiescere vellet ei. Contigit autem ut dictus abbas veniens a duce dictum comitem inveniret in ecclesia
cujusdam castri ipsius comitis, quod dicitur Rupis-
fortis, quibusdam negotiis occupatum : cumque abbas vocasset illum in partem, ducis litteras ostensurus, transiens idem comes per cancellum ecclesiæ, librum Psalterii quem super formulam invenit
apprehendens , divino nutu ex industria aperuit,
digitum suum super primam lineam tenens, dixit
abbati : Exponite mihi Scripturam istam, *Angelis
suis Deus mandavit de te, ut custodiant te in omnibus viis tuis : in manibus portabunt te, ne forte offen-
das ad lapidem pedem tuum* (Psal. xc), quod divina
dispositione provisum, rei exitus manifestissime
comprobavit.

CAPUT XVIII.

*De præclaris animi et corporis dotibus Simonis co-
mitis Montis-fortis.*

Quia vero loci opportunitas se ingessit, quod rationis ordo deposcit, hic de nobili comite Montis-
fortis, quod novimus inseramus. Primo dicetur
quod erat genere præclarus, virtute robustus, in
armis plurimum exercitatus. Erat præterea, ut accedamus ad formam, statura procerus, cæsarie spe-
ctabilis, facie elegans, aspectu decorus, humeris
eminens, brachiis exertus, corpore venustus, membris omnibus agilis et stabilis, acer et alacer, in
nulla sui vel modica parte etiam ab hoste vel in-
vido reprobandus. Demum ut ascendamus ad majora, erat facundia disertus, affabilitate comis, con-
tubernio amabilis, castitate mundissimus, humilitate præcipuus, sapientia præditus, in proposito
firmus, in consilio providus, in judicio justus, in
militiæ exercitiis sedulus, in suis actibus circum-
scriptus, in incipiendis arduus, in perficiendis non
defessus, totus divinis servitiis mancipatus. O provida principum electio! O sensata peregrinorum
acclamatio, quæ virum tamen fidelem fidei orthodoxæ providit electione defendendæ, quæ virum
tam accommodum universæ reipublicæ sacrosancto
negotio Jesu Christi contra pestilentes hæreticos
voluit principari! Talem quippe decebat dominum
exercituum exercitui dominari, quem, ut prædictum
est, generis nobilitas, morum sinceritas, militaris
probitas adornaret; talem, inquam, talem operæ
pretium fuit, in periclitantis Ecclesiæ defensionem

sublimari, **sub** cujus patrocinio innocentia Christiana secum consisteret, et hæreticæ pravitatis
præsumptuosa temeritas, detestabilis erroris sui
impunitatem non speraret, et pulchre satis de
Monte-forti oriundus naufraganti Ecclesiæ a Christo, si monte non transmittitur, ipsam a persequentibus hæreticis defensurus.

Et notandum quod, licet aliqui possent reperiri
qui in aliqua ei gratia æquipollerent, audacter dico,
vix aut nunquam reperietur in quo tanta simul
donorum tam naturalium quam gratuitorum confluxe-
rit plenitudo, quem ne tot et tantarum divini numinis largitatum extolleret magnitudo, datus est ei
a Domino stimulus incessantis sollicitudinis et ur-
gentissimæ paupertatis. Cum enim Deus in captione
castrorum et destructione inimicorum, hinc ita miraculose magnifice faceret cum eo, hinc illum tot
curis vexabat, tantæ paupertatis inopia deprimebat,
quod vix licebat ei quiescere, ne superbire liceret.
Ut autem virtus viri clarissimi clarius innotescat,
non sit onerosum lectori, si de his quæ gessit retroactis aliquando diebus aliqua quæ vidimus perstringamus.

CAPUT XIX.
*De benevolentia Simonis comitis erga Jadrenses, et
singulari ejus in Romanam Ecclesiam observantia.*

Quodam tempore idem nobilis comes et abbas vallium Sarnay Guido, qui fuit postea episcopus Carcassonæ, de quo sæpius fecimus mentionem, pro-
ficiscebatur cum baronibus Franciæ ultra mare (7).
Videntes autem nobiles Franciæ Venetiam civitatem
opulentissimam, ubi ad transfretandum debebant
de communi conducto naves ascendere, naves ipsas
de charissimo pretio conduxerunt. Erant autem nobiliores totius Franciæ. Comes videlicet Flandriæ
Balduinus, et Henricus frater ejus comes Blesensis
Ludovicus, et nobilis comes Montis-fortis et alii
multi quos non erat facile numerare. Cives autem
Venetici homines callidi et perversi, videntes quod
peregrini nostri, propter navium pretium immoderatum, exhausti essent pecunia et pene penitus
emuncti, nec tum dictum naulum ex magna parte
solvere possent, nacta inde occasione, videlicet quod
peregrini nostri erant illis obnoxii et subjecti, duxerunt eos ad destruendam civitatem quamdam Christianorum, quæ erat regis Hungariæ nomine Jadram:
quo cum peregrini nostri pervenissent, sicut mos
est obsidentium, fixere tentoria prope muros civitatis.
Comes autem Montis-fortis et abbas vallium non
sequentes turbam ad faciendum malum, noluerunt
obsidere cum aliis, sed longius a civitate se locaverunt. Interea dominus papa misit litteras suas
omnibus peregrinis, districte et sub periculo indul-

(7) Expeditionem Byzantinam anno 1203 susce-
ptam auctor intelligit, cujus Historiam Gallice et
sincere conscripsit Gaufridus de Villa-Harduini. Sed
parum hic prudenter, imo inconsiderate prorsus,
auctor perstringit Venetos, quorum fidem, summam
industriam et fortitudinem in hac expeditione,
impense laudat dictus Gaufridus qui rebus gestis in-

gentiæ peccatorum quam eis fecerat, et sub pœna
gravissimæ excommunicationis inhibens, ne civitatem Jadræ in aliquo damnificarent. Quas litteras
cum abbas vallium die quodam nobilibus exercitus
qui erant congregati in unum recitaret, et Venetici
ipsum vellent occidere, nobilis comes Montis-fortis
surrexit in medium, et Venetici se opponens restitit eis, ne abbatem occiderent prænotatum. Cives
autem Jadrenses qui ibi causa postulandæ pacis advenerant, allocutus est comes nobilis in præsentia
baronum omnium in hunc modum : « Non veni,
inquit, huc ut destruerem Christianos, nullum malum vobis inferam, sed quidquid faciant alii, ego a
me et meis facio vos securos. » Sic fatur vir strenuissimus, statimque ipsi et sui a loco colloquii exierunt. Quid amplius immoremur? Barones exerci-
citus mandato apostolico non deferentes, capiunt et
destruunt civitatem. Iterum a domino papa miserabiliter et gravissime excommunicantur; et ego, qui
ibi eram, testimonium perhibeo veritati, quia et
litteras vidi et legi excommunicationem apostolicam
continentes. Nobilissimus autem comes non acquievit plurimorum sententiæ, ut deviaret a vero, sed
exiens a consortio peccatorum, cum multo grava-
mine et dispendio, per terram desertam et inviam,
post multas angustias et multos labores baronum,
villam nobilissimam Apuliæ pervenit, ibique denuo
naves conducens perrexit, et ascendens cursu prospero ultra mare, ubi per annum et amplius moram
faciens, et multas contra paganos militiæ probitates
exercens, baronibus Franciæ quos apud Jadram (8)
dimiserat, periclitatis et mortuis fere cunctis, ipse
vivus et sanus rediit ad propria cum honore. Ab illo
igitur tempore nuntiavit triumphos quos feliciter
postmodum consummavit, et tunc honorem promeruit, quem assecutus est postea in depressionem
hæreticæ pravitatis. Nec silendum putamus quod,
cum tantus sit et talis comes iste, providit ei Dominus adjutorium simile sibi, uxorem videlicet, quæ,
ut breviter dicamus, religiosa esset, sapiens et sollicita. In ea quippe religiosa religio sollicitudinem
et sapientiam adornabat, sapientia religionem et
sollicitudinem informabat, sollicitudo religionem et
sapientiam exercitabat, insuper et Dominus bene-
dixerat dictæ comitissæ in familiæ procreatione.
Comes siquidem habebat ex ea filios multos et pul-
chros nimis. His in commendatione comitis sæpius
memorati perstrictis, ad prosequendum narrationis
nostræ ordinem accingamur.

CAPUT XX.
*Comes Nivernensis ob quasdam simultates castra si-
gnatorum deserit.*

Postquam electus fuit comes sæpe memoratus,
terfuit et ferme præfuit aut saltem earum pars magna fuit, turbidaque quorumdam monachorum consilia damnat, eaque de causa eum lector consulas
velim.

(8) Jadera, hodie *Zara*, urbs Dalmatiæ seu Scla-
voniæ.

modo et ordine quo superius est notatum, statim
abbas Cisterciensis et ipse, ducem Burgundiæ adeunt, et comitem Nivernensem orantes et deprecantes ut in servitio Jesu Christi dignarentur adhuc
aliquantulum commorari. Adhuc enim erant hæreticorum castella multa et fortissima acquirenda :
ut enim prætermittamus innumera, erant circa Carcassonam tria castra munitissima, in quibus habitabant tunc temporis præcipui fidei nostræ inimici.
Erat quippe ex una parte Minerba, ex alia castrum
Finarum, ab alia Cabarerum. Dux autem Burgundiæ, utpote benignissimus, benigne deprecantibus
acquievit, promisitque per aliquantulum tempus
cum eis ad hæc moraturum. Comes autem Nivernensis nullo modo voluit deprecantibus obaudire ;
sed statim ad propria remeavit : non enim bene
conveniebant dux et comes ille ; sed hostis paris
diabolus ita inter illos mutuas inimicitias acuebat,
quod timebant quotidie nostri ne se mutuo occiderent. Præsumebatur etiam a nostris, quod comes
Nivernensis, non satis bonam gerebat erga nostrum
comitem voluntatem, eo quod comes noster familiaris erat ducis Burgundiæ, et cum eo venerat a
partibus Gallicanis. O quanta antiqui hostis malitia, qui promotionem negotii Jesu Christi videns
et invidens, impedire voluit quod doluit promoveri!
Exercitus siquidem crucesignatorum qui fuerant
in obsidione Carcassonæ erat tam magnus et fortis quod si ulterius voluisset procedere et unanimiter persequi orthodoxæ fidei inimicos, non invenientes qui resisterent eis, totam terram illam in
brevi acquirere potuissent. Sed, in quantum humana ratio potest comprehendere, superna pietas
ideo aliter ordinabat, quia videlicet humani generis saluti providens, acquisitionem terræ voluit peccatoribus reservare. Pius quidem Dominus simul
in brevi finiri noluit sanctissimam guerram istam,
per hoc providens peccatoribus ad veniam, justis
ad gratiam ampliorem, paulatim et successive hostes suos voluit subjugari, ut dum paulatim et successive proceres se accingerent ad vindicandam injuriam Jesu Christi, prolongata guerra tempus veniæ
peccatoribus prolongaret.

CAPUT XXI.
Expugnatio Castri Fani-Joris.

Paucis diebus apud Carcassonam peractis, exivit
nobilis comes a civitate cum duce et magna parte
exercitus, adjuvante Domino, ulterius processurus :
maxima enim pars exercitus recesserat cum comite
Nivernensi. Moventes igitur a Carcassona, ipsa
die fixere tentoria apud villam quamdam, quæ Alzona dicebatur. In crastino consuluit dux comiti ut
iret ad castrum quoddam quod dicitur Fanum Jovis.
Castrum siquidem illud, a militibus et hominibus
suis timore nostrorum derelictum, intraverant quidam milites Arragonenses, qui erant cum comite
nostro et munierant ; plura enim de inimicis castellis nobilioribus et fortioribus terrore crucesignatorum vacua fuerant derelicta. Assumptis ergo

comes paucis militibus secum, duce cum exercitu
remanente, castrum adiit prænotatum, quod acceptum, gente sua munivit. Nec reticendum quod comes Tolosanus qui fuerat in obsidione Carcassonæ,
felicibusque nostris successibus invidebat, consuluit
comiti nostro ut quædam castra quæ vicina erant
terræ illius comitis Tolosani destrui faceret. Ipse
etiam quasi sub specie boni ad voluntatem comitis
nostri, aliqua castella funditus evertit, et combussit, sub hoc scilicet prætextu ne nostros de cætero
impugnarent. Hoc ideo faciebat ille perfidus et iniquus, quia volebat quod terra illa destrueretur, et
nullus resistere posset ei.

CAPUT XXII.
Intrat comes Albiensem diœcesim.

Cum hæc agerentur, burgenses cujusdam nobilissimi castri quod dicitur Castra in Albigensi territorio, venerunt ad comitem nostrum, parati eum
suscipere in dominum et facere ejus voluntatem.
Consuluit ergo dux comiti ut iret et acciperet castrum illud, quia quasi caput erat totius territorii
Albigensis. Ivit ergo comes cum paucis, duce cum
exercitu derelicto. Factum est autem dum esset
comes in prædicto castro, et homines castri feces-
sent ei hominium, castrumque tradidissent, venerunt ad eum milites cujusdam castri nobilissimi
prope Albiam nomine Lumbers parati facere comiti
sicut fecerant illi de castris. Nobilis vero comes volens redire ad exercitum, noluit tunc ire cum eis,
sed tantum recepit in sua protectione castrum, donec ire posset tempore competenti. Miraculum quod
contigit in castro de Castris, in præsentia comitis
noluimus præterire. Præsentati fuerunt duo hæretici ipsi comiti : alter autem eorum perfectus erat
in secta hæreseos, alter vero erat quasi novitius et
discipulus alterius. Habito comes consilio, voluit
ut ambo incenderentur ; alter vero illorum hæreticorum, ille videlicet qui erat discipulus alterius,
tactus dolore cordis intrinsecus cæpit converti, promisitque quod libenter abjuraret hæresim, sanctæque R. E. per omnia obediret. Quo audito, facta
est grandis altercatio inter nostros : quidam enim
dicebant, quod ex quo ille paratus erat ea quæ diximus adimplere, non debebat morte condemnari.
Alii econtrario asserebant illum esse reum mortis ;
tum quia manifestum erat ipsum fuisse hæreticum ;
tum quia putabatur quod ea quæ dicebat, potius timore imminentis mortis promitteret, quam amore
Christianæ religionis observandæ. Quid plura ?
Acquievit comes quod combureretur hac intentione,
quod si nunc convertatur, ignis esset ei pro expia-
tione peccatorum, si vero ficte loqueretur, reciperet
pro perfidia talionem. Ligati sunt ergo ambo stri-
cte duris vinculis et fortissimis, per crura, ventrem
et collum, manibus etiam post terga revinctis. Quo
facto, inquiritur ab illo in qua fide vellet mori ; qui
ait : « Adjuro pravitatem hæreticam, in fide S. R.
E. volo mori, orans ut mihi sit pro purgatorio ignis
iste. » Accensus est igitur ignis circa stipitem eo

piosus; illo autem qui perfectus erat in hæresi in momento combusto : alter, statim confractis vinculis fortissimis, ita sanus exivit ab igne, quod nulla apparuit in eo combustionis nota, nisi quod summitates digitorum aliquantulum sunt adustæ.

CAPUT XXIII.
Castrum de Cabareto obsidione frustra tentatur a comite.

Rediens comes a castro de Castris, ad exercitum remeavit, quem dimiserat versus partes Carcassonæ. Post hæc fuit consilium ducis Burgundiæ et militum et exercitus ut tenderent Cabaretum, si forte possent illos de Cabareto vexare, et ad redditionem castri cogere per insultum. Moventes ergo nostri, venerunt prope Cabaretum ad dimidiam leugam, et ibi fixerunt tentoria. In crastino autem armaverunt se milites, et magna pars exercitus, et appropinquaverunt Cabareto, ut expugnarent illud; factoque insultu, cum parum proficere possent, ad tentoria redierunt.

CAPUT XXIV.
De discessu ducis Burgundiæ, et deditione Apamiarum, Savardini et Mirapinci.

In crastino præparavit iter dux et totum robur exercitus, et die tertia discesserunt a comite nostro, ad propria remeantes. Remansit igitur comes solus quasi desolatus, paucissimos quod habebat milites circiter triginta, qui cum aliis peregrinis venerant de Francia, et præ cæteris servitium Christi et comitem diligebant. Postquam igitur recessit exercitus, venit nobilis comes ad Fanum Jovis : quo dum pervenisset, statim venit ad eum venerabilis abbas S. Antonini apud Apamias in territorio Tolosano, rogans ut accederet ad eum, et ipse ei traderet illico nobilissimum castrum Apamiarum. Dum autem iret comes apud Apamias, devenit ad castrum quod dicitur Mirapeis, statimque cepit illud. Castrum illud hæreticis et ruptariis erat receptaculum, et erat de dominio comitis Fuxensis. Capto castro illo, comes recto itinere Apamias pervenit, quem abbas honorifice suscepit, et castrum Apamiarum ipsi tradidit, quod comes ab eo recepit, et fecit abbati hominium sicut debebat. Castrum siquidem proprie erat de dominio abbatis et canonicorum S. Antonini, qui erant canonici regulares, et nullus in eo debebat habere aliquid nisi ab abbate. Sed pessimus comes Fuxensis, qui castrum illud tenere debebat ab abbate, totum sibi malitiose volebat vindicare, ut inferius ostendemus. Venit inde comes noster Savarduum, et burgenses se sine conditione aliqua reddiderunt. Erat autem castrum illud, scilicet Savarduum, in potestate et dominio comitis Fuxensis.

CAPUT XXV.
Albia et Lombers veniunt in potestatem comitis Simonis.

Rediens idem comes noster Fanum Jovis, proposuit ire ad castrum de Lombers, de quo supra tetigimus, ut reciperet illud. Erant autem in castro

illo milites plusquam quinquaginta. Perveniens igitur comes ad castrum, honorifice est susceptus; dixerunt milites, quod in crastino ejus facerent voluntatem. Facto autem mane, dicti milites de proditione in comitem tentaverunt. Cumque usque ad nonam suum consilium protelassent, res innotuit comiti, qui statim quamdam occasionem simulans, indilate exiit de castro illo : quod videntes milites secuti sunt eum, et timore ducti fecerunt ejus voluntatem, castrumque reddiderunt, facientes ei hominium et fidelitatem jurantes. Venit idem comes Albiam : erat autem Albia civitas, quam tenuerat vicecomes Biterrensis; episcopus autem Albiæ Guillelmus, qui erat dominus civitatis principalis, gratanter suscepit illum dominum, et tradidit ei civitatem. Quid plura? Totam Albiensem diœcesim comes tunc suscepit, exceptis quibusdam castris quæ tenebat comes Tolosanus, castra siquidem illa abstulerat comes Tolosanus vicecomiti Biterrensi. His rite peractis, comes noster rediit Carcassonam. Post paucos autem dies, ivit comes ad quoddam castrum quod dicitur Limosum in territorio Redensi, ubi faceret munitionem. Castrum siquidem illud reddidit se comiti, statim postquam capta fuit Carcassona : quo dum pergeret, quædam castella, quæ sanctæ Ecclesiæ resistebant, cepit, pluresque homines castrorum illorum, digne pro meritis patibulis suspendit. Rediens comes a castro de Limoso, venit ad quoddam castellum quod erat prope Carcassonam, et erat comitis Fuxi, nomine Prissanum, ipsumque obsedit : et dum esset in obsidione illius castri, venit ad eum Fuxensis comes, et juravit quod staret per omnia mandato Ecclesiæ, et super dedit comiti filium suum in obsidem : insuper et castrum quod comes obsederat dimisit, quibus gestis, comes rediit Carcassonam.

CAPUT XXVI.
Renuit rex Arragonensis admittere comitem Tolosanum ad præstationem hominii ratione urbis Carcassonæ sibi debiti, frustra hoc urgente comite.

Rex Arragonensis Petrus, de cujus dominio erat civitas Carcassonæ, nullo modo volebat accipere hominium comitis, sed volebat habere Carcassonam. Cum autem die quodam vellet ire ad Montempessulanum, et non auderet, misit ad comitem et mandavit ei ut obviaret ei apud Narbonam. Quo facto, ad Montempessulanum rex et comes noster pariter devenerunt : ubi cum dies quindecim fecissent, non potuit inclinari rex ad hoc, ut reciperet hominem comitem sæpedictum : mandavit insuper, sicut dictum fuit secreto nobilibus per totum vicecomitatum Biterrensem et Carcassonensem, qui adhuc resistebant sanctæ Ecclesiæ et comiti nostro, ne componerent cum comite, promittens eis quod ipse cum eis comitem impugnaret. Factum est autem, dum rediret comes a Montepessulano, venerunt ad eum qui dicerent, plurimos de militibus Biterrensis, et Carcassonensis et Albicusis dicere

sum cum castellis a fidelitate quam comiti promiserant resilisse, et vere sic erat. Insuper quosdam
milites comitis, obsederant traditores quidam in
turre cujusdam castri prope Carcassonam, Almaricum scilicet et Willelmum de Pissiaco. Quo audito, festinavit comes ut posset venire ad castrum
illud, antequam sui milites caperentur. Sed cum
non posset transire flumen, quod dicitur Atax,
inundaverat siquidem aqua, oportuit eum ire Carcassonam, aliter siquidem transire non poterat
flumen istud : quo dum pergeret, agnovit quod dicti sui milites capti erant. Contigerat autem, dum
esset comes apud Montempessulanum, quod Bucardus de Marliaco, et Gobertus de Essigniaco, et quidam alii milites qui erant apud Saxiacum castrum
quoddam fortissimum in Carcassonensi diœcesi,
quod dederat comes dicto Bucardo, quadam die usque ad Cabaretum hostes insequerentur. Erat autem castrum quoddam prope Carcassonam fortissimum, et quasi inexpugnabile et multis militibus
munitum : castrum istud Christianitati et comiti
præ cæteris resistebat ; ibi siquidem erat fons hæresis. Dominus et ejus castri Petrus Rogerii invete-
ratus dierum malorum, hæreticus erat et hostis Ecclesiæ manifestus. Factum est autem dum appro-
pinquarent dictus Bucardus et socii ejus Cabaretum, milites Cabareti qui posuerant in insidiis se,
surgentes concluserunt eos et cœperunt Bucardum.
Gobertum autem cum nullatenus vellet se reddere
occiderunt ; captum autem Bucardum ducentes Cabaretum, posuerunt in quodam terræ castro, ubi
cum per menses sexdecim in vinculis tenuerunt.
Eodem etiam tempore antequam comes rediisset a
Montepessulano, vicomes Biterrensis, Raimundus
Rogerii, qui apud Carcassonam tenebatur in palatio in infirmitate laborans defunctus est. Nunc ad
narrationis seriem revertamur.

CAPUT XXVII.
*De proditione et crudelitate Guiraldi de Pepios in
Simonem comitem ejusque milites.*

Cum rediisset comes Carcassonam a Montepessulano, Guiraldus de Pepios miles quidam Miner-
bensis, quem comes maximo amore et familiaritate
habebat, cui etiam custodienda commiserat castra
sua, quæ erant prope Minerbam, nequissimus proditor, et fidei crudelissimus inimicus, negans Deum,
fidemque abjurans, beneficiorum immemor et amoris, ab amicitia comitis et fidelitate quam ei fecerat resilivit : qui, etsi Deum fidemque ejus non haberet præ oculis, saltem benignitas comitis, quam
ei exhibuerat, ipsum a tanta crudelitate debuit revocare. Veniens igitur dictus Guiraldus et quidam
alii milites fidei inimici, ad quoddam castrum comitis in territorio Biterrensi, nomine Podium Soriguer, ceperunt duos milites comitis qui custodiebant castrum multosque servientes, promise-
runtque cum juramento quod eos non occiderent,
sed sanos conducerent usque Narbonam cum omni
supellectili sua. Quod cum audisset comes, ad ca-

strum illud quam citius potuit pervenit ; Guiraldus autem et socii ejus erant adhuc in castro. Veniens autem comes ad castrum, noluit obsidere illud, sed Aimericus dominus Narbonæ, qui ibi erat
cum comite et homines Narbonenses, noluerunt
obsidere cum comite, sed statim Narbonam reversi
sunt. Videns igitur comes quod quasi solus remansisset, secessit nocte illa ad quoddam vicinum castrum quod vocatur caput stagni, in crastino summo diluculo reversurus. Contigit autem in castro
superius notato quoddam miraculum, quod prætermittere non debemus. Cum venisset Guiraldus
ad castrum Podii Soriguer et cepisset illud, parvipendens pactum quod fecerat, scilicet quod sine
damno duceret eos quos ceperat usque Narbonam,
servientes comitis, quos in castro ceperat usque
ad quinquaginta posuit in turre castri. Ipsa autem
nocte qua comes recessit a loco illo, timens sæpedictus Guiraldus ne rediret comes in crastino ad
obsidendum castrum, media nocte de castro fugit,
et quia non licuit ei per festinationem, illos quos
in turre posuerat secum ducere, in fossa ipsius
turris eos ponens, stipulam et ignem et lapides et
quæcunque potuit super eos projici præcepit, us-
quedum eos obiisse putaret, moxque castrum deserens, duosque milites comitis, quos ceperat secum ducens Minerbam pervenit. O proditio crudelissima ! Summo autem diluculo comes, ad prælibatum castrum reversus, inveniensque ipsum vacuum funditus evertit ; ipsos autem quos in fossa
posuerat Guiraldus, qui per triduum jejunaverant,
sine læsione et combustione aliqua repertos extrahi
fecit : o grande miraculum ! O res nova ! Inde comes progrediens, plurima castra, quæ erant dicti
Guiraldi, ad solum usque destruxit, et post paucos
dies rediit Carcassonam. Sæpedictus autem proditor Guiraldus cum milites comitis duxisset Minerbam, parvipendens promissionem quam fecerat,
nec deferens juramento, non quidem eos occidit,
sed quod est morte crudelius, dictis militibus oculos eruit, insuper auribus amputatis, et naso cum
labio superiori, ipsos nudos ad comitem redire
præcepit. Cum igitur expulisset eos nudos ipsa nocte, vento et gelu urgente, asperrima siquidem
hiems erat, alter eorum (quod sine lacrymis audiri non debet) in quodam sterquilinio exspiravit ;
alter vero, sicut ab ipsius ore audivi, a quodam
paupere adductus est Carcassonam. O scelus nequam ! O crudelitas inaudita ! Initia dolorum sunt
hæc.

CAPUT XXVIII.
*Venit denuo abbas vallium in partes Albienses, ut
pene fractos crucesignatorum animos confirmaret.*

Ipso tempore venerabilis abbas vallium Sarnay
Guido vir prudens et bonus, qui negotium Jesu
Christi miro amplectebatur affectu, et post abbatem Cisterciensem præ omnibus promovebat, causa
confortandi nostros, qui in multa depressione tunc

erant, a Francia venerat Carcassonam. Adeo siquidem ardenter sicut diximus Christi negotium diligebat, quod a principio negotii, prædicans per Franciam discurreret. Illi autem qui erant in civitate Carcassonæ, in tanta turbatione erant positi et timore, quod quasi penitus desperantes, de fuga tantummodo cogitabant. Circumclusi quidem erant ex omni parte, infinitis et fortissimis inimicis, sed vir virtutis, in illo qui cum tentationibus dat proventum, metus et depressiones eorum, monitis quotidie salutaribus mitigabat.

CAPUT XXIX.

Redit Robertis Malus-Vicinus a curia Romana.

Supervenit etiam eodem tempore Robertus Malus-Vicinus, qui a comite fuerat missus Romam, miles Christi nobilissimus, vir miræ probitatis, perfectæ scientiæ, incomparabilis bonitatis, qui a multis annis Christi servitiis exposuerat se et sua, et præcipue negotium istud ardentissime et efficacissime promovebat. Hic est enim ille, per quem post Deum præ cæteris reviguit Christi militia, sicut in sequentibus ostendemus.

CAPUT XXX.

Acerba mors Cisterciensis archimandritæ, prope Carcassonam trucidati.

Eo tempore comes Fuxi, quemdam abbatem Cisterciensis ordinis de quadam domo inter Tolosam et Fuxum, quæ dicitur Elna pro negotiis suis miserat apud villam S. Ægidii ad legatos. Qui cum rediret, venit Carcassonam, duos monachos et unum conversum habens secum. Exeuntes a Carcassona abbas et socii ejus, cum per unum fere milliarium, ille immanissimus hostis Christi, ille ferocissimus Ecclesiæ persecutor, Guillelmus videlicet de Rureforti, frater Carcassonensis episcopi, qui tunc erat, adversus eos subito insurrexit, armatus videlicet in inermes, crudelis in mites, sævus in innocentes. Qui, ob nullam aliam causam, nisi quia Cistercienses erant, abbati xxxvi, converso vero ejus xxiv plagas infligens, eos in loco illo hominum crudelissimus interfecit. Unum autem de duobus monachis, sexdecim vulneribus inflictis, seminecem dereliquit. Alter vero qui erat notus et aliquantulum familiaris illis, qui erant cum prædicto tyranno, vivus effugit. O bellum ignobile! o confusa victoria! Audiens comes noster qui erat apud Carcassonam quod acciderat, jussit tolli corpora occisorum, et apud Carcassonam honorifice sepeliri. O virum catholicum! o principem fidelem! Monachum vero qui derelictus fuerat seminortuus, fecit diligenter curari per medicos, et sanatum ad propriam domum remisit. Comes autem Fuxi qui abbatem et socios ejus pro negotiis miserat, occisorem eorum in multa familiaritate et amicitia recepit; carnificem quippe tenuit secum. Insuper equitaturæ abbatis, quas traditor sæpedictus rapuerat, paulo post in societate comitis Fuxensis sunt inventæ. O hominem nequissimum, comitem Fuxi dico! o pessi-

mum traditorem! Nec silendum quod sæpe memoratus homicida, divina legitimi judicis Dei ultione percussus, sanguine occisorum contra ipsum ad Deum de terra clamante (*Gen.* IV), sortitus est suæ crudelitatis mercedem : qui enim viris religiosis multiplices plagas intulerat, non multo post vulnera recipiens infinita, in ipsa porta Tolosæ a Christi militibus digne pro meritis est occisus. O justum judicium! o æqua divinæ dispensationis mensura !

> .....*Neque enim lex justior ulla,*
> *Quam necis artifices, arte perire sua.*
> (OVID., lib. i, *Art. amat.*)

CAPUT XXXI

Amittitur castrum, quod dicitur Castra.

Eodem tempore burgenses de Castris, ab amicitia et dominio comitis recesserunt, militemque unum ipsius, quem in castro illo custodiendo posuerat, ceperunt, pluresque servientes, nihil tamen mali eis facere ausi sunt, quia quidam de potentioribus de Castris tenebantur obsides Carcassonæ. Sub eodem fere die milites castri de Lumbers a Deo et comite nostro recedentes, servientes ipsius comitis qui erant in castro ceperunt, eosque apud castrum quod dicitur Castra miserunt, carceri et vinculis mancipandos. Burgenses autem de Castris, ipsos et dictum militem comitis nostri, et servientes quos ceperunt, sicut supra diximus, in quadam turre posuerunt ; sed illi nocte quadam, facto quasi fune de vestimentis suis, se per fenestram mittentes, Deo parante auxilio, evaserunt.

CAPUT XXXII.

Recedit comes Fuxi ab amicitia comitis Montisfortis.

Ea tempestate comes Fuxi qui, sicut superius diximus, in amicitiam juraverat, castrum de Prexano, quod ei tradiderat, facta proditione, cepit, et a comitis nostri familiaritate recedens, ipsum cepit acrius impugnare. Nam non multo post in festo S. Michaelis venit proditor nocte ad castrum quod dicitur Fanum-Jovis, erectisque ad murum scalis, intraverunt hostes et ascenderunt muros et per castrum discurrere cœperunt. Quod scientes nostri qui erant in castro paucissimi, ipsosque aggredientes, cum confusione exire coegerunt et se in fossatum præcipitare, et aliquos ex eis occiderunt. Erat præterea prope Carcassonam quoddam nobile castrum, Mons-regalis nomine : castri ipsius dominus fuerat miles quidam qui vocabatur Aymericus, quo in tota terra illa post comites potentior sibi nobilior nullus erat. Hic tempore obsidionis Carcassonæ, timore nostrorum castrum Montisregalis, vacuum dereliquit : sed postea venit ad comitem nostrum, et aliquanto tempore ei familiaris fuit, et post paucos dies a Deo et comite traditor pessimus recessit. Castrum Montis-regalis occupaturus comes noster commisit cuidam Francigenæ clerico custodiendum ; sed ille, diabolica suggestione corruptus, omnique deterior infideli !

Tim. v), non multo post facta crudelissima proditione, dicto Aymerico memoratum castrum tradidit, et cum hostibus nostris aliquandiu mansit; sed divina æquissima judicis ordinante censura, nobilis comes non post multo, in quodam castro quod expugnabat prope Montem-regalem, quod Brom dicitur, cum adversariis fidei cepit clericum sæpedictum, quem prius ab episcopo Carcassonensi degradatum, et per totam Carcassonensem civitatem ad caudam equi distractum suspendi fecit, dignam pro meritis recompensans talionem. Quid amplius moramur? Ita pari malignitatis affectu similiter omnes fere indigenæ recesserunt a comite nostro, quod amissis in brevissimo temporis spatio castellis amplius quam quadraginta, nihil ei remansit præter Carcassonam et Fanum-Jovis et Saxiacum et castrum de Limoso, de quo etiam desperabatur, et castrum Apamiarum et Savarduum, civitas etiam Albia, cum vicino castro quod dicitur Ambiletum. Nec reticendum quod plures de Hlis quos nobilis comes in castris custodiendis posuerat, vel occiderunt proditores terræ, vel membris detruncaverunt. Quid faceret comes Christi? Quis in tanta adversitate non deficeret, in tanto discrimine non desperaret? Sed vir nobilis totum se in Deum projiciens qui in prosperis erigi non novit, deprimi non potuit in adversis. Facta sunt autem omnia circa festum Dominicæ Nativitatis.

CAPUT XXXIII.

Comes Raimundus Romam proficiscitur.

Cum hæc agerentur, comes Tolosanus ad regem Franciæ accessit, si quo modo posset obtinere a rege, ut nova pædagia quæ de mandato legatorum abjuraverat, per auxilium et confirmationem regis posset tenere : ipse enim comes supra modum adauxerat pædagia in terra sua, ob quam causam multoties fuerat excommunicatus : sed cum nihil apud regem proficere posset super detentionem dictorum pædagiorum, recessit a rege Franciæ et accessit ad dominum papam, tentans si quomodo posset restitui terræ suæ, quam legati domini papæ pro securitate occupaverant, sicut supra expressum est, et summi pontificis gratiam adipisci : omnem quippe humilitatem et subjectionem prætendebat vir dolosissimus, et omnia quæcunque dominus papa præciperet, promittebat se sollicite adimplere. Quem dominus papa tot vitiis lacessivit, contumeliis tot confudit, quod quasi in desperatione positus, quid ageret ignorabat. Ipsum siquidem dicebat incredulum, crucis persecutorem, fidei inimicum, et vere sic erat. Verumtamen cogitans dominus papa ne in desperationem versus, Ecclesiam quæ in Narbonensi provincia pupilla erat, impugnaret acrius et manifestius dictus comes indixit ei purgationem super duobus quibus maxime impetebatur criminibus, super morte videlicet legati fratris Petri de Castronovo et super crimine hæreseos, super quas purgationes, misit dominus papa litteras suas episcopo Regiensi in provincia et ma-

A gistro Theodisio, mandans quod si comes Tolosanus posset se sufficienter purgare super duobus criminibus supradictis, reciperet ejus purgationem. Interea magister Milo, qui, sicut supra dictum est, in terra provinciæ, legatione pro pacis et fidei negotio fungebatur, convocavit apud Avenionensem provinciam concilium prælatorum, in quo concilio excommunicati fuerunt et expositi cives Tolosani, pro eo quod ea quæ legato et crucesignatis promiserant de expulsione hæreticorum, contempserant adimplere. Comes etiam Tolosanus in prædicto concilio excommunicatus fuit, sub conditione tamen si, abjurata pædagia, denuo accipere attentaret.

CAPUT XXXIV.

Comes Raimundus spe quam in Galliæ rege repositam habebat excidit.

Rediens comes Tolosæ a Romana curia, venit ad Othonem qui dicebatur imperator, ut ejus gratiam acquireret, et ejus contra comitem Montis-fortis auxilium imploraret. Inde venit ad regem Franciæ, ut eum verbis fictis corrumpens posset ejus ad se animum inclinare. Rex autem, utpote vir discretus et providus, despexit eum quia contemptibilis erat valde. Audiens autem comes Montis-fortis, quod comes Tolosæ pergeret in Franciam, mandavit præcipuis hominibus suis de Francia, ut terram suam et omnia quæ habebat ejus exponerent voluntati ; adhuc enim non erant hostes manifesti ad invicem. Comes etiam Tolosanus præstito juramento promiserat quod filiam comitis Montis-fortis haberet filius suus in uxorem : quod postea, spreto juramento, fallax et inconstans facere recusavit. Videns comes Tolosæ quod nihil apud regem proficeret, cum confusione ad propria remeavit : jam ad id quod dimisimus redeamus. Igitur nobilis comes Montisfortis hostibus suis undique circumseptus, hieme illa in semetipso sese continuit, illud modicum terræ quod ei remanserat custodiens, suos etiam infestans sæpius inimicos ; nec silendum quod licet haberet infinitos hostes et paucissimos adjutores, nunquam tamen ipsum ausi sunt aggredi bello campali. Circa initium vero Quadragesimæ nuntiatur comiti uxorem suam comitissam (ipsam siquidem vocaverat a Francia) cum pluribus militibus advenire : quo audito, comes ivit ei obviam, usque ad quoddam castrum in territorio Agathensi, quod dicitur Pesenacum, ubi ipsam inveniens, Carcassonam cum diligentia remeavit. Cum autem veniret ad quoddam castrum quod dicitur Canis-suspensus, dictum est ei quod homines cujusdam castri, quod dicitur Monslauri prope monasterium de Crassa, facta proditione, servientes ipsius qui erant in turre castri impugnare cœpissent. Statim comes et milites, dimittens comitissam in quodam castro, illuc pergunt, et ita, sicut audierant, invenientes, multos de proditoribus illis ceperunt, et patibulis suspenderunt ; plures enim visis ex nostris fugerant. Post hæc venit comes et qui cum e-

erant Carcassonam, inde tendentes ad villam
quæ dicitur Alzona ipsam vacuam invenerunt :
unde procedentes venerunt ad quoddam castrum
quod dicitur Brom ; quod contra se munitum invenientes, obsederunt, et infra triduum ceperunt sine
machinis per insultum, hominibus autem castri
illius plusquam centum oculos eruerunt, nasos am-
putaverunt, dimittentes uni eorum unum oculum
ut in sugillationem inimicorum nostrorum omnes
alios duceret Cabaretum. Hoc autem fieri fecit comes, non quia placeret ei talis detruncatio membrorum hominibus illata, sed quia adversarii sui
hoc incœperant; et quoscunque de nostris invenire
poterant, membrorum detruncatione, carnifices crudelissimi trucidabant : justum enim erat ut, in fa-
veam incidentes quam foderant (*Psal.* vii), bibe-
rent aliquando calicem quem aliis sæpissime propi-
narent. Nunquam enim delectabatur nobilis comes
aliqua crudelitate, vel cruciatibus alicujus, omnium
siquidem mitissimus erat : illud poeticum ei manifestissime congruebat :

Hic piger ad pœnas princeps, ad præmia velox :
Quique dolet, quoties cogitur esse ferox.
(Ovid., *De Ponto* lib. i, ep. 2.)

Ex tunc Dominus qui videbatur aliquantulum ob-
dormisse, suorum resurgens in adjutorium famulorum, manifestius facere nobiscum manifestavit :
in brevi siquidem spatio totum acquisivimus territorium Minerbense, præter ipsam Minerbam et quoddam castrum quod Ventilon dicebatur. Contigit die
quodam, prope Cabaretum, miraculum quod non
credimus prætermittendum. Peregrini nostri a Francia venerant ; ad præceptum comitis exstirpabant
vineas Cabareti : unus autem ex adversariis jactu
balistæ sagittam in quemdam de nostris dirigens,
percussit cum valide in pectore, in loco in quo
crucis signum affixum erat, putantibus autem omnibus quod mortuus esset; erat enim penitus iner-
mis, ita illæsus inventus est quod vix sagitta nec
etiam vestimentorum ejus aliquantulum potuerit
penetrare, sed resilivit ac si lapidem durissimum
percussisset. O mira Dei potentia ! o virtus immensa !

CAPUT XXXV.
Obsidio Alarici.

Circa Pascha vero venit comes et sui ad obsidendum quoddam castrum inter Carcassonam et Narbonam, quod Alaricum dicebatur : castrum illud in
montanis positum erat, et undique rupibus circum-
septum. Cum difficultate igitur maxima et dura aeris temperie obsidentes nostri castrum illud, infra
undecim dies illi qui intus erant de nocte fugientibus ceperunt : plurimi de illis de castro interfecti
sunt, qui manus nostrorum effugere non potuerunt.
Inde redeuntes nostri Carcassonam, non multo post
ierunt ad castrum Apamiarum. Siquidem convenerunt prope castrum illud rex Arragonensis, comes Tolosæ et comes Fuxi, ut facerent pacem inter

comitem nostrum et comitem Fuxensem : quod
cum facere non potuissent, rex Arragonensis et
comes Tolosæ ierunt Tolosam. Comes autem Montis-
fortis dirigens aciem versus Fuxum, ibi ostendit mirabilem probitatem, veniens siquidem prope castrum,
omnes adversarios qui pro foribus stabant cum
unico milite impetiit, et, quod mirum est, omnes
intromisit, qui etiam post ipsos intrasset, nisi pontem castri ante faciem ejus clausissent. Sed cum
rediret de castro comes, militem qui eum secutus
fuerat illi de castro qui undique super muros
erant, lapidibus obruerunt, angusta siquidem erat
via et muris undique circumclusa, destructisque
terris, vineis et arboribus prope Fuxum, comes
noster rediit Carcassonam.

CAPUT XXXVI.
Heretici Arragonum regem sibi præfici cupiunt, quod
ipse renuit.

Tempore illo, Petrus Rogerii dominus Cabareti,
et Raimundus Thermarum, et Aimericus dominus
Montis-regalis et alii milites qui Ecclesiæ et comiti
resistebant, mandaverunt regi Arragonensi, qui erat
in partibus illis, ut veniret ad eos, et constituentes
illum dominum suum, traderent ei totam terram.
Quod cum comes noster audisset, habuit cum militibus suis consilium, quid agere deberet. Tunc diversis diversa dicentibus, comes et sui, in hoc convenerunt ut munitionem quamdam, quæ erat juxta
Montem-regalem, obsiderent, siquidem apud Montem-regalem, congregati erant milites supradicti, regis adventum ibi exspectantes ; hoc autem ideo volebat facere comes, ut cognoscerent adversarii sui
quod a facie eorum non timebat. Paucissimos autem tunc milites habebat comes noster. Quid plura ?
Pergunt nostri ad obsidendam munitionem supradictam, quæ dicitur Bellagarda. In crastino venit
rex Arragonensis prope Montem-regalem : milites
autem qui eum vocaverant, et multos jam dies fecerant in victualibus copiosissime præparandis,
exierunt a Monte-regali, et venerunt ad regem, rogantes ut intraret Montem-regalem et facerent ei hominium, sicut mandaverant : hoc autem facere volebant ut possent expellere de terra illa comitem
Montis-fortis. Rex autem statim ut sic accesserunt
ad eum, voluit ut traderent ei munitionem castri Cabareti. Insuper dixit quod hac conditione eos reciperet in homines, si quotiescunque vellet suas ei
traderent munitiones. Consilio igitur inter se habito, prædicti milites rogaverunt iterum regem ut
intraret Montem-regalem, et ipsi facerent ei sicut
promiserant, quia rex nullo modo voluit intrare,
nisi prius facerent ei quod volebat : quod cum facere noluissent, unusquisque ipsorum cum confusione a loco colloquii recessit. Rex vero misit ad
comitem Montis-fortis et mandavit ei, quam esset comes in obsidione præfatæ munitionis, ut daret treugas comiti Fuxi usque in Pascha : quod factum est;
captæ sunt ab hostibus et dirutæ.

CAPUT XXXVII.

Obsidio Minerbæ.

Anno ab Incarnatione Domini 1210, circa festum B. Joannis Baptistæ, cives Narbonenses mandaverunt comiti nostro ut obsideret Minerbam, et ipsi pro posse suo eum adjuvarent. Hoc autem faciebant, quia illi de Minerba eos nimis infestabant, magisque eos ad hoc movebat amor utilitatis propriæ quam zelus religionis Christianæ. Comes autem mandavit Aimerico domino Narbonæ et civibus omnibus, quod si vellent cum juvare melius quam antea fecerant, et cum ipso usque ad captionem perseverare, obsideret Minerbam : quod cum illi promisissent, statim ad obsidendam Minerbam comes cum suis militibus properavit. Quo cum pervenissent, comes Montis fortis tentoria ab oriente ; quidam miles comitis qui dicebatur Guido de Luccio, cum Vasconibus qui aderant, fixit tentoria ab occidente ; ab aquilone Aimericus de Narbona cum civibus suis ; a meridie quidam alii peregrini : in toto enim exercitu non erat aliquis præpotens, nisi comes et Aimericus de Narbona. Castrum autem illud incredibilis erat fortitudinis, profundissimis quippe et nativis vallibus cingebatur ; itaque si necessitas ingrueret, non poterat exercitus exercitui sine maximo discrimine subvenire. Post hæc a parte Vasconum erecta est quædam machina, quæ dicitur mangonellus, in qua die ac nocte instantissime laborabant. A meridie similiter et aquilone erectæ fuerunt duæ machinæ, una hinc, alia inde. A parte vero comitis, id est ab oriente, erat magna et optima petraria, quæ unaquaque die constabat in conducendis trahentibus ad machinam xxi librarum.

Postquam autem nostri aliquantulum temporis in expugnatione castri laboraverant memorati, quadam nocte Dominica exeuntes illi de castro, venerunt ad locum ubi erat petraria, cophinosque plenos stupa, lignis siccis minutis et adipe unctis instrumentis, dorso petrariæ applicuerunt, mox igne supposito flamma altius se infundit. Erat quippe tempus æstivum et calidissimum, circa festum, ut dictum est, S. Joannis. Contigit autem, volente Deo, quod unus de illis qui trahebant ad petrariam, secessit in illa hora ad exquisita naturæ : qui, viso igne, vehementius exclamavit ; mox unus ex illis qui ignem apposuerant, lanceam projiciens, illum graviter vulneravit : fit strepitus in exercitu, currunt multi, ipsamque petrariam tam miraculose et subito mox defendunt, quod nisi per duos ictus jacere non cessavit. Post aliquot vero dies, cum dictæ machinæ, castrum ex magna parte debilitassent, deficientibus etiam victualibus, defecit illis qui intus erant, animus resistendi. Quid plura? Postulant pacem adversarii. Exit foras dominus castri, nomine Guillelmus de Minerba, cum comite locuturus ; dum autem loquerentur, abbas Cisterciensis, et magister Theodisius, de quo supra mentionem fecimus, subito ex insperato supervenerunt.

Comes vero noster, utpote vir discretus et cum consilio cuncta agens, dixit quod de deditione et receptione castri nihil faceret, nisi quod abbas Cisterciensis totius negotii Christi magister, decerneret faciendum : quo audito, abbas valde doluit utpote inimicos Christi mori desiderans, et tamen ad mortem judicare non audens, cum esset monachus et sacerdos. Cogitans ergo quomodo comitem vel dictum Guillelmum, qui etiam super redditione castri se abbatis arbitrio offerebat, posset a compromissione, quam inter se fecerant revocare : jussit ut uterque, comes videlicet et Guillelmus, modum redditionis castri in scriptum redigerent : hoc autem faciebat, ut dum scriptum unius alteri non placeret, a compromissione quam fecerant resiliret. Scriptum Guillelmi, dum esset coram comite recitatum, non acquievit comes, sed dixit domino castri ut intraret castrum suum, et se defenderet sicut posset : quod ille noluit, sed subjecit se per omnia comitis voluntati ; nihilominus tamen comes voluit, ut totum fieret, prout abbas Cisterciensis disponeret faciendum. Ordinavit igitur abbas ut dominus castri et omnes qui in castro erant, credentes etiam hæreticorum, si vellent reconciliari et stare mandato Ecclesiæ, vivi evaderent, castro comiti remanente ; perfecti etiam hæretici, quorum ibi erat plurima multitudo, nihilominus evaderent, si ad fidem Catholicam converti vellent. Quod audiens vir nobilis et totus in fide Catholicus Robertus Malus-Vicinus qui aderat, quia scilicet liberarentur hæretici, propter quos perdendos advenerant peregrini, timens quod ne forte timore ducti, cum jam capti essent, quidquid nostri vellent promitterent adimplere, resistens abbati in faciem dicit, quod hoc nostri nullomodo sustinerent. Cui abbas respondit : « Ne timeas, quia credo quod paucissimi convertentur. » Illis diebus præcedente cruce, et vexillo comitis subsequente, villam intrant nostri, et cantantes Te Deum laudamus, ecclesiam adeunt, quam reconciliatam, crucem Dominicam in summitate turris ponunt, vexillum comitis alia in parte locantes. Christus quippe villam ceperat, et dignum erat ut vexillum ejus præcederet, et in eminentiori loco positum, Christianæ victoriæ testimonium perhiberet ; verumtamen comes tunc non intravit.

His gestis, venerabilis abbas vallium Sarnay, qui erat cum comite in obsidione, negotiumque Christi unico amplectebatur affectu, audiens hæreticorum multitudinem congregatam in quadam domo, accessit ad eos perferens illis verba pacis et salutis monita, ipsos in melius convertere cupiebat : qui verba ejus interrumpentes, omnes una voce dixerunt : « Quare verbis prædicatis, fidem vestram nolumus ; Romanam Ecclesiam abdicamus ; in vanum laboratis ; a secta quam tenemus nec mors nec vita poterit nos revocare (Rom. viii) : » quo audito, mox abbas venerabilis exivit a domo illa, et ad mulieres, quæ in alia mansione erant congre-

19

gatæ, verbum prædicationis oblaturus accessit : sed
si hæreticos duros et obstinaces invenerat, obsti-
naciores invenit hæreticas, et penitus duriores. Mox
comes noster intravit castrum, et veniens in domum ubi erant hæretici omnes congregati in unum
(Act. iv), vir catholicus et volens omnes salvos
fieri, et ad agnitionem veritatis venire, cœpit monere ut ad fidem Christi converterentur : sed cum
nihil penitus proficeret, fecit eos extrahi de castro,
erant autem perfecti hæretici centum quadraginta
vel amplius. Præparato igitur igne copioso, omnes
in ipso projiciuntur ; nec tamen opus fuit quod
nostri eos projicerent, quia obstinati in sua nequitia, omnes se in ignem ultro præcipitabant. Tres
tamen mulieres evaserunt, quas nobilis domina
mater Buchardi de Marliaco ab igne eripuit, et sanctæ Ecclesiæ reconciliari fecit. Combustis igitur hæreticis, cæteri omnes qui erant, abjurata hæresi,
sanctæ sunt Ecclesiæ reconciliati. Nobilis etiam
comes dedit Guillelmo, qui fuerat dominus Minerbæ, alios redditus prope Biterrim ; sed ille non
multo post, spreta fidelitate, quam Deo et comiti
promiserat, recedens a Deo et comite, se inimicis
fidei sociavit.

Non credimus etiam prætermittendum duo miracula quæ in obsidione castri Minerbæ contigerunt,
siquidem quando exercitus pervenit ad obsidendum castrum, aqua quædam defluebat prope
castrum, et erat modicissima : sed divina miseratione in adventu nostrorum ita subito excrevit aqua
illa, quod suffecit abundantissime toto tempore obsidionis hominibus exercitus et equis. Duravit vero
ipsa obsidio ferme per septem hebdomadas : recedente vero exercitu, sæpedicta aqua retraxit se et
facta est modicissima sicut prius. O Dei magnalia !
o bonitas Redemptoris ! Item aliud miraculum.
Cum recederet comes a castro Minerbæ, pedites
exercitus mansiunculis quas fecerant peregrini de
ramis et frondibus ignem miserunt ; cellulæ autem
quæ erant siccissimæ ita statim accensæ sunt et
tanta in altum per totam vallem flamma erupit, ac
si aliqua civitas maxima combureretur : erat autem
quædam cellula de frondibus similiter, in qua sacerdos quidam tempore obsidionis celebraverat, ali.s
mansiunculis circumclusa, quæ ita miraculose ab
igne est illæsa servata, ut nec etiam aliquod in ea
adustionis indicium appareret, sicut a venerabilibus personis quæ præsentes erant audivi. Statim
currentes nostri ad mirabilem visionem, invenerunt quod cellulæ quæ combustæ sunt, illi cellulæ
quæ incombusta mansit undique a dimidii pedis
spatio jungebantur. O virtus immensa !

CAPUT XXXVIII.

*Cruces in speciem fulgetræ in muris templi Virginis
Deiparæ Tolosæ apparent conspicuæ.*

Miraculum aliud quod contigit apud Tolosam,
dum esset comes noster in obsidione Minerbæ, hic
duximus inserendum. In civitate illa, prope palatium comitis Tolosæ, est quædam ecclesia fundata

in honorem B. Mariæ Virginis ; parietes autem illius ecclesiæ de novo erant forinsecus dealbati.
Quodam autem die ad vesperum cœperunt videri
infinitæ cruces in parietibus ipsius ecclesiæ circumquaque, quæ videbantur quasi argenteæ ipsis
parietibus albiores ; erant enim cruces semper in
motu, apparentesque subito statim non videbantur ;
siquidem multi eas videbant, sed aliis se ostendere
non volebant ; ante enim quam posset digitum levare quis, disparuerat crux cui volebat ostendere ;
nam in modum coruscationis apparebant nunc majores, nunc mediæ, nunc minores. Duravit visio
ista fere per quindecim dies singulis diebus ad vesperam, itaque fere omnis populus civitatis Tolosæ
hæc viderunt. Ut vero fides dictis adhibeatur, sciat
lector quod Fulco Tolosanus, Raimundus Biterrensis episcopi et abbas Cisterciensis apostolicæ sedis
legatus et magister Theodisius qui in Tolosa tunc
erant, viderunt, et mihi per ordinem narraverunt.
Accidit autem, Deo disponente, quod capellanus
prædictæ ecclesiæ, cruces videre non potuit prænotatas : quadam igitur nocte intrans ipsam ecclesiam, dedit se in orationem, rogans Dominum ut
sibi dignaretur ostendere quod viderant fere omnes : subito autem vidit innumerabiles cruces, non
in parietibus, sed in aere circumfuso, inter quas
una cæteris major et eminentior cunctis erat : mox
egrediente majore de ecclesia, omnes egressæ sunt
post illam, cœperuntque recto cursu tendere versus
portam civitatis ; sacerdos autem vehementissimo
stupefactus, cruces illas sequebatur ; et dum essent
in egressu civitatis, visum est sacerdoti quod quidam tendens in civitatem reverendus et decorus
aspectu, evaginatum tenens gladium, crucibus illis
præbentibus ei auxilium, quemdam magnum ho-
nem egredientem de civitate in ipso ingressu interfecit : sæpedictus itaque sacerdos factus quasi
exanimis præ timore cucurrit ad dominum Uticensem episcopum, providensque ad pedes ejus, istud
sibi per ordinem enarravit.

CAPUT XXXIX.

*Comes Raimundus per legatum sedis apostolicæ a
communione fidelium segregatur.*

Circa idem tempus comes Tolosanus qui, sicut
supradictum est, accesserat ad dominum papam,
redierat a curia Romana. Dominus autem papa, sicut superius tetigimus, mandabat episcopo Regiensi
et M. Theodisio, ut præfato comiti indiceret purgationem super duobus maxime criminibus, super
mortem videlicet F. P. de Castronovo apostolicæ sedis legati et super crimine hæreseos. Magister vero
Theodisius intravit Tolosam dum essent nostri in
obsidione Minerbæ, sicut continetur in prædicto
miraculo, ut super indicenda purgatione dicto comiti, consuleret abbatem Cistercii, qui erat in partibus Tolosanis, et ut de mandato summi pontificis,
secundum formam Ecclesiæ cives absolveret Tolosanos, re-epto scilicet juramento quod starent
mandato Ecclesiæ ; sed episcopus Tolosanus jam

verat eos juxta formam prædictam , acceptis
er pro obsidibus et securitate decem civibus
elioribus civitatis. Cum intrasset prædictus
heodisius Tolosam, habuit secretum collo-
ı cum abbate Cisterciensi, super admittenda
tione comitis Tolosani. M. vero Theodisius
: circumspectus et providus, de negotio Dei
sollicitus , ad hæc omnimodis aspirabat ut
ı de jure repellere ab indicenda ei purgatione
em memoratum : videbat enim quod si admit-
eum ad purgationem, et ipse per aliquas falsi-
et dolos posset se purgare, destrueretur Eccle-
partibus illis, periret fides et devotio Chri-

n igitur super his omnibus sollicitus esset et
ı tentaret, aperuit Dominus viam , modum
ıans quo posset negare purgationem comiti sæ-
o; habuit recursum ad litteras domini papæ,
bus summ s pontifex inter alia dicebat : « Vo-
. ut comes Tolosanus impleat mandata nostra
: » quippe mandata facta fuerant comiti To-
ı, utpote de expulsione hæreticorum de terra
e dimittendis novis pædagiis et plura alia,
mnia adimplere contempsit. Igitur M. Theo-
cum socio suo episcopo scilicet Regiensi, ne
ntur gravare vel injuriari comiti Tolosano,
:erunt ipsi comiti diem admittendæ purgatio-
ıius apud villam S. Ægidii. Igitur, convocatis
a S. Ægidii ab episcopo Regiensi, M. Theo-
archiepiscopis et episcopis et aliis pluribus
iarum prælatis, comes etiam adfuit Tolosa-
conaturus si posset quoquomodo purgare se
ırte legati et crimine hæreseos. M. vero Theo-
de consilio prælatorum dixit comiti, quod
ıdmitteretur purgatio ipsius, eo quod juxta
atum summi pontificis, eorum quæ sibi man-
uerant, et quæ se impleturum multoties jurave-
ihil implesset. Dicebat siquidem magister,
verisimile erat , imo manifestissimum , quod
. quædam juramenta non tenuerat, de man-
ievioribus adimplendis super purgatione sua
ı enormibus criminibus, utpote morte legati
mine hæreseos facillime imo libentissime per
ıuos complices pejeraret, ideoque ipsum co-
ı nullo modo admittendum esse dicebat ad
tionem super tantis criminibus , nisi prius
ıta implevisset levia. Quod audiens comes
ınus, ex innata sibi nequitia cœpit flere. Ma-
vero sciens, quod lacrymæ non erant lacry-
ıvotionis et pœnitentiæ, sed nequitiæ et dolo-
xit comiti : *In diluvio aquarum multarum, ad
ıon approximabunt (Psal. xxxı)*. Statim com-
consilio et assensu prælatorum, propter mul-
ımultum rationabiles causas, iterum excoma-
atus fuit in eo loco comes nequissimus Tolo-
, et omnes fautores et adjutores ejusdem :
ıendum quod antequam omnia ista fierent in
ıta hieme decesserat apud Montempessula-
ı. Milo apostolicæ sedis legatus. Jam ad na-

rationis nostræ seriem revertamur. Capto igitur castro Minerbæ circa festum B. Mariæ Magdalenæ
venit ad comitem nostrum quidam miles dominus
cujusdam castri qui vocabatur Ventilo, et se et
suum castrum reddidit comiti. Comes autem, quia
per castrum illud multa mala evenerant Christianis, ad ipsum iter dirigens, turrim ipsius funditus
evertit. Audiens dominus Montis-regalis Aymericus
et homines ipsius castri, quod capta esset Minerba,
timentes sibi, miserunt ad comitem rogantes de
pace in hunc modum : Promisit idem Aymericus
quod traderet comiti castrum Montis-regalis , dum
modo comes daret ei aliam terram competentem
planam et immunitam. Quod comes annuens , sicut
postulaverat fecit ei ; sed ipse postmodum utpote
pessimus traditor, fracto fœdere , recedens a dicto
comite, crucis hostibus se conjunxit.

CAPUT XL.

Obsidio Thermarum.

Ipso tempore supervenit a Francia nobilis quidam Guillelmus nomine Decaicus , crucesignatus et
quidam alii peregrini nuntiantes etiam comiti ingentem Britonum multitudinem advenire. Habito igitur comes cum suis consilio, confidens de Dei adjutorio, direxit aciem ad obsidendum castrum Thermarum. Dum autem iret comes ad castrum illud ,
milites qui erant Carcassonæ, exstruxerunt machinas quæ erant in civitate et portari fecerunt eas extra civitatem ut deferrentur post comitem qui properabat ad obsidendum Therma. Quod audientes
hostes nostri qui erant Cabareti , scilicet quod machinæ nostræ expositæ erant extra Carcassonam,
venerunt media nocte cum magna et armata multitudine, si forte possent eas securibus debilitare :
qui cum venissent, exierunt nostri de civitate, qui
paucissimi erant, ipsosque aggredientes et viriliter
effugantes, fugientes circumquaque longius sunt secuti. Nec siquidem conquievit furor adversariorum ;
sed adhuc imminente diluculo redierunt , si forte
possent dictas machinas in aliquo debilitare : quod
nostri percipientes exierunt ad eos et longius et vi-
rilius quam antea fecerunt effugare. Dominum etiam
Cabareti Petrum Rogerii bis vel ter cepissent ; sed
ipse cum nostris cœpit clamare : Mons-fortis, Mons-
fortis, præ timore ac si noster esset ; sicque evadens et
fugiens per montana nonnisi post duos dies rediit
Cabaretum. Britones autem, de quibus supra fecimus mentionem, tendentes ad comitem , venerunt
ad castellum, nomine Arrii, quod adhuc erat comitis Tolosæ in territorio Tolosano; sed burgenses
castelli novi Arrii noluerunt eos admittere intra
castrum, sed in agris et hortis manere fecerunt nocte illa ; comes siquidem Tolosæ negotium Christi,
quantum poterat, latenter impediebat. Venientes
Britones Carcassonam, machinas, quas supra diximus, post comitem qui tendebat ad obsidionem
Thermarum, portaverunt.

Erat autem castrum Thermarum in territorio

Narbonensi distans quinque leucis a Carcassona, castrum illud miræ et incredibilis erat fortitudinis, et quantum ad humanam æstimationem penitus inexpugnabile videbatur : in altissimi siquidem montis supercilio situm erat, super rupem maximam vivam propriam fundissimis et inaccessibilibus abyssis in circuitu cingebatur, a quibus abyssis aqua fluebat, castrum circuiens prænotatum. Item valles illas, tam magnæ, et, ut ita dicam, indescensibiles cingebant rupes, quod si quis vellet ad castrum accedere, oporteret eum præcipitare in abyssum, itemque, ut ita dixerim, repere versus cœlum. Erat præterea prope castrum ad jactum lapidis rupis quædam, in cujus summitate erat turrita munitio modica, sed fortissima, quæ vulgo Tumetum dicebatur. Ita ergo situm castrum Thermarum ex una solummodo parte adiri poterat, quia ex illa parte humiliores et inaccessibiles minus erant rupes. Castri siquidem hujus dominus erat miles quidam, nomine Raimundus, senex versus in reprobum sensum, et manifestus hæreticus, qui, ut summatim ejus malitiam exprimamus, nec Deum timebat, nec homines verebatur : de fortitudine siquidem munitæ munitionis suæ adeo præsumebat, quod modo impugnabat regem Arragonum, modo comitem Tolosanum, modo dominum suum videlicet comitem Biterrensem. Audiens tyrannus iste quod comes noster proponeret castrum Thermarum obsidere, milites quoscunque potuit adunavit, victualibusque copiosissimis et cæteris ad defendendum necessariis, castrum muniens sæpedictum paravit se ad resistendum. Veniens comes noster ad castrum, obsedit illud, cum paucis partem ejus modicam obsidendo occupavit. Illi autem qui intus erant multi et muniti a facie exercitus nostri qui erat modicus non timentes, ad hauriendam aquam ad omnia sibi necessaria videntibus nostris et resistere non valentibus, exibant libere et intrabant. Dum hæc et similia agerentur, veniebant de die in diem pauci et guttatim ad exercitum Francigenæ peregrini : adversarii autem nostri statim ut videbant hos peregrinos advenire, ascendentes muros in suggillationem nostrorum, quia scilicet illi qui veniebant erant paucissimi et inermes, irrisione conclamabant : « Fugite a facie exercitus, fugite a facie exercitus. » Non nullo post, cœperunt venire cum turbis et multitudine de Francia et Alemannia peregrini. Nostri vero adversarii hæc videntes, versique in timorem, a derisione prædicta cessaverunt, minusque præsumentes facti sunt et audaces. Interea illi de Cabareto, præcipui et crudelissimi Christianæ religionis tunc temporis inimici, venientes prope Thermas, nocte et die stratas publicas circuibant, et quoscunque de nostris invenire poterant, vel morte turpissima condemnabant, vel in contemptum Dei et nostrum, oculis, nasis, cæteris membris crudelissime detruncatis ad exercitum remittebant.

CAPUT XLI.

Carnotensis et Bellovacus præsules, cum comitibus Drocensi et Pontivo in Catholicorum castra perveniunt.

Rebus sic se habentibus, supervenerunt de Francia viri nobiles et potentes, Carnotensis videlicet episcopus, Belvacensis episcopus Philippus, comes Robertus de Drocis comes etiam Pontivi habentes secum peregrinorum multitudinem copiosam : de quorum adventu comes totusque exercitus lætabundi effecti sunt et gaudentes ; sperabatur siquidem quod potentes et potenter operarentur in manu potenti et brachio excelso (*Psal.* cxxxv), Christianæ fidei contererent inimicos ; sed qui deponit potentes, humilibus dat gratiam (*Luc.* i), per potentes illos magnum quid vel honorificum noluit operari, secreto suo judicio quo ipse novit : verumtamen quantum ex humana perpenditur ratione, hoc ideo fecisse creditur justus judex, quia scilicet, vel illi non fuerunt digni, per quos magna et laudabilia operaretur magnus et laudabilis Deus (*Psal.* xcv), vel quia si quando per magnos vel magnifice fieret, totum ascriberetur humanæ potentiæ non divinæ. Ordinavit igitur melius cœlestis dispositor ut victoriam istam pauperibus reservaret, per eosque gloriose triumphans, nomini suo daret gloriam gloriosus. Interea comes noster erigi fecerat machinas quæ petrariæ nuncupabantur, quibus ad primum castri murum jacientibus, nostri in expugnatione quotidie laborabant. Erat in exercitu, vir venerabilis, Guillelmus, videlicet archidiaconus Parisiensis, qui zelo fidei Christianæ succensus, totum se pro Christi servitio laboriosis sollicitudinibus exponebat : prædicabat quotidie, instituebat collectas in sumptus machinarum, cæteraque hujus necessariæ sedulitatis officia providus exercebat. Ibat sæpissime ad nemus, ducens secum multitudinem peregrinorum, et ligna ad usus petrariarum deferri copiosissime faciebat. Quadam etiam die, cum nostri vellent quamdam machinam erigere prope castrum, vallisque profunda eos impediret, vir magnæ constantiæ, vir fervoris incomparabilis, adversus hujusmodi impedimentum, in spiritu consilii et fortitudinis (*Isa.* xi) per necessarium excogitabat remedium. Peregrinos siquidem ducens ad nemus, jussit afferri lignorum abundantiam copiosam, vallemque illam lignis, terra, lapidibus impleri fecit : quo facto, nostri dictam machinam in loci illius planitie locaverunt. Et quia non possemus omnes providas et sollicitas strenuitates dicti archidiaconi, laboresque quos in dicta obsidione sustinuit ad plenum exprimere, breviter hoc asserimus, quod huic præ cæteris, imo soli post Deum, ascribenda est perdigil, et diligentissima hujus obsidionis cura, victoria captionis. Erat siquidem sanctitate præclarus, consilio providus, animo virtuosus : cum in hujus negotii exercitio tantam gratiam divina virtus contulerat, ut in omnibus quæ ad obsidionem necessa-

videbantur, peritissimus haberetur. Docebat A
i fabros, carpentarios instruebat, omnemque
:m in edocendis his quæ ad obsidionis spe-
t negotium superabat, impleri faciebat val
cut jam dictum est, itemque cum necesse es-
tos colles profundis vallibus adæquari.

platis igitur prope castrum machinis ad mu-
istri per dies singulos jacientibus, cum pri-
murum castri viderent nostri ex continuo
lapidum debilitatum, armaverunt se ut pri-
ourgum caperent per insultum : quod viden-
iversarii, appropinquantibus nostris ad mu-
n burgo illo ignem miserunt, et se in bur-
uperius receperunt ; sed cum nostri primum
n intrassent, exeuntes ad eos adversarii,
a burgo illo effugando, citius expulerunt.
es ita se haberet, videntes nostri quod turris
rat prope castrum, de qua supra mentionem
s, quæ vocatur Tumetum, militibus munita,
iem castri plurimum impediret, cogitaverunt
do caperent turrim illam. Ad pedem igitur
illius, quæ in summitate rupis cujusdam,
uperius diximus, erat sita, posuerunt excu-
ie illi de turre ad castra accederent, vel illi
iro eis qui in turre erant, si necessitas in-
t, subvenirent. Post paucos etiam dies nostri
astrum Thermarum et turrim prædictam in
accessibili cum maxima difficultate et discri-
rexerunt machinam unam quæ dicitur manis. Illi autem de castro mangonellum unum C
es, super machinam nostram grandes jacie-
pides, sed illam dirimere nequiverunt. Man-
o igitur nostro ad sæpedictam turrim conti-
ciente, videntes illi qui intus erant quod ob-
issent, et quia illi de castro in nullo eos pote-
ljuvare, nocte quadam, diei timore duct , fugæ
ia quæsierunt, turrim vacuam dimittentes :
um servientes Carnotensis episcopi cognovis-
ii ad pedem turris excubias observabant, sta-
raverunt, vexillumque dicti episcopi in turris
is memoratæ cacumine locaverunt. Dum hæc
, petrariæ nostræ ex alia parte ad muros
continuo jacebant, sed adversarii nostri ut-
ortissimi et astuti, quando videbant quod
iæ nostræ murorum suorum aliquid debilita-
iatim prope murum illum interius de lignis
iibus, aliud repagulum construebant : sic-
utingebat quod quoties nostri aliquid de mu-
rabant, impediente repagulo quod adversarii
it, ulterius procedere non valebant : et quia
ssumus omnes eventus hujus obsidionis ex-
'e, hoc breviter dicimus quod illi de castro
am aliquid de muris perdiderunt, quin, ut su-
diximus, murum alium interius ædificarent.
i hæc agerentur, erexerunt nostri mang.inel-
ium sub quadam rupe, prope castri murum,
i inaccessibili. Cum autem jaceret mangoi-
ille, hostes nostros non modicum damnifica-
eputavit autem comes noster ad custodiam

illius mangonelli trecentos servientes et quinque
milites : valde enim timebatur de mangonello illo,
tum quia sciebant nostri quod hostes nostri omnem
darent operam ut destruerent illum, eo quod valde
eos infestaret ; tum quia illi qui erant in exercitu
non possent subvenire illis qui custodiebant mangonellum, si necessitas immineret, propter inacces-
sibilitatem loci in quo erat mangonellus. Quodam
igitur die exeuntes a castro adversarii nostri, cum
scutis usque ad octoginta, præparabant ad diruendum mangonellum. Sequebantur autem eos alii
infiniti portantes ligna, ignem, etc., ad ignis incentivum necessaria : videntes autem trecenti servientes nostri qui custodiebant mangonellum adversarios venientes, timore ducti omnes fugerunt, ita
quod non remanserunt ad mangonellum custodiendum, nisi quinque milites. Quid plura ? Appropinquantibus adversariis, fugerunt omnes milites nostri, præter unum qui vocabatur Guillelmus Scu-
reto. Iste siquidem ut vidit eos venientes , cum
maxima difficultate cœpit ascendere per desuper
rupem contra eos ; illi autem unanimes irruerunt in
eum ; ipse enim strenuissime se defendebat. Videntes autem hostes quod non poterant eum capere,
cum lanceis projecerunt eum super mangonellum
nostrum, et post eum ligna sicca et ignem ; vir autem probissimus statim surgens, statim ignem di-
spersit, ita quod mangonellus permansit illæsus :
cœpit iterum miles noster ascendere versus hostes ;
illi autem projecerunt eum, sicut antea fecerant,
ignemque super ipsum. Quid plura ? Iterum surgit,
hostesque appetit ; ipsi illum reprojiciunt super
mangonellum usque quater. Videntes autem nostri,
quod miles noster non posset evadere, eo quod nullus de nostris, posset ei subvenire, accesserunt ad
murum castri, ex alia parte quasi impugnaturi :
quod scientes adversarii, qui militem nostrum prædictum infestabant, retraxerunt se in castrum : miles autem noster, licet multum debilitatus vivus
evasit, et per ejus incomparabilem probitatem mangonellus noster illæsus permansit. Interea nobilis
comes Montis-fortis, paupertate tanta et tam ur-
gentissima laborabat, quod sæpissime ipso etiam
pane deficiente, quod comederet non habebat. Multoties quippe, sicut certissime didiscimus, immi-
neute hora refectionis, dictus comes se de industria absentabat, et præ confusione non audebat
in suum redire tentorium, eo quod esset hora comedendi, et ipse nec etiam panem solum haberet.
Venerabilis autem archidiaconus Guillelmus, con-
fratrias instituens, collectas, sicut diximus faciebat, et quidquid extorquere poterat exactor egregius, pius raptor in machinas et cætera ab obsidionem pertinentia, sollicitus expendebat.

Dum res ita se haberet, adversariis nostris aqua
defecit ; nostri siquidem jamdudum obstruxerant
ad.tus, et ad hauriendam aquam exire non poterant : deficiente igitur aqua , defecit eis virtus et
animus resistendi. Quid plura ? Loquuntur cum no-

stris, tractant de pace in hunc modum : Promittit
Raimundus, dominus castri, quod nobili comiti traderet castrum illud, dummodo comes totam terram
aliam ei dimitteret : insuper castrum Thermarum
statim post Pascha ei reddere deberet. Dum autem
de compositione hujusmodi tractaretur, Carnotensis
et Belvacensis episcopi, comes etiam Robertus et
comes Pontivi recedere ab exercitu proponebant.
Supplicavit comes, rogaverunt universi ut adhuc
in obsidione illa per tempus aliquantulum remanerent : sed cum illi nullomodo flecti potuissent, nobilis comitissa Montis-fortis eorum pedibus se pro-
volvit affectuose supplicans, ne in tantæ necessitatis articulo, negotio Domini exhiberent humerum
recedentem, comitique Jesu Christi, qui se pro universali Ecclesia morti quotidie exponebat, in tam
arcto discrimine subvenirent. Episcopus autem Belvacensis, et comes Robertus, et comes Pontivi de-
precati comitissæ noluerunt acquiescere ; sed dixerunt quod in crastino recederent, nec ullomodo
exspectarent, etiam unico die : Carnotensis autem
episcopus promisit quod adhuc aliquantulo tempore
cum comite remaneret.

CAPUT XLII.

*Hæretici Thermense castrum dedere nolunt, sed
Deus in eorum exitium ingentem eis aquæ copiam
immittit.*

Videns comes noster quod, recedentibus præfatis
viris, remaneret quasi solus, tam evidenti necessitate compulsus, licet invitus acquievit, ut modum
compositionis reciperet quam adversarii offerebant.
Quid ultra ? Loquuntur nostri iterum cum adversariis, firmatur compositio supradicta. Statim mandavit comes Raimundo domino castri, ut exiens
redderet castrum suum : ille autem ipsa die exire
noluit, sed firmiter promisit quod in crastino redderet castrum summo mane. Dilationem autem
istam divina providentia voluit et providit, sicut in
eventu rerum manifestissimis probatum est argumentis : noluit etenim justissimus judex, Deus, illum
qui tot et tanta mala intulerat Ecclesiæ sanctæ
ejus, et adhuc, si posset, ampliora facturus, post
tanta crudelitatis exercitia immunem abire, recedere impunitum : ut enim de cæteris malitiis taceamus, jam triginta anni transierunt et amplius,
sicut a personis fide dignis audivimus, ex quo in
ecclesia castri Thermarum divina sacramenta non
fuerant celebrata. Nocte igitur insecuta, cœlo quasi
disrupto et cataractis apertis tam subito erupit
aquæ abundantia pluvialis, quod inimici nostri qui
aquæ penuria diu laboraverant et propter hoc reddere se proposuerant, aqua illa abundantissime
sunt refecti : cithara nostra in luctum vertitur
(*Thren.* v), luctus hostium in gaudium commutatur (*Jer.* xxxi); statim siquidem in tumorem versi,
resumpserunt vires et animos resistendi, eo utique
crudeliores affecti et ad persequendum nos perni-
ciosiores, quo divinum sibi in necessitate adminiculum præsumebant manifestius adfuisse. O stulta

et nequam præsumptio de illius se jactare adjutorio, cujus cultum abhorruerant, fidem etiam abdi-
carent ! dicebant siquidem, quia nolebat Deus ut
se redderent, pro se etiam factum asserebant, quod
divina justitia fecerat contra illos. Rebus sic se
habentibus, episcopus Belvacensis, comes Robertus
et comes Pontivi, imperfecto Christi negotio, imo
in arctissimo et periculoso dispendio derelicto, recesserunt ab exercitu, ad propria remeantes, et si
nobis dicere liceat quod ipsis facere non libuit,
non completa sua quadragesima recesserunt : ordinatum siquidem erat a sedis apostolicæ legatis, eo
quod plurimi de peregrinis tepidi erant, et semper
ad propria suspirantes, quod nullus consequeretur indulgentiam, quam crucesignatis fecerat dominus papa, qui in servitio Jesu Christi, unam ad
minus non compleret quadragesimam. Summo autem diluculo, misit comes noster ad Raimundum
dominum castri, et mandavit ut redderet sicut et
die præcedenti promiserat castrum suum : ille autem aquæ abundantia refectus, pro cujus penuria
reddere se voluerat, videns etiam robur exercitus
recedere fere totum, a pacto quod fecerat inconstans et lubricus resilivit ; duo tamen milites, qui
in castro erant, quia die præcedenti promiserant
firmiter marescallo comitis nostri quod se redderent, exeuntes a castro etiam comiti reddiderunt.
Cum rediisset igitur, marescallus ad comitem, ipsum
iterum miserat ut cum Raimundo loqueretur, et
verba Raimundi comiti retulisset, episcopus Carnotensis qui in crastino volebat recedere, rogat et
consulit ut marescallus ad Raimundum iterum re-
mittatur, eique quemlibet offerat compositionis modum, dummodo reddat comiti castrum suum : et
ut facilius respondendo possit persuadere quod
quærit, consulit episcopus Carnotensis quod marescallus ducat secum episcopum Carcassonensem
qui erat in exercitu, eo quod erat indigena et notus
carnifici : insuper mater ejus, quæ erat pessima
hæretica, esset in castro ; frater et ipsius episcopi
nomine Guillelmus de Ruperforti, de quo supra fecimus mentionem. Iste Guillelmus erat crudelissimus, unusque de pejoribus pro posse suo Ecclesiæ
inimicis. Venientes igitur dictus episcopus et marescallus iterum ad Raimundum, verbis preces, precibus minas addunt, instantissime laborantes, ut
tyrannus eorum consiliis acquiescens, secundum
modum, quem supra diximus, reddat se comiti
nostro, imo Deo ; sed quia marescallus durum invenerat, obstinatum in malitia sua, episcopus Carcassonensis et marescallus, modo inveniunt duriorem : noluit etiam sustinere supradictus Raimundus, ut episcopus cum fratre Guillelmo secretius
loqueretur : nihil igitur proficientes, episcopus et
marescallus ad comitem revertuntur ; necdum tamen plene intelligebant nostri quod, sicut jam diximus, divina pietas hæc ordinabat, Ecclesiæ suæ
melius providendo. In crastino summo diluculo recessit episcopus Carnotensis, comes exiit cum et

ercitu ipsum aliquantulum prosecuturus. Cum
paululum longe esset ab exercitu, exeuntes
sarii multi et armati, unum de nostris vole-
discindere mangonellis. Audiens autem comes
rem exercitus, rediens concitus venit ad illos
machinam discindebant, eos in castrum suum
intrare compulit, vellent nollent, insecutusque
iriliter non sine proprio vitæ dispendio diutius
vit. O audacia principis! o virtus virilis!
discessum igitur supradictorum nobilium, epi-
rum videlicet et comitum, videns comes no-
remansisse se quasi solum et pene penitus de-
im, in multa anxietate et perturbatione posi-
quid ageret nesciebat : nullo modo enim vole-
b obsidione recedere, nec ibi poterat amplius
nere, multos quippe et armatos habebat ad-
rios, adjutores paucos et ex parte maxima
cos, sicut enim prædiximus, totum robur ever-
ræcesserat cum episcopis et comitibus supra.

.
it præterea castrum Thermarum adhuc for-
ium, nec credebatur, quod nisi per multos et
simos capi posset : hiems insuper imminebat,
in locis illis asperrima esse solet ; in monta-
ippe situm erat, sicut jam diximus, castrum
narum, ideoque propter pluviarum inunda-
u, ventorum turbinem, nivium abundantiam
mo lum frigidus et quasi inhabitalilis erat lo-
Dum in hac tribulatione et angustia esset co-
et quod eligeret ignoraret, ecce quadam die
venerunt a Lotharingia pedites peregrini, de
im adventu exhilaratus comes, obsidioncm
vit contra Thermas, et, mediante industria ve-
ilis archidiaconi Guilelmi, resumpserunt vires
i, cœperuntque circa ea quæ ad obsidionem
ibant strenue laborare : statim machinas, quæ
parum profecerant, propius ad muros castri
ferentes, laborabant in ipsis continue, muros
castri non modicum debilitabant; miroque
incomprehensibili Dei judicio contingebat res
illis quod machinæ, dum sæpedicti nobiles
in exercitu, parum aut nihil profecerant :
sorum discessum ita recte jaciebant, ac si a
no singuli lapides dirigerentur, et vere sic e-
a Domino quippe flebat istud, eratque mirabile
ulis gentis nostræ (Psal. cxvii). Cum igitur
diutius laborassent in machinis, murosque
rim castri ex magna parte debilitassent, qua-
lie in festo S. Cæciliæ, fecit comes viam quam.
et telis cooperiri, per quam suffossores ad
m accedere et ipsum suffodere possent. Cum
comes in præparanda via illa tota die labo-
t et jejunasset, imminente nocte, in vigilia
mentis videlicet, ad suum rediit tentorium :
item qui erant in castro, divina disponente
ntia, et B. opitulante Clemente, versi in teret penitus desperantes, statim exeunt:s de
, fugam arripere attentaverunt : quod illi de
itu cognoscentes, statim clamore facto cœpe-

runt discurrerent comprehenderent fugientes. Quid
amplius immoremur ? Quidam capti sunt vivi, plures etiam interfecti. Peregrinus autem quidam Carnotensis pauper et ignobilis, dum discurreret cum
aliis, et fugientes sequeretur hostes, divino ordinante judicio, Raimundum dominum castri, qui in
quodam loco se absconderat apprehendit, et apprehensum nostro comiti præsentavit : quod comes,
quasi amplum munus suscipiens, non quidem eum
occidit, sed in fundo turris Carcassonensis retrudi
fecit, ubi per plures annos, dignas pro meritis pœ
nas et miserias sustinuit.

Contigit autem quiddam in obsidione Thermarum, quod prætermittere non debemus. Die quodam comes noster, machinam quamdam parvam,
quæ lingua vulgari Catus dicitur, faciebat duci ad
fodiendum castri murum. Dum igitur comes esset
prope machinam illam et loqueretur cum quodam
milite, brachiumque suum super collum illius causa
familiaritatis teneret, ecce lapis ingens jactatus a
mangonello adversariorum, cum maximo impetu
veniens ab alto, percussit in capite militem prænotatum, mira Dei operante virtute, comes qui militem illum quasi amplexatus erat, illæsus permansit ; miles autem ictum mortis suscipiens exspiravit.
Alia etiam die Dominica, erat comes in pampilione
suo, missamque audiebat. Contigit autem, Dei providente clementia, dum staret erectus comes et audiret missam, quod serviens quidam, Deo disponente, retro ipsum prope dorsum ipsius staret, et
ecce sagitta per balistam ab adversario emissa ser-
vientem illum percussit et occidit : quod divina
pietate dispositum, nullus debet ambigere, ut videlicet dum serviens ille stans retro comitem ictum
sagittæ susciperet, pius Deus Ecclesiæ suæ sanctæ
athletam suum strenuissimum conservaret. Capto
igitur castro Thermarum, et a nostris munito, in
vigilia S. Clementis, comes noster direxit aciem ad
castrum quoddam quod dicitur Constantia, quod
vacuum inveniens, venit ad aliud castrum, quod
Viridepodium vocatur, quod infra triduum sibi redditum recepit. His itaque gestis, proposuit comes
ire in Albigensem diœcesim, ut castra quæ a domino ejus recesserant recuperaret : venit ergo ad castrum quod Castra dicitur, et burgenses reddiderunt
ei castra, et submiserunt per omnia ejus voluntati.
Inde venit comes ad castrum de Lumbers de quo
prius fecimus mentionem, invenitque illud hominibus vacuum et victualibus plenum, milites enim et
burgenses castri timore comitis omnes fugerant, eo
quod in comitem proditionem fecissent. Comes vero
castrum illud munivit statim, et usque in hodiernum diem in sua habet potestate. Quid amplius immoremur ? Omnia fere castra Albigensis territorii
citra Tarnum fluvium sub eodem temporis spatio
recuperavit nobilis comes Christi.

Eodem tempore venit comes Tolosanus ad castrum quoddam prope Albiam, cum comite nostro
colloquium habituro : ivit comes noster ad illud

colloquium, et hostes parati erant rapere eum : comes enim Tolosæ quosdam pessimos traditores, qui comitem nostrum manifestissime impugnabant, adduxerat secum. Comes vero noster dixit comiti Tolosano : « Quid fecistis? Vos vocastis me ad colloquium, et vobiscum meos traditores adduxistis. » Respondit comes Tolosæ : « Non adduxi. » Cum hæc audisset comes noster, voluit eos rapere, comes autem Tolosæ supplicavit ei et noluit sustinere quod caperentur : ab illo igitur die cœp t comes Tolosæ inimicitias, quas adversus Ecclesiam et comitem nostrum conceperat, aliquantulum exercere.

CAPUT XLIII.

Solemne colloquium Narbonæ instituitur super negotiis comitum Tolosani et Fuxensis, cui intersunt rex Arragonensis, sedis apostolicæ legati, Simo a Monte-forti; sed sine profectu conventus dissolvitur.

Non post multos dies convenerunt apud Narbonam rex Arragonensis, cómas Montis-fortis, comes etiam Tolosanus inter se colloquium habituri. Huic colloquio adfuerunt Uticensis episcopus et venerabilis abbas Cistercii, qui præcipue post Deum Jesu Christi negotium promovebat. Iste Uticensis episcopus Raimundus nomine, a multis diebus ardenter negotium fidei diligebat et quantum poterat promovebat, et illis diebus super eodem negotio cum abbate Cisterciensi legationis officio fungebatur. Adfuit et prædicto colloquio magister Theodisius, de quo superius facta est mentio, et multi alii viri sapientes et boni. Tractatum fuit in prædicto colloquio de comite Tolosæ et facta fuisset ei magna gratia et copiosa misericordia, si idem comes sanis consiliis acquiescere voluisset : volebat siquidem abbas Cistercii apostolicæ sedis legatus quod comes Tolosanus, dummodo hæreticos de terra sua expelleret, omnes dominicaturas et proprietates suas haberet integras et illæsas. Illa etiam jura quæ habebat in castris aliorum hæreticorum, quæ de feodo ejus erant, quæ idem comes dicebat esse ad minus quinquaginta, volebat præfatus legatus, ut quarta vel etiam tertia pars cederet in proprietatem comitis supradicti. Sprevit supradictus comes illam magnam gratiam, Deo utique in posterum Ecclesiæ suæ providente, et ita omni beneficio et gratia reddidit se indignum. Tractatum fuit præterea in prædicto colloquio de pace reformanda inter Ecclesiam et suum immanissimum persecutorem comitem videlicet Fuxensem. Ordinatum etiam fuit ad preces regis Arragonum, quod si comes ille juraret mandatum Ecclesiæ se facturum, juraret etiam quod crucesignatos præcipue comitem Montis-fortis de cætero nullatenus impugnaret. Comes noster reddidit ei illud quod jam habebat de terra ipsius præter castrum quoddam quod Apamiæ nuncupatur : castrum siquidem illud nullo modo recuperare debebat, propter multas causas quæ inferius exprimentur : sed Deus æternus qui absconditorum est cognitor, qui novit omnia antequam fiant (*Dan.* XIII), nolens tot et tantas immanissimi hostis sui

crudelitates remanere impunitas, sciensque quanta mala de hac compositione coutingeret in futurum, alto suo et incomprehensibili judicio, induravit cor comitis Fuxensis ; ita quod noluit recipere pacem istam, Deo utique Ecclesiam suam misericorditer visitante, ut dum hostis pacem recipere recusaret, futuræ deinde turbationis suæ ipse jam confirmatam sentes:tiam in se daret.

Nec prætereundum quod rex Arragonum a quo comes Fuxi tenebat pro parte maxima terram suam, in castro Fuxi posuit custodes milites suos, et coram episcopo Uticensi et abbate Cisterciensi promisit, quod per terram illam nullum malum inferretur Christianitati. Juravit etiam idem rex coram dictis legatis quod, si comes Fuxi unquam a communione S. Ecclesiæ vellet recedere, et a familiaritate et amicitia et servitio comitis Montisfortis, rex ipse ad primam sæpedictorum legatorum vel comitis nostri requisitionem, in manus ipsius comitis nostri traderet castrum Fuxi. Super hoc dedit rex comiti nostro litteras suas patentes, conventionem istam plenius continentes : et ego qui litteras vidi, tenui et diligenter inspexi, testimonium perhibeo veritati. Sed quia male postea rex servavit quod promisit, et quantum exinde nostris reddiderit se infamem, luce clarius innotescit.

CAPUT XLIV.

De malitia et tyrannide comitis Fuxi erga Ecclesiam·

Quia vero locus poscit, quia opportunitas se ingessit, hic de crudeli malignitate, et maligna crudelitate comitis Fuxi, quamvis partem centesimam non possemus exprimere, aliquid breviter perstringamus. Primo sciendum quod hæreticos et hæreticorum fautores, in terra sua tenuit, fovit quantum potuit et promovit. In castro præterea Apamiarum, quod erat proprium abbatis et canonicorum B. Antonini, tenebat uxorem suam et duas sorores hæreticas cum aliorum hæreticorum multitudine copiosa, qui in castro illo, invitis prædictis canonicis et quantum poterant renitentibus, publice et privatim venenum suæ nequitiæ seminantes, corda simplicium seducebant. Ipsis etiam sororibus et uxori in proprio allodio canonicorum ædificari domum fecerat dictus comes ; castrum vero Apamiarum canonicorum erat, sicut diximus ; sed comes ille tenebat illud ab abbate in vita sua, et juraverat abbati super sanctam eucharistiam quod nullam abbati vel castro molestiam inferret : monasterium siquidem canonicorum situm est extra castrum ad dimidium milliarium. Quodam præterea tempore milites duo cousanguinei et familiares dicti comitis, qui erant hæretici pessimi et manifesti, ad quorum consilia comes ille omnia faciebat, matrem suam hæresiarcham maximam, quæ erat amica [*forte* amita] comitis sæpedicti, in castrum Apamiarum adduxerunt ut, ibi residens, virus disseminaret hæreticæ superstitionis : quod videntes abbas et canonici memorati, et tantam Christi et Ecclesiæ injuriam ferre non valentes, hæresiarcham a castro illo

it: quod audiens dictus proditor, comes vi-
?uxi, in iram versus est et furorem. Alter
orum illorum hæreticorum militum, qui
ii dictæ hæresiarchæ, veniens Apamias, in
canonicorum unum de canonicis, qui erat
s, divina celebrantem super altare cujusdam
prope Apamias, carnifex crudelissimus
tim divisit, et usque in hodiernum diem
psum altare illius occisi sanguine rubrica-
e sic quievit furor carnificis; sed unum de
s monasterii Apamiarum apprehendens,
lli eruit in odium religionis Christianæ et
orum contemptum. Ipse etiam comes Fuxi
lto post monasterium supradictum, habens
ruptarios, mimos et meretrices, vocansque
i monasterii, cui, sicut prædiximus, super
Dominicum juraverat, quod nullam inferret
im, dixit ei ut omnes traderet et sine mora
monasterii, quod abbas facere noluit. Ve-
en timens abbas ne tyrannus ille easdem
auferret per violentiam, intravit et claves
tas posuit super corpus S. Antonini mar-
tod erat super altare, cum multis aliis san-
reliquiis, in cujus etiam sancti honorem
illa erat fundata. Prædictus autem comes
abbatem, non deferens ecclesiæ, sanctorum
s non attendens, desuper corpus sancti-
artyris, sacrorum impudentissimus violator,
apuit prænotatas. Quid amplius? Abbatem
nicos omnes in eadem conclusit ecclesia, ob-
ne januis, ibi eos tenuit per tres dies; ita
er illud triduum non comederent, nec hibe-
c etiam ad quæsita naturæ egredi poterant.
us autem interim omnem substantiam mo-
diripiens, in ipso infirmitorio canonicorum
emptum religionis cum suis meretricibus
iat. Post triduum autem abbatem et cano-
e ecclesia a monasterio fere nudos expulit;
per totum castrum Apamiarum, quod erat
m canonicorum, sicut dictum est, fecit
is voce clamari, ut nullus ausus esset ho-
ecipere aliquem de canonicis vel abbatem:
st autem proclamatio hujusmodi, sub pœna
imæ ultionis. O novum inhumanitatis ge-
um enim ecclesia incarceratis solet esse re-
et damnatis, iste perversitatis auctor in
cclesia incarcerat innocentes. Sæpedictus
yrannus statim ipsam ecclesiam B. Antonini
ua parte diruit, dormitorium et refectorium
corum eorum, sicut visu probavimus, de-
et inde munitionem in castro Apamiarum
it. Ad maiorum hujus traditoris exaggera-
, rem quamdam relatu dignam huic operi
is inserendam.

CAPUT XLV.

*Fuxensis irreverenter se gerit erga reliquias
Antonini martyris, quæ solemni processione
bantur*

quædam ecclesia in supercilio montis cujus-

dam prope dictum monasterium, quam cum semel,
sicut consuetum habent, in anno visitarent canonici, et cum processione veneranda, corpus sui patroni venerabilis Antonini honorifice deportarent,
prædictum comitem sorte fortuita equitantem contigit pertransire, qui nec Deo, nec sancto martyri,
nec religiosæ processioni deferens, saltem signis
extrinsecis humiliari non potuit, nec de equo cui
insidebat curavit descendere, sed exerto superbiæ
collo, et elatione cervicosa, quæ sibi plurima erat
domestica pompatice prætervit. Quod videns quidam vir venerabilis, abbas videlicet de monte S.
Mariæ Cisterciensis ordinis qui unus de duodecim
longe prædictis prædicatoribus ad prædicandum venerat, et tunc temporis processioni illi intererat,
exclamavit post ipsum : « Comes, tu non defers
domino tuo sancto martyri; scias quod in villa, in
qua ex parte sancti dominium habes modo, privaberis ipso dominio, ita ut, sancto faciente, te vivente sentias exhæredatum. » Cujus boni viri dicta
fides sequitur, sicut rei exitu manifestissime declaratur. Crudelitates istas comitis Fuxi et illas
quæ sequuntur, audivi ab ore abbatis ipsius monasterii Apamiarum, viri fide digni, viri multæ
religionis, viri perspicuæ bonitatis.

CAPUT XLVI.

*Sacrilegia aliaque facinora a comite Fuxensi per
vim patrata.*

Quodam tempore sæpedictus comes ivit cum multitudine ruptariorum ad quoddam monasterium
quod dicebatur S. Maria in terra comitis Urgellen-
sis, in quo erat sedes episcopalis; canonici autem
ecclesiæ illius, timentes a facie dicti comitis, receperunt se in ecclesia, ubi tamdiu fuerunt ab eo
oppressi, quod præ sitis angustia urinas suas bibere sunt compulsi; quibus tandem se reddentibus, intrans ecclesiam hostis Ecclesiæ crudelissimus, omni abstracta supellectili, crucibus et vasis
sacris fractis insuper campanis, in ea præter parietes nihil dimisit; præterea eccles am illam quinquaginta millibus solidorum redimi fecit. Quo
facto, dixit ei quidam pessimus miles suus: « Ecce,
inquit, destruximus S. Antoninum et S. Mariam;
nihil adhuc nobis restat, nisi ut destruamus Deum. »
Alio etiam tempore, ut idem comes et sui ruptarii
prædictam spoliarent ecclesiam, ad tantam crudelitatis dementiam devenerunt, quod ipsis imaginibus crucifixi crura et brachia abscindentes, inde pi-
perem et herbas ad ciborum condimentum terebant
in contemptum Dominicæ passionis. O crudelissimi
carnifices! o pessimi derisores! o crudeliores ipsis
Christi crucifixoribus! o conspuentibus sæviores!
Cum vidissent ministri Herodis Jesum mortuum,
ait evangelista, non fregerunt ejus crura (*Joan.*
xix). O novum immanitatis artificium! o inauditæ
crudelitatis indicium! o hominem, comitem Fuxensem dico, miserrimum miserorum! o bestia omni

fera crudeliorem, in ipsa etiam ecclesia equos suos A
collocantes ruptarii, duci ipsos super sacrosancta
altaria comedere faciebant.

Qua!am die dictus tyrannus cum multitudine
magna armatorum erat in quadam ecclesia, statim
armiger quidam ipsius comitis capiti imaginis crucifixi imposuit galeam, et ipsam imaginem armavit
scuto et calcaribus : moxque i.lem armiger lanceam
arripiens, imaginem crebris ictibus impetebat, et
dicebat ei ut se redimeret. O perversitas inexperta!
Alio tempore dictus comes vocavit ad colloquium
episcopos, Tolosanum videlicet et Consoranensem, et
assignavit eis diem et locum : die autem illa qua
illi episcopi perrexerunt ad colloquium, sæpedictus
comes impugnavit tota die quoddam castrum proprium abbatis et canonicorum S. Antonini Apamien- B
sis. O nequam et perversa traditio! Fecit et aliud
tyrannus memoratus quod non credimus prætermittendum. Inierat fœdus cum comite Montis-fortis, sicut longe supe ' s diximus filiumque suam
ei tradiderat in obsidem fact . c mpositionis; venerabilis autem abbas Apamiarum castrum suum jam
tradiderat comiti Montis-fortis. Venit igitur quodam die comes Fuxi cum ruptariis suis prope
Apamias, ponensque ruptarios suos in insidiis accessit ad castrum , et mandavit burgensibus ut
exirent ad ipsum, cum eo colloquium habituri ,
promisit que eis firmissime sub jurejurando
quod secure exire poterant, quia non faceret
eis malum; sed statim ut burgenses egressi sunt C
ad eum, vocavit secreto ruptarios suos qui in insidiis latitabant : qui venientes antequam burgenses
possent intrare castrum , multos ex eis ceperunt,
et captos secum duxerunt. O nequam proditio ! Dicebat etiam comes sæpememoratus quod si omnes
crucesignatos contra hæreticos et crucesignandos,
omnes etiam qui pro fidei negotio laborant, universos insuper quibus hoc negotium placebat, manu
sua interfecisset, arbitraretur se obsequium præ-
stasse Deo. Illud quoque sciendum, quod sæpe memoratus comes juravit coram legatis domini papæ
quod de terra expelleret hæreticos : quod tamen
nulla voluit facere ratione. Multa quidem et alia
mala commisit crudelissimus canis iste in Ecclesiam
et in Deum : quod si vellemus per ordinem enar- D
rare, nec nos possemus sufficere, nec etiam qui
dictis nostris fidem de facili adhiberet ; excedit
quippe malitia modum. Deprædatus est monasteria,
ecclesias dissipavit , omnique crudeli crudelior,
Christianorum cædes anhelans, in siti sanguinis
semper mansit. Diffluebat hominem , imitabatur
sævitiam belluinam, factus fera pessima et non
homo. His de ejus malitia breviter perstrictis, ad id
quod dimisimus revertamur.

CAPUT XLVII.

*Comes Monfortius regi Arragonum hominii jura per-
solvit , pro civitate Carcassonensi debita.*

In supradicto colloquio Narbonensi, supplicave-

runt Uticensis episcopus et abbas Cistercii regi
Arragonum , ut reciperet in hominem comitem
Montis-fortis ; civitas enim Carcassonæ erat de
feodo regis Arragonensis. Quod cum ille facere no-
luisset, in crastino iterum accesserunt ad regem
viri sæpedicti, prociderunt ad pedes ejus, humiliter
et instantissime deprecantes, ut hominium comitis
recipere dignaretur ; ipse autem comes , flexis ante
regem genibus, suum hominium humiliter offerebat. Tandem rex victus precibus acquievit, et recepit comitem in hominem de civitate Carcassonæ,
ut illam comes civitatem teneret a rege. Quibus
gestis rex et comes noster, et comes Tolosæ, et
Uticensis episcopus exeuntes a Narbona, perrexerunt
usque ad Montempessulanum. Dum adhuc essent
prænominati nobiles et prælati in Montepessulano,
tentatum est de contrahendo matrimonio inter primogenitum regis et filiam comitis Montis-fortis.
Quid plura? Firmabatur ab utraque parte matrimonium præfatum , videlicet a rege et comite nostro,
hinc et inde præstito juramento. Insuper rex tradidit comiti, præfatum primogenitum suum custodiendum : verumtamen rex qui comiti filium suum tradiderat, non multo post, dedit sororem suam filio
comitis Tolosani in uxorem : unde non modicum,
nec immerito, apud nos infamem se reddidit et suspectum ; jam enim quando matrimonium illud
factum est, comes Tolosæ persequebatur manifeste
Ecclesiam sanctam Dei. Nec silendum quod , cum
essent præfati viri in Montepessulano, et multi
etiam episcopi et Ecclesiarum prælati, tractatum
fuit iterum de facto comitis Tolosani. Voluerunt
legati, episcopus videlicet Uticensis et abbas Cisterciensis, maximam gratiam et misericordiam
facere dicto comiti, sicut superius est expressum :
sed idem comes, cum promisisset impleturum se
in crastino quidquid dicti legati mandassent, summo
mane in crastino recessit a Montepessulano ipsis
legatis insalutatis : viderat enim quamdam avem
quam indigenæ vocant avem S. Martini ad sinistram volantem, et perterritus fuit valde; ipse enim
more Saracenorum , in volatu et cantu avium et
cæteris auguriis spem habebat.

CAPUT XLVIII.

*Episcopus Parisiensis aliique nobiles veniunt in exer-
citum Monfortii comitis.*

Anno Verbi Incarnationis 1210, circa mediam
Quadragesimam, venerunt de Francia crucesignati
nobiles et potentes, episcopus videlicet Parisiensis,
Ingerranus de Cociaco, Robertus de Tornaco, Ivellus de Meduana et plures alii. Ili nobiles viri, in
Christi negotio se nobiliter habuerunt. Cum venissent autem Carcassonam, communicato consilio,
omnes dicti peregrini in hoc consenserunt, ut ad
obsidendum tenderent Cabaretum. Quia antem mi-
l.tes de Carcassonensi diœcesi jamdudum timore
nostrorum, dimiserant castra sua, et fugerant Ca-

um, inter quos erant duo fratres secundum A fortis; homines etiam Tolosæ qui erant in obsidio-
m, quorum unus vocabatur Petrus Miro, ne Vauri, recesserunt ab exercitu. Inhibuit etiam
Petrus de S. Michaele : isti ceperunt Be- comes Tolosæ civibus Tolosanis, ne ulterius defer-
lum de Marliaco, sicut supra tetigimus. Exie- rent victualia apud Vaurum. Hic narrandum est
iutem illi duo milites a Cabareto et plures alii quoddam scelus comitum Tolosæ et Fuxi nequissi-
iis, et venerant ad comitem nostrum, et red- mum : proditio inaudita.
unt se illi : itaque comes illis dederat terras.
is autem dominus Cabareti Petrus Rogerii,

CAPUT L.
Peregrini multi proditorie a comite Fuxensi, instigante Tolosano interficiuntur.

vellent comes et peregrini obsidere Cabare-
considerans quod valde debilitatus esset, eo
recessissent ab eo milites supradicti, timore
s, composuit cum comite nostro et baronibus
ne modum : Castrum Cabareti tradidit; insu-
æfatum Buchardum reddidit. Comes dedit ei
n aliam competentem, reddito Cabareto; mox
sidendum castrum, quod Vaurum dicitur, co- B
t barones acies direxerunt.

CAPUT XLIX.
Obsidio Vauri.

t autem castrum illud nobilissimum et am-
mum , situm super Agotum fluvium , distans
ue leucis a Tolosa. Erat in castro illo Ayme-
traditor ille, qui fuerat dominus Montis-rega-
t mult alii milites inimici crucis usque ad
inta, qui castrum intraverant et munierant
» nostros. Domina siquidem castri vidua no-
Giralda, pessima hæretica et soror dicti Ayme-
Venientes igitur nostri ad castrum , ex una
n parte illud obsederunt, non enim sufficiebat
citus noster, ad castrum sæpodictum undique
endum. Erectis igitur post aliquot dies machi- C
ceperunt nostri, sicut mos est, castrum impu-
, adversarii quantum poterant defendere : erat
lem in castro infinita hominum multitudo, et
optime munita, ita sere plures erant defen-
quam essent impugnatores. Nec prætereundum
quando nostri primo venerunt ante castrum,
ut adversarii de castro, militemque unum de
s ceperunt, et introductum statim occiderunt.
vis autem nostri ex una parte obsedissent,
tamen erant in duos exercitus, et ita dispo-
od si necessitas ingrueret, exercitus exercitui
osset sine discrimine subvenire. Sed non
post supervenerunt a Francia nobiles multi,
pus videlicet Lexoviensis, et episcopus Bajo- D
, comes etiam Antissiodorensis et multi alii
ini : obsederunt igitur castrum ex alia parte;
r etiam facto ponte de ligno super Agotum
n, transeuntes nostri aquam castrum undique
adederunt. Comes autem Tolosæ Ecclesiam
comitem, quantum poterat , persequebatur,
amen in manifesto ; adhuc enim veniebant
lia exercitui nostro a Tolosa. Rebus ita se ha-
us, venit comes Tolosæ ad exercitum. Comes
Antissiodorensis et Robertus de Tornaco qui
cognati ejus germani, cœperunt monere co-
Tolosæ ut rediens ad cor mandatis Ecclesiæ
et : sed cum nihil profecissent, comes cum
e et indignatione recessit a comite Montis-

Dum fleret colloquium, sicut diximus, prope Vaurum, de pace inter comitem Tolosæ et sanctam
Ecclesiam reformanda, veniebat multitudo peregrinorum de Carcassona ad exercitum : illi autem doli
ministri, traditionis artifices, comes videlicet Fuxensis, Rogerus Bernardi filius ejus et Geraldus de
Pepios et multi de hominibus comitis Tolosæ, posuerunt se in insidiis cum infinitis ruptariis in
quodam castro quod vocatur Mons-Gaudii prope
Podium Laurentii : quo cum peregrini devenirent,
illi insurrexerunt in eos, et quia inermes erant et
proditionis ignari, ex ipsis innumerabiles occiderunt, omnemque occisorum pecuniam Tolosam de-
portantes, ibi inter se diviserunt. O beata occisorum agmina! o pretiosa in conspectu Dei mors
sanctorum ! (*Psal.* cxv.) Nec silendum est quod,
dum carnifices prædicti peregrinos occiderent memoratos, sacerdos quidam peregrinus confugit ad
quamdam ecclesiam, quæ prope erat, ut pro Ecclesia moriens in ecclesia moreretur. Traditor autem
ille pessimus Rogerus Bernardi, filius comitis Fuxi,
a patris sui non degenerans pravitate, sacerdotem
secutus est memoratum : ingrediens autem audacter ecclesiam, ipsumque aggrediens, qualis homo
esset inquisivit. « Peregrinus, inquit, sum sacerdos.»
Ad quem carnifex : « Ostende mihi, inquit, quod sis
sacerdos. » At ille, amoto caputio a capite (erat
capa indutus), ostendit ei caracterem clericalem :
crudelissimus autem ille loco sancto non deferens
vel personæ, elevata ascia acutissima quam tenebat,
sacerdotemque per medium caracterem validissime
percutiens, ministrum Ecclesiæ in ecclesia interfecit. Jam ad id quod dimisimus redeamus.

Non credimus autem prætermittendum quod comes Tolosanus, immanis Christi hostis et crudelissimus persecutor, in castro Vauri in quo erat fons
et origo totius hæreseos, quia non erat comitis Tolosæ, imo a multis annis expugnaverat Tolosanos ob solum Christianæ religionis odium, quemdam seneschallum suum latenter miserat in castrum Vauri, pluresque milites ut castrum defenderent contra nostros : quos, capto castro, comes noster ibi reperit, et diu tenuit vinculatos. O novum
proditionis genus! intus milites suos ad castri defensionem posuerat, foris quasi præbens auxilium
a Tolosa deferri victualia permittebat. Sicut enim
supra diximus, in initio obsidionis Vauri, defereban-
tur ad exercitum victualia sed modica a Tolosa ;
sed licet venirent victualia a Tolosa, comes tamen
Tolosæ districte inhibebat ne machinæ afferrentur.

Cives etiam Tolosani circa quinque millia admoni- A
tione venerabilis episcopi sui Fulconis in auxilium
nostrorum ad obsidionem venerant sæpedictam.
Ipse etiam episcopus pro fide Catholica exsulans,
ibi advenit : modum autem egressionis ejus a Tolosa non duximus superfluum enarrare.

CAPUT LI.

*Fulco episcopus Tolosanus episcopatu pulsus, magna
animi constantia exsulat, puratus etiam cervicem
gladio pro Christi nomine præbere.*

Erat quodam die episcopus apud Tolosam. Sabbato videlicet post mediam Quadragesimam, et, sicut mos est in episcopalibus ecclesiis, volebat die
illa ordines celebrare : verumtamen comes Tolosæ
tunc erat in civitate, qui pro excessu multiplici, ab
apostolicæ sedis legatis nominatim erat excommu-   B
nicatus : itaque in aliqua villa in qua erat, non poterat quis divina mysteria celebrare. Misit igitur ad
comitem episcopus humiliter rogans et monens, ut
ipse causa ludendi exiens a civitate, iret spatiatum,
donec sub hujusmodi episcopus ordines celebrasset.
Tyrannus autem in furorem conversus, misit ad
episcopum militem unum, mandans et sub periculo
capitis districte præcipiens, ut de civitate Tolosa
et de tota terra comitis citius egrederetur. Vir autem venerabilis hæc audiens, in fervore spiritus,
mente intrepida, clarissimo vultu, tale fertur militi
dedisse responsum : « Comes, inquit, Tolosanus,
non me fecit episcopum, nec per ipsum hic ordinatus sum, vel pro ipso : ecclesiastica me elegit humilitas ; non intrusit violentia principalis, non exeo C
propter eum ; veniat, si audet, paratus sum exci-
pere gladium, ut pertingam ad majestatem per calicem passionis ; veniat tyrannus stipatus militibus
et armatus, solum me reperiet et inermem ; attendo brachium ; non timebo quid faciat mihi homo
(*Psal.* cxvii). » O constantia animi ! o mirificum
robur mentis ! Manens igitur intrepidus ille Dei fa-
mulatus, de die in diem exspectabat tyranni gladium ; sed cum ille non auderet eum interficere,
utpote qui Ecclesiæ Dei jampridem mala intulerat
tot et tanta, timebatque, ut vulgo dicitur, pelli suæ.
Postquam episcopus quadraginta dies in illa mortis exspectatione peregerat, de civitate egredi proposuit Tolosana : die igitur quodam in octavis Re-   D
surrectionis Dominicæ, egrediens episcopus de civitate, ad comitem nostrum qui erat in obsidione
Vauri devenit. Nostri autem in expugnatione castri continue laborabant ; adversarii vero utpote
superbissimi, se instantissime defendebant : nec
silendum est quod sedentes in equis ferro coopertis,
super muros discurrebant in derisum nostrorum,
ut sic videlicet ostenderent muros amplissimos et
fortissimos se habere.

CAPUT LII.

*Vaurum a Catholicis expugnatur, ibique multi nobi-
lesviri suspendio necantur, alii flammis traduntur.*

Quodam præterea die erexerunt nostri prope muros castri castella quædam de lignis, in cujus summitate Christi milites posuerant signum. Adversarii

vero ad crucis vexillum instantius cum machinis
jacientes, inde supradictæ crucis brachium confregerunt : statim canes impudentissimi, tantum emiserunt ululatum pariter et cachinnum, ac si de confractione crucis maximam victoriam reportarent ;
sed dedicator crucis injuriam istam miraculose et
manifestissime vindicavit. Contigit autem non multo
post res mirabilis et mirifice extollenda, quod crucis inimici, qui de crucis confractione exsultave-
rant, cruce suas injurias vindicante, in festo Crucis
capti fuerunt, sicut inferius ostendemus. Dum res
ita ageretur, fecerunt nostri fieri machinam, quæ
vulgo catus vocatur : quæ cum parata esset, traxerunt eam usque ad fossatum castri. Post hæc attulerunt nostri in magno conamine ligna et ramos,
facientesque fasciculos de ipsis lignis et ramis, pro-
jiciebant in fossatum ut implerent illud ; adversarii
vero, utpote astutissimi, fecerunt viam quamdam
subterraneam pertingentem usque prope machinam
nostram, exeuntesque de nocte per viam illam,
ligna et ramos quos nostri in fossatum projecerant
extrahebant, et deferebant in castrum. Quidam insuper de adversariis, accedentes prope sæpedictam
machinam, illos qui sub protectione machinæ fossatum implere non cessabant, uncinis ferreis latenter et fraudulenter ad se trahere nitebantur. Quadam præterea nocte exeuntes adversarii a castro
per viam subterraneam intraverunt in fossatum,
jacientesque instantissime jaculos ignitos, ignem,
stupam, adipem, et cætera ignis nutritiva, voluerunt
comburere machinam supradictam. Duo autem comites Alemanni, custodiebant ipsa nocte vigilias
circa machinam : statim clamor attollitur in exercitu, curritur ad arma, machinæque succurritur :
dicti vero comites Alemanni, et qui cum eis erant
Teutonici, videntes quod non possent pertingere
ad hostes qui erant in fossato, cum probitate magna
et sub magno discrimine projecerunt se in
fossatum, hostesque suos viriliter aggredientes, re-
truserunt eos in castrum, prius aliquibus ex eis interfectis et pluribus vulneratis.

Interea cœperunt nostri multum turbari, et de
captione castri quodammodo desperare, eo scilicet
quod quidquid de die in fossato projicere possent,
adversarii de nocte extraherent, et in castrum deferrent : sed dum nostri ita turbarentur, quidam
ex eis subtilius excogitantes, adversus hostium insidias utile remedium invenerunt ; fecerunt siquidem ante egressum viæ subterraneæ, per quam
hostes egredi consueverant projici ligna viridia
et ramos : post hæc apposuerunt minuta ligna etiam
sicca, ignem etiam, et adipem, et stupam, et cætera
ignis incentiva in ipso viæ subterraneæ egressu ;
iterum desuper projecerunt ligna et segetes virides et
herbam multam : statim fumus ex igne egrediens,
ita implevit totam viam subterraneam, quod adversarii ulterius non potuerunt egredi per viam illam
præ fumo ; fumus etenim qui non poterat in altum
prorumpere, propter ligna et segetes virides super-

positas, totam, sicut diximus, viam sæpedictam im-
plebat : quod videntes nostri solito liberius impleverunt fossatum. Quo impleto, milites nostri et servientes armati, dictam machinam per multos agones
ad murum versus trahentes suffosores muro apposuerunt. Illi autem de castro, ligna, ignem, adipem,
sudes etiam acutissimos et maximos desuper machinam projicere non cessabant; sed nostris viriliter
ac miraculose machinam defendentibus sæpedictam,
nec machinam incendere, nec fossores a muro depellere potuerunt. Dum autem nostri in expugnatione
ista instantissime laborarent, episcopi qui aderant et
quidam venerabilis abbas curiæ Dei Cisterciensis
ordinis, qui de mandato legatorum ipsorum vices
in exercitu tunc agebat, universusque clerus congregati in unum cum devotione maxima *Veni, creator
Spiritus* decantabant : quod videntes et audientes
adversarii, ita, Deo disponente, stupefacti sunt, et
vires resistendi pene penitus amiserunt; quia, sicut
postea confessi sunt, plus timebant eos cantantes
quam pugnantes, psallentes quam insilientes, orantes quam infestantes. Muro igitur perforato, jam
nostris intrantibus, et adversariis cum jam non
possent resistere se reddentibus, volente Deo et
nostros misericorditer visitante, in festo Inventionis
Sanctæ Crucis captum est castrum Vauri. Mox
eductus est de castro Aymericus, de quo supra tetigimus, qui fuerat dominus Montis-regalis et alii
milites usque ad octoginta ; nobilis autem comes
proposuit quod omnes patibulo suspenderentur :
sed cum Aymericus, qui erat major inter illos, suspensus fuisset, cadentibus furcis, quæ præ nimia
festinatione bene non fuerant terræ affixæ, videns
comes quod mora magna fieret, alios occidi præcipit, quos peregrini avidissime suscipientes occiderunt citius in eodem loco. Dominam etiam castri
quæ erat soror Aymerici et hæretica pessima, in
puteum projectam, comes lapidibus obrui fecit ;
innumerabiles etiam hæreticos , peregrini nostri
cum ingenti gaudio combusserunt.

CAPUT LIII.

*Rogerius de Comenge comiti Monfortio se adjun-
git ; sed postea, quam dederat, fidem fallit.*

Sciendum est autem quod, cum comes noster
esset in obsidione Vauri, quidam nobilis de Wasconia nomine Rogerius de Comenge consanguineus comitis Fuxi, venit ad eum ut se redderet ei :
dum autem esset ante comitem in die Parasceves
ut faceret ei hominium, comes illa hora cœpit casu
sternutare ; audiens autem dictus Rogerius quod
comes unicum sternutum emisisset, vocavit illos
qui secum erant in partem, consulens eos, et nolebat illa hora facere quod comiti proposuerat : in
terra enim observant auguria stultissimi homines
terræ illius, qui firmissime credunt quod, si unum
sternutum emiserint ipse vel aliquis habens aliquid
agere, non possit ad bonum eis contingere illa die :
verumtamen videns ille Rogerius quod nostri illum

super hoc deriderent, timensque ne comes notaret
illum de superstitione perversa, quamvis invitus
fecit ei hominium et recepit ab eo terram suam,
mansitque in ejus servitio diebus multis ; sed postea a fidelitate quam ei fecerat, miser et miserabilis resilivit.

Non credimus autem prætermittendum miraculum quoddam quod apud Vaurum relatione veridica cognovimus accidisse. Cujusdam militis crucesignati capa, nescio quo infortunio, comburebatur ;
contigit autem miraculoso Dei judicio quod combusta tota capa, sola illa particula, in qua crux
assuta erat, remansit integra et penitus incombusta. Audiens autem dominus Podii Laurentii Sicardus, qui quondam fuerat cum comite nostro,
sed ab eo recesserat quando captum est Vaurum,
timore ductus, dimittentes castrum Podii Laurentii, Tolosam cum suis militibus properavit. Erat autem Podium Laurentii, quoddam nobile castrum,
tribus leugis distans a Vauro in diœcesi Tolosana :
quod cum recuperasset comes noster, dedit illud
Guidoni de Lucio viro nobili et fideli, qui statim
illud intravit et munivit. Interea episcopus Parisiensis et Ingelrannus de Corti, et Robertus de Tornaco, et Ivellus de Meduana recedentibus, capto
Vauro, ad propria remearunt. Capto castro Vauri,
cum venissent nostri in castrum, homines comitis
Tolosani attendentes etiam quod ipse comes recessisset cum rancore a comite nostro : præterea inhibuerat ne deferrentur ad exercitum machinæ et
victualia a Tolosa ; insuper et præcipue quod idem
comes per legatos D. papæ, pro multis excessibus
excommunicatus erat et expositus ; his, inquam,
omnibus diligenter inspectis, proposuit ut comitem
illum, quasi jam aperte damnatum, manifestius
impugnarent. Comes igitur noster movens castra,
cœpit tendere ad quoddam castrum, quod dicitur
Mons-Gaudii, ubi a comite Fuxi peregrini fuerant
interfecti. Factum est autem, dum exercitus tenderet ad castrum illud, et dum adhuc aliquantulum
longe esset, apparuit in loco illo, ubi occisi fuerant
peregrini a comite Fuxi, columna ignis videntibus
nostris, lucens et descendens super corpora occisorum. Venientes autem nostri ad locum, viderunt
omnes occisos jacere resupinos, brachiis in modum crucis extensis. O res mira ! Istud audivi miraculum ab ore venerabilis episcopi Tolosani Fulconis qui præsens erat : apud prædictum ergo castrum comes accedens, illud funditus evertit ; homines enim castri effugerant præ timore. Inde perrexit comes noster ad aliud castrum, quod dicitur
Casser, et erat proprium comitis Tolosani. Interim
comes Tolosæ venit ad Castrum-novum : erat autem
castrum illud nobile, quod comes prædictus igne succendit, timens ne caperetur a nostris et vacuum dereliquit. Veniens comes noster ad castrum de Casser,
obsedit illud ; milites autem comitis Tolosæ qui
erant in castro illo, licet fortissimo, videntes quod
diu castrum illud tenere non valerent, reddiderunt

se comiti tali conditione : Promiserunt quod redderent nostris omnes hæreticos qui erant in castro, ipsi autem evaderent : factumque est ita ; erant enim in castro illo multi hæretici perfecti. Intraverunt igitur castrum episcopi qui erant in exercitu, cœperuntque hæreticis prædicare, volentes eos ab errore revocare : sed cum nec unum convertere potuissent exierunt a castro ; peregrini autem arripientes hæreticos ferme sexaginta, eos cum ingenti gaudio combusserunt. Hic autem manifestissime apparuit, quantum comes Tolosæ hæreticos diligeret, cum in modicissimo ipsius comitis castro, inventi sunt hæretici perfecti amplius quam quinquaginta.

CAPUT LIV.

Clerus Tolosanus Christi corpus religiose deferens, urbe ipsa hæreticorum nutrice et interdicta excedit.

His gestis, episcopus Tolosæ qui erat in exercitu, mandavit præposito ecclesiæ aliisque clericis ut de civitate Tolosana egrederentur : qui statim jussa complentes, nudis pedibus cum corpore Christi egressi sunt Tolosa. Capto autem castro de Casser, comes noster progrediens, venit ad aliud castrum comitis , quod dicitur Mons-ferrandus : erat autem ibi frater comitis Tolosæ, nomine Balduinus, quem frater suus miserat ut defenderet castrum illud ; veniens comes ad castrum, obsedit illud.

Post paucos autem dies, nostris insultum facientibus, videns comes Balduinus (sic enim vocabatur), quod diu resistere non valeret, reddidit castrum tali pacto, quod ipse cum suis egrederetur liber, et liberatus præstitit etiam juramentum, quod ipse de cætero Ecclesiam vel comitem nostrum nullatenus impugnaret, imo si vellet comes noster, ipse eum contra omnes et in omnibus adjuvaret. Egressus igitur comes Balduinus de castro venit ad fratrem suum comitem videlicet Tolosanum ; sed post paucos dies, rediit ad comitem Montis-fortis, veniensque ad eum rogavit ut comes ipsum in hominem recipere dignaretur, et ipse ei in omnibus et contra omnes fideliter deserviret. Quid ultra? Annuit comes, reconciliatus est comes Balduinus Ecclesiæ, de ministro diaboli, factus est minister Christi, fideliter quippe se habens, toto nisu hostes fidei ab illo die et deinceps expugnavit. O respectus! o misericordia Redemptoris ! Ecce duo ex eodemque patre fratres, sed inter se longe dissimiles : qui enim per prophetam dixit : *Jacob dilexi, Esau autem odio habui* (*Malach.* 1, *Rom.* ix), unum istorum incredulitatis limo infixum deserens, alterum mirabiliter et misericorditer eripuit secreto suo consilio quo ipse novit.

Nec silentio prætereundum quod, cum comes Balduinus exiisset a Monte-ferrando, antequam veniret ad comitem nostrum, quidam ruptarii, peregrinos qui a peregrinatione S. Jacobi redibant, in crucesignatorum odium spoliaverunt : quod audiens comes Balduinus, diligenter inquisivit qui essent qui hoc fecerant, et omnia quæ a peregrinis rapue-

rant ex integro reddi fecit : hoc fecit nuntium futuræ probitatis et fidelitatis comes nobilis Balduinus. Capto Monte-ferrando et quibusdam aliis castris per circuitum, munito etiam a nostris castello novo, quod, sicut supra dictum est, comes combusserat Tolosanus, transiens comes noster fluvium Tarni, venit ad quoddam castrum quod dicitur Rabatense in territorio Albigensi : quod cum ei redditum fuisset a burgensibus, inde vadens, proficiens et succrescens, sex alia castra nobilia pari modo, sine conditione aliqua acquisivit, quorum ista sunt nomina : Monsacutus, Galliacum, Causacum S. Marcellus, Guespia, S. Antoninus. Castra ista invicem prope posita comes Tolosæ abstulerat vicecomiti Biterrensi.

CAPUT LV.

Prima Tolosæ obsidio per Barrensem et Montfortiensem comites.

His gestis, nuntiatum est comiti nostro quod comes de Barro ad Christi militiam properans esset Carcassonæ : quo audito, comes gavisus est gaudio magno valde ; magna enim dicebant de comite illo : nostri etiam de adventu ejus plurimum confidebant ; sed longe aliter se res habuit quam sperabamus, ut ostenderet Dominus nomini suo dans gloriam, in se non in homine confidendum. Misit vero comes noster ad dictum comitem milites, qui eum adducerent versus Tolosam super quamdam ripariam, ubi ipse comes noster et exercitus ejus ei occurrere deberent ; et factum est ita. Comes autem Tolosæ, et comes Fuxi, et hostium multitudo audientes exercitum venire versus Tolosam, pergunt ad dictam ripariam ; non enim distabat ultra dimidiam leugam a Tolosa. Ibi convenerunt nostri ex una parte, hostes ex alia ; ipsi vero adversarii timentes ne transirent nostri pontem qui erat super ripariam, citius dirui fecerant ; nostri vero circumeuntes ut possent vadum aliquod invenire, invenerunt alium pontem, sed et ipsum tunc adversarii diruebant : sed nostri cum maxima probitate, quidam super pontem, quidam per aquam natantes fluvium transierunt, hostesque suos usque ad ipsas portas Tolosæ viriliter effugarunt. Inde redeuntes ad ripariam, ibi quidem manserunt nocte illa, etiam ibi datum fuit consilium ut obsiderent Tolosam in crastino. Igitur nostri moverunt Tolosam ; ibi fixere tentoria ante portas. Fuit in obsidione illa comes de Barro et plures nobiles viri de Alemannia. Obsessa est igitur ex una parte civitas, non enim sufficiebant nostri ut a parte alia obsiderent. Erat autem in civitate comes Tolosanus, et comes Convenarum cognatus ejus qui eum, quantum poterat, adjuvabat. Comes etiam Fuxi et alii milites infiniti, cives etiam Tolosani , quorum erat innumerabilis multitudo. Quid plura? Ad comparationem multitudinis obsessorum, paucissimi videbantur. Quia vero longum esset insultus omnes illius obsidionis exprimere, istud breviter est dicendum, quod quotiescunque adversarii exibant ut nostros infestarent s viriliter resistentibus, cum confusione com- sunt civitatem introire. Quodam etiam die, exiissent hostes, nostri audacius ipsos redire itatem compellerent, in ipso insultu occide- cognatum comitis Comigensis, et Willelmum upe-forti, fratrem episcopi Carcassonæ Ber- , de quo superius fecimus mentionem. Alio rea die, dum pransi essent nostri, et, ut mos ost prandium pausarent in meridie (æstas e erat), scientes adversarii nostros quiescere, tes per quamdam occultam viam, in exerci- rruerunt : surgentes autem nostri hostibusque er resistentes, in civitatem ipsos redire com- ant. Dum hæc fierent, Eustachius de Quen et n castellanus de Malpha, viri nobiles qui ab itu exierant ut præberent conductum illis qui ercitum victualia afferebant, eadem hora in- nt ad exercitum victualia conducentes, et dum t in ingressu exercitus, obviarunt eis hostes, it diximus, exierant de civitate, ipsosque ca- uttentarunt ; sed, illis viriliter se defendenti- nus ex adversariis jacto gladio, ut eis mos ictum Eustachium in latere percutiens, ipsum il. Castellanus autem Malphæ per multos labo- t per miræ probitatis exercitia vivus et sanus . Facta est caristia magna in exercitu, defi- bus victualibus ; insuper vero bona diceban- e comite Barrensi, cunctis qui erant in exer- sinistram de illo gerentibus opinionem. O ju- Dei judicium ! sperabatur ab hominibus quod s ille mirabilia esset facturus, hominesque plus de homine præsumebant; sed Deus qui per etam dixerat : *Gloriam meam alteri non dabo* XLVIII), sciensque si nostri in illa obsidione um proficerent, attribueretur homini et non toluit ibi magnifice operari. Videns igitur co- noster quod nihil proficeret, sed magnum dis- am fieret, et promotio negotii Christi detri- im pateretur, recedens ab obsidione Tolosæ, ad castrum quoddam, versus terram comitis quod dicitur Alta-ripa. Quod castrum cum risset servientibus, ad castrum Apamiarum ait : et ecce subito venerunt reptarii apud -ripam ; homines autem castri statim volue- tapere servientes, quos comes noster ibi di- it et tradere raptariis ; illi autem recipientes munitione castri, quæ modicæ erat fortitudi- æperunt se defendere. O furiosa traditio ! O nequam ! Videntes autem servientes sæpe quod non possent resistere, dixerunt raptariis redderent illis munitionem, dummodo pate- illos abire vivos et indemnes : et factum est ad non multo post comes noster transiit per m supradictum et totum illum succendit. s comes noster ab Apamiis, venit ad castrum dicitur Varille prope Fuxum : quod combu- st vacuum inveniens, gente sua munivit. In

terra comitis Fuxi penetrans, castella ipsius pluri- ma devastabat, ipsum etiam burgum Fuxi totum combussit.

Peractis igitur circa Fuxum octo diebus, destru- ctisque arboribus, vineis exstirpatis, comes noster Apamias est reversus : venerant autem ad ipsum comitem Caturcensis, episcopus missus a nobilibus territorii Catursensis supplicantibus ut accederet ad eos comes, et ipsi constituentes eum dominum, ab eo acciperent terras suas ; comes autem Tolosa- nus dominium habuerat in territorio Caturcensi. Tunc rogavit comes nobilis, comitem de Barro et nobiles de Alemannia ut irent cum eo : qui omnes concesserunt et se ituros promiserunt. Ire igitur cœperunt ; sed cum venirent prope Castrum-novum comes de Barro a promissione quam comiti fecerat resilivit ; nec famæ suæ providens, vel honori, di- xit ei quod nullatenus iret cum ipso. Mirati sunt omnes, comes noster vehementissime conturbatus, supplicavit ipse, rogaverunt universi et nihil pro- ficere potuerunt. Mox quæsivit nobiles comes ab Ale- mannis, si vellent ire cum eo : qui promiserunt li- bentissime se ituros. Movens igitur comes noster, tendens versus Caturcum, comes autem de Barro, aliam viam tendens, cœpit tendere Carcassonam. In ipsa discessione, tantum opprobrium sustinuit comes de Barro, quod non posset de facili expli- cari : illi enim qui erant in exercitu usque eo convi- tiis ipsum persequebantur publice, quod præ con- fusione non audemus dicere et scribere quæ dice- bant. Sicque factum est justo Dei judicio ut, qui veniens ad terram Albigensium, in civitatibus et castellis honorabatur ab hominibus, ab omnibus timebatur, rediens confunderetur ab omnibus, in omnium oculis vilis factus. Tendens comes noster Caturcum, transiit per quoddam cast. um quod erat comitis Tolosæ, nomine Caslutium in territorio Caturcensi, et impetu facto, totum Castri burgum extrinsecus succendit. Inde veniens Caturcum ho- norifice est susceptus, et factis ibi paucis diebus, ivit cum Alemannis supradictis, conducens e s us- que ad villam quæ dicitur Rupis-amatoris : inde redierunt Alemanni in terram suam ; comes autem cum paucissimis Caturcum est reversus ; et dum es- set comes Caturci, nuntiatum est ei duos de mili- tibus suis, Lambertum videlicet de Turcio et Gal- terum de Langatone fratrem episcopi Cantuariensis (6*), a militibus comitis Fuxensis esse captos. De modo captionis eorum, sicut ab ore utriusque ipso- rum audivimus, aliquid breviter exprimamus.

Equitabant quadam diem dicti milites prope ter- ram comitis Fuxi, cum multis de indigenis : quod cum audisset comes Fuxi, cum maxima multitudine insecutus est eos ; indigenæ autem qui erant cum nostris, qui, sicut dicitur, proditionem istam fece- rant, ut viderunt multitudinem venientem, statim omnes fugerunt ; ita nostri tantum sex remanse-

Videlicet Stephani, quem Innocentius III cardinalem creavit, cujusque obitum recenset Matth. sub an. 1228.

runt : circumdantes igitur illos sex undique adver- A
sariorum plurimi (comes enim Fuxi fugientes indigenas insequebatur), equos ipsorum omnes occiderunt. Amissis igitur equis, nostri inimicorum
circumdati multitudine se viriliter defendebant :
tunc quidam adversariorum qui erat inter alios
nobilior, cognatus comitis Fuxi, dixit prælato
Lamberto, ipsum siquidem noverat, ut se redderet :
quod audiens vir multæ probitatis : « Nondum
venit, inquit, hora. » Tum, ut vidit quia non posset
evadere : « Tali, inquit, conditione nos reddimus,
si quinque nobis promiseris, videlicet quod non
occides nos, vel membra truncabis : præterea honesta tenebimur custodia nec nos ab invicem se-
parabis, et nos ad competentem induces redemptionem, nec in aliena potestate nos pones · si hæc B
omnia firmiter promiseris, sic nos tibi reddemus ;
quod si nolueris, parati sumus mori, sed confidimus in Domino quia non moriemur soli, sed ca-
rissime nos vendentes, auxiliante Christo, prius
ex vobis plurimos occidemus ; nondum ligatas
habemus manus, nec capietis nos libere nec impune. « Audiens dictus miles verba Lamberti, promisit omnia quæ petebat libentius facturum. « Veni
igitur, dixit Lambertus, et super hoc in manu mea
præstes fidem. » Ille autem non fuit ausus accedere
ad eum, nisi nostri ipsum prius securum fecissent.
Assecuravit eum Lambertus et alii quinque, ac
cessit ille ad eos et tali conditione captos duxit
secum : qui mox qui promiserat male servans , C
tradidit eos comiti Fuxensi. Comes autem ille
maximis catenis ligatos in tam deterrimo et tam
angusto posuit carcere, quod nec stare, nec extendi jacere valebant ; lumen etiam non habebant
nec candelam, et solummodo dum comedebant ,
unam brevissimum foramen in illo erat ergastulo,
per quod cibaria eis porrigebantur. Ibi longissimo
tempore eos tenuit comes Fuxi, donec multa pecunia sunt redempti. Nunc ad id quod dimisimus
revertamur.

Peractis apud Caturcum comes nobilis negotiis,
pro quibus illuc advenerat, proposuit abire in terram Albigensem. Rediens igitur a Caturco, transiensque per castella sua, et visitans marchias suas,
versus Apamias remeavit. Venit igitur ad quamdam D
munitionem prope Apamias, et invenit eam contra
se munitam, erant quidem in ea sex milites et homines multi ; comes vero ipsa die munitionem illam
non potuit capere , sed in crastino mane insultu
facto, porta succensa, suffosso muro, ipsam munitionem vi cepit et destruxit, tribus militibus qui
erant in ea et hominibus interfectis, tres solum
milites ad consilium suorum reservavit, quia promiserant quod facerent reddi Lambertum de Tureyo et Galterum de Langatone Anglicum, quos ,
sicut dictum est, comes Fuxi tenebat : inde Apamias comes noster pervenit ; et dum esset ibi ,
nuntiatum est ei quod homines de Polio Laurenti,
facta proditione, tradiderant villam Sicardo, qui

fuerat dominus castri : et jam tam ipse Sicardus
cum suis militibus, quam homines illi milites Guidonis de Luccio qui custodiebant castrum in munitione positos impugnarent, sicut enim prædiximus,
comes noster, castrum illud dederat dicto Guidoni :
Quo audito, turbatus est comes, in auxilium militum
properare cœpit ; et cum venisset ad Castrum-novum, venit ad eum qui diceret milites dicti Guidonis turrem Podii Laurentii reddidisse adversariis,
et vere sic erat, omnia mœnia castri : quidam siquidem miles , cui præcipue Guido sæpedictus custodiam commiserat castri sui, pecunia, ut dictum
est, mediante, reddiderat adversariis turrem prædictam ; sed post aliquot dies cum de proditione
in curia comitis accusaretur miles ille , et nollet se
defendere per duellum, memoratus Guido illum
patibulo suspendi fecit. Dimissis comes apud Castrum-novum quibusdam militibus suis ad munitionem castri, ipse ivit Carcassonam ; verumtamen
antequam recederet a Castro-novo, quosdam milites
et balistarios miserat apud Montem-ferrandum, ut
custodirent castrum illud , jam enim comes Tolosæ
et cæteri adversarii fidei vires resumpserant resistendi, videntes comitem nostrum esse quasi solum, et discurrebant per terram ut possent castra
quæ amiserant per proditionem recuperare. Dum
esset comes noster Carcassonæ, nuntiatum est ei
quod adversarii sui in gravi multitudine veniebant
ad obsidendum Castrum-novum : quo audito, comes
turbatus est valde . statim misit comes ad milites
suos qui erant in Castro-novo et mandavit ne timerent a facie adversariorum, quia ipse veniret et
adjuvaret eos.

CAPUT LVI.

Comes Tolosanus, Castrum-novum et Simonem comi-
tem illud defendentem obsidet.

Quadam igitur die Dominica, cum esset comes
Carcassonæ et audisset missam et divinis sacramentis communicasset, iturus statim ad Castrumnovum, conversus quidam Cisterciensis qui aderat,
cœpit consolari eum et, quantum poterat, animari
Cui vir nobilis totum de Deo præsumens : « Putatis, inquit, quod timeam ; Christi geritur negotium,
universa pro me orat Ecclesia ; scio quod non
poterimus superari. » His dictis, ad Castrum-novum
vir nobilissimus properavit ; verum quædam castella prope Castrum-novum jam a dominio ejus recesserant, et de hominibus quos in castris illis
posuerat, plures jam fuerant ab adversariis per proditionem interfecti. Dum igitur esset comes noster
in Castro-novo, ecce comes Tolosæ, et comes Fuxi,
et Gasto de Bearno, et quidam nobilis Wasconiæ
cum infinita multitudine a Tolosa egressi, properabant ut obsiderent Castrum-novum. Veniebat
etiam cum adversariis ille pessimus apostata, ille
prævaricator, iniquus filius diaboli, minister Antichristi, Savaricus videlicet de Malleone omnem
excedens hæreticum, omni deterior infideli (*I Tim.*
v), impugnator Ecclesiæ, Christi hostia. O virum,

irus pessimum, Savaricum dico, qui scelestus A
ditus, et pudens et imprudens, currens ad-
s Deum exerto collo, etiam impugnare ausus
xclesiam sanctam Dei ! o hominem apostasiæ
ipem, crudelitatis artificem, perversitatis
un ! o hominem malignorum participem, o
rsorum consortem, o hominem opprobrium
1um, o virtutis ignarum, o hominem diaboli-
imo totum diabolum ! Audientes nostri tantam
ludinem advenire, consuluerunt quidam ex
comiti ut aliquos de suis dimittens ad defen-
m castri, secederet ad Fanum-Jovis, vel etiam
ssonam · sed habito saniori consilio, Deo me-
rovidente, adversariorum adventum in Castro-
comes voluit exspectare.

: silendum quod, cum comes esset in Castro-
, et jam quasi esset in manu inimici, ecce
s a Deo Guido de Luceio cum quinquaginta
militibus supervenit, siquidem miserat omnes
s nobilis regi Arragonensi in auxilium contra
s de quorum adventu exhilaratus est comes,
m nostrorum animi confortati. Rex autem
ipote pessimus, qui nunquam dilexerat ne-
n fidei vel comitem nostrum, militibus quos
s miserat in ejus auxilium, valde inurbanum
sibuit, imo etiam, dum milites ipsi redirent
omitem nostrum, de mandato ipsius comitis
itteras eis facto, rex perfidissimus, sicut di-
fuit, ipsis nostris militibus ad capiendos eos
i insidias præparaverat : innotuit sæpedictis C
bus proditio, et a strata publica declinave-
O crudelis pii operis recompensatio ! o tanti
ii dura stipendia. Jam propositum exsequi-
Comite igitur apud Castrumnovum, secretius
corum suorum adventum exspect· te, ecce
um die subito, cum infinita multitudine vene-
hostes qui quasi locustæ terram operientes ,
mquaque discurrere cœperant : ut autem ap-
nquaverant castro, statim homines de burgo
iori, per desuper murum se præcipitantes, et
versarios transferentes, burgum ipsis in primo
su dimiserunt. Intrantes igitur adversarii
um, cœperunt huc illuc discurrere, lætabundi,
entes. Comes vero noster tunc erat in mensa ;
ates autem se nostri postquam comederant , D
istro sunt egressi et quotquot de adversariis
rgo invenerunt citius effugarunt, fugientesque
sarios et trementes de burgo viriliter ejece-
Quo facto , comes Tolosæ et qui cum ipso
fixerunt tentoria a parte castri super mon-
post hæc ita fossatis , lignis , repagulis se
runt, ut non tam obsidentes, quam obsessi
entur, videbaturque quasi fortior, et ad ac-
m difficilior locus, in quo erat exercitus obsi-
um, quam castrum obsessum. Cum autem sero
, adversarii intraverant burgum ; erat enim
nibus vacuum, quia nostri propter paucita-
non poterant illud munire ; non enim erant in
o inter milites et servientes amplius quam

quingenti homines, cum hostes fere centum millia
esse crederentur. Timentes autem hostes qui burgum intraverant, ne nostri expellerent eos, sicut
antea fecerant, ipsum burgum lignis et quibuscunque potuerunt munierunt a parte murorum, ne ad
eos exire possent, murumque forinsecum qui erat
inter burgum et exercitum pluribus locis perfora-
runt , ut liberius fugere possent, si necessitas immineret. In crastino autem exeuntes nostri de
castro, et quidquid adversarii fecerant destruentes,
ipsos de burgo sicut prius fecerant projecerunt, et
fugientes usque ad tentoria sunt secuti : nec silendum credimus in quo tunc discrimine nobilis erat
comes : comitissa quippe erat apud Vaurum ; primogenitus ejus Almaricus apud Fanum-Jovis infirmabatur ; filia, quam in terra illa genuerant, nu-
triebatur apud Montem ·regal·m n c po erat alter
alterum videre vel in aliquo subvenire · illud quoque supprimendum non est quod, licet nostri essent
paucissimi, omni die exibant, hostesque crebris-
sime et validissime impetebant , nec enim sicut
jam diximus, nostri videbantur obsessi, sed potius
obsidentes, tot vero repagulis , sicut dictum est ,
adversarii se cinxerant, quod nostri ad eos intrare
non poterant, licet ardentissime affectarent. Illud
quoque adjiciendum est quod servientes nostri ad
hostium oculos, quotidie equos nostrorum longe a
castro ad dimidiam leugam ad aquandum ducebant, vineas etiam quæ erant prope exercitum pedites nostri, videntibus et invidentibus adversariis,
quotidie vindemiabant ; erat enim tempus vinde-
miarum.

Quadam autem die, pessimus ille traditor comes Fuxi et filius ejus Rogerius Bernardi, non
impar malitia. e. magna pars exercitus venientes
prope castrum, voluerunt impugnare nostros qui
præ foribus castri armati stabant. Videntes autem
nostri illos appropinquare cum maxima ipsos im-
petentes, ipsumque filium comitis Fuxi et plures
alios de equis præcipitantes, ad sua cum confusione tentoria redire compulerunt. Et quia non
possemus omnes insultus et eventus illius obsidionis ad plenum exprimere, istud breviter asserimus, quod quotiescunque adversarii ad nostros
accedere ausi sunt, causa alicujus impetus faciendi, nostri tota die ante portas foris castrum manebant, bellum desiderantes, ipsos cum maxima
eorum erubescentia in sua tentoria reduxerunt.
Cum hæc aguntur, vicina castra per circuitum recesserunt a dominio comitis nostri et reddiderunt
se comiti Tolosano. Die quadam illi de Cabareto
miserunt ad comitem Tolosæ et mandaverunt ei
ut veniret vel mitteret ad eos, et ipsi statim ei
reddiderunt Cabaretum : castrum autem Cabareti
distabat a Castronovo quinque leugis. Nocte igitur quadam moventes adversariorum plurimi a castris suis missi a comite Tolosano, cœperunt ire
ut acciperent Cabaretum : cum autem essent hostes nostri in itinere, divina disponente clementia,

20

viam quæ ducebat Cabaretum perdiderunt, et diutius deviantes per invia ad sæpedictum castrum Cabareti pervenire nequiverunt; sicque post longas vagationes ad castra, unde exierant, sunt reversi. Interea erigi fecit comes Tolosæ machinam quæ dicitur mangonellus, cœpitque jacere mangonellus in castrum, sed obfuit nostris in modico aut in nullo. Post aliquot autem dies parari fecit comes Tolosanus machinam quamdam miræ magnitudinis, ad diruendum murum castri; jaciebantur autem in machina illa maximi lapides, et quidquid contingere poterant diruebant. Cum jecissent autem hostes in machina præfata per multos dies, accessit ad comitem Tolosæ quidam suus jaculator et dixit ei : « Ut quid in machina illa tot et tanta expenditis, ut quid muros castri hujus destruere satagitis, nonne videtis quotidie quod usque ad tentoria nostra veniunt hostes nostri, et exire non audetis? Certe deberetis velle quod ferreus esset murus, ut ad nos accedere non valerent. » Contingebat siquidem in illa obsidione præter solitum res mirabilis; quia, cum obsidentes obsessos soleant impugnare, obsessi nostri jure contrario, suos impetebant crebrius obsessores; nostri præterea adversarios deridebant in hæc verba : « Cur in machina vestra et tanta et tot expenditis, in diruendo diutius laboratis? Credite nobis; nos ab expensa vobis parcemus, nos expediemus vos a labore, viginti solummodo marchas nobis date et nos ipsius muri centum cubitos in longitudine funditus diruentes, terræ faciemus adæquari, ita ut si ausi fueritis, nonobstante muro ad nos libere transeatis. » O virtus animi! o fortissimum robur mentis!

Die quadam exiens comes noster a castro, tendebat ut discinderet machinam supradictam; adversarii autem tot circa machinam illam fecerant repagula fossataque, quod nostri ad eam pertingere nequiverunt : vir autem fortissimus, comes videlicet noster, sedens in equo, fossatum quoddam amplissimum et profundum transire voluit, et in suos irruere audacius inimicos. Quod videntes quidam de nostris, discrimenque inevitabile si comes istud faceret attendentes, arripuerunt ipsum per frenum, tenuerunt ne se morti exponeret imminenti : quo facto, omnes nostri, nullo de suis amisso, ad castrum redierunt, pluribus de adversariis interfectis. Rebus sic se habentibus, misit comes noster marescallum suum Guidonem de Levis, virum fidelem et armis strenuum, ut a Fano-Jovis et Carcassonæ faceret victualia deferri ad comitem, hominibus etiam Carcassonensibus et Biterrensibus præciperet, ut ad comitis auxilium festinarent; sed cum nihil proficere posset, *omnis quippe* terra *corruperat viam suam* (Gen. VI), ad comitem remeavit. Comes iterum remisit eum, et cum eo virum nobilem Matthæum de Marliaco fratrem Buchardi : qui venientes ad homines terræ comitis, iterum atque iterum rogaverunt ut ad comitem venirent,

minas precibus adjicientes : sed cum perversi homines et jam vacillantes, nolentes eos audire, etiam tunc Aimericum dominum Narbonæ et cives Narbonenses adjuvandum comitem festinarent : responderunt cives Narbonenses et dixerunt marescallo, quod si Aimericus dominus eorum iret cum eis, ipsi eum sequerentur, ipse vero nullomodo utpote vir multum argutissimus, potuit ad hoc induci. Exeuntes autem dicti milites nostri a Narbona, de tam populosa civitate, vix trecentos homines extraxerunt, et cum venissent Carcassonam, de tota terra illa non potuerunt habere homines plusquam quingentos : quos cum vellent ducere ad comitem, illi nullomodo voluerunt, sed omnes statim ad propria refugerunt. Interea perfidissimus comes Fuxi, quoddam castrum quod erat Buchardi de Marliaco prope Castrumnovum a parte orientali versus Carcassonam, quod S. Martinus dicitur, et quasdam alias munitiones in circuitu occupaverat et munierat contra nostros. Comes autem mandaverat Buchardo de Marliaco et Martino Algais, qui erant cum comitissa apud Vaurum, ut venirent ad Castrumnovum. Iste Martinus miles erat Hispanus, quondam ex nostris; sed quam pessime postea se habuit in sequentibus ostendetur.

CAPUT LVII.

Acerrimo conflictu, illustrique victoria, crucesignati Fuxi comitem ad arcem Sancti Martini profligant.

Erat autem cum comite nostro miles quidam Carcassonensis de Monte regali Guillelmus cognomine Catus, cui dominus comes terram dederat, ipsumque militem fecerat, quem in tanta familiaritate habebat, quod filiam ipsius comitis dictus Guillelmus levaverat de sacro fonte; comes siquidem et comitissa et omnes nostri de ipso super omnes indigenas confidebant, adeo quod dominus comes proprium suum primogenitum ipsi tradidit aliquando custodiendum. Miserat autem comes a Castronovo ad Fanum-Jovis ut homines de castris vicinis in auxilium comitis adduceret ad Castrumnovum; sed iste omni hoste deterior, omnium pessimus traditorum, ingratus beneficiis, oblitus amoris, associatis sibi aliquibus indigenis, pari crudelitatis affectu, in tantam nequitiam pariter consenserunt ut marescallum prædictum et socios ejus redeuntes a Carcassona caperent et traderent in manus comitis Fuxensis. O iniquum proditionis genus! o pestis dura! o crudelitatis artificium! o adinventio diabolica! innotuit autem marescallo prædicto, et ab insidiis declinavit. Nec prætereundum quod plures homines terræ illius, aliqui etiam abbates qui castra multa habebant, recesserunt tunc a comite nostro, et juraverunt fidelitatem comiti Tolosano. O juramentum exerabile! o infidelitas infidelis! Interea Buchardus de Marliaco, et Martinus Algais, et quidam alii milites comitis nostri venientes a castro Vauri, et ad auxilium comitis properantes, venerunt Saxiacum castrum Buchardi, quia non audebant venire recta via a Vauro ad Castrumnovum. Die autem præcedenti ingressum eorum in Castrumnovum, comes Fuxi, qui eorum adventum præsciebat, exiens ierat ad castrum supradictum, quod dicitur S. Martinus, per quod milites nostri debebant transire, ut impugnaret eos. Nobilis vero comes noster istud sciens, Guidonem de Luceio, castellanum de Malpha, vicecomitem Donges militesque alios usque ad quadraginta, misit suis in auxilium, et mandavit quod in crastino sine dubio, contra prædictum comitem Fuxi, pugnam essent habituri.

Missis illis militibus, non remanserunt cum comite inter milites et armigeros in equis amplius quam sexaginta. Videns autem comes Fuxi quod comes noster misisset suis in auxilium, recedens a castro S. Martini, rediit ad exercitum ut inde assumens armatos, secum rediret ad impugnandum marescallum et eos qui cum eo manebant. Interea comes noster, Guillelmum Catum et milites indigenas qui cum eo in Castronovo erant allocutus est in hunc modum : « Ecce, inquit, fratres charissimi, comes Tolosæ et comes Fuxi, viri potentes cum infinita multitudine sanguinem meum quærunt; ego autem sum in medio hostium quasi solus, rogo vos pro Deo, quatenus si timore vel amore ducti, vultis ire ad eos et a me recedere, non celetis, et ego sanos et salvos usque ad ipsos faciam vos conduci. » O nobilitas viri ! o excellentia principis ! Respondens autem alter Judas, Guillelmus videlicet Catus, dixit : « Absit, domine mi, absit ut a vobis recedamus, etenim et si omnes vos reliquerint, usque ad mortem vobiscum perseverabo (*Matth*. xxvi). » Similiter autem et omnes dixerunt. Sed non multo post, dictus traditor cum quibusdam sociis suis recessit a comite, factus de familiarissimo, crudelissimus persecutor. Illis ita gestis, marescallus et Buchardus de Marliaco, et qui cum ipso erant summo mane, audita missa, facta confessione et communione Dominici corporis suscepta, ascensis equis ad comitem dirigunt iter suum. Comes autem Fuxensis, sentiens eos venire, accepta secum de melioribus exercitus totius in numera multitudine equitum armatorum, pluribusque etiam millibus peditum electorum, pugnaturus contra nostros obviam properavit : fecerat autem idem comes tres turmas. Comes autem noster qui erat illa die ante foras Castrinovi, et adventum suorum sollicitus exspectabat, videns quod comes Fuxi ad dimicandum contra eos properaret, illos qui secum erant consuluit quid facere tunc deberent, diversis diversa sentientibus, dicentibus quibusdam ipsum debere ad custodiam castri remanere, aliis econtrario dicentibus ut ad auxiliandum suis militibus properaret : vir indefessæ virtutis, vir probitatis invictæ dixisse perhibetur : « Paucissimi in castro isto remansimus, totumque Christi

negotium pendet ex hoc bello; absit ut milites nostri moriantur in prælio gloriosi; ego vivus et ignominiosus evadam; volo vincere cum meis vel cum meis mori; eamus et nos, et, si necesse fuerit, moriamur cum illis. » Quis inter hæc se a lacrymis continueret! sic fatur lacrymans, statimque suis properat in succursum. Comes autem Fuxi ut appropinquavit nostris, tres turmas quas fecerat in unam redegit.

Hic adjiciendum quod episcopus Caturcensis et quidam monachus Cisterciensis, qui de mandato abbatis Cistercii, de negotio Jesu Christi curam gerebant, veniebant cum marescallo. Qui videntes hostes venientes bellumque imminere, cœperunt hortari nostros ut viriliter se haberent, promittentes firmissime quod , si tam glorioso certamine pro fide occumberent Christiana, remissionem adepti peccatorum, omni statim gloria et honore coronati, mercedem reciperent sui certaminis et laboris. Strenuissimi autem milites nostri, certi quidem de præmio, sed et bonam de reportanda victoria spem habentes, hilares et intrepidi hostibus occurrebant; illi autem veniebant in unum conglobati. Ordinaverunt autem ipsi adversarii aciem suam; illi qui in equis sedebant, ferro coopertis incedebant medii; reliqui autem equites ex una parte, pedites vero ex altera optime muniti : habito igitur nostri inter se consilio, quod illos qui habebant equos coopertos prius impeterent. Dum hæc fierent, aspiciebant nostri a longe, viderunt comitem nostrum exeuntem a Castronovo, et in eorum auxilium properantem : statim duplicata audacia, animosiores effecti, invocato Christo in hostes se medios immiserunt, ipsosque dicto citius penetrarunt, illi autem victi in momento et confusi, fugæ præsidia arripuerunt : quod videntes nostri, statim ad pedites qui stabant a parte altera se vertentes, de illis innumerabiles occiderunt. Nec silendum quod, sicut marescallus veridica relatione asseruit, contra unumquemque ex nostris erant hostes plusquam triginta. Agnoscatur igitur operata divinitas; non enim potuit comes noster bello interesse, quamvis sub festinatione maxima adveniret; jam enim suis militibus victoriam dederat victor Christus. Insequentibus igitur nostris fugientes adversarios et extremos quosque cædentibus, facta est hostium strages magna; de nostris autem non occubuerunt amplius quam triginta, cum de inimicis innumerabiles fuerint interfecti. Nec prætereundum quod Martinus Algais, de quo supra tetigimus, in primo insultu de bello resiliens fugere cœpit : quem venerabilis episcopus Caturcensis, qui prope erat fugientem videns, et quid factum esset requirens : « Mortui, inquit ille, sumus omnes : » Quod vir Catholicus non credens, ipsumque durius objurgans, redire compulit ad certamen.

Prætereundum etiam non est quod fugientes hostes præ timore mortis, exclamabant fortiter « Mons-fortis, Mons-fortis, » ut sic se fingerent esse de nostris, et manus persequentium evaderent arte

tali. Nostri vero artem istam arte alia deludebant :
cum enim audiret aliquis de nostris, quempiam
hostium exclamare Mons-fortis præ timore, dicebat
ei : « Si noster es, occide istum fugientem, » de-
monstrato videlicet de fugientibus. At ille, timore
ductus, suum socium occidebat; sed ille qui socium
occiderat, occidebatur, mercedem recipiens fraudis
suæ et sceleris a nostris. O res mirabilis et inaudita! qui enim causa occidendi nostros ad bellum
accesserant, justo Dei judicio suosmetipsos occidentes nobis famulabantur, licet inviti. Postquam
nostri hostes diutius fugaverant et occiderant infinitos, stetit comes in medio campo, ut suos qui
insequentes hostes circumquaque dispersi erant,
recolligentes congregaret.

Interea ille apostatarum omnium præcipuus, **B**
Savaricus videlicet de Malleone et magna multitudo
armatorum, egressi a loco castrorum, ad foras
accesserant Castrinovi, ibique stantes cum magna
superbia, elevatis vexillis, belli exitum exspectabant; plurimi etiam ex ipsis inferius burgum intrantes, cœperunt acrius impugnare illos qui in
castro remanserant, quinque videlicet solummodo
milites et paucissimos servientes, sed quamvis
essent paucissimi, infinitos hostes armis et balistis
munitissimos, de ipso burgo repellentes, se strenuissime defendebant. Videns igitur dictus proditor, Savaricus videlicet, nostros in campo belli ob-
tinuisse victoriam, cernensque quod·illi qui erant
cum eo castrum capere non potuissent, recollectis
suis, confusus ad tentoria remeavit. Comes autem **C**
noster et qui cum eo erant, a campo reportata victoria revertentes, in ipsa tentoria adversariorum
irrumpere noluerunt. O invicti milites! o Christi
tirones, sicut jam supradictum est, hostes tot se
repagulis concluserant et fossatis, quod nostri nisi
de equis descenderent, ad eos accedere non valebant : quod cum comes facere festinaret, consuluerunt quidam ut differret in diem alteram, eo
quod recentes essent hostes, nostri vero prælio
fatigati : acquievit comes utpote qui omnia agens
cum consilio et semper, in his obtemperare voluit.
Rediens igitur in castrum vir nobilis, sciens quia
Dei esse virtutem, Dei esse victoriam, descendens
de equo in ipso introitu Castrinovi, nudus pedes **D**
ad ecclesiam perrexit, omnipotenti Deo pro collatis beneficiis gratias repensurus, in qua ecclesia
decantantes nostri cum devotione et exsultatione
maxima, *Te Deum laudamus*, in hymnis et confessionibus benedicebant Dominum qui magna fecit
in populo suo, et victoriam de suis contulit inimicis (*II Machab*. x).

Non credimus autem prætereundum quoddam
miraculum, quod contigit ipso tempore, in quadam
abbatia ordinis Cisterciensis, quæ est in territorio Tolosano et dicitur Grandis-Silva. Monachi domus illius In magna afflictione positi erant, quia
si nobilis comes Montis-fortis caperetur in Castronovo vel occumberet in bello, imminebat eis mors

A et gladius : comes siquidem Tolosanus et complices
sui, super omnes, exosos habebant monachos Cisterciensis ordinis, et præcipue domum illam, eo
quod abbas Cisterciensis Arnaldus apostolicæ sedis
legatus, cui exhæredationem suam præ cæteris im-
putabant, abbas fuerat domus illius. Quadam itaque die, dum quidam monachus dictæ domus, vir
religiosus et sanctus, celebraret divina, in ipsa
eucharistiæ consecratione, ex intima cordis devotione, pro dicto comite Montis-fortis, qui tunc temporis in dicto Castronovo obsessus erat supplicavit.
Ad quem vox divina : « Quid pro eo oras? tot pro
ipso sunt orantes, quod oratione tua non est
opus. »

CAPUT LVIII.
Castrumnovum obsidione liberatur.

Interea comes Fuxi novum proditionis artificium
adinvenit, imitans videlicet patrem suum diabolum,
qui cum in uno fuerit superatus, ad alia nocendi
convertitur argumenta. Misit igitur nuntios suos
longe lateque per castella, qui comitem Montis-
fortis in bello superatum assererent; quidam etiam
excoriatum dicerent et suspensum; qua de causa
reddiderunt se id temporis adversariis nostris. In
crastino vero gloriosæ victoriæ, consuluerunt comiti nostro milites sui ut exiret de Castronovo,
quosdam de suis dimittens ibi, pergensque per terram suam, homines quos posset adunaret. Exiens
igitur comes de Castronovo perrexit Narbonam :
veniebant autem de Francia tunc peregrini, Alanus
videlicet de Rociaco, vir multæ probitatis, et quidam alii, sed pauci. Comes autem Tolosæ et qui
cum ipso erant, videntes quod nihil in obsidione
Castrinovi proficerent, per aliquot dies combusta
machina sua, cum magna confusione ad propria
sunt reversi. Nec silendum quod non fuerunt ausi
egredi de castris suis, donec agnoverunt comitem
nostrum a castro exisse. Dum igitur esset comes
noster apud Narbonam, haberetque secum supra-
dictos peregrinos, plures etiam congregasset de
hominibus indigenis, ut rediens pugnaret contra
comitem Tolosanum et eos qui cum eo erant, nuntiatum est ei quod comes dictus et sui recesserant
ab obsidione Castrinovi. Comes autem noster, dimissis indigenis, quos adunaverat, peregrinos tantum
ducens secum, rediit ad Castrumnovum, et proposuit quod omnes in circuitu munitiones, quæ ab
ejus dominio recesserant, funditus everteret. Quod
dum fieret, nuntiatum est ei quoddam castrum,
nomine Constantianum versus Thermas ab ejus ju-
risdictione resilisse, et se inimicis fidei reddidisse :
quo audito, statim properavit comes ut castrum
illud obsideret : quod castrum cum per aliquot dies
impugnasset, videntes qui intus erant quod non
poterant resistere, se et castrum comiti reddiderunt, ut suam de ipsis faceret per omnia voluntatem : quo facto, rediit comes ad Castrumnovum;
statim nuntiatur comiti nostro quod homines castri, quod dicitur Mons-acutus in diœcesi Albiensi,

erant se comiti Tolosano, munitionesque A
et eos quos comes noster in eo custodiendo
'at, impugnabant : properavit comes noster.;
tequam posset pervenire, illi qui erant in
one prædicta, jam reddiderant adversariis
onem. Quid plura ? Omnia in circuitu castra
sima et fortissima, exceptis duobus paucis-
tunc quasi in uno die reddiderunt se comiti
ino. Nomina autem castrorum nobilium, quæ
æmporis sunt amissa, sunt hæc in Albiensi
si : Rabasten, Mons acutus, Galliacum, ca-
de Grava, Cahusacum, S. Marcellus, Guespia,
toninus; in d.œcesi autem Tolosana jam se
erant ante obsidionem Castrinovi, in ipso
re obsidionis Podium Laurentii, Casser, S.
Mons-Ferrandus, Avinio, S. Michael, Cuc et B
lunum: præterea perdita sunt alia castra mi-
quæ non possemus per singula enarrare; di-
' siquidem amplius quam quinquaginta.
lam autem pessimam et inauditam traditio-
|uæ facta est tunc in castro de Gravis, quod
diœcesi Albiensi, non credimus prætermit-
n.

lilis comes noster, cuidam militi Francigenæ
m illud tradiderat : miles autem ille credebat
ninibus castri plusquam opus esset ; illi au-
a ejus morte cogitabant. Quadam vero die,
at sæpedictus miles dolia sua refici a quodam
ntario dicti castri : et dum idem carpentarius
dolium refecisset, dixit præfato militi ut in-
et et videret utrum dolium esset bene repara-
qui cum caput in dolium submisisset, car-
'ius elevata securi, caput illius amputavit. O C
litas inaudita ! Statim insurrexerunt homines
, et paucos Francigenas qui erant in castro
:runt; quod cum audisset nobilis comes Bal-
s, de quo supra tetigimus, frater comitis To-
, quadam die summo diluculo venit ante ca-
. At illi exeuntes obviam, putantes quod ipse
comes Tolosæ, eo quod similia arma portaret,
uxerunt eum in castrum, et lætabundi et
ntes, crudelitatem quam fecerant narrave-
ille autem cum armata multitudine in eos
ns, fere omnes a minimo usque ad maximum
ecit. Videns comes noster quod tot et tanta D
: amisisset, venit Apamias ut castrum illud
'et ; et cum ibi moraretur, mandavit ei comes
quod si solummodo quatuor dies exspectaret,
:t ipse et pugnaret contra ipsum. Comes au-
toster remandavit ei, quod non solummodo
or dies, imo plusquam decem apud Apamias
ctaret ; comes autem Fuxi non fuit ausus ve-
insuper milites nostri, etiam sine comite no-
terram Fuxensem intraverunt, et quoddam
m dicti comitis destruxerunt. Post hæc re-
s est comes noster versus Fanum-Jovis, misit-
astellanum de Malfa, et Gaufridum fratrem
milites strenuos cum aliis paucissimis ad
lam castrum, ut facerent deferri bladum a ca-

stro ad Fanum-Jovis, ad muniendum castrum
ipsum. Qui cum redirent a castro prædicto, filius
comitis Fuxi, a patris nequitia non degenerans,
posuit se in insidiis juxta viam per quam dicti
milites venire debebant; habebat autem traditor
ille secum armatorum multitudinem copiosam.
Transeuntibus autem nostris, surgentes hostes de
insidiis aggressi sunt eos, circumdantesque dictum
Gaufridum, ipsum undique infestabant. Ille autem,
utpote miles optimus, se viriliter defendebat ; habebat vero paucissimos adjutores. Cum ergo equum
suum jam amisisset, et esset jam in suprema necessitate, dicebant ei hostes ut se redderet ; vir
autem miræ probitatis, tale fertur dedisse responsum : « Christo, inquit, me reddidi; absit ut ejus
me reddam inimicis : » sicque inter hostium ictus,
gloriosus, ut credimus, spiritum exhalavit. Occubuit etiam cum eo quidam strenuissimus juvenis,
cognatus dicti Gaufridi et alii pauci ; miles quidam
vero, nomine Droco, vivum se reddidit : quem comes Fuxi detinuit incarceratum ; castellanus autem
de Malfa vivus evadens, amissis fratre et cognato,
gemebundus ad castrum, a quo recesserant, remeavit. Post hæc revertentes nostri ad locum, et tollentes corpora occisorum, sepelierunt ea in quadam
abbatia ordinis Cisterciensis, quæ dicebatur Bol-
bonia. Tempore illo Guillelmus, venerabilis archidiaconus Parisiensis, et quidam alius magister Jacobus de Vitriaco, de mandato et ad preces episcopi
Uticensis, quem dominus papa pro negotio fidei
contra hæreticos legatum præfecerat, qui etiam
ipsum negotium diligebat et efficaciter promovebat,
prædicationis officium assumpserunt. Qui zelo fidei
succensi, Franciam imo Alemanniam circumeuntes,
tota hieme illa, incredibilem fidelium multitudinem
ad Christi militiam signo crucis in pectoribus si-
gnaverunt ; isti siquidem duo, præcipue post Deum,
fidei negotium in partibus Gallicanis et Teutonicis
promoverunt.

CAPUT LIX.

R. Malvicinus centum stipatus militibus ex Gallia
Montfortio comiti suppetias venit.

Rebus sic se habentibus, ille nobilissimus militum, ille Christi servus, ille Jesu negotii amator
præcipuus et promotor Robertus videlicet Malvicinus, qui præcedenti ætate perrexerat in Franciam,
redibat habens secum de electis militibus Franciæ
plusquam centum, qui omnes ducem suum fecerant et magistrum. Hi omnes admonitionibus virorum venerabilium episcopi videlicet Tolosani et
abbatis Vallium signati, accinxerant se ad militiam
Jesu Christi; qui tota hieme illa in servitio Jesu
Christi perseverantes, supradictum negotium, quod
in multa depressione tunc erat, nobiliter erexerunt.
Audiens comes dictos milites advenire, ivit obviam
eis usque Carcassonam : quo cum pervenisset, fit
exsultatio incredibilis inter nostros, fit gaudium
magnum valde : inde venit comes cum dictis militibus usque ad Fanum-Jovis. Ipso tempore comes

Fuxi obsederat quoddam castrum cujusdam militis A indigenæ, nomine Guillelmi Daura, qui comiti nostro adhærens, ipsum quantum poterat adjuvabat. Erat autem castrum illud prope terram comitis Fuxi, et vocabatur Carun; comes autem Fuxi jam illud castrum impugnaverat per xv dies. Moventes igitur nostri a Fano-Jovis properabant ut comitem Fuxi amoverent ab obsidione dicti castri. Comes autem ille, audiens nostros advenire, relictis ibi machinis suis, cum magna confusione fugiens, ab obsidione recessit; nostri vero per aliquot dies devastantes terram ejus, quatuor de castellis ejus destruxerunt. Inde redeuntes ad Fanum-Jovis, properaverant ut obsiderent quoddam castrum in Tolosana diœcesi, quod dicitur Pomaireda : quod castrum cum per aliquot dies impugnassent, quodam B die facto insultu , fossatum castri vi impleverunt; sed, nocte superveniente, non ceperunt castrum ipsa die : videntes autem qui in castro erant quod quasi capti erant, media nocte perforantes murum, clanculo aufugerunt : quo facto statim nuntiatur comiti quod castrum quoddam, nomine Albedunum in diœcesi Narbonensi, ab ejus dominio recessisset, quo dum pergeret comes, dominus castri venit obviam ei, et se et castrum ejus tradidit voluntati.

CAPUT LX.

Venit Guido de Monte-forti ad comitem L'ontis-fortis fratrem suum de ultramarinis partibus, cujus adventu mirifice exsultat comes.

His gestis, venit comes ad illud nobile castrum C in diœcesi Albigensi, quod dicitur Castra : ubi dum moraretur et ageretur festum Dominicæ Nativitatis, venit ad ipsum Guido frater ejus germanus, rediens a partibus transmarinis. Iste Guido frater comitis cum ipso ierat ultra mare; sed, redeunte comite, remansit iste Guido in partibus transmarinis, quia duxerat ibi uxorem nobilissimam de regio semine, quæ erat domina Sidonis, quæ etiam veniebat cum eo, cum filiis suis, quos de ipso Guidone susceperat. Nec silendum quod dum veniret dictus Guido ad comitem, quædam castella in territorio Albiensi quæ resilierant a dominio comitis sæpememorati, Guidoni se reddiderunt ; quanta autem in adventu fratris fuerit comitis et nostrorum exsultatio non est qui possit explicare. Post D paucos autem dies properaverunt nostri ad obsidendum quoddam castrum in Albiensi diœcesi, quod dicitur Tudelle, et erat patris Giraldi de Pepios illius pessimi traditoris. Impugnantes autem nostri castrum, post paucos dies illud ceperunt, et fere omnes in ore gladii interfecerunt ; solummodo pater Giraldi unus evasit, quem comes reddidit pro quodam milite, quem comes Fuxi tenebat in vinculis nomine Drocone de compenso consanguineo Roberti Malvicini. Post hæc properavit comes nobilis ut obsideret quoddam castrum, quod dicitur Cahusacum in territorio Albiensi, ubi cum media hieme, præter solitum esset in obsidione et paucissimos habe:et secum, per multos labores et angustias

cepit illud castrum. Comes autem Tolosæ, et comes Comingensis, et comes Fuxi cum infinita multitudine congregati erant apud quoddam castrum proximum nomine Galliacum, miseruntque nuntios ad comitem nostrum, mandantes quod venirent ad impugnandum eum. Hoc autem dicebant, ut si possent terrere comitem nostrum, suam forte dimitteret obsidionem. Miserunt semel, miserunt iterum, et tamen non sunt ausi venire : videns autem comes quod non venirent, dixit suis : « Ex quo non veniunt certe, ego ibo et visitabo illos; » et accipiens secum armatos de suis, properare cœpit tendens versus Galliacum, cum paucis ibat spirans et anhelans bellum. Quod audiens comes Tolosæ et qui cum eo erant, exeuntes a Galliaco, fugerunt versus quoddam castrum proximum, nomine Montem-acutum. Comes autem noster secutus est eos usque ad castrum illud : quod videntes illi inde fugerunt; at illi egressi a castro illo, fugerunt versus Tolosam. Videns igitur comes noster quod non auderent eum exspectare, ad castrum unde venerat remeavit.

His ita rite peractis, misit dominus comes ad abbatem Cisterciensem qui erat apud Albiam, quærens ab eo quid facto opus esset. Consilium autem abbatis fuit, ut comes obsideret castrum illud S. Marcelli, quod prope Albiam ad tres leugas situm erat. Comes vero Tolosæ, cuidam pessimo traditori Geraldo de Pepios, commiserat castrum illud. Venientes igitur nostri ad castrum, tantum ab una parte obsederunt illud; erant siquidem paucissimi, castrum vero magnum et fortissimum. Statim certa machina nostri cœperunt fortiter impugnare. Post aliquot vero dies comes Tolosæ, et comes Comingensis, et comes Fuxi, cum incredibili multitudine venientes, intraverunt castrum ut illud defenderent contra nostros : et quia castrum, licet amplum, non potuit capere tantam multitudinem, fixerunt tentoria sua plurimi hostium ex alia parte castri : quo facto, nostri ab expugnatione castri non desistebant, adversarii se quantum poterant defendebant. O res mirabilis et stupenda! cum obsidentes soleant obsessos numero et fortitudine superare, obsessi ferme in decuplo plures erant quam obsidentes : non enim erant nostri amplius quam quingenti : habebant præterea dicti comites innumerabilem peditum multitudinem; nostri vero habebant pedites nullos aut paucissimos. O grande factum! o novitas inexperta! nec silendum quod quotiescunque adversarii exire ausi sunt adversus nostros, statim a nostris cum virtute maxima sunt repulsi. Quodam denique die comes Fuxi, cum multis exiens de castro, veniebat ut nostram petrariam debilitaret : quod videntes servientes nostri, ipsosque solo jactu lapidum viriliter repellentes, antequam milites nostri armari potuissent, in castrum recluserunt. Facta est autem caristia magna in exercitu; non enim poterant nostri habere victualia, nisi ab Albia : adversarii præterea nostri

:axima multitudine exeuntes, ita stratas pu- A
observabant quod illi de Albia non audebant
ad exercitum, nisi comes dimidium gentis
itteret pro conductu. Peracto igitur in obsi-
:lla mense uno, sciens comes quod si paucos
quos habebat divideret, dimidiam partem
retinens, dimidiam pro victualibus mittens,
es adversarii, qui infiniti erant, hos vel illos
:arent : tam evidenti necessitate compellente
:us, postquam per plures dies panis in exer-
:fecerat, ab obsidione recessit.

prætermittendum quod, cum comes ipsa die
:eves, utpote totus catholicus, et divino ser-
:ancipatus, in pampilione suo Dominicæ pas-
officium faceret solemniter celebrari, au-
: adversarii clericos nostros cantantes, in B
mationem et derisum (*Psal.* XLIII) ascen-
muros ululatum teterrimum emittebant. O
sa infidelitas! O infidelis perversitas! si quis
diligenter consideret, ampliorem in ista ob-
: honorem et gloriam consecutus est comes
, quam unquam fuerat, in alicujus castri, li-
tissimi, captione : ab illo siquidem tempore
:ceps, ejus probitas magna emicuit, constan-
s refulsit. Nec silendum quod, cum comes
a castro recederet sæpedicto, adversarii, li-
finiti, non sunt ausi exire ut nostros rece-
aliquantulum impugnarent. Miraculum quod
it ipso tempore in diœcesi Rutenensi nolu-
præterire. Prædicabat namque quadam die C
:ica in quodam castro abbas quidam de Boe-
e, ordinis Cisterciensis, ecclesia autem morat, et non poterat capere populum qui ade-
qua de causa egressi erant omnes, et ante
ecclesiæ prædicationem abbatis audiebant.
fluem vero prædicationis, cum venerabilis
vellet hortari populum qui aderat super os-
:dis crucibus contra Albigenses, subito vi-
:us cunctis apparuit crux in aere quæ versus
: Tolosanas tendere videbatur. Miraculum
audivi ab ore dicti abbatis, viri religiosi et
is auctoritatis. Recedens comes ab obsidione
:rcelli, ipsa die scilicet in vigilia Paschæ, venit
m, actum ibi festum Dominicæ Resurrectio-
:dvenerat autem ibi a Francia venerabilis ab- D
:lallium, de quo supra fecimus mentionem;
:nim electus in episcopum Carcassonensem :
cum comes et milites nostri in prædicta repe-
it civitate, gavisi sunt valde; omnes enim
: affectu præcipuo diligebant : erat etiam a
: annis familiarissimus comiti; idem insuper
s, quasi ab infantia, ejus consiliis se subdide-
:d ejus se habuerat voluntatem. Ipso etiam
:re electus fuerat abbas Cistercii Arnaldus,
o sæpe fecimus mentionem, in archiepiscopum
:nensem. Ipsa die Paschæ exiens comes To-
et qui cum eo erant a castro S. Marcelli,
:nt Galliacum quod tribus leugis distat ab
. Cogitans autem comes noster ne forte glo-

riarentur adversarii se vicisse nostros, volensque
palam ostendere quod a facie eorum non timebat,
crastino Paschæ exiens ab Albia cum suis ivit
Galliacum, suos invitans ad prælium inimicos. Et
cum illi non essent ausi egredi adversus eum, ipse
Albiam remeavit. Electus autem Carcassonensium,
de quo supra tetigimus, erat in civitate illa, et ego
cum eo : me enim adduxerat secum de Francia,
ob solatium suum in terra aliena peregrinus, cum
essem monachus et nepos ipsius.

CAPUT LXI.

Obsidio Altipulli, et expugnatio fortissima atque ca-
ptio gloriosa.

Peractis apud Albiam aliquot diebus, perrexit
comes cum suis ad castrum quod dicitur Castra ;
ubi cum fecissemus paucos dies, habito comes consilio, proposuit comes obsidere quoddam castrum
inter Castra et Cabaretum, quod dicitur Altuspul-
lus ; castrum siquidem illud, circa tempus obsidionis Castrinovi, reddiderat se comiti Tolosano.
Exeuntes igitur a castris quadam die Dominica,
scilicet in quindenna Paschæ, venimus ante castrum
prædictum ; hostes autem qui ad defendendum intraverant castrum illud, cujus suburbia magna,
exeuntes adversus nostros, cœperunt eos acrius
infestare ; nostri vero, mox illos in castrum retru-
dentes, a parte una castri fixere tentoria ; erant
enim pauci. Castrum autem Altipulli, in altissimi
et arduissimi montis arduitate, super rupes maxi-
mas et quasi inaccessibiles situm erat ; tantæ siquidem erat fortitudinis, sicut ipse vidi oculis et experientia didici, quod si apertæ essent januæ castri, et nullus penitus resisteret, non posset quis
sine gravi difficultate ipsum castrum perambulare
et ad turrim ipsius pertingere. Præparantes igitur
nostri petrariam unam, ipsam die tertia adventus
sui erexerunt, et fecerunt jacere ad turrem castri. Eadem etiam die armaverunt se nostri milites, descendentesque in vallem ad pedes castri,
voluerunt ascendere in castrum, si forte illud capere possent per insultum. Factum est autem dum
intrassent primum burgum, ascendentes illi de castro super muros et domos, cœperunt ingentes lapides creberrimosque jacere super nostros. Alii
autem in loco per quem nostri intraverant ignem
copiosum accenderunt : videntes igitur nostri quod
nihil proficerent, eo quod hominibus quasi inacces-
sibilis esset locus ille, jactus etiam lapidum sustinere non possent, per medium ignem, non sine
gravi dispendio exierunt. Quadam autem die pessimam et crudelissimam traditionem quam fecerant
illi de castro, non credimus prætermittendam.
Erat autem cum comite nostro miles indigena cognatus cujusdam traditoris, qui erat in castro, qui
etiam ex parte dominus fuerat Cabareti. Mandaverunt igitur illi de castro comiti nostro ut mitteret
ad eos dictum militem ut haberent cum eo colloquium de compositione, et per ipsum quod vellent
comiti remandarent. Dum igitur accessisset ad eos

de licentia comitis miles prædictus, loquereturque A
cum eis in porta castri, quidam de illis de castro
sagittam ictu balistæ dirigens, ipsum gravissime
vulneravit. O proditio crudelissima! Sed non multo
post, scilicet ipso die vel in crastino, contigit, justo Dei judicio, quod ille traditor, qui dictum militem nostrum cognatum suum, ad colloquium vocaverat, in eodem loco ubi vulneratus fuerat, in
crure videlicet, ipse a quodam de nostris validissi-
mum vulnus accepit. O justa divinæ ultionis mensura! Interea petraria nostra ad turrem castri continue jaciebat. Die autem quarta ab initio obsidionis, post occasum solis, orta est spississima nebula:
illi de castro divino timore correpti, nacta occasione
apti temporis, exeuntes de castro fugere cœperunt,
quod nostri percipientes, statim, clamore facto, in B
castrum irruerunt, et quotquot invenerunt de hostibus
interfecerunt. Alii autem in ipsa obscurissima nocte,
illos qui fugiebant insecuti, aliquos ex eis comprehenderunt; in crastino autem fecit comes castrum
illud dirui et comburi: quibus gestis, milites qui
venerant a Francia cum Roberto Malovicino, sicut
superius dictum est, et tota hieme præcedente
fuerant cum comite, recedentes ab eo fere omnes
ad propria remearunt.

CAPUT LXII.

Insurgunt Narbonenses malitiose contra Almaricum
filium Simonis comitis.

Scelus quoddam civium Narbonensium, quod
ipso tempore perpetrarunt, non credimus omitten- C
dum : cives enim Narbonenses, homines erant
pessimi, et nunquam dilexerant negotium Jesu Christi, licet per ipsum negotium infinita provenissent
eis bona. Quodam die Guido frater comitis nostri,
et primogenitus comitis Almaricus Narbonam perrexerunt : et cum esset in civitate illa dictus Almaricus, utpote puer, causa spatiandi intravit palatium Aimerici domini Narbonæ; palatium autem
illud vetustum erat, et quasi in solitudinis desertum redactum. Cum igitur dictus Almaricus quamdam fenestram palatii manu tangeret, et vellet eam
aperire, fenestra illa nimia vetustate consumpta
casu cecidit : quo facto, Almaricus rediit ad domum Templariorum ubi tunc hospitabatur. Guido
vero frater comitis hora illa erat in domo archie- D
piscopi Narbonensis, et statim cives Narbonenses
quærentes occasionem ad faciendum malum, imposuerunt prædicto parvo filio videlicet comitis, quod
voluisset vi intrare palatium Aimerici. O modica
sceleris perficiendi occasio, imo nulla! Statim
armaverunt se cives præfati, et currentes donec
venirent ad locum ubi erat puer, in ipsam domum
Templariorum irrumpere satagebant : videns autem puer, quia quærebant animam ejus, armavit
se et in quadam turre domus Templariorum se recipiens, a facie hostium se abscondit : at illi domum sæpedictam instantissime impugnabant; alii
Francigenas quos in civitate reperiebant apprehen-
dentes, plures occiderunt. O rabies iniquorum !

duos etiam armigeros proprios comitis interreme-
runt. Guido vero frater comitis in domo archiepiscopi erat hora illa, et egredi non audebat. Postquam vero dicti cives diutius impugnaverant domum in qua erat Almaricus, tandem consilio cujusdam civis Narbonensis, quieverunt ab impugnatione illa ; sicque puer de gravi periculo liberatus,
vivus per Dei gratiam et sanus evasit. Nunc ad id
quod dimisimus revertamur.

Recedens comes nobilis a castro Alti-pulli cum
militibus paucissimis, intravit terram comitis Tolosani : post paucos autem dies, venerunt ad eum
plures de Alemannia peregrini ; cœperunt præterea de die in diem venire peregrini, qui, ut supra
diximus, ad prædicationem Guillelmi venerabilis
archidiaconi Parisiensis et M. Jacobi de Vitriaco,
crucesignati erant : et quia non possemus omnia
sigillatim exprimere, quomodo videlicet misericors
Deus a diebus illis negotium suum cœpit mirabiliter promovere, hæc breviter dicimus, quod comes noster in brevissimo tempore plura castra vi
cepit, multa etiam vacua invenit. Nomina autem
castrorum, quæ infra tres septimanas recuperavit
comes, sunt ista : Castrum quod dicitur Cuc,
Mons-Maurus, S. Felix, Casser, Mons-Ferrandus,
Avinio, S. Michael, et alia multa. Dum autem esset
exercitus apud castrum quod dicitur Sanctus Michael
distabatque una leuga a Castronovo, supervenit
episcopus Carcassonensis Guido, qui fuerat abbas
Vallium et ego cum eo ; ipse enim post captionem
Alti-pulli, recesserat ab exercitu adhuc electus, et
perrexerat Narbonam, ut cum domino abbate Cisterciensi, qui etiam erat electus in archiepiscopum
Narbonensem, consecrationis beneficium sortiretur.
Destructo igitur funditus castro, quod dicitur S.
Michael, proposuit comes obsidere illud nobile castrum quod dicitur Podium Laurentii ; quod etiam,
sicut supra diximus, anno præcedenti a dominio
ejus recesserat. Moventes igitur et ad castrum illud tendentes, fiximus tentoria in loco prope Podium Laurentii, ad duas ferme leugas. Ipsa die
supervenerunt peregrini, præpositus videlicet Coloniensis Ecclesiæ potens et nobilis, pluresque cum
eo nobiles Alemanni : comes autem Tolosæ erat
apud Podium Laurentii cum suis ruptariis infinitis ; verumtamen audiens nostros appropinquare,
exspectare non est ausus ; sed cum velocitate exiens
de castro, omnesque castri homines secum trahens, fugit versus Tolosam, castrum vacuum derelinquens. O vecordia hominis, o contemptibilis
stupor mentis ! In crastino summo diluculo venientes ad castrum, et invenientes ipsum vacuum, ulterius processimus et fiximus tentoria in quadam
valle. Guido autem de Luceio, cui comes jamdudum
dederat castrum illud Podii Laurentii, intravit illud et gente sua munivit. Exercitus autem moratus
est duos dies prope castrum in quadam valle : ibi
nuntiatum est comiti nostro, quod peregrini multi
et magni Rothomagensis videlicet archiepiscopus

s, et electus Laudunensis Robertus, Guillel-
erabilis archidiaconus Parisiensis, piures-
i nobiles et ignobiles veniebant a Francia
onam. Videns autem comes quod multum
im haberet secum, habito consilio, Guido-
trem suum et Guidonem marescallum misit
dictis peregrinis Carcassonam, ut alium
s exercitum per se, ad alias partes sc ver-
Christi negotium promoturi. Comes autem
cœpit tendere apud castrum de Raba-
Jt autem prætermittentes superflua, ad ma-
a attingamus, dicamus breviter quod illa
tra nobilia, videlicet Rabastenx, Mons-acu-
liacum, de quibus sæpius fecimus mentio-
inc quasi uno die sine obsidione et difficul-
ua se nostro comiti reddiderunt. Audientes
es castri, quod dicitur S. Marcellus, quod
ioster, recuperatis pluribus castris, ad ob-
m eos ɟ operaret, timore ducti, miserunt
supplicantes, ut eos in pace recipere di-
r, et ipsi voluntati ejus traderent castrum.
iutem scelera eorum recogitans et perversi-
auditas, nullo modo voluit componere cum
nuntios eorum ad ipsos remittens, manda-
, pacem ejus vel concordiam, nullo pondere
io possent aliquando adipisci : quod audien-
i homines, fugientes de castro suo, ipsum
reliquerunt : ad quod cum venissemus, fe-
comes comburi, turrimque ejus et omnes
terræ penitus adæquari : inde progredien-
lmus ad illud proximum castrum, quod
dicebatur : quod cum invenissemus va-
jussit comes illud destrui et comburi ; unde
cens comes, in ulteriora procedens perrexit
Jeret S. Antoninum. Comes autem Tolosæ
castrum illud cuidam militi homini pes-
perverso.
.m est autem, dum pergeremus ad castrum
piscopus Albiensis præcesserat nos, et ve-
d castrum sæpedictum, oblaturus pacem,
usque dictum militem ut nostro comiti red-
istrum illud : ille autem utpote superbis-
cum magna indignatione respondit : « Sciat
Montis-fortis quod burdonarii nunquam
l capere castrum meum ; » burdonarios au-
:abat peregrinos, eo quod baculos deferre
·, quos lingua communi burdones vocamus.
i hoc comes, festinavit ad obsidionem ca-
pedicti. Quadam vero ·die Dominica, in
videlicet Pentecostes, venimus ad castrum
nini, illud obsessuri, et fiximus tentoria ex
te castri ante portas. Castrum autem illud
imum, in valle quadam, ad pedes montis,
amœnissimo situm erat. Inter montem et
i juxta muros ipsius castri, perlucida fluebat
x alia autem parte castri, erat grata pla-
iartemque illam nostri occupaverant obses-
ʌxeuntes autem adversarii a castro, cœpe-
a die nostros sagittus a longe infestare. Ad-

A vesperascente die, egressi hostes a castro, cœperunt
aliquantulum progredi, nostrosque de longe aggredi,
sagittas suas usque ad tentoria dirigentes ; quod
videntes servientes exercitus, et præ confusione
diutius sustinere non valentes aggressi sunt adversarios, ipsosque in castrum suum repellere cœperunt. Quid plura ? Fit clamor in exercitu, currunt
peregrini pauperes et inermes , ipsoque comite
nostro et militibus exercitus nescientibus et inconsultis, castrum impugnare cœperunt , tantaque
et tam incredibili et penitus inaudita probitate adversarios impetebant, quod ex continuo jactu lapidum timorem mittentes in eos pariter et stuporem,
abstulerunt eis in unius horæ spatio tres fortissi-

B mas barbacanas. O quasi sine ferro pugna ! O
victoria gloriosa ! Testem enim invoco Deum quod ,
post redditionem castri, intravi ipsum castrum, et
vidi parietes domorum, quasi corrosos ex ictibus
lapidum, quos nostri jecerant peregrini. Videntes
autem illi de castro quod amississent barbacanas,
exeuntes a castro ex alia parte, per aquam fugere
cœperunt : quod videntes peregrini nostri transierunt aquam illam, et quotquot apprehendere potuerunt, in ore gladii peremerunt. Captis barbacanis,
peregrini nostri retraxerunt se ab insultu ; jam
enim inclinata die , nox imminebat. Circa mediam
noctem igitur videns dominus castri quod, amissis
barbacanis, quasi captum erat castrum, misit ad
comitem nostrum , quasi paratus reddere castrum,

C dummodo ipse posset evadere. Quem redditionis
modum cum comes renueret, dominus castri iterum
misit ad eum , exponens ejus per omnia voluntati.
Summe igitur diluculo, jussit comes omnes extrahi
de castro, habitoque cum suis consilio, quod si
homines utpote rudes et agricolas interfici faceret,
castrum illud, destructis habitatoribus, redigeretur
in solitudinem. Saniori igitur comes usus consilio,
dimisit homines ; dominum vero castri, qui totius
hujus mali causa fuerat, retrudi jussit in imo carceris Carcassonensis, ubi in custodia et vinculis
per multos detentus est dies : milites etiam paucos
qui erant cum eo fecit comes carceri mancipari.

CAPUT LXIII.

Vocatus comes ab episcopo Aginensi, vadit et recipit
D *civitatem.*

Erant autem tunc temporis in exercitu Uticensis
et Tolosanus episcopi et episcopus Carcassonæ,
qui nunquam ab exercitu recedebat. Communicato
igitur cum istis consilio, in hoc comes ejusque
milites consenserunt, ut dirigeret comes aciem
suam versus territorium Aginnense; episcopus siquidem Aginnensis, jampridem mandaverat comiti
nostro quod si ad partes Aginnenses se transferret,
ipse et sui consanguinei, qui potentes erant in terra
illa, eum pro posse suo adjuvarent. Erat enim
Aginnum civitas nobilis, inter Tolosam et Bured-
galam in amœnissimo loco sita : civitas illa in
territorio suo a diebus antiquis fuerat regis Angliæ.

sed rex Ricardus, quando dedit sororem suam
Joannam Raimundo comiti Tolosano in uxorem,
civitatem sæpedictam cum territorio suo dedit pro
matrimonio sororis suæ comiti Tolosano. Dominus
etiam papa comiti nostro dederat in mandatis ut
omnes tam hæreticos quam hæreticorum fautores impugnaret auxilio cruccsignatorum. Moventes igitur a
castro S. Antonini, venimus recto gressu ad quoddam
castrum comitis Tolosani, quod dicebatur Mons-cuc.

Nec silendum quod munitiones, per quas trans-
iebamus, quæ timore nostrorum, ab incolis erant
derelictæ, de quibus poterat provenire malum aliquod Christianitati, faciebat comes funditus everti
vel comburi. Quoddam præterea nobile castrum
quod est prope Antoninum nomine Caslutium,
quod tenebat comes Tolosæ, traditum est tunc temporis comiti nostro, mediante industria viri nobilis
et fidelis, comitis videlicet Balduini. Comes enim
noster jam habuerat antea castrum illud; sed homines de castro anno præterito ab eo recesserant
et reddiderant castrum comiti Tolosano. Audientes
autem homines castri de monte tunc nostros advenire, timore ducti omnes fugerunt, castrum vacuum
relinquentes : erat autem castrum illud nobile, et
in optimo et fortissimo loco situm. Comes vero
noster dedit ipsum supradicto comiti Balduino,
fratri comitis Tolosani. Inde progredientes, venimus prope quoddam castrum ad duas leugas, quod
dicebatur Penna, in territorio Aginnensi : castrum
illud commiserat comes Tolosæ cuidam militi se-
nescallo suo, qui dicebatur Hugo d'Alfar et erat
Navarrus . insuper et filiam suam non de legitimo
matrimonio eidem milti dederat in uxorem. Audiens miles ille advenire comitem Montis-fortis,
adunavit ruptarios suos fortes et munitissimos circiter quadringentos. Omnes autem homines castri
a minimo usque ad maximum expulit a castro;
ipse vero cum ruptariis suis in munitionem se recipiens, victualibusque copiosissimis, omnibusque
quæ ad defensionem necessaria videbantur, munitionem ipsam optime muniens, paravit se ad resistendum : quod audiens comes noster, proposuit
obsidere illud, sed habito cum suis consilio, prius
ire voluit Aginnum, ut in potestate sua reciperet
civitatem. Assumens igitur de militibus exercitus
secum quos voluit, perrexit Aginnum, exercitu in
loco in quo erat ejus reditum exspectante, perve-
niensque Aginnum, honorifice est susceptus. Insuper
et cives constituentes eum dominum suum, præstito sacramento fidelitatis, tradiderunt ei civitatem. Quibus omnibus rite peractis, comes ad exercitum remeavit, castrum de Penna obsessurus.
Anno Domini 1212, iii Non. Junii, die Dominica
venimus ad destruendum castrum Pennæ, illud,
adjuvante Domino, obsessuri. Hugo autem d'Alfar,
qui erat custos castri, de quo supra tetigimus, videns appropinquantem exercitum signatorum, se et
ruptarios suos in castri munitione recepit, per totum burgum inferius ignem mittens : erat autem

castrum Pennæ nobilissimum in territorio Aginnensi, in cujusdam siquidem collis amœnitate
situm, latissimis et fecundissimis circumquaque
vallibus cingebatur : ornabat quippe castrum hinc
terrarum opulentia, illinc pratorum planities gra-
tiosa; hinc delectabilis silvarum amœnitas, illinc
lætificans fertilitas vincarum; arridebat insuper
aeris desiderata salubritas, circumcurrentium opu-
lenta jucunditas fluviorum ; ipsa autem castri munitio supra rupem fundata maximam et nativam,
muris munita fortissimis, quasi inexpugnabilis
videbatur. Richardus siquidem rex Angliæ, cujus
supradiximus fuerat castrum Pennæ, munitionem
supradictam fortissime munierat, puteumque in ea
fodi fecerat, quia castrum illud erat quasi caput et
clavis totius territorii Aginnensis. Prædictus autem
comes, Hugo videlicet cui comes Tolosæ castrum
illud dederat, munitionem illam adeo munierat
electis bellatoribus et minutis victualibus, insuper
et machinis quæ dicuntur petrariæ, lignis, ferro et
omnibus ad defendendam munitionem necessariis,
quod non posset quis credere munitionem sæpedictam, per multorum annorum curricula posse capi.
Fecerat denique intra sæpedictam munitionem
officinas fabrorum duas, furnum et molendinum.
Multiplici ergo munimine septus, obsidionem quasi
intrepidus exspectabat. Venientes autem nostri ante
castrum, fixere tentoria circumquaque : in ipsa autem
fixione tabernaculorum, cœperunt aliqui de castro
egredi, nostrosque sagittis acrius infestare. Post
aliquot autem dies, intra burgum quod combustum
fuerat, erexerunt nostri petrarias ut jacerent versus
munitionem : quod videntes illi de castro, erexerunt
et ipsi petrarias, ad perturbandum et impediendum
nostras, jacientesque lapides magnos et creberrimos, nostros haud modicum infestabant. Post hæc
nostri plures petrarias erexerunt : verumtamen
quamvis machinæ nostræ continue jacerent, domos
quæ in munitione erant confringerent, muros ipsius
munitionis debilitabant in modico aut in nullo.
Erat autem tempus æstivum et calidissimum, circa
festum videlicet B. Joannis Baptistæ.

Nec silendum credimus quod comes noster paucos habebat milites, licet multos haberet pedites
peregrinos. Unde contingebat quod quoties nostri
causa impugnationis accedebant ad munitionem,
adversariis quia muniti erant et docti ad prælium se
viriliter defendentibus parum aut nihil proficere
poterant. Quadam die etiam cum nostri sæpedictam
munitionem infestarent, quoddam repagulum de
lignis muro proximum vi ceperunt, sed adversarii
per desuper murum, creberrimos lapides jacientes,
nostros statim a repagulo quod ceperant repule-
runt; cumque nostri se in interiora recepissent,
exeuntes adversarii, in ipso ardore diei veniebant
ut comburerent machinas nostras, afferentes secum
ignem et stipulam et cætera ad ignis incentivum
necessaria : sed, nostris viriliter resistentibus, petrarias nostras non solum comburere, sed nec ad

ipsas quidem accedere poterant. Non solum autem A
illa die exierunt adversarii contra nostros, sed per
multas vices exibant, nostrosque, prout poterant,
infestabant. Erat in obsidione illa venerabilis episcopus Carcassonæ, de quo sæpius mentionem fecimus, et ego cum eo. Hic in exercitu Domini, de
mandato archiepiscopi Narbonensis, qui fuerat abbas Cisterciensis, et erat legatus, sicut superius est
præmissum, vice fungens legati, in fervore spiritus
indefesso, in labore corporis incredibili, officium
prædicationis, cæteraque ad obsidionem pertinentia
sedulus exercebat; ut breviter dicam, tanto et tam
importabili curarum sibi invicem succedentium
pondere premebamur, quod vix licebat nobis comedere, vix modicum pausare. Nec prætermittendum
quod, dum esset comes in obsidione Pennæ, vene- B
runt ad eum omnes nobiles terræ illius, et facientes ei hominium, acceperunt ab eo terras suas.

Dum res ita se haberet, Guido de Monte-forti,
frater comitis nostri, et archiepiscopus Rothomagensis Robertus, et electus Laudunensis Robertus,
et Guillelmus archidiaconus Parisiensis, et Ingerrannus de Bova, cui comes noster jam pridem terram
comitis Fuxi pro parte concesserat, pluresque alii
peregrini, egressi a Carcassona, versus terram
Fuxensem se transtulerant et venerant ad quoddam
castrum quod dicitur Anclanetum, quod statim per
insultum vi capientes, hostes qui in eo erant ceciderunt : quod audientes illi qui erant in castris vicinis, castella sua tradentes incendio, a facie nostrorum fugerunt ; nostri vero castra illa perambu- C
lantes, ea funditus evertebant. Inde procedentes
versus Tolosam, castra multa et fortissima quæ
derelicta erant vacua penitus destruxerunt : ex quo
etiam ceperunt Anclanetum, non invenerunt qui
auderet eos, in aliquo castro licet fortissimo exspectare : timor quippe magnus irruerat super
omnes habitatores terræ illius. Dum ita viriliter se
haberent nostri prædicti, misit ad eos comes noster, mandans ut venirent ad eum apud Pennam.
Peregrini siquidem qui erant cum eo, peracta quadragena sua in exercitu, volebant fere omnes ad
propria remeare : properantes igitur viri prædicti,
veniebant ad comitem. Quodam autem die venerunt
ad castrum fortissimum, quod dicitur Penna in Al- D
biensi : castrum illud adhuc Christianitati et comiti
resistebat, semperque ruptariis erat plenum. Cum
ergo venissent supradicti peregrini ante castrum
illud, ruptarii qui erant in castro exeuntes adversus nostros, unum de nostris militibus occiderunt ;
nostri autem nolentes in captione castri diutius
morari, eo quod comes noster vocaret eos sub festinatione, destructis in circuitu castri segetibus et
vineis, recedentes nostri ad comitem festinabant.
Illi autem de castro post discessum nostrorum, qui
ibi fuerant per aliquot dies, venerunt ad locum ubi
nostri militem, qui occisus fuerat, tradiderant sepulturæ, extrahentes corpus de tumulo et per plateas distrahentes, bestiis et avibus exposuerunt. O

iniqua rabies! o crudelitas inaudita! Pervenientes
sæpius dicti peregrini ad comitem qui erat in obsidione Pennæ, ab eo cum ingenti gaudio sunt suscepti, statimque divisis circunquaque agminibus,
fixere tentoria prope castrum. Comes autem cum
suis militibus obsedit castrum a parte occidentali ;
in illa enim parte erant machinæ nostræ adaptatæ ;
Guido vero frater comitis, ab alia parte, scilicet ab
oriente, fixit tentoria, et in illa parte erigens machinam, cœpit et ipse castrum fortiter impugnare.
Quid plura? Multiplices adhuc eriguntur machinæ,
instant nostri impugnationi castri : erant autem
circa castri circuitum novem machinæ erectæ :
et quia omnia quæ in illa obsidione gesta sunt
sigillatim exprimere non valemus, attingamus ad
summa.

Videns comes noster quod machinæ nostræ non
poterant diruere murum castri, fecit fieri aliam
machinam, longe præ cæteris majoris magnitudinis : et dum machina illa pararetur, archiepiscopus
Rothomagensis, et electus Laudunensis et cæteri
qui cum eis erant, expleta quadragena sua, recedere volebant ; singulis etiam diebus, completa
quadragena recedebant peregrini, veniebant autem
nulli aut paucissimi. Sciens igitur comes noster
quod quasi solus remanebat, in multa angustia positus, accessit ad majores exercitus, et supplicavit
ne Christi negotium, in tanta necessitate desererent, sed adhuc per aliquantulum temporis spatium
morarentur : dicebatur autem quod multitudo magna peregrinorum veniens a Francia erat Carcassonæ, et vere sic erat. Nec silendum quod præpositus Coloniensis, omnesque Alemanni, qui multi
et nobiles cum eo et post eum venerant, jam ab
exercitu recesserant. Audiens electus Laudunensis,
preces comitis non exaudivit ; sed quamdam infirmitatem prætendens nullo modo potuit detineri : similiter et cæteri fere omnes fecerunt, solummodo
archiepiscopus Rothomagensis, qui se in servitio
Dei laudabiliter habuerat, secum tenens propriis
sumptibus plurimos milites, et familiam multam
nimis, ipse benignus, benigne comiti acquievit,
et tandiu cum eo remansit, donec, novis supervenientibus peregrinis, ipse de licentia et voluntate
comitis cum honore ad propria remeavit. Cum
ergo recessisset episcopus Laudunensis, et pars
magna exercitus, cœpit venerabilis archidiaconus
Guillelmus, vir magnæ constantiæ et mirificæ probitatis, in his quæ ad obsidionem pertinebant instantissime laborare ; episcopus autem Carcassonensis, propter quædam negotia perrexerat Carcassonam. Interea illa magna machina, quam superius commemoravimus, parabatur : quæ dum parata fuisset, fecit eam dictus archidiaconus a parte
quadam erigi prope castrum ; illa autem machina,
utpote magna magnos jaciens lapides, murum castri paulatim debilitare cœpit. Post aliquot vero
dies, supervenerunt peregrini, de quibus supra fecimus mentionem, abbas videlicet Sancti Remigii

Remensis, et quidam abbas Suessionensis, decanus A
etiam Antissiodorensis, qui ibi postea defunctus
est, et archidiaconus Catalaunensis, viri magni et
litterati, plures et milites et pedites peregrini : qui
cum venissent, venerabilis episcopus Rothomagensis, de voluntate et benevolentia comitis recedens
ab exercitu repatriavit ; illi autem qui supervene-
rant, cœperunt in expugnatione castri strenue laborare. Quodam die adversarii nostri, pauperes et
mulieres quos secum habebant, ejecerunt a castro
et exposuerunt morti, ne victualia eorum consu-
merent. Comes autem noster, ejectos illos noluit
occidere, sed redire repulit in castrum. O nobilitas
principis! dedignatus est occidere quos non ceperat,
nec de illorum morte credidit adepturum se gloriam,
de quorum captione non fuerat assecutus victo- B
riam. Igitur cum machinæ nostræ diutius jecissent
intra munitionem omnesque domos et refugia quæ
in ea erant confregissent, machina insuper magna,
quæ de novo erecta fuerat, ipsum murum munitionis debilitare cœpisset, videntes illi qui in castro
erant, quod non poterant diu se tenere, et si castrum
vi caperetur, omnes in manu gladii traderentur, attendentes insuper quod nullum habituri essent succursum a comite Tolosano, tentaverunt cum nostris
de compositione, in hunc modum : Debebant reddere
comiti nostro castrum, dummodo ipsi evaderent cum armis suis. Quo audito, habuit comes
cum suis consilium, utrum reciperet compositionem
quam adversarii offerebant. Attendentes autem no- C
stri quod fere omnes peregrini erant quasi in recursu, completa scilicet quadragena sua, et quod
comes remaneret ibi quasi solus ; considerantes
etiam quod illi de castro, adhuc per multos dies
poterant resistere, cogitantes insuper quod comes
multa alia et magna necessaria habebat facere ;
hiems vero imminebat, in qua non poterat obsidionem tenere.

His, inquam, omnibus circumspectis, consuluerunt comiti ut acquiesceret compositioni quam adversarii offerebant. Anno igitur incarnati Verbi
1212, mense Julii, in festo S. Jacobi, ejectis adversariis, recepit comes nobile castrum Pennæ. Die
autem crastina supervenit venerabilis archiepiscopus Remensis Albericus, vir multæ bonitatis, qui D
negotium Jesu Christi devotissime amplexabatur
affectu, venitque cum eo cantor Remensis, et quidam alii peregrini : non credimus autem supprimendum quod, dum esset comes noster in obsidione
Pennæ, rogavit Robertum Malumvicinum, ut ipse
pergeret ad quamdam villam valde nobilem, nomine Marmandam, quæ fuerat comitis Tolosæ, ac-
ciperetque eam ex parte comitis nostri et custodiret : vir autem nobilissimus, licet gravissima infirmitate laboraret, non accusans laborem, nec fa-
tiscentem prætendens infirmitatem, libenter ac
liberaliter acquievit. Hic est enim de cujus præci-
puæ circumspecta providentia, saluberrimoque consilio pendebat comes, imo totum negotium Jesu

Christi. Veniens Robertus ad villam prædiotam,
honorifice a burgensibus est susceptus ; sed quidam
servientes comitis Tolosæ, qui custodiebant munitionem castri, noluerunt se reddere, sed cœperunt
resistere, ipsamque defendere munitionem : quod
videns vir strenuus videlicet Robertus, statim ante
munitionem fecit erigi unum mangonellum : qui
cum aliquot lapides jecisset, dicti servientes reddiderunt munitionem. Mansit autem Robertus in villa
illa aliquantis diebus, et post hæc rediit ad comitem
apud Pennam. Capto castro Pennæ et munito, proposuit comes noster ut obsideret quoddam castrum
proximum, nomine Biron : castrum illud dederat
comes Tolosæ cuidam traditori, nomine Martino
Algais, quia, sicut in superioribus diximus, fuerat
cum comite nostro, sed postea proditione facta ab
eo recesserat : hic in castro prænotato moram faciens, adventum nostrorum ibi voluit exspectare :
quod justo Dei judicio provisum rei exitus demonstravit. Venientes igitur nostri ante castrum obsederunt illud : post hæc, impugnatione facta, per
multos labores et miræ probitatis exercitia, ascendentes muros, vi burgum ceperunt. Statim adversarii se in munitionem receperunt, videntesque
quod non poterant resistere, quæsierunt pacem, parati reddere munitionem illam, dummodo evaderent ipsi vivi, quod comes nullatenus facere volebat : verumtamen timens comes ne furtive evade-
ret dictus traditor, Martinus videlicet Algais, propter cujus captionem, comes præcipue obsederat
castrum illud, obtulit adversariis quod si traditorem illum in manibus ejus traderent, ipse eos ab
imminentis mortis angustia liberaret. Quo audito,
illi avidissime currerunt, Martinumque arripientes,
ipsum comiti tradiderunt : quem comes arripiens,
obtulit ei confessionem, sicut aliis damnatis facere
consueverat vir catholicus ; post hæc ligatum ad
caudam equi, per exercitum distrahi fecit, distra-
ctumque ipso pro meritis patibulo suspendi. Venit
ibi ad eum nobilis quidam princeps Vasconiæ Gasto
de Bearno, homo pessimus, qui semper adhæserat
comiti Tolosano, facturus colloquium de compositione : comes autem noster, quia ipsa die componere nequiverunt, alterum ei diem assignavit apud
Aginoum ; sed ille pacis inimicus, a compositionis
pacto resiliens, ad diem illam venire noluit. Dum
hæc agerentur, nobilis comitissa Montis-fortis, et
venerabilis episcopus Carcassonensis et ego cum eo,
a partibus Carcassonæ properabamus ad comitem,
habentes nobiscum paucos pauperes et peregrinos.

Nec silendum quod dum pergimus, multi de peregrinis nostris, propter calorem ferventissimum et
arduitatem viæ, deficiebant in via : venerabilis autem Carcassonensis episcopus et nobilis comitissa,
eorum dolori compatientes, eos tota die in equis
suis, retro se deportabant ; aliquando etiam, uterque ipsorum, episcopus videlicet et comitissa, super
equum suum duos levari faciebant peregrinos, ipsi
autem pedites incedebant. O compassio pia epi-

copi! o nobilis humilitas comitissæ! Cum autem A miræ patientiæ et magnanimitatis exemplum de-
venissemus Caturcum, ad comitem properantes, monstrat.
dictum est nobis quod illic prope erant castella, in
quibus ruptarii et inimici fidei morabantur : cum
ergo accederemus ad castella et essemus paucissimi,
divina clementia mirabiliter operante, perterriti hostes et a facie nostra fugientes, plura castra et fortissima vacua reliquerunt : quæ, postquam destruximus, venimus ad comitem apud Pennam.

His omnibus rite peractis, habito comes nobilis
cum suis consilio , proposuit obsidere quoddam
castrum, nomine Moisiacum, quod erat in potestate
comitis Tolosani. Venientes igitur ad castrum in
vigilia Assumptionis B. Mariæ, obsedimus illud.
Castrum autem Moisiaci situm erat ad pedem montis quadam planitie, prope fluvium Tarni, in loco B
plurimum fertili et amœno; vocatur Moisiacum, a
moys, quod est aqua, eo videlicet quod dulcissimis
intus fontibus abundat. Homines autem castri, cum
audissent nostros accedere, vocaverunt ad se ruptarios et homines Tolosanos quamplurimos, ut eorum auxilio resistere nostris possent; erant autem
ruptarii illi, homines perversi et pessimi : cum
enim castrum illud jamdudum fuisset a legatis D.
papæ interdictum, eo quod faveret hæreticis, impu-
gnaretque Ecclesiam cum comite Tolosano, dicti
ruptarii in contemptum Dei et nostrum, campanas
ecclesiæ, quæ in castro erat nobilis et amplissima,
omni die, ad omnem horam, festive faciebant pul-
sari. Rex siquidem Franciæ Pippinus in castro illo
monasterium mille fecerat monachorum. Post pau- C
cos dies, fecit comes parari machinas et erigi prope
castrum, quæ jacientes cœperunt aliquantulum murum debilitare, erexerunt autem et adversarii machinas suas, et fecerunt jacere contra nostras :
viri autem venerabiles, et hujus negotii rectores et
magistri, scilicet episcopus Carcassonensis et Guillelmus archidiaconus Parisiensis in his quæ obsidioni erant necessaria instantissime laborabant;
archiepiscopus etiam Remensis, qui ibi erat, verbum prædicationis et exhortationis sæpissime et
libentissime peregrinis ministrans, et in his quæ
opus erant obsidioni se humiliter exponens, et sua
liberaliter expendens, valde erat necessarius negotio Jesu Christi : quodam autem die exierunt adversarii a castro, et cœperunt venire ut debilitarent D
machinas nostras : currens autem comes noster et
quidam de nostris armati, hostes in munitionem
suam retrudebant. In illo autem conflictu, quidam
de adversariis sagittam dirigens, comitem nostrum
in pede vulneravit, sed et quemdam juvenem de
nostris, qui erat nepos archiepiscopi Remensis,
capientes, illum post se traxerunt; quem- occidentes et turpiter detruncantes ad nos projecerunt.
Venerabilis autem archiepiscopus avunculus occisi juvenis, licet affectu diligeret eum singulari,
propter servitium tamen Jesu Christi, mortem nepotis æquanimiter sustinens, et multa animi virtute dissimulans, cunctis qui in exercitu erant,

Nec silendum est quod circa hujus obsidionis
initium, cum præ paucitate peregrinorum, non
possemus castrum undique obsidere, exibant quotidie adversarii a castro, venientesque per super
montem, qui castrum supereminebat, cum multa
superbia exercitum infestabant; peregrini autem
nostri ascendentes ad eos tota die contra illos di-
micabant. Quotiescunque vero adversarii aliquem
de peregrinis nostris occiderant, in contemptum
nostrorum circumdantes corpus occisi, in ipsum
singuli gladios infigebant : tantæ enim crudelitatis
erant, quod non sufficiebat eis, si aliquem nostrorum occisum viderent, nisi nova adjicientes vulnera; omnes quotquot erant hostes, corpus defuncti, gladiis suis transverberabant. O pugna contemptibilis ! o rabies iniquorum ! Cum autem hæc
agerentur, cœperunt venire de die in diem a Francia peregrini; episcopus etiam Tullensis Regenal-
dus, die quadam cum aliis peregrinis supervenit.
Crescente igitur peregrinorum multitudine, occupaverunt dictum montem, venientibusque paulatim
peregrinis, sicut antea facere consueverant, castrum
fere undique obsederunt.

Nec silentio prætereundum quod antequam castrum undique esset obsessum, exeuntes adversarii
a castro, et ascendentes in montem, quando videbant episcopum Carcassonæ sermonem exhortationis ad populum habentem, in turbam populi qui
sermonem audiebat, cum balistis sagittas jaciebant;
sed per Dei gratiam nullum lædere potuerunt : et
quia non omnia quæ ibi gesta sunt, possemus latius exprimere, accingamur ad summa. Postquam
machinæ nostræ diu jecerant, et debilitarant muros
castri, fecit fieri comes machinam quamdam, quam
lingua vulgaris Catum dicit : quæ cum facta esset,
jussit comes trahi eam ad fossatum castri, quod
latissimum et profundissimum erat, aqua etiam
plenum. Adversarii autem, quædam extra fossata
repagula de lignis fecerant, et post illa repagula
iterum aliud fossatum, manebantque semper inter
illa duo fossata, et inde exibant sæpius et infestabant nostros : interea dicta machina nostra ad
fossatum trahebatur. Erat autem cooperta pellibus
bovinis recentibus, ne ab hostibus posset comburi ;
adversarii autem quamdam machinam petrariam,
faciebant jacere assidue super machinam illam, ut
diruerent illam. Dum autem esset machina sæpedicta super primum fossatum, nihilque superesset,
nisi ut ipsum fossatum sub protectione a nostris
impleretur, quodam die post occasum solis, exeuntes adversarii a castro, attulerunt ignem, ligna sicca,
stipulam, stipam, carnes salsas, adipem, oleum, et
cætera ignis incentiva, cœperuntque instantissime
projicere ut comburerent machinam nostram. Ila-
bebant præterea balistarios, qui nostros defendentes
machinam gravissime vulnerabant. Quid plura?
Altius erupit flamma, turbati sumus omnes. Comes

autem et frater ejus Guido erant inter machi-A nam.

Projicientes igitur adversarii indefesse ad incendendum igncm necessaria, nostri constantissime et cum multo labore, vinum, aquam, terram, in ignem mittebant, alii autem instrumentis ferreis, frusta carnium et vasa oleo plena, quæ adversarii jactabant, ab igne extrahebant. Sic itaque nostri per incredibiles caloris et laboris anxietates, quod sine lacrymis videri vix posset, sæpedictam machinam, ab igne exemerunt. In crastino autem armantes se peregrini nostri ad castrum undique accesserunt, intrantesque audacissime primum fossatum, per multos labores et constantissimas probitates, repagula lignea confringebant; adversarii autem, qui inter repagula et in barbacanis erant, ipsas barba-B canas, prout poterant, defendebant. Cum fieret autem insultus iste, episcopus Carcassonæ, et ego per exercitum discurrebamus nostros exhortantes. Archiepiscopus autem Remensis, et Tullensis et Albiensis episcopi, et Guillelmus archidiaconus Parisiensis, abbas etiam Moisiaci cum quibusdam monachis, reliquusque clerus exercitus in montis descensu ante castrum stabant, induti vestibus albis, et nudis pedibus tenentes ante se crucem, cum reliquiis sanctorum, voce altissima et devotissima cantabant, *Veni, creator Spiritus*, divinum auxilium flagitantes : nec defuit exorantibus Paracletus; sed mox ut versum hymni, scilicet, *Hostem repellas longius*, tertio repetentes incœperunt, exterriti adversarii divinitus et repulsi, dimissis barbacanis, ad C castrum confugerunt, seque intra murorum ambitum concluserunt.

Interea burgenses cujusdam castri comitis Tolosæ quod proximum erat, et vocabatur castrum Saracenum, venerunt ad comitem nostrum et reddiderunt ei castrum illud : misit etiam comes Guidonem fratrem suum, et comitem Balduinum fratrem comitis Tolosæ, et alios milites ad aliud castrum nobile, quod erat comitis Tolosæ, distans quinque leugis a Tolosa, super Garumnam fluvium situm, nomine Verdunum; homines autem castri illius sine conditione aliqua reddiderunt se comiti nostro; similiter autem omnia in circuitu castra se reddiderunt, excepto uno, quod dici-D tur Mons-Albanus. Audientes burgenses Moisiaci, quod castella, quæ in circuitu erant, se reddiderant comiti nostro; videntes etiam quod resistere non valebant, miserunt ad comitem postulantes pacem; cogitans autem comes, quod erat adhuc satis forte, nec poterat capi vi, sine multa nostrorum interfectione; attendens etiam quod si caperetur vi, destrueretur villa quæ optima erat et propria monachorum. Videns insuper quod omnes qui in castro erant pariter interirent, dixit tali conditione reciperet illos, si ruptarios illos et omnes qui causa munitionis castri venerant a Tolosa traderent in manus ejus; ipsi insuper jurarent super sacrosancta Evangelia quod non impugnarent de cætero Christia-

nos : quibus rite peractis, traditisque ruptariis et hominibus Tolosanis, recepit comes castrum et restituit ipsum abbati, salvo eo quod de jure habuerant in castro comites Tolosani. Accipientes autem peregrini nostri ruptarios, avidissime interfecerunt. Nec silendum credimus quod castrum Moisiaci, quod in vigilia Assumptionis B. Mariæ obsessum fuerat, in festo Nativitatis ejusdem Virginis captum fuit : agnoscitur ergo operata B. Virgo. Movens comes a Moisiaco, proposuit obsidere castrum quoddam prope Fuxum, nomine Saverdunum in diœcesi Tolosana : castrum illud a dominio comitis nostri recesserat, comesque Fuxi, qui illud tenebat, occasione castri illius, castrum Apamiarum plurimum infestabat. Interea quidam peregrini nobiles de Alemannia, venerant Carcassonam. Ingerrannus autem de Bova, cui supradiximus, comes noster concesserat pro parte magna terram comitis Fuxi; alii etiam milites nostri qui custodiebant terram Carcassonensem, dictos Alemannos apud Apamias duxerunt. Comes autem Tolosæ et comes Fuxi, erant apud Saverdunum : moventes autem milites nostri cum Alemannis, properabant versus Saverdunum : quo audito, comes Tolosæ et comes Fuxi fugerunt a Saverduno : sicque sine conditione vel pugna Ingerrannus recuperavit Saverdunum.

Dum hæc agerentur, comes noster cum suo exercitu a Moisiaco veniebat; et cum esset prope Saverdunum, ipse ivit Apamias, ubi erant Alemanni; exercitus vero perrexit Saverdunum. Comes autem assumens Alemannos, equitavit ante castrum Fuxi, et inde rediit ad exercitum, qui recesserat a Saverduno, et perrexerat ad Altamripam; homines autem Altæripæ a facie eorum fugerant, et dimiserant castrum vacuum; comes autem munivit castrum Altæripæ, quia per illud suos arcere poterat inimicos, erat enim situm inter Tolosam et Fuxum. His gestis, proposuit comes invadere terram comitis Convenarum, venitque ad castrum quoddam, quod erat prope Tolosam, nomine Murellum; erat enim castrum illud amœnissimum, super Garumnam fluvium situm. Cum autem appropinquaremus castro Murelli, homines castri timentes a facie nostra, fugerant et intraverunt Tolosam : sed et quidam ex ipsis, in pontem castri qui erat ligneus et longissimus super Garumnam, per quem transire debebamus, ignem miserunt. Cum venissemus igitur ante castrum, et, ponte combusto, non possemus in ipsum intrare, comes et plures de nostris mittentes se in aquam, quæ profunda erat et valida, non sine grandi periculo transierunt; exercitus autem fixit tentoria citra aquam : statim currens comes cum quibusdam suis ad pontem, ignem cum multo labore exstinxerunt, statimque tanta abundantia aquæ pluvialis erupit adeoque aqua prædicta excrevit quod nemo sine gravi propriæ vitæ periculo poterat illam transire. Vespere autem facto, videns nobilis comes, quod fere omnes milites et fortiores exercitus transeuntes per aquam intrassent castrum, pedites

autem et invalidi non valentes transire, remansis-
sent citra aquam, vocavit marescallum suum et dixit
ei : « Volo redire in exercitum. » Cui ille : « Quid,
inquit,quid dicitis? Robur exercitus totum est in castro isto,ultra aquam non sunt nisi pedites peregrini ;
præterea tam magna et valida est aqua, quod nullus
modo posset eam transire; insuper venire possent
Tolosani, et vos et omnes peregrinos interficere. »
Respondit comes marescallo : « Absit a me ut faciam
quod consulitis ! pauperes Christi expositi sunt gladio, et ego in munitione manebo! fiat de me voluntas Domini. Certe ego ibo et manebo cum eis. »
Statim exiens a castro, transivit aquam et rediit ad
exercitum peditum, mansitque ibi cum paucissimis, scilicet quatuor vel quinque militibus, plures
dies, donec, facto ponte, totus transivit exercitus.
O magna probitas principis! o virtus invicta! noluit enim cum militibus manere in castro, dummodo pauperes expositi peregrini erant in campo.

CAPUT LXIV.

*Comes Montfortiensis San-Gaudentium occupat,
Tolosam modis omnibus divexat. Comes Raimundus ad Arragonensem regem confugit, ut ab eo
auxilia impetret.*

Dum comes noster moraretur in castro Mureili,
venerunt ad eum episcopi Convenarum et Conso-
ranensium, viri venerabiles et Deo pleni, qui negotium Jesu Christi unico diligebant affectu, exhibitione operis promovebant, quorum etiam consilio
et industria, comes adierat partes illas. Monuerunt
igitur comitem ut ulterius procederet, et sine pugna
et gladio maximam reciperet Wasconiæ partem :
properans igitur comes, perrexit ad castrum quoddam quod dicebatur S. Gaudentius, et fuerat comitis Convenarum : homines autem castri tradentes
ei castrum ipsum cum gaudio receperunt; venerunt
etiam ibi ad eum nobiles illius, facientesque ei hominium, receperúnt ab eo terras suas; insuper penetrans montana apud Fuxum, terram Rogerii de
Cominges nepotis comitis Fuxi ex parte maxima
devastavit. Interea Carcassonensis episcopus, qui
cum quibusdam peregrinis in castro Murelli remanserat, circa munitionem castri ipsius assidue laborabat. Peractis comes noster in Wasconia negotiis,
pro quibus perrexerat, rediit Murellum : non enim
habebat milites peregrinos, nisi comitem Tullen-
sem, et quosdam alios milites paucissimos : sed
quamvis esset cum paucis, frequenter tamen equitabat usque ad portas Tolosæ; illi autem qui in Tolosa erant innumerabiles et munitissimi, non audebant exire adversus eum; ipse vero omnia in circuitu
devastans, muntiones ante ipsorum oculos devastabat. Erat autem Tolosa civitas ultra modum
plena populo, quia Biterrenses, et Carcassonenses,
et Tolosani hæretici, et hæreticorum fautores et
ruptarii, amissis divino judicio terris suis, Tolosam intraverant, adeoque impleverant, quod ipsa

claustra monachorum civitatis, expulsis canonicis,
fecerant pecorum ovilia et stabula equorum. O nidus hæreticorum Tolosa! o tabernacula prædo-
num !

Nec prætermittendum quomodo afflicta et obsessa erat tunc Tolosa. Comes enim noster erat ex
una parte apud Murellum ; quidam milites nostri
ex alia parte apud Verdunum; comes Balduinus ex
alia ; Guido frater comitis ex altera. Hi omnes ex
omni parte Tolosam circumdantes, et usque prope
portas ipsius sæpius equitantes, eam non modicum
infestabant. Comes autem Tolosæ qui, peccatis
suis exigentibus, exhæreditatus, præter Tolosam et
Montem-Albanum, perdiderat terram suam, ad regem Arragonum confugerat, ab eo super recuperatione terræ suæ consilium et auxilium quæsiturus.
O justum justissimi judicis Dei judicium! o mise-
ricordissimi fratris videlicet P. de Castronovo veridica sententia! dicebat siquidem vir bonus, sicut
ab illis audivi, qui ab illius ore sæpius audierunt.
Negotium, inquiebat, Jesu Christi in partibus istis
nunquam prosperum sortietur effectum, donec aliquis de nobis prædicatoribus pro defensione fidei
moriatur, et utinam ego prior persecutoris excipe-
rem gladium ! Ecce miser ille comes Tolosanus,
cum mortem huic sanctissimo viro videlicet intulis-
set, eo quod ipsum de perpetratis nequitiis publice
et in facie redargueret vir bonus, post hæc se eva-
sisse putavit, post hæc recuperare se credidit terram suam ; sed, Domino retribuente vindictam,
sanguinemque sui martyris vindicante, unde speravit se habere lucrum, nisi dispendium gravissimum, inde damnum irrecuperabile reportavit.

Diligenter etiam est notandum quod dictus comes
miser ille occisorem viri Dei in maximo amore et
familiaritate receperat, adeo quod per civitates et
castella ipsum ducens, quasi pro spectaculo omnibus dicebat : *Iste solus me diligit; iste solus concordat maxime votis meis, iste eripuit me ab inimico;*
licet autem crudelissimum homicidam illum comes
prædictus ita extolleret, ipsum muta etiam animalia abhorrebant. Sicut enim multorum et proborum
virorum canonicorum Tolosanæ Ecclesiæ, veridica
relatione audivimus, ab illo die quo prædictus homicida memoratum virum Dei occidit, in detesta-
tionem tanti sceleris, nunquam canis dignatus est
accipere de manu ejus. O res miranda! O res
inaudita! Hoc idcirco inseruimus, ut quam juste
comes Tolosæ exhæreditatus sit ostendamus.

Dum res ita se haberet, ut supradictum est, Rogerius Bernardi filius comitis Fuxensis, prope Carcassonam cum ruptariis transiens, equitabat quodam die versus Narbonam, ut si quos inveniret
peregrinos, vinctos perduceret Fuxum, aut morte
crudelissima condemnaret. Factum est igitur, dum
iret, obvios habuit paucos peregrinos, qui tendebant ad comitem nostrum, venientes a partibus
Gallicanis : peregrini autem illi, videntes hostes venientes, putantesque quod essent de nostris, intra-

pidi adversariis occurrebant (7). Traditores siquidem prædicti in his nequitiæ suæ providebant, quia
videlicet lento passu et per stratam publicam ambulabant, ut non esset facile advertere quod non
essent de nostris. Ut autem appropinquaverunt ad
invicem, statim crudelissimi carnifices, insurrexerunt in nostros qui pauci erant et inermes, utpote
proditionis ignari, occidentesque plures de nostris,
et membratim dilacerantes, reliquos secum duxerunt usque Fuxum, ubi eos tenentes in vinculis,
tormentis validissimis dilaniabant · cum maximo
siquidem studio nova quotidie et inexperta excogi-
tabant supplicia, quibus suos affligerent captivos
Sicut enim ab ore cujusdam militis nostri audivi,
qui ibi tenebatur in vinculis, qui præsens erat et
videbat, captivos suos cruciabant illi tot et tantis
tormentis quod Diocletiano et Maximiano posset
æquiparari malitia, vel etiam anteferri. Ut enim
prætermittamus ibi minima, ipsos sacerdotes et
divini mysterii tractatores frequentius suspende-
bant; quandoque etiam, quod dictu horribile est!
ligatis ad genitalia membra funibus, ferocissime
distrahebant. O crudelitas immanis! o rabies inaudita!

CAPUT LXV.

*Conventus episcoporum et baronum apud Apamiam
celebratur a Simone comite, ubi multa decreta et
leges statuuntur, quas se comes servaturum pollicetur.*

Anno Incarnationis Domini 1212, mense Novembris, convocavit nobilis comes Montis-fortis episcopos et nobiles terræ suæ, apud castrum Apamiarum celebraturus colloquium generale. Causa
autem colloquii hujus ista fuit, ut comes noster,
in terra quam acquisierat, sanctæque R. E. subjugaverat, institui faceret bonos mores, hæretica spurcitia procul pulsa, 'quæ totam corruperat terram
illam, bonæ tam cultu religionis Christianæ, quam
etiam de temporali pace et quiete, consuetudines
plantarentur. Terra siquidem illa ab antiquis diebus deprædationibus patuerat et rapinis; opprime-
bat quippe potens impotentem, fortior minus fortem. Voluit igitur comes nobilis cunctas consuetudines fixosque limites terræ dominis ponere quos
transgredi non liceret, quatenus etiam milites de
suis certis et rectis redditibus recte viverent; minor etiam populus sub alis dominorum posset vivere, immoderatis exactionibus non gravatus: ad
quas consuetudines statuendas, electi fuerunt viri
duodecim qui super sacrosancta Evangelia juraverunt, quod pro posse suo tales consuetudines ponerent, per quas Ecclesia sua libertate gauderet,
tota etiam terra in statu firmaretur meliori. De
illis autem xii electoribus, quatuor fuerunt ecclesiastici, duo scilicet episcopi, Tolosanus et Consoranensis, unus Templarius, unusque Hospitalarius;
quatuor præterea Francigenæ milites, quatuor

(7) *Fertur etiam pro certo quod aliqui eorum super arma deferebant habitum monachorum Cister-*

etiam indigenæ, duo milites et duo burgenses, per
quos dictæ consuetudines, satis competenter po-
sitæ et firmatæ. Ut autem consuetudines illæ inviolabiliter servarentur, antequam proferrentur in
medium, nobilis comes omnesque milites sui super
quatuor Evangelia juraverunt quod supra memoratas consuetudines nunquam præsumerent violare:
ut etiam majorem obtinerent firmitatem redactæ
sunt in scriptum, sigillo etiam comitis et omnium
episcoporum, qui ibi plures erant, firmatæ et munitæ. Dum hæc agerentur apud Apamias, hostes
fidei a Tolosa egressi, discurrere cœperunt per
Wasconiam et facere mala quæcunque potuerunt.
Venerabilis autem episcopus Convenarum, assumptis secum aliquibus de militibus nostris, perrexit
in Wasconiam, terramque illam ab hostibus fidei
viriliter defendebat . nobilis autem comes noster
perrexit Carcassonam et inde Biterrim, habiturus
colloquium cum archiepiscopo Narbonensi super
his quæ spectabant ad negotium Jesu Christi. Dum
autem essemus apud Biterrim, et sedes episcopalis
vacaret, canonici illius Ecclesiæ, communi assensu,
elegerunt venerabilem archidiaconum Parisiensem
Guillelmum in suum episcopum et pastorem: sed
ipse nulla ratione ad hoc potuit induci, ut electioni
eorum assensum præberet.

CAPUT LXVI.

*Rex Arragonensis venit Tolosam et colloquium habet
cum comite Simone, et apostolicæ sedis legato*

Circa festum vero Dominicæ Apparitionis, rex
Arragonum Petrus, qui negotio fidei plurimum invidebat, venit Tolosam, et fecit ibi milites, excommunicatis et hæreticis communicando; mandavit-
que rex archiepiscopo Narbonensi apostolicæ sedis
legato, et comiti nostro, quod volebat habere colloquium cum eis, et de pace et de compositione inter
comitem nostrum et hostes fidei tentare. Igitur assignata fuit communi assensu dies et locus inter
Tolosam et Vaurum, ubi colloquium celebrari deberet. Cum igitur venissemus ad locum consilii,
rex cœpit rogare archiepiscopum Narbonensem et
episcopos, de restituendis terris comitibus Tolosano,
Convenarum, et Fuxensi, et Gastoni de Bearno; archiepiscopus autem Narbonensis respondit regi, ut
omnes petitiones suas redigeret in scriptum, et
scriptas et sigillatas mitteret episcopis apud Vaurum. Rex vero Arragonensis, postquam applausum
magnum fecerat comiti nostro, et fratri et filiis ejus,
rogavit ipsum comitem, ut octo diebus desisteret a
malefaciendo inimicis suis, cui nobilissimus et
urbanissimus respondit: « Non desistam, inquit,
a malefaciendo, sed ob reverentiam vestram, ces-
sabo his octo diebus a benefaciendo. » Similiter
autem et rex promisit ex parte hostium nostrorum,
quod ipso tempore colloquii, non facerent nostris
malum. Sed ipsi infidelissimi, cum scirent nostros
convenisse ad colloquium, licet nos per regem fe-
cimium et alios præcedebant. — Hæc habentur in
margine ms.

cissent securos, discurrere cœperunt per terram A
nostram versus Carcassonam, et multa mala facientes, plurimos etiam occiderunt. O fraus nequam!
D.e tertio postquam recessit rex a loco colloquii,
et intravit Tolosam, scripsit petitiones suas ad
archiepiscopos et episcopos nostros, in hæc verba :

*Petitiones regis Arragonensium ad prælatos in con
cilio apud Vaurum congregatos.*

Quoniam sacrosancta mater Ecclesia non solum
verba, sed verbera quoque docetur habere, devotus
Ecclesiæ filius P., Deo miserante, rex Arragonensis, pro comite Tolosano, ad sinum ejusdem matris Ecclesiæ cupiens redire, et a sanctitate vestra
petit humiliter, et rogat instanter, quatenus faciendo satisfactionem personalem pro excessibus
quibuscunque, prout ipsi Ecclesiæ visum fuerit expedire, ac pro damnis et injuriis illatis diversis
ecclesiis et prælatis satisfaciendo id quod clementia
matris Ecclesiæ ipso comiti duxerit injungendum,
restituatur clementer et misericorditer ad possessiones suas, et alia quæ amisit. Quod si forte in
persona comitis nollet Ecclesia ipsius petitionem
audire, petit et rogat hoc idem pro filio ; ita tamen
quod puer nihilominus satisfaciat personaliter pro
excessibus, vel in frontaria Saracenorum cum militibus eundo in subsidium Christianorum, vel in
partibus transmarinis , secundum quod Ecclesia
melius arbitrabitur expedire ; et infans in terra sua,
in tam diligenti custodia et tam fideli cura, ad honorem Dei et S. R. E. habeatur, usquequo de bonitate sua signa compareant manifesta.   C

Et quoniam comes Convenarum, nec fuit unquam
hæreticus, nec eorum susceptor, sed potius impugnator, et ideo terram dicitur amisisse, quod asti-
terit consobrino et domino suo, comiti Tolosano ;
petit idem rex et rogat pro eo, sicut pro vassallo
suo, ut restituatur ad terram suam, satisfaciendo
quoque ad arbitrium Ecclesiæ, si cum apparuerit in
aliquo deliquisse.

Item comes Fuxensis, cum nec sit, nec fuerit hæreticus, pro eo memoratus rex petit et rogat sicut
pro consanguineo suo charissimo, cui sine verecundia in jure sic deesse non potest, quatenus pro reverentia ipsius et gratia restituatur ad sua, satisfaciendo nihilominus Ecclesiæ in his et pro his quibus clementiæ matris Ecclesiæ eum apparuerit deliquisse.

Item, pro Gastone de Bearno vassallo suo pet.t
sæpedictus rex et rogat affectuose, quatenus restituatur ad terram suam et fidelitates vassallorum suorum, maxime cum paratus sit parere,
et ad arbitrium Ecclesiæ satisfacere coram judicibus non suspectis, si nobis causam ipsius audire et
expedire non licet.

In omnibus tamen præmissis duxit memoratus
rex, misericordiam potius quam judicium invo-
candum, mittens ad clementiam vestram clericos
et barones suos super præmissis, ratum habiturus
quidquid a vobis cum eis fuerit ordinatum. Sap-

plicans ut talem habere dignemini circumspectio
nem et diligentiam in hoc facto, ut in negotio Christianitatis in partibus Hispaniæ, ad honorem Dei et
S. matris Ecclesiæ dilatationem, prædictorum baronum et comitis Montis-fortis subsidium posset
habere.

Datum Tolosæ, xvii Kal. Februarii.

Responsio concilii.

Illustri et dilecto in Christo P. Dei gratia regi
Arragonum , comiti Barchilonensium , concilium
apud Vaurum (*Lavaur*), salutem et sinceram in Domino dilectionem.

Petitiones et preces vidimus, quas pro Tolosano
et ejus filio et Fuxensi et Convenarum comitibus,
et nobili viro Gastone de Bearno, vestra regalis se-
renitas destinavit : in quibus etiam litteris, inter
cætera Ecclesiæ filium dicitis vos devotum ; super
quo Domino Jesu Christo, ac regali vestræ celsitu-
dini, gratiarum referimus actiones, et in cunctis
quibus secundum Deum possemus, propter illam
mutuam dilectionem, qua vos sancta Romana mater Ecclesia, sicut intelligimus, amplectitur, et vos
ipsam, nec non et ob reverentiam excellentiæ vestræ regalis, admitteremus affectuosius preces vestras. Super eo quod pro comite Tolosæ petitis et
rogatis, hæc duximus serenitati regiæ respondendum, quod tam causa comitis quam filii, quæ pendet ex facto patris, auctoritate superioris est a nobis exempta cum idem comes Tolosæ, Regiensi episcopo et magistro Theodisio, a domino papa negotium suum fecerit sub certa forma committi. Unde,
sicut credimus, memoriter retinetis quot et quantas gratias dicto comiti, post multos excessus ipsius, dominus papa fecit ; nec non et quam gratiam, ad intercessionem vestram et preces, venerabilis Narbonensis archiepiscopus, apostolicæ sedis
legatus, tunc abbas Cistercii apud Narbonam et
Montempessulanum , eidem comiti faciebat, biennio, si bene meminimus, jam transacto. Volebat siquidem idem legatus, omnes dominicaturas et proprietates eidem comiti remanere integras et illæsas : et ut illa jura quæ habebat in castris aliorum
hæreticorum, quæ de feodo ejus erant, sine Al-
berga, sine Quista, sine Cavalgata, eidem integra
remanerent. De illis præterea castris quæ erant
aliorum hæreticorum, quæ de feodo ejus non erant,
quæ idem comes dicebat esse quinquaginta, volebat
præfatus legatus, ut quartalis et tertia pars eorum
caderet in proprietatem comitis supradicti. Spreta
vero comes illa magna gratia domini papæ ac prædicti legati et Ecclesiæ Dei, veniens directe contra
omnia juramenta, quæ olim præstiterat in manibus
legatorum, et addens iniquitatem iniquitati, crimina criminibus, mala malis, Ecclesiam Dei et
Christianitatem , fidem et pacem cum hæreticis
et ruptariis impugnavit et damnificavit, adeo ut
omni gratia et beneficio reddiderit se indignum.

Quod autem pro comite petitis Convenarum, taliter super hoc duximus respondendum. Pro certo

intelleximus quod, cum post excessus suos multiplices, et juramenti transgressionem fœdus cum hæreticis et eorum fautoribus contraxisset, et ipsam Ecclesiam, licet nunquam in aliquo læsus esset, cum eisdem pestilentibus impugnasset, licet postmodum diligenter fuerit admonitus, ut cessaret a cœptis, et rediens ad cor, tandem reconciliaretur ecclesiasticæ unitati : nihilominus idem comes, in sua nequitia exstitit, excommunicationis et anathematis vinculo alligatus, de quo etiam, ut dicitur, comes Tolosæ asserere consuevit, quod ipse comes Convenarum eum ad guerram impulit et induxit. Unde idem comes, auctor per hoc guerræ et malorum quæ Ecclesiæ multipliciter provenerunt exstitit. Verumtamen si talem se exhibuerit, ut absolutionis beneficium mereatur, postmodum cum fuerit absolutus, et habuerit potestatem standi judicio, si de aliquo quereletur, Ecclesia ei justitiam non negabit.

Petit præterea regia celsitudo, pro comite Fuxensi, ad quod taliter respondemus, quod constat de ipso, quod hæreticorum exstitit a longo tempore receptator, præsertim cum non sit dubium quin credentes hæreticorum hæretici sint dicendi : qui etiam post multiplices excessus suos, post præstita juramenta, post obligationes tam personarum quam rerum, post injectionem manuum in clericos, et detrusionem eorum in carcerem, pro quibus causis et multis aliis anathematis mucrone percussus : post illam etiam gratiam, quam idem legatus ad intercessionem vestram, olim ipsi comiti faciebat, cruentam cædem exercuit in signatos, tam laicos quam clericos, qui in paupertate et simplicitate sua, contra Vauri hæreticos in Dei servitium ambulabant ; qualis autem et quanta erat illa gratia, bene recolit, sicut credimus, regia celsitudo, ad cujus preces cum eodem comite compositionem faciebat dictus legatus. Sed quod non fuit facta illa compositio per ipsum comitem stetit : exstant enim litteræ ad dominum comitem Montisfortis regali sigillo munitæ, talem clausulam continentes : Dicimus etiam vobis quod, si comes Fuxensis noluerit stare placito illi, et vos postea non audieritis preces nostras pro eo, non erimus inde vobis dipacati : verumtamen, si dederit operam ut absolutionis beneficium consequatur, et postmodum, cum absolutionis fuerit gratiam consecutus, de aliquo quereletur, justitiam ei Ecclesia non negabit.

Postulatis insuper et rogatis, pro Gastone de Bearno, ut restitueretur ad terram suam, et ad fidelitates vassallorum suorum, super quo vobis taliter respondemus. Ut alia multa, imo potius infinita, qui in ipsum Gastonem dicuntur, ad præsens silentio transeamus, confœderatus tamen hæreticis et receptatoribus seu defensoribus eorum contra Ecclesiam et signatos, est Ecclesiarum et ecclesiasticarum perso-

narum manifestissimus persecutor. Venit in auxilium Tolosanorum ad obsidionem Castrinovi. Interfectorem Fr. P. de Castronovo, apostolicæ sedis legati habet secum ; ruptarios diu tenuit atque tenet.

In anno præterito, ruptarios in cathedralem ecclesiam Oleronis induxit, ubi amputato fune de quo pendebat pixis continens corpus Domini nostri Jesu Christi in terram cecidit, et quod nefas est dicere, ipsum corpus Dominicum est per terram expensum; transgressus juramenta manus in clericos violentas injecit : pro quibus et aliis causis pluribus, quas ad præsens tacemus, idem Gasto excommunicationis et anathematis est nexibus innodatus. Verumtamen si satisfecerit Ecclesiæ, prout debet, et absolutionis beneficium consequetur, et conquestus fuerit de aliquo, audietur de jure suo. Aliter siquidem, pro prædictis sic excommunicatis, clarissime princeps, vestram regiam majestatem intercedere non deceret, nec nos pro talibus et in talibus audemus aliter respondere Ad hæc, serenitatem vestram regalem monemus et hortamur in Domino, quatenus ad memoriam revocare dignemini honorem (7°) quem vobis fecit sedes apostolica, et illum quem impræsentiarum illustri regi Siciliæ sororio vestro facit, quid etiam D. papæ in vestra promisistis unctione, et quid vobis sedes apostolica dederit in mandatis Oramus ut Deus ad honorem suum, et S. R. Ecclesiæ, per multa tempora vos conservet. Quod si per hanc nostram responsionem, vestræ regiæ majestati non fuerit satisfactum, nos ob reverentiam vestram et gratiam, D. papæ curabimus intimare.

Datum Vauri, xv Kal. Februarii.

Audiens rex Arragonum responsiones prælatorum nostrorum, vidensque petitiones quas fecerat penitus refutatas, affectumque suum non posse perduci ad effectum, alium circumventionis modum invenit. Misit itaque nuntios ad prælatos, mandans et rogans, quatenus inducerent comitem Montisfortis, ad hoc ut comiti Tolosano cæterisque fidei Christianæ inimicis treugas daret, usque ad futurum proximum Pentecostem, vel saltem usque in Pascha : quod audientes prælati nostri, animadvertentesque quod rex ob nihil aliud peteret hoc, nisi ut hoc audiretur in Francia, sicque devotio tepesceret signatorum, petitionem istam, sicut et primas fecerant, refutarunt. Quia vero longum esset omnia enarrare per ordinem quæ rex ille mandavit, et nosti ei respondenda duxerunt, istud breviter dicimus, quod hæc fuit tota intentio dicti regis, laborare videlicet, ut comes Tolosæ et alii religionis Christianæ inimici sui, restituerentur ad terras suas, vel saltem ipsis treugæ darentur a nostris, ob intentionem superius memoratam. Nostri vero, viri providi et constantes, nec terras reddere, nec treugas concedere voluerunt. Videns rex quod nihil proficere potuisset, in grave dispendium famæ suæ cum pompa peractæ litterarium monumentum protulit Cracon, in eodem Innocentio.

riter et honoris, apposuit quod excommunicatos et A terras eorum quas adhuc tenebant, in sua protectione reciperet : et ut suam nequitiam, aliquantulum palliaret, sedem apostolicam appellavit ; prælati autem nostri, huic appellationi quia multiplicibus ex causis frivola erat et invalida minime detulerunt ; sed archiepiscopus Narbonensis apostolicæ sedis legatus misit litteras in hunc modum :

Illustrissimo domino Petro, Dei gratia regi Arragonensi, frater A. divina miseratione Narbonensis archiepiscopus, apostolicæ sedis legatus, salutem in charitate animi et visceribus Jesu Christi.

Intelleximus non sine turbatione multa ac amaritudine animi, quod civitatem Tolosæ ac castrum Montis-Albani et terras propter crimen hæreseos, ac alia multa et nefanda facinora tradidas Satanæ B ac ab omni communione matris Ecclesiæ separatas, et crucesignatis auctoritate Dei, cujus nomen in his graviter blasphematur expositas, disponitis in protectione ac custodia vestra recipere, ac eas contra Christi exercitum defensare. Cum igitur hæc, si vera sint, quod Deus avertat ! non solum in salutis vestræ dispendium, sed in honoris regii ac opinionis vestræ et famæ possint cedere detrimentum, Nos qui salutem vestram, et gloriam et honorem zelamus, totis visceribus charitatis, celsitudinem regiam rogamus, consulimus, monemus et hortamur in Domino, et in potentia virtutis hujus, et parte Dei Redemptoris nostri Jesu Christi, ac sanctissimi vicarii ejus domini nostri summi pontificis, auctoritate legationis qua fungimur, inhibemus, et modis, quibus possumus, obtestamur ne per vos, vel per alios, terras recipiatis vel defendatis prædictas. Optamus autem quatenus tam vobis quam et ipsis taliter dignemini providere, ne communicando excommunicatis et maledictis hæreticis et fautoribus eorumdem, labem excommunicationis incurrere vos contingat. Unum autem non volumus serenitatem vestram latere quod si quos de vestris, in defensionem prædictæ terræ duxeritis relinquendos, cum omnes excommunicati sint ipso jure, vos denuntiari excommunicatos, tanquam defensores hæreticorum publice faciemus.

Rex Arragonensis, in nullo resipiscens, sed quæ male proposuerat, pejus adimplens, hæreticos omnes et excommunicatos comites, Tolosanum videlicet, Convenarum et Fuxensem, Gastonem de Bearno omnesque milites Tolosanos et Carcassonenses, qui pro hæresi exhæreditati Tolosam confugerant ; cives etiam Tolosanos in sua protectione suscepit, et ab ipsis juramentum recepit ; civitatem etiam Tolosanam, quæ est proprie de dominio regis Franciæ, et totum illud terræ, quod illi adhuc tenebant, in sua custodia recipere præsumpsit. Non credimus omittendum quod, cum essent nostri prope dictum colloquium apud Vaurum, comesque Montis-fortis ob reverentiam regis, diebus colloquii, inimicis treugas dedisset, et rex similiter ex parte adversariorum treugas firmasset, ipso tempore colloquii manenti-

bus treugis, nostrisque non caventibus, equitarunt hostes pluries per terram nostram prædamque multam capientes, plurimosque insuper homines occidentes, multos captos ducentes, mala ubique gravissima intulerunt : super quibus malis, cum rex sæpius requireretur a nostris, non fecit ullatenus emendari. Videntes igitur nostri quod rex detineret eos nuntiis, litteris et etiam appellationibus superfluis, et nihilominus tempore colloquii et treugarum nostros ab excommunicatis quorum causam fovebat, permitteret apertissime et sæpissime infestari, a Vauro recesserunt ; veruntamen antequam recederent, scripserunt D. papæ de communi negotio Ecclesiæ, et de præfato colloquio in hunc modum :

Litteræ synodi Vaurensis ad dominum papam Innocentium.

Sanctissimo Patri in Christo ac beatissimo domino suo Innocentio Dei gratia summo pontifici, devoti et humiles servi ejus, archiepiscopi, episcopi et alii Ecclesiarum prælati, apud Vaurum pro sanctæ fidei negotio congregati, cum omni affectione, longum vitæ spatium et salutis.

Ad agendas paternitatis vestræ sollicitudini dignas grates, cum nec lingua nec calamus nobis sufficiant, retributorem omnium bonorum exoramus ut nostrum in hac parte suppleat defectum et abunde vobis retribuat omne bonum, quod nobis et nostris aliisque partium nostrarum Ecclesiis tribuistis. Cum enim in partibus istis, pestis hæretica, antiquitus seminata, nostris partibus, usque adeo succrevisset, quod cultus divinus ibidem haberetur omnino in opprobrium et derisum, et in clerum et bona ecclesiastica,. hinc hæretici inibi ruptarii grassarentur, et tam princeps quam populus, in reprobum sensum datus, a fidei rectitudine deviavit, ut per vestros exercitus signatorum, quos ad emundandas spurcitias pestis hujus, sapientissime destinastis, et Christianissimum eorum principem, comitem Montisfortis, intrepidum omnino athletam et invictum Dominici prælii bellatorem : Ecclesia quæ tam miserabiliter ibi corruerat, caput inibi cœperit relevare, et in parte maxima destructis adversitatibus et erroribus universis, terra dudum a cultoribus horum dogmatum conculta, demum divino cultui assuescat : restant vero adhuc reliquiæ dictæ pestis, Tolosa videlicet civitas, cum castris aliquot, ubi tanquam sordes in sentinam cadentes, residuum pravitatis hæreticæ se collegit : quorum princeps, comes scilicet Tolosæ, qui ab antiquis temporibus, sicut multoties jam audistis, hæreticorum et fautor exstitit et defensor, et pro viribus quæ sibi remanserunt, impugnat Ecclesiam, et, quoad potest pro fidei hostibus, ejus cultoribus se opponit. Ex quo enim rediit a sanctitatis vestræ præsentia cum mandatis, in quibus, ultra omnem meritorum exigentiam suorum, egeratis misericorditer cum eodem, introivit, sicut manifeste videtur, angelus Satanæ in cor ejus, et gratiæ vestræ beneficiorum ingratus, de his quæ coram vobis promiserat nihil implevit ; imo pedagia sæpius abjurata vehementer adauxit, et ad omnes quos scivit nostros et Ecclesiæ adversarios se convertit. Sane per Othonem Dei et Ecclesiæ inimicum, opinatus contra ipsam Ecclesiam vires assumere, sub ipsius confidentia manifeste, sicut asseritur, minabatur quod Ecclesiam de finibus suis et clerum radicitus exstirparet; hæreticos et ruptarios, quos multoties abjuraverat, extunc ferventius solito fovere studuit et tenere.

Cum enim Catholicorum exercitus obsideret Vaurum, ubi sedes erat Satanæ et quasi hujus erroris hæretici provincia, ipse in subsidium perversorum, misit milites et clientes, et in castro suo quod Casser appellatur, fuerunt inventi et combusti a crucesignatis plusquam quinquaginta hæretici, præter credentium eorum multitudinem copiosam. Invocavit etiam contra Dei exercitum, Savaricum inimicum Ecclesiæ, regis Angliæ senescallum, cum quo Christi pugilem prædictum comitem Montis-fortis apud Castrumnovum Arii obsidere præsumpsit; sed Christi dextera faciente, cito fuit ejus præsumptio in confusionem conversa, ita quod pauci Catholici infinitam arianorum multitudinem effugarunt. Prædictorum autem Othonis et regis Angliæ confidentia defraudatus, ut qui baculo arundineo nitebatur, cogitavit iniquitatem abominabilem, et ad regem Marrochitarum nuntios destinavit subsidium ejus, non solum in terræ nostræ, sed totius Christianitatis exitium implorando, sed conatum ipsius divina pietas impedivit. Episcopum Agennensem a sede propria expellendo, bonis omnibus spoliavit, et abbatem de Mosiaco cepit, et abbatem Montis-Albani fere per unum annum tenuit captivatum. Ruptarii quoque ipsius et complices peregrinos clericos et laicos innumerabiles variis tormentis affecerunt et nonnullos detinent ac diutius tenuere captivos; in his omnibus non aversus est furor ejus, sed adhuc manus ejus extenta, ita ut fiat quotidie semetipso deterior, et omnia mala quæ potest per seipsum et filium et complices suos Fuxensem et Convenarum comites et Gastonem de Bearno, viros sceleratissimos et perversos, contra Dei Ecclesiam operetur. Cum autem ultione divina et censura ecclesiastica memoratus athleta fidei, comes Christianissimus terras ipsorum, tanquam hostium Dei et Ecclesiæ sancto et justo occupavit prælio fere totas, ipsi adhuc in sua persistentes malitia et humiliari sub potenti manu Dei contemnentes (I Petr. v), nuper ad regem Arragonum recurrerunt, per quem forte intendunt vestram circumveniri clementiam, et Ecclesiam suggillare. Adduxerunt enim ipsum Tolosam nobiscum, qui de mandato legati et delegatorum nostrorum apud Vaurum convenimus, colloquium habiturum, qui quæ aut qualia proposuit, et quæ nos ei duxerimus respondenda ex rescriptis quæ vobis sigillata mittimus plenius cognoscetis. Omnes igitur unanimiter et concorditer hæc præmissa sanctitati vestræ intimamus, liberatas animas nostras, ne per defectum significandi in negotio fidei, de contingentibus aliquid omittatur: pro certo namque sciatis quod, si terra quæ dictis tyrannis, cum tanta justitia et multa Christianorum effusione sanguinis est ablata, ipsis aut hæredibus eorum restituatur, non solum fieret novissimus error pejor priore (Matth. xxvii), sed exinde excidium clero et Ecclesiæ inæstimabile immineret. Ad hæc quoniam enormitates abominabiles et alia scelera prædictorum, per singula præsenti paginæ non credimus adnotanda, ne librum texere videremur, quædam in ore nuntiorum posuimus, quæ sanctis auribus vestris poterunt viva voce referri.

Nuntii qui detulerunt litteras istas ad D. papam fuerunt hi : Venerabilis Convenarum episcopus, abbas de Claraco, archidiaconus Parisiensis Guillelmus, M. Theodisius, et clericus quidam, qui diu fuerat corrector litterarum, in curia D. papæ, et dicebatur Petrus Marci. Priusquam autem venirent ad curiam dicti viri providi et discreti, rex Arragonum per nuntios suos circumvenire intendebat simplicitatem apostolicam, et per suggestionem falsitatis et veritatis suppressionem, impetraverat litteras in quibus D. papa præcipiebat comiti Montis-fortis, quatenus comitibus Convenarum (Cominges) et Fuxi, et Gastoni de Bearno, redderet terras suas. Scripsit etiam archiepiscopo Narbonensi alias litteras in quibus D. papa, indulgentiam quam fecerat proficiscentibus contra hæreticos Albigenses videbatur revocare. Venientes igitur nuntii nostri ad curiam Romanam, D. papam invenerunt aliquantulum durum, eo quod nimis credulus fuisset falsis suggestionibus nuntiorum regis Arragonensium ; sed postea, veritate comperta, per nuntios nostros, quidquid fecerat ad regis nuntiorum suggestionem, revocavit in irritum, et ipsi regi misit litteras in hæc verba :

Litteræ D. papæ regi Arragonensium, ne opponat se negotio Ecclesiæ.

Innocentius episcopus, servus servorum Dei, Petro illustri regi Arragonensium.

Is in cujus manu sunt omnium corda regum (Eccli. x), inspiret tibi humiliter exoratus, ut prudenter attendens, quod juxta mandatum apostolicum, nos oportet arguere, obsecrare, increpare (II Tim. iv), nostras increpationes, quas paterna affectione in te depromimus, devotione recipias filiali, et sic obtemperes salubribus monitis et consiliis, et correctionem apostolicam recipiendo, demonstres te in his et affectum habuisse sincerum in quibus absque dubio, per effectum nosceris deliquisse. Sane ad totius fere mundi notitiam jam pervenit, nec serenitatem tuam credimus ignorare, aut etiam diffiteri, quod inter cæteros principes Christianos, te specialiter studuimus honorare, per quod et potentia tibi accrevit et fama : et utinam cum his et prudentia et devotio pariter, cum his accrevissent ! quod licet nobis gratum existeret, tibi tamen amplius expediret. Verum in hoc, nec

rovidisse dignosceris, nec nobis, ut decuit,
sse ; quia, cum Tolosani cives, tanquam pu-
membra sint præcisi excommunicationis
me et ipsa civitas supposita sit interdicto, pro
ad quidam eorum manifesti sunt hæretici, plu-
ro credentes, fautores et receptatores eorum
'ensores, adeo ut alii quoque quos Christi
tus, imo verius ipse Christus, qui contra ipsos
dinventionibus provocarant, a suis licet ta-
culis emigrare, ad Tolosanam quasi quam-
centinam erroris confugerint civitatem, tu di-
imoris oblitus quasi prævalere valeas contra
um, vel avertere manum ejus contra eos
ntibus suis culpis extentâm, ipsos in defen-
n sub specie pietatis impietatem exercens, in
alum populi Christiani et propriæ famæ di-
ium recepisti. Nuper igitur auditis quæ venera-
rater noster Segobiensis episcopus, ac dilectus
Columbus nuntii, ac nuntii legatorum nostro-
t comitis Montis-fortis in præsentia nostra pro-
e voluerunt, et litteris hinc inde directis In-
ntellectis, habito cum fratribus tractatu ac
io diligenti, volentes honori tuo quantum ad
u, saluti quantum ad animam, indemnitati
um ad terram paterna sollicitudine præca-
Serenitati tuæ, in virtute Spiritus sancti sub
u divinæ ac apostolicæ gratiæ providimus in-
udum, ut prænominatos deseras Tolosanos,
bstante promissione vel obligatione quacunque
ita, in elusionem ecclesiasticæ disciplinæ, ipsis
liu tales exstiterint, non impensurus consi-
auxilium vel favorem. Si vero iidem ad Ec-
: redire desiderant unitatem, prout fuit a di-
untiis tuis propositum, coram nobis, nos ve-
ili fratri nostro F. Tolosano episcopo, viro
æ opinionis et vitæ, qui testimonium habet
olum ab his qui intus, sed ab his etiam qui
'oris, nostris damus litteris in mandatis, ut
ctis sibi duobus, eos qui voluerint de corde
et conscientia bona, et fide non ficta redire
u. 1), sufficienti ab eis cautione recepta, re-
iet ecclesiasticæ unitati; illos vero quos
oris sui tenebris persistentes, idem episcopus
be notaverit hæreticæ pravitatis, exterminari
a civitate jam dicta, et bona eorum omnia
cari, ita quod nullo unquam tempore reci-
ir in ipsa, nisi forte divinitus inspirati, se
fidei orthodoxæ Christianos, exhibitione bo-
a operum demonstrarent, et sic ipsa civitas
ciliata pariter et purgata, sub apostolicæ se-
otectione consistat; non molestanda de cætero
ite prædicto vel aliis Catholicis, sed defen-
potius et fovenda. Miramur insuper et mo-
r quod pro terra nobilium vestrorum comit's
sis et Convenarum et Gastonis de Bearno
uenda sibi , per nuntios suos, apostolicum
essa veritate mendacium exprimentes, sub-
xistis mandatum, cum propter multa et magna
n flagitia ob hæreticorum favorem quos ma-

nifeste defendunt, excommunicationis sint vinculo
innodati : unde cum mandatum pro talibus sic ob-
tentum non teneat, illud tanquam subreptum penitus revocamus. Si vero iidem ecclesiasticæ unitati reconciliari desiderant, prout dicunt, venerabili fratri nostro Narbonensi archiepiscopo apostolicæ sedis legato, nostris damus litteris in
mandatis ut, recipiens ab ipsis non solum jurato-
rram cautionem, cum sua jam sint juramenta
transgressi, sed et aliam quam viderent expedire,
beneficium absolutionis impendat, et iis rite præmissis, quasi veræ devotionis indiciis, legatum de
latere nostro, virum honestum, providum et constantem, ad partes illas curabimus destinare, qui non
declinans ad dexteram vel ad sinistram, sed incedens regia via , semper quæ recte facta invenerit, approbet et confirmet , errata corrigat et
emendet, et tam nobilibus antedictis quam aliis
conquerentibus , exhiberi faciat justitiæ comple-
mentum.

Interim ergo inter te et terram tuam et dictum
comitem Montis-fortis, volumus et mandamus firmas treugas fieri et servari. Mandantes nihilominus
comiti antedicto, ut pro terra quam a te tenet, reverenter exhibeat quod exhibere tenetur. Illud autem excellentiam tuam volumus non latere, quod si
Tolosani et nobiles supradicti adhuc quoque in errore suo duxerint persistendum, nos per indulgen-
tias innovatas, cruce-signatos et fideles alios excita-
mus, ad exstirpandam pestem hanc, divino freti
auxilio, insurgentes tam contra ipsos quam contra
quoslibet alios receptatores et defensores ipsorum
qui plus ipsis hæreticis sunt nocivi, procedant in
nomine Domini Sabaoth. Monemus igitur serenitatem tuam, rogamus et obsecramus in Domino, quatenus quæ promisimus, prompto animo, quantum
ad te pertinet, exsequaris, pro certo sciturus quod,
si aliter (quod non credimus), duceres faciendum,
præter indignationem Dominicam, quam ex hoc
contra te procul dubio evocares, grave et irrepara-
bile posses incurrere detrimentum, nec nos quantumcunque diligamus personam, tibi contra fidei
Christianæ negotium, possemus parcere vel deferre;
quantum enim tibi immineret periculum, si Deo et
Ecclesiæ præsertim in causa fidei te opponeres, ut
consummationem sancti operis impediret, non solum vetera, sed etiam moderna possunt te exempla
movere.

Datum Laterani, xii Kal. Junii pontificatus nostri
anno xvi.

Post consummatum prælatorum concilium apud
Vaurum, cum rex Arragonensis exiisset de Tolosa,
et plures de militibus suis ob civitatis custodiam, et
hostium Christi auxilium dimisisset in eadem civitate , post paucos dies mandavit comiti nostro
quod volebat habere cum eo colloquium prope Narbonam ; comes autem noster volens deferre regi ut
Domino quantum posset secundum Deum et obe-
dite, respondit quod libenter iret ad colloquium

prænotatum. Rex autem non venit ad locum collo- A
qui, nec unquam venire proposuerat; sed tam de
Arragonensibus quam de Tolosanis hæreticis et
ruptaiiis multi venerunt, et timebatur ne venientem
comitem cum paucis ad colloquium proditiose caperent; innotuit comiti quod fiebat, et a loco colloquii declinavit.

CAPUT LXVII.

*Rex Arragonum, comiti Montis-fortis per feciales
bellum indicit.*

Post paucos vero dies, præfatus rex misit nuntios ad comitem ferentes ipsius litteras, in quibus
continebatur quod rex diffidabat comitem, et ei
quantum poterat minabatur. Verumtamen comes
noster, licet rex illum cum tanta superbia diffidas-
set, nullum damnum voluit inferre terræ regis, a B
quo diebus singulis mala multa et gravia sustine-
bat, homines siquidem Catalaunenses intrabant terram nostram, et eam quantum poterant infestabant.
Post aliquot vero dies, misit comes noster ad regem,
Lambertum de Turreio probum militem et discretum quærebatque a rege per prædictum militem
utrum super diffidatione præmissa per nuntios regis rex ita se haberet, mandabatque etiam ei, quod
in nullo unquam ei fore fecerat, sed paratus erat
ei reddere quod debebat. Offerebat insuper, quod
si de ipso rex conquereretur super terris hæreticorum, quas de mandato summi pontificis, auxilio
crucesignatorum acquisierat, paratus erat stare
juri in curia D. papæ, vel in curia D. Narbonensis
archiepiscopi, apostolicæ sedis legati; quasdam C
etiam litteras tradidit militi prænotato, quas regi
præsentari præcepit, si in sua obstinatia duceret
permanendum. Continentia autem litterarum hæc
erat: Scribebat comes regi absque salutatione, significans ei quod ex quo ipse post tot juris et pacis oblationes sibi factas, in sua diffidatione et obstinatia permanebat, comes eum similiter diffide-
bat, dicens quod nullo ei de cætero jure servitii
tenebatur, sed per Dei auxilium tam de ipso quam
de aliis se defenderet Ecclesiæ inimicis. Veniens
sæpedictus miles ad regem, coram ipso multisque
baronibus terræ suæ, diligenter et provide omnia,
quæ comes in ejus ore posuerat, per ordinem enarravit; obstinatus autem rex, omnem respuit mo- D
dum pacis, nec a diffidatione sua contra comitem
animum voluit revocare. Statim sæpedictus nuntius
litteras comitis super diffidatione regi præsentavit,
quæ in communi tam ipsius regis quam baronum
suorum audientia sunt perlectæ: quibus lectis et
plenius intellectis, rex et sui in iram versi sunt et
furorem. Post hæc emisso nuntio ab aula regia et
diligenter custodito, quæsivit rex a suis consilium
quid facere deberet de nuntio supradicto. Consuluerunt autem eum quidam barones sui quod mitteret ad comitem nostrum, mandans et præcipiens
ut veniens ad ipsum in sua curia, faceret ei ut suo
domino quod debebat: quod si comes nollet venire,
judicabant ipsum nuntium reum mortis. In crastino

autem venit nuntius ad curiam, et quæ die præcedenti ex parte comitis dixerat, diligentius replica-
vit, audacter se etiam obtulit, quod si quis de militibus regis vellet dicere, quod comes noster regem injuste offendisset, vel exstitisset ei aliquando
infidelis, paratus erat in ipsa curia regis dominum
super fidelitate defendere per duellum: sed cum
nullus auderet eum impetere, omnes tamen clama-
rent durius contra illum, tandem ad preces quorumdam Arragonensium militum, quibus aliquantulum erat notus, dimissus a rege post multa mortis pericula ad comitem remeavit. Ex tunc sæpedictus rex, qui a retroactis diebus, persecutus fuerat comitem Jesu Christi, sed tantum in occulto,
cœpit ipsum gravare in omnibus et persequi manifeste.

CAPUT LXVIII.

*Ludovicus regis Galliæ filius, sumpta bellicæ crucis
tessera, multos ad eam sumendam inducit.*

Anno ab Incarnatione Domini 1212, mense Februario, Ludovicus filius regis Franciæ, mitissimus
juvenis et bonæ indolis adolescens, signo crucis signavit se contra hæreticos: quo audito, infiniti milites ejus amore et æmulatione provocati, signum
crucis vivificæ assumpserunt. Rex vero Franciæ
audiens quod filius suus cruce signatus esset, multum doluit; sed causam doloris ejus non est nostrum exponere. Prima vero die Quadragesimæ celebravit rex generale colloquium in civitate Parisiensi ut ordinaret de motione filii sui, et sciret qui
et quanti et quales irent cum eo. Erant tunc Parisiis Tolosanus et Carcassonensis episcopi, viri totius sanctitatis, qui tunc venerant in Franciam ut
promoverent negotium fidei contra hæreticos pestilentes. Rex autem Arragonensis qui, quantum poterat, impediebat negotium, nuntios suos misit ad
regem Franciæ, episcopum scilicet Barcilonensem,
et quosdam milites cum eo; duabus autem de causis, misit rex Arragonum nuntios illos. Sollicitabat
enim regem Franciæ per nuntios suos, ut daret ei
filiam suam in uxorem: sæpedictus enim rex Arragonum, uxorem suam legitimam, filiam Guillelmi
de Montepessulano, dimittere volebat; imo, quantum in se erat, jam dimiserat; ipsa autem ad dominum papam accesserat, conquerens quod vir
suus injuste dimisisset eam. Summus autem pontifex, cognita plenius veritate, dedit sententiam contra regem et confirmavit matrimonium inter ipsam
et præfatam reginam. Volebat autem rex ille habere filiam regis Franciæ in uxorem, ut sic posset
eum per talem confœderationem sibi allicere, et
avocare cor ejus a dilectione negotii fidei, et auxilio nobilis comitis Montis-fortis; sed videntes supradicti nuntii regis Arragonum, jam manifestum
et publicum esse in curia regis Franciæ, quod dominus papa confirmasset matrimonium inter regem
et reginam Arragonum, non fuerunt ausi de contrahendo matrimonio, pro quo venerant facere
mentionem. Secunda autem causa adventus eorum

in Franciam, hæc fuit : sæpe memoratus rex civitatem Tolosanam, quæ ab antiquo fuit et erat receptaculum hæreticorum et sentina, nec non ipsos hæreticos et fautores eorum in sua custodia et protectione receperat, excommunicatis hæreticis plene et plane communicans, laborabatque quantum poterat, quasi sub specie pietatis, impietatem exercens, ad hoc ut peregrinorum devotio cessaret et zelus tepesceret signatorum ; volens civitatem Tolosam, et quædam circumadjacentia castra, quæ adhuc Christianitatem impugnabant manere illæsa, ut sic totum sacrosanctæ fidei negotium posset postmodum destruere et penitus dissipare. Ob hoc etiam misit litteras quasdam regi Franciæ et comitissæ Campaniæ, et multis aliis, sigillatas sigillis multorum episcoporum terræ suæ, in quibus D. papa intendebat revocare indulgentiam quam fecerat contra hæreticos sæpius memoratos, litterasque illas faciebat publicare per Franciam, ut a peregrinatione contra hæreticos animos omnium revocaret.

His breviter perstrictis, de illius malitia propositum exsequamur. Videns episcopus Barcilonensis, et alii nuntii regis Arragonum, qui venerant ad hoc ut laborarent, quod peregrini non irent contra hæreticos, quia Ludovicus filius regis Franciæ et multi nobiles cum eo, contra hæreticos se signassent, non fuerunt ausi etiam mutire de revocatione nostrorum a devotione peregrinationis prædictæ ; sic nihil eorum pro quibus venerant facientes, ad regem Arragonum sunt reversi, Rex autem Franciæ, qui sicut diximus, convocaverat barones suos Parisiis , ordinavit de peregrinatione filii et aliorum qui crucesignati erant, et motionis diem præfixit, in octava videlicet Dominicæ resurrectionis. Quid plura ? Fit ingens Christianorum gaudium et exsultatio, hæriticis autem mœror et timor magnus : sed heu ! post modicum, cithara nostra in luctum convertitur (Job xxx), luctus hostium in gaudium commutatur (Esther xiii) : antiquus enim hostis generis humani diabolus, videns quod negotium Christi esset quasi in consummatione, mediante labore et industria crucesignatorum, novum nocendi artificium inveniens , impedire voluit quod doluit consummari : suscitavit enim regi Franciæ guerras et occupationes tot et tantas, quod oportuit eum retardare filium suum et crucesignatos ab exsecutione propositæ peregrinationis.

CAPUT LXIX.

Manasses Aurelianensis et Guillelmus Antissiodorensis episcopi fratres, crucem adversus Albigenses assumunt.

Ea tempestate, episcopus Aurelianensis Manasses, et Antissiodorensis episcopus Guillelmus, viri per omnia laudabiles et constantes , duo magna, imo præcipua tunc temporis Gallicanæ Ecclesiæ lumina, fratres insuper secundum carnem germani, crucem assumpserant contra hæreticos superius comprehensos : hi videntes signatorum multitudinem remansisse, scientesque negotium fidei, in arcto dis-

criminate constitutum, pro eo quod hostes fidei, pro remansione peregrinorum , cornua solito crudelius assumpsissent, collectis secum militibus quotquot potuerunt, miro fervore spiritus et virtute iter arripuerunt contra hæreticos , parati non solum sua expendere, sed et seipsos, si oportuerit, periculis et morti exponere pro servitio Jesu Christi. Properantes igitur viri Deo pleni, recto itinere pervenerunt Carcassonam ; de quorum adventu, nobilis comes Montis-fortis, et pauci qui cum eo erant, gavisi sunt gaudio magno valde (*Matth.* ii). Invenerunt autem dicti episcopi nostros in castro quodam prope Carcassonam, quod dicitur Fanum-Jovis ; fecerunt autem in castro illo paucos dies, post quos perrexit comes cum episcopis ad castrum Murelli prope Tolosam, de quo supra fecimus mentionem : inde equitarunt nostri ante Tolosam, ut Christi et suos arcerent crebrius inimicos ; sed miles quidam nomine Alardus de Estrepin, et alii pauci qui non satis bene se habuerant in negotio Christi, noluerunt ire cum eo. Comes autem non habebat tantum exercitum ut circa Tolosam , vel aliquod aliud forte castrum posset obsidionem firmare, proposuit frequenter equitare ante Tolosam cum exercitu quem habebat, ut et munitiones quæ circa Tolosam erant multæ et fortes everteret, arbores decorticaret, segetes et vineas exstirparet ; tempus siquidem messionis instabat ; sicut autem proposuit, ita et fecit. Sæpedicti autem episcopi semper erant cum comite, seque quotidie pro Christi servitio periculis exponebant : de suo præterea dabant larga dona militibus, qui cum eis erant in servitio Dei ; redimebant captivos, et cætera largæ et sanctæ probitatis officia viri sanctissimi sollicite exercebant. Quia vero non possemus omnia sigillatim exprimere, istud breviter dicimus , quod infra paucos dies, septemdecim munitiones everterunt nostri, segetes etiam Tolosæ , vineas et arbores ex parte maxima destruxerunt.

Nec silendum est quod, cum nostri equitarent ante Tolosam, et Tolosani et ruptarii qui erant Tolosæ duplo plures quam nostri, frequenter exibant, et nostros a longe infestabant ; sed, quoties nostri ipsos volebant impetere, ipsi fugam arripiebant. Inter munitiones autem quas nostri destruxerunt , erat quædam munitio prope Tolosam satis debilis et immunita. Quidam autem milites strenuæ probitatis, scilicet Petrus de Sissi, Simon de Sesnes, Robertus de Sartis, qui supportaverant ab initio pondus guerræ, rogaverunt comitem, ut dimitteret eis munitionem illam, ut ibi morantes, equitarent ante Tolosam, et infestarent sæpius Tolosanos. Comes autem licet invitus, victus tamen precibus eorum, annuit eis. Circa festum nativitatis B. Joannis Baptiste, comes voluit ut primogenitus suus Almaricus fieret novus miles. Ordinavit autem comes de consilio suorum, qui in Castronovo, quod est inter Tolosam et Carcassonam , celebraretur ista novæ militæ solemnitas, in festo nativitatis B. Joannis.

Dum hæc agerentur a comite, et illis qui cum eo
erant, Guido de Monte-forti, frater germanus comitis, erat in obsidione cujusdam castri, quod dicitur Podium celsum in diœcesi Albiensi ; a quo recedens, properavit ad comitem fratrem suum qui et ipse
properabat, ad Castrumnovum Arii, propter novam filii sui Almerici militiam, de quo supra tetigimus, eo quod instaret nativitas B. Joannis. Venerunt etiam sui barones et milites de terra comitis
ad novæ militiæ festivitatem ; modum autem ipsum,
quo prædictus filius comitis factus fuit miles Christi, exprimere volumus, utpote novum et a sæculis
inauditum.

CAPUT LXX.

Almaricus filius comitis Simonis fit miles.

Anno verbi incarnati 1213, comes nobilis Montis
fortis, et plures barones, et milites ipsius, in festo nativitatis R. Joannis, convenerunt apud Castrumnovum Arii : erant autem cum comite duo venerabiles episcopi memorati, et quidam milites peregrini. Christianissimus autem comes voluit et
rogavit Aurelianensem episcopum ut filium suum
Christi militem faceret, et ipsemet traderet ei cingulum militare ; venerabilis autem episcopus diu
multum restitit, sed tandem victus precibus comitis
et nostrorum, petentibus acquievit. Comes autem
quia tempus æstivum erat, et quia Castrumnovum
non poterat competenter capere tantam multitudinem, eo quod jam semel vel bis fuisset destructum
in amœna planitie juxta castrum, fecit figi plures
papiliones. Ipsa autem die nativitatis S. Joannis,
venerabilis Aurelianensis episcopus, induit se pontificalibus indumentis, celebraturus in papilione
quodam missæ solemnitatem. Convenerunt autem
tam clerici quam milites ad audiendam missam ;
astante igitur episcopo ante altare, et missam cele-
brante, apprehendens comes Almaricum primogenitum suum per dexteram, et comitissa per sinistram,
accesserunt ad altare et obtulerunt illum Domino, rogantes episcopum ut faceret eum militem ad servitium
Jesu Christi. Quid plura ? Statim Aurelianensis et
Antissiodorensis episcopi, flexis genibus ante altare,
cinxerunt puerum cingulo militari, incipientes cum
devotione maxima, *Veni, creator Spiritus.* O novus
et inexpertus militiæ modus, quis ibi se a lacrymis
contineret ? hoc modo et ordine sæpedictus puer,
cum magna solemnitate, factus est novus miles :
qua solemnitate expleta, movens comes post paucos dies a Castronovo cum episcopis et filio suo ,
equitavit ante Tolosam, captisque aliquibus de Tolosanis, perrexerunt nostri Murellum : venerunt
ibi ad comitem nobiles Wasconiæ plures ; vocavit
enim eos et voluit comes ut facerent hominium
parvo filio suo, et factum est ita. Post paucos autem dies, movit comes a Murello versus Wasconiam, ducens filium suum ut traderet ei partem
Wasconiæ jam acquisitam, et per Dei auxilium acquireret acquirendam. Episcopi autem remanserunt
Murelli, die tertia ad propria reversuri : suam enim

peregrinationem diebus xL, laudabiliter, utpote per
omnia laudabiles expleverant, cum labore magno
et expensis. Die autem tertia moventes episcopi a
Murello, tendebant Carcassonam. Videntes autem
Tolosani et alii hostes fidei quod comes noster pergeret cum filio suo in Wasconiam, episcopi vero et
qui cum ipsis erant peregrini, reverterentur ad
propria, nacta occasione securitatis, egressi a Tolosa cum exercitu magno, obsederunt milites quosdam de nostris, scilicet Petrum de Sissi , Simonem de Sesne, Rogerum de Sartis et alios paucos,
qui, sicut diximus superius, munitionem quamdam
satis debilem et immunitam tenebant prope Tolosam.

Venientes adversarii ad munitionem illam, cœperunt nostros acriter impugnare, obsessi quantum
poterant se defendere. Post paucos autem dies, videntes obsessi nostri quod non possent diu se tenere,
cogitantes etiam quod non poterant habere tempestivum succursum, eo quod comes perrexisset in
Wasconiam, episcopi autem et peregrini! reverterentur ad propria, post duras angustias, reddiderunt se adversariis, tali tamen conditione et securitate apposita, quod adversarii conservarent vitam
et membra. Illud autem supprimendum non est
quod prædicti episcopi, qui jam erant Carcassonæ,
cum audissent milites nostros, obsessos esse prope
Tolosam, consuluerunt, monuerunt et supplicave-
runt peregrinis, qui cum ipsis erant, ut cum eis
reverterentur ad succursum obsessorum. O viri per
omnia commendabiles ! o viri virtutis ! Acquieverunt omnes, egressique a Carcassona festinabant
ut succurrerent obsessis ; sed cum venissent prope
Castrumnovum Arii, dictum est eis quod jam capti
erant obsessi nostri a Tolosanis ; et vere sic erat.
Quod audientes cum dolore multo, reversi sunt Carcassonam ; adversarii autem duxerunt milites captos Tolosam. Statim omnibus infidelibus deterio-
res, non deferentes promissioni vel sacramento,
milites nostros, quos, ut dictum est, de vita et
membris securos fecerant, distrahi fecerunt ad caudas equorum per plateas civitatis, et distractos in
patibulis suspenderunt. O grave traditionis et crudelitatis genus! Nobilis autem comes Montis fortis,
qui, sicut diximus, duxerat filium suum in Wasconiam, et multa castra et fortia, jam per Dei auxilium acquisierat, cum audisset quod Tolosani obsedissent milites suos prope Tolosam, dimittens filium
suum in Wasconia, festinanter rediit ut succurreret
obsessis ; sed antequam ad eos pervenire posset,
jam capti erant et Tolosam perducti. Rex Arragonensis Petrus, præterita hieme, nuntios suos miserat Romam, insinuans domino papæ, per falsissimam suggestionem, quod comes Montis-fortis, injuste abstulisset terras suas comitibus Convenra-
rum, et Fuxi et Gastoni de Bearno : dicebat etiam
rex, quod tres nobiles prædicti nunquam fuerant
hæretici, licet manifestissimum esset quod hæreticos fovissent et sanctam Ecclesiam toto nisu impu-

gnassent : inescavit Dominus papæ quod negotium
fidei consummatum esset contra hæreticos, ipsis
hæreticis procul fugatis, et de terra Albigensi penitus exterminatis, ideoque necesse erat quod dominus
papa indulgentiam quam fecerat proficiscentibus
contra hæreticos, penitus revocaret, eamque transferret, vel contra paganos Hispanienses, vel ad
subsidium terræ sanctæ. O inaudita sub specie pietatis impietas ! hoc enim dicebat rex pessimus, non
quod de angustiis et necessitatibus S. Ecclesiæ per-
tineret ad eum, sed ut negotium Christi contra hæreticos, quod per multos annos cum maximo labore
et multa sanguinis effusione fuerat miraculose pro-
motum, ipse suffocaret et destrueret in momento,
sicut manifestissimis indiciis demonstravit. Summus
autem pontifex, nimis credulus falsis suggestionibus
regis, ipsius petitionibus facile acquievit. Misit
nempe litteras suas comiti Montis-fortis, mandans
ei et præcipiens ut prænotatis comitibus Convenarum et Fuxi et Gastoni de Bearno, viris scelera tis-
simis et perditis, terras suas, quas justo Dei judicio,
auxilio crucesignatorum acquisierat, redderet indilate, suam præterea indulgentiam, quam fecerat
proficiscentibus contra hæreticos revocavit. Postmodum etiam, misit dominus papa legatum suum
in Franciam magistrum Robertum de Corceone (8),
Anglicum natione, cum multis paribus litterarum et
indulgentiarum, ut sollicite prædicaret, et prædicari
faceret, pro succursu terræ Hierosolymitanæ. Qui
legatus veniens in Franciam sollicitudine non pigra,
injunctum exsequens officium, cœpit discurrere per
Franciam, archiepiscoporum et episcoporum concilia celebrare, prædicatores instituere, modisque
omnibus terræ sanctæ negotium promovere. Prædicatores quoque illos qui laborabant pro negotio fidei contra hæreticos sæpedictos, eidem negotio abstulit, et fecit eos pro terræ sanctæ negotio prædicare, et ita quantum ad humanum judicium, quasi
in abolitionem venit negotium fidei contra hæreticos pestilentes. In tota siquidem Francia non erat
nisi unus, venerabilis scilicet Carcassonensis episcopus, vir eximiæ sanctitatis, qui pro sæpedicto fidei
negotio laboraret : ipse enim cum magna instantia
discurrebat per Franciam et negotium fidei ne in
oblivionem veniret, omnimode in quantum poterat
promovebat. His de statu Franciæ præmissis ad
narrationis seriem redeamus.

Cum emanassent litteræ apostolicæ a curia, in
quibus dominus papa mandabat comiti Montis fortis
ut redderet terras tribus nobilibus supradictis, Christianissimus comes noster et episcopi terræ Albigensis miserunt nuntios suos ad dominum papam,
episcopum videlicet Convenarum, archidiaconum
Parisiensem Guillelmum, quemdam etiam abbatem
de Claraco, viros providos et constantes : duos etiam
clericos, quos dominus papa jam miserat a latere

suo comiti Montis fortis, magistrum scilicet Theo-
disium Pisanum, qui negotium fidei miro amplexabatur affectu, et Petrum Marci, qui fuerat notarius
domini papæ, et erat de Nemausensi diœcesi oriundus. Hi omnes venientes ad curiam ipsam, tam duram et admodum sibi difficilem invenerunt, quia
nuntii regis Arragonensis, quorum quidam morabantur in curia, animos fere omnium qui erant in
curia per suggestionem falsitatis inclinaverant sibi :
tandem post multos labores, dominus papa agitata
plenius veritate, per nuntios comitis misit litteras
regi Arragonensi, in quibus asperrime increpabat
eum, eo quod Tolosanos et alios hæreticos in sua
protectione et custodia recepisset, injungebatque
ei districtissime, in virtute Spiritus sancti, ut ab eis
recederet indilate , nec eis impenderet de cætero auxilium vel favorem. Conquerebatur insuper per litteras dominus papa de rege Arragonensi, eo quod
per falsi suggestionem omnimodam impetrasset
litteras apostolicas de restituendis terris comitibus
Convenarum, Fuxi et Gastoni de Bearno : unde D.
papa litteras illas tanquam subreptitias revocabat.
Mandabat præterea in eisdem litteris nobilibus prædictis et civibus Tolosanis ut ad concilium et voluntatem Narbonensis archiepiscopi apostolicæ sedis
legati et episcopi Tolosani, satisfacerent Deo et
redirent ad Ecclesiæ unitatem ; quod si nollent, dominus papa præcipiebat per memoratas indulgen-
tias populos excitari contra Tolosanos et fautores
eorum. Hæc fuit summa litterarum. Quibus litteris
impetratis nuntii nostri a curia redierunt. Nobilis
autem comes Montis-fortis et qui cum eo erant gravi tunc temporis discrimine arctabantur : erant
enim quasi soli, et pene penitus desolati, eo quod
pauci vel nulli in eorum auxilium venirent a Francia peregrini : sicut enim jam diximus, jam pene
in oblivionem venerat negotium fidei per novam
prædicationem legati, quem D. papa miserat in
Franciam pro negotio terræ sanctæ, ideoque fere
nulli signabant se cruce contra hæreticos pestilentes. Rex præterea Franciæ, per intestinas guerras
quas habebat, non permittebat quod milites, qui se
jamdiu crucesignaverant contra hæreticos, attin-
gerent ad perficiendum vota sua ; super hæc omnia,
dicebatur in tota terra Albigensium, et celebri jam
erat sermone vulgatum, quod rex Arragonensis con-
gregabat exercitus suos, ut intraret cum superbia
terram nostram militesque Christi de terra illa penitus exstirparet. Comes autem noster, iterato discrimine, misit ad filium suum, qui in Wasconia
erat in obsidione castri, quod dicitur Rupes fortis,
mandans ei ut recedens ab obsidione festinanter veniret ad eum ; timebat enim ne, si rex intraret Wasconiam cum exercitu suo, posset eum comprehendere, eo quod paucissimos Francigenas secum haberet : pius autem Dominus Jesus, qui semper ad-

(8) Illius habetur commemoratio in Necrologio
Ecclesiæ Trecensis, ad diem 6 Feb. ibique *Rob. de
Torcon* nominatur ; a Ciaconio in Innoc. III vocatur

R. *Corson*, et a M. Paris in Henr. III R. *de Sumercote*,
quem veneno sublatum asserit sub anno 1241.

ji tor est in opportunitatibus in tribulatione (*Psal.* ix), ita ordinavit ut filius patris mandato obediret, et de dimissa obsidione erubesceretium non haberet : ea si qui lem nocte qua litteræ comitis venerunt, adversarii qui erant in castro obsessi, rogaverunt ea quæ pacis sunt, parati reddere castrum et captivos quos tenebant ferme sexaginta, dummodo ipsi permitterentur abire illæsi. Quo, quia instabat necessitas, concesso, Almaricus filius comitis, castrum illud muniens paucis militibus, ad patrem suum properavit ; tota autem terra Albigensium in multa turbatione et vacillatione erat posita, hostes siquidem fidei et milites regis Arragonensis, quia jam longam moram fecerant in Tolosa, circuibant per ante castella nostra, invitantes indigenas ad apostasiam et reddationem nostram. Plures autem ex ipsis ob securitatem regis Arragonensis, quem cum maximo desiderio exspectabant, convertebant se ad adversarios, et ita plura castra magna et fortia reamisimus.

Ea tempestate, nobilis comes Montis fortis et episcopi terræ Albigensis duos ablatos miserunt ad regem Arragonum, qui litteras et mandatum D. papæ deferrent ad eum, supplicantes ei, juxta mandatum apostolicum, ut ab hæreticorum auxilio desisteret, nec Christianitatem impugnaret. Rex autem, utpote fallax et subdolus, respondit in dolo quod omnia quæcunque mandabat ei summus pontifex, libenter adimpleret : sed, licet semper promitteret mandatum apostolicum libentissime se facturum, noluit tamen revocare milites suos, quos præterita hieme Tolosæ dimiserat, per quos cum Tolosanis et aliis hæreticis Christianitatem impugnaret; sed et alios plures Tolosam misit milites. Præterea de terra sua quos poterat adunabat, et insuper, sicut audivimus, partem terræ suæ non modicam pignori obligavit, ut haberet unde conducere posset stipendiarios in auxilium hæreticorum et Christianitatis impugnationem. O crudelitas subdola ! o proditio crudelissima ! licet enim toto posse suo exercitus contra nos adunaret, promittebat tamen quod mandatum domini papæ de deserendis hæreticis et excommunicatis libenter adimpleret, ut nos immunitos redderet et securos; sed quia non sit prudentia nec consilium contra Dominum (*Prov.* xxi) rei exitus demonstravit. Per id tempus, sæpe memoratus rex Arragonensis, ut iniquitatem quam contra Christum et suos conceperat parturiret, egressus de terra sua cum infinita equitum multitudine ingressus est Wasconiam, volens, si posset, totam terram, quæ per Dei gratiam et auxilium crue signatorum fuerat acquisita, hæreticis reddere et suo dominio subjugare. Ingressus fines Wasconiæ, cœpit tendere versus Tolosam ; plura autem castella Wasconiæ, per quæ transitum faciebat, timore ejus reddiderunt se illi. Quid ultra ? fit in tota terra illa sermo de adventu regis celeberrimus ; gaudent indigenæ plures, plures apostatant ; reliqui ad apostatandum se parant. Rex autem impius

cum circuisset plura castella, venit ante Murellum, quoddam nobile castrum, sed quoad fortitudinem satis debile, distans tribus leucis a Tolosa ; sed, licet muris esset debile et fossatis, erat tamen munitum militibus triginta, et paucis peditibus, quos nobilis comes Montis-fortis, ibi ad custodiam castri dimiserat, qui Tolosanos præ cæteris impugnabant. Veniens rex Arragonum Tolosam, congregavit Tolosanos et alios hæreticos, ut obsidionem firmaret circa Murellum.

CAPUT LXXI.
Obsidio Murelli.

Anno Domini nostri Jesu Christi 1213, iv Id. Sept., feria 5 post Nativitatem beatæ Mariæ rex Arragonum Petrus, congregatis comitibus Tolosano, Convenarum et Fuxi, et copioso exercitu Arragonensium et Tolosanorum, Murellum obsedit ; erat autem castrum Murelli situm super Garonnam fluvium prope Tolosam ad tres leucas versus Wasconiam. Accedentes adversarii ad castrum Murelli, statim primo incursu, primum castri burgum intraverunt, quia obsessi nostri non poterant illud munire; pauci qui lem erant, et se in aliud burgum aliquantulum fortius receperant, ipsum tamen primum castri burgum hostes citius dimiserunt. Statim milites nostri de castro miserunt ad nobilem comitem Montis-fortis, significantes ei quod obsessi erant, et rogantes quod succurreret eis, quia modica, imo quasi nulla habebant victualia et de castro egredi non audebant. Erat comes apud castrum quod dicitur Fanum-Jovis, distans octo leucis a Murello ; proposuerat enim ire Murellum, ut muniret illud tam hominibus quam victualibus, pro eo quod de adventu regis Arragonum, et de obsidione Murelli aliquid suspicaretur. In ipsa autem nocte, qua comes proposuerat egredi a Fano-Jovis, comitissa nostra quæ ibi erat, somnium vidit, unde perterrita fuit valde : videbatur enim ei quod ab utroque brachio suo in magna abundantia exibat sanguis. Quod somnium, cum mane comiti referret, et diceret vehementissime super hoc se turbatam, comes respondit : « Quasi una de mulieribus estis locuta ; putatis enim quod more Hispanorum sequamur somnia vel auguria. Certe et si somniassem hac nocte me interficiendum esse in bello ad quod propero, securius et libentius irem, ut stultitiæ Hispanorum et hominum terræ hujus, qui somnia curant, et auguria plenius contrairem. » His dictis, exivit comes a Fano-Jovis, et properabat cum suis versus Saverdunum ; et dum esset in via, venit ad eum nuntius missus a militibus, qui in castro Murelli erant obsessi, ferens eorum litteras continentes quod rex Arragonum obsidionem firmasset ante Murellum. Quo audito, omnes nostri jam de futura victoria spem habentes, gavisi sunt valde. Statim comes mandavit comitissæ, quæ et ipsa recedens a Fano Jovis, tenderet Carcassonam ; milites quotquot potuit congregavit. Rogavit insuper quemdam nobilem de Francia, vicecomitem videlicet Corbolicum, qui, peracta peregrinatione sua revertebatur ad propria, ut rediret et festinaret ad succursum comitis nostri; qui libenter acquievit, et libenter se redditurum spopondit.

Moventes igitur prænotatus vicecomes cum suis et pauci milites quos, sicut diximus, comitissa mittebat comiti in succursum, venerunt ad Fanum-Jovis. Comes autem noster, et qui cum eo erant, properantes Saverdunum, venerunt prope quamdam abbatiam Cisterciensis ordinis, quæ dicitur Balbona : ad quam divertens comes noster, intravit ecclesiam causa orationis, et etiam se et suos orationibus monachorum commendaret. Et cum prolixius et diutius orasset, arripiens ensem quo erat præcinctus, posuit illum super altare dicens : « O bone Domine! O Jesu benigne! tu me, licet indignum, ad tua prælia elegisti. Desuper altare tuum hodie arma accipio, ut præliaturus prælia tua, a te accipiam justitism præliandi. » His dictis, exiens comes cum suis, venit Saverdunum. Erant autem cum comite septem episcopi et tres abbates, quos Narbonensis archiepiscopus apostolicæ sedis legatus congregari fecerat, ut cum rege Arragonensi de pace et concordia loquerentur ; sed et quidam milites, circiter triginta, nuperrime venerant a Francia, ut votum suæ peregrinationis complerent : inter quos erat quidam miles juvenis et frater comitis nostri ex parte matris, nomine Guillelmus de Barris. A Domino facta sunt ista. Cum venisset comes Saverdunum, convocatis militibus qui cum ipso venerant, quæsivit ab eis auxilium, quid facto opus esset : ipse autem de hoc omnimode aspirabat, sicut ab ore ipsius postea audivimus, ut ipsa eadem nocte iret et intraret Murellum, quia princeps fidelissimus multum de suis sollicitus erat obsessis ; cæteri autem volebant nocte illa manere Saverduni, eo quod erant jejuni et lassi, et dicebant quod forsitan oporteret eos in ipsa via cum hostibus habere conflictum. Acquievit comes, licet invitus, utpote qui semper omnia -cum consilio faciebat. In crastino summe diluculo vocavit capellanum suum, faciensque confessionem ordinavit testamentum suum, ipsumque testamentum scriptum et sigillatum misit ad dominum abbatem Bolbonæ, mandans et ordinans quod, si contingeret ipsum in bello occumbere, mitteretur Romam prænotatum testamentum et confirmaretur a D. papa.

Postquam autem factus est dies, episcopi qui erant Saverduni et comes, et omnes sui convenerunt ad ecclesiam. Statim unus ex ipsis sacris vestibus se induit, missam celebraturus, in honorem B. Mariæ Virginis : in qua missa omnes episcopi excommunicaverunt comitem Tolosanum et filium ejus, comitem Fuxi et filium ejus, comitem Convenarum, et omnes fautores, et coadjutores et defensores eorum. In qua sententia procul dubio rex Arragonum involutus est, licet episcopi ex industria nomen ejus suppresserint, tamen pro eo facta fuit excommunicatio, quia ipse non solum

erat adjutor dictorum comitum et defensor, sed totius militiæ quæ exercebatur in obsidione Murelli, caput erat et auctor. Celebrata missa, comes et sui armis se induunt, et egredientes a Saverduno in quadam planitie juxta castrum ordinaverunt acies, in nomine sanctæ et individuæ Trinitatis. Et procedentes venerunt ad quoddam castrum, quod dicitur Altaripa, quod medium est inter Saverdunum et Murellum : inde progredientes, venerunt ad quemdam locum transitu difficilem, inter Altaripam et Murellum, in quo loco arbitrati sunt nostri quod haberent obvios hostes, quia lutosus erat locus, via astricta et aquosa. Erat autem prope locum illum quædam ecclesia, in qua secundum consuetudinem intravit comes causa orationis : inundabat autem ipsa hora pluvia, et milites nostros non modicum infestabat, sed orante milite Jesu Christi, videlicet comite nostro, cessavit pluvia ; fiunt nubila in serenum. O immensa bonitas Conditoris! Cum surrexisset comes ab oratione, reascensis equis locum prædictum transierunt, nullumque hostilem obicem invenerunt. Inde progredientes, venerunt usque prope Murellum, citra Garonnam. Rex autem Arragonensis, et qui cum eo erant a parte alia, ultra Garonnam, castrum obsederant, multiplicati super arenam maris. Milites autem nostri, utpote ardentissimi, consuluerunt comiti, ut statim intrans castrum, bellum cum hostibus committeret ipso die, sed comes nullo modo voluit, quod ipsa die fieret bellum, quia erat hora vespertina, et nostri tam milites quam equi, erant lassi, hostes vero recedentes [recentes ?].

Præterea ipse comes omnem volebat exhibere humilitatem et offerre regi Arragonum verba pacis, et supplicare ne contra Ecclesiam veniens, se Christi jungeret inimicis. His ergo de causis, noluit comes quod congressus fieret ipso die. Transeuntes igitur pontem, intraverunt Murellum, statim episcopi nostri, plures et pluries nuntios miserunt ad regem, orantes et deprecantes ut misereri dignaretur Ecclesiæ sanctæ Dei ; sed rex, ut obstinatissimus, nullis ipsorum petitionibus acquiescere voluit, nec aliquid pacifice respondere, sicut inferius continetur. In ipsa nocte, vicecomes Corboliensis, et pauci milites Francigenæ, qui veniebant a Carcassona, de quibus supra tetigimus, intraverunt Murellum, de quorum adventu, comes et qui cum eo erant, gavisi sunt valde. Nec prætermittendum quod, in castro Murelli, non erant victualia quæ possent sufficere nostris in unum diem ; et ipsa quidem nocte res ita se habuit.

CAPUT LXXII.

De strenuissima pugna et gloriosissima victoria comitis Montis-fortis et suorum, habita in campo Murelli de rege Arragonum et hostibus fidei.

In crastino summo mane, intravit comes basilicam suam, quæ erat in munitione castri, auditum missam; episcopi autem nostri et milites perrexerunt ad ecclesiam quæ erat in burgo, ut et ipsi mis-

sam audirent. Comes autem audita missa, de mu- A
nitione exivit in burgum cum suis, et a suis consilium habiturus, et nostri simul loquerentur;
erant inermes, pro eo quod de pace cum rege quodammodo per episcopos tractabatur. Statim episcopi, de communi nostrorum assensu, disealcea-
tis pedibus voluerunt ire ad regem, supplicaturi
ei ne Ecclesiam impugnaret. Et cum misissent nuntium, qui talem episcoporum nuntiaret adventum,
ecce plures de hostibus armati in equis intraverunt
burgum in quo erant nostri; erant enim fores
apertae, quia nobilis comes non permittebat ut clau-
derentur. Mox comes noster allocutus est episcopos, dicens : « Videtis quia nihil proficitis, sed magis tumultus fit; satis, imo plusquam satis susti-
nuimus; tempus est ut nobis detis licentiam dimi- B
candi. » Episcopi autem, quia necessitas sic urgebat, concesserunt eis. Tunc nostri, recedentes a
loco illo colloquii, perrexerunt unusquisque in domum suam ut se armarent : cum autem intraret
comes munitionem castri, ut se armaret et transiret
per ante basilicam suam, subito introspexit et vidit Uticensem episcopum celebrantem missam et
dicentem, Dominus vobiscum, post evangelium ad
offerendam. Statim cucurrit comes Christianissimus, et flexis in terram genibus, et junctis manibus ante episcopum, dixit ei : « Do et vobis offero
animam meam et corpus meum. » O devotio principis ! Post haec intrans munitionem, armis se munivit. rediensque iterum ad episcopum, in praeno- C
tata basilica, denuo obtulit se ei et arma sua ; sed
cum flecteret genua ante altare, brachile ejus a quo
dependebant caligae ferreae, ruptum est medium.
Sed vir Catholicus ex eo quod acciderat, nihil timoris, nihil turbationis concipiens, aliud brachile
afferri praecepit : quo facto egressus est de basilica
comes : cui egredienti adductus est equus suus;
quem cum vellet ascendere, essetque in loco eminenti, ita quod videri posset a Tolosanis, qui erant
foris castrum, equus, elevato capite, percussit comitem, et a se aliquantulum resilire fecit; quod videntes Tolosani, in derisionem comitis ululatum
maximum emiserunt. Quibus comes Catholicus
dixit : « Vos modo clamando deridetis me, sed confido in Domino, quod victor clamabo post vos usque D
ad portas Tolosae. » Quo dicto comes ascendit
equum, veniensque ad milites qui in burgo erant,
invenit eos armatos et paratos ad bellum. Consuluit
autem comiti miles quidam, ut numerari faceret
milites suos, et sciret quot essent. Cui comes nobilis : « Non est, inquit, opus; satis sumus ad su-
perandum per Dei auxilium hostes nostros. » Omnes autem nostri, inter milites et servientes in
equis, non erant plusquam octoginti, cum hostes
centum millia esse crederentur; paucissimos autem et quasi nullos pedites nostri habebant. Insuper et comes nobilis inhibuerat ne quis pedes egrederetur ad pugnam.

Dum igitur comes et milites nostri mutuo loque-

rentur et de bello tractarent, ecce episcopus Tolosanus advenit habens mitram in capite, in manibus
vero vivificae lignum crucis. Mox nostri coeperunt
descendere de equis et singuli crucem adorare.
Episcopus autem Convenarum, vir mirae sanctitatis, videns quod in ista adoratione crucis a singulis
nimia fieret mora, arripiens de manu Tolosani episcopi lignum crucis, ascendens in locum eminentiorem, signavit eos, dicens : « Ite in nomine Jesu
Christi, et ego vobis testis sum, et in die judicii
fidejussor existo, quia quicunque in isto glorioso oc-
cubuerit bello, absque ulla purgatorii poena, aeterna
praemia et martyrum gloriam consequetur, dummodo confessus sit et contritus, vel saltem firmum
habeat propositum, quod statim, peracto bello, super peccatis de quibus nondum fecit confessionem,
ostendet se sacerdoti. » Qua promissione ad instantiam nostrorum militum repetita, saepius et multoties ab episcopis confirmata, statim nostri, per
cordis contritionem et oris confessionem mundati
a peccatis, donantes sibimetipsis si quis adversus
aliquem querelam haberet, egrediuntur de castro,
et tribus aciebus dispositis, in nomine Trinitatis,
contra hostes intrepidi procedebant. Episcopi autem et clerici intraverunt ecclesiam, deprecaturi
Dominum pro servis suis qui se pro ejus nomine
morti exponebant imminenti : qui orantes et clamantes in coelum, tantum pro imminenti angustia
mugitum emittebant in coelum, quod ululantes dici
deberent potius quam orantes. Ibant igitur milites
Christi gaudentes ad locum certaminis, parati pro
ejus nomine, non solum contumeliam, sed et mortem pati. Qui egressi de castro, in campi planitie
juxta castrum viderunt hostes paratos ad pugnam,
quasi totum mundum. Statim prima acies nostra
audacter in hostes insiliit, et in ipsos medios se
immisit; mox secunda subsequitur, hostes penetrat
sicut prima, in quo congressu rex Arragonensis
occubuit, et multi Arragonenses cum eo; ipse enim
utpote superbissimus, in secunda acie se posuerat,
cum reges semper esse soleant in extrema. Insuper
arma sua mutaverat, armisque se induerat alienis.
Videns comes noster duas acies suas in medios hostes mersas, et quasi non comparere, irruit a sinistris in hostes qui stabant ex adverso innumerabiles. Stabat autem ordinatio ad pugnam juxta fossatum quoddam, quod erat inter ipsos et comitem
nostrum; statim irruens comes in hostes praenota-
tos, et licet non videret aliquam viam, per quam ad
eos posset pertingere, invenit tandem in fossato
modicissimam semitam, ordinatione divina, ut
credimus, tunc paratam : per quam transiens, in
hostes se dedit, et, utpote miles Christi fortissimus, ipsos fortissime penetravit. Nec silendum est
quod, cum comes vellet in ipsos irruere, ipsi eum
cum gladiis suis tanto nisu a parte dextera pepu-
gerunt, quod pro nimia ictuum impulsione ruptus
est ei staphus sinister; nobilis vero comes, calcar
sinistri pedis voluit infigere coopertura equi, sed

ipsum calcar confractum de pede resilivit; miles tamen validissimus non cecidit, sed hostes valide percussit. Quidam autem de adversariis comitem nostrum valide percussit in capite; vir autem nobilis dictum militem cum pugno cecidit subtus mentum, de equo cadere fecit. Quod videntes socii dicti militis, qui infiniti erant, sed et cæteri omnes adversarii nostri, victi citius et confusi, fugæ præsidia quæsierunt : quod videntes nostri, illi videlicet qui fuerant in prima acie et in secunda, instantissime insecuti sunt fugientes, et gravissime prosecuti; extremos etenim cædentes, ex ipsis multa millia occiderunt. Comes vero noster et illi qui cum eo erant, lento cursu post nostros qui eos insequuntur, de industria sequebantur, ut si forte hostes conglobarent se et resumerent animos resistendi, nostri qui fugientes divisi alter ab altero consequebantur, ad comitem possent habere recursum. Nec silendum quod comes nobilissimus non est dignatus in bello aliquem percutere, ex quo fugientes vidit et vertere sibi tergum.

Dum hæc agerentur, cives Tolosani qui remanserant in exercitu infiniti ad pugnam parati, in expugnando castro totis viribus laborabant. Quod videns episcopus Tolosanus, qui erat in castro vir bonus et mitis, eorumque miseriæ compatiens, quemdam virum religiosum misit ad eos, monens et consulens ut jam tandem converterentur ad Dominum Deum suum, armaque sua deponerent, et ipse eos eriperet a morte imminenti : in cujus assecurationis testimonium, misit eis cucullam suam : monachus quippe erat. Illi autem, utpote obstinati et divinitus excæcati, responderunt quod rex Arragonensis vicerat omnes nostros, episcopus autem volebat eos morti tradere, non salvare : et hac de causa, auferentes cucullam nuntio, ipsum lanceis graviter verberarunt. Interea milites nostri revertebantur a cæde, cum victoria gloriosa, venientesque ad ipsos Tolosanos, ex ipsis plura millia occiderunt.

Post hæc præcepit comes quibusdam de suis, ut ducerent eum ad locum ubi rex Arragonensis fuerat interfectus; locum siquidem et horam interfectionis ipsius penitus ignorabat. Veniens igitur comes ad locum invenit corpus regis Arragonensis prostratum in medio campo nudum; pedites siquidem nostri ipsum jam nudaverant, quia, visa victoria, egressi erant de castro, et quos adhuc vivos jacentes invenire potuerant, peremerant. Piissimus autem comes, videns regem jacentem prostratum, descendit de equo, alterum David super Saul alterum repræsentans. Illis omnibus rite peractis, et de hostibus fidei, tam submersione quam gladio, circiter viginti millibus interfectis, Christianissimus comes intelligens tantum miraculum, Dei virtute, non humanis viribus factum esse, ab illo loco ubi descenderat, nudus pedes ad ecclesiam perrexit, omnipotenti

Deo pro collata victoria gratias repensurus : equum etiam suum et armadedit pauperibus in eleemosynam. Ut autem veritas hujus pugnæ mirabilis et gloriosæ victoriæ audientium cordibus plenius infigatur, litteras quas episcopi et abbates qui aderant ad universos Christi fideles miserunt, operi nostro duximus inserendas.

CAPUT LXXIII.

Litteræ prælatorum qui in exercitu Simonis comitis erant, cum de fidei hostibus triumphavit (8*)

Gloria *in excelsis Deo et in terra pax hominibus* (Luc. II), qui sanctam Ecclesiam bona diligunt voluntate. *Deus fortis et potens, Deus potens in prælio* (Psal. XXIII), quinta feria infra octavas Nativitatis beatæ Mariæ Virginis, sanctæ concessit Ecclesiæ, devictis miraculose inimicis fidei Christianæ, victoriam gloriosam, et triumphum gloriosum, in hunc modum : Post correctionem affectuosissimam, zelo paternæ pietatis a summo pontifice diligentissime regi factam Arragonensi, inhibitionemque districtissimam, ne inimicis fidei præstaret auxilium, consilium vel favorem, sed ab eisdem recederet indilate, et treugas haberet firmissimas cum comite Montis fortis; quibusdam etiam litteris, quas ejusdem regis nuntii per falsissimam suggestionem contra comitem Montis fortis impetrarant de terris reddendis comitibus Fuxensi, Convenarum et Gastoni de Bearno, post veritatis cognitionem cassatis a D. papa, et tanquam nullius valoris penitus revocatis; cum idem rex correctionem Patris sanctissimi non [esset] devotione recipiens filiali, sed transisset, contra mandatum apostolicum superbe recalcitrans, quasi cor habens durius induratum, licet venerabiles Patres, Narbonensis archiepiscopus apostolicæ sedis legatus et Tolosanus episcopus sibi litteras et mandatum summi pontificis transmisissent, mala quæ pridem conceperat, voluit postmodum parturire, quia in terram quam per virtutem Dei auxilio signatorum contra hæreticos et eorum defensores fuerat acquisita, intravit cum exercitu, eamque contra mandatum apostolicum subjugare ac prædictis inimicis reddere attentavit, parte ejus tum sibi aliquantulum subjugata, cum pars multa residui, ob ipsius securitatem, apostatare intenderet, et se ad apostandum jam pararet. Congregatis insimul comitibus Tolosæ, Fuxi et Convenarum et Tolosanorum exercitu magno valde feria III post Nativitatem beatæ Mariæ, Murelli castrum obsedit : quo audito Patrum venerabilium, archiepiscoporum, episcoporum et abbatum, quos venerabilis Pater Narbonensis archiepiscopus, Apostolicæ sedis legatus propter sanctum negotium fecerat congregari, qui ut de dicto negotio et de pace tractarent diligenter advenerant, in Christo unanimes et devoti, Simon comes Montis-fortis, habens secum quosdam nobiles et potentes crucesignatos, qui nuperrime de Francia venerant, ipsi et Christi negotio in suc cursum, suamque familiam, quæ in Christi negotio diu secum laboraverat, iter arripuit ad castrum obsessum viriliter succurrendum. Et dum die Martis, infra octavas supradictas, venisset ille Christi exercitus ad quoddam castrum quod dicitur Saverdunum, venerabilis episcopus Tolosæ, cui commissa erat a summo pontifice Tolosanorum reconciliatio, licet de reconciliatione ter vel quater monuisset, cujus admonitionibus, licet salubribus, acquiescere postponebant, respondentes super hoc nullatenus respondere, ad dictos regem et Tolosanos in obsidione Murelli assistentes suas misit litteras, significans eis quod episcopi memorati veniebant, ut de pace et concordia diligenter tractarent, et petebat sibi dari ducatum securum. In crastino autem, prima die Mercurii subsequente, quia res sic urgebat, supradictus exercitus exiit Saverduno, festinans ad succursum Murelli celeriter advenire; dicti vero episcopi memorati proposuerant, apud quoddam castrum quod dicitur Altaripa, quod medium inter Saverdunum et Murellum, distatque ab utroque duabus leucis, ut ibi missam nuntium exspectarent : qui nuntius rediens ex parte regis respondit quod ex quo episcopi cum exercitu veniebant, non daret eis ducatum : ipsi quidem alio modo non poterant ire sine manifesto periculo propter guerram. Cum episcopi et Christi exercitus Murellum accederent, ex parte civium Tolosanorum, prior hospitalis Tolosæ ad episcopum Tolosanum missus venit, ferens eorum litteras in quibus continebatur quod modis omnibus parati erant D. papæ et ipsius episcopi facere voluntatem : quod quidem eis bonum fuisset, si compensassent verius facta dictis. Eidem vero priori statim remisso ab episcopo respondit rex quod ducatum episcopo non præberet, sed, si vellet ire Tolosam, ut cum Tolosanis loqueretur, cum concederet illuc ire : et hoc derisorie fuit dictum. Ad quod episcopus : « Non decet, inquit, servum civitatem intrare, de qua dominus suus exsul est ejectus; nec ego, cum corpus Christi de civitate illa ejectum fuerit, illuc revertar, donec Deus meus et Dominus meus revertatur. » Verumtamen dicti episcopi cum exercitu Murellum intraverunt die Mercurii superius memorata : qui sollicitudine non pigra, duos viros religiosos ad regem et cives Tolosanos destinarunt, qui a rege tale habuerunt responsum, quod propter quatuor ribaldos, quos episcopi secum adduxerant, petebant colloquium habere cum ipso, et hæc dixit in derisum et contemptum signatorum. Tolosani vero prædictis nuntiis responderunt quod in crastino super hoc responderent; et hac de causa eos usque in crastinum tenuerunt. In crastino autem, prima die Jovis, responderunt quod ipsi regi Arragonensi erant confœderati, et nihil facerent nisi regis in omnibus voluntatem. Quod cum redeuntes manu, ipsa die Jovis nuntii retulissent, episcopi et abbates discalceatis pedibus, ire proposuerunt ad regem : et cum quemdam religiosum mitterent ad nuntiandum regi adventum ipsorum in hunc modum,

patefactis januis, cum comes Montis-fortis ac crucesignati essent inermes, pro eo quod de pace episcopi et abbates insimul loquebantur, hostes Dei superbe ac fraudulenter armati, vicum subintrare cum impetu attentarunt : sed per Dei gratiam a suo fuerunt desiderio defraudati. Quorum superbiam comes et crucesignati videntes, cum sine periculo et damno maximo ulterius differre non possent, per cordis contritionem et oris confessionem, utpote viri cultores fidei Christianæ, mundati salubriter a peccatis, armis suis se viriliter accinxerunt, venientesque ad sæpedictum Tolosæ episcopum, qui auctoritate D. Narbonensis archiepiscopi apostolicæ sedis legati legationis officio fungebatur, exeundi licentiam contra hostes fidei humiliter petierunt : qua, quia negotium erat in arcto constitutum, necessitatis articulo compellente, concessa, pro eo quod ipsam domum in qua episcopi morabantur, ipsi hostes erectis jam machinis aliisque bellicis instrumentis festinabant protinus impugnare, balistarum quarellis, jaculis atque lanceis emissis hostiliter circumquaque; Christi milites reverendi, ligni Dominici signaculo cum insigniis pontificalibus consignati, in nomine S. Trinitatis tribus aciebus dispositis exierunt. Hostes vero e contrario, multas habentes acies, et multum magnas, suis jam muniti armis tentoria sunt egressi. Quos, licet multos milites et populum multum nimis, clientes Christi de ipsius auxilio confidentes, et licet illorum respectu paucissimi, magnam multitudinem non verentes, armati ex alto viriliter sunt aggressi. Statim virtus Altissimi per manus servorum suorum hostes suos confregit, et comminuit in momento; terga eunt vertentes, in fugam facti sunt tanquam pulvis ante faciem venti, et angelus Domini persequens eos erat. Illi turpiter fugientes, turpi fuga mortis periculum evaserunt, alii vitantes gladios, aquæ periculo perierunt, quamplures vero fuerunt in ore gladii devorati. De illustri rege Arragonensi, qui cum interfectis occubuit, plurimum est dolendum, quia princeps tam potens et nobilis, qui, si vellet, posset et deberet Ecclesiæ sanctæ utilis multum esse, nunc Christi adjunctus hostibus, Christi amicos et sanctam Ecclesiam improbe perturbabat.

Cæterum, cum victores a cæde et persecutione hostium reverterentur cum victoria gloriosa, sæpedictus Tolosanus episcopus, Tolosanorum stragi et miseriæ, charitative et miserabiliter compatiens, corde pio, eos qui de stragis residuo adhuc intra sua tentoria morabantur, salvare cupiens, ne perirent, ut saltem tantorum flagellorum verbere castigati, citum periculum evadentes, converterentur ad Dominum, et viverent in fide Catholica permansuri, missa eis per quemdam religiosum virum cuculla qua indutus erat, mandavit eis quod nunc demum arma sua et suam deponerent feritatem, et inermes venirent ad ipsum, ut eos salvaret de morte : qui adhuc quoque in sua perseverans malitia, et se, qui jam victi erant, vicisse Christi

populum autumantes, non solum parere sui episcopi
admonitionibus contempserunt, verum etiam ablata
cuculla, ipsum nuntium austerius verberarunt :
post quos Christi militia recursum faciens, circa
sua diffugientes tentoria interemerunt. Certus hostium interfectorum, tam nobilium quam aliorum,
numerus præ multitudine nullatenus sciri potest ;
de militibus autem Christi unus solus interemptus
est in conflictu, et paucissimi servientes. Omnis
igitur populus Christianus pro Christianorum victoria mente pia et toto cordis affectu gratias agat
Christo, qui per paucos fideles infidelium multitudinem innumerabilem superavit, et sanctam Ecclesiam suam de hostibus suis concessit fideliter
triumphare, ipsi honor et gloria, in sæcula sæculorum. Amen.

Nos Tolosanus, Nemausensis, Uticensis, Lodo-
vensis, Biterrensis, Agatensis, et Convenarum episcopi, et de Claraco, Villa magna et S. Tiberii abbates qui mandato venerabilis Patris Narbonensis
archiepiscopi, apostolicæ sedis legati veneramus,
et de pace ac concordia tractare, cum summa diligentia summoque studio nitebamur, præscripta
omnia, sicut quæ vidimus et audivimus, esse veris-
sima, in verbo Dei perhibemus, consignantes ea
nostrorum munimine sigillorum, utpote reservari
digna in memoriam sempiternam.

Datum Murelli, in crastino victoriæ gloriosæ, scilicet sexta feria, intra octavas Nativitatis B. Mariæ,
anno Domini 1213.

CAPUT LXXIV.

*Parta victoria apud Murellum, Tolosani ad eorum
reconciliationem obsides præsulibus dare offerunt.*

Post gloriosam et inauditam victoriam, septem
episcopi prænotati et tres abbates qui adhuc erant
in castro Murelli, credentes quod cives Tolosani,
tanto miraculo Dei pariter et flagello territi, citius
faciliusque a suis possent erroribus revocari ad
gremium matris Ecclesiæ, secundum mandatum,
potestatem et seriem mandati apostolici, rursum
tractarunt rogando, monendo, terrendo eos inducere
ad Ecclesiæ unitatem ; cumque promitterent Tolosani se mandatum apostolicum adimplere, viva voce
petierunt ab eis episcopi sufficientem cautionem
standi mandato apostolico, videlicet obsides ducentos de civibus, quoniam juratoria cautione nullatenus possent esse contenti, cum multoties Tolosani
sua juramenta super hoc eodemque negotio fuerint
transgressi : qui, post multas altercationes verborum, sexaginta tantum obsides de suis civibus se
daturos promiserunt. Episcopi vero, ob majorem
securitatem, propter magnitudinem civitatis et dolosam indomabilemque populi multitudinem, et
quia etiam alia vice datos obsides, super eodem
negotio, de ditioribus civitatis in commissum cadere permiserunt, usque ad ducentos petebant ;
ipsi vero subterfugium quærentes, sexaginta se daturos et non plures promittebant. Statim episcopi,
ne aliquam causam excusationis habere possent

A Tolosani, aut occasionem aliquam subterfugiendi
et suos errores palliandi, responderunt episcopi
sexaginta obsides quos promittebant, se libenter
suscipere, et sic eos reconciliare, et in pace Ecclesiæ et unitate fidei Catholicæ conservare. Ipsi autem, jam amplius suas malitias non valentes velare,
responderunt quod nullo modo obsides darent, per
hoc manifeste denudantes quod nonnisi in fraudem
et intentionem dolosam de LX obsidibus priorem
fecerant promissionem. Hic adnectendum est quod
homines cujusdam nobilis castri, in diœcesi Albigensi, cui nomen Rabastenx, qui paulo ante recesserat a Deo et nostris, et se reddiderat Tolosanis,
audita prædicta victoria, omnes præ timore fugerunt, castrumque hominibus vacuum dimiserunt.

B Guido autem de Monte forti, frater comitis Montis-
fortis, cujus fuerat castrum, misit et occupavit
illud et gente sua munivit. Post paucos dies, supervenerunt a Francia peregrini, sed pauci, episcopus
videlicet Atrebatensis Radulphus et pauci milites
cum eo, et milites peregrini non multi. Comes autem noster et omnes qui cum eo erant, equitave-
runt in terram comitis Fuxi, ipsumque Fuxi burgum inferius combusserunt ; et inde ulterius per
terram comitis dicti equitantes, quidquid extra munitiones invenire poterant combusserunt.

CAPUT LXXV.

*Comiti, Fuxensis terras Mons-fortis invadit, Nar-
bona et Monspessulanus rebellant.*

C Post hæc nuntiatum est comiti nostro quod quidam nobiles Provinciæ, rupto pacis fœdere, pertur-
babant Ecclesiam sanctam Dei, insuper et stratas
publicas observantes, crucesignatis venientibus a
Francia mala quæ poterant inferebant. Habito igitur comes cum suis consilio proposuit descendere
ad partes illas, ut perturbatores pacis opprimeret,
et stratas publicas, ab incursu malignantium, redderet expeditas. Movens igitur comes cum peregrinis, qui cum eo erant, venit Narbonam ; cives autem Narbonenses, quia semper exosum habuerant
Christi negotium, et illi quam multoties, sed latenter, se opposuerant, nulla unquam ratione ad hoc
potuerunt induci, ut comitem nostrum cum peregrinis suis, aut etiam peregrinos sine comite, suam
D intrare permitterent civitatem : et ideo oportuit
tunc omnes nostros manere foris nocte illa in hortis et virgultis civitatis, inde in crastino venerunt
Biterrim, et inde post duos dies progredientes,
venerunt usque ad Montempessulanum. Homines
autem Montispessulani, pares Narbonensibus in
malitia, nullo modo permiserunt comitem nostrum,
nec illos qui cum eo erant, villam suam intrare ad
hospitandum nocte illa, sed fecerunt illis per omnia, sicut cives Narbonenses fecerant. Moventes
igitur a Montepessulano, venerunt Nemausum ; cives vero Nemausenses primo quidem noluerunt
comitem in suam introire civitatem ; sed videntes
ejus iram et indignationem, ipsum et omnes qui
cum illo erant in civitatem receperunt, et multa eis

debitæ humanitatis obsequia impenderunt. Inde A progrediens comes noster, venit ad castrum de Boucolio, ubi a dominis castri honorifice est susceptus. Inde perrexit comes in villam quæ Argentata dicitur, eo quod in partibus illis esset quidam nobilis, nomine Pontius de Montelauri, qui episcopos terræ, pacem et Ecclesiam, in quantum poterat perturbabat. Omnes autem crucesignati jam recesserant a comite : nec habebat nisi secum paucos stipendiarios et archiepiscopum Narbonensem : audiens prædictus Pontius adventum comitis nostri, timore ductus venit ad eum, et se et sua ejus voluntati reddidit. Erat præterea in partibus illis nobilis quidam potens, sed malus, Ademarus Pictaviensis, qui negotium Christi semper exosum habuerat, et corde adhæserat comiti Tolosano. Ille adventum comitis nostri audiens, munivit castra sua, milites etiam quos potuit in quodam castro adunavit, ut si comes transitum faceret juxta castrum, illo exiret cum suis, et impugnaret illud : sed cum comes nobilis per ante castrum transiret, licet cum paucissimis, memoratus Ademarus, quamvis multos haberet secum, non est ausus egredi contra nostros. Dum esset comes noster in partibus illis, venit ad eum dux Burgundiæ Odo, vir potens et bonus, qui negotium fidei contra hæreticos, insuper et comitem nostrum multo amplectebatur affectu : vererunt etiam cum duce Lugdunensis et Viennensis archiepiscopi. Dum ergo essent dux et comes noster prope Valentiam, apud Romam vocaverunt inimicum Ecclesiæ Ademarum Pictaviensem ad colloquium : convocatus venit, sed super his quæ pacis erant, noluit comiti vel duci assentire. Item vocaverunt eum dux et comes noster ad colloquium, et tunc quidem nihil proficere potuerunt. Videns igitur quod nihil proficere posset, motus ira et indignatione dux contra Ademarum, promisit comiti nostro, quod nisi supradictus Ademarus staret per omnia mandato Ecclesiæ, et haberet se ad voluntatem comitis nostri, et super his bonam faceret securitatem, ipse dux cum comite nostro eum impugnaret. Statim etiam vocavit plures milites suos, iturus cum comite nostro contra Ademarum sæpius memoratum : quod audiens Ademarus, tandem necessitate ductus, venit ad ducem et comitem nostrum, et se obtulit eorum per omnia voluntati, tradidit etiam quædam castra sua pro securitate, quæ comes commisit duci custodienda.

Interea venerabilis Pater Narbonensis archiepiscopus, vir consilio providus et omnino virtuosus, ad cujus monitionem etiam prædictus dux Burgundiæ ad partes venerat Viennenses, cœpit tentare cum duce de negotio, pro quo ipsum vocaverat, de contrahendo videlicet matrimonio inter primogenitum comitis nostri, nomine Almaricum, et filiam Delphini, qui erat princeps potens, et frater germanus ipsius ducis. Acquievit dux consilio et voluntati archiepiscopi. Interea dum hæc agerentur, Arragonenses ruptarii et alii fidei inimici cœ-

perunt discurrere per terram comitis nostri, venientesque usque Biterrim, fecerunt mala quæcunque potuerunt : sed et plures de militibus terræ comitis nostri, perjuri effecti et innatæ sibi malitiæ recidivum patientes, a Deo, et Ecclesia et dominio comitis nostri recesserunt. Nobilis vero comes, peractis in Provincia negotiis, pro quibus ad partes illas accesserat, rediit ad terram suam, statimque terram hostium suorum aggrediens, equitavit ante Tolosam, ubi per dies quindecim moram faciens, multas munitiones diruit penitus et destruxit.

Dum res ita se haberet, magister Robertus de Corceone cardinalis, apostolicæ sedis legatus, qui, sicut superius diximus, laborabat in Francia, quantum poterat, pro negotio terræ sanctæ, prædicatoresque nostros, qui pro negotio fidei contra hæreticos prædicare soliti erant, nobis abstulerat, faciebatque illos pro succursu terræ sanctæ instantius prædicare, ad bonorum et prudentium virorum consilium quosdam de prædictis prædicatoribus nobis reddidit, ut pro negotio fidei prædicarent. Ipse etiam ad expugnandos hæreticos Tolosanos suscepit in pectore vivificæ signum crucis. Quid ultra? Revixit prædicatio pro negotio fidei in Francia, multi cruce se signant, fit comiti et nostris gaudium magnum valde. Proditionem crudelissimam quæ facta fuit illo tempore in comitem Balduinum, præterire nec volumus nec debemus. Iste comes Balduinus, frater comitis Tolosani et regis Franciæ consobrinus, longe a fratris malitia et in Christi militia totis viribus se exercens, comitem Montisfortis et Christianitatem contra fratrem suum et alios hostes fidei, quantum poterat, adjuvabat. Quadam igitur die, secunda videlicet feria post primam Dominicam Quadragesimæ, venit prædictus comes ad quoddam castrum in Cadurcensi diœcesi, quod Olima dicebatur. Statim milites de castro illo qui erant homines ipsius comitis, miserunt ad ruptarios et quosdam milites indigenas, pessimos traditores, qui erant in quodam vicino castro, quod dicitur Mons Leonardus, et significarunt eis, quod comes Balduinus erat in Olima, mandantes ut venirent, et sine difficultate aliqua traderent eis comitem Balduinum. Hoc idem significaverunt cuidam traditori pessimo, sed occulto, Raterio videlicet de Castronovo. Iste Raterius, jamdiu inierat fœdus cum comite Montisfortis, et juraverat ei fidelitatem. Comes etiam Balduinus de ipso quasi de amico confidebat. Quid plura? venit mox, et comes Balduinus securus, utpote inter suos, somno se dedit et quieti. Erat autem cum comite Balduino miles quidam Francigena, nomine Guillelmus de Contris, cui comes Montisfortis dederat castrum quoddam, quod dicitur Sarracenum. Quidam etiam serviens Francigena custodiebat castrum quod Moysiacum nominatur. Quiescentibus igitur comite et illis qui cum eo erant, in diversis domibus ab invicem separatis, dominus castri, clavem cameræ in qua comes Balduinus dormiebat arripiens, obserato ostio, de

castro ad prædictum Raterium et ruptarios prope- A
ravit : Quibus clavem ostendens dixit : « Quid
tardatis? ecce hostis vester in manibus vestris ;
præperate et eum vobis tradam dormientem pariter
et inermem, nec solum ipsum, sed plures de vestris
hostibus vobis tradam. » Quo audito, gaudentes ruptarii et velocissime concurrentes, ad portas Olimæ
devenerunt. Statim dominus castri qui erat dux eorum qui comprehendere volebant comitem, videlicet
alter Judas, convocatis secretissime hominibus castri, diligenter quæsivit a singulis quot de sociis
comitis Balduini quisque haberet apud se hospitan-
tes : quo diligenter quæsito, ad ostia domorum
duplo plures de ruptariis armatos poni fecit quam
essent de nostris dormientes inermes. Statim accensis candelis innumerabilibus, clamor attollitur,
hostes in nostros irruunt imparatos. Raterius autem de Castronovo et prænotatus dominus castri,
venientes ad cameram in qua comes nobilis Balduinus dormiebat, aperiensque ostium, ceperunt
ipsum dormientem inermem, imo nudum : quidam
autem de nostris qui erant per castrum occisi sunt,
alii capti, nonnulli fuga opitulante evaserunt.

Nec prætereundum quidam de nostris, quem
vivum ceperant, præstitoque juramento ipsum de
vita securum fecerant et de membris, in ipsa postmodum ecclesia latitantem occiderunt. Arripientes
adversarii comitem Balduinum, duxerunt eum ad
quoddam castrum ipsius comitis, quod dicitur
Mons Evæ in territorio Cadurcensi ; homines autem
castri, utpote pessimi, ruptarios qui dominum
suam ducebant captum, libenter receperunt : mox
ruptarii dixerunt comiti Balduino ut faceret eis
reddi turrem castri, quam quidam Francigenæ de
mandato ipsius custodiebant. Ipse autem comes
districtissime inhibuit Francigenis illis ne aliqua
ratione turrim redderent, etiamsi viderent ipsum
comitem suspendi in patibulo, sed se instant.ssime C
defenderent, donec haberent succursum a nobili
comite Montisfortis. O virtus principis ! O mirificum robur mentis! Quo audito ruptarii irati sunt
valde, ipsumque comitem per duos dies jejunare
fecerunt; quibus transactis, fecit vocari comes capellanum quemdam diligentissimum, eique puram
fecit confessionem. Qua facta, communionem po- D
stulavit corporis Jesu Christi. Sed, dum capellanus
afferret divini mysterii sacramenta, supervenit quidam pessimus ruptarius, jurans et firmissime con-
testans, quod comes Balduinus non comederet nec
biberet, donec redderet ruptarium quemdam quem
ceperat et teneri in vinculis faciebat. Ad quæ comes : « O crudelissime, inquit, nunquid panis aut
vini abundantiam, aut frustum carnis quæsivi, qui
nihil ad corporis sustentationem, sed ad animæ salutem divini mysterii communionem petii? » Iterum carnifex cœpit firmiter asserendo jurare quod
nec comederet, nec biberet, nisi faceret quod petebat. Ad quæ denuo vir nobilis : « Ex quo, inquit,
mihi divina sacramentis communicare non permit-

titur, ostendatur mihi saltem eucharistia, videlicet
salus mea, ut in vita ista videam Salvatorem
meum. » Qua a capellano levata et ostensa, comes
eam devotissime adoravit.

Dum hæc agerentur, illi qui erant in turre castri
timore mortis tradiderunt turrem ruptariis, recepto
tamen prius ab eis juramento quod ipsos abire dimitterent sanos, pariter et indemnes; sed traditores
pessimi, spreta religione juramenti, ipsos statim
patibuli morte turpissima condemnarunt. Quo facto,
arripientes comitem Balduinum, duxerunt eum ad
quoddam castrum comitis Tolosani, quod dicitur
Mons Albanus, ubi eum tenentes in vinculis, adventum Tolosani comitis exspectabant. Post paucos
vero dies, venit comes Tolosanus, habens secum
illos pessimos traditores, comitem videlicet Fuxi,
et Rogerium Bernardi filium ejus, et quemdam militem de terra regis Arragonensis, qui dicebatur
Bernardus de Portellis : statim ad mandatum comitis Tolosani, eductus est de castro Montis Al-
bani comes nobilissimus Balduinus. Id autem quod
sequitur, quis unquam sine lacrymis legere poterit,
vel audire? Mox comes Fuxi, et filius ejus, a patris malitia non degenerans, et Bernardus de Portellis ligaverunt funem in collo viri nobilissimi,
ipsum de voluntate, imo de præcepto comitis Tolosani suspensuri : quod videns vir Christianissimus,
instanter ac humiliter quæsivit confessionem et
viaticum; sed canes crudelissimi utrumque ei penitus denegarunt. Quibus miles Christi : « Ex quo,
inquit, non licet me ostendere sacerdoti, testis est
mihi Deus quod prompta voluntate semper et ardenti Christianitatem et dominum meum comitem
Montisfortis [defendi], et pro hac et in hac defensione volo mori. » Vix verba compleverat, ecce tres
prænotati traditores, elevantes eum a terra, ad nu-
tis arborem suspenderunt. O crudelitas inaudita!
O alterum Cain, imo longe pejorem Cain, comitem
dico Tolosanum, cui non suffecit fratrem, et talem
fratrem occidere, nisi ipsum inaudita mortis crudelitate damnaret !

CAPUT LXXVI.

*Aymericus et cives Narbonenses comitis Montisfortis
hostes in urbem admittunt, eamque ob causam territorium Narbonense comes devastat.*

Circa idem tempus, Aymericus dominus Narbonæ
et cives Narbonenses, qui nunquam dilexerant negotium Jesu Christi, ut iniquitatem quam longo
ante conceperant parturirent, recesserunt manifeste a Deo, receperuntque in civitatem suam ruptarios, nec non Arragonenses et Cathalonenses, ut
per eos expellerent, si possent, nobilem comitem
Montisfortis : Arragonenses siquidem et Cathalonenses prosequebantur dictum comitem in vindictam sui regis. Malitiam autem istam perpetrave-
runt Narbonenses, non quia comes eos læderet in
aliquo, vel læsisset, sed quia putabant quod crucesignati de cetero non venirent : sed aliter dispone-
bat ille qui sapientes in sua astutia comprehendit.

23

Dum enim congregati essent Narbonæ omnes quos praediximus hostes nostri, ut impetum facerent unanimes in comitem nostrum et paucos qui cum ipso erant, ecce subito venerunt a Francia peregrini, Guillelmus videlicet de Barris, vir probatæ militiæ, pluresque milites cum eo : quibus adjunctus, et a quibus adjutus comes noster, venit prope Narbonam, discurrensque et devastans terram Aymerici domini Narbonæ, ejus fere omnia castra cepit. Quadam autem die, proposuit comes noster equitare ante Narbonam, armatisque omnibus suis et tribus aciebus dispositis, ipse comes in prima fronte appropinquavit portæ civitatis. Hostes autem nostri egressi erant de civitate et stabant in porta. Miles autem invictus, videlicet comes noster, per locum arduum et inaccessibilem, in ipsos subito voluit insilire, hostes autem qui stabant in loco eminenti, ipsum tot lanceis impulerunt, quod, rupta sella equi in quo sedebat, cecidit ipse de equo : statim concurrunt undique hostes ad capiendum vel occidendum comitem, nostri ad protegendum ; sed nostri gratia Dei per multos labores comitem viriliter erexerunt. Post hæc Guillelmus, qui erat in extrema acie, et nostri omnes impetum fecerunt in hostes, ipsosque in civitatem intrare citius compulerunt : quo facto, comes et nostri ad locum unde ipsa die venerant sunt reversi.

CAPUT LXXVII.

Petrus Beneventanus cardinalis, apostolicæ sedis legatus, comites Fuxensem et Convenarum Ecclesiæ reconciliat.

Dum hæc agerentur, magister Petrus Beneventanus cardinalis, apostolicæ sedis legatus, missus a D. papa veniebat ad partes Narbonenses, ut de his quæ pacis erant et fidei ordinaret. Audiens autem legatus quomodo se habebant Narbonenses, mandavit eis et districte præcepit ut firmas treugas haberent cum comite Montisfortis, quousque ipse veniret. Idem etiam mandavit comiti nostro ne scilicet læderet in aliquo Narbonenses. Post paucos autem dies, venit legatus et intravit Narbonam, viso tamen prius comite nostro et habito cum ipso colloquio diligenti. Statim accesserunt ad eum hostes fidei, comes scilicet Convenarum et Fuxi, et alii multi, qui exigentibus meritis fuerant exhæredati, pro restitutione sua ipsi legato supplicaturi : legatus sapiens et discretus, omnes reconciliavit, recipiens ab eis non solum juratoriam cautionem standi mandato Ecclesiæ, sed etiam quædam castra fortissima quæ adhuc remanserant hostibus prænotatis. Rebus sic se habentibus, homines de Moysiaco tradiderunt villam Moysiaci per proditionem comiti Tolosano. Illi autem qui erant in villa ex parte comitis nostri, receperunt se in munitionem villæ satis debilem et immunitam. Comes vero Tolosanus, in gravi multitudine ruptariorum, cœpit impugnare munitionem illam per tres continuas septimanas; sed obsessi nostri, quamvis paucissimi, se

viriliter defendebant. Quod audiens comes nobilis, statim properavit in subsidium obsessorum : sed comes Tolosanus et qui cum eo erant, plures etiam de hominibus dictæ villæ, qui factæ proditionis capitales fuerant et auctores, præscientes adventum comitis nostri, cum summa festinatione fugerunt, obsidionem quam diu tenuerant dimittentes. Comes autem noster et qui cum eo erant, audientes quod hostes prædicti aufugissent, descenderunt ad partes Aginnenses, ut castrum quod dicitur Mansum in extremis finibus diœcesis Aginnensis, quod ipso anno apostataverat, si possent, caperent per insultum. Rex etenim Angliæ Joannes, qui semper adversatus fuerat negotio Jesu Christi et comiti Montisfortis, ipso anno versus partes perrexerat Aginnenses ; plures de nobilioribus terræ illius, in ejus sperantes auxilium, recesserunt a Deo et dominio comitis Montisfortis : sed postea per Dei gratiam, frustrati sunt a spe sua. Properans igitur comes noster cum suis ad prædictum castrum, venit ad quemdam locum, ubi oportebat eum transire Garumnam. Habebat autem naviculas paucas immunitas, homines autem de Regula, quod est castrum quoddam regis Angliæ, ascenderunt cum navibus multis et armaturis, ut nostris transitum prohiberent; sed nostri intrantes aquam, ipsis invitis libere transierunt. Venientes ad castrum supradictum, scilicet Mansum, illud per triduum impugnarunt ; sed quia non habebant machinas, nec comes poterat ibi firmare obsidionem, eo quod ad mandatum legati oportebat cum redire ad partes Narbonenses, recessit a castro sæpedicto ad partes proprias Narbonenses.

CAPUT LXXVIII.

Carcassonæ antistes e Gallia cum ingenti peregrinorum multitudine revertitur.

Anno Verbi incarnat. 1214, venerabilis Carcassonæ episcopus, qui toto præcedenti anno pro negotio fidei contra hæreticos discurrendo et prædicando laboraverat in partibus Gallicanis, circa octavam Dominicæ Resurrectionis, iter ad partes arripuit Albigenses : ipse etenim omnibus crucesignatis, tam illis quos signaverat quam aliis qui de manu magistri Jacobi de Vitriaco, viri per omnia laudabilis, et quorumdam aliorum susceperant signum crucis, diem motionis alligaverat ita quod in quindena Paschæ essent pariter congregati, profecturi cum eo per partes Lugdunenses contra hæreticos pestilentes. Sed M. Robertus de Corceone apostolicæ sedis legatus et venerabilis archidiaconus Guillelmus crucesignatis suis diem prælixerant, ut essent in quindena Paschæ Biterris, contra prænotatos hæreticos per partes alias profecturi. Moventes igitur a Nivernis episcopus Carcassonensis peregrinique supradicti, itinere prospero, ad Montempessulanum devenerunt : ego autem eram cum episcopo Carcassonensi. Ibi invenimus Parisiensem archidiaconum et peregrinos qui cum ipso venerant a partibus Gallicanis. Cardinalis vero

scilicet M. Robertus de Corccone, in partibus Po-
diensibus quibusdam erat negotiis occupatus.
P. oficiscentesque a Montepessulano, venimus prope
Biterrim ad castrum S. Tiberii; ibique occurrit nobis nobilis comes Montisfortis : eramus autem, tam
equites quam pedites, circiter centum millia peregrini, inter quos unus de militibus erat vicecomes
castri Dunensis, pluresque alii milites, quos non
est opus per singulos numerare. Progredientes a
partibus Biterrensibus venimus Carcassonam, ibique fecimus paucos dies. Notabiliter autem notandum est, et pro miraculo illo est habendus totus illius anni eventus, sicut supradiximus; quando
venit supra memoratus Petrus Beneventanus in
terram Albigensem, Arragonenses, Cathalonenses
erant Narbonæ congregati contra Christianitatem
et comitem Montisfortis, et hac de causa : comes
noster erat prope Narbonam, nec sæpe poterat
elongare, quin hostes statim totam terram in circuitu devastarent. Sed et Tolosani, et Arragonenses et Cadurcenses a remotis partibus movebant ei
guerras multum graves. Dum in hac tribulatione
esset athleta Christi, non defuit adjutor in opportunitatibus, in tribulatione (*Psal.* ix), in uno siquidem et eodem temporis spatio venit legatus a curia
Romana, venerunt a Francia peregrini. O magna
multitudo misericordiæ Dei, nec enim peregrini,
sicut multis visum est, sine legato aliquid magni
fecissent, nec legatus sine peregrinis adeo profecisset; si enim hostes fidei non timerent peregrinos, non obedissent legato; rursus si non venisset
legatus, peregrini qui tunc venerunt, contra tot et
tantos hostes parum proficere potuissent. Egit ergo
misericorditer divina dispositio, ut dum legatus hostes fidei, qui Narbonæ erant congregati, alliceret et
compesceret fraude pia, comes Montisfortis et peregrini qui venerant a Francia, possent transire ad
partes Cadurcenses et Aginnenses, et suos, imo
Christi, impugnare inimicos. O legati fraus pia !
O pietas fraudulenta!

CAPUT LXXIX.

*Guido de Monteforti et peregrini terras Raterii de
Castronovo invadunt et devastant.*

Cum fecissent supradicti peregrini paucos dies
Carcassonæ, nobilis comes Montisfortis rogavit
eos, ut cum episcopo Carcassonensi et Guidone de
Monteforti fratre germano ipsius comitis, ad partes
Rutenenses accederent, et etiam Cadurcenses, ut
terras tam Raterii de Castronovo, qui nobilissimum
et Christianissimum comitem Balduinum crudelissime prodiderat, quam aliorum hostium Christi penitus devastarent. Ipse vero comes, cum suo primogenito Almarico, descendit usque Valentiam, invenitque ibi ducem Burgundiæ et delphinum; habitoque super præfato matrimonio consilio et assensu, comes noster, quia non erat tempus congruum ad contrahendum, nec ipse, propter multi-

modas guerræ necessitates, ibi poterat facere multos dies, dictam puellam duxit secum Carcassonam;
ibique fuerunt nuptiæ celebratæ. Peregrini vero,
qui jam diu a Carcassona exierant, et jam episcopatum intraverant Cadurcensem, terras hostium
fidei, quæ timore eorum erant derelictæ vacuæ,
vastaverunt. Nec prætereundum est quod, cum
transiremus per episcopatum Rutenensem, venimus ad quoddam castrum, quod Mauriliacum vocatur; illi autem de castro voluerunt nobis resistere, quia miræ fortitudinis erat castrum et penitus inaccessibile. Erat autem in exercitu nostro
magister Robertus de Corccone apostolicæ sedis
legatus, de quo supra tetigimus, qui nuperrime
venerat a partibus Gallicanis : mox nostri in suo
adventu accesserunt ad castrum et cœperunt hostes suos acriter impugnare. Videntes illi de castro,
quod amplius resistere non valerent, reddiderunt
se ipsa die legato, ad ipsius per omnia voluntatem ;
nostri vero de voluntate legati, castrum penitus
destruxerunt.

Nec silendum quod ibi invenimus septem hæreticos de secta illa quæ Waldensium dicebatur, qui
ad legatum adducti, suam incredulitatem plenius
sunt confessi : quos nostri arripientes peregrini
cum ingenti gaudio combusserunt. Post hæc nuntiatum est comiti nostro quod quidam milites Aginnenses, qui præcedenti anno ab ejus dominio recesserant, castrum quoddam munierant, quod dicitur Monspisatus. Quid plura? accessimus ad illud
obsidendum ; prænotati vero milites de Montepisato, audientes adventum crucesignatorum, timore
ducti fugerunt, castrum vacuum dimittentes, nostri
vero venientes ad castrum, illud penitus destruxerunt. Movens comes noster a Montepisato, cœpit
ulterius progredi per episcopatum Aginnensem ut
castra quæ præcedenti anno a suo dominio recesserant occuparet : omnes autem adversarii timore
ducti, antequam comes accederet ad eos reddiderunt se illi, præter quoddam nobile quod Marmanda
vocatur. Comes autem ob majorem securitatem,
ne iterum apostatarent sicut consueverant, fere
omnes turres et muros dirui faciebat, exceptis paucis de fortioribus castris, quæ ipse tam sibi quam
Francigenis munire voluit et tenere. Veniens comes
ad obsidendum castrum Marmandæ, invenit illud
contra se munitum : miles enim quidam regis Angliæ, quosdam servientes in castrum adduxerat,
vexillumque suum in summitate castri posuerat,
ut castrum defenderet contra nostros; sed, appropinquantibus nostris et in ipso adventu suo ad
muros accedentibus, post modicam defensionem de
castro fugere cœperunt, recipientesque se in navibus per Garumnam fluvium celeriter descendebant
ad quoddam castrum proximum regis Angliæ, quod
Regula dicebatur : servientes vero regis Angliæ,
qui ad defensionem castri venerant, se in tuto receperunt. Nostri vero intrantes castrum, bona il-

lius omnia diripuerunt ; servientes vero regis Angliæ, qui erant in turre, comes vivos et sanos abire
dimisit.

Post hæc datum fuit comiti a suis consilium, ut
non funditus destrueret castrum, eo quod esset
satis nobile, et in extremitate terræ suæ, sed consuluerunt ut turrim majorem muniret, cæterasque
turres et partem murorum dirueret. Quo facto, reversus est comes Aginnum. Erat autem castrum
Cassanolii nobile et fortissimum in territorio Aginnensi ; ad pedem siquidem cujusdam montis, in
amœnissima planitie situm erat, sed et aquis cir-
cumfluentibus, et nativis rupibus cingebatur : erat
in castro illo sedes hæreticorum una de principalibus, et fuerat ab antiquo, homines autem castri
illius erant pro magna parte raptores et perjuri, repleti omni iniquitate et genere peccatorum ; jam
enim semel et iterum reddiderant se Christianitati,
nunc etiam et tertia vice Christianitati et comiti
nostro resistere attentarunt. Erat autem castri illius
dominus major Hugo de Rominiaco, frater episcopi Aginnensis ; hic comitis familiaris fuerat et
amicus ; sed ipso anno, rupta familiaritate et sacramento, per proditionem, a Deo recesserat et comite memorato : collegerant etiam se alii proditores quamplurimi in castro illo. Veniens igitur nobilis comes Montisfortis cum exercitu ante castrum,
in vigilia Apostolorum Petri et Pauli obsidionem
firmavit ex una parte super montem, non enim sufficiebat exercitus ejus ad castrum in circuitu obsidendum. Post paucos autem dies, fecit comes machinas erigi ad diruendos muros castri ; machinæ
autem illæ, et ad muros et intra castrum instantius
jacientes, in brevi domos castri plurimas dirue-
runt ; post aliquot autem dies, supervenientibus
peregrinis, descendens comes de monte, fixit tentoria in planitie prope castrum, partem exercitus
habens secum : plures vero remanserunt in monte,
cum nobilissimo et probissimo juvene Almarico
filio comitis, et venerabili episcopo Carcassonæ
Guidone, qui ibi legati fungens officio, ad expugnationem et captionem castri instantissime atque efficacissime laborabat. Fecit autem comes in planitie
ubi se locaverat, erigi machinas quæ petrariæ nuncupantur, die noctuque jacientes muros castri debilitabant plurimum. Quadam autem nocte circa
auroram, exeuntes plures ex adversariis de castro,
ascenderunt in montem impetum facturi unanimiter in exercitum, venientesque ad tentorium, in
quo Almaricus filius comitis dormiebat, irruerunt
in eum validissime, ipsum capturi vel occisuri, si
possent ; sed currentes nostri, et hostes viriliter
infestantes, ad castrum suum redire compulerunt.

Dum hæc agerentur in obsidione illa, rex Angliæ,
Joannes, qui dolens exhæredatione nepotis sui, videlicet filii comitis Tolosani, bonis nostris successibus invidebat, accesserat prope partes illas, ad
Petragoricensem videlicet civitatem, habens secum
exercitum magnum valde ; confugerant enim plures

de hostibus ad ipsum, qui, peccatis suis exigentibus, justo Dei judicio fuerant exhæredati, quos
idem assumpsit, et diu tenuit, non sine multorum
scandalo et gravi propriæ famæ jactura. Illi vero
qui erant in castro obsessi, frequentes nuntios mittebant ad regem prædictum, petentes succursum ;
et ipse eos per nuntios et promissiones plurimum
animabat. Quid plura ? fit rumor celebris in exercitu nostro quia rex sæpedictus volebat in nos irruere : et fecisset forsitan, si ausus fuisset. Comes
autem fortissimus Montisfortis, in nullo perterritus est de auditis, sed firmiter proposuit quod, si
rex vellet irruere in exercitum, non ideo recederet
ab obsidione, sed se et suos defendens pugnaret
contra eum ; sed sæpedictus rex, saniori usus consilio, nihil de his quæ dicebantur et quæ forsitan
proposuerat agere attentavit. Nec silendum quod
magister Robertus de Corceone cardinalis apostolicæ sedis legatus, de quo supra fecimus mentionem,
venit ad exercitum in obsidione Cassanolii, et paucos ibi faciens dies laborabat, prout potuit, utpote
homo bonæ voluntatis, ad expugnationem castri,
sed, negotiis injunctæ sibi legationis ipsum revo-
cantibus, non exspectavit usque dum caperetur castrum. Igitur laborantibus nostris in obsidione illa,
et per jactus machinarum muris castri pro magna
parte debilitatis, quadam nocte, convocatis comes
de majoribus exercitus et quodam artifice carpen-
tario, inquisivit ab artifice illo quomodo possent
nostri ad muros accedere et castrum capere per insultum ; erat enim aqua profunda inter exercitum
et castrum, et quoniam oportebat transire, si vellent nostri ad muros accedere, et non erat ibi pons,
quia adversarii ipsum a parte exteriori diruerant
ante adventum nostrum. Multis multa dicentibus,
tandem ad consilium dicti artificis in hoc conve-
runt, ut fieret pons de lignis et cledis, qui per mirabile artificium super dolia magna impulsus, per
aquam nostros ultra portaret. Statim venerabilis
episcopus Carcassonæ, qui ut ultra ingredi etiam
posset, die noctuque laborabat in his quæ obsidioni opus erant, convocata multitudine peregrinorum, fecit afferri copiosa ligna ad faciendum pontem. Postquam autem factus est pons, armantes se
nostri, paraverunt se ad insultum ; impellentesque
pontem ad aquam usque venerunt : sed mox, ut
pons aquam tetigit, pro sui ponderositate et quia
ripa aquæ a parte illa alta erat, ad ima tanto impetu dilapsus est, quod nullo modo retrahi potuit
vel levari, sicque totus labor noster, quoad pontem
illum, quassatus est in momento. Post paucos autem dies, fecerunt nostri alterius modi pontem, si
forte possent per ipsum aquam illam transire ; paraverunt etiam naviculas paucas, per quas, licet
cum magno discrimine, pars nostrorum transiret :
omnibusque paratis, armantes se nostri, pontem
trahunt ad aquam, alii autem naviculas ascenderunt. Illi autem de castro habentes petrarias multas contra nostros instantissime et validissime ja-

HISTORIA ALBIGENSIUM.

cicbant. Quid plura? projiciunt nostri pontem super A ruptis anterioribus machinæ cledis, cum multa
a.juam; sed nihil profecerunt, quia nimis brevis probitate transiere fossatum. Interea clerici nostri,
et omnino insufficiens erat ponticulus ille; fit *Veni, creator Spiritus*, cum devotione maxima de-
mœror et luctus nostris, gaudium et exsultatio cantabant; adversarii autem videntes irruentes no-
inimicis. stros, receperunt se intra muros, et cœperunt

Constantissimus autem comes ex his quæ acci- nostros per desuper muros jactu lapidum creber-
derant nihil desperationis concipiens, convocat rimo graviter infestare; nostri vero, quia immi-
artifices suos consolans eos, et mandans ut atten- nebat nox et quia non habebant scalas, muros
tarent parare machinas ad transeundum aquam : conscendere nequiverunt, sed intra muros et fos-
magister vero artificum mirum et inauditum exco- satum, in modica quadam planitie stantes, barba-
gitavit machinæ modum; fecit enim afferri ligna canas quas hostes extra muros fecerant, ipsa nocte
multa et magna, et primo super ligna maxima destruxerunt. In crastino vero, tota die laborave-
construere quasi domum amplam de lignis, tectum runt artifices nostri in scalis faciendis et aliis ma-
habentem de cledis, non cacuminatum, sed pla- chinis, ut die tertia castrum ascenderent per in-
num : postea super medium tecti erexit quasi tur- sultum; quod scientes et timentes milites ruptarii
rem altissimam de lignis et cledis, quinque haben- B qui erant in castro, sequenti nocte exeuntes cum artem in altum mansiones, in quibus balistarii stare mis quasi insultum facturi in exercitum, omnes
possent. Post hæc in circuitu turris illius fecit su- fugerunt; plures autem de nostris insecuti sunt
per tectum memoratum quasi murum de cledis, in eos diutius, sed comprehendere nequiverunt; reli-
quibus stare possent multi de nostris qui turrem qui vero accedentes ad castrum media nocte, vi
defenderent, habentesque aquam multam in cupis intraverunt, apponentesque ignem, combusserunt
magnis, ut extinguere possent, si hostes projice- illud, et quos invenire potuerunt in ore gladii perent ignem; ob hoc etiam, videlicet ne hostes remerunt : per omnia benedictus Deus, qui tradi-
possent incendere machinam illam, fecit artifex dit impios, etsi non omnes. Post hæc fecit comes
ipsam operiri totam ex parte anteriori cor.is bo- noster, quasi solotenus, destrui in circuitu muros
vinis. Omnibus igitur paratis, cœperunt nostri tra- castri, sicque captum est et cassatum Cassanolium
here et impellere machinam versus aquam; hostes xvi Kal. Sept., ad laudem Domini nostri, cui est
vero lapides grandes et creberrimos cum petrariis honor et gloria in sæcula sæculorum.
econtra jaciebant, sed nocebant per Dei gratiam
in modico aut in nullo. Cum ergo nostri machinam C ## CAPUT LXXX.
impulissent usque ad aquam, attulerunt in cophi- *De destructione castri Domæ in Petragoricensi diœ-*
nis terram, ligna et hujusmodi ad projiciendum *cesi, quod erat pessimi tyranni G. de Cahusaco.*
in aquam . illi qui erant sub tecto inferiori securi
et inermes implebant fossatum, balistarii et alii qui His ita gestis, significatum est comiti nostro
erant in superioribus munitionibus, impetus ho- quod in episcopatu Petragoricensi erant castra in
stium coercebant. Quadam autem nocte adversarii quibus habitabant pacis et fidei inimici : et vere sic
quidam naviculam impleverunt lignis siccis, carne erat. Proposuit igitur comes progredi et invadere
salsa, adipe et aliis lignis incentivis, volentes eam castra, ut per Dei gratiam et auxilium peregrino-
impellere ad machinam nostram, ut comburerent rum, expulsis ruptariis et raptoribus relegatis, pa-
eam; sed non potuerunt, quia servientes nostri cem Ecclesiis, imo toti terræ Petragoricensi relin-
naviculam illam combusserunt. Quid ultra? labo- queret. Omnes autem Christi et nobilis comitis no-
rantibus nostris in implendo fossato, transibat ma- stri adversarii, audito quod captum esset Cassa-
china nostra sicca pariter et illæsa; quantum enim nolium, tanto timore percussi sunt, quod in nulla
implebant de fossato, tantumdem machinam ulte- munitione etiam fortissima adventum comitis et
rius impellebant. Quadam igitur die Dominica vi- D exercitus ausi sunt exspectare. Movens igitur exer-
dentes adversarii, transeunte machina, sibi captio- citus a Cassanolio, venit ad unum de castris, quod
nis periculum imminere, projecerunt ignem contra Doma dicebatur, et invenit illud vacuum et absque
machinam; sed nostris cum aqua ignem exstin- defensore : erat autem castrum nobile et fortissi-
guentibus, nihil proficere potuerunt : jam enim mum super Dordoniam fluvium, in amœnissimo
propinqui erant nostri et adversarii, qui se mutuo loco situm. Statim comes noster turrem castri, quæ
cum lanceis impetebant. Cogitans igitur comes erat altissima et pulcherrima, et pene usque ad
noster ne forte adversarii de nocte comburerent summum munita, subfodi fecit et dirui; ad dimi-
machinam ipsam, eadem die Dominica circa vespe- diam vero leugam erat castrum aliud miræ fortitu-
ram fecit armari suos, et omnes, concrepantibus dinis, quod dicebatur Monsfortis. Dominus vero ca-
tubis, vocari ad insultum. Episcopus autem Car- stri, nomine Bernardus de Casuacio, homo cru-
cassonæ et clerici qui erant in exercitu cum eo, delissimus et omnium pessimus, timore ductus,
convenerunt in locum eminentiorem prope castrum, fugerat a facie comitis nostri, castro suo vacuo
clamaturi in cœlum et pro nostris pugnantibus derelicto : tot enim et tantæ erant crudelitatet,
oraturi. Mox igitur nostri intrantes machinam, rapinæ, enormitates illius nequissimi et sceler...
tissimi, quod vix possent credi, aut etiam cogitari.

Et cum talis esset, procuraverat ei diabolus adju- A
torium simile sibi, uxorem videlicet quæ erat soror vicecomitis Turenæ. Hæc altera Jezabel, imo
longe pejor et crudelior quam Jezabel, omnium
malarum erat pessima feminarum, et viro in crudelitate non impar et malitia. Ambo igitur, cum
essent nequissimi, spoliabant, imo destruebant ecclesias, peregrinos invadebant, membris innoxios
detruncabant, ita quod in unico monasterio monachorum Nigrorum, quod Sarlatium dicitur, inventi sunt a nostris centum quinquaginta inter viros et mulieres, qui, manibus vel pedibus amputatis, erutis oculis, sive cæteris membris cæsis, a
prædicto tyranno et uxore ejus fuerant mutilati.
Ipsa enim uxor tyranni, totius pietatis oblita, pauperibus mulieribus vel mamillas faciebat extrahi,
vel pollices abscindi, ut sic ad laborandum inutiles
redderentur. O crudelitas inaudita! sed, his omissis, cum nec millesimam malitiarum dicti tyranni
et uxoris ejus partem possemus exprimere, ad
propositum redeamus.

Destructo igitur et everso castro Domæ, voluit
comes noster subvertere castrum Montisfortis,
quod erat, sicut diximus, præfati tyranni. Mox
episcopus Carcassonæ, qui totum pro negotio
Christi se laboribus exponebat, assumens secum
partem peregrinorum, abiit et fecit dirui castrum
illud; adeo autem fortissimi erant muri illius, quod
vix poterant dirui, eo quod cæmentum in lapidem
obduruisset, unde etiam multos dies oportuit no- C
stros facere diruendo castro. Ibant peregrini mane
ad operandum, et sero revertebantur ad locum
castrorum; exercitus enim non recesserat a Doma,
eo quod aptior et competentior exercitui erat locus.
Erat præterea prope Montemfortem aliud castellum,
nomine Castrumnovum, non impar cæteris in malitia, et hoc ipsum timore exercitus fuerat derelictum. Proposuit autem comes noster tenere et occupare castrum illud, ut per hæc melius posset
pacis compescere turbatores : sicut cogitavit, ita
et fecit. Erat insuper quartum castrum satis forte,
nomine Bænatium : hujus castri dominus pessimus
erat, et Ecclesiarum molestissimus oppressor : dedit autem ei comes noster optionem, ut unum eligeret de duobus, videlicet ut infra terminum a co- D
mite et ab ipsis qui ibi erant præfixum, restitueret
male ablata, aut humiliarentur muri castri ipsius;
et ad hoc exsequendum datæ fuerunt induciæ per
plures dies. Sed cum intra dies illos, de rapinis
non fecisset restitutionem, noluit comes noster
humiliare munitionem castri Bænatii; invitoque
tyranno et multum dolente, fecit comes noster humiliare turrem et muros castri Bænatii : allegabat
enim maleficus sæpedictus castrum suum non debere humiliari, eo quod ipse solus erat in terra
illa, qui juvaret regem Franciæ contra regem Anglorum ; sed comes, allegationes istas vanas sciens
et frivolas, non destitit a proposito. Jam etiam al-

legationes prædictas tyrannus memoratus exposuerat regi Franciæ, sed nihil proficere potuit.

In hunc modum subjugata sunt quatuor castra
illa, Doma videlicet, Monsfortis, Castrumnovum,
Bænatium. In his IV castris, a centum annis et antea, sedes fuerat Satanæ, ab his egressa fuerat
iniquitas super faciem terræ. Istis igitur subjugatis,
per peregrinorum laborem, et probitatem exper-
tissimam comitis Montisfortis, reddita est pax et
tranquilitas, non solum Petragoricensibus, sed etiam
Cadurciensibus et Aginnensibus et Lemovicensibus
pro magna parte. His igitur ad gloriam nominis
Christi peractis, rediit comes noster et exercitus
ad partes Aginnenses, et data sibi opportunitate,
fecit dirui munitiones quæ erant per diœcesim
Aginnensem. Postea venit comes Figiacum, auditurus loco regis Franciæ causas et quæstiones in-
digenarum, rex enim commiserat ei in partibus
illis vices suas in multis. Multa audivit et multa
correxit, et plura correxisset, sed noluit excedere
fines regii mandati. Inde progressus versus diœcesim Ruthenensem, occupavit quoddam castrum
fortissimum prope Figiacum, nomine Capdecana-
cum, ubi ab antiquo fuerat nidus et refugium ruptariorum. Inde venit comes cum exercitu Ruthenam civitatem, impetiit autem comes comitem
Ruthenensem de multis ; ipse enim comes Ruthe-
nensis homo ligius erat comitis nostri, sed quoddam quærens subterfugium, dicebat quod partem
terræ suæ maximam tenebat a rege Angliæ. Quid
plura ? Post multas altercationes, recognovit totam
terram suam tenere a comite nostro, et de tota
terra sua fecit ei hominium, et ita facti sunt amici
et concordes. Erat prope Ruthenam castrum quoddam forte, nomine Severacum, in quo habitabant
ruptarii turbatores, tot enim et tanta mala prove-
niebant a castro illo, quod non posset de facili exprimi. Illi siquidem qui erant in castro illo non
solum Ruthenensem diœcesim infestabant, sed totam terram in circuitu ad Podium B. Mariæ. Dum
igitur comes noster esset apud Ruthenam, mandavit domino castri ut redderet ei ipsum castrum ;
ille vero de fortitudine munitionis confisus, cogitans etiam quod comes tunc temporis non posset
obsidionem circa castrum tenere, eo quod hiems
erat, et castrum illud in montanis, et in locis frigidis esset situm, noluit reddere castrum suum.
Quadam igitur nocte Guido de Monteforti, frater
comitis nostri germanus, assumptis militibus et
servientibus secum, exiens a civitate Ruthenensi,
equitavit de nocte, usque prope castrum sæpedictum, et summo diluculo, illucescente aurora, irruit subito in burgum inferius, cœpitque illud in
momento et occupavit. Illi autem de burgo receperunt se in inferiorem munitionem, in summitate
siquidem montis sita erat munitio, burgum vero
forinsecum a munitione illa per descensum montis
protendebatur. Ideo autem dictus Guido occupavit

burgum, ne adversarii, veniente exercitu, possent illud comburere. Veniens igitur comes cum exercitu ad castrum Severaci, invenit dictum burgum illæsum, domosque plurimas exercitui aptas ad manendum, quas occupantes nostri, firmaverunt obsidionem : a domino factum est illud, qui verus est in opportunitate adjutor, et pius in necessitate provisor. Paucis diebus transactis, erexerunt machinam unam quæ petraria dicitur, et fecerunt jacere contra castrum : adversarii vero unam similiter machinam erexerunt, et cum ipsa nostros, quantum poterant, infestabant. Nec silendum quod obsessos illos ita attenuaverat dominus in victualibus quod nimia penuria arctabantur, frigus præterea et hiemis asperitas ita eos affligebat, utpote qui modicas, et vilissimas habebant vestes, quod nesciebant quid agerent. Si quis autem de paupertate et miseria eorum miretur, noverit quod ita subito præoccupati fuerunt, quod non licuerit eis, nec armis nec victualibus se munire, non enim putabant, sicut diximus, quod nostri media hieme, et in locis tam frigidis, possent obsidionem tenere. Post paucos vero dies, fame et siti et frigore et nuditate afflicti, postulaverunt pacem. Quid plura ? Post longum et varium de modo compositionis tractatum, tandem ad proborum consilium, in hoc convenerunt, tam nostri quam dominus castri, quod ipse redderet comiti castrum, et comes ipsum castrum episcopo Ruthenensi, et cuidam nobili militi qui dicebatur Petrus Brimundi traderet custodiendum, factumque est ita. Statim nobilis comes de mera liberalitate sua, reddidit supradicto domino Severaci totam aliam terram suam, quam occupaverat Guido de Monteforti : prius tamen quam redderet ei terram suam, induxit eum ad hoc, quod hominibus suis malum non inferret : eo quod se reddidissent memorato Guidoni. Post hæc etiam nobilis comes, utpote liberalissimus, reddidit et Severacum recepta ab ipso homini fidelitate et sacramento, et ita in gratiam et familiaritatem comitis est susceptus. Nec prætermittendum quod per redditionem castri Severaci toti terræ illi reddita est pax et quies; in omnibus laudandus est Deus, amplectendus athleta ipsius fidelissimus, comes videlicet Christianissimus Montisfortis. His omnibus rite peractis, magister Petrus Beneventanus, apostolicæ sedis legatus, de quo supra fecimus mentionem, reversus a partibus Aragonensibus, in quibus pro gravibus negotiis fecerat longam moram, convocavit celeberrimum et generalissimum concilium in quindena Nativitatis Dominicæ apud Montempessulanum.

CAPUT LXXXI.

Concilium apud Montempessulanum legatus celebrat, cui intersunt v archiepiscovi et xxviii episcopi, super dominio terræ conquisitæ, cujus comes a Monteforti princeps uno totius concilii ore et consensu constituitur.

Anno ab Incarnationis Domini 1214, in quindena Nativitatis Dominicæ, convenerunt apud Montem-

pessulanum archiepiscopi et episcopi vocati a magistro Petro Beneventano apostolicæ sedis legato ad concilium, ut de his, quæ pacis erant et fidei, idem legatus secundum prælatorum consilium ordinaret. Convenerunt autem ad illud concilium quinque archiepiscopi, videlicet Narbonensis i, Accitanus ii, Ebredunensis iii, Arelatensis iv. Aquensis v. Fuerunt episcopi xxviii, pluresque de baronibus terræ ibi adfuerunt. Nobilis autem comes Montisfortis non intravit cum aliis Montempessulanum, sed mansit diebus concilii in quodam vicino castro quod erat episcopi Magalonensis. Homines autem Montispessulani, utpote pessimi et superbissimi, semper exosum habebant comitem et omnes Francigenas, ita quod ipsum comitem non permittebant Montempessulanum intrare : hac de causa mansit sicut diximus in castro prædicto, veniebatque quotidie usque Montempessulanum in domo fratrum militiæ Templi foris murum, ubi egrediebantur foris ad eum.... archiepiscopi et episcopi, quoties opus erat. Igitur convenientibus ut prædictum est legato, archiepiscopis et episcopis, abbatibus et aliis ecclesiarum prælatis apud Montempessulanum, fecit legatus sermonem in ecclesia beatæ Virginis Mariæ. Postea vocavit in domo in qua manebat archiepiscopos quinque et episcopos xxviii, abbates et alios ecclesiarum prælatos innumerabiles : quibus in unum congregatis, primo eos allocutus est in hæc verba : « Repeto et requiro a vobis, sub obtestatione divini judicii et obedientiæ debito, quo Romanæ Ecclesiæ tenemini, ut omni gratia, odio, livore postpositis, detis nobis fidele consilium, secundum scientiam vestram, cui melius et utilius, ad honorem Dei et sanctæ matris Ecclesiæ et pacem terræ, ad expugnandam vel expurgandam spurcitiam hæreticorum concedi et assignari debeat Tolosa, quam comes Tolosanus tenuit et aliæ terræ quas occupaverunt exercitus Christianorum crucesignatorum.» Omnes archiepiscopi et episcopi habuerunt longam et diligentem deliberationem, unusquisque cum abbatibus suæ diœcesis et familiaribus clericis suis, et quia bonum videbatur et rectum redegerunt in scriptum, et in hoc tandem omnium et singulorum vota et consilia convenerunt, ut nobilem comitem Montisfortis eligerent in totius terræ illius principem et monarcham. O res miranda ! si creandus est episcopus aut abbas, vix in unam personam conveniunt paucissimorum consensus; ecce in electione principis terræ, tot et tantæ personæ, in memoratum Christi pugilem, sine aliqua dissensione vota sua unanimiter contulerunt : a Deo procul dubio factum est istud, et est mirabile in oculis nostris. Postquam ergo archiepiscopi et episcopi elegerunt prænobilem comitem modo quo prædiximus, instantissime requisierunt a legato, ut ipse statim traderet totam terram eidem comiti; sed habito recursu ad litteras D. papæ, quas miserat legato, inventum est quod legatus non poterat istud facere inconsulto D. papa : et hac de causa,

communi assensu tam legatorum quam prælatorum, A
Ebredunensis archiepiscopus Girardus, vir multæ
scientiæ et totius bonitatis, missus est Romam, et
quidam clerici cum eo, litteras tam legati quam
prælatorum ferentes secum, in quibus supplicabant
prælati omnes D. papæ instantissime, ut nobilem
comitem Montisfortis, quem unanimiter elege-
rant, concederet eis in terræ dominum et monarcham.

Illud autem non credimus reticendum quod dum
celebraretur memoratum concilium in Montepessulano, quodam die legatus comitem nostrum qui
erat foris muros, in domo militiæ Templi fecit vocari, ut intraret ad ipsum et prælatos : statim comes intravit cum paucis, militibus vero suis, qui
cum eo pauci intraverant causa spatiandi per villam
evagantibus, comes erat cum legato et prælatis ipse
et duo filii ejus, mox illi de villa utpote nequissimi
armaverunt se clanculo pro magna parte, intrantesque ecclesiam Beatæ Mariæ, postquam comes
intraverat, totam viam per quam ipsum redire putabant observantes, exspectabant reditum ejus, ut
eum occiderent si possent, sed pius dominus aliter
et longe melius ordinabat. Innotuit ergo comiti
nostro quod fiebat, et per aliam viam quam intraverat exiens, ab insidiis declinavit. His omnibus
rite gestis, et celebrato per multos dies concilio,
prælati qui aderant ad propria redierunt : legatus
autem et comes noster venerunt Carcassonam. Interea legatus episcopum Tolosanum misit Tolosam, C
ut ex parte ipsius occuparet et muniret castrum
Narbonense, sic enim vocabatur munitio et palatium comitis Tolosani. Cives autem Tolosani, ad
mandatum domini legati, imo potius, timore ipsius,
filium comitis Tolosani fecerunt exire a munitione
jam dicta, quam hactenus tenuerant, et tradiderunt
eam ex parte legati episcopo suo, qui intrans munitionem tenuit eam, et munivit eam militibus
et servientibus, tamen in sumptibus civium et expensis.

CAPUT LXXXII.

Primus adventus Ludovici filii regis Franciæ in
partes Albigensium.

Anno Verbi incarnati 1215, Ludovicus filius regis
Franciæ primogenitus, qui triennio jam transacto, D
crucem contra hæreticos assumpserat, sed multis
et gravibus guerris fuerat impeditus, sopitis pro
magna parte guerris, quas contra hostes multas et
multum graves habebat pater ejus, ipse iter arripuit ad partes Albigensium, ut votum suæ peregrinationis expleret. Venerunt cum eo multi nobiles
et potentes, qui omnes ad diem quam eis præfixe-
rat, in die S. Dominicæ Resurrectionis, convenerunt
ad Lugdunum. Fuerunt ibi cum Ludovico episcopus Belvacensis Philippus, comes S. Pauli, Gal-
terus comes Pontivi, comes Sagiensis (*Seez*) et de
Alancone Robertus, Guiscardus de Bello-joco, Matthæus de Monte-Maurenciaco, vicecomes Meleduni,
et multi alii probi milites nobiles et potentes. Fuit

etiam ibi venerabilis episcopus Carcassonæ Guido,
qui ad preces nobilis comitis Montisfortis, paulo
ante pro negotio fidei ad partes descenderat Galli-
canas, et cum Ludovico veniebat. Ludovicus autem
et qui cum eo erant ipsum tenerrime diligebant,
ejusque voluntati et consiliis in omnibus acquiesce-
bant. In crastino Paschæ, movens episcopus cum
suis a Lugduno, venit Viennam : comes autem Montisfortis occurrebat domino suo, Ludovico videlicet, lætabundus et gaudens, et descenderat usque
Viennam : quanta autem fuerit in mutuo illa obvia-
tione et visione exsultatio, non esset facile exprimere. Progrediens Ludovicus cum suis Vienna,
venit Valentiam ; legatus autem de quo supra tetigimus, scilicet magister Petrus Beneventanus, occurrebat Ludovico, et venerat usque Valentiam.
Sicut in superioribus expressimus, memoratus legatus cives Tolosanos et Narbonenses et alios qui
fuerant contra Christianitatem et comitem Montis-
fortis absolverat, secreto suo et provido consilio,
quo ipse novit : Tolosanam insuper et Narbonensem
civitates et alia castra hostium Christi in partibus
Albigensibus in manu sua et protectione tenebat,
timebatque ne Ludovicus, utpote primogenitus regis Franciæ, et totius terræ quam legatus tenebat
dominus principalis, aliquid potestative vellet facere contra consilium et ordinationem legati, aut
occupando civitates et castella, quæ legatus tenebat,
aut etiam destruendo, ideoque sicut dicebatur et
erat verisimile, non placebat legato adventus et
præsentia Ludovici, nec mirum. Cum enim tota
terra sæpius memorata veneno hæreticæ pravitatis
infecta fuisset, rex Franciæ utpote dominus principalis, admonitus fuerat, et multoties requisitus, ut
tanto morbo manum apponeret expulsivam, et ab
hæretica spurcitia purgare intenderet regnum
suum ; ipse vero non apposuerat consilium vel
auxilium ut deberet, et ideo cum terra illa per D.
papam auxilio signatorum fuisset acquisita, non videbatur legato quod Ludovicus deberet aut posset
contra ordinationes ejus aliquid attentare. Videbatur etiam legato, qui crucesignatus erat, et tanquam peregrinus veniebat, unde non deberet ejus
dispositioni in aliquo contraire. Ludovicus autem
utpote mitis et benignissimus, respondit legato
quod ad voluntatem ipsius et consilium se haberet.
Exiens Ludovicus a Valentia, venit ad villam S. Ægidii. Dum esset Ludovicus in villa S. Ægidii, et comes nobilis Montisfortis cum eo, venerunt a curia
Romana nuntii, quos sicut supra memoratum est,
legatus et archiepiscopi et episcopi patriæ Provincialis miserant ad dominum papam, postulantes ibi
dominum et monarcham nobilissimum et Christianissimum comitem Montisfortis. Dominus autem
papa misit litteras legato et prælatis et etiam comiti
Montisfortis, sub eadem forma, quibus continebatur
quod ipse dominus papa totam terram quam comes tenuerat Tolosanus, terras etiam illas quas
crucesignati acquisierant, et quas legatus tenebat

Ides et custodes, commendabat comiti Mon-
s custodiendam , donec in concilio generali
u Kalend. Novemb. illius anni Romæ convo-
i, de terris prædictis plenius ordinaret : hoc
Ludovicus et comes noster significaverunt
le adventu nuntiorum. Legatus autem tunc
ope S. Ægidium cum pluribus episcopis in
: Arelatensi.

*litterarum domini papæ ad comitem Montis-
fortis hæc est :*

:xntius episcopus, servus servorum Dei, di-
lio suo nobili viro S. comiti Montisfortis, sa-
ıt apostolicam benedictionem.

litatem tuam dignis in Domino laudibus
ndamus, quia pura dilectione, mente sincera
bus indefessis tanquam verus et strenuus
:hristi, et invictus catholicæ fidei propugna-
elia Domini laudabiliter præliaris, unde in
fere terram, tuæ fidei et fidei sonus exi-
ipter quod super caput tuum multæ bene-
es effunduntur, ad gratiam tibi amplius ac-
lam, et totius Ecclesiæ præcamina conge-
et multiplicatis intercessoribus, corona tibi
conservatur, reddenda tibi a justo judice in
n, quam propter tua merita speramus esse
positam nunc in cœlis. Eia, miles Christi,
rium tuum imple, currens per propositum
dium, donec bravium comprehendas, nec in
.ionibus unquam deficias, sciens collater ali-
assistere Deum Sabaoth, Dominum videli-
reituum, ac principem militiæ Christianæ,
is bellicos sudores abstergere, antequam pal-
ictoriæ consequaris, quinimo cum bene in-
ris bonum principium, ac media quæ post-
ı laudabiliter prosequi curavisti, per longa-
em et perseverantiam quæ coronat, lauda-
plato fine studeas consummare, sciens juxta
ı Apostoli (*II Tim.* ıı), neminem esse coro-
n, nisi legitime decertantem. Cum igitur
ıerram quam comes tenuit Tolosanus, cum
rris a crucesignatis obtentis, quæ a dilecto
ıstro Petro S. Mariæ in Aquito (Ciacon, ba-
ʃuiro) diacono card. apost. sedis legato te-
per obsides vel custodes, usque ad tempus
i generalis, in quo de ipsis consilio prælato-
lenius possimus salubriter ordinare, pru-
tuæ duximus committendas, ut eas conser-
stodias et defendas, concedentes tibi reddi-
roventus earum, cum justitiis, et cum aliis
isdictionem spectantibus, cum nec possis,
beas propriis stipendiis militare, salvis ex-
pro munitione et custodia castrorum, quæ
dato nostro tenentur, nobilitatem tuam cum
liligentia commonemus, totis affectibus in
ı postulantes pro numine, ac sub obtesta-
livini numinis obsecrantes in remissionem
ıinum injungendo , quatenus non refugias
ıro Christo legationem recipere, cum ipse
ı Patre legatione suscepta tanquam gigas cu-

currit usque ad crucis patibulum et ad mortem ;
cum te totum devoveris in Christi obsequio, non
deficias fatigatus, nec recuses usque ad finem bonam pro Christo militiam exercere, nec unquam
in cor tuum ascendat, ut tam dulcibus paternis ob-
vies monitis et mandatis, sed potius toto desiderio
et affectu, amplecti studeas quæ mandamus, ut in
perpetuum Christi amplexibus fovearis, qui te ad
amplexus invitans, extendit pro te brachia inde-
fessa ; provida etiam deliberatione diligenter attendas, ne in vacuum cucurreris, aut etiam labo-
raveris, si per tuam negligentiam, locustarum multitudo, quæ de abyssi puteo sunt egressæ, sed per
tuum ministerium, de terra quam occupaverant
ejectæ, ipsam, quod absit ! iterum occupaverint in
exterminium plebis Dei.

Nos autem quia pro certo speramus, quod de tua
salute sollicitus, nunquam debeas mandatis apostolicis obviare, baronibus, consulibus et aliis Christi
fidelibus in terris prædictis constitutis, dedimus in
mandatis, in virtute Spiritus sancti præcipientes
districte, quatenus plenarie intendentes mandata
tua super negotio pacis et fidei, et aliis quæ superius sunt expressa, inviolabiliter observare procurent, contra impugnatores catholicæ fidei, et pacis
disturbatores, magnifice ac potenter tibi consilium
et auxilium impendentes, ita quod eorum cooperante subsidio, negotium pacis et fidei salubriter
exsequaris : quod quoque legato præcipiendo mandamus, ut super his statuat et disponat, quidquid
ipsi negotio viderit expedire, impendens tibi consilium et auxilium opportunum, et quod statueris,
faciat firmiter observari ; contradictores si qui fuerint vel rebelles, sublato cujuslibet conditionis vel
appellationis obstaculo, ad id quod viderit expedire,
districtione compellens.

Datum Laterani ıv Non. Apr. , pontif. anno
xviii.

Progrediens Ludovicus a villa S. Ægidii, venit
ad Montempessulanum, et inde Biterrim, civitas
autem Biterris distat quatuor tantum leucis a Narbona ; cives autem Narbonenses timore ducti, miserunt ad Ludovicum, significantes ei, quod parati
erant ad faciendam ejus in omnibus voluntatem.
Nec silendum quod archiepiscopus Narbonensis
Arnaldus, quantum poterat laborabat ad hoc, quod
muri Narbonæ non dirucerentur, ob hoc etiam descenderat obviam Ludovico usque Viennam : dicebat siquidem quod sua erat Narbona, et hoc pro
parte verum erat : insuper etiam ducatum Narbonæ, quem ab antiquis temporibus comes tenuerat
Tolosanus, usurpaverat sibi archiepiscopus et tenebat. Quamvis autem homines Narbonenses essent pro parte de dominio archiepiscopi, tamen
contra Deum et Christianitatem , comiti Montis-
fortis se opposuerant, imo Christum impugnaverant toto nisu, ob hoc etiam in villam suam intro-
miserant hostes Christi et diu tenuerant. Archiepiscopo etiam, qui pro conservatione murorum ita

ardénter laborabat, graves præcedenti anno intu- lerat metus mortis, unde videbatur nostris quod archiepiscopus contra utilitatem Ecclesiæ, et suam etiam, instabat ne muri caderent Narbonæ; propter hoc et alia quædam, quæ non est necessarium replicare, aliquantulum discordiæ intervenerat inter archiepiscopum et comitem Montisfortis : videbatur fere omnibus quod archiepiscopus quead prædicta, non satis in futurum providebat utilitati negotii fidei Christianæ. Cum essent Biterris, legatus et Ludovicus et comes Montisfortis et peregrini, omnes de voluntate legati et consilio prælatorum, qui plures illuc convenerant, ita est ordinatum, quod Ludovicus de voluntate et auctoritate legati faceret dirui muros Narbonæ, Tolosæ, et quorumdam castrorum, eo quod per munitiones illas Christianitati evenerant multa mala. Inhibuit autem Ludovico, ne homines dictarum civitatum perturbaret in aliquo, nisi tantum in dirutione murorum. Quod ut posset melius observari, Ludovicus mandavit civibus Narbonæ, ut ipsi ad arbitrium duorum militum, quos ad hoc misit Narbonam, infra tres septimanas diruerent muros suos, quod nisi facerent, scirent se graviter puniendos. Cœperunt igitur Narbonenses diruere muros Jericho, Narbonæ videlicet civitatis. Ludovicus autem movens a Biterris, venit cum suis Carcassonam, ubi cum per aliquot dies moram fecisset, venit legatus. Quadam igitur die convocavit legatus ad se in domum episcopi Carcassonensis episcopos qui aderant, Ludovicum, et comitem Montisfortis, et nobiles qui erant cum Ludovico. Quibus omnibus congregatis, legatus, juxta formam mandati apostolici, commendavit comiti terram usque ad concilium generale. Post hæc movens Ludovicus Carcassonam, perrexit ad quoddam castrum vicinum, quod dicitur Fanum-Jovis, et fecit ibi paucos dies. Interea legatus et comes Montisfortis perrexerunt ad castrum Apamiarum. Venit ibi ad legatum pessimus comes Fuxi. Comes autem noster noluit illum videre : ibi commendavit legatus comiti nostro castrum Fuxi, quod diu in manu sua tenuerat, comes autem noster statim misit milites, et castrum Fuxi munivit. Nec silendum quod antequam exirent legatus et Ludovicus a Carcassona, comes Montisfortis misit Guidonem fratrem suum et milites cum eo, ad recipiendam et occupandam ex parte ejus Tolosam. Post hæc receperunt ex parte comitis nostri sacramenta fidelitatis a civibus, et præceperunt eis ut diruerent muros civitatis ; acquieverunt cives licet inviti nimiumque dolentes, et plus timore impulsi, quam amore inducti, cœperunt diruere muros suos. Ab illo igitur tempore, humiliata est superbia civitatis Tolosanæ. Igitur postquam legatus commendavit comiti nostro castrum Fuxi, legatus ipse et Ludovicus, et comes Montisfortis et peregrini omnes , perrexerunt et intraverunt Tolosam. Inde Ludovicus et peregrini, peracto peregrinationis suæ termino videlicet xl

dierum, ad partes Franciæ redierunt. Legatus etiam exiens a Tolosa, venit Carcassonam, ibique exspectavit per aliquos dies comitem Montisfortis. Comes autem nobilis, postquam paucos dies fecerat in Tolosa, venit Carcassonam ad legatum. Postquam igitur legatus in terra Albigensium fecerat plures dies, et sicut vir circumspectus et providus, injunctæ sibi legationis officium laudabiliter fuerat exsecutus, tota insuper terra sæpedicta de mandato summi pontificis commendata erat nobili comiti Montisfortis, descendensque idem legatus in partes Provinciæ, ad summum pontificem est reversus : nobilis autem comes Montisfortis prosecutus est legatum Carcassona, usque ad S. Antonium prope Viennam. Inde perrexit legatus Romam ; nobilis autem comes, postquam fecit in Provincia paucos dies, ad partes reversus est Carcassonæ, factisque ibi paucis diebus, versus partes Tolosanas et Agimnenses se transtulit; ut visitaret terras illas, et corrigeret corrigenda. Nec silendum quod muri Tolosæ pro magna parte fuerant jam subversi. Post aliquot autem dies, Bernardus de Casuacio, vir pessimus et crudelis de quo supra fecimus mentionem, castrum quoddam in Petragoricensi diœcesi, quod ipsius fuerat, et dicebatur Castrumnovum, proditiose recuperavit. Miles enim quidam Francigena, cui comes custodiendum commiserat castrum illud, minus sufficienter illud munierat, sed dimiserat pene vacuum, quo audito, prædictus Bernardus venit ad castrum et obsedit illud, statim cepit, militesque qui ibi erant morte patibuli condemnavit.

CAPUT LXXXIII.

Concilium Lateranense celebratur, in quo comitatus Tolosanus, Simoni comiti commendatus, decreto concilii eidem conceditur.

Anno Verbi incarnati 1215, mense Novembri, dominus papa Innocentius III, convocatis patriarchis, archiepiscopis, episcopis, abbatibus et aliis ecclesiarum prælatis, in Lateranensi ecclesia, celebravit in urbe Roma generale concilium et solemne. Inter alia quæ ordinata fuerunt in concilio et statuta, tractatum fuit de negotio fidei contra Albigenses ; venerat etenim ad concilium Raimundus quondam comes Tolosanus et filius ejus : comes etiam Fuxi, pacis et fidei manifestissimi turbatores, supplicaturi concilio pro recuperatione terræ suæ quam perdiderant, divina disponente censura, suffragante auxilio signatorum. Comes vero nobilis Montisfortis misit illuc fratrem suum germanum. Guidonem de Monteforti, aliosque fideles nuntios et discretos. Verum quidem est, quod fuerunt ibi aliqui, etiam quod est gravius de prælatis, qui negotio fidei adversi, pro restitutione dictorum comitum laborabant, sed non prævaluit consilium Achitophel, frustratum est desiderium malignorum. Dominus etenim papa, approbante pro majori parte et saniori sacrosancto concilio, in hunc mo-

ordinavit de negotio memorata. Statuit siqui- A
et providit, quod Tolosa civitas, et aliæ terræ
scesignatis obtentæ, concederentur comiti
isfortis, qui in prædicto negotio viriliter et
ter laboravit supra omnes; terram vero quam
s Tolosanus habuerat in Provincia. custodiri
t summus pontifex, ut de illa fieret provisio in
vel in toto. filio dicti comitis Tolosani, si
a per certa fidelitatis et bonæ conversationis
a, ostenderet se misericordia dignum esse.
quam male prædicta se habuerint, et qualiter
icordiam in durum sibi convertit judicium, in
ntibus ostendemus.
it reditum nuntiorum suorum a concilio, co-
Jontisfortis, de prælatorum terræ Albigensis,
onum suorum consilio, perrexit in Franciam B
minum suum regem, ut ab eo terram recipe-
uæ de feudo ejus erat; quantus autem honor
ibitus in Francia nec a nobis scribi, nec ab
nte de facili credi posset; in quamcunque
civitatem, castellum, seu villam intrabat,
it ei obviam cum processione clerus et popu-
lamantes et dicentes: Benedictus qui venit in
e Domini (Matth. xxi), tantaque et talis erat
religiosa devotio populi, quod beatum se esse
it, qui ejus poterat tangere fimbriam vesti-
. Veniens comes ad regem, ab eo benignis-
et honorifice est susceptus. Post jucunda vero
familiaritatis colloquia, rex investivit comi-
t confirmavit ducatum Narbonæ, Tolosani, ei
redibus ejus; totam etiam terram, quam in C
ejus acquisierant crucesignati, contra hære-
et defensores eorum. Cum esset nobilis comes
ncia, Raimundus filius Raimundi P. quondam
is Tolosæ, puer sed non a puerilitate, imo po-
stultitia, mandatis apostolicis per omnia ve-
ex adverso, spreta insuper illa magna gratia,
iosa misericordia, quam ei sedes apostolica
t licet indigno, ad partes Provinciales acces-
facta conjuratione contra Deum et jura civi-
canonica, cum Avinionensibus, et Tarasco-
us, et Massiliensibus, consilio et auxilio
mdam nobilium Provinciæ, occupavit terram
quam de commendatione D. papæ custodie-
obilis comes Montisfortis. Occupata terra D
Rhodanum, venit ad quoddam nobilissimum
m in regno Franciæ, in diœcesi Arelatensi,
a Rhodani fluvii magni situm. Castrum illud
comitis Tolosæ, sed Ecclesia Romana illud
sserat, et rex confirmaverat comiti Montis-
nec non et archiepiscopus Arelatensis, cujus
nus dominium ejusdem castri, eidem comiti
salo in feudum concesserat, et ab eo homi-
acceperat pro eodem castro. Veniens dictus
indus Belliquadrum, vocatus ab hominibus
m castri, qui nostro comiti hominium fece-
in burgum receptus. Statim confluentibus
m quibusdam nobilibus Provinciæ, civibus et
onensibus et Massiliensibus, burgensibus in-

super Tarasconensibus, viris perfidis et malignis,
seneschalcum comitis Montisfortis, militesque et
servientes, qui cum dicto seneschalco munitionem
servabant, in ipsa munitione obsedit, cœpitque acriter impugnare. Quo audito, Guido frater comitis
Montisfortis, et Almaricus ipsius comitis primogenitus, cæterique barones comitis et milites, qui
erant in partibus Tolosanis, festinanter venerunt
versus Belliquadrum, ut suis, si possent, succurrerent obsessis. Erat autem cum eis venerabilis episcopus Carcassonæ Guido, qui sicut sæpedictum
est, erat in fidei negotio totus ardens. Interea comes nobilissimus Montisfortis cum festinatione
veniebat a Francia: adducebat autem secum plures
milites, quos magnis stipendiis conductos traxerat
a Francia. Properantes Guido frater comitis, et Almaricus filius ejus, versus Belliquadrum, venerunt
Nemausum civitatem, quæ distat a castro Belliquadri spatio quatuor leucarum, et manserunt ibi nocte una. Facto autem mane, audita missa, facta
confessione et communione Dominici sacramenti
percepta, ascensis equis egrediuntur a Nemauso,
Belliquadrum properantes. Ibant autem parati ad
bellum: hoc enim erat summum ipsorum et solum
desiderium, scilicet quod possent cum hostibus
capitalem habere congressum. Factum est autem
dum essemus in via, dictum est nobis quod prope
publicam stratam erat quoddam castrum Bellagarda nomine, quod reddiderat se hostibus nostris,
et etiam ipsam publicam stratam poterat plurimum
infestare; ideoque de nobilium nostrorum consilio
divertimus ad castrum illud, quo statim capto, ibi
quievimus nocte illa. In crastino summo diluculo
audita missa, exivimus a castro illo, Belliquadrum
properantes. Ibant autem nostri parati ad bellum,
tribus aciebus dispositis, in nomine Trinitatis. Venientes autem nostri ante castrum Belliquadri, invenimus infinitam hominum multitudinem, qui milites et servientes nostros in castri munitione obsessos tenebant; sed cum essent infiniti hostes,
nostri vero respectu eorum pauci, non tamen ausi
sunt exire inferiores muros castri, licet nostri ante
muros diutissime stantes eos ad prælium invitarent.
Videntes nostri quod non exirent hostes ad dimicandum contra eos, postquam exspectaverant eos
et invitaverant ad exeundum, reversi sunt ad castrum Bellegardæ, unde venerant die altero reversuri. Dum autem essemus apud Bellamgardam, comes nobilis Montisfortis, rediens a Francia, pro
peransque Belliquadrum, venit Nemausum. In crastino summo mane, movit comes a Nemauso, et nos
a Bellagarda, venientesque ante Belliquadrum, comes ex una parte, et nos ex altera, ipsos obsedimus obsessores. Videns filius quondam comitis Tolosani quod comes Montisfortis obsedisset Belliquadrum, convocavit quoscunque potuit, Avinionenses, Tarasconenses, Volobercenses et multos
alios de vicinis castellis et gentem perfidam, gentem apostatantem, hi enim in unum congregati,

contra Deum et athletam Christi, scilicet comitem
Montisfortis, obsessos nostros qui erant in munitione, quantum poterant infestabant, non enim solummodo obsideramus Belliquadrum, sed civitates
et castella supradicta, imo Provinciam fere totam;
fecerant autem hostes circa munitionem a parte
exteriori murum et fossatum, ne nostri ad munitionem accedere possent, ipsam praeterea munitionem
cum machinis quae dicuntur petrariae acriter infestabant, crebros praeterea et duros insultus nostris
qui erant in munitione faciebant, sed nostri se
viriliter ac mirabiliter defendebant, et ex eis plurimos occidebant. Fecerunt hostes arietem mirae
magnitudinis, quam applicantes ad murum munitionis, ipsum murum fortiter concutiebant. Nostri
vero, per mirae probitatis et subtilitatis artificia, ita
impediebant ictus arietis, quod in nullo vel in modico, debilitaverunt murum. Fecerunt etiam adversarii multas et alias multimodas machinas, sed
nostri obsessi omnes combusserunt : comes autem
nobilis Montisfortis, cum multo discrimine, et expensis, foris tenebat obsidionem, tota quippe terra
in circuitu corruperat viam suam; non enim po-
teramus habere victualia ad opus exercitus, nisi a
villa S. Ægidii et a Nemauso. Oportebat etiam,
quod quando volebamus habere victualia a duabus
villis, mitterentur milites, qui armati conducerent
eos, qui victualia deferebant. Oportebat insuper
quod sine intermissione, tam die quam nocte, tertia pars militum exercitus armata esset, tum quia
timebatur ne hostes subito in exercitum irruerent
insperati, quod tamen nunquam ausi sunt attentare, tum propter machinas custodiendas. Parari
etiam fecerat comes nobilis petrariam, quæ jaciebat ad primum murum burgi, non enim poterat
habere plures machinas, quia non habebat milites,
qui traherent eas, paucissimos habebat milites indigenas, et illi tepidi erant et trepidi, et in modico,
vel in nullo, exercitui Christi proficientes. Illi vero
qui erant a parte adversa, animosi erant et audaces.
Nec silendum quod quando hostes aliquos de nostris capere poterant, sive clerici essent, sive laici,
morte turpissima condemnabant; postquam enim
suspenderant eos, alios occidebant, alios membris
truncabant. O bellum ignobile, o confusa victoria !
Quadam die ceperunt quemdam militem de nostris,
captum occiderunt, occisum suspenderunt, suspenso
manus et pedes abstulerunt. O crudelitas inaudita !
Pedes insuper militis quos absciderant, projecerunt
in munitionem cum mangonello, ut ita terrerent,
et irritarent obsessos nostros. Interea Raimundus
quondam comes Tolosæ, discurrebat per Catalo-
niam et Aragoniam, adunando quos poterat milites,
ut eorum auxilio intraret terram nostram, et occuparet Tolosam. Cives autem Tolosani nequam et
infideles, parati erant cum recipere, si veniret. Insuper obsessis nostris qui erant in Belliquadro, victualia defecerunt, nunquam enim possent eos cavere hostes, si a I sustentationem solummodo habe-

rent victum : significata est comiti nostro suorum
inopia obsessorum, qui in multa anxietate positus,
quid ageret nesciebat, nec enim suos obsessos poterat liberare, nec ulla ratione volebat expositos
morti dimittere. Tolosana insuper civitas, et aliæ
terræ quas tenebat, erant in summo perditionis
periculo. His omnibus diligenter consideratis, laborare cœpit comes nobilis et fidelis, quomodo obsessos suos liberare posset et habere. Quid plura? loquuntur nostri per interpositas personas cum hostibus, fit talis dispositio, ne expositionem dicamus.
Ordinatur quod obsessi nostri dimitterent hostibus
munitionem Belliquadri, ita quod dimitterent eos
adversarii exire cum supellectili sua tota, factumque est ita. Si quis autem consideret hujus obsidionis circumstantias, licet nobilis comes de captione
Belliquadri non habuerit victoriam, tamen fidelis
nobilitatis, et nobilissimæ fidelitatis insignia reportavit. Recedens nobilis comes cum suis ab obsidione
Belliquadri, venit Nemausum, ibique dimittens equites, qui custodientes civitatem etiam discurrerent
per terram, ipse properavit Tolosam, quod audiens
Raimundus, quondam comes Tolosæ, qui et ipse
veniebat ad occupandam Tolosam, confusus aufugit. Accedens comes Tolosam, præmisit quosdam
de militibus suis in civitatem, cives autem perfidi
et ad proditionem parati, cœperunt illos, et in una
domo tenuerunt inclusos : quod audiens comes,
iratus et miratus est valde, vidensque quod Tolosani
vellent resistere, fecit ignem apponi in parte civitatis, cives autem fugerunt in burgum adhuc volentes resistere; sed videntes quod comes vellet eos
aggredi per insultum, timore ducti, exposuerunt se
et civitatem ejus per omnia voluntati : comes vero
muros et turres civitatis funditus everti fecit : insuper et de civibus obsides habuit, quos in castris
suis posuit custodiendos. Interea homines Sancti
Ægidii apostatæ et infideles, receperunt in villam
suam filium quondam comitis Tolosæ, contra abbatis et monachorum voluntatem, quod videntes
ipse abbas et monachi, extrahentes de ecclesia
corpus Christi de villa nudis pedibus exierunt, villam ipsam interdicto et anathemati supponentes.
Peractis comes nobilis apud Tolosam aliquantis
diebus, ivit in Vasconiam, ibique contractum est
matrimonium inter Guidonem fratrem ipsius comitis qui erat secundus natu et comitissam Bigorræ,
et post paucos dies, comes rediit Tolosam.

CAPUT LXXXIV.
Obsidio Montis Grenarii.

Eo tempore, ille negotii Jesu Christi hostis antiquus et persecutor indefessus comes Fuxi, mandatis
summi pontificis et generalis concilii secundi, super
pace vel saltem treugis, per quindenium observandis, veniens ex adverso, munitionem quamdam ex-
struxerat prope Fuxum quæ Mons Grenarius dicebatur. Erat autem dicta munitio in altissimi summitate montis fundata, et quantum ad humanam
æstimationem, non solum inexpugnabilis, sed quasi

usibilis videbatur; ibi habitabant turbatores
t fidei subversores, ibi hostes Ecclesiæ habe-
sfugium et recursum. Audiens comes nobilis
fortis quod per munitionem sæpedictam
multa et gravia provenirent, quod nisi festi-
periculo occurreret imminenti, damnificari
incomparabiliter negotium Jesu Christi, ob-
proposuit munitionem sæpius nominatam.
o igitur Verbi incarnati 1216, viii Id. Febr.
m Grenarium obsedit comes fortissimus
fortis. Erat autem in munitione illa Roge-
ernardi filius comitis Fuxensis, non degene-
ab iniquitate paterna, plures erant milites
rientes cum eo; non enim credebat quod
mortalium Montem Grenarium non solum
posset, sed etiam tali tempore obsidere au-
sicut enim diximus, in montanis altissimis
idissimis situs erat, hiems adhuc erat, quæ
s illis solet asperius dominari, sed fortissi-
omes, fidens in illo, qui aquis et ventis impe-
cum tentationibus dat proventum, non veri-
ntorum turbinem, non asperitatem nivium,
luviæ abundantiam expavescens, in luto et
e obsidionem suam firmans, castrum obses-
cœpit fortiter impugnare, illi de castro se de-
e toto nisu. Et quia omnes hujus obsidionis
llates et argutias vix possemus per ordinem
re, istud breviter dicimus, quod totus illius
onis status, non tam labor, quam martyrium
. appellari. Post multos autem dies, obsessis
lefecit, et deficientibus etiam victualibus, deis animus resistendi. Obsessores autem no-
æt cum difficultate maxima, ita die noctuque
aditus obstruebant, quod obsessi nec vi-
i inferre poterant in castrum, nec audebant
idere ad hauriendum aquam. Iis afflicti an-
i, loquuntur de redditione castri, verumtamen
, non plene sciebant statum eorum, unde fa-
petitioni eorum assenserunt. Modus autem
ionis quem adversarii offerebant, talis erat.
baut quod redderent comiti castrum, dum-
permitterentur abire cum armis suis. Exit de
Rogerius Bernardi cum suis; juravit autem
ius comiti quod per unum annum non face-
guerram, quod juramentum quam male ser-
t, in sequentibus ostendemus. Redditum est
m in vigilia Dominicæ Resurrectionis. Statim
nobilis castrum servientibus munivit, et post
perrexit Carcassonam, erant autem castra
m in diœcesi Narbonensi et prope Termas,
bua habitabant ruptarii, qui peccatis exigen-
fuerant de terris suis expulsi. Ivit comes ad
illas, et ex castris illis quædam vi cœpit,
im sine conditione aliqua reddiderunt. Iis
estis, pervenit comes nobilis versus partes
iciæ, ad diœcesin videlicet Nemausensem;
iquidem Sancti Ægidii, inito mortis fœdere,
Avinionensibus et Bellicadrensibus, et plura
dictæ diœcesis, ipso anno recedentes a Deo

A et ab Ecclesia reddiderant Raimundo, filio Raimundi quondam comitis Tolosani. Cum vero comes
nobilis, causa peregrinationis, et de voluntate abbatis, qui plenum habet dominium in dicta villa,
ad villam Sancti Ægidii pervenisset, non est admissus ab hominibus ejusdem villæ, sed appellan-
tes ad dominum B. cardinalem, portas villæ clause-
runt; sed comes noster, sicut vir humilis et devotus,
appellationi deferens, inde recessit; venerat enim
in Provincia ipso tempore magister Bertrandus,
tituli SS. Joannis et Pauli presbyter cardinalis,
apostolicæ sedis legatus, vir multæ scientiæ et probitatis immensæ, missus a summo pontifice, ut in
Provincia Viennensi, Arelatensi, Aquensi, Ebredu-
nensi, Narbonensi, quæ pacis sunt et fidei ordina-
B ret; erat autem trans Rhodanum in Arausica civitate. Cives autem Avinionenses et Massilienses, et
homines villæ Sancti Ægidii, et Bellicadrenses, et
Tarasconenses, dati in reprobum sensum, et versi
in apostasiam, obedire nolebant. Interea comes nobilis Montisfortis castra quæ apostataverant ipso
anno, sicut prædiximus, in diœcesi Nemausensi,
fortiter impugnabat. Venerant autem in ejus auxilium Girardus Bituricensis archiepiscopus, et Robertus Claromontensis episcopus viri potentes, qui
anno præcedenti, crucem assumpserant contra turbatores pacis et fidei subversores. Venerunt autem
cum eis milites et servientes quamplures, quorum
auxilio suffultus comes, obsedit quoddam castrum
C prope villam Sancti Ægidii quod Postquarie nuncupatur: quo capto in brevi, obsedit aliud castrum,
quod Brimicium appellatur, quod viriliter impugnans, potenter expugnavit, multosque de hominibus castri, pro meritis, patibulis suspendit; quæ
res apostatas omnes de terra illa adeo perterruit,
quod dati in stuporem, castra omnia in quibus habitabant, fugientes a facie comitis, vacua dimiserunt; in tota enim terra illa citra Rhodanum, vix
remansit qui resisteret comiti, præter villam Sancti
Ægidii et Bellicadrum, et aliæ munitiones pauciss-
simæ. Iis gestis, descendit comes versus villam
super Rhodanum, quæ dicitur portus Sancti Satur-
nini, cardinalis autem transivit Rhodanum versus
D Vivariam civitatem, volens videre comitem, et cum
eo habere colloquium super negotio Jesu Christi;
non enim erat liber transitus in aliquo viciniori
loco per Rhodanum, quod Avinionenses et alii hostes
fidei impedirent propositum et conatum, qui sicut
ipse conquerebatur, eum quodammodo obsessum
tenuerant in Arausica civitate, et venit ad Sanctum
Saturninum, ubi inter alias injurias, quas fecerunt
ipsi legato inimici fidei atque pacis, hæc fuit non
modica, quod cum ipse legatus sederet cum multis
clericis in aspectu Rhodani, subito inimici Dei qui
portum munierant, in personam legati septem et
octo emiserunt quarellos, Deo ipsum conservante
illæsum, tamen tractarius papæ qui ibi aderat vulneratus est. Comes autem cum exsultatione et festinatione maxima venit ibidem ad legatum. Quan-

contra Deum et athletam Christi, scilicet comitem
Montisfortis, obsessos nostros qui erant in munitione, quantum poterant infestabant, non enim solummodo obsederamus Belliquadrum, sed civitates
et castella supradicta, imo Provinciam fere totam ;
fecerant autem hostes circa munitionem a parte
exteriori murum et fossatum, ne nostri ad munitionem accedere possent, ipsam præterea munitionem
cum machinis quæ dicuntur petrariæ acriter infestabant, crebros præterea et duros insultus nostris
qui erant in munitione faciebant, sed nostri se
viriliter ac mirabiliter defendebant, et ex eis plurimos occidebant. Fecerunt hostes arietem miræ
magnitudinis, quam applicantes ad murum munitionis, ipsum murum fortiter concutiebant. Nostri
vero, per miræ probitatis et subtilitatis artificia, ita
impediebant ictus arietis, quod in nullo vel in modico, debilitaverunt murum. Fecerunt etiam adversarii multas et alias multimodas machinas, sed
nostri obsessi omnes combusserunt : comes autem
nobilis Montisfortis, cum multo discrimine, et expensis, foris tenebat obsidionem, tota quippe terra
in circuitu corruperat viam suam ; non enim po-
teramus habere victualia ad opus exercitus, nisi a
villa S. Ægidii et a Nemauso. Oportebat etiam,
quod quando volebamus habere victualia a duabus
villis, mitterentur milites, qui armati conducerent
eos, qui victualia deferebant. Oportebat insuper
quod sine intermissione, tam die quam nocte, tertia pars militum exercitus armata esset, tum quia
timebatur ne hostes subito in exercitum irruerent
insperati, quod tamen nunquam ausi sunt attentare, tum propter machinas custodiendas. Parari
etiam fecerat comes nobilis petrariam, quæ jaciebat ad primum murum burgi, non enim poterat
habere plures machinas, quia non habebat milites,
qui traherent eas, paucissimos habebat milites indigenas, et illi tepidi erant et trepidi, et in modico,
vel in nullo, exercitui Christi proficientes. Illi vero
qui erant a parte adversa, animosi erant et audaces.
Nec silendum quod quando hostes aliquos de nostris capere poterant, sive clerici essent, sive laici,
morte turpissima condemnabant ; postquam enim
suspenderant eos, alios occidebant, alios membris
truncabant. O bellum ignobile, o confusa victoria !
Quadam die ceperunt quemdam militem de nostris,
captum occiderunt, occisum suspenderunt, suspenso
manus et pedes abstulerunt. O crudelitas inaudita !
Pedes insuper militis quos absciderant, projecerunt
in munitionem cum mangonello, ut ita terrerent,
et irritarent obsessos nostros. Interea Raimundus
quondam comes Tolosæ, discurrebat per Catalo-
niam et Aragoniam, adunando quos poterat milites,
ut eorum auxilio intraret terram nostram, et occuparet Tolosam. Cives autem Tolosani nequam et
infideles, parati erant cum recipere, si veniret. Insuper obsessis nostris qui erant in Belliquadro, victualia defecerunt, nunquam enim possent eos cavere hostes, si a sustentationem solummodo habe-

rent victum : significata est comiti nostro suorum
inopia obsessorum, qui in multa anxietate positus,
quid ageret nesciebat, nec enim suos obsessos poterat liberare, nec ulla ratione volebat expositos
morti dimittere. Tolosana insuper civitas, et aliæ
terræ quas tenebat, erant in summo perditionis
periculo. His omnibus diligenter consideratis, laborare cœpit comes nobilis et fidelis, quomodo obsessos suos liberare posset et habere. Quid plura ? loquuntur nostri per interpositas personas cum hostibus, fit talis dispositio, ne expositionem dicamus.
Ordinatur quod obsessi nostri dimitterent hostibus
munitionem Belliquadri, ita quod dimitterent eos
adversarii exire cum supellectili sua tota, factumque est ita. Si quis autem consideret hujus obsidionis circumstantias, licet nobilis comes de captione
Belliquadri non habuerit victoriam, tamen fidelis
nobilitatis, et nobilissimæ fidelitatis insignia reportavit. Recedens nobilis comes cum suis ab obsidione
Belliquadri, venit Nemausum, ibique dimittens equites, qui custodientes civitatem etiam discurrerent
per terram, ipse properavit Tolosam, quod audiens
Raimundus, quondam comes Tolosæ, qui et ipse
veniebat ad occupandam Tolosam, confusus aufugit. Accedens comes Tolosam, præmisit quosdam
de militibus suis in civitatem, cives autem perfidi
et ad proditionem parati, cœperunt illos, et in una
domo tenuerunt inclusos : quod audiens comes,
iratus et miratus est valde, vidensque quod Tolosani
vellent resistere, fecit ignem apponi in parte civitatis, cives autem fugerunt in burgum adhuc volentes resistere ; sed videntes quod comes vellet eos
aggredi per insultum, timore ducti, exposuerunt se
et civitatem ejus per omnia voluntati : comes vero
muros et turres civitatis funditus everti fecit : insuper et de civibus obsides habuit, quos in castris
suis posuit custodiendos. Interea homines Sancti
Ægidii apostatæ et infideles, receperunt in villam
suam filium quondam comitis Tolosæ, contra abbatis et monachorum voluntatem, quod videntes
ipse abbas et monachi, extrahentes de ecclesia
corpus Christi de villa nudis pedibus exierunt, villam ipsam interdicto et anathemati supponentes.
Peractis comes nobilis apud Tolosam aliquantis
diebus, ivit in Vasconiam, ibique contractum est
matrimonium inter Guidonem fratrem ipsius comitis qui erat secundus natu et comitissam Bigorræ,
et post paucos dies, comes rediit Tolosam.

CAPUT LXXXIV.

Obsidio Montis Grenarii.

Eo tempore, ille negotii Jesu Christi hostis antiquus et persecutor indefessus comes Fuxi, mandatis
summi pontificis et generalis concilii secundi, super
pace vel saltem treugis, per quindenium observandis, veniens ex adverso, munitionem quamdam ex-
struxerat prope Fuxum quæ Mons Grenarius dicebatur. Erat autem dicta munitio in altissimi summitate montis fundata, et quantum ad humanam
æstimationem, non solum inexpugnabilis, sed quasi

sibilis videbatur ; ibi habitabant turbatores
t fidei subversores, ibi hostes Ecclesiæ habe-
fugium et recursum. Audiens comes nobilis
fortis quod per munitionem sæpedictam
multa et gravia provenirent, quod nisi festi-
periculo occurreret imminenti , damnificari
incomparabiliter negotium Jesu Christi, ob-
prop suit munitionem sæpius nominatam.
) igitur Verbi incarnati 1216, viii Id. Febr.
n Grenarium obsedit comes fortissimus
fortis. Erat autem in munitione illa Roge-
rnardi filius comitis Fuxensis, non degene-
b iniquitate paterna, plures erant milites
ientes cum eo; non enim credebat quod
mortalium Montem Grenarium non solum
posset, sed etiam tali tempore obsidere au-
sicut enim diximus, in montanis alt'ssimis
idissimis situs erat, hiems adhuc erat, quæ
i illis solet asperius dominari, sed fortissi-
mes, fidens in illo, qui aquis et ventis impe-
cum tentationibus dat proventum, non veri-
atorum turbinem, non asperitatem nivium,
luviæ abundantiam expavescens, in luto et
obsidionem suam firmans, castrum obses-
cpit fortiter impugnare, illi de castro se de-
² toto nisu. Et quia omnes hujus obsidi nis
tales et argutias vix possemus per ordinem
re, istud breviter dicimus, quod totus illius
nis status, non tam labor, quam martyrium
appellari. Post multos autem dies, obsessis
efecit, et deficientibus etiam victualibus, de-
s animus resistendi. Obsessores autem no-
et cum difficultate maxima, ita die noctuque
aditus obstruebant, quod obsessi nec vi-
inferre poterant in castrum, nec audebant
dere ad hauriendum aquam. His afflicti an-
, loquuntur de redditione castri, verumtamen
non plene sciebant statum eorum, unde fa-
petitioni eorum assenserunt. Modus autem
onis quem adversarii offerebant, talis erat.
aut quod redderent comiti castrum, dum-
permitterentur abire cum armis suis. Exit de
Rogerius Bernardi cum suis; juravit autem
us comiti quod per unum annum non face-
querram, quod juramentum quam male ser-
l, in sequentibus ostendemus. Redditum est
m in vigilia Dominicæ Resurrectionis. Statim
nobilis castrum servientibus munivit, et post
perrexit Carcassonam , erant autem castra
m in diœcesi Narbonensi et prope Termas,
bus habitabant ruptarii, qui peccatis exigen-
fuerant de terris suis expulsi. Ivit comes ad
illas, et ex castris illis quædam vi cœpit,
m sine conditione aliqua reddiderunt. His
ęstis, pervenit comes nobilis versus partes
ciæ, ad diœcesim videlicet Nemausensem ;
iquidem Sancti Ægidii, inito mortis fœdere,
Avinionensibus et Bellicadrensibus, et plura
dictæ diœcesis, ipso anno recedente a Deo

et ab Ecclesia reddiderant Raimundo, filio Raimundi quondam comitis Tolosani. Cum vero comes
nobilis, causa peregrinationis, et de voluntate abbatis, qui plenum habet dominium in dicta villa,
ad villam Sancti Ægidii pervenisset, non est admissus ab hominibus ejusdem villæ, sed appellan-
tes ad dominum B. cardinalem, portas villæ clause-
runt; sed comes noster, sicut vir humilis et devotus,
appellationi deferens, inde recessit ; venerat enim
in Provincia ipso tempore magister Bertrandus,
tituli SS. Joannis et Pauli presbyter cardinalis,
apostolicæ sedis legatus, vir multæ scientiæ et probitatis immensæ, missus a summo pontifice, ut in
Provincia Viennensi, Arelatensi, Aquensi, Ebredu-
nensi, Narbonensi, quæ pacis sunt et fidei ordinaret ; erat autem trans Rhodanum in Arausica civitate. Cives autem Avinionenses et Massilienses, et
homines villæ Sancti Ægidii, et Bellicadrenses, et
Tarasconenses, dati in reprobum sensum, et versi
in apostasiam, obedire nolebant. Interea comes nobilis Montisfortis castra quæ apostataverant ipso
anno, sicut prædiximus, in diœcesi Nemausensi,
fortiter impugnabat. Venerant autem in ejus auxilium Girardus Bituricensis archiepiscopus, et Robertus Claromontensis episcopus viri potentes, qui
anno præcedenti, crucem assumpserant contra turbatores pacis et fidei subversores. Venerunt autem
cum eis milites et servientes quamplures, quorum
auxilio suffultus comes, obsedit quoddam castrum
prope villam Sancti Ægidii quod Postquarie nuncupatur : quo capto in brevi, obsedit aliud castrum,
quod Brimicium appellatur, quod viriliter impugnans, potenter expugnavit, multosque de hominibus castri, pro meritis, patibulis suspendit ; quæ
res apostatas omnes de terra illa adeo perterruit,
quod dati in stuporem, castra omnia in quibus habitabant, fugientes a facie comitis, vacua dimiserunt; in tota enim terra illa citra Rhodanum, vix
remansit qui resisteret comiti, præter villam Sancti
Ægidii et Bellicadrum, et aliæ munitiones paucis-
simæ. His gestis, descendit comes versus villam
super Rhodanum, quæ dicitur portus Sancti Satur-
nini, cardinalis autem transivit Rhodanum versus
Vivariam civitatem, volens videre comitem, et cum
eo habere colloquium super negotio Jesu Christi ;
non enim erat liber transitus in aliquo viciniori
loco per Rhodanum, quod Avinionenses et alii hostes
fidei impedirent propositum et conatum, qui sicut
ipse conquerebatur, eum quodammodo obsessum
tenuerant in Arausica civitate, et venit ad Sanctum
Saturninum, ubi inter alias injurias, quas fecerunt
ipsi legato inimici fidei atque pacis, hæc fuit non
modica, quod cum ipse legatus sederet cum multis
clericis in aspectu Rhodani, subito inimici Dei qui
portum munierant, in personam legati septem et
octo emiserunt quarellos, Deo ipsum conservante
illæsum, tamen tractarius papæ qui ibi aderat vulneratus est. Comes autem cum exsultatione et festinatione maxima venit ibidem ad legatum. Quan-

tum autem honorem exhibuit comes Christianissimus cardinali, non esset facile explicare. Circa
idem tempus, archiepiscopus Bituricensis et episcopus Claromontensis, peracto suæ peregrinationis
termino, videlicet XL dierum, ad propria remearunt : comes vero noster, turrem Draconeti fortissimam, super ripam Rhodani sitam obsedit viriliter,
cepit et funditus dissipavit, captis illis omnibus
qui intus erant et vinculis mancipatis ; ad hoc autem turris facta fuerat, ut esset spelunca latronum,
peregrinos et alios spoliantium, tam per terram,
quam per Rhodanum transeuntes. Post hæc omnia,
fuit cardinalis consilium et voluntas, ut nobilis
comes transiret Rhodanum, et in Provinciæ partibus, pacis compesceret turbatores ; Raimundus
enim filius quondam comitis Tolosani. et Ademarus Pictaviensis, et complices eorumdem, negotium
pacis et fidei in partibus illis totis nisibus pertur-
babant. Obedivit comes nobilis cardinali, et fecit
sibi parari apud Vivarium naviculas, ut Rhodanum
transiret : quod audientes adversarii ipsius, convenerunt in unum per terram, ut eis transitum impedirent ; sed et Avenionenses venientes per Rhodanum
cum navibus valde munitis, proposuerunt comiti
transitum prohibere ; sed cum paucissimos de militibus comitis transire viderent, divino miraculo
versi in timorem, fugæ præsidia quæsierunt ; sed
et omnes qui de terra illa adhærebant adversariis
comitis tantus terror invasit, quod castra multa
et fortia dimiserunt. Transivit igitur comes nobilis
cum suis, et venit ad castrum quod dicitur Montilium ;
cardinalis autem transivit cum eo, de cujus voluntate et mandato omnes omnia faciebat. Guitaldus
autem Ademari, qui erat dominus Montilii pro majori parte, erat cum adversariis comitis, cum esset
ligius homo D. papæ, nec requisitus, voluit dictum
-castrum reddere cardinali, quod receptaculum fecerat hæreticorum, sed homines de castro receperunt
comitem ; quidam enim miles, consanguineus dicti
G. qui erat alter dominus Montilii, adhærebat et
semper adhæserat comiti.

Peractis comes apud Montilium paucis diebus,
perrexit ad obsidendum quoddam castrum in diœcesi Valentina, quod dicitur Crestal, et erat Ademari
Pictaviensis. Ademarus autem, sicut jam diximus,
adversabatur comiti Montisfortis et multum persecutus fuerat episcopum Valentinum ; civitas
enim Valentia adhærebat, et semper adhæserat
comiti memorato. Veniens comes ad castrum
Crestæ, obsedit illud. Erat castrum nobilissimum
et fortissimum et militibus et servientibus bene
munitum : firmata obsidione, cœpit comes castrum
fortiter impugnare, obsessi defendere se pro viribus.
Erant autem cum comite plures de episcopis illius
terræ, et milites Franceigenæ quos rex et Phlippus
per sex menses servituros mandat firme centum.
Et dum esset comes in obsidione illa, tentatum
fuit de compositione et pace facienda, inter comitem
et Ademarum Pictavensem. Post multa autem

verba longumque tractatum, firmata est compositio
inter comitem et dictum Ademarum, promissumque
est ab utroque firmiter, quod filius Ademari haberet
filiam comitis in uxorem. Tradidit etiam Ademarus
quædam castra pro securitate, quod de cætero
comitem nullatenus impugnaret. Quidam præterea
nobilis de terra illa nomine Draconetus, qui anno
præterito recesserat a comite, reddidit se ei. Facta
est insuper compositio et pax inter episcopum
Valentiæ et sæpedictum Ademarum. Dum igitur
Dominus Jesus negotium suum ita miraculose in
partibus illis promoveret, antiquus hostis videns
impedire voluit quod doluit promoveri. Eisdem
siquidem diebus, cives Tolosani, imo dicamus
melius Dolosani, instinctu diabolico agitati, aposta-
tantes a Deo et ab Ecclesia, et recedentes a comite
Montisfortis, receperunt in civitatem suam Raimundum quondam comitem et dominum suum, qui,
meritis exigentibus, exhæredatus fuerat auctoritate
summi pontificis, imo generalis concilii Lateranensis secundi. Nobilis autem comitissa, uxor
comitis Montisfortis, et uxores Guidonis fratris
sui, et Almarici et Guidonis filiorum, et multi sibi
et filiæ, tam comitis quam fratris sui, erant in
munitione Tolosæ, quæ dicitur castrum Narbonense.
Statim dictus Raimundus et Rogerius Bernardi
filius comitis Fuxi, et quidam alii qui cum eo
venerant, civesque Tolosæ cœperunt de noctuque
munire Tolosam multis repagulis et fossatis. Audito nuntio de proditione Tolosæ, Guido de Monte-
forti frater comitis, et Guido filius ejusdem comitis
et plures milites cum eis, quos comes dimiserat in
partibus Carcassonæ, ut custodirent terram, cum
festinatione perrexerunt Tolosam, et miserunt se in
munitionem prædictam, ubi erat comitissa in
domibus forinsecus, ne adversarii a parte exteriori
obsiderent munitionem.

CAPUT LXXXV.
Secunda Tolosæ obsidio.

Audiens comes nobilis apostatasse Tolosam, transivit Rhodanum et rediit festinanter ; cardinalis
autem transivit cum eo. Venientes igitur Tolosam
cardinalis et comes, obsederunt eam anno 1217.
Erat enim civitas maxima et populosa valde, et
ruptarii et faydici, nec non et multi alii qui antea
inimici erant occulti comitis Montisfortis, se receperunt in eam, ut eam defenderent contra Deum,
comitem, et Ecclesiam sanctam, pro qua comes
nobilis totis viribus laborabat. In dicta enim proditione, multa castra multaque nobiles circa Tolosam,
consenserant, Valentiam loco et tempore promittentes. Cum autem comes nobilis venisset cum suis
ad fossata Tolosæ, volens per insultum capere
civitatem, repulsus est a civibus violenter, fixitque
sua tentoria juxta castrum Narbonense. Sed cum
Tolosa obsideri non effectu non posset nisi ultra
fluvium Garumnam, qui a parte Vasconiæ Tolosam
vallabat, esset exercitus, qui exitum Tolosanis
defenderet, qui per duos pontes super ipsum flu-

isdem patebat, transivit ultra comes cum multis etiam citra dimissis cum filio suo o ; fuit illic comes nobilis aliquantis diebus, intelligens, quod exercitus Almarici non sufficiens ad resistendum inimicis, transivit , ut de duobus invalidis, unus fieret exerlidus et securus. Sed miraculum, quod cit in ipso transitu, non omittemus, ut et in omnibus magnificetur Deus ; dum se comes Montisfortis, totus armatus, et in rmate, navem intrare vellet, in flumen ubi aqua profundissima cernebatur : qui n appareret, timor et tremor et planctus nostros tenuit universos. Rachel plorat infernus dolose exsultans ululat, nostros orphanos vivo patre ; sed qui ad preces curim in aqua supernatare voluit, nostrum : abysso levavit principem, manus conjuncœlum devotissime extendentem, quem e navig'o cum gaudio suscipiunt, et sanctæ Ecclesiæ servant incolumem, pro qua se at obicem dictus comes. O ineffabilis eleSalvatoris ! Interim Tolosani machinas , petrarias et mangonellos erigunt ut et i Narbonense præcipitent, et Bertrandum lem apostolicæ sedis legatum lapidibus nt, et ejus socios, et in eo Romanam Ecclepidarent. O quoties dictus cardinalis mori qui tanquam vir providus, pro negotio Jesu vivere minime recusavit ! Eodem tempore nobilis hostagia ab hominibus de Monteaccepit, eo quod suspecti habebantur, ne olosanis fraudem facerent contra pacem ; quam, illi portabant in ore, sed fel conceptum nt in corde, quod comparuit ex post facto, n seneschalcus Aginnensis ex parte comitis ortis et episcopus Lectorensis venissent -albanum, et nocte illa dormissent secure, i de Monte-albano Tolosam miserant, ut dus quondam comes cum Tolosanis ad accederent, et eis seneschalcum redderent, s interficerent universos ; qui Raimundus itos præmisit armatos, qui in illa eadem itrantes castrum, prope enim erat Tolosam, usilio illorum de castro, qui erant ad tria t amplius, plateas obstaculis munierunt, et a domorum, ubi seneschalcus et ejus jace:ii armatos pro custodibus posuerunt, ne illi nt, nihilominus ligna plurima ostiis appout si aliter capi non possent, igne penitus erentur ; quo facto, exclamant Tolosani, t buccinæ, fit metus et strepitus magnus, Francigenæ somnolenti et stupidi, non de confidentes, sed de solo Dei adjutorio præis, armant se subito, et licet dispersi per , omnes tangit una voluntas, una fides in , una spes triumphandi : exeunt de domibus hostibus, in quos more leonis irruunt impaHostes fugiunt, quidam in laqueos incidunt

quos fecerant, quidam de muris se præcipitant, licet a nemine fugarentur. Omnia fere mobilia nostri capiunt, cætera incendio consumuntur.

CAPUT LXXXVI.

Tolosani obsessi in obsessores impetum faciunt. Nobilis comes a Monteforti postridie Nativitatis Sancti Joannis Baptistæ interimitur.

Cum comes nobilis in obsidione Tolosæ jam peregisset circiter novem menses, quadam die, videlicet in crastino Beati Joannis Baptistæ, illi qui erant in Tolosa, summo se diluculo munierunt, ut dormientibus adhuc quibusdam de nostris, quibusdam in audienda celebratione divinorum intentis, ipsi solita fraude et inolita malignitate insultum in nos facerent repentinum, et ut acrius improvisos impeterent, ut vexarent crudelius inimicos, ordinaverunt machinarum custodiæ deputatos, quod quædam pars irrueret in nostros, alii ex alia parte, in exercitum insilirent, quatenus nostri, sicut diximus, immuniti, a parte duplici expugnaturi, ad obviandum hostibus minus essent habiles et ad sufferendum insultum minus fortes. Nuntiatum est comiti quod hostes sui se armaverant, et infra munitionem suam juxta fossam latebant ; comes vero audiebat matutinas, quo audito rumore, sua jussit arma parari, quibus indutus, vir Christianissimus ad ecclesiam, auditurus missam, cum festinatione perrexit.

Factum est autem cum esset in ecclesia, et missa jam incepta oraret attentissime vir devotus, ecce multitudo maxima Tolosanorum, per meatus occultos, a fossatis suis egressi, elevatis vexillis, cum maximo strepitu et clangore, in nostros, qui prope fossatum custodiebant machinas, irruerunt ; alii vero ex altera parte egressi, versus exercitum acies direxerant : factus est clamor in exercitu, nostri se quam citius munierunt ; verum antequam nestri essent armati, illi pauci, a nostris qui, sicut diximus, machinarum et exercitus erant custodiæ deputati, contra inimicos dimicantes, tot et tanta persecutionum et vulnerum discrimina sunt perpessi, quod non posset de facili æstimari. In ipso autem hostium egressu, venit nuntius ad comitem, qui missam, sicut diximus, audiebat, sollicitans eum ut suis succurreret indilate, cui vir devotus : « Sine, inquit, divina audire mysteria et redemptionis nostræ prius cernere sacramentum ; » adhuc eo loquente, venit alter nuntius dicens : « Festinate, ingravatum est bellum, nec nostri possunt diutius sustinere ; » ad quæ vir Christianissimus : « Non exibo, nisi prius meum videro Redemptorem. » Cum autem sacerdos sacræ consecrationis hostiam elevaret ex more, vir devotissimus flexis in terram genibus, sed manibus elevatis in cœlum : *Nunc dimittis*, inquit, *servum tuum, Domine, secundum verbum tuum in pace, quia viderunt oculi mei salutare tuum* (*Luc.* II). Et addidit : « Eamus, et si oportuerit moriamur pro illo, qui pro nobis dignatus est mori. » His dictis, vir invictissimus ad pugnam properavit. Ingravabatur autem bellum utrinque; pluresque hinc et inibi vulnerati fuerant et interfecti, sed adveniente milite Jesu Christi, nostris audacia et viribus duplicatis, adversarii omnes repulsi sunt, et usque ad fossata a nostris viriliter sunt retrusi. Retrahentes se comes et qui cum eo erant aliquantulum propter grandinem lapidum, et intolerabilem ruinam sagittarum, steterunt ante machinas, cledis ante se positis, quibus se tuerentur a lapidibus et sagittis; jaciebant siquidem hostes super nostros creberrimos lapides cum duobus trabuchetis, mangonello et pluribus matafundis. Unde illud quod sequitur, quis scribere vel audire; quis, inquam, istud sine dolore poterit recitare; quis sine singultibus audire; quis, inquam, non resolvatur et penitus liquefiat, audiens contritam pauperum vitam? Omnia quippe sunt ipso recumbente contrita, ipso moriente mortua; ipse etenim erat mœstorum consolatio, ipse debilium fortitudo, ipse in afflictione refrigerium, ipse refugium miserorum. Deo lacrymabile propositum exsequimur. Dum staret comes fortissimus, sicut jam dictum est, cum suis ante machinas suas, ne hostes denuo exirent ad sæpedictas machinas dirnendas, ecce lapis mangonello adversariorum projectus, percussit in capite militem Jesu Christi, qui ictu lethali recepto, pectus suum bis percutiens, Deoque et B. Virgini se commendans, mortem imitatus B. Stephani, et ipsius lapidatus in urbe (9), cum ipso in Domino obdormivit. Nec silendum quod iste fortissimus miles Domini, imo ne fallamur, gloriosissimus martyr Christi, postquam ex ictu lapidis vulnus excepisset lethale, quinque a sagittariis vulnera receperat ad similitudinem Salvatoris, pro quo mortem patienter sustinuit, cum quo post mortem, ut credimus, feliciter gloriatur et vivit. Cui successit filius suus primogenitus Almaricus, juvenis bonus et strenuus, imitator per omnia bonitatis et strenuitatis paternæ; cui milites omnes Francigenæ quibus terras dederat, ipsi sacramentum fidelitatis, et hominium præstiterunt. Post paucos autem dies, videns novus comes quod non posset diutius in Tolosa obsidionem tenere, tum quia audita morte comitis, multi de indigenis apostatæ pessimi recedebant ab eo et Ecclesia, imo Christi hostibus se jungebant; tum quia exhaustus erat sumptibus, et victualia exercitui deficiebant, ac peregrini in terram suam redire volebant; ab obsidione recessit castrum resignans, quod tenere non poterat, Narbonense, et corpus primum apud Carcassonam curatum, more Gallico, exportavit.

(9) Primarium etenim templum Tolosanum D. Stephano dicatum est.

Explicit historia de factis et triumphis memorabilibus nobilis viri domini Simonis comitis de Monteforti.

ANONYMI SÆCULI XII.

MISCELLANEA.

—

PISTOLA ANONYMI AD HUGONEM AMICUM SUUM

De modo et ordine legendi sacram Scripturam.

(MARTEN. *Thesaur. Anecdot.*, I, 486, ex ms. B. Mariæ de Josaphat.)

nodo et ordine legendi sacræ paginæ libros, ni dilecte frater in Domino, stylo compendio-diocri aliqua tibi scribere lege promissionis or : quod distuli, occupationibus meis; quod idem perscripsi, charitati tuæ, quæ me tor-i excitavit, imputandum est. Malui enim vel romissum persolvere, quam petenti amico inexorabilis et inofficiosus videri. Modum et ordinem quo in scholis sacra pagina do-nunc explicare propositum non est ; sed endis id attendendum est quo modo vel or-vina legenda sunt eloquia et perscrutanda, esertim qui, arrepto professionis vinculo, alligati sunt obedientiæ. Sed et hic distin-hibenda est ; alii enim sunt, qui ante con-em utriusque paginæ lectione plene imbuti iii sunt qui in alterutrum pagina tantum lau-r sunt promoti, antequam sæcularibus abre-t ; alii vix primis artis grammaticæ rudi-cognitis , ut Deo militent claustris se inclu-'ræsentis igitur negotii erit docere, qua via, gradibus , ad plenum sacræ paginæ intelle-li rudes , pene omnis litteraturæ inscii adere possint. Attendant etenim hi tales iis quid dicitur: *Scrutamini Scripturas (Joan.* illud : *Beati qui scrutantur testimonia ejus, corde exquirunt eum (Psal.* cxviii); et il-'eatus qui in lege Domini meditatur nocte et al.* 1); et illud : *Erratis, nescientes Scri-(Matth.* xxii); neque virtutem ejus, et con-ab eo accepta qui dicit : *Confiteor tibi, Pa-niam abscondisti hæc a sapientibus , et reve-parvulis (Matth.* xi): ardentibus divinam otur faucibus disciplinam , donec fiant pen-mbæ deargentatæ, et posteriora dorsi ejus in auri (Psal.* lxvii), id est donec ipsi fiant s Ecclesiæ cum nitore eloquii, charitate eo-vera sapientia fundata. Primo igitur nume-orum tam Veteris quam Novi Testamenti

distinguatur, et eorum ponantur nomina, et dein-ceps qui et quo ordine, et qualiter legi debeant demonstretur. Sunt autem libri Veteris Testa-menti secundum unam considerationem xxii, secun-dum aliam xxiv, et isti libri trifarie dividun-tur ; alii enim sunt libri legis, alii prophetici, alii ha-giographi, id est sancta Scriptura simpliciter ap-pellati. Libri legis quinque sunt : Liber Geneseos, Exodus, Leviticus, liber Numerorum, Deuterono-mium. Libri prophetici octo sunt : Liber Josue Ben-num, liber Judicum, liber Samuel, qui prima pars libri Regum, et liber Regum, qui Hebraice ab aliis Malachim, ab aliis Malachor appellatur, liber Isaiæ, liber Jeremiæ, liber Ezechiel, liber xii Propheta-rum, qui Hebraice Tharaasra dicitur. Libri hagio-graphi sunt novem : Liber Job, Psalterium, liber Proverbiorum, Ecclesiastes, Canticum canticorum, liber Daniel, Paralipomenon, Esdras, Esther. Con-numerentur nunc isti quinque, octo et novem , et erunt xxii. Novem autem hagiographis quidam ad-jiciunt librum Ruth, librum Lamentationum Je-remiæ.

Libri Novi Testamenti octo tantum sunt : Quatuor Evangelia, Matthæus, Marcus, Lucas, Joannes. Alii quatuor libri qui apostolica Scriptura appel-lantur, sunt : Liber Epistolarum Pauli, canonicæ Epistolæ, Actus apostolorum, et Apocalypsis. Isti libri primæ et principalis auctoritatis in Ecclesia sunt. Præter distinctos libros, quinque sunt qui apud Hebræos apocryphi dicuntur, id est absconditi et dubii ; Ecclesia tamen honorat et suscipit. Primus est liber Sapientiæ, secundus est Ecclesiasticus, ter-tius Tobiæ, quartus Judith, quintus liber Machabæo-rum. Præter omnes prædistinctos libros, sunt beato-rum Patrum scripta, Hieronymi, Augustini et alio-rum, quorum multitudinem enumerare superfluum est. Eorum tamen in sequentibus fiet mentio, qui præ aliis videbuntur ad prædictorum librorum in-tellectum necessaria. De numero librorum et eorumdem nominibus ita dictum sit ; quo ordine et A *Veteris Testamenti.* His diligenter notatis, cum qualiter legi debeant nunc dicatur. Ad cujus rei notitiam intelligendum est quod utriusque Testamenti tripartita est lectio. Prima est secundum historiam, secunda secundum allegoriam, tertia secundum moralem instructionem, seu magis dicendum tropologiam. Universa autem sacræ paginæ series secundum historiam primo, ter aut quater perscrutanda et pertranseunda. Hoc diligenter in singulis notato quæ nullomodo ad litteram possunt intelligi, quæ etiam falsa secundum litteralem intellectum, quæ inepta ad litteram intellecta, quæ inutilia, quæ indifferentia, quæ impeditiva ad vitam æternam, ut per talium exempla quivis, licet invitus, ad allegoriam intellectum suscipiendum cogatur. Hoc autem modo et ordine libri Veteris Testamenti secundum litteram legendi sunt : primo libri Legis, secundo liber Josue et liber Judicum; tertio liber Samuel, et liber Regum, et Paralipomenon, et ex latere Josephus et Egesippus. Si autem in talibus ignoratæ significationis dictio occurrat, ne a lectionis impediamur progressu , habeantur tanquam instrumenta quædam ad prædictorum librorum faciliorem intellectum, libri Isidori *Etymologiarum* et liber Hieronymi *de Expositionibus Hebraicorum nominum* , et liber *Derivationum*, qui in copiosis armariis invenitur, et liber qui *Partionarius*, vel *Glossarius* appellatur, qui quanto antiquior invenitur, tanto plurium ignotarum dictionum continebit expositionem. In istis ignotæ dictionis tam origine quam significatione reperta, facilior et intelligibilior in legendo fiet progressus. Ex omnibus pra ictis colligenda est summa et memoriter retinenda, ut de operibus sex dierum, de constructione arcæ et mansionibus ejus , de promissione facta Abrahæ , de nominibus et numero patriarcharum, et sponsis et concubinis , et filiis eorumdem ; de numero annorum servitutis populi Israel in Ægypto; de numero signorum et plagarum , introductione populi ; de lege data et accepta in monte Sina; de constructione tabernaculi et positione; de duodecim tribubus; quomodo circa tabernaculum in gyrum castra posuerunt ; de ornamentis sacerdotalibus ; de numero et ordine sacerdotum et levitarum , et de generibus sacrificiorum ; de numero mansionum , et bellis a populo Israel peractis antequam intrarent in terram promissionis; de civitatibus destructis, retentis, reparatis , priusquam intrarent terram promissionis ; de regibus ibi repertis, qui et quot essent, et de nominibus et numero ducum, et factis eorumdem usque ad tempus regum ; de nominibus, numero et ordine regum, et factis eorumdem, vel eximiis, vel egregie turpibus ; de constructione templi et vasis ; de numero et ordine sacerdotum, levitarum, psallentium. In omnibus istis necessarius erit et perutilis liber Augustini *De quæstionibus*

plena confidentia accedat quivis ad libros prophetarum, Isaiæ , Jeremiæ , Ezechielis, et xii prophetarum, Danielis, in quibus notandum quæ prophetia ad litteram completa, et quæ reservetur ad litteram complenda, et quis propheta, sub quo rege prophetaverit : quod solertia quorumdam in fine bibliothecæ interdum inveniri solet. Post hos libros leguntur : Esther et Esdras, et liber Machabæorum, et liber Judith, et liber Tobiæ. Post illos : Proverbia Salomonis, et liber Sapientiæ, et liber Ecclesiasticus et Ecclesiastes ; ad ultimum Psalterium, et Job, et Cantica canticorum ; in quibus, quia nullus intellectus ad litteram utilis est de Christo et Ecclesia, statim primo legantur. Libri autem Novi Testamenti hoc modo et hoc ordine legantur : Matthæus primo , Marcus ejus pedisequus secundo, tertio Lucas, quarto Joannes, in quibus diligenter et numerus sermonum et miraculorum notetur, et quid, ubi, et quando, et coram quibus a Domino factum dictumve sit. In his erit tibi necessarius liber Hieronymi *De descriptione locorum Palæstinæ,* liber *de Concordia Evangeliorum;* deinceps Actus apostolorum legendi , postea canonicæ Epistolæ et Epistolæ Pauli, ad ultimum liber Apocalypsis.

Tota autem utriusque Testamenti serie sic perspecta et intellecta, consequens est sacramentis Ecclesiæ imbui, quæ in libris magistri Hugonis plene inveniuntur; deinde natura cardinalium virtutum et vitiorum quæ virtutibus opponuntur, undecunque haberi poterit, perquirenda et investiganda. Rationes autem singulorum quæ per anni curriculum fiunt in Ecclesia, qui scire desiderat, librum qui appellatur *Candela Gerlandi*(1), librum magistri Simonis, qui appellatur *Quare,* inspiciat. Post ista liber Augustini *De doctrina Christiana,* et liber ejusdem *De civitate Dei,* cum omni diligentia et studio legantur. Cumque in arca sacræ paginæ diligenter et studiose sese prædicto modo diligens animus exercerit, intrepide tam ad allegoricam quam ad moralem lectionem se convertat, et passim ad arbitrium , quo ordine libuerit, tam Veteris quam Novi Testamenti libros, secundum hanc bipartitam lectionem relegat , et quidquid allegorice significatum, vel significandum, vel moraliter notatum , vel notandum occurret, sine omni labore incunctanter hauriet. Sicque demum felici et delectabili proventu animus exsultanter exhilaratus, novis allegoriis studendis et novis instructionibus morum meditandis vacabit. Nonnunquam tamen ad opera Origenis, et alia consimilia, in quibus interdum cerastes in semita tanquam explorator accedat, et ibi margaritas in lecto, et uvas in labruscis, et rosas inter spineta quærere discat, ut impleatur quod dictum est : *Et si mortiferum quid biberint, non eis nocebit* (*Matth.* xvi). Si quis autem, vel lectionum

(1) Hujus libri præfationem ex ms. Clarevallensi supra retuli.

stinctarum varietate, vel librorum multitudine tur, attendat quid Hieronymus de modo et orsacram paginam legendi in Epistola ad Alle-De institutione filiæ, dicat. Aitautem : « Discat im Psalterium ; his se canticis sanctam vocet, Proverbiis Salomonis erudiatur ad vitam ; in slasten consuescat quæ mundi sunt calcare, b virtutis et patientiæ exempla sectetur. Ad gelia transeat : nunquam ea positura de ma-, apostolorum Acta et Epistolas tota cordis tate imbuat. Cumque pectoris sui cellarium is locupletaverit, mandet memoriæ prophetas, teucum, et Regum ac Paralipomenon libros. e quoque et Esther volumina; ultimo, sine pe-discat Canticum canticorum ; quod si in ex-

A ordio legerit , sub carnalibus verbis spiritualium nuptiarum epithalamium non intelligens vulneraretur. Caveat omnia apocrypha, et si quando ea, non ad dogmatum veritatem, sed ad singulorum reverentiam legere voluerit, sciat non eorum esse, quorum titulis prænotantur, multaque in his admista esse vitiosa, et grandis esse prudentiæ aurum in luto quærere. Cypriani Opuscula semper in manu teneat, Athanasii Epistolas et Hilarii libros inoffenso currat pede. Illorum tractatibus, illorum delectetur ingeniis, in quorum libris pietas fidei non vacillet. Cæteros sic legat, ut magis judicet, quam sequatur, Vale. »

B Nutriunt [sic] hi sortem Christo persæpe placentem, Hoc meritum sit eis cœlestis Dindima jugis.

CUJUSDAM CANONICI REGULARIS

EPISTOLA

J priorem Charitatis , de canonico regulari facto monacho, quem ille repetebat.

(D. MABILLON, Annal. Bened., VI, 677, ex ms. bibl. Ottobon.)

nerabili ac jure diligendo domino N. priori de tate S. H. semper bene valere. Audistis Scrim dicentem: Charitas non quærit quæ sua (I Cor. XIII), nostis quod dico, ubi charitas umen est, et tenebræ non sunt ullæ, nihil fipatrat charitas, nihil fuscatur veritas ; pro-a vero amico loquor nihil dissimulans, sed fiducia qua nostis, quoniam ex charitate est dico. Si autem quod et vos idipsum sentitis, am eamdem charitatem habetis ad me, non tis quod nihil vobis dicam nisi ex charitate veritate. Propterea cum fiducia loquar nihil s offendere in charitate.

nificatum est mihi quædam de fratribus ec-Sancti Joannis Senonensis clam de ecclesia sduxisse, eumque a vobis receptum et in morio vestro cucullatum ; præterea et vos abbati ra memoratæ ecclesiæ ovem suam requiren-lura quædam respondisse et minus dicenda. hæc conveniunt servis Christi ; apostolus su-lienum fundamentum ædificare noluit, et lex in messem alienam prohibet falcem mitti. tem dicitis, quod tamen dicere vos non puto, uosdam qui vobiscum sunt, quia vita vestra r est, licet omni homini quomodo vult et ubi meliorem vitam et conversationem potiorem e, recordamini quid Magister nos docuit : oli de primatu contendunt : facta est contentio discipulos, quis eorum videretur esse major XXII) : fortassis ideo facta est contentio, quia i erat contentio. Adhuc contendimus, et dicit : Melior sum ; alter dicit : Non tu, sed ego :

C Christus quid dicit? intendite : Qui voluerit, inquit, major esse inter vos, erit vester servus (ibid.) ; erit servus, erit Chanaan, erit servus servorum qui dicit membro Christi: Tu malus es, esto bonus ; verenda patris deridet, servus servorum erit. O Chanaan quare rides, quare derides ? Servus servorum eris ; semen Chanaan et non Juda, species decepit te, quia veritas non est apud te ; tu gloriaris in specie tua, et sufficere putas cum non habeas veritatem. Si enim veritatem haberes, nunquam gloria-reris in specie. O lingua impudica, post Christum dicere audes : Tu malus es, ego sum bonus. Ille jam dixit : Qui voluerit major esse, erit servus ; et tu adhuc impudenter clamas : Ego melior sum ?

D Attendis post speciem tuam, et in ipsa gloriaris ; respicis nigredinem tuam, et candorem meum non attendis, quare? quia nigredo species est humilita-tis ; et ego dico, quia candor species est puritatis ; nigredo, species abjectionis ; candor, gloriæ et exaltationis. Commendamus nos modo de specie ; tu gloriaris in nigredine, ego in candore, tu in bu-militate gloriaris ; et utinam bene gloriareris! Si enim de humilitate bene gloriareris, nunquam superbires de humilitate, contrariis contraria miscens ; humilitas enim et superbia contraria sunt : non possunt simul esse duo hæc ; de humilitate superbire potes, sed cum humilitate superbiam habere non potes ; quia igitur superbis de humilitate, humilitatem te non habere ostendis. Tu vis major esse, quid eris ? parum est ut dicam minor, quia servus eris. Monachi dicunt : Nos meliores sumus ; canonici dicunt : Non, sed nos meliores sumus ego dico: Nec vos nec nos, quia omnes mali sumus; ubi autem omnes mali sunt, nemo melior est. Veniant, inquiunt monachi, canonici ad nos ut boni fiant, quia nos meliores sumus : si vos meliores estis, ergo et illi boni sunt; quomodo ergo apud vos boni fient, qui et sine vobis jam boni sunt; sed dicitis : Boni sunt, sed veniant ut meliores fiant. Nulli prohiberi potest quin melior fiat, si vult. Audite : dicitis quod, licet canonico, posthabita et spreta professione sua, ad vestram conversationem transire, quia, ut vos dicitis, melior est : ergo licet mulieri nuptæ, contempta matrimonii lege, ad continentiam se transferre; quia, quod negare non potestis, continentia matrimonio melior est. Obliti estis legis (*Num.* xxx), quæ dicit : Nec pro bono pejus, nec pro malo melius, idem ipsum, non aliud, quod vovisti, hoc redde ; hoc enim debes. Si melius quid dare volueris, cum illo da pro illo; nam non potes nisi per illum cui hoc debes, et per illum per quem debes, quantum in te est, nec aliud

debes quam hoc quod vovisti. Si ille aliud accipere voluerit, cui hoc debes in ipsius est voluntate, non in tua potestate. De cætero, pro eo quod dicit Apostolus : *Honore invicem prævenientes* (*Rom.* xii), qui se ipsos commendant, hoc modo fortassis intelligendum putant, ut unusquisque ante alium honorem rapere festinet, jactando et se ipsum præferendo : ego sic intelligo : Qui me interrogaverit, si canonicus sum, dico monachos meliores ; si monachus sum, dico canonicos potiores : hoc est mandatum Christi et Regula christiana. Quapropter si meæ parvitati creditis, non aliud sapietis, nec facietis. Quod si forte id quod a vestris minus discrete factum est, corrigere neglexeritis, timeo ne Deo displiceat ; et ecclesiastici juris censura, si Romani pontificis audientiam fratres qui a vobis læsi sunt, adierint, inultum esse non permittet. Idcirco modestiæ vestræ quam hactenus Dei gratia tenuistis, nolite oblivisci. Valete.

ORATIONIS DOMINICÆ

EXPLANATIO.

(Ex codice sæculi circiter xi edidit card. Angelo Mai in libro cui titulus : *Scriptorum veterum nova Collectio e Vaticanis codicibus eruta ;* Romæ, typis Vaticanis, 1825-51, in-4°, t. IX, p. 377.)

Dominus et Salvator noster, clementissimus suorum eruditor, docturus discipulos quid orarent, præmisit docendo eos quomodo orarent, dicens : *Vos autem cum oratis*, inquit, *introite in cubicula vestra* (*Matth.* vi). Quæ sunt ista cubicula ? nisi ipsa corda, quæ in Psalmo etiam significantur, ubi dicitur : *Quæ dicitis in cordibus vestris, et in cubilibus vestris compungimini* (*Psal.* iv). *Et cludentes* [*ita hic cod.*] *ostia orate Patrem vestrum in abscondito.* Parvum est intrare in cubicula, si ostium pateat importunis, per quod ostium ea quæ foris sunt improbe se immergunt, et interiora nostra appetunt. Foris autem diximus esse omnia temporalia et visibilia quæ per ostium, id est per carnalem sensum, cogitationes nostras penetrant, et turba vanorum phantasmatum orantibus obstrepunt. Claudendum est ergo ostium, id est carnali sensui resistendum, ut oratio spiritalis dirigatur ad Patrem, quæ fit in intimis cordis, ubi oratur Pater in abscondito. *Et Pater*, inquit, *vester, qui videt in abscondito, reddet vobis.* Et hoc tali clausula terminandum fuit ; non enim hoc monet nunc ut oremus, sed quomodo oremus : de corde itaque mundando præcepit, quod non mundat nisi una et simplex intentio, solo et puro amore sapientia. *Orantes autem*, ait, *nolite multum loqui, sicut ethnici ; putant enim quod in multiloquio suo exaudiantur.*

Et revera omne multiloquium a gentilibus venit, qui exercendæ linguæ potius, quam mundando animo dant operam, arbitrantes sicut hominem judicem verbis adduci ad sententiam, ita etiam Deum multiloquio flectendum. *Nolite itaque assimilari eis; scit enim Pater vester quid vobis necessarium sit antequam petatis ab eo ;* quibus verbis docemur, non verbis nos agere debere apud Deum ut impetremus quod volumus, sed rebus quas animo gerimus, et intentione cogitationis, cum dilectione pura et supplici affectu ; sed res ipsas verbis nos docuisse Dominum nostrum, quibus memoriæ mandatis, eas ad tempus orandi recordaremur.

Sed rursum quæri potest sive rebus, sive verbis orandum sit, quid opus sit ipsa oratione, si Deus jam novit quid nobis necessarium sit ? nisi quia ipsa orationis intentio cor nostrum serenat, et purgat capaciusque efficit ad excipienda divina munera, quæ spiritaliter nobis infunduntur. Non enim ambitione precum nos exaudit Deus, qui semper paratus est dare suam lucem nobis, non visibilem, sed intelligibilem et spiritalem ; sed nos non semper parati sumus accipere, cum inclinamur in alia, et rerum temporalium cupiditate tenebramur. Fit ergo in oratione conversio cordis ad eum qui semper dare paratus est, si nos capiamus quod dederit. Sed jam considerandum est quæ nos orare ille

pit, per quem et discimus, et consequimur A
oramus. Sic itaque orate vos, inquit : *Pater
, qui es in cœlis*, et reliqua.

n in omni deprecatione benevolentia conci-
sit ejus, quem deprecamur, deinde dicen-
quid deprecemur, laude illius ad quem oratio
tur, solet benevolentia conciliari, et hoc in
nis principio poni solet, in quo Dominus no-
ihil aliud nos dicere jussit, nisi : *Pater no-
ui es in cœlis.* Et quoniam quod vocamur ad
itatem ut simus Christi cohæredes, et in
ionem filiorum veniamus, non est meritorum
rum sed gratiæ Dei, eamdem ipsam gratiam
ationis principio ponimus cum dicimus : *Pa-
ster,* quo nomine et charitas excitatur : quid
charius filiis debet esse quam pater ? et sup- B
affectus, cum homines dicunt Deo : *Pater no-*
et quædam impetrandi præsumptio quæ peti-
umus, cum prius quam aliquid peteremus,
agnum donum accipimus, ut sinamur dicere :
noster Deo? Quid enim jam non det filiis pe-
us, cum hoc ipsum ante dederit ut filii es-
Postremo quanta cura animum tangit, ut qui
Pater noster, tanto Patre non sit indignus?
.tias misericordiæ ipsius, qui hoc a nobis exi-
pater noster nullo |[*ita cod.*] sit, quod hoc
u de sola bona voluntate comparari potest.
nentur etiam hic divites, vel genere nobiles
Jum sæculum, cum Christiani facti fuerint,
sperbire adversus pauperes et ignobiles, quo- C
simul dicunt Deo *Pater noster*; quod non pos-
rere ac pie dicere, nisi se fratres esse co-
int.

tur ergo voce Novi Testamenti populus novus
ernam hæreditatem vocatus, et dicat : *Pater
, qui es in cœlis,* id est in sanctis et justis ;
aim spatio locorum continetur Deus ; sed
dmodum terra appellatus est peccator, cum
um est : *Terra es, et in terram ibis* (Gen. III);
lum justus econtrario dici potest : justis enim
*: Templum enim Dei sanctum est, quod estis
Cor.* III). Quapropter si in templo suo habitat
et sancti templum ejus sunt, recte dicitur,
cœlis es, qui es in sanctis : et accommoda-
a ista similitudo est, ut spiritaliter tantum D
use videatur inter justos et peccatores, quan-
orporaliter inter cœlum et terram ; cujus rei
candæ gratia cum ad orationem stamus, ad
em convertimur, unde cœlum surgit, et lu-
oritur : non tanquam ibi sit et Deus, quasi
s mundi partes deseruerit, qui ubique præ-
st, non locorum spatiis, sed majestatis po-
sed ut admoneatur animus ad naturam ex-
.iorem se convertere, id est ad Deum, cum
corpus ejus quod terrenum est, ad corpus
entius, id est ad corpus cœleste, convertitur.
ergo intelligitur quod dictum est : *Pater no-
ui es in cœlis,* in cordibus justorum esse di-
tanquam in templo sancto suo. Simul etiam

ut qui orat, in se quoque ipso velit habitare quem
invocat ; et cum affectu teneat [*cod.* affectat] justitiam, quo munere invitatur ad inhabitandum
animum Deus.

Jam videamus quæ sint petenda : dictum est enim
qui sit qui petitur, et ubi habitet. Primum autem
omnium, quæ petentur, hoc est : *Sanctificetur nomen tuum.* Quod non sic petitur quasi non sit sanctum Dei nomen, sed ut sanctum habeatur ab hominibus, id est ita illis innotescat Deus, ut non
existiment aliquid sanctius, quod magis offendere
timeant. Neque enim quia dictum est : *Notus in
Judæa Deus, in Israel magnum nomen ejus* (Psal.
LXXV); sic intelligendum est, quasi alibi minor sit
Deus, alibi major ; sed ibi magnum est nomen ejus,
ubi pro suæ majestatis magnitudine nominatur. Ita
ibi dicitur sanctum nomen ejus, ubi cum veneratione
et offensionis timore nominatur. Ad hoc pertinet illud
quod in Psalmo dicimus de eo : *Cum sancto sanctus
eris* (Psal. XVII), et cætera ; et quod in Evangelio
glorificari dicitur Pater bonis sanctorum operibus.
Deinde sequitur : *Adveniat regnum tuum*; id est manifestetur hominibus, non quasi Deus non regnet
nunc in terra, semperque regnaverit ; sed quemadmodum præsens lux absens est cæcis, et eis qui
oculos claudunt ; ita Dei regnum, quamvis nunquam discedat de terris, tamen absens est ignorantibus. Nulli autem licebit ignorare Dei regnum, cum
ejus Unigenitus, non solum intelligibiliter, sed
etiam visibiliter in homine Dominico de cœlo venerit judicaturus vivos et mortuos ipsos. Post quod
judicium, id est cum discretio et separatio justorum ab injustis facta fuerit, ita inhabitabit justos
Deus, ut non opus sit quemquam doceri per hominem,
sed sint omnes, ut scriptum est : *Docibiles Deo*
(Joan. VI); deinde beata vita omni ex parte perficiatur in sanctis in æternum ; sicut nunc cœlestes
angeli sanctissimi atque beatissimi solo Deo illu-
strante sapientes et beati sunt ; quia et hoc promisit Dominus suis : *In resurrectione erunt,* inquit,
sicut angeli in cœlis (Matth. XXII).

Et ideo post illam petitionem qua dicimus : *Fiat
voluntas tua sicut in cœlo, et in terra;* id est sicut
in angelis, qui sunt cœlis, voluntas tua, ut omnino
tibi adhæreant teque perfruantur, nullo errore ob-
nubilante sapientiam eorum, nulla miseria impediente beatitudinem eorum, ita fiat in sanctis tuis
qui in terra sunt, et de terra quod ad corpus attinet
facti sunt, et quamvis in cœlestem habitationem atque immutationem, tamen de terra assumendi sunt.
Item fiat voluntas tua recte intelligitur, obediatur præceptis tuis, *sicut in cœlo et in terra,* id est sicut ab
angelis, ita ab hominibus. Nam fieri voluntatem Dei
cum obtemperatur præceptis ejus, ipse Dominus dicit, cum ait : *Meus est cibus ut faciam voluntatem ejus
qui me misit* (Joan. IV). Et sæpe : *Non veni facere
voluntatem meam, sed ejus qui me misit* (Joan. VI). Est
etiam ille intellectus : *Fiat voluntas tua sicut in
cœlo et in terra;* sicut in sanctis et justis, ita etiam

in peccatoribus. Quod adhuc duobus modis accipi
potest; sive ut oremus etiam pro inimicis nostris;
quid enim aliud sunt habendi contra quorum voluntatem christianum et catholicum nomen augetur?
Ut ita dictum sit : *Fiat voluntas tua sicut in cœlo et
in terra;* tanquam si diceretur : Faciant voluntatem
tuam sicut justi, ita etiam et peccatores, ut ad te
convertantur ; sive ita *fiat voluntas tua sicut in cœlo
et in terra;* ut sua cuique tribuantur, quod fit extremo judicio, ut justis præmium, peccatoribus
damnatio retribuatur, cum agni ab hædis separa-
buntur. Ille etiam non absurdus, imo etiam et fidei
et spei nostræ convenientissimus intellectus est, ut
cœlum et terram accipiamus spiritum et carnem;
et quod dicit Apostolus : *Mente servio legi Dei,
carne autem legi peccati* (Rom. vii); videamus factam voluntatem Dei in mente, id est in spiritu: *Velle,*
inquit Apostolus, *adjacet mihi, perficere autem bonum
non invenio* (ibid.). Oramus ergo ut fiat voluntas
Dei sicut in cœlo et in terra; id est ut quemadmodum spiritus non resistit Deo, sequens et faciens
voluntatem ejus, ita et corpus non resistat spiritui.
Nec illud a veritate abhorret ut accipiamus : *fiat
voluntas tua sicut in cœlo et in terra*, sicut in ipso
Domino nostro Jesu Christo, ita et in Ecclesia,
tanquam in viro qui Patris voluntatem implevit, ita
et in femina quæ illi desponsata est. Cœlum enim
et terra convenienter intelligitur quasi vir, et femina, quoniam terra, cœlo fecundante, fructifera est.

Quarta petitio est : *Panem nostrum quotidianum
da nobis hodie.* Quotidianum panem accipiamus spiritalem, præcepta scilicet divina, quæ quotidie
oportet meditari et operari. Nam de ipsis Dominus
dicit : *Operamini escam, quæ non corrumpitur.* Quotidianus autem cibus nunc dicitur, quandiu vita ista
temporalis per dies decentes succedentesque peragitur. Et revera, quandiu nunc in superiora, nunc
in inferiora, id est nunc in spiritalia, nunc in carnalia animi affectus, tanquam ei qui aliquando
pascitur cibo, aliquando famem patitur, quotidie
panis necessarius est, quo reficiatur esuriens et
relabens erigatur. *Da nobis hodie* autem dictum est,
quandiu dicitur hodie, id est hac temporali vita: sic
enim cibo spiritali post hanc vitam saturabimur in
æternum, ut non tunc dicatur quotidianus panis,
quia ibi temporalis volubilitas, quæ diebus dies succedere facit, unde appellatur quotidie, nulla erit. Si
quis autem etiam illa quæ de victu corporis necessario, vel sacramento Dominici corporis istam sententiam vult accipere, oportet ut conjuncta acci-
piantur omnia tria; ut scilicet panem quotidianum
simul petamus, et necessarium corpori, et sacramentum visibile et invisibile Verbi Dei. *Et dimitte
nobis debita nostra, sicut et nos dimittimus debitoribus nostris.* Debita peccata dici manifestum est, vel
illo quod ait idem Dominus : *Non exies donec reddas
novissimum quadrantem* (Matth. v); vel illo quod debitores appellavit qui ei nuntiati sunt exstincti vel
ruina turris, vel quorum sanguinem Herodes sacri-

ficio miscuit ; dixit enim putare homines quod illi
ultra modum debitores essent, id est peccatores, et
addidit : *Amen dico vobis, nisi pænitentiam egeritis,
similiter moriemini* (Luc. xiii). Non hic ergo quisque urgetur pecuniam dimittere debitoribus, sed
quæcunque in eum alius peccaverit; nam pecuniam
dimittere illo potius jubemur præcepto, quod superius dictum est : *Si quis tibi tunicam tollere voluerit,
et judicio* (Matth. v), et reliqua. Nec ibi necesse est
omni pecuniario debitori dimittere debitum, sed ei
qui reddere noluerit , in tantum ut velit etiam litigare; servum autem Domini, ut ait Apostolus : *Non
oportet litigare* (II Tim. ii). Intelligitur etiam in ista
quinta petitione qua dicimus *dimittere* et reliqua,
non de pecunia quidem dici, sed de omnibus quæ
in nos quisque peccat ; namque in te [*ita cod.*],
inquit, tibi pecuniam debitam cum habeat unde reddere, recusat reddere. Quod peccatum, si non dimi-
seris, non poteris dicere : *Dimitte nobis, sicut et
nos dimittimus.* Illud sane tractari potest, ut quod
dicimus *dimitte nobis* et reliqua , tunc convincamur
contra istam regulam fecisse, si eis non dimittimus,
qui veniam petunt ; quia et nobis veniam petentibus
a benignissimo Patre dimitti volumus. Fatendum
est omnia peccata dimittenda esse, quæ in nos
committuntur, si volumus nobis a Patre dimitti
quæ committimus.

Sexta petitio est : *Et ne nos inferas in tentationem.* Nonnulli codices habent *inducas*, quod tantumdem valere arbitror; nam ex uno Græco quod
dictum est εἰσενέγκῃς utrumque translatum est.
Multi autem in precando ita dicunt : *Ne nos pa-
tiaris induci in tentationem*, exponentes videlicet
quomodo dictum sit *inducas;* non enim per se ipsum
inducit Deus , sed induci patitur eum , quem suo
auxilio deseruerit, ordine occultissimo ac meritis
causis etiam sæpe manifestis dignum judicat illo-
quem deserat, et in tentationem induci sinat. Aliud
est autem induci in tentationem, aliud tentari;
nam sine tentatione probatus esse nullus potest,
sive sibi ipsi, sicut scriptum est: *Qui non est
tentatus, qualia scit ?* (Eccli. xxxiv.) Sive alii, sicut
Apostolus ait : *Et tentationem vestram in carne mea
non sprevistis* (Gal. iv). Hinc enim eos firmos ipse
cognovit, quod ejus tribulationibus, quæ Apostolo secundum carnem acciderant, non sunt charitate de-
flexi; nam Deo notissimus, et ante omnes tentationes,
qui scit omnia antequam fiant. Quod itaque scriptum
est : *Tentat vos Dominus Deus vester, ut sciat si diligitis eum* (Deut. xiii), illa locutione positum est *ut
sciat*, pro eo quod est , ut scire vos faciat; sicut
diem lætum dicimus quod lætos faciat ; et frigus
pigrum , quod pigros faciat, et innumerabilia hujusmodi. Non ergo hic oratur ut non tentemur, sed
ut non inferamur in tentationem; tanquam si quispiam cui necesse est examinari , non oret ut igne
non contingatur, sed ut non exuratur: *Vasa enim
figuli probat fornax, et homines tentatio tribulationis*
(Eccli. xxvii). Joseph ergo tentatus est illecebra

stupri, sed non est illatus in tentationem .Susanna
tentata est, nec ipsa inducta vel illata in tentationem; multique alii utriusque sexus, sed Job maxime
cujus admirabilis stabilitas in Domino Deo suo.
Fiunt igitur tentationes per Satanam, non potestate
ejus, sed permissu Domini, ad homines aut pro suis
peccatis puniendos, aut pro Dei misericordia pro-
bandos et exercendos. Et interest plurimum in qualem quisque tentationem incidat; non enim in talem
incidit Judas qui vendidit Dominum , in qualem incidit Petrus cum territus Dominum negavit. Sunt
etiam humanæ tentationes , credo, cum bono quisque animo, secundum humanam tamen fragilitatem,
in aliquo consilio labitur , aut irritatur in fratrem
studio corrigendi, paulo tamen amplius quam Christiana tranquillitas postulat; de quibus Apostolus
dicit : *Tentatio vos non apprehendat, nisi humana*
(*I Cor.* x); cum idem dicat : *Fidelis Deus qui vos
non sinet tentari supra quam potestis ferre, sed faciet
cum tentatione etiam exitum, ut possitis tolerare*
(*ibid.*); in qua sententia satis ostendit, non id nobis orandum esse ut non tentemur , sed ne in tentationem inducamur. Inducimur enim si tales inciderint, quas ferre non possumus. Sed cum tentationes
periculosæ, in quas inferri, atque incidere perniciosum est, aut prosperis temporalibus, aut adversis
oriantur, nemo frangitur adversarum molestia, qui
prosperarum delectatione non capitur.

Ultima et septima petitio est : *Sed libera nos a
malo.* Orandum est enim, ut non solum non inducamur in malum quo caremus, quod sexto loco pe-

A titur; sed ab illo etiam liberemur, quo jam inducti
sumus. Quod cum factum fuerit, nihil remanebit
formidolosum, nec omnino metuenda erit ulla tentatio; quod tamen in hac vita quandiu istam mortalitatem circumferimus, in quam serpentina persuasione inducti sumus, non sperandum est posse
fieri, sed tamen aliquando futurum sperandum est.
Et hæc est spes quæ non videtur. Tria in æternum
manebunt; nam et sanctificatio Dei sempiterna
erit, et regni ejus nullus est finis (*Luc.* i), et perfectæ nostræ beatitudini æterna vita promittitur.
Permanebunt ergo ista tria consummata atque cu-
mulata in illa vita quæ nobis promittitur; reliqua
vero quatuor, quæ petimus, ad temporalem istam
vitam pertinere mihi videntur, quod primum est :
Panem nostrum quotidianum da nobis hodie; hoc
ipso enim quod dictus est quotidianus panis, sive
spiritalis significetur, sive sacramento, aut in victu
iste visibilis, ad hoc tempus pertinet quod appellavit hodie. Et peccata nunc nobis dimittuntur, et
nunc dimittimus; quæ harum quatuor reliquarum
secunda petitio est. Tunc autem nulla erit venia
peccatorum, quia nulla peccata. Et tentationes temporalem istam vitam infestant; non autem erunt
cum perfectum erit quod dictum est : *Abscondes
eos in abdito vultus tui* (*Psal.* xxx). Et malum a
quo liberari optamus, et ipsa liberatio a malo, ad
hanc utique vitam pertinet, quam et justitia Dei
mortalem meruimus, et unde ipsius misericordia
C liberamur. Amen.

SYMBOLI APOSTOLICI EXPLANATIO

(Mai *ibid.*, ex eodem codice.)

Quando beatum legimus Paulum apostolum dixisse
fidelibus : *Vos autem estis filii lucis et filii diei,
non estis noctis neque tenebrarum* (*I Thess.* v); et
iterum : *Fuistis aliquando tenebræ, nunc autem lux
in Domino* (*Ephes.* v); nulli licet ignorare per infidelitatem nos fuisse filios tenebrarum et noctis, et
per fidem filios lucis effectos et filios diei; vel potius ipsi esse cœpimus lux in Domino per fidem,
qui antea eramus tenebræ in nobis per incredulitatem. Ergo qui tantum beneficium per fidem adepti
sumus, ut per eam eriperemur de potestate tenebrarum, et transferremur in regnum filii claritatis
Dei, debemus summopere in ejusdem fidei virtutem
de die in diem proficere, et cum apostolis a Domino
petere, ut dignetur nobis adaugere fidem; quoniam
per eam a dominio diaboli unusquisque eripitur, et
regno Christi sociatur; per ipsam diabolo resistitur, et Deo propinquatur; per ipsam qui erant filii
diaboli et filii mortis, efficiuntur filii Dei et filii re-

D surrectionis. Cum hæc ergo ita absque ulla dubitatione sint, quis in tantum erit stultus, et salutis
suæ contrarius, ut non omni intentione pietatis, et
affectu puritatis quærat nunc cognoscere in fide
quod visurus est post in specie? Quid enim repre-
hensibilius esse potest, quam quemquam professionem suam ignorare? cum Apostolus omnibus fidelibus præcipiat : *Estote*, inquit, *parati ad satisfactionem omni poscenti rationem vos de fide* (*I Petr.* iii).
Quod si indecens est rationem fidei quærenti a
nobis, non posse ore respondere, quanto erit in-
convenientius quid unusquisque nostrum corde credere debeat, ignorare? Sed quod fidelium professio
per totam divinorum librorum seriem, partim æni-
gmatibus involuta, partim rebus mysticis figurata,
partim vero apertis sermonibus est prolata, nec
possunt omnes homines Scripturam divinitus in-
spiratam, quæ talis est, secundum apostolum, ad
docendum, ad corrigendum, ad erudiendum in ju-

s itia, in tantum addiscere, ut hoc quod sequitur in A esse quoque cœlestes virtutes, quia ab eo conditæ
omnibus impleatur; id est ut perfectus sit homo
Dei ad omnia instructus; saltem verba apostolici
Symboli ita unusquisque totius studii diligentia meditari humiliter, et cognoscere veraciter, et intelligere satagat, ut professionis suæ ex toto ignarus
non inveniatur. Præsertim cum hujus Symboli
verba ita sint pauca, ut nullus omnino excusari
possit, quin ea memoriter tenere valeat; nisi forte
quispiam ita sit pecudeus, ut expers rationis merito judicetur.

De hoc namque Symbolo, quod dicitur apostolicum, ita auctoritas ecclesiastica tradit; sancti igitur apostoli cum adhuc in unum Jerosolymis consi-
sterent, divisuri se ad prædicandum circumquaque
Evangelium Christi, hoc Symbolum Spiritus sancti B
auctoritate ediderunt, confessionem fidei mirabili
brevitate invicem conferentes; et inde appellatum
Symbolum, id est *collationem*, vel *pactum*, quia id
inter se ad invicem contulerunt, et ut indicium esset divisis [*cod.* divis] per diversas mundi partes
prædicatoribus, ut ille verum Evangelium prædicare crederetur, qui hoc Symbolum nihil augens,
vel demens, traderet auditoribus; in quo Symbolo
totius (fidei) sacramenta idcirco tam brevi sermone
signata sunt, ut nulli sexui, nulli ætati, nulli capa-
citati esset difficile ad tenendum. De hoc etiam Symbolo, vel Dominica oratione, dictum per Isaiam creditur: *Consummationem et abbreviationem audivi a*
Domino Deo exercituum super universam terram (Isa. C
xxviii); quæ consummatio, id est perfectio et ab-
breviatio, de tam sublimibus rebus hominis ingenio
fieri nullatenus poterat, sed facta est virtute Creatoris; ut·sancti, ut dictum est, prædicatores per
universum mundum uniformem fidei tenorem Ecclesiæ auribus traderent, et omni ad fidem venienti
facilis esset ad memoriæ commendandum.

Sed jam quid ejusdem textus Symboli dicat, in
quantum Dominus donare dignatus est, advertamus;
cum enim *credimus Deum*, et *credimus Deo*, *cre-*
dimusque in Deum, primo discernenda sunt hæc
tria, et perspiciendum quid commune sit, quid
speciale, quid soli debeamus congrue Deo. Cum
enim dicimus *credo Deum*, quid subaudiendum est,
nisi credo Deum esse? Et utique non solum Deum D
credimus esse, sed credimus etiam et ea quæ fecit
esse, sive sint spiritalia et invisibilia, sive corpo-
rea et visibilia. Nisi forte de ineffabili incommuta-
bilitate Dei sermo est; nam ad comparationem incommutabilis illius essentiæ, ea quæ mutabilia
condita sunt, tanquam non sint, hic ille solus
esse dicitur, sicut ad Moysen ipse de se loquitur:
Ego, inquit, *sum qui sum. Et dices filiis Israel:*
Qui est, misit me ad vos (Exod. III). Et Psalmista:
Tu autem idem ipse es, cœli, inquit, *peribunt (Psal.*
cxlv). Et beatus Job: *Ipse enim solus es (Job.* xxiii).
Nam si non comparetur creatura Creatori, unamquamque rem in sua qualitate credimus esse; et
tunc non solum Deum esse credimus, sed credimus

esse quoque cœlestes virtutes, quia ab eo conditæ
sunt. Credimus quoque esse et inferna; cœlum
namque et terram non credimus, sed novimus;
quoniam *fides argumentum est sperandarum substan-*
tia rerum non apparentium (*Hebr.* xi). Hic ergo
primus modus non de solo Deo dici potest, sed et
de rebus ab eo factis; et tunc demum non erit speciale soli congruens Deo. Secundo namque modo
cum dicimus, *credo Deo*, quid est aliud nisi credo
ea quæ dicit Veritas? credimus et ea quæ dicuntur
a veracibus, id est vere sapientibus, quæ de Veritate loquuntur. Ergo neque hic modus erit specialis, qui soli competat Deo.

Tertio quoque modo quod dicimus, *credo in*
Deum, de nullo alio similiter dicere possumus,
neque de ulla re congrue unquam dici poterit. Hic
ergo erit specialis modus, qui de solo supremo et
vero Deo dicatur. Et quid est credere in Deum,
aut quis credit in Deum, nisi cui fides ita est certa,
ut scientia? cui fides intellectum aperit, qui intelligit non solum quia est, sed quia diligendus et
colendus est; et quod faciendum intelligit facit,
hoc est diligit Deum; ita ut non possit, id est nolit
omnino peccare, ne forte offendat cum, quia et
diligit. Et tali fide credere Deum, hoc est nasci a
Deo; et de hujusmodi fidelibus loquitur Joannes
apostolus, dicens: *Qui natus est ex Deo, non pec-*
cat, quia generatio Dei conservat eum (*I Joan.* v).
Generationem Dei dixit nativitatem ex Deo; et nasci ex Deo hac fide renasci per Deum; id est ut
credendo cognoscas, cognoscendo diligas, diligendo
inoffense adhæreas; id est ut fidem et intellectum
tuum dilectione monstres, et dilectionem ab obedientia patere facias. Illi autem qui voluntate peccant, etsi fide confitentur Deum, factis tamen, secundum apostolum, negant, quos etiam incredibiles dicit. Et hæc non idcirco dicimus, ut eos
qui vere fideles sunt, sine peccato esse credamus,
sed sine voluntate peccandi; nam etsi non voluntate, tamen subreptione aliqua, aut infirmitate,
aut oblivione peccant utique, et propterea certa
fide ad Deum quotidie clamant: *Dimitte nobis de-*
bita nostra (*Matth.* vi); et quotidie confidenter dicunt: *Credo in Deum*, id est Patrem, et Filium,
et Spiritum sanctum; quam credulitatem nulli alii
debemus, quia nullus aliud est Deus.

Credo igitur *in Deum Patrem omnipotentem*; cum
enim dico *Deum*, nomen confiteor essentiæ, quia
Deus nomen est essentiæ, totius videlicet Trinitatis
naturæ, non unius tantum personæ: cum autem
adjungo *Patrem omnipotentem*, specialem denuntio
Patris. personam. Nam cum de Deo loquimur, illa
nomina, quæ ad substantiam ejus pertinent æqualia, sunt, et communia sunt Patri, et Filio, et
Spiritui sancto; illa vero quæ personam designant,
relativa dicuntur, et proprietates tantum indicant
personarum. Ergo cum dicimus: *Credo in Deum*,
cum Deus nomen sit substantiæ, totius videlicet
Trinitatis vocabulum, quoniam tota Trinitas unius

est substantiæ, de tota Trinitate dictum accipia- A
mus. Quia necesse est, ut cum indiscretæ majestatis
deitate, differentiæquoque ostendantur personarum,
ideo adjungimus, *Patrem omnipotentem*; Pater namque relativum est nomen ad differentiam, vel proprietas personæ, quia qui genuit, non est filius, sed
pater ; sicut qui genitus est, non est pater, sed
filius ; et hæc est nominis relatio, ut ex nomine
patris intelligatur filius, quia non est pater, nisi
habeat filium ; sicut ex nomine filii intelligitur pater, quoniam non potest esse filius, nisi qui genitus
est a patre. Cum enim tota Trinitas sit Deus omnipotens, non tamen tota Trinitas est Pater, nisi
forte ad creaturam referantur, cujus est Trinitas
Deus Pater. In illa tamen summa Trinitate, solus
ille qui genuit Filium est Pater, de quo dicitur
creatorem cæli et terræ, quod licet de tota Trinitate dici possit, quia Trinitas sicut unus est Deus,
ita unus creator, et unus gubernator, et rector ; in
hoc tamen loco idcirco proprie Patri assignatur
creatio cœli et terræ, quia usus est Scripturæ dicere Deum Patrem omnia fecisse, sed per Filium
cuncta fecisse, sicut in capite Geneseos de Patre
Scriptura testatur : *In principio fecit Deus cœlum et
terram.* De Filio quoque in Evangelio : *Omnia per
ipsum facta sunt (Joan.* 1). Unde in hoc Symbolo
solertissime singula sunt verba pensanda, ut quidquid de Patre substantialiter dicitur, similiter intelligatur de Filio et Spiritu sancto ; quidquid vero
personaliter, soli assignetur Patri. Similiter etiam
quidquid de Filio dicitur, si de substantia vel es-   C
sentia dicitur, similiter quoque de Patre intelligitur ; si de persona, soli tribuatur Filio. Simili quoque modo de Spiritu sancto intelligendum est.

Sequitur : *et in Jesum Christum Filium ejus unicum*, *Dominum nostrum*. Subauditur credo. Nullum
hic locum calumniæ hæretica reperiet rabies, quia
dicit de Filio *Dominus est*, non (*Deus*) *est* ; quoniam secundum supra scripturationem [*ita cod. Num
scripturæ rationem?*] in nullum credere oportet, nisi
in Deum. Deus ergo est Filius absque ambiguo, quia
et in illum credimus sicut et in Patrem. Nam cum
initio hujus Symboli profiteamur : *Credo in Deum
Patrem omnipotentem* ; et in consequentibus adjun-
gamus : *et in Jesum Christum filium ejus unicum*,   D
Dominum nostrum, unam confitemur Patri et
Filio exhibere confitemur ; et quia eos una fide
credimus, unum procul dubio Deum prædicamus.
Et sicut illorum est una substantia, sic nostræ
confessionis una credulitas. Credimus in Patrem
et Filium, non alia credulitate in Patrem, et alia
in Filium, quia non est alius Deus Pater, et alius
Filius ; alius utique est in persona, non est alius
in substantia. Illa quippe conjunctio quam inter-
ponimus dicentes : *et in Jesum Christum Filium
ejus*, ad distinctionem pertinet personæ, non ad
divisionem naturæ, ac si dicamus : Credo in Patrem, credo et in Filium ; quia alia est persona
Patris, et alia Filii ; una tamen ac indifferens est

nostra credulitas, quia indivisa et inseparabilis
est Patris et Filii deitas.

Sciendum quoque nomen Jesum esse Hebraicum;
transferri tamen in Latino eloquio *salutarem*, sive
salvatorem. Sed quia non sola appellatione, sed essentialiter Salvator habet hoc commune cum Patre,
quia non solus Filius salvat, sed salvat Pater, salvat Spiritus sanctus ; et non est ulia salus Patris,
alia Filii, alia Spiritus sancti ; sed eadem salus est
Patris quæ et Filii, eademque Spiritus sancti ; neque alios salvat Pater, alios Filius, alios Spiritus
sanctus ; sed eosdem quos salvat Pater, eosdem
filius, eosdem Spiritus sanctus. Sed idcirco in hoc
loco solus Filius dicitur Jesus, quia solus missus est
a Patre et Spiritu sancto pro salute mundi. Sed tamen non solus operatus est mundi salutem ;quia licet
solus sit missus, non tamen solus operatur. Missio
enim ejus est personalis, operatio vero substantialis ;
et sicut jam supradictum est, quod personale est, non
communicat alteri personæ ; quod vero substantia-
le est, indifferens et commune est totius Trinitatis.
Christus autem Græco appellatur vocabulo, quod
in Latino exprimitur *unctus*; unctum autem eum
oleo lætitiæ, id est Spiritu sancto, constat in assumpta carne, non in assumentis Verbi divinitate ;
et idcirco hoc vocabulum non habet commune cum
Patre et Spiritu sancto, sed solius speciale est Filii, et hoc, ut dictum est, propter carnem. Sed tamen quia carnis et Verbi una est persona, Christus
est etiam secundum carnem, Christus secundum
animam, Christus secundum divinitatem, sicut dicimus Christum descendisse ad inferos, Christum
jacuisse in sepulcro. Et Apostolus ait : *Neque tentemus Christum, sicut quidam eorum tentaverunt
(I Cor. x); id est quidam ex eis qui per Moysen
ex Ægypto ducti sunt, quo tempore nondum erat
Christus nisi secundum sempiternam divinitatem.

Filium ejus unicum. Cum dicit *unicum*, procul
dubio nativitatem ejus ex substantia Patris sempiternam nos intelligere facit, quam nativitatem non
communicat cum cæteris filiis Dei ; dicuntur enim
sancti angeli filii Dei ; dicuntur et sancti homines;
sed isti per ejus gratiam adoptati, non de ejus substantia editi. Unicus vero, non gratis adoptatus,
sed genuina nativitate ex ejus substantia est Filius; ac per hoc non potest esse minor Patri quia
cum sit figura imago substantiæ, et sapientia
Patris, non potest Pater imaginis figuræ et sapientiæ suæ esse major. *Dominum nostrum.* Non solus Filius Dominus est noster, sed et Pater, et Spiritus sanctus ; sicut non solus pater est Deus, sed
et Filius, et Spiritus sanctus; neque alia dominatio
Filii, et alia Patris ; sicut nec alia deitas Patris,
nec alia Filii, sed deitas et dominatio una est Patris, et Filii, et Spiritus sancti. Crebro tamen in
divinis litteris in Dei vocabulo Pater; in Domini,
solet intelligi Filius.

*Qui conceptus est de Spiritu sancto, natus ex vir-
gine Maria.* Conceptus quippe de Spiritu sancto,

hoc est gratia vel virtute Spiritus sancti ; non enim credimus, sicut quidam sceleratissimi et nefandissimi ausi sunt dicere, Spiritum sanctum in utero Virginis fuisse pro semine, tanquam hoc egerit Spiritus sanctus in conceptione Dominicæ carnis, quod agit semen paternum in conceptione cæterorum hominum, sed potentia Spiritus sancti carnem Christi creatam. Merito autem quæritur, cum opera totius Trinitatis sint inseparabilia, cur conceptionem carnis Dominicæ solus operatus esse dicitur Spiritus sanctus? Sed quia sanctificatio sit per spiritum, et idem spiritus, sic est Deus, ut sit etiam donum Dei, idcirco Spiritus sanctus dicitur carnem in utero Virginis creasse, ut intelligamus sanctificatione divinæ gratiæ per donum Spiritus sancti ita creatam Christi carnem, ut et divinum esset opus, et in unitate personæ unici Filii Dei, absque ulla originalis peccati sorde, ita sit assumpta, ut ex ipsa conceptione sanctificata, et Dei verbo substantialiter unita, nullum posset deinceps recipere peccatum. Et in tantum sanctificata est, et divina caro facta, ut non solum ipse peccatum habere non posset, verum etiam in aliis peccata purgare efficacissime possit. Nam cæteri homines ad hoc sanctificantur ut peccatis careant ; homo tamen Dominicus ad hoc sanctificatus, ut peccatum nullo modo recipiens, peccatores ex potentia divinitatis suæ justificaret. Natus namque est de Spiritu sancto et virgine Maria : sed de Spiritu sancto non sic natus tanquam eum habeat Patrem ; de virgine vero Maria sic natus, ut eam haberet matrem; de Spiritu sancto natus, a Spiritu sancto secundum hominem natus est, ut non de Spiritu sancto substantiam habeat ; de matre vero natus ex ejus substantia accepit carnis substantiam, hoc est de corpore Virginis traxit proprium corpus ; ut sicut divinitate erat consubstantialis Patri, sic per humanationem [cod. humanarationem] fieret consubstantialis matri, ut incomprehensibilis et invisibilis haberet in quo videretur et comprehenderetur.

Passus sub Pontio Pilato. Sicut ad veritatem fidei pertinet ut credamus, eum de infirmitate nobis medicinam procurasse, id est sua passione nos non solum a passionibus peccatorum, sed etiam a passionibus pœnarum, liberasse ; ita et ad veritatem pertinet historiæ quod dicitur, *sub Pontio passus Pilato.* Sicut necessarium est ut credamus, quod pro nostra fuit salute passus, sic congruum est ut noverimus quando fuerit passus; quoniam, sicut Evangelium indicat, natus est Dominus tempore Cæsaris Augusti, id est Octaviani, cum Judæis regnaret Herodes; passus est tempore Tiberii Cæsaris, cum Judæam procuraret Pilatus : constatque hunc Pilatum hominem Romanum a principe Romano, videlicet Tiberio, ad procurationem Judææ pauco tempore antequam Dominus pateretur missum, et vocatum Pontium a quadam insula Romana Urbi vicina, ubi natus fuisse fertur. Sub hoc itaque

præside passus est Dominus multas et diversas acerbæ mortis injurias, ut nos ineffabilibus honoribus suavissimæ ditaret vitæ.

Crucifixus, mortuus, et sepultus. Sacramenta crucis, mortis et sepulturæ ejus ita sunt inexplicabilia, ut nullius linguæ laudibus, sed nec sensu cujusquam possint digne explicari. Hoc tamen convenit in crucis contemplatione nos cogitare, quia ideo Dominus inter cæteras mortes ligni suspensionem prælegit, ut per hanc restauraret primam ligni transgressionem ; ut sicut in Adam per ligni dilectionem humani generis facta dejectio, ita in Christo per ligni asperitatem fieret ejus erectio. De compositione autem ejusdem crucis ad ædificationem pertinentia multa utiliter dicuntur, unde aliquid tentare longum est; sed tamen breviter aliquid dicere commodum est propter sacratissimi Symboli necessariam meditationem. Senserunt namque sancti doctores, quod illa verba Apostoli, ubi ait : *In charitate radicati atque fundati, ut possitis comprehendere cum omnibus sanctis, quæ sit longitudo, latitudo, sublimitas, et profundum* (Ephes. III), ad crucis compositionem mirabiliter et veraciter aptentur. Latitudo enim crucis est in traverso ligno ubi figuntur manus ; longitudo vel illud rectum lignum, in quo totum corpus extenditur; sublimitas quoque crucis est hoc quod super transversum lignum eminet, cui caput adjungitur; profundum quoque ejus est hoc quod terræ infixum.

Et quia Apostolus *mortuos nos* dicit (Gal. II) *cum Christo, et vetus homo noster simul confixus cruci cum illo, ut evacuetur corpus peccati, et ultra non serviamus peccato;* attendendum omnino quomodo ista quatuor, id est latitudo, longitudo, sublimitas atque profundum nostræ crucifixioni convenient. Solet namque gaudium, atque hilaritas mentis per latitudinem significari; per manus quoque significantur opera nostra ; et quia manus crucifixi in latitudine crucis, id est transverso ligno figuntur, hoc significat quia bona opera nostra tunc fiunt Deo acceptabilia, si cum hilaritate fiant. Et quæ sunt illa opera, nisi ea de quibus homini dicitur : *Tolle crucem tuam et sequere me?* (Matth. XVI.) Et iterum : *Qui autem sunt Christi, carnem suam crucifixerunt?* (Gal. V.) Crucifigitur autem caro, cum mortificantur membra nostra super terram, a fornicatione, immunditia, luxuria, avaritia, et cæteris hujusmodi (Col. III). Omnia enim bona quæ nunc agimus tanquam clavis præceptorum in Dei timore confixi, hilariter et cum charitate faciamus, ut cum Apostolo dicere possimus : *Non solum autem, sed et gloriamur in tribulationibus* (Rom. V); neque murmuremus difficultatibus, ne perdamus in cruce latitudinem hilaritatis, sed simus spe gaudentes. Per longitudinem quoque, in qua totum corpus extenditur, potentia atque tolerantia significantur, unde longanimes dicuntur, qui tolerant; et pertinet ad perseverantiam. Per sublimitatem, vel cui caput adjungitur, significatur exspectatio re-

ionis, sed sublimi justitia Dei, *qui reddet uni-* A
i secundum opera sua (Rom. ii), his quidem,
secundum patientiam boni operis, gloriam, et
'em, et incorruptionem parentibus [*al.* meren-
vitam æternam. Profundum autem, quod ter-
fixum est, secretum sacramenti præfigurat;
tinet ad occultam gratiam, ex qua invisibili-
perantur, sicut ipsa profunditas terræ infixa
ipparet; sed tamen superiora quæ apparent,
psam continentur. Igitur cum crucem Christi
tollit, ut sequatur cum, teneat latitudinem
.atis, longitudinem perseverantiæ, habeat
sublimitatem ut ea, quæ cum charitate hila-
ac perseveranter agit, ad supernum finem re-
ut in actibus suis nullam aliam intentionem
erat, sed fiat sicut scriptum est : *Inclinavi*
:um ad faciendas justificationes tuas propter
im retributionem (Psal. cxviii). Teneat quo-
rofundum, ¨t sciat quia omnia, quæ bene agit,
perseverat, et hoc propter supernam inten-
n facit, per occultam gratiam Deus per illum,
illo agit.

: de compositione crucis; nam de statu ejus
st figura. Significat enim status crucis uni-
atem potestatis Christi, de qua ipse ait : *Data*
ihi omnis potestas in cœlo, et in terra (Matth.
); et Apostolus dicit : *In nomine Jesu omne ge-*
titur cælestium, terrestrium et infernorum (Phil.
i qua universitate et in sublimibus caput
im elatum est, ubi ei ministratur ab angelis,
:rna ei subjecta sunt, et media ea, scilicet
infra cœlos ac terram sunt, quasi extentis
iis potestatis suæ gubernat, regit ac mode.
Est etiam qualitas crucis, ita ut si eam non
m, sed planam, et æquali tenore libratam
i, quatuor tibi plagas mundi monstrare videa-
anquam eos quibus *mundus crucifixus est, et*
undo (Gal. vi) a solis ortu et occasu, ab aqui-
:t mari a Deo elegi et vocari.

mortis vero ejus mysterio omnes hoc cogno-
fideles, quia ideo immortalis mortuus est, ut
les ad immortalitatem reduceret; et ut spo-
sæ diabolus de paradiso fraudulenter abstra-
non per potentiam sed per justitiam ab eo
et; per justitiam scilicet, ut diabolus eos,
ier peccatum sibi subdiderat, quibusque pec-
ius merito dominabatur, juste amitteret, cum
: unum sine peccato et innocentem occidis-
epulturæ quoque mysterium, quod actum est
iite, agitur etiam figurate in corpore ejus,
est Ecclesia. Nam sicut Dominus sexta die
ivit in passione, sic Ecclesia a sexta die, ætate
i, laborat in ærumnis et periculis vitæ præ-
; et sicut ille septima die, hoc est Sabbato,
t in sepulcro, sic sanctorum animæ, post mo-
, vitæ præsentis, excipiuntur ab illa requie quæ
osita est inter labores hujus vitæ, et ultimam
ram resurrectionem; tanquam post sextam
diem sabbatizantes, hoc est requiescentes.

in solis animabus exspectantes etiam octavam resurrectionis diem, quando receptis corporibus, finita
mutabilitate temporum, in incommutabili luce animæ cum suis corporibus, sine ullo deinceps timore,
ad visionem sublevabuntur Divinitatis, sicut *Christus*
resurgens a mortuis jam non moritur (Rom. vi). Hoc
igitur triduum sacratissimum crucifixi, sepulti,
suscitati, unum quod significat crux, in præsenti
agimus vita : biduum autem, quod significat sepultura et resurrectio, fide ac spe agimus, quia ea
nondum videmus, nondum tenemus. Sicut enim
Dominus propterea crucifixus est, ut sepeliretur et
resurgeret; ita nos ea quæ in præsenti vita agimus,
sic in necessariis deputantur, ut per ea veniamus
ad illa, quæ per se ipsa petenda sunt et concupi-
B scenda; id est ad illam requiem animarum, quam
suspirabat Paulus dicens : *Cupio dissolvi, et esse*
cum Christo (Phil. i); et exinde ad illam perfectissimam renovationem, quando absorpta morte in victoria novissima, inimica morte destructa immutati
erimus, et æquales angelis facti. Unde Dominus :
Erunt, inquit, *angeli Dei (Matth.* xxii), quod significat Dominicæ resurrectionis clarificatio.

Descendit ad inferna ut sanctos, qui per prima
mortis debita ibi essent liberaret [*cod.* liberabit in
se]. *Tertia die resurrexit a mortuis,* ut nobis ipse
illam vitam ostenderet, quæ futura est post generalem hominum resurrectionem. Resurrectio tamen Christi ibi exstitit, ubi et mors, hoc est in
C sola carne. *Ascendit ad cælos;* hoc est assumptam
carnem ad regnum cœlestis habitationis sublevavit,
ut ipse qui in terris mala nostra pertulit, in cœlestibus bona sua possideat. *Sedet ad dexteram Patris;*
hoc est regnat in beatitudine Patris; sedere enim
regnare est, sicut Apostolus exponit, dicens : *Opor-*
tet illum regnare, donec ponat omnes inimicos suos
scabellum sub pedibus suis (Hebr. x); dextera quippe
Patris æterna est beatitudo, sicut sinistra ejus
æterna miseria. *Inde venturus est judicare vivos et*
mortuos. Vivos dicit eos, quos in sæculo viventes
in suo adventu invenerit; mortuos autem, qui ante
ejus ultimum adventum de hac vita discesserint.
Credo in Spiritum sanctum, similiter ut in Patrem,
et in Filium. Deus ergo est Spiritus sanctus, quo-
D niam in nullum alium credere debemus nisi in
Deum; et fides una est, quia credimus in unum
Deum Patrem, et Filium, et Spiritum sanctum, qui
Spiritus sanctus consubstantialis est eis a quibus
procedit, hoc est Patri et Filio. Quia sicut non potest aliud esse generans, et aliud generatus, sed
hoc est genitus quod generans Deus; sic aliud non
potest esse procedens Spiritus, et aliud ipse a quo
procedit Deus; sed hoc quod ipse est, hoc etiam ab
eo procedit; id est de Deo Deus nascitur, de Deo
Deus procedit; et non alius Deus genitor, alius
Deus genitus, aliusque procedens; sed generans,
genitus, procedens, unus est Deus hoc est Pater,
et Filius, et Spiritus sanctus.

Sanctam Ecclesiam catholicam. Subauditur *credo :*

non enim dicitur : *credo in sanctam Ecclesiam*, sed A *credo sanctam Ecclesiam ;* hoc est non in eam credo sicut in Deum, sed in ea credo esse Deum, et illam in Deo ; credo scilicet eam domum esse Dei, habitaculum Dei, sed non quæ contineat Deum, sed quæ contineatur a Deo ; et hoc est quod dixi eam esse in Deo. Ecclesia quippe Græco vocabulo vertitur in Latinum *evocatio*, vel *collectio*, et subauditur fidelium ; catholica vero interpretatur *universalis*, eo quod a solis ortu et occasu, ab aquilone et mari laudet nomen Domini, et a finibus terræ clamet ad Dominum, cum certe sit toto orbe terrarum diffusa.

Remissionem omnium peccatorum ; hoc est *credo*, omnium scilicet et originalium et actualium peccatorum remissionem fieri per baptismum, tamen in sola Ecclesia Christi, quæ et domus est Dei, extra quam nullam fas est credere remissionem, nullam justitiam: quolibet enim quis modo ab Ecclesia Christi discedat, nullam deinceps consequetur peccatorum remissionem, nullam operabitur justitiam, quoniam extra Ecclesiam positis sacramenta ecclesiastica non solum haud valent ad salutem, sed potius ad perniciem. *Carnis resurrectionem ;* subauditur *credo ;* carnis utique non animæ, quoniam anima licet pro peccatis suis moriatur, id est a sua vita, quæ Deus est deseratur, tamen substantialiter vivit, et non moritur ; et quia in substantia sua non moritur, idcirco substantiæ suæ non eget resurrectione, sed in sola, ut dictum, carne homo resurget, quia in carne C moritur, et eadem quæ moritur caro, eadem etiam resurget, sed ita immortalis effecta atque spiritalis, ut deinceps mori non possit, neque ullam sentire corruptionem ; eritque homo post resurrectionem et ejusdem naturæ, et alterius qualitatis, secundum illam Apostoli disputationem ubi ait : *Seminatur corpus animale, resurget corpus spiritale*, etc. (*I Cor.* xv).

Et vitam æternam ; subauditur *credo*. Quærendum est, cum justis futura sit vita æterna, et impiis mors æterna, quare in Symboli professione non confiteamur mortem æternam nos credere sicut vitam æternam? Sed sciendum est quia ex contrariis contraria intelligere in promptu est ; in professione enim hujus fidei fidelium causa inserta est ; illi vero qui sunt alieni a fide, erunt extorres et de causa fidelium, hoc est vita æterna ; cum enim confiteamur sanctam Ecclesiam, remissionemque peccatorum, ac vitam æternam, quid ex contrariis de impiis sentiendum est, nisi quia qui non communicant sanctitati Ecclesiæ, remanent in immunditiis suis? qui non participantur ei in remissione peccatorum, manent in detentione peccatorum : et tunc demum quia non erunt possessores vitæ æternæ, erunt perpessores mortis æternæ ; a qua morte hac fide eripiuntur vere fideles, non illi qui etsi verbis dicunt se nosse Deum, factis autem negant. Restat quidem hujus Symboli conclusio, id est *amen*, quod est verbum Hebraicum, transferturque in Latinum *vere*, sive *fideliter ;* et cum per totum textum Symboli aut aperte dicimus, aut tacite subaudiri facimus *credo*, ad ultimumque concludimus *amen*, quid aliud intelligi datur, nisi vere credo quod in Symbolo recitavi, fideliter credo quæ in Symbolo continentur? Amen.

SYMBOLI ATHANASIANI EXPLANATIO.

(*Ibid.* p. 396, ex eodem codice.)

Injunxistis mihi illud fidei opusculum, quod passim in ecclesiis recitatur, quodque a presbyteris nostris usitatius quam cætera opuscula meditatur, sanctorum Patrum sententiis quasi exponendo dilatarem, consulentes parochiæ nostræ presbyteris, qui sufficienter habere libros nullo modo possunt, sed vix et cum labore sibi psalterium, lectionarium vel missalem acquirunt, per quos divina sacramenta vel officia agere queant ; et quia cum inopia librorum plerisque neque studium legendi aut discendi suffragatur, idcirco vultis ut saltem hanc fidei expositionem meditari cogantur, ut aliquanto amplius de Deo possint sapere et intelligere. Quia maxima omnium ista pernicies est, quod sacerdotes, qui plebes Dei docere debuerant, ipsi Deum ignorare inveniuntur ; nam sicut laico blasphemia, ita sacerdoti voluntaria Dei ignoratio in sacrilegium deputatur. Hoc namque opusculum non quidem est altis sermonibus obscurum, nec laciniosis sententiis arduum, cum pene plebeio conscriptum sit sermone ; sed tamen si adjunguntur ei pro locis necessariis tractatorum [*cod.* tractorum] fidei verba, plurimum juvat ad fidei notitiam. Traditur enim quod a beatissimo Athanasio Alexandrinæ Ecclesiæ antestite [*ita cod.*] sit editum ; ita namque semper eum vidi prætitulatum etiam in veteribus codicibus, et puto quod idcirco tam plano et brevi sermone tunc traditum fuerit, ut omnibus catholicis, etiam minus eruditis, tutamentum defensionis præstaret adversus illam tempestatem, quam ventus contrarius, hoc est diabolus, excitavit per Arium, qua tempestate navicula, id est Christi Ecclesia, in

o mari, videlicet mundo, diu tantis fluctibus
exata, sed non soluta aut submersa; quia
mperavit vento et mari, qui se eidem Ecclesiæ
iisit usque ad finem sæculi adfuturum. Quicun-
ergo de hujus maris fluctibus salvari desiderat,
profundum abyssi, æternam videlicet perdi-
m, demergi pavescit, teneat integre et inviola-
r fidei veritatem.

enim incipitur ipsum opusculum : *Quicunque
alvus esse, ante omnia opus est, ut teneat catho-
fidem, quam nisi quisque integram inviolatamque
verit, absque dubio in æternum peribit.* Quod dici-
capite horum versuum, hoc repetitur in fine ;
hoc est in æternum perire, quod salvum non
; et hoc est salvum esse, quod non perire. Sed
est quod integram et inviolatam servandam
et fidem, nisi quia nihil de illa est auferen-
nihil mutandum ? sicut in fine libri Apocaly-
terribiliter contestatum est ; demunt namque,
lant, id est minuunt et corrumpunt sacramen-
lei hæretici et schismatici, et idcirco ejicit il-
ras Ecclesia, et excludit a se, ut ipsa sine ma-
inveniatur et ruga. Sicut enim Deus veracitas
la ea quæ apostolica Ecclesia de Deo docuit,
sunt; si aliquid horum depresseris, aut muta-
, intrat putredo de veneno serpentis, nascitur
is mendaciorum, et nihil integrum remanebit ;
ubi fuerit corruptio falsitatis, non ibi erit in-
as veritatis.

portunum namque mihi videtur paucis admo-
m, quæ illa sit fides, quæ in æternum perire
init ; nempe non est illa qua dæmones cre-
et contremiscunt, non tamen diligunt, aut
nt quod credunt ; sed illa potius est, quæ per
ionem operatur ; illa videlicet dilectio, de qua
nus ait : *Qui diligit me, sermones meos servat
.* xiv) ; quam dilectionem quisquis adeptus
, sentit procul dubio quantum et quale bonum
us. Quod etiam ex hoc evidenter ostenditur,
nulli ab eo recedenti bene est ; a quo enim ha-
omo ut sit, ab eo habet ut bene sit ; et hoc est
n hominis, ut summæ et incommutabiliter b-
lhæreat naturæ ; quod si noluerit, bono se pri-
lo, cujus participatione esse ipse poterat boet magnum malum est ei bonum non esse ;
er quod etiam per justitiam Dei cruciatus con-
tur. Quid enim tam iniquum quam ut bene sit
voluntarie deserit summum bonum? Sed hoc
n quod fit deserendo summum bonum, idcirco
ue non sentiunt, quia inferius amant tempo-
onum ; sed divina justitia est, ut qui volun-
eserit Deum, cum dolore amittat quod amat
r eum, et ab hoc dolore fides non liberet eum.

namque alio nomine dicitur credulitas ; nam
Græcos fides et credulitas uno dicitur nomi-
atholica Græcum nomen est, interpretatur au-
atino eloquio *universalis*, quia toto mundo dif-
Ecclesia, et toto tempore hanc tenet fidem, et
neque unquam aut tempore mutata est, aut

locis variata ; nam hæreticorum fides non potest dici catholica, quia non est publica, sed privata, nec
ubique tenetur, nec semper fuisse monstratur.

Sequitur : *fides autem catholica hæc est, ut unum
Deum in trinitate, et trinitatem in unitate veneremur.*
Unitas in deitate, trinitas in personis. Veneremur
ergo unitatem Deitatis in trinitate personarum ; in
qua trinitate tanta est substantiæ unitas, ut æqualitatem teneat, pluralitatem non recipiat ; tanta personarum distinctio, ut unione non permisceantur.
Tres personæ unius sunt essentiæ sive naturæ,
unius virtutis, unius operationis, unius beatitudinis,
atque unius potestatis ; ut trina sit unitas, et una
sit trinitas ; ita ut unusquisque eorum verus perfe-
ctusque sit Deus ; videlicet ex plenitudine divinitatis: nihil minus in singulis, nihil amplius intelligatur in tribus ; nec hujus trini atis tertia pars est
unus ; nec major pars duo quam unus. Ita tota Deitas sui perfectione æqualis est, ut excepis vocabulis, quæ proprietatem indicant personarum, quidquid de una persona dixeris, de tribus dignissime
possit intelligi. Et non majus sit in tribus quam in
singulis ; nec minus in singulis quam in tribus ; velut si de tribus hominibus dicas quod sint immorta-
les, ego non intelligo plus posse vivere simul tres
quam singulos ; nec minus singulos, quam totos
tres, quoniam trium una est immortalitas ; aut si
æqualiter sint sapientes, non plus sapiunt simul
quam singuli ; sed tanta est in unoquoque sapientia,
quanta in tribus. Si hæc ergo in creatura inveniuntur, ubi non est una anima, aut unum corpus, nisi
forte per dilectionem et fidem, quanto magis in
Creatore, in Patre scilicet, et Filio, et Spiritu sancto? qui est æterna et incommutabilis unitas, qui est
indifferens trinitas, unus, unum lumen, unumque
principium.

Sequitur : *neque confundentes personas, neque substantiam separantes;* sicut enim confutantes Arium
unam eamdemque dicimus Trinitatis esse substantiam, et unum in tribus personis fatemur Deum; ita
impietatem Sabellii declinantes, tres personas sub
proprietate distinguimus. Sabellius quia intellexit
unam esse Trinitatis substantiam, ideo confundens
personas, ipsum sibi Patrem, ipsum sibi Filium,
ipsum sibi Spiritum sanctum esse dicebat. Nos tamen non nomina tantum, sed etiam nominum proprietates, id est, personas confitemur ; nec Pater
Filii, aut Spiritus sancti personam excludit aliquando, nec rursus Filius aut Spiritus sanctus Patris
nomen personamque recipit ; sed Pater semper Pater,
Filius semper Filius, Spiritus sanctus semper Spiritus
sanctus. Arius vero quia cognovit tres personas, idcirco et tres asseruit divisas substantias. Sed nos
confitemur quia Pater et Filius et Spiritus sanctus
substantia unum sunt, personis ac nominibus distinguuntur.

Sequitur : *alia est enim persona Patris, alia Filii, alia Spiritus sancti ; sed Patris, et Filii, et Spiritus sancti una est divinitas, æqualis gloria, et coæ-*

terna majestas. Æqualis gloria, quia non est major A in gloria Pater, quam Filius, aut Spiritus sanctus; non minor est gloria Spiritus sancti, quam Patris, aut Filii. Coæterna majestas, quia non est anterior Pater Filio, aut Spiritu sancto; non est posterior Spiritus sanctus Patre, aut Filio. Sciendum tamen est, quia personas dicere necessitas fecit disputationis contra hæreticos; nam in Scripturis divinis dictum non invenitur; doctores tamen licenter hoc assumpserunt, non quia Scriptura dicit, sed quia Scriptura non contradicit; nam cum dixeris tres sunt, et mox interrogatus fueris, quid sunt tres? nihil omnino respondendum restat nisi personæ; nam aliud respondeas nihil habebis, quia non potes dicere tres dii, aut tres substantiæ, aut aliquid hujusmodi, quod absit! Dicta autem persona, quasi B per se una, eo quod per se sit. Dicitur etiam subsistentia, eo quod per se subsistat, nam quod nos dicimus personas, Græci dicunt ὑποστάσεις, quod interpretatur in Latino *subsistentias*; et quod apud nos dicitur *substantia*, apud illos dicitur οὐσία. Et quidem in Latina lingua quasi unum videtur esse substantia et subsistentia; in Alexandrino tamen concilio, ubi hoc primum tractatum fuit, ita definitum est, ut substantia ipsam rei alicujus naturam rationemque qua constat designet; subsistentia autem uniuscujusque personæ hoc ipsum quod exstat et subsistit, ostendat. Alia est enim persona Patris, alia Filii, alia Spiritus sancti, quia alius est in persona Pater, alius in persona Filius, alius in persona Spiritus sanctus. Non est alius in deitate, non est C alius in gloria. Alius est Pater, et alius Filius, quia non est ipse Pater qui Filius; non est, tamen aliud Pater, et aliud Filius, quia hoc est Pater quod Filius.

Attendendum quoque diligenter, quod dicitur non est ipse Pater qui Filius. Pater enim genitor est, non genitus; Filius genitus est, non genitor; Spiritus sanctus non est genitor, quia non est Pater; non genitus, quia non est Filius; sed procedens est, quia Spiritus [*f.* spiratus] est : hoc est tamen Filius quod Pater, quia Deus, quia creator, quia omnipotens, et cætera nomina quæ substantialia sunt, non personalia, totius Trinitatis æqualia sunt. Sciendum quoque summopere est quod Pater, et Filius, et Spiritus sanctus inseparabiles sunt etiam in personis, D quia sicut ubique est Pater, ita ubique Filius, et Spiritus sanctus; neque alium locum occupat Pater, alium Filius, alium Spiritus sanctus; non enim mundum inter se in tres partes diviserunt, quas singulas singuli implerent; quasi non haberent ubi essent Filius, et Spiritus sanctus in mundo, si totum occupasset Pater; non ita se habet vera incorporea immutabilisque divinitas. Non enim corpora sunt, quorum amplior sit in tribus quam in singulis magnitudo; nec loca suis mollibus tenent, ut distantibus spatiis simul esse non possint. Si enim anima in corpore constituta, non solum nullas angustias sentit, verum etiam quamdam latitudinem invenit incorporalium locorum, sed [*f.* seu?] spiritualium

gaudiorum; cum sit quod ait Apostolus : *Nescitis quoniam corpora vestra templum in vobis Spiritus sancti est, quem habetis a Deo? (I Cor.* vi.) nec dicimus, si stultissime potest, non habere locum in nostro corpore Spiritum sanctum, eo quod totum nostra anima impleverit; quanto stultius dicitur ullis angustiis alicubi impediri Trinitatem, ut Pater et Filius et Spiritus sanctus ubique simul esse non possint? Inseparabile est etiam opus Trinitatis, quia quælibet persona, sicut sine aliis personis esse non potest, ita sine aliis non operatur, et nihil seorsum agit inseparabilis charitas.

Sequitur : *qualis Pater, talis Filius, talis Spiritus sanctus.* Sciendum est omnino quod qualitas de Deo proprie non dicitur; nam de illis decem speciebus categoriarum hæ sunt, quibus caret Deus; id est qualitate, quantitate, situ, habitu, loco, tempore et passione; non tamen caret substantia aut relatione, quia, Pater et Filius relativa sunt nomina unius substantiæ. Itaque absque illis speciebus intelligamus nos Deum, quantum possumus sine qualitate bonum, sine quantitate magnum, sine indigentia creatorem, sine situ præsentem, sine habitu omnia continentem, sine loco ubique totum, sine tempore sempiternum, sine ulla mutatione mutabilia facientem, nihilque patientem. Unam autem de his speciebus, id est actionem, ideo prætermisi, quia actio Creatoris longe dissimilis est ab actu creaturæ; nam creatura sine motu et labore nihil potest agere; actio vero Creatoris sine motu et labore sola fit ejus voluntate. Hoc tamen quod dicitur : *qualis Pater, talis Filius, talis et Spiritus sanctus,* propter necessitatem contra hæreticos usurpatum est, qui dissimilem Deo Patri Filium asserebant, dissimilemque Spiritum sanctum. Nos tamen dignoscamus quid sit in creatura substantiæ qualitas. quid in Creatore sine qualitate substantia : proinde si de Deo dicamus : æternus, immortalis, incorruptibilis, immutabilis, vivus, sapiens et speciosus, justus, bonus, beatus, spiritus; horum omnium quod novissimum posui, id est spiritus, quasi tantummodo videtur significare substantiam; cætera vero qualitates substantiæ ejus. Sed non ita est in illa ineffabili simplicique natura : quidquid enim secundum qualitatem illic dici videtur, secundum substantiam vel essentiam est intelligendum : absit enim ut Spiritus secundum substantiam dicatur Deus, et bonus secundum qualitatem, sed utrumque secundum substantiam, sicut secundum substantiam sapientia dicitur Deus.

Sequitur : *increatus Pater, increatus Filius, increatus et Spiritus sanctus.* Nihil in Trinitate creatum, quia tota Trinitas unus est creator : omnis itaque substantia, quæ Deus non est, creatura est; et quæ creatura non est, Deus est. Nulla igitur differentia est in deitate Trinitatis, quoniam quod Deo minus est, Deus non est. Sequitur : *immensus Pater, immensus Filius, immensus et Spiritus sanctus.* Immensus est Deus Trinitas, quia nulla ratione, nulla exstimatione metiri valet. Mundo non capitur, sic replet mundum, ut ipse contineat mundum, non contineatur a mundo; est enim mundo superior, inferior, exterior, et interior : regendo superior, portando inferior, circumdando exterior, replendor interior : sic est per cuncta diffusus, ut non sit qualitas mundi, sed substantia creatrix mundi. Sine labore regnans, sine onere continens mundum; non tamen per spatia locorum quasi mole diffusus; non ut in dimidia mundi parte sit dimidius, et in alia dimidia dimidius, atque ita per totum totus; non sic, sed in solo cœlo totus, et in sola terra totus, et in parte totus, et per cuncta totus, et nullo contentus loco, sed in seipso ubique totus : ita Pater, ita Filius, ita Spiritus sanctus, unus Deus Trinitas. Sed miro ineffabili modo cum sit ubique totus per divinitatis præsentiam, non est ubique per habitationis gratiam; et cum quosdam peccantes deserit, eisdem tamen ipsis adest per judicium, quibus deesse cernitur adjumentum; unde non dicimus : Pater noster qui es ubique, cum procul dubio verum sit, *sed Pater noster qui es in cælis*; in sanctis videlicet angelis, et sanctis hominibus esse dicitur non solum per præsentiam suæ immensitatis, verum etiam per gratiam suæ inhabitationis. Et propterea cum supra dicerem ubique esse Deum, addendum putavi in se ipso; est namque ubique, quia nusquam est absens; in se ipso autem, quia non continetur eis quibus præsens est, tanquam sine his esse non possit. Nam spatia locorum tolle corporibus, nusquam erunt; et quia nusquam erunt, nec erunt. Iterum tolle ipsa corpora qualitatibus corporum, non erit ubi sint, et ideo necesse est ut non sint. Deus autem, qui corporali loco non continetur, in se ipso est, ubique scilicet per cuncta diffusus; sed non ita diffusus sicut aqua, sicut aer, sicut etiam ipsa lux, quæ in minori loco minora sunt, et in majori majora. Deus autem cujus immensitas atque magnitudo non est molis sed virtutis, sic est etiam in quolibet uno homine sicut per cunctam rerum machinam totus.

Sequitur : *æternus Pater, æternus Filius æternus et Spiritus sanctus.* In deitate Trinitatis quod est esse, perpetuum est, quia natura initio carens, incremento non indigens, sicut non incipiatur, ita nec sine terminatur. Ibi quippe est, ubi nec exspectatur quod veniat, neque percurrit quod debeat recordari, sed est unum quod semper esse est. Quod si nos et angeli cum initio videre incipimus Deum esse, tamen hunc sine initio videmus, ubi sic semper sine fine esse, ut nunquam semet [cod. sed] animus tendat ad sequentia, in qua nulla pars suæ longitudinis præterit, ut pars alia succedat, in qua omne quod est animus videt et tardum non esse et longum esse. Et hæc quidem per fidem novimus; qualiter tamen sit hæc ipsa æternitas, sine præterito ante sæcula, sine futuro post sæcula, sine mora longa, sine præstolatione perpetua, adhuc non videmus. Sequitur : *et tamen non tres æterni, sed unus æternus; sicut non tres increati, nec tres immensi, sed unus increa-*

tus, *et unus immensus.* Ideo non sunt tres æterni, sed unus quia sicut unius naturæ e t Pater et Filius et Spiritus sanctus, sic una est eorum increatio, et immensitas atque æternitas.

Sequitur : *similiter omnipotens Pater, omnipotens Filius, omnipotens et Spiritus sanctus, et tamen non tres omnipotentes, sed unus omnipotens.* Omnipotens dicit quia omnia potest, sicut scriptum est : *Apud Deum autem omnia possibilia sunt* (Matth. xix); vel quia omnia quæ sunt, ut sint, potestate illius tenentur ne concidant. Solent autem plerique, aut quasi adulando Deo superflua de omnipotentia ejus loqui, aut non necessaria vera docere, cum cimicum, aut muscarum vel culicum multitudinem ad curam Dei pertinere aiunt et not'tiam, et propter illud quod in Evangelio dicitur : *Unum de duobus aut quinque passeribus non cadere in terram sine Deo, aut fœnum agri vestire* (Matth. vi), audent prædicare quod non solum genera, sed et numerum vermium noverit Deus [al. atqui Dei scientiam nihil fugit], quotquot ex corruptione corporum, aut viventium, aut mortuorum, lignorumque, aut aquarum corruptionibus vivificantur. Aliqui dicunt, quia non omnia potest Deus quippe qui sibi mortem concedere nequit, nec mutari possit a bono. Sed qui ista dicere vel audire delectantur, intelligant attentissime Deum esse simplicis naturæ ita ut non sit in Deo aliud esse, aliud habere, nec est ejus aliud velle et aliud posse, sed hoc est velle quod posse. Omnia ergo quæ vult potest, et quod potest vult, quoniam sic potens est, ut dispositionem suam servet, et nullo modo sua statuta convellat; nec major est voluntas quam potentia ejus, sed neque minor; sed utraque tanta est, quanta et ille; quia Deus hoc est quod habet; æternitatem quippe habet, sed ipse est æternitas sua; lucem habet, sed lux sua ipse est. Nam in creatura nulla vere simplex substantia est, cui non est hoc esse quod nosse; potest enim esse, nec nosse; at illa divina non potest, quia id ipsum est quod habet : ac per hoc non sic habet scientiam, ut alia sit scientia qua scit, aliud essentia qua est, sed utrumque unum, quamvis non utrumque dicendum sit, quod verissime simplex et unum est.

Sequitur : *ita Deus Pater, Deus Filius, Deus et Spiritus sanctus; Dominus Pater, Dominus Filius, Dominus et Spiritus sanctus; et tamen non tres dii, aut tres domini, sed unus Deus, et unus Dominus.* De unitate deitatis et dominationis sanctæ Trinitatis jam sufficienter dictum est; sed tamen sciendum est quod Deus dicatur ad se, Dominus ad creaturas quibus dominatur; Deus quia solus colendus, Dominus quia solus timendus; Deus religiosorum, Dominus vero servorum. Sequitur : *quia sicut singillatim unamquamque personam Deum ac Dominum confiteri Christiana veritate compellimur; ita tres deos aut tres domines dicere catholica religione* [ita cod.] *prohibemur.* Singillatim hoc est viritim, vel singulariter, quia singulus Pater Deus et Dominus est; singulus Filius Deus et Dominus est; singulus Spi-

ritus sanctus Deus et Dominus est. Ita nos dicere A
fides Christiana cogit, quia nisi ita dixerimus,
Christiani esse non possumus. Et tamen alium
Deum aut Dominum dicere Patrem, alium Deum aut
Dominum dicere Filium, alium Deum aut Dominum
dicere Spiritum sanctum, prohibet nos catholica
religio, quia si ita dixerimus, nec catholici, nec religiosi esse poterimus; sed ut Christiani simus
atque catholici, dicamus vel potius credamus, et
Patrem Deum, et Filium Deum, et Spiritum sanctum
Deum, et simul non tres deos, sed unum Deum,
qui substantia et natura sit veraciter unus.

Sequitur : *Pater a nullo est factus, nec creatus,
nec genitus. Filius a Patre solo est, non factus aut
creatus, sed genitus. Spiritus sanctus a Patre et Filio* B
non factus aut creatus, nec genitus, sed procedens.
Quod factus aut creatus nec Pater sit, nec Filius,
nec Spiritus sanctus, jam supra dictum est; sed et
de Patre, quod non sit genitus quia non est Filius,
sed genitor tantum quia Pater est, jam præmissum
est. Nunc vero attendendum omnino quod dicitur :
Filius a Patre solo est genitus; Spiritus autem
sanctus ab utroque; id est a Patre et Filio procedens; Spiritus amborum est, Patris scilicet et Filii;
Filius autem solius est Patris; et hæc est causa,
quæ distinguit quid differat inter nativitatem Filii,
et processionem Spiritus sancti. Filius sic est de
Patre quomodo natus, non quomodo datus; Spiritus
vero sanctus sic est de Patre simul et Filio quomodo datus, non quomodo natus; hoc est donum C
amborum. Itaque Filius nascendo procedit, Spiritus
vero sanctus procedendo non nascitur, ne sint duo
filii.

Sequitur : *unus ergo Pater, non tres patres; unus
Filius non tres filii, unus Spiritus sanctus non tres
spiritus sancti.* Hæc sunt illa relativa nomina vel
appellativa, in quibus trinitas invenitur; non enim
sic dicitur : Unus Pater, aut unus Filius, sicut dicitur unus immensus, aut unus æternus, aut unus
Deus, quia illa nomina sunt substantiæ, hoc est
unitatis; ista vero, Pater videlicet, Filius Verbum,
et Spiritus sanctus, nomina sunt personarum, hoc
est trinitatis. Et ideo relativa sunt nomina, quia
Pater ad alium refertur, hoc est ad Filium; non D
enim sibi ipsi est Pater, sed alteri, hoc est Filio :
similiter Filius ad Patrem refertur; sed et Spiritus
sanctus, vel donum, cum dicitur, refertur ad Patrem et Filium, a quibus procedit vel datur. Nam
illa nomina substantialia, hoc est Deus, Dominus,
æternus, et cætera, de quibus jam satis scriptum est,
in quacunque persona dicantur, non referuntur ad
alium, sed ad se ipsam. Nam etsi Apostolus (*I Cor.* i)
dicat Christum Dei virtutem et Dei sapientiam,
tamen non ita est relativum in eo virtus, et sapientia sicut est quod dicitur Verbum aut Filius;
virtus enim et sapientia in Deo substantia est; Verbum autem, aut imago, aut Filius, relativum : quod
si Pater qui genuit sapientiam, et ex ea sit sapiens

neque hoc illi esse quod sapere, qualitas ejus erit
Filius non prolis ejus, et non ibi erit jam summa
simplicitas; sed absit ut ita sit! Ergo et Pater ipse
sapientia est, et ita dicitur Filius sapientia Patris,
quomodo dicitur lumen Patris; id est ut quemadmodum lumen de lumine, et utrumque unum lumen,
sic intelligatur sapientia de sapientia, et utrumque
una sapientia. Pater igitur, et Filius simul una
essentia, et una magnitudo, et una virtus, et una
sapientia. Sed non Pater, et Filius simul ambo
unum Verbum, quia non simul ambo unus filius.
Verbum enim relative sapientia essentialiter intelligitur; sapientia ergo Filius de sapientia Patre,
sicut lumen de lumine, et Deus de Deo; ut singulus
Pater lumen, et singulus Filius lumen; ut singulus
Pater Deus, et singulus Filius Deus; ergo et singulus Pater sapientia, et singulus Filius sapientia :
sicut utrumque simul unum lumen, et unus Deus,
sic utrumque una sapientia; sed Filius factus est
nobis sapientia a Deo, de qua cum aliquid in Scripturis dicitur, Filius nobis insinuatur. Spiritus
quoque sanctus sapientia; et simul non tres sapientes, sed una sapientia Pater, et Filius, et Spiritus
sanctus.

Sequitur : *Sed in hac trinitate nihil prius aut poste
rius, nihil majus aut minus.* Hæc trinitas unus est
Deus, et quia unus est, non potest esse diversus,
quia una natura non potest se ipsa esse prior aut
posterior, major aut minor. Non est Pater prior
Filio, neque major; non est Spiritus sanctus posterior Patre aut Filio, vel minor. Sequitur: *Sed totæ
tres personæ coæternæ sibi sunt et coæquales ; ita u:*
per omnia, sicut jam supra dictum est, et trinitas in
unitate, et unitas in trinitate veneranda sit. Quicunque
ergo vult salvus esse, ita de Trinitate sentiat. Et hæc
jam dicta sunt. Sequitur : *Sed necessarium est ad
æternam salutem, ut incarnationem quoque Domini
nostri Jesu Christi fideliter credat.* Sicut fideliter
credenda est divinitas regnantis, ita fideliter credenda est humanitas salvantis, quia æqualis periculi
est de mysterio incarnationis prave sentire, ut de
divinitatis arcano male intelligere; nihil enim ju-
stius quam ut salvus non sit, qui salutis mysterio
derogare non timuerit. Sciendum sane quod aliam
significationem habeat Jesus, aliam Christus, cum
sit unus Salvator; Jesus tamen proprium nomen
est illi, sicut propria nomina sunt Elias aut Abraham; Christus autem sacramenti nomen est, quomodo si dicatur propheta, aut dicatur patriarcha.
Jesus quoque nomen Hebræum interpretatur in Latino *salutaris,* sive *salvator*; Christus autem Græce
dicitur, quod transfertur in Latino *unctus,* ab unctione, id est chrismate, et Hebraice dicitur Messias.

Sequitur : *Est ergo fides recta ut credamus et confiteamur quia Dominus noster Jesus Christus, Deus
pariter et homo est.* Hoc enim est illud sacramentum
ab initio ex vulva dispositum, ut semen Abrahæ
mundi conditor apprehenderet, quatenus in se ipso

nostræ probaret primitias naturæ, ut Deus homo fieret, ut singularitate personæ copulans utramque naturam, *mediator Dei et hominum* (*I Tim.* II) hominibus appareret, et his, propter quos venerat redimendos, ipse unus esset Deus et legifer, rex et magister, redemptor et redemptio, sacerdos et oblatio, veritas et via, sapientia et doctor, qualiter et sequentibus exempla vivendi monstraret, et suo generi, id est hominibus, homo ipse factus per gratiam consuleret, quibus suffragari justitia nullatenus valebat; ut cum ille in homine mortem vinceret, natura in eo humani generis triumpharet; in illo enim nostra portio, quia nostra caro et sanguis; ut ubi regnat nostra portio, nos quoque glorificemur. Quamvis igitur peccator, de hac communione gratiæ non desperet; quia etsi peccata nos prohibent, substantia nos requirit; si delicta propria excludunt, naturæ communio non repellit. Nullum enim majus donum præstare posset Deus hominibus, quam ut verbum suum, per quod condidit omnia, faceret illis caput, et illos ei tanquam membra coaptaret ut esset Filius Dei et filius hominis, unus Deus cum Patre, unus homo cum hominibus.

Sequitur : *Deus est ex substantia Patris ante sæcula genitus ; homo est ex substantia matris in sæculo natus ; perfectus Deus, perfectus homo ex anima rationali et humana carne subsistens.* Ingressus est igitur Filius Dei uterum virginis, ut iterum nasceretur ante jam genitus, qui suscepit totum hominem, quia jam habebat a Patre plenissimam deitatem, non dissimilis Patri cum nascitur ex æterno perpetuus, non dissimilis homini cum ex matre nascitur moriturus ; consubstantialis Patri secundum divinitatem, consubstantialis matri secundum cognatam nobis infirmitatem ; quia essentialiter natus est de Patre, et essentialiter conceptus natusque de matre, ut esset unius naturæ cum Patre, et unius naturæ cum virgine ; et idcirco perfectus Deus, quia non est dissimilis Deo Patri, perfectus quoque homo, quia similis homini matri ; quæ mater ita illum salva virginitate concepit. Verus enim Deus, verus factus est homo, quia omnia nostra suscepit, quæ in nobis ipse creavit, id est carnem et animam rationalem. Propterea confitemur eum Deum et perfectum hominem.

Sequitur : *Æqualis est Patri secundum divinitatem, minor est Patre secundum humanitatem.* Ideo æqualis et minor, quia Deus et homo, quia sempiternus et temporalis, ut incomprehensibilis comprehendi posset, et immortalis haberet in quo moreretur. Sequitur : *Quia licet Deus sit et homo, non duo tamen, sed unus est Christus.* Non est alter Christus in deitate, et alter in humanitate, quia non sunt duæ personæ, sed una ; Deus enim verbum non accepit personam hominis sed naturam ; et persona divinitatis accepit substantiam carnis, ut singularitate personæ tota humanitas suscepta unus Christus sit, et unus Filius Dei atque hominis. Nam sicut tres personas sanctæ Trinitatis credimus in unitate naturæ,

ita credimus duas Christi naturas in unitate personæ. In uno etiam Christo, sicut duas credimus naturas, ita duas naturales voluntates, et duas naturales operationes indivise, inconvertibiliter, inseparabiliter, inconfuse, et has duas voluntates non contrarias, sed sequentem humanam ejus voluntatem, et non resistentem vel reluctantem, sed potius subjectam divinæ ejus atque omnipotenti voluntati : sicut enim ejus caro Dei verbum dicitur, et est ita, et naturalis carnis ejus voluntas propria Dei verbi dicitur, et est. Quemadmodum enim sanctissima atque immaculata animataque ejus caro deificata est, non est perempta, sed proprio sui statu et ratione permansit ; ita et humana ejus voluntas, Dei facta est : nam Salvator, sicut humanam naturam propterea suscepit ut salvaret, ideo et humanam voluntatem vel operationem suscipiendo salvavit.

Sequitur : *Unus autem non conversione divinitatis in carnem, sed assumptione humanitatis in Deum.* Conversio mutatio dicitur ; non enim conversa, id est mutata divinitas in carnem, sed manens quod erat, suscepit carnem. Humanitas quoque assumpta est in Deum, non consumpta ; sicut enim Deus non mutatur miseratione ; ita homo non consumitur dignitate ; homo Deo accessit, Deus a se non recessit ; acquievit esse quod non erat, non desiit esse quod erat. Sequitur : *Unus omnino non confusione substantiæ, sed unitate personæ.* Confusio dicitur permistio, sicut solent duo liquores ita misceri, ut neutrum servet integritatem suam. In Christo ergo non sunt permistæ substantiæ, quia servat utraque, cum alterius communione, proprietatem suam in singularitate personæ. Sequitur : *Nam, sicut anima rationalis et caro unus est homo, ita Deus et homo unus est Christus.* Sicut in quolibet homine, non est una persona animæ, et alia caro, sed ex anima et carne unus est homo ; ita in Christo non sunt duæ personæ, sed una divina quæ incarnata est. Nam sicut hominis personam gestat anima ; non enim corpus mortuum dicitur persona, sicut nec lapis aut lignum ; ita Christi personam gestat divinitas assumptrix humanitatis ; propter quod in utraque substantia dicitur, et creditur unicus et unigenitus Filius Dei ; unde et Verbum propter carnem homo est, et caro propter Verbum Deus est. Sequitur : *Qui pro salute nostra passus est, sed in sola assumpta substantia.* Licet enim juxta naturam suam expers passionis exstiterit, pro nobis tamen carne passus est, quia erat in crucifixo proprio corpore impassibiliter Dei Verbum ad se referens passiones. Gratia vero Dei pro omnibus gustavit mortem, tradens ei proprium corpus, quamvis naturaliter ipsa vita sit et resurrectio mortuorum.

Sequitur : *Descendit ad inferna ;* ut morte ineffabili potentia proculcata exspoliaret infernum. *Tertia die resurrexit a mortuis.* Ut primogenitus ex mortuis fieret primitiæ dormientium, et faceret viam humanæ naturæ ad incorruptionis recursum. Sequitur : *Ascendit ad cœlos, sedet ad dexteram Patris.*

Propterea humiliatus est Deus in homine, ut homo A suscitantur mortui cum corporibus suis, ut unus-exaltaretur in Deo ; et unus Christus, qui inclinatur in assumptis, assumpta glorificasset in propriis, dum et affici non dedignatur injuriis, et ad æqûalitatem recurrit genitoris. *Sedet ad dexteram Patris,* id est regnat in beatitudine superna; sedere enim regnare est ; dextera vero Patris beatitudo est sempiterna. Sequitur : *Inde venturus judicare vivos et mortuos.* Inde, hoc est dextera Patris, venturus est, quia visionem humanitatis omnibus præsentaturus, ut in judicio sit conspicuus in ea forma qua judicatus est. Quærendum autem quomodo intelligatur quod ipse Dominus ait in Evangelio : *Ego non judicabo, sed Verbum, quod locutus sum vobis, judicabit vos (Joan.* xii), cum in alio loco dixerit : *Pater non judicat quemquam, sed omne judicium dedit Filio (Joan.* v) ; ita intelligendum est : Ego non judicabo ex potestate humana, sed judicabo ex potestate Verbi ; quapropter Filius hominis judicaturus est, nec tamen ex humana potestate, sed ex ea qua Filius Dei est. Et rursus Filius judicaturus est, nec tamen in ea forma apparens, in qua Deus est, sed in ea qua Filius hominis est. Ita quoque dicitur : *Pater non judicat quemquam,* ac si diceretur : Patrem nemo videbit in judicio, sed omnes Filium, quia Filius hominis est, ut sit in judicio conspicuus bonis et malis ; nam invisibiliter tota Trinitas judicabit vivos et mortuos, id est eos quos dies judicii vivos invenerit, et eos qui jam ante obierant.

Sequitur : *Ad cujus adventum omnes homines re-* C *surgere habent cum corporibus suis, et reddituri sunt de factis propriis rationem.* Adveniente Domino re-

suscitantur mortui cum corporibus suis, ut unusquisque in eo corpore, quo bona vel mala gessit; reddat rationem gestorum suorum , et in eo corpore, per quod operatus est, recipiat retributionem factorum suorum. Sequitur : *et qui bona egerunt, ibunt in vitam æternam.* Tunc enim humana substantia ad Conditoris sui similitudinem sublimabitur, et omnia ei bona, quæ naturaliter accepta per peccata corruperat, reparabuntur in melius ; id est intellectus sine errore, memoria sine oblivione, cogitatio sine pervagatione, charitas sine simulatione, sensus sine offensione , incolumitas sine debilitate, salus sine dolore, vita sine morte, facul as sine impedimento, saturitas sine fastidio, et tota sanitas sine morbo. Sequitur : *Qui vero mala egerunt, ibunt* B *in ignem æternum.* Multi egerunt mala, qui non et ibunt in ignem æternum, quia ante mortem suam veram pœnitudinem de peccatis suis gesserunt; sed hoc de illis dicitur, qui mala egerunt, et in malis perseveraverunt , et non emendaverunt. Æternus vero est ignis, quia æternos exhibet cruciatus, quia nunquam finietur, nec eos desinet cruciari (*ita cod.*).

Sequitur : *Hæc est fides catholica, quam nisi quique fideliter firmiterque crediderit, salvus esse non poterit.* Fideliter credamus, ut in fide non erremus ; firmiter credamus ut de creditis non dubitemus, si volumus ad æternam salutem pervenire, ubi cum angelis Deum laudantes, de illius laude vivamus, de illius laude et nos gloriemur, qui vivit et regnat per infinita semper sæcula sæculorum. Amen.

ANONYMI TRACTATUS

ADVERSUS JUDÆUM.

(D. **Martene,** *Thesaurus Anecdot.,* t. V, p. 1507, ex ms. codice S. Petri Conchensis.)

MONITUM.

Si necesse sit esse hæreses et achismata, ut qui probati sunt manifesti fiant , non sine singulari Dei providentia factum, ut Judæorum perfida natio, ac propter horrendum in Christum scelus perpetratum omnibus exsecranda, non omnino deleretur ; sed per totum terrarum orbem passim dispergeretur, ut vel paganis ipsis de sacrorum codicum veritate testimonium perhibens, fidei lucem aliis præferret, quam nec ipsa vult aspicere. Hinc belle Petrus Blesensis cap. 1 libri Contra perfidiam Judæorum post S. Augustinum et Bedam : Ideo etiam Judæis hodie vita indulgetur, quia capsarii nostri sunt, dum ad assertionem nostræ fidei propuetas circumferunt et legem Mosaicam, nec solum in eorum codicibus, sed in vultibus eorum Christi legimus passionem. *Cum autem implacabili odio Christianam religionem prosequantur, nec eam aliquando et sectis et dictis impugnare destiterint, frequentes cum ipsis concertationes non habere non potuerunt ecclesiastici doctores. Sed cum sæculo præsertim* xii *Christianis essent infensi, perplures eo tempore scriptores, eosque omnino insignes calamum adversus eos exacuere necessarium fuit. Hinc elegantes Gilberti Westmonasteriensis, Ruperti Tuitiensis, Petri venerabilis Cluniacensis, Guiberti de Novigento abbatum , et Petri Blesensis archidiaconi Bathoniensis ea de re lucubrationes, quibus accensendus auctor sequentis Tractatus, plane gravis et eruditus ac in Scripturarum studio plurimum versatus ; cui cum res fuisset non semel cum s, ut constat ex n. 10 et 70, omnia ipsorum subterfugia, vanas et inanes Scripturæ interpretationes, ut noverat, ita solide refellit, id quod facili negotio deprehendere licet ex lectione sequentis Tractatus, mysterium sanctæ Trinitatis, legalium rituum abrogationem, Virginis conceptum et partum, Christi atem, Judæorum reprobationem, gentium vocationem ex certis et indubitatis Veteris Testamenti testis et argumentis comprobare nititur; ætatem vero suam indicat ipse auctor n. 34, ubi hæc habet : Millis centesimus sexagesimus, meis dico temporibus, jam annus evolvitur, ex quo Filius virginalis t in mundo. Idem innuit n. 48. Porro præter hunc tractatum, quem ex veteri codice monasterii S. Conchensis in diœcesi Ebroicensi annorum circiter 500 descripsimus, alium de serpentis astutia et in-composuit, cujus meminit n. 12.*

INCIPIT TRACTATUS CONTRA JUDÆUM.

Adversus Judæos quomodo disputandum. Scripturus contra Judæum, quæso lectorem mis, ne in his quæ dicenda sunt quærat jam sæcularium litterarum, sed potius affectum parvitatis. Attendat magi nos studuisse fi-lionem exponere, quam captare laudes elo-æ Tullianæ. Hæc quippe nostra simplex in-ipso inspiciente qui scrutatur renes et corda vii), non eo procedit, ut simus inanis gloriæ ; sed ut de Scripturis contra perfidiam Ju-m, qui detrahunt fidei Christianæ, aliqua dere simus instructi. Mihi scribo meisque ous, non magnis ac sapientibus viris, qui beatum Apostolum semper parati sunt respon-le ea quæ in nobis est spe, sed illis quibus a sola sufficit fides et sancta simplicitas. Sci-aim quia regnum Dei non est in sermone, nec lectica disputatione, sed in fidei simplicitate tit. Quapropter sicut benevolum emendato-quirimus, ita detractorem malevolum dete-r. Utrosque enim nos habituros speramus, agis eligimus quorumdam qui insidiando cir-lant odium sustinere, quam adversarios fi-ristianæ derogantes patienter audire, et Chri-ctor am silentio præterire. Scribimus ergo t nostra laudentur, sed ne Judæis risum no-mperitiæ præbeamus, qui toties nobis insul-et quodammodo cum Goliath dicunt : *Eligite is unum qui ineat nobiscum singulare certamen g.* xvii). De Novo Testamento cum eis nequa-debemus inire conflictum ; sed quidquid eis emus de Veteri Testamento sumendum est, n conventi fuerint super his quæ negare non int, arctius teneantur, et tanquam validissi-ris astricti, aut verum fateri cogantur, aut nescire probentur. Ideo modum in scribendo us quo novimus eos velle contendere, ne pos-ilumniari se magis sophisticis disputationibus veritate vel ratione superari. Hinc est quod aper opponimus et respondemus ad litteram, illo aliter quæstiones et solutiones inferimus habet ordo disputandi ; quia per diversa huc se discurrunt, et cum comprehendi se sen-, ad modum vulpis in fovea de loco ad locum nt; ac ubi fortius teneri putantur, nisi præ-itur insidiæ, citius elabuntur. His obviare

A studemus assertionibus prophetarum, quibus con-traire non possunt, et illud quod maxime exosum habent, videlicet Deum hominem factum auctoritate prophetarum verum esse convincim-r, ut in seq-entibus demonstrabitur

Ex principio Genesis probatur mysterium Trinitatis.

2. *In principio creavit Deus cœlum et terram (Gen.* i). Hic primum libet interrogare Judæum, utrum dicat Deum cœli et terræ fuisse principium, an cœlum et terram aliud habuisse principium præter Deum. Forte dicturus est illud esse principium cœli et terræ, quod cœperunt existere. Si ita est, jam Deus non erit cœli et terræ principium, quia nun-quam esse cœpit ; sed ab eo cœpit omne esse quod creatura est. Ergo ipse principium totius creaturæ est. Si Deus principium totius creaturæ est, non est aliud principium in quo cuncta creavit præter ipsum ; in ipso namque est illud in quo cuncta creavit, attestante Propheta qui ait : *Omnia in sapientia fecisti (Psal.* ciii). Sed quidquid in Deo est Deus est. Ergo et ipsum principium in quo cuncta creavit Deus est. Quis creavit cœlum et terram ? Deus. In quo ? In principio. Quid est illud princi-pium? Deus. Ergo Deus in Deo. Duos, inquis, v s esse deos, cum Scriptura dicat : *Dominus Deus tuus Deus unus est (Deut.* vi). Respondemus: Lux et lumen ejus una substantia sunt. Lumen a luce est, non tamen duo, sed unum sunt. Duo vocari possunt, sed esse probari non possunt nisi unum. Itaque cum Scriptura dicat : *Dominus, Deus tuus, Deus,* nonne tres designat in vocabulis? Et cum subjungit : *Unus est,* nonne tres unam affirmat esse substan-tiam? Distinguit proprietates personarum, non di-vidit unitatem substantiæ Unum ergo Deum in sub-stantia diligenter attende, Patrem, et Filium, et Spiritum sanctum, ex quo, et per quem et in quo universa sunt condita. Alioquin, si volueris esse principium cœli et terræ quod cœperunt existere, audire volumus a te utrum in illo principio Deus cuncta creavit. Si in illo principio Deus cuncta crea-vit, ipsis existentibus cuncta creata sunt. Ergo prius cuncta cœperunt existere quam creari , quod, quia falsum est, quærimus a te quod sit illud principium in quo Deus cuncta creavit? Respondebis iterum : Quando Deus cuncta creavit, hoc illud esse princi-pium. Quærimus adhuc utrum illud fuerit æter-

num an temporale? Si temporale, alicujus temporis
luit; sed tempus esse non potuit antequam creatum existeret. Ergo nec temporale. Si æternum est,
nihil est ab æterno nisi Deus, et illud principium
est ab æterno. Ergo illud principium Deus est. Si
Deus cuncta creavit in principio, et ipsum principium Deus est, oportet ut fatearis principium de
principio in quo cuncta creata sunt, nec tamen duo
principia, sed unum principium. Si non, responde,
quomodo Deus cuncta creans in principio habuerit
aliud principium in quo cuncta creaverit, præter id
quod in ipso est. Sed dices : Nonne cuncta creata
esse cœperunt ? Non fuerunt ab æterno : ergo cœperunt esse ex tempore. Quid determinandum est ?
cœperunt esse in tempore, non tamen habuerunt
esse ex tempore. Principium existendi habuerunt,
verum est. Sed vellem nosse a quo, utrum ab ipsa
sua primitiva substantia, an ab ipso qui creavit omnem creatam substantiam ? Si a sua substantia, principium habuerunt a se ; si ab ipso qui cuncta creavit, ipse principium est. In quo ergo principio cuncta creata sunt? Non potes respondere in alio quam
in ipso quod est Deus. Confitere ergo principium
ex principio, Deum ex Deo, nec tamen duo principia, sed unum principium. At ne objicias fidei
Christianæ vanum esse quod in hoc opere prædicat
Trinitatem. Tu ipse expone quod paulo post sequitur: *Et Spiritus Dei ferebatur super aquas* (Gen. 1).
Habes Deum cuncta creantem, principium in quo
cuncta creavit, spiritum ejus cuncta foventem et
regentem. Nunquid hoc negare poteris ? Aut Scriptura mentitur, quod dicere nefas est, aut tu errore
deciperis, quod utique verum est. Nam Deus nunquam fuit sine principio quod in ipso semper est,
nec sine spiritu, qui spiritus ejus est. Ergo Trinitatem in Unitate cognosce : Deum unum in substantia, trinum in personis una majestate regnantem, et
omnia continentem. Probet hoc Scriptura, et exponat nobis apertius mysterium Trinitatis.

Aliud argumentum ex principio Geneseos petitum.

3. Dixit vero Deus : *Faciamus hominem ad imaginem et similitudinem nostram* (ibid.). Certe unus
locutus est, cujus tamen operatio numero plurali
facienda designatur, cum dicitur *Faciamus*. Quomodo unus, et quomodo *Faciamus* ? Nunquid alicujus indiget auxilio? Si responderis Deum hoc verbo, quod est *faciamus*, voluntatem suam angelicis
spiritibus intimasse. Factores etiam et cooperatores
Dei sunt ad hominem faciendum. Jam ergo non erit
creator unus, sed plures, quod omnino falsum est,
Isaia dicente : *Quis adjuvit spiritum Domini, aut quis
consiliarius ejus fuit?* (Isa. XL). Nemo ad alium
loquitur hoc modo, ut ei dicat *Faciamus*, nisi velit ut aliquid cum eo faciat. Si hoc referatur ad angelos, quomodo stare poterit quod statim sequitur :
*Creavit Deus hominem ad imaginem et similitudinem
suam ?(Gen.* 1.) Non dixit : Creaverunt Deus et angeli, sed creavit Deus ; nec ad similitudinem eorum,
sed ad similitudinem suam. Neque una potest esse

imago vel similitudo Dei et angelorum cum de eo
scriptum est : *Non est qui similis sit tibi (Psal.* XXXIX).
Ergo propter Deum et imaginem ejus et Spiritum
ejus dictum est plurali numero *Faciamus*, ut mon-
straretur Trinitas in personis. Itemque propter
unitatem substantiæ et individuam operationem dictum est numero singulari *creavit* et *fecit*. Aut esse
verum permitte quod Dominus de se ipso testatur,
aut falsum esse convince, quod quidem non potes,
quia veritas non mentitur. Cum Deus se ipsum
dicat habere imaginem et spiritum, tu quis es qui
repugnas ausu temerario, et dicis : Non est Deus
Trinitas ?

4. Sed scio totam intentionem tuam circa hoc
frustra laborare, ut dicas hoc verbum quod est
imago, non posse referri ad aliquam personam sive
substantiam. Ubi primum, quæso te, responde
utrum aliquid sit Deus quod non sit substantia?
Certe hanc imaginem, de qua sermo est, alicujus
præter solius Dei esse probare non potes. Sic enim
ait Scriptura : *Ad imaginem Dei creavit illum, masculum et feminam creavit eos (Gen.* 1). Igitur et hæc
imago de unitate substantiæ est, quæ Deus est, quia
Deus non est duæ sed una substantia. Si hæc imago
unius cum Deo substantiæ est, unius potestatis,
unius naturæ, unius majestatis atque virtutis est ;
æqualis ergo est, quia video nihil majus aut minus,
nihil inæquale sive diversum. Quod itaque referatur
ad substantiam quæ Deus est, æstimo quia de cætero rationi contrarie non prævales. Quomodo vero
referatur ad personam inspice mecum, et præbe
veritati quamvis invitus assensum.

5. Quid est illud ad quod homo creatus est ? Imago
Dei. Estne aliquid quod in se vitam habeat?
Utique est, quia unius cum Deo substantiæ est.
Vita est ; substantia namque quæ Deus est, vita in
se vivens. Quæso te id quod in se vita vivens
est persona esse potest ? Aliquid est ab aliquo,
quia imago Dei est, et ab ipso Deo est. Cum itaque
ejusdem substantiæ sit, ejusdemque naturæ, sicut
ipse Deus in se persona est, et imago ejus in se
persona est. Secundam vero personam hanc esse
negare non potes. Aut si contentiosus es, consequenter exponere debes de quo loquatur Deus,
quem suam vocet imaginem, cui suam potestatem
et operationem in hominis creatione communi-
nicet, quæ sit illa persona quæ loquitur in
Proverbiis : *Ego in altissimis habito, et thronus meus
in columna nubis (Eccli.* XXIV). Et post pauca ubi
de Deo loquitur : *Quando præparabat cœlos aderam
cum eo componens omnia (Prov.* VIII). Itemque : *Ego
ex ore Altissimi prodii primogenita ante omnem
creaturam (Eccli.* XXIV), non ab alio genita, nisi a
Domino. Primogenita, inquit. Quis genuit? Dominus. Quid? Sapientiam. Ergone genita est ? Utique.
Huc usque diffugium habere potuisti, sed nunc quo
divertere possis non video. Loquitur ista quæ habitat in altissimis, quæ thronum habet in columna
nubis, quæ sese fuisse testatur cum Deo quando
cœlos fecit, et dicit : *Ante omnem creaturam pri-*

mogenita sum, quia non est aliquid generatum sine
generante. Genitorem cogeris confiteri simul et
genitum. Quod est illud genitum? Ipsum quod
cuncta prævidit, quod cuncta disposuit, quod cuncta
creavit cum Domino. Ipsum est quod prius dictum
est, principium in quo cuncta sunt creata ; postea
imago ad quam factus est homo : hic vero dicitur Sapientia, quæ de illa divina generatione mirabili atque
ineffabili nos in quantum licet docet et instruit,
alibi dicitur brachium Domini, alibi os, alibi verbum, alibi manus, alibi dextra ; et cum tot appelletur nominibus, unum nomen est, quod nescio qua
de causa exosum habes, in quo divinitas ejus manifeste declaratur, cum ab ipso Domino ad eumdem
Prophetam dicitur : *Filius meus es tu, ego hodie genui te* (*Psal.* ii).

Filii generatio asseritur.

6. Quid dentibus strides, et torvo me respicis
oculo? Hæc testimonia quæ contra te profero divina sunt, et a. ipso Domino dicta. Si potes ea
refellere, Deum verum falsa dixisse probabis, quod
impossibile est. Deus verus de se ipso vera loquitur,
vera de Filio suo testatur. *Filius*, inquit, *meus es
tu , ego hodie genui te*. Quid hic dicturus es? Forte
quod hoc de David locutus est Dominus. Expone
ergo verum esse de eo quod sequitur : *Dabo tibi
gentes hæreditatem et possessionem tuam terminos
terræ* (ibid.). David non possedit terminos terræ,
imo alium possessurum esse prædixit, cum ait :
*Dominabitur a mari usque ad mare, et a flumine
usque ad terminos orbis terrarum* (*Psal.* LXXII). Sed
neque Salomon filius ejus unquam obtinuit Ægyptum, aut Æthiopiam, aut cæteras nationes, quod
Scriptura manifestat apertius : *Conjunctus est*, inquit, *rex Salomon affinitate regi Ægypti, et accepit
filiam ejus uxorem* (*I Reg.* iii). Item possedit Salomon hæc et illa, non totum orbem terrarum. Dic
mihi, quæso, quis sit iste Filius, quem Dominus se
genuisse testatur, qui dominium totius orbis adeptus est? Languere te simula, et ideo respondere
non posse. Ipse est, ipse est de quo iterum dicitur :
*In splendoribus sanctorum ex utero ante luciferum
genui te* (*Psal.* cix). Quod ibi dictum *hodie genui te*,
hoc est æternaliter, hic dicitur *ante luciferum*, hoc
est ante omnia temporalia. De Filio Dei hæc et
alia his similia de multis Scripturarum locis tu ipse
contra perfidiam tuam potes assumere, tibi conscius quia male negas quod velis, nolis, intelligis.

Spiritus sancti divinitas probatur.

7. De Spiritu sancto quod ipse cum Patre et
Filio sit unus creator et conditor, in secundo versu
docetur cum dicitur : *Et Spiritus Domini ferebatur
super aquas* (*Gen.* i). Quid est *ferebatur super aquas*,
nisi quod ipsa adhuc tenera mundi primordia fovebat et vivificabat? Qui si vivificabat, consequenter
et conditor et Deus. Quod propheta testatur dicens : *Spiritus ejus ornavit cœlos* (*Job* xxvi). Cœlos
ornasse idem est quod fecisse. Nam quis fecit ornamenta cœlorum nisi Deus? *Fecit*, inquit, *Deus duo*

*magna luminaria ; statimque subjungit, et stellas,
et posuit eas in firmamento cæli, ut lucerent super
terram* (*Gen.* i). Ergo Spiritus Dei Deus. Utrum
operatio eorum individua sit Isaiam interroga. *Et
nunc Dominus*, inquit, *misit me et Spiritus ejus*
(*Isai.* XLVIII). Non solum Isaiam, sed et omnes
prophetas implevit iste Spiritus creator et conditor,
tertia persona in Trinitate, verus Deus cum Patre et
Filio in unitate substantiæ ; unde et ab electis in
Ecclesiastico dicitur : *O quam bonus et suavis est,
Domine, Spiritus tuus in nobis!* (*Sap.* XII). Quid Deo
melius et suavius? Quid dulcius illa dulcedine quæ
corda sanctorum illustrat? Ipsum tamen quod tam
dulce, tam suave est, hoc nomine subtiliter vocaverunt quod est *Spiritus*, cujus in hoc quod bonus
et Dei dicitur, naturæ unitas et personæ proprietas
designatur. Nam cum sint alii spiritus qui dicuntur
boni, nullus tamen eorum tantæ bonitatis aut
tantæ virtutis est, qui corda sanctorum tanquam
Deus inhabitet, et tali suavitate permisceat, quæ
non est aliud nisi Deus, ut ei ab eisdem dicatur :
Tu in nobis es, Domine, et nomen tuum sanctum invocatum est super nos (*Jer.* xiv). Aliud quippe est
officium servitutis, aliud bonitas et suavitas Creatoris. Si alius id in eorum cordibus ageret, et ea
tanta foveret dulcedine quam ipse Deus, nequaquam
pari desiderio soli Domino dicerent : *O quam bonus
et suavis est, Domine, Spiritus tuus in nobis!* (*Sap.*
XII.) Bonus utique, qui unum solum bonum inspirat sine quo non est aliud, quod qui adeptus fuerit,
eo melius habere non potest. Bonus est quo præsente recedit omne malum, dat omne bonum, quia
ipse adest qui fons et origo totius boni est. *Quam
suavis!* inquiunt. Suavis plane est illa dulcedo præsentiæ Spiritus sancti, quæ corda fidelium quadam
ineffabili suavitate perfundit. Sentiri potest, sed
minime comprehendi. Dulcedine namque simul et
suavitate se ingerens, quæ harum major sit altera,
quæ ab inspirante donatur, ab inspirato nescitur,
utrumque tamen simul adesse nemo qui sit expertus ignorat. Unde quia hoc ab electis comprehendi
non potest, de gratiæ magnitudine soli Domino
gloriam ascribentes, dicunt : *O quam suavis est,
Domine, Spiritus tuus in nobis!* Multa possent super
hoc dici capitulo, sed non est tecum agendum de
suavitate quam ignoras, de gratia quam negas, de
dulcedine quam tibi facis amaram, de pietate quam
tibi facis offensam. Tamen, velis nolis, hic Dei
Spiritus dicitur, et operator bonitatis ac suavitatis
in sanctis esse probatur.

Spiritus sancti processio a Patre et Filio.

8. Quod autem et Filii sit Spiritus sicut et Patris,
audi quid idem Filius qui sapientia Patris est, dicat
in proverbiis : *En*, inquit, *proferam vobis Spiritum
meum* (*Prov.* i), quandoquidem se promittit esse
daturum quod suum est, et ipse sapientia Dei est,
profecto utriusque Spiritus est. Pater ergo plenus
Deus in se ; Filius Deus plenus in se ; Spiritus sanctus Deus plenus in se ; non tamen tres, sed unus

Deus: quod et Isaias in visione Domini sedentis super solium excelsum testatur se audisse Seraphim proclamantia *Sanctus, sanctus, sanctus* (*Isai.* vi); et ut non tres, quamvis tertio sanctum nominassent, et non unum intelligeremus, subjunctum est : *Dominus Deus Sabaoth;* quem tertio repetendo sanctum dixerant, unum Deum esse proclamando dixerunt, *Dominus Deus.* Hæc ipsa agmina seraphim testata sunt, non homo, ut si non vis credere tuis litteris, credas saltem cœlestibus secretis et angelicis spiritibus.

Trinitatis mysterium probatur ex visione Abrahæ.

9. Idem apertius insinuatur in Abraham, qui tres vidit descendentes ad se, et unum adoravit in tribus. Visne dicere quod Abraham adoravit creaturam : angeli quippe creatura sunt. Aut creatorem adoravit aut creaturam. Si creaturam, idololatra fuit, quia omnis qui creaturam adorat, a veri Dei cultu recedit. Ergo Creatorem adoravit in tribus : et quid est Creator in tribus, nisi Deus in Trinitate? Tribus utique tanquam uni loquitur et dicit : *Domine, si inveni gratiam in oculis tuis* (*Gen.* xiii). Et post pauca subjungit : *Ideo declinastis ad servum vestrum* (*Ibid.*). Expone tu nobis cur modo numero singulari tanquam cum uno loquatur, modo plurali cum tribus. Sed et ipsa Domini apparitio ita describitur : *Apparuit Dominus Abrahæ in convalle Mambre, cumque elevasset oculos suos, apparuerunt tres viri, quos cum vidisset, cucurrit et adoravit, et dixit : Domine, si inveni gratiam in oculis tuis,* etc. (*Ibid.*), Dic mihi quis horum trium Dominus appellatus est? Dices forte quod unus eorum fuit Dominus, et duo fuerunt angeli ejus. Quid est ergo quod sequitur : *Qui dixerunt : Fac ut locutus est?* (*ibid.*) Nunquid Dominus et angeli pares sunt in loquendo, pares in jubendo, aut quando Abraham obsequium Domino præstare se credidit, errore deceptus idem angelis exhibuit? Estne credibile Creatorem et creaturam a sancto viro pari veneratum obsequio? Nec una persona minus honoratur ab altera, nec adoratur, nec minori habetur obsequio, nec minus auscultatur alloquio. Rogo te quæ est hæc trium personarum tanta parilitas quæ adorentur ut unus, his obsequatur ut uni, idem loquantur ut unus, pari voce jubeant, parique sermone respondeant? Aut hi tres unus Deus sunt, aut in præceptis angeli Domino pares sunt : quod absurdum est credere. Nam qui sunt illi qui dixerunt : *Fac ut locutus es?* Creatore præsente creatura proferre præsumpsit imperium? Si ita est, quomodo verum est quod ipse per Isaiam locutus est . *Ego Dominus, gloriam meam alteri non dabo* (*Isai.* xlii). Certe imperare gloria regis est. Angeli non imperant, sed imperata consummant, nec præsumunt usurpare Creatoris imperium, sed implere jubentis officium. Qui ergo sunt illi qui dixerunt? Illi tres qui apparuerunt. Et qui sunt illi tres? Dominus, attestante Scriptura quæ ait : *Apparuit Dominus Abrahæ.* Et ipse Abraham

A videns tres, unum adoravit in tribus de quo sic legitur : *Et ait ad illos : Domine, si inveni gratiam,* etc. Illos vocavit Dominum et non dominos, adoravit ut unum Deum et non ut tres : Trinitatem in personis intellexit et credidit, et tamen Unitatem adoravit in Trinitate, sicut ipsa divinæ Scripturæ probat auctoritas. Quomodo refellere poteris Abraham hæc non credidisse? Proba illum prius nec tunc illa vidisse, neque hæc audisse, vel ea dixisse; et demum facile poteris de neganda fide disputare. Hæc de fide nostra quæ in Deum est contra tuam perfidiam ad præsens dixisse sufficiat.

De observatione sabbati. Sabbatum Judæorum a Deo reprobatum.

10. Veniamus ad Sabbatum, et eo ordine quo quæstiones sacris litteris insertæ sunt opponamus, ut audiamus quid ad singula responsurus sis. Sabbatum de cujus otio maxime gloriaris et ante omnia dicis observandum, audi quod in principio ab ipso Domino dissolutum sit. Nam ita scriptum est : *Complevitque die septimo opus suum quod fecerat, et requievit ab omni opere quod patrarat* (*Gen.* ii). Responde quomodo Dominus non sit operatus in Sabbato, cum eo die cuncta opera sua dicitur complevisse? Si cuncta opera sua complevit in Sabbato, jam non erant perfecta in die sexto. Si aliquid die sexto perfecturum ac completurum remansit, die Sabbati completum atque perfectum est. Non itaque perfecta Dei requies fuit in die Sabbati, quia ex parte legitur opera sua complevisse, et ex parte requievisse; non utique quod heri perfectum est, hodie completum dici debet. Nam si de hesterna die perfecto opere dicerem : Hodie completum est, nonne manifeste mentirer? Ergo Dominus creator et conditor, non, ut tu asseris, tota die Sabbati otiosus fuit; sed eo die prout ei placuit cuncta opera sua complevit : nec ante Sabbatum cuncta completa sunt, sed in ipso die Sabbati, ut Scriptura testatur. Nunc velim scire per te, qua hora diei Sabbati cessavit Deus ab opere? Si nona, frustra ante hanc horam in memoriam illius requiei Sabbatum celebratis. Si mane vel summo diluculo non est tota dies Sabbati celebranda, cujus initium non a requie, sed ab opere Dominus inchoavit. Media nocte, alt mihi quodam aliquis, cessavit ab opere. At ego risum cohibere non valens dixi : Nunquid Dominus non habuit spatium operandi per diem? Frivola sunt hæc et puerorum ludo similia. Sed dicis : Nonne scriptum est, Domino jubente per Moysen : *Memento ut sanctifices diem Sabbati?* (*Exod.* xx.) Respondemus : Verum est quod Dominus præcepit in lege Sabbatum observari et hostias immolari, videlicet vaccam rufam, boves de armento, hircos et agnos, oves, etc. Sed his finem per prophetam imposuit, et finiri jussit. Vis audire per quem? Isaias in principio sui voluminis sic ait : *Quo mihi multitudinem victimarum vestrarum? dicit Dominus. Plenus sum. Holocausta arietum et adipem

pinguium et sanguinem vitulorum, et agnorum, et
hircorum nolui (Isai. ı). *Et post pauca : Ne afferatis*
ultra sacrificium : incensum vestrum abominatio est
mihi. Neomeniam et Sabbatum et festivitates alias
non feram. Kalendas vestras et solemnitates vestras
odivit anima mea. Facta sunt mihi molesta : labo-
ravi sustinens (ibid.). Inter alias festivitates Sabbatum connumeratum est. Ergo et hoc inter alias
reprobatum est a Domino. Ezechiel quoque sub
persona Domini sic ait : *Ego dedi eis præcepta non*
bona, et judicia in quibus non vivent (Ezech. xııı).
Quæ præcepta, vel quæ judicia nisi legis? Pro
nihi'o gloriaris in Sabbato, aut circumcisione, aut
cæteris legalibus observantiis, cum ea jam esse
reprobata a Domino per prophetas ostenditur. Osce
primus duodecim prophetarum ea reprobata fuisse
testatur, ita per eum dicente Domino : *Cessare*
faciam omne gaudium ejus, solemnitatem ejus, Neo-
meniam ejus, Sabbatum ejus et omnia festa, tempora
ejus et populi Judæorum (Ose. ıı). Michæas quoque
sic ait : *Nunquid placari potest Dominus in millibus*
arietum, aut in multis millibus hircorum pinguium?
(*Mich.* vı.) Necnon et David in Psalmo : *Audi, po-*
pulus meus, et loquar (Psal. xlıx). Et paulo post :
Non accipiam de domo tua vitulos, neque de gregi-
bus tuis hircos (ibid.) Et iterum : *Nunquid mandu-*
cabo carnem taurorum, aut sanguinem hircorum
potabo? (ibid.) His et aliis prophetarum assertionibus aperte monstratur legem et circumcisionem
fuisse datas ad tempus, quousque vos ad meliora
proveheret. Quæ est igitur ista præsumptio. quod,
lege finita, et Domino prohibente sacrificium ulterius immolari, aut Sabbatum celebrari, tu adhuc
otio vanitatis torpes in Sabbato? Reprobasse satis
probuisse est.

. Judæi superstitiosæ Sabbati observationis transgres-
sores. Duo pedum millia Sabbato ambulabant
Judæi.

11. Præterea qua fronte te asseris Sabbatum
observare, qui legem Sabbati minime tenes? Præceptum namque legis est, ut die Sabbatorum sedeat
unusquisque in domo sua, et non egrediatur, nec
ambulet de loco in quo habitat. Ergo lex Sabbati est,
ut in eo non ambules, neque stes, neque jaceas, sed
tautummodo sedeas. Si vel unum pedem extra limen
moveris, violasti Sabbatum. Aut præceptum obser
vabis et Sabbatum, aut maledicto subjacebis, quia
scriptum est : *Maledictus omnis qui non permanserit*
in omnibus quæ scripta sunt in lege (Gal. ıı). Unde
maledictus es, quia hanc legem minime custodien-
tem video te per omne Sabbatum vagari per vicos
. huc illucque discurrere. Et cum scriptum sit : *Me-*
mento ut sanctifices diem Sabbati (Exod. xx), tu in
hac parte legem infringis et Sabbatum, quia utrum-

que observare contemnis. Sed dicis Barachibas (2),
et Simeon et Helles (3), magistri nostri tradiderunt
nobis, ut duo millia pedes ambulemus in Sabbato.
Quæso te, qui sunt isti qui divinæ sententiæ præferuntur? vel cujus auctoritatis, ut magis eorum
definitioni credatur quam legi mandatorum Dei?
Non est hoc divinitatem colere, sed aperte Deum
offendere. Nam quis, ut de his loquar qui dominantur in populo, non doleret sibi præferri vel inferiorem? Deus præcepit ut sedeas, Barachibas suadet
ut ambules, non quantumcunque volueris, sed numero præfinito, videlicet duo millia pedes. O ridiculum! Nisi tecum magistrum habueris, qui men-
suras pedum diligenter annumeret, facile præscriptum numerum potes excedere et pervenire usque
ad tria millia. Vel si a domo tua duo millia reces-
seris, nonne in eodem loco quo punctum mensuræ
compleveris, stare vel sedere vel jacere cogeris, ne
magistri scriptam sententiam transgrediaris? Nam
si redire domi volueris, non erunt duo millia, sed
quatuor. Nam ulterius progredi non licebit. Quid
ergo : Aderunt forte Barachibas, Simeon et Helles,
ac te per cincinnum capitis apprehensum, sicut
quondam Angelus Domini portavit Habacuc, domi
restituent, ne falsam et imperitam protulisse videantur sententiam. Sed crede mihi, nusquam reperitur
scriptum in lege Judæum volitare debere per aera
in die Sabbati; sed in domo sua sedere, et non
egredi de loco in quo habitat. Hæc de vana observantia Sabbati et circumcisionis post Evangelium.
Transeamus ad reliqua.

Virginis partus in Genesi prædictus.

12. *Et ait Dominus ad mulierem : Cur hoc fecisti?*
Et illa : Serpens decepit me et comedi. Et ait Dominus
Deus ad serpentem : Maledictus eris, etc. (*Gen.* ıı)
Et post pauca : *Inimicitias ponam inter te et mulie-*
rem, et semen tuum et semen illius. Ipsa conteret
*caput tuum (ibid.).*Quis sit iste serpens optime nosti,
ille videlicet de quo præmissum est . *Et serpens erat*
callidior cunctis animantibus quæ fecerat Dominus
Deus (ibid.). Verum est , nihil eo callidius aut ver-
sutius in creaturis Dei ; quia, etsi felicitatem perdidit, non tamen naturæ subtilitatem amisit, de cujus
dolis et invidia in præcedenti tractatu locuti sumus.
Huic post perpetratam nequitiam qua genus humanum decepit, Deus sententiam maledictionis indixit,
ac majori pœna damnandum per victoriam mulieris
comminatus est , quia caput ejus conterendum per
semen mulieris esse prædixit. Et notandum diligenter quid secretius innuat ista sententia. De semine
mulieris et non viri processurum esse promittit,
per quod de serpente triumphet genus humanum.
Ergo id de muliere sine viro prædictum est. Felix
et gloriosa mulier ista, cui Dominus tantam potes-

---

(2) Barachibas , seu Achibas , unus fuit ex præcipuis doctoribus sectæ Scribarum, a quo etiam suas
traditiones maxima ex parte acceperunt, ut discimus ex S. Epiphanio, lib. ı *De hæresibus,* hæresi 15.

(3) Videtur legendum Sammai et Hillel, *ex quibus*

orti sunt Scribæ et Pharisæi, quorum scholam suscepit Achibas, *quem magistrum Aquilæ proselyti autu-*
mant, inquit S. Hieronymus lib. ııı in cap. vııı
Isaiæ, qui, ut idem paulo post subdit, *non multo*
prius quam et Dominus orti sunt in Judæa.

tatem se daturum esse promisit, videlicet inimicitiarum adversus eum exercere vindictam, simulque
beatum et benedictum semen parere, quod bello
inter humanum genus et adversarium finem daret,
per hoc quod caput ejus non tantum humiliaret,
aut vulneraret, sed ex toto contereret. Quænam putas
est ista mulier; aut quod est istud semen, quod non
est aliud quam filius mulieris? Sic enim dicitur :
Ipsa conteret caput tuum. Nos Latini legimus *ipsa,*
sed melius habetur in Hebraico *ipse conteret caput
tuum.* Quia his verbis datur intelligi quod mulier
esset filium paritura, qui caput diaboli et serpentis
antiqui, hoc est id quod in eo principale fuit, videlicet superbia qua generi dominabatur humano,
propria virtute comminueret atque contereret : sicque per mulierem inimicitias adversus eam habentem et per filium matris injuriam vindicantem proveniret homini lapso victoria, et seductori perditio
sempiterna.

13. Et notandum quod non dixit ad præsens inimicitias pono, sed illud in futuro promittens, *Inimicitias,* inquit, *ponam inter te et mulierem.* Non
ergo fuit Eva, quam jam subdole deceperat, quæ
tunc erat ; sed mulier longis post retro temporibus
nascitura. Quomodo, 'inquis, id probas? Quæso
diligenter attende, et Scripturæ veritatem ausculta;
neque enim propter me a vero declinabit auctoritas,
neque propter te mentiri volet solidissima veritas.
De Eva sic legitur : *Concepit et peperit Cain dicens.
Possedi hominem per Deum. Rursumque peperit
Abel* (*Gen.* IV). Quid hi duo egerunt Scriptura
manifestat apertius : Cain occidit fratrem, suum.
Nescio utrum hic dicere velis quod Abel, qui primus in ordine justorum est, diabolus 'et serpens
fuerit; ac per hoc quod eum frater occiderit, Domini
sententiam esse completam qua dicitur : Semen
mulieris conteret caput tuum. Sed hoc falsum est,
quia scriptum est : *Respexit Dominus ad Abel, et ad
Cain, et ad munera ejus non respexit* (*ibid.*).

Quia serpens Evam seduxerit.

14. Si objeceris de hoc serpente reptili quod quotidie movetur in terra id esse dictum : et hoc utique
falsum est. Nam quomodo serpens loqui potuit, qui
nunquam loquendi usum accepit? Non, inquis, serpens locutus est, sed diabolus in serpente. Hic te
oportet ut doceas quomodo in aliquam creaturam
intrandi ante peccatum hominis diabolus potestatem
acceperit, cum Scriptura testatur : *Vidit Deus
cuncta quæ fecerat, et erant valde bona* (*Gen.* I).
Num/solum hoc reptile malum fuit inter cuncta
quæ Deus fecit? Sed *erant valde bona.* Ergo et hoc
bonum inter cætera bona. Dic mihi, quomodo potuit
bonum malus induere, vel per bonum effectum iniquitatis implere? Absit hoc a summo bono Deo, ut
creaturam innocentem, et adhuc minime lædentem
a maligno spiritu assumi permitteret, aut bonum a
malo possideri concederet ad hominem decipiendum, quem bonum ipse creaverat! Quare ergo,
Inquis, dictus est serpens? Propter mortis aculeum,

propter malitiæ venenum et nocendi desiderium.
Non itaque de hoc reptili contereudo, quod vix novit
insidias declinare, quamvis in natura venenosum
sit, Dei procedit comminatio ; sed de illo qui callidior est cunctis animantibus quæ fecit Dominus
Deus. Et ut cætera brevi sermone concludantur,
quidquid mali esse potest, in eo est. De hoc conte-
rendo sive damnando sermo Dei est. Et quamvis
ipse spiritus subtilis naturæ sit, nihilque commune
habeat cum carneis membrisque corporeis, ab homine tamen in carne vivente conterendus esse prædicatur a Domino, qui ait : *Ipse,* id est semen mulieris, *conteret caput tuum* (*Gen.* III). Quid est semen
mulieris, quod masculus masculino genere præ-
signatur cum dicitur *ipse,* nisi homo? Et quomodo
potest homo qui carne vestitur, quam Deus promisit de spiritu incorporeo vindictam assumere? Nunc
tuum est mulierem et filium ejus ostendere, cum
non possis de Eva quod hæc eadem ipsa sit, amplius disputare. Discute quinque librorum Moysi
voluuina, necnon et Ruth, Judicum et Esther, Isaiæ
et duodecim prophetarum, Ezechielis, Danielis et
Jeremiæ, et Baruc, etc. In his omnibus non reperies
aliquam filium peperisse qui de spiritu incorporeo
perfectam victoriam obtinuerit, nisi ad illam redie-
ris quæ nostra est, olim tua in tribu Juda, modo
nostra in Dei misericordia. Quod si hanc eamdem
esse negaveris, scito te prophetarum assertionibus
tanquam funibus, validissimis esse ligandum. Non
poteris huc illucque divertere, quia circumdabunt
te inimici tui vallo sententiarum, circumdabunt te
'et coangustabunt undique prophetiæ veritate super-
andum. Igitur nos, auxiliante Domino Deo omnipo-
tente, proferamus adversum te ea quæ negare non
poteris, nec quibus valebis versutis disputationibus
obviare. Hic per semen mulieris victoriam esse venturam Deus asseruit, cui in hoc loco non potes
resistere. Eodemque benedictionem cunctis gentibus
profuturam esse promisit, ubi ad Abraham locutus
est : *In semine tuo benedicentur omnes gentes* (*Gen.*
XVIII).'

Christus Abrahæ semen in quo benedicentur omnes gentes.

15. Non est aliud semen, sed idem. Nam si per
unum victoria de diabolo, et per aliud cunctis gentibus proveniret benedictio, duo profecto essent,
cum non sit aliud hoc loco gentes benedici, quam a
potestate diaboli liberari. Quod ipse Dominus sua
sententia destruit, dicens : *Ipse conteret caput tuum*
(*Gen.* III), et non ipsa. Ergo idem est semen per
quod in primis promissa est victoria, per quod et
Abrahæ dicitur benedictio cunctis gentibus tribuenda. *In semine,* inquit, *tuo.* Non in multitudine
Judæorum, ut tu asseris, sed in uno qui de ejus
semine esset, et non in pluribus. Nam si volueris
hoc verbum multitudini Judæorum ascribere, dic
mihi, ubi unquam per Judæos omnes gentes benedictionem acceperint. Quod cum non poteris invenire, nobiscum quod adoramus adorare debes, et

credere. Divinum aliquid et ultra quam humana
natura cognosceret in hoc ejus semine futurum
intellexit, ubi ad servum suum loquitur : *Pone
manum tuam super femur meum, et jura per Deum
cœli* (*Gen.* xxiv). Quid sibi vult femur Abrabæ ad
Deum cœli? Vel quæ est ista comparatio femoris
ejus et Dei? nisi quia per semen, id est carnem ejus
benedictionem daret superna divinitas, et non tantum per carnem, sed in carne, sicut ipse Dominus
ait : *In semine tuo. In Isaac*, inquit, *vocabitur tibi
semen* (*Hebr.* ii); nōn tamen ipse Isaac illud semen.
Alius ergo quam Isaac requirendus est, per quem et
in quo benedictio gentibus mitti debeat. Quis est
iste tantus ac talis de semine Abrahæ nasciturus,
per quem et in quo benedictio divinitatis universo
mundo refulgeat? Alium respondere non poteris, nisi
illum quem David testatur esse, dicens : *Dominus
dabit benignitatem* (*Psal.* lxxxiv). Si in carne de
stirpe Abrahæ danda est cunctis gentibus benedictio, et non alius sit eam daturus quam ipse Dominus, neque caro Abrahæ sine Domino in ea præsente
eam dare poterit, neque Dominus, ut verum sit
quod promisit, dabit eam nisi præsens in carne,
quia homo quamvis de semine Abrahæ per se
benedictionem divinam cunctis gentibus dare non
posset, nisi Deus, qui est ipsa benedictio, præsens
in carne maneret. Sed quomodo Deus et caro, id est
Deus et homo, unam benedictionem darent, nisi
quodammodo unum essent? Nullus potest universo
mundo benedicere nisi Deus, nec juxta promissum
Dei debet nisi homo. Ergo dabit eam Deus homo.

16. Et hoc probat apertius in præcedenti psalmo,
dicens : *Benedictionem dabit legislator* (*Psal.* lxxxiii),
hoc est benedictionem dabit qui legem dedit. Ibunt
illi quibus eam dederit de virtute in virtutem, hoc
est de bono per mandata legis habito in melius,
quod erit ipsa benedictio quam dabit ipse Deus; et
ideo de virtute in virtutem (*ibid.*), id est a lege
bona transibunt in gratiam meliorem, quia videbitur ipse Deus deorum (*ibid.*) oculis carnis et aspectu
corporeo in Sion, hoc est in ipsa civitate Jerusalem. Hæc eo sensu dicimus quo tua est refellenda
perfidia, non quo auctoritas Ecclesiæ roboranda.
Et est considerandum attentius quis sit ordo verborum. Post legem datam benedictionem esse dandam
affirmat, per quam illi proficiant de bono in melius
qui visuri sunt ipsum Deum in Jerusalem. Virtutum alia superior, alia inferior. Num quia Deus se
videndum promittit in terra, ideo illi qui eum visuri sunt ibunt de superiori ad inferiorem? nequaquam; sed de bono ad meliorem, hoc est de lege
ad gratiam, si ille qui legem dedit vel legislator
benedictionem dabit, et ideo ituri sunt electi de
virtute in virtutem, unde, vel quo, nisi de lege
prius data in benedictionem post legem dandam?
Sed et causam cur fiat hæc mutatio dexteræ Excelsi, consequenter adnectit. *Videbitur*, inquit,
Deus deorum in Sion. Ecce quid sit illa benedictio
sacrificio melior et lege fructuosior. Ipsa Dei visio,

A qua videri possit ab homine in Sion, id est in Jerusalem, velis nolis, qui respuis doctrinam Ecclesiæ et omnia vis interpretari ad litteram secundum
tuam interpretationem stabit ista sententia.

*Deus in carne oculo ad oculum videndus. Angeli ho-
minibus quomodo apparuerunt.*

17. Testatur hoc Isaias apertius ubi ait: *Propter
hoc sciet populus meus nomen meum in die illa, quia
ego ipse qui loquebar ecce adsum* (*Isa.* lii). Hoc est
qui loquebar in lege per Moysen et prophetas, nunc
ego ipse præsens sum. Et post modicum : *Oculo ad
oculum videbunt, cum converterit Dominus Sion* (*ibid.*)
Quid est oculo ad oculum videre Dominum conver-
tentem Sion? Num Deus potest in sua divinitate
sicut est videri ab homine? Certe ipse ait ad Moy-
B sen : *Non videbit me homo et vivet* (*Exod.* xxx), et
tamen oculo ad oculum videndus esse prædicitur
in Jerusalem cum converterit eam. Oculo ad oculum videri non potest nisi quod corpus est; et quod
corpus est, videri, sentiri et palpari potest. Si verum est juxta prophetam quod Dominus oculo ad
oculum videndus sit in Sion, et ipse Dominus in
sua divinitate ab homine mortali videri non potest,
vel sic vel alio modo videbitur; sed non in divinitate. Ergo in corpore, et non in quolibet aereo vel
phantastico, sed humano. Angelos, inquit, sæpe viderunt Patres, non tamen ipsos angelos homines
effectos. Nos hoc nequaquam negamus, sed aliud
est angelum ad horam corpore assumpto ex aere
C nutu et voluntate Dei apparere hominibus, aliud
ipsum Dominum per prophetas præsentiam propriam
promittentem ad effectum promissa perducere,
et sermonem opere veritatis implere. Si angeli apparuerunt Abrahæ, Lot, Moysi, Josue, Balaam et
Manue, non tamen apparuerunt in carne, sed in
corpore assumpto ex aere. Dominus autem non sic.
Quoniam si creatura sumatur ab alia, præceptum
vel promissio Creatoris est. Non id quod semel
assumitur semper sic manet, sed ad horam; quia
neque angelus aer, neque aer angelus esse potest :
quod vero a Deo assumitur, Deus est; quia nihil
in Deo quod non sit Deus.

*Deus visibilis apparere non potuit nisi in carne hu-
mana.*

D 18. Cum itaque Deus se visibilem inter homines
venturum esse promittit, quæro a te utrum per
rationalem an irrationalem creaturam videndus sit?
Non es tantæ dementiæ ut dicas illum qui summa
ratio est in se aliquid irrationale assumere. Inter
omnes creaturas nihil rationale nisi homo et angelus; et quoniam angelus spiritus invisibilis est, ab
omni ratione penitus est alienum. Deum invisibilem
per aliud invisibile visibilem affirmare. Quid ergo?
vel visibilis apparebit in homine, vel non poterit
oculo ad oculum videri, juxta quod propheta de eo
divinitus inspiratus asseruit. Si necesse est Deum
videri per hominem ut sermo prophetarum impleatur, non erunt utique duæ, sed una persona Deus
et homo. Sed nunquid Sion dicet homo? poteritne

credere Deum esse hominem? Et quare non credet?
Homo natus est in ea. Quis? *Ipse* qui *fundavit eam*
(*Psal.* LXXXVI). Homo tantum? Non, imo Altissimus
qui fundavit eam ut Deus antequam nasceretur in
ea. Ergo una persona Deus et homo. Nam per id
quod in Sion natus asseritur, homo esse probatur.
Per id quod ipse in ea natus est, fundator ejus et
Altissimus prædicatur, Deus esse manifesta ratione
declaratur. Quis enim Altissimus nisi solus Deus?
vel quis potest aliquid fundare vel operari antequam fiat homo, nisi ille qui est ante omnia? Non
potes hic tergiversari, nec diverticula quærere, quia
nihil apertius hac veritate quæ per prophetam insonuit. Nam ipse qui homo est et natus est in Sion,
idem ipse, quia homo natus est et Altissimus est,
Deus est. Prius Altissimus quam homo, Deus antequam natus; fundavit Sion, et non tantum quæ
sunt in circuitu Jerusalem, sed omnia quæcunque
creata vel facta sunt creavit et fecit priusquam
homo nasceretur in Sion : *Homo*, inquit, *natus est
in ea, et ipse fundavit eam Altissimus.* O insigne
miraculum ac vehementer Judæo stupendum! Altissimus homo natus asseritur, et erat fundator Sion
quam nativitatis ejus tempus adveniat. Deus antequam sit homo, et post nativitatis ejus impleta mysteria Deus et homo.

19. Respondebis hoc in Hebræo non haberi. Visne
tibi Hebraicum sermonem disseramus? In quo sic
continetur : *Ad Sion dicetur vir, et ipse natus est
in ea, et ipse fundavit eam Excelsus. Dominus dinu-
meravit scribens populos, ipse natus est in ea* (ibid)
Audi modo attentius : *Ad Sion dicetur vir.* A quo? a
Zacharia propheta, qui ait : *Ecce vir oriens nomen
ejus* (*Zach.* VI). Quid de viro isto futurum est? *Ipse,*
inquit, *natus est in ea* ; ac ne simpliciter solummodo
virum intelligas, sequitur : *Ipse fundavit eam Excelsus.* In Hebraico et in Latino idem sonat solidissima veritas. Hæc ipse Dominus narravit, quia
prædixit in scripturis populorum, a quibus est illud
poeticum :

        Jam nova progenies cœlo demittitur alto.

                              (VIRG. *Eglog.* IV.)
Et Sibylla vaticinando sic ait :

        E cœlo rex adveniet per sæcla futurus,
        Sdlicet in carne præsens ut judicet orbem.

Jeremiæ locus de partu Virginis expenditur.

20. Hoc de scripturis populorum. Nunc principum horum qui fuerunt in ea quorum unus Jeremias sic ait : *Faciet Dominus quoddam novum super
terram; femina circumdabit virum.* Vere novum et
inauditum feminam absque virili opere gestare virum in utero. Nam eo tempore feminam de viro
concipere novum esse non potuit, quia jam usu tali
ab initio sæculi hucusque processit humana conditio. Sed novum quid a Domino faciendum nihil aliud
est quam aliquid facere quod nunquam antea fecit.
Alioquin novum esse non posset, si illud idem antea
fecisset. Feminam circumdare virum nescio quid
esse potest, nisi virum totum includi a femina, non

ut solet amplexu et osculo, neque enim id novum
est; sed ita circumdari, ut sit vir totus in femina,
id est masculus conceptus in utero; sed nec ita
novum quid erit, quia cunctis retro sæculis usita-
tum. Ergo ut novum sit quod vir concipiatur a femina, debet ordinis usus et naturæ consuetudo mutari, ut videlicet vir sine viro procedat ex femina;
et post novum conceptum appareat singularis et
inusitata nativitas. Quoddam, inquit, novum non
tantum virginem virum sine viro concipere, verum
etiam virginem parere. Virginem, inquit, vis esse,
quia feminam dixit, audi : Omnis virgo feminei
sexus est femina, non omnis femina virgo. Quare
si feminam dixit, non ideo virginitatem exclusit.
Præterea sicut novum est virginem sine viro concipere, ita novum est virginem sine peccato parere.
Hoc novum, quia ipse Dominus fecit, fuit ultra naturam. Si femina peperit quæ tempore pariendi
virgo non fuit, non est hoc novum, neque miran-
dum; quotidie enim videmus quid simile fieri. Ecce
non potest esse novum sive mirabile quod facturus
est Dominus super terram, videlicet feminam circumdare virum, nisi virgo concipiat et virgo pariat.
Nam feminam non virginem concipere sive parere,
novum esse non potest.

Michææ prophetia de loco nativitatis Christi

21. Michæas propheta inter cætera quæ Spiritus
sanctus per os ejus insonuit, de hoc viro et ejus
nativitate sic ait : *Et tu Bethlehem Ephrata, parvulus
es in millibus Juda. Ex te enim exiet qui sit Dominator in Israel; et egressus ejus ab initio a diebus
æternitatis. Propter hoc dabit eos usque ad tempus in
quo parturiens pariet* (*Mich.* V). Hunc virum nasciturum et ejus nativitatis locum propheta manifeste
pronuntiat, illum videlicet qui sit Dominator in
Israel. Ac ne putes eum non fuisse antequam homo
fieret, consequenter adjungit : *Et egressus ejus ab
initio.* Num ab initio temporali? Non, sed *a diebus
æternitatis*, hoc est ab æterno. Et tanquam aliquis
vellet ab eo subtilius indagare quid fieret de populo
Israel : *Dabit eos,* inquit, *usque ad tempus in quo
parturiens pariet.* Quod est apertius dicere : Dabit
eos, id est Judæos, ut sint cæremonias legis et sacrificia celebrantes, non semper, sed usque ad tempus in quo parturiens pariet illum qui sit dominator, non tantum in Israel, sed in toto orbe terrarum. Et egressus ejus ab initio est, et *a diebus
æternitatis*, quia æternus ab æterno est. Propter
quod, quia ita futurum est, sustinebit Dominus
populum Judæorum usque ad tempus quo pariat
filium illa cujus partus signum est singulare vocationis gentium et abjectionis populi Judæorum. Pariet enim filium qui est ab initio et a diebus æternitatis. Quo tempore non omnes convertentur, sed
reliquiæ fratrum ejus, id est mulieris vel filii sui,
qui frater est Judæorum secundum carnem, hoc
enim sequitur : *Reliquiæ fratrum ejus convertentur
ad filios Israel.* Hoc est qui eo tempore credent ea
quæ modo pronuntio, illum videlicet qui æternus

est, et ab initio natum in Bethlehem, et Dominum dominatorem in Israel, qui non erunt omnis populus, sed reliquiæ populi tantum, illi convertentur fide et opere ad filios Israel, qui erunt de reliquiis patris sui Jacob intelligentes illud esse completum in ipso quod ait Moyses : *Benedictio illius qui apparuit in rubo veniat super caput Joseph, et super verticem Nazaræi inter fratres suos (Deut. xxxiii).* Convertentur itaque ad eum tanquam ad dominatorem et doctorem in Israel, qui Deus erit, quia ab æterno est; et homo erit quia nascetur ex Virgine. Quo veniente quid erit agendum, procedat Osee primus in duodecim prophetis, et dicat quid eo tempore quo parturiens pariet, nos oporteat agere.

Dominus quo tempore requirendus.

22. *Tempus*, inquit, *requirendi Dominum, cum venerit qui docebit vos justitiam (Ose.* x). Ordo verborum hic est : Tunc erit tempus requirendi Dominum cum venerit, cum præsens fuerit inter vos, tempus opportunum habebitis requirendi eum super his quæ pertinent ad salutem. Et quid facturus est? *Docebit vos justitiam.* Non illam tantum quæ in lege est, quam hucusque didicimus, sed illam quæ sufficiens erit ad salutem. Tunc vere tempus erit in quo splendebit doctrina justitiæ, quia ille talis ac tantus dominator et dominus, ille, inquam, per se, non per alium docebit justitiam, quæ servata prosit ad vitam, contempta demergat ad pœnam, et ideo tempus requirendi Dominum, cum ipse post prophetas Dominus venerit.

Divinitas Christi ex variis ejus nominibus asseritur.

23. Sequitur Joel et his verbis sensum præcedentis prophetæ affirmat. Ait namque : *Filiæ Sion, exsultate, et lætamini in Domino, quia dedit vobis doctorem justitiæ (Joel.* ii). Quem Isaias *Dominum* vocat, David *Hominem* et *Altissimum*, Jeremias *virum novum*, Michæas *dominatorem*, Osee *Dominum*, Joel *justitiæ* doctorem nominat, filiasque Sion exhortatur ad lætitiam et exsultationem, eo quod talem eis Dominus dederit, qui justitiam doceat verbo et opere, talisque doctor habeat discipulos exsultantes in lætitia et exsultatione. In his omnibus quid aliud nisi Deus homo prædicatur? Modo *Dominum* vocant ut Isaias, modo *virum* et *hominem* ut Jeremias, *loquentem* et *docentem* ut Joel, *natum* et *conceptum* ut David. Unus est omnium sensus et una sententia, quia unus fuit in omnibus spiritus et una fides.

Prophetia Amos de Christi adventu.

24. Amos propheta postquam minas Domini contra vaccas pingues quæ erant in monte Samariæ subtili sermone descripserat, de adventu Domini et Salvatoris hoc modo subjunxit, dicens : *Postquam autem hæc fecero tibi, præparare in occursum Dei tui Israel; quia ecce formans montes, et creans ventum, annuntians homini eloquium suum, et gradiens super excelsa terræ, Dominus Deus exercituum nomen ejus (Amos* iv). Est itaque sensus verborum, o tu Israel, postquam hæc omnia sustinueris, quæ Dominus

comminatur, scito pro certo quod ipsemet sit venturus in proximo; et ideo præparare quatenus talis sis qui tanto Domino possis occurrere. Præparare non in adventum prophetæ vel angeli; sed in occursum Dei tui, qui te creavit et fecit. Occurret itaque tibi Deus, quia ecce formans montes et creans ventum, annuntians homini eloquium suum, ut ipse loquatur homini sicut loqui solet homo ad amicum suum. Nequaquam de cœlo vel in nebula sicut locutus est Moysi et Salomoni, sed ipse gradiens super excelsa terræ, juxta David qui ait : *Justitia ante eum ambulabit, et ponet in via gressus suos (Psal.* lxxxiv). Ibit ut homo, loquetur ut homo, inter homines conversabitur, et in terra videbitur.

De libro Baruch.

25. Tuum, inquis, est hoc, qui prophetas exponis ad libitum. Respondeo : Nec mihi, nec tibi sit, sed dividatur in partes. Quod dixi ibit ut homo, non est meum ; sed David qui ait : *Ponet in via gressus suos*; loquetur ut homo, est Isaiæ qui de Domino loquens, ait : *Ego ipse qui loquebar, ecce adsum (Isa.* lii). Baruch notarius Jeremiæ prophetæ, quamvis idem liber apud vos non habeatur in canone, sic ait de Domino : *Hic invenit omnem viam disciplinæ, et dedit eam Jacob puero suo, post hæc in terris visus est, et cum hominibus conversatus est (Baruch.* iii). Cernis me nequaquam propria voluntate seductum in contrarium extorquere sententias, sed, ut a prophetis prædictæ sunt, in lucem exponere? Proba, si potes, hæc ita non dixisse prophetas, et ego mei erroris veniam deprecabor.

Christus ad gentes legatus.

26. Procedat Abdias propheta, et quid super his cum choro prophetarum audierit proferamus. *Auditum*, inquit, *audivimus a Domino, et legatum ad gentes misit (Abd.* i). Dicit non solum se, sed omnes prophetas audisse a Domino, quod legatum ad gentes mitteret. Legatus vices illius supplere solet a quo missus est, quodcunque præceperit aut statuerit, tanquam ipse dixisset qui misit, fixum ac stabile perseverat. Quis est iste legatus, qui missus a Domino Judæum postponit, et ad gentes ingreditur? quod ejus propositum vel mandati executio? Profecto ut reminiscantur et convertantur ad Dominum universi fines terræ. Hoc est ejus propositum, et hoc mandatum Dei expressum, quod unus post prophetas cunctis gentibus nuntiavit. Quis est, inquis, ille de quo loqueris? Universus orbis, imo gentes ipsæ respondeant quis ille sit quem jamdudum missum a Domino receperunt ut Dominum. Ipsæ sibi testes sunt, quod prophetia rei veritate completa est ; sed et Jonas (cap. i) prophetia qui recessit a Judæa ut pœnitentiam Ninive prædicaret, ostendit aperte quod ista legatio, repulsa Judæa, transmigraret ad gentes, unde et difficultates itineris ac in ventre ceti angustiæ tenebrosæ, necnon et hedera quæ caput ejus operuit et orto sole exaruit,

in figura illius contigerunt, quem in his præsignavit
operibus.

*Michææ prophetia de Domini passione et eversione
Jerusalem.*

27. Michæas de quo superius dictum est, sæpius
de Christo ministeria [f. mysteria] manifestat. Nunc
de ejus nativitate, sicut prædictum est, ac passione ejus commemorat, ut ibi : *Nunc vastaberis,
filia latronis. Obsidionem posuerunt super nos, in
virga percutient maxillam judicis Israel* (Mich. v).
Ad Judæam et Jerusalem loquitur, et utrisque nomen unum imponit : *Filia*, inquit, *latronis;* non
Dei, sed diaboli, nunc vastaberis : tempus erit in
proximo, quo Romano veniente exercitu depopu-
laberis, et fere redigeris ad nihilum. *Obsidionem
posuerunt super nos,* quod non est aliud quam ab
ipsis obsideri Romanis; et quare causa tantæ vastationis adveniat, subjungit : *In virga percutient
maxillas judicis Israel.* Quomodo hoc completum
sit, nullus qui passionem Domini legit ignorat. Dicit Jerusalem obsidendam, et post obsidionem penitus esse vastandam, eo quod percussit maxillam
judicis Israel, qui est Christus.

De prædicatione Evangelii.

28. Nahum propheta post descriptam ejus ever-
sionem, Evangelium Christi toto orbe prædicandum
manifeste prænuntiat ita dicens : *Ecce super montes pedes evangelisantis et annuntiantis pacem* (Nahum 1). Unum insinuat qui evangelizet, hoc est
evangelium primus prædicet, et annuntiet pacem
quæ futura sit, non inter Babylonem et Judæam,
sed inter Deum et hominem. Et pedes ejus super
montes stare dicit, quod nequaquam de puro homine valet intelligi. Possibile namque est hominem
super unum montem stare ; sed quod divaricatis
pedibus stet super duos non video, neque id intelligi voluit ille qui scripsit. Quis ergo poterit hic
esse de quo loquitur nisi Deus, qui nutu et voluntate sua montes et colles instituit? Cujus pedes
ideo super montes stare dicuntur, quia quotquot
prophetæ sive magistri in lege fuerunt, qui propter
ejusdem divinæ legis scientiam et alta virtutum insignia montes appellati sunt, illo inferiores sunt ;
cujus evangelium tanto excellentius eminet, quanto
perfectius pacem hominibus datam insinuat. Si
non recipis hoc esse dictum de Christo, manife-
festa nobis quis ille sit qui supra montes ad litteram statum habeat, et per evangelium pacem
annuntiet. Magis enim volo de tuo mucrone perfodi, quam mea sagitta quasi puncto vulnerari.

Prophetia Habacuc de Christi adventu.

29. Sequitur Habacuc et Christum in sæculi fine
venturum ostendit, ita dicens : *Super custodiam
meam stabo, et figam gradum super munitionem, et
contemplabor ut videam quid dicatur mihi* (Habac.
II). Querimoniam fecerat in principio voluminis
sub persona populi clamantis ad Dominum, ac juxta
morem humanæ impatientiæ cum Domino dispu-

tare cupierat, causatus cur pateretur Nabuchodonosor aggravare jugum captivitatis super populum
suum, et non potius redderet impio juxta impietatem suam, et justo juxta justitiam suam, ita dicens :
*Usquequo, Domine, clamabo et non exaudies ; voci-
ferabor vim patiens, et non salvabis ? (Habac.* I.)
Cui Dominus tanquam ad interrogata respondit :
*Quia ecce ego suscitabo Chaldæos gentem amaram
super latitudinem terræ,* etc. (ibid.). Cui primæ
causationi respondit Dominus,' et quæ esset causa
plenius est exsecutus in partibus. Ideo, inquit, non
misereor super Judam et Jerusalem, quia ad hoc
suscitavi Nabuchodonosor ut propter peccata populi civitatem et templum incendat, ac ultionem
meam experiantur qui contempserint me. Quod
propheta cognoscens tanquam super temeraria in-
quisitione pœnitens, temperat quæstionem sic a
proposito resilit, nequaquam de cætero Dominum
ad deceptionem provocans, cur hoc vel illud faciat,
sed divina secreta soli divino judicio derelinquens,
quid in se reversus sit acturus in posterum prophetica voce subjungit : *Super custodiam meam stabo*
(Habac. II). Et est sensus : In sublimitate prophetiæ meæ constitutus a Domino, diligenter attendam
quid divina revelatio mihi pronuntiet ac proferre
præcipiat. *Figam gradum super munitionem (ibid.),*
in ipso qui firmus et immutabilis est tota mentis
intentione perseverabo, et contemplabor in illo
tanquam in specula, ut videam quæ futura sunt
longis post retro temporibus, quid dicatur mihi
super his quæ complebuntur in tempore suo. *Et
respondit mihi Dominus et dixit : Scribe visum, et
explana eum super tabulas, ut percurrat qui legerit
eum ; quia adhuc visus procul, et apparebit in finem
et non mentietur. Si moram fecerit, exspecta eum
quia veniens veniet, et non tardabit (ibid.).* Propheta
secum deliberante et ex diuturna deliberatione
sententiam tandem proferente quid ageret, ad hoc
totum suæ contemplationis defixit intuitum, ut in
sanctitate perseveraret, et merito sanctitatis audiret quæ Dominus post tristia læta promitteret, quæ
futura prædiceret. *Et respondit mihi,* inquit, non
qualiscunque, sed Dominus. Respondit non ut meæ
disputationi quam superius sub persona populi
proposueram, sed mihi, mecum in corde meo co-
gitanti quid agerem, quæ futura prædicerem. Et dixit, quia pretium futurorum instituit : *Scribe visum,*
non quod in corpore, sed in mente vidisti. Et quis
est iste visus? Stetit in custodia, ut omni diligentia servaret cor suum. Fixit gradum super munitionem, ut in proposito perseveraret, ac dignus
haberetur indignatione divina noscendi cœleste secretum, et loquendi futura de Christo mysteria.
Et explana eum super tabulas. Non tantum more
prophetali per figuras et ænigmata scribes quæ me
permittente vidisti ; sed explana visum, hoc est
manifeste pronuntia , ut non sit necesse lectori
propter lectionis difficultatem doctores adire ; imo
celeri intellectu percurrat qui legerit cum, et sta-

tum fiat credulus, quia qui legerit et incredulus
fuerit, non erit anima ejus recta in ipso. Ilic, Judæe, manifeste damnaris, quia legis et non credis : *Si moram fecerit, exspecta eum.* Si moram fecerit quadringentorum et nonaginta annorum (tot
enim anni juxta rationem annorum lunarium computantur a tempore quo templum reædificatum est
sub Esdra et Nehemia usque ad Christum), o propheta, ne desperes minime posse promissum impleri; sed *exspecta eum,* quem tu vides in spiritu
venturum in carne, quia *veniens* non in phantas-
mate, sed vere *veniet;* et quamvis videatur sub
præscripti temporis spatio differre præsentiam ,
non tardabit quin tempore constituto promissus
adveniat. Et hoc quidem signum. Qui incredulus
est eo tempore quo hæc fierent, non erit anima
ejus recta cum ipso, quia legis prævaricator exi-
stet, me dicente per Moysen : *Ipsum audietis tanquam me, et si quis illum non audierit, delebitur
anima illa de populo suo (Gen.* xvii).

30. Hæc de Habacuc quantum ad litteram. Sed
quæris ubi iste visus explanatus sit a propheta. Respondemus quod in consequenti scriptura quæ intitulatur *Oratio Habacuc,* non tantum visum, hoc
est quod vidit explanavit, sed manifeste tanquam
bonus auditor exposuit : *Domine ,* inquit, *audivi* in
spiritu prophetiæ *auditum tuum (Habac.* iii) tanquam tenuis auræ sibilum. Suave quidem admodum
et lene est quod auditur a Domino ; *et timui* cognoscens et prævidens quæ facturus sis. Obstupui tanto
miraculo, et timui illud scribere digno minus eloquio. At quia tuum propositum impleri necesse est,
o Domine, *Opus tuum* sit ; et hoc oro, ut sit juxta
beneplacitum voluntatis tuæ, tempore præfinito, hoc
est *in medio annorum.* Eo tempore impleatur sermo
tuus, Domine, quo Veteri Testamento finito cum
annis sub lege transactis, vel ante legem, succedant anni de quibus locutus es : *Cogitavi dies antiquos, et annos æternos in mente habui (Psal.* lxxvi).
Et alibi : *Feriam vobiscum pactum sempiternum misericordias David fidelis (Jer.* xxxii). Et iterum : *Ecce dies veniunt, dicit Dominus, et disponam testamentum domui Juda (Amos* viii), non secundum testamentum quod dedi patribus eorum. Ergo in medio
duorum testamentorum, hoc est in fine præcedentis
et in initio subsequentis, quando hoc medium annorum inter duo tempora fiet. Vivifica, Domine, illud opus tuum, quod superius jussisti explanari
in tabulis et apertius scribi. Certus itaque de futuris effectus, non orando sed prædicendo prosequitur : *In medio annorum notum facies (Habac.* iii).
Tunc sine omni ambiguitate quod modo promittis,
quando illud medium erit quod dividet inter duo,
videlicet inter testamentum quod dedisti patribus
nostris, et testamentum quod te daturum promittis
multum a primo diversum, ac tunc *cum iratus fueris,* quia propitiatio fiet per unum cunctis, *misericordiæ recordaberis (ibid.).* Non erit amplius necesse oculum pro oculo, vel dentem pro dente resti-

tuere; quia ejus qui in te est populi misereberis,
videlicet credituri, et severitatem legis gratiæ misericordia temperabis. *Misericordiæ recordaberis,* illius
videlicet quam primus homo peccando perdidit, cujus tantopere videris oblitus, dum reddis iratus
quod juste meremur, et subtrahis jure miserantis
affectum usquequo tempus veniat miserendi, et illud opus tuum fiat quod audivi, quod quia terribile
et sanctum est, timui videns in spiritu modum quo
illud impleri disponis. Quod quia jussisti scribi
apertius et explanari in tabulis, libenter implebo jubentis officium, ac illud opus tuum diligenter expo-
nam manifestis indiciis.

31. Audite, tribus et linguæ, gentes et populi,
quæ Domino jubente prænuntio. *Deus ab austro veniet, et sanctus de monte Pharan (ibid.).* Ilic est visus quem mihi ostendit Dominus, et explanare jussit. Hoc opus ejus quod audivi et timui, quod vivifi-
candum et notificandum est in medio annorum, hoc
est in illo tempore quo lex finem accipiet et gratia
sumet initium. Ac ne vobis veniat in ambiguum quo
tempore visus adimpleatur, et opus Domini veniat;
nunc vobis prædico, sicut prædixi, quod fiet in medio, annis veteris Instrumenti succedente gratuita
misericordia, et cessante ritu sacrificiorum. Opus
Dei jam venisse ipsa rei veritas comprobabit, quod
non erit aliud quam veniens ipse Deus. *Ab austro
veniet,* ut visus explanetur ad litteram, de Bethlehem consurget, quæ ad austrum sita est, quia in ea
nascetur juxta Michæam qui ait : *Ex te exiet quasi
dominator in Israel (Mich.* v). Qui idem est et non
alius *Sanctus de monte Pharan* qui mons vicinus est
monti Sinai, a quo idcirco venire dicitur, quia non
tantum ut temporalis et natus surget ex Bethlehem,
sed tanquam æternus qui legem dedit in monte Sina, et Moysi locutus est facie ad faciem. Vel Deus
ab austro sive a meridie, qua hora lux diei clarior
est, veniet, ab illo scilicet qui lucem habitat inaccessibilem, et sanctus de monte, de sublimitate
cœlorum, juxta David qui ait : *A summo cœlo egres-
sio ejus (Psal.* xviii), qui Os et Verbum Patris est,
cuncta videntis et regentis. Pharan quippe interpretatur *os videntis.* Et recte de Pharan venire dicitur,
quia Verbum procedit ex ore Altissimi. Ab austro
ergo secundum quod temporaliter natus est, venire
dicitur, et de monte Pharan, quia æternaliter ex
ore cuncta videntis Altissimi Patris procedit æternus.

32. Fortassis nimius fuerim in unius expositione
capituli, et lectori fastidium generans. Iteremus ergo quæ dicta sunt, et quid Judæus audire rogatur
breviter replicemus. Dixerat superius se super custodiam suam stare, et figere gradum super munitionem, ut contemplari posset et videre quid sibi diceretur : responsumque est illi a Domino atque
præceptum ut scriberet et explanaret in tabulis ; at
ille prosecutus jubentis imperium, hanc explanationem dedit, quod opus Domini in medio annorum notum faceret. Quid, amice, contendis? Aut hic pro-

pheta, ut Domini præcepto pareret, visum explana- A imis ascendat ad superos. Hæc est abscondita forti-
vit, insinuando tempus et locum ; aut cuncta reli-
quit obscura, et tanquam inobediens Domini voluntatem implere contempsit. Sed ipse sibi testis est in
hoc versu quod imperata peregit. Nam docet aperte
quod in medio annorum Christus, qui et Deus, adveniet. Qua ratione, inquis, visum ad Christum re-
fers, et medium annorum ad ejus adventum? De
Christo respondemus in primis, quod hoc propheta
præter Isaiam nemo prophetarum apertius Christi
nomen insonuit. Ait namque : *Exsultabo in Deo Jesu
meo* (*Habac.* iii). Sed et ea quæ de hoc nostro Jesu
futura erant, videlicet passionem et mortem clara
voce prædixit. Præmisso namque quod veniret ab
austro, mox omnipotentiam ejus subjunxit, dicens :
Operuit cœlos gloria ejus (*ibid.*). Solius Dei est ope-
rire gloria cœlos, *et laudis ejus plena est terra* (*ibid.*).
Quod hodie completum esse videre potes ad litteram.
Jesum Salvatorem totus orbis agnoscit. Tu solus
excæcatus es, et tui similes, parum videns in terra,
nihil in cœlo visurus, apud inferos totus iturus in
tenebras exteriores, nisi lucem aspicias quæ splendor ejus est cujus laude plena est terra. *Splendor,*
inquit, *ejus ut lux erit* (*ibid.*), illius videlicet qui venit
ab austro Deus, qui cœlos gloria regit, et terram laude
replet. Et quid de illo qui tantus ac talis venturus
est? Juxta Isaiam in fortitudine veniet, ipsa tamen
occultaque *cornua in manibus ejus, et ibi abscondita
erit fortitudo ejus* (*ibid.*). Et quæ est fortitudo Dei
nisi ipse Deus? Ipse secundum quod homo est mani- C
festus erit, secundum quod Deus occultus, ut ait
idem Isaias : *Exspectabo Dominum qui abscondit faciem suam a domo Jacob* (*Isa.* viii).

33. Quomodo cornua in manibus ejus sint, exponat ipse, qui visionem explanare videtur. *Altitudo,*
inquit, *manus suas levavit* (*Habac.* iii). Quid! pedes
ejus profundum abyssi penetrant, et manus in altum
levat ; ut oret, an ut operetur? Æstimo ut oret, ut
operetur, ut moriatur ; oret in cœlis, operetur in in-
fernis, moriatur in terris. Quid enim magnum esset
si altitudo manus suas sine causa levaret ; sed altitudo quæ Deus est manus suas levavit, ut compleret
ad litteram quod prædixerat per prophetam : *Cornua
in manibus ejus* (*ibid.*). Quomodo, inquis, id in
Christo completum est. Interrogas ea quæ invitus D
audire cogeris? Aspice Christum morientem in
cruce, et in utroque cornu crucis manus ejus clavis
affixas, ac inclinato capite morientis levatas in altum, et cornua videbis in manibus, ubi abscondita
est fortitudo ejus, quia in cruce positus attigit a
fine superiori cuncta regens ad finem inferiorem fortiter moriens, utraque manu suaviter cuncta dispo-
nens (*Sap.* viii), vincens in inferno, regnans in cœlo, inter utrosque tanquam inter dextram et sinistram ipse moriens uno suavi somno mortis, quia
voluntarie cœlis reddit gloriam, terris vitam, mortem inferis, id est inferni principibus, ut cuncta ad
suum ordinem redeant, hoc est humana natura
propter quam temporalia cuncta facta sunt, ab

tudo morientis in cruce, et cornua tenentis in manibus.

*Medium annorum quomodo intelligendum. Ætas
auctoris.*

34. Diximus de visu quomodo referatur ad Christum, restat nunc dicendum de medio annorum
quomodo adventum ejus insinuet. Asseris quod in
fine sæculi Christus venturus sit. Ubi primum, quæso te, ut doceas quomodo finis sæculi medium annorum dici possit? si finis sæculi medium annorum
est ; tot anni sæculi post finem ejus futuri sunt quot
præcesserunt : non ergo finis dici, quod medium
erit. Si non in medio annorum juxta prophetam
notum fiet promissum Dei, discerne quo tempore
fiet, aut in fine juxta tuam sententiam, aut in medio annorum juxta prophetam. Cui vestrum magis
credendum est! Sicut finis alicujus temporis medium ejus dici non potest, ita nec medium finis. Sed
in medio annorum juxta prophetam notum fiet, ergo
non in finito statu temporum. Falsa est igitur assertio tua, qua dicis Christum in sæculi fine venturum. Videamus itaque de medio annorum et prophetam dixisse verum per omnia comprobemus. Millesimus centesimus sexagesimus sextus, meis dico
temporibus, jam annus evolvitur, ex quo Filius virginalis effulsit in mundo tempore constituto, juxta
præscriptum numerum hebdomadarum Danielis, de
quo in suo loco plenius Deo volente dicturi sumus :
quantum vero adhuc temporis restet soli Deo notum
est, mortalibus cunctis ignotum. Illud tamen medium annorum esse non dubitamus, quo dulcedo
Christianorum de cœlo stillavit in terras, et una benedictio juxta Isaac de rore cœli desuper et de pin-
guedine terræ confecta est, id est unus Christus ex
divina et humana natura proveniens, in quo notum
faciens Dominus salutare suum ante conspectum
gentium revelavit justitiam suam. Quod ideo medium annorum dicimus, quia lex una præcessit, et
altera, id est nova, subsequenter est ; translato
quippe sacerdotio, necessario facta est translatio legis, illo succedente cui dictum est : *Tu es sacerdos
in æternum secundum ordinem Melchisedech* (*Psal.*
cix). Si hoc non concedis esse medium annorum
primæ legis et secundæ, ostende templum et sacerdotium et regnum in Judæa, ut adhuc exspectari
debeat primus Salvatoris adventus. Si vitulam spe-
ctes, nihil est quod pocula laudes. Hæc de Habacuc
hucusque dixisse sufficiat, ubi iterum atque iterum
quæso lectorem, ut hæc eo sensu dicta recipiat,
quo superiora dicta sunt, videlicet quo debeat Judæus arctari et prophetarum auctoritate convinci.
Non ignoramus quin apud majores subtiles intellectus habeantur, sed nostrum propositum est cum
Judæo confligere, non cum Christiano de Scripturarum expositione disserere.

De Sophonia propheta.

35. Veniamus ad Sophoniam qui ob profundita-
tem mysteriorum quæ de Christo prænoverat Ar

...anum Domini dictus est. Hic Spiritu sancto plenus,
in quo factus est præscius futurorum, gaudium quod
de Christi adventu in corde conceperat, ineffabili
mentis exsultatione pronuntians ait : *Lauda et ex-*
sulta, filia Sion, jubila, Israel, exsulta et lætare in
omni corde tuo, filia Jerusalem (*Soph.* iii). Causamque post pauca subjungit : *Dominus Deus tuus in*
medio tui fortis, ipse salvabit te (*ibid.*). Lauda, inquit, Dominum de multitudine misericordiæ suæ,
maximeque exsulta juxta Joel qui ait : *Filiæ Sion,*
exsultate in Domino Deo vestro, quia dedit vobis do-
ctorem justitiæ (*Joel.* ii), ut laus Dei prius ex ore
procedat ex hoc quod misericordia ejus tam copiose per Christum abundat, jungiturque laudibus
oris exsultatio mentis, ut omnia quæ in te sunt lætentur et laudent corde et ore, mente et opere, quia
Dominus Deus tuus in medio tui erit. Et non tantum
lauda et exsulta, filia Sion, hoc est duæ tribus Juda
et Benjamin ; sed et tu, o Israel, jubila, tantaque
in corde tuo replere lætitia, ut magis mente vultu-
que pronunties quam voce cantandi vel usu loquendi, quam ardenti desiderio Dominum Salvatorem exspectes, quantisque votis venientem susci-
pias, quam laudabili fide dilectionem ejus in corde
retineas. *Exsulta et lauda, filia Jerusalem,* cui ante
prædixi, ut laudares in fide et exsultares in spe ;
iterum dico, exsulta et lætare in omni corde tuo, ut
ex duplicata lætitia veniat geminata dilectio, et in
trina laude sit una perfectio, videlicet in fide, in
spe et charitate. Indixi tibi laudem et exsultationem qua prius dicta es filia Sion, id est specula
quæ mecum ; quia et hoc nomen meum est, per prophetas tuos futura prævides. Nunc autem vere te filiam Jerusalem nomino, quia vides eum oculo ad
oculum, qui juxta Michæam pax erit in medio tui
cum venerit.

Christus Rhinoceroti comparatus.

36. Quærisne quis iste sit? *Dominus Deus tuus*
qui est in medio tui fortis, de quo Balaam in Numeris prosecutus est, dicens : *Cujus fortitudo sicut*
Rhinocerotis est (*Num.* xxiii). Rhinoceros a nullo
venantium capi potest, contra quem venientem si
virgo sinum expanderit, statim in eam prosilit, et
magis amore quam violentia appropinquatur. Ideo
Balaam fortitudinem ejus Rhinoceroti comparavit,
quia ad ejus similitudinem, relictis omnibus persequentibus, in medio sinu filiæ Jerusalem, id est
Ecclesiæ, caput Dominus inclinavit ; et ipsa recepit
in sinu quem in ulnis apprehendere Synagoga non
potuit. Qui ideo libentius ad eam inclinavit, quia
invenit in ea verecundiam pudicitiæ, mansuetudinem humilitatis, tranquillitatem morum, et disciplinæ custodiam. Fortis ergo in medio filiæ Jerusalem factus est humilis Dominus Deus ; unde ad
lætitiam et exsultationem provocatur, lætitiam dico
temporalem de ejus adventu ; ad exsultationem de
perpetuo salutis obtentu, quia ita subsequitur :
Ipse salvabit te, ideo gaudere et lætari te moneo,
filia Jerusalem, quia non ut hactenus, propheta

vel angelus vices sponsi geret circa te vel operam
dabit ; sed ipse qui Dominus et Deus est, ipse salvabit te. Ipse, quod non negligenter prætereundum
est, ipse per suam præsentiam quam exhibebit in
medio tui salvabit te. Præsentia quippe erit quadam
præsentia quæ salvabit, quia corporalis in carne
videbitur qui ubique potentia divinitatis præsens
est. Hanc præsentiam de qua prophetæ loquuntur,
exhibebit in corpore. Non enim solummodo divinitatis ejus præsentiam intelligi voluerunt, qui toties ejus adventum prædixerunt ; sed aliquid retro
sæculis inusitatum futurum esse crebra sententiarum permutatione testati sunt. Quid enim veri contineret sententia prophetarum qua dicitur : Veniet,
veniet, apparebit, apparebit, videbitur, non mora-
bitur, nisi Veritas, ut ita dicam, aliquando in veritate veniret ? Sophonias ergo præsentiam Domini
corporalem insinuans ait : *Dominus Deus tuus in*
medio tui fortis, ipse salvabit te. Dominus ad universas gentes regendas, Deus ad formandas, fort s
ad aereas potestates debellandas in medio tui præsentia corporali, ipse non alius salvabit te, hoc est
a potestate mortis æternæ liberabit te. Non recipio,
inquis, expositionem tuam, quia magis contrarium
esse videtur quam veritatis series. A me breviter
hoc responsum habeto, nec ego contentioni tuæ assentio, quia neque veritati innititur, nec aliquid
verisimile habere videtur. Quapropter sicut tuam
falsitatem non recipimus, ita tuas assertiones auctoritate prophetarum facile reprobamus.

De prophetia Aggæi. Patriarcharum de Christo
desideria.

37. Proferatur Aggæus, qui *festivus* interpretatur, in medium, et cui nostrum magis assentiat audiamus : Dominum Deum omnipotentem inducet ita
loquentem ad populum Judæorum : *Adhuc unum*
modicum est, et ego commovebo cœlum et terram,
mare et aridam ; et movebo omnes gentes, et veniet
desideratus cunctis gentibus (*Agg.* ii). Quis est iste
desideratus, vel a quo desideratus, quem Dominus
promittit esse venturum? Abraham patriarcha hujus desiderio inflammatus ait ad Dominum : *Domine*
Deus, ego vadam absque liberis, et hæres meus iste
Damascus Eliezer (*Gen.* xv). Audierat in semine
benedictionem cunctis gentibus e se dandam ; et
tamen quod differri dolet, impleri postulat nimio
desiderantis affectu. Isaac pari voto benedictionem
filii precatur adesse, dicens : *Esto Dominus fratrum*
tuorum, et incurventur ante te filii matris tuæ (*Gen.*
xvii). Quod nequaquam in Jacob vel in aliquo successorum ejus esse completum probare potes ad
litteram. Si hoc completum esse dixeris in Joseph
vel in aliquo regum, quomodo verum erit quod sequitur : *Et adorent eum tribus* (*ibid.*), cum nequaquam aliquis eorum a cunctis gentibus adoratus
sit? Soli Deo convenit, ut adoretur ab omnibus :
ergo completur in Christo, sicut hodie cernitur, qui
Deus est et homo de semine ejus natus. Jacob in
benedictionibus filiorum exspectationem suam ad

Christum refert ita dicens: *Salutare tuum exspecta-* A
bo, Domine (Gen. XLIX), ac si diceret: Exspectabo
Salvatorem, qui mihi veram et æternam salutem
restituet. Responde ubi exspectavit iste salutare
Domini, qui statim completa benedictione se collegit in lectulo, et ex luce migravit, ad patres suos
appositus ad animarum loca descendit? Et tamen
ibi per salvatorem salvari se credidit. Job nequaquam hujus desiderii expers fuit, sed optavit venturum in carne, quem præviderat in spiritu ita dicens: *Quis det ut veniat petitio mea, et quod exspe-*
cto tribuat mihi Deus ? (Job VI.) Quis, inquit, det,
id est vere fiat ut veniat, et non moretur petitio
mea tamdiu desiderata, quæ nihil aliud est quam
Christus; et quod exspecto, videlicet præsentiam
ejus, tribuat mihi Deus qui eum missurus est. B
Moyses quidem pari voto sic ait: *Obsecro, Domine,*
mitte quem missurus es (Exod. IV). Quod est aperte
dicere: Disponis, Domine, dare legem populo tuo,
et me ductore ad terram promissionis inducere;
attamen, obsecro, Domine, ut quod modo fit in figura, postquam tempus advenerit, appareat in veritate; et ad hoc mysterium tuæ voluntatis implen-
dum, *mitte, Domine, quem missurus es* Christum,
qui aquas vere vertat in sanguinem, veniatque simul, in aqua et sanguine, ut, postquam baptismum
dederit, proprio sanguine redimat, et sic populum
suum per mare Rubrum ad terram repromissionis,
hoc est ad pacem æternæ quietis, inducat. David
hoc idem in psalmo precatus est, dicens: *Ostende*
nobis faciem tuam, et salvi erimus (Psal. LXXIX). C
Isaias Salvatoris adventum a Domino postulans:
Emitte agnum, Domine, dominatorem terræ, de pe-
tra deserti ad montem filiæ Sion (Isai. XVI). Emitte,
inquit, Domine, quod adhuc in secreto tuo est,
videlicetAgnum mansuetum, innocentem et justum;
qui ideo Agnus dictus est, quia coram occidente se
non aperiet os suum. Emitte eum, Domine, de petra deserti, Ruth veniente de gentibus ad Judæam
et generante Obed, Obed Jesse, Jesse David, de
cujus fructu redde nobis Dominatorem terræ, et
veniat usque ad montem filiæ Sion, hoc est ut videatur in Jerusalem. Hic est Desideratus de quo
nunc Aggæus propheta loquitur, quem Dominus
promittit esse venturum. Adhuc, inquit, modicum D
est, exiguum temporis spatium restat, quia *mille*
anni ante oculos meos tanquam dies hesterna quæ
præteriit (Psal. LXXXIX); et ego commovebo cœlum
et terram, mare et aridam. Quorum sensus hic est:
Semel movi cœlum, quando legem dedi in monte
Sinai, et descendi super eum in igne. Movi terram,
quando fontes abyssi rupti sunt, et diluvium super
terram induxi. Movi mare, quando in duas partes
divisum est, et populus sicco pede pertransiit. Sed
et aridam movi, quando os suum aperuit et peccantes absorbuit. Ad hæc unum modicum est, quia
neque mille anni erunt; et ego movebo cœlum,
quia cœli Dominum mittam. Movebo terram, quia
aperietur et germinabit salvatorem *(Isa.* XLV).

Mare movebo, quia cetum, qui in eo est interficiam.
Sed et arida movebitur, de qua Isaias loquitur:
Scissæ sunt aquæ in deserto et torrentes in solitu-
dine, et quæ erat arida in stagnum, et sitiens in fon-
tem aquarum (Isa. XXXV). Cumque hæc omnia com-
plevero, veniet Desideratus ob salutem in mundo,
ob vitam æternam in futuro, non tantum Judæ et
Israel, sed cunctis gentibus tribuendam. Veniet desideratus quidem a patriarchis, prædictus a prophetis, desideratus cunctis gentibus, quia provocatus
quadam ineffabili dilectione ferventis illius... quæ
de cunctis gentibus congregata sunt, ut pene præ
ejus desiderio morientis,.... quæ dicit in Canticis:
Osculetur me osculo oris sui (Cant. 1). Hæc Aggæus
de Christi adventu.

38. Si tibi volueris hæc signa expone ad litteram; cœlum dicimus esse motum, quando Christo
moriente sol obscuratus est. Terra mota est juxta
sensum quem superius exposuimus, quia cœli di-
stillaverunt a facie Dei Sinai: ultra ad litteram,
quia petræ scissæ sunt. Mare commovit, super quod
pedibus ambulavit; et ipso in navi consistente, ad
ejus imperium liquidum elementum nunc procellis
intumuit, nunc tempestate sedata pacatum stetit.
Aridam movit, quæ nihil aliud quam gentium multitudo illius prædicatione rigata, ut floreret ac fructum boni operis ferret, juxta Isaiam qui ait: *Flo-*
rebit quasi lilium, germinans germinabit, et exsulta-
bit lætabunda et laudans (Isa. XXXV). Florebit odore
bonorum operum sicut lilium, candore munditiæ,
in cujus medio color aureus erit Deus in Christo
mundum reconcilians sibi, germinans initium
boni operis germinabit fructum perfectionis; et
exsultabit in gaudio lætabunda de promisso, quod
est: *Ubi ego sum, illic et minister meus erit (ibid.*);
et laudans Dominum de salutis adepto beneficio.
Ac post pauca subjungit: *Ipsi videbunt gloriam*
Domini et decorem Dei nostri (ibid.). Quod nequaquam de arida vel deserta terra intelligi valet ad
litteram. Cum enim præmisisset: *Lætabitur deserta*
et invia, et exsultabit solitudo (ibid.), ut gentes in-
telligerentur hortatus est cum subjunxit: *Ipsi vi-*
debunt gloriam Domini (ibid.). Viderunt enim Christum miracula facientem, audierunt prædicantem,
susceperæ docentem, secutæ sunt præcipientem,
dilexere morientem, amplexatæ sunt fide resurgen-
tem, et jam tenent in fide regnantem. Viderunt
ergo gloriam Domini in mundo, videbunt decorem
Dei in cœlo. Illis itaque desideratus exstitit, illis
desideratus advenit, illis fidem dedit, et vitam æternam ob meritum fidei repromisit.

De prophetia Zachariæ. Judæorum vana spes de
Messia.

39. Audiamus de cætero quid de ejus adventu
Zacharias propheta locutus sit. Post multa et varia
quæ in textu prophetiæ suæ locutus est, pauperem
regem inducit sedentem super asinum et super
pullum filium asinæ, ac huic pauperi et ejus pau-
pertati hortatur filiam Sion obviam procedere, di-

cens: *exsulta, filia Sion; jubila, filia Jerusalem*: ecce *Rex tuus veniet tibi justus et Salvator* (*Zach.* ix). Ipse pauper ascendens super asinum et super pullum filium asinæ, juxta prophetam; qui futurus est, pauper erit non dives, quem tamen regem Sion esse dicit. Ubi est ergo tota illa vana spes tua, qua tibi repromittis regem nescio quem regnaturum mille annis in Jerusalem, qui tanta abundet auri copia, ut universæ plateæ sternantur auro mundissimo? qui in auro et argento, juxta tuam assertionem, tam copiosus erit, quomodo pauper futurus prælicitur? Aut propheta fallitur, aut tua prophetia dolose mentitur. Sed omissa fabula vanitatis, veniamus ad paupertatem veri Regis. *Exsulta*, inquit, *filia Sion; jubila filia Jerusalem;* quæ supra jam plenius dicta sunt, non est ea necesse repetere. *Ecce rex tuus*, inquit, *veniet tibi*, qui modo rex tuus est, Deus vivens in sæcula. *Ecce*, quod est demonstrandi certitudo, *Ecce veniet tibi justus* ad judicandum, *et Salvator* ad sanandum, exhibendo præsentiam corporalem juxta quod alibi ait: *Ego veniam, et sanabo contritionem populi mei* (*1 Mach.* ii). Ac ne putes adventum ejus non esse venire, sed vel indicium voluntatis suæ per angelos, vel opem auxilii per virtutes. Illis enim modis huc usque et patribus et nobis apparuit. Audi quid facturus sit, ut ex eis rei veritatem citius valeas intueri. Ipse pauper, quantum ad humanum spectabit judicium, pauper in veste, pauper in victu, pauper in habitu, pauper et potens, pauper et humilis, pauper et mansuetus, pauper et justus, et ut cætera brevi fine concludam, simul in unum dives et pauper. Hic ut corporis veritatem ostendat, paupertatis amator, non super currum vel equos regia potestate vehetur, sed tanquam pauper ascendens super asinum, quod animal rudibile est, veniet tibi rex, nihil in hoc suæ potestatis amittens. Quod in Salvatore completum esse constat ad litteram, qui ante dies passionis sedens in asino Jerosolymam passurus advenit. Quantum ad mysticum intellectum, quod Judæum libenter audire non credo, super asinum ascendit, quia regnum populi Judæorum pro sua voluntate disposuit, cui legem tanquam frenum immisit, et sacerdotium tanquam ornamenta sedilia. Ascendit super asinum, quia potestati ejus semper subjecta fuit: alioquin quomodo rex ejus fuit antequam ad eam venit? *Rex tuus*, inquit, *veniet tibi*, qui jam præteritis temporibus sæculorum Rex et Deus tuus fuit, imo adhuc est et erit; ipse tibi veniet, non tanquam districtus et puniens, sed justus et salvator, justitiam, juxta prophetam Osee, docens in præsenti. Ait enim: *Tempus requirendi Dominum, cum venerit qui docebit vos justitiam, qua salvabit eos qui requirent eum, quorum corda vivent in sæcula* (*Ose.* x). Veniet ergo justus et salvator, et ne tanquam te per ignorantiam excuses eo quod certa et præcedentia signa nescieris, scito hoc esse regiæ potestatis ejus insigne, quod ipse pauper. Et ut in ore duorum stet omne verbum (*Deut.* xix), en aliud signum,

quod ipse erit ascendens super asinum et super pullum filium asinæ. Super asinam sedens civitatem intrabit, ut hoc quod prædico possit compleri ad litteram, et super pullum filium asinæ quia utrumque sibi exhiberi jubebit. In quibus verbis quid aliud quam per regiam paupertatem humano generi justitiam et salutem provenire designat? Et quidem non satis admiror, qua fronte pauperem regem, justum et salvatorem non recipias, cum talem prophetica descriptio docuerit esse venturum. Divitem, inquis, et potentem exspecto, qui nos de cunctis locis captivitatis in unum adducat, ac civitatem et templum nobis restituat. Debes hoc certe prophetarum auctoritate probare, non tam facile pro libitu mendacium falsitatis asserere. Sed de his hactenus.

Malachiæ prophetia de reprobatione Judæorum et Christi adventu.

40. Videamus nunc quid Malachias qui in ordine prophetarum duodecimus est, de abjectione populi Judæorum et de adventu Christi prædixerit. Deum loquentem inducit ita dicens: *Non est mihi voluntas in vobis, dicit Dominus, et munus non suscipiam de manu vestra; ab ortu enim solis usque ad occasum magnum est nomen meum in gentibus, et in omni loco offertur oblatio munda nomini meo; quia magnum est nomen meum in gentibus* (*Malach.* i). Non est, inquit, mihi voluntas in vobis, ut de cætero populus meus sitis, vel munus, aut sacrificium, vel libamen suscipiam de manu vestra. Non est mihi voluntas in vobis, quia jam prævidi et elegi populum meliorem, gentes videlicet in toto orbe diffusas, quæ non observatione Sabbati vel circumcisionis mihi complaceant, sed animo bonæ voluntatis et fructu perfectæ religionis: quandoquidem voluntas mea non est in vobis, quid frustra sacrificium offertis vel hostias immolatis? Aliud mihi magis habetur acceptum et voluntarium, videlicet quod nomen meum magnum est in gentibus. Quod in vobis non habui, inter gentes inveni; videlicet divini cultus amorem, imo divinæ voluntatis effectum, quia circumcisionem cordis habent, non carnis; Sabbata celebrant, quia a servili opere peccati cessant; hostias immolant cor humiliatum et continentiam carnis, quibus maxime placari desidero. Magnum est nomen meum in gentibus, non tantum ab India usque ad Æthiopiam, sed ab ortu solis usque ad occasum; et hoc non in Judæis, sed in gentibus. Ubi tota frustratur illa sententia Judæorum qui dicunt non esse sacrificandum, neque altare construendum nisi in Judæa, cum Isaias dicat: *In die illa erit altare Domini in medio Ægypti, et colent Ægyptii Dominum in hostiis et muneribus, et vota vovebunt Domino et solvent* (*Isa.* xix). Et in præsenti, *in omni*, inquit, *loco sacrificatur, et offertur nomini meo oblatio munda.* Et ne sibi velint ascribere quod dicitur *in omni loco*, eo videlicet quod dispersi sunt, et sic ubique legis cæremonias celebrent, audiant quod præmissum est: *Non est mihi voluntas in vobis*, sed in gentibus a quibus

25

offertur nomini meo oblatio munda. In quibus ver- A
bis Domini voluntatem et acceptiones oblationum ad
gentes a Judæis transiisse manifeste probatur. Ubi
ergo erit regnum et sacerdotium, quod tibi, Judæe,
futurum esse promittis? Si aliqua sint, contraria
Deo erunt, quia neque voluntas ejus in vobis est, ut
regnetis, neque munus suscipiet de manu vestra ut
sacerdotium celebretis. Quanti enim apud illum con-
stent vestra solemnia, consequenti versu manifestius
aperit. *Dispergam*, inquit, *super vultum vestrum
stercus solemnitatum vestrarum et assumet vos secum*
(*Malac.* II). Quid est hoc quod assumet aliud secum? Stercus Judæum, ut merito cum stercore pereat qui Christum Salvatorem esse negat.

41. Hæc de abjectione populi Judæorum. De adventu Salvatoris subsequitur, ita dicens : *Ecce ego
mittam angelum meum qui præparabit viam ante faciem meam, et statim veniet ad templum sanctum suum
Dominator quem vos quæritis, et Angelus testamenti
quem vos vultis* (*Malac.* III). Edissere nobis parabo-
lam hanc, ut audiamus quid ista significent secundum tuam sententiam. Angelus, inquis, quem Dominus se missurum promittit, Elias est, qui præcedet annuntians quæ futura sunt, et præparabit
viam ante Haymenon, id est Christum nostrum, qui
statim post eum venturus est. Venietque ad templum
suum tanquam Dominator, eritque nobis angelus
testamenti , quia legem Moysi renovabit et sacrificia celebrari instituet , audivimus sententiam
tuam. Nunc auxiliante Deo, respondeamus ad singula.

42. Dicis hunc angelum Eliam esse, qui præcedat
Haymenon. Hic primum volumus scire per te, utrum
iste Haymenon, qui venturus est, Deus erit. Secundo quæ erunt leges aut sacrificia quæ instituet,
cum in his sit voluntas Domini, ut paulo superius
testatus est. Tertio quid erit templum ad quod veniet, cum templum usque ad fundamentum destructum sit, et cum ipse sit templum restiturus, quomodo ad illud veniat antequam illud restituat. Exitus acta probat, et ipsa rei veritate docetur, non
futurum esse quod prophetatur, sed jam esse completum. *Mitto*, inquit, *angelum meum et præparabit
viam ante faciem meam*, non dixit ante Haymenon,
vel ante aliquem alium, sed ante faciem meam, hoc D
est ante meipsum, ac ut mos prophetarum est, repente persona mutata, de se tanquam de alio loquens subjungit : *Et statim veniet ad templum suum
Dominator;* quod in Christo completum est, qui
quadragesimo nativitatis ejus die in templo est præsentatus. Hic misit angelum suum ante faciem
suam, non qualem tu asseris, sed qualem Isaias
prædixit : *Vox clamantis in deserto : Parate viam
Domino* (*Isa.* XL), quem dicimus esse Joannem Baptistam, qui angelus dictus est propter vitæ munditiam et præconium Domini venientis. Hic viam præparavit ante faciem ejus, præsentem eum esse
prænuntians , ita dicens : *Medius vestrum stetit,
quem vos non scitis* (*Joan.* I). Ac si diceret, in medio

vestrum et inter vos est, quem prophetæ prædixerunt, quem vos non scitis ; quia vos non recipietis
eum. *Mitto* , inquit , *angelum meum ante faciem
meam.* Quibus verbis se ipsum per se venturum esse
designat, in hoc quod ait *mitto*, personæ suæ proprietatem et operationem insinuans ; quod subintel-
lit *ante faciem meam*, apertius præsentiam Dei ad
homines venientis ostendit. Quia cum idem sit qui
loquitur et qui mittit, ipse Deus et non alius esse
dignoscitur qui venturus est, cum dicit *ante faciem
meam : Et statim veniet ad templum suum Dominator.* Aut Haymenon dominus et dominator est, et
videberis duos deos asserere, Scriptura repugnante,
quæ ait : *Dominus Deus tuus Deus unus est* (*Deut.*
VI), aut pro dominatore qui Deus est alium præsto-
laris, qui jam venisse probatur, quia non est, neque erit templum quo futurus adveniat, et hoc verum esse probemus, Daniele ita dicente : *Civitatem
et sanctuarium dissipabit populus cum duce venturo,
et finis ejus vastitas* (*Dan.* IX). Et post pauca : *Usque
ad consummationem et finem perseverabit desolatio*
(*ibid.*). Si usque ad consummationem et finem desolatio templi perseveratura est, et impossibile est
Deum, qui prophetis locutus est, in sua sententia
falli, quis erit iste Haymenon, qui contra Dei propositum, contra prophetarum edicta, poterit ædificare templum vel civitatem, quorum desolatio usque ad consummationem et finem perseverabit ?
quod quia ridiculum est exspectare vel credere,
cum non habeas auctoritatem unde possis tuam
affirmare sententiam, agnosce Dominatorem, id est
Deum, jam ad templum suum venisse, et, ut hodie cernitur, jam esse transacta quæ futura contendis.

43. Sed dicis : Elias, de quo in hoc propheta dicitur : *Ecce ego mittam vobis Eliam* (*Malac.* IV),
nondum advenit ; et idcirco Christianis assentire
differimus, quia ejus exspectamus adventum. Sufficit huic rationi responsio brevis. Diversa diversis
promittuntur locis et crebra mutatione personarum
quid diverso temporum statu veniat propheticus sermo describit. Nam cum præmisisset superius : *Ecce
ego mitto angelum meum et præparabit viam ante faciem meam*, quo tempore illud erat implenduni, adjunxit dicens : *Statim veniet ad templum suum Dominator.* Ostende mihi templum quod a Vespasiano
et Tito destructum est, et ego Christum non venisse fatebor. Si templum in Judæa non est, nec
dominator ad illud venturus est quod non est. Ergo
jam venit dum templum in Judæa fuit. Non est itaque futurum quod in hac prophetia texitur, sed
transactum, nec aliqua ibi fit mentio de adventu
Eliæ, ubi primus adventus Domini prophetatur, sed
tantummodo illius de quo Isaias ait : *Vox clamen-
tis in deserto* (*Isa.* XL). Probat hoc ita esse tempus
et locus, casus et rei exitus, et quod his certius est,
auditus et visus. Quo tempore vero Elias adveniat
ultimo versu declaratur, cum dicitur : *Mittam vobis Eliam antequam veniat dies Domini magnus et hor-*

ribilis (Malac. iv). Dies horribilis et magnus dies A judicii est, qui magnus erit justis propter regnum sempiternum adeptum, et horribilis peccatoribus propter interitum sine fine cum tormentis illatum. Hunc diem præcedet Elias, ut, appropinquante mundi termino, corda patrum convertat in filios, et saltem in ipso temporum fine salventur reliquiæ populi Israel. Et notandum quod ait, *ut convertat,* non jam conversos, quos non erit necesse convertere ; sed adversos, id est Judæos, quibus dicitur, *mittam vobis Eliam, ut convertat,* inquit, *corda patrum in filios (ibid.),* Abraham videlicet, Isaac et Jacob, quorum primum dictum est : *In semine tuo benedicentur omnes gentes (Gen.* xxii), qui statim credidit et fide justificatus est. Secundus odorem futuri floris odoratus ait : *Ecce odor filii mei sicut odor agri pleni, cui benedixit Dominus (Gen.* xxvii). Tertius hac fide ditatus ait : *Salutare tuum exspectabo, Domine (Gen.* xlix). Sed omnes electi, quos nunc enumerare longum est, id corde senserunt, omnes dilexerunt, quidam dilexerunt et prædixerunt, ut prophetæ ; quidam dilexerunt, prædixerunt et viderunt, ut apostoli et apostolici viri, quorum corda convertit Elias in filios, ut ejusdem fidei sint quos in carne viventes invenerit, cujus et patres prænominati fuerunt, ac digno remunerentur merito qui patrum instrui merebuntur exemplo

44. Hucusque duodecim prophetarum testimoniis innitentes ad hoc, Domino Deo miserante, venire conati sumus, ut discussis sententiis singulorum, probaremus semen mulieris, per quod de serpente triumphus humano generi proveniret, ipsum esse Christum, qui de Spiritu sancto conceptus et de Maria Virgine natus est. Vis, Judæe, adhuc contra tot athletas pro Christo pugnantes velum tuæ falsitatis opponere? Si his facile te contradicturum æstimas, reservavi mihi adhuc duos tanquam duces validissimos, Danielem videlicet et Isaiam, qui in nomine Domini vindicabunt sociorum suorum prophetarum injuriam, et vindictam retribuent in hostes eorum. Daniel de statu temporum evoluto, Isaias de vaticinio simul et evangelio. Restat ergo ut Danielem opponamus, et ictu primo ac impetu validissimo Judæam ad ima prosternat atque proprio mucrone spem exspectationis suæ tanquam caput abscindat e corpore. Prædicet tempus quo Christus adveniat, qui est justitia sempiterna, terminumque præfigat, ultra quem si Judæus exspectare voluerit, errore deceptus mendacium pro veritate recipiat. Huic angelo Gabriel, cui magis quam Judæo credendum est, Deo jubente atque dicente : *Gabriel, fac istum intelligere visionem (Dan.* viii). non solum quæ futura essent, sed quo tempore complerentur aperuit.

45. *Septuaginta,* inquit, *hebdomades abbreviatæ sunt super populum tuum (Dan.* ix). Super quo capitulo, quia multa a majoribus dicta sunt, valde pertimesco lectorem offendere, ne si aliqua dixero, me tanquam superfluum judicet ; aut si omnino tacuero,

dextram me Judæo de fisse tanquam victum accuset. Sed ne superfluus aut victus inveniar, procedam inter utrumque moderamine quodam, ut nec declinem ad dextram neque ad sinistram, sed regia via veritatis a Daniele ad usque Christum perveniam. Ergo auxiliante Domino Deo nostro, dicamus quod ipse donaverit.

Danielis prophetia de lxx *hebdomadibus exponitur.*

46. In septuaginta hebdomadibus inveniuntur anni quadringenti nonaginta, quas ideo abbreviatas esse dicit, quia juxta lunares menses computandæ sunt, qui menses singuli habent dies viginti novem, et horas duodecim, habetque lunaris annus undecim dies minus anno solari, qui constat ex trecentis sexaginta quinque diebus et sex horis. Ita juxta menses et annos minoris numeri, ut hebdomades abbreviatæ sint, computandæ sunt, et per singulas septem anni numerandi sunt, ut unaquæque hebdomada septem annos habeat, quæ si juxta lunares, ut dixi, annos numerentur, erunt quadringenti nonaginta anni ; si vero juxta solares, superabundabunt dies trecenti sexaginta quinque et sex horæ, et per duodecim menses singulorum annorum undecim dies et sex horæ amplius reperientur. Annus namque solaris est quo sol totum signiferum, id est duodecim Zodiaci signa, perlabitur, et in unoquoque signo moratur triginta dies decem horas et semis. Ut ergo, juxta sententiam Gabrielis archangeli, hebdomades abbreviatæ sunt, juxta lunares menses earum computationem oportet accipere.

Quando illæ incipi debeant.

47. Diximus quomodo numerentur. Videamus nunc a quo tempore numerus earum incipi debeat. Cunctis legentibus liquet quod anno tertio regni Joachim, regis Judæ, venit Nabuchodonosor, rex Babylonis, Jerusalem, et obsedit eam, et tradidit Dominus in manus ejus Joachim regem Juda. Tertio itaque regni sui anno decima die captus est a ducibus Nabuchodonosor, ductusque in Babylonem, et in loco ejus constitutus est Sedechias, filius Josiæ, patruus ejus, cujus anno undecimo Jerusalem capta atque subversa est, in qua captivitate cum cæteris et Daniel ductus est, qui propter somniorum interpretationem, et præsentiam futurorum, magnus effectus usque ad tempus quo Balthasar qui quartus a Nabuchodonosor Babyloniorum rexit imperium, mansit in Babylone. Hunc Cyrus, adjuncto sibi Dario avunculo suo, interfecit, ac Chaldæorum subvertit imperium. Isdem Cyrus, postquam regnum obtinuit, quinquaginta circiter millia hominum captivorum remisit in Judæam. Vasa quoque quæ Nabuchodonosor abstulerat reddidit, et templum ædificari jussit in Jerusalem. Principes quoque populi qui reversus est, constituit Zorobabel filium Salathiel et Jesum filium Josedech, sub quibus tantum jactis fundamentis templi, altare constructum est. Mansit ergo opus imperfectum, prohibentibus per circuitum nationibus, usque ad Nehemiam et vicesimum annum Artaxerxis regis. Quo tempore regni Persarum centum et

quindecim anni f erant evoluti, captivitatis autem Je- A
rusalem centesimus octogesimus quintus annus
erat. Et tunc primum jussit Artaxerces muros ex-
strui in Jerusalem, cui operi præfuit Nehemias, et
ædificata est platea, et muris circumdata. Igitur a
centesimo et quinto decimo anno regni Persarum,
quando Artaxerces rex ejusdem imperii vicesimum
regni sui habebat annum, et erat octogesimæ et
tertiæ olympiadis annus quartus usque ad ducen-
tesimam secundam olympiadem, et secundum ejusdem olympiadis annum. Tiberii vero Cæsaris annum
quintum decimum, juxta lunarem supputationem,
fiunt hebdomades septuaginta, hoc est anni quadringenti nonaginta. Sed et Evangelista testante
cognovimus, quod anno quindecimo imperii Cæsaris
factum est verbum Domini super Joannem Zachariæ B
filium in deserto, ut prædicaret et ostenderet præsentiam Domini venientis.

48. Hac itaque ratione ostensa, transeamus ad reliqua, studiose notantes quo tempore mysterium
septuaginta hebdomadarum Danieli sit revelatum.
In anno, inquit, primo Darii filii Assueri, de semine
Medorum, qui primus imperavit super regnum Chaldæorum (ibid.). Hic est Darius qui cum Cyro Chaldæos Babyloniosque superavit. Annum ætatis habens sexagesimum secundum, qui subversa Babylone ad regnum suum in Mediam reversus est,
adducens secum Danielem in eodem honore quo a
Balthasare provectus fuerat. Cyro autem propinquo
suo reliquit regni gubernacula. In hujus regni anno
primo, sive Darii sive Cyri, revelatum est Danieli C
mysterium septuaginta hebdomadarum. Quod si ab
hoc tempore quo prima Cyri indulgentia Judæorum
est laxata captivitas, septuaginta numerantur hebdomades, centum et eo amplius invenientur anni
qui statutum septuaginta hebdomadarum excedant
numerum; et multo plus, si ex ea die qua Danieli
locutus est angelus, additurque amplior numerus
si captivitatis exordium hebdomadarum voluerimus
habere principium; permansit enim regnum Persarum usque ad initium Macedonum annos ducentos
triginta, et Macedonum regnarunt annis trecentis,
atque inde usque ad annum quintum decimum Tiberii Cæsaris, quando passus est Christus, numerantur anni sexaginta, qui simul faciunt annos quin- D
gentos nonaginta, ita ut centum supersint anni. A
quocunque horum temporum numerentur, tempora
non concurrent, imo multa reperientur contraria.
Teneamus ergo quod firmissimum est, et nequaquam
rationi contrarium, et hoc probemus ipsius propo-
sitione capituli.

Animadverte, inquit angelus, *sermonem, et intellige visionem : Septuaginta hebdomades abbreviatæ
sunt super populum tuum et super urbem sanctam
tuam, ut consummetur prævaricatio et finem accipiat
peccatum, ut deleatur iniquitas, et adducatur justitia
sempiterna, et impleatur visio et prophetia, ungatur*

A *Sanctus sanctorum. Scito ergo et animadverte ab
exitu sermonis, ut iterum ædificetur Jerusalem (ibid.).*
Animadverte, inquit, *sermonem, ut nequaquam errore
deceptus falsum pro vero recipias ; sed ut in con-
sequente doceberis, corde et animo sermonem diligenter adverte, et non tantum sermonem, sed et
visionem intellige.* Magno namque debet intellectu
subtilique perpendi, quando aliquid ex secretis Dei
mortali homini revelatur. Visio quidem magna est
et post tempora longa futura ; sed ut eam verbo et
sensu intelligas, audi principium et finem nequaquam
incertum, sed certo numero et statuto termino præ-
finitum. Septuaginta annis pene jam populus tuus
in captivitate detentus est. Adhuc *septuaginta hebdomades abbreviatæ futuræ sunt super populum tuum
et super urbem sanctam*, pro quibus nunc oras. Tanto
tempore erit populus tuus populus, et urbs tua civitas,
et non amplius, *ut consummetur prævaricatio* primi hominis qua in Deum prævaricatus est, et peccatum ejus
finem accipiat, adveniente justitia sempiterna, quæ
est et Christus, non tantum unius hominis, sed totius mundi. Ubi est, Judæe, tota insultatio tua qua
nobis insultare solebas? quomodo, inquiens, *peccatum finem* accepit? Ubi est illa justitia sempiterna?
Si diceris tempora septuaginta hebdomadarum
adhuc non esse transacta, cum quadringentis nonaginta annis superadditi sunt postquam incarnatus
est Dominus mille centum sexaginta sex anni (1),
jam non erit exspectatio salutis humanæ vel finis
peccati, sive adventus justitiæ sempiternæ, juxta
sententiam Danielis tempus per septuaginta hebdomades constitutum, sed centum vel eo amplius juxta
stultam et imperitam assertionem tuam. Sed exponat nobis apertius angelus qui locutus est Danieli,
quod erit signum tanti mysterii venientis : *Et impleatur*, inquit, *visio et prophetia, et ungatur Sanctus
sanctorum.* Cum constet quod lex et visio et prophetia jam pridem cessaverint, manifestum est
Sanctum sanctorum venisse, te nescio qua ratione
resistente ac affirmante quod in fine sæculi futurus
sit. Si in fine sæculi futura sunt quæ hic per angelum Daniell dicta sunt, mentitus est angelus, qui
terminum visioni præfixit, quod audere suspicari
extremæ dementiæ est. In septuaginta, inquit, hebdomadibus evenient ista quæ dico. Veniet Christus,
occidetur Christus, et non erit ejus, id est ut amplius per eum regnet sicut hactenus, populus Judæorum qui eum negaturus est, Pilato dicente :
Ecce rex vester, illis exclamantibus *Crucifige eum*.
non habemus regem nisi Cæsarem (Joan. xix). Sed et
Christus postquam occisus fuerit, civitatem dissipabit populus Romanus cum duce venturo Vespasiano, *et finis ejus vastitas (Dan.* ix), quia *non relinquetur in ea lapis super lapidem qui non destruetur*
(Luc. xxi); *et post finem belli*, id est civitate subversa, et Judæis per totum orbem dispersis, statuta
desolatio, quia stabilis erit et refragari non poterit.

Usque enim ad consummationem mundi et finem per-
severabit desolatio (Dan. ix).

49. Hæc Gabriel angelus. Econtra Judæus : Septuaginta, inquit, hebdomades nequaquam impletæ
sunt. O caput insanum ! nonne completum est quod
in fine hebdomadarum angelus prædixit esse futurum? *In medio*, inquit, *hebdomadis deficiet hostia et*
sacrificium (ibid.). Nonne templum usque ad fundamenta destructum est, et defecerunt immolationes
hostiarum, necnon et sacrificium tam matutinum
quam vespertinum? Esto, si volueris, adhuc tempus
hebdomadarum manere : numeres a die qua Danieli
locutus est angelus, eruntque anni mille septingenti
viginti sex et eo amplius. Revolvat prudens lector
ea quæ superius dicta sunt, videlicet annos regni
Persarum atque Macedonum, necnon et Augustorum Romanorum usque ad adventum Christi, et
post adventum ejus quot anni effluxerint, et facile
animadvertere poterit quanta falsitate cæcatus sis,
qui ducentas quinquaginta sex hebdomades et eo
amplius pro septuaginta computare conaris. Sed
neque angelicus sermo consentit in hoc, ut tali termino debeas tempora diffinire. Ait namque : *Scito*
et animadverte ab exitu sermonis, ut iterum ædifice
tur Jerusalem (ibid.). Qui prius, inquis, visionem
intelligere hortatus sum, iterum te ad intelligentiam
profundiorem provoco, ut scias a quo tempore numerus hebdomadarum incipi debeat. *Scito* ergo, id
est pro certo habeas, *et animadverte*, hoc est animo
retine, quod ab exitu sermonis quo iterum ædificatur Jerusalem, subaudis hebdomadarum debet initium sumi, non ab eo tempore quo, prima indulgentia Cyri, Judæorum est laxata captivitas, et pemissio data est ab eodem Cyro templum exstruendi
murosque civitatis ; sed ab illo exitu sermonis quo
iterum, hoc est alio tempore, Jerusalem ædificetur,
manifeste designat imperii Artaxerxis regis annum
vicesimum. Nehemias quippe hujus pincerna, sicut
in Esdræ libro legimus, rogavit regem, accepitque
responsum, ut ædificaretur Jerusalem. Et iste est
egressus sermo struendæ urbis, et circumdandæ
muris data licentia ; a quo tempore quia prius a Cyro
prima permissio facta est, hortatur nos sermo divinus initium hebdomadarum sumere, ab eo tempore quo iterum ædificetur Jerusalem, id est secunda
vice qua civitatis ædificandæ permissio concedatur

Judæi qua ratione explicent LXX *hebdomadas Danielis.*
— *Septuaginta Danielis hebdomadæ jam completæ.*
— *Dies in Scriptura pro uno anno sumptus.*

50. Sed super his nulla contentio est, cum constet quod septuaginta hebdomades transactæ sint,
et Judæorum inanis exspectatio et omnino falsa probetur. At quoniam super his respondere non possunt : neque enim veritas eorum protervitate mendacio potest immutari, transferunt se ad ea quæ omnino probare non possunt ; aiunt quemdam sapientissimum Judæorum hoc modo Danielis hebdomadas
numerasse. Unamquamque diem, inquit, in hebdo-

mada pro septem annis computare debemus, ut septies septem anni unam hebdomadam faciant, hoc
est annos quadraginta novem ; et hoc numero diligenter inspecto, continebunt septuaginta hebdomades annos tria millia quadringentos triginta, nec arctari poterimus intellectu vel numero quem computant Christiani, cum adhuc supersint anni mille nongenti et eo amplius, antequam septuaginta hebdomades impleantur. Quibus respondemus, in primis
ut hoc Scripturarum auctoritate probetur, doceantque diem pro septem annis computari debere, cum
ipse Dominus Ezechieli locutus sic describens pro
quanto temporis spatio diem nuntiare deberet. *Diem*,
inquit, *fili hominis, diem pro anno dedi tibi (Ezech.*
iv). Si juxta Dominicam descriptionem et sanctarum
consuetudinem Scripturarum, diem pro anno debemus accipere, cesset imperitia Judæorum affirmare
quod est omnino rationi contrarium, et impossibile
veritate probari ; vel si de numero disceptare voluerint, ostendant quomodo in sæculi fine secunda vice
fient quæ jam juxta prophetiæ textum transacta sunt.
Civitatem, inquit, *dissipabit populus cum duce ven*
turo (Dan. ix). Quod Jerusalem subversa sit, populo
veniente Romano cum duce Vespasiano, nullus qui
historiam legit ignorat : unde facile probatur septuaginta hebdomades esse finitas, cum constet esse
transactum quod in earum fine propheta prædixit esse
futurum. Si vastatio civitatis et eversio templi nondum factæ sunt, nec populus cum duce populum Judæorum de civitate delevit, falsa sunt omnia quæ
sub Romanis acta sunt. Sed universo mundo testante, notum est quid Vespasianus et Titus egerint. Ergo
verum est illud impletum esse quod dictum est : *Ci*
vitatem et sanctuarium dissipabit populus cum duce
venturo. Noli itaque falli de numero hebdomadarum,
nec tempus usque in infinitum extendere, cum numerus quo computare conaris in nullo sanctarum
Scripturarum libro reperiatur, ut dies pro septem
annis intelligi debeat. Lege quid Dominus locutus
sit Moysi, quando in exploratores terræ Chanaan
vindictam exercuit ; et proba, si potes, ipsum Dominum et legislatorem docuisse diem pro septem annis computari debere. *Filii*, inquit, *vestri erunt va*
gi in deserto annis quadraginta, et portabunt fornica
tionem vestram, donec consumantur cadavera patrum
in deserto juxta numerum dierum quibus considerastis
terram. Annus pro die imputabitur, et quadraginta
annis recipietis iniquitates vestras et scietis ultionem
meam (Num. xiv). Quadraginta diebus quadraginta
comparavit annos, sicut in Ezechiele ita in Moyse,
volens intelligi diem pro anno computari debere. Et
miror unde hujus dementiæ causam acceperis, cum
in tota serie Veteris Instrumenti minime ratio reperiatur qua probare possis spatium septem annorum
significatione vel numero unius diei articulo contineri. Si adhuc futurum est quod civitatem et sanctuarium dissipare debeat populus cum duce venturo, oportet ut prius ædificetur templum quod jampridem usque ad solum eversum est, ut iterum destrui possit ; sed semel secundum tuam sententiam

instaurandum est, ut aurea sæcula fiant, et civitas A
Jerusalem in auri et argenti copiis superabundet.
Ergo iterum destruendum est, ut prophetia stare
possit ad litteram. Dic mihi si ulterius, postquam semel reædificatum fuerit, everti debeat, et post ever-
sionem iterum innovari. Si hoc iterum verum est,
frustra sperantur tot et tanta quæ spe fallaci nescio
per quem futura promittis, cum eadem sint denuo
destruenda, et ad nihilum penitus redigenda. Si potes hic respondere septuaginta hebdomades nondum
præteriisse, neque Christum venisse, nec populum
cum duce civitatem et sanctuarium dissipasse, nec
hostiam et sacrificium defecisse, Phillida solus habeto.

Peccatum qua ratione finem accepisse dicatur.

51. Sed dicis : Si Jesus, ut asseritis, est justitia B
sempiterna, et in ejus adventu juxta prophetam finiri debeat peccatum et prævaricatio, quomodo peccatum finem accepit, cum adhuc hodie omnis homo
peccet? Ad hæc respondemus : In illis omne peccatum sive prævaricatio terminatur, quibus Christus
factus est justitia sempiterna, quia omnes in illo
unum sunt. Testatur hoc Scriptura quæ ait : *Ejus
qui in te est populi misereberis (Ose.* xiv). Si populus
in Deo est, et ipse Deus justitia sempiterna est, profecto omnes in illo unum sunt per gratiam et misericordiam, non per naturam, quorum ipse miseretur.
Terminatur ergo in eis omnis prævaricatio, sive
peccatum, quia cum in Deo sunt, in quantum unum
cum ipso sunt, peccare non possunt. Est itaque in
eis finis peccati et prævaricationis, quia justitia sempiterna regnat in eis quæ Christus est. Si non recipis prophetam, audi discipulum Gamalielis, Paulum
dico apostolum : *Servus,* inquit, *et liber, omnes in
Christo unum sumus (I Cor.* xii). Et iterum : *Omnes
qui in Christo baptizati estis, Christum induistis (Gal.*
iii). Itemque : *Nihil damnationis est his qui sunt in
Christo Jesu (Rom.* viii). Hæc de hebdomadibus Danielis breviter dixisse sufficiat. Itaque terminum lectioni ponamus, ut in his quæ sequuntur ab Isaia
sumamus initium.

*Isaiæ vaticinia de Judæorum abjectione et Christi ad-
ventu.*

52. Expletis testimoniis duodecim prophetarum,
necnon et quæstione super hebdomadibus Danielis, D
ut potuimus, enodata, veniamus ad Isaiam prophetam, qui Christi mysteria præ cunctis apertius intuens, principatum tenet in choro prophetarum, excepto David, de cujus semine ipse Rex regum natus
est. Is tanta complectitur, tam profunda scrutatur,
tam manifesta de Christo loquitur, quod nullus est
nisi deceptus amentia, neque Judæus, neque gentilis, qui ejus possit obviare sermonibus a principio
voluminis usque ad locum ubi ait : *Verbum quod
vidit Isaias filius Amos, de Juda et Jerusalem (Isa.*
ii) prædicat abjectionem populi Judæorum, post cujus descriptionem transit ad nativitatem et infantiam
Salvatoris, et quod Judæum libenter audire non credo, virginem asserit filium parituram, qui non tan-

tum uno nomine quod est Emmanuel, sed et aliis
sex appelletur nominibus, id est *admirabilis, consiliarius, Deus, fortis, Pater futuri sæculi, princeps
pacis (Isa.* ix), de quibus in suo loco, Domino Deo
largiente, dicturi sumus. Incipiamus ergo a capite
et Judæum compellamus respondere per singula.

*Isaiæ prophetia non de civitate Jerusalem, sed de il-
lius habitatoribus intelligenda.*

53. *Visio Isaiæ filii Amos quam vidit super Judam
et Jerusalem (Isa.* i), a dejectione populi Judæorum
sumit exordium, ostendens ea quæ dicturus est non
de Juda et Jerusalem dici, sed super Judam et Jerusalem, ut contra eos hæc omnia futura prædicet
quæ propheticus sermo subjungit, non de omni Israel loquitur, sed specialiter contra tribum Judæ, id
est Judæos qui tunc regnabant in Jerusalem. In hos
invehitur Dominus per prophetam, et omnem creaturam sive cœlestem sive terrenam contestatur, ut
audiant quid Judæis fecit, et quod ipsi econtra malum pro bono reddiderunt

54. *Audi, cœlum et auribus percipe, terra (ibid.)*
Qui quondam per Moysen, quando fœdus inii cum
filiis Israel, testes vos inter me et illos constitui, ut
si mandatis obedirent, ad altiora proveherem; si
non, de contemptu punirem, dicens : *Contestor hodie cœlum et terram;* nunc iterum vos inter me et
Judæos ad testificandum de collectione bonorum, ad
audiendum de ingratitudine beneficiorum provoco.
Audi ergo, cœlum, et auribus percipe, terra, quod
juste debeam de hostibus meis ultionem expetere.

*Judæi cur filii primogeniti dicti.—Primogeniti sæpius
reprobati.*

55. *Filios enutrivi et exaltavi, ipsi autem spreverunt me (Ibid.).* ¿Vobis notum est qui habitatis in cœlis simulque et his qui morantur in terra, quæ et
quanta fecerim populo Judæorum, quos adoptavi in
filios, et dixi *primogenitus meus Israel,* quos enutrivi quadraginta annis in eremo, et exaltavi in terra
Chanaan, dans eis possessionem eorum : ipsi autem
pro his omnibus quæ eis feci, quem debuerant adorare ut Dominum, reddiderunt pro servitute contemptum, quia spreverunt me. Hæc Dominus de Judæis querimoniam faciendo habitatoribus cœli et terræ locutus est. Quod si Judæi superbierint eo quod
filios ac primogenitos suum eos Dominus appella-
verit, audiant se ideo dici primogenitos, quia populum meliorem et fortiorem post eos electurus
erat, juxta quod ipse ait ad Moysen : *Dimitte me ut
irascatur furor meus super populum istum, et ego
constituam te super gentem fortiorem quam hæc est
(Exod.* xxxii). Respondeat Judæus quis sit ille populus, qui longe fortior et melior post eum futurus
sit, noveritque in Veteri Instrumento sæpius primogenitum esse reprobatum. Cain primogenitus fuit,
sed Abel Deo complacuit. Ismael primogenitus fuit,
sed in Isaac repromittitur benedictio cunctis gentibus tribuenda. Esau primogenitus fuit, sed benedictionem ejus Jacob *supplantator* accepit. Ruben primogenitus exstitit, sed benedictio de Christi incar-

natioue futura ad Judam translata fuit ; in quibus
omnibus comprobatur priori populo successurum
fore populum meliorem. Sequitur :

56. *Cognovit bos possessorem suum, et asinus præ-*
sepe domini sui ; Israel autem me non cognovit, po-
pulus meus non intellexit (Isa. 1). Ostendit in quo sit
contemptus ab eis, in hoc videlicet quod brutis animalibus agnoscentibus Dominum et Creatorem, populus autem Judæorum non cognoverit eum, neque
intellexerit. Quod velim ut dicat mihi Judæus, si
hoc de Patre et non de Filio velit intelligi, quomodo
Israel Dominum non cognoverit, quem ipse Dominus
eduxit de Ægypto, et per medium Rubri maris sicco pede transire fecit, ac manna pavit in eremo, sed
et ad ultimum in terram repromissionis induxit :
quod quia probare non potest dici de Patre, de Filio confiteri cogetur, quod ipse non sit agnitus ab eis
neque intellectus, de matre Virgine natus, et recli-
natus in præsepio, ubi eum pastores pecorum viderunt et intellexerunt, ac sicut Deum glorificaverunt.

57. *Væ genti peccatrici, populo gravi iniquitate,*
semini nequam, filiis sceleratis! (Ibid.) Væ, inquit,
genti Judæorum in hoc peccatrici, quod non agnovit neque recepit Salvatorem, sed interfecit. *Po-*
pulo gravi iniquitate, hoc est onerato peccatis homicidii et contemptus in Deum. *Semini nequam,*
quia ex patre diabolo sunt. *Filiis sceleratis,* in quos
omne scelerum genus influxit. Et causam subdit
cur tanta populus Judæorum denotetur infamia.

58. *Dereliquerunt Dominum, blasphemaverunt San-*
ctum Israel, abalienati sunt retrorsum (Ibid.). Dereliquerunt Dominum conclamantes : *Non habemus*
regem nisi Cæsarem (Joan. xix). Blasphemaverunt
sanctum Israel, dicentes : *Dæmonium habes et Sa-*
maritanus es (Joan. viii). Abalienati sunt retrorsum,
qui quondam fuerant in caput, nunc vertuntur in
caudam. Et qua de causa sic alienentur, ipse Dominus per Jeremiam exposuit, dicens : *Reliqui do-*
mum meam, dimisi hæreditatem meam, facta est
mihi hæreditas mea sicut leo in silva, dedit super me
vocem suam (Jer. xii). Propterea odit eam, quæ
quondam fuit hæreditas, quia dedit super eum
vocem suam, clamans : *Tolle, tolle, crucifige eum*
(Joan. xviii).

59. *Facti estis mihi in satietatem, nequaquam di-*
mittam peccata vestra. Ad hæc causam per partes
exsequitur qua Judæos abjecerit. *Non dimittam,* inquit, *peccata vestra (Isa.* 1). Quare? quia *manus*
vestræ sanguine plenæ sunt (ibid.). Et quid per hoc
velit intelligi, paulo post de civitate loquens subjungit : *Quomodo facta est meretrix civitas fidelis*
plena judiciis? justitia requievit in ea, nunc autem
homicidæ (ivid.). Hæc omnia, inquit Judæus, propter peccata nostra comminatus est, ut de cætero
nos a malo compesceret. Et hoc Scripturæ repugnat ; nam aperte pronuntiat quod facti estis in
satietatem, quod tantumdem valet, ac si dixisset
in tædium. Contra hoc quod patrocinium vobis

assumitis, comminationem Domini pœnam esse peccatorum vestrorum, suam ponit sententiam, dicens :
Non dimittam peccata vestra ; causamque subjungit :
Manus enim vestræ sanguine plenæ sunt, quo, vel
cujus sanguine? Non bovis, non arietis, vel alicujus bruti animalis , sed hominis. Sanguis unius
hominis justi quem effudistis, manus vestras infecit ; et ob hujus culpam commissi facinoris *manus*
vestræ sanguine plenæ sunt. Quod autem hoc peccatum homicidium sit, ut superius dictum est, ipse
propheta testatur loquens de civitate : *Justitia ha-*
bitavit in ea, nunc autem homicidæ. Ob Salvatoris
itaque necem, qui ab eis occisus est, vocantur viri
sanguinum et homicidæ. Et quamvis superius dixisset, *non dimittam vobis peccata vestra,* ostendit tamen apud eum nullum impossibile esse, si uno
tantum remedio, hoc est baptismi lavacro salutaris,
salvari voluerint. Unde subinfert :

Judæorum peccata aqua baptismatis abluenda.

60. *Lavamini, mundi estote, auferte malum cogi-*
tationem vestrarum ab oculis meis (ibid.). Quid est
lavari nisi baptizari? Aqua nihil prodest nisi adfuerit qui remissionem peccatorum dederit. Non
ergo de omni aqua jubetur, ut laventur, sed de ea
tantum in qua peccata mundantur, quæ non est
alia nisi aqua baptismatis. Et hoc facile probari
potest, nam cum superius præmisisset, *Manus ve-*
stræ sanguine plenæ sunt, et *Justitia habitavit in ea,*
nunc autem homicidæ, de sanguinis effusione et homicidio peccatum eos contraxisse denuntiat, statimque subinfert quod non dimittet eis hoc peccatum, nisi laventur et mundentur. Ac si diceret :
Non dimitto vobis peccatum homicidii perpetrati,
nisi fueritis aqua baptismatis loti, qua peccata mundantur. Respondeat Judæus ubi invenerit scriptum
in lege, quod homicidium expiationis aqua deleri
debeat : quod cum reperire non poterit, noverit
aquam baptismatis esse meliorem Abana et Phar-
phar fluviis Damasci, insuper et omnibus aquis Israel, in qua sola tribuitur omnium, operante Spiritu sancto, remissio peccatorum. *Auferte,* inquit,
malum cogitationum vestrarum ab oculis meis. Quibus verbis manifeste novi testamenti religio commendatur, quæ non solum opera, sed et cogitationes a malo discerni jubet, simulque docet quod
pro victimis et holocaustis et adipe pinguium et
sanguine taurorum et hircorum, et pro thymiamate,
neomeniis, Sabbato, die festo, jejuniis, kalendis,
et aliis solemnitatibus, fidei Christianæ religionem
magis habeat acceptabilem. Et probat in consequentibus quod si Judæi lavari voluerint aqua baptismatis, per quod solum possunt a peccato mundari, posse nigredinem peccatorum mutari candore
munditiæ. *Si fueritis,* inquit, *peccata vestra sicut*
coccinum, quasi nix dealbabuntur (ibid.). Hoc est,
quamvis effuderitis sanguinem Salvatoris, in cujus
passione signum Raab coccinum quondam in fenestra dependit, præfigurans quod ipsa et domus ejus
in æternum, quæ est Ecclesia congregata de genti-

bus, a morte per ejus mortem salvaretur. Scitote A
tamen quod ubi superabundavit delictum in opere,
meritum superabundavit in gratia (*Rom.* v). Si fueritis aqua loti quæ cum sanguine Christi manavit
de latere... ac velut *nix dealbabuntur*, quia rubor
rubore, id est sanguis peccati sanguine salutari, et
nigredo candore delebitur. Et si fuerint rubra quasi
vermiculus, in similitudinem cruoris veneno malignitatis intincta ; sciatis tamen quod ille tenerri-
mus ligni vermiculus qui pendebit in cruce, ut in-
terficiat illum uno mortis suæ impetu, qui jugum
peccati accrevit super populum Domini; ille, inquam, pro confusione vestra duplici et rubore
induet vos lana mundissima proprio vellere, eritis-
que oves, et ipse pastor, sicut scriptum est : *Ego
ipse requiram oves meas, et visitabo illas sicut visitat* B
*pastor gregem suum in die, quando fuerit in medio
ovium suarum dissipatarum* (*Ezech.* xxxiv). Audi,
Judææ, consilium Isaiæ, et fes. ina lavari, quia quibuscunque aquis lotus fueris, nisi baptismus sub-
venerit, sorde peccati semper immundus eris, Job
attestante, qui ait : *Si lotus fuero quasi aquis vivis,
et fulserint velut mundissimæ manus meæ, tamen
sordibus intinges me, et abominabuntur vestimenta
mea* (*Job* ix). Quibus verbis ostenditur neminem a
peccato posse salvari, nisi per gratiam baptismi,
quæ in præcedenti versu subtili sermone describitur. Hæc super abjectione populi Judæorum dicta
sufficiant, sequentia videamus, et ea quæ Judæo
magis displicere noverimus, proferamus in medium. Non enim nostrum propositum est ex ordine
Isaiam exponere, sed ea quæ de Christo manifeste
dicta sunt contra perfidiam Judæorum apertius explanare.

Isaiæ prophetia de vocatione gentium expenditur.

61. *Erit in novissimis diebus præparatus mons
domus Domini in vertice montium, et elevabitur super colles, et fluent ad eum omnes gentes, et ibunt
populi multi, et dicent : Venite, ascendamus ad montem Domini* (*Isa.* ii). Post descriptam abjectionem
populi Judæorum, transit ad vocationem gentium,
et uno populo deleto, multitudinem populorum ad
montem Domini venturam esse constanter affirmat.
Prius agit de Verbo quod postea *Montem* vocat, et
dicit se vidisse Verbum de Juda et Jerusalem, sta- D
timque subjungit illud Verbum novissimis diebus
montem esse futurum in verticem montium.

62. *Erit*, inquit, *in novissimis diebus præparatus
mons domus Domini in vertice montium.* Quod est
aperte dicere : Novissimo tempore fiet Verbum Altissimi mons in verticem montium, hoc est sublimis supra sublimitatem sublimium. Erit præparatus,
quia prædestinatus est, ut homo fiat. *In vertice
montium,* quia homo supra homines et Sanctus
sanctorum erit. Nibil eo altius, sub quo omnis
creatura est. Ipse tamen erit præparatus, ut elevetur super colles, quia ideo fiet Deus humilis, ut
elevetur homo sublimis, ac super omnes cœlos ascendat, sedeatque ad dexteram majestatis in excel-

sis. Et quidem hoc est quod ait : *Verbum quod vidit
Isaias* (*ibid.*). In prima visione videt abjectionem
populi Judæorum, in secunda Verbum Dei sub specie montis altissimi apparendum, in tertia ipsum et
eumdem, qui mons dictus est, post Incarnationis
ejus mysterium videt Dominum sedentem super solium excelsum, ut exponat apertius quid sit mons
domus Domini in vertice montium. Sequitur : *Et
fluent ad eum omnes gentes*, non tantum una gens
de Judæa, sed omnes gentes; ut uno populo derelicto, veniant multi populi et dicant : *Ascendamus
ad montem*, nequaquam Sinai vel Oliveti, sed montem Domini. Dicat nunc Judæus quis sit iste mons
qui tam sublimis est, ut elevetur super omnes
colles; tam accessibilis, ut fluant ad eum omnes
gentes. Utinam circumferat oculos suos per universam Judæam, quia inde debuit iste mons surgere, et tandiu aspiciat capita montium, quousque
probaverit aggerem terræ conglobatum debere dici
montem istum, de quo Isaias locutus est : Templum, inquit, quod in monte situm est, tam sublime
erit ædificatum veniente Messia, quod super omnes
montes et colles videri poterit. Et ideo dicit quod
de Sion debeat exire lex et verbum Domini de Jerusalem. Sed si hoc verum est, quomodo propheta
postquam prædixerat omnes gentes ad hunc montem venire, et ibi doceri de viis Domini, populum
suum hortatus est, ut cum eo ad hunc montem venirent, et ambularent in nomine Domini? Sic enim
ait : *Domus Jacob, venite ambulemus in lumine Domini* (*ibid.*). Si Judæi templum et civitatem habebunt, quomodo invitantur venire ad id quod habetur ab eis? Destruit hoc propheta cum subdit :
Projecisti enim populum tuum domum Jacob (*ibid.*).
Quia noluerunt audire prophetam monentem ut venirent et ambularent in lumine Domini; ubi aperte
innuitur quod ipse Dominus iste mons est. Dicit
enim ideo projecisse populum suum. Et ne veniat
in ambiguum quis sit iste populus, adjungit domum
Jacob. Si populus Judæorum ideo projectus est quia
noluit ad hunc montem accedere, non est iste mons
templum quod futurum est, si tamen aliquod erit,
ut Judæus affirmat. Convincat ipse propheta Judæum falsa de hoc monte dixisse. Et primum quæratur ab eo, cum probare non possit hæc esse dicta
de templo, quid dicat esse domum Domini. Si cœlum in quo Deus habitat domus Domini est, et Deus
altior cœlo est, utique mons iste Deus est. Ergo
totus hic locus de Domino est, quod videlicet ipse
sit præparatus in vertice montium, hoc est sanctus
incarnatus in medio sanctorum. Hic elevatus est
super colles, quia altior omni homine factus est
Deus homo. Ad hunc jam confluxit Ecclesia ex omni
gente congregata, simulque cum ea populi multi
dicentes : Ascendamus ad Dominum et docebit nos
viam salutis, ut eamus per eam. Probat hoc hodie
verum esse tam Jerosolymitana quam Romana Ecclesia, et completur quod in eodem propheta dictum
est . *Filii tui de longe venient, et filiæ tuæ de latere*

surgent (Isa. LX). Ac quoniam quod propheta petie-
rat obtinere non potuit, adhortatus enim fuerat
populum, ut cum eo venirent et ambularent in nomine Domini, tanquam ex consilio Judæos post
pauca præmunit, dicens : *Quiescite ab homine cujus
spiritus in naribus ejus est, quia excelsus reputatus
est ipse (Isa.* II). Ac si dicat apertius quoniam pro-
jecti estis eo quod in montem domus Domini, hoc
est in Christum Salvatorem credere noluistis, ca-
vete vobis de cætero, ne injiciatis manus in eum
qui Deus homo factus est inter homines; spiritum
habet et animam, et spirat ac vivit ut cæteri. Quiescite ab eo, nolite eum persequi, nolite æmulari, quia
non cedet vobis in prosperum. Erit enim vobis in ruinam et in laqueum, *lapis offensionis et petra scandali*
(*I Petr.* II), nisi cessetis ab odio quo nocere studetis.
At quia per hoc minime videt eorum cessare perfidiam, relictis eis post multa et varia quæ refert in
medio de hujus hominis glorificatione subjungit.

Prophetia de Christi glorificatione. — Ridicula Ju-
dæorum explicatio de germine

63. *in die illa erit germen Domini in magnificen-*
tia, et gloria, et fructus terræ sublimis, et exsultatio
his qui salvati fuerint de Israel ; et erit omnis qui re-
lictus fuerit in Sion , et residuus in Jerusalem , Sanc-
tus vocabitur, omnis qui inventus fuerit scriptus in
vita in Jerusalem (Isa. IV). Qui superius dictus fuerat *mons* propter altitudinem divinitatem, postea *lu-*
men Domini , quia Filius a Patre lumen de lumine
est ; postremo manifeste vocatus est *homo,* ubi ait :
Quiescite ab homine cujus spiritus in naribus ejus est
(*Isa.* II); nunc tanquam ex novo *germen Domini*
appellatur, ut ejus sublimitas deitatis intelligatur
apertius. Et recte germen Domini appellatur, quia
virtus et imago Patris est. Hoc germen Domini
dixit esse *in magnificentia et gloria* in diebus illis ,
videlicet quando germen Domini homo fieret ; prius
in magnificentia, propter ea quæ gloriose facturus
erat inter homines ; postea in gloria, propter glorificationem humanitatis assumptæ ad thronum majestatis. Quid vero sit germen in gloria, statim exponendo subjungit : *Et fructus terræ sublimis,* de
quo fructu David ait quod Dominus daret benignitatem, Filium de cœlo mitteret, et terra nostra daret fructum suum, hoc est corpus virgineum Dei
Filium generaret. Fructus ille sublimis factus est,
quia natura humanitatis ejus assumptæ super omnem creaturam exaltata est. Judæus affirmat quod
iste fructus esse debeat ficus, aut malogranatum,
aut aliquid hujusmodi. Et si ficus præter solitum in
sublimitatem status altioris accresceret , quæ inde
exsultatio salvandis de populo proveniret? Sed
fructus sublimis Filius Virginis est , elevatus ad
dextram Patris, per quem lætitia et exsultatio sal-
vatis de salute provenit; et non dixit omnem populum salvandum, sed reliquias tantum, id est
apostolos et eos qui per apostolos et eorum successores crediderunt. Sic enim ait : *Et erit omnis*
qui relictus fuerit in Sion, et residuus in Jerusalem,

A   *Sanctus vocabitur, omnis qui inventus fuerit scriptus*
in vita in Jerusalem. Relictum et residuum non solet dici aliquid totum, sed pars totius, et ipsa minima. Reliquiæ ergo populi tantum salvæ factæ
sunt, non omnis populi multitudo. Et , Deus bone !
qua ratione tibi repromittis, Judæe, Saturnia regna,
Jerusalem auream, et de cunctis partibus orbis dispersos ad Judæam confluere? Isaias affirmat, ab-
jecto populo Judæorum, omnes gentes ad montem
qui Christus est esse venturas, et Judæus adhuc
nova tempora Salomonis exspectat. Salomon namque fecit ut tanta esset auri argentique copia in
Jerusalem quanta lapidum. Hæc ipse vel his similia
futura contendit , hoc eodem propheta resistente
B   atque dicente : *Derelinquetur filia Sion sicut um-*
braculum in vinea, et sicut tugurium in cucumerario,
sicut civitas quæ vastatur (Isa. I), de cujus vasti-
tate superius in capitulo Danielis quædam plenius
dicta sunt. Sequitur : *Sanctus vocabitur omnis qui*
inventus fuerit scriptus in vita in Jerusalem. Cui
germen Domini fructus terræ sublimis, qui est
Christus , fuerit gloria et exsultatio , hic plane vocabitur Sanctus et erit , quia scriptus invenietur in
vita, in illa cœlesti Jerusalem , ad quam alius propheta suspirans ait : *Concupiscit et deficit anima*
mea in atria Domini (Psal. LXXXIII). Vere Sanctus
erit , cui religio descripta superius placuerit, videlicet qui lotus fuerit in baptismo, et postea mundus in baptismi sacramento permanserit, juvenie-
C   tur scriptus in vita, hoc est electus in Christo.

Deum in qua forma viderint prophetæ et patriarchæ.

64. His propheta de Christo prædictis, post quædam interposita, quæ nunc enumerare longum est,
transit ad aliam visionem , in qua videt Dominum
sedentem super solium excelsum et elevatum (*Isa.*
VI). Sed antequam de visione dicamus , libet interrogare Judæum in qua forma prophetæ vel patriarchæ Dominum viderint. Abraham vidit Dominum
non in divinitate, sed in humana forma ; quod Judæus negare non potest, quia scriptum est : *Appa-*
ruit autem Dominus Abrahæ in convalle Mambre se-
denti in ostio tabernaculi (Gen. XVIII). Cumque
levasset oculos suos, apparuerunt ei tres viri. In
humana ergo forma fuit hoc quod vidit de Domino;
D   sed ne aliquis amicorum meorum mihi objiciat
hoc non esse verum, tibi, lector, in aure dico, ne
Judæus hoc audiat; Hieronymus super eodem capitulo in Isaia locutus est : « Legimus, inquit, quod
ab Abraham visus sit Dominus in hominis figura,
et cum Jacob quasi homo luctatus sit qui Deus erat,
unde et ipse locus appellatus est Fanuel, hoc est
facies Dei : *Vidi enim*, ait, *Deum facie ad faciem,*
et salva facta est anima mea (Gen. XXXVII). Ezechiel
quoque vidit Dominum in forma hominis sedentem
super Cherubim, a lumbis ejus et deorsum erat
quasi ignis. et superiora habebant speciem elec-
tri. » Hæc Hieronymus, cui non est alter similis
in expositione Scripturarum. Si Deus a patriarchis
et prophetis in figura hominis visus est , permittat

nobis Judæus ut dicamus his novissimis diebus
Deum nobis apparuisse per hominem. Restat adhuc
ut nobis exponat quid Moyses de Domino, vel in
qua figura Deum viderit. Sic enim ait ad Dominum :
*Si inveni gratiam in oculis tuis, ostende mihi faciem
tuam* (*Exod.* xxxiii). Cui Dominus : *Non poteris
videre faciem meam. Ecce,* inquit, *est locus apud me;
stabis super petram , cumque transibit gloria mea,
ponam te in foramine petræ, et protegam dextra mea
donec transeam; tollamque manum meam, et videbis
posteriora mea* (*ibid.*). Si Moyses non potuit videre
faciem Domini, quid sibi vult quod ait : *Loquebatur
autem Dominus ad Moysem facie ad faciem, sicut loqui solet homo ad amicum suum?* (*Exod.* xxxiii).
Præterea si non potuit videre nisi posteriora Domini, quæro quid viderit, talos, an humeros, tergum an cætera? Sed Dominus ait : *Tollam manum
meam et videbis posteriora mea.* Satis comperit lector prudens ad quod inconveniens duci poterit, si
sup r hoc disputationis ordo processerit, neque
meum est ad præsens nugas Judæorum exponere,
sed mysteria veritatis inquirere. Redeamus ergo
ad visionem prophetæ, et audiamus quid viderit.

*Alia Isaiæ visio expenditur.—Quis sit Filius hominis
quem vidit Daniel.— Mysterium Trinitatis.*

65. Anno quo mortuus est rex Ozias, *vidi Dominum sedentem super solium excelsum et elevatum*
(*Isa.* vi). Ipsum profecto quem superius fructum
terræ sublimem dixerat, nunc eamdem sublimitatem exponit apertius, et Dominum in majestate divina regnantem vocat, cujus solium est altitudo
cœlorum, cui ipse præsidet, prout suæ voluntati
complacuit, quia sub eo omnis altitudo est, quæ
Deus non est. Excelsum est ergo solium ejus et elevatum, quia sub eo omnis altitudo est quæ Deus
non est. Excelsum ergo solium ejus et elevatum,
quia quidquid sublimius in creaturis est, ipsi
divinitati submissum atque subjectum est. Vidit itaque propheta *Dominum* qui super omnia est,
*sedentem super solium excelsum et elevatum. Sera-
phim stabant super illud,* hoc est illa agmina beatorum spirituum quæ excelsiora post Deum sunt in
altioribus semper conmorantia. *Sex alæ uni et sex
alæ alteri* (*ibid.*). Senas alas habere dicuntur qui in
circuitu Domini sunt; quia de fabricatione tantum
mundi, quæ sex diebus facta est, notitiam juxta
Dei præceptum mortalibus præbent. Ministri enim
Dei sunt ad ejus voluntatem implendam quotquot
sunt, vel superiores vel inferiores, attestante Propheta, qui ait : *Benedicite Dominum, omnes angeli
ejus, potentes virtute, facientes verbum illius, ad audiendum vocem sermonis ejus. Duabus velabant caput
ejus, et duabus velabant pedes ejus, et duabus volu-
bant* (*Psal.* cii). Caput Dei superioribus alis et inferioribus pedes ejus operiunt, quia præterita ante
mundum, et futura post mundum, dum soli Deo
nota sunt, media tantum videri possunt quæ in hoc
mun lo facta sunt. Et notandum quod seraphim dicuntur alis suis velare Domini caput et pe les. Illa

divina substantia Trinitatis, quæ tota est perfectio
Deitatis, nec caput nec pedes habere recte dici potest, quæ in sua natura hominibus invisibilis est,
angelis incomprehensibilis, utrisque mirabilis et
adoranda ac super omnia veneranda. Quamvis ergo
propheta Dominum videat sedentem super solium
excelsum ac totam Trinitatem intelligat, non tamen
videt ex toto illam perfectam atque ineffabilem
substantiam Deitatis; sed id tantum quod se visibile
præbuit, ad insinuandum post tempora multa futurum Dominicæ Incarnationis sacramentum. Nec
mirum si Deum in figura corporis videat antequam
fiat homo, cum ipse Dominus dicat : *Ego visiones
multiplicavi, et in manibus prophetarum assimilatus
sum* (*Ose.* xii), et multa in figura præcesserunt, quæ
postea rei veritate completa sunt, et hoc probemus
exemplo. Daniel tanquam in visione nocturna mysterium Incarnationis Filii Dei se vidisse testatur,
ita dicens : *Aspiciebam in visione noctis, et ecce cum
nubibus cœli quasi filius hominis venit, et usque ad
Antiquum dierum pervenit, et dedit ei potestatem, et
honorem, et regnum; et omnis populus, tribus et
linguæ servient ei (Dan.* vii). Præcesserunt hæc in
figura quæ postea rei veritate completa sunt. Sed
et Manube Dominum in hominis figura se vidisse
testatur, uxori suæ dicens : *Morte moriemur, quia
vidimus Dominum (Jud.* xiii). Non dixit quia vidimus angelum, sed quia vidimus Dominum. Attamen
respondeat Judæus, quis sit iste Filius hominis,
qui venit cum nubibus cœli, et ascendit usque ad
Antiquum dierum ac sempiternum Deum, cui ipse
Deus dedit potestatem et honorem et regnum, ut
omnis populus, tribus et linguæ servient ei,
ostendatque simul quomodo potestas ejus potestas
æterna sit, et regnum ejus corrumpi non possit.
Cum omnis homo sit Filius hominum, qua ratione
debet intelligi Filius hominis numero singulari,
qui ex duorum procreatione sit generatus? Præterea quis filiorum hominum potest usque ad nubes
ascendere, penetrare cœlum et pervenire usque ad
thronum majestatis in excelsis, ut ibi detur ei ab
Altissimo potestas et honor et servitus omnium populorum ac regnum sempiternum quod finem non
habeat? Quærat donec inveniat, et tandiu quærat
quousque quærendo deficiat. Nullus poterit alius
inveniri, nisi ille flos Mariæ, Virginis Filius, qui
Deus de cœlo venit, ut ex ea carnem assumeret ;
absque omni conditione virili natus est, ac Filius
hominis factus, ipsam suam humanitatem ad excelsa levavit, sicut de eo Propheta canens in psalmo
prædixerat : *Ascendens in altum captivam duxit captivitatem* (*Ephes.* iv), et *Psallite Domino, qui ascendit super cœlos cœlorum* (*Psal.* lxvii). Hinc data
est summo Patre potestas secundum quod homo
est et honor regni, ut sedeat ad dextram ejus, donec ponat omnes inimicos ejus sub scabellum pedum ejus (*Psal.* cix; *Hebr.* xi); cujus regnum sempiternum est, quia, etsi cœpit secundum id quod
homo est, tamen secundum quod Deus est, nec in-

cœpit esse, nec desinit. Potestas ergo non datur ei A
nisi secundum id quod homo est, quia juxta id
quod cum Patre et Spiritu sancto unus Deus est,
ejusdem cum eis potentiæ est, quæ nequaquam ab
eo auferri potest, quia Deus et homo una persona
est. Vidit itaque Isaias non totam substantiam dei-
t::tis, sed media Domini tantum, videlicet quod in
hoc mundo factus est, qui recte quoddam medium
dicitur positum inter præterita ante mundum et
futura post sæculum. Cætera vero Domini alis seraphim velata sunt, quia nobis occulta, nec possumus
intellectu percipere priora quæ fuerunt antequam
mundus fieret, nec ea quæ post finem ejus futura
sunt. De his tantum cognoscere possumus quæ in
præsenti sæculo facta sunt ; et hoc est quod duabus alis mediis volabant, et media Domini visi- B
bilia esse demonstrantur, per id dantes intelligi,
quod Deus mundo visibilis appareret in homine.
Et clamabant alter ad alterum (*Isa.* vi). Non
duo tantum, hoc est unus ad unum, sed unusquisque ad alium, resonando mysterium Trinitatis. Felix et gloriosa illa multitudo beatorum spi-
r.tuum, cui data est illius summæ divinitatis videre
decorem, sentire dulcedinem, contemplari faciem,
adorare majestatem, nihil aliud agere nisi laudes
Domini resonare. Quid vero clament insinuat cum
subjungit : *Sanctus, sanctus, sanctus, Dominus exercituum, plena est omnis terra gloria ejus* (*ibid.*). Ut
personarum proprietates ac sacramentum Trinitatis
insinuent, tertio Sanctum clamant, ut ejusdem Tri- C
nitatis in substantia prædicent unitatem, subjungunt:
Dominus exercituum, id est ominum cœlestium virtutum. *Plena est omnis terra gloria ejus*, non tantum templum vel sola Judæa, sed omnis terra. Admirantur agmina supernarum virtutum Dominum
majestatis ad ima velle descendere, et humiliari ut
fiat homo, ostendatque gloriam suam non soli populo Judæorum, sed universo mundo ; ac cum digna
admiratione laudantes dicant : *Plena est omnis terra
gloria ejus.* Moyses cum pro adorato vitulo Dominum deprecaretur, dicens : *Obsecro, Domine, dimitte peccata populi tui*, respondit ei Dominus :
*Propitius ero illis, verumtamen vivo ego, et vivit nomen
meum, quia implebitur gloria mea omnis terra*
(*Num.* xiv). Ac si diceret : Quia cerno quod popu- D
lus iste duræ cervicis est, et adhuc me præsente, vitulum adoravit ; *vivo ego, et vivit nomen meum*,
quia sicut contempserunt me, et ego contemnam
eos, ac pro una gente derelicta, *implebitur gloria
mea omnis terra*, et omnis quicunque invocaverit
nomen meum salvus erit, nec tenebitur intra unius
terræ terminos, ut inde glorientur et dicant : Non
fecit taliter omni nationi, sed per totum orbem
abundabit ex gratia, ut impleatur illud quod scriptum est : *Replebitur majestate ejus omnis terra.* Cur
ergo Judæus exspectet novum propitiatorium, ubi
habitet gloria Domini, quæ jam in omni terra refulget? Frivolum est affirmare de cætero, ut omnem
terram Dei gloria deserat, ac pro libitu Judæorum

inter alas cherub tanquam in occulto resideat. Sentiant illi quod voluerint, nos omissis fabulis otiosis quid propheta post visionem audierit videamus.

Trinitatis mysterium iterum explicatur.

66. *Et audivi vocem Domini dicentis : Quem mittam ? et quis ibit nobis ?* (*Isa.* vi) Responde : Rabbi.
Quærimus a te quid sibi velit quod Dominus loquitur de se ipso primus numero singulari dicens .
Quem mittam ? et postea numero plurali subjungit :
Et quis ibit nobis ? Videsne adhuc quod in substantia Dominus se velit unum intelligi et trinum in
personis ? Quæ est ista in verbis Domini variatio, imo
in ipso Domino trinitatis et unitatis affirmatio ? *Quem
mittam ?* id unitatis est. *Quis ibit nobis ?* de quibus
dicitur ? non de agminibus seraphim, quia propheta
nullius vocem audivit, nisi solius Domini dicentis :
Quem mittam ? et quis ibit nobis ? Recordare quid
superius seraphim clamaverint, quomodo unitatem
in trinitate, et trinitatem in unitate monstraverint
ac dixerint : *Sanctus, sanctus, sanctus Dominus
exercituum* (*ibid.*), et solutionem hujus quæstionis
invenies. Concedo, inquis, quod de se et de Spiritu
suo locutus sit, sed quod Filium habeat non recipio. Respondeant hic virtutes cœlorum, et utrum
bene an male senseris apertius innuant. *Sanctus*,
inquiunt, *sanctus, sanctus.* Si trinitas non est
Deus, quis est ille qui tertio dicitur Sanctus in
deitate? Aut tres personas et unum Deum confiteri
cogeris Patrem et Filium et Spiritum sanctum,
aut aliquid novum et inauditum more tuo reperies,
quod erit falsum et exsecrabile et omnino probare
non poteris. Unde quia hinc facile convinci posse
te comperis, de cætero digito compesce labellum.

Excæcatio Judæorum.

67. Sequitur : *Et dixi : Ecce Ego, mitte me* (*ibid.*).
Non hoc ex præsumptuosa temeritate locutus est,
sed ex magno desiderantis affectu, ut omnipotentis
pareat jussioni et populo suo voluntatem ejus annuntiet. Simulque notandum quod Domino, jubente,
Trinitas imperat, et propheta se per omnia servum
Trinitatis affirmat. *Et dixit : Vade et dices populo
huic : Audite auditu et nolite intelligere; videte visu,
et nolite cognoscere* (*ibid.*). Quid est hoc quod jubentur audire Judæi, et non intelligere? Certe
mysterium Salvatoris quod superius propheta cognovit et intellexit, audivit et credidit. Viderat
namque *Dominum sedentem super solium excelsum*
(*ibid.*); ac quia sublimis Deus dignaretur homo fieri
humilis, audierat seraphim proclamantia, quod ipso
descendente de cœlo propter ejus præsentiam venientis in carne : plena esset omnis terra gloria
ejus, cujus intellectum penitus a Judæis avertens
imperat, ut propheta prædicet eis quod futurum sit.
Audite, inquit, *auditu* verba Salvatoris cum venerit, *et nolite intelligere* quia permisit Dominus indurari corda vestra, et nequaquam ad pœnitentiam
emolliuntur. Et *videte* eum *visu* præsentem in carne,
et nolite cognoscere ne Dei cassetur propositum,
quod una gens cæca fiat, ut omnis mundus videat.

At postquam propheta præceptum audierat, intelligens et ipse Domini voluntatem, orat et precatur ut ejus voluntas per omnia fiat. *Excæca,* inquit, *cor populi hujus, et aures ejus aggrava, ne forte videat oculis suis, et auribus audiat, et corde suo intelligat, et convertatur et sanem eum* (*ibid.*). Hic vellem per te, Judæe, cognoscere cujus sit ista oratio, Domini imperantis, an prophetæ deprecantis, aut illius justo judicio disponentis, qui neque andiendus, neque intelligendus est a populo Judæorum ? Si Domini imperantis, non est culpa populi quod cæcus fiat, sed potentia præcipientis : Si prophetæ deprecantis, quamvis ita sane possit intelligi, quomodo ad eum referri poterit quod subinfertur, *et convertatur et sanem eum,* cum solius Dei sit post conversionem dare salutem ? Sed illius non incongrue, salva fidei ratione et majore auctoritate, dici potest, cui possibile est prius convertere et post conversionem præstare salutem. At cujuscunque sit, hoc imprecatur populo Judæorum, ut audiant et non intelligant, videant et non cognoscant, cæci fiant et surdi, ne convertantur et sanentur. Ubi aperte monstratur quanta miseria teneantur, qui nec audire, nec intelligere, nec videre, nec cognoscere possint Dominum Salvatorem, nec etiam pœnitentia digni sunt, ut convertantur et salutem obtineant. Sequitur :

68. *Et dixi : Usquequo, Domine ? Et dixit : Donec desolentur civitates absque habitatore, et domus sine homine, et terra relinquatur deserta* (*ibid.*). Ac si superius dixisset : O Domine, præcipis mihi loqui nunc populo Judæorum, ut audiant et non intelligant Salvatorem, videant eum et non cognoscant ; verumtamen usquequo, Domine, hæc sententia permanebit, ut audiens non audiat, videnque non videat? Cui respondit Dominus : Tandiu non audiet et non videbit, et excæcatum habebit cor, donec civitates Judææ, Vespasiano Titoque pugnantibus, penitus subvertantur, in tantum ut ne nomen quidem permaneat; et domus, si quæ remanserint, sine habitatore sint, et terra redigatur in solitudinem, et vel fuga vel captivitate in totum orbem Judaicus populus dispergatur. Dat ergo Judæis certum captivitatis atque vastationis signum, causamque describit, eo videlicet quod Salvatorem ad se venientem non receperint, neque intellexerint, sed e contrario filium patrisfamilias interfecerint, dicentes : *Hic est hæres, occidamus eum, et habebimus hæreditatem ejus* (*Luc.* x). Hæc postquam de cæcitate Judaici populi et eversione Jerusalem propheta Domino revelante cognovit, transit ad obsidionem quæ facta est in diebus Achaz, præliantibus contra Jerusalem Rasin rege Syriæ et Phacee filio Romeliæ, ut sub occasione misericordiæ qua Dominus populum liberavit obsessum, filium suum de Virgine nasciturum annuntiet ; quod quia longum est per singula verba discutere, melius est ut Judæo relinquamus historiam ruminandam, et veniamus ad rem, ut prophetiam Emmanuelis tam de Virgine

nascituri, quam apud inferos animas liberaturi, ac postea super omnes cœlos ascensuri, intelligere eum propheta possimus. Hæc enim sunt duo signa, quæ dominus Achaz regi proposuit quærenda, ac optionem dedit, quod horum prius vellet accipere, aut de excelso cœlorum aut de profundo infernorum.

69. *Locutus est,* inquit, *ad Achaz dicens : Pete tibi signum a Domino Deo tuo in profundum inferni sive in excelsum supra* (*Isa.* vii). Dixerat ei propheta superius, Domino jubente, *ne timeas a duabus caudis titionum fumigantiam istorum* (*ibid.*). Quod est aliis verbis dicere : Vide ne paveas a facie duorum istorum qui consurrexerunt adversum te, Rasin videlicet regis Syriæ et Phacee filii Romeliæ, quia utriusque imperium infra sexaginta quinque annos finiendum est. Quos ideo dico caudas titionum, quia omnis virtus eorum fine est proxima; et si quid restat de cætero, velut fumus evanescet in posterum. Ergo ne paveas quia te et populum tuum de manibus eorum liberare decrevi. Quod si hoc præ nimia desperatione non credis, pete tibi signum a Domino, quia ipse præsto est revelare quæ facturus sit post tempora multa vel apud inferos vel supra cœlos. Pete ergo tibi hoc signum, quod in utroque potens sit, in cœlo videlicet et in inferno, quod quamvis non petieris, ipse tamen domui David daturus est, ut impleat illud quod promisit dicens : *De fructu ventris tui ponam, super sedem tuam. Et dixit Achaz : Non pe am, et non tentabo Dominum* (*ibid.*). Quod recte diceret, si hoc ea causa dixisset, ne fieret transgressor legis, qua dictum est : *Non tentabis Dominum Deum tuum* (*Deut.* vi). Sed idololatra erat, et ideo noluit signum a Domino postulare, ne Dominus glorificaretur in eo, si signum quod postulaverat præstitisset. Quod propheta comperiens, rege impio derelicto, convertit signum et sermonem Domini ad domum David, hoc est ad Judam et Jerusalem, dicens : *Audite ergo, domus David;* et paucis interpositis, subjungit : *Propterea dabit Dominus ipse vobis signum* (*Isa.* i), quod sitis hac vice de manibus obsessorum liberandi. Non propheta; non angelus, sed ipse Dominus dabit vobis quod Achaz accipere renuit, videlicet signum quod modo non fiet, sed in futuro, et quia hoc signum dare solius Dei est. Memento quod quidquid Deus dixerit esse futurum, necesse est ut veniat : quapropter adhibe fidem promisso Dei, et futuri signi certitudine roboratus illius fide ab instanti periculo liberaris. Non fiet statim quod loquitur, nec in continenti, sed in longinquum, ideoque majus erit meritum quod salvaberis in præsenti, si speraveris quod nondum est, et credideris quod non vides, et nunc audi, domus David.

Prophetia de Virginis partu expenditur. — Triplex illius a Judæis explicatio.

70. *Ecce virgo concipiet et pariet filium* (*ibid.*). En signum quod tibi Dominus dat in præsenti, vere novum atque mirabile; quia virgo pariet, hoc est nova

seu in futuro; cujus partus ideo nunc præ- **A**
tur, et filius datur in signum, ut agnoscas
Deus qui tunc nascetur ex Virgine, modo test, et ob præconium et gratiam subsequentis
iiet te, ac liberabit ab instanti periculo do-
misericordiæ præcedentis. *Vocabitur* enim
nuel (*ibid.*), quod est *nobiscum Deus*, ut ante
. Deus, de Virgine natus, Homo nobiscum
setur in mundo. Prædixit tibi Deus filium
irum qui dicatur nobiscum Deus, ac te secre-
ium quodammodo præscire concessit. Crede
iturum est, et ob fidei meritum etiam in
iti beneficio gratulare, quia jam præcedit
s sacramenti futuri in hoc quod ejus nomine
to, fugatis hostibus, eris de pace simul et
iho secura. Ne velis dicere, quod promissam **B**
senti victoriam debeat hoc signum, id est
as Emmanuelis præcedere; quia beneficium
iræmittit, non adimit signi subsequentis effe-
Est ergo liberatio de præsenti significatio si-
 in tamen ipsum signum sacramenti futuri,
oc erit ipsum signum quod *virgo concipiet et
filium.* Hic Judæus totis viribus ad bella
it armatus, diversis quæstionibus præmuni-
; si prima non potuerit, secunda vel tertia
quousque spem Christianorum vanam esse
e sua falsitate prævaleat. Et quia hæc quæstio
i inter nos ventilata Judæos de respondenda
? prudentiores effecit, triplicem nobis solu-
i objiciunt, approbare nitentes non hæc esse **C**
risto dicta, sed vel de Ezechia, vel de filio
vel de alio nescio quo, qui de nupta et ex-
naritum et non de virgine sit generatus; quo-
oppositiones facile redigemus ad nihilum,
im virginalem Deum et Dominum nostrum
Christum esse, ipso auxiliante, probabi-

*istratur hanc prophetiam non intelligendam
de filio Ezechiæ.*

Igitur incipiamus respondere fidei nostræ
iariis, et vera falsis opponere, ut per omnia
victos intelligant, qui nos convincere sperant.
hunc esse de quo propheta loquitur Ezechiam
Achaz, sub quo Samaria capta atque subest, in qua tunc regnabat Phacee filius Rome-
post eum Ose filius Hela, et hos esse duas **D**
i titionum, quorum imperium finitum asse-
t deletum, antequam sciret Ezechias repro-
nalum et eligere bonum, quod omnia falsum
robat historia, in qua sic legitur: *Regnavit
, filius Joathan, super Judam et Jerusalem
sexdecim, cui successit in regnum filius ejus
ias annos natus viginti quinque, et viginti no-
umis regnavit in Jerusalem* (*IV Reg* xvi). Si
ias viginti quinque annorum erat quando
successit in regnum, et pater ejus regnavit
:im annis in Jerusalem, invenitur Ezechias
anno regni patris sui novem annos habuisse,
modo puer novem annorum eo jam tempore

A quo hæc dicta sunt concipiendus erat, aut hunc
aliqua mulier iterum erat paritura? Primo namque
anno imperii Achaz prophetata sunt hæc quæ scripta commemorat. Item, quomodo stare poterit quod
sequitur; prius enim quam sciat puer rebrobare
malum et eligere bonum, derelinquetur terra quam
detestaris a facie duorum regum istorum? Siquidem
anno sexto imperii Ezechiæ venit Salmanasar rex
Assur, et obsedit Samariam tribus annis, et nono
anno regis Ose cepit eam, vinctumque Ose misit in
carcerem, et transtulit Israel in Assyrios. Si iste
qui nasciturus est tam parvulus erat, ut malum a
bono discernere nequeat, et antequam tempus
egrediatur infantiæ, terra Samariæ ab Assyriis va-
standa est, respondeant quomodo Ezechias triginta
et novem annis infantulus prædicetur, et tam rudis
ætatis, ut mel et butyrum comedens nesciat quid
sit bonum vel malum? Quod cum probare non poterunt, agnoscant esse falsum quod super Ezechia
interpretari conantur.

72. Præterea illud attendat quod is qui de Virgine
nasciturus est, non sit a propheta vocatus Ezechias,
sed Emmanuel. Hoc, inquiunt, referri potest ad
Ezechiam, quia cunctis diebus vitæ ejus fuit *Deus
nobiscum*, quod intelligitur Emmanuele. Respondemus hoc verum esse, si Ezechias eo tempore nasciturus esset, quo hæc prædicta sunt, sed jam novem
annorum erat. Ergo neque nomen, neque nativitas
ei aptari potest. Sed iste qui nasciturus est de
puella, ut ipsi volunt, vel de virgine, ut nos proba-
mus, hoc nomen debet habere. Probent Ezechiam
ætate novem annorum secunda vice non de propria matre, sed de puella natum, et unum hominem
secundum carnem posse duas matres et duas nativi-
tates habere, et dabimus ei cum secunda nativitate
hoc nomen quod est Emmanuel. Quod si bis natus
fuerit, et bis conceptus erit, quia propheta de nascituro sic ait: *Ecce virgo concipiet, et pariet filium.*
Sed quod novem annorum adolescens iterum possit
a patre generari, vel a matre concipi, et corpus
ætate solidum iterum resolvi in humorem aptum
ad concipiendum, sicut nefas est credere, ita stul-
tissimum est affirmare. Desinant itaque prophetiam
de Christo ad Ezechiam vertere, quia ex superioribus liquet, ea quæ dicunt omnino esse non posse;
et hoc quidem nos speramus satis aperte mon-
strasse.

*Demonstratur prophetiam de Christo non intelligi de
filio Isaiæ.*

73. Transeunt ad aliud, et dicunt Isaiam duos
filios habuisse, quorum unus dictus sit Jasub, alter
Emmanuel: et quia in consequentibus legitur, *et
accessi ad prophetissam, et concepit, et peperit filium*
(*Isa.* viii), prophetiam de filio ejus Emmanuele dictam esse contendunt. Quibus respondemus: Si
hæc de filio Isaiæ dicta sunt, quo: odo præsumpsit
pater ejus filium suum hoc nomine nominare quod
est Emmanuel contra Domini jubentis imperium?
Nam sequitur: *Et dixit Dominus ad me: Voca no-*

men ejus, *Velociter spolia detrahe, Cito prædare*, A
quia antequam sciat puer vocare patrem suum et
matrem suam, auferetur fortitudo Damasci et spolia
Samariæ coram rege Assyriorum (ibid.). Quomodo
ista de Emmanuel filio Isaiæ dicta sunt, cum et ipse
natus sit antequam hæc propheta prædiceret? Nam
sic legitur : *Et dixit Dominus ad Isaiam : Egredere
in occursum Achaz tu et Jasub filius tuus qui derelictus est (Isa.* vii). Qui Jasub ideo derelictus dicitur, quia frater ejus de quo nunc sermo est, juxta
sententiam Judæorum fugerat ad Assyrios, et prodiderat eis partem civitatis. Et hunc dicunt esse
Rapsacen, qui locutus est Hebraice ad eos qui sedebant super murum quando exercitus Sennacherib
obsederat Jerusalem. Sed fidem dictorum his a
quibus dicta sunt derelinquentes, probemus non B
eumdem esse filium Isaiæ, quem hic propheta de
virgine nasciturum affirmat. Patet cunctis qui noverunt historiam, quod sub rege Achaz ascendit
Teglaphalassar rex Assyriorum in Damascum, et
vastavit eam, et transtulit habitatores ejus Cyrenen,
et Rasin interfecit. Hinc Judæi argumentum assumunt, et ab Emmanuele transeunt ad nescio quem
filium tertium Isaiæ, quem prophetissa, ut ipsi asserunt, juxta prophetæ sermonem concepit et peperit, et nomen imposuit *Cito prædare*; et dicunt
antequam ille, qui sub rege Achaz natus est, sciret
vocare patrem et matrem, quod rex Assyriorum
Damascum vastaverit. Sed quæso, ut respondeant,
quomodo spolia Samariæ idem rex Assyriorum
abstulerit, antequam prædictus puer tempus egrederetur infantiæ, cum manifestum sit, quod sexto
anno regni Ezechiæ Samaria subversa sit a Salmanasar rege Assyriorum, utrumque debere compleri
antequam puer vocare sciret patrem et matrem asseruit, qui ait : *Antequam sciat puer hæc et illa,
auferetur fortitudo Damasci et spolia Samariæ coram rege Assyriorum (Isa.* vii). Aut quomodo sub
uno completum esse probabunt quod sub duobus
regibus actum est? Quocunque anno regni Achaz
Damascus a Teglaphalassar subversa sit, illud tamen notum est, quod sexto anno regni Ezechiæ
Samaria a Salmanasar, rege Assyriorum, vastata
est. Et si primo anno regni Achaz quando hæc dic a
sunt conceptus et natus est puer, hoc enim volunt D
Judæi, quod statim accessit ad prophetissam, et
concepit, et peperit filium, et vocavit nomen ejus
Velociter spolia detrahe, cito prædare, vel ut multum sit, tertio vel quarto quomodo nescitur vocare
patrem et matrem qui eo tempore quo Samaria
subversa est, si diligenter annos numeremus, decem
et octo annorum fuit. Achaz quippe regnavit annis
sexdecim, et si puer infra quatuor annos regni ejus
primus natus est, duodecim annos qui remanent habuit sub Achaz, et sex sub Ezechia, qui simul fiunt
decem et octo. Num per tantum tempus mutus
fuit, ut non posset vocare patrem et matrem, aut
nesciret? Eligant quodcunque voluerint, et dicant
nobis utrum puer iste natus fuit antequam Dama-

scus subverteretur vel ante subversionem Samariæ.
Dum utrumque uno tempore fuisse probare non
possint, probent prius quomodo infans, quem eo
tempore natum esse volunt, a subversione Damasci
per viginti annos et supra usque ad subversionem
Samariæ semper elinguis fuerit, et discernere ne-
scierit inter bonum et malum; simulque ostendant
de quo dictum sit, quod post pauca propheta subjungit, ubi describit exercitum Assyriorum venientem contra Jerusalem, dicens : *Et erit extensio
alarum ejus implens latitudinem terræ, o Emmanuel
(ibid.).* Num Emmanuel quem dicunt filium Isaiæ
fuisse, totam Judæam obtinuit? Nullus regum Emmanuel dictus est. Quis ergo est cui propheta loquitur, quod extensio alarum regis Assyrii, hoc est
multitudo exercitus illius, totam terram Emmanuelis operiat? Terra ejus, inqulunt, dicta est, eo
quod in ea natus est. Si hoc de nato jam Emmanuele filio Isaiæ dicunt, falsissimum est ; si de
nascituro Virginis filio, verissimum atque firmissimum est. Omnis enim mundus ejus fuit antequam
nasceretur, sed Judæa proprie ejus terra dicitur,
quia in ea nasciturus erat, quia futurum erat quod
ait propheta : *Concipiet et pariet filium (Isa.* vii),
et de præterito nequaquam valet intelligi. Simulque
notandum quod terram illius vocet antequam fiat
homo, ut potentiam deitatis ejus insinuet, qua
cuncta regit ut Deus, qui est de Virgine nasciturus
ut homo. Quod si omnibus modis obtinere voluerint, quod Isaias hunc Emmanuelem de prophetissa
genuerit, audiant quod ille qui natus fuit, si tamen
aliquis fuit, sit vocatus a Domino *Velociter spolia
detrahere, cito prædare (Isa.* vii). Respondeantque
quomodo propheta non erubuit coram duobus testibus, ut conciperet, ad prophetissam accedere? Sic
enim ait : *Et adhibui mihi testes fideles, Uriam sacerdotem et Zachariam filium Barachiæ, et accessi ad
prophetissam, et concepit et peperit filium (ibid.).*
Cogamus eos, velint nolint, ut fateantur prophetam
contra legem egisse, dicente Moyse : *Turpitudinem
uxoris tuæ non revelabis (Lev.* xviii), qui duos adesse coegit ubi cum uxore coierit. Testes esse non
possent nisi vidissent vel audissent quæ propheta
fecisset. Sed absit hoc a sancto viro, ut aliquid in-
honestum vel sanctæ legi contrarium egerit. Desinant ergo non minus stulte quam imperite prophetiam de Christo referre ad Ezechiam vel ad filium
Isaiæ, cum neutrum sit probabile. Satis enim apparet ex superioribus, quod magis innituntur aperto
mendacio, quam in testimonio veritatis. His ergo
omissis intueamur rei veritatem, et quod suum esse
nolunt, nostrum esse probemus.

Verus prophetiæ sensus explicatur.

74. *Audite ergo, domus David (Isa.* vii). Quibus
superius dixeram *audite et nolite intelligere*, ne
contrarius sim sententiæ superiori, audite quid facturus sit Dominus, qui concedit auditum, sed
subtrahit intellectum. Audite novæ nativitatis arca-
num, sed abscondatur a vobis divini sacra nenti

mysterium. Ait enim mihi Dominus : *Excæca cor populi hujus*, ut quamvis audiatis, tamen non intelligatis. Videatis Deum hominem factum, et non agnoscatis eum. Frustra ergo Judæi affirmant se hanc prophetiam intelligere, cum ab ipso Domino cor eorum obcæcatum sit et induratum, id est cæcari et indurari permissum, ablatusque sit ab eis intellectus prophetiæ hujus, ne convertantur et sanentur *Audite*, inquit, *domus David*. Estne parum vobis quod molesti estis hominibus, non credentes ea quæ prophetæ prænuntiant, qui homines sunt, nisi molesti estis et Deo meo, non credentes quod ipse vobis hoc signum daturus sit, quod promittit? Propterea non, non fiet per alium quod daturus est; sed ipse dabit vobis signum, quod est se ipsum; quod quamvis audiatis, non intelligetis, quia cæcati estis et indurati, ne vobis signum hoc veniat in salutem, sed fiat ipse vobis lapis offensionis et petra scandali (*I Petr*. ii) in laqueum et in ruinam. Non fiet quod antea factum est, aut post illud futurum quid simile, sed quod usus naturæ nesciet et humana ratio ignorabit.

*Signa multa in Scripturis contra naturæ ordinem. —
Hominis quadruplex formatio*

75. *Ecce virgo concipiet, et pariet filium* (*Isa*. vii). Ecce novum, ecce mirabile sæculis inusitatum, et humanis auribus inauditum. Ecce pro una costa quam tulit Dominus de Adam ut formaret eam in mulierem, reddetur pro osse vir, pro costa corpus integrum; et quæ virum decepit, viri deceptorem decipiet, reddendo virum pro viro, pro perdito Salvatorem, pro servo Dominum, pro creatura Creatorem restituet. Et hoc quomodo? virgo concipiet, non de viro, quia si virum cognoverit, non poterit virgo concipere; sed ipse Dominus dabit hoc signum, ut virgo concipiat. Ergo quod natura est impossibile implebit potentia Deitatis. Ne miremini si virgo concipiat, multa enim signa contra omnem usum, contra naturæ ordinem hactenus facta sunt. Rubus in igne non aruit, virga Aaron florem et fructum protulit, vellus in area maduit, et miramini si virgo concepit? Natura non potest contra naturæ donum, nec usus contra Deum qui omnipotens est, et nihil ejus voluntati difficile. Poterit ergo verum esse, quod ipse disposuit, videlicet quod virgo concipiat. Sed cum tantum sint creator et creatura, et virgo non possit de viro concipere, ut in conceptu virgo permaneat, nec homo possit ab alia creatura concipi nisi ab homine, restat ut si virgo concipit, non de creatura, sed de Creatore concipiat, et cum omnis conceptus ex carnis voluptate proveniat, attestante Propheta, qui ait : *In peccatis concepit me mater mea* (*Psal*. l). Nemo concipitur sine peccato, sed ipse Dominus hoc signum daturus est, quod Virgo concipiat. Ergo conceptus iste sine peccato erit. Concipiet itaque cum integritate virginitas, non de carne, sed de Spiritu; nec carnis ardorem, sed divinum florem, super quem requiescet idem Spiritus septiformis. Concipiet de virtute virginitas

et lilium germinabit, nec tamen Patrem aut Spiritum sanctum, sed tantummodo concipiet et pariet Filium.' Genitum ab æterno concipiet, conceptum ex tempore pariet unigenitum Altissimi Filium. Quid natura miraris? Virtus Dei est quod Virgo concipiet, subtrahe cursum, nec quæras usum. Cesset consuetudo, mutetur agnitio. Sola divina ratio prævaleat, cui omnia possibilia sunt, cujus velle potentia, cujus posse est omnia. Virgo concipiet, non ex ardore carnis, sed ex amore divino; de virtute, non de vitio; de Creatore, non de creatura, hoc est de Spiritu sancto. Virtus Altissimi erit quod concipiet, et virtutem Altissimi, hoc est Dei Filium pariet. Et quia non erit vitium in conceptu, non erit difficultas in partu, quia virgo concipiet et virgo pariet. Absit enim a divinitate corruptio, quæ cuncta virtute penetrat, potentia cuncta perlustrat. Qui se absque omni corporis læsione ingerit desiderio mentis humanæ, non poterit salva corporis integritate nasci de Virgine? Qui non dividit terræ molem et tamen intuetur abyssos, non poterit salva matris integritate prodire? Facile est omnipotenti qui cuncta creavit ex nihilo corpus formare de corpore, et novo modo novum hominem quarta vice formare. Primum namque formavit hominem de limo terræ, secundo formavit mulierem de latere viri, tertio de commistione maris et feminæ, quartum genus est quod *virgo concipiet et pariet filium*. Prius fuit mulier sine muliere formata de viro, nunc vir sine viro de muliere formabitur, quia *Virgo concipiet et pariet filium*. Vere de Spiritu sancto conceptus erit in utero quadam ineffabili mutatione naturæ, habebitque crescendi primordia, donec perfecte novus homo formetur in utero, ut qui Dei Filius est ab æterno, Virginis filius fiat ex tempore, quem ipsa *Virgo concipiet, et* absque omni læsione integritatis *filium pariet*. Dignum namque est, ut quod potentia Dei absque omni peccato incepit, sine omni corruptione perficiat, hoc est ut matrem conservet illibatam incarnata Divinitas, et illius virginitatis honorem amplificet deitatis incarnatæ nova nativitas.

Emmanuelis nomen duas insinuat naturas.

76. *Concipiet ergo et pariet filium, et vocabitur uno nomine*, quod duas in ipso naturas, divinam scilicet et humanam, insinuet. *Vocabitur enim Emmanuel, quod est nobiscum Deus* (*Isa*. vii). Hoc quippe sonat hoc nomen, quod Deus inter homines est conceptus et natus ex virgine. Dicitur namque *nobiscum Deus*, quia invisibilis in sua natura ab æterno in nostra visibilis venit ex tempore, una persona Deus et homo ex duabus compacta naturis, homo cum hominibus, ut vere sit hoc quod vocabitur Emmanuel. Vocabitur quidem aliis nominibus quæ sequuntur, *Velocier spolia detrahe, cito prædare*, natus et adhuc parvulus aliis sex nominibus *Admirabilis*, *Consiliarius*, *Deus fortis*, *Pater futuri sæculi*, *Princeps pacis* (*Isa*. ix), quibus sempiterna virtus ejus et divinitas prædicabitur. Verum hoc

uomen quod est Emmanuel, exprimet in eo utram-A que naturam, divinam et humanam, hoc est Deum hominem esse factum inter homines, hunc Virgo concipiet et tanquam filium pariet, ut inimicitiarum vindictam exerceat, ac matris injuriam vindicando de serpente triumphet. Illa sententia Domini veritate completa, qua dictum est : *Ipsa conteret caput tuum* (*Gen.* III). Ils contra fortem virtute fortiori procedet, sinistra pugnabit ut dextera, pro matre filius, pro homine Deus, fietque pro primi parentis delicto redemptio vera, pro dolo decipientis victoria gloriosa. Hunc *Virgo concipiet, et pariet filium, et vocabitur nomen ejus Emmanuel.*

Judæorum objectio contra virginitatem Christum parituræ. — Alma vox Hebraica quid significet.

77. Hic resistunt Judæi, affirmantes nequaquam B haberi in Hebraico quod virgo concipiet, sed puella. Quibus respondemus, ut dicant nobis quæ fuerit illa puella quæ concepit filium, de quo propheta nunc loquitur. Qui nisi ad opiniones superius explanatas se verterint, minime poterunt aliquam reperire, quæ hanc prophetiam impleverit, et illas omnino falsas puto sufficienter satis esse probatum. Præterea illud quod nobis objiciunt in Hebraico non haberi *bethula*, quod Latine dicitur *virgo*, sed pro hoc verbo scriptum est *alma* quod *puellam* sonat, audiant apud eos *alma* verbum esse ambiguum, et non tantum *puellam*, sed *adolescentulam*

vel *absconditam* interpretari, et non quamlibet puellam, sed infra annos puellares constitutam, ac parentum studio diligentissime custoditam, et quæ nunquam patuerit virorum aspectibus resonare. Simulque respondeant ubi unquam legerint *alma* positum pro muliere nupta et virum experta. Rebecca quidem dicta est *alma*, sed antequam perveniret ad nuptias Isaac. Itaque sive *puella*, sive *adolescentula* dicatur, pro nobis facit. Utrumque enim recipimus, quod puella fuerit minoris ætatis, et adolescentula infra annos puellares. Cum id probare non possint, neque per historiam, neque per auctoritatem, quod de viro conceperit; dicant nobis quæ sit ista mulier, sive puella; vel quis sit ejus filius, et nos parati erimus assentiri veritati per omnia. Hoc tamen caveant ne dicant aliquid super hoc capitulo quod probare non possint. Adhuc enim, ut mihi videtur, super eos sententia manet, qua dictum est : *Excæca cor populi hujus, et aures ejus aggrava, ne forte rideant et intelligant, et convertantur et sanem eos* (*Isa.* VI). Quæ Dei misericordia relaxabitur, quando velamen auferetur a facie Moysi, et pallium de vultu Eliæ, ut residuum populi Judæorum saltem posteriora Domini videat, ac eum per passionem et mortem ad gloriam majestatis pervenisse cognoscat. Hæc contra Judæos de præsenti capitulo breviter dixisse sufficiat.

LIBER

DE

DIVERSIS ORDINIBUS ET PROFESSIONIBUS

QUÆ SUNT IN ECCLESIA.

(D. MARTEN., *Ampl. Collect.* t. IX, col. 1027, ex veteri codice ms. S. Jacobi Leodiensis. — Haud contemnendus hic libellus scriptus fuit circa exordium ordinis Præmonstratensis, quem miris sed meritis effert laudibus auctor anonymus. Is nobis canonicus regularis fuisse videtur, utpote qui longe prolixius de canonicis quam de monachis tractat, et de illis tanquam membrum illius familiæ loquitur, num. 34 : *Si enim inspicias vigilantes* NOS, inquit, *et orantes, quomodo stupeant homines et dicant supra se esse quod* AGIMUS, etc.

PROLOGUS.

Dilectissimo fratri suo R., unica dilectione sibi conjunctus frater R., viam Dei bene ac fidenter, ut cœpit, tenere, in qua alius sic, alius sic ambulat.

Cum ab initio surgentis ecclesiæ diversi servorum Dei profectus, diversique exstiterint professionum status, et maxime nostris temporibus diversa monachorum canonicorumve surgat institutio in habitu vel cultu, ostendendum est, Deo auxiliante, quæ in talibus Dei servis differentia, quæ intentionis sit in diversis professionis forma. Ad demonstrandum ergo quod istæ diversitates professionum Deo pla-

C ceant accingor. Primo loco sermonem habiturus de diversis ordinibus et professionibus monachorum et canonicorum vel a jorum, secundo de habitu diverso, tertio de epulis, quarto de labore manuum; neminem vere moveat, quod ordinem professionum aliquantulum mutatum inveniet. Nam pro certo scio canonicos monachosque majorem locum in ecclesia tenere, et tamen neutrum horum primum positum reperiet. Ne enim dicatur de me, quod in hoc opere quæro quod meum est, meque honorare vellem, ideo canonicos primo loco non ponam. At vero nec monachos primo loco ponendos putavi, ne quis cano-

nicorum conqueratur, quod qui initio primitivæ A
Ecclesiæ primi ad opus Dei et testimonium Jesu
esse meruerunt, primi ante monachos, qui postea
esse cœperunt, positi non sint. Ideo ergo ita de
ordinibus et professionibus tractare disposui, ut
eremitæ, qui pauciores sunt, et aliquando soli habitant, primi ponerentur, sicut cum numeramus
facere solemus, ut ab uno ad plures numerus surgat, et multiplicato numero, computator ad unum
redeat. Verbi gratia cum ad centum venerit, si quid
numeret adhuc invenerit, rursum ab uno numerare
incipit. Ita et hic faciemus, primum eremitas ponen
tes, qui pauciores sunt, et soli sæpe habitant;
deinde monachos quorum multiplicior est numerus,
sicque ad canonicos veniemus, quorum maxima in
diversis locis et frequens habitatio diverse viventium
esse comprobatur. Deinde rursum incipientes ab
inclusis, et ab his qui continenter vivunt, et nec
canonici, nec monachi, nec eremitæ, nec inclusi,
sed deicolæ, vel licoisi, id est quasi legis custodes
possunt dici, ibidem revertemur ad mulieres, quæ
eremiticam vitam ducunt, ascendentes ad sancti-
monialium sanctitatem, necnon ad illas quæ cum
sanctis vel sub sanctis viris jugum Christi suave
suscipiunt. Ad ultimum vero pene ad inclusas et
mulieres deicolas, quas licoisas, id est legis custodes,
vel nicoisas vulgo vocamus, quasi sanctum Nico-
laum imitantes, ordinem professionum terminabi-
mus, ut postea de habitu et epulis et labore manuum
liberius pertractemus. Postea autem subjungam de C
diversis ecclesiarum consuetudinibus, cupere
cupiens in Ecclesia Dei nihil agi ex consuetudine,
quod ipsi conditori et capiti ecclesiæ non placeat.
Igitur Dominum Deum nostrum, conditorem omnium
rogamus et petimus, et te ut roges precamur, quatenus nos de institutione servorum Dei locuturos
adjuvet, ut eorum vitam imitando, ad sanctorum
societatem pertingere quandoque valeamus. Valeat
in Christo dilectio tua, frater charissime.

I. *De eremitis qui sæpe soli vel cum paucis habitant.*

1. De diversis ordinibus vel professionibus sermonem habituri, quæ a religiosis viris sæculi pom-
pam fugientibus in Ecclesia Deo tenenda voventur,
primum oportet ostendere, quod olim prima ætas
Dei servitium et cultum libens frequentavit. Ibi D
enim Abel sacrificium acceptabile obtulit, Seth
nomen Dei cum sua progenie invocavit, Noe quoque
in sua generatione justus inventus, et ad obedien-
dum Deo promptus, ipso jubente, arcam fabricavit.
Unde quia ad eremitas principium facere disposui-
mus, intueamur si forte in primis hominibus aliquam horum servorum Dei similitudinem invenire
potuerimus. Nam illos priores homines aliquando
solos habitasse eo judicio perdocemur, quod Cain,
occiso fratre suo Abel, primus legitur civitatem
ædificasse, et ex nomine filii sui Enos eamdem
appellasse. Testatur etiam Josephus hoc ideo eum
fecisse, quod latrocinia exerceret, et ad eadem
secum exercenda familiares suos domesticosque

intra muros convenire cogeret. Unde constat primam illam ætatem, licet parvo tempore, multum
innocenter vixisse, quibus nec ædificandarum domorum adhuc cura erat, nec cibi potusque quanta
nunc est diligentia, nec vestium vanitas, nec auri
argentique tanta acquirendi solertia. Graminibus
enim et aqua simplici et arborum fructibus, uti
Deus dixerat, utebantur. Unde quidam facundissimus noster philosophus laudem primorum hominum carmine mirifico decantans ait :

Felix nimium prior ætas,
Contenta fidelibus arvis,
Nec inerti perdita luxu,
Facili quæ sera solebat
Jejunia solvere glande,
Nec Bacchica munera norat
Liquido confundere melle,
Nec lucida vellera Serum
Tyrio miscere veneno.
Somnos dabat herba salubres.
Potum quoque lubricus amnis
Umbras altissima pinus.
Nondum maris alta secabat.
Nec mercibus undique lectis,
Nova littora viderat hospes.

Ad ultimum vero carminis hujus idem subinfert:

Heu! primus quis fuit ille,
Auri qui pondera tecti,
Gemmasque latere volentes
Pretiosa pericula fodit?
(BOET. *De consol. Philos.* l. II, metr V.)

2. Si igitur conceditur mihi priores homines solos
sæpius habitasse, quia nec in Genesi ante Cain quisquam vel civitatem vel domum legitur construxisse,
et Josephus similiter ob rapinam fratricidæ illius
hæc adinventa testatur, et philosophi illius carmen
illos in umbra arborum morasse decantat, sine
luxu, sine cupiditate illa et jactantia, quæ modo in
nobis est, viventes, et gramina ad usum vitæ, ut
animantibus ita et hominibus a Deo sunt tradita,
constat eosdem priores homines aliquam eremitarum similitudinem habuisse, quasi aliquem forte
certum locum tenebant, vel ut homines aliquando
se invisebant, tamen de ædificiis vel vestibus, cibo
vel potu, vel pecunia non magnopere curabant.
Locum vero certum eos nequaquam tenuisse eo modo
conjicio, quia non ante Cain domus vel civitas ædificata fuit. Et Joseph eumdem metas terris et limites primum imposuisse asserit. Domorum ergo ædificandarum cura eremitis summa non convenit, ne
dicatur de eis, quia eremum non incolunt, sed in
eremo domos civitatum invehere gestiunt, vestis
vilis, cibus grossior, permodicus talibus congruit.
Exercitatio corporalis, jejunia et vigilia illos glorio-
sos reddunt. Eremitæ ergo nomen incassum non
teneant, sed opere exornent. Habemus ergo in priori
ætate eremitarum similitudinem expressam, ubi
invenimus Abel justum in arborum umbra moran-
tem, et pascuis ovium intentum, sine dubio solitudinem quæsisse, ubi et sine tumultu vixerit, et oves
suæ innocentiæ indices nutriret, ac deinde de eisdem
ovibus fructus capiens Domino offerret. Justum enim

erat, ut quia adhuc hominum paucitas erat, ille A
quem justum Dominus vocare dignatus est, solus
Dominus militaret,et quodam modo vitam solitariam,
oves, animal procul dubio quietis amicum, psallendo
institueret. Unde autem justus a Domino appellatur? quia oves pavit? non; sed quia cum oves
pasceret, studuit ut Deo placeret. Nam et illi pastores Israel secundum Ezechiel prophetiam oves
pascere videbantur, de quorum manibus oves suas
Dominus se requisiturum esse ait, quia eas non
pascerent, sed se ipsos Dominus terribiliter inter-
minatus. Non igitur inde placuit Deo.

3. Congruum profecto et aptum dico esse so-
litaria vitæ pascendarum ovium opus, ubi et
quies potest esse summa, et utilitas fructuum est
maxima. Nam si bene inspicias, quid in ove ab B
utilitate vacuum? Si vellus attendas, ipsum vestit;
si pellem consideres, ipsa multis modis prodest; si
carnis inspicias, ipsa pascit; si lac cogites, parvulos alit, majores nihilominus delectat, sed et illud
quod deterius esse putatur, vide quam utillimum
agriculturæ sit, ita ut arens terra stercoris ejus fo-
mento pinguescat. Talia ergo pecora curans theo-
riam amplectebatur. Videns enim quotidie gregem
suum multiplicari, amplificationem ovilis ad cordis
latitudinem trahebat, et sicut illi greges numero
ampliabantur, sic in eo virtutum numerositas aug-
mentabatur. Quas putas laudes in corde suo Domino reddebat, cum nullus ei tumultus adesset, et
profectus virtutum simul et gregum nunquam illi C
deesset. Credo nec ipsum balatum pecorum con-
temnebat, sed secundum hunc mortalitatis hujus
ærumnam deflebat, profecto socius illius qui ait :
Infelix ego homo, quis me liberabit de corpore mortis
hujus? (Rom. VII.) Intueor etiam quodam modo solitariam vitam eum dilexisse, qui et artem diversam
ab arte fratris pessimi quæsivit, et qui conjugii co-
pulam non curavit. Nam, ut credo, nullus usque ad
Noe in catalogo generationis humanæ nominatur,
præter hunc sine uxore vixisse, ut profecto innotesceret, quia solitarium hominem oportet sine uxore,
quæ Domini sunt, quomodo Domino placeat cogitare.

4. Age ergo, quisquis solitariam vitam amas, et
ab illo qui primus justus appellatus est exemplum D
et boni incrementum operis accipe. Inspice etiam
si alicubi noster hic Jesus huic vitæ simile quid
egerit. Scriptum est de eo in Evangelio Joannis :
Jesus vero cum cognovisset quia venturi erant, ut ra-
perent eum, et facerent sibi regem, fugit in montem
ipse solus (Joan. VI). Ecce Jesus meus solus in
monte secedit, ne eremita dubitaret montana vel
eremum solus habitare. Si ergo Dominus Jesus, sicut et ante nos sæpe dictum est, legendo in libro
Isaiæ intra synagogam lector; et eliminando de
templo nummularios, ostiarius; et ejiciendo dæmones, exorcista; et illuminando cæcos, ceroferarius; et ministrando subdiaconus, et prædicando
Evangelium regni levita, et se ipsum offerendo sa-

cerdos; non erit absurdum si secedendo in montem
vel in desertum, quod eremitarum est proprium,
vitam eorum in se ipse consecravit. Sic debent, et
illis pro bonis operibus mundus arridet facere, si
sese metiendo cognoverint, sine jactantiæ peccato
inter homines non posse bona opera facere. Habes
et in Marco scriptum, quia cum mundasset leprosum, et dixisset ei : Vide, nemini dixeris (Marc. I),
ille egressus cœpit prædicare et diffamare sermonem; ita ut non posset manifeste in civitatem introire, sed foris inde certis locis esse. Num ergo
timebat Jesus boni operis jactantiam? Non, sed os-
tendebat nobis humanam debere vitare laudem. Video
etiam Dominum Jesum pene omnium professionum
ecclesiasticarum in seipso demonstrasse, quod etiam
pro posse suis locis ostendemus, cum de aliis professionibus sermonem texuerimus. Habes ergo in
prima ætate Abel pastorem ovium per solitudinem
Deo placentem, et ob hoc ejus suscepta munera, habes et in secunda ætate patriarchas pascuis ovium
intentos, et cum suis gregibus, id est cum sua
simplicitate, hac atque illac terrenos homines fugientes. Habes et Moysen solum et gregem pascentem in desertis Sina Domini vidisse gloriam. Inspice etiam post datam legem Eliam, et multos alios
per solitudinem Deo placuisse. Accipe etiam gratanter Dominum meum Jesum in montem vel in
desertum fugisse, et habebis ante te quos imitari
possis. Tempore vero revelatæ gratiæ nosti quam
frequentata sit solitudinum habitatio. Quod si forte
ignoras, lege Antonii et Pauli historias ut possis
agnoscere.

5. Sed dicet aliquis : Quid audes dicere, quod
ante te nullus ausus est asserere? Quis unquam Abel
et patriarchas, Moysem et rursum Dominum eremitis assimilavit? Ad quod respondeo, me non alicui melius sapienti et intelligenti præjudicare, sed
meliora dicentem paratum audire. Sed quia optima
dicere ob ingenii mei tenuitatem fortasse nescio,
ideo semper tacebo? Qui aurum non habeo, quod
possum facio, in domo Dei vel pilos caprarum offero. Protegunt enim et ipsi ornaturam divini tabernaculi, et utiles sunt in domo Domini. Fidenter
enim dico, salva fide et pace Christiana, non multum abhorrere a vero, si illum eremitis assimilem,
qui forte eremitæ nomen non habuit, ideo quia forsitan adhuc inventum non erat, et eremiticam vitam optime tenuit, non multum contendo de nomine, ubi operis video effectum, nam sine hoc nomine potest ejusdem vitæ fructus acquiri : sine vita
vero solum nomen inane est. Participem ergo te
constitue non tantum nominis, sed etiam vitæ ere-
miticæ, et perfectum sectatorem quisquis eam aggressus es, et humilis factus, cum evangelico agri-
cola cophino stercoris terram cordis tui, ne ut
tanquam ficulnea infructuosa, humectare et pin-
guescere per pœnitentiam facito. Postea vero tanquam parvulus in Christo lac humanitatis ejus et
nutriaris accipe, et sic justitiam quæ ex fide est

iam ovium vellus indue, pellem quoque ejus,
, mortalitatem, quam pro te Jesus assumpsit,
mnia utilia tibi detrahe, ut ad extremum car-
ejus et sanguinem, quæ vere sunt cibus et
, digne sumens, tuum quod mortale est absor-
r a vita, ut cum Christus apparuerit, vita no-
appareas cum ipso in gloria.
Hæc autem omnia observans, vide ne alterius
is hominem de suo proposito vel professione
hendas, etiamsi vitæ levioris sit, ne dilatans
cteria tua et magnificans cum Pharisæis fim-
. Deus ad te veniens, partem tuam cum hypo-
ponat. Ama ergo in alio quod ipse non habes,
et alius in te quod ipse non habet, ut utrius-
it bonum quod uterque fecerit, et conjungantur
, qui disjunguntur opere, et fiat unusquisque
Apostolo omnibus omnia, ut perveniatis no-
m ad eum qui est omnis in omnibus. Cæte-
ion moveat quemquam si in hoc ordine quæ-
liversitas appareat, et aliter atque aliter unus-
ue vitam suam instituat, veluti est illud, ut
ni illorum soli habitent, quidam vero adjunc-
si duobus aut tribus aut pluribus; et illud
alter altero levius aut durius vivit, cum et
diversitatem in antiquis eremitis inveniamus,
usquisque arbitrii sui potestate utatur, ut
umlibet et quantum vires suas pensat aggre-
, nec a Domino inde damnetur.
Si autem aliquando contigerit, ut unusquisque
institutionem aggressus, non multum sibi uti-
ise perspexerit; si aliam rursus assumat, non
debet judicari, licet hoc levitate nimia ali-
lo contingat, nisi forte priorem illam institu-
n se observaturum voverit, cum et arboris
m in uno loco infructuosam et inutilem ma-
videamus, quæ mota de loco crescit et fron-
, et fructus in altum attollit. Si autem adhuc
splicet quod omnes hujus professionis homi-
on uno modo vivant, inspice facturam mundi
o conditore diverse dispositam, et de diversis
rdem effecisse harmoniam, ut cœlum supe-
terra inferius, aqua gravior, aer levior, ho-
liua sapientior, unum supra, alterum infra
m sit; et non miraberis si etiam in servis
heri præferatur, et secundum Evangelium :
mo Patris mansiones multæ sunt (Joan. xiv).
dum B. Augustinum mansionem illic pro suo
e accepturus est merito. Placet ergo Deo
i servis suis vitæ diversitas, nec debet dicere
figulo : Quare sic me vel illum fecisti? quia
figulus potestatem facere ex eadem massa
vas in honorem, aliud in contumeliam, et in
magna sunt vasa non solum aurea et argen-
ad et lignea et fictilia, et utraque ad opus do-
itilia. Esto ergo vas utile et electum in domo
i, ne propter incredulitatem et fratris detrac-
a frangaris, et tanquam testa de vase fictili
s unde tangentem mordeas, et non habeas un-

A de in te missa conserves. Lauda ex opere artificem, ex creatura Creatorem, ut si forte ipsa assequi non vales quæ alius habet, amando tamen in
alio cum eo præmia vitæ cœlestis assequaris.

II. *De monachis qui juxta homines habitant, sicut*
Cluniacenses et eorum similes.

8. Nunc ad illos sermo dirigatur, qui monachi
nomen proprie obtinent, quorum alii a turbis omnino segregati vitam Deo placabilem jejuniis et orationibus et corporali exercitatione ducunt; alii
juxta homines in civitatibus et castellis et villis positi, de eleemosynis fidelium et reditibus ecclesiarum decimisque sustentantur, soli theoriæ operam
dantes, et primum quærentes regnum Dei, speran-
B tes quod necessaria hujus vitæ, licet ea non quæ-
rant, adjicientur eis.

9. De ipso autem nomine monachi pauca dicamus. Nomen istud unum vel solum sonat. Quid
ergo, dicet aliquis, a nomine et actu sibi tanta
diversitas? Si ergo monachus unus vel solus intelligitur, quare omnes aut pene omnes monachi congre-
gatim habitant? Ad quod respondeo, quia ille unus
et solus recte dicitur, quia unum et solum cum fratribus vivendi habet affectum, et a voluptate sæcularium omnino segregatum. Sed forte hoc concedatur de his qui longe se constituerunt a turbis. Si
autem movet aliquem, quomodo hi qui in civitatibus degunt, hoc nomen obtinere possint, cum pa-
C ter Hieronymus dicat : Monachum solitudo facit,
non publicum ; respondeo nullum monachum, nec
affectu nec societate sæcularibus debere conjungi.
Licet enim inter homines aliquando contingat eos
ædificia construere, tamen non perdunt prærogati-
vam nominis, si frater cum fratribus, quorum bona
et jucunda in unum habitantium societas est, sæcularia postponat, et blandientes syrenas in hujus
vitæ pelago constitutas surda aure pertransiens
horrescat. Tunc enim monachus vere unus et solus
est, si cum fratribus unum sentiat, unum et solum
Deum colat, et secundum Salomonem, frater adjutus a fratre unam civitatem fortem, dilectionem Dei
scilicet et proximi, in corde suo constituat. Hæc de
monachi nomine dicta sunt.

D 10. Cæterum inspiciamus si alicubi in antiquis
invenire possimus harum institutionum exempla,
et ostendere non recenter, nec solum post mortem
et resurrectionem Christi, sed etiam antiquitus
istam diversitatum observantiam, quæ nostris
temporibus in monachis viget esse percelebra-
tam. Dicamus ergo de his qui in civitatibus et
castellis habitant, si quis horum simile in antiquis inveniamus. Scriptum in libro Malachim, quod
dixit Samuel ad Saul postquam eum inunxit in regem : Post hæc venies in collem Domini, ubi est statio Philistinorum, et cum ingre eus fueris isti urbem,
obvium habebis gregem prophetarum descendentium
de excelso, et ante eos psalterium, et tympanum, et

tibiam, et citharam, ipsosque prophetantes, et insiliet A
in te Spiritus Domini, et prophetabis cum eis, et mu-
taberis in virum alterum (I Reg. x). Ecce quomodo
arridet vetusta historia modernis monachorum
conversationibus. Ille enim in regnum sublimatus,
ad regendum populum Dei, scilicet ut vitia exstirparet et populum virtutum nutriret et tueretur,
pro signo ei dicitur, ut in collem Dei veniat : qui
collis, sicut Hieronymus testatur, habitatio prophetarum erat ; quia decet christum Domini tales imitari, qui licet corpore sint in terra, tamen super
terram conversatione se esse in cœlis demonstrarent ; quod habitatione collis hoc loco non incon-
venienter ostenditur. Quod vero statio Philistinorum ibi esse ostenditur, ubi est habitatio prophetarum, nostro intellectui favet, quia decet et a turbis segregatos, juxta malignos, et qui sunt caden- B
tes vel ruina populi, quod interpretantur Phili-
stiim, habitationem habere, ut *aliis odor vitæ ad
vitam* [juxta Apostolum (*II Cor.* ii) existentes,
cadant et ruant ipsi maligni a malitia sua, interfi-
cientes et ruere facientes in semetipsos populum
peccatorum, ut humiliati sanentur ; *aliis odor mortis in mortem* manentes, persecutionem a filiis
mortis sustineant, ut ad purum per tribulationis
ignem decocti, dicant cum Psalmista : *Transivimus
per ignem et aquam, et eduxisti nos in refrigerium*
(*Psal.* lxv).

11. Sequitur etiam in lectione illa, *et cum ingressus fueris ibi urbem , obvium habebis gregem
prophetarum descendentium de excelso.* Intuere quo- C
niam ipsi prophetæ et in excelso manebant, et aliquando de excelso descendebant, et per civitatem
transibant. Et vide si in isto etiam tempore hoc
agitur, quando monachi qui in civitatibus habitant,
advenientes quoque suscipiunt, ut donum Dei quod
ipsi habent, pro viribus aliis impendant. Unde et
descendere de excelso dicuntur, quia infirmis com-
patiuntur, ut infirmis facti infirmi infirmos lu-
crentur. Gregatim etiam veniunt, ut ubi plures inveneris vitæ unius comites , quos etiam infirmos
homines esse sicut te ipsum nosti , non dubites
cum eis uno spiritu participare. Dicitur etiam ibi :
*Quia ante eos psalterium et tympanum et tibia et ci-
thara, et ipsi prophetantes (I Reg. x).* Oportet enim D
tales homines semper habere verbum Dei , quod
quasi psalterium de superioribus resonat, et quod
de cœlo a regalibus sedibus venit , et super omnes
est, habere et tympanum, quod ex mortuis animalibus fit, pelle detracta et siccata , ut immortalitatem quam assequi cupiunt bonis operibus consoli-
dati et indurati resonent. Convenit etiam in his tibia quæ ab uno surgit et in duo extenditur, scilicet
ut Deum diligant et proximum. Habent ante se et
citharam quæ ab inferioribus resonat, quia his omnibus mortificationem Christi in corpore suo cir-
cumferre congruit, aliter enim Spiritum sanctum
assequi non valent, nisi ista observaverint, nec aliquem de his qui regnum mortis in se destruere cu-

piunt, et regnum vitæ et justitiæ in se constituere,
imitatorem sui efficient.

12. Dicitur etiam in illa Scriptura : *Et insiliet
in te Spiritus Domini, et prophetabis cum eis, et mutaberis in virum alium (I Reg. x).* Videns enim quilibet regni cœlestis particeps et vocatione divina
dignus, servos Dei ita viventes , accipit divinum
amorem, et cum eis se in conversatione jungens,
narrat futuram electorum gloriam, mutaturque in
virum alium, ut qui ante fuit blasphemus et inju-
riosus, nunc sit divinæ misericordiæ prædicator
assiduus.

13. Sed, dicet aliquis, quare id quod etiam clericis et multis aliis vel omnibus fidelibus congruere
potest, monachis tantum qui in civitatibus degunt
assignas ? Respondeo quidem omnibus Christianis
virtutes animi et regnum virtutum contra vitia et
fervorem Spiritus sancti, et susceptionem tanti
doni congruere ; sed in his quæ supradixi video
quamdam monachorum talium propriam assignatio-
nem, nam ibi video collem Domini juxta stationem
Philistinorum, invenio et urbem et in ipsa servos
Dei congregatos, et Deum laudantes : unde salva
fide conjicio, eos servos Dei qui in civitatibus degunt et monachi sunt, nec sæcularium rerum, sicut
clerici et sacerdotes, sed sui tantum curam habent,
præfigurari. Unde talibus etiam monachis cautum
esse debere confirmo, quod in pluribus locis video,
ut officinæ talium ad habitationem hominum juxta
se positorum non respiciant, sed extra sæcularium
habitationem intuitus suos defigant, ut ducti cum
Jesu in desertum a spiritu ut tententur a diabolo,
si forte diabolus habitationem illam sæcularium
ostenderit eis dicens : hæc omnia vobis ad voluptatem dabo, si procidentes a statu professionis vestræ adoraveritis me ; positi cum Moyse in Deum
Pharaonis, id est illius dissipatoris , respondeant
sibi, non tentatori : O anima , Dominum Deum
tuum adorabis, non Satanam. Intuere adhuc Dominum Jesum, si forte simile aliquid fecerit. Narrat
evangelista Joannes : *Jesus autem,* inquit , *jam non
palam ambulabat apud Judæos, sed abiit in regionem juxta desertum in civitatem Ephrem, et ibi morabatur cum discipulis suis (Joan.* xi). Ecce habes
Jesum proximum morti apud Judæos occisores suos
jam non palam ambulantem, sed regionem deserto
proximam quærentem, et in ea cum discipulis manentem, et hoc in civitate quæ dicitur Ephrem.
Ephrem interpretatur *fertilis* vel *auctus* ab augendo.
Vides quid in tentationibus suis in quibus et discipuli ejus cum ipso manserunt, sicut ipse perhibet,
quæsierit Jesus. Quæsivit enim , et esurivit et sitivit salutem et augmentum servorum suorum, et hoc
juxta desertum, secundum propheticam vocem :
*Scissæ sunt in deserto aquæ et torrentes in solitu-
dine, ut lætetur deserta et invia , et germinans germinet et fructificet, unum xxx, et unum lx et unum*
c (*Isa.* xxxv). Tu vero qui monachus effectus es, et
sub abbatis imperio quasi cum Jesu moraris, fuge,

ibules per vias terræ tenebrosas ; sed aver-
faciem tuam a viis sæculi, et ab habitatione
um, quorum Deus novit cogitationes quoniam
sunt. Esto in Ephrem, quærens augeri et am-
virtutum multiplicitate, et fratrum numero-
, ut bono exemplo tuo et conversatione plu-
æcularium convertantur, et augeatur numerus
m tuorum. Taliter enim diabolum superabis,
juis ordini tuo et proposito causa rigidioris
is detraxerit, cum Jesu in Ephrem habitans
mnes.

Jam vero si requiratur a me, quia sæpe a
i quæritur, cur ipsi de reditibus et decimis
t; quia his sacerdotes et levitæ sustentari per
m a Domino jubentur, simpliciter, salva pace
i qui forte hoc quod dicturus sum contradi-
sunt, respondeo, quia qui altario serviunt,
altari participare debent, et qui sacerdotum
itarum opera in se ipsis, quantum eis a præ-
soribus concessum est, refundunt, sacerdotis
itæ mercede non debent omnino privari. Vi-
nim ecclesias illorum, velint nolint, a fideli-
equentari, assidue eos missas cantare, fre-
er Evangelium prædicare, ad sermonem fa-
um in ecclesia cogi, peccata populi de carbone
altaris tangere, et annuntiare populo sce-
ua. Lego etiam ut qui Evangelium annuntiant,
angelio vivant, et dignus est operarius mercede
ue. x), et timeo eos inde judicare, si acci-
quod ipsi merentur. Mihi autem magis timeo,
e eos judicavero, ne ipse judicer. Potest enim
s accipiendis esse simplex et mundus eorum
us, qui non requirat superflua, sed exspectet
saria. Si autem dicatur non esse illorum illa
ere, dicatur etiam illa sanctiora eos non de-
facere. Valde etiam indecorum est, ut tot morum agmina, quæ nos in Dei servitio præ-
runt, et nobiscum adhuc in vita manent, pro
e, causa scilicet ad litteram tuendæ monasti-
gulæ, in qua, ut ipse ait qui eam condidit,
mnis justitia tradita est, condemnare velimus,
rtim cum ipsi quod secundum Regulam se
vaturos esse voverunt, cum interrogantur
hoc, bene se observare respondeant et con-
. Faveo bene intelligentibus, credo se obser-
Regulam respondentibus, laudo secundum
cujusque monasterii legem viventes, prædico
pello dominos et patres, admiror et veneror
i regulam etiam ad litteram omnino servantes.
enim derogare volo, quem scio etiamsi diversa
terius intellectu sentiat, quod diversa a fide
iiana non teneat.

Quod si inter se ipsi monachi de Regula con-
nt, et dicat alter alteri, quia laborare in agro
, et talia indumenta qualia in Regula prescri-
unt habere, et illis vel illis epulis secundum
lam uti; intelligat qui hoc dicit et credat, si
a sapientibus aliter quam ipse intelligit visum
non frustra, sed sapienter actum esse, ut vel

multorum infirmitas relevaretur, vel illorum qui se
exemplo talium monachorum salvare cupiebant,
imbecillitas non terreretur. Ita ego eorum instituta
facta esse intelligo, neutrum æstimans Regulæ suæ
prævaricatorem, et expeto utriuscujusque orationes, quos scio in unitate fidei esse concordes ; non
enim studeo aliquem de suo ordine reprehendere,
sed ostendere cupio, quia licet diverse vivant, tamen ab uno principio ad unum finem Christum
utrique suspirant. Habent enim et ipsi Dei servi,
qui inter homines vivunt, Christum inter homines
ambulantem ; habent etiam eumdem propter incredulos ad tempus se dici festo subtrahentem, et
cum postea ascendit, non manifeste, sed quasi in
occulto hoc fecit, ut innotesceret servos Dei qui
inter homines habitant, aliquando propter homines
salvos faciendos, de alto mentis suæ se oportere
descendere, aliquando ne maiorum livor illis de-
trahat, ad festum ubi reliquiæ cogitationis sunt, id
est peccatorum solutorum et remissorum recorda-
tio diem festum, ubi Deus solus videt cum Salvatore suo occulte ascendere. Pascant etiam nunc
Christum in servis suis publicani et peccatores,
detrahant illi Pharisæi, veræ scientiæ januam clau-
dentes, suscipiat Zacchæus, convivium faciat Levi,
ut sanus factus a medico cœlesti Evangelium scri-
bat. Monachus qui inter homines sicut Jesus vivit,
non potest timere alium monachrum, qui sicut Pharisæus peccatricem a se repellit. Habebit et ipse
qui Regulam suam ad litteram etiam bene servat
præmium, si Jesus pro discipulis suis per sata hujus vitæ Sabbato spicas vellentibus, id est ab hominibus victum quærentibus, non reprehenderit. In
Sabbato enim discipuli spicas vellunt, quia feriati
a mundanis operibus victum a mundanis hominibus
quasi spicas accipiunt.

16. Sane monachorum Regula, ut legens adverti,
sobrios intellectores requirit, moderatosque lectores expetit, nam multa sunt quæ sanctus ille ipsius
Regulæ conditor non posuit, quia ea indubitanter
facienda noverat, sicut est illud, quod lectorem et
mensæ ministros dicit antequam ad officium accedant debere mistum accipere, nec ullum excipit
diem, unde quidam monachi dicunt secundum Regulam lectorem etiam in quadragesima debere mistum accipere priusquam legat, quia hoc Regula
dicit, nec ullum diem excipit, et ita cogunt ad come-
dendum bene valentem jejunare. Alii vero contra
non accipiendum mistum dicunt, quia commune
est et solemne jejunium. Bene isti dicunt ; sed audio quosdam abstinentes monachos etiam die Dominico secundum B. Benedicti vitam, quam in specu positus duxit, argumentantes debere vel posse jejunare,
quia omni die jejunans, etiam diem Dominicum non
prætermittebat. Utrosque video, de utrisque quid
sentiam profero. Illi qui prandere bis etiam in Quadragesima valentes dicit, respondeo pro pace universalis Ecclesiæ, quæ jejunium illud celebrat, omnem hominem qui potest debere jejunare, nec esse

contra Regulam illam quæ licet Quadrágesimam vel A et persona in Ecclesia mutari ; alii vero ita fasti_
solemnia jejunia non exceperit, pacem tamen ec-
clesiæ servare voluit. Non enim dignum est, ut
propter mistum monachorum accipiant occasionem
jejunii frangendi mensæ potatores, nec dignum est
ut dicant edaces, cum reprehensi pro soluto jejunio fuerint : Bene hoc potest fieri, quia et monachi
hoc faciunt. Sic enim pro exiguo cibo mona chorum
forsitan turbabitur religiosa institutio Christianorum.
Illi autem, qui affirmant quotidie etiam die Dominico
secundum vitam beati Benedicti, quam in specu
positus servavit, posse monachos jejunare, respondeo, non ex me, sed ex B. Gregorii sententia, qua
dicit, quia longe ab hominibus positus eo die quo
presbyter ad cum ex præcepto Domini venit, quod
paschalis esset festivitas ignorabat. Quare fidenter   B
dico, quia si ille sanctus qui ignorabat Dominicum
diem, et in ipso die jejunabat, laudandus est ; ille
etiam presbyter prædicandus est, qui ei dixit : Resurrectionis Dominicæ paschalis dies est, abstinere
tibi minime convenit, quia et ad hoc missus sum,
ut dona omnipotentis Dei pariter sumamus. Ecce intuere, si post hanc vocem sacerdotis illius sanctus
ille jejunavit et se abstinuit, si vocem Domini sprevit;
et si potes, Dominico die contende posse jejunare.

17. Quod vero in Regula eorum scriptum est, et
sine aliqua exceptione definitum, ut ab Idibus Septembris usque ab nonam jejunium extendant, credo Dominicum diem ideo eum prætermisisse, quia
sciebat illo die non esse jejunandum, nec inde ali- C
quem dubitare, vel ob reverentiam Dominicæ resurrectionis, vel quia ita Christiana consuetudo
convaluit, ut eo die jejuare non liceat, ne
scandalum in Ecclesia generetur. Sunt præterea quidam præcipui dies, ut est Natalis Domini, Epiphania, et similes dies, necnon et illius sancti in cujus
honore cœnobium dedicatum est, ubi quidam timentes Regulam offendere, putant continuandum esse
jejunium. Volo autem monachos et canonicos sive
clericos plus jejunare et abstinere quam plebeios
Christianos, dignum est enim ; sed volo etiam su-
pradictos viros communis gaudii Christianorum in
cibo et potu, quantum uniuscujusque Regula patitur,
aliquando, maxime in diebus solemnibus. esse consortes : nec esse credo contra monachorum Regulam D
quæ illos dies non excepit, si regula ecclesiastici
gaudii ab eis etiam qui sæculi gaudia fugiunt, ob-
servetur. Audio enim sæpe cum talia jejunia in
diebus ita solemnibus custodiuntur, multos inde
murmurare, nec inde exemplum abstinentiæ sumere,
sed notam austeritatis religiosis viris impingere.
Nec hoc dico quasi reprehensor eorum qui perfectæ student abstinentiæ, sed volo esse consultum
paci et lætitiæ universalis Ecclesiæ.

18. Sane ne illud quidem omittam, quod in utroque ordine tam monachorum quam canonicorum
sunt aliqui diverso vitio laborantes, quorum alii
ita consuetudines suas tuentur, quasi in his justitia
constituta sit, nolentes aliquid pro tempore et loco

et persona in Ecclesia mutari ; alii vero ita fasti_
diosi sunt, ut nihil eis quod apud ecclesiam suam
agatur placeat, sed semper nova sibi de alterius
monasterii consuetudine quæ sociis imponant onera
perquirant, utrisque pro pace ecclesiæ suæ respon_
dendum est. De illis qui consuetudines suas ultra
modum custodiunt, dicit Augustinus (Epist. 54, no.
væ edit. n. 5) in epistola De diversis consuetudini_
bus Ecclesiæ, Januario notario directa : Aliquis peregrinus in eo forte loco, ubi perseverantes in observatione Quadragesimæ, nec quinta Sabbati levant re-
laxantve jejunium ; non, inquit, hodie jejunabo. Quæratur causa ; quia non fit, inquit, in patria mea.
Quid aliud iste nisi consuetudinem suam consuetudini alterius præponere conatur? Non enim mihi de
libro Dei hoc recitaturus est, aut universæ quacunque dilatatur Ecclesiæ plena voce certabit, aut ostendet
illum contra fidem facere, se autem secundum fidem,
moresque hinc optimos aut illum violare aut se custodire convincet. Violant sane quietem et pacem de ...-
perflua quæstione rixando. Mallem tamen in rebus
hujusmodi ut ille in hujus, et hic in illius patria, ab
eo quod cæteri faciunt non abhorreret. Hæc Augustinus de his qui ultra modum consuetudines suas
custodire volunt. De his autem qui cito mutant
consuetudinem, dicit in eadem epistola : Faciat
quisque quod in ea ecclesia ad quam venit invenit ;
non enim quidquam eorum contra fidem est, aut mores fiunt hinc vel inde meliores. His enim causis, id
est aut propter fidem aut propter mores, vel emendari
oportet quod perperam fiebat, vel institui quod non
fiebat. Ipsa quippe mutatio consuetudinis etiam quæ
utilitate adjuvat, tamen novitate perturbat. Quapropter quæ utilis non est, perturbatione infructuosa,
consequenter noxia est (Num. vi). Hæc etiam dicit
de his qui novas et alienas consuetudines sequuntur.
Cæterum lectoris prudentia videat, quia et in te-
nendis ultra modum suis consuetudinibus et in se-
quendis alienis, potest schisma et perturbatio generari. Unde oportet unamquamque Ecclesiam ita
vetera custodire, ut pro loco et tempore laxentur,
et ita nova condere, ut ex novitate antiqua patrum
auctoritas non violetur.

19. Vellem autem inter monachos uniuscujusque
provinciæ, similiter et canonicos esse, ut invicem
se sequerentur, ut qui in una provincia degunt, uno
modo jejunarent, una consuetudine silentia tenerent.
De his autem loquor qui in civitatibus et castellis
habitant. Forsitan enim utrunque ita melius ac
libentius teneretur ; quia si quis ea quæ ab one-ri-
bus tenerentur infringeret, se magis errasse fater-
tur, et forte citius corrigeretur. Sicut enim jejunium, quod a patribus observatum est, et ab omnibus ritu communi tenetur, melius ac libentius
etiam inter laicos observatur, quam illud quod noviter inventum est, nec ab omnibus tenetur ; faciliusque redarguitur qui infringit ; ita credo fieri
inter monachos et canonicos, si omnes observantiam unam sequerentur, essetque laudabilis supra

ejunium concordia, ubi omnes unam unius [A] tenerent vivendi mensuram. Sed quia videiam in uno loco alios solito more velle pranlios contra morem antiquum velle jejunare, hinc sane rixa intolerabilis, quia alius ex tate se credit facere quod facit, alius zelo : se credit accendi. Unde aliquando inter uperbia et invidia nascitur, ut qui jejunare contra non jejunantes superbiant, et qui non it jejunantibus invideant. Proinde accedit · morbus, ut qui propter jejunium supernon contenti secum habitantes despicere, alienos a suo proposito et Ecclesia, quia si· sicut ipsi volunt non jejunant, despicere reant. Audivi enim quemdam, et nisi puderet plures vano tumore turgidos, detrahentes [B] alterius Ecclesiæ, et dicentes: Qualis ordo est, prandetur, tam parum jejunatur, tam parum , tot fercula sæpe sumuntur? Ad laudem iæ suæ et ordinis hoc se putant dicere; sed iid inde incurrant. Primum ad cumulum su, et ut ita dicam fastigium, inde ducuntur, et la fit ipsa superbia, ut videri non possit, et on advertitur esse superbia, creditur humiliinde dum despicitur proximus, contemnitur is. Redeat ergo quisquis talis ad se, non effeiuper se, ne despiciendo unum de his pusilin Jesum credunt, de alto superbiæ cadat, et Christi voce judicetur, cui mola asinaria de jus suspendatur, et in mare projiciatur. [C] ab apostolo et abundare et penuriam pati; etiam fratrem suum, si Ecclesia ejus patitur, quod idem, ut bonum est, non manducare i et non bibere vinum, hoc est perfecte absa cibis corporalibus, quantum uniuscujus_ pacitas sinit, sciens etiam nihil abjiciendum qui hoc adhuc aggredi noluit, quod cum um actione percipitur. Noverit etiam non , sed cibi appetitum in culpa esse. Nam et illis lenticulæ desiderio exardescens, qui sæpe ones fastidiebat, eo desiderio primogenita it; et econtrario David desideria refrenans, ni, sed aquæ pocula captans, ipsam Domino :ando, se ipsum justificavit. Male ergo facit vilibus cibis ventrem ingurgitat. Bene facit [D] tiam de vilibus modum tenet. Bene facit qui bona quæ in macello veneunt ensura et gratiarum actione tenet; deterior is est, qui etiam quæcunque sibi deferuntur ilidit, aut pretiose vel laute confici gestit. lat igitur qui potest, et sequatur abstinencondescendat abstinens, et charitatem minus præbeat, ut infirmum fratrem exspectans, o in perventione cursus gaudeat, ut uterque Dei obicem non sentiens, bravium æternæ erationis accipiant. Discant pusillanimes tari. Discant fortes humiliari.

Ad postremum vero, ne illud omittam, quod onachi qui in urbibus et vicis morantur, sæ-

cularia sæpius tractare videntur, forensia judicia decernunt, servos habent et ancillas capitales, judicant, regunt, tuentur, filios servorum nutriunt servos futuros, terras hospitales habent, ad censum dant, reditus inde spirant et exigunt, causas singulorum veluti judices sæculares audiunt, leges suis terris et hominibus imponunt, quæ omnia sæcularia et minus religiosa esse videntur. De talibus tamen dicam quod sentio, non hoc credo ab eis inventum propter cupiditatem, sed propter servorum et hospitum utilitatem, nam videmus multos feroces dominos fugientes, sub dominio Ecclesiarum confugere, in quibus tuendis et defensandis non cupiditas ulla, sed misericordia est maxima; quodammodo enim cum fugitivos suscipiunt, urbes fugitivorum in possessione sanctorum, sicut ille antiquus populus, constituerunt. Si autem dicat aliquis non ideo debere monachos de sæcularibus se intromittere, illum admoneo qui hoc dicit, ut sobrius reprehensor sit, nec ante tempus quidquam judicet, quia lego et Jacob post amplexus desideratæ Rachelis, ad Liæ fertilis concubitum rediisse; id est illos qui gustaverunt dulcedinem contemplativæ vitæ, ad agenda opera vitæ activæ, non propter se, sed propter alios rediisse. Æqualem enim video esse misericordiam in defensandis pro posse ab iniquis pauperibus, et in nutriendis vel suscipiendis hominibus. Quod si quis reprehendit eos quæ pauperum sunt vel hospitum suorum suscipere, legat Dominum dixisse: *Reddite ergo quæ sunt Cæsaris Cæsari, et Deo quæ sunt Dei* (Matth. XII), nec miretur amplius si monachis reddant quæ Cæsaris sunt, quos fugitivi ipsi Cæsares propter tutamen sui et uxorum et filiorum et possessionum constituerunt. Non enim semper propter se monachi hoc agunt, sed propter ipsos, qui licet sæculares sint, tamen a sanctis viris auxilium protectionis exposcunt.

21. Sed dicat adhuc aliquis: Si ergo bonum est, ut eos sustentent, ut protegant, ut nutriant, quid est quod aliquando ipsos in carcerem mittunt, verberant, leges sumunt, sua auferunt? Ad hoc respondeo in his modum debere servari, ut in carcerem missi non deficiant, ut verberati a talibus non moriantur, ut leges dantes pauperes ultra modum non efficiantur, nec propter vindictam ista exerceant, sed propter correctionem cæterorum servorum et hospitum suorum, ut hæc videntes cæteri timorem habeant, et mala facere formident. Melius est enim et in ordinibus et in sæcularibus, ut unus vapulet et salvetur cum multis, quam ut effrenata humanitas, quæ vix etiam cum ei mala et plagæ pro criminibus inferuntur, se cohibere potest, accepta per misericordiam peccandi licentia, dispereat. In talibus etiam exercendis ipsi monachi modum debent aptum tenere, ne ipsi in his agendis mensuram excedant, ut appareat eos ad hæc non ex voluntate propria ferri, sed pauperum necessitati et utilitati consulere. Ad hæc etiam agenda

non debet infirma ætas laxari, nec noviter conversi
ad hæc cito remitti, quia sæpe alta cedrus a statu
concutitur, quanto magis novella planta, si vento
sæcularitatis cœperit tangi, non citius eradicabi-
tur? Fortassis ista dicens aliquos sanctioris propositi viros offendo, sed hoc paci Ecclesiæ pro posse
consulens dico, credens et sperans quod omnia quæ
in Ecclesiis Christi in una fide manentibus observantur, summo pontifici placeant, nec oblationem
uniuscujusque, quamlibet parva sit, pius sacerdos
respuat, quæ de corde contrito et spiritu humiliato
offeratur. Hæc de monachis qui in civitatibus et
castellis et similibus locis manent diximus, alterius
intellectu·n qui melius senserit amplectantes et lectorem deprecantes, ut si aliquid pravum diximus,
non malevolentiæ deputet; sed si quid boni scriptum est, diligat; si vero aliquid mali, fidenter
corrigat, et nobis, qui melius dicere nescimus, indulgeat.

III. *De monachis qui longe se ab hominibus faciunt,*
ut Cistercienses, et si qui sunt similes.

22. Jam ad illos stylus recurrat, qui monachi
nomen a turbis omnino segregati insigniunt, de
quorum vita et instituto aliquid sinistrum suspicari
non licet, nec inde loquentem, ne in laude ipsorum,
quantacunque dixerit, pecret, timore oportet. Sunt
enim in locis suis ita viventes, ut in carne manentes,
quia carnalia deserunt et transcendunt, supra carnem esse jure dicantur. Miratur enim quisquis eos
videt, humanæ infirmitatis tantam immutationem,
flec jam esse de terra, sed esse in terra asseruntur.
Intueamur tamen si alicubi in antiquis tale aliquid
inveniamus. Scriptum est in libro Regum iii quod
Abdias minister regis Achab, tempore persecutionis
et famis centum prophetas in speluncis per quinquagenos divisos aluit pane et aqua. Aiunt etiam
Hebræi et B. Hieronymus assentit, quod ipse Abdias,
qui inter duodecim minores annumeratur, et propterea datum ei esse Spiritum Domini, quod prophetas Spiritum Dei habentes paverit. Interpretatur
vero Abdias *servus Domini,* quia vero habemus servum Domini prophetas pascentem, et habemus tempus famis et persecutionis, et centum prophetas
pro perfectione, quia talis numerus in Scripturis divinis pro perfectione accipitur, et quinquagenos pro remissione, quia et in lege annus
quinquagesimus remissionis appellabatur, eo quod
in eo a servitute remittebantur, et possessiones recipiebant et in jubilatione relaxabantur.

23. Intueamur quantum faveat antiqua historia
nostro tempori, in quo si non idem forte, tamen
simile quid agitur. Nam et in nostro tempore tales
Dei servos illi qui terrena negotia habent, in ab-
ditis et remotis terrarum suarum locis mittunt, ut
precum suarum effusione illorum peccata redimant
et ut ipsi Spiritum Dei, sicut et illi, accipiant.
Fit vero et hoc tempore persecutionis, quando regina impiissima Jezabel, id est *superbia* et *luxus sæ-*
culi, servos Dei vehementer infestos habet, et quos-

cunque potest seducendo necat. Contingunt etiam
hæc tempore famis, quando quæritur qui justitiam
teneat, qui veritatem servet, qui aliena non rapiat, qui verbum Dei puro corde prædicet et vix
invenitur, ut impleatur etiam in vobis illud Isaiæ :
Immittam famem in terra, etc. (*Ezech.* v). Et illud :
Pretiosior erit vir auro et homo simul obrizo (*Isa.* xiii).
Additur etiam quod centum paverit, ut perfecta
charitas foras mittens servilem timorem, accipiat timorem castum permanentem in sæculum
sæculi ; et ita Abdias, qui interpretatur *servus Do-*
mini, fiat, et sicut ille prophetico dono participavit,
sic iste servorum nutritor et institutor, eorum vitam diligens et imitari cupiens, ad hoc quandoque
perducatur, ut quod illi agunt et ipse agat, et sic
ipsorum spiritu inflammatus inardescat. Videmus
sæpe tales homines, qui cum essent sæculares, et
rerum affluentia et voluptatum copia abundarent,
nec ab hominibus in eis esse aliqua virtus animi
deprehenderetur, nisi hoc solum quod servos Dei
instituebant et nutriebant, ad hoc venisse, ut pauperes effecti, pauperem Christum sequerentur, et
tollentes crucem suam arctam et arduam vitam
monachorum aggrederentur, et redderent homines
humana tantum sapientes admiratos et stupidos in
subitatione insperatæ salutis; ita ut diceretur de
eis : *Hæc est immutatio dexteræ Excelsi* (*Psal.* lxxvi).
Novit enim Dominus qui sunt ejus. Nam et ipse
Abdias persecutor esse S. Eliæ credebatur, eo quod
minister regis persecutoris esset, et tamen quod
amator esset etiam minorum servorum Dei, quam
Elias, prorsus latebat. Divisi etiam sunt ipsi ab eo
per quinquagenos in speluncis, quia charitatem Dei
et proximi tales servi Dei in corde perfecte retine-
tes, quod significatur per speluncas, remissionem
plenariam postmodum cum servis Dei ipsi Deo mili-
tantes assequuntur, quod per quinquaginta indicatur. Quomodo autem assequuntur ? Nunquid non
assequuntur plenam remissionem, qui liberati a
sæculari tumultu, soli Deo militant, et si quid molle,
si quid dissolutum in domibus regum vel principum hujus sæculi in usu habuerunt, Agnum paschalem Christum succinctis renibus, id est restrictis
hujus corruptionis illecebris comedentes, ab uber-
tate domus Dei inebriantur? Sic enim dividuntur
per quinquagenos, quia charitatem erga Deum
habentes, prius ab eo remissionem accipiunt, et
charitatis officia erga fratres tenentes, si quid aliqui
tulerant, si quid mali fecerant, si quid dixerant, viso
tanto professionis eorum decore, libentissime eis præ
terita peccata, quæ in se fuerant commissa, relaxant.

24. Diximus de eo et ejus similibus, qui prophetas abscondit, quantum profecerit, quid assecutus
sit, quid de eis dicturi sumus qui absconsi sunt!
Intueamur ergo eorum vitam, qualis eo tempore
fuerit, cum et charitate principis eis necessaria vir
fortissimus subministrabat, et separatio a mundana
conversatione tumultum omnem refrenabat. De
abstinentia vero eorum si loqui voluero, superfluus

d est com-
abstinenter
, nec cibis
impediren-
rente subtl-
s et mobilis
et ipsi pro-
nebant, in
id immisit,
oris herbis
iasi credam
litiam esse
sequantur,
æcesserint;
iliciora Dei

etiam tem-
m comors
n spiritum
t, in nullo
iter come-
, ut animi
isonantiam
antiquos
sos fuisse,
immutat;
his diversi
modo visi,
noscuntur,
ionasterii.
signa viri
a vir pilo-
onuntiatus
natus est.
morabant-
icut Elias,
habuisse
moraban-
tis esset :
itimonium
ites habe-
uno habitu
inus, et ut
iopulorum
xerit; sed
præfatione

m et mo-
de chari-
hospitali-
sperfluum
lii accen-
in servis
liquid ve-
s benigne
eretur, et
itus pro-
e Deus in
similiter

A ut prophetæ viventibus, qui eis sua auferre moliuntur ; ita ut audierimus a quibusdam, quod illi qui rapere venerant, vel rapaces exstiterant, viso humilitatis eorum proposito, vel monachi facti remanserint, vel accusantes se ipsos quod talia assequi dona digni fuerint, pacifici ad propria recesserint. Operantur etiam ipsi quæcunque sibi a prælatis injunguntur, cum tanta benevolentia, ut jure de eis dici possit, quod nullum eos transeat virtutis vestigium.

27. Intuere mecum etiam Dominum meum Jesum, si forte alicubi tale aliquid vel huic simile fecerit. Dicit Evangelium, quia facta die egressus ibat in desertum locum, et turbæ requirebant eum. Dicit et alibi : *Factum est autem in diebus illis exivit in montem orare, et erat pernoctans in oratione Dei* (*Luc.* vi). Primo intuendum locum, « et turbæ requirebant eum, et venerunt usque ad ipsum, » et si forte monachorum a turbis segregatorum vitæ hoc factum Domini Jesu possimus inflectere. Ante enim ab evangelista describuntur morborum et febrium in socru Petri et aliorum curationes necnon dæmonum dicentium *quia tu es Filius Dei* (*Matth.* xvi) expulsiones, et hoc cum sol occidisset, et post mane facto, iter ejus in desertum describitur, quot ergo sunt febres quibus meus Jesus imperavit ? qui morbi quos curavit ? qui dæmones quos ejecit, nisi incentiva vitiorum, quæ respectu suo et jussu exstinguit, curando medetur, ne non bene sanata iterum putreflant, et spiritus maligni in corde peccatoris per incuriam nidificentur ? Hoc maxime convenit monacho, ut purificetur ab his, cum Jesu facto sibi die, id est illuminato corde, in desertum exeat, turbam vitiorum penitus et illius mundi qui in maligno positus est consortium simul et dominium relinquat, ut postea proficiens, et ncn jam sui curam solum, sed etiam aliorum habere sufficiens, a turbis pro iniquitate sua turbatis, et quid faciemus inquirentibus, requiratur, et retentus dicat, *quia et aliis civitatibus oportet me evangelizare regnum Dei* (*Luc.* iv), id est aliis turbis vel aliis ovibus, quæ adhuc non sunt de monachorum ovili et futuræ sunt, convenit dicere, ut se suosque sequaces imitentur. Sicut enim cum Antonio interiorem eremi partem penetrabit, ibi et angelorum contra dæmones auxilia, et hominum se propter Deum sequentium consortia habere merebitur.

28. Intuere adhuc si non illud etiam implebit, quod superius de Evangelio a Jesu factum posuimus. *Factum est autem in diebus illis exivit in montem orare, et erat pernoctans in oratione Dei* (*Luc.* vi). Hic etiam inspiciendum est, quo ordine id fecerit. Nam ante hoc factum, in Sabbato Jesus hominem qui habebat manum aridam curavit, et ante inutilem ad bene operandum laxavit, ut profecto ostenderet, et a malis operibus feriandum tanquam in Sabbato, et rursus ad bene operandum manus omnes, id est operationes debere extendi. Unde et illi homini qui sanatus est dicitur : *Extende manum*

tuam (*Matth.* xii), id est ad bona opera a quibus sabbatizabas te exerce. Cum vero bene operatus fueris, tunc cum Jesu in montem exeundum est ad orationem, et ibi pernoctandum in oratione Dei in excelso mentis, quasi in monte positus excelsum Deum sequatur, et exiens a corporalibus, ad summa et cœlestia rapiatur, et ibi pernoctans, id est in tota vita sua manens, quæ bonis omnibus respectu supernæ lucis non dies, sed nox est, semper ut exuatur a corpore exspectet et oret. Sic enim cum patre suo Benedicto totum mundum ante se positum quasi parvam sphæram intuebitur, et in visione Conditoris cum ipso dilatabitur.

29. Sit autem in hujusmodi servis Christi, sicut esse confidimus, fundamentum veræ humilitatis firmum et solidum, ut quantum Christo qui est fundamentum totius Ecclesiæ propinquiores esse creduntur, tanto magis humilientur, ne forte super arenam collocati, facili impulsu inundantium tentationum ruant, sed Christo inhærentes, et cum Christo lapides fortes cœlestis ædificii facti, alios invalidiores et infirmiores portare sufficiant. Observabunt autem, ut credimus, quia servi Dei sunt, ne alterius ordinis ecclesiastici viros, licet minus validi sint, despiciant, nec alta de se sapient, sed humilibus consentient.

IV. *De monachis qui sæculares dicuntur, quorum professio nulla est.*

30. De monachis autem qui dicuntur sæculares quid dicam non invenio, quia nec professionem monachi sequuntur, nec eorum vita usquam describitur. Ex magistrorum enim negligentia, et ex rerum copia et aliquando etiam inopia magis hæc vita incrementum accepit. Contingit enim aliquando ut rerum affluentia dissolutione pariat, et dum nihil temporale deest, sollicitudo et animi fortitudo protinus abest. Evenit etiam sæpe, ut cum in abbatis manu necessaria desint, quæ monachis dentur, non audeat eos pro dissolutione aliqua vel delicto redarguere, et ita fit, ut cum terrena a monachis inordinate quæruntur, ordinis districtio et æternorum præmiorum cura relinquatur. Bene igitur facient utrique si se corrigant, si nomen monachi quod portant honorent.

V. *De canonicis qui se ab hominibus constituunt, ut sunt Præmonstratenses et Sanctijudocenses.*

31. Illis igitur de monachis paucis pro viribus præmissis, ad canonicos veniendum est. Quorum ordo, refrigescente multorum charitate, quondam tepuerat; sed nostra ætate gratia Dei aliquantulum jam refloruit. Cujus autem auctoritatis sit eorum ordo et professio, Domino donante, pro posse ostendere tentabimus. Primum igitur intuendum est, quod iste ordo jam tripartitus habeatur, ita ut alii a turbis omnino conversatione et habitu et habitatione quantum possunt segregentur; alii juxta homines positi sint, alii inter homines habitent, unde et sæculares appellantur. Videndum est etiam quid canonici nomen insinuet. Canon enim intelli-

gitur *regula*, et canonicus dicitur regularis. Unde autem hic ordo initium sumpsit? an forte ab apostolis? Et hoc ex parte verum est, quia sic illi debent communiter vivere, et nihil proprium possidere. Sed est quod altius perscrutari posset. Ipsorum est enim populos ducere, decimas accipere, oblata in domo Domini suscipere, delinquentes redarguere, correctos et pœnitentes ecclesiæ reconciliare, et alia quæ in lege antiquitus observabantur, etiam nunc in Ecclesia nostri temporis observare. Legamus in libro Numerorum, si forte invenire poterimus in eo canonicorum prætensam speciem. Describuntur enim in illo libro officia levitarum, quos Deus assumpsisse se dicit medio filiorum Israel pro primogenitis eorum, ut in tabernaculo ejus ministrarent, de quibus erat et summus pontifex. Describitur etiam quid Gersonitæ agere debeant, quid Caathitæ, quid filii Merari, et quidam eorum in tabernaculo fœderis intrare dicuntur coram summo pontifice, et involuta portare, et alii cortinas et operimentum et tentorium et omnia quæ pertinent ad altare, funiculos et vasa ministerii, et alii tabulas tabernaculi et vestes ejus, columnas et bases earum, columnas atrii cum basibus et paxillis et funibus, et omnia vasa et supellectilem. Si de omnibus his vel aliis quæ ibi scribuntur rationem reddere voluerimus, tenuitas ingenioli deficiet. Unde ad sanctos doctores lectorem remittimus. Unum tantum est ut intelligatur, quia sicut in veteri lege levitarum erat officium sanctificata custodire, et ferre, et mundare; sic et in hoc tempore canonicorum esse credo similia agere, nec quemquam ad ministerium ecclesiæ debere admitti, nisi qui regulariter et honeste vixerit, quod nomine ipsius canonici indicatur. Sicut enim in veteri lege Levitis vivendi est regula præscripta, quis quid agere debeat, nec ad aliud vacare licebat, nisi ad quod erat ordinatus, nec aliis licebat eorum officia tractare: ita credo et in hoc tempore faciendum esse. Videamus ergo si forte in his tribus familiis Levitici ordinis tripartitum ordinem canonicorum invenire valeamus, seposita summi pontificis familia, quæ hujus temporis summum pontificem, et episcopos sine dubio præfigurabat, et potestatem et dignitatem eorum prætendebat.

32. Primum igitur de illis canonicis loquamur secundum lectionis numeri significationem, qui longius ab hominibus secedunt, et actu et vita et conversatione quantum possunt ab eis longe se faciunt, ut liberius Deo ministrent. Inspiciamus igitur officia Caathitarum, qui a summo pontifice et filiis ejus arcam testamenti et altare aureum et candelabrum et mensam et digniora vasa involuta portare jubentur, et sanctuario interiori post familiam summi pontificis propinquius, quam Gersonitæ et Meraritæ deserviunt: ita ut intreut in interiori sanctuario, et involuta a summo pontifice vel filiis ejus portanda suscipiant. Isti ergo fili

Caath, quanto propinquiores erant interiori sanctuario, tanto longe fiebant a populo. Unde non immerito his comparantur canonici illi, qui sicut levitæ illi officia ecclesiastica suscipiunt, et longe ab hominibus secedentes, propinquius sanctuarii interioris vasa, id est contemplativæ vitæ gaudia secum vehunt, quibus etiam Caathitarum nomen convenit. Caath enim interpretatur pœnitens sive dolens. Tales enim prius compunguntur timore, postea amore, et de factis suis malis primum pœnitentes et veraciter flentes, postmodum a triginta annis et supra, id est a perfectione virtutis et credulitate sanctæ Trinitatis in Ecclesia sacros ordines suscipiunt, ut bene meritos quinquagesimus annus suscipiat, et liberati a voluptatibus carnis, vasa Dominica non onerati humeris deferant, sed justificati et probati custodiant.

33. Est etiam in his secundum lectionis Numeri tenorem ordo dispertitus, ut a summo pontifice dividatur unicuique onus quod portare quis debeat. Unde conjicere possumus, quod quidam eorum sanctiora pro sanctitate vitæ portanda suscipiebant, et alii qui minus validi in virtutibus habebantur, minoribus officiis deputabantur. Eadem enim familia quæ altare aureum, et candelabrum et mensam, et ipsam etiam arcam portabat, in sequentibus hyacinthinas pelles, et vectes, et lucernas, et forcipes, et emunctoria, portare perhibetur, necnon fuscinulas, et tridentes, uncinos et batilla. Intuere ergo quod similis forma in ordinibus canonicorum, qui longe ab hominibus secedunt, jam custodiatur, quando et ipsi de populo Dei tanquam Levitæ assumpti, non æqualiter sacros ordines suscipiunt. Sed aliqui eorum ad ministerium sacerdotale attolluntur, aliqui ad diaconatus officium promoventur, nonnulli ad subdiaconatus gradum asciscuntur, aliqui etiam in acolythorum, exorcistarum, ostiariorum, lectorum ordine deputantur, vel ad extremum alii minus ad hæc agenda idonei, in Ecclesia tantum ad clericatum suscipiuntur, unde etiam inter suos conversi appellantur. Qui vero in suo ordine profecerit, seniorum judicio, qui ante in minori ordine locatus fuerat, ab episcopo tanquam ab Eleazaro majorem ordinem suscipit.

34. Præter hæc etiam officia, quæ ab universali Ecclesia exposcuntur, sicut in ordinibus dicitur, quod non illa aut illa Ecclesia exposcat, sed postulat sancta mater Ecclesia; sunt alia officia quæ pro vitæ merito unicuique distribuuntur, ut inde serviant non universæ Ecclesiæ, sed fratribus suis, et hospitibus, et peregrinis, veluti est quod unus eligitur in abbatem, alter subrogatur in priorem, alter in eleemosynarium, vel coquinarium, vel cellerarium, et ut ad viliora descendam, alter alendis pecoribus deputatur, ut impleatur in eis etiam illud quod scribitur de Caathitis : Filiis autem Caath non dedit plaustra et boves, quia in sanctuario serviunt, et cera propriis portant humeris (Num. VII); sic et canonici qui longe ab hominibus secedunt, propriis

humeris onera portant, cum et spiritualia quibusque servis Dei ministrant, et in carnalibus sibi ipsos ministrantes, victum sibi de manibus acquirunt, onera propriis portant humeris, cum et Deo militant in ejus sanctuario, id est in sancta Ecclesia servientes, et quasi in utroque fortes et jugum Christi portant, nec a fidelibus decimas vel redditus, quod sacerdotum vel canonicorum, clericorumve est extorquent, licet aliquando datæ suscipiant, illos profecto imitantes, qui accepta potestate vivendi de Evangelio quod prædicabant, laborabant tamen manibus suis, ne quem gravarent.

35. Intuere etiam Dominum Jesum si aliquid egerit simile, et si forte quidquam quod canonicorum talium factis assimiletur, aliquo actu perpetraverit. Et quia tales canonicos filiis Caath comparavimus, qui tamen in ordine minorum sacerdotum erant, præter summi pontificis familiam, non indignum videatur si utrisque Jesus noster comparetur, qui minoratus est etiam paulo minus ab angelis, et didicit ex eis quæ passus est, obedientiam, ut esset sicut Caathitæ, non in se, sed in membris suis ab Eleazaro filio summi sacerdotis, qui interpretatur Deus adjutor meus. Pergens igitur ad passionem, susceptus est a Judæis, et eductus, et bajulans sibi crucem, exivit in eum qui dicitur Calvariæ locum, Hebraice Golgotha, ubi eum crucifixerunt. Primum vide ordinem, quem etiam hic observavit Jesus. Nam et familia Caath, ut supradictum est, in majores et minores sacerdotes divisa erat, et pontifex summus ex eadem erat familia. Sic et Jesus fecit, obediens existens Patri usque ad mortem, mortem autem crucis (Phil. II). Prius portavit crucem, sibi quasi filii Caath altare aureum, ut ipse dignus existens summo sacerdotio, postea aram illam crucis, quæ omni auro et omni mundo pretiosior est, ascenderet, ut dolens pro nobis, et vulneratus propter scelera nostra, taliter gradu summi sacerdotii juste potiretur, et acciperet nomen quod es super omne nomen (ibid.).

36. Tu ergo qui canonicus es, et ob vitæ et professionis tuæ decorem longe te ab hominibus faciens, et propter hoc forsitan in sanctuario propinquis ministraturus, vis gradatim vel virtutes Jesu vel ecclesiastica sacramenta suscipere, ut ordo familiæ canonicalis exposcit, imitare et intuere Jesum meum non subito summa petentem, sed gradatim ad summa tendentem. Porta tibi cum illo crucem et ipsum sequere, et carnem tuam, si Christi es, cum vitiis et concupiscentiis crucifige, et exiens cum illo extra castra, totum te in Calvariæ loco cruci affige, et quasi calvus totum caput, id est principale illud mentis tuæ a terrenis habens denudatum improperium ejus portare gaudeto. Taliter etiam conveniat tibi nomen Caath, qui alia interpretatione dicitur molares dentes, vel patientia. Ruminans enim dentibus interioris hominis tui verbum Dei, et confringens subtiliter, ut possis illud glutire, et memoriæ commendare, patientiam habens erga detractores et

persecutores, et findens ungulam benignus in Deum, A
benignus in proximum, et ruminans Dei Verbum,
non sicut qui deglutit illud, ita mundum animal
fies, et Jesu Christi comedens carnem et sanguinem
bibens mutaberis in ipso, et membrum corporis
ejus efficieris.

57. Quod si quis objiciat Caathitas etiam aliis canonicis, vel sacerdotibus, vel ministris posse comparari, et rursum Dominum Jesum crucem sibi baju-
lantem omnibus fidelibus suis, qui crucem ejus in
se portant, posse conferri; et ego consentio, et hæc
dicentem approbo. Sed non cuiquam grave debet
videri, si illum propinquiorem sanctuario interiori
judico, qui majorem laborem pro Christo assumpsit,
vel si illum paulo amplius Christo consimilem,
quam me in ejus cruce portanda dixerim, qui ma- B
jorem quam ego oneris illius piissimi partem arripuit. Cum enim me amplius vigilant, jejunant, laborant, algent, et ut ad modiora veniam, cum humiliores et pauperiores pro Christo sunt, sub sarcina
illa piissima quasi altiores et fortiores in medio
curvatos intueor; me autem cum ipsis sub ipsa sarcina quasi humiliore humeros submisisse, et manus
posuisse, et brachia tetendisse, ut infirmior quod possem facere aspicio. Sunt enim ipsi tales, qui humilitatem integre et pure custodiant, ita ut quæ viliora
pro fratribus agant, stabula, ut audivimus, mun-
dantes, et cætera contemptibilium servorum officia
perficientes. Non enim dedignantur stabula, vel
boum, asinorumque præsepia mundare, cum legant C
in Evangelio Dominum suum propter nos in præsepio dignatum jacere. Sectantur etiam et ipsi tantum circa adventantes hospitalitatem et humanitatem, ut Abrahæ et Lot consimiles jure dicantur,
qui aliquando angelos susceperunt, quia hospites
dilexerunt. Habent etiam in victu et vestitu tantam
austeritatem, ut Joannem Baptistam imitari videantur, qui natus de sacerdotali stirpe, consortia sæcularium fugiebat, et pilis cameli zonaque pellicea
vestiebatur, et mel silvestre comedebat. Ne vero
per multiloquium peccatum incurrant, juge silentium tenere, vel pauca loqui dicuntur, ut cuitum
justitiæ omnino sequantur. Laudo professionis hujus magnanimitatem, prædico erga corporis austeritatem, amo tantam eorum humilitatem, sed modum in omnibus tenendum esse pronuntio. Cum D
enim audio sacerdotes et ipsum etiam abbatem in
hoc ordine canonicorum, qui longe vita et conversatione a sæcularibus se faciunt, in illo etiam ordine
monachorum qui similiter secedunt, de quo superius tractavimus, lac de ovibus suis mulgere, stabula mundare, vix possum credere, sed tamen cum
hoc vel tandem credo, humilitatem eorum veneror et
admiror. Video enim illos hæc ideo agere, ut superbia
in eis omnino confundatur, et humilitas erigatur.

58. Vellem tamen eos qui circa altare quotidie
ministrant, et maxime illos qui quotidie pro officio
sacerdotii corpus Christi tractant, ob reverentiam
ipsius corporis, quia nihil mundius esse potest, ita

non agere; sed aliis qui ad illa officia suscipienda
in Ecclesia adhuc idonei non sunt, hæc agendo relinquere. Nam et in libro Numerorum, de quo superius aliqua memoravimus, cum secundum Dei
præceptum tribus Levitica numeraretur, et ab uno
mense et superius numerus ipse inciperet, et usque
ad xxii millia surgeret, tamen non sunt inventi a
xxx annis et supra usque ad l annum, nisi octo
millia quingenti octoginta, qui ad ministerium tabernaculi vel altaris possent assumi, quod igitur de
his qui minores natu erant dicemus? Nihilne illi
qui annorum erant xv et xx egisse dicendi sunt?
Credo et illos, et credendum est virtutum habuisse
exercitia, ut in minoribus probati et exercitati, decimas frustra non comederent, sed patribus suis
obedientes et humiliter obsequentes, illis laxatis ab
officio, unusquisque pro vitæ merito patri succede-
ret. Ita et hic potest fieri, ut si sunt aliqui fratres
in Ecclesia, qui ad illa sancta tractanda adhuc minus idonei sint, in istis quæ humilitatem exerceant,
et superbiam frangant, exerceantur, ut postea
emeritis senibus quiescentibus, et vasa, id est
ministros ipsos vel fideles quosque custodienti-
bus jure succedant. Illi vero sua officia quæ munditiam maxime expetunt, in omnibus honorent.

59. Quod si mihi dicat aliquis, quia omnia munda
mundis. Et ego faveo, sed requiro utrum indumenta illa quibus ad altare accedunt, munda etiam exterius esse debeant, vel qua cura corporalia et man
tilia seu manutergia tractanda sint. Si vero munda
ea esse oportet, sicut etiam in accipiendis ordinibus subdiaconis injungitur, ut ea munda faciant,
quanto magis manus quæ corpus Christi conficiunt,
tangunt, elevant, portant, amplectuntur, aliis tribuunt, mundæ exterius servandæ sunt? Quod si
mundare eis domos placet, habent etiam ipsi in hoc
officium suum, ut mundare debeant ecclesiæ pavimentum, non equorum stabula. Lege in libro Machabæorum, ubi elegit Judas sacerdotes sine macula, voluntatem habentes in lege, et mundaverunt
sancta. Sanctus etiam Hieronymus in Commentario
Matthæi sacerdotibus exprobrat, quod cum debuis-
sent parietes levigare, pavimenta verrere, vasa
mundare, tunc faciebant consilium quo modo occiderent Dominum. Ecce habes in mundandis ecclesiæ parietibus vel pavimentis antiquorum exemplum, quos imitari humilitati non erit inimicum, et munditiæ reverentiæque, quæ corpori Christi etiam in exterioribus debentur, non erit adversum.

40. Quod si dicat aliquis ablutione aquæ illas sordes supra memoratas cito mundari, quid erit si talia
inhæserint, quæ non cito recedant? Et quid de
vestimentis quotidianis, cum quibus necessario ad
altare acceditur, si talibus sordibus inficiantur?
Non enim quotidie possunt ipsa mutari. Si vero dicat adhuc aliquis in interioribus, non exterioribus
debere esse munditiam, et quia Jesus in regione
nostra sordes exteriores, sicut famem et sitim pro

nobis pati non repudiavit, amplectur quidem humi- A
litatem; sed dico sputa Judæorum jam non esse
in facie Jesu quæ pependit in ligno, nec me tale
corpus Christi sumere, quale fuit cum esset passibilis, sed tale quale nunc est cum sedet ad dextram Patris. Tale corpus Christi credo, teneo, am-
plector, sumo, in visceribus interioris mei trajicio,
et corpus illud intus et exterius, sicut animam ejus
mundum præ omni munditia esse pronuntio, et
amo circa corpus ejus venerationem, cujus caro
non vidit corruptionem. Si autem placet eis tanta
humilitas et sui dejectio, placeat eis et meus circa
corpus Christi cultus et devotio; sed si prætendant
nobis ex regula sua laborem manuum sibi injunctum; sunt multa quæ cum reverentia illa Dominici corporis possunt exerceri, ut est fodere, ligna B
et segetes cædere, plantare, seminare et his similia.

41. Non hoc dico quasi reprehendam eorum humilitatem, quæ custos est cæterarum virtutum,
quæque talibus indiciis propaletur; sed ostendo
meam circa corpus Christi devotionem. Ipsi vero si
aliud aliter sapiunt, hoc quoque illis Deus revelavit. Sane de Regula illa, quam plurimi canonicorum, quia sic intulatur, B. Augustini esse affirmant, audeo certum aliquid definire. Si enim dixero
illius non esse, titulus ipse, qui ubique nomen
Augustini tenet, contradicet mihi. Rursus si affirmare voluero illius esse, duo sunt quæ objici possunt, et a pluribus dicuntur, quia nec in libro Re- C
tractationum, ut ejus plures libri, posita est, nec
modus verborum et styli gravitas illius Aurelii fuisse
comprobat, quæ in illa Regula plurimum desunt.
Certius est illud quod de vita sua in libro Confessionum ipse ponit, quod factus presbyter monasterium clericorum mox instituit, et cœpit vivere secundum Regulam sub sanctis apostolis constitutam;
et illud quod de vita illius Possidius discipulus
ejus scripsit. Nemo ergo pro Regula illa socium
viæ Dei esse prævaricatorem credat, quam illius
auctoris fuisse multi dubitant. Sit vero omnibus canonicis unus affectus observandi quid quisque voverit, vel quod unusquisque in sua ecclesia, quod
religioni non obviat, invenit.

VI. De canonicis qui juxta hominum conversationem D
habitationem habent, ut sunt Sancti-Quintinenses,
de Prato, Sancti-Victorienses.

42. Quoniam in superioribus post monachos diversi habitus et ordinis, de canonicis, qui longe se
ab hominibus faciunt, pauca pro viribus diximus,
nunc ad illos canonicorum mores et ordinem veniendum est, quos quasi in medio positos inspicere
possumus, ut nec sicut illi qui longius secedunt
consortia hominum mundanorum omnino fugiant,
nec sicut illi qui sæculares dicuntur, cum hominibus habitationem suam communicent. Proponuntur
enim et isti ad morum humanorum correctionem,
ut mali videntes eorum vitam a malitia convertantur, et conversi vel talem vitam aggrediantur;

vel si aggredi non possunt, diligendo et pro posse
imitando, et eleemosynas impertiendo, pro susceptione justi, et pro calice aquæ frigidæ saltem dato
in nomine discipuli mercedem utriusque accipiant.
Et quoniam illud quod in libro Numerorum de tribu
filii Levi scriptum est, per figuram canonicorum
vitæ servire posse superius memoravimus, et remotos canonicos filiis Caath assimilavimus, nunc
intueamur si Gerson vel filios ejus, qui quasi in
medio positi videntur, tali canonicorum ordini per
similitudinem æquiparare valeamus.

43. Ac primum quid nomen Gerson innuat atten-
damus. Interpretatur autem Gerson advena ibi. Intende diligentius, et tali nomine perspecto, si quid
congruum vel officiosum inveneris, studiose notato. Intuere illum qui ait : ut incola ego sum apud
te et peregrinus, sicut omnes patres mei (Psal.
xxxviii), et intelligere poteris servos Dei ubicunque
sint, dum in corpore sunt, peregrinari a Domino,
et veraciter dici posse apud Deum esse peregrinos,
qui sequuntur, ut comprehendant, et in via Dei
cum Deo et apud Deum ambulant, ut ad ipsum pervenire valeant; patres vero suos in hoc imitantur
cum illorum vitam inspiciendo, quam longe a
mundi voluptatibus sese fecerint, similia operando
filios eorum se esse operibus ostendunt. Advenæ
igitur sunt ibi, cum et Deum sibi locum faciunt, et
longe se adhuc a cœlesti patria esse cognoscunt.
Si vero melius tibi placet, ut quod dicitur Gerson
interpretari advena ibi referatur ad illud quod sancti viri habitant sæpius juxta homines mundanos,
et ibi tanquam advenæ non tanquam indigenæ morantur; quia eorum conversatio non hic, sed in
cœlo est. Habes et in hoc versum propheticum con-
sonantem, ubi orat et dicit : Incola ego sum in terra;
non abscondas a me mandata tua (Psal. cxviii). Si
vero advena ibi referatur de servo Dei ad ipsum
Deum, sive de servo Dei ad mundum, utrumque
illi servo Dei congruit, quia et in hac vita Deum
sequitur, nec ut capit plene consequitur, et ideo
apud Deum peregrinatur, et inter homines tanquam
advena habitans, incolatum suum prolongatum
esse, et habitationem in Cedar, heu ! clamando
congeminat. Si autem hanc interpretationem advenæ
ad unumquemque fidelem inflectere possumus,
quanto magis ad illos, qui hoc non solum vita et
moribus tenent, sed etiam ipso habitu et conversatione, necnon etiam loco, ut nihil ab eo quod dicitur Gerson, id est advena, ibi discrepare videantur? Habet ergo hæc interpretatio cum canonicis
qui in civitatibus vel castellis vel villis habitant,
nec tamen habitationi hominum sese immiscent,
aliquam consonantiam, quæ et proprie de illis dicatur, et a cæteris fidelibus non removeatur. Et
quia de loco et modo habitationis fecimus mentionem, sicut superius de monachis qui in civitatibus vel castellis degunt diximus, ut officinæ eorum habitationem hominum non respiciant, ita hic
canonicis similiter faciendum esse decerno, et istis,

id est canonicis rationem illam quæ de monacho- A
rum habitatione reddita est, custodiendam esse
pronuntio.

44. Considerato igitur nomine Gerson, et interpretatione discussa, intelligi, ut credo, jam potest,
quod Gersonitarum nomen a canonicis talibus, qui
incolatum mundi actu et loco profitentur, non multum discrepare videatur. Jam vero officia Gersonitarum quibus in tabernaculo ministrant consideremus, si forte eorum canonicis talibus onera vel
opera aptare valuerimus. Primum ergo inspiciamus quod a triginta annis et supra usque ad annum L, id est a perfectione virtutis usque ad mortificationem carnis et membrorum quæ sunt super
terram, ministrare præcipiuntur, et quid postea
sequatur intendamus. Considerandum etiam est, B
quod sicut Gersonitæ pro dignitate vitæ a summo
sacerdote vel filio ejus Ithamar onera suscipiebant:
ita et isti ab episcopo, prout quisque profecerit,
vel in acolytorum sorte, vel subdiaconorum gradu,
vel diaconorum dignitate, vel sacerdotum vigilantia
promoventur. Et ne te turbet quod dicimus, inspice
diligentius lectionem Numeri et invenies alium quasi
digniorem ea quæ ad altare pertinent et vasa ministerii deferre, velamen hyacinthinum, aliumque
cortinas tabernaculi, et tectum fœderis, et similia
portare, et ut ad minora descendam, alios cortinarum atrii et velaminis quod in introitu est tabernaculi, funiculorumque portitores. Et ne putes indifferenter eos ista vel alia portare, subinfertur : *Et*
scient singuli cui debeant oneri mancipari (*Num.* IV). C
Unde convenienter conjici potest, quod pro vitæ
merito onerum erat distributio. Similis forma
custoditur etiam nunc cum ab episcopo tales canonici ordines sacros, prout dignum videtur, quisque
sortitur, et gradatim ad sacramenta ecclesiastica
promoventur. Si vero te movet quod istos canonicos Gersonitis assimilamus, vigilanter attende, et
illorum in lege ritum et istorum similiter propositum, et intelliges multam esse in utrisque convenientiam, quam etiam me non piget aliquatenus
disserere, et quia illi sacrorum vasorum et omnium
quæ ad altare pertinent portitores fuisse memorantur, intueantur quam congruum sit canonicis, qui
in civitatibus et castellis et villis habitant, ut juxta D
homines manentes ad interiora quæ significantur,
et per ea quæ ad altare pertinent, et per vasa ministerii propter se ipsos resideant, et rursus propter alios ad exteriora respiciant. Intuere etiam
sagaciter onera Gersonitarum, licet in illo libro indifferenter, ut credo, ponantur, quia aliqui eorum,
ut dixi, interiorum, ut sunt illa quæ ad altare pertinent, curam habent ; aliqui autem cortinas tabernaculi portantes et tectum fœderis, operimentum
aliud non ita in interioribus, ut priores, morantur,
illi scilicet qui vasa ministerii et ea quæ ad altare
pertinent ferunt. Nec illi ergo Gersonitæ relin-
quantur, qui pene expositi et interiora pene relinquentes, tentorium quod pendet in introitu fœderis

id est canonicis rationem illam quæ de monachorum habitatione reddita est, custodiendam esse
pronuntio.

44. Considerato igitur nomine Gerson, et interpretatione discussa, intelligi, ut credo, jam potest,
quod Gersonitarum nomen a canonicis talibus, qui
incolatum mundi actu et loco profitentur, non multum discrepare videatur. Jam vero officia Gersonitarum quibus in tabernaculo ministrant consideremus, si forte canonicis talibus eorum onera vel
opera aptare valuerimus. Primum ergo inspiciamus quod a triginta annis et supra usque ad annum L, id est a perfectione virtutis usque ad mortificationem carnis et membrorum quæ sunt super
terram, ministrare præcipiuntur, et quid postea
sequatur intendamus. Considerandum etiam est,
quod sicut Gersonitæ pro dignitate vitæ a summo
sacerdote vel filio ejus Ithamar onera suscipiebant:
ita et isti ab episcopo, prout quisque profecerit,
vel in acolytorum sorte, vel subdiaconorum gradu,
vel diaconorum dignitate, vel sacerdotum vigilantia
promoventur. Et ne te turbet quod dicimus, inspice
diligentius lectionem Numeri et invenies alium quasi
digniorem ea quæ ad altare pertinent et vasa ministerii deferre, velamen hyacinthinum, aliumque
cortinas tabernaculi, et tectum fœderis, et similia
portare, et ut ad minora descendam, alios cortinarum atrii et velaminis quod in introitu est tabernaculi, funiculorumque portitores. Et ne putes indifferenter eos ista vel alia portare, subinfertur : *Et
scient singuli cui debeant oneri mancipari* (*Num.* IV).
Unde convenienter conjici potest, quod pro vitæ
merito onerum erat distributio. Similis forma
custoditur etiam nunc cum ab episcopo tales canonici ordines sacros, prout dignum videtur, quisque
sortitur, et gradatim ad sacramenta ecclesiastica
promoventur. Si vero te movet quod istos canonicos Gersonitis assimilamus, vigilanter attende, et
illorum in lege ritum et istorum similiter propositum, et intelliges multam esse in utrisque convenientiam, quam etiam me non piget aliquatenus
disserere, et quia illi sacrorum vasorum et omnium
quæ ad altare pertinent portitores fuisse memorantur, intueantur quam congruum sit canonicis, qui
in civitatibus et castellis et villis habitant, ut juxta
homines manentes ad interiora quæ significantur,
et per ea quæ ad altare pertinent, et per vasa ministerii propter se ipsos resideant, et rursus propter alios ad exteriora respiciant. Intuere etiam
sagaciter onera Gersonitarum, licet in illo libro indifferenter, ut credo, ponantur, quia aliqui eorum,
ut divi, interiorum, ut sunt illa quæ ad altare pertinent, curam habent ; aliqui autem cortinas tabernaculi portantes et tectum fœderis, operimentum
aliud non ita in interioribus, ut priores, morantur,
illi scilicet qui vasa ministerii et ea quæ ad altare
pertinent ferunt. Nec illi ergo Gersonitæ relin-
quantur, qui pene expositi et interiora pene relinquentes, tentorium quod pendet in introitu fœderis

tabernaculi, cortinas atrii et velamen in introitu,
quod est ante tabernaculum , portare memorantur.

45. In hac trina divisione Gersonitæ partiti, possunt significare canonicos qui in Ecclesiis quæ juxta
homines sunt professionem serviendi Deo faciunt,
quorum quidam ab episcopis ordinati ad communes
ordines Ecclesiæ, sub manu abbatis sui, quasi sub
manu Ithamar filii summi sacerdotis, vivunt, et
provida dispensatione, prout ipse abbas unumquemque valere novit, unum introrsum, quasi circa altare et circa vasa ministerii manere præcipit ; alium
vero nec totum interius, nec totum exterius, quasi
ad cortinas et ad tectum fœderis, quæ quidem, ut
credo, in loco interiorum erant , sed de longe videri poterant pro merito vitæ deputat. Alium autem quem in exterioribus valere conspicit, quasi ad
tentorium quod pendet in introitu fœderis tabernaculi et ad cortinas atrii fidenter relaxat, et ut
manifestius fiat quod dicimus, unus in claustro
retinetur , ut in interioribus Deo serviat, alius in
eodem loco curas fratrum suorum et hospitum vel
peregrinorum suscipit , alius equidem ad obedientiam longe et ad parochiam dirigitur.

46. Et quia de parochiis quas ipsi suscipiunt su-
sceptasque regunt fecimus mentionem, dignum est
ut de hoc pauca dicamus. Nam audivi plerosque
sacerdotes vel clericos laudantes quidem ordinem
talium canonicorum, sed murmurantes, quod qui
sæculum reliquerunt, rursus ad sæculi homines
curandos remittantur, quasi dignum non sit eos
sæcularia negotia vel propter se vel propter alios
tractare. Quapropter illud primum intuendum est,
quod eadem familia Gersonitarum cortinas atrii in
ministerium suscipit. Atrium itaque extra tabernaculum erat et prope tabernaculum. Nam et atria
domus extra domum sunt et juxta domum, domui-
que inhærent, ut nullus de domo egredi possit vel
ingredi, nisi per atrium quod domui jungitur. Et
attende quod illi qui cortinas atrii ferebant, illorum
vitam, qui subtiliter ad ecclesiam venientes inve-
stigant, significare possunt. Illud etiam inspice,
quod hæc familia cum vasis altaris, cum funiculis
et vasis ministerii, nonnisi cortinas et tectum, sive
velamina, vel tentoria et cortinas ibidem atrii portare memorantur, quæ omnia subtilia fuisse, si
Exodum legeris, invenies ; et quia similitudinem de
hac familia ad canonicos qui juxta homines sunt
trahere voluimus, primum intueamur officinam familiæ illius quam mundum fuerit, et quam subtile.
Quid mundius poterat inveniri cortinis tabernaculi
cum factæ sunt, quid subtilius ? Forsitan omnium
servorum Dei munditiam præfigurabant, et subtilitatem sive in Scripturis intelligendis indicant, sive
in moribus coercendis vel suis vel aliorum, ne ab
irruente iniquitate tanquam interiora tabernaculi a
tempestate lædantur. Si igitur omnia hæc munditiam et subtilitatem servorum Dei indicant, quanto
magis illorum, qui hoc et opere exercent et habitu

one testantur? Si enim tales canonicos nspicias, et eorum professionem consi- nies eos qui ex his intus in claustro re- as suos sociorumque subtiliter investi- ld sit quod oculos divinæ majestatis of- etiam qui exterius, vel propter obedien- irochiam mittuntur, subtiliter vel suos bi commissorum pensare, et super om- iinisterium altaris munditiam tenere. Si ɔræmissum est, illi Levitæ qui cortinas nt, eos canonicos præfigurare possunt, rum hominum facta subtiliter pensant, rit absurdum, si canonici ipsi populum eorum facta discutere, et sui officii re- da facere noverunt.

tem requiratur quare et ipsi servos ha- cillas, et cur sicut judices sæculares eos votegant, superius de monachis hæc ea- ɔus r⸗tio reddita sequi debet. De deci- ias suscipiunt, nulla quæstio esse debet, itæ et sacerdotes quod suum est requi- ⁣us etiam prædictæ rationi, quod Levitis, Domino, urbes ad habitandum datæ ɔida sex in fugitivorum auxilia, et alia ıı, cum suburbiis suis. Ex quibus om- ⸗quod quidam Levitarum in tabernaculo bernaculum versabantur, quidam vero i populos remotos docebant quæ Dei ⁣entes summo pontifici et filiis ejus. Si- formam canonici juxta homines positi quosdam in matrice ecclesia tanquam ulo retinentes, quosdam vero longe ad ⸗regendos populos dirigentes, ut de re- ecimis fidelium et ipsi vivant, et quod fratribus suis ad ecclesiam tanquam ad ım sacerdotibus et ministris referant. Si as quare ipsi Gersonitæ, id est advenæ, nu Ithamar filii summi sacerdotis, qui r amaritudo, constituantur, facilis patet ⁣uia qui advenas se in hoc sæculo no- ⁣ı sunt in corpore a Domino peregrinan- ra et a Deo data amaritudine patriam iirunt, et sic sub filio summi sacerdotis est sub dilato desiderio patriæ cœlestis ⁣', sub quadam amaritudine vivunt, Deo- ant.

dum in umbra futurorum bonorum, id ⁣lege canonicos vel Levitas, sacerdotes- emporis adumbratos fuisse quærimus, n umbram veritatem sequimur, ille no- ıobis ad memoriam revocatur, qui non sed veraciter de humana infirmitate na- ⁣ vel regulariter inter homines vivens, ⁣ito quasi Levites assumptus, sacerdos factus est in æternum secundum ordi- isedech. Inquiramus ergo de illo, si ⁣l egerit, unde tales canonicos repræsen- ⁣ illum diligenter in Evangelium secun⸗ proximum passioni euntem secundum

consuetudinem in montem Olivarum : secuti sunt autem eum et discipuli, et cum pervenisset ad lo- cum, dixit illis : *Orate ut non intretis in tentationem. At ipse avulsus est ab eis quantum jactus est lapidis, et positis genibus orabat dicens : Pater, si vis, trans- fer calicem istum a me. Verumtamen non mea volun- tas, sed tua fiat. Apparuit autem illi angelus de cœlo confortans eum, et factus in agonia prolixius orabat. Et factus est sudor ejus sicut guttæ sanguinis decur- rentis in terram, et cum surrexisset ab oratione, et venisset ad discipulos, invenit eos dormientes præ tristitia, et ait illis : Surgite, orate, ne intretis in ten- tationem* (*Luc.* xxii). Intueamur pontificem nostrum Dominum Jesum qui penetravit cœlos, egressum secundum consuetudinem in montem Olivarum, ut omnibus se sequentibus suam misericordiam insi- nuaret. Egrediatur et canonicus de turbine hujus vitæ cum Domino, ut omnium misereatur, et sit omnibus omnia, ut omnes lucrifaciat. Et nota quod secundum consuetudinem in montem Olivarum egredi dicitur. Quis enim melius secundum consue- tudinem in montem Olivarum egredi jure dicatur, quam ille Pater misericordiarum, qui est etiam mons montium, in quo placet Deo habitare usque in finem? Sic et canonicus debet facere, imitando il- lum qui tulit omnium vulnera, ut omnibus mise- reatur.

49. Secuti sunt autem illum et discipuli volentes ire quo ille ibat, et non valentes, sicut Petro præ- dixerat. Infirmi enim adhuc erant. Hoc nobis sæpe contingit, cum bona coram hominibus facimus, ut imitatores nostri sint, sicut et nos Christi. Sequuntur autem nos sicut illi discipuli adhuc infirmi seque- bantur Dominum, sed in omnibus nos sequi non possunt. Cum enim pervenerint nobiscum ad locum orationis, sicut illi discipuli cum Domino, et invi- tantur a nobis ad orationem, ne intrent in tentatio- nem, non possunt illa orare, non possunt diu nobis- cum stare. Quid igitur nobis faciendum est? avella- mur ab eis cum Domino quantum jactus est lapidis, id est ad perfectionem feramur quantum homo, la- pidem Christum imitari potest, relinquentes ad tem- pus populorum imbecillitatem, et pro eis orantes, ne Christi passionibus nobiscum valeant communi- care. *Positisque genibus orabat, dicens : Pater, si vis, transfer calicem istum a me. Verumtamen non mea voluntas, sed tua fiat.* Manifestum est omnibus hæc dicere Dominum, non propter se qui potestatem habuit animam suam et iterum sumendi eam, sed propter illos qui in hoc tabernaculo inge- miscentes, nollent exspoliari, sed supervestiri, ut absorbeatur mortale a vita. Quid igitur? Istam ora- tionem quam Filius obtulit Patri, nullus jam fide- lium et præcipue canonicorum vel quorumlibet Dei servorum dicere potest ? Potest, ut credo. Licet enim in Dei servitio magis exercitato infirmioris personam in se suscipere, sicut et Dominus clamat, caput pro membris; nec est absurdum, si majus membrum clamet pro minore, sicut non est absur-

dum majorem digitum minorem tegere et defendere. Dicat ergo perfectus quilibet, dicat et canonicus, qui cum infirmo infirmatur, cum scandalizato uritur, et oret suscipiens in se personam alterius : *Pater, si fieri potest, transeat a me calix iste.* Video enim fratres meos, viscera mea, multum trepidantes relinquere usum pristinum, et precor ut a visceribus meis transeat calix iste inveteratæ consuetudinis. relinquantque mundum qui transit cum concupiscentiis suis, et relinquat et transeat ab eis calix qui mistus est mero in calice iræ Dei, recedatque ab eis, moriaturque in eis calix Babylonis, id est cupiditatis sæcularis, ut possint et ipsi suscipere calicem salutarem, et nomen Domini perfecte invocare. Quod si fieri non potest, quod volumus omnes homines esse sicut nos ipsos, non nostra voluntas, sed tua fiat, qui cujus vis miserearis, et quem vis obduras, et perfectos id ipsum sapere facis, et imperfectum nostrum viderunt oculi tui. Non enim qui adhuc perfecti non sunt omnino peribunt, sed credentes salvi fient. Hæc dicens canonicus qui forte ex præcepto abbatis sui regit plebem Dei, vel qui interius manens pro plebe Dei orationem fundit, perfecte potest dicere, ut credo, illam Dominicam vocem, fratris sui infirmitatem suam esse deputans. Si autem id hoc communiter dicat, et pro se et pro aliis videbitur orare, ut passiones peccatorum quæ operantur in membris nostris, ut fructum ferant mortis, transeant a nobis, ut liberati a peccato tanquam a calice mortis, vota nostra reddamus in atriis domus Domini in medio Jerusalem. Quid autem dicemus de tali canonico vel Levita? Nunquid ipse quem invocat et cui obtemperat Pater spirituum, relinquit eum inconsolatum ? Non. Vide ergo quis effectus illam Dominicam orationem sequatur. *Apparuit autem illi angelus de cælo confortans eum* (*ibid.*). Apparet etiam nobis nunc magni consilii Angelus, *Panis ille qui de cælo descendit* (*Joan.* vi), ut cor hominis confortaret, cum pro nobis et pro ejus populo supplicamus, effectum orationibus nostris præbendo, et ut sine intermissione oremus confortando, et ne quid in oratione deesset, quod in capite Christo Jesu non procederet.

50. Vide ipsum in oratione laborantem : unde etiam sequitur : *Et factus in agonia, prolixius orabat.* Quid igitur est quod Dominus meus Jesus orans Patrem in agonia fit, nisi hoc quod nos cum oramus, et ipso cum effectu nostræ orationi præstito apparente nos confortante, aura illa sæcularis cogitationis, vel carnalis infirmitatis, seu favor humanæ laudis exagitare cupit, et ab oratione divellere? Quapropter agon ille quem assumpsit Jesus, arripiendus est, licet alio modo, ut refugiamus illa sæcularia et carnalia, et prolixius orantes, turbines cogitationum fluctuantium superemus.

51. Sequitur : *Et factus est sudor ejus sicut guttæ sanguinis decurrentis in terram.* Primum inspice Dominum Jesum in agonia prolixius orantem, sudore suo laborem orationis commendantem.

Deinde intuere ipsum sudorem ad instar sanguinis fluentem in terra, ut labor orationis ejus laboris nostri esset initium, et sudor ejus testimonii nostri quod pro Jesu testificamur, et ad terram, hoc est ad terrenos homines velut passu quodam decurrat, fieret incitamentum. Si enim inspicias vigilantes nos et orantes, quomodo stupeant homines, et dicant supra se esse quod agimus, intelliges laborem nostrum pro testimonio Jesu velut sanguinem, id est passionem fluxisse et pervenisse ad terram, cum homines orationes et vigilias nostras magnam esse judicent passionem.

52. Et vide quid sequatur sudorem illum sanguineum : *Et cum surrexisset ab oratione, et renisset ad discipulos, invenit eos dormientes præ tristitia.* Quid autem est quod cum Jesus orat, discipuli contristati dormiunt nisi quod nobis orantibus et in orando laborantibus, homines illi adhuc infirmi, et ad imitationem nostri assurgere adhuc non valentes, sopiuntur tamen jam a voluntate carnali. Tristitia autem quæ eos sequitur et dormire facit, quid est aliud quam pænitentia peccatorum, quæ mentem terret et a peccato dormire facit? Quæ cum superno respectu contingit, tunc veniendum est cum Jesu ad discipulos, hoc est ad homines adhuc infirmos. Tunc increpandi, tunc admonendi, tunc excitandi, tunc dicendum est eis quod in sequentibus dicit Jesus : *Quid dormitis?* (*ibid.*) Plus vos oportet facere quam mala et cupiditates mundi relinquere. Salubris est quidem sonus iste, quiescere scilicet secundum Isaiam agere perverse; sed videte quod dictum est : *Declina a malo et fac bonum* (*Psal.* xxxvi); et illud quod sequitur in eodem propheta : *Discite benefacere* (*Isa.* 1). Surgite ergo, *et orate ne intretis in tentationem.* Si enim tepidi fueritis, Dominus Jesus evomens vos ex ore suo, patietur vos induci in tentationem, quam ferre non poteritis, sicque a via Dei deviabitis. Ecce illa quæ fecit Jesus verus Levita verusque sacerdos propinquus passioni et orans diutius, canonicis qui juxta homines sunt, bene, ut credo, aptari possunt; quæ canonicus observans recte regularis poterit appellari : et si regimen super homines sæculares habuerit, et ad bona eos provocaverit, non poterit ab aliquo proinde judicari. Sed dum meum Jesum qui fons est et origo totius boni, istorum etiam canonicorum opera suscepisse conjicio, mens reminiscitur illorum qui in primitiva Ecclesia Jerosolymis morabantur, quos sancti apostoli corporaliter propter prædicationem evangeli relinquentes, mente quidem cum eis morabantur, et tempore famis quæ facta est sub Claudio, de eleemosynis credentium, ut in Actibus eorum legitur, sustentare satagebant. Quæ si recte inspicias, videbis canonicos qui juxta homines sunt similia agere, cum et illi qui interius quasi qui in Jerosolymis morantur, illos qui exterius vel propter prædicationem et regimen, vel propter obedientiam sunt, orationibus suis comitantur. Illi vero qui exterius, quasi apostoli per mundum sunt,

interius Deo servientes magnificant; et ne causam A
progrediendi et minus orandi habeant, de eleemosynis fidelium reficere non desinunt.

53. Sed et illud attende quod Gersonitis, de quibus paulo antea loquebamur, plaustra et boves dati
sunt, ut illorum infirmitas relevaretur, nec sub
onere suo deficerent. Quid enim sunt vehicula, nisi
infirmitatis nostræ remedia? Habemus ergo plaustra,
habemus et boves, quibus onera quæ in domo Domini suscepimus, feruntur, cum perfectæ orationi
studentes, plaustrum nostrum, id est volubilitatem
et mortalitatem nostram per boves, id est per prædicatores vel operarios exteriores cum oneribus
nostris, id est cum laboribus serviendo Deo circum-
ducimus. Per illos enim, qui nobis in exterioribus
rebus ministrant, oratio nostra multum juvatur,
quia vix fieri potest, ut perfecte quis orationi studeat, qui mentem vel exterioribus rebus vel corporalibus occupat. Quod si quis etiam hoc agere prævalet, quia in Ecclesia tam perfecti viri non desunt,
cum Apostolo laudet Deum, qui manibus laborabat,
ne quem gravaret, et fratrum memoriam semper in
orationibus habebat, sicut ipse de Romanis se agere
perhibet. Utuntur autem isti potestate sibi concessa,
habentes licentiam, ut qui Evangelium annuntiant,
de Evangelio vivant, scientes non esse magnum,
quandoquidem ipsi spiritualia seminant, si populorum carnalia metant.

54. Si autem quis mihi objiciat quod multi in his
sunt qui Evangelium annuntiare nesciunt, sicut
sunt simplices quique, vel conversi. De hoc respondeo, quia qui bene vivit et propositum bene vivendi
habet, professionemque suam quantum potest sequitur, de hoc recte dicitur quod evangelizat, id est
bona annuntiat. Melius enim mihi annuntiare videtur, qui bene vivit, quam qui bene loquitur. Ille
enim pro bono opere vel bono odore accipiet remu-
nerationem; hic autem qui scivit voluntatem Domini sui et fecit digna plagis, vapulans multis accipiet damnationem.

56. Quod si aliquem movet quod plerique canonici, ex his dico qui juxta homines mundanos habitant, non laborant manibus, primum possumus
breviter respondere, quod dicit Apostolus : Corporalis exercitatio ad modicum utilis est, pietas autem D
ad omnia (I Tim. IV). Quod enim dicit ad modicum
esse utilem corporalem exercitationem, ostendit
quidem illam aliquantulum valere, sed non adeo, ut
super hoc præceptum alicui imponat, vel si non
laboret corporaliter, deteriorem judicet. Pietas
autem, quam ad omnia utilem esse denuntiat, in
canonicis qui juxta homines morantur, a magistris
tunc maxima exhibetur, cum in claustris retinentur,
ne progredientes mundana juxta se posita videant,
quibus visis in illis hæreant, et infirmas mentes
molliant, et tali visu dispereant. Nam laus claustralium esse solet, si diu in claustro fuerint, si mundana videre contempserint. Si autem et hi qui in
claustro sedent aliquid manibus operari volunt, bo-

num hoc esse pronuntio, et otiositatem ab eis sicut
a cæteris amputandam esse judico, dicens cum
Apostolo : Qui non vult operari, nec manducet
(II Thess. III). Hoc enim ita intelligo, quod hoc non
solum de laboribus manuum dicatur, sed etiam de
omni opere quod ecclesiasticis viris congruit ; quod
qui non fecerit, non manducet. Beata ergo judi-
canda est illa vita, quæ in claustro sedens, et a
mundanis semetipsam quodammodo incarcerat, et
in cœlestibus se ipsam dilatat. Nec ille qui laborat
manibus, jactet se super eum qui sedendo laborat,
quia in utroque laborem inesse constat; desidiosi
judices sunt, qui laborando manibus deficiunt, et
sedendo in claustro torpescunt : testis est etiam
nostra infirmitas, quæ laborando lassatur, et con-
templando divina quam citius ad humana redigitur.
Si vero his talibus qui in claustro resident, et
prope homines sunt, aliquid operari placuerit, non
longius hujusmodi fratribus est procedendum, sed
circa habitationes suas operandum. Hæc de canonicis qui juxta homines habitant pro posse dicta
sufficiant.

VII. De canonicis qui inter homines sæculares habitant, et sæculares dicuntur.

57. De 'canonicis qui remotius vivunt, sive de
illis qui juxta homines morantur, superius reddita
ratio, ad loquendum de his qui inter homines habitant nos invitat, quorum professionem et actus
describere et volumus et formidamus. Si enim eos
laudare voluerimus, sanctioris propositi viros timemus offendere, qui eos multoties reprehendunt; si
vero vituperare, verendum est, ne fratres nostros in
eadem fide et Christiana devotione viventes, populumque Dei regentes contristemus. Nolumus autem,
nec nobis conceditur ante tempus quidquam judicare. Vidimus enim et adhuc videmus multos tales
canonicos, qui inter homines vivunt, propter quod
et sæculares vocantur, suscepta bona ab ecclesia
fideliter pertractasse, et simplici victu et vestitu
contentos, reliqua pauperibus erogasse, multaque
bona vel ecclesiis vel indigentibus fecisse. Quapropter relinquentes quidem quæ faciunt, et minus Deo
placere videntur, ut sunt vestes pretiosæ, quibus
plerique eorum utuntur, et domus superfluo ornatu
depictæ, necnon negotia quæ plerique eorum plus
justo sæculariter exercent, ostendere tentemus,
Deo auxiliante, quid professio eorum contineat,
quod in ecclesia habeant officium, unde Deo placeant, quem locum in ejus tabernaculo teneant, si
tamen quod suum est impleant. Non enim hoc
opere statui aliorum facta mordaci stylo carpere,
sed uniuscujusque professio quid boni habeat, et
quid simile cum antiquis sanctis, vel cum ipso Domino demonstrare.

58. Ac primum ipsum nomen quo sæculares
vocantur, quod multis videtur non in prosperum eis
cedere, si possumus, vertamus eis in bonum.
Intueamur ergo apostolum Paulum in Epistola ad
Hebræos, ubi de priori testamento loquitur : Quod

habuit, inquit, *justificationes culturæ et sanctum sæculare (Hebr.* IX). Ut enim in quodam libro inveni, sanctum sæculare locum vocat atriorum, ubi gentiles ad Judaismum transeuntes stabant ad adorandum post Judæos, quem sine dubio sacerdotes et Levitæ custodiebant. Inspice ergo et istos quos vocamus sæculares canonicos, si non atria ecclesiæ forensia custodiunt, si non impuros quosque et vero Judaismo, hoc est veræ fidei confessioni repugnantes, a sanctificatis locis arceant, et excommunicando pro auctoritate sibi tradita expellant. Quibus diligenter perspectis, intelligere poteris non ex hoc eis competere sæculare nomen, quod plerique ex his sæculariter vivant; sed congruenter ideo vocari sæculares, quod sæculi homines inter quos vivant regere et informare debeant. Bene igitur facient, si de communi vivant, si superflua a se resecent, et ita canonici, id est regulares recte vocabuntur. Optime etiam facient, si commissas sibi oves, id est sæculares homines, fideliter gubernare studuerint. Ita enim nomen sæculare eis parum oberit.

59. Dico etiam in nullo debere discrepare eos ab his qui juxta homines morantur, nisi forte quis dicat eos plus debere laxari, et plurima loca frequentare, ut pluribus prodesse possint, qui super plures primatum accipiunt. Cæterum in aliis rebus, id est in vestitu et habitu et moribus, decerno consimiles esse debere; sed tamen ita temperate de eis loqui debemus, ut quod in eis corrigendum est, et continuo corrigi non potest, quia ita inolevit consuetudo, toleretur, quod vero in eis bonum est, et acceptum Deo, laudetur. Relicta igitur mordaci reprehensione, quæ auditoribus forsitan scandalum generaret, et illis canonicis nihil forte prodesset, consideremus eorum in ecclesia officium; intueamur et locum, et ex libro Numeri, ut proposuimus, similitudinem horum trahamus. Et quia filios Caath, qui remotius et secretius Deo in tabernaculo ejus serviebant, remotioribus canonicis assimilavimus; et Gersonitas, qui aliquid interius in officio habebant, canonicis qui juxta homines sunt, et plus interius et minus exterius habent, comparavimus; nunc de filiis Merari, qui et ipsi interius et exterius in tabernaculo Dei ministrabant, ad canonicos, quos secundum rationem superius dictam sæculares appellari volumus, similitudinem trahamus.

60. Primum autem videamus quid Merari nomen indicet, et postea quomodo canonicis talibus conveniat agnoscamus. Merari enim interpretatur *amaricans*, sive *amaritudo*, et isti canonici similiter qui populos regunt, qui immundos de ecclesia expellunt, qui redeuntibus ad ecclesiam pœnitentiam indicunt, qui omnia transitoria despicienda prædicant, qui iniquis pœnas inferni, nisi resipuerint, proponunt; quid aliud quam amaricantes dici possunt? Amaricant enim se ipsos cum mala et peccata sua vel populorum in se commissa vel aliis illata deplorant, amaricant et sibi commissos, cum eos pro culpis de cœtu fidelium expel-

lunt, vel cum satisfacientes pœnitentiæ laboribus, onerant; et quia ex operibus eorum officia cognoscimus; videamus a quo tempore onera ferre incipiant, ut postea quæ sint eorum onera perpendamus; nam et ipsi a triginta annis et supra usque ad annum quinquagesimum ministrare sicut cæteri præcipiuntur, ut in eis et perfectio virtutis et mortificatio carnis inesse debere monstretur.

61. Portant autem tabulas tabernaculi et vectes, columnas et bases earum, columnas quoque atrii cum basibus et paxillis et funibus suis. Omnia vasa et supellectilem ad numerum accipiunt, præcipiente Domino, et sic portant. Si consideremus diligenter Meraritarum onera, inveniemus ea fuisse gravia. Quamobrem et illos in veteri lege fortes in præceptis Domini custodiendis fuisse oportet, quibus tam gravia et tam digna onera commissa sunt. Si autem illi in præceptis Domini fortes dicendi sunt, qui in umbra futuri Deo serviebant, quanto magis illi qui in veritate Ecclesiam ejus supportare in officio susceperunt? Et si quem movet quod filios Merari canonicis qui inter homines vivunt assimilamus, et illorum onera officiis istorum comparamus, intendat diligenter si aliquid congruum hæc dicentes invenimus, et quia superius diximus Meraritas interius et exterius ministrasse, vide si non etiam canonici qui inter homines sunt hoc faciunt. Ministrant enim interius cum in ecclesia officia ecclesiastica gradatim accipiunt, ut in domo Dei quotidie illi serviant, ministrant et exterius, cum plebes Dei ad Ecclesiam advocant, instruunt, præcepta injungunt, quid unoquoque die in ecclesia facere, quid in domo, quid in agro debeant, utrum vacare, an operari, jejunare an manducare possint indicant. Præterea contemptores Dominicorum præceptorum suorumve de ecclesia expellunt, correctos revocant, incorrectos condemnant, ut ne ad mortem quidem communionem accipiant, ne sepulturam in sacratis locis habeant. Talia autem talem officia quæ enumeravimus, intus et foris, ut perspicuum est, canonici qui dicuntur sæculares exercent. Unde merito tales, si officium suum bene impleverint, portitoribus tabularum tabernaculi et vectium, columnarum et basium, columnarum quoque atrii, basiumque et paxillorum et funium adæquari possunt. Tabulatum etenim tabernaculi portant cum sanctorum Patrum opera et scripta, quibus Ecclesiam Dei portaverunt et decoraverunt, populis sibi commissis ad exemplum proponunt et docent, quia sicut tabernaculum super tabulas innitebatur affixum, sic Ecclesia stat innixa verbis et operibus apostolorum et prophetarum. Portant vectes quibus tabulæ firmabantur, ut structura superimposita non moveretur, cum testimonia et præcepta, quæ data sunt nobis custodienda ut in eis firmiter hæreamus, populis proponunt. Ferunt et columnas cum doctores qui prophetas et apostolos secuti sunt, qui etiam ipsi Ecclesiam Dei portaverunt, populis imitandos esse edocent. Bases

e columnarum deferunt, cum regimen quod A
ia semper habuit plebibus ostendunt. Basis
licitur *rex*. Et attende diligenter quod postea
raritis sequitur, quia columnas atrii per cir-
a cum basibus et paxillis et funibus suis por-
lum enim superius tabulas tabernaculi et ve-
, columnas et bases portare dicebantur, de-
rabatur eos in interioribus tabernaculi ali-
abuisse officii. Cum vero columnas atrii cum
s et paxillis et funibus portare memorantur,
atem super plebes quæ ad tabernaculum con-
ant et extra tabernaculum erant, tenuisse
ntur. Neque enim structuram atriorum ferre,
rdinate in atriis se habentes non cohibere
nt.

Unde quia istos Merari filios canonicis qui
res dicuntur assimilavimus, videndum est,   B
icut illi in tabernaculo Dei deserviebant, et
n extra tabernaculum atria custodiebant, sic
interius Deo servire et contemplationi stu-
ebent, et exterius propter alios sibi commis-
ilitare, et onera aliorum deferre oportet. De-
tiam sibi subjectis plebibus hærere et sibi
issos non deserere. Hoc enim per paxillos ta-
:ulo afflixos designatur. Funes etiam taber-
portare præcipiuntur, ut se sibique com-
s charitate mutua astringant. His igitur om-
perspectis, inspicere potes canonicos quos
is sæculares, si officium suum quod habent
:clesia bene custodierint, et professionem   C
quam Ecclesiæ Dei faciunt observaverint, non
lebere sæculares, quod sæculariter vivant,
iod sæculi homines regere debeant. Si enim
m consideremus parentum ipsorum devotio-
qui filios suos erudiendos in ecclesia offe-
et si intueamur quales sancta Ecclesia post
doctrinam eosdem postulet ad gradus ordi-
iromovendos, intelligere poterimus eos non
iriter debere vivere, qui ideo docentur, ut
latores domus Israel postmodum ponantur.
ec illud omittendum est, quod filii Merari,
in Numeris legitur, omnia vasa et supellecti-
id numerum accipiebant cum cæteris oneri-
ieque portabant. Hic intelligi potest etiam il-
iod superius ne aliis familiis Levitici ordinis
us, licet hic non aperte referatur, quod unus-   D
ie pro vitæ merito officium in tabernaculo
ortiretur. Neque enim æstimo sibi conferri
e eos qui tabulas tabernaculi et bases et co-
is et vasa ferebant, et eos qui supellectilem
iisterio suscipiebant; sed etiam illud viden-
:st, quod hæc familia cum dignioribus offi-
iam supellectilem accipiebant, ut intelligant
ibus hanc Levitarum familiam comparamus,
icii esse, ut nihil quod minimum sit in ec-
, quod ad se vel ad populos sibi commissos
eat, debere contemni; sed summo studio
ut omnia ordinate et secundum Deum fiant.
inim super plures potestatem accipiunt, eo

A magis plura et majora et minora curare debent, re-
miniscentes quia cui multum commissum est, multum requiretur ab eo.

63. Sed ne illos quidem sacerdotes relinquere
debemus, qui a pontificibus ordinati, tanquam ab
Aaron et filiis ejus, ad parochias gubernandas ab
episcopis vel eorum ministris mittuntur, et illis
obedientes existunt. Non enim debet eorum vita
a canonicorum, id est regularium conversatione
discrepare, sed ordinate et regulariter, ut rectores
populorum decet, inter sæculares homines vivere.
Convenit etiam his, ut ubicunque inter homines
habitant, et ipsi et familiæ eorum se religio-
sius habeant, quam cæteri plebeii homines, ut in
omnibus actibus suis officium suum et ordinem honorent, et eleemosynas fidelium non frustra comedant; sed in omnibus Deum laudabilem faciant.

64. Si autem requiratur a me et horum in antiquis similitudo, habes superius eos per illos Levitas qui columnas et bases atrii ferebant significa-
tos. Nam et atrium in quo mundi homines ad o-
randum conveniebant juxta tabernaculum, potest
universalis Ecclesiæ latitudinem significare, quæ
ubique per mundum diffusa tanquam atrium amplum se ipsam prælket, et portitores suos, id est
rectores quasi columnas et bases ferentes habet.
Habes etiam illud exemplum superius memoratum,
ubi dictum est quod cum sex civitatibus fugitivorum XLVIII oppida Levitis sunt distributa, quod posse
significare eos qui ad regendos populos et tuendos
ab impiis, longe a principibus sacerdotum mittuntur, superius demonstravimus. Quid etiam nunc
de his congrue potest intelligi? a matrice enim ecclesia quasi a tabernaculo et a pontificibus quasi
a filiis Aaron accipiunt potestatem regendi populos.

65. Si autem requiras a me de illis qui solummodo clerici vocantur et canonici non sunt, quomodo vivere debeant, legere potes Hieronymi librum ad *Nepotianum*, et alium ejusdem ad *Ocea-
num*. Lege etiam Isidori libellum *De ecclesiasticis
officiis*, et videre poteris qualiter se agere debeant.
Sed ut ad canonicos de quibus nobis sermo est redeamus, ne illud quidem omittendum est, quod duo
tantum plaustra et quatuor boves filiis Gerson ad
deferenda onera dati sunt. His autem, id est filiis
Merari, IV plaustra et VIII boves tributa sunt. Forsitan enim per hoc ostenditur, quia sicut Gersonitæ minus terrena curabant, et minus a terrenis
hominibus recipiebant; sic canonici qui juxta homines sunt, quos per Gersonitas significari posse
diximus, quia minus terrena curant, minus a terrenis recipiunt. Filii autem Merari, qui illos canonicos significant, qui de sæcularibus hominibus
magis sollici sunt, plura adjumenta a sæcularibus
accipiunt, et per hoc illos indicant, qui sæcularium multiplicis curam gerentes, majora bona
temporalia ab eis accipiunt.

66. Si autem tacitus quis apud semetipsum di-

eat, quare ergo canonici qui dicuntur sæculares, in matricibus ecclesiis positi, potestatem super alios etiam sanctioris propositi viros, id est super canonicos et monachos habent, et quasi primi in tabernaculo Dei sunt, cum etiam religiosioribus præcepta injungunt, sicut faciunt decani et archidiaconi. De hoc breviter possum respondere, quia canonicalis ordo antiquitus aliquantulum tepuerat, et oportebat ut illi qui de hoc ordine inveniebantur, regendas ecclesias plebesque susciperent. Nunc autem si aliis etiam canonicis sanctioris propositi et monachis præsunt, non se debent efferre, quasi digniores sint, sed modeste se habere, et illos credere digniores, quos Deus magis, postposita sæculari sollicitudine, sibi paucisque sibi commissis servire elegit, et temporalia parum curare. Perspice etiam Meraritas sub manu Ithamar filii Aaron summi sacerdotis qui interpretatur *amaritudo*, esse constitutos, ut intelligant canonici, qui Merariti assimilantur, potestatem quam super plebes Dei habent, non sibi debere dulcescere, sed cum necessitas exercendæ potestatis incumbit, propter subjectorum obstinationem, tunc debere tristari et amaricari, et cum timore et tremore suam ipsorum salutem operari.

67. Ecce de canonicis qui dicuntur sæculares, ut potuimus, secundum umbram veritatis, id est veterem legem locuti sumus, quid de his etiam secundum ipsam veritatem quæ Christus est dicemus? Consideremus illum Levitam vel sacerdotem, quem Pater sanctificavit et misit in mundum, si aliquid fecit quod canonicorum talium professioni et ordini congruere possit. Pascha celebraturus, imo ipse verum pascha futurus, quia *pascha nostrum immolatus est Christus* (*I Cor.* v), in civitatem hoc fecit parari, dicens discipulis : *Ecce introeuntibus vobis in civitatem, occurret vobis homo amphoram aquæ portans, sequimini eum in domum in quam intrat, et dicite patrifamilias domus : Dicit tibi magister : Ubi est diversorium, ubi pascha cum discipulis meis manducem? et ipse ostendet vobis cœnaculum magnum stratum, et ibi parate. Euntes autem invenerunt sicut dixit illis, et paraverunt pascha* (*Luc.* xxii). Repetamus ab initio capituli hoc quod proposuimus, et conferamus discipulos Domini Jesu ex præcepto Domini introeuntes in civitatem, canonicis qui inter homines habitant, ut pascha celebrent, id est *transitum* de morte ad vitam faciendum hominibus sæcularibus proponant. Ipse enim ingressus eorum civitatem, filium pacis demonstrat per ministros Ecclesiæ suæ inter homines quærere habitaculum : quod fit quando canonici vel quilibet servi Dei ab hominibus suscipiuntur. Homo vero qui discipulis in civitatem introeuntibus cum amphora vel mensura aquæ occurrit, potest indicare eos qui venientibus in aliquo loco Dei servis, modum mundationis et sanctificationis, quo indigent, ostendunt, seque per gratiam Dei jam esse habiles, ut Christus in hospitium ubi manent dignetur intrare, et pascha

verum cum servis suis celebrare. Et notandum quod ille qui amphoram portabat, paterfamilias erat, sed quasi unus e familia, qui jam aquam ministeriis paschalibus deferret. Unde credo illum patremfamilias hospitalem fuisse, quicunque ille fuerit, et servum talem ad aquam misisse, qui adventantes benigne susciperet, et in domum domini sui fidenter deduceret. Deduxit autem eos in domum, non solum in domum inducens, sed etiam quia hospitales esse debeant indicans. Ideo enim Dominus Jesus discipulis præcipit, ut eum in domum in quam intrat sequantur, id est ut hominem sæcularem et jam hospitalitati deditum, ipsi qui religiosi videntur, imitari debeant. Si enim aliquod bonum opus sæculare habent in quo præcellant, in hoc etiam sanctis viris imitabiles sunt. Nam sunt multi tales in sæculo sancti viri, qui Deum in cordibus habent, opera Dei faciunt, sicut fuit Cornelius centurio, qui antequam baptizaretur, erat faciens eleemosynas multas plebi, et deprecans Deum semper; unde contigit ut post visionem angelicam Petrum discipulorum Domini principem hospitio susciperet, et baptismum ab eo perciperet. Sic et multi alii in sæculo servi Dei bona opera faciunt, sed venientibus ad se religiosis viris in bono opere perficiuntur, sicque salvantur. Sæpe etiam contingit servis Dei, ut venientes ad aliquem locum Dei servitio aptum, statim inveniant aliquos ibi qui eos suscipiant, a quibus etiam locum ad habitandum accipiant, ut ubi Jesus cum discipulis pascha manducet, et sacramentum corporis et sanguinis sui quomodo celebrari debeat instituat. Unde et subditur : *Et ipse ostendet vobis cœnaculum magnum stratum, et ibi parate.*

68. Illic inspicere licet ad cœnaculum magnum stratum mentem eorum qui Christum pauperem cum servis suis suscipiunt, et in suis habitationibus ad ædificanda monasteria locum præbent, mentem jam a terrenis elevatam habent; unde dicitur quia ipse homo cœnaculum ostendit, quod in superioribus semper constat. Magnum vero est, quia dilatato suo animo illud offerunt. Stratum vero, quia ad omnia pro nomine Domini prædicando et dilatando paratum est.

69. Sequitur vero in Evangelio : *Euntes autem discipuli invenerunt sicut dixit illis, et paraverunt pascha.* Cum enim servi Dei veniunt ad civitates, et loca ubi Christiani morantur, si veraciter Dei servi sunt, inveniunt fideles qui eos suscipiant, qui eis ad serviendum Deo loca præbeant, ut ubi pascha præparent, id est homines inter quos vivunt, de morte ad vitam transire doceant. Tale pascha desiderat Jesus cum discipulis manducare, ut faciat in hominibus voluntatem ejus qui misit illum, et si perficiat opus ejus.

70. Sed dicit mihi aliquis : Quam convenientiam ostendis de hoc capitulo evangelico ad canonicos qui inter homines vivunt? Nunquid ista omnia non possunt habere alias significationes, et aliis servis Dei congruere? Respondeo ad ista : Scio quidem

b expositoribus sanctis aliter pertractata, sed
est quiddam canonicis istis congruum, quia
us cum discipulis introivit in civitatem, et
t in domo quadam civitatis, et hoc in cœna-
llius domus, et ibi cum discipulis pascha cele-
, et sacramenta corporis et sanguinis sui tra-
Perpende igitur canonicos qui inter homines
t, si non similiter faciunt vel facere debent.
unt enim in civitatem, ut pascha celebrent,
t viam de morte ad vitam sequendam osten-
manent in domo cujusdam, cum unius præ
is devotio eisdem domum ad habitandum facit,
i professione sua, et ecclesiam et domum
dam concedit. Ostendit et cœnaculum magnum
m, cum talem locum aptum supernis officiis
istrat. Potest etiam iste quidam homo evan-
s plures indicare vel plures esse, sed unus
sunt, propter unanimem erga Deum et servos
oluntatem. In tali etiam loco pascha a disci-
præparatur, et a Jesu desiderabiliter mandu-
cum mansiones fratribus Deo servientibus
ur, ut in conventu fratribus psallentibus et
bus, et in nomine Domini Jesu congregatis, in
eorum deambulans ipsorum profectibus refi-
.

De domibus etiam communibus, quas plures
i non habent, si a me requiras, quid respon-
nescio, nisi forte quis velit dicere eos et sin-
m posse manere, et de communi posse vivere.
enim et apud antiquos eremitas invenimus,
m pierique per cellulas suas manebant, et
de communi vivebant. Si autem hic similiter
nihil aut parum cellulæ vel domus divisæ
ent. Sed cum unusquisque familiam aggregat,
er et mulieres secum manere permittunt, tu
ides quid inde contingat. Sed ut aliquid etiam
aum de habitationibus eorum dicamus, quo-
ona laudare volumus et diligere, in pluribus
ipse locus habitationis eorum ecclesiarum
æ est contiguus, et claustrum appellatur.
imus etiam in pluribus locis observari, ne
n toto illo spatio sæculare agatur, ne quid a
am jocosum aut minus religiosum fiat. Femi-
iam ab illis locis arceri, et gratias Deo, quod

A etiam in hoc ordine plures inveniuntur, qui ordinem suum aliquantisper bonorant. Habent etiam
plures eorum antiquas communes domos, ut est
claustrum et refectorium, et frequenter etiam
sæpius simul comedunt, audivi etiam quosdam
simul quiescere; qui autem bene faciunt, alios sui
ordinis viros ad similia invitent, qui autem adhuc
infirmi sunt, fortiores imitentur.

72. Si autem requiratur quem tales canonici post
Christum et ejus apostolos Patrem institutionis
hujus et ordinis sui debeant appellare, nullum
alium melius invenimus, licet multi præcesserint,
qui clericorum Patres fuerint, quam B. Augustinum.
Ex eo enim quod prope civitatem Hipponensem
ecclesiam fratrum secundum Regulam, sub sanctis
B apostolis constitutam instituit, pater illorum qui
juxta homines sunt recte appellatur. Ex eo vero
quod in episcopio positus, cum fratribus etiam
communiter vixit, eorum etiam qui inter plebes
cum episcopis vel sub episcopis degunt, pater fuisse
jure dicetur. Exstant etiam sermones ejus de vita
clericorum habiti, ubi apparet et eos qui ante episcopatum ejus cum eo vixerunt, et eos qui in episcopatu cum eo manserunt, simili modo communiter
et regulariter vixisse. Quod autem in hoc ordine
agitur de quo loquimur, si bonum est, teneatur; si
vero pravum, corrigatur, ut Christus in eis laudetur, et cum venerit judex omnium unusquisque in
suo ordine resurgens præmia æterna consequatur.
C Precor autem charitatem tuam quicunque hæc legis,
si talis es, cui Deus tribuat intellectum, si aliquid
boni inveneris, benedic Dominum; si vero aliquid
dissonum et incongruum inveneris, statim corrige,
quod notabile repereris.

73. Descriptis igitur duobus tripertitis ordinibus
monachorum et canonicorum, quorum partitio
prima dicitur eremitarum, qui frequenter et a veteribus monachi appellati sunt, uno autem qui non
in numero ecclesiasticæ Regulæ, id est monachorum
sæcularium solummodo tecto et relicto, et de medio
ecclesiæ utinam sublato, aliis vero ordinibus pro
posse commendatis et laudatis, hic primus liber
professionum vel diversorum ordinum qui sunt in
Ecclesia finem accipiat.

(In ms. codice desiderantur alii libri.)

DIALOGUS

DE

CONFLICTU AMORIS DEI ET LINGUÆ DOLOSÆ

Auctore anonymo qui videtur sæculo XII floruisse.

(D. Bern. Pezius *Bibliotheca ascetica antiquo-nova*, Ratisbonæ, 1725, in-12, tom. I, p. 1; ex cod. ms. monasterii Wiblingensis ord. S. Bened.)

MONITUM.

Elegans hoc et scitum, pietatisque sensu plenum opusculum est, in quo ea omnia breviter proponuntur et diluuntur quæ spiritus mundi et carnis hominibus iter salutis ac præsertim vitam religiosam arripere volentibus objicere consuevit. Nomen auctoris hactenus nulla arte detegere potui. Eum fuisse ordinis Cisterciensis non immerito quis ex iis conjectet quæ paulo ante finem *secundæ diei*. Cum enim *Lingua dolosa* criminaretur cœnobitas quod *ut zizania jam excrevissent in mundo, qui propter vitia sua prorsus sint fugiendi, quique mutaverint vestem sed non mentem,* respondet auctor sub persona *Amoris Dei* in hunc modum: *Licet hæc ex parte vera sint, quæ commemorasti, quod de multis tecum sentio, de cunctis dicere et asserere non audeo. Quamvis enim quidam nigredine vestium et vitiorum sint fuscati, qui gloriantur se habere Regulam Benedicti, sed tamen magna ex parte jam corruerunt, et declinaverunt ad sectam Maledicti, non tamen ita penitus dejecti sunt in foveam vitiorum, quin aliquos habeant, qui gemunt et dolent, quæ contra sanctissimam Regulam fieri vident.* Tum subdit : *Videre etiam potes quosdam inter eos qui habitu se ab istis distinxerunt, et aliquantulum se ordini acrius astringunt.* Quæ postrema verba, ni valde fallor, ordinem Cisterciensem respiciunt, in quo vestibus atris cum albis ab anno Domini circiter 1103 permutatis, monasticæ disciplinæ, quam auctor laudat, vigor refloruit. Denique cum dubitari nequeat, Dialogi auctorem monachum fuisse, vix crediderim eum *Linguæ dolosæ* tantum in Benedictinos concessurum fuisse, si ipse Benedictinus fuisset. Opusculum hoc ex celebris monasterii Wiblingensis prope Ulmam codice ms. mecum communicavit adm. R. D. P. Cœlestinus Mayr, ejusdem loci asceta et bibliothecarius, amicus noster longe diligentissimus.

INCIPIT CONFLICTUS AMORIS DEI

ET LINGUÆ DOLOSÆ.

DIES PRIMUS.

De strepitu linguæ dolosæ, quot et quantis modis nunc senes, nunc juvenes, nunc viros, nunc feminas, et, ut breviter dicamus, omnem sexum, omnem ætatem impediat, et qualiter omnem professionem inficiat, qui potest, evolvat. Nostræ parvitati ad præsens sufficiat, ut saltem de rudibus in proposito pauca loquamur. Cur autem prosopopœia utamur, majoribus judicium relinquamus. Ipsi enim experimento noverunt, quod varietas locutionis tollit fastidium veritatis. Porro in quibus mundum calcantem, cœlesti desiderio flagrantem, quot et quantos huic laqueos prætendit, quot modis, quot versutis hunc seducere, irretire, et a religionis proposito conatur avertere, quis sullicit æstimare, quis valet explicare ? Salomonis autem verba convertendis solatio esse possunt, qui ait, quod *frustra jacitur rete ante oculos pennatorum.* Qui enim jam gerunt religionis

A proposito, si penna cœlestis amoris ad alta se suspenderint, quis eis nocere prævalebit? Si enim Deus pro eis, quis contra eos?

Perstrepere tamen *Lingua subdola* non cessat, et in hunc modum delicatis loquitur : Quid est, quod agis? labor est intolerabilis, quæ aggredi conaris ; cessa, quæso, cessa ; in conatibus tuis grandis est stultitia. Quod si in corde eorum *amor cœlestis* prævaluit, nonne *Linguam dolosam* frangunt piis responsionibus? Quomodo ergo huic primæ versutiæ respondent? Dicis quod labor sit intolerabilis, quæ aggredi nitor. Sed hoc tibi considerandum, quod major est Dei mei benignitas, quam mea infirmitas ; major prudentia medici, quam languor ægroti. Scio quidem aliquantulum esse in hac re difficultatis ; novi etiam arctam esse viam, quæ ducit ad vitam, et paucos ingredi per eam. Sed si difficultas est odium habentibus ; mira suavitas est, leve jugum Domini amplectentibus. Novi quoque, quod via, qua itur ad A cœlestia, ampla est fidelium spei, licet arcta sit infidelium vanitati.

A·I quod *Lingua dolosa* : Miror te dicere, quod Dei tui jugum leve sit, cum bonos tantis laboribus videamus agitari, vexari, concuti atque turbari, ut non a labore ad quietem, sed a quiete ad laborem esse vocati videantur, ita, ut multis, ac miris modis vexatum se fore asserat, quem Dei tui studiosum cultorem libri tui clamant.

Ad quod *Amor Dei* : Superius dixeram tibi, unde nosse satis posses, quomodo Dei mei jugum leve sit. Quod autem specialiter de quodam Dei mei cultore loqueris, nescio, quem pulsas; nisi forte ad memoriam revoces illum, quem scimus de se veraciter dixisse, quod in carceribus, in plagis supra modum, in mortibus frequenter pericula pertulerit. B

Ad quod *Lingua dolosa* : Ille est de quo dixi.

Cui *Amor Dei* : Si de ipso dixisti, qui tot et tantos labores pertulit, ut etiam tædiosum sit commemorare, quod ille pro Deo meo voluit tolerare ; conveniens tamen non est, ut sibi labores nimis graves fuerint, quos ex toto corde suscepit. Ipse namque in tribulationibus gloriabatur, et cum in varias tribulationes incidisset, omne gaudium juxta coapostoli sui verba existimavit, et non tristis, sed quasi tristis erat, semper autem gaudens medullitus. Namque consideravit, quod non essent condignæ passiones hujus temporis ad futuram gloriam, quæ post hoc sibi, et omnibus Deum meum amantibus revelanda foret (*Rom.* viii). In hac sæpe ille lætabatur, licet adhuc corruptibili corpore gravaretur. C

Ad quod *Lingua dolosa* : Video multos etiam in ipso conversionis primordio tot ac tantis tentationibus vexari, commoveri, et angi, ut mallent se nunquam boni operis aliquid inchoasse, quam in tanto labore hujus vitæ tempus transire.

Ad quod *Amor Dei* : Nullus athleta sine sudore coronatur. Fidelem Deum habeo, qui mihi in tentationum fluctibus fortissima est anchora, nec patietur me tentari supra id quod possum, sed faciet cum tentatione proventum, ut possim sustinere (*I Cor.* x). Salomon etiam solatium mihi est, per quod Deus meus solutus est.

Ad quod *Lingua dolosa* : Dic, quid ille tibi dixit ? et unde tanto gaudio suffundaris ?

Amor Dei : *Malum est, dicit omnis emptor, et cum recesserit, laudabitur.* Hæc sunt verba præfati Sapientis.

Ad quod *Lingua dolosa* : Quis est emptor, de quo loqueris?

Amor Dei : Nec licet mihi sanctum dare canibus, nec margaritas spargere ante porcos (*Matth.* vii).

Cui *Lingua dolosa* : Si non propter me, saltem propter alios pande, quid dixeris.

Ad quod *Amor Dei* : Cum Deus meus propter perfidum Judam, Petrum et alios apostolos salubri exhortatione non fraudaverit, in hoc tibi consentio.

Lingua dolosa : Dic ergo.

Amor Dei : Emptor est, qui videlicet a sæculi vanitate conversus relinquit temporalia, ut possideat æterna, cui in conversionis exordio id quod patitur, grave nimis videtur. Adhuc enim nova conversio pristinæ vitæ commistionem habet. Sed cum recesserit, id est cum plenius ab amore mundi animum segregaverit, tunc gloriatur, quod magis in spiritualibus donis lætatur, quam prius in carnali voluptate delectaretur.

Lingua dolosa : Jam fac quod consulo.·Si te delectat conversio, exspecta usque ad senectutem, cum Deum tuum noveris illos etiam denario remunerasse, qui vineam ejus undecima hora ingressi sunt, sicut illos, qui prima hora laborare cœperunt.

Amor Dei : Modo perspicacius intueor, te quidem habere speciem consulendi, sed venenum deceptionis occultare, et sub dulcedine mellis porrigere ac propinare amaritudinem fellis. Nam pestifera persuasione hortaris me senectutis tempus exspectare, cum Deus meus per Salomonem mihi dixerit, ut sui memor essem in tempore juventutis. Qui enim blandiloquis sermonibus tuis aurem accommodant , *cum dixerint in corde suo: Pax et securitas, tunc repentinus eis superveniet interitus* (*I Thess.* v). Hi nimirum Dei mei verba et providas similitudines aut ignorant aut dissimulant. Nam dum paratos esse vellet dilectores suos ait : *Si Pater familias sciret, qua hora fur veniret, non sineret perfodi domum suam* (*Matth.* xxiv).Quid est autem, quod *media nocte* sponsus venire dicitur, cui virginum aliæ paratæ, aliæ imparatæ occurrunt, nisi quod dies judicii sic repentine superveniet, ut prævideri non possit? Cur non attendo, quod idem Deus meus ait : *Vigilate , quia nescitis diem, neque horam* (*ibid.*)? Cum igitur morte nil sit certius, nil hora mortis incertius, semper ad Dei mei adventum paratus esse debeo, ut cum venerit, et per ægritudinis molestiam pulsaverit, confestim ei aperiam, id est ardenter et libenter suscipiam. Si scirem, quando mors immineret, forsitan tuæ persuasioni acquiescerem, ut aliud tempus voluptati, aliud pœnitentiæ reservarem. Sed non placet mihi, ut Dei mei patientiam et misericordiam offendam, ut thesaurizem mihi iram in die revelationis justi judicii Dei mei. Scio enim, quod hi judicantur acrius, qui exspectantur diutius. Ipso quidem omni hora , omni tempore paratos nos esse voluit, qui sero, media nocte, galli cantu, et mane de habitaculo carnis animam evellit, quod diversis ætatibus evenire humano generi diligenter considerans cognoscit. Quod vero dicis undecima hora vineam ingressos denario non fraudari, magnum quidem solatium mihi esset. Sed hoc mihi terrorem incutit, quod ignoro, si tantum mihi spatium concedatur, ut usque ad præfatam horam perveniam. Qui enim pœnitenti indulgentiam promisit, dissimulanti crastinum diem non spopondit. Cur non consideras eos, qui vocati sunt mane, non exspectasse usque ad tertiam, et vocatos in tertia non exspe-

classe usque ad sextam, et vocatos in sexta et nona **A**
non exspectasse usque ad undecimam horam? Noluerunt utique tempus incertum exspectare. Voluerunt sibi præcavere, ne fuga eorum fieret hieme et
Sabbato : ne tunc inciperent fugere cum jam non
liceret eis pede boni operis ambulare; cum jam non
esset tempus merendi, sed recipiendi.

Lingua dolosa: Quomodo tu solus salvari vis, cum
multos non solum parva dignitate præditos, sed
etiam regia potestate præcelsos ad inferna migrasse
innueris?

Amor Dei : Modo quasi una ex stultis mulieribus
locuta es. Non minus ardebo, si cum multis ardebo.
Non est hoc, quod dicis, sanum consilium, sed vanum solatium. Dic quæso, quid prodest mihi, si cum
Alexandro magno, Herode, Nerone, cæterisque re- **B**
gibus Deum meum ignorantibus, in unum damnationis fasciculum colligabor?

Lingua dolosa : Si nil te a conversione retraheret,
solas hominum irrisiones metuere posses, ut aliquantulum exspectares.

Amor Dei : Crebro legimus tenerrimas puellas
cum sæculo et sexum vicisse, ætatem moribus trans-
cendisse, acerrimas pertulisse passiones : et cur
ego recusem ferre irrisiones? Martyres Dei novi
crebro substantia sua privari, falsis opprobriis
obrui, flammis cremari, aquis immergi, lapidari,
secari, bestiis objici, et omnia tormentorum genera
perpeti. Minima sunt lacrymarum exempla, si solis
justitiæ non recorder facta.

Lingua dolosa : Dic aliquid de sole illo.   **C**

Amor Dei : Sol iste a Judæis frequenter irridebat-
tur. Deridebant enim eum, cum diceret puellam sus-
citandam mortuam non esse, sed dormire. Præsumpserunt etiam ei quidam dicere : *Ave, Rex Judæorum (Joan.* xix). Qui non solum Judæorum, sed
et omnium hominum, imo et angelorum rex erat,
hunc ironice regem appellare non formidabant.
Quid autem de ipsis Pharisæis scriptum est, cum
contra ipsorum avaritiam disputaret? Audi evangelistam dicentem : *Audientes autem hæc Pharisæi,
qui erant avari, deridebant eum (Luc.* xvi). In his
omnibus non est aversus furor eorum; sed adhuc
in cruce pendenti insultaverunt, et dixerunt : *Si
rex Israel est, descendat nunc de cruce, et credi-* **D**
*mus ei. Alios salvos fecit, se ipsum non potest salvum
facere (Matth.* xxvii). Confitebor ergo ipsum coram
hominibus, ut ipse confiteatur me coram Patre suo.

Lingua dolosa : Cur ita diligenter intueris, quid
fecerit, aut quid passus fuerit auctor tuus?

Amor Dei : Quia conor imitari sapientem.

Lingua dolosa : Quid de sapiente scriptum est?

Amor Dei : *Sapientis oculi in capite ejus (Eccl.* iii).

Lingua dolosa : Quis hanc sententiam protulit?

Amor Dei : Sapientissimus Idida.

Lingua dolosa : Quis iste fuerit, ignoro.

Amor Dei : Ille fuit, de quo dixit quidam :

  Omnipotens Ididæ poscenti dona Sophiæ
  Annuit in tantum, naturæ vincat ut usum.

Lingua dolosa : Non est mihi curæ, quis fuerit.
Hoc video et perpendo, quod cassa est hæc sententia. Ego enim multos stultos et sapientes vidi,
quorum nullus oculos in ventre, aut alio membro
habuit, sed omnes in capite

Amor Dei : Incassum reprehendis, quod non intelligis. In sacra Scriptura, quam Deus meus per
ora dilectorum suorum nobis tradidit, multa vana
et falsa videntur ignorantibus, quæ utilia esse videntur recte intelligentibus. Unde quidam propheta Dei
mei, cum de rotis, id est duobus testamentis loqueretur, ait : *Statura erat rotis et altitudo, et horribilis
aspectus (Ezech.* i).

Lingua dolosa : Multis verborum ambagibus me
frustra fatigas. Nam cum debes evolvere, involvis,
et ignotum per ignotum exponis.

Amor Dei : Gratior est fructus, quem spes pro-
ductior edit. Ultro objectorum vilius est pretium.
Ego nondum exposui, quomodo *sapientis oculi in
capite ejus,* sed testimonio prophetico tuam stultitiam confudi, cum dicerem, quod *statura erat rotis,*
id est rectitudo inesset Scripturis.

Lingua dolosa : Quid est, quod dixisti præterea, quod *altitudo* inesset rotis, *et horribilis aspectus?*

Amor Dei : In latitudine intelligitur cœlestis dulcedinis promissio, ut est illud : *Gaudium et lætitiam
obtinebunt, fugiet dolor et gemitus (Isa* xxxv); in
horribili aspectu intellige comminationem perpetuæ
pœnæ, sicut dicitur de reprobis : *Vermis eorum non
morietur, et ignis non exstinguetur (Isa.* lxvi). Ut
autem breviter dicam, *oculi sapientis* sunt *in capite
ejus,* quia incessanter intuetur, qualiter caput suum,
id est Christus, ambulaverit. *Qui enim dicit se in
Christo manere, debet, quemadmodum ille ambulavit.
et ipse ambulare (I Joan.* ii).

Lingua dolosa : Unum est quod valde me lætificat, qui in ore quorumdam mulierum locum, et plenam requiem invenio.

Amor Dei : Sine hac die requiescere, et crastina
die plenius tibi respondebo, cum per silentium hac
nocte loquendi vires reparavero.

SECUNDUS DIES.

Amor Dei : Hesterna die, quadam pessima lætitia
elata es, ubi dixisti te gaudere, quod in ore quarumdam mulierum locum et plenam requiem inveneris. Dic ergo de hoc plenius.

Lingua dolosa : Recordare quomodo cepi Adam
per Evam. Cepi etiam illum sapientissimum regem,
ut suasu mulierum ad idololatriam corrueret.

Amor Dei : Quis est rex ille?

Lingua dolosa : Ille est, cujus tu dicta laudas, sed
facta ex parte reprobas.

Amor Dei : Forsitan ambo pœnitentiam egerunt !

Lingua dolosa : Si, ut arbitraris, isti pœnitentiam
egerunt, adhuc non defecerunt versutiæ meæ, sed
multorum saxea corda inclino per femineas blandi-

menta, ut maternis interdum lacrymis quidam a con- A
versione retrahantur.

Amor Dei : Verum quidem est quod dicis. Sed
sicut effeminati femineis fletibus cedunt, ita viri,
hoc est virili mente præditi viriliter eos contem-
nunt, et siccis oculis ad vexillum crucis evolant,
mundum operibus immundum mundanis relinquunt,
et parentibus et quibuslibet amicis divitiis, domo,
patria, cibis lautioribus et omnibus hujusmodi
rebus spretis ad servitium summi Regis se transferunt.

Lingua dolosa : Si me viri ac feminæ interdum in
hac re superant, in hoc valde gaudeo, quod per
hæreticos dilectos meos Ecclesiam, Dei tui sponsam,
sæpius conturbo.

Amor Dei : Super hac re tibi modo plenius res- B
pondere nolo, sed breviter dico, quod Dei mei per-
missione omnes hæreses sint, ut qui probati sunt,
manifesti fiant. Nam illi cœli luminaria, scilicet
Ambrosius, Augustinus, Hieronymus tanto magis
doctrinæ suæ radios sparserunt, quanto magis
ab hæreticis dolosis quæstionibus pulsati sunt, et
præfatos dilectos tuos detexerunt, detectos confuderunt, confusos sperni fecerunt.

Lingua dolosa : Superius de conversione quorumdam loquebaris : quomodo ad alia subito digressus es?

Amor Dei : Respondi stultitiæ tuæ, cum diceres
te in rebus pessimis gavisam esse.

Lingua dolosa : Quoniam rursus de conversione C
tibi loqui placet, dic, quæso, cur non consideras
quosdam in aratrum manum misisse, et retro aspe-
xisse, ideoque regno Dei tui aptos non esse.

Amor Dei : Breviter respondeo tibi : Video Judam
cecidisse, ac in cœno vitiorum permansisse. Scio
Petrum ter negasse, et fletibus culpam diluisse ;
respexit enim eum Dominus, et flevit amare (*Matth.*
xxvi).

Cultor et ante soli nunc tenet astra poli.

Lingua dolosa : Pensa diligentius, et vide multa
jam esse genera conversorum, de quibus ego plenius loqui dedignor ; sed in tria genera eos divido,
scilicet eremitas, cœnobitas, et inclusos, ut breviter ostendam omnes confusione dignos esse.

Amor Dei : Tace, quæso, tace.

Desine grande loqui, frangit Deus omne superbum.
Hæc confusio in caput tuum redundabit.

Lingua dolosa : Eremitarum consortium, ut nosti,
prorsus est vitandum, et eorum vita contemptui est
habenda. Sunt enim in solitudine, quam Salomon
te docuit despicere, cum diceret : *Melius est duos
simul esse quam unum. Habent enim emolumentum
societatis suæ. Unus si ceciderit, ab altero fulcietur.
Væ soli, quia si ceciderit, non habet sublevantem*
(*Eccli.* iv).

Amor Dei : Illum solum dico, qui tantum quærit,
quæ sua sunt, non quæ Jesu Christi (*Phil.* ii) ; qui
si mille sit stipatus, tamen bene dicitur solus, quia
a dilectione fraterna est alienus. Væ igitur soli huic,

A id est charitatem non habenti. Cur non intueris,
quod Deus meus, qui pro salute humani generis in
mundum venit, interdum hominum consortium declinavit, desertum subiit, cum bestiis habitavit ? Si
contemnis exempla virorum sanctissimorum, qui
latuerunt in desertis locis, etiam præfatum spernis
exemplum. Solitudo tibi videtur spernenda propter
prædicta Salomonis verba? Attende diligenter, quod
idem Salomon dixerit, ubi opportunum et saluberri-
mum mihi consilium de solitudine dedit.

Lingua dolosa : Quid dixit?

Amor Dei : Melius est sedere in angulo domatis,
quam cum muliere litigiosa in domo plena (*Prov.*
xxv).

Lingua dolosa : Dic, quis sit *angulus domatis.*

Amor Dei : Angulus domatis est vita religiosa, ab
omni sæculari actione remota.

Lingua dolosa : Quæ est *mulier litigiosa?*

Amor Dei : Mulier litigiosa est hujus sæculi actio
turbulenta, quæ amatoribus suis incessanter movet
jurgia, scandala seminat, immittit litem, dividit
unitatem, pacem violat, amicitiam dissipat, eosque
nec in semeptisis quiescere sinit, nec in fraterna
dilectione connexos esse permittit.

Lingua dolosa : Postquam respondisti mihi de
eremitis, dic quid tibi videatur de inclusis, de
quibus hoc assero, quod vanissima sit eorum
vita, quos amor Dei tui non ligat, sed parietes coarctant.

Amor Dei : Cum diligenter attendo, video quod
stultitiæ tuæ nullum modum imponis. Dicis enim
quod inclusos parietes coarctant, sed Dei mei amor
non ligat. Cur sibi subtraxerunt communem hujus
vitæ qualemcunque libertatem, nisi ut cœlestem
consequerentur dulcedinem? A communi colloc-
tione hominum se non coercerent, nisi ut Deo meo
liberius vacarent. Quod si quidam illorum hypocri-
sin intra se contegunt, non tamen de cunctis sentiendum est, quod de quibusdam, et in quibusdam
sinistrum fore cognoscitur et deprehenditur, quorum Sabbata hostes vident et derident ; quamvis
enim quiescant a pravo opere, non tamen quiescunt
a prava cogitatione. Alii vero sanctum habent Sabbatum, qui vacant et vident, quoniam Deus est, et
D non solum a perverso quiescunt opere, sed etiam,
quantum possunt, quiescunt a vana meditatione.
Quibus juxta vaticinium Isaiæ erit *mensis ex mense,
et Sabbatum ex Sabbato* (*Isai.* lxvi).

Lingua dolosa : Quid est hoc quod modo dixisti ?

Amor Dei : In *mense* perfecto dierum est, et per
eum in hoc loco intelligitur perfectio operum : *Sabbatum* autem in hoc loco sanctam requiem designat.
Qui ergo in hoc sæculo perfectionem habent operis,
post hoc habebunt perfectionem sanctæ retributionis, et qui nunc quiescunt a perverso opere cum
cordis puritate, postea ab omni mentis et corporis
labore requiescent in æternitate, et post Sabbatum
spei habebunt Sabbatum requiei.

Lingua dolosa : Cum eremitis et inclusis propter

ipsorum paucitatem modo non libet mihi protelare A
scrivonem : sed v niam ad cœnobitas, qui ut zizania
jam exereverunt in mundo, qui propter vitia sua
prorsus sunt fugiendi. Mutaverunt enim vestem, sed
non mentem.

Amor Dei : Licet hæc ex parte vera sint, quæ
commemorasti, quod de multis tecum sentio, de
cunctis dicere et asserere non audeo. Quamvis enim
quidam nigredine vestium et vitiorum sint fuscati ,
qui gloriantur se habere Regulam Benedicti, sed
tamen magna ex parte jam corruerunt, et declinaverunt ad sectam Maledicti ; non tamen ita penitus
dejecti sunt in foveam vitiorum, quin aliquos habe nt, qui gemunt et dolent, quæ contra sanctissimam Regulam fieri vident. Videre etiam potes quosdam inter eos, qui habitu se ab istis distinxerunt,
et aliquantulum se Ordini acr us astringunt.

Lingua dolosa : Ego nullum claustralium salvandum esse duco, nec ab invicem aliquos distinguo.
Scilicet tot vitiis eos subjacere video, quod in unum
damnationis fasciculum omnes distinguo.

Amor Dei : Prius te ut stultam loqui asserui ; nunc
cutem cerno, quod in manifestam insaniam proru.
pisti. Unde satis etiam commotus sum, ita ut præ
commotione mentis meæ tibi modo respondere ne-
queam. Sed crastina die stultitiam tuam, Deo meo
favente, confundam.

TERTIUS DIES.

Lingua dolosa : Cum sero superior a te absces-
sissem ; ita os tuum oppilaveram, ut quod dicere C
posses, non haberes, sed confusione grandi te per-
fusum vidisti, ideoque miserabiliter obmutuisti.

Amor Dei : Non ut arbitraris, a me sequestrata
es superior sed deterior. Nam cum viderem te ad
manifestam insaniam excitatam, nolui verba sancta
effundere, sed tranquillæ menti infundere. Quidquid
enim, quantumlibet rectum sit, menti furore ebriæ
dicitur, perversum tamen esse videtur. Ad respondendum tibi non me impedit inopia, sed copia. Tot
mihi quippe exempla suffragantur, ut ambigam ,
quid ex his eligam, quodve prætermittam. Si enim
superius Martinum, Antonium, Benedictum Colum-
banum, Gregorium, Paphnutium objecissem, quid
dicis de sanctissimis apostolis, in quorum tempore
multitudinis credentium erat cor unum et anima una D
(*Act.* IV), nec quisquam eorum ex his, quæ possidebat, aliquid suum esse dicebat ?

Lingua dolosa : Tunc forsitan jocando et ludendo
dixi nullum claustralem salvari ; sed modo majori
gravitate locutura sum, ita ut verba mea magni
ponderis sint, nec ab aliquo reprobari possint. Audi
ergo fidele consilium meum, quo te munio. Conforta
cor et corpus tuum cibis lautioribus in sæculo, quod
facere non potes in cœnobio.

Amor Dei : Audio Deum meum dicentem : *Attendite, ne graventur corda vestra in crapula, et ebrietate*
(*Luc.* XXI). Nec Apostoli sui sperno dicta, ubi ait :
*Optimum est, gratia stabilire cor, non in escis, quæ
non profuerunt ambulantibus in eis* (*Hebr.* XIII).

Lingua dolosa : Cur igitur ait idem Apostolus
Dei tui cuidam discipulo : *Modico vino utere pro-
pter stomachum, et frequentes tuas infirmitates ?* (*I
Tim.* V).

Amor Dei : Non recuso uti vino ; sed diligenter
considero temperamentum illud salubre, quod ille
præmisit, ubi non ait discipulum suum debere uti
vino multo, sed *modico*. Perfectius tamen est, si fieri
potest infirmitate non urgente, et si meæ potestatis
sum, ut nullo utar, nec modico reficiar ad delectationem, sed ad necessitatem.

Lingua dolosa : Hæc omnia dicta tua confundit
Salomon, ubi dicit, bonum sibi videri, ut comedat
quis, et bibat, et fruatur lætitia de labore suo.

Amor Dei : Sed intelligis in hoc loco sacramentum
Dei mei, scilicet panis et vini, quo sacerdotes Dei
quotidie in altari reficiuntur ? Nihil est melius, quam
ut probet se unusquisque, et sic de pane illo edat,
et de calice bibat, ut sic sumat sacramentum, ut
non fiat ei acrius tormentum ; ut non sumat illud ad
perniciem, sed ad salutem.

Lingua dolosa : Ego de simplici refectione corporis, non animæ hoc eum dixisse intelligo.

Amor Dei : In hoc a te non multum dissentio ;
sed id perpendere te volo, in eodem libro, in quo
hæc dicit, multa eum ex infirmantium persona in-
tulisse, sed de domo luctus et convictus ex ratione
definiisse. *In codice ms. hic aliquid deest.*

Amor Dei : Nobilitas generis parvi pendenda est
sine nobilitate mentis. Nobilitas morum plus ornat
quam genitor.

Lingua dolosa : Quomodo potes voluntatem tuam
subdere voluntati alterius ?

Amor Dei : Quia illum imitari desidero, cui una
cum Patre voluntas est, qui ut exemplum nobis fran-
gendæ voluntatis tribueret, ait : *Non veni facere voluntatem meam, sed ejus, qui misit me* (*Joan.* VI),
Patris ; qui etiam parentibus suis subdi non dedi-
gnabatur.

Lingua dolosa : Cui relinquis divitias tuas ?

Amor Dei : Illi, qui daturus est, pro caducis divitias permansuras, pro perituris et temporalibus
æternas. *Thesauri utique non prosunt in die ultionis;
justitia vero liberabit a morte* (*Prov.* XI)

Lingua dolosa : Magnam in quibusdam religiosis
considero stultitiam, qui tantis jejuniis, vigiliis, contumeliis et interdum manuum laboribus se afficiunt,
ut vix perdurare valeant, cum sciant Scripturam Dei
tui, considerantes, quod prædestinati ad vitam salvabuntur, præsciti ad pœnam damnabuntur.

Amor Dei : *Qui scrutator est majestatis, opprime-
tur a gloria* (*Prov.* XXV). Sed mel inveni, comedere
debeo, quod sufficit mihi. Quoniam non considero,
quod quidam ethnicus ait : *Quærimus arcana Dei,
cœlumque inquirere quid sit.* Debes ergo sapere ad
sobrietatem, et Dei mei judicia, quæ non possum
perscrutari, debeo venerari. Scio enim quod occulte
sint justa, et juste occulta. Quod si idcirco in pigri-
tiam resolvi debeo, quia Dei mei judicia ignoro;

similiter, omni périculo mortis temporalis me subjicere possum. Quantumlibet enim præcaveam, ne
moriar, constitutos tamen mortis terminos præterire non valeo. Hoc autem considerare me decet,
quod prædestinatio precibus impletur. Nam obtineri
precibus non possunt, quæ prædestinata non sunt.
Sed ipsa perennis regni prædestinatio ita ab omni-
potente Deo disposita est, ut electi ad hoc perveniant, quatenus orando mereantur accipere, quod
eis omnipotens Deus ante sæcula disposuit donare.

Lingua dolosa : Quid prodest in claustro psalmos
canere, et vitiis innumeris subjacere ? Nam cum a
voce vita non discordat, cum vox vitam non remor-
det, dulcis est symphonia.

Amor Dei : Vide, quæso, exempla multorum, imo
pene totius orbis partes in hæc studia declinasse. Et
qua fronte, quo corde, qua impudentia, qua insipientia
reprehendis, quod cuncti contemplationi dediti aut
faciunt, aut laudibus efferunt? Quod autem dicis dulcem esse symphoniam, cum vox vitam non remor-
det; assensum porrigo, nec tamen consequens esse
concedo, ut ob hanc causam prætermittatur psalmodia. Si etiam propter quorumdam perversam intentionem dicis omittendum esse psalmorum officium, grandis te sequitur absurditas, ut dicatur
contra te, orationes, jejunia, eleemosynas, prædicationes et cætera bona opera fore deserenda, quia
hæc omnia interdum fiunt intentione perversa, nec
ullum opus est tam sanctum, quod prædicto nævo
aliquando non sit infectum. Dico ergo, imo Deus
meus per quamdam Romanorum et totius mundi lucernam dixit : *Vox psalmodiæ, cum per intentionem
cordis agitur, per hanc tunc omnipotenti Deo ad cor
iter paratur, ut intentæ menti vel prophetiæ mysteria,
vel compunctionis gratiam infundat.*

Lingua dolosa : De hac lucerna non curo ; sed hoc
dico : quod Dei tui Apostolus ait ad quosdam, ut
cantarent *in cordibus suis Domino.*

Amor Dei : Si tantum in corde cantandum est,
quid est quod ipse de psalmis et hymnis commone-
fecit, et quod Psalmographus sæpius nos ad cantandum monuit? Sic utique foris verba debent perso-
nare, ut corda intrinsecus ad compunctionem utiliter
concutiantur, et intentio nostra in cœlesti Jerusalem sit suspensa.

Lingua dolosa : Quid prodest distincte et tractim
in cantu et lectione quædam verba proferre?

Amor Dei : Si distincte verba proferuntur, melius
intelliguntur, et acrius cordi inseruntur. Vide,
quæso, quid in Veteri Testamento legitur, quod volumen legis distincte ac ad intelligendum populo
Judæorum legebatur. Quod ergo ibi factum est in
cœtu Judæorum, nunc fieri debet in congregatione
monachorum, ut suavi modulatione cor triste de-
mulceatur, et sæculi tristitia quæ mortem operatur,
psalmodiæ dulcedine depellatur, animusque spirituali gaudio suffundatur, ut post lætitiam spei sequatur lætitia rei.

Lingua dolosa : Hoc omnes deterrere debet ad

A monasticum ordinem accedere volentes quod cunctos
cœnobitas noverunt murmure corrumpi, detractio-
nibus infici, litibus dissociari.

Amor Dei : Non omnes, sed quidam in iis. Alii
vero instant lectioni, ut erudiantur ; orationi ut
purificentur ; operi, ut beatificentur. Et cum alii
murmure seu detractione se inficiunt, isti se vicaria
collatione reficiunt, præceptis Dominicis excitant,
exemplis sanctorum Patrum inflammant, et sic juxta
Salomonem *ferrum ferro exacuitur (Prov.* xxvii) ;
dum homo faciem amici sui exacuit, quia sic vivis
sermonibus se invicem incitant, ut ad lectionem avi-
diores recurrant.

Lingua dolosa : Si quis pensaret, quantum vitium
B lis esset, nunquam ad sæpius dictos hypocritas se
transferret.

Amor Dei : Dic quam magnum sit hoc vitium.

Lingua dolosa : Libentissime in hoc tibi acquiesco :
pensa verba mea. Lis est homicidii exordium, suscitatio scandalorum, perturbatio ecclesiasticæ consuetudinis, contemptus dominicæ imitationis.

Amor Dei : Nunc etiam intueor diligentius, quod
sermo tuus ut cancer serpit et lethale virus incautis
infundit. Dic, quæso, dic, quæso : quomodo est lis
homicidis exordium ?

Lingua dolosa : Quia per litigia suscitantur odia.
Qui autem odit fratrem suum, homicida est (Joan. II),
juxta quod Apostolus Dei tui ait.

Amor Dei : Quomodo est suscitatio scandalorum?
C *Lingua dolosa :* Quia per lites crebro scandala
suscitantur. Multi enim scandalizantur, cum quærunt in eis, quos sæpius dixi, fructus dilectionis, et
inveniunt spinas dissensionis.

Amor Dei : Dei mei cultores studiosi et puri, in
quantum possunt, scandalum devitant, et cum omnibus hominibus, si fieri potest, pacem conservant.
Hanc autem regulam a Deo meo sumunt, quod apud
duriordes interdum scandala oriri permittunt. Nam
si de veritate scandalum sumitur, utilius nasci permittitur, quam ut veritas relinquatur. Nunc resera
mihi, quomodo sit lis perturbatio ecclesiasticæ consuetudinis.

Lingua dolosa : Lege Dei tui Apostolum, qui
ait : *Si quis autem videtur contentiosus esse, nos ta-
D lem consuetudinem non habemus, neque Ecclesia Dei
(I Cor.* XI).

Amor Dei : Dic tandem, quomodo sit contemptus
Dominicæ imitationis ?

Lingua dolosa : Vide an non in propheta Dei tui
scriptum sit de Deo tuo, quod *non contendet, neque
clamabit (Matth.* XII). Qui ergo litibus se scindunt,
non sunt Dei tui imitatores, sed contemptores.

Amor Dei : Non omnes hoc vitio sunt infecti, sed
quidam claustralium charitatis ardore sunt succensi, cum Deus meus per se et alios eam sæpius
commendet, in cujus præceptis legem et prophetas
pendere dicit. Et Dei mei Apostolus ait facultatum
distributionem, et corporis exustionem sine ea non
prodesse. Nunc autem de perfecta mihi potissimum

loqui libet. Ipsa etiam est contemptrix vitæ temporalis, connexio multitudinis, velamen reatus, signum
cœlestis discipulatus.

Lingua dolosa: Dic, quomodo sit contemptrix vitæ
temporalis.

Amor Dei : Considera, quomodo Dei mei Apostolus charitate præditus ait : *Cupio dissolvi, et esse
cum Christo (Phil.* 1). Et Deus meus per se ait :
*Majorem charitatem nemo habet, quam ut animam
suam ponat quis pro amicis suis (Joan.* xv).

Lingua dolosa : Hoc pande, quomodo sit connexio
multitudinis.

Amor Dei : Retorque mentis tuæ oculos ad primordia sanctæ Ecclesiæ, ubi *multitudinis credentium
erat cor unum et anima una (Act.* iv), et vide quomodo multitudo in unum connectebatur, quæ sibimet in quadam suavi, et laudabili concordia junge-
batur.

Lingua dolosa : Quomodo est velamen reatus?

Amor Dei : Quia ut dicitur : *Charitas operit multitudinem peccatorum: (Jac.* v). Et alibi dicitur, quod
universa delicta operit charitas (Prov. x) Scio ipsam

esse vestem nuptialem, quæ a nobis plenius arcet
frigus infidelitatis. Qua veste ille caruit, qui in tenebras exteriores mitti meruit.

Lingua dolosa : Quomodo charitas est signum cœlestis discipulatus?

Amor Dei : Deus meus non ait discipulis suis,
quod in illuminatione cæcorum, mundatione leprosorum, suscitatione mortuorum, sui agnoscerbntur
esse discipuli. Sed ait : *In hoc cognoscent omnes,
quia mei estis discipuli, si dilectionem habueritis ad
invicem (Joan.* xiii). Ipsa charitas est perfectionis
vinculum, quia omne opus a tentatione cito dissolvitur, si non per charitatem ligatur.

Lingua dolosa : Tædet me sermonis tui.

Amor Dei : Gratias ago Deo meo, quod aliquan-
tulum versutiæ tuæ sopitæ sint : modo siles, modo
victa jaces, quia te loqui non tantum tædet, sed
etiam pudet. Et
. . . . *Jam victa jacebis,
Nec jam mortiferas audebis spargere flammas,
Lingua dolosa cadit, quam sanctus amor superavit.
Christum collaudet, qui post hæc prœlia gaudet.*

ANONYMI BENEDICTINI

Qui sub Friderico Barbarossa imperatore scripsit

INSIGNIS LIBER DE PŒNITENTIA

ET

TENTATIONIBUS RELIGIOSORUM.

(D. Bern. Pezius, *Biblioth. ascet.*, t. II, p. 1, ex ms. cod. bibliothecæ Mellicensis)

MONITUM.

Et alterum hoc *Bibliothecæ Asceticæ Antiquo-novæ* volumen ab Anonymo ausp.cor, cujus præter ætatem et ordinem, quem Benedictinum fuisse ex cap. 25 sat liquidum arbitror, reliqua prope omnia obscura incertaque sunt. Imo ex cap. 32 videtur auctor data opera nomen suum celasse, ubi contra ob-
trectatores suos id sibi solatio futurum existimat, *quod personam auctoris ignorent.* Forte tamen id ae-
tegi posset, si alter ejusdem libellus, quem *Tristitiarum, quæ secundum Deum sunt,* inscripsit, et infra
cap. 10 ipse laudat, exstaret : nisi et ab hoc nomen suum abesse voluerit, quod vehementer suspicor et
insigni quodam opusculo *De conscientia,* quod hujus nostri Anonymi stylum, methodum, ingenium et
ætatem ex asse refert, utque adeo vix alium quam eumdem auctorem habet. Porro id his verbis concludit : *Verumtamen absconde epistolam vel librum, si sic magis eligis nominari; vel si propalare decreveris,
tace nomen auctoris. Novit Auctor salutis, cui soli omnia honor et gloria,* etc. Ut adeo universim auctum
propositum fuisse videatur, ediiis a se libellis vel modestiæ, vel declinandæ invidiæ causa nomen suum
subJucere. Opusculum hoc posterius laudatum *De conscientia* (5), proxime in lucem efferendum, in codice membraneo bibliothecæ Mellicensis, a me lit. K, num. 32, insignito asservatur. Auctorem editi hic
opusculi floruisse sub Friderico Barbarossa planissimum est ex cap. 59, ubi exstat illius rhythmus adversus monachos qui in expeditione sacra, a Friderico imperatore in terram sanctam anno 1189 suscepta, *voti et officii sui obliti, spiritu seductoris decepti, iter illud aggredientes, armis, ut laici, pugnare parabant.* Habetur hic libellus in duobus chartaceis codicibus bibliothecæ Mellicensis, quorum prior lit. G,

(5) Exstat infra.

bora et persevera, ut sis unus de his, *qui sunt ejus.*
Præscientia ista Dei non securum hominem reddere
debet, quia non otiosis, non tepidis, non negligen-
tibus, sed vigilantibus, sed laborantibus, sed per-
severantibus regnum Dei provenit. Omnia ergo incerta ista, recte accepta, non faciunt desperationem
sed mittunt hominem in timorem ; timor vero generat sollicitudinem; sollicitudo mandatorum Dei
impletionem ; impletio mandatorum Dei spem, spes
frangit desperationem. Quicunque per hos gradus,
duce Spiritu sancto, ascenderit, hic desperare nequit. *Quicunque enim Spiritu Dei aguntur, hi filii
Dei sunt* (Rom. viii). Item : *Spiritus reddit testimonium spiritui nostro, quod filii Dei sumus* (ibid.).

CAP. III. *Quod Deus quosdam coram hominibus
confundi permittat, quosdam vero non, partim est
misericordia, partim judicium. Quænam sit peccatori utilis et necessaria confusio ?*

His quasi quibusdam titulis propositis recapitu-
lentur omnia, et de singulis, quid Dominus dederit, dicamus.

Commenda misericordiam Dei super te magnam,
in hoc videlicet, quod, licet turpiter multumque
peccaveris, excepto quod peccantem patienter su-
stinuerit, nunquam te coram hominibus de peccatis tuis confundi permiserit. Et post pauca : *Patientiam ipsius super me magnam dixerim an iram ?
Differt forte, quod tremens dico confundere me coram angelis et hominibus, cum venerit in majestate
sua* (Luc. ix). Et quid tibi super hoc faciendum sit,
consilium quæris.

Nec ego consilium melius scio, quam quod tu
ipse subjunxisti. Dixisti : *Timeo nimis; sed præ-
veniam et præveni faciem ejus in confessione.* Verumtamen quare quosdam de peccatis suis coram
hominibus confundi permittat, quosdam vero non
partim patet, partim latet, partim est misericordia,
partim est judicium. Misericordia est, quando Deus
peccatorum diu in peccatis, ut convertatur, patienter sustinet, et homo ille hac patientia considerata
confunditur in se, erubescensque misericordiæ Dei
ingratus invenir redit ad Deum, et præter quod
peccavit hoc ipsum, quod patientia Dei tandiu
abusus est et plangit.

Potestne peccatori confusio esse nisi coram hominibus confundatur? Ita voluit, qui dixit : *Quem
fructum habuistis tunc in illis, in quibus nunc erube-
scitis?* (Rom. vi.) Hæc confusio voluntaria est et
sufficiens Deo, nec indiget confusione, quæ coram
hominibus est. Domine Jesu, quid tu decernis super
hoc dicto? Estne in Evangelio tuo super hoc aliquod documentum? Peccator ille, qui cum Pharisæo
in templo orabat, stans a longe nolebat oculos ad
cœlum levare, sed percutiebat pectus suum, situ
loci, habitu corporis, conscientia rea cordis confusionem indicavit. Situ, quia a longe stabat ; habitu,
quia nolebat oculos ad cœlum levare ; conscientia,
quia pectus suum percutiebat. A longe stabat, quia

ut alter Adam patientiam Domini timebat ; oculos
ad cœlum levare nolebat, quia Deum, quem peccando offenderat, in cœlo habitare sciebat ; pectus
suum percutiebat, quia rea conscientia, quæ eum
mordebat, sub eo latebat. Num talis confusio apud
Deum sufficiens est ? Dic tu, Domine Jesu, qui tunc
dixisti, dic, quæso, et nunc : *Amen dico vobis,* inquit,
descendit hic justificatus ab illo in domum suam
(Luc. xviii). Est ergo talis confusio sufficiens Deo,
nec indiget confusione, quæ coram hominibus est.

Sed si Deus tibi parcit, tu parcere noli ; dic con-
fessori tuo, recita quotidie Deo in corde tuo singula
peccata tua, lava per singulas noctes lectum tuum
(Psal. vi), id est singula peccata tua deplora. Confundere in conspectu Dei, et abstulisti Domino causam te coram hominibus confundendi. Misericors
est Dominus Deus noster (Psal. lxxxv). Hæc est
causa non confundendi peccatorem coram hominibus, quia per confusionem spontaneam, qua homo
coram Deo apud se confunditur, homo humiliatur,
humiliatus liberatur, liberatus salvatur. Hæc confusio ex misericordia est, et hæc patet. Hæc confusio hominem sperare, non desperare facit : in hac
te esse volo, quia confusio hæc gloriam adducit.

CAP. IV. *Quosdam Deus coram hominibus vult
confundi, ut fracta duræ mentis cervice, ad viam
salutis revertantur.*

Item quare quidam pro peccatis suis coram hominibus confundantur, et hoc dicendum est. Sunt
quidam adeo duræ mentis, qui nunquam nisi coram
hominibus confundantur, peccare cessabunt. Hi
impetu quodam feruntur, donec Deo misericorditer
permittente in suis itineribus perversi in tale quid
inciderint, quo pro opprobrium et confusionem a
sæculi hominibus ferre non possunt, et ideo ad
Deum converti compelluntur. Unde propheta : *Veni,*
inquit, *ad Babylonem, ibi liberaberis.* Cum enim
tale quid eis pro peccatis suis acciderit, quod sæculi honorem habere non possunt, sicut Corinthius
ille, quem Paulus publice ab omnibus redargutum
et confusum tradidit Satanæ in interitum carnis, ut
spiritus ejus salvus fieret ; et si quis in adulterio
captus et castratus fuerit, vel aliud id generis illi
et illis acciderit, hi, inquam, confusionem et opprobrium sæculi non ferentes ad Deum convertuntur
et ita liberantur.

Sunt et aliæ confusiones, quæ non sunt hujus
quæstionis ; cum quis despectus et abjectus est
sæculo, vel quia incurvis pedibus natus est vel
gibbosus, vel ex divite pauper, vel ex nobili inglorius fuerit factus. Et hæc quidem nonnunquam
ad meliora hujusmodi homines commutant. Sed
felix est confusio, quocunque modo fit, quæ homini
causa salutis est. Et hi, qui hac confusione recte
utuntur, desperandi non sunt. Hæc confusiones
salvandorum sunt ; quia sive clam coram Deo sive
coram hominibus confundantur, ad salutem animæ
confunduntur.

CAP. V. *Confusio damnandorum hic in quibusdam incipit, et in futuro consummabitur.*

Est et confusio damnandorum, quæ in quibusdam hic incipit et in futuro consummata permanebit. Et ubi est ? inquis, quod dicitur : *Non judicabit Deus bis in idipsum* (*I Cor.* XI), si quidam et hic et ibi puniuntur ? Dictum est hoc de his, qui peccata sua sponte in se puniunt, in quibus locus s cundæ vindictæ Deo non est juxta id Apostoli : *Si nosmet-ipsos judicaremus, non utique dijudicaremur a Domino.* Qui vero obstinati in peccatis permanent, eorum quidam et hic et ibi puniuntur, ut Antiochus et Herodes, qui a vermibus consumpti cum magno tormento vitam præsentem finierunt , illuc pergentes, ubi vermis eorum non moritur, et ignis non exstinguetur (*Isa.* LXVI). Nec est duplex sed una vindicta, hic quidem cœpta, ibi vero continuata et æterna. et sic est una in illis vindicta.

Quæris forte cur in aliquibus æque damnandis similis ultio non appareat, id est hic et ibi. Videlicet ne si in omnibus pœnam differret, aut peccata nescire aut contemnere putaretur. Quæ autem magis in isto quam in illo ultionem manifestam præveniant, ego cum Apostolo exclamo : *O altitudo divitiarum sapientiæ et scientiæ Dei, quam incomprehensibilia,* etc. (*Rom.* XI.)

Harum igitur confusionum prima humiliat, secunda purgat, tertia damnat ; prima est suavis, secunda gravis, tertia horribilis. Prima est devotior, secunda securior , tertia damnabilior. Prima est amplectenda, secunda toleranda, tertia fugienda. Tu igitur, homo Dei, quid in his tibi tenendum, quidve fugiendum sit, prudenter discerne. Si vero prudentiæ tuæ inniti formidas, committe te clementissimo et omnipotentissimo Domino. *Ipse dabit tibi intellectum* (*II Tim.* II), et : *Ipse te enutriet, et non dabit in æternum fluctuationem justo* (*Psal.* LIV).

CAP. VI. *Consuetudo veterum monachorum quibus soli abbati extra casum extremæ necessitatis peccata sua confiteri licebat.*

Si libera sit confessio quæris, id est, si tibi vel cuilibet licitum sit, cui velit confiteri, quæris. Quod non liceat, in consuetudinibus ordinis nostri ex præcepto habemus, quod nulli nec priori ipsius claustri de criminalibus nisi absente abbate vel prælato, et hoc in extremis suis, audeat confiteri. At tu privilegia, inquis, singulorum communem legem non faciunt. Ad hoc respondeo : Lege, quam suscepisti et novisti, hac jure teneris. Hinc quoque quod ex consuetudine dixi non licere, canones quoque prohibere videntur. Urbanus secundus : *Placuit, ut nulli sacerdotum deinceps liceat quemlibet commiscum alteri sacerdoti ad pœnitentiam suscipere sine ejus consensu, cui se prius commisit.*

Huic contrarium videtur, quod dicit Augustinus : *Qui vult confiteri peccata, ut inveniat gratiam, quærat sacerdotem, qui sciat ligare et solvere.* Sed nota quod hoc dictum est in quæstione illa, ubi quæri-

tur : si socio vel proximo suo etiam laico liceat confiteri, si forte sacerdos deest, nec haberi potest ? Quicunque in necessitate sacerdotem quæsitum habere non potest, socio vel proximo suo confiteri licet, etiam si ligandi et solvendi potestatem non habeat. Augustinus : *Tanta est vis confessionis, ut si deest sacerdos, confiteatur proximo. Sæpe enim contingit, qu d pœnitens non possit verecundari coram sacerdote, quem desiderandi nec tempus nec locus offert, et si ille cui confitebitur potestatem solvendi non habeat, sit tamen dignus venia ex sacerdotis desiderio, qui crimen confitetur socio. Mundati enim sunt leprosi, dum irent ostendere ora vel se sacerdotibus, antequam ad eos pervenirent.* Unde patet Deum ad cor respicere , dum ex necessitate prohibentur ad sacerdotes pervenire.

Num igitur, ais, est dispensatio aliqua admittenda ex hoc, quod prohibeor nulli confiteri nisi magistro sacerdoti, cui me obedientia obligavi, sicut est in hoc, si sacerdos quæsitus haberi non potest, socio tamen vel proximo quis confiteri potest? Indoctus est enim et indiscretus magister meus, nescit quamlibet culpam, ut est, digne pensare : minor est in majoribus, major est in minoribus, nescit dignam pœnitentiam injungere, non potest ergo sanare. Hac necessitate ego forte constringor.

Ad hoc respondeo primo . Imputa peccatis tuis, quod talem magistrum habere meruisti. Verumtamen quod ille minus circa te facit, tu contritione cordis et majori devotione satisfactionis adimple. Denique si omnibus his quæstionibus eximere te vis, quod dico, fac. Primo confitere prælato tuo, cui te obedientia obligasti, tametsi indoctus et indiscretus sit. Deinde liberum tibi erit eadem peccata tua et aliis sacerdotibus confiteri ; quia, ut dicit Augustinus, *Quanto quis pluribus confitebitur sacerdotibus in spe veniæ turpitudinem criminis, tanto facilius consequetur gratiam remissionis. Ipsi enim sacerdotes plus jam possunt proficere, plus confitentibus parcere.*

Hoc vero summopere cave, ne propter contemptum vel odium tui magistri alios confessores tibi quæras, nisi propter ignorantiam ejus. Præcipit enim Urbanus secundus : *Ut nullus sacerdotum quemlibet commissum alteri sacerdoti ad pœnitentiam suscipiat sine ejus consensu, cui se prius commisit, nisi propter ignorantiam illius, cui prius confessus es.* Alioquin quomodo scire poteris, si insufficiens est medicus? Obedientiam quoque tuam implesti.

Est adhuc, quod confessionem tuam liberam facit ; si videlicet sacerdos plenus rimarum est, hoc est, si continere et tacere non potest, qui confitentium peccata aliis prodat. Hunc quasi quamdam pestem fuge. De hoc Gregorius tale decretum dat : *Sacerdos ante omnia caveat, ne de his, qui confitentur peccata sua, alicui recitet, non provinqui . non extraneis. Nam si hoc fecerit, deponatur. et omnibus diebus vitæ suæ ignominiosus peregrinando pergat*

De dispensatione hujus quæstionis, quod sensi,

absolvi, sententiæ meliori non præjudicans. Si autem judicium meum errat, tu, quod melius est, sequere. Cavendum est autem omnino in hac re, ne quis propter fugitivam confessionem aliquid supradictorum de magistro suo fingat.

CAP. VII. *Quid sit confessio et quotuplex?*

Quoniam quidem confessionis mentionem fecimus, non abs re videtur, quid sit confessio, et quomodo facienda sit dicere, quamvis in serie interrogationum tuarum illud omiseris.

Primum nota quod hoc nomen *confessio* duplicem habet significationem. Est enim confessio laudis et est confessio peccati. Confessio laudis, ut ibi : *Confessio ejus super cœlum et terram* (Psal. cxLvIII), hoc est : Laus Dei in cœlo et in terra est, vel super cœlum et terram, id est laus Dei supra est, quam angeli vel homines sciant vel possint laudare. Confessio vero peccati est ibi : *Dixi : Confitebor adversum me injustitiam meam Domino, et tu remisisti impietatem peccati mei (Psal. xxxi). Dixi,* id est deliberavi apud me : *Confitebor* lingua cordis, sacerdoti vero homini lingua cordis et oris : *Adversum me,* non per diabolum, non per fatum, non per hoc vel illud me excuso, sed mihimet culpam impono : *Injustitiam meam,* quia non feci quod facere debui, et feci quod facere non debui, quod injustitia est. Nam sicut justitia est, reddere cuique quod suum est; ita injustitia est, subtrahere cuique quod suum est. *Et tu remisisti impietatem peccati mei,* hoc est reatum peccati mei, quem solus Deus primo absque homine dimittit, dum peccatorem intus in anima vivere facit. Talis confessio si contrito et humiliato corde fit, et perseverans sit, et voluntaria est, spem veniæ habet.

Est et alia desperationis ut Judæ, et ea quam Judex sæculi in reis, sententia condemnatis, extorquet : de hac ad præsens negotium nil dicere est. Est igitur confessio peccati vera, quando peccator in timore Dei corde pænitenti, peccata, quæ fecit, corde et ore Deo et homini sacerdoti confitetur in remissionem peccatorum, sicut catholica credit Ecclesia.

CAP. VIII. *Quomodo peccata sacerdoti confitenda sint secundum opinionem veterum?*

Quomodo facienda sit confessio, nolo me præceptorem exspectes, sed beatum Augustinum, qui ut in omnibus, sic et in hoc doctor et magister noster est. Augustinus in libro *De pænitentia : Quem pænitet, omnimodo pæniteat, et dolorem lacrymis ostendat. Repræsentet Deo vitam suam per sacerdotem, præveniat judicium Dei per confessionem. Præcepit enim Dominus mundandis, ut ostenderent ora sacerdotibus, docens corporali pænitentia confitenda peccata, aut per scriptum manifestanda.*

Item Augustinus in libro *De fide ad Petrum* (6) : *Consideret qualitatem criminis in loco, in tempore,* in perseverantia, in varietate personæ, et quali hoc fecerit tentatione, et in ipsius vitii exsecutione. Oportet enim pænitere fornicantem secundum excellentiam sui status vel officii, et secundum modum meretricis, et in modum operis sui, et qualiter turpitudinem egit, si in loco sacrato, si in tempore orationi constituto, ut sunt festivitates et tempora jejunii. Consideret quantum perseveraverit, et defleat, quod perseveranter peccavit, et quantum perseveranter, et quanta victus fuerit impugnatione. Sunt enim nonnulli, qui non solum non vincuntur, sed ultro se peccato offerunt; nec exspectant tentationem, sed præveniunt voluntatem. Et pertractet secum, quam multipliciter actione vitii delectabiliter peccavit. Omnia ista varietas confitenda est et deflenda, ut cum cognoverit, quid peccatum est, cito inveniat Deum propitium. In cognoscendo augmentum peccati inveniat, cujus ætatis fuerit, cujus sapientiæ et ordinis. Immoretur in singulis istis, et sentiat modum criminis purgans omnem qualitatem vitii. Defleat virtutem, qua interim caruit. Dolendum est enim, non solum quod peccavit, sed quia se virtute privavit.* Sic confessio facienda est.

Turbaris, anxiaris, impossibile et indecens forte dicis, talem facere confessionem : tum quia *delicta quis intelligit? (Psal. xvIII.)* tum quia turpe est aliqua peccata ita nude dicere, ut facta sunt. Ipse quoque confessor tuus talia audire scandalizatur. Fac ergo, quod dico. Peccata quæ intelligis, confitere; quæ non intelligis, voluntas pro posse sit. Quod ita turpe est, quod omnino turpe est, per circumlocutionem innotescere poteris. Coram Deo non erubuisti ita facere, et coram homine sic fecisse, confiteri erubescis? Si modo reticueris, veniet tempus, quo coram omnibus denudaberis. *Horrendum est incidere in manus Dei viventis (Hebr. x).*

Unde hoc, inquis, quod necesse habeam sic confiteri? Audi. Nullum peccatum erit impunitum. Si nullum peccatum erit impunitum, ergo omne peccatum scitur. Scitur autem vel ab homine vel a Deo. Quod homo scit in se, homo puniat in se. Quod Deus scit in homine, et homo nescit in se, voluntatem confitendi habeat, si sciret homo, et patienter ferat iram Domini, dicens cum Job : *Iram Domini portabo (Mich. vII),* quia merui, etiamsi non intelligit ipse homo peccatum suum : non *enim bis judicabit Deus in idipsum.* Quod autem nullum peccatum nostrum scientiam Dei fugiat, Job testatur : *Observasti,* inquit, *omnes semitas meas, et vestigia pedum meorum considerasti (Job xIII).* Et ipse Dominus per prophetam dicit : *Scrutabor Jerusalem in lucernis (Soph. 1).*

Confitere igitur, quod fecisti, sicut fecisti, et quando fecisti, et quantum fecisti, et ubi fecisti, et quis fecisti, et quæ et qualis sit persona, cum qua fecisti, vel si est impersonale, quod fecisti. Hæc omnia quoties et quam delectabiliter, et qua ætate fueris, confitere, si vis securus esse. *Horren-*

---

(6) Non exstat hic locus libro citato sub nomine Augustini, qui alias est S. Fulgentii.

dum est enim, sicut supra dixi, *incidere in manus* A
Dei viventis (*Hebr.* x).

Cap. IX. *Licet peccatum uni sacerdoti confessum pluribus confiteri, tametsi id necessarium non sit, nisi iteretur.*

Quæris si sufficiat semel et uni tantum sacerdoti confiteri, si modo peccatum non iteratur, et injuncta pœnitentia compleatur? Si peccatum non iteratur et injuncta pœnitentia compleatur, ut ego sentio, sufficit semel'et uni tantum sacerdoti confiteri. Unde Joannes Chrysostomus : *Non est necesse ut, quod sacerdoti semel confessi sumus, iterum confiteamur, sed lingua cordis, non carnis apud verum judicem id jugiter confiteri debemus.* Si vero suspecta est tibi culpa tua, et certior vis fieri de venia, confitere quod velis, ut coram singulis erubescas ; quia B quot erubescentias tuleris, tot remissiones accipis. Joannes Chrysostomus : *Ideo jubemur confiteri peccata, ut erubescentiam patiamur pro pœna. Nam hoc ipsum pars est divini judicii.* Augustinus : *Multum satisfactionis obtulit, qui erubescentiæ dominans nihil eorum quæ commisit nuntio Dei negavit. Laborat enim mens patiendo erubescentiam, et quoniam verecundia est magna pœna, qui erubescit pro Christo, fit dignus misericordia. Unde patet quia, quanto pluribus quis confitebitur in spe veniæ turpitudinem criminis, tanto facilius consequitur gratiam remissionis.*

Quamvis igitur in prima confessione tua deletum sit peccatum tuum, et non cogaris secundo idem peccatum, nisi iteretur, alicui confiteri : tamen si C vis, per plures confiteri poteris, quia erubescentia quædam punitio peccati est, sicut satisfactio operis, et exinde humilior et cautior eris. Sufficit igitur semel et uni tantum sacerdoti peccatum, si non iteratur, confiteri per plures vero licet quidem, sed si expediat, tu judica. Omnia Paulo licent, sed omnia non expediunt.

Cap. X. *Quotiescunque in peccata labimur, semper spes veniæ resurgentibus suppetit.*

Denique quæris : Cum peccatum iteratur, si secunda pœnitentia admittatur? De hoc ·in *libello Tristitiarum* (7), quæ secundum Deum sunt, dixi : quod tibi sufficere posset, si memoriæ mandasses. Sed, ut video, super glaciem in te scripsi, vel in D saccum pertusum misi (*Agg.* 1). Animal mundum non solum ungulam scindere, sed etiam ruminare debet. Observa et confer in corde tuo verba Dei, ut habeas omni te poscenti reddere rationem de fide et spe, quæ in nobis est. Semel itaque accipe et crede, et confitere quod ubi pœnitentia, ibi et Indulgentia est. Pœnitentia autem homini peccatori a Deo est ; ab hoc et indulgentia est. Quoties ergo Deus dat homini pœnitentiam, toties dat et indulgentiam. Est igitur pœnitentia secunda, tertia et deinceps.

Pœnitentia si vera est, non semel tantum sed sæpius agi, iterumque per pœnitentiam post lapsum

nos secundo et tertio et deinceps resurgere posse, auctoritate prophetarum, legis et Evangelii, et sanctorum Patrum testimoniis evidentibus edocemur.

Cap. XI. *Idem exemplis Israëlitici populi confirmatur.*

Quoties peccaverunt filii Israel in deserto, et postquam intraverunt in terram repromissionis, quoties et quot modis peccaverunt, et quoties Deus eorum pœnitentiam susceperit, qui Veteris Testamenti historiam legit, non ignorat. Hujus rei testis est David : *In omnibus his,* inquit, *peccaverunt adhuc. Et cum occideret eos, quærebant eum, et revertebantur. Et dilexerunt eum in ore suo, et lingua sua mentiti sunt ei. Ipse autem est misericors, et propitius fiet peccatis eorum* (*Psal.* LXXVII).

Quid ad rem, inquis, de falsa eorum pœnitentia ? De vera pœnitentia quæstio est. Respondeo : Sicut aliqui eorum fuerunt, qui falso pœnituerunt ; ita quoque aliqui in illis fuerunt, qui vere pœnituerunt. Dicis : Illud lego, istud non lego. Audi : Nec ego lego pœnitentiam Moysi vel Aaron ; Moysi quod aquam de petra producere desperavit ; Aaron, quod aureum vitulum fecit. Quod uterque tamen veré pœnituerunt, hinc constat, quia salvati sunt. Sic ergo in illis quidam fuerunt, qui videntes iram Dei vere pœnituerunt, et quoties pœnituerunt, toties indulgentiam consecuti, quamvis hoc scriptum non sit. Unde Moyses serpentem æneum in deserto exaltavit, ut percussi aspicientes sanarentur. Si ergo Deus propter falsam pœnitentiam quibusdam toties pepercit, et de malo pœnitentes liberavit, multo magis de peccatis suis vere-pœnitentes toties et toties, hoc est multoties suscepit et salvavit.

Ne desit exemplum, quid dicit David, qui post peccatum Uriæ, secundo peccavit, cum populum numerari fecit, et pœnituit, et Deus pœnitentiam ejus secundam suscepit? Nam cum angelum percutientem populum vidisset : *Ego sum,* inquit, *qui peccavi, ego qui inique egi : isti qui oves sunt, quid fecerunt?* (*II Reg.* XXIV.) Ad cujus pœnitentiam, quia ex corde fuit, angelus mox a cæde populi cessavit. Quod dico de David, ipse David in psalmo qui unus est de septem, qui *pœnitentiales* dicuntur, secundam et tertiam ac deinceps pœnitentiam esse ostendit : *Putruerunt,* inquit, *et corruptæ sunt cicatrices meæ* (*Psal.* XXXVII).

Cutis, quæ de vulnere sanato occalluerit, cicatrix dicitur. Vulnus sanatum est, peccatum per pœnitentiam emendatum. Cicatrices corruptæ sunt peccata denuo commissa. Et quid de his faciendum est ? In eodem psalmo hoc docet : *Quoniam iniquitatem meam annuntiabo, et cogitabo pro peccato meo* (*ibid.*). Qua spe? *Intende in adjutorium meum, Domine Deus salutis meæ* (*ibid.*). Quem Deum salutis suæ vocat, ab illo indulgentiam peccatorum exspectat.

Quoties ergo quis peccaverit et vere pœnituerit,

(7) Libellus auctoris *De tristitiis,* quæ sunt secundum Deum.

loqui libet. Ipsa etiam est contemptrix vitæ tempo- A
ralis, connexio multitudinis, velamen reatus, signum
cœlestis discipulatus.

Lingua dolosa: Dic, quomodo sit contemptrix vitæ
temporalis.

Amor Dei : Considera, quomodo Dei mei Apostolus charitate præditus ait : *Cupio dissolvi, et esse
cum Christo (Phil.* 1). Et Deus meus per se ait :
*Majorem charitatem nemo habet, quam ut animam
suam ponat quis pro amicis suis (Joan.* xv).

Lingua dolosa : Hoc pande, quomodo sit connexio
multitudinis.

Amor Dei : Retorque mentis tuæ oculos ad primordia sanctæ Ecclesiæ, ubi *multitudinis credentium
erat cor unum et anima una (Act.* iv), et vide quomodo multitudo in unum connectebatur, quæ sibimet in quadam suavi, et laudabili concordia junge-
batur.

Lingua dolosa : Quomodo est velamen reatus?

Amor Dei : Quia ut dicitur : *Charitas operit multitudinem peccatorum (Jac.* v). Et alibi dicitur, quod
universa delicta operit charitas (Prov. x) Scio ipsam

esse vestem nuptialem, quæ a nobis plenius arcet
frigus infidelitatis. Qua veste ille caruit, qui in tenebras exteriores mitti meruit.

Lingua dolosa : Quomodo charitas est signum cœlestis discipulatus?

Amor Dei : Deus meus non ait discipulis suis,
quod in illuminatione cæcorum, mundatione leprosorum, suscitatione mortuorum, sui agnoscerentur
esse discipuli. Sed ait : *In hoc cognoscent omnes,
quia mei estis discipuli, si dilectionem habueritis ad
invicem (Joan.* xiii). Ipsa charitas est perfectionis
vinculum, quia omne opus a tentatione cito dissolvitur, si non per charitatem ligatur.

Lingua dolosa : Tædet me sermonis tui.

Amor Dei : Gratias ago Deo meo, quod aliquan-
B tulum versutiæ tuæ sopitæ sint : modo siles, modo
victa jaces, quia te loqui non tantum tædet, sed
etiam pudet. Et

. . . . *Jam victa jacebis,*

Nec jam mortiferas audebis spargere flammas,

Lingua dolosa cadit, quam sanctus amor superavit.

Christum collaudet, qui post hæc prælia gaudet.

ANONYMI BENEDICTINI

Qui sub Friderico Barbarossa imperatore scripsit

INSIGNIS LIBER DE PŒNITENTIA

ET

TENTATIONIBUS RELIGIOSORUM.

(D. Bern. Pezius, *Biblioth. ascet.*, t. II, p. 1, ex ms. cod. bibliothecæ Mellicensis)

MONITUM.

Et alterum hoc *Bibliothecæ Asceticæ Antiquo-novæ* volumen ab Anonymo ausp.cor, cujus præter ætatem et ordinem, quem Benedictinum fuisse ex cap. 25 sat liquidum arbitror, reliqua prope omnia obscura incertaque sunt. Imo ex cap. 32 videtur auctor data opera nomen suum celasse, ubi contra ob-
trectatores suos id sibi solatio futurum existimat, *quod personam auctoris ignorent.* Forte tamen id oc-
tegi posset, si alter ejusdem libellus, quem *Tristitiarum, quæ secundum Deum sunt,* inscripsit, et infra
cap. 10 ipse laudat, exstaret : nisi et ab hoc nomen suum abesse voluerit, quod vehementer suspicor ex
insigni quodam opusculo *De conscientia,* quod hujus nostri Anonymi stylum, methodum, ingenium et
ætatem ex asse refert, atque adeo vix alium quam eumdem auctorem habet. Porro id his verbis concludit : *Verumtamen absconde epistolam vel librum, si sic magis eligis nominari; vel si propalare decreveris,
tace nomen auctoris. Novit Auctor salutis, cui soli omnis honor et gloria,* etc. Ut adeo universim auctori
propositum fuisse videatur, editis a se libellis vel modestiæ, vel declinandæ invidiæ causa nomen suum
sublucere. Opusculum hoc posterius laudatum *De conscientia* (5), proxime in lucem efferendum, in codice membraneo bibliothecæ Mellicensis, a me lit. K, num. 32, insignito asservatur. Auctorem editi hic
opusculi floruisse sub Friderico Barbarossa planissimum est ex cap. 59, ubi exstat illius rhythmus adversus monachos qui in expeditione sacra, a Friderico imperatore in terram sanctam anno 1189 suscep-
pta, *voti et officii sui obliti, spiritu seductorio decepti, iter illud aggredientes, armis, ut laici, pugnare parabant.* Habetur hic libellus in duobus chartaceis codicibus bibothecæ Mellicensis, quorum prior lit. G,

(5) Exstat infra.

num. 171, ex quo eum A. R. P. Gerardus Fineder, sodalis noster charissimus, exscripsit : alter vero lit. R, num. 30, notatus est. Tertium exemplum in monasterio Monscensi vidi, non citius tamen, quam sæculo xv, uti et ambo codices Mellicenses, exaratum. Potest hic tractatus commode in tres partes dispesci, quarum prima ab initio usque ad cap. 25 varias de pœnitentia quæstiones secundum veterum scita et usum pertractat : inde altera usque ad cap. 33 diversis claustralium tentationibus obviat; postrema a proximo capite usque ad finem libelli tradit, *qua ratione homo semper unus secum et cum Spiritu Dei esse possit.* Quæ omnia auctor *septuaginta tres annos* natus ex cap. 32 stylo succincto, acuto ac eleganti exsequitur.

TRACTATUS DE PŒNITENTIA.

Dilecto filio Senior salutem. Stesichorus inter laudem et vituperationem Helenæ fluctuans, oculos, quos nunc vituperando amisit, nunc laudando recipere meruit. Ego autem apud te tam laude tua quam etiam vituperatione æque cæcus permaneo. Igitur nequior est mea quam Stesichori fortuna. Laudem enim, qua te laudavi, calumniaris : simulatam, non veram esse dicis, quod non ex vero corde loquor ea, quæ de te loquor. Si autem laus vera non est, nec ex vero corde loquor, aut derisio est aut adulatio. Qui autem deridet, deridetur. Qui adulatur, de hoc quidam dicit :

Laudat adulator, sed non est verus amator.

Utroque vitio judicio tuo subjaceo. Quod si verum esset, merito elogium utriusque sustinerem. Sed ego neutrius mihi conscius sum : ergo judicium tuum in hac parte errat. Cur deriderem, qui materiam derisionis non haberem? Cur tibi adularer, qui nullum aliud commodum a te quæro, nisi ut te fruar in Domino?

Dicis : Nolo laudari nimis nec vituperari. In neutro nimius fui. In te dictiones aliquas, quas minus grammatice posueras, reprehendi, ut nunc, ubi in penultimo versu Musæ tuæ *cubitu* pro *cubito* posuisti. Hoc amice, non vituperando feci. Quintilianus inimicus esse noluit, cum dixit : *Hic corrige sordes.* In laudando quoque modum non excessi, dum dixi :

Vox tua quanique gravis, tamen est semper mihi sua-
                [*vis.*
Aurea lingua tua facit omnia sic mihi chara.

Parum autem, nihil hyperbolicum dixi : dicta enim hæc fidem non excedunt. Igitur laudem tui simulatam vel hyperbolicam dicere noli. Hæc ad métrum tuum respondi. Nunc ad prosam, quam subscripsisti, accedam. Et quia longior textus erit, quod scripturus sum, non pro epistola, sed pro libello habebis.

Cap. I. *Proponuntur variæ quæstiones de agenda cum fructu pœnitentia, et tentationes fluctuantis religiosi.*

Propheta in persona Domini loquitur : *Attendi et auscultavi : nemo quod bonum est loquitur, nec est qui dicat : Quid feci? (Jer.* viii.) Cum homo Dei gratia præventus redit ad cor et cogitare cœperit, quid et quantum peccavit, et secum rixari cœperit, quod

Deum in tot et tantis offenderit, hujuscemodi rixam Deus quærit. Hinc etenim salus hominis incipit. Revocat enim culpas ad memoriam, cogitat de pœnitentia, de conversione, de confessione, de satisfactione, et in his, quid potissimum sit vel fieri debeat, fluctuat. Talem te in litteris tuis accipio.

Dicis quippe, tibi suspectum esse, quod Deus pro peccatis tuis te nunquam coram hominibus confundi permiserit, quod hoc forte in futurum distulerit, cum venerit occulta hominum judicare, ut tunc peccatum tuum angelis et hóminibus manifestum fiat. Quæris, si libera sit confessio? si sufficiat uni soli sacerdoti confiteri tantum, si peccatum non iteratur, et injuncta pœnitentia compleatur. Percontaris, cum peccatum iteratur, si secunda pœnitentia admittatur? Item interrogas, quanta et qualis debeat esse pœnitentia? Conquereris, quod animus tuus in multa distrahatur, modo in barathrum desperationis, modo ad reversionem cordis et perfectam pœnitentiam satisfactionis : quomodo nunc velis mutare locum causa majoris districtionis, quomodo velis nunc includi, nunc eremita fieri. Hæc et alia quædam id generis quæris, de quibus magnum tumultum in corde pateris.

Cap. II. *Incertitudo futurorum non desperationem sed sollicitudinem in homine generet.*

Fateor, his quoque sæpius perturbatus est animus meus. Et non solum his quæstionibus, quibus de peccatis et pro peccatis agitamur, sed et cum homo omnia facit bona, quæ facere potest, *nescit utrum odio, an amore dignus sit, quia omnia reservantur in futurum incerta (Eccle.* ix). Job quoque : *Verebar,* inquit, *omnia opera mea (Job* ix). Verba, inquis, hæc, verba desperationis sunt ; ego autem quæsivi a te verba consolationis, ut de singulis, de quibus proposui, edoctus animus meus requiem aliquam inveniret.

Audi ergo breviter consolationem, quæ corrigit omnem desperationem. *Scimus,* inquit, *quoniam diligentibus Deum omnia cooperantur in bonum, his qui secundum propositum vocati sunt sancti (Rom.* viii). Et hoc, inquis, incertum est etiam, *qui secundum propositum vocati sunt sancti.* Et ego : Cur quæris scire, quod solius Dei est? *Novit Dominus, qui sunt ejus (Prov.* iv). Si vis certus esse, ora, la-

fuerit, tunc desperatus peribit. Et magnum inconve- A
niens est, Scriptura econtra consolante : *Quacunque*,
inquit, *hora peccator ingemuerit, salvus erit* (*Rom.*
x). Non dicit una, sed *quacunque hora*, alioquin
potestas Spiritus sancti minor inveniretur, si tantum semel et non semper posset dimittere peccata.
Caveant igitur, qui hoc denegant, ne blasphemiam
illam irremissibilem in Spiritum sanctum incidant.

Cap. XV. *Qui iteratam pœnitentiam fructuosam
relapsis esse negant ipsi sibi viam salutis præ-
cludunt.*

Domine sancte Spiritus , respice et audi me
propitius. Ego de cœtu eorum esse nolo qui
potestati tuæ detrahunt, qui sibi aditum indulgentiæ, si denuo post primam pœnitentiam lapsi fuerint, intercludunt. Scio, Domine, quia tibi subest B
posse, quando, quoties et cui vis misereri. *Exsultabo, Domine, et lætabor in misericordia tua* (*Psal.*
xxx). Magna est iniquitas mea, sed præsumo de
magna misericordia tua. Quoties cor contritum
et humiliatum (*Psal.* l) mihi dederis, toties et pœnitentiam dabis ; quia et hoc ipsum pœnitentia est.
Non ergo tantum est una pœnitentia, sed quoties
visitaveris peccatorum corda, toties erit et eorum
pœnitentia. Necesse est mihi, Domine, misericordiam tuam et potentiam confiteri ; quia multoties
lapsus sum in criminali. Stare nec volui nec potui ;
quia prona est in malum ætas hominis ab adolescentia, propter quod indiget numerosa pœnitentia.

In conspectu throni Joannes vidit mare vitreum, C
quod est vita baptizatorum, fragilis ac lubrica ad
casum.

> Benigne multum, Domine,
> Tu lapsum scis in homine :
> Infirma est materia.
> Versamur in miseria.

Hoc qui cantavit, misericordiam tuam sibimet
provocavit; quia te misereri posse, quando velles,
credidit. Credidi propter quod locutus sum, et vere
credo, quia revera et hoc credit Ecclesia. Igitur qui
contentiose agitis, ut aditum salutis vobis obstrua-
tis, credite nobiscum quia lege non constringitur
Spiritus sancti donum. Qui vero hoc credere nolunt, aut desperati sunt, aut ut libere peccent
occasionem quærunt.

Cap. XVI. *Qualis et quanta debeat esse pœnitentia.*

Brevior tristis fuisset, si tu alter Thomas non
esses. Sicut est ille, sic tu : nisi videris et tetigeris,
id est omnia perscrutatus fueris, non quiescis.
Nam præter alia et hoc quæsisti, qualis et quanta
debeat esse pœnitentia? Super hoc omnes habemus
doctorem Joannem Baptistam : *Facite*, inquit, *dignos fructus pœnitentiæ* (*Luc.* iii).Vide quid dixerit :
Non omnes digni fructus sunt digni fructus pœnitentiæ. Augustinus : *Quærat anima fructus dignos,
etsi non dignos pœnitentiæ. Sunt enim digni fructus
virtutum, qui non sufficiunt pœnitentibus. Pœnitentia
enim graviores postulat, ut dolore et gemitu mortuus
impetret vitam. Noli ergo te decipere, noli tibi blon-*

diri, *noli te palpare; quia non omnes digni fructus
sunt digni pœnitentiæ fructus. Quod tamen de illa
pœnitentia intelligitur, quæ majorum criminum est.
Non enim sufficiunt graviter delinquentibus, quæ sufficiunt minus vel parum peccantibus.*

Exstat hinc quoque sententia beati Gregorii
papæ, cujus doctrina aurea est. *Ut enim*, inquit,
*loquamur secundum dignos fructus pœnitentiæ, justum
est, ut qui illicita commisit , a licitis quoque absti-
neat, et qui illicita nulla commisit, licitis quoque
utatur. Quid dixit?* videlicet, ut qui illicita commisit,
ut est homicidium, adulterium, furtum, sacrilegium,
perjurium et cætera id ponderis criminalia, hic
talis carnem non comedat, vinum non bibat, mollibus non vestiatur, cibis lautioribus non vescatur,
sæculum denique relinquat, si nec uxor, vel tale est
aliquid quod impediat, hominem super caput suum
constituat, tribulationes in dorso suo ferat, proprietatem rerum dimittat , voluntatem suam non
faciat, hæc omnia cum consilio faciat, ne quid plus
vel minus præsumat juxta illam sententiam Sapientis : *Ne quid nimis.*

Cap. XVII. *Quæ forma sit pœnitentiæ de levioribus
peccatis?*

Ista est pœnitentium forma, qui securi esse
volunt de pœnitentia. Qui vero nulla illicita commisit, licitis utatur, sed tamen utatur hoc mundo
tanquam non utatur : habeat uxorem tanquam non
habens : gaudeat tanquam non gaudens ; emat
tanquam non possidens (*I Cor.* vii), et quædam alia
in hunc modum. Utquid? Quia sunt quædam peccata levia, quæ humanæ fragilitati quamvis parva,
tamen crebra subrepunt, quæ si neglecta et collecta contra nos fuerint, ita nos gravabunt et oppri-
ment, sicut unum aliquod grande peccatum. Quid
enim interest ad naufragium, an uno grandi fluctu
navis operiatur et obruatur, an paulatim subrepens
aqua in sentinam, per negligentiam culpam navem
impleat et submergat? Unde et pro his perpetratis
licet levior, tamen aliqua debet esse pœnitentia :
videlicet oratio Dominica, jejunium, et in pauperes
eleemosyna, et maxime altaris salutaris hostia.

Cap. XVIII. *Pœnitenti non solum dolendum est ob
peccata commissa, sed etiam ob bona omissa.*

Est alius quoque pœnitentiæ modus, quem docet
Apostolus : *Humanum*, inquit, *dico propter infirmitatem carnis vestræ. Sicut exhibuistis membra vestra
servire immunditiæ et iniquitati ad iniquitatem : ita
nunc exhibete membra vestra servire justitiæ in sanctificationem* (*Rom.* vi). Modus iste modus recom-
pensationis est; ille superior satisfactionis. Recom-
pensationis est, quia peccator non solum quod
peccavit, sed etiam lugere et flere debet quod bonum
non fecit, quod facere debuit. Augustinus in libro
*De fide ad Petrum : Attendat peccator cujus ætatis,
cujus sapientiæ et ordinis fuerit, dum peccavit. Imme-
retur in singulis istis, et sentiat modum criminis,
purgans lacrymis omnem qualitatem criminis, deflens
virtutem qua interim caruit. Dolendum est enim non*

solum quod peccavit, sed etiam quia se virtute priva- A
rit. Et hoc ergo ad dignum fructum pœnitentiæ
pertinet, ut numero virtutum adæquet numerum
vitiorum.

CAP. XIX. *David exemplum vere pœnitentis. Varii
modi deplorandi peccata,* etc.

Si tibi non sufficit hæc doctrina, qualis et quanta
debet esse pœnitentia, si quæris adhuc, accipe, lege
et intellige Psalterium, et vide quam formam pœnitendi David ille magnus peccator, ille magnus pœnitens in spiritu dictaverit et docuerit, et in operibus suis exemplum dederit. Ipse enim non tam
scripto quam exemplo absolutam, plenam et perfectam formam pœnitendi peccatoribus proposuit.
Quid enim in Psalterio scriptis docuit, hoc in historia libri Regum operibus, ut scriptum est, im- B
plevit.

Quid autem in Psalterio docuit? Videlicet quomodo peccator converti debeat : *Conversus sum,*
inquit, *in ærumna mea, dum configitur spina (Psal.*
xxxi). Quomodo confiteri debeat : *Dixi,* inquit,
confitebor adversum me injustitiam meam Domino
(*ibid.*). Quomodo singula peccata deflere debeat :
Lavabo, inquit, *per singulas noctes lectum meum(Psal.*
vi), id est per singula peccata mea. Peccatum enim
nox est, qnia excæcat animam, ne Deum videre
possit. De jejunio vero inquit : *Humiliabo in jeju-*
nio animam meam (Psal. xxxiv). Et quomodo jejuno?
Cinerem, inquit, *tanquam panem manducabam, et*
*potum meum cum fletu miscebam (Psal.*ci). De asperitate vero vestis dicit : *Cum mihi molesti essent,* C
induebar cilicio (Psal. xxxiv). De sæculo quoque
relinquendo : *Ecce,* inquit, *elongavi fugiens, et mansi*
in solitudine (Psal. liv). De disciplina ferenda :
Posuisti, inquit, *tribulationes in dorso nostro (Psal.*
i.xv). De obedientia exhibenda : *Imposuisti,* inquit,
homines super capita nostra (*ibid.*). De patientia in
persecutionibus : *Et factus sum,* inquit, *tanquam*
homo non audiens, et non habens in ore suo redar-
gutiones (Psal. xxxvi). Hæc omnia cum facta fuerint, ut effectum salutarem habere et apud Deum
in pretio esse possint, quod maxime adhuc necessarium est, Propheta addit, conversusque ad Deum
dicit : *Sacrificium Deo spiritus contribulatus ; cor*
*contritum et humiliatum, Deus, non despicies (Psal.*l). D
Sicut enim secundum Paulum, nec fides, nec
eleemosyna, nec martyrium sine charitate alicui
prosunt : ita nec illa corporalis exercitatio sine
corde contrito et humiliato sufficere possunt.
Idcirco vero ad Deum hujus dicti apostropham facit, quia solus Deus intuetur cor, et solus Deus
cogitationes hominum novit. *Est enim, qui nequiter*
humiliat se, et interiora ejus plena sunt dolo (Eccli.
xix). Hoc ergo solus Deus discernere potest.

Cumque quis omnia hæc etiam in contritione et
humilitate cordis perfecerit, non de meritis præsu-
mere, sed in misericordia Dei sperare debet. Unde
Psalmista : *Ego,* inquit, *sicut oliva fructifera in*
domo Domini speravi in misericordia Dei in æter-

num et in sæculum sæculi (Psal. li). Cur autem
tanto opere has spicas colligo, cum tota messis
ipsius Psalterii, quantum ad pœnitentes pertinet, in
id ipsum sit?

Dicis : Magna sunt hæc, difficilia sunt hæc, im-
possibilia sunt hæc. Frater, magnus morbus forti
indiget medicina. Qui se dilatavit in scelere, multus
esse debet in satisfactione. Hoc quoque Dominus Jesus in suscitatione Lazari significavit (*Joan.* xi).Vide
quanta fecit Jesus. Sorores Lazari miserunt et vocaverunt Jesum.Venit Jesus, vidit sorores Lazari flentes et Judæos plorantes, et lacrymatus est Jesus.Ve-
nit ad tumulum Jesus, jussit lapidem removeri Jesus,
fetebat Lazarus jam quatriduanus, plorat Jesus, fremit Jesus, et iterum fremit Jesus, suspicit in cœlum
et orat Jesus, ut Lazarus foras veniat; clamat Jesus,
jubet eum solvi et abire Jesus, tandem convivam
suum fecit eum Jesus. Hæc et alia fecit in suscitatione illa Jesus, non pro impossibilitate sua, sed pro
majori labore pœnitentium significando.

Dicis nunc : Quia qualis et quanta debeat esse
pœnitentia magnifice prædicasti , et nusquam
mediocrem pœnitentiam concessisti, scire velim
ad quem modum pœnitentiæ te informaveris, ut
exemplo tuo veniam sperare possim. Te enim scribente, te prodente, te accusante, unum te de
magnis peccatoribus esse cognovi. Audi : nolu
minus dicere, licet minus faciam. Facilius est dicere
quam facere. Melius est facere quam dicere : optimum dicere et facere. Sed quia me pro exemplo
habere vis in pœnitentia, quod dico, fac. *Fili homi-*
nis, ingredere domum et fode parietem, et vide abo-
minationes, quas illi fecerunt hic, fode parietem, et
iterum fode, et tertio fode sicut præceptum est pro-
phetæ (Jer. viii). Fode parietem cogitationum,
parietem locutionum, fode parietem operationum,
et quidquid his singulis peccaveris, vide. Cumque
in his singulis te peccasse criminaliter cognoveris,
accipe super te T, quod est signum gementium et
dolentium. T figura crucis est, crux passio est.
Imitare ergo passionem Christi, et comple ea quæ
desunt passionum Christi in carne tua, et vir ille
indutus lineis, et atramentarium in dorso suo habens, cum viderit T super te, transiens non percutiet te.

Tenorem proposili capituli compendioso sensu
accipe sic. Si iniquitates tuas videris, et eas dimi-
seris, et signum super te acceperis, hoc est amaritudinem veræ pœnitentiæ ad instar passionis Christi
habueris, angelus percutiens non lædet te, hoc est,
vindicta Dei non veniet super te. Ingredere quoque
silvam peccatorum tuorum succidere, effodere,
exstirpare. Silva hæc constat ex spinis et tri-
bulis, quam primus homo propter prævaricationem præcepti in maledictione terræ suæ accepit. *Cum,* inquit, *operatus fueris terram, non du-*
bit fructus suos, sed spinas et tribulos germinabit
tibi (Gen. iii). Terra hominis caro ejus est. Ille
operatur terram, qui carnem suam in deliciis et

concupiscentiis nutrit et fovet. Spina grossior est A
et aperte vulnerat. Tribulus subtile acumen habet,
occultius pungit et di'ficilius exuitur. Spinæ ergo
sunt peccata manifesta, quæ secundum Apostolum
extra corpus fiunt, ut est homicidium, furtum, perjurium et similia. Tribulus est peccatum intus in
carne latens, quando quis secundum Apostolum in
corpus suum peccat, ut ille qui fornicatur qualibet fornicatione, qui tribulus difficile eruitur; quia,
juxta Domini dictum : *Hoc genus dæmonii non nisi
in oratione et jejunio exire poterit* (*Marc.* ix). Peccata ergo tua, sive sint spina sive tribulus, succide
illa deserendo, effode ea confitendo, eradica nil
abscondendo.

Dicis : Tam multa, tam magna, tam turpia sunt
peccata mea, quod ea confiteri confundor. Confusio B
illa, frater, pars magna pœnitentiæ est, cui si domi-
natus fueris, quod omnia confessus fueris, etiam
misericordiam Domini citius mereberis. Et cum
hæc feceris, non statim securus eris. Peccata tua
coram te sint semper. Cogita pro peccatis tuis.
Plora per singula peccata tua, ut Propheta : *Exitus,*
inquit, *aquarum deduxerunt, oculi mei, quia non
custodierunt legem tuam* (*Psal.* cxviii).

Lacrymas, inquis, habere non possum. Quære
has a Deo, quia donum Dei sunt. *Potum,* inquit,
dabis nobis in lacrymis in mensura (*Psal.* lxxix). Si
lacrymas habere non poteris, offer cor contritum et
humiliatum, quod Deus non spernit. Elige tibi in
sanctis Dei patronos, qui ad hoc idonei et sufficien- C
tes sunt, et constitue singulos per singula peccata
tua, ut quod merito tuo obtinere non poteris,
illorum suffragio consequaris. Ora semper, esto
ut passer solitarius in tecto (*Psal.* ci) per diem, esto
cicada cantans per noctem. Imitare Prophetam
dicentem : *Domine Deus salutis meæ, in die clamavi
et nocte coram te* (*Psal.* lxxxvii). Ama vigilias,
multiplica venias, pectus pugnis tunde, secretum
opportunis horis quære, rugitum cum gemitu emitte:
Rugiebam, inquit, *a gemitu cordis mei* (*Psal.* xxxvii).
Cuba in sacco, grossior tunica sit tibi pro cilicio,
non sit tibi diuturna quies lecti, nec membra resol-
vat calor. Longa quies lecti , et membra resoluta
calore nutriunt vermes vitiorum.

Nunquam te diabolus inveniat otiosum. Aut ora- D
tio in ore, aut meditatio sancta in corde, aut divina lectio sit in manibus assidue. Hæc et alia perfectioris pœnitentiæ sunt, per quæ *regnum cælorum
vim patitur* (*Matth.* xi). Hæc tibi, frater, sufficiant.
Cur tibi referam angulos meos et soliloquia cogitationum mearum se inter se accusantium aut etiam
defendentium? Quid tibi referam illa vel illa secreta
mea? *Secretum meum mihi, secretum meum mihi*
(*Joan.* xxiv).

Dicis ergo nunc : Heu! heu frater! quid faciam?
quia minor et insufficiens sum ad ista omnia. Putabam modum pœnitentiæ tuæ utrumque leviorem
fuisse. Ut vero video, nil minus perfectioribus facis,
si impleveris ea quæ dicis. Audi quod Propheta

dicit, dic et tu : *Imperfectum meum viderunt oculi
tui* (*Psal.* cxxxviii). Et quid faciam? Audi Dominum : *Quis rex iturus adversus alium regem committere bellum, nonne sedens prius computat, si possit cum decem millibus occurrere ei, qui cum viginti
millibus venit ad se? Alioquin adhuc illo longe agente,
mittens legationem rogat ea quæ pacis sunt* (*Luc.*
xiv). Jesu misericors Domine, quem mittemus, vel
quis erit legatus noster adversus regem hunc, qui
cum duplo suo venit adversus simplum nostrum?
An tu es rex ille, et tamen legatus noster ? Utique
Domine, secundum divinitatem tuam rex ille es,
secundum humanitatem tuam legatus noster es,
qua interpellas pro nobis, non solum apud Patrem,
sed et apud te, qui cum Patre unum es. Cum tuo
duplo venis adversus simplum nostrum ; quia non
solum opera, sed et verba et cogitationes nostras
venis judicare. Quis ergo salvari potest sine te?
In tribus venisti salvare nos, doctrina, exemplo,
oratione. Doctrina, ut doceres ignorantes; exemplo,
ut provocares duros ; oratione, ut confirmares deficientes.

De doctrina constat, quia aut in templo, aut in
synagogis Judæorum, aut in monte, aut in campe-
stribus docuisti, modo discipulos tuos, modo Judæos,
modo turbas. Ad quid ? *Hæc,* inquit, *locutus sum,
ut vos salvi sitis* (*Joan.* v). De exemplo nihilominus
manifestum est. Dixisti enim : *Exemplum dedi vobis,
ut quemadmodum ego feci vobis, ita et vos faciatis*
(*Joan.* xiii). Item : *Discite a me quia mitis sum et
humilis* (*Matth.* xi). Quare? *Et invenietis requiem
animabus vestris* (*ibid.*). De oratione quoque dixisti :
Ego pro te rogavi, Petre, ut non deficiat fides tua
(*Luc.* xxii). Item : *Non pro eis tantum rogo, sed et
pro his qui per verbum eorum credituri sunt in me*
(*Joan.* xvii). At nos doctrinam tuam fastidimus,
exempla declinamus, quid ergo superest nisi sola
oratio tua, per quam salvemur? Quos ergo minus
doctrina, minus exemplo poteris, oratione tua, Jesu
misericors, salva.

Sicut potui, non sicut volui, ad interrogata tua
rescripsi. Ex abundanti fuit, et est tibi, ita scis
omnia. Verumtamen credo , non defore aliquos de
tanta multitudine generis humani, si inciderint in
hanc schedam, quin aliquid doctrinæ inde percipiant.
Non enim omnes sunt grandes ; sunt et mediocres,
sunt et humiles. De cæteris litterarum tuarum quæ
supersunt, quia tua privata sunt , aliud initium
dicendorum sumam.

CAP. XX. *Quid sit venire in profundum malorum,
et quid ac quotuplex desperatio?*

Irasceris quod tarde tibi rescribo. Moras non
habeo, nisi quantum mihi de statuto somno subri-
pere possum. Moras non habeo, nisi quantum mihi
post communes et privatas orationes tempori superest, quod valde parum est. Huc accedat tardum
nunc ingenium et tremulæ manus, quia decrepitus
sum. Notarios nunquam habere potui, gratis habere
non potui, pecuniam non habui. Causa quoque fuit

quod scripta mea superflua, imo nulla judicantur.
His omissis ad tua tractanda accedam. Ut autem
mea melius intelligi possint tua, quibus te depinxi-
sti, etiam ipsa verba, sicut in litteris tuis, præpo-
sui, quæ sic sunt.

Dixisti : Cum essem in peccatis, et in profundum
malorum venissem, contemnens vel etiam desperans sæpius cogitabam apostatare et sequi quocunque me traxisset voluptas. Nunc vero affectibus
carnis meæ per gratiam Dei sopitis, aliquantulum
reversus ad cor, perfectam agere pœnitentiam meditor, a loco scilicet in quo peccavi, ad alium
districtioris vel etiam disciplinatioris conversationis transire. Quoniam omnis pene disciplina nostra
periit. Vel peregrinari, vel includi, aut etiam eremita fieri propter Christum desidero. Facerem
horum unum, si non retineret votum et obedientia,
quodque necessarius videor Ecclesiæ, quæ me enu-
trivit, sive ad vitam sive ad mortem, nescio, Deus
scit. Inter hæc ambigua quid potissimum eligam,
ignoro. Cogito me sæpe liberare ab omnibus claustri sæculique negotiis, nec proficio. Hucusque
tua.

Primo possum tibi dicere, quod dicit poeta :

Mutantem vultus teneam quo Protea nodo?
(HORAT. *Ep.* I, i; 90.)

Cum enim in tot effigies voluntatum mutaris,
nonne recte quodammodo Proteum te dixerim, qui
nunc vir, nunc femina, nunc longus, nunc brevis,
nunc senex, nunc puer mutabatur. Cum, inquis, in
profundum malorum venissem. Quid sit profundum
malorum, quomodo in profundum malorum perve-
nistur, dicam : non te, sed simplices doceo. Non
doceo ut doceam, sed doceo ut docear. Non doceo
malum faciendum, sed doceo ne fiat. Profundum
malorum est multitudo majorum criminum, in quod
nemo subito venit. Sicut enim nemo repente fit
optimus, ita nemo repente fit pessimus. Cum enim
quis in consilium impiorum abierit, et peccatum
aliquod primo perpetraverit, pœnitentia aliqua
timorem Dei adhuc cogitans contristatur; cum
vero, consumpto timore illo, viderit se impune peccasse; quia Deus peccatum illud statim noluit
punire, delectatio ejusdem iterandi vel alterius
faciendi succedit, tanquam filia Herodiadis, quæ in
medio saltavit, et consilio matris caput Joanni
abstulit. Filia Herodiadis est delectatio peccati dulcis, quæ in medio saltat, dum cor hominis iterum et
iterum ad peccandum delectatio titillat. Hæc consilio matris, id est peccati caput Joannis petit, dum
peccatum perpetratum Christum, qui est caput
nostrum, homini tollit, per quod homo diabolo
conjungitur, sicut Herodias Herodi illicite copula-
batur.

Cum ergo peccatum addit peccato; quia non
potest cessare vel manere in uno vitio, juxta illud :
Qui in sordibus est, sordescat adhuc (Apoc. XXIII);
cum, inquam, cadit de peccato in peccatum, et
Deus in instanti nullum punit, absque retractione

A currere incipit per portas mortis (quot enim sunt
peccata, tot portæ mortis sunt) in profundum malorum festinat ; cumque paulatim timorem Dei deposuerit, contemnere incipit ; quia propter impunitatem male securus nulla jam vel extrema tristitia
cor ejus tangit. Ita consuetudine cæcatus tenetur.
Exhinc desperatio nascitur, et quæ desperatio ?
Vide.

Tres sunt desperationes : una, qua homo difficultate pœnitentiæ deterretur; quia se ad perficiendam
pœnitentiam sufficere desperat, et converti tardat.
Hæc remissibilis est, si tamen in ea non permanserit. Est et alia, qua homo desperat non remissionem peccatorum, si pœniteat, sed quod Deus de
pœnitentia ejus curam non habeat. Hæc est remissibilis, quia hanc humilitas excusat, quia timet, ne
præsumat. Maxima quoque pars nostrum hac laborat. Homo enim, cum fecerit bona quæ potest,
*nescit utrum odio vel amore dignus sit; omnia quippe
reservantur in posterum incerta (Eccli.* IX). Hac
desperantes non desperamus. Justitiam quidem
timemus, sed de misericordia præsumimus. Est
tertia quoque desperatio terribilis, videlicet blasphemia Spiritus sancti irremissibilis, quando peccator non credit, quod Spiritus sanctus possit ei
dare remissionem propter criminum suorum magnitudinem, et in hoc obstinatus contemnit, quia non
curat quod facit. Tunc Behemoth caudam suam in
corde ejus quasi incudem malleatoris stringit, qui
nodus in æternum insolubilis permanebit. Hic peccator est mortuus quartus, Domino quidem nuntia-
tus, sed a Domino non est resuscitatus. Est, inquam,
de quo propheta dicit : *Super tribus sceleribus et
quatuor non convertam eum (Amos.* I).

Nunc easdem desperationes cum aliqua determinatione repetam. Prima est pusillanimitatis, secunda
dubietatis, tertia perditionis. Prima indiget animi
confirmatione, secunda Spiritus sancti consolatione,
tertia manet absque omni remedio sine fine. Contra
timiditatem primæ desperationis, quam homo ad
difficultatem pœnitentiæ habet, Salomon fortitudinem promittit, dicens : *Viam sapientiæ monstrabo
tibi, ducam te per semitas æquitatis, quas cum ingressus fueris, non arctabuntur gressus tui, et currens
non habebis offendiculum (Prov.* IV). Ad tollendam
dubietatem secundæ desperationis, qua homo de
indulgentia suspectus est, audi quid Dominus Jesus
dicat : *Non veni vocare justos, sed peccatores* in
pænitentiam *(Marc.* II). Semper est verum : ubi vera
pœnitentia, ibi est et vera indulgentia. De tertia
desperatione hæc sola doctrina est, quod irremissibilis est : *Blasphemia,* inquit, *Spiritus sancti neque
hic neque in futuro remittetur (Matth.* XII). Si dubitas
blasphemiam esse Spiritus sancti quicunque obstinatus non credit Spiritum sanctum posse dare remissionem peccatorum, hinc certus fias. Quando Dominus Jesus dixit paralytico : *Confide, fili, remittuntur
tibi peccata,* Judæi dixerunt : *Hic blasphemat (Matth.*
IX). Purum hominem Christum credebant, ideo eum

blasphemare dicebant, quia dimittere peccata solius A
Dei est. Quamvis autem Christus et ipse potestatem
dimittendi peccata habeat propter cooperationem
sanctæ Trinitatis, specialiter tamen remissio peccatorum ad personam Spiritus sancti pertinet, quia
ipse est remissio omnium peccatorum. Christus
vero sicut in Spiritu sancto dæmonia ejicit, ita et
in Spiritu sancto peccata dimittit. Sic quidquid
facit, totum in Spiritu sancto facit. Si igitur Judæi
dixerunt, Christum blasphemasse, quia potestatem
dimittendi peccata quasi Deo abstulisse, et sibi videbatur vindicasse : multo magis blasphemant, qui
Spiritum sanctum peccata posse dimittere negant.
Quæ in hoc irremissibilis est, quod obstinata et
incorrigibilis est.

Non me latet alias super hac blasphemia esse B
sententias, quarum quæstionem ventilare id temporis non est. Cum igitur dicis : Cum in peccatis
essem et in profundum malorum venissem contemnens et desperans, tu discerne de qua desperatione dixeris. Tantum tertia illa longe sit a te, et
quod illa longe sit a te, indicasti, cum mox de
pœnitentia tua addidisti : *Reversus ad cor* perfectam
pœnitentiam agere sæpe meditor. Ut hæc desperatio
et hæc blasphemia ab omnibus nobis longe sit,
corde credamus, et ore confiteamur, quia Spiritus
sanctus omnium peccatorum remissio est.

Cap. XXI. *Oratio ad sanctum Spiritum pro impe-
tranda spe veniæ peccatorum.*

Domine, sancte Spiritus, qui es justitia in supernis, misericordia in infimis, qui es spiritualis C
unctio in sanis, vinum et oleum in vulneratis, qui
es dexteræ Dei digitus, divisus in donis, unus et
idem in singulis, qui Paracletus diceris, qui pro
peccatis suis mœrentes consolaris, donum Dei,
aquarum fons vivus inexhaustus, misericordia,
ignis consumens, rubiginem peccati auferens, charitas Deum et nos conjungens! Omnipotentissime,
misericordissime Domine, te rogamus, ut ab hac
blasphemia custodias nos, quia vere credimus et
confitemur quod tu es omnium peccatorum remissio. Non est multitudo, non est quantitas aliqua
peccatorum, quæ potentiam et misericordiam tuam
excedat. Adsunt exempla, quibus probemus dicta.

Multitudo peccatorum fuit in Maria Magdalena, D
cui dimissa sunt peccata multa, quantitas in Paulo
persecutore, in David verbum Uriæ. Ille misericordiam consecutus est, quia ignorans fecit ; iste, quia
peccasse se dixit, audire meruit : *Dominus quoque
transtulit peccatum tuum, non morieris* (II *Reg.* XII).
Item in Corinthio illo fornicatore, cujus similis
fornicatio nec inter gentes audiebatur, cui quia
Corinthii, et Paulus donavit. Hoc specialiter totum
opus tuum fuit, Domine, sancte Spiritus, licet Deus
operatus sit Pater et Filius. Eamdem ergo misericordiam fac in omnes, qui te adorant, invocant,
et omnipotentiam tuam confitentur.

Cap. XXII. *Num locus, in quo quis peccavit, pœnitentiæ causa mutandus ?*

Nunc revertamur ad tua tractanda. De loco in
quo peccasti, ad alium transire te velle dicis. Et
causam ponis, ut tibi videtur, necessariam, videlicet districtioris et disciplinatioris conversationis,
quoniam omnis disciplina nostra pene periit. In
loco, in quo peccasti, mane, ut loculi (9), in quibus ibi et ibi peccasti, tibi sint in facie, ut si negligenter egeris, te moneant. Si dissimulare velis,
lapides te reum clament, faciantque te memorem, ne
quid per oblivionem impunitum et inemendatum
dimittas. Ad perfectam quippe pœnitentiam pertinet,
ut sigillatim in singulis locis te punias, in quibus
singulis sigillatim peccasti. Sicut enim in singulis
membris illis, in quibus homo plus peccat, plus pu-
nitur, ut dives, qui plus in lingua peccaverat ; ita
in quolibet loco, in quo homo specialiter peccat,
specialiter et puniri debet.

Fabula non est, quod offero : verum est. Quidam
miles nostris temporibus inimicis suis ad viginti
villas una die combussit. In proxima nocte ejusdem
diei ab inimicis suis occisus est, a sepultura pro
culpa incendii per tres dies suspensus est. Interim
quidam sacerdos vicarius plebani per somnium
vidit quomodo miles ille pertica grossa et longa, ut
anser, confixus esset, et per singulos lares singula-
rum domorum incensarum assaretur. Et cum incan-
duisset ut ferrum, aqua frigidissima juxta erat, in
quam demergebatur, de qua extractus iterum assa-
batur. Sic per singulas lares domorum illarum
factum est. Denique finitis assationibus illis ad montem magnum et altum transportatus est, qui aperuit
se, et de eo maxima flamma ascendit, illuc illo
intromisso mons se clausit.

Ecce testimonium habes, quod in locis singulis,
in quibus homo peccat, et puniri habeat. Sic per
singula sacra tempora, sic per singulos sacros
ordines, sic per singulas professiones, sic per singulos gradus consanguinitatis, sic quidquid tale
inveniri potest, in quibus homines peccant, singillatim punire se debent. Mane ergo in loco, in quo
peccasti, ut vivas ibi et ibi pœniteas, ne post mortem ibi et ibi exagiteris (10).

Cap. XXIII. *Quidam pœnitentes exemplo adulteræ,
paucis a Christo absolutæ, se muniunt, sed deci-
piuntur.*

Forte nunc dicis : Tædet me disputationis tuæ;
quia pene nusquam, ubi se præbet occasio, de pœnitentia taces, et ita eam multiplicas, exaggeras, ita
difficilem exponis, ut etiam ipso auditu deterrear et
timidus efficiar. Et mirum est valde, unde hanc
formam et hunc modum pœnitentiæ habeas, cum Dominus mulieri in adulterio deprehensæ simplicem,
facilem et compendiosam indixerit pœnitentiam.

Gaudeo, frater, de hac oppositione tua ; quia quidam sunt, qui se hoc exemplo muniunt, sed deci-

(9) F. Locelli.

(10) Cod. *exigaris.*

piuntur. Hoc primum dicere possumus quod hoc privilegium communem legem non facit. Nonnunquam enim Deus aliqua fecit, aliis aliqua facere præcepit, quæ nobis in exemplum trahenda non sunt. Præter hæc, si recte inspexeris, perfectissimam pœnitentiæ formam in hoc pœnitentiæli Domini invenies. Veni ergo, frater, huc, esto tecum, esto mecum, inspiciamus hujus pœnitentiæ plenitudinem, omissis quibusdam circumstantiis, quia videlicet ante hoc opus, quod in peccatrice ista facturus erat, perrexit in montem Oliveti, hoc est in altitudinem misericordiæ : *Miserationes* enim *Domini super omnia opera ejus* (*Psal.* cxliv). Item et quod per hoc quod accusatores mulieris semetipsos cognoscere fecit, exemplum dedit, ut in se discant magistri, quomodo aliis peccata sua confitentibus debeant misereri. Iis, inquam, et aliis omissis, consideremus verba sola pœnitentiæ, mulieri nunc a Domino injunctæ, si talis pœnitentia, qualem abhorres, hic inveniri possit.

Cap. XXIV. *Mulier adultera, a Christo ex-Judæorum manibus erepta, perfectæ pœnitentiæ formam præbuit.*

Pœnitentia sic describitur : *Pœnitentia est peccata commissa deflere, et deflenda ulterius non committere.* In hac tria considerantur : cordis contritio, oris confessio, operis satisfactio. In cordis contritio. e humilitas, in oris confessione verecundia, in operis satisfactione labor. Vide nunc si in peccatrice ista hæc fuerint, et quomodo fuerint.

Cor contritum habuit quia cor ejus lapideum a Christo in molle demutatum est. Quod per scriptionem illam, qua inclinatus in terram scripsit, significavit ; quia cor ejus digito suo, id est Spiritu sancto ad pœnitentiam informavit. Ibi humilitas fuit, quia se peccasse recognovit. Oris confessio fuit, quia propter ream conscientiam nil contradicere habuit. Quid putas verecundiæ habuit, quando culpa ejus accusatoribus suis nota fuit, et Deum, quem nil latere potest, inspectorem et judicem habuit ? Maxima pars est pœnitentiæ verecundia, quia pœnitens sponte patitur pro sua culpa. Quid putas etiam timoris habuit, quando solam sententiam lapidationis exspectavit?

Hoc maxime nunc est in quæstione, quomodo opus satisfactionis in ista fuerit, cum nec in verbis Domini, quæ ad eam dixit, aliquid tale sonuerit, nec ipsa pro culpa sua aliquid fecisse legatur. *Vade,* inquit, non sis otiosa, sed *vade,* id est profice in virtutibus. Virtutes autem nullus sine labore consequi potest. *Jam amplius noli peccare* (*Joan,* viii). Non dixit : Non pecces ; quia nemo, quo adhuc vivit, sine omni peccato esse poterit, criminale tamen quodlibet vitandum est. *Noli peccare,* hoc est voluntatem peccandi aliquod criminale non habeas. Nemo putet se severam posse pœnitentiam agere, et simul voluntatem peccandi habere. Qui actu et voluntate peccata derelinquunt, continuo eis tentationes insurgunt, quæ sine labore vinci nequeunt. Pro

multis unum exemplum accipe. Vitium fornicationis non superatur nisi in jejunio et oratione. In victoria igitur fornicationis conquiritur virtus castitatis. Uno enim labore et vitium vincitur et virtus acquiritur. Si ergo illa debuit ad virtutes proficere, et nolle peccare, cum utrumque sine pugnæ labore fieri non potuit, perfectæ pœnitentiæ formam Dominus in his verbis huic mulieri tradidit. Noli igitur tædere super his quæ scire et facere necessarium est.

Cap. XXV. *Ob malitiam hominum religioso non facile de loco ad locum cominigrandum.*

Cur vero de loco ad locum transire tibi menti sit, id causæ fore fateris quia omnis disciplina nostra periit.

Tres quidem causæ sunt, pro quibus mutatio loci fieri potest, videlicet persecutio, defectus necessariorum, destructio loci vel ordinis. Sed hoc tempore quo ibis, et quo fugies? Proverbium vulgare est : *Morde digitum unum, iterum unum, et iterum unum, omnes æqualiter dolent.* Legitur in Josepho quod quidam præsagium futuri excidii, quod sub Vespasiano et Tito factum est, diu quotidie clamitaverit : Væ ab oriente, væ ab occidente, væ a meridie, væ ab aquilone, væ undique, væ et mihi ! Instar ego possum clamitare : Væ a scapulari Cisterciensium ! væ a cuculla Cluniacensium ! væ a tunica Præmonstratensium ! væ a camisia Regularium ! væ ab omnibus angulis mundi! Ubi lex? ubi fas? ubi ordo? ubi silentium? ubi lectio? ubi opus manuum? ubi communis vita? omnes quærunt quæ sua sunt, aut publice aut privatim.

Dicis mihi : De quibus hæc dicis, de subditis an de magistris? A sanctuario meo incipite. Sunt enim magistri prurientes auribus. Sunt quippe illa nunc tempora, quæ apostolus Paulus futura prædixit, in quibus omnes tam magistri quam discipuli speciem pietatis sunt habentes, virtutem autem ejus abnegantes. In mundo vero ubique dolus, ubique fraus, ubique perfidia ; fides nulla, et ita nulla, ut ipse Dominus dixit : *Dum venerit Filius hominis, putas inveniet fidem super terram?* (*Luc.* xviii.) Et propheta : *Non est,* inquit, *veritas, non est misericordia, non est scientia Dei in terra. Maledictum et mendacium, et homicidium, et furtum, et adulterium inundaverunt, et sanguis sanguinem tetigit* (*Ose.* iv). Sed in istis nonnullis ita prævaluerunt cœnobitæ sæcularibus hoc tempore, ut merito eis dici possit : *Erubesce, Sidon, ait mare* (*Isa.* xxiii). Item propheta : *Justificasti in viis tuis pessimis sororem tuam Oolibam* (*Ezech.* xxiii).

Mane ergo in loco tuo, et dic quod ille dixit : Væ et mihi ! Sed quo sensu? Ne durum tibi videatur, audi : Væ tibi, væ et mihi, væ omnibus qui zelum Dei habent, quod hæc tempora videre duravimus ! *Quoniam abundavit iniquitas, refrigescet charitas multorum* (*Matth.* xxiv). Mane ergo in loco tuo. Ubique sunt scorpiones, ubique dracones, cum quibus et inter quos Ezechiel habitat. Lot quoque

cum pessimis habitabat, qui animam justi iniquis A mare, qui semel viderit sufficit. Timorem vero ju-
operibus de die in diem affligebant. dicii futuri semper præ oculis habere Salomon

Et quia non invenis ubi requiescat pes tuus, suadet : Semper, inquit, memorare novissima tua, et
mane in loco tuo, ut columba reversa mansit in in æternum non peccabis (Eccli. vii). Quod domi
arca. Observa tamen et cave ne cum aliis culicem facere poteris, etiamsi Josaphat nunquam videris.
liquaveris, tu camelum glutias. Quod dico, graviter Mons Oliveti, mons est pinguedinis, dulcedinis et
ferre noli ; quia hoc dico, ut tu salvus sis. Opto enim misericordiæ. Nihil sic dulce, quam hominis pecca-
etsi plures non possum, v l te unum consiliis meis toris misereri. Nihil sic magnum, quam hominem a
Domino lucrari. Cum juvenis eram, piscandi con- peccato justificare posse : plus est enim hominem a
suetudinem cum hamo habebam ; sæpe tentavi, peccato justificare, quam hominem creasse. Hanc
multum laboravi, unum thymallum omni tempore autem misericordiam corde contrito et humiliato
piscationis meæ cepi, in quo multum delectabar, et apud Deum invenire poteris, etiamsi montem Oli-
domino, cum quo conversabar, in munere obtuli. veti ultra mare nunquam videris.
Thymallum illum te interpretor, si modo hamo Jordanis est fluvius confluens de duobus fontibus,
verbi Dei te capere possim, ut vel te solum Domino B Jor videlicet et Dan, qui ad radices Libani montis
Deo meo offerre habeam, et tecum lætari, et in oriuntur, et grandiusculi separatim fluunt, deinde in
Domino te frui mercar. Amen. unum amnem congregantur, et deinceps Jordanis
vocantur, quod descensus eorum interpretatur. Sic

CAP. XXVI. Quomodo quis spiritualiter loca sancta, aqua Jordanis hujus poteris baptismo et pœnitentia.
corpore domi positus adire possit? duobus his remediis cooperantibus, quasi duobus

Nec hoc præteribo, quod dixisti, quia animus fontibus confluentibus ablui et mundari, si descen-
sæpe suggerat tibi peregrinari. Quo? Jerosolymam. deris, hoc est si te humiliaveris. Si igitur altare
Ad quid? Ut visitem, inquis, ibi loca præsentia tuum tua Bethlehem est, si armarium tuum tua
Domini corporali sanctificata, videlicet Bethlehem, Bethphage est, si cella tua tua Bethania est, si
Bethphage, Bethaniam, Josaphat, montem Oliveti, timor futuri judicii tua Josaphat est, si misericordia
ipsum denique Jordanem. tua tuus mons Oliveti est, si baptismus et pœniten-

Non habes ire necesse, quia tantum tia tua tuus Jordanis est : si hæc, inquam, hoc est
Cœlum, non animum, mutant, qui trans mare currunt. eorum significata domi tibi sunt et esse possunt,

Non habes ire necesse, quia hæc omnia domi non igitur necesse habes ire Jerosolymam, et visi-
poteris invenire, etsi non ipsa loca, tamen eorum tare loca illa ultra mare posita. Omnibus his occa-
significata. Bethlehem domus panis interpretatur. C sionibus spoliatus dicis adhuc : Vel hoc mihi con-
Christus, qui quondam in Bethlehem secundum cede, ut eam Jerosolymam, ut saltem orem ibi.
carnem natus, et in præsepio est inventus, nunc Audi : Mulier Samaritana dixit ad Jesum : Patres
ubique in omnibus sanctæ Ecclesiæ altaribus inve- nostri in monte hoc adoraverunt : et vos dicitis quia
nitur, licet non talis hic qualis ibi. Etsi Christum, Jerosolymis locus est, ubi adorare oportet (Joan. iv).
inquit, secundum carnem cognovimus, sed nunc non Et Dominus Jesus : Mulier, inquit, crede mihi, venit
novimus (II Cor. v). Non ergo.habes necesse ultra hora, quando neque in monte hoc, neque in Jerosoly-
mare uno loco quærere quod ubique invenitur. mis adorabitis Patrem (subaudis : secundum ritum
Altare eminus tuum est tua Bethlehem. et opinionem, quæ tunc temporis apud illos fuerunt).
Bethphage domus buccæ interpretatur. Domus Sed venit hora, quando veri adoratores adorabunt
tua domi domus buccæ est, quia habes apud te Patrem in spiritu et veritate (ibid.). Subaudis : ubi-
scripta sanctorum Patrum, quorum ora Spiritus que, secundum quod Paulus quoque dicit : Volo
sanctus, ut talia dicerent, perflavit, quibus docent vos in omni loco orare, et puras manus ad Deum le-
nos in hac terra esse peregrinos nec habere hic vare (I Tim. ii). Proinde Jerusalem ubique est. Non
manentem civitatem, sed futuram quærere debere igitur necesse habes ire Jerosolymam, ut ores ibi.
quæ non est illa Jerusalem, quæ servit cum filiis D
suis, sed illa Jerusalem, quæ sursum est, quæ libera Quare ergo, inquis, tanta multitudo hominum
est, quæ omnium nostrum mater est. Hæc Bethphage currit Jerusalem? Respondeo : Quare dicit Jesus di-
tibi quotidiana est, quod illa ultra mare esse non scipulis : Vobis datum est nosse mysterium regni D.i,
potest. Armarium ergo tuum sit tua Bethphage. cæteris autem in parabolis? (Luc. viii.) Indoctum
Bethania domus obedientiæ interpretatur. Cella quippe et sæculi actibus semper occupatum vulgus
tua, in qua te noto abbati et loco obligasti, Betha- aliquo modo meditari debet, videlicet ut qui domi
nia tua est. Illa ultra mare semel sufficit, in ista pene sine Deo sunt, devotione hujusce peregrina-
jugiter permanere debes. Debes, inquam, operam tionis erudiantur, ut Deum quem minus Spiritu
dare, ut quemadmodum Christus de Bethania, hoc capere possunt, labore tali promereantur. Simili
est, de domo obedientiæ (factus est enim Patri ratione pictura fit in ecclesiis, non propter littera-
obediens usque ad mortem [Phil. ii]), ad cœlum, ita tos, sed propter idiotas, quoniam quod est Scriptura
et tu in obedientia inventus merearis esse, ubi ipse litteratis, hoc est pictura idiotis. Ad hoc potest
est. Cella ergo tua sit tua Bethania. quoque illud Apostoli adaptari : Justo lex non est
Josaphat vallis futuri judicii est. Josaphat ultra posita, sed injustis (I Tim. i), plagariis, homicidis,

parricidis, perjuris et similibus. Non ergo necesse habes ire Jerusalem, ut ibi ores. Tales ire permitte, quales notati sunt superiori descriptione; tu vero vota tua domi adimple.

Cap. XXVII. Non licet religioso martyrii causa militiam sectari.

Præter has cogitationes, imo tentationes tuas, haud dissimilis tentatio te apprehendit, sicut ex aliis litteris tuis mihi ante has missis cognovi, imo sicut ex ore tuo audivi. Dixisti enim, quod maxima cupido animum tuum incesserit, ut martyr fieres. Igitur in expeditione (11), quæ præsenti anno sub imperatore Romano Frederico, ipso duce, facta est adversus paganos, et tu ire, et cum paganis pugnare volebas, ut vel sic, occasione videlicet hujus pugnæ martyr fieres.

Ad quod quia tunc minus, nunc plenius respondeo. Aliam militiam jurasti, talis pugna tibi non licet. Exemplum præ manibus habes beatum Martinum, qui adhuc aicus dicebat : *Miles Christi sum, pugnare mihi non licet.* Et Petro sic pugnanti dictum est a Domino : *Mitte gladium in locum suum* (Joan. XVIII). Lege omnes vitas et passiones sanctorum martyrum, et non invenies aliquem martyrum persecutorem suum interficere voluisse, ut se occideret. Novum genus martyrii est, alium interficere velle, ut se occidat.

Si te pugnare delectat, pugna ut Moyses. Moyses solus in monte plus pugnabat orando, quam Josue cum omni exercitu suo materialibus armis dimicando. Quando enim Moyses orabat Josue vincebat; quando vero Moyses lassus intermisit, Amalec vicit. Igitur si Martinus gladio pugnare non voluit, quia aliam militiam spiritualem cogitabat, desiderabat, et tandem ipse opportuno tempore exercebat; si Petro, Domino prohibente, gladio alieno pugnare non licet; si nullus martyrum persecutorem suum tali gladio impetebat, ut se martyrem faceret : tu quoque horum admonitione inductus talem cogitationem, imo tentationem tuam longe fac a te.

In hac expeditione jam cœpta multi claustralium voti, quidam etiam officii sui obliti, spiritu seductoris decepti, iter illud aggredientes armis ut laici pugnare parabant. Super quorum dementia quid senserim, quid reprehenderim, quid suaserim, rhythmo edidi ; cujus lectionem quidam monachi graviter tulerunt, nonnulli, quibus placuit, exponendum rapuerunt. Quem hic inscribere curavi, ne pereat quod potest fore utilitati :

Fredericus imperator, afflictorum consolator,
Omni notum sit sæculo, dare se vult periculo.
Pergant secum Christiani, revertentur bene sani !
Si quis vero ceciderit, in æternum salvus erit.
Lignum crucis, signum ducis.
Via pacis, spes salutis.
Hoc sequatur exercitus, ejus signo insignitus.
Crux præcessit, non recessit, luat quod paganus gessit.

Scripta sua cunctis misit, Clemens papa hoc promisit :

(11) Ætas auctoris.

Quisquis pie, fideliter susceperit idem iter,
Liber fiat a peccato, Domino sibi placato.
Eant milites armati, non monachi, non barbati (12) :
Tales domi remaneant, vota sua adimpleant.
Magis certe juvant prece, quam pugnando manu, nece,
Supercinta flocco spata anget, non tollit peccata.
Spiritus seductorius agit hos in deterius.
Frederice Imperator, sis horum examinator.
Castra tua emundato, tales inde syncopato.
Illorum apostasia; per te tibi victoria.
Achor reus in populo cunctis fuit periculo.
Ite Deo benedicti, ad hoc bellum juste scripti,
Donet vobis victoriam ad æternam memoriam.
Jerusalem liberetur, sicut prius, reparetur.
Sanctæ crucis victoria fiat nostra lætitia ! Amen.

Cap. XXVIII. Non terrena Jerusalem, sed cœlestis, vera pacis visio est.

Multifariæ sunt cogitationes hominum, nec facile quiescit homo etiam cognita veritate. Dicis ergo adhuc, quia hujusmodi tentationes non facile, nec cito discedunt, sed tenaciter inhærent ad instar illius dicti :

Non missura cutem, nisi plena cruoris hirudo.
(HORAT., De art. poet., v. 477.)

Dicis ergo adhuc : Si me non sinis gladio pugnare pro Jerusalem, saltem concede, ut sim in pace apud Jerusalem ; quia Jerusalem *visio pacis* est.

Erras, imo Jerusalem, de qua tu intendis, nunquam vel raro pacem habuit, semper in bellis fuit, et adhuc est, sicut hodie videre est. Non ergo pacem ibi habere poteris, non pacem corporis nec cordis. Non ergo interpretatio nominis, quam tu dicis, quia Jerusalem *visio pacis* est, huic Jerusalem terrenæ convenire poterit, sed illi cœlesti Jerusalem cujus ista significativa est, cujus fines Dominus pacem posuit. Quæ est ergo ista Jerusalem quæ bellicosa est, et pacem tantum habet in nomine? Ipsa est populi Dei, hoc est significat populum Dei, quæ quandiu hic carne peregrinatur a Domino, bella tentationum ab hostibus, a diabolo, a proximo, a propria carne tolerare habet ; in nomine autem tantum nunc pacem habet. Sed tunc in re erit Jerusalem, cum pervenerit, ubi perpetua pax et nullum bellum erit. Non ergo in istam Jerusalem habes abire, quia tu ipse tibi es Jerusalem. Hoc tantum satage, ut post laborem hujus belli pervenias ad illam cœlestem Jerusalem, quæ vere *visio pacis* est.

Cap. XXIX. Nec solitudo nec eremitica vita, sed obedientia, prælato præstita, passionibus animum liberat.

Tanquam hydra es multorum capitum, aliis ante succisis, adhuc unum tibi restat, videlicet quod eremita fieri meditaris. Sed quare, libenter audio; sed cur, quæro. Quod scio, ut opinor. Conjicio enim, quod hac de causa solitudinem eremi desideras, quia importunitatem et improbitatem cohabitantium fratrum propter infirmitatem et passiones animi tui ferre non vales, putasque tibi levius esse, si solus sis, et idem sis in solitudine, qui in cœnobio fuisti.

(12) Id est fratres laici.

Solus in solitudine non es propter instantiam A
dæmonum et tentationum, quibus solitudo ad hoc
familiarior est, sed tibi periculosior, quia si ceci-
deris, non habes sublevantem. Lectio Vitæ Patrum
testatur, quod dico, verum esse. Talis es quoque
in solitudine, qualis illuc venisti; quia passiones
animi, quas in cœnobio, et ibi pateris. Et verecun-
dius est ab eadem passione in solitudine in minori
superari, quam in cœnobio a majori forte superari.
Verbi gratia : in iram frequenter movebaris in cœnobio; sed cum non habeas in solitudine, cum quo
litiges, putas illam passionem iræ a te quiescere.

Tale quid in verbis Patrum legitur. Quidam frater
egressus de cœnobio in solitudinem, cum solus ibi
maneret, quadam die vas aqua implevit, et juxta se
posuit. Quod cadens versatum est; quod ter ita B
contigit. Tertia vice, vase illo arrepto, iratus fregit.
Qui cum ad se reversus esset, cogitavit quia ab ira
superatus est, et dixit : Ecce solus sum, et tamen
ab iracundia victus sum. Revertar ergo in cœnobium, quia ubique pugna opus est, et patientia, et
maxime adjutorio Dei. Sic reversus est in locum
suum. Nota quod iste dixit : Quia ubique pugna
opus est. Sed ubi durior pugna, ibi gloriosior est
victoria. Si igitur in cœnobio tibi contigerit plus
tolerare, cogita de majori mercede.

Ad instar hujus aliæ passiones animarum, ut est
fornicatio, superbia, et vitia similia eremitas victos de
solitudine in publicum ejecit et ejicit (sic). Mane ergo
in cella tua, et subditus esto abbati tuo et vocatione, C
qua vocatus es, in ea permane. Esto vultus unius,
quia *vir duplex animo inconstans est in omnibus viis
suis*. Noli esse Proteus diversarum formarum, sed
Anna, cujus *vultus non sunt amplius in diversa
mutati.*

Cap. XXX. *Vita communis vitæ Reclusorum
præferenda.*

Quid dicam de hoc, quod pene oblitus fueram,
quod inter cætera, quibus sollicitabaris, dixisti,
animo tibi esse, etiam velle includi. De hoc nulla
est mihi doctrina, quia nec experimento nec lectione
super hoc aliquid didici. Laudabilius tamen et perfectius esse mihi videtur in conventu fratrum manere, ubi sive velis, sive nolis, oportet te ad consuetudines chori, capitolii (13), dormitorii, refecto- D
rii, temporibus et horis constitutis, semper esse
paratum, et ubi ad imperium prælati et seniorum
tuorum voluntates tuas frangas.

Laudabilius, inquam, est, sic in congregatione
vivere, quam inclusum esse, qui, quando vult, orat;
quando vult cessat; quando peccat, non est qui
inclamet eum; quando vult, dormit; quando vult
surgit; quando et quomodo vult jejunat; quando
vult et quomodo vult, reficit; quando et quomodo
vult, omnes voluntates suas libere facit, nec in his
omnibus aliquem arbitrum admittit; ipse sibi et lex
et judex est.

(13) Ita cod.

A Cap. XXXI. *In omni ordine homo salutem consequi
voterit, si recte vixerit.*

Multæ sectæ sunt, quas homines eligunt et sequuntur, sed sollicite perpendatur, quo novissima eorum
perducant, sive ad cœlum sive ad infernum. Non
enim ille frustra dixit : *Sunt viæ, quæ videntur rectæ, sed novissima earum perducunt in infernum (Prov.
xvi).* Non accuso sectas, quæ secundum Deum sunt.
Lex enim bona est, si quis ea legitime utatur. Sed
sunt quidam, qui vel propter tædium, vel curiosi-
tatem, vel superbiam, vel vanam gloriam, vel incon-
stantiam de secta ad sectam sicut passer transmi-
grant. Hoc ille concedere voluit, qui dixit : *In
Domino confido, quomodo dicitis animæ meæ : Trans-
migra in montem sicut passer? (Psal. x.)*

Sunt enim, qui quosdam sollicitant, dicentes :
Transite ad nos, vita et ordo noster altior est. Ili
scire debent, quia in omni ordine uni Domino servitur, ubi perfectionem idoneam sibi quisque consequi poterit. Noli ergo esse passer, mane in ordine
et loco tuo. Non est tutum sæpe mutari, quia omnis
subita mutatio non fit sine quadam permutatione
animorum. Non est tutum vagari; quia non invenies
cito præsepe tam certum ut tuum. Consilium quæ-
siisti, hoc consilium meum est.

Cap. XXXII. *Spondet auctor discipulo sua apud
Deum suffragia, et sua errata excusat.*

Post omnia, quæ in litteris tuis proposuisti,
dixisti quia propheta magnus essem in oculis tuis.
Ego scio quis sum; peccator sum, non propheta,
nisi in hoc velis me dicere prophetam, quia a sensu
prophetarum non degenero. Quidquid illi de præterito, de præsenti, de futuro, Spiritu sancto docente,
locuti sunt vel scripserunt, ea ego credo, et secundum ea, quod loquor, loquor; quod scribo, scribo
ad laudem Dei et ædificationem proximi. Sic ubi
erro, noli litteris meis inservire tanquam authenticis, sed filios excussorum, id est expositores prophetarum consule : illos securus audies.

Concludis tandem litteras illas, ut invocem gra
tiam Spiritus sancti super te, et auxilium orationis
propensius impendam pro te. Patrono opus habet,
quem intercessorem paras. Sed tamen mulier illa
Chananæa propter idololatriam a Domino cani com-
parata, pro filia exaudita est. Nam a Domino audivit : *O mulier, magna est fides tua, fiat tibi sicut
petiisti. Et sanata est filia ejus ex illa hora (Matth.
xv).* Fiat igitur et tibi secundum fidem tuam. Eo
morem tibi gessi. Scripsi tibi, ut rogasti, imo ut
exegisti, tanquam fidus interpres, qui verbum verbo
reddit. Ad singula, quæ proposuisti, respondi, ut
potui, non ut volui. Sententias sermonibus imperi
tis involvi, grandia serpunt humi. Hoc tantum consolatur, quod planum et breve est, quod scripsi. Tu
legis et laudas, quia diligis; alius legit, fastidit,
vituperat, et dicit : *Post gratas mensas et tot dulcia
fercula sanctorum Patrum recte bene et magnifice

scribentium iste sua nulla ingerens, tanquam papa-
ver omaso apponit, ut vomitum fastidii provocet.
Poterat enim cœna sine his duci. Omne

Ergo supervacuum pleno de pectore manat.

Contra istos hoc mihi consolationi est, quod personam auctoris nesciunt. De hoc satis dictum est.

Finis venit, finis venit, finis venit. Finis scribendi,
finis vivendi, finis promerendi. Quare scribendi?
quia nec oculus nec manus mihi est, nec notarium
habere possum. Quare vivendi? quia septuaginta et
trium annorum sum, et proinde ipsa natura me
nunc urget in mortem. Quare promerendi? quia
inutilis sum, nil boni facere possum. Post hoc judicium me manet, ubi mihi resurgenti reddetur, quod
promerui. Igitur, frater mi, miserere mei, et in
orationibus tuis memento mei. Quia me tibi ultra
scripturum non credo, extremam manum imponere
tibi volo. Dimidium, hoc est imperfectum dimittere
te nolo. Perfectus autem eris, si id, quod dico,
feceris

CAP. XXXIII. *Quomodo homo semper unus secum
esse possit?*

Noli esse multus vir, id est multarum cogitationum. Esto vir unus, id est unius voluntatis, et
unius intentionis, et illam voluntatem et intentionem tuam refer ad unum. Et quod est illud unum?
Videlicet illud unum, quod est necessarium. Quod
est illud unum? Libera et plena contemplatio Dei.
Esto ergo unus, et quære unum, adhære uni, ut sis
unus cum uno.

Dicis : Quomodo potest fieri, ut simus unus,
cum secundum Paulum in quolibet nostrum duo
sint homines, interior scilicet et exterior homo, et
hi sibi invicem adversentur, et hæc pugna inter eos
maneat quandiu in ista mortali carne vivitur?
Horum, quæ dicis, multa doctrina apud eumdem
Paulum est : *Licet,* inquit is, *qui foris est, noster
homo corrumpatur, tamen is, qui intus est, renovatur de die in diem (II Cor.* iv). Ecce duo homines
in uno homine! Et quid dixerit duos homines, et
pugnam eorum exponens, manifestat : *Caro,* inquit,
*concupiscit adversus spiritum, et spiritus adversus
carnem (Gal.* v). Caro igitur et spiritus unius hominis sunt duo homines unius hominis. Quæ sunt
autem, in quibus discordant caro et spiritus? *Manifesta sunt,* inquit, *opera carnis, quæ sunt fornicatio,
immunditia, luxuria, veneficia, inimicitiæ, contentiones, æmulationes, iræ, rixæ, dissensiones, hæreses,
invidiæ, homicidia et his similia. Fructus autem Spiritus est : Charitas, gaudium, pax, longanimitas,
bonitas, benignitas, fides, modestia, continentia,
castitas (ibid.).* Hæc sunt, scilicet illa et ista, in
quibus sibi invicem adversantur caro et spiritus,
sed in his tantum, qui non secundum carnem
ambulant et carni repugnant, ut Paulus, sicut ipse
de se manifeste testatur : *Video,* inquit, *aliam legem
in membris meis repugnantem legi mentis meæ (Rom.*
vii). Unde ipse hac pugna fatigatus exclamabat :
Infelix ego homo! quis me liberabit de corpore mortis

hujus? (Ibid.) Sed et his, qui secundum carnem
sunt, et quæ carnis sunt, sapiunt, ista pugna con-
quiescit; quia in eis caro, quæ subjecta deberet
esse spiritui, perverso ordine spiritui dominatur,
ita ut jam concupiscentiis carnis spiritus non relu-
ctetur.

Dicis : Si ergo in eis, qui secundum spiritum
ambulant, pugna est, et ego unus ex illis esse
volo, qui spiritum sequuntur, quomodo unus esse
possum, ut tu suades? Ad hæc inquam . Qui diu
in mortalitate et mutabilitate hujus temporis sumus,
nemo ex toto unus fieri potest ; quia caro, quæ
adversus spiritum concupiscit, non permittit. Non
tamen quis desistere vel desperare debet, sed operam det, ut quantum posset, carnem edomet, et
spiritu subjiciat exemplo illorum, de quibus dicitur :
*Qui autem Christi sunt, carnem suam crucifixerunt
cum vitiis et concupiscentiis (Gal.* v). Et si plenarie
in præsenti fieri non potest, sicut in futuro futurum
est, laborandum tamen est, ut quod nunc ex parte
est, quandoque perfectum reddatur. Apostolus hoc
promittit : *Ex parte,* inquit, *cognoscimus, et ex parte
prophetamus. Cum autem venerit, quod perfectum
est, tunc evacuabitur, quod ex parte est (I Cor.* xiii).
Et Dominus ad Martham : *Maria optimam partem
elegit (Luc.* x). Partem dixit, non totum; quia
quidquid homo in hac vita de Deo cognoverit,
dilexerit, gustaverit, ad futuram plenitudinem pars
est, non totum. *Videmus* enim *nunc per speculum et
in ænigmate, tunc autem facie ad faciem videbimus
eum sicuti est (I Cor.* xiii). Sunt alia quoque impedimenta, quæ hominem prohibent esse unum ad
unum, res videlicet et negotia sæculi, quibus homo
implicatur, aliquis nolens, aliquis volens. Harum
rerum meditatio, quæsitio, appetitio sunt muscæ circumvolantes, quæ oculos cordis, quibus
Deus videri debet, confundunt. Has manu sollicitudinis abigere debet, qui vult esse unus ad unum.
Hoc imperat Psalmista dicens : *Vacate et videte,
quoniam ego sum Deus (Psal.* xlv). Igitur Deus
illud unum est.

CAP. XXXIV. *Qua ratione homo cum Deo unus fieri
possit.*

Quomodo autem fieri possit unus ad unum, id
est homo ad Deum, merito quæritur, cum alia natura sit hominis, alia Dei ; et aliter homo sit unus,
aliter Deus unum. Homo compositus est ex anima
et corpore ; sed alia natura est animæ, alia corporis : ergo homo ex diversis compositus est. Quomodo ergo unus esse potest? Non quidem, quod
unquam caro fiat anima vel e converso; sed quod
concupiscentia animæ, et utrarumque una fit concupiscentia semper immutabiliter tendens in unum,
scilicet Deum. Unde Psalmista : *Cor meum et caro
mea exsultaverunt in Deum vivum (Psal.* lxxxiii),
quod in hac vita fieri nequit, in futuro vero plene
erit. Ita fiet homo unus, cum concupiscentiam
habuerit unam, non corruptam, sed renovatam,
non ad se, sed super se, non horariam sed sempi-

ternam. Illud autem unum, ad quod homo fieri A videlicet multa vocabula in hominis natura multi-
debet, unus Deus est. Deus autem unum est. Quia
ejus essentia simplex est. Simplex est, quia non est
ibi aliud et aliud, unde composita constet illa
essentia. Nil accedit ei extrinsecus, nil habet diversum intrinsecus. Quidquid igitur est, essentialiter
unum est, cui totum est unum esse, et simplex
esse, quod est. Ideo verum est ei esse, quod est,
quia totum unum et simplex est esse, quod est.

Sunt nonnulla, quæ unum dicuntur, sed diversis
modis. Est unum, quod collectione dicitur unum,
quemadmodum gregem unum dicimus, in quo sunt
multa animalia. Est unum, quod compositione dicitur unum, ut corpus, in quo multa membra sunt.
Est unum, quod similitudine dicitur unum, sicut
cum vocem dicimus unam vocem, quæ a multis est B
prolata. Horum omnium nihil vere est unum, secundum tamen aliquem effectum unum dicta sunt;
quia quodammodo ad unitatem accedunt. Inveniuntur quædam res, quæ vere unum dicuntur, sicut
animæ nostræ, quæ vere unum sunt, in quantum
essentialiter sunt, sed summe unum non sunt, quia
invariabiliter non sunt. Quod igitur essentialiter et
invariabiliter unum est, vere et summe unum est,
quod solus Deus est. Cum igitur natura hominis, et
natura Dei ita diversi sint, ut dictum est; quia
homo ex corpore et anima constat, quorum natura
diversa est, et ideo multiplex, nec vere unum esse
possit; quia in corpore aliud est magnitudo, aliud
color, aliud figura, et hæc invicem mutari possunt; C
potest enim et mutata magnitudine manere idem
color et eadem figura, et colore mutato manere
eadem figura et cadem magnitudo, et figura eadem
non manente tam magnum esse et eodem modo
coloratum, et quæcunque alia simul dicuntur de corpore, possunt et simul et plura sine cæteris commutari, ac per hoc mult plex esse convincitur natura
corporis, simplex autem nullo modo.

Anima vero per se considerata, licet in comparatione corporis simplicior sit, tamen et ipsa multiplex, non omnimode simplex est. Quia in anima
aliud est artificiosum esse, aliud incertum, aliud
memorem, aliud cupiditas, aliud timor, aliud lætitia, aliud tristitia, et alia similia, quæ in animæ
natura inveniri possunt, manifestum est non sim- D
plicem, sed multiplicem ejus esse naturam. Dei
vero natura omnino simplex est, omnino immutabilis, omnino invariabilis, vere et summe unum
est. Cum, inquam, natura hominis et natura Dei
ita ab invicem differant, merito quæritur quomodo homo unus spiritus cum Deo esse possit, quia
Scriptura hoc dicit : *Qui Domino adhæret, unus
spiritus est*? (*I Cor.* VI.)

CAP. XXXV. *Quomodo plura vocabula in hominis
natura multiplicitatem, non item in divina significent?*

Antequam hanc quæstionem solvam, aliam, quam
illa est, ponam, ut hæc soluta illius sententiam non
impediat. Quæ est ergo ista quæstio? Quomodo

plicitatem et mutabilitatem significant : ita quoque
multa vocabula diversa de Deo, qui nec non simplex, nec mutabilis est, dicantur? Hoc inde est
quod aliter habent significare, quæ de homine
dicuntur, aliter ea, quæ de Deo dicuntur. Quæ de
homine dicuntur, quod in homine sint, non quod
homo sint, dicuntur, ut est memoria, intellectus,
dilectio, sapientia et quidquid horum simile colle-
geris. Quæ vero de Deo dicuntur, quæcunque talia
de Deo dicuntur, quæ ad se dicuntur, ut est vivus,
æternus, immutabilis, sapiens, potens, justus,
bonus, beatus, et horum omnium catalogus, quæ
secundum qualitatem substantiæ dici videntur, non
secundum qualitatem, sed secundum substantiam
dici intelligendum est. Absit enim, ut Deus secundum substantiam dicatur, et bonus secundum
qualitatem, sed utrumque secundum substantiam !
Non enim in illa simplici et incommutabili Dei
natura aliud est esse, et aliud bonum esse; aliud
magnum esse aut sapientem aut verum esse, aut
omnino ipsum esse. Sed hæc omnia, et quæcunque ad se dicitur, una et simplex et incommutabilis essentia sunt, hoc est, unum et idem sunt.
Excellit ergo Dei substantia omnibus creatis substantiis, ita ut dici possit substantia supersubstantialis. Pluraliter dixi substantiis, quia substantia
non uno modo accipitur.

Substantia enim quandoque a *substando* dicitur,
quod proprie dicitur de materia primordiali, quæ,
ut ait Plato, substat omnibus formis tam substan-
tialibus quam accidentalibus, quæ, quamvis in actu
rerum nunquam sine formis et accidentiis inveniatur, tamen ad substantiam sui eis non indiget. Nam
corpora et spiritus esse possent in natura substantiæ, etiamsi formæ omnes ab eis recederent, quod
quamvis in actu nunquam fieri possit, tamen intellectus ea sic considerare potest.

Dicitur etiam substantia a *subsistendo* quasi subsistentia, quod secundum formam substantialem,
quæ in materia subsistit, dicitur; quia fluxum materiei sub se stare facit, ut est videre in rebus tam
artificialibus quam naturalibus. In artificialibus
sic. Sit aurum, et sit rude : fluxus est quidam in
eo, quia recipere potest quamlibet formam vel
Achillis, vel Leonis. Si insculpatur forma Achillis,
sistitur illa materia a suo fluxu; quia interim dum
formam illam habet, aliam in se non recipit. In
naturalibus quoque ille primordialis fluxus sistitur, dum ei a natura talis forma imprimitur, scilicet humanitas, ita ut secundum eamdem partem
non possit recipere formam asini vel alterius cujuslibet rei.

Dicitur etiam substantia ab utroque et a *substando*
et a *subsistendo*, scilicet quæ consistit ex materia
et forma, ut quilibet homo, sicut Aristotelis substantia est a *substando*, quia substat formis substantia-
libus et accidentalibus ; et substantia est a *subsistendo*, quia quodammodo subsistit, id est fluxum

materiæ suæ sistit, cum ex collectione accidentium, quæ in eum conveniunt, fit quodammodo discretum et determinatum ab alia re, quod babet ex proprietate formæ.

Hos modos propter paupertatem Latinæ linguæ uno vocabulo nos significamus. Græci vero, quorum lingua abundat in verbis, tria ibi vocabula habent : *Hypostasis*, quod dicitur *substantia a substando*, quia formis substat ; et *Usiosis*, quod interpretatur *substentia*, quod est forma substantialis ; et *Usia*, quod interpretatur *essentia*, quod est nomen compositum ex utroque, ex materia scilicet et forma, et habentis similitudinem compositi ex materia et forma, ut anima. Et ideo essentia ponitur pro composito ex utroque, quia nec forma nec materia est per se, sed compositum ex utroque proprie dicitur esse.

Cap. XXXVI. *Reditus ad solutionem principalis quæstionis de unitate spiritus humani cum divino.*

Secundum hanc considerationem excellit Dei substantia, sicut dictum est, omnibus creatis substantiis ; quia increata est, nec est materia de materia, nec substat formis, nec est subsistentia, qua fluxum materiei sistat ; quia est forma sine forma ; quia de nullis accidentiis est collecta, nec est essentia de utroque composita. Quia ergo Dei substantia, vel, quod melius dicitur, essentia ita solidum et ita immutabile, quod nec mutetur nec omnino mutari possit, simplex est, non immerito Dei substantia dicitur supersubstantialis substantia, et essentia superessentialis essentia.

Cum ergo tam diversa sit Dei natura et hominis natura, merito quæritur quomodo fieri possit quod dicitur : *Qui adhæret Domino, unus spiritus est? (I Cor. vi.)* Hujus quæstionis causa, prædicta ita exaggerata sunt. Hoc primum scias, quod nullus in hac vita, qua *corpus, quod corrumpitur, aggravat animam (Sap. ix)*, quantumvis sanctus, quantumvis spiritualis, unus spiritus cum Deo plene perfecteque fieri possit, quod in futuro reservatum est.

Quapropter puto dictum : *Qui adhæret*, non qui inhæret. Qui adhæret, foris est ; qui inhæret, intus est. Qui adhæret, separari potest ; qui inhæret, tenaciter conglutinatus est. In hunc modum secundum statum, qui nunc est, et qui futurus est, potest et illa sententia Domini accipi, qua dicitur : *In his duobus præceptis*; videlicet charitatis, *tota lex pendet et prophetæ (Matth. xxii)*. *Pendet*, dixit, non manet ; quod pendet, cadere potest ; quod manet, casum non timet. In hac vita charitas pendet, quia amitti potest, illa, videlicet quæ est incipiens et proficiens ; quæ autem perfecta est, et in finem perseverat, illa nunquam excidet.

Dices :Unde tibi hæc præsumptio, quod verba divinæ auctoritatis sic corrigis? Non corrigo quod aut superflua aut male dicta sint, sed sententia sententiam parit.

Age, ingrediamur proinde considerare quomodo Deus et homo. qui diversi in natura sunt, unus

spiritus fieri possint. Uniri nequeunt, qui dissimiles sunt. Deus autem et homo dissimiles sunt; uniri ergo nequeunt , quandiu dissimiles sunt. Hanc dissimilitudinem peccatum et pœna peccati facit. Quandiu ista dissimilitudo manet, tandiu uniri nequeunt. Similis autem erit homo Deo, cum ad antiquam dignitatem fiet, sicut creatus est :d similitudinem et imaginem Dei, imo cum fiet, supra quam creatus est, et supra quam in creatione accepit. In creatione accepit posse non mori; in futuro accipiet, non posse mori. In creatione accepit posse non peccare, in futuro accipiet non posse peccare. Utrumque autem posse non mori et posse non peccare perdidit, cum peccavit, per quod abiit a Deo in regionem dissimilitudinis. Rediet autem ad Dei similitudinem, cum factus fuerit omnino immortalis et confirmatus, ne amplius peccare possit.

Quando fiet hoc? Apostolus dicat : *Canet enim tuba et mortui resurgent incorrupti, et nos immutabimur (I Cor. xv)*, tam in corpore, quam in anima. Quomodo? de morte ad immortalitatem, de corruptione ad incorruptionem, de mutabilitate ad immutabilitatem. Per quem? per *Dominum nostrum Jesum Christum Salvatorem nostrum, qui reformabit corpus humilitatis nostræ configuratum corpori claritatis suæ (Phil. iii)*. Anima vero, ut sit, ubi ipse est, juxta id : *Pater volo ut ubi ego sum, illic sit et minister meus (Joan. xii)*. Et ubi est Christus? in plena visione divinitatis ; quia, quidquid Deus est, anima Christi videt, totum intelligit, totum unitum sibi habet. Si Christus totum habet, quid superest nobis? quid nos ibi videbimus? Quantum ipse dederit. *Nemo enim novit Patrem nisi Filius, et cui voluerit Filius revelare (Matth. xi)*. Magnus honor, ut ubi est unicus, ibi sit et adoptatus, non quidem æqualis factus divinitati, sed consociatus æternitati. Quomodo ergo erimus unus cum Domino spiritus? Videlicet cum naturæ nostræ fluxus in illo sistetur? quomodo fluxus naturæ in illo sistitur?

Cum ad similitudinem divinæ formæ inseparabiliter conglutinatur, quæ non mutatur. Tales erimus, quale illud est, quod visuri sumus. *Videbimus autem Deum facie ad faciem (I Cor. xiii)*. Facies autem Dei una est; facies ergo nostra una erit, quia secundum unam faciem Dei erit, et semper una erit; quia facies Dei una immutabiliter erit, et facies Dei est ipsum totum, quod est. Totum dico, quia Deus sive dicatur sanctus, sive æternus, sive bonus, sive justus, sive beatus, non ista de eo dicuntur quasi accidentia, sed ista omnia est una vere et summe simplex ejus essentia, quia non est ibi aliud et aliud, sed omnia unum et idem sunt. Idcirco facies Dei una est. Facies nostra autem est cognitio nostra, qua Deum talem cognoscimus. Deo autem tribus modis conjungitur, , visu , intellectu , amore. Visu, cum videmus quod est; intellectu, cum intelligimus quod est ; amore cum diligimus quod videmus et intelligimus.

CAP. XXXVII. *Adhortatio ad quærendam constan-* *tem cum Deo unionem, et conclusio operis.*

Tali modo Deo inhæremus, et sic inhærendo unus spiritus cum Domino efficimur; non tamen æquales Deo, sed ad æqualitatem Dei erimus, quia immutabimur : et quod nunc impossibile est, tunc erit possibile. Quid enim aliud est immutatio nostra nisi quod supra hoc, quod modo est, tunc erit natura nostra. Et quod nunc videmus, quod intelligimus, quod amamus, ab eo nunquam in æternum deflectemus; quia præter hoc nil aliud quæremus? Habet enim in se omne delectamentum, ut manna quondam pro velle cujusque gustum desideratum. Et si hoc fieri potuit in re materiali longe Deo impari, quid dubitas super id et longe melius nobis in Creatore fieri.

Sed interim, dum in ista corruptione vivimus, mundandus est cordis oculus, quo tunc plane et plene videatur Deus. Exercendus est intellectus, quo tunc perfecte capiatur Deus. Nutriendus et castificandus est amor, ut tunc ex omnibus viribus et caste diligatur Deus. Si tu, frater, secundum hæc omnia feceris, perfectus et unus spiritus cum Domino eris. Omnes in hoc consentiamus, ut omnes unum simus, sicut Pater et Filius et Spiritus sanctus unum sunt. Nos omnes unum simus, ut habeamus omnes unam voluntatem, unam intentionem et unam charitatem, ut videamus, intelligamus et amemus Patrem et Filium et Spiritum Sanctum, unum Deum in Trinitate et Trinitatem in unitate, et finis est. Sit quoque libri hujus hic finis. Vive, vale, frater, sit pax æterna super te. Amen.

Explicit Tractatulus bonus de pænitentia et de diversis tentationibus religiosi cujusdam, quem alter religiosus senex eodem libello informat.

ANONYMI BENEDICTINI

Qui sæculo XII floruisse videtur

LIBELLUS DE CONSCIENTIA

(D. Bern. PEZIUS, *Bibliothæeca ascet. antiquo-nova*, Ratisbonæ, 1724, tom. VI, p. XXIX, ex ms. cod. bibliothecæ Mellicensis.)

MONITUM.

De Anonymi hujus, minime inficeti, Opusculo nihil aliud nunc dicere habeo, quam quod jam ad libellum *De pænitentia* (supra, col. 863) commemoravi. Codex Mellicensis membraneus, unde id exprompsi, trecentis abhinc annis, et quidem perquam flagitiose exaratus est, cujus menda omnia sine altero exemplo persanare haud licuit. Dispescitur libellus in duas partes, quarum prior a cap. 1 usque 6 de vario statu et affectione humanæ conscientiæ succincte et acute agit interpositis nonnullis gnomis, prudentia et pietate plenissimis; posterior pars in *cogitationum* nostrarum rationibus et modis, quæ res in ascesi omnium perplexissima est, versatur.

LIBELLUS DE CONSCIENTIA.

PROLOGUS.

Petis a me, dilecte mi, quod supra me, imo contra me est, videlicet lumen scientiæ, conscientiæ puritatem. In utroque falleris, sed falli non credis; ita vel dilectione mea tangeris vel opinione. Ego novi, quid sim, et quid possim; peccator enim sum et ultra modum peccans peccator, et ingenii vivacitas ullum in me non habet locum. Accedit ad hoc negotiorum multiplicitas, quæ etiam in homine ingenioso totius doctrinæ semina vel obruit vel repellit. Juxta Sapientem enim *sapientia scribenda est in tempore otii, et qui minoratur actu percipiet eam* (*Eccli.* XXXVIII). Verumtamen etsi, non eo, quod amicus es, tamen quia importunus es, juxta præceptum Domini, (surgam) et dabo, quod tibi necessarium est, si quid mihi ad manum venerit. Tribuat tibi Dominus secundum cor tuum. Ipse enim est, qui dat voci suæ vocem virtutis, qui in dulcedine sua pauperi parat, qui replet in bonis desiderium tuum.

CAP. I. *Conscientia abyssus dicitur.*

Conscientia hominis abyssus multa est. Sicut

enim profundum abyssi exhauriri non potest a cogitationibus suis. Mare magnum est et spatiosum,
ubi *reptilia, quorum non est numerus* (*Psal.* ciii).
Quam bene dicit *reptilia!* sicut enim reptile latenter repit, et sinuosis anfractibus huc illuceque de-
ambulat : et hominis conscientiam venenatæ cogitationes suaviter intrant et exeunt, ut nesciat homo, unde veniant aut quo vadant. Noverat hoc,
qui dicebat : *Pravum est cor hominis et inscruta-
bile, et quis*, inquit, *cognoscet illud* (*Jer.* xvii). Nec
dictum *quis* pro *difficile*, sed pro *impossibile;*
quia quod scrutationem non recipit, nec cognitionem.

Vide illum magnum apostolum, Paulum loquor,
unicum scrutatorem conscientiæ suæ : *Mihi autem
pro minimo est, ut a vobis judicer aut ab humano
die* (*I Cor.* iv). Ecce quomodo humanum judicium
evaserat nihil dubitans ab his, qui foris sunt ! *Sed
neque*, inquit, *me ipsum judico* (ibid.). Et ubi est,
Apostole sancte, verbum tui ipsius dicentis : *Si nos
ipsos judicaremus, non utique judicaremur ?* (ibid.)
Cur te ipsum vel nolis vel dissimules judicare? Audi
quare? *Nihil*, ait, *mihi conscius sum* (ibid.). Felix
conscientia non conscia sibi in aliquo, quæ proprium judicium non veretur ! Videsne, quam
sublimi conversatione et alienum et proprium
judicium non timebat? Latet adhuc laqueus et
fovea magna v. s electionis, sed qui vigilantissi-
mum illum oculum tuum non possit effugere. Subjunxit enim : *Sed non in hoc justificatus sum* (ibid.).
Et addidit : *Qui autem judicat me, Dominus est*
(ibid.). Hoc autem tertium judicium Dei, quod etiam
illa purgatissima conscientia non comprehendit, ne-
sciens juxta Scripturam, *utrum odio an amore digna
sit, cum omnia ei in posterum reserventur* (*Eccle.* ix).
Hujus judicii timore concussus pariterque percussus gemebat et dicebat : *Quod enim operor non intelligo* (*Rom.* vii). Etsi enim exii judicium mundi,
judicium mei, restat tamen judicium Dei, quod me
non sinit intelligere quod operor ; quia nescio si
acceptet quod operor. Ipse enim melius novcit me,
quam ego me, *scrutans renes et corda* (*Psal.* vii),
occultorum cognitor (*Dan.* xiii), pertingens ad divisionem animæ et spiritus. Qui solus novit omnia
et omnium rationes. O singulare sancti Spiritus organum, si non intelligis, quod operaris, cur alio loco dicis : *Gloria nostra hæc est, testimonium conscientiæ nostræ* (*II Cor.* i), quam gloriam tuam conscientiam vocans? Sed ex parte intelligit, ex parte
non intelligit. Intelligit plane, quia et suum et aliorum supergressus est judicium. Sed circa Dei judicium detinetur, ubi procul dubio nescit quid operetur. Non enim per illa duo justificatur ; sed per tertium justificabitur : quod sicut non est cognosci-
bile, et incomprehensibile. Duorum tamen judicio-
rum exclusio et in præsenti justificatio, quodammodo certa significatio est æternæ prædestinationis, in
qua Deus prævidit nos *conformes fieri imaginis Filii sui* (*Rom.* viii) et futuræ glorificationis, cum nos

A In ipso, et ipse in nobis fuerit, cum ipse erit *omnia
in omnibus* (*I Cor.* xv).

Propter hoc tam secure quam sincere alibi loquebatur : *Certus sum*, ait, *quia neque mors neque vita*,
neque alia multa, imo pene omnia, quæ ibi enu-
meravit, *poterunt me separare a charitate Dei, quæ
est in Christo Jesu* (*Rom.* viii). Et cum tot et tanta
dixisset, unum, videlicet propriam voluntatem retinuit, quæ salvationis et damnationis causa est. Et
attende quomodo vir Deo plenus conscientiam suam
dixerit *gloriam suam*, tanquam eam plene intelligens, et se in ea, et dixerit, se non intelligere, quod
operatur, conscientiam suam non jam in gloriam
sed in ignorantiam captivans. Defecit ergo Apostolus scrutans scrutinio conscientiam suam (*Psal.*
B lxiii) ; et dum ad profundum ejus pervenire se credidit, alienum judicium et suum evacuans, incurrit
profundum, scilicet judicium Dei, quod penetrare
non valet. Ut jam vel conventus vel convictus eructet : *Judicia tua* non modo abyssus, sed et *abyssus
multa* (*Psal.* xxxv).

Quid faciemus nos miseri et miserabiles, si ille
qui plus omnibus laboravit : cui etiam claviger regni cum Joanne et Jacobo nihil contulisse videtur ;
qui usque ad tertium cœlum raptus est (*II Cor.*
xii), ita de se ipso sentit et loquitur? Sed ut jam totum, quod de conscientia sentio, verbis nudis et
puris tuæ puritati aperiam, quatuor distinctionum
modos assignare decrevi, ut quod particulatim di-
C stinctum fuerit, legatur dulcius, melius conservetur.

CAP. II. *De quadruplici conscientia. Primo de conscientia bona et tranquilla.*

Conscientia alia bona et tranquilla, alia bona et
turbata : alia mala et tranquilla, alia mala et turbata. Primum de prima videamus.

Bona conscientia est, quæ et præterita peccata
punit et punienda committere refugit ; quæ etsi
peccatum sentiat, peccato non consentit. *Beatus vir,
cui non imputavit Dominus peccatum* (*Psal.* xxxi),
ait sanctus. Non dixit : *Qui non fecit peccatum*. Non
enim est hic aliquis, nisi unus : et hic est Filius
Dei *qui peccatum non fecit, nec inventus est dolus in
ore ejus* (*I Petr.* ii). Omne ergo, quod ipse mihi non
imputare decreverit, sic est, quasi non fuerit. *Beati
D ergo, non quorum nullæ inventæ sunt iniquitates ; sed quorum remissæ sunt iniquitates, et quorum tecta sunt peccata* (*Psal.* xxxi), ut quodam tegu-
mento quodammodo oculis Dei abscondantur. Felix
anima, quæ peccatum sentiens, peccato non consentit, quam etsi cogitatio inquinat, ratio lavat pugnans et repugnans legi peccati. Molesta lucta est
sed fructuosa. Quia si pœnam habet, adhibet coronam. In hoc enim conflictu, ubi sensus est, non
consensus, *Nihil damnationis est*, juxta Apostolum,
iis, qui sunt in Christo Jesu (*Rom.* viii).

Porro ei qui voluntatem habet non peccandi, et
custodit pedes suos a lapsu : qui commissa præteriti temporis et plangit et punit : qui malignos cogi-
tatus allidendo ad Christum respuit, hic tanquam

triplici funiculo strictus atque constrictus, con- A
scientiam habet purificatam et puram. *Tranquillam*
autem dixerim, cum jam ipse Spiritus testimonium
perhibet spiritui ejus, quod Filius Dei sit, cum
omnibus dulcis et nullis gravis, utens amico ad gratiam, inimico ad patientiam, omnibus ad benevolentiam, quibus potest, ad beneficentiam. Rara in
terris hujusmodi conscientia! sed quanto rarior,
tanto charior apud Deum.

CAP. III. *De conscientia bona, sed turbata.*

Conscientia bona est sed turbata, quæ nihil
molle, nihil fluxum recipit, sed a mundi aspergine,
quanto potest, pressius se detergit, non tamen in
dulcedine, sed in amaritudine multa. Dura videlicet videtur ei via rectior et austerior vita. Sed quantumlibet dura sit, ipse et durare eligit et perdurare. B
Ubique videt, quod carni displicet; sed retinet
se freno timoris Dei, et in omni tempestate cordis sui ad hanc anchoram erigitur, juxta Prophetam : *Turbatus est et non est locutus* (*Psal.* LXXVI).

Sed audi, quid Dominus dicat de isto : *Cum ipso*
sum in tribulatione (*Psal.* XC). Ad quid? *Eripiam*
eum et glorificabo eum (*ibid.*). Eripiam ab amaritudine et *glorificabo* in voluptate (15), cum illa quæ
prius timore faciebat, faciet cum amore. Hæc conscientia loquitur Deo in Psalmo : *Commovisti, Do-*
mine, terram, et conturbasti eam : sana contritiones
ejus, quia commota est (*Psal.* LIX). Commovetur
terra, cum peccator confitetur et pœnitet; contur-
batur, cum in conversione amaritudinem sustinet.
Sed contritiones istas sanare illius solius est, qui C
sanat omnes infirmitates nostras. Audi tamen quod
sequitur : *Ostendisti populo tuo dura* (*ibid.*). Quid
plura? *Potasti nos vino compunctionis* (*ibid.*), non
lacte unctionis. Quibusdam in religione viventibus
apponitur lac, quibusdam vinum; sed utrumque divinum. Bibunt illi lac, quibus et vigiliæ breves, et
cibi dulces et panes suaves, et labores appetibiles
videntur, quibus parum est illud, quod magnum est
in exercitiis sanctæ conversationis. Lac suaviter bi-
bitur, dulciter liquatur, sine læsione, sine amaritudine sumitur. Ita justi in sancto proposito suaviter
incedunt, dulciter currunt, sine læsione propriæ
conscientiæ, sine amaritudine alienæ. Hoc habet
proprium, qui hujusmodi bibit, ut ei peccatum suum
displiceat, alieno peccato non consentiat : ut propter hoc peccatorem non deserat; ut vitia ejus,
quantum in ipso est, non dissimulet; et cum corri-
puerit, non insultet. Ecce de potu lactis! Audi de
vini potu. Vinum asperum est et insuave. Vinum
bibunt, qui vias vitæ aggressi et ingressi, tribulationibus et carnis et animæ contorquentur, sed non
cedunt neque recedunt in tribulatione. Isti sunt,
quibus ipse Deus ore proprio prædicat et prædicit :
Vos estis, qui permansistis mecum in tentationibus
meis (*Luc.* XXII). De quibus satis abundeque superius disputavimus. Quis horum tibi videtur dignior,

vel ille qui in suavitate, vel ille qui in asperitate
currit viam mandatorum Dei? Primus videtur esse
felicior, secundus fortior, uterque justus, uterque
pius, habentes proprium donum ex Deo, alius sic,
alius vero sic.

Vis nosse, quia in utroque beneplacitum est coram Deo? *Bibi,* inquit, *vinum meum cum lacte meo*
(*Cant.* V). Primum a tentatione liberat; secundum
in tentatione confortat. Et si alter experitur quam
suavis est Dominus (*Psal.* XXXIII); alter quam fortis
est Dominus. Fortis plane, potens in prælio (*Psal.*
XXIII), in quo servum suum etsi premi, non tamen
opprimi patitur in multitudine misericordiæ suæ.
Venite, ait propheta, *emite sine argento vinum et lac*
(*Isa.* LV). Omnis enim timorata conscientia, quæ
ad Deum venit, vel lac ab ipso vel vinum emit, secundum quod superius dictum est et tractatum. Et
nota quod utrobique vinum proposuit, pro eo fortassis, quod qui majorem tribulationem pro Deo
perseveranter sustinet, majorem habeat mercedem.
Et hæc dicta sint pro differentia bonæ et tranquillæ
conscientiæ, et bonæ, et turbatæ.

CAP. IV. *De mala et tranquilla conscientia.*

Sequitur de mala et tranquilla conscientia; qua
sicut nihil pejus, ita nihil infelicius est. Quæris,
quænam illa sit? Quæ nec Deum timet, nec homines
reveretur; quæ cum venit in profundum malorum,
contemnit. Et vide lapsum, imo et casum malæ conscientiæ, quam minutatim et pedetentim declinet a
Deo, et in profundum descendat, ut super eam ur-
geat puteus os suum.

Primo, quando homo assuetus bonis graviter peccat, videtur ei adeo importabile, ut in infernum vivens descendere videatur. Processu vero temporis
non importabile, sed tamen grave videtur; et inter
importabile et grave non parvus descensus est. Paulo post et leve judicat, et importabilitatis et gravita-
tis oblita, postea non sentit; et cum crebris ictibus
verberetur, non sentit vulnera, verbera non attendit. De hujusmodi in Scriptura veritatis expressum
est : *Verberaverunt me et non dolui; traxerunt me, et*
ego non sensi (*Prov.* XXIII). In brevi temporis spatio,
non solum non sentit, sed et placet, et dulce fit, quod
amarum erat, et quod asperum, vertitur in suave.
Ducitur deinde in consuetudinem, ut jam non modo D
placeat, sed et assidue placeat et se continere non possit. Ad extremum non potest avelli; quia consuetudo
vertitur in naturam, et quod prius ad faciendum erat
impossibile, jam impossibile est ad continendum. Sic
descenditur, imo et caditur a Jerusalem in Jericho;
sic itur in aversionem et in duritiam cordis. Hic
peccator fetet, hic quatriduanus, hic lapis speluncæ
superpositus misericordes radios divini luminis non
admittat, hic juxta Scripturam : *A mortuo, tan-*
quam qui non est, perit confessio (*Eccli.* XVII), nisi
forte miserans Deus cor lapideum in carneum quandoque convertat.

Hæc est mala conscientia, quæ per hujusmodi dis- A
crimina, imo præcipitia ruit et corruit et irruit, se
ipsum quodammodo tranquillans, cum mundi hujus
prosperitas alludit et illudit, cum laudatur peccator
in desideriis animæ suæ, et iniquus benedicitur,
cum prædicantium favor et peccare nolentium pa-
vor, nolens et dolens arridet ei, cum non est qui ar-
guat, sed et qui arguere audeat ex omnibus, qui in
circuitu ejus sunt, impleturque quod scriptum est:
Prosperitas stultorum perdit illos (*Prov.* XXXI).

Nihil æque exasperat illius tremendi judicis majestatem, quam peccare et secure peccare, et de vitiis quasi de virtutibus gloriari. *Non misererearis*, ait
justus, *omnibus qui operantur iniquitatem* (*Psal.*
LVIII). Hæc est iniquitas, cujus non miseretur Deus,
cum homo defendit, quod Deus odit, et peccatum B
justitiam asserit, ut Omnipotenti resistat et Omnipotens illi. Hæc est illa superbia, de qua scriptum
est : *Deus superbis resistit, humilibus autem dat gratiam* (*I Petr.* V). Intellige quod dicit : *resistit*. Resistere enim ex æquo est. Ille autem Deo ex æquo
resistere proponit, qui quod ipse astruit, destruit,
quantum in ipso est, dicens malum bonum, et bonum malum ; amarum dulce, et dulce amarum ; lucem tenebras, et tenebras lucem (*Isa.* V). Hanc
tranquillitatem nutrit impunitas, securitatis et ne-
gligentiæ mater, noverca virtutum, religionis interitus, tinea sanctitatis.

CAP. V. *De mala et turbata conscientia.*

Mala autem conscientia est et turbata, quæ in C
actu peccatorum suorum et deprehenditur et comprehenditur ; et dum pasci se voluptatibus credit,
anxietatibus cedit humanis, pudoribus et confusio-
nibus reverberata, sicut scriptum est : *In operibus
manuum suarum comprehensus est peccator* (*Psal.*
IX). Verbi gratia, appetit quis adulterium ad voluptatem. Comprehenditur ibi ad anxietatem, et multo
magis est anxietas quam voluptas, ad omnem verecundiam et angustiam hominis, qui hominem et vivit et sapit. Et licet quidam in ipsa deprehensione
convertantur ad Deum ; major tamen est numerus
in ipsa conversione permanentium in peccato,
quam propter peccati confusionem exeuntium a
peccato. De utrisque scriptum est : *Imple facies eorum ignominia, et quærent nomen tuum, Domine*
(*Psal.* LXXXII). Et de aliis : *Percussi eos, et non do-
luerunt ; attrivi eos, et renuerunt suscipere disciplinam* (*Jer.* V).

Hi sunt quatuor conscientiarum rivi, de voluntatis fonte currentes, in quibus justi purgantur, inqui-
nantur injusti, ut fiat quod leg.tur : *Et qui in sordibus est, sordescat adhuc ; et qui justus est, justifice-
tur adhuc* (*Apoc.* XXII). Et quia cogitationes hominis
sive boni sive mali, continua volubilitate volvuntur,
omnes cogitationum modos quaquaversum se ver-
tant, pro modulo meo, tibi statui dinumerare ; ut
scias quam longe simus ab illo, qui in eodem statu
permanet, Domino nostro Jesu Christo.

CAP. VI. *De septem modis cogitationum.*

Cogitationum aliæ sunt onerosæ, aliæ affectuôsæ,
aliæ obscenæ, aliæ otiosæ, aliæ curiosæ, aliæ suspiciosæ, aliæ distentoriæ.

Onerosas cogitationes in anima justi illas accipe,
quibus resistere vult, et tamen non potest, sed velit
nolit, irruit in oculos mentis muscarum Ægypti pestilentia, et perstrepunt ranæ in penetralibus cordis ejus. Cogitat homo plerumque terribilia de fide,
horribilia de Divinitate ; et per phantasmata corpo-
rearum imaginum transrotatus illa sentit, quæ vel
in confessione evomere peccator oneratus exhorret.
Et quanto districtius non exhibet membra sua arma
iniquitatis peccato, tanto astrictius hujusmodi spiritus quatitur et pulsatur. Cum enim ille insatiabilis
homicida ab exteriori sensualitate se videt exclu-
sum, interiora collectis viribus aggreditur et ingreditur. Sed spiritualis homo, qui omnia judicat, illius
astutias non ignorat : reprimit quod potest ; quod
non potest reprimere tolerat ; quia si latratum canis
sustinet ; morsum non timet. Mordet enim, cum ad
consensum pertrahit ; latrat, cum suggerit, sed tamen non ingerit quod suggessit. Et tunc non vulnerat, sed coronat. Quare si sentientem cruciat, non
obligat consentientem. Sunt nihilominus et onerosæ, cum ex officio Marthæ suscepto sollicitus est homo, et turbatur erga plurima propter plurimos, ut habeant unde in divino officio sustenten-
tur.

Affectuosæ sunt, quando circa carnis suæ curam
afficitur, sicut in victu et in vestitu. Tangitur etiam
affectione propinquorum suorum secundum carnem.

Obscenæ sunt, quando carnalis delectatio titillat et pungit. Sed hæ tanquam fæces immundissi-
mæ longius in ipso principio propulsandæ sunt.

Otiosæ sunt, quando in illis nec delectatur, nec
afficitur : verbi gratia, equum currentem vel avem
volantem cogitans, ubi et pene inter vitium residet
et virtutem, nec descendens ad illud, nec ad istam
ascendens.

Curiosæ sunt, quando proponit explorare proximorum secreta, et quæ curiose ipsamet scrutari
debuerat, oblita sui, aliena curat, nunc intus, nunc
foris, vaga et garrula, et quietis impatiens. D

Suspiciosæ sunt, quando nullum argumentum habens, male de proximo suspicatur, et ea, quæ in
utramlibet partem inclinari possunt, in deteriorem
interpretatur.

Distentoriæ sunt, quando de longinquis et regnis
et regionibus disponit et tractat, quando dis-
tenditur in quæstionibus et rationibus hujusmodi.
Quam *pessimam occupationem*, juxta Salomonem
(*Eccle.* I), dedit Deus filiis hominum, ut distendan-
tur in ea.

CAP. VII. *De quatuor spiritibus, qui assidue homini loquuntur.*

Illis omnibus cogitationibus cordium humanorum quatuor spiritus loquuntur assidue : spiritus

mundi, spiritus carnis, spiritus diaboli, spiritus Dei. A meam, quam confundere faciem tuam. Si quid bene
Spiritus mundi suggerit vana ; et ipse tunc loqui- dictum est, tibi imputa, pro cujus fide et sensum
tur cordi nostro ore, cum vanitatem diligimus, de et verbum dedit Filius Dei. Si quid secus dictum
vanitate lætamur, delectamur in vanitate. Spiritus est, tibi nihilominus imputa, qui jussisti.
carnis loquitur, cum mollia carni et sensibus car- Parce et festinationi ; quia nihil ita contrarium,
nis appetimus, cum ejus curam in desideriis perfici- nihil ita discrepantissimum in scribendo, quam mamus et voluptate. Spiritus diaboli loquitur, et turitas et celeritas. Digne etenim invenire quod
quando amara cogitamus et aspera proferimus : quæris, et competentibus verbis dignius vestire
tristes in nobis, aliis irascentes, ingrati et invidi, quod invenis, et locum aptum, et tempus feriatum ;
sine affectione, sine fœdere. Spiritus Dei loquitur, et ingenium vividum, et stylum exercitatum desi-
quando et dulcia meditamur et loquimur, hilares derat.
nobis et proximis in omni dulcedine et bonitate, Verumtamen absconde epistolam vel librum, si
solliciti servare unitatem spiritus in vinculo pacis. sic magis eligis nominare; vel si propalare decreveris, tace nomen auctoris. Novit Auctor salutis,
cui soli omnis honor et gloria, quantum ego di-

EPILOGUS LIBELLI.

Ilæ sunt conscientiæ, hæ cogitationes conscien- B ligam et honorem personæ tuæ, et salutem animæ
tiarum, hi spiritus loquentes in cogitationibus no- tuæ. Ipse est Dominus Jesus, qui tibi et se ip-
stris ; quæ melius tua conscientia, quam mea pagi- sum donat, et coronat te in misericordia et misera-
na cernit atque discernit. Factus sum insipiens ; tu tionibus. Vale, serve Dei, et memento mei in ora-
me coegisti, sed melius volui effundere imperitiam tionibus tuis.

ANONYMI PERANTIQUI
ORDINIS S. BENEDICTI
LIBER DE STABILITATE ANIMÆ
D. Bern. Pezius *Biblioth. ascet.*, tom. IV, p. 1, ex ms. cod. Mellicenci.

MONITUM.

Elegantissimum hunc, prout nempe media ætas ferre poterat, libellum duo mihi codices Mellicenses
suggesserunt, quorum primus chartaceus in-4°, signatus lit era N, num. 14, exaratus est a nostro Conrado
de Geisenfeld A. 1444 in celeberrimo monasterio Tegernseensi, ubi tamen hodie nullum, quod equidem
meminerim, opusculi exemplar reperitur. Alter in-8°, notatus lit. B, num. 90, non multo post tempore ab
incerto cœnobita itidem Mellicensi perscriptus est. Porro ex neutro certi quid de auctore statuere licet.
Etsi enim in tabula posteriori codici præfixa hoc opusculum Hugoni de S. Victore, illustri canonicorum
Regularium S. Augustini ornamento tribuatur, nemo tamen facile fuerit cui non vel ex paucorum versuum
lectione aliud omne videatur. Occasionem errandi sine dubio ejus talcule concinnator acceperit ex alio,
non admodum abludentis argumenti opere, *Claustrum animæ* inscripto, quod in recentioribus codicibus
mss. Hugoni de S. Victore, Benedictino, cujus revera est, assignatur. Sed quisquis demum genuinus *Claustri animæ* auctor fuerit, id utpote perquam diffusum et in quatuor libros distributum, etiam stylo et inscriptione ab hoc nostro *De stabilitate animæ* libello diversissimum est.
Cæterum anonymum nostrum saltem circa initium sæculi XII scripsisse satis liquet ex prologo, in quo
fatetur se *de reliquis virtutibus satis abundeque a Patribus tractata legisse ; de hac vero* (stabilitate) *virtutum
glutine cæterarum specialiter scriptum reperire nil potuisse ;* id quod auctor post editos vel ab Hugone de
Folieto, quorum uterque circa annuum 1130 floruit, libros IV *De claustro animæ* vix dicere potuisset. Postremo scriptorem hujus opusculi monachum, ac forte abbatem, insuperque instituto Benedictino additum
fuisse non inepte quis statuat ex citati prologi initio familiarique Regulæ Benedictinæ usu verbi *stabilitatis*
etc., ut de *Benedicti* nomine, quod spiritualis filii sui, in cujus gratiam scripsit, personæ non nisi ordinis
sui ejusque auctoris Benedicti amore indidisse videtur, nil dicam.

LIBER DE STABILITATE ANIMÆ.

PROLOGUS.

Postquam contempta mundi vanitate ad spiritalis C ram. De hac vero, ut ita dixerim, virtutum glutine
militiæ castra, gratia præventus divina, me contuli, cæterarum, specialiter scriptum reperire nil pote-
cumque stabilitatem hujusce felicis incœpti crebris ram. Ea itaque quæ mihi hujus maxime necessariæ
a Domino precibus postularem, sæpe et multum virtutis bonum contemplanti, et quæ qualisve sit,
mecum cogitare cœpi, hæc ipsa mihi desiderata sta- indaganti animo occurrerunt, stylo exarare, et tibi,
bilitas, quibus constaret modis , qualiter haberi, fili dilectissime Benedicte, curavi destinare. Si
qualiter posset habita retineri. De reliquis quippe enim te, quem Dominus, meo cooperante ministerio,
virtutibus satis abundeque a Patribus tractata lege- ad suum dignatus est vocare servitium, de cujus
stabilitate non minus quam de mea congratulor,

sicut viva voce consueveram, sic scriptis quoque A et sensuum corporis quantumlibet quis enisus fuerit, nullatenus obtinebit. Facile enim mens cum loco mutatur, nulloque modo mentem et cogitationem in Dei poteris timore et amore stabilire, nisi prius sensus corporis habenis rationis et disciplinæ spiritalis freno reprimere satagas.

qualibuscunque adhortor; non idcirco temeritatis arguendum me arbitror. Quem enim a puero dictis imbuere licuit, quare scriptis quoque puerilibus imbuere licitum non sit? Juste ergo a nullo, quod scribere ausim imperitus, præsumptionis notandum me æstimo, qui nulli nisi tibi imperitiæ meæ non ignaro, quæ sentio, legenda destinavi.

CAP. I. *Quod virtus stabilitatis constet in tribus.*

In tribus constare et quasi trimembrem esse stabilitatis virtutem arbitramur. Est enim stabilitas corporis, est et sensuum, est et mentis. Stabilitas corporis ad locum proprie pertinet, scilicet ut loco, suo voto proposito qne congruo, quisque contentus, ab eo non nisi vel necessitate cogente, vel utilitate præcipue persuadente moveatur.

Stabilitatem vero sensuum corporis esse dicimus, ut omnes corporis sui sensus quasi in quodam disciplinæ ergastulo statuens, ad aliquid inutile vel indecens haurier lum minime permittat evagari.

Stabilitas autem mentis est, ut omnes appetitus, desideriaque et cogitationes suas quasi in quodam arctissimo divini timoris et amoris loco stabiliens nihil appetat, desideret vel cogitet præter Deum, et quæ prosint et adjuvent ad quærendum, inveniendum et promerendum eum.

Hæc tria unius et veræ stabilitatis membra, si ab alterutro segregare, et ab invicem separare volueris, ut videlicet primum absque secundo et tertio, vel secundum absque primo vel tertio, vel tertium absque secundo vel primo apprehendere et tenere desideres, non solum ipsa hujus tripartitæ virtutis plenitudine frustraberis, verum etiam nullam ejus portionem perfecte vel utiliter obtinebis. Quis enim primum hujus virtutis membrum, scilicet stabilitatem loci absque secundo et tertio, id est absque sub disciplina spiritali stabilitis sensibus vel absque stabilitate mentis assecutus est? Quomodo erit stabilis sensibus corporis vagus et petulans, mente instabilis?

Ut enim de singulis corporis sensibus exemplum demus, si tu cupidus sis nova videndi, varia et delectabilia musicorum genera vel rumores novos audiendi, varios et exquisitos ciborum sapores, suaves et delectabiles odores, tactus voluptuosos mollesque desideres, quomodo in loco spiritali proposito congruo permanere stabilis potes, ubi hæc habere non potes? Porro de stabilitate mentis patet: quia qui ea caruerit, nullo in loco stabilis esse valet. Frustra autem niti et in vanum laborare est constabilire velle sensus corporis absque stabilitate loci et mentis. Qui enim passim vagatur corpore, variaque ad desideria et concupiscentias diversas ducitur mente, quomodo sub disciplina spiritali sensus corporis sui continebit, ne videlicet discurrant, quo eos corpus vagum duxerit; vel quo eos mens petulca quasi quosdam desideriorum suorum ministros discurrere jusserit?

Stabilitatem vero mentis absque stabilitate loci

Hujus ergo tripartitæ virtutis bono aut ex toto carebis, aut certe totum simul obtinebis. Tale est enim, si veræ stabilitatis portionem aliquam absque toto ipsius apprehendere et tenere desideres, ac si domum construere volens vel fundamentum absque pariete et tecto, vel tectum absque pariete et fundamento, vel parietem absque fundamento collocare velis et tecto.

CAP. II. *De fundamento domus stabilitatis.*

D Possumus quippe non absurde in hac, ut dictum est, stabilitatis domo fundamentum, parietes et tectum, partes domus tres assignare; cujus fundamentum stabilitas mentis non inepte intelligi potest. Sicut enim fundamentum totius structuræ domus sibi innitenti, quasi quoddam subsistendi initium tribuit, totamque fabricam portat et tenet; sic stabilitas mentis reliquas hujus virtutis partes generat quodammodo, gubernat et continet. Et sicut absque fundamento erecta fabrica vento impellente vel tempestate quatiente procul dubio ruitura est; sic absque stabilitate mentis reliquum hujus virtutis ædificium, tentationum vento vel tempestate impellente stare non potest.

Sensuum quoque disciplinata stabilitas hujus spiritalis domus parietes non incongrue dici possunt. Parietes enim domus ad futuri hospitis substantiam custodiendam et conservandam fiunt, ipsique patrifamilias secretum quoddam intus faciunt, januas et fenestras, quæ certo tempore aperiantur et claudantur, in se habent: aperiantur quidem ad necessaria, claudantur ad nociva vel inutilia excludenda. Sic ergo ad hospitis nostri, id est interioris hominis custodiendam tuendamque spiritualium opum substantiam quasi paries quidam spiritalis domus modestia vel disciplina sensuum erigenda est. Qui paries ipsi patrifamilias interiori secretum quoddam faciat, ne sensus exteriores passim vagantes et quasi foris absque disciplina spatiantes D indecens vel inutile hauriant aliquid, per quod quies vel secretum hospitis interni perturbetur.

CAP. III. *De fenestris ejusdem domus.*

Habet quoque hæc domus nostra fenestras ostiumque suum, quæ juxta arbitrium domini domus congruo sibi sunt tempore aperienda vel claudenda ad necessaria inferenda vel noxia excludenda. Quæ ergo sunt hæ fenestræ, quod ostium? Fenestras has rectissime dixerim quinque corporis sensus, visum scilicet, auditum, gustum, odoratum et tactum. Per has enim fenestras ille interior homo exteriora prospicit, prospecta cognoscit, cognita concupiscit. Quæ quidem fenestræ ab ipso corporeæ domus fabricatore Deo ad visibilium rerum et ex ipsarum consideratione sui quoque notiti am quasi quoddam lumen maxime necessarium conferendam in fabrica corporis nostri disposltæ sunt. Quibus tamen fenestris ad necessitatis usum concessis ipse hospes abuti potest, ut tenebras magis quam lucem ingerant, et mortem potius quam vitæ necessaria introducant. Inde enim propheta ait : *Mors ascendit per fenestram nostram, ingressa est domus nostras (Jer.* ix). Quid autem est aliud mortem per fenestras nostras ascendere, domosque nostras ingredi, quam per sensus corporis peccati concupiscentiam habitaculum mentis introire, qua dum anima delectatur peccati morte moritur?

Claude ergo certo opportunoque tempore fenestras corporis tui : *Averte oculos tuos, ne videant vanitatem (Psal.* cxviii), ne noxia foris incaute prospiciens, unde lumen necessarium haurire debueras, mors irrepat. Lumen quippe necessarium notitia Creatoris est, quæ ex consideratione creaturæ visibilis concipi potest. *Invisibilia enim ipsius Dei,* ut ait Apostolus, *per ea, quæ facta sunt, intellecta conspiciuntur (Rom.* i). Intuere universitatis pulchritudinem, cœli, terræ, maris et omnium, quæ in eis sunt. Cogita, qualis, quanta, quamque decora fabrica. Ratiocinare tecum et dic : O quis, qualis quantusque est, a quo hæc omnia sunt creata, disposita, ordinata? a quo hæc reguntur, gubernantur, continentur? Justissime est hic talis et tantus timendus, honorandus, diligendus. O infelicem hominem, si ei non serviat, cui serviunt hæc omnia; ei non obediat, cui obediunt hæc omnia; eum non diligat, qui pro nulla necessitate, sed sola bonitate sua et hominem creavit et omnia!

Hæc et his similia si ratiocinando tecum pertractes, ut ex creaturarum inspectione Creatorem earum cognoscas, honores et diligas, lumen necessarium tibi fenestræ corporis tui hauriunt, ad quod certe ab ipso Creatore tibi concessæ sunt. Si autem tu has visibiles intuens creaturas, ipsas magis quam Creatorem ipsarum velis diligere, earum aspectu et usu amplius quam Conditoris ipsarum cognitione et amore delecteris, mors per fenestras tuas ingressa est; et quæ te illuminare debuerunt, lumen tibi verum abstulerunt, quique ministri necessarii esse debuerant, raptores nefarii tibi facti sunt, quia animæ tibi vitam quæ cognitio et amor Dei est, rapuerunt. Fenestræ ergo interioris hominis sensus corporis sunt, quæ tamen juxta arbitrium hominis, cui deserviunt, vel commodæ vel nocivæ esse possunt.

Cap. IV. *De ostio domus.*

Porro hujus parietis ostium quid aptius quam os hominis dici potest? Sicut enim clauso ostio quid in domo sit, ab his, qui foris sunt, nescitur, aperto autem, quid intus habeatur, agnoscitur; sic, clauso oris ostio, quid in corde sit, latet. Si vero ad sermonis verba formanda reseretur, quid intus habeat loquens, facile pervidetur. Unde scriptum est: *Stultus si tacuerit, sapiens putabitur (Prov.* xvii). Stulto enim tacente, quia ostium oris clauditur,

intus latens stultitia occultatur, quæ procul dubio se proderet, si oris januam sermo loquentis aperiret. *Ex abundantia enim cordis os loquitur (Matth.* xii), quia quod in cordis secreto latitat, per verba publicandum foras emanat. Non ergo incongrue ostium hujus, de qua tractamus, domus os corporis dicitur, quod ad arbitrium hominis et aperitur et clauditur.

Cap. V. *De tecto domus spiritalis.*

Posuimus ergo hujus spiritalis ædificii fundamentum, ereximus parietes, et in ipsis fenestras et ostium : restat, ut superponamus et tectum.

Tectum jam sæpe dicti ædificii stabilitas loci non inepte dici potest, si tamen loci situs spiritalis vitæ proposito contrarius vel adversarius non est. Tectum enim domus tempestates cohibet, imbres arcet, vim ventorum excipit, inhabitatori domus quietem et securitatem parit. Sic et loci stabilitas vel locus scholæ virtutum et Dei servitio congruus tempestates, imbres, ventos et procellas tentationum reprimit, et quietem tibi et serenitatem bene vivendi defendit.

Annon tempestas permolesta est in eo loco te constitutum esse, ubi ipsa loci facies male blandiens ad ea te agenda alliciat, quæ agere omnino non liceat? Ubi videre inevitabile sit, quæ appetere fas non sit? Ubi etiam invitus videas et audias, quæ non modo perpetrare sed etiam cogitare non audeas? Annon imbres vehementes et totam animæ substantiam opprimentes, infundentes, mollientes sæculi sunt divitiæ, blanditiæ, mollitiæ, quæ usi stabilitate loci, spiritali proposito congruenti arceantur, etiam invitum et renitentem trahunt, opprimunt, emolliunt? Nonne venti violenti sunt sæculi amatorum contubernia, qui plerumque verbo, semper autem exemplo quodammodo compellunt amare, quod amant, ipsamque virtutum substantiam totis viribus impetunt, et persæpe ruere faciunt?

Necessarium est igitur, ut cum hujus fabricæ spiritalis fundamentum mentis stabilitatem posueris corporisque sensus in Dei timore et amore stabilieris, quasi tectum necessarium addas et stabilitatem loci, ut totus stabilis, jugiter tutus, semper quietus esse possis et securus. Habes ergo spiritalis fabricæ perfectam domum, fundamentum, parietes et tectum.

Nunc quia spiritale stabilitatis ædificium depinximus, restat, ut provisores habitatoresque ejus hospitem et hospitam amborumque sobolem, omnemque domus describamus familiam : postremo quid hanc domum stabilem, quietam pacatamque servare, quidve stabilitatem, pacem et quietem ejus perturbare possit, videamus.

Cap. VI. *De inhabitatoribus domus.*

Quis igitur verius hujus domus inhabitator, hospes et rector dici potest quam spiritus hominis, qui in ipso est? Ipse enim hanc ipsam domum, gratia fretus divina sibi ædificat, ædificatam inhabitat, regit et gubernat. Sed nunquid solus? non

solus. Habet enim cooperatricem sedulam et adju- A
tricem indefessam. Habet quippe uxorem sobriam
et modestam, pudicam et honestam. Habet, inquam,
uxorem naturaliter sibi ingenitam et conjunctam
rationem; cujus quidem si ipse omnia agat cum
consilio, nihilque facere præsumat, nisi quod ipsa
hortatur, suggerit, monet, sapienter ac decenter
providere, et juste cuncta disponet. Ipsa enim naturaliter omnia justa et honesta desiderat et diligit,
inhonesta vero et injusta totis viribus aspernatur
et odit.

O igitur felicem spiritum, si hujus tam sapientis
et tam sobrio decore præfulgentis, tam formosæ et
gratiosæ uxoris castis delectetur amplexibus, cujus
doctus consilio, fretus auxilio nocitura declinet B
universa, et quæque concupiscat agatque profutura!
Duas naturas Deus in anima posuit, unam superiorem, id est rationem; aliam inferiorem, id est sensualitatem. Ratio est vis superior seu virtus animæ
quæ inhiat spiritalibus, et imaginem Dei conservat
in se. Sensualitas inferiora ista et visibilia administrat et disponit, quæ sensibus corporeis percipi
et concupisci possunt.

CAP. VII. *De triplici prole spiritus et rationis.*

Nec solum tot tantisque bonis abundabit hæc felix copula, sed etiam prole beabitur amabili, eleganti, generosa. Hujus enim conjugii spiritalis fructus prima fides est, secunda spes, tertia charitas.
Nihil enim sperari, vel speratum amari potest, nisi
prius esse credatur. Credi autem potest, si non C
speretur vel ametur.

Primam ergo natu fidem esse dicimus. Statim
enim ut ratio et spiritus mutuis commiscentur amplexibus, fides elucescit. Fidem ratio parturit. Rerum namque, quarum notitiam a spiritu corpus
inhabitante et vivificante percipimus, causas et origines duce ratione investigamus. Cum enim universitatis pulchritudinem, cœli terræque machinam,
opus mirabile delectabileque homo inspicit, opificem
et auctorem operis ratio perquirit. Ratiocinando
enim colligit, quod nihil horum per se vel a se subsistendi initium habuerit. Si enim hæc per se vel a
se ipsis facta fuissent, quare et alia his similia postea a se ipsis facta non fuissent, vel inpræsentiarum non fierent? Patet ergo, quia conditorem ha- D
buerunt, qui hæc , quando voluit, fecit, et postea,
quia noluit, his similia non fecit.

Amplius : sic hæc a se ipsis suum esse habuis-
sent, nulli profecto mutabilitati, varietati vel defectui subjacerent; quia, sicut sibi ipsis essentiam,
sic sibi immutabilitatem et indefinitivi status æternitatem contulissent, et sicut esse, sic utique verum
et optimum esse sibi vindicassent. Quia igitur mutabilitati et defectui subjecta sunt, quod a se ipsis
non sint, ipsa ostendunt. Necesse est ergo aliquid
esse, a quo omnia habeant suum esse. Quisquis
autem ille est, ipse creator et dominator Deus et
Dominus verus et solus est.

Taliter cum ratio hominem instruit, unius ve-
rique Dei fidem gignit. Ratio ergo Deum esse asserit
et irrefragabili argumentorum veritate convincit.
Fides itaque primogenita est soboles ex copula spiritus et rationis procreata, post cujus exortum ordine et ætate secunda spes gignitur.

CAP. VIII. *De spe.*

Postquam enim quis Deum esse, et in Deum credere cœperit, consequens est, ut bonum et justum
esse dubitare non possit. Quod enim non bonus vel
injustus sit vel esse possit, ratio credere prorsus
renuit, neque hoc ullo modo sensus hominis integer
vel incolumis vel cogitare præsumit. Cum enim
justitia sit tribuere cuique rei, quod suum est, nihil
tam justum est, ut Deus, qui hoc solus vere pleneque
observat, et creaturæ justitiæ perceptibili rationem
inseparabilem et naturalem justitiæ magistram
indidit, quæ hanc ab ea jugiter exigat, et in quantum eam sequi voluerit, a justitia deviare non sinat.

Cum ergo Deum justum et bonum omne cor et
lingua concorditer fateatur, perspicuum est, quia
quod ipse est, non amare non potest, et suæ essentiæ contrarius et inimicus esse. Bonus igitur et
amicus est Dei, malus et injustus inimicus est Dei.
Ratio autem necessarium esse astruit, ut beneficium Dei et justitiæ amico, supplicium vero Dei et
justitiæ debeatur inimico. Cum enim creaturam
bonam esse vel dici aliud non faciat quam id velle,
quod Creator suus vult, malam vero id nolle, quod
Creator vult; quis ratione utens Creatori, cui omnis
creatura justissime subdi debet, obtemperantem
gloria, rebellantem vero dignum pœna non judicet?
Bonis igitur bona, malis mala deberi, necessariis
ratio obtinebit argumentis.

Hinc itaque spes nascitur. Quia postquam homo
Deum esse, et bonum et justum esse crediderit,
quod bonis bona, malis mala, justitia id exigente
retribuere debeat, dubitare ratio non permittit. Habes ergo fidem et spem ex conjugio spiritus et rationis prodeuntes.

CAP. IX. *De charitate.*

Novissima autem ætate, sed prima dignitate charitas generatur. Nihil enim amatur, nisi prius et
speretur et credatur. Qui ergo Deum esse, et omnia
fecisse credit, qui tam delectabilia et utilia sibi
mundanæ fabricæ opera conspicit, et ea gratuita
conditoris pietate suæ necessitati et utilitati servire
cognoscit, quomodo eum non totis amabit visceribus, cujus tam amabile et tam utile sibi intuetur
opus? Quomodo eum non amare potest, cujus opera
non amare non potest? Solent homines, cum utile,
firmum ac decorum artificioseque compositum hominis vident opus, mirari artem, laudare et amare
artificem, cum tamen nihil facere possit homo, nisi
ea, quæ Creator facit, vel separata conjungere vel
conjuncta separare. Si ergo propter tantillum id,
quod facere qualitercunque videtur homo, ab homine
amatur, justissime profecto amabitur Deus, qui
elegantissimum et infinita admiratione dignum uni-

versitatis opus, ipsum quoque hominem fecit, et id
ipsum, quod potest, homini posse dedit.

Intuere solem, lunam, stellas, volatilia cœli, terræ
animantia, flores et fructus, et si homo, si ratio-
nabilis es, certe Conditorem omnium horum non
amare non potes. Quis enim totis medullis eum non
diligat, qui omni spiranti vitam, cernenti lucem,
vescenti escam dat ? Enumera, si potes, Creatoris
tui tibi concessa beneficia, sui, quo te fovet, amoris indicia ; et quia aliud ei pro his omnibus retribuere non vales, amantem saltem redama, non
quantum deberes , sed quantum vales.

Ecce ut innumera corporis et animæ beneficia taceamus, duo tantum proferamus in medium, vitam
et victum. A quocunque hominum hæc haberes,
intimo eum procul dubio, totoque affectu diligeres.
Videmus homines ab hominibus non vitam et victum
sed aliquod vitæ et victus adminiculum consecutos,
tanto eos ardore amare , ut vitam ipsam non cun-
ctentur pro eis amittere. Quanto ergo amore a te,
o homo, colendus est Deus, a quo habes, quidquid
habes, quidquid es, quidquid potes ?

Hæc cum ratio spiritui loquitur, taliterque hominem absque omni verborum strepitu instruit, si-
millimam sibi prolem charitatem gignit. Patet ergo
per hæc, quæ breviter succincteque prædiximus, et
his similia, quia charitas rationis est filia. Ex copula ergo legitima spiritus et rationis fides, spes,
charitas procreantur.

CAP. X. *De sensualitate rationis ancilla.*

Sed contingit quandoque, ut legitimi, casti et honesti amoris oblitus spiritus, adulterinis et incestis
delectetur et immoretur amplexibus. Habet enim
ratio ancillam naturaliter lascivam et petulcam, in-
continentem et impudicam, sensualitatem videlicet,
cujus quidem officium esset, si legem sibi a Deo
constitutam vellet custodire, dominæ suæ rationi
in omnibus et per omnia obedire. Ipsa enim tunc
tantum recte incedit, cum a magisterio et imperio
rationis non recedit.

Et sæpenumero evenit, ut dominam ancilla pro-
terva contemptui habere, et sua desideria sequi incipiat , ipsumque dominæ maritum suos ad amplexus impudicos alliciat. Cujus blanditiis spiritus
irretitus, legitimæ uxoris oblitus, totum se ancillæ
tradit amoribus. Quem ipsa carnis illecebris infa-
tuatum ita reddit amentem et stultum, ut ea tantum
quæ visibilia et terrena sunt, sapiat , cœlestium
vero et invisibilium fidem, spem et amorem omnino
postponat.

CAP. XI. *De triplici prole spiritus et carnis.*

Contingit ergo, ut ex hac copula adulterina fœ-
dissima pignora et legitimi tori pignoribus omnino
contraria et dissimilia procreentur, infidelitas scilicet, desperatio et Dei contemptus.

Cum enim spiritus sensualitatis blanditiis captivatus ea tantum amare cœperit, quæ corporis sensibus hauriuntur, contigit plerumque, ut , quia ea
tantum, quæ videntur , amat , invisibilium fidem

prorsus amittat ; et quia visibilia et sensibus corporis perceptibilia diligit, ea solummodo putet esse,
quæ diligit. Hinc ergo infidelitas vel perfidia nascitur ; quia, dum terrena et visibilia nimium dili-
guntur, cœlestium et invisibilium fides amittitur.
Ita enim homo plerumque consuetudine peccandi
opprimitur et obcæcatur, ut vera et æterna bona
quæ dote naturæ illustratus et videbat et appetebat,
postea turpibus desideriis dementatus nec videat
nec appetat. Hinc enim scriptum est , quod, postquam rex Babylonis regem Jerusalem cepit, oculos
ejus eruerit, quia, postquam rex confusionis diabolus vel peccandi usus regem Jerusalem, id est spiritum hominis suæ procurationis regnum in pace
disponentem pravis desideriis victum captivaverit,
omne in eo fidei lumen exstinguit. Ex hac ergo
spiritus et sensualitatis copula incesta fructus nequam, scilicet infidelitas emergit.

Cui desperatio procreationis ordine succedit ;
quia sperare nemo potest, quod esse non credit.

Jam deinde sequitur Dei contemptus ; quia qui
fidei oculos, spei quoque anchoram amisit, restat,
ut ipsum quoque Deum contemnat, ad cujus honorem vel amorem, infidelem et desperatum nec fides
astringit, nec spes allicit. Sicut ergo ex legitimo et
honesto rationis et spiritus connubio fides, spes et
charitas procreantur; sic ex sensualitatis et spiritus adulterio his contraria pullulant germina turpia;
et sicut ex illis tribus omnem virtutum chorum, sic
ex his tribus omnia monstra vitiorum constat pro-
pagari. Quæ enim virtus deest vel deesse potest,
ubi fides, spes et charitas est? Nam ullam, ubi hæc
sunt, abesse virtutum nec fingi quidem vere potest,
unde et Apostolus cum præmisisset : *Nunc*, in hoc
scilicet mundo, *cognosco ex parte, tunc autem*, in
futura scilicet vita, *cognoscam, sicut et cognitus sum*,
subjunxit : *Nunc autem manent fides, spes, charitas,
tria hæc* (*I Cor.* xiii), quasi diceret : Tunc cognoscam, sed nunc ut ad id perveniam, manent fides,
spes, charitas, tria hæc. Pauca quidem hæc tria,
sed multum utilia, ex quibus universa virtutum familia procreatur. Nunquid enim humilitas, obedientia, patientia , prudentia, justitia, fortitudo,
temperantia laudabilis, Deoque acceptabilis fuit vel
esse potuit, nisi quam fides lactavit, spes aluit,
charitas roboravit?

Ex his ergo tribus reliquæ virtutes prodeunt,
aluntur et subsistunt. Ac econtra ex vitiis tribus
jam dictis, quæ his tribus virtutibus contraria sunt
vitiorum omnium agmina fœda prorumpunt, et quidquid mores corrumpit fœdatque , ex hoc trium, infidelitatis scilicet, et desperationis et contemptus
Dei prorumpit radice vitiata.

CAP. XII. *De discordia virtutum et vitiorum.*

Contingit ergo inter hæc, castra legitima virtutum
et phalanges turbulentas vitiorum graves discordias
et bellum implacabile exoriri ; quia cum naturaliter exercitus uterque dissideat , ut sibi invicem ad-
versetur, jugiterque compugnet necesse est

hoc ergo dissidio belloque continuo quies in-domini domus perturbatur, totaque domus labefactatur, conquassatur, evertitur. At si cum dominæ rationis thalamum maritus fidelis asserat, totum hoc domus suæ ædificium in suum stabilietur, et ipse quiete continua et interminabili in ea perfruetur.

III. *Qualiter ratio ancillam lascivientem hu-iet : et qualiter ratio maritum admoneat ?*

suam ergo suorumque salutem et quietem conservandam id erit necessarium rationis n, ut ancillam lascivientem domet, premat, t, ut famulam se esse cognoscat, et dominæ uam impudica non appetat. Quod si vel levi-scelus eam affectare persenserit, tot tantis-oribus eam humiliet, doloribus excruciet, a vix misera conceditur vita, nulla eam pror-lectet lascivia.

itum quoque suum sine intermissione admo-e ancillæ male blandientis lenociniis mollia-t omnes ejus blanditias suæ salutis insidias uminerit, totumque ei suspectum sit, quid-pecietenus transitorieque jucundum et dele-anteponit.

bus ergo consiliis exhortationibusque conti-i spiritum ratio jugiter confortet et instruat; e vero sensualitatis ausus illicitos et infru-fortiter premat, ipsa quidem cum suo con-amore mutuo castoque delectati conquiescent, nobili et beata, omnique virtutum decore iata, familiaque frugi et disciplinata ditabun-totumque illud angustissimum domus suæ uum stabile et inviolabile permanebit, nulla-rorsus foris impellente tempestate quatietur, a amor castus, ordoque debitus per omnia imnibus conservetur.

uunc amorem castum, hunc ordinem debitum pe hæc famula impudens et infrunita per-, dum locum, thalamum et dignitatem dominæ mptuose nimis affectat ancilla ignobilis. Solet it ad suum amorem degenerem ipsum domi-uum, dominæ suæ maritum possit attrahere, i opes, honores, voluptates quasi quædam i ei veneni pocula propinare. Hæc enim ad s dulce sapiunt, sed ad ultimum æternæ mor-uleo fauces animæ transfigunt, sed agit totis i viribus famula versipellis, quatenus ametur delectat, occultetur quod enecat.

AP. XIV. *Suggestio, ancilla ad dominum.*

ponit ergo jugique susurrio auribus domini i instillat, quam jucundum, quam utile sit iis, auro, argento, gemmis perlucidis, lapi-pretiosis, vestibus variis et operosis, agris et isionibus latis et spatiosis abundare : quam tum potentia et dignitate humana, celebrique iis splendore ex transitoria potestate et ho-conquisito gloriari : quam suave variis cibo-saporibus, suavibus pigmentorum et florum ous, omnis generis musicorum tinnulis can-

tibus, amœnitatibus pratorum, nemorum, rivulo-rum, canum venatibus, cervorum et caprearum saltibus, accipitrum ludis et volatibus, mulierum formosis aspectibus et voluptuosis attactibus de-lectari. Has ergo aliasque hujus generis, dum spi-ritui sensualitas suggerit voluptates, quasdam , ut ita dixerim, in hac pacata et qui ta stabilitatis do-mo suscitat, commovetque simultates. Hoc enim totis molitur viribus, ut connubii legitimi inter ra-tionem et spiritum divortium faciat, et ipsa in lo-cum repudiatæ succedat. Voluptates enim trans-itoriæ juris ejus sunt. Ideo amari nullatenus possunt, nisi ratio, quæ naturaliter omnium inimica est tem-poralium voluptatum, repudietur, et mer.trix sen-sualitas loco legitimæ uxoris subrogetur , ametur, dominetur.

Cum ergo spiritum ad amorem voluptatum impu-lerit, jam locum dominæ invasit, jam se loco in-genuæ rationis famula turpis persuasit adamandam. Consequens est ergo, ut ædificium, quod rationis consilio et ope suffultum regebatur, ipsa repudiata et pellice adamata vacillet, cadat, destruatur. Illi enim pellicis ejus mores, hæc ingenita ei vanitas est, ut quisquis ejus amori inhæret, hunc ad amorem temporalium et instabilium rerum præcipitet. Qui-cunque autem instabilia amat, ipse necesse est in-stabilis fiat : *In circuitu* enim juxta Prophetam, *impii ambulant (Psal.* xi), non stant, id est stabiles esse non possunt, sed ambulant in circuitu, id est in volubili et instabili, in volubilium et instabilium rerum temporalium appetitu. Qui ergo instabilia diligunt, stabiles esse non possunt, sed cum ipsis volvuntur et rotantur, quorum se temporali vo-luptate perfrui gratulantur.

Liquet ergo, quia cum spiritus sensibilium et instabilium rerum amori deditus instabilis efficitur, stabilitatis ædificium, quod ipse stabilis permanens ope rationis regere debebat, labitur, prosternitur, dissipatur ; unde claret spiritus et sensualitatis co-pulam nefariam intestinæ seditionis et totius de-structionis esse materiam, et hanc ordinatissimam domum omniaque ejus bona in nihilum redigi , si hoc publicum malum non contingeret præcaveri.

CAP. XV. *Qualiter ratio vigilans maritum præmoneat et spiritum alloquatur.*

Vigilet ergo ratio adversus hoc periculum præca-vendum, vigilet : undique circumspiciat, ipsumque suum consortem ad hoc nefas declinandum sine in-termissione præmonere et præmunire non negli-gat. Opportune et importune ei prædicet, eum eru-diat, mundi voluptates, quas ad se commendandam callida dolosaque promittit ancilla, inane tantum-modo boni vel beatitudinis nomen prætendere, et in his rem vel essentiam beatitudinis esse nullam. Sic ergo eum jugiter alloquatur, ne malesuadis sen-sualitatis blanditiis ad translatoriorum et falsorum honorum amorem attrahatur:

Quod vel quale bonum est vel esse potest, quod transire ac deperire necesse est? Imo quomodo bonum est, quod profecto nihil est? Nulla enim sunt, quæ transire possunt. Habent quippe transitoria essentiæ imaginem aliquam, sed veritatem nullam. Si ergo nec vere sunt, quomodo vera bona esse possunt? Vere ergo desipiunt, qui ea quasi bona amplectuntur et diligunt. Nonne insipientiæ res est, ut ea ames, quæ diu amare non potes? ut ea dicas vel velis esse tua, quæ nec sunt nec fieri possunt tua? Vis audire quid tuum est? Audi breviter. Tu et quæ in te vel infra te sunt, tua sunt. Quidquid enim tu non es, vel infra te situm non est, tuum non est. Si ergo tui compos eris, omnia tua in te habebis. Noli ergo tuum aliquid extra te quærere, quæ intra te tantum poteris invenire. Omnia enim transitoria, non in proprietatem, sed ad corporis necessitatem sublevandam homini concessa sunt. Si enim vere propria hominis essent, utique nec deseri ab homine, nec deserere hominem possent. Nunc autem quia et deseruntur et deserunt, quod propria hominis non sint, ipsa ostendunt. Non ergo appetas tanquam propria, quæ a te natura fecit aliena.

Quisquis ergo mortalium rerum terrenarum extra se positarum aliquid suum proprium esse dixerit, hic profecto nec sui conditionem, nec conditarum rerum ordinem, nec Conditoris earum intentionem adhuc bene vel plene intelligit. Ita enim Deus hominem condidit, ut reliquam visibilem creaturam homini non in proprietatem daret, sed in necessitatem accommodaret sublevandam, et eadem, quæ humana necessitas exigit, æque omnil us præstarentur, quibus non ad voluptatem, sed ad necessitatem æque omnes et communiter uterentur. Quæ Creatoris intentio hinc apertissime conjici potest, quod lucis istius visibilis beneficium gratissimum et maxime homini necessarium æque omnibus, nec plus uni quam alii præstatur. Non solis, lunæ vel stellarum splendor, non pluvia vel ros variæque temporum vicissitudines magis unquam alii deserviunt, nec plus in sui obsequio personam divitis quam pauperis, nobilis quam ignobilis, regis quam militis attendunt. Liquet ergo, quia sicut cœli beneficia omnibus communia sunt, sic terræ quoque fructus vel opes omnibus communes esse deberent, si hoc hominum cupiditas inexplebilis permitteret.

Quare enim, o homo, majorem tibi terræ vel fructum terræ rapias portionem, cum ipsa clementa, quorum commistione et potentia effectiva fructus terræ proveniunt, non tibi magis quam proximo tuo faveant, sed æque omnibus naturalis efficaciæ beneficium impendant? Quæcunque ergo, quæ necessitas tua non exposcit, quasi propria tua sint vel esse possint, tibi attrahis, non hoc est propria congregare, sed rapere aliena. Hinc enim recte per quendam sapientem (16) dictum est : *Omnis dives iniquus aut hæres iniqui.* Cum enim juxta has fallaces divitias ille dives sit, qui abundantia opum terrenarum cæteros excellit, certe aut ipse has congregavit divitias, aut hæreditavit ab aliis congregatas. Sed quodlibet horum fuerit, ipse procul dubio iniquus est, quia ea, quæ ut omnibus essent communia, et cunctis æque secundum singulorum necessitatem dispertienda Deus creavit, aut ipse necessariis non contentus aliorum usibus debita rapuit, aut ab aliis injuste acquisita rapinæ hæres possidenda suscepit, digneque talis et nomen et iniquitatem raptoris hæreditavit, si tamen ea, quæ propriæ necessitati superfluunt, egentibus distribuere et communia facere recusat. Multum itaque a justitia Dei exorbitat, qui aliquid in hoc mundo extra se positum proprium sibi deputat. Non ergo ab homine amanda sunt, quæ hominis propria non sunt, et necessario vel deseruntur vel deserunt.

Sed age, quæso, quid si hæc terrena bona momentanea et fugacia non essent, et propria hominis esse possent, quid in eis est, quod homo rationali jure amare debeat, imo quod diligentius consideratum inspectumque non vilescat? Hæc sunt itaque, quæ admirantur amantque homines, opes, honores, voluptates? Singula nunc horum attentius inquiramus, et si hominum amore digna sint, videamus.

CAP. XVI. *Ratio suggerit divitias contemnendas.*

Opes ergo terrenæ, quarum desiderio humana exardescit ambitio, auro, argento, lapidibus pretiosis, agris et possessionibus spatiosis, vestibus variis et operosis continentur. Primum hoc de auro et argento lapidibusque pretiosis, quæ prima mortales ducunt, dicere licet, quia ut magni pendantur ab hominibus, non hoc innata ejus dignitas vel utilitas, sed, ut ita dictum sit, infatuata hominum vanitas fecit. Quid enim tam fatuum, tam vanum, quam primum dignitatis vel utilitatis ei rei tribuere locum, quæ ultimum vix possidet, et quasi necessaria vel plus quam necessaria amare, quæ nullatenus exigere videtur humana necessitas? Quod licet apertum, et nulli fere incognitum sit, tamen hinc luce clarius constat, quod gentes pleræque sunt, quæ hujusmodi divitias inutiles nec habeant nec habere curant. Sicut ergo plerique, sic certe qui ubique terrarum sunt homines, his si vellent, utique carere possent. Et o si possent, ita his quoque carere vellent! Procul dubio felicius et æquabilius sic se humanum genus haberet. Quid enim non cogit mortalia pectora auri sacra fames? Nullum incendium, nullum unquam diluvium tantas, quantas hæc fames canina, strages dedit : nihil humanum genus a salute corporis et animæ sic pervertit, sic evertit.

Quare ergo tanto affectu ametur, tanto strepitu desideretur ab homine id, in quo utilitatis vel boni nihil aut certe permodicum est, incommodorum vero plurimorum et inæstimabilium malorum materia et causa est? At hominum vana et insana fatuitas hanc humani generis decipulam utilissimis et permaxime necessariis rebus anteponit, et rei, quæ fere nullius est meriti, falsam dignitatis et

(16) Augustinum.

utilitatis nómen æstimatione annectit sua. O sensum hominis rationalis multum a ratione degene-
rantem! Solent homines pro modico auri vel argenti pondere pretiosarum et pernecessariarum rerum, frumenti scilicet, vini vel olei quam pondus
pergrande argenti vel auri. Hæc enim hominum
sustentant et alunt vitam; illa vero salutis et commodi nihil, plurimum vero incommodi et perditionis hominibus addiderunt. Errare est ergo aliter
de rebus, quam ipsæ res se habent, judicare, et res
infimi meriti, meliores melioribus æstimare.

Sed fallit homines nondum per omnia elimatæ veritatis tramitem gradientes talium rerum postrema
quædam et prorsus inutilis pulchritudo, ut quantum
speciosæ, tantum pretiosæ ab imperitis æstimentur.
Sed esto, sit talium rerum tanta dignitas, quanta
et venustas; quid tamen tua refert, o homo, pulchritudo aliena, quam admirari potes, sed tuam
profecto facere non potes? Quare ergo admireris
amesve ea, quæ tua non sunt, et quæ tuo amore et
admiratione prorsus indigna sunt? Si enim tuam
perpendas dignitatem, nullius inanimatæ rei miraberis claritatem. Omnia enim inanimata tuæ excellentiæ subtracta, admiratione videntur indigna.

Quisquis ergo talia miratur, diligit, vel magni
pendit, vel in eorum adeptione vel possessione aliquam credit majorem quam in metallis reliquis
beatitudinis inesse portionem, ipsam veritatis ducem animæque lucem nondum per omnia sequitur
rationem. Si enim ejus monitis obaudiret, non plus
aurum et argentum quam ferrum quæreret vel
amaret, nec gemmas pluris quam silices æstimaret.
Utilius est enim ferrum quam aurum vel argentum
et silices gemmis sunt necessariores.

Cap. XVII. *Suggerit ambitionem possessionum di-
mittendam.*

Agrorum vero et possessionum ambitio, dum necessitati fragilitatis humanæ prætendit, quæ sine
horum redditibus subsistere nullatenus potest, cupiditatis vitium necessitatis nititur obtentu palliare.
Quia enim horum usum corporis exposcit infirmitas
quod hæc ultra necessitatem congregare, et in proprietatem homo sibi vindicare licite possit, arbi-
tratur.

Et scimus quidem fructus terræ animantium deberi alimentis, sed salva id hominum omnium gratia dixerimus, moderatius et sobrie his magis videntur uti jumenta quam homines. Bruta enim omnia ea tantummodo appetunt, ad quæ naturali tra-
huntur appetitu, et in usu eorum necessitatis metas
non excedunt. Homo enim necessitate non contentus cupiditati habenas laxat, et tanta necessaria
se habere putat, quanta avaritia instigante habere
desiderat. Unde fit, quod utinam non fieret! ut
quod multis sufficere poterat, in proprietatem vin-
dicet sibi unus solus homuncio; et quia uni plurima superfluunt, pluribus etiam necessaria subtra-
hantur.

Hinc enim primum in genere humano egestas

misera et penuria tristis exorta est, quia ea, quæ
æqualiter omnibus divisa, omnibus sufficientia esse
poterant, aliqua hac æqualitate non contenti, dum
sibi superflua, quomodocunque acquisita attraxe-
runt, multorum necessitati debita rapuerunt. Si
enim necessariis contenti essent homines, sufficere
possent omnibus omnia; et si quod naturæ sat est,
replere tantum indigentiam vellent, agrorum multorum et possessionum latarum redditus non am-
birent. Id enim solummodo ab homine appetendum
est, quod naturæ sufficit, non quod voluptas concupiscit. Tu ergo, si naturæ tantum satisfacere quæ-
sieris, paucis minimisque contentus eris, sicque
studebis vivere, ut nihil in vita appetas, quo carere possis et vivere.

Cap. XVIII. *De contemnendo vestitus decore et pretio.*

De vestium autem decore vel pretio gloriari, homini mente Deo simili prorsus videtur indignum.
Quomodo enim decorare vel ornare hominem potest, quod multo indignius et abjectius homine est?
Meliora quippe et digniora rebus, quæ inferioris
dignitatis et meriti sunt, dignitatem vel ornatum
addere possunt; inferiora vero excellentioribus con-
dignum decorem, quem non habent, conferre nequeunt. Cum autem homo creatura visibili dignitate superior sit, quidquid infra ipsum est, condi-
gnum ei decorem addere non valebit. Multum ergo
se infra se detrudet homo, cum ipse rerum decus
cæterarum, a rebus infimis appetit ornamenta.

Audi indignam homine, audi ridendam omni sapienti vanitatem. Solent homines bestiolarum, imo
murium quorumdam pelliculas fœtidas colorare, et
hoc se amictu ridiculo adornare, multoque idcirco
digniores et honorabiliores æstimare. O insigne
decus, quod confert ridiculus mus! Student quoque sericis, auro, argento, gemmis radiare, eosque
alienum a se splendorem sibi arrogare, indeque
gloriari non pudet, quasi, si quid est in hoc splendore præcipuum, non id ab homine homini assu-
tum, sed a natura homini fuerit attributum.

Atqui quantumlibet tibi alligaveris, o homo, hujusce decoris non tui, a liliorum profecto rosarum-
que decore superaris; quia nec Salomon in omni
gloria sua coopertus est sicut unum ex istis. Et si
beatitudinem in tali decore æstimas aliquam, bea-
tius te esse fœnum agri necesse est fatearis.

Cap. XIX. *Quod honor mundi nihil sit.*

Honor vero mundi, pro quo adipiscendo totum
fere hominum insanit genus, quam exilis, quam levis, imo quam nihil sit, hinc mecum perpendas licebit. Opes seu voluptates necessitati humanæ aliquod possunt ferre subsidium. Honor vero nec
animæ nec corpori salutis vel utilitatis afferre quidquam potest. Quid enim laus vel celebritas, dignitas vel opinio præclara, longe lateque vulgata, quæ
omnia ad honorem quasi membra quædam ad caput
proprium referuntur; quid, inquam, hoc salutis vel
virtutis hominibus adjicere possint, prorsus ignoro.
Hæc enim salutem vel virtutem a quovis habitam

monstrare vel divulgare possunt, dare non possunt. Quid namque sapienti honor vel gloria forinsecus oblata addere poterit, qui gloriam eam tantum, quæ ab intus est, quærit? Etenim, ut Propheta ait : *Omnis gloria filiæ regis*, id est animæ sapientis, *ab intus* (*Psal.* XLIV). Sapiens enim non ut favorem sibi transitorium conciliet, sed ut conscientiam tantum ditet suam, opera virtutis exercet.

Et nomen quippe et meritum sapientis perderet, si pro hominum favore vel honore ad nihil utile laboraret. Ad quid enim utile est, quod nec corpori nec animæ prodesse quidquam potest? Nihil ergo prodesse sed non nihil obesse potest. Virtutem enim vel salutem, quam conferre non potest, auferre potest; et bonum, quod tribuere nequit, destruere plerumque consuevit. Plerique enim, qui nondum in virile et perfectum virtutis robur evaserunt, cum honoribus et favoribus excipiuntur humanis, ipsis delectari et gloriari incipiunt; et qui virtutis fruge florere videbantur, dum ipsam nutricem et matrem virtutum omnium humilitatem deserunt, arrogantiæ aurigine percussi arefiunt. Nisi enim in humilitate perstiterit, ipsa se ipsam virtus interficit; quia dum mentem inflat, se ipsam necat : et dum in superbiam cor erigit, seipsam elationis gladio transfigit. Cum enim de virtutis conscientia mens inflatur, quidquid habere virtutis videbatur, enecatur.

Quare ergo desideres, quod utilitatis nihil, vanitatis vero plurimum afferre consuevit? Non ergo honoris vel laudis avidus sis, sed ad hoc tota aviditate moribus probis enitere, ut laude et honoribus dignus esse possis. Alterum enim horum vanitatis, alterum probitatis est : et sicut unum virtutem enervare et necare, sic aliud virtutem auget et conservare consuevit. Quicunque ergo virtutis iter incedens de promulganda fama, de nomine proferendo de honore adipiscendo cogitat, ipse profecto quam apprehendere nitebatur, virtute se privat, et nisi totis viribus huic vanitati obstiterit, si quid habere se gratulabatur virtutis, amittit.

Quid ergo de miserrimis his dicendum, qui non nisi ad oculum hominis et populares auras bene facere nesciunt, et relicto conscientiæ thesauro de alienis præmia sermunculis concupiscunt? Hoc est rem maximi meriti vili pretio venalem portare, hoc est frustra et absque fructu laborare, hoc est virtutis opera, quibus vera et æterna bona emi poterant, pro vilissimis transitorii favoris nugis commutare.

CAP. XX. *Suggerit voluptates corporis non amare.*

Porro voluptates corporis non amare homini ratione vigenti et vel tenuiter sapienti perfacile persuadendum arbitramur. Quis enim amet hominum molestissimam et infestissimam pestem hominum? Corpori namque et animæ contrariam, tam carni quam spiritui voluptatem constat esse inimicam. Quanti morbi, dolores, pestes quasi quidam nequitiæ fructus voluptuosorum solent innasci corpo-

ribus? menti vero, qua Deus nihil homini præstantius dedit, huic divino muneri ex imagine Dei relucenti nihil tam inimicum constat esse quam voluptatem. Siquidem voluptas consuetudine diuturna roborata, omne cordis exstinguit lumen, consilium impedit, intellectui tenebras offundit, mentis perstrin. it oculos, denique eos etiam, qui sapientes videbantur, infatuare consuevit. Dominante quippe libidine ingenium ipsum marcescere et hebescere necesse est; neque aliquis sapientiæ vel virtuti locus in regno voluptatis esse potest.

Novit, quisquis furiæ hujus stimulos expertus est dum tali laboraret insania, nihil se homine dignum, nihil sapientiæ vel virtuti consentaneum agere vel cogitare potuisse. Quare nihil tam detestabile quam voluptas, quæ hominem, ut ita dixerim, hominem exuit, et in jumenti sensum et appetitum convertit, quæ sapientiam, ingenium et intellectum, in quibus maximæ dignitas constat humana, pervertit, evertit et exstinguit. Quis ergo hominum hanc humanæ dignitatis corruptelam procul a se abigere pro viribus non laboret, qua certe perfacile carebit in perpetuum, si ejus duntaxat deposuerit appetitum. Cupidis enim hujus lutulentæ pestis carere molestum videtur; non cupidis vero carere quam frui satis constat esse jucundius. Si habet hæc humani generis lues insanæ jucunditatis et fœdæ delectationis aliquid, unde quasi esca in hamo posita ad modicum quidem sapiat, sed aculeo torquentis conscientiæ hoc se volutabro fœdantis fauces transfigat. Nam delectat quidem voluptas ad modicum, dulcis videtur ad momentum, sed relinquit diuturnum tristis pœnitentiæ et crudelis conscientiæ statim subsequens tormentum.

Stultum est autem delectationem mox transituram attendere, et subsequentem mansuram amaritudinem non videre; appetere bonum, si tamen bonum est, quod præterit, et non cavere malum, quod finem nescit. Homo ergo, cui a Creatore concessum et jussum est, non solum aspicere præsentia, sed etiam futura prospicere, fugiat ea, quæ falsa bona se simulant, ut vera mala adducant; fugiat ea, quæ facie quidem blanda, sed re ipsa prorsus exsecranda sunt : fugiat ea, quæ delectant ad modicum, et trahunt attrahentes se ad interitum sempiternum.

CAP. XXI. *Exhortatio auctoris.*

Istis itaque similibusque consiliis et exhortationibus continuis si maritum suum spiritum ratio docere et admonere non cesset, et in suo eum amore faciet perfectum, et æmulæ pellicisque suæ, sensualitatis scilicet, stulta et malesuada consilia, damnosa nimis et inutilia esse probabit. Ædificium quoque, quod ipsa manibus compegit suis, perpetua firmitate fundabit, quia omnia stabilitati ejus profutura providebit, et omnia ei amovebit nocitura.

CAP. XXII. *De firmitate domus spiritalis.*

Hæc est ergo domus et ædificium, corporis, sensuum et mentis stabilitas, quod juxta ipsius assertionem veritatis nec pluviæ descendentes, nec flumina nec venti irruentes cadere faciunt, quia fundatum est supra firmam petram.

Quid enim pluvia nisi concupiscentia intelligitur, a qua quisque tentatur, quæ sensim rigorem fidei emollit, et in voluptatibus diffluere facit? Quid flumina, nisi omnium vitiorum torrens, ad movendam sive destruendam hanc virtuosæ stabilitatis domum conglobatus? Quid venti, nisi malignorum spirituum consilia perversa, quæ per sensualitatem sibi familiarem pedisequam spiritui hominis, quem pervertere moliuntur, sine intermissione insibilant?

Irruentes ergo pluviæ, flumina, venti in hanc virtutum domum impingere possunt, quia omnium tentationum genera, universa vitiorum monstra electorum mentem vera et perfecta stabilitate suo creatori adhærentem pulsare vel tentare queunt, sed movere vel nocere nequeunt, quia fundata est supra petram, id est veram fidem, spem et charitatem sui Creatoris, quam fidem, quam spem, quam charitatem gignit, nutrit et custodit in nobis a Deo nobis insitum donum divinum Deo simillimæ rationis.

Explicit liber de corporis, sensuum et mentis stabilitate in monasterio Tegernsee xiv. Kal. Decemb. anno 1444.

ANONYMI BENEDICTINI
Qui circa sæculum xii scripsit
DIALOGUS DE ESU VOLATILIUM
Num is in Regula S. Benedicti cœnobitis fortibus et sanis indultus sit.
(D. Bern. Pezius, *Thesaurus Anecdot.*, t. II, parte ii, col. 546.)

—

MONITUM.

—

Cum sanctissimus legislator noster Regulæ suæ capite 39, certum quemdam, qui a monachis suis perpetuo in cibo et potu servaretur, modum, et eduliorum genera vellet describere, his post quædam verbis est usus : *Carnium vero quadrupedum omnino ab omnibus abstineatur comestio, præter omnino debiles et ægrotos.* Quæ beati Benedicti sententia incredibile est, quantam a primis fere ordinis sui sæculis usque ad ætatem nostram opinionum diversitatem generaverit, aliis existimantibus, eo regulari decreto carnium ‡ eliummodo *quadrupedum*, non itidem *bipedum* et *volatilium* esu monachis interdici ; aliis contra affir.mantibus, omnium universe carnium comestionem ea monachis lege prohiberi. Rationes partium qui nosse desiderant, adeant amplissimum P. Edmundi Martene commentarium in Regulam S. Benedicti, ubi ad caput 39 ea de re cumulate disputat, et singula defensorum esus volatilium dicta recenset. Omnia eo recidunt : S. Benedictum non sine causa et ratione loco citato carnes *quadrupedum* expressisse, non quo.runcunque animalium ; itaque vescentem volatilibus S. Benedicto nequaquam adversari. Idem monachis in concilio Aquisgranensi Ludovico Pio imperatore indultam fuisse. Generalem cœnobitarum consuetudi.nem et prælatorum dispensationem ejusmodi aucupium licitum fecisse. Denique *liquidum esse tam pisces quam volucres ex aquis procreatos habere corpora ejusdem naturæ, nec tantam vim humanis corporibus ad lasciviendum carnes volatilium ministrare, quantam carnes terrestrium animantium, quæ carnis nostræ corporibus ejusdem naturæ sint,* ut ratiocinatur Petrus Abælardus *Exposit. in Hexam.* apud Martenum in *Thesauro novo Anecdotorum* tom. V, col. 1388. Has omnes aliasque plures ratiunculas valide refell.t auctor hujus dialogi, demonstratque nullum *sanum* et *valentem cœnobitam aut volatilibus vesci, aut sagina t.i, quin Regulæ S. Benedicti prævaricator existat.* Quod si cui nostri temporis cœnobiæ displicuerit, eaque propter is parum prudenter a nobis factum censuerit, quod ejusmodi libellos protulerimus, in ipsius receptissimi ætatis nostræ mores et vulgatissimæ consuetudines reprehendantur : is cogitet, nos nemini legem, ad quam vitam exigat, præscribere, sed ostendere tantummodo, qui sancti Dei homines de hujus.modi rebus existimaverint, voluisse. Superiorum erit expendere veterum dicta et momenta, quotidieque amplius conari, ut ea Regula, cui et ipsi et monachi sunt subjecti, non secundum laxas recentiorum interpretationes, sed secundum scita majorum et doctrina sanctitateque celeberrimorum hominum usum consuetudinemque servetur. Ad hæc semperne ad ollas carnium sedebimus, o boni? Semperne surdis veluti auribus adeo perspicua, et salubria sanctissimi Patris nostri decreta de abjiciendis carnibus præ.teribimus? Nullane spes supersit, in tanta necessariarum commodarumque rerum copia veterem tristissi.mamque carnium abstinendi consuetudinem recuperandi? Liceat nobis hoc loco verbis Venerabilis Petri, quanti viri! uti lib. vi, epist. 15 *hujus capituli* (39 Regulæ S. Benedicti) *prævaricatio qua ratione excusabitur? Qua causa sospes et integris viribus monachus carnibus utens reus non esse monstrabitur? Dic, quæso, si quid habes, et* [si] *aliqua vera vel verisimilis ratio est, carnis tibi, si potes vindica. Non habes, non habes, inquam, ut æstimo, quid dicas ; non habes plane, unde perjurii nævum, ne dicam, noxam expurges : obviat Regula, contradicit justitia.* Hæc sanctissimus abbas Cluniacensis. Plura in hanc rem alio loco pro.feremus. Interim vel solus hic Dialogus, quem nunc publici juris facimus, viris accuratioris regularis observantiæ studiosis ad imitanda præclara veterum exempla sat stimuli addet. Eum ex codicibus mss. bibliothecæ Gemnicensis et Mellicensis trecentorum annorum damus. Alius ins gnis membraneus codex, ducentis circiter annis antiquior exstat in bibliotheca Gottwicensi, cum quo tamen ob triste incendium, quo totum monasterium conflagravit, et communem inde rerum perturbationem, nostram editionem conferre non licuit. Porro quis elegantis Opusculi auctor fuer.t, divinare nondum potuimus. Suspicati sumus aliquandiu Honorium Augustodunensem esse, ut cui familiare fuerit, argumentorum scriptionis d'alogo exponere, in quo interroget *Discipulus, Magister* respondeat. Annueret etiam ætas hominis. Nam cum sub finem operis Gregorii VII, nullo autem loco Innocentii III, Honorii III, aut Gregorii IX, quorum de esu carnium constitutiones, auctori nostro perquam commode accidissent meminerit, vix dubitari potes ‚

cum sæculo circiter duodecimo floruisse. Verum quia nec Honorius ipse libro ɪᴠ *De luminaribus Ecclesiæ* inter sua opuscula hunc Dialogum recenset, nec ullus codex nomen Honorii præfert, rejecta ea opinatione rem incertam relinquere satius visum fuit.

Incipit Dialogus cujusdam magistri de esu volatilium, non licito monachis sanis (17).

—

Discipulus. Velim scire, si ex Regula Sancti Benedicti, eximii præceptor.s monachorum, esus volatilium indultus sit sanis monachis. Videtur enim mihi et multis aliis mecum in id ipsum sentientibus (18); quod præfatus institutor permiserit nobis volatilia comedere, dum nos nominatim ab esu *quadrupedum* (19) tantum curavit suspendere.

Magister. Ita multi intellexerunt et docuerunt. Verum ut utar verbis Apostoli scribentis Philippensibus (cap. ɪɪɪ): *Si quid aliter sapimus, id ipsum revelavit nobis Deus.*

Disc. Mihi, obsecro, ne abscondas, quid de hac re ex definitiva (20) sententia sentiendum tenendumque, Deo revelante, censeas; ut illud : *Qui audit, dicat, veni* (*Apoc.* xxɪɪ), adimpleas. Ita enim poterit fieri, ut fortasse meliora et saluti viciniora a te audiens, caliginem carnalis intelligentiæ ab oculis cordis incipiam detergere, et lumch spiritualis scientiæ illuminatus agnos ere.

Mag. Faciam, quantum Deus mihi vires dabit; nec me petitio tua gravabit : si tantum doctrinæ sanæ auditum et assensum volueris accommodare, et ratione percepta, contra propriam conscientiam, veritatem caveris impugnare.

Disc. Ne verearis. Non enim arbitror esse aliquam confusionem sic a te vinci, ut et ipsi vincam meam falsam opinionem. Tu quoque a me præmonitus et præmunitus caveas, ne per ingenii tui subtilitatem et linguæ volubilitatem, verba antedicti Patris ad contrarium noxiumque sensum intorqueas (21).

Mag. Non placeat Deo.

Disc. Primum ergo est, ut versiculum, qui est in Regula ejusdem præceptoris, multis vel maxima causa dubitationis, probabili expositione debeas interpretari ; quoniam non parum meæ sententiæ videtur astipulari, tuæ vero multum videtur refragari. Est autem talis (22) : *Carnium vero quadrupedum ab omnibus abstineatur comestio, præter omnino debiles et ægrotos.* Prudens enim lector, qui ex minimis maxima, et ex paucis plura solet colligere, æquipollenter hic valet intelligere : quod carnes volatilium in cibum sanis monachis a beato Benedicto concedantur, dum eis tam expresse carnes quadrupedum denegantur. Alioquin nulla ratio videtur esse, quod idem Pater carnes quadrupedum

singulariter hoc in loco posuit, et infirmis indulsit, si non indifferenter volatilia tam sanis quam ægrotis in esum concessit.

Mag. Cavillationum tuarum versutia, simplicicm fratrum infirmam percutis conscientiam ; quatenus eis sub colore veritatis muscipulam injicias, et quasi vera dicendo decipias. Porro video, te laborare, quoniam non vis verum dicere; et quia animalis es, non potes ea, quæ sunt Spiritus Dei, percipere.

Disc. Quia ergo animalis ego, ut verbis tuis utar, non possum præmissum versum Regulæ spiritualiter intelligere : dic tu, si saniorem i.tell. tum exinde vales colligere, unde sensum meum possis collidere (23).

Mag. Faciam, si mihi prius paulisper interroganti respondeas (24).

Disc. Interroga, ut libet.

Mag. Quid tibi videtur Benedictus intellexisse, cum alibi dicit (25) : *A carnibus solito more omnes abstineant?*

Disc. Congrua moribus pii doctoris agis, dum sententiam, quæ contra te est, mihi ad medium vel memoriam reducere satagis. Quid enim est aliud : *A carnibus omnes abstineant*, quam quod superius dixi, ut videlicet sani volatilia tantum, ægroti vero tam volatilia quam quadrupedia comedant?

Mag. Ut video, carnalis es ; et ideo hunc quoque locum, quemadmodum superiorem, carnaliter et pueriliter exponis. Lex autem per Benedictum data, et sancta, et bona est legitime per eam currentibus, et spiritualiter eam intelligentibus ; verum adeo tandem insipida, et a prisca sui meracitate per carnalem non intelligentium eam quorumdam monachorum observantiam, ut ita dixerim, facta est vapida ; ut nisi aqua legis in vinum, id est in spiritualem convertatur intellectum, evanescat usque ad defectum.

Disc. Quia igitur carnalis ego, ut tu dicis, loca illa Regulæ, de quibus sermo est, intelligo carnaliter; tui erit officii, ut exponas ea spiritualiter.

Mag. Vis audire attentius?

Disc. Volo.

Mag. Nota igitur quod Benedictus non tantum dicit : *A carnibus omnes abstineant;* sed addidit :

---

(17) Cod. Mel. *Dialogus more didascalico per quemdam editus de esu et abstinentia carnium professorum Regulæ S. Benedicti fortium et sanorum.*

(18) Cod. Mel., *consentientibus.*

(19) Cod. Mel., *quadr. carnium.*

(20) Cod. Gemn., *diffinita.*

(21) C. Mel., *retorqueas.*

(22) *Reg.* S. Bened. cap. 34.

(23) C. Mel., *corrigere.*

(24) C. Mel., *ad interrogata respondes.*

(25) *Reg.* cap. 36

more solito. Quia videlicet mos erat antiquissimo- A
rum et probatissimorum monachorum a carnibus
abstinere, non modo quadrupedum, sed etiam volatilium, excepta infirmitatis necessitudine. Porro,
ut docet ecclesiastica historia, hanc abstinentiam
generaliter hi in consuetudine habuerunt, qui in primitiva Ecclesia auctores monachicæ professionis,
nomine, exemplo et verbo præfulserunt. Ab hac
ergo paterna nobilitate quia Benedictus, eorum sequipeda mirabilis, filios suos degenerare nolebat,
a carnibus more solito omnes abstinere præcipiebat.
Eapropter non dixit specialiter : *ab his* vel *ab his ;*
sed generali nomine *a carnibus omnes abstineant ;*
ut non solum volatilium, sed et quadrupedum esum
pari modo sibi esse interdictum in determinatione,
quam in *more solito,* flxit, monachi quique non ambi- B
gant. Nam salva lege infirmitatis, indigentiæ et necessitatis, antiqui Patres nostri non facile inveniuntur
in Scripturis authenticis quamlibet carnem sibi indulsisse ; quos tam usu quam auctoritate est notissi-
mum, tam a volatilibus quam a quadrupedibus se conti-
nuisse. Nam, cum Cassiodorus dicat, dulciores carnes esse in volatilibus quam quadrupedibus ; quæ ratio
esset, ut monachi a carnibus quadrupedum abstine-
rent, et carnes volatilium, quæ sunt dulciores, nisi infirmi, præsumerent? Porro huic nostro sensui, quem
diximus, astipulatur Hieronymus scribens ad Savinam
(26) in hunc modum : *Procul sint a conviviis tuis Pha-*
sidis aves, crassæ turtures et omnes aves, quibus am-
plissima patrimonia avolant. Nec ideo te carnibus C
vesci non putes, si suum, leporum atque cervorum,
et quadrupedum animalium (27) *esculentiam repro-*
bes. Non enim hic pedum numero, sed suavitate gustus
judicatur. Quæ cum ita sint, valde desipit, qui credit Benedictum, sapientia insignem, carnes quadrupedum minus sapidas, quam volatilium, monachis sanis interdixisse : et carnes volatilium (nisi
omnino debiles fuerint) indulsisse. Nam quod carnes dulciores sint in volatilibus, quam quadrupedibus, et sancti doctores dicunt, et usus comprobat, in eo quod delicatiores et ditiores hujus sæculi
homines, cum plus solito splendide volunt epulari,
prælibatis carnibus quadrupedum, tandem propter
majorem dulcedinem et gustus suavitatem, carnes
volatilium sanxerunt sibi ministrari. Præterea ita D
habet familiarior Ecclesiæ consuetudo, ut propter
gustus dulces, non propter numerum pedum, abstinentes secundum scita canonum generaliter a carnibus omnibus se contineant. Quia igitur monachi
cæteris Ecclesiæ membris amplius debent *corpus*
castigare, et *delicias non amare,* haud injuria præcipitur eis (exceptis infirmis) non *more solito* abstinen-
tium, a carnibus omnibus abstinere ; ut videlicet
incentiva carnis eo facilius possint reprimere. Quæ
tunc amplius eos solent titillare, si a majori esca-
rum suavitate corpus suum nolunt refrenare. Unde

sanctorum Patrum prudens diligentia, et magistra
experientia sanxit ; ut ille cibus debeat esse monachorum, qui sustentationem vitæ tribuat ; non, qui
pabulum concupiscentiis et vitiis subministret.
Mentior, si in hanc sententiam Hieronymus non
currit (28), cum dicit : *Ventres carnem portantes*
carnibus replendos ; tironibus autem Christi et sacris
virginibus olera et legumina cum pisciculis aptiora
asserens, utpote minus gravantia, et ad expedite
serviendum Deo magis expetibilia. Huc accedit
auctoritas Prudentii, religiosi viri quamvis laici,
qui ait in Hymno, quem quasi pro Benedictione
prandii composuit : *Absit illa fames, quæ imitatur*
bestias, aliorum sitiens cruorem ! Et post pauca :
In tanta rerum copia, quæ vitis est sanguinis ?

Disc. Rationibus tuis ulterius non præsumerem
refragari, si ita Benedictum intellexisse, validiori
aliquo argumento posset approbari.

Mag. Ut video, esum carnium non relinques sine
dolore, cui serviisti ex amore.

Disc. Non tibi sit grave, me in sensu tuo adhuc
hæsitare, tum fidei pusillanimitate, et sensus mei
tarditate, tum pro carnis, quæ repugnat legi mentis, infirmitate. Præterea opinionem meam commendat mihi religiosorum monachorum in his diebus numerositas, et concors in id ipsum defendendum, non facile suppolenda auctoritas.

Mag. Non dixit Sapientia : *Ego habito in multis,*
sed *habito in consiliis* (Prov. VIII) ; ne quis nostrum
in defensione veri de minori numero causetur. Veritas nos consolatur, dicens : *Nolite timere pusillus*
grex (Luc. XII). Sed jam ambages istas omittamus,
et quasi ad vivum rem ipsam tangentes, ad diri-
mendam hanc controversiam accedamus.

Disc. Ut rursum ad idem revolvam, quia cum
tanta facilitate non potest persuaderi, quod cum
magna difficultate necesse est persuasum impleri
non videtur mihi credibile, Benedictum sanis monachis volatilia vetuisse, quem intelligo tantum
quadrupedia eis prohibuisse, ubi ait : *Carnium vero*
quadrupedum ab omnibus abstineatur comestio præ-
ter omnino debiles et ægrotos.

Mag. Crede saltem verum esse, quod dixi ; quia,
nisi credideris, non intelliges. Ego autem credo et
intelligo, ideo Benedictum dixisse sanis monachis a
carnis quadrupedum esse abstinendum ; ne quilibet
eorum dicere posset : Volo quadrupedum carnes,
quæ sunt minus dulces quam volatilium, comedere ; quia Benedictus eas, quæ sunt dulciores, ut
volatilium, tantum mihi vetuit edere ; eo quod
Scripturæ divinæ ea, quæ ad delectationem corporalem attinent, prohibeant ; non quæ ad sustentationem humanæ imbecillitatis atque infirmitatis.

Disc. Si igitur ita est, ut dicis, quare nusquam
nominatim interdixit carnes volatilium, quemadmodum quadrupedum ?

(26) C. Mel., *Salvinum.*
(27) C. Mel , *animantium.*

(28) C. Mel , *c neurrit.*

Mag. Secutus est morem sanctorum doctorum, A
qui solent illam causam specialiter perstringere,
quæ potest aliquam dubitationem intacta gignere.
Ut Psalmista Aaron, sanctum Domini, non Moysen,
commemorat; quia Moysen sanctum fuisse nullus
ignorat. Sic Benedictus hoc in loco fecit, ubi de
carnibus quadrupedum specialiter abstinendum
esse sanis monachis indixit. Alioquin poterat dubitatio hæc concipi, utrum an non propter suam
non nimiam dulcedinem deberent sani fratres ex
eis refici. Cæterum de volatilibus non erat necesse
specialiter eum dicere, quod non essent come-
denda; quia certus erat ea, utpote dulciora, non
esse (nisi ab infirmis) edenda. Porro dulciora esse
volatilia quam quadrupedia, ut taceam de noto
multis experimento, Cassiodori hoc astruimus do-
cumento; quo dicit, Dominum superasse vota in deserto carnes desiderantium, non carnes eis quadrupedum suggerendo, sed sicut arenam maris volatilia pennata pluendo. Ergo non solum culpabili
experientia, sed etiam probabili scientia, asserere
possumus, in volatilibus carnes dulciores esse quam
in quadruped.bus.

Disc. Negari id nequit.

Mag. Si ergo Benedictus tibi interdixit carnes
quadrupedum, in quibus minor est dulcedo; quanto
magis volatilium carnes, in quibus major est?

Disc. Unde scis, quia per dulcedinem minorem
amputavit majorem?

Mag. Ratio et exempla, quæ rationi concordant,
ita nos dicere compellunt.

Disc. Quæ dicis, videntur quidem esse verosimi-
lia, sed concessu sunt difficilia.

Mag. Qui conclusioni accedere durum putat,
æquum est, ut vel falsum aliquod præcessisse de-
monstret; vel collectionem propositionum non esse
efficacem necessariæ conclusioni ostendat.

Disc. Concedo vera esse jam dicta, si non obsi-
stunt dicenda.

Mag. Concessis præcedentibus spes erit conces-
sionis in subsequentibus.

Disc. Licet, quæ dicta sunt, jam aliquatenus videam, planius tamen a te audire desidero ; et quamvis ratio per se eluceat, plurimum tamen simplices
ædificat, si rationi auctoritas accedat. Probare igitur debes, Benedictum secutum esse morem sacri
eloquii, quando in prohibitione quadrupedum, prohibuit volatilia ; ut paratus sim ad satisfactionem,
omni poscenti de eadem controversia reddere rationem.

Mag. Ex abundanti id a me exigis, quia Sapienti
satis est dictum : Faciam tamen quod petis, si non
propter amicitiam, saltem propter improbitatem
tuam.

Disc. Non ingratus ero auditor, quia juxta illud
Sapientis : *Saturati calcant favum* (29) ; *animæ au-*

(29) C. Mel., *anima saturata calcat fav.*
(30) C. Mel , *quod.*
(31) Ib., *in minori comp. majus.*

tem esurienti etiam amara dulcia videntur (Prov. B
xxvii).

Mag. Placet quod dicis.

Disc. Perge (30) ut pollicitus es.

Mag. Moris est sanctorum doctorum in re minori (31) comprehendere majorem. Sicut legitur
dixisse Dominus ad Jerusalem : *Hæc fuit iniquitas
sororis tuæ Sodomæ, quia panem suum in saturitate
comedit (Ezech. xvi).* Ecce per panem intelliguntur
diversitates epularum. Et quod ita sit, manifestatur in loco illo, ubi dicitur : *Vidit Lot Sodomam
quasi paradisum (Gen. xiii).* Si Sodoma quasi paradisus erat, non est consequens, ut solummodo intelligamus, illos panem manducasse sine aliis deliciis. Idem habes de Laban, ubi dicitur : *Et appositus
est panis.* Nunquid solummodo panis appositus fuit
sine aliquo pulmento? Sed ut ad id quod cœpimus,
jam redeamus, ecce probavi, quia Benedictus com-
prehendendo in re minori majorem, morem sacri
eloquii sit secutus. Tu vero non potes probare,
quia non sit secutus. Tene igitur certum, et dimitte incertum. Amplius, dic, quæso, si Benedictus
concessisset mihi sano manducare carnes volatilium; et ego pro amore Dei nollem manducare,
esset peccatum, an non?

Disc. Nequaquam.

Mag. Scis quare?

Disc. Quia ipse dixit (32) : *Cui Deus dederit majorem tolerantiam abstinendi, propriam se habiturum
mercedem sciat.*

Mag. Argute respondisti. Rursus, si non concessisset carnes volatilium, et ego comederem, pecca-
rem, an non?

Disc. Non dubium, quin peccares.

Mag. Ergo melius est et tutius, ut dimittamus
incertitudinem et teneamus certitudinem. Si enim
manducaverimus incolumes, peccatum esse scimus;
si vero non manducaverimus omnino, non esse
peccatum scimus.

Disc. Ista quidem illis contraria sunt, quæ paulo
ante concessa sunt.

Mag. Recte æstimas.

Disc. Cum ergo nullus possit negare, quin carnes
tam volatilium quam quadrupedum professoribus
Regulæ Benedicti, nisi infirmi fuerint, ab eodem
Patre interdicantur; nunquid, ut quidam dogmati-
zant, moderni monachi, ejusdem Regulæ trans-
gressores esse veraciter astruuntur, si sagina quadrupedum, quæ non caro, sed succus carnis esse
videtur, sani utuntur?

Mag. Ita vere.

Disc. In Dei nomine quid loqueris? num tui
paulisper oblitus, lethargum pateris? noli esse nimium justus ; ne dirigatur ad te illud Salomonis :
Qui multum emulget lac, elicit sanguinem (33). Pone
ergo ori tuo custodiam, quia *durus est hic sermo*

(32) *Reg.,* c. 40.
(33) C. Mel., *emungit, el. san.*

Joan. vi); peregrina est ista sententia; et ideo
ram non possumus vel æquanimiter audire, nec
dum opere implere.

Mag. Veritatem audisti, quam quæsisti : quid
igitur mihi succenses?

Disc. Nunquid sagina est caro?

Mag. Est profecto.

Disc. Quid ergo? nunquid illicitus est quoque
usus saginæ, quemadmodum et carnis, ut ob ejus
esum nos quoque prævaricatores esse Regulæ judices?

Mag. Non potes hoc ignorare, si non vis errare
vel dissimulare.

Disc. Non flos est?

Mag. Unde est ille flos?

Disc. De quadrupedibus.

Mag. Non igitur eum manducare debent alii, nisi
omnino debiles et ægroti.

Disc. Si pinguedo est caro, igitur et caseus et
lac, eo quod de carne exeant, similiter sunt caro.

Mag. Lac et caseus, quanquam de carne exeant,
non tamen proprie caro dicuntur, eo quod caro non
in lac transeat; sed ipsi cibi in lac Dei dispositione
convertuntur.

Disc. Nunquid non similiter vinum et oleum ligna sunt, quia de lignis exeunt?

Mag. Non sequitur.

Disc. Quid igitur sunt?

Mag. Succus terræ, qui vertitur in vinum et
oleum.

Disc. Proba.

Mag. Augustinus dicit : Quotidie Dominus aquam
in vinum convertit, cum ipsum succum, qui ex
terra nascitur, in vinum vertit. Hujus rei evidens
hoc est indicium, quod in vere de incisa vite aqua
profluit. Unde dicitur :

Unda merum tribuat ; dat modo vitis aquam.

Pinguedinis autem dissimilis ratio est; eo quod
ingenio humano caro frumento saginatur, tunditur, coquitur, colatur, pinguedo efficitur : ita ut
pene nihil ex ea, nisi scoria, remaneat : ac per hoc
caro esse haud injuria ostenditur.

Disc. Timeo, ne forte audito hoc verbo multi
sint scandalizandi, et usque ad sanguinem oblocu-
turi et renisuri.

Mag. Illic trepidas timore, ubi non est timor.
*Qui observat ventum, non seminat; et qui considerat
nubes, nunquam metet* (Eccle. xi). Si enim pro veritate scandalum sumitur, melius est, ut scandalum
nascatur, quam veritas relinquatur. Licet etiam alter Nabuzardan quodammodo reviviscens, jam diu
muros Jerusalem destruxerit; et licet alter Epicu-
rus longe lateque sectam suam disseminaverit, divinum tamen responsum nos consolatur, dicens :
*Reliqui mihi septem millia virorum, qui non curva-
verunt genua sua ante Baal* (Rom. xi).

Disc. Nisi linguam et stylum cohibueris pudenda

A   Patrum modernorum, quæ non essent in Geth pu-
blicanda, nunc in compitis Ascalonis exponendo :
potius nudaberis ad derisionem, quam ea post
dorsum velando, paternam acquiras benedictionem.

Mag. Erubescere de malo est sapientiæ, erubescere vero de bono est fatuitatis. Et quia humanum
est delinquere, quippe non est homo, qui non possit velut homo falli ; diabolicum vero pertinaciter
errata defendere : excessum illum, quem diximus,
majoribus compassibiles, non insultanter accusa-
mus ; sed filiali charitate, memores propriæ fragilitatis, excusamus ; si tamen legem Patrum nostrorum antiquissimorum de industria cavent impugnare, si eam diu neglectam contendunt renovare,

B   si teporem suum nolunt defensare ; si veritatis
facta revelatione, et oblata sibi honesta occasione
meliora exemplaria abstinentiæ gaudenter ample-
xari studeant, observare et aliis observanda commendare. Non enim, nisi in spiritu lenitatis, ar-
guendus est, qui deliquit in legem subreptione aliqua fallente, vel necessitate impellente ; nisi forte
post commonitionem corrigi nolens, nec de excessu
suo dolens, non solum opera sua non vereatur defendere, sed etiam legem procaciter præsumat, et
studeat pervertere.

Disc. Sicut relatione multorum didicimus, usus
saginæ indultus est monachis in quodam conventu,
in quo resedit imperator Pius Ludovicus cum mul-

C   tis religiosis abbatibus, ut volatilia in saginam
transferrentur, decernentibus. Num incusas statutum (34) illorum ?

Mag. Nunquid recordaris, quod volatilia non
esse, nisi infirmorum fratrum, superius conces-
seris ?

Disc. Minime recordor quoniam illud in memoria fixum teneo.

Mag. Judica ergo tu ipse, qua ratione fieri potuerit, ut sagina pro volatilibus relaxaretur, quæ de
cætero tam sanis quam infirmis ministraretur. Num
laudabile ergo illorum commercium, qui tam timi-
dis par inscripserunt concambium ; quo per rem,
quam sibi falso putaverunt esse licitam, compara-
verunt rem illicitam, non satis attendentes, quam

D   multi hac libertate in occasione carnis essent ab-
usuri, et sub pallio religionis super hanc noviter in-
troductam consuetudinem corrumpendi ? Nam quia
a paterna nobilitate degenerantes, stare et tenere
traditiones, quas didicerunt, novitate illecti negle-
xerunt, ideo suam novam legem monachis condiderunt. Et quia sanctæ obedientiæ libellum repudii
scribentes, districtionem regularis abstinentiæ re-
miserunt, transgressi sunt terminos antiquos, quos
Patres eorum posuerunt. Eheu quot de tam laudabili consuetudine, quam Patres antiquiores (35)
habuerunt, ad suggestionem unius sæcularis personæ cesserunt, nec attenderunt, quod Esau pri-

(34) C. Mel., *statuta*

(35) C. Mel., *seniores.*

matum suum per gulam amiserit, nec jus, a quo semel cessit, postmodum pro velle recipere potuerit?

Disc. Dispensationis moderatio nulli unquam sapientum displicuit. Cave ergo, ne insipiens habearis, quia dispensationis illius modificationèm adeo vehementer detestaris.

Mag. Dispensatio prælatorum tunc non debet reprehendi, quando non contra majorum suorum aliqua instituta admittunt aut tolerant, quæ tantum Ecclesiæ scandalum non generent; ut videlicet vitam subjectorum suorum iñ proposito suæ sanctitatis conservare valeant. Dispensationi sane non parva rectorum adhibenda est diligentia, ut non concedant nocitura, nec prohibeant profutura. In hoc autem præfati imperatoris et abbatum conventiculo contra generale votum monachorum admissa est dispensatio, unde nulla utilis vel honesta, secuta est compensatio, nec in morum honestate, nec in animarum utilitate. Nam quod sancti monachorum patres et eorum sequipeda Benedictus, (cujus Regula in generali synodo canonizata est) Spiritu sancto dictante, ut credendum est, super abstinentia monachorum instituerunt: hoc istius moderni conventiculi mediatores, inconsulto Romano pontifice (cujus est de omni Ecclesia et de omnium statu personarum judicare) sua nova traditione, falsæ misericordiæ laude provocati immutaverunt. Beatus nempe Gelasius papa Scripturarum indagator solertissimus in *Decretis suis*, ubi cum eruditissimis LXX episcopis, diversorum auctorum tam Græcorum quam Latinorum libros examinavit; ubi diligenter, qui eorum essent recipiendi, vel renuendi, deliberavit; capitulum Ludovici, super usu saginæ admittendæ monachis promulgatum, in hoc ipso respuendum esse monstravit, quod venerabiliter suscipiens Benedicti Regulam capitulo præfato penitus contrariam, canoni-zatis eam Scripturis annumeraverit. Eapropter abbates, qui cum prædicto imperatore in conventiculo illo dicuntur resedisse, et ejus decreto super usu saginæ, monachis indultæ, creduntur consensisse, quantumlibet venerandi fuerint, nunquam tamen efficere debeat, ut aliquid pro eorum reverentia suscipiamus, quod adversus Benedicti Regulæ, statutisque reliquorum Patrum, qui de vita scripserunt monachorum, imo Spiritui sancto, horum omnium auctori adversari manifeste deprehendimus. Nec mirum; Regulam enim Benedicti sanctorumque Patrum, generalem super abstinentia carnis institutionem, monachis promulgatam, nullatenus observare valemus; si pro reverentia eorum, quæ relaxato uîu sag'næ passim sive volatilium in tribus diebus, Natalis Domini, Paschæ quoque et Pentecostes statuerunt, adimplemus.

Disc. Cum ergo inter se discrepent, et se invicem impugnent in hac re modernorum, et antiquo-

rum instituta monachorum, et necesse sit de duobus contrariis alterum infirmari; velim a te planius audire, quorum auctoritas majoris ponderis debeat æstimari.

Mag. Cum moderni Patres ea, quæ antiquitas sanxit, consuetudo servavit venerabilium Patrum in retroactis temporibus, et auctoritas sacra firmavit, prout voluerunt minuerunt aut immutaverunt; judicare perfacile potest prudentia tua qui plus saluti nostræ, quibus per omnia prodesse debuerunt, contulerint, vel quorum institutio potius sit tenenda; vel quibus obedientia magis sit exhibenda: an illis sanctis Patribus, qui adhuc in Scripturis suis nobis loquuntur; an illis quibus nihil aliud propositum fuit, nisi priorum sequi et honorare vestigia? De qua re poterit nos docere Zosymus papa scribens Narbonensibus: *Contra statuta Patrum aliquid concedere, vel mutare nec hujus sedis potest auctoritas.* Huc accedit quod generali antiquissimorum Patrum consuetudini, paucorum modernorum non debet præponi vel præjudicare consuetudo. Quidquid enim a paucis præsumitur modernis, quod non per omne corpus Patrum antiquorum (36) tenebatur, aut superfluum, aut elatum noxiumque est judicandum, mâgisque vanitatis specimen quam virtutis ostentat. Illis ergo debemus institutis indubitatam fidem et indiscussam per omnia obedientiam accommodare, non, quæ paucorum modernorum voluntas intulit, sed quæ vetustas tantorum temporum et numerositas sanctorum Patrum concordi diffinitione in posterum promulgavit. Certe Benedictus, qui spiritu omnium justorum plenus fuit, ita rigorem disciplinæ, ita moderationem indulgentiæ vita et doctrina tenuit et docuit, suisque scripturis filios suos sufficienter erudivit, ut sine illa saginæ temperie, quam moderni Patres admiserunt, nec fortes indulgentia emollire, nec infirmos nimia districtio possit frangere. Ut autem ad summam veniam, quia conventus ille paucorum modernorum, cujus supra meminimus, generali et solemni antiquorum monachorum consuetudini super abstinentia nihil superordinare, nullum præjudicium debuit facere; consulendum est monachis præsentis temporis, ut tandem ad cor redeuntes, secundum exemplaria præcedentium Patrum cursum suum studeant dirigere; quatenus periculum eorum, qui vota sua irrita faciunt, valeant effugere. An tu aliter existimas?

Disc. Minime, si veritate duce regimur. Sed quoniam te ad solvendum promptissimum esse conspicio, crebras tibi, quæ de hac re fieri adhuc possunt, quæstiones coacervabo; ut veritas ex omni latere, ab omni scrupulositate falsitatis absolvatur, et nullus excusationi locus relinquatur.

Mag. Si ea quæ superius concessa sunt inconvulsa servabis, quantaslibet super re hac mihi quæs'iones multiplicabis, me in solvendo deficisse

---

(36) C. Mel., *antiquissimorum.*

ldebis; nec coram his, qui ex adverso sunt, victor ridebis.

:. Adhuc grandis tibi restat via.

ʃ. In hac via, Deo duce, non timeo, ne pedem idem, id est vetustatem litteræ et duritiam am; quin potius tibi viam, quæ te ad spiri-ι intelligentiam revehat, ostendam.

:. Monachis saginam manducantibus canones utorium contra te veniunt, ubi dicunt : *Si s carnium profanaverit, anathema sit (Gal. 1).*

ι. Hoc dicunt canones propter illos, qui carnes santur, ut immundas. Hi tales, ut hoc argu- astruitur (37), ne carnes abominentur, de- ιanducare olera, quæ cum carnibus coquun- lam illi, qui carnes non abominantur, sed abstinentiæ student non manducare, non te- anathemate. Ergo si ita volunt intelligere a dicunt, ut olus (38), in quo carnes coquun- anducent abstinentes, qui carnes non abo- lur; dicant etiam, ut conjugia contrahant: d in eodem concilio dicatur de conjugio : *Si njugium profanaverit, anathema sit.*

. Ea his, quæ prius concessa sunt, nimium ire (39) cognosco. Cum igitur carnes non sint ndæ, tanquam immundæ: quæ ratio est, ut his denegetur esus (40) earum maxime cum Inus dicat in libro *Confessionum* : *Scimus luvium Noe et filiis ejus omne genus anima- am in volucribus quam in his, quæ moventur ι, et piscibus maris, tanquam olera virentia in ιradita; et ideo non reprehendo obsonium, sed iscentiam obsonii. Nam Esau primogenita t lenticula, non carnibus. Unde nihil statui, ιquam tangere aut semper edere, sed pro ra- ιænc frena ventris restringere, nunc laxare.* lus quoque dicit : *Omnia munda mundis* . Et alibi : *Omnis creatura Dei bona est, ni- rejici debet, quod cum gratiarum actione perci- ʃ Tim. iv).*

. Hæc quidem libentissime accipimus; et odis approbamus, carnes tanquam immundas 'ugientes. Sed consilio ejusdem doctoris gen- :quiescentes, qui dicit : *Bonum est non man- carnes, et non bibere vinum (Act. xiv),* nihilo- etiam sequimur Augustinum prædictum, latuentes, aut nunquam tangere, aut sem- lere; sed pro consideratione virium nunc ιs frena ventris causa infirmitatis, nunc re- mus. Sicut et in vita ipsius legitur, quod ejus habuerit carnes; non propter fratres :antes et sanos, sed propter hospites et infir- Nihilominus quoque sequimur Benedictum , cujus instituta, si institutis Augustini abstinentia (41) carnis promulgatis conferi- er omnia sibi tanquam unam faciem et in- em habentia consonabunt. Ait enim noster

C. Mel., *astruant.*
C. Mel., *jus.*
C. Mel., *convenire.*

A legislator (42) : *Carnium usus infirmis debilibusque pro reparatione virium concedatur. At ubi meliorati fuerint, a carnibus more solito omnes abstineant.* Ecce concordia Regulæ Augustini et Benedicti!

Disc. Negare non possum. Sed cum Apostolus dicat : *Omnia licent (1 Cor. vi); et omnis creatura Dei bona est;* itemque abstinentiam carnis in voluntate hominis ponat; dic, quæso, quæ ratio est, ut hæc a monacho, violento imperio quasi necessaria et debita exigatur?

Mag. Rationem, quam tuus adhuc vix somniat animus, putabam jamdudum te intellexisse. Sed inquisitio tua tam puerilis prodit te nondum ad ejus cognitionem pervenisse.

Disc. Tenui quidem veluti rimula, mihi videor B eam aspicere; sed ex te apertius mallem addiscere.

Mag. Promptissima quidem ratio est. Sed tu, quia satis acute distinguis, qui sit inter voluntarium et necessarium statum, ideo oculos cordis, tenebris assuetos, ad lucem perspicuæ veritatis non potes attollere; nec ego propter ingenii tui tarditatem tibi possum satisfacere.

Disc. Oro te per charitatem, ut meam in spiritu lenitatis sustineas et erudias importunitatem et cæcitatem.

Mag. Faciam, quoniam *charitas omnia suffert (1 Cor. xiii),* et tu, quantum mihi videtur, ædificari quæris, non inflari.

Disc. Recte arbitraris.

Mag. Quibus igitur rationibus ad propositam quæstionem solvendam accedam, diligenter ausculta.

Disc. Libenter.

Mag. Nota ergo quia, licet Apostolus dicat : *Omnia munda mundis (Tit. 1),* consequenter tamen addit : *Sed malum est homini, qui per offendiculum manducat (Rom. xiv).* Tale est illud quoque in Evangelio : *Non quod intrat in os, coinquinat hominem, sed concupiscentia mala, quæ procedit de corde (Matth. xv).* Non ergo perceptio carnis, quæ per se bona est et munda, bono usu præsumentem coinquinat; sed eum tantum, qui per offendiculum eam manducat. Vide igitur discrete, quia in culpa non ducitur carnis comestio, sed offensio. Per offendi- D culum autem est cibum quemlibet manducare, intra metas sobrietatis mensæque frugalis manducantem se per intemperantiam non frenare; aut exemplo suo proximum infirmum scandalizare, aut per voti prævaricationem Deum exhonorare.

Disc. Si hæc ita se habeant, quomodo a nævo offensionis excusabimus Spiridionem, Cyprium magnificæ sanctitatis virum, quem testatur ecclesiastica historia in diebus jejunii carnes. quas servaverat, hospitibus obtulisse, et cum eis ipse gustasse?

(40) C. G., *usus.*
(41) C. G., *abundantia.*
(42) *Reg.,* cap. 36.

Mag. Si saperes, propositum non interrumperes.

Disc. Responsionem vehementiæ excuset amor scientiæ.

Mag. Spiridionem duabus de causis non reprehendo in hoc facto. Primo quia aliud non habebat; deinde quia sancti viri simplicitas, dignæ hospitalitatis charitate valet excusari. Quod iste semel fecisse legitur, non debent alii per usum imitari. Postremo si Spiridionem imitari vis in carnis comestione, imitare et eum in cadaverum allocutione. Si vis edere quando vel quidquid ille edebat, si delectaris cum eo carnibus vesci, jubeas, sicut ille, defunctos e tumulis loqui.

Disc. Non possum, quia non omnia possumus omnes.

Mag. Quia non potes quod velis, velis illud quod possis.

Disc. Ita sit. Quid vero erit de Joanne Baptista, qui delectabilibus cibis utens, carnibus videlicet locustarum et melle silvestri, laudatus est de abstinentia; cum econtra Esau vili et humili cibo, lenticula videlicet, ingurgitatus, culpatus sit de gulæ concupiscentia? Nunquid non similiter laudabilior esset abstinentia sine fœda flamma concupiscentiæ lautioribus cibis monachos uti, et non repleri, quam fœda gulæ flamma vilibus cibis ingurgitari?

Mag. Qui ad hoc, quod ad persuadendum suscepisti, ista introducis, bono non bene uteris; quia Joannis exemplo quiddam, quod plus obsit indiscretis, quam prosit discretis, suggerere velle videris. Nam, licet sano modo intellecta, laudabilis atque amplectenda sit tua objectio, itemque digna veneratione et imitatione Joannis refectio; videris tamen hinc quorumdam gulæ, defensionis argumenta præparasse, inde quibusdam parcimoniæ æmulatoribus, zelum Dei non secundum scientiam habentibus, districtioris (43) abstinentiæ frena relaxasse.

Disc. Tuum ergo est exemplum Joannis in medium prolatum tam sancte, tam intelligibiliter elucidare; ne forte ejus licentia offendiculum infirmis mentibus valeat generare.

Mag. Beda de Joanne dicit : *Etsi principalis sententia constat : quia in multis offendimus omnes; quis tamen nostrum dicere audeat beatum Joannem in actu, vel dicto, vel habitu, vel victu peccasse?* Hæc Beda. Quia ergo Joannes ab omnibus vitiis et mundi illecebris, quæ statum mentis solent pervertere, immunis fuit, licite et absque periculo pravitatis (44) vesci carnibus potuit; quippe cui nulla lex eas prohibuerat, qui nullo voto se, ne comederet, constrinxerat. Nec tamen hoc exemplum beati Joannis, licet monachus fuerit, communem legem comedendi carnes monachis sanxit. Nam cum in congregatione monachorum major sit numerus imperfectorum quam perfectorum, non a parte minima, id est de

considerarione paucorum, sed de his, quæ multorum, imo universorum subjacent facultati, universalis est eis Regula proponenda. Si quæ vero rarissima, atque a paucissimis possunt impleri, velut supra conditionem humanæ fragilitatis naturamque concessa, ac per hoc communem possibilitatem excedentia, a generali lege sunt secernenda, nec tam pro exemplo quam miraculo proferenda. Ideo excepta infirmitate, salubriter statuta est a Patribus perpetua monachis carnium abstinentia; non, quod malum sit comedere eas, præsertim his, qui norunt, quando, quare, quautumve refici debeat vel expediat; sed propter imperfectos, qui nondum modum ventri suo possunt ponere; et qui necdum abundare et penuriam pati cum Apostolo didicerunt. Hæc communis lex abstinendi ideo .indicta est, ne comedendi licentia induka aliis et aliis denegata, fiat causa murmurationis et comessationis.

Disc. Vehementer assentior, et id te paulo ante dicturum, tenui licet suspicione, prospexi. Restat ergo, ut ad propositum, a quo paulo ante, me compellente, digressus es, redeas.

Mag. Indulgeat tibi Deus, quod tantum mihi laborem imposuisti.

Disc. Virtus non in otio, non in deliciis, non in securitate, sed in infirmitate perficitur.

Mag. Quare ista sententia eos non arguis, quorum omnis ad explendam carnibus vel sagina corporalem (45) lacunam festinat intentio?

Disc. Quis de cætero non spernat atque confundat vilissimæ fragilissimæque rei, corporis servum? Quis carnis curam in desideriis faciat, cujus appetentia quidem plena est anxietatis, satietas vero pœnitentiæ? Quis non audiat Paulum dicentem : *Non est regnum Dei esca et potus (Rom. xiv).* Item : *Esca ventri, et venter escis; Deus autem et hunc et hanc destruet (I Cor. vi).*

Mag. Benedictus Deus, quod super carnis vel saginæ abstinentia, tam vera et tam salubris tibi illuxit sententia.

Disc. Quia ergo ex rationum tuarum scintillula, vitalem calorem mihi illuxisse congratularis, dic, quæ adhuc deesse memineris.

Mag. Imo tanto agilior et facundior ero in dicendo, quanto te magis docilem et capacem video in audiendo, et devotiorem spero audita implendo. Quibus ergo rationibus accedam ad voluntarium et necessarium statum distinguendum, quod paulo superius interrupisti, diligenter attende. Res quælibet, quæ ante votum singulis hominibus est licita, post votum fit illicita. Verbi gratia : Si quis aliquem ante votum ad abstinentiam carnis invitat, rem quidem dignam renuneratione acquiescenti et perseveranti persuadet. Sed qui non acquieverit, licet maneat faciente inferior, non tamen fit se ipso deterior; sed si a voto ceciderit, fit se ipso inferior et

(43) C. Mel., *districtioribus.*
(44) C. G., *puritatis.*

(45) C. G., *lasciviam.*

π. Itaque ante votum est deliberandum; post A
vero perseverandum. Postquam enim ad
botinentiam si quis voto astrinxerit, fit ne-
um et pœnale, si non teneatur; ad quod,
m, tanquam voluntarium, ante hanc obliga-
, non cogebatur. Abstinere autem se a car-
ollicetur, quisquis juxta Regulam beati Be-
, vitam suam se velle instituere profitetur :
ictoritas tanti ducis et præceptoris hanc ab-
iam ita indubitanter sanciat; ut hanc ob-
, pie volentibus vivere, necessitas incumbat.
iim consilium est, quod præteriri sine culpa
ante votum, licet laudem non mereatur;
scepti institutio, quod sine culpa post votum
prævaricatur. Unde est illud : *Si quid vove-*
nino, ne moreris reddere; quia requiret illud B
minus Deus tuus (Eccle. v). Quæ ergo prius
irie voventur, post votum necessaria requi-
et debentur. Unde aut quisque professor
ctæ abstinentiæ hanc spontanea voluntate
itur, aut reus voti ad hujus observantiam
regularis disciplinæ redire juste compelli-
on enim mala voluntas, teste Augustino,
mper permittenda est libertati; sed, ubi po-
datur, et a malo prohibenda, et ad bonum
enda : quemadmodum filii Israel resistentes
murantes duris flagellis affligebantur, et ad
promissionis compellebantur.

. Confiteor, nunc me indubitanter cernere
idum videbantur incerta. Unum nunc, quod C
st, oro, facias; ut videlicet nos responsioni-
s, velut quodam inexpugnabili scuto, contra
ocures armare, qui nobis obloquentes, licet
tate deficientes, humanis quidem rationibus
sed tamen infecunda facundia nituntur nos
iare. In multitudine enim peccantium culpam
extenuari et palliari posse putantes, seque
noxia assentatione palpantes, ita occurrunt
iæc objicientes, quasi lapide frontem nostram
intes. Nimium, inquiunt, effluxit tempus, quo
iæc nostra consuetudo; et sub hac multi re-
viri ex hac vita migraverunt; et ideo usus
ue longævi legem jam imitantur.

. Quod dicunt, quia auctoritati sacræ Scri-
son innititur, eadem facilitate contemnitur, D
truitur. Dicitur enim eis e diverso, quia
anlibet longo tempore duret emendanda con-
o; tamen si justitiæ satisfactum erit, non
abilis perstare debet, et inconvulsa. Populus
lebræorum, licet sedens super ollas carnium,
rissima tamen Ægyptiorum regum pressura,
ri scilicet opere lateris ac luti quadringentis
serviens sudavit; quem tandem Deus visi-
it in solitudine quietis, cœlestibus deliciis
m jugiter posset pascere, quomodo et quando
liberavit. Sic in metropoli Chaldæorum ca-

C. G., *monachorum.*
C. Mel., *Wimundo Ausano* ep. Cod. Gem.

ptivatus per septuaginta annos sub duro servitutis
fasce gemebat; quem tamen Dominus, ubi venit
tempus miserendi ejus, natali solo et optatæ libertati reddebat. Sic nos quoque a paterna traditione
per subreptionem et incuriam abducti, tandem Deo
propitio, ad antiquissimæ abstinentiæ exemplar
sumus reducti. Frustra ergo ad stabiliendam suam
carnalem consuetudinem sibi carnales de temporis
prolixitate, et suæ dissuetudinis blandiuntur antiquitate.

Quod vero sua hæc prava consuetudo refragetur
consuetudini honestæ antiquissimorum cœnobio-
rum (46) Ægypti et Palestinæ provinciæ (de quibus quasi quodam purissimo fonte, quidquid regularis disciplinæ habemus, manavit) licet superius
copiosissime sit demonstratum, tamen et ex hoc
astruere possumus quod vel nusquam, vel vix
usquam in aliquo præfatarum regionum cœnobio,
adhuc hujusmodi dissuetudo tenetur. Si vero hæc
misera consuetudo adhuc in aliquo prædictarum
provinciarum monasterio invenitur, quæ tam late
per nostrarum partium cœnobia inolevisse cernitur; dicimus, quia generali, et in veritate antiquissimorum Patrum consuetudini, paucorum modernorum non debet præponi vel præjudicare emendanda dissuetudo. Nam, licet illa reproba consuetudo apud modernos pene omnes celebris habeatur;
dicimus tamen in verbis Augustini : *Quia ratio*
consuetudini anteponenda est paucorum modernorum, cui tamen exempla concordant omnium antiquorum.

Et ut rationi et exemplis legem concordare do-
ceamus, beati Cypriani sententiam in medium proferamus; ut adversariorum objectiones irrefragabili
auctoritate suffocemus. *Quælibet,* inquit, *consue-*
tudo, quantumvis vetusta, quantumvis vulgata, veri-
tati omnino est postponenda : et usus, qui veritati est
contrarius, abolendus. Unde Isidorus in *Synonymis*
libro secundo : *Usus auctoritati cedat; pravum*
usum lex et ratio vincat. Augustinus quoque *De unico*
baptismo libro III : *Veritate manifestata cedat con-*
suetudo veritati. Plane quis dubitet veritatem consue-
tudini cedere? Item : *Nemo consuetudinem rationi et*
veritati præponat, quia consuetudinem ratio et veritas
semper excludit. Item idem ad Casulanum presbyterum : *Omnia talia,* inquit, *quæ nec sanctarum*
continentur Scripturarum auctoritatibus, nec episco-
porum conciliis statuta reperiuntur, nec consuetudine
universalis Ecclesiæ roborata sunt, resecanda sunt.
Item de eodem Gregorius VII Wimundo Aversano
episcopo (47) : *Si consuetudinem fortassis opponas,*
advertendum fuerat, quod Dominus dicit : ι *Ego sum*
veritas (Joan. XIX). ι *Non ait : Ego sum consuetudo,*
sed ι veritas. ι *Codicum* libro, titul. II : *Consuetu-*
dines ususque longævi non vilis auctoritas. Verum non
usque adeo valitura memento, ut aut rationem vin-

Winifrido Ausano ep. Vid. *Decr. Grat. Dist.* VIII,
cap. 5.

cant aut legem. Hinc Nicolaus papa Hincmaro Rhe- A
morum archiepiscopo : *Mala consuetudo non minus,*
quam perniciosa corruptela vitanda est; quæ nisi
citius radicitus evellatur, in privilegiorum jus a malis
assumitur; et incipiunt prævaricationes et variæ
præsumptiones, celerrime non compressæ legibus ve-
nerari, et privilegiorum more perpetuo celebrari.

Iis igitur et aliis auctoritatibus freti, constanter
asserimus, consuetudinem monachorum (qua excepta reparatione virium post gravem ægritudinem,
sibi indulgent esum cujuslibet carnis vel saginæ,
quod pene unum et idem est) et legi et rationi,
exemplis quoque antiquissimorum Patrum esse
contrariam, et ideo falce justitiæ resecandam. Si
autem illi, qui contraria suadent et agunt, veriori-
bus et præpollentioribus documentis ea licere pos- B
sunt approbare (quod non credimus) quæ nos illicita
esse monstravimus ; æquum esset , si rectiora do-
centibus, salubriora agentibus et auditum et as
sensum efficaciter accommodaremus. Quia vero id

facere non sufficiunt ; sapiunt, si nostram sententiam recipiunt ; quia qui aliquid reliquerit extra
veritatem, nihil invenit nisi falsitatem.

Disc. Vehementer assentio ; nec unquam fuerit dies, quæ me ab hujus sententiæ veritate re-
pellat.

Mag. Non nobis, Domine, non nobis , sed nomini
tuo da gloriam (Psal. cxiii). Hæc non ut adve
riis, sed ut amicis scripsimus ; nec invecti sumus
in eos, qui in comestione saginæ hactenus ignoran-
ter deliquerunt ; sed ne delinquant, monemus. Nec
in illos tantum, sed et in nos ipsos severi judices
fuimus, volentesque festucam de oculo alterius tollere, nostram prius trabem ejecimus. Neminem de-
signata persona noster sermo pulsavit. Generalis
fuit disputatio de vitio hoc. Sed qui mihi irasci (voluerint) pro reprehensione eorum, qui sani saginam
præsumunt pro eo quod sint carnales (48), ipsi se
perdunt.

Explicit Dialogus bonus per manus Georgii, etc.

(48) Uterque C. *priusquam sint carnal.*

LUDUS PASCHALIS

DE ADVENTU ET INTERITU ANTICHRISTI

In scena sæculo xii exhibitus.

(D. Bern. Pezius, *Thesaur. Anecdot.*, tom. II, parte u, col. 185, ex cod. ms. Tegernseensi.)

MONITUM.

In notis ad cap. 23 Vitæ venerabilis Wilburgis, seu Wilbirgis, reclusæ, anno 1715 Augustæ Vindeli-
corum a nobis in 4° editæ, ubi *quædam nocte Dominicæ resurrectionis, cum in monasterio [Florianensi]*
Ludus Paschalis tam a clero quam a populo ageretur, quia eidem non potuit corporaliter interesse, dicitur
virgo Christi *cœpisse desiderare ut ei Dominus aliquam specialis consolationis gratiam per resurrectionis*
suæ gaudia largiretur, observavimus videri hunc *Ludum* fuisse veluti theatralem quamdam repræsentationem, qua Christi resurgentis gloria ad ciendam fidelium devotionem pie exhiberetur, uti hodieque
Christi Nativitas et Passio diversis figuris et scenis in non paucis catholicorum locis ob fidelium oculos
reducuntur. Sed quod tunc opinati et suspicati tantum fuimus, visis postea et repertis ejusmodi Pas-
chalium Ludorum pluribus exemplis, certissimum esse comperimus. Insignis in his est *Ludus Paschalis* in
codice Claustroneoburgensis canoniæ quingentorum annorum , in quo repræsentabatur Dominicæ historia
pereleganti ac pio dramate proponitur. Incipit in hunc modum : *Primo producatur Pilatus cum respons-*
rio : ‹ *Ingressus Pilatus.* › *Et sedeat in locum sibi prædeterminatum. Post hæc.... pontifices cantant :* ‹ *O*
Domine, recte meminimus, quod a turba sæpe audivimus, seductorem consuetum dicere : ‹ *Post tres dies volo*
resurgere. › *Respondet Pilatus :* ‹ *Sicut mihi dictat discretio,* › etc. In fine : *Et populus universus jam*
certificatus de Domino, cantor sic imponit : ‹ *Christ Der ist erstanden,* › etc. Nec solum in sacris his scenis mysteria passionis, resurrectionis, etc., Christi Domini repræsentabantur, sed etiam sacræ aliæ
historiæ, quarum tamen epilogus plerumque Christi triumphantis gloriam spectabat. Illustre hujus rei
exemplum iste ipse *Ludus Paschalis de adventu et interitu Antichristi,* quem ex sæculi xii codice Tegernseensi emittimus, præbet, et quo præterea discimus quæ fuerit Germanorum et Francorum de Romanorum imperatoris potestate ac amplitudine sententia, ut alia plura tum majorum nostrorum scenam, tum
opinionem de modo adventus spectantia, quæ ex hoc monumento elici possunt, taceamus. Ei perlibenter
Ludum Paschalem Claustroneoburgensem adjunxissemus, nisi preces et litteræ, in quibus aliquod ejus
apographum magno studio requisivimus, irritæ fuissent.

LUDUS PASCHALIS DE ADVENTU ET INTERITU ANTICHRISTI.

Templum Domini, et septem sedes regales pri- A
mum collocentur in hunc modum : ad orienten
templum Domini ; huic collocantur sedes regis Hierosolymorum et sedes Synagogæ. Ad occidentem
sedes imperatoris Romanorum ; huic collocantur
sedes regis Theotonicorum et sedes regis Francorum. Ad austrum sedes regis Græcorum. Ad meridiem sedes regis Babyloniæ et Gentilitatis. His ita
ordinatis primo procedat Gentilitas cum rege Babyloniæ cantans :

Deorum immortalitas est omnibus colenda,
Eorum et pluralitas ubique metuenda.
Stulti sunt, et vere fatui, qui Deum unum dicunt.
Quia antiquitatis ritui perpetuæ contradicunt.
Si enim unum credimus, qui præsit universis, B
Subjectum hunc concedimus contrarie diversis.
Cum hinc bonum pacis foveat clementi pietate.
Hinc belli tumultus moveat sæva crudelitate.
Sic multa sunt officia, diversaque deorum,
Quæ nobis sunt indicia discriminis eorum.
Qui igitur tam multifariis unum dicunt præesse,
Illorum contrariis est affici necesse.
Ne ergo unum subjici contrariis dicamus,
Et his divinam affici naturam concedamus.
Ratione hac decernimus deos discriminare,
Officia quorum cernimus ab invicem distare.

Quod etiam debet cantari per totum ludum in
temporibus. Et sic ipsa et rex Babyloniæ ascendunt
in sedem suam. Tunc sequitur Synagoga cum Ju- C
dæis cantans :

Nostra salus in te, Domine ;
Nulla vitæ spes in homine ;
Error est in Christi nomine spem salutis æstimari.
Mirum, si morti succubuit,
Qui vitam aliis tribuit.
Qui se salvare non potuit, ab hoc quis potest salvari?
Non homines ; qui est Emmanuel,
Deum adorabis Israel.
Jesum sicut deos Ismael te jubeo detestari.

Quod et ipsa cantabit singulis in temporibus, et
sic ascendat thronum suum. Tunc Ecclesia in muliebri habitu procedit induta thoracem, et coro-
nata, assistente sibi Misericordia cum oleo ad dexteram, et Justitia cum libra et gladio ad sinistram D
utrisque muliebriter indutis. Sequentur etiam eam
Apostolicus a dextris cum clero, et imperator Romanorum a sinistris cum militia. Cantabit autem
Ecclesia *Alto consilio*, his qui eam sequuntur ad
singulos versus respondentibus :

Hæc est fides, ex qua vita,
In qua mortis lex sopita.

Quisquis est qui credit aliter,
Hunc damnamus æternaliter.

Ascendit autem ipsa cum Apostolico et clero,
imperatore, et militia sua eumdem thronum. Postea procedunt et alii reges cum militia sua cantantes singuli quod conveniens visum fuerit. Et
sic unusquisque cum militia sua ascendet thronum suum, templo adhuc et uno throno vacuis re-
manentibus. Tunc imperator dirigit nuntios suos
ad singulos reges, et primo ad regem Francorum
dicens :

Sicut scripta tradunt historiographorum
Totus mundus fuerat fiscus Romanorum.
Hoc primorum strenuitas elaboravit,
Sed posterorum desidia dissipavit.
Sub his imperii dilapsa est potestas,
Quam nostræ repetit potentiæ majestas.
Reges ergo singuli prius instituta
Nunc Romano solvant imperio tributa.
Sed quod in militia valet gens Francorum,
Armis imperio rex serviat eorum.
Huic ut hominum cum fidelitate
Nobis in proximo faciat, imperate.

Tum legati venientes ad regem Francorum coram
eo cantent :

Salutem mandat imperator Romanorum
Dilecto suo inclyto regi Francorum
Tuæ discretioni notum scimus esse,
Quod Romano juri tu debeas subesse.
Unde te repetit sententia tenenda
Summi imperii et semper metuenda ;
Cujus ad servitium nos te invitamus
Et cito venire sub præcepto mandamus.

Quibus ille :

Historiographis si qua fides habetur,
Non nos imperio, sed nobis hoc debetur.
Illud enim seniores Galli possederunt,
Atque suis posteris nobis reliquerunt.
Sed hoc invasoria vi nunc spoliamur ;
Absit invasoribus ut nos obsequamur !

Tum legati redeuntes ad imperatorem cantent
coram eo :

Ecce Franci super te nimium elati
Proterve se opponunt tuæ majestati :
Imo et imperii tui jus infirmatur,
Illud invasorium dum affirmatur.
Digna ergo pæna correpti resipiscant,
Ut per eos alii obedire discant.

Tunc imperator cantat :

Corda solent ante ruinam exaltari.
Superba stultos loqui nolite mirari.
Quorum nos superbiam certe reprimemus,

Ac eos sub pedibus nostris conteremus.
Et qui nunc ut milites nolunt obedire,
Tanquam servi postmodum cogentur servire.

Et statim [cum] aciebus vadit ad expugnandum regem Francorum. Qui sibi occurrens congreditur cum eo, et superatus captivus reducitur ad sedem imperatoris, et sedente imperatore stat coram eo cantans :

Triumphi gloria est parcere devictis.
Victus ego tuis nunc obsequor edictis.
Vitam meam simul cum regni dignitate
Positam fateor in tua potestate.
Sed si me pristino restitues honori,
Erit honor victi laus maxima victori.

Tunc imperator eum suscipiens in hominem et concedens sibi regnum cantat :

Vive per gratiam, et suscipe honorem,
Dum me recognoscis solum imperatorem.

Et ille cum honore dimissus revertitur in regnum suum cantans :

Romani nominis honorem veneramur,
Augusto Cæsari servire gloriamur,
Cujus imperii virtus est formidanda,
Honor et gloria maneant veneranda.
Omnium rectorem te solum profitemur,
Tibi tota mente semper obsequemur.

Tunc imperator dirigens nuntios suos ad regem Græcorum cantat :

Sicut scripta tradunt historiographorum,
Quidquid habet mundus, fiscus est Romanorum.
Hoc primorum strenuitas elaboravit,
Sed posterorum desidia dissipavit.
Sub his imperii dilapsa est potestas,
Quam nostræ repetit potentiæ majestas.
Reges ergo singuli prius instituta
Nunc Romano solvant imperio tributa.
Hoc igitur edictum Græcis indicate,
Et ab ipsis debitum censum reportate.

Qui venientes ad regem cantant coram eo : Sa-lutem mandat, ibi mutantes :

Cujus ad servitutem te invitamus,
Et tributum dare sub præcepto mandamus.

Quos ille honeste suscipiens cantat :

Romani nominis honorem veneramur,
Tributum Cæsari reddere gloriamur, etc.

Eosque cum honore dimittens ipsemet ascen-det (49) ad imperium cantans : *Romani nomi-nis,* etc. Qui cum in hominem suscipiens, et regnum sibi concedens cantat : *Vive per gratiam.* Tunc ille, suscepto regno, revertitur cantans : *Romani nomi-nis,* etc.

Tunc iterum dirigit nuntios suos imperator ad regem Jerosolymorum, dicens : *Sicut scripta tra-dunt,* etc. Qui venientes ad regem coram eo cantant :

Salutem mandat imperator Romanorum
Dilecto suo regi Jerosolymorum, etc.

Quibus ille honeste susceptis cantat : *Romani nominis,* etc. Et ascendens ad imperium cantat hoc ipsum, iterans : *Romani nominis,* etc.

Quo ille suscepto concedit sibi regnum. Ipso ita-que reverso in sedem suam, cum jam tota Ecclesia subdita sit imperio Romano, consurgit rex Baby-lonis in medio suorum cantans :

Ecce superstitio novitatis vanæ,
Quam error adinvenit sectæ Christianæ!
Fere destruxit ritum antiquitatis,
Et diis subtraxit honorem Deitatis,
Quorum cultum deleri prorsus ne sinamus,
Nomen Christianum de terra deleamus :
Quod ab eo loco debemus inchoare,
Unde primo cæpit hæc secta pullulare.

Et ordinans acies suas vadit ad obsidendam Je-rosolymam. Tunc rex Jerosolymæ dirigit nuntios suos ad imperium, cantans :

Ite hæc Ecclesiæ mala nuntiantes,
Nobis auxilium ab ipsa postulantes.
Hæc dum cognoverit Romanus imperator,
Ipse noster erit ab hoste liberator.

Qui venientes ad imperium cantant coram eo :

Defensor Ecclesiæ nostri miserere,
Quos volunt inimici Domini delere.
Venerunt gentes in Dei hæreditatem,
Obsidione tenent sanctam civitatem,
Locum, in quo sancti ejus pedes steterunt,
Ritu spurcissimo contaminare quærunt.

Quibus ille :

Ite vestros propere fratres consolantes,
Ut nostrum auxilium læti postulantes,
Nos pro certo sciant in proximo venire,
Ne de ipsis valeant hostes superbire.

Qui reversi stant coram rege cantantes :

Viriliter agens ab hoste sis securus :
Appropinquat enim ab hoc te redempturus.
Quem debes in prælio constans præstolari.
Per hunc te gaudebis in brevi liberari.

Interim dum imperator colligit exercitum, an-gelus Domini subito apparens, cantat

Judæa et Jerusalem nolite timere,
Sciens te auxilium Dei cras videre,
Nam tui fratres adsunt, qui te liberabunt,
Atque tuos hostes potenter superabunt.

Tunc chorus : *Judæa et Jerusalem.* Interim im-perator cum suis procedat ad prælium, et finito prælio, responsorio congrediatur cum rege Baby-lonis. Quo superato, et fugam ineunte imperator cum suis intret templum, et postquam ibi adorave-rit, tollens coronam de capite, et tenens eam cum sceptro et imperio, ante altare cantet :

Suscipe quod offero, nam corde benigno,
Tibi Regi regum imperium resigno,
Per quem reges regnant, qui solus imperator
Dici potes, et es cunctorum gubernator.

Et eis depositis super altare ipse revertitur in

sedem antiqui regni sui, Ecclesia, quæ secum A descenderat Jerosolymam, in tempio remanente. Tunc cum Ecclesia et Gentilitas et Synagoga vicissim cantant, ut supra. Procedant nypocritæ sub silentio et specie humilitatis, inclinantes circumquaque et captantes favorem laicorum. Ad ultimum omnes conveniant ante ecclesiam, et sedem regis Jerosolymæ. Qui eos honeste suscipiens ex toto se subdet eorum consilio. Statim ingreditur Antichristus sub alis indutus loricam, comitantibus eum Hypocrisi a dextris, et Hæresi a sinistris, ad quas ipse cantat :

> Mei regni venit hora.
> Per vos ergo sine mora
> Fiat, ut conscendam regni solium :
> Me mundus adoret, et non alium.
> Vos adaptas cognovi,
> Vos ad hoc hucusque fovi.
> Ecce labor vester, et industria
> Ad hoc mihi sunt necessaria.
> En Christum gentes honorant,
> Venerantur et adorant.
> Ejus ergo delete memoriam,
> In me suam transferentes gloriam.

Ad Hypocrisim :
> In te pono fundamentum.

Ad Hæresim :
> Per te fiet incrementum.

Ad Hypocrisim :
> Tu favorem laicorum exstrue.

Ad Hæresim :
> Tu doctrinam clericorum destrue.

Tunc illæ :
> Per nos mundus tibi credet :
> Nomen Christi tibi cedet.

Hypocrisis :
> Nam per me favorem dabunt laici.

Hæresis :
> Et per me Christum negabunt clerici.

Tunc præcedent eum ipso paulatim sequente. Et postquam venerint ante sedem regis Jerosolymæ, Hypocrisis insusurret hypocritis annuntians eis adventum Antichristi. Qui statim occurrent sibi cantantes :

> Sacra religio jamdiu titubavit.
> Matrem Ecclesiam vanitas occupavit.
> Utquid perditio per viros phaleratos ?
> Deus non diligit sæculares prælatos.
> Ascende culmina regiæ potestatis,
> Per te reliquiæ mutentur vetustatis.

Tunc Antichristus :
> Quomodo fiet hoc? Ego sum vir ignotus.

Tunc ipsi :
> Nostro consilio mundus favebit totus.
> Nos occupavimus favorem laicorum.
> Nunc per te corruat doctrina clericorum.
> Nostris auxiliis hunc thronum occupabis.
> Tu tuis meritis cætera consummabis.

Tunc Antichristus veniens ante sedem regis Jerosolymæ cantat ad hypocritas :

> Quem sub Ecclesiæ gremio concepistis
> Longis conatibus, me tandem genuistis.
> Ascendam igitur, regna subjugabo.
> Deponam vetera, nova jura dictabo.

Tunc exeuntes ei superiora indumenta ascendunt expositis gladiis, et deponentes regem Jerosolymorum coronant Antichristum cantantes :

> Firmetur manus tua, et exaltetur dextera tua.

Tunc rex Jerosolymis ascendat ad regem Teutonicorum solus cantans :

> Deceptus fueram per spem bonorum.
> Ecce destituor fraude simulatorum.
> Regni fastigia putabam beata.
> Si essent talium edictis ordinata.
> Romani culminis dum esses advocatus,
> Sub honore riguit Ecclesiæ status.
> Nunc tuæ patens est malum discessionis ;
> Viget pestiferæ lex superstitionis.

Interim hypocritæ conducunt Antichristum in templum Domini, ponentes ibi thronum suum. Ecclesia vero, quæ ibi remanserat, multis contumeliis et verberibus affecta redibit ad sedem Apostolici. Tunc Antichristus diriget nuntios suos ad singulos reges Græcorum dicens :

> Scitis divinitus ab hoc me vobis datum,
> Ut per omnes habeam terras principatum.
> Ad hoc idoneos ministros vos elegi,
> Per quos totus mundus subdatur nostræ legi.
> Hinc primo terminos Græcorum occupate.
> Græcos terroribus, aut bello subjugate.

Qui venientes ad regem Græcorum cantant coram eo :

> Rex, tibi salus sit a salvatore
> Nostro, regum et totius orbis rectore,
> Qui, sicut ex Scripturis mundo fuit promissus,
> Descendit de cælis ab arce Patris missus.
> Ille semper idem manens in Deitate,
> Ad vitam sua nos invitat pietate
> Hic se vult a cunctis ut Deum venerari,
> Et a toto mundo se jubet adorari.
> Hujus edicti formam si tu præteribis,
> In ore gladii cum tuis interibis.

Quibus ille :
> Libenter exhibeo regi famulatum,
> Quam tanto dicitis honore sublimatum.
> Honor est et gloria tali obedire,
> Huic tota mente desidero servire.

Et hoc iterans venit ad præsentiam Antichristi, et stans coram eo cantat :

> Tibi profiteor decus imperiale,
> Quo tibi serviam, jus postulo regale.

Et flexo genu, offert ei coronam. Tunc Antichristus depingens primam litteram nominis sui regi, et omnibus suis in fronte, et coronam ei in capite reponens cantat :

> Vive per gratiam. et suscipe honorem,
> Dum me recognoscis cunctorum creatorem.

Tunc ille revertitur ad sedem suam. Iterum Antichristus dirigit hypocritas ad regem Francorum
cum muneribus dicens :

Hæc munera regi Francorum offeretis,
Quem cum suis ad nos per illa convertetis.
Hi nostro ritui formam adinvenere,
Nostro adventui viam præparavere.
Horum subtilitas nobis elaboravit
Thronum conscendere, quem virtus occupavit.

Tunc hypocritæ, acceptis muneribus, vadunt ad
regem Francorum, et stantes coram eo cantant :
Rex, tibi salus sit, etc. Ultimam clausulam ista
commutantes :

Sed de tui regni certus devotione
Rependit tibi vicem voluntatis bonæ.

Tunc rex, acceptis muneribus. cantat : *Libenter*
exhibeo, etc. Et hoc iterans venit ad præsentiam
Antichristi, et flexo genu, offert ei coronam cantans : *Tibi profiteor,* etc. Antichristus, eo suscepto,
in osculo signat eum et suos in frontibus, et imponens ei coronam cantat : *Vive per gratiam,* etc.
Tunc iterum dirigit hypocritas ad regem Teutonicorum, cantans :

Excellens est in armis jus Teutonicorum,
Sicut testantur experti robur eorum.
Regem muneribus est opus mitigari.
Est cum Teutonicis incautum præliari.
Hi secum pugnantibus pessima pestis.
Hos nobis subjicite donis si potestis.

Tunc hypocritæ, acceptis muneribus, transeunt
ao regem cantantes coram eo : *Rex tibi salus sit,*
etc., ultimum versum iterum isto commutantes :

Et his te honorans muneribus absentem
Amicum cernere desiderat præsentem.

Tunc rex Teutonicorum cantat :

Fraudibus versutias compellor experiri,
Per quas nequitia solet mentiri.
Sub forma veritas virtutis putatur :
Ostendet falsitas, quod forma mentiatur.
Per vos corrupta est fides Christianorum,
Per me conteretur regnum simulatorum.
Plena sunt fraudibus munera deceptoris,
In quos corruet per gladium ultoris,
Secum pecunia sit in perditionem,
Gravem injuria exspectat ultionem.

Tunc hypocritæ confusi redeunt, et stantes coram Antichristo cantant :

O regni gloria, caput totius mundi,
Offensa aspice populi furibundi.
Certe prædictum est per fidem antiquorum :
Quod tu subjicies cervices superborum.
Si virtute tua totus orbis subsistit,
Qua vi Teutonicorum furor tibi resistit ?
Igitur tuam Germania blasphemat ditionem,
Extollit cornua contra religionem,
Respice nostram confusionem
In ea judica tuam offensionem.
Tuam potentiam injuria testatur,
Cujus imperium ruinam minatur.

Tunc Antichristus :

Consummabo vere gentem perditionis
Pro tanto scandalo religionis
Ecce superbiam humanæ potestatis
Terret potentia divinæ majestatis !

Tunc dirigit singulos nuntios ad reges dicens
eis :

Ite congregantes facultates regnorum
Conculcent impetu furorem superborum.

Nuntii vero venientes coram regibus cantant :

Ecce noster Dominus et Deus deorum
Per nos exercitum convocat suorum,
Ut per eos Teutonicum condemnet furorem.
In bello martyrum consignabit cruorem.

Tunc reges conveniunt ante thronum Antichristi. Quibus ille :

Consummabo vere, etc.
Ite Germaniæ terminos invadetis,
Superbum populum cum rege conteretis.

Tunc omnes cantant :

Deus nobiscum est, quos tuetur potenter,
Pro fide igitur pugnemus confidenter.

Et disponentes acies suas in occursum Teutonicorum congrediuntur cum eis, et superatur exercitus Antichisti. Tunc rex Teutonicorum rediens, et
sedens in throno suo cantat :

Sanguine patriæ honor est retinendus :
Virtute patriæ est hostis expellendus
Jus dolo perditum est sanguine venale
Sic retinebimus decus imperiale.

Tunc hypocritæ adducunt claudum coram Antichristo. Quo sanato, rex Teutonicorum hæsitabit in
fide. Tunc iterum adducunt leprosum, et illo sanato,
rex plus dubitabit. Ad ultimum important feretrum,
in quo jacebat quidam simulans se in prælio occisum. Jubet itaque Antichristus, ut surgat, dicens :

Signa semper quærunt rudes et infideles.
Surge, surge velociter, quis sim ego, reveles.

Tunc ille de feretro cantat :

Tu sapientia supernæ veritatis,
Virtus invicta es divinæ majestatis.

Et hypocritæ secum cantant : *Tu sapientia,* etc.
Tunc rex Teutonicorum videns signa seducitur
dicens :

Nostro nos impetu semper periclitamur :
Adversus Dominum incauti præliamur.
In hujus nomine mortui suscitantur,
Et claudi ambulant, leprosi mundantur,
Illius igitur gloriam veneremur.

Tunc rex ascendit ad Antichristum, et hoc idem
cantat. Cum autem venerit coram eo, flexo genu
offert ei coronam cantans : *Tibi profiteor,* etc.
Tunc Antichristus signans eum, et suos in frontibus, et imponens ei coronam cantat : *Vive per*
gratiam, etc. Tunc committit sibi expeditionem ad
gentes, dicens :

Vobis credentibus, convertimur ad gentes.

Et dato sibi gladio cantat :

Per te disponimus has fieri credentes.

Tunc rex veniens ad thronum Gentilitatis, et A mittens legatum ad regem Babylonis, cantat coram eo :

> Potestas Domini maneat in æternum,
> Quæ adoranda est quasi numen sempiternum.
> Condemnat penitus culturam idolorum,
> Præcipit abjici ritus simulacrorum.

Tunc Gentilitas ad legatum :

> Finxit invidia hanc singularitatem,
> Ut unam coleret homo Divinitatem.
> Ille jure Deus cupidus æstimatur,
> Qui specialius cæteris vult ut solus colatur,
> Nos igitur sequimur ritum antiquitatis :
> Diis discrimina reddimus Deitatis.

Tunc nuntius :

> Unus est Dominus, quem jure veneramur.

Et dejiciens simulacrum cantat :

> Idolum detestamur.

Statim gentiles concurrunt, et præliantur cum exercitu Antichristi. Et superatus rex Babylonis ducitur captivus ad Antichristum. Tunc rex, genu flexo, offert coronam Antichristo, dicens : Tibi profiteor, etc. Tunc Antichristus signans eum, et suos in frontibus, et imponens coronam eʼ cantat : Vive per gratiam, etc. Statim redeunt ad sedes suas omnes cantantes :

> Omnium rectorem te solum profitemur,
> Tibi tota mente semper obsequemur.

Tunc Antichristus dirigens hypocritas ad Synagogam cantat :

> Judæis dicite Messiam advenisse,
> Et me in gentibus tributum accepisse.
> Judæis dicite : En ego sum Messias,
> Ego sum promissus eis per prophetias.

Tunc hypocritæ ad Synagogam :

> Regalis generis gens est peculiaris,
> Fidelis populus ubique prædicaris.
> Pro tuenda lege jamdudum exsulasti,
> Procul a patria Messiam exspectasti.
> Hæc exspectatio reddet hæreditatem :
> Jucunda novitas mutabit vetustatem.
> Ecce mysterium tuæ redemptionis :
> Rex enim natus est auctor religionis.
> Hic est Emmanuel, quem testantur Scripturæ,
> Per cujus gratiam tu regnabis secure,
> Erexit humiles, et superbos dejecit,
> Potenter omnia sub pedibus subjecit.
> Surge, Jerusalem, surge, illuminare,
> Captiva diu Synagoga, lætare.

Tunc Synagoga :

> Hæc consolatio divinæ bonitatis
> Laborem respicit nostræ captivitatis.
> Eamus igitur obviam Salvatori,
> Dignum est reddere gloriam Redemptori.

Tunc Synagoga surgens vadit ad Antichristum, etc.

> Ades Emmanuel, quem semper veneramur,
> In cujus gloria nos quoque gloriamur.

Tunc venientem suscipit Synagogam signans eam, et dicens :

> Per me egredere rectem confusionis :
> Tibi restituo terram promissionis.
> In tuo lumine ei gentes ambulant,
> Et sub pacis tuæ lege reges regnant.

Tunc Synagoga redeunte, intrant prophetæ dicentes :

> Verbum Patris habens divinitatem
> In virgine sumpsit humanitatem,
> Manens Deus effectus est mortalis.
> Semper Deus factus est temporalis.
> Non naturæ usu sic testante
> Hocʼfactum est, sed Deo operante.
> Nostram sumpsit infirmitatem,
> Ut infirmis conferret firmitatem.
> Hunc Judæi mortalem cognoverunt,
> Immortalem quem esse nescierunt.
> Nec sermoni, nec signis credidere;
> Sub Pilato Christum crucifixere.
> Moriendo mortem mortificavit,
> A gehenna credentes liberavit.
> Hic surrexit vere non moriturus,
> Regnat semper in proximo venturus.
> Hic sæculum per ignem judicabit,
> Universos in carne suscitabit,
> A reprobis salvandos separabit,
> Malos damnans, bonos glorificabit.
> Veræ scitis quid Scripturæ loquantur,
> Enoch vivum, et Eliam testantur.

Tunc Synagoga :

> Ubinam sunt ?

Illi :

> Nos sumus vere,
> In quos fines sæculorum devenere.
> Iste Enoch, et ego sum Elias,
> Quos hucusque servaverat Messias,
> Qui jam venit, et adhuc est venturus,
> Per nos primum Israel redempturus.
> Ecce venit homo perditionis,
> Magnæ consummans muros Babylonis :
> Non est Christus.

Tunc tollunt ei velum. Statim Synagoga convertitur ad verba prophetarum dicens :

> Seducti sumus vere per Antichristum,
> Qui mentitur se Judæorum Christum.
> Certa indicia est nostræ libertatis
> Elias et Enoch prophetæ veritatis.
> Tibi gratias damus, Adonai, rex gloriæ,
> Personarum Trinitas ejusdem substantiæ.
> Vere Pater Deus est, cujus Unigenitus
> Deus est, idem Deus est amborum Spiritus.

Interim hypocritæ venientes ad Antichristum cantant :

> O culmen regium divinæ majestatis !
> Tibi subtrahitur honor divinitatis.
> Intravere senes doctores vanitatis,
> Qui blasphemant tuæ honorem potestatis.
> Judæis prædicant tenore Scripturarum,

Te, rex omnipotens, caput hypocritarum.

Tunc Antichristus ad hypocritas :

Cum me tótus orbis studeat adorare,
Jus mei nominis quis audeat negare ?
Synagogam, et senes mihi repræsentate.
Ileos conveniam super hac levitate.

Tunc ministri venientes ad prophetas et Syna-
ogam cantant :

Testes mendacii, præcones falsitatis.
Vos tribunal vocat divinæ majestatis.
.inc prophetæ :
Non seducet homo iniquitatis
Servos Christi ministris falsitatis.

Tunc nuntii adducunt prophetas et Synagogam
..l Antichristum, quibus ille :

Fert in insaniam proprietatis
Vos, quos decipiunt vultus auctoritatis.
Sanctis promissus sum redemptio futura,
Vere Messia, ut testatur Scriptura.
De me suscipite formam religionis.
Sum infidelibus lapis offensionis.
Tunc prophetæ :
Tu blasphemus auctor iniquitatis,
Radix mali, turbator veritatis,
Antichristus, seductor pietatis.

Tunc Antichristus commotus dicit ministris :

Ecce blasphemias meæ Divinitatis
Ulciscatur manus divinæ majestatis.
Qui blasphemant in me divinam pietatem,
Divini Numinis gustent severitatem.
Pereant penitus oves occisionis

Pro tanto scandalo sanctæ religionis.

Tandem Synagoga cantat confessionem istam :

Nos erroris pœnitet, ad fidem convertimur,
Quidquid nobis inferet persecutor, patimur.

Tunc ministri educunt eos et occidunt. Interim
vero, dum occiduntur, Ecclesia cantat : *Fasciculus
myrrhæ dilectus meus mihi(Cant. i).* Tunc ministris
reversis, Antichr.stus dirigit nuntios suos ad singulos reges cantans

Reges conveniant, et agmina sanctorum,
Adorari volo a gloria regnorum.
Cuncta divinitus manus ima firmavit,
Suos Divinitus hostes exterminavit.
Pace conclusa sunt cuncta jura regnorum ,
Ad coronam vocat suos Deus deorum.

Tunc omnes reges conveniunt undique cum suis
usque ad præsentiam Antichristi cantantes : *Cuncta
divinitus,* etc. Quibus Antichristus :

Ista prædixerunt mei prædicatores,
Viri mei nominis, et juris cultores.
Hæc mea gloria, quam diu prædixere,
Qua fruentur mecum, quicunque meruere,
Post eorum casum, quos vanitas illusit,
Pax, et securitas universa conclusit.

Statim fit sonitus super caput Antichristi, et eo
corruente, et omnibus suis fugientibus, Ecclesia
cantat : *Ecce homo, qui non posuit Deum adjutorem
suum! Ego autem sicut oliva fructifera in domo
Dei.* Tunc omnibus redeuntibus ad fidem, Ecclesia
ipsos suscipiens incipit : *Laudem dicite Deo nostro.*

Explicit.

ANONYMUS MELLICENSIS

SÆCULO XII CLARUS

DE SCRIPTORIBUS ECCLESIASTICIS,

Nuper primum in lucem editus et notulis chronologico-criticis illustratus a R. D. P. Bernardo Pez, Benedicto et bibliothecario Mellicensi, anno 1716.

(Fabric.-*Bibliotheca ecclesiastica*, Hamburgi, 1718, fol., p. 141.)

ADMONITIO.

—

Anonymum hunc *De scriptoribus ecclesiasticis*, seu *De viris illustribus*, quem reipublicæ litterariæ bono
nunc primum in lucem damus, *Mellicensem* dicimus, neutiquam propterea; quod certa nobis argumenta
suppetant, auctorem hunc cœnobitis Mellicensibus accensendi, sed ideo ; quod in Bibliotheca manuscri-
ptorum *Mellicensi*, ejusque codice chartaceo in quarto, nunc signato lit. R. num. 28 sæculo circiter quarto
decimo exarato, hactenus asservatus, indeque a nobis depromptus fuit ; cujusmodi quidem cognominan-
dorum anonymorum exempla apud Freherum, Acherium, Chesnios, aliosque eruditos *Rerum* collectores,
editoresque passim occurrunt. Cæterum, ut proprium auctoris nostri nomen, fortunamque assequeremur,
nulli quidem in perquirendo labori pepercimus, sed frustra ; nemine quoquam, nec illo ipso horum quidquam innuente. Fuisse *monachum*, et quidem *Benedictinum*, ex singulari quodam studio, quo Benedictinos

es consectatur, et laudat, forte quis colligat. Ast nec hoc sat firmum. Certius quid statui de ho-
tale posse videtur, estque vero perquam simile, eum sæculo Christi duodecimo animum ad scri-
appulisse. Nam capite 91 Hermannum Contractum, qui anno 1054 obiit, in *musica pene modernis
subtiliorem* exstitisse narrat, et capite 105 Manegoldum, Gregorio VII P. M. æqualem tanquam
irum Magistrum magistrorum celebrat; cum tamen Rupertum capite 71 *beatæ memoriæ* abbatem
æm vocet. Mortuus est Rupertus anno Domini 1135. Imo videtur hic scriptor eodem fere tempore
um adornasse, quo Honorius Augustodunensis, et Sigebertus Gemblacensis nostras de Scriptoribus
sticis commentati sunt, quorum ille circa annum Dom. 1150 floruit, hic an. 1095 e vita excessit.
utrius opus noster vel fama percepit, ut constat ex ejus præfatione, in qua præter *Hieronymum,
um, Cassiodorum et Isidorum,* quibus posterioribus et ipsis caruit, nullum alium illustrium viro-
ptorem sibi hactenus cognitum fuisse commemorat.

in referendis scriptoribus suis anonymus noster non ubique temporis rationem habuit, iis per-
:o postpositis, quos ætate superiores fuisse notulæ nostræ chronologicæ, quas ad latus ascripsi-
lam faciunt. Quosdam memorat, eruditis viris fere adhuc ignotos, quales sunt : *Joannes musicus
Paulus Judæus Fuldensis cœnobita. Symphorosius quidam, Albertus monachus* forte *Sigebergensis,
:, seu Athelinus episcopus, Stephanus musicus, Manegoldus, Aribo Junior musicus, Fucraldus, Diet-
z monacho Benedictino episcopus Metensis, Meginhardus episcopus Herbipolensis, in Cantica canti-
Deusdedit cardinalis adversus Guibertinos, Gotschalcus monachus Dehingensis ord. S. B., Geraldus
sianus in Silva Hercynia, Placidus Nonantulanus,* etc. Iis etiam scriptoribus, quorum nomina editis
:cis inserta sunt, non pauca nova, et plerisque omnibus hucusque incomperta opera attribuit.
:di sunt : *S. Gregorii M. liber Florum*, *et liber Synodorum*; *Cassiodori liber* De viris illustribus;
:l *ep. Luxoriensis Explanationes* in Genesim; *Remigii Antissiodorensis* in Genesin Commentarius;
·osii Opus in librum XII Prophetarum; *Sancti Odonis Cluniacensis* Dialogus de Musica; *Haymonis
Halberstadiensis,* quem noster monachum *Sancti Germani Antissiodorensem* facit, Commentarius in
:anticorum; *Christiani episcopi Apulorum* Liber contra Berengarium; *Fulberti Carnotensis* Tractatus
udæos et malos Christianos; *Ironis Carnotensis* Martyrologium de sanctis ordinatissimum; *presbyteri
iensis plura op. ra; Guitmundus Arersanus* in Lucam; *Anselmi Lucensis* Opus immodicum in Psal-
scripta a *S. Udalrico Cluniacensi* Vita sancti Hermani ex marchione monachi, etc. Denique consi-
e et observatione dignissima sunt, quæ de Ratramni, monachi Corbeiensis *Opere de corpore et
Domini* habet, ut quibus Joannis Mabillonii de auctore sententia, Præf. in Sæc. Bened. IV, P. II
egregie confirmetur. Sed hæc omnia præstat integra erudito lectori servare ac relinquere; quem
ganius, ut ampliorum, et eruditiorum Notarum, quibus noster non raro indiget, intermissionem
l; illas enim temporis ac otii, has ingenii angustiæ excluserunt.

Remigii opus nuper in Bibliotheca Garstensi O. B. in superiori Austria reperimus in cod. memb.
hoc titulo : *Remigius in Bereschit*. Incipit: *Desiderius vocabatur episcopus,* etc. Deinde textus : *In
cipio creavit Deus,* etc. (Gen. 1). *Auctor hujus operis, sicut sancti doctores tradunt, cognoscitur
ıe Moyses,* etc.

ANONYMI AUCTORIS

IN LIBRUM SUUM DE SCRIPTORIBUS ECCLESIASTICIS PRÆFATIO.

·orum illorum, qui virorum illustrium con-
catalogum , pro posse sequentes exem-
·n scripta quam nomina sanctorum Patrum,
Jeinceps Ecclesiæ Dei desudavit ingenium,
ansmittemus in posterum. In quo nimirum
·dine quidem præpostero, sed necessario
to, eos utcunque collegimus in unum, qui
e missarum quidpiam statuere dicendum,
· propter Telesphorum, Gelasium, Sixtum,
·m Alexandrinum, Alexandrum prim·m,
Magnum, Gregorium primum, Gregorium
Sergium; porro beatum Ambrosium Me-
·em episcopum (cujus quidem beatus Hie-
inter viros illustres meminit; sed non
lla librorum ejus judicia ponit, verum de
a videlicet adhuc ipse supererat, omnino
·icium subtraxit) nos incognitum præteriri
i, ipsam hujus operis frontem tanti nomi-
decrevimus insigniri. Sunt tamen et alii
tres Cassiodorus scilicet, et Isidorus, qui

A nihilominus de viris scripserunt illustribus, quorum libri, quia necdum ad nostras pervenerunt
manus, quos posuerint, vel quos omiserint, penitus
ignoramus.

Incboantes igitur a fine Gennadii , qui et ipse a
fine Hieronymi initium fecit operis sui, quoscunque
ex eo tempore quidpiam memoria dignum scripsisse
deprehendimus , diligenter adnotare curavimus.
Verum, ne quid desit curiositati legentium, judica-
vimus apponendum Bernagardium [2] olim hæreti
cum, Wichwertum [3] Ravennatem exepiscopum,
Urbanum secundum ; non quod ad nos scripta eorum ulla pervenerint, vel certe ipsi aliquando aliquid scripserint, sed quod quisque eorum decentia
nobis ingenii sui monumenta reliquit. Berengarius
B quidem, dum quandoque conversus, duobus apte
versiculis catholicam fidem profiteri non distulit.
Clemens vero, qui et [4] Ewibertus, dum in legitimum Petri successorem invectus totidem nihilominus versibus satis eleganter lusit. Urbanus autem,

---

·ater. [1] *infra* cap. 99 Perengarius. [2] *infra c.* 98 Gwibertus. [3] *l.* Gwibertus seu Guibertus.

dum eidem æmulo suo metro et ipse respondens, A imperitiam quidem, non autem studium reprehen-
nihil eum de apostolica dignitate, præter inane vo-   dant, simulque considerent, quia ubi nullus potest
cabulum, assecutum patenter ostendit. Sed si qui   esse boni operis fructus, sufficit solus bonæ volun-
aliquando ea, quæ a nobis scripta sunt, reprobant,   tatis affectus.

INCIPIT LIBER.

Cap. I. Telesphorus [a] papa VII qui beato Sixto,
de quo subinde dicemus, in pontificatu successit,
missus in sanctissimæ Dominicæ Nativitatis nocte
constituit celebrari, et in tempore sacrificii *Gloria*   B
in excelsis Deo, decantari. Hic sub Adriano principe,
quemadmodum prædecessores sui Alexander, et
Sixtus, Nonas Januarii martyrio meruit coronari.

Cap. II. Gelasius papa [b] in diebus Leonis, qui
Marciano succedit in regnum, Romanam Ecclesiam
nobiliter rexit, qui ad utilitatem Ecclesiæ decreta
multa constituit, multa utiliter scripsit. Qui etiam
ad missas dicendarum modum et numerum instituit præfationum. Hujus pontificis temporibus liber
Missalis conscribitur, qui et Gelasianus appellatur.

Cap. III. Zosimus [c] papa instituit Benedictionem
cerei, qui in Sabbato sancto benedici solet a diacono, cujus benedictionis hujusmodi est initium :
Exsultet jam angelica turba cœlorum.

Cap. IV. Sixtus [d] episcopus, qui beato Alexandro   C
primo Romæ successit in pontificatu, infra missarum solemnia *Sanctus, sanctus, sanctus*, decantari
instituit, qui et ipse sub Adriano imperatore VIII,
Idus Aprilis martyrio coronari promeruit.

Cap. V. Clemens [e] Alexandrinæ Ecclesiæ presbyter, præceptor Origenis, diu in Alexandria scholam
tenuit. Tam divina quam sæculari scientia claruit.
Opuscula nonnulla luculento sermone composuit.
Exstat illius de Pascha liber unus, de Jejunio dialogus unus, de Salvando divite unus, de Obtrecta-
tione unus, de Canonibus unus, contra gentes unus,
contra eos qui Judæorum scrutantur errores unus.
Miræ autem eruditionis et eloquentiæ fuit. Orationem illam sacerdotis, quam *Canonem* dicimus, ipse
composuit, quæ et ab omni Ecclesia tanti est ha-   D
bita, ut in consecratione corporis Domini perpetuo
jussa sit recitari. Habetur autem clarus Severi et
filii ejus Antonini temporibus.

Cap. VI. Alexander [10] primus, natione Romanus,
ex patre Alexandro de regione [11] Caputtami oriundus passionem Domini miscuit in precatione presbyteri, cum missæ debent celebrari. Unde habetur
in Canone : *Quam oblationem tu Deus*, et quæ sequuntur ex ordine. Hic quinto Nonas Maii sub
Adriano principe cum Eventio, et Theodolo martyrium passus, migravit ad cœlos.

. Cap. VII. Leo Magnus [12], apostolicus, declamator
egregius fuit, qui verbo et exemplo Christianæ
religioni plurimum profuit. Porro sermonum illius
incertus est numerus; quorum tamen de Adventu
Domini, de Nativitate, de Apparitione, de Jejunio,
de Passione, de sancta Pentecoste plurimi habentur.
In sanctorum quoque natalitiis nonnulli habiti inveniuntur. Et hic augmentavit in Canone : *Supplices
te rogamus omnipotens Deus*, et cætera, quæ sequuntur ex ordine. Hic iv Kal. Julii sub Marciano
principe plenus sanctitate quievit in pace.

Cap. VIII. Gregorius Magnus [13], qui et primus,
ex illustri senatorum prosapia oriundus, disciplinis
liberalibus a puero institutus, Romanæ sedis jam
tunc apocrisiarius, positus Constantinopoli, rogatu
Leandri Hispalensis episcopi, libros Moralium XXXVI
scripsit, quos in septem partes divisit. Romæ vero
exorta pestilentia ipse adhuc archidiaconus septiformem Litaniam instituit, ac postmodum dece-
dente Pelagio, Romanum pontificatum invitus obtinuit. Hic Agilulfi temporibus dialogum scripsit,
eum reginæ Theodelindæ pro munere promisit. Homelias quadraginta etiam dictavit, et in Ezechielem
tractatus viginti composuit, a cujus expositione
audito Agilulfi regis adventu cessavit. Librum quoque curæ pastoralis ad Joannem episcopum scribit;
et librum alium, quem Flores appellari complacuit.
Scribit et librum Responsionum ad Augustinum
Anglorum episcopum. Librum quoque Synodorum
composuit cum episopis Italiæ de necessariis causis
Ecclesiæ. Alia vero opuscula nonnulla, quæ scripsit, non habentur, quando æmulorum excande-
scente invidia de medio sublata fuisse perhibentur.
Hic illud, quod in canone dicitur : *Diesque nostros
in tua pace disponas*, dicendum apposuit, et Orationem Dominicam ad missam recitari constituit, congruum arbitratus, ut in consecratione Dominici
corporis cum oratione hominis sacerdotis dicatur
et oratio Dei et hominis Salvatoris. Quod quidem
populus utpote novum et insolitum audiens, ægre
tulit ; cui protinus beatus pontifex humili respon-
sione satisfecit; si dicenda est, inquiens, in consecratione corporis Christi oratio, quam quidam
scholasticus humano sensu et homo composuit,
quanto magis illa, quam Dei et hominum mediator

---

[a] an. Christi 128.   [b] 492.   [c] 417.   [d] 117.   [e] 192.   [10] 108.   [11] *al.* Caput Tauri.   [12] anno Christi 440.
[13] 590.

iit, qui et discipulos suos orare sic docuit?
t quoque in Cantica canticorum libellum ex-
tionis ab exordio voluminis usque eo, ubi di-
Equitatui meo in curribus Pharaonis (Cant. 1).
rgo sanctissimus pontifex Gregorius, Anglo-
ipostolus, cum missis doctoribus Anglos con-
tet ad Dominum, anno Phocæ imperatoris
do, iv Idus Martiarum migravit ad Dominum.
. IX. Gregorius tertius [15] annis octo Roma-
tenuit pontificatum, qui et augmentavit in
ie : *Intra quorum consortium.* Hic decessit
ire Leonis imperatoris, iv Kal. Decembris.
. X. Sergius [16] papa, natione Syrus, Antio-
ex patre Tiberio ortus, in confractione cor-
Domini, a clero et populo : *Agnus Dei*, sta-
icantari.
. XI. Ambrosius [16] Mediolanensis archiepisco-
loctor Ecclesiæ mirificus, sub Gratiano Au-
clarus, imo et in toto orbe terrarum notissi-
columna Ecclesiæ, et hæreticorum ruina, sem-
i ubique libere agens et loquens pro justitia ;
e qui nec Theodosio principi peccanti peper-
ion solum Mediolanensi, cui præfuit, sed et
rsæ matri Ecclesiæ, scribendo et docendo plu-
n contulit. Scripsit de Spiritu sancto librum
ad Gratianum Augustum. Scripsit quoque li-
de fide, librum de Incarnatione Domini, Scri-
e paradiso, scribit de virginibus, scribit de
uiis fratris, scribit *Hexaemeron*, scribit de fuga
i, scribit de patriarchis, scribit de perpetua
ilitate Matris Domini, scribit de Isaac et anima,
t de bono mortis, scribit de Joseph, scribit apo-
n de David ; scribit super : *Beati immaculati*
. cxviii) ; scribit super : *Domine, quis habitabit*
. xiv) ; scribit de morte Gratiani, scribit de
i Theodosii, scribit de jejunio, scribit de officiis,
t super Isaiam, scribit super Apostolum, scri-
iper Lucam, scribit contra Auxentium hæreti-
scribit ad Fritigernam, reginam Marcomanno-
Præter ea plura ac diversa scribit opuscula,
jro summis opibus computat et reservat Ec-
i, de qua non recedet ejus memoria, et nomen
requiretur in sæcula. Hic beatissimus ponti-
loctor egregius, pietate præcipuus, invictus in
sis, in prosperis providus, post matutini et
ræ delectabiles exitus, ipse delectabilis omni-
iub principibus Arcadio et Honorio quievit in
no.
. XII. Joannes Constantinopolitanus [17], co-
ento Chrysostomus, qui ab ingrata Ecclesia
it depositus, et insuper annuente Theophilo
ipiscopo] in exsilium missus, primo Origenis
i deceptus, sed Dei gratia præventus, coope-
correctus, et Ecclesiæ reconciliatus est. Hic
Græco quam Latino eruditus eloquio præter

sermones in festivitatibus habitos, stylo egregio
scriptos, scribit super Epistolam ad Hebræos, scribit nihilominus in Matthæum egregicm opus, scribit etiam librum de reparatione lapsi, et septem
Homilias de laude Pauli apostoli ; dialogum quoque Basilio habitum de honore sacerdotii. Hic sub
prænotatis principibus celebris, celebrem sui memoriam dereliquit Ecclesiis.

Cap. XIII. Epiphanius [18] Salaminæ episcopus,
fide Catholicus, ingenio optimus, Joanni Chryso-
stomo pro eo, quod eum offenderat, duos in suo
episcopatu presbyteros ordinando, non contemnen-
dam dictavit epistolam ad catholicam fidem, pacis-
que custodiam cohortantem. Hanc beatus Hieronymus presbyter pro ædificatione legentium rogatu
fratrum in Latinum vertit eloquium.

Cap. XIV. Fulgentius [19] episcopus, qui Ruspensi
Ecclesiæ præfuit sub Theoderico rege Gothorum,
in confessione fidei et scientia claruit in Homiliis ;
declamator fuit, et sermones plurimos utiles recitavit ad populum (et) in posterum transmisit litteris.
Scripsit quoque librum insignem de prædestinatione et fide, alium ad Trassamundum regem Van-
dalorum.

Cap. XV. Annitius [20] Manlius Severinus Boetius
tam divina quam humana scientia clarus, qui et
Romæ consul fuit, super Hypermenias [21] volumen
insigne composuit. Aliud etiam de Musica scripsit,
in quo profundum ejusdem artis subtiliter inquisivit. Et aliud nihilominus de fide sanctæ Trinitatis
scriptum dereliquit. Qui etiam ad Joannem papam
contra Eutychen et Nestorium hæreticus scribit. At
ubi Theodericus rex Gothorum tyrannidem in Romanos exercuit, Boetius consul Græcis clam litteras misit, volens scilicet per illorum patrocinium
subdere [22], et a regis tyrannide civitatem et cives,
se quoque addito, liberare. Quod ubi rex impius
comperit, quasi reum majestatis Ravennam in exsilium missum, in carcerem recludi jussit ; in quo
vir sapiens philosophica sibi consolatione adhibita,
quinque libros per satyram edidit ; in quibus, quia
et se, et omnes lugentes consolari intendit, opus
suum librum Consolationis inscripsit. Hic vir plurima posteris ingenii sui monumenta dereliquit.
Duobus filiis in consulatu relictis, a rege nefario
cum aliis pluribus gladio percussus occubuit.

Cap. XVI. Magnus Aurelius [23] Cassiodorus Romæ
consul, deinde senator, ad ultimum monachus, monasterium construxit. Tam divina quam sæculari
littera clarus effulsit, *Psalmos* exposuit, libros Institutionum et Chronicam fecit. Librum de viris illustribus scripsit, epistolas Theoderici dictavit, insuper et tripartitam Historiam ordinavit.

Cap. XVII. Arator Romanæ [24] Ecclesiæ subdiaconus, qui sub papa Vigilio floruit, librum *Actus*

---

anno Christi 731. [15] 688. [16] 374. [17] 398. [18] 368. [19] 507. [20] 510. [21] περὶ ἑρμηνείας [22] f.
icere. [23] anno Christi 514. [24] 544.

apostolorum versibus scripsit, quem postmodum A persecutio ejusdem postremo sui scriptorem in-
clero et populo, et apostolico publice legit.

Cap. XVIII. Priscianus [15] Cæsariensis, gramma-
ticus peritissimus fuit, qui et librum egregium de
grammatica arte composuit. Errant autem, qui
hunc in fide errasse confirmant, quasi qui librum
Juliano Apostatæ scripserit, et scriptum obtulerit,
Errant, inquam, et patenter errant; neque enim
Juliano scripsit imperatori, sed Juliano consuli fratri Symmachi soceri Boetii. Sed neque sub Juliano
Apostata, qui adeo in fide desipuit, sed sub Justiniano Christicola Priscianus Cæsariensis Constantinopoli floruit. A Juliano autem Cæsare usque ad
Justinianum imperatorem computantur anni ducenti
viginti septem.

Cap. XIX. Dionysius, [16] abbas Romanus, sexto
Justini principis anno Paschales Cyclos scripsit,
quos a primo anno Diocletiani imperatoris inchoavit.

Cap. XX. Benedictus, [17] Pater venerabilis, post
vitam eremiticam quam duxit in loco, cui Sublacus
vocabulum est, in monte Cassino, doctrina claruit,
et miraculis. Quo cum primo tenderet relicta priori
habitatione, tres corvi, sicut in Longobardorum
Historia legitur [18], quos pascebat quotidie, secuti
sunt eum divina jussione. Cumque pervenisset ad
quoddam bivium, duo angeli apparuerunt et in specie duorum juvenum, ostendentes viam, per quam
ad locum iret. In loco autem illo quidam Dei servus
habitabat, cui vox de cœlo dicebat :

His tu parce locis ; alter amicus adest.

Cujus versiculi sensus talis est : Exi de hoc loco,
amice, quia alius amicus debet hic habitare. Veniens itaque sanctus Benedictus in summitatem
montis, in maxima se constrinxit abstinentia ; ubi
scripsit etiam monachorum Regulam, teste beato
Gregorio [19], discretione præcipua, sermone luculento.
In qua præter alia sanctitatis ejus indicia satis
ostenditur, quam cœlestem in terris vitam duxit ;
quia vir sanctus non potuit aliter docere, quam
vixit.

Cap. XXI. Victor Capuanus [20] episcopus librum
insignem de Pascha composuit, in quo erratica
Victorii scripta redarguit. Scripserat enim et D
ille jubente Hilario [21] papa Paschales Cyclos, sed
errore plenos, quos scriptis suis, ut diximus, destruxit Victor episcopus.

Cap. XXII. Jordanis [22] episcopus Chronicam de
gestis Romanorum abbreviando descripsit, quam
ab Adam inchoavit, et ad Justinum minorem Augustum usque perduxit.

Cap. XXIII. Victor Africanus episcopus [23], Wan-
dalicæ persecutionis historiam scribit; quæ nimirum

volvit.

Cap. XXIV. Paterius [24] Gregorii Magni discipulus, colligit in unum testimonia Scripturarum, quæ
beatus papa Gregorius passim in suis tractatibus
posuit, et posita protinus competenter exposuit.
Habet enim hoc inter expositores alios quasi singulare, ut subintroducta de Scripturis testimonia soleat
singillatim exponere ; ad quæ recolligenda idem
scriptor animum intendit, quippe quæ posteris non
parum profutura putavit.

Cap. XXV. Columba [25] qui et Columbanus abbas,
qui ex Hibernia oriundus, postquam cum discipulis
suis Gallo, et aliis plura terrarum loca pertransiit,
plures ad fidem Christi verbi exhortatione perduxit,
plura etiam diversis in locis monasteria construxit,
scripsit manu sua monachorum Regulam ; ad quos
etiam unam exhortatoriam brevem licet, sed de
contemptu mundi copiose disserentem, dictavit
epistolam.

Cap. XXVI. Isidorus Hispalensis [26] episcopus,
qui beato Leandro in episcopatu successit, multa et
magna opuscula edidit. Nam inter alia Synonyma
scripsit, et Abbreviationem temporum, quam ad
Constantinum Heraclii filium perduxit. Librum quoque Etymologiarum, librum Officiorum et librum
Virorum illustrium. Præterea sermones plurimos,
diversis temporibus habitos, stylo egregio scriptos
transmisit ad posteros.

Cap. XXVII. Theodorus [27] venerabilis Anglorum
archiepiscopus a papa Vitaliano ordinatus et in
Angliam missus, postquam in populo cui præerat,
verbo et exemplo pluribus saluti fuit, ad ultimum
librum de reorum pœnitentia, præcipua discretione
conscripsit. Audiens etiam Constantinopolitanam
Ecclesiam hæresi Euticetis [28] valde turbatam, synodum collegit, et ubi omnium in fide catholica consensum audivit, hunc ad instructionem, memoriam-
que sequentium synodalibus litteris [29] commendavit. Harum litterarum tale est exordium : *In nomine Domini nostri Jesu Christi Salvatoris, impera-
tibus dominis piissimis regibus nostris.* Earumdem
vero talis est conclusio : *Nos omnes subscribimus,
qui cum Theodoro archiepiscopo fidem catholicam
exposuimus.* Ilic de Tarso Ciliciæ oriundus fuit, et
multis virtutibus clarus quievit.

Cap. XXVIII. Petrus [30] archiepiscopus Ravennas
librum scripsit egregium sermonum super topazium et aurum obryzum pretiosum.

Cap. XXIX. Adaman [31] presbyter et abbas monachorum, qui erant in insula Hy, vir bonus et sapiens scientia Scripturarum nobilissime instructus,
scripsit de locis sanctis librum, legentibus multis
utillimum [32], cujus auctor erat docendo ac dictando

---

[15] anno Christi 550.   [16] 533.   [17] 540.   [18] Paul. Diacon. *Hist. Longob.* lib. I, cap. 27.   [19] Lib. II *Dial.*
cap. 26.   [20] A. Chr. 545.   [21] Hilarius.   [22] A. 552.   [23] 484.   [24] 601.   [25] 589.   [26] 633.   [27] 668.   [28] Euty-
chis.   [32] *manus sæculi* xv *correxerat* : commendare curavit.   [30] an. Chr. 433.   [31] 679.   [32] *inf. cap.*
75, utilissimum.

lfus" Galliarum episcopus, qui orationis
Jerosolymam veniens, lustrata omni terra
nissionis, Damascum quoque, Constantino-
, Alexandriam, insulas maris adiit ; patriam
.e navigio repetens vi tempestatis in occiden-
ittora Britanniæ delatus, post multa ad eum-
bei famulum Adamannum presbyterum venit,
:eunque in locis sanctis digna memoria vi-
se retulit, hic litteris " commendavit. Obtu-
.em librum suum Abfrido" rege Nordannbro-
a quo etiam muneribus multis donatus, in
m est remissus. Sed quia et libellum, et li-
auctorem paucos nostrorum legisse vel nosse
m non est, quiddam ex eo, quasi per exces-
acerpsimus, quod legentibus plurimum con-
e potest ; his duntaxat, qui de locis sanctis,
ibus patriarchæ, prophetæ et apostoli cum
Domino conversati sunt, ea tantum, quæ le-
: didicerunt, et norunt. Igitur de Bethlehem,
ʼomus est Panis angelorum, in quo Virgo vir-
ı Verbum de se genuit incarnatum, scribit in
modum :

lehem civitas David in dorso sita est, angu-
ex omni parte, vallibus circumdata, ab ori-
n occidentem mille passibus longa, humili
urribus muro per extrema plani verticis in-
o ; in cujus orienti angulo quasi quoddam
ile semiantrum est, cujus exterior pars nati-
: Dominicæ fuisse dicitur locus ; interior Præ-
)omini nominatur. Hæc spelunca tota interius
so marmore tecta supra locum, ubi Dominus
specialius traditur, Sanctæ Mariæ grandem
ecclesiam. Scripsit item hoc modo de loco
ais et resurrectionis ipsius :
ressus a septentrionali parte Jerosolymam ur-
ırimum de locis sanctis pro conditione pla-
n divertendum est ad ecclesiam Constantinia-
quæ Martyrum appellatur. Hanc Constanti-
aperator, eo quod ibi crux Domini ab Helena
reperta sit, magnifico et regio cultu constru-
Ihinc ab occasu Golgotana videtur ecclesia, in
liam rupis apparet illa, quæ quondam ipsam
n Domini corpore, crucem pertulit, argen-
nodo pergrandem sustinens crucem, pendente
er magna ærea rota cum lampadibus. Infra
psum locum Dominicæ crucis excisa in petra
ı est, in qua super altare pro defunctis hono-
sacrificium solet offerri, positis interim in
corporibus. Hujus quoque ad occasum ec-
Anastasis, hoc est resurrectionis Dominicæ
la ecclesia, tribus cincta parietibus, duode-
olumnis sustentatur, inter parietes singulos
habens spatium viæ, quia tria altaria in tri-
cis parietis medii continet, hoc est australis,
ilonaris, et occidentalis. Hæc bis quaternas
, id est introitus per tres e regione parietes

habet, e quibus quatuor ad Vulturnum, et quatuor
ad Eurum spectant. Hujus in medio monumentum
Domini rotundum petra excisum est, cujus culmen
intrinsecus stans homo manu contingere potest,
ab oriente habens introitum, cui lapis ille magnus
appositus est, quod intrinsecus ferramentorum vestigia ostendunt usque in præsens. Nam extrinsecus usque ad culminis summitatem totum marmore
tectum, summum vero culmen auro ornatum, auream magnam gestat crucem. In hujus autem monumenti aquilonari parte sepulcrum Domini in eadem petra excisum longitudinis septem pedum,
trium mensura palmorum, pavimento altius eminet, introitum habens a latere meridiano, ubi die
noctuque duodecim lampades ardent ; quatuor intra
sepulcrum, octo supra in margine dextro lapis,
qui ad ostium monumenti positus erat, nunc fixus
est, cujus pars minor quadratum altare ante ostium
nihilominus ejusdem monumenti stat, major vero
in orientali ejusdem ecclesiæ loco quadrangulum
aliud altare sub linteaminibus existit. Color autem
ejusdem monumenti, et sepuleri albo et rubicundo
permistus videtur.

De loco quoque ascensionis Dominicæ præfatus
auctor hoc modo refert : Mons Olivarum altitudini
montis Sion par est, sed latitudine et longitudine
præstat, exceptis vitibus et olivis raro ferax arboribus, frumenti quoque et hordei fertilis, neque
enim brucosa, sed herbosa et florida soli illius est
qualitas, in cujus summo vertice, ubi Dominus ad
cœlos ascendit, ecclesia rotunda grandes ternas
per circuitum cameratas habet porticus desuper
tectas. Interior namque domus propter Dominici
corporis meatum camerari et tegi non potuit, altare ad orientem habens angusto culmine tectum,
in cujus medio ultima Domini vestigia cœlo desuper patente, ubi ascendit, visuntur, quæ cum quotidie a credentibus terra tollatur, nihilominus manet " eamdem adhuc speciem veluti impressis signata vestigiis servat. Hæc circa, ærea rota jacet
usque ad cervicem alta, ab occasu habens introitum pendente desuper in cochleis magna lampade,
totaque die, et nocte lucente. In occidentali ejusdem ecclesiæ parte fenestræ octo totidemque e regione lampades in funibus pendentes usque Jerosolymam per vitrum fulgent, quarum lux corda in-
tuentium cum quadam alacritate et compunctione
pavescere dicitur. In die Ascensionis Dominicæ per
annos singulos missa peracta validi fulminis pro-
cella desursum venire consuevit, et omnes qui in
ecclesia fuerint, terræ prosternere. De situ etiam
Hebron, et monumentis patrum ita scribit :

Hebron quondam civitas et metropolis regni David, nunc ruinis tantum, quid tunc fuerit ostendens, uno ad orientem stadio speluncam duplicem
in valle habet, ubi sepulcra patriarcharum qua-

---

lii Arcullus. " prior manus mandare curavit.   " I. Aldfrido regi Nordanhumbrorum.   " alii
to. " supple, et.

drato muro circumdantur capitibus versis ad aqui- **A** et interpretationis eorum superadjecerit, in libro
lonem ; et hæc singula singulis tecta lapidibus in- quem scribit de historia et gestis patriæ, curavit
star silice dolatis ; trium patriarcharum candidis, ascribere. In principium, inquit, Genesis usque ad
Adam obscurioris et vilioris operis, qui haud longe nativitatem Isaac, et ejectionem Ismaelis libros qua-
ab illis ad Borealem, extremamque muri illius par- tuor ; de Tabernaculo et vasis ejus, ac vestibus
tem pausat. Trium quoque feminarum viliores et sacerdotum libros quatuor ; de ædificatione templi
minores memoriæ cernuntur. Mambre collis millo allegoricæ expositionis sicut et cætera libros duos.
passibus a monumentis iis ad Coream, herbosus Item in librum Regum triginta Quæstionum, in
valde, et floridus, campestrem habens in vertice Proverbia Salomonis libros duos, in Canticum can-
planitiem. In Aquilonari parte quercus Abrahæ ticorum libros septem, in Isaiam prophetam, Danie-
[duorum hominum altitudinis truncus] Ecclesia lem, duodecim Prophetas, et septem Jeremiæ di-
circumdata est. Hæc de opusculis exscerpta præfati stinctiones capitulorum ex tractatu beati Hierony-
scriptoris ad sensum quidem verborum illius, sed mi excerptas; in Esdram, et Nehemiam libros tres;
brevioribus, strictisque comprehensa sermonibus in canticum Habacuc librum unum; in librum
ad utilitatem legentium hic inservimus. Plura vo- beati Patris Tobiæ explanationes allegoriex, de
luminis illius, si quem scire delectat, vel ipso illo **B** Christo et Ecclesia librum unum ; Capitula lectio-
volumine [44], vel in eo quod de illo venerabilis Be- num in Pentateuchum Moysi et Josuæ, Judicum,
da [40] presbyter strictim excerpsit, epitomatice re- in libros et verba Dierum, in librum beati Patris
quirat. Job, in Parabolas, Ecclesiasten et Canticum canti-

CAP. XXX. Althelmus [40] episcopus, cum adhuc corum ; in Isaiam prophetam, Esdram quoque et
presbyter esset, et abbas monasterii, quod Mail- Nehemiam; in Evangelium Marci libros quatuor ;
duli urbem Angli nuncupant, scripsit jubente syn- in Evangelium Lucæ libros sex ; Homiliarum Evan-
odo suæ gentis librum egregium adversus erro- geliorum libros duos ; in Apostolum quæcunque in
rem Britonum, quo vel pascha non suo tempore opusculis sancti Augustini inveni, exposita cuncta
celebrant, vel alia plura ecclesiasticæ castitati et per ordinem transcribere curavi; in Actus aposto-
paci contraria gerunt, multosque eorum, qui occi- lorum libros duos, in Epistolas septem Canonicas
dentalibus Saxonibus subditi, Britones ad catho- libros singulos, in Apocalypsim sancti Joannis li-
licæ Paschæ celebrationem hujus lectione perduxit. bros tres ; item capitulum lectionum in totum no-
Scripsit et de virginitate librum eximium, quem vum Testamentum excepto Evangelio ; item librum
in exemplum Sedulii geminato opere et versibus **C** Epistolarum ad diversos, quarum de sex ætatibus
hexametris et prosa composuit. Scripsit et alia non- una est, de mansionibus filiorum Israel unam;
nulla, utpote vir undecunque doctissimus. Nam et unam de eo, quod ait Isaias: Et claudentur ibi in
sermone nitidus, et scripturarum tam liberalium carcerem, et post dies multos visitabuntur (Isa.
quam ecclesiasticarum erat eruditione mirandus. XXIV). De ratione Bissexti unum, de Æquinoctio

CAP. XXXI. Beda [41] Venerabilis presbyter et mo- juxta Anatolium unum. Item de Historiis sancto-
nachus, natione Anglus, sub Geolfrido [42] abbate rum librum vitæ et passionis sancti Felicis confes-
Christi tirocinio mancipatus, pluribus opusculis soris de metrico Paulini opere in prosam transtu-
utilitatibus ecclesiasticis servivit. Verum tam de li ; librum vitæ et passionis sancti Anastasii male
ipso quam de operibus ejus suum ipsius testimo- de Græco translatum, et pejus a quodam imperito
nium proferemus; quia et quod ex Anglia oriundus emendatum prout potui, ad sensum adcorrexi ;
fuerit, et annos natus quatuor cura propinquiorum vitam sancti Patris et monachi simul et antistitis
in monasterium beatorum Apostolorum Petri et Cudbrecti [43], et prius heroico, et postmodum p'ano
Pauli sacris litteris erudiendus Benedicto, ac dein- sermone descripsi ; Historiam abbatum monasterii
de Geolfrido abbati traditus sit, quod cunctum ex hujus, in quo supernæ pietati deservire gaudeo,
eo tempus vitæ in ejusdem monasterii habitatione **D** Benedicti et Geolfridi, et Hey, et Berecti in libellis
peragens, omnem meditandis Scripturis operam duobus ; Historiam ecclesiasticam nostræ insulæ,
dederit, quod inter observantiam disciplinæ regu- ac gentis in libris decem; Martyrologium de nata-
laris et quotidianam in ecclesia cantandi curam litiis sanctorum martyrum diebus, in quo omnes,
semper aut scribere, aut discere, aut docere dulce quos invenire potui, non solum, quo die, verum
habuerit, quod nono decimo vitæ suæ anno diaco- etiam, quo certaminis genere, vel sub quo judice
natum, tricesimo presbyteratum jubente abbate mundum vicerint, diligenter adnotare studui; li-
suo suscep.rit, quanto etiam, ordine presbyteratus brum Hymnorum diverso metro sive rhythmo, li-
accepto, usque ad annum ætatis suæ quinquagesi- brum Epigrammatum heroico metro, sive elegiaco;
marum nonum ex opusculis venerabilium Patrum de natura rerum, et de temporibus libros singulos;
breviter adnotaverit, sive etiam ad formam sensus item de temporibus librum unum majorem, librum

--- --- ---

[44] exstat apud Mabillon. sæc. III Bened. p. II   [40] lib. v, cap. 16 Hist. gent. Angl.   [41] an. Chr. 680
[1] 731.   [42] alias Ceolfrido.   [43] alias Cudberti.

de Orthographia Alphabeti ordine distinctum ; A chis scripsit, in quibus omnibus de contemptu
item librum de metrica arte, et huic adjectum
alium de Schematibus sive tropis libellum, hoc est
de figuris modisque, quibus Scriptura sacra contexta est.

Cap. XXXII. Zacharias[54] apostolicus, utriusque
eloquii peritus, quatuor libros Dialogorum beati
Gregorii de Latino in Græcum vertit eloquium.

Cap. XXXIII. Petrus[55] Damiani, cardinalis episcopus scripsit librum et nomine et dignitate gratissimum, et librum alium, qui inscribitur : *Dominus
vobiscum*, contra eos qui dicebant, in actione
missarum hunc salutationis modum a solitariis
non esse servandum.

Cap. XXXIV. Paschasius[56], qui et Radbertus,
fide et scientia clarus, scripsit de corpore Domini
librum, cunctis per orbem fideliter amplecten-
dum.

Cap. XXXV. Sedulius[57] antistes ad Macedonium
presbyterum magistrum suum libros duos de Veteri
scilicet et Novo Testamento metro conscripsit heroico, quibus et prolixum prosaice scriptum præ-
posuit prologum.

Cap. XXXVI. Theodolus[58] parentibus non infimis et Christianis editus fuit ; puer in Italia adultus, in Græcia studuit. Eruditus igitur in utraque
lingua cum esset Athenis, gentiles cum fidelibus
altercantes audivit, quorum colligens rationes, reversus in allegoricam Eclogam contulit, quam morte
præventus non emendavit ; unde paucos in opere C
ejus nævos invenimus. Qui dum sic posuit *dic et
Trojanum laudis scire secretum, se*[59] male corripuit. Demum tam morum quam scientiæ honestate
præditus, sub clericali norma obiit. Inscribitur autem liber ejus Ecloga a capris, videlicet tracto vocabulo ; quasi diceretur : egle logos[60], id est *ca-
prinus sermo*; aut quia fœditatem vitiorum, quæ
per hoc animal significatur, reprehendit. Nonnulli
etiam a *egligon*[61] Græce, *exercitium*[62] Latine interpretantur ; quia collectis historiis, et fabulis
multis componitur.

Cap. XXXVII. Gregorius[63] Turonum archiepiscopus, doctor egregius, et historiographus plurimas conscripsit historias, et de miraculis sancto- D
rum volumen egregium.

Cap. XXXVIII. Martinus[64] Brachahensis[65] archiepiscopus scribit ad Mironem regem libellum
de quatuor virtutibus.

Cap. XXXIX. Cæsarius[66] Lirinensis monasterii
monachus, et postmodum Arelatensis archiepiscopus, homilias numero decem exhortatorias mona-

mundi copiose disseruit.

Cap. XL. Ado[67] archiepiscopus Viennensis scribit inter alia Martyrologium de sanctis. Exstant
epistolæ Nicolai papæ Adoni directæ.

Cap. XLI. Albinus[68], qui et Alquinus officio presbyter, ingenio optimus, fide catholicus, scribit de
grammatica, scribit de rhetorica, scribit de diale-
ctica, scribit de astronomia, scripsit quoque librum
de Trinitate. Scribit de octo vitiis ad Gwidonem
comitem. Scripsit et super Joannem. Ilic per septem ferias totidem ordinavit officia, octava, hoc
est Dominica addita, ita plane , ut in Dominica de
Sancta Trinitate, feria secunda de Sapientia, tertia vero de Spiritu sancto, quarta de angelis, quinta
de charitate, sexta de sancta cruce, Sabbato de
sancta Maria, de singulis denique suum singulorum agatur officium. Quod ideo commemorandum
putavi, quod ordo ejusdem institutionis in multis
hodieque servatur Ecclesiis. Scribit etiam Quæstiones in Genesim ad litteram.

Cap. XLII. Justus[69] Viennensium archiepiscopus
scribit ad Sergium papam librum explanationum
in Cantica canticorum.

Cap. XLIII. Hetto[70] venerabilis Augiensis cœnobii presbyter temporibus Ludgwici mirabilem visionem cujusdam Augiensis monachi, nomine Wer-
tini, quam eductus e corpore vidit, qui et reductus
post triduum obiit, prosa describit. Idem postmodum Basileæ episcopus factus, cum Hugone[71], et
Ajone comitibus Constantinopolim missus suum
describit Hodœporicum.

Cap. XLIV. Waltfridus[72] Strabo[73] vir doctus,
qui annis septem Augiensi monasterio præfuit, qui
multa ingenii sui monumenta metro et prosa posteris tradidit. Eamdem ejusdem monachi visionem
metro studiose descripsit.

Cap. XLV. Magnentius[74] Rabanus Maurus, primo Fuldensis abbas, deinde Moguntinus archiepiscopus, scribendi studio admodum intentus, librum
de mysterio Sanctæ Crucis variis figuris, metroque
composuit, quem Sergio papæ transmisit. Scribens
quoque super totum Vetus Testamentum nihil præ-
termisit intactum. Sed et super Matthæum scribit
volumen egregium ; scribit et Computum ; scribit
in Ludwicum super cantica prophetarum ; scribit
super Apostolum.

Cap. XLVI.[75] Hincmaurus[76] reverendissimus Remorum archiepiscopus, scribit ad Carolum de collectis, de canonibus ; de vita quoque et virtutibus
sancti Remigii non contemnendum scripsit opusculum.

---

[54] anno Christi 741. [55] 1057. [56] 844. [57] circ 450. [58] incert. ætat.[59] *Eclog. Theodul* versu 319.
Dic et Trojanum laudis tu scire secretum. [62] αιγῶν λόγος. [61] ἐκλογὴ, vel ἐκλογεῖον, collectio, selectum,
etc. [62] f. excerptum. [63] an. Christi 573. [64] an. Chr. 560. [65] Braccarensis. [66] a. Ch. 502. [67] 859.
[68] 780. [69] *alii* Urgelens. episcopus, qui floruit 529. [70] an. Chr. 841. [71] *alii* Hugone. [72] an. Chr. 842.
[73] *aliis* Walafridus. [74] an. Chr. 850. [75] *al.* Hincmarus. [76] An. Chr. 741.

Cap. XLVII. Ratramnus [12] vir doctus scripsit A libellum cuidam principi de corpore et sanguine Domini, a cujus libelli interim laude cessamus, donec perlecto eo, si forte ad manum venerit, an sanæ et catholicæ fidei concordet, agnoscamus.

Cap. XLVIII. [13] Laurentius [14], doctrina et scientia clarus, scribit librum de duobus temporibus, in quo plurima pœnitentes poterunt invenire remedia.

Cap. XLIX. Rudolfus [19] Fuldensis monasterii presbyter et monachus, doctor præcipuus, poeta etiam dictus, et historicus satis doctus, multis utiliter scriptis, octavo Idus Martii rebus excessit humanis.

Cap. L. Smaragdus [20] abbas super epistolas et evangelia per singulas Dominicas distributa, utilissimum scripsit opusculum. Libellum quoque alium scribit, quem de diversis virtutibus collegit, et ei Diademna monachorum nomen imposuit; quia sicut diadema gemmis, ita hic liber fulget ornamentis.

Cap. LI. Ambrosius [21], qui et Autpertus, abbas [22] Agaunensis cœnobii, explanationem scribit in librum Apocalypsis Joannis apostoli. Scribit etiam in modum Prudentii Psycomachiæ, quod interpretatur pugna animæ, librum De conflictu virtutum et vitiorum, quem et misit ad Lantfridum abbatem ac presbyterum in Bavaria constitutum.

Cap. LII. Julianus [23] Toletanus episcopus, vir litteris apprime eruditus scribit Idalio episcopo Barcinonensi librum Prognosticorum de novissimis diebus, et initio futuri sæculi.

Cap. LIII. Bachiarius [25] vir optimi ingenii, scribit ad Januarium librum De reparatione lapsi.

Cap. LIV. Regino [26] abbas Brumiensis Chronicam scribit, quam a primo Incarnationis Dominicæ anno inchoavit et ad millesimum quintum perduxit.

Cap. LV. Eucherius [30] in divinis Scripturis admodum exercitatus scribit Quæstiones in librum Regum. Scribit nihilominus de forma spiritualis intellectus; et interpretatione nominum. Habetur et alius liber ab eo conscriptus, qui inscribitur De quæstionibus difficilioribus.

Cvp. LVI. Marcellinus [37] natione Romanus, Chronicam scripsit, in qua sagacis sui ingenii evidens indicium dedit.

Cap. LVII. Paulus [38] monachus, monachorum Regulam scripsit, in cujus conscriptione cooperatorem habuit Stephanum collegam suum. Unde et eamdem Regulam sub utrorumque nomine placuit inscribi, exempli gratia : Incipit Regula Pauli et Stephani

Cap. LVIII. Porcharius [40] vir vitæ venerabilis [40], abbas monasterii Lirinensis, qui beatum Cæsarium Arelatensi Ecclesiæ destinavit episcopum, scripta quædam, quæ monita nuncupare placuit, monachis scripsit, in quibus de contemptu mundi et breviter et diffuse disseruit : breviter verbis, sed diffuse sententiarum medullis. Hic, ut fertur, cum multitudine copiosi gregis sui a Saracenis captus et interemptus est.

Cap. LIX. Joannes [41] musicus, natione Anglicus, vir admodum subtilis ingenii fuit, qui et libellum præstantissimum de musica arte composuit.

Cap. LX. Joannes [42], natione Romanus, Romanæ Ecclesiæ archidiaconus, vir acutus ingenio, sermone facundus, auctoritate et assensu beati Joannis apostolici de vita beatissimi Gregorii papæ satis famosum scribit opusculum.

Cap. LXI. [43] Fricholphus [43] episcopus, scientia doctrinaque præcipuus, explanationes in Genesim scribit, et ab exordio mundi usque ad tempora Northmannorum veraces historias texuit.

Cap. LXII. Arnulfus [44] presbyter et monachus monasterii Sancti Emmerammi Dialogum scribit Collectitii et Admonitii de virtutibus sanctorum, qui eodem in loco in pace sepulti novissimam exspectant tubam.

Cap. LXIII. Arbo [46] qui [47] et Cyrias [48] Frisingensis episcopus, duo non parva de gestis sanctorum Emmerammi et Corbiniani scribit opuscula.

Cap. LXIV. Paulus [49] Judæus, Fuldensis monachus, vitam sancti Erhardi Ratisponensis episcopi, sed et de conversione sancti Pauli apostoli composuit prosam, quam vulgo dicunt sequentiam, cujus hoc est exordium : *Dixit Dominus ex Basan* (*Psal.* LXVII), etc.

Cap. LXV. Nocherus [100] abbas [1] Augiensis, vir fide et actibus clarus, litteris etiam apprime eruditus, in musica peritissimus fuit. Libellum, quem sequentiarum, usitato videlicet vocabulo nuncupari complacuit, composuit, cui præmittens prologum destinavit eum ad venerabilem Luitwardum Vercellensem episcopum.

Cap. LXVI. Remigius [2] vir clarus, tam divinis quam sæcularibus litteris sufficienter instructus, inter alia explanationem in Genesim scripsit. Sed et super Psalterium commentum insigne composuit. Habetur nihilominus et aliud ejus commentum, quod scripsit super Donatum.

Cap. LXVII. Paulus [3], vir doctus, scribit inter alia librum utilissimum, qui inscribitur de significatione verborum.

Cap. LXVIII. Egebertus [4] Heresfeldensis, natione Suevigena, officio presbyter, inter alia scribit Vitam

---

[12] an. br 840. [13] 705. [14] Novariensis. [19] 850. [20] an Chr. 810. [21] 760. [22] *aliis* Vincentinus ac Vulturn eu. [23] an. Chr. 680. [25] 440. [26] 892. [30] 431. [37] 389. [38] inc. ætat. [40] *manus* sæc. XV *alias* Burchari s. [41] an. Christi 500. [42] inc. ætat. [43] an. Christi 875. [44] *alias* Freculphus. [46] an. Chr. 825. [47] .041 [48] *alias* Atibo. [49] an. Chr. 760. [100] ead. man. *alias* Cyrinus. [1] inc. ætat. [2] *alias* Notgerus. [3] ar. Chr. 912. [4] 880. [5] 820. [6] circ. a. C. 1100.

sancti * Nemoradi confessoris, qui et claruit tempo- A
ribus Chunradi imperatoris.

Cap. LXIX. Orosius * venerabilis, ut putatur epi
scopus, scribit inter alia Commentum in librum
duodecim prophetarum.

Cap. LXX. Erchardus ' monachus monasterii
Sancti Galli, acuti satis ingenii, Gesta Walterii metro conscripsit heroico, tertio regnante Henrico.

Cap. LXXI. Amularius * venerabilis Trevirorum
archiepiscopus, scripsit inter alia De officiis eximium opus. Hujus operis imo et hujus auctoris meminit beatæ memoriæ Rudwertus abbas Tuitiensis
in libro suo, quem scribit de officiis.

Cap. LXXII. Achelinus * episcopus nonnulla edidit
scripta, quæ appellantur Ænigmata.

Cap. LXXIII. Symphrosius [10], vir eruditissimus,
sermoue ac scientia sua, nihilominus scribit Ænigmata, quæ cum hodieque habeantur a pluribus,
nos tamen neca. m legendorum eorum copiam habere potuimus.

Cap. LXXIV. Zenophirus [11] Constantinopolitanus
episcopus scribit inter alia librum, qui inscribitur
Chronographia.

Cap. LXXV. Otto [12] venerabilis abbas Cluniacensium, ardentissimus amator monasticæ religionis,
qui monachorum gemma, qui discipulorum suorum gloria fuit, Dialogum satis utilem de Musica
arte composuit. Scripsit præterea librum præstantissimum, monachisque utilissimum, librum videlicet Occupationum.

Cap. LXXVI. Heymo [13], sapiens apud Antisiodo-
rum ad sanctum Germanum sub professione monastica degens, multa et varia conscripsit opuscula.
Scribit enim super Apostolum librum infinitæ quantitatis. Scribit Explanationem egregiam in librum
Apocalypsis. Scribit super Cantica canticorum.
Scribit textum duodecim Prophetarum. Sed et super Evangelia plures scripsit tractatus.

Cap. LXXVII. Albertus [14] monachus, Computista
incomparabilis exstitit, qui et libellum insignem de
computi regulis scripsit.

Cap. LXXVIII. Willeraminus [15] abbas Eberspergensis, vita ac scientia irreprehensibilis, in com-
ponendis versibus acutum satis ingenium habuit.
Nam et Canticum canticorum metro heroico lu- D
culenter exposuit.

Cap. LXXIX. Stephanus [16] musicus, vir peritissimus [17], qui inter alia libellum præstantissimum
de musica arte composuit.

Cap. LXXX. Gwido [18] abbas, fide ac scientia incomparabilis, qui et multis in hac vita virtutibus
floruit. Nam humanis rebus exemptus Sutriæ et se-

pultus, sed postmodum per Henricum imperatorem
Spiram translatus. Hic in diebus suis utilitatibus
Ecclesiarum scribendo ac docendo plurimum contulit, atque inter alia nonnulla quæ scripsit, opus
eximium de Musica edidit, in qua ejusdem artis
inquisitoribus suæ subtilitatis evidens ! indicium
dedit.

Cap. LXXXI. Bern [19] musicus, vir pius ac doctus
in monasterio Prumensi sub monastica professione
deguit, quem postmodum Henricus Pius imperator
abbatem Augiæ constituit; qui gratanter acceptus
a fratribus fratres dispersos recollegit, et a Lamperto Constantiensi episcopo consecratus, magna
insignis pietate ac scientia præfuit annis quadraginta. Hic scripsit librum De institutione missarum,
et de Musica opus præstantissimum. Vitam quoque
sancti Udalrici Augustensis episcopi.

Cap. LXXXII. Husardus [20], qui et Carolus, vir
illustris, scribit inter alia Martyrologium de sanctis.

Cap. LXXXIII. Bruno Segvensis [21] episcopus, vir
bonus et catholicus, utilem admodum tractatum
edidit, in quo cunctis per orbem fidelibus gratiam
et pacem imprecatus, a laude exorsus beatissimi
papæ Leonis, scribit nonnulla de Simoniacis, Simo-
niacorumque sacramentis. Rogatu quoque venerandi episcopi Magolonensis scribit quædam mystica de Dedicationibus ecclesiarum, et aliis Ecclesiæ sacramentis.

Cap. LXXXIV. Bruno alius [22], doctrina et scientia clarus, scribit nihilominus contra Simoniacos.
Scribit super Psalterium præstantissimum opus.

Cap. LXXXV. Bruno [23] Leucorum episcopus, qui
et Leo IX apostolicus, scribit epistolam Leoni
Constantinopolitano et Michaeli Acridano episcopis,
docens eos servare unitatem spiritus in vinculo
pacis. Hic in musica subtilissimus fuit, et inter
cantus alios, quos plurimos edidit, Historiam beatissimi papæ Gregorii satis artificiose composuit.

Cap. LXXXVI. Fredericus [24] apocrisiarius Leonis
IX papæ, postmodum et ipse propter mutato [25]
in Stephanum [26] nomine, scribit insignem tractatum contra hæresim fermentaceorum [27].

Cap. LXXXVII. Humbertus [28], Sanctæ Rufinæ episcopus fuit, qui contra hæresim prænotatam scriptis
copiose disseruit.

Cap. LXXXVIII. Beringarius [29] Turonis exortus,
Andegavensis Ecclesiæ archidiaconus, primo hæreticus fuit ; quippe qui sacramentum corporis et sanguinis Domini signum solummodo sacræ rei esse
asseruit. Cujus etiam errorem nonnulli secuti a nomine Beringarii Beringariani sunt appellati. Qui

---

* manus alia recentior. Jeremedadi, sed videtur legend. Heimerad. * a. Ch. 416. ' 1040. * 810.
* Athelinus. incertæ æt. [10] Symposius inc. æt. [11] f. Theophanes Byzant., qui flor. a. C. 580. [12] a.
C. 926, al. Odo. [13] 841. [14] inc. æt. [15] a. Chr. 407, al. Willeramus. [16] a. Ch. 910. [17] forte episc.
Leodiensis. [18] an. Chr. 1020. [19] 1020. al. Berno. [20] an. Ch. 876. [21] f. Signiensis. a. Chr. 1087. [22] 1055.
Epic. Herbipol. [23] a Chr. 1040. Codex habet mendose Uruno. [24] a. Chr. 1057. [25] f. proprio. [26] Ste-
phanus IX. P. M. [27] f. fermentariorum. [28] a. Chr. 1054. [29] 1035.

videlicet Beringarius cœlesti demum virtute et ratiomum veritate convictus, etsi non corde, scripto tamen renuntiavit eidem hæresi suæ. Cujus juramenti formam papa Nicolaus universali concilio Romæ congregato ab eodem accepit, quam et sancta Romana Ecclesia generaliter ab omnibus hæreticis conversis exigere consuevit. Fertur tamen fidem catholicam de sacramento corporis et sanguinis Domini Salvatoris his confirmasse versiculis :

Constat in altari carnem de pane creari ;
Ipsa caro Deus est ; qui negat hoc, reus est.

CAP. LXXXIX. Lanfrancus [20], Anglorum episcopus, miræ sanctitatis et eruditionis vir fuit, qui contra hæresim Beringariorum nonnulla memoria digna dereliquit.

CAP. XC. Christianus [21] pontifex Apuliorum, vir clarus scientia et sanctitate, contra eamdem hæresim disseruit invictissime.

CAP. XCI. Hermannus [22] Contractus, Suevigena, philosophus in computatione subtilissimus exstitit, qui et librum de principalibus computi regulis scripsit. Scripsit et metrice librum, qui scribitur de conflictu Ovis et Lini. Scripsit item metrice alium in modum Theodoli. Scripsit et tertium nihilominus metrice de contemptu mundi. In musica sane pene modernis omnibus subtilior exstitit, et cantilenas plurimas de musica, cantusque de sanctis satis auctorabiles edidit. Chronicam quoque et gesta Chunradi et Henrici composuit ; in quibus omnibus virtus illius satis enituit.

CAP. XCII. Bertholdus [23]. qui ejusdem auditor, et discipulus exstitit, vitam Magistri. et Chronicam scribit

CAP. CXIII. Folbertus [24] Carnotensis episcopus, eruditionum præceptor quoque Beringarii, cujus superius mentionem fecimus, scribit inter alia tractatum contra Judæos et malos Christianos. Scribit Vitam sancti Ægidii. Scribit et sermonem de Nativitate sanctæ Mariæ, Matris Domini.

CAP. XCIV. Burchardus [25] Wormatiensis episcopus scribit collectiones utilissimas de Canonibus.

CAP. XCV. Ivo [26] Carnotensis episcopus scribit inter alia nonnulla, excerpta de canonibus. Scribit plurimas ad diversos epistolas. Scribit Martyrologium de sanctis. Scribit Sententias de divinis officiis.

CAP. XCVI. Anselmus [27] Cantuariensis archiepiscopus , scientia et moribus decenter ornatus , adhuc Beccensi monasterio præsidens, scribit Epistolam fratri Mauritio de fratre fugitivo, in qua quæstionem aliam addidit et enodavit, videlicet, qualiter malum nihil dicatur et sit, cum tamen videatur esse aliquid. Opus etiam aliud edidit , quod secundum materiam de qua editum est. Cur Deus homo , nominavit, et in duos libellos distinxit. Tres tractatus pertinentes ad studium sacræ Scripturæ

diversis fecit temporibus consimiles in hoc , qui facti sunt per interrogationem et responsionem, et persona interrogantis nomine discipuli , respondentis vero notatur nomine Magistri. Unus horum trium est de veritate ; quid scilicet sit veritas, et in quibus rebus soleat dici , et quid sit justitia ? Alius vero est de libertate arbitrii, quid sit ? et utrum eam semper habeat homo , et quot sint ejus diversitates in habendo vel non habendo rectitudinem voluntatis , ad quam servandam data est creaturæ rationali ? Tertius autem est de quæstione, qua quæritur, quid peccaverit diabolus, quia non stetit in veritate. cum Deus non dederit ei perseverantiam, quam nisi eo dante habere non potuit, quam si Deus dedisset, ille habuisset : sicut boni angeli illam habuerunt, quia Deus illis dedit ? Quem tractatum quamvis ibi de confirmatione bonorum angelorum dixerit, de casu diaboli titulavit , cum illud contingens fuit, quod dixit de bonis angelis ; quod autem scripsit de malis, ex proposito fuit quæstionis. Quartum denique simili modo edidit non inutilem introducentis ad dialecticam, cujus initium est : De grammatico, quem, quia ad diversum ab his tribus studiorum pertinebat , istis non cognominat. Scribit præterea duo non parva opuscula, Monologion scilicet , et Prosologion, quæ ad hoc maxime fecit, ut, quod fide tenemus de divina natura, et ejus personis præter incarnationem , necessariis rationibus sine auctoritate Scripturæ probari possit. Scribit quoque de virginali conceptu, et originali peccato librum ; scribit ad Urbanum papam II, librum de Incarnatione Verbi ; scribit contra Græcos librum de processione Spiritus sancti. Scribit et epistolam Williramo Novemburgensi episcopo de dissensione Græcorum in sacrificio. Sed et super evangelium : Intravit Jesus in quoddam castellum (Luc. x), novam scribit explanationem , sanctæ Dei Genitricis Mariæ festivitati, et laudibus aptissime congruentem. De sanctis quoque ordinatissimum scribit Martyrologium.

CAP. XCVII. Gisilbertus [28] abbas Westmonasterii dialogum scribit Judæi et Christiani, quem et dissentiendum direxit eidem Anselmo Cantuariensi archiepiscopo.

CAP. XCVIII. Clemens [29] qui et Gwibertus, Ravennaticæ sedis episcopus, ac postmodum super Gregorium septimum per regem Henricum in Romani Ecclesiam, licet invitus, juxta quosdam violenter, intrusus, nec Ravenna, nedum Romæ bene usus, facundus tamen eloquio, acutus ingenio, tres in apostolatu sibi invicem succedentes supervixit. Qui et beato papæ Urbano exsilium suum improperans hæc metrice in eum verborum tela detorsit :

Diceris Urbanus , cum sis projectus ab urbe ;
Vel muta nomen , vel regrediaris in urbem.

CAP. XCIX. Urbanus [40] secundus apostolicus, A regis flecti potuit. Quin imo in dissensione illa, scientia et sanctitate magnificus, accepto hujus- quæ inter Gregorium septimum et Henricum quar- modi improperio, sic metrice rescripsit eidem tum exorta fuit, pro tuenda justitia laboravit usque æmulo suo : ad vincula. Exstat ad eum scripta quædam exhor-

Clemens nomen habes, sed clemens non potes esse; tatoria Ivonis episcopi Carnotensis epistola. Hic
Tradita solvendi, cum sit tibi nulla potestas. textum Isaiæ prophetæ paginalibus clausulis di-
Quibus nimirum verbis nihil eum de apostolica stinxit ; super Matthæum vero glossas continuas
dignitate præter vocabulum palam perhibet asse- scribit. Scribit quoque super Psalterium opus præ-
cutum. stantissimum super topazium et aurum obryzum

CAP. C. Anselmus [41] Lucensis episcopus, vir per pretiosum.
omnia catholicus, omnique ad unguem scientia CAP. VI. Aribo Cirinus [47] musicus musicam scri-
præditus, ac post mortem miraculis clarus, qui et bit, quam propter ejus mensuræ celeritatem Capream
beatum Gregorium VII, unice dilexit, contra Gwi- nuncupavit : *Velocius enim,* inquit, *currebat, cum*
bertum, et sequaces ejus, opus eximium scripsit. *venabar eam; quia voluntas Dei fuit, ut cito mihi*
Nam et super Psalterium opus immodicum scribit, *occurreret, quod volebam.* In hoc vero tractatu de
in quo locis congruentibus contra Gwibertum et B ejusdem artis industria cæteris subtilius agit, in
Henricum per apostropham disserit. quo et Domini Wilhelmi musici ita meminit, di-

CAP. CI. Bernardus [42] presbyter, vir doctus et cens : *Wilhelmus prius Emmerammensis Ratisponæ*
catholicus cum collega sub Albano presbytero uti- *monachus, nunc autem alibi abbas [44] venerandus fi-*
lem habuit conuictum super incontinentia sacer- *stularum [46] novam exquisivit mensuram, prioris in-*
dotum. Scribit deinde Apologeticum super decreta, *tensionem convertens in remissionem, quam mecum*
quem venerabilis papa Gregorius ejusdem nominis *communicavit. Nam meam dilexit parvitatem ultra*
septimus in Romana synodo promulgavit contra *parvitatis dignitatem, qui erat musicorum primus:*
Simoniacos et incontinentes Altaris ministros. Scri- *modernus videlicet Orpheus, et Pythagoras.* Hunc
bit præterea librum de potestate presbyterorum, de itaque tractatum pontifici suo obtulit, cui et scri-
concordia officiorum librum, librum quoque de con- bit, sicut ait :
fessione. Adhuc etiam satis utilem scribit Chro-
nicam. *Aribo tractatum depinxit musicus istum,*

CAP. CII. Guidmundus [43], qui et Christianus, pri- *Atque dedit dono pontifici proprio.*
mo in monasterio Stabulaus monachus fuit, ubi dum C CAP. CVII. Fucraldus [48] musicus multam musicæ
abbas constitui, atque ad alterum locum regendum artis notitiam habuit, qui et librum de musica
mitti debuisset, aufugit, ignotamque provinciam scripsit.
appetens, ne posset agnosci, nomen mutavit in CAP. CVIII. Wilhelmus [51] abbas reverendissimus
melius, assumens videlicet Christianitatis vocabu- Bawariorum prosapia religiosis parentibus exor-
lum, cunctis commune fidelibus. Tandem vero re- tus, atque in monasterio sancti Emmerammi Rati-
quisitus et repertus, sub Gregorio VII Aversæ est sponæ educatus, divina illum comitante clementia,
factus episcopus, scripsitque fratribus supradicti mo- tanta ingenii pollebant excellentia ; ut cum emi-
nasterii explanationem egregiam super Evangelium nentia honestorum morum simul emineret studio
secundum Matthæum ; in cujus explanationis pro- variarum artium. De quibus multa nobis sui mira-
logo super Joannem quoque se scripturum pollice- bilis ingenii monumenta reliquit. Nam naturale ho-
tur ; sed utrum minime scripsit, an certe scripse- rologium ad instar cœlestis hemispherii excogitavit;
rit quidem, quod ad nos minime pervenerit, adhuc naturalia solstitia, sive æquinoxia et statum mundi
a nobis ignoratur. Scripsit tamen explanationem certis experimentis invenire demonstravit, quæ om-
super Evangelium secundum Lucam. nia etiam litteris mandare curavit. Multas etiam

CAP. CIII. Rudolphus [44] abbas tum in aliis arti- quæstiones de computo probatissimis rationibus
bus, tum in musica acutissimus fuit, qui etiam D enodavit. Hic in musica peritissimus fuit, multa-
inter alia Chronicam scribit. que illius subtilia antiquis doctoribus incognita

CAP. CIV. Ekehardus [45] abbas vir admodum do- elucidavit. Multos etiam errores in cantibus depre-
ctus et religiosus exstitit, qui et suam nihilominus hensos, satis rationabiliter ad artem correxit. In
Chronicam scribit. Quadrivio [55] sane omnibus pene antiquis videbatur

CAP. CV. Manegoldus [46] presbyter modernorum præeminere. Tractatum tamen minus de musica
magister magistrorum, strenuus assertor veritatis scripsit, quem Dei vocatione ad regendum Hirsau-
fuit, a qua nec promissis nec minis schismatici giense cœnobium tractus minime perfecit. Hic dominum Uldaricum Cluniacensis monasterii mon-

---

[40] an. Chr. 1088. [41] 1071. [42] 1070. *Simlero :* Bernoldus. [43] an. Ch. 1066. [44] *forte* Rudolphus Tru-
ardon. qui fl. an. Chr. 1120. [45] *forte* Junior S. Gallens. monachus, qui fl. an. Chr. 1015. [46] 1070.
[47] 1090. [48] Hirsaugiens. [51] *codex* vistularum f. versiculorum. [55] incert. ætat. [51] an. Chr. 1090.
[55] Per *quadrivium* quatuor intelliguntur disciplinæ Mathematicæ, Arithmetica, Geometria, Musica et As-
trologia : uti per *trivium,* disciplinæ tres Grammatica, Logica, Rhetorica

rhum incitavit ad scribendum consuetudines mo-A Baptistæ, secundus de sancta Maria, tertius de
nachorum.

CAP. CIX. Dietgerus [88] abbas a Latinis Theogo-
rus, a Theutonicis [89] quibusdam Theokarius dictus, domini Wilhelmi abbatis primo discipulus,
deinde in monasterio sancti Georgii abbas tertius,
ac tandem Metensis episcopus aliquantisper admini-
strato episcopio sepultus est in Cluniaco. Et hic
quoque Tractatum unum de Musica scribit, in quo
de ejus inventione, et numeris, ac proportionibus
juxta Arithmeticos breviter quidem, sed satis subtiliter agit.

CAP. CX. Udalricus [90] Ratisponensis Ecclesiæ
canonicus, ac postmodum Cluniacensis monasterii
monachus, multæ scientiæ multæque patientiæ vir
exstitit, quippe qui multas corporis molestias im- B
missas a Domino, multasque a falsis fratribus sibi
irrogatas injurias patienter tulit. Hic multas scribit ad diversos epistolas, reprehendens eos qui erant
reprehendendi, collaudans eos, qui erant exhor-
tandi. Scripsit etiam venerabili Wilhelmo abbati
epistolam, in qua reprehendit eum propter irre-
gularem ejus, quam ex Germanicorum abbatum
usurpatione, licet simpliciter, portabat cappam,
docens eum non debere transgredi habitum sibi
subditorum, cum sciret scriptum est : *Ducem te constituerunt, esto in illis, quasi unus ex illis* [91]. Tunc impleta est Scriptura, quæ dicit : *Corripe sapientem
et diliget te ; doce justum, et festinabit accipere* [92].
Continuo enim, ut una manu accepit epistolam,
cappamque sensit reprehensam, cum altera manu
nunquam reinduturus, abstraxit eam, nec distulit,
donec perlegeret epistolam. Composuit quoque vitam et epitaphium Sancti Hermanni ex Marchione
monachi filii ducis Berchtaldi fratris Gerhardi Co-
stantiensis episcopi. Præterea scripsit volumen
consuetudinum Cluniacensium monachorum, quod
pene legitur ubique terrarum.

CAP. CXI. Meginbardus [93] Herbipolitanus episcopus scribit in Cantica canticorum explanationem,
opus eximium.

CAP. CXII. Ponizo [93a] Sutriensis presbyter *Gregorii* [93] septimi temporibus scribit excerpta de canonibus.

CAP. CXIII. Deusdedit [94] cardinalis eisdem tem- D
poribus scripsit contra Guibertinos.

CAP. CXIV. Gotschalcus. [94], monachus Dechin-
gæ, scripsit inter alia libellum quatuor sermonum,
quorum primus de conceptione sancti Joannis

dispersione apostolorum, quartus de initio Evangelii secundum Matthæum.

CAP. CXV. Placidus [95] cœnobii Nonantuliani
prior, scribit contra investituras et iniquam potestatem quarti Henrici.

CAP. CXVI. Geraldus [95] vir doctus apud monasterium Sancti Blasii monachus factus, vitam religiosam aliquandiu duxit, qui inter alia commentum super dialecticam scripsit. Scripsit præterea
satis utilium collectas sententiarum.

CAP. CXVII. Rudpertus [96] Magnus, magnum et
mirabile scientiæ donum assecutus, apud Leodium
in monasterio Sancti Laurentii regularibus disciplinis a puero institutus, deinde Sigibergensis
monachus; ad ultimum Tuitiensis abbas constitutus
anno Domini 1111 sub quarto Henrico scriba doctus scribere exortus, usque Lotharium tertium [96],
et sub eo annis scripsit plurimis. Verum ubi vel
quando, vel quomodo gratiam scribendi perceperit,
ipse in opere suo, quod de gloria et honore Filii
hominis fecit, libro duodecimo pandit. Librorum
vero, quos scripsit, alios in archiepiscopi Coloniensis, alios Denonis [96], Sigibergensis abbatis,
ac postmodum episcopi Ratisponensis nomine at-
titulavit pro eo, quod eum uterque illorum impu-
lerit ad scribendum. Hic in libro de glorificatione
Trinitatis et processione Spiritus sancti unam ad
Honorium papam, in libro secundo de divinis officiis
ad venerabilem Chunonem Ratisponensem, alteram
scribit epistolam continentem omnem librorum suorum summam. Scribit ergo Commentum in Job,
librorum decem tractatus ; in Evangelium Joannis
librorum quatuordecim. Opus de operibus sanctæ et
individuæ Trinitatis, librorum quadraginta duorum,
opus in Apocalypsim librorum duodecim, opus in
duodecim minoribus prophetis librorum triginta,
opus de victoria Verbi Dei librorum tredecim, opus
de gloria et honore Filii hominis in Evangelium secundum Matthæum librorum totidem, opus ex libris de glorioso rege David, et opus in Cantica
canticorum septem libellis expliciunt. Scribit et
opusculum trium libellorum sub Dialogo Judæi et
Christiani de sacramento fidei, et opus de glorificatione Trinitatis et processione Spiritus sancti ;
libros quoque de Meditatione mortis quos paule
antequam moreretur, inchoavit et morte præventus
consummare non potuit. *Hucusque codex Melli
census.*

---

[88] a. Ch. 1070. [89] f. Teutonicis. [90] an. Chr. 1070. [91] Eccli. 32. [92] Prov. 9. [93] l. an. 11. an. Ch
1033 vel 1088. [93a] alias Bonizo. an. Chr. 1070. [93] sic locum expleo. [94] an. Chr. 1070. [94] inc. ætat
[95] an. Chr. 1070. [95] inc. ætat. [96] 1120 [96] al. secundum. [96] Chunonis.

INDEX ALPHABETICUS

Scriptorum Ecclesiasticorum, quos Anonymus Mellicensis in hoc opere recenset.

—

ANONYMI ZWETLENSIS

HISTORIA ROMANORUM PONTIFICUM.

A SANCTO PETRO

USQUE AD CŒLESTINUM III, ID EST ANNUM DOMINI 1191.

(D. Bern. Pezius, *Thes. Anecd.*, I, iii, 325.)

—

MONITUM.

Auctor hujus Historiæ, quis aut cujus fortunæ homo fuerit, nec ex ipso ejus opere, nec ex codice ex quo in lucem protraximus, nec aliunde haurire licuit. Illud omnium certissimum, eum sæculo duodecimo, quo codex certo certius exaratus est, inferiorem esse non posse. Præterea eumdem in dœcesi Pataviensi vel Salisburgensi ætatem egisse, illud argumento est quod nullum locum prætermittat, ubi de celebris et inveteratæ illius controversiæ quæ inter archiepiscopos Salisburgenses et episcopos Patavienses de prærogativa metropolitana jam dudum versatur, compositione agere posset, ut videre est in pontificatu Agapeti II et Benedicti VII, aliorumque plurium præsulum Romanorum. Nos auctorem *Anonymum Zwetlensem* inscripsimus, non quo i ejus loci cœnobita Cisterciensis fuerit aut esse potuerit, sed quod ex Zwetlensis bibliothecæ codice deprompus sit, id quod eruditorum virorum exemplis non vacat. Jam vero ad ipsam præsentem Historiam quod attinet, ea insignis est, maxime ad illos annos qui ad auctoris ætatem propius accedunt, id est ad sæculum xi et xii. Nam quæ prioribus sæculis evenisse narrantur, ea apud alios jam exstant, utpote ex veteribus Romanorum pontificum *Catalogis et Gestis*, ex confectis primorum paparum *Decretalibus epistolis* ex *Prospero*, etc., decerpta, tametsi et in his quædam vulgo haud-quaquam nota reperire sit. Nec illud observatu indignum quod nullum illam *Joannæ papissæ*, ineptissimæ scilicet fabulæ, vestigium apud nostrum, cætera in reprehendendis pontificum vitiis haud segnem, deprehendatur, sed concinno et perpetuo ordine Leoni IV Benedictus III, inter quos commentitia illa Joanna plerumque collocatur, sucredat. Par nostri silentium est de magicis artibus, quibus Sylvester II, antea Gerbertus, ad Romanorum pontificatum grassatus fuerit, ut quidam insulsissime commenti sunt, etsi eum sæculari litteraturæ nimium deditum, et ob hoc curioso imperatori Ottoni III amatum fuisse neutiquam dissimulet. Sed hanc calumniam Sylvestro II *impactam ab hominum mendacissimo Bennone*, ut verbis eruditissimi Papebrochii S. J. in *Conat. chronolog. ad Catal. pontificum Roman.*, pag. 177, utamur, *centum annis ab obitu, et a Martino Polono improvide renovatam, atque ab hodiernis hæreticis, pontificii nominis hostibus sæpe decantatam Jacobus Gretserus S. J. argumento quidem negativo, sed efficaci ac decretorio confutavit in examine Mysterii Plessæani, cap.* 43; quod videat, qui volet.

INCIPIT PROLOGUS IN HISTORIAM ROMANORUM PONTIFICUM.

Romanorum pontificum sibi per ordinem succedentium notitia sanctis Patribus tam venerabilis exstitit, ut sagaci diligentia, et diligenti sagacitate singulorum tempora et recolenda instituta, per quos paulatim incrementum recepit Ecclesia, attentissime indagarent. Si enim illorum merita sanctorum, qui in gradibus inferioribus constituti catholicæ institutioni et canonicæ informationi operam adhibuerunt, sub silentio non sunt transeunda; multo magis eorum sanctitas Patrum, qui orthodoxæ fidei statum a primitiva Ecclesia crexerunt, et sub tyrannide persecutorum contra inimi- B cos fidei tam hæreticos quam idololatras corroboraverunt, et omnem deformitatem vitæ humanæ certis legibus et limitibus domuerunt, tanto amplius est magnificanda, quanto per eorum non solum doctrinam, verum etiam quorumdam gloriosa certamina dilatata crevit Ecclesia. Totius etenim hæreticæ pravitatis pestifera semina synodalibus decretis exstirpata, latius pullulassent, nisi in ipsis fidei defensoribus et apostolicæ traditionis successoribus catholicæ doctrinæ semen Dominus Sabaoth nobis reliquisset. Illud tamen summopere notandum quod, cum a pontificatu Petri, principis apostolorum usque ad præsulatum papæ Silvestri, xxxii connumerantur pontifices, semotis Lino et Cleto, quod illi scilicet superstite adhuc Petro cooperatores ejus fuerunt, et episcopatu functi sunt; nemo tamen eorum suis decretalibus aliqua sancire (50) omiserit, Chrysogono duntaxat excepto, qui v.cesimus octavus computatur ab ipso, quem et am aliqui ideo ponere in Catalogo eorumdem pontificum omiserunt. Rursus cum a sancto Sylvestro usque ad B. Gregorium tringinta duo, supputantur præsules, omnes similiter, præter Mercurium solum, qui quinquagesimus septimus præsulatu post Petrum apostolum functus est, edidisse canones leguntur. Apostolici itaque viri consortes fidei scriptis informabant, insinuantes videlicet, quid appetere, quid cavere, quid tenere, quid denique et elicere deberent. Merito igitur et digne omni Christiano eorum convenit habere notitiam, per quos tanquam sol icitos, et circa gregem Domini vigilantes pastores debitæ religionis et innocentiæ suæ formam recognoscit; ut etiam per ipsorum successionem cognoscere valeat, quis prior, quisve posterior sederit, quibus tam pro antiquitatis veneratione, quam pro merito scientiæ ac sanctitatis majoris majores nostri majorem sanxerunt reverentiam; et cum ad commodum suæ causæ aliquem canonem producere voluerit causidicus, illi potius auctori innitatur, quem nobis commendavit antiquitas, quæ in omnibus causis plurimum censuræ et auctoritatis habet.

(50) *Id est* sancire.

INCIPIT HISTORIA ROMANORUM PONTIFICUM.

I. Beatus Petrus apostolus et princeps apostolorum, filius Joannis provinciæ Galileæ, vico Petsaida, frater Andreæ, primo sedit Cathedram episcopatus Antiochiæ annos vii. Postea Romæ sedit annos xxv, mensibus ferme tribus, usque ad xiv Neronis annum. Hic ordinavit duos episcopos cooperatores, Linum et Cletum, qui populo Romano ministerium sacerdotale, vel supervenientibus exhiberent. Ipse vero orationi, et prædicationi operam dabat, astruente hoc Joanne papa tertio hujus nominis, et scribente episcopis Germaniæ. Petrus Princeps apostolorum adjutores sibi ascivit Linum et Cletum, non tamen pontificalem potestatem aut ligandi, aut solvendi normam tradidit eis, sed successori suo Clementi. Linum et Cletum nihil legimus unquam egisse ex pontificali ministerio potestative, sed quantum eis a B. Petro præcipiebatur, tantum solummodo agebant. Passurus autem cathedram Ecclesiæ Clementi commisit his verbis: *Trado ipsi Clementi a Domino traditam mihi potestatem ligandi atque solvendi, ut de omnibus quibuscunque decreverit in terris, hoc decretum sit et in cælis. L gabit enim, quod oportet ligari, et solvet quod expedit solvi, tanquam qui ad liquidum Ecclesiæ regulam noverit. Ipsum ergo audiste, etc.* Item: *Hæc cathedra eum, qui cupit eam, et audacter expetit, non requirit, sed ornatum moribus et verbis eruditum.* A beati Petri præsulatu usque ad Constantini imperatoris tempora seu propter raritatem episcoporum, sive propter rabiem persecutorum, aut nulla, aut certe vix ulla creduntur celebrata concilia pontificum. Hic scripsit duas epistolas, quæ canonicæ nominantur et Evangelium Marci. Crucifixus est a Nerone, xxxviii anno post passionem Domini, sepultus in Vaticano in templo Apollinis, juxta locum, ubi crucifixus est. Simonem hæresiarcham condemnavit, a quo Simonia serpere cœpit, quem Philippus diaconus baptizasse legitur in Actibus apostolorum.

II. Linus, martyr, natione Italus, ex patre Herculiano, ab ipso B. Petro ordinatus episcopus sedit annis xi, mensibus fere iv usque ad consulatum Capitonis et Rufi, id est, duodecimum Neronis annum. Juxta Chronicam Eusebii, secundo anno Titi regis martyrio coronatur; sepultusque est in Vaticano vi Kal. Decemb. Hic ex præcepto B. Petri constituit, ut mulier velato capite intraret Ecclesiam.

III. Cletus martyr, natione Romanus, patre Emiliano, a B. Petro episcopus ordinatus, annos xii, mensibus ferme duobus, usque ad consulatum Domitiani ix, et Rufi, id est primum Domitiani annum, juxta Chronicam Eusebii, usque ad xii Domitiani annum. Hic chorepiscopus beati Petri ordinavit in urbe Roma presbyteros xxv, et sub Domitiano martyrio coronatus, sepultusque (est) juxta B. Petrum ix Idus Julii.

IV. Clemens martyr, item natione Romanus de Cœlio monte, ex patre Faustino, a B. Petro, ut aiunt, ordinatus, annos ix, menses ferme tres usque ad consulatum Vespasiani ix et Titi, id est octavum Vespasiani annum; juxta Chronicam Eusebii, usque ad tertium Trajani annum. Sub quo in exsilium missus trans Pontum, jussu ipsius in mare demergitur viii Kal. Decemb. Cui Petrus ligandi ac solvendi potestatem tradidit. Hic vii regiones divisit notariis Ecclesiæ fidelibus, qui gesta martyrum sollicite perquirerent et scriberent. Ipse statuit canones capitulorum xxv, quos, quia hic po-

nerc longum est, lectorem ad decreta pontificum A
transmittimus.

V. Anacletus, natione Græcus, de Athenis ex patre Antiocho, annos ix, menses ii usque ad consulatum Domitiani xvii et Clementis, id est decimum
Domitiani annum. Qui etiam sub Domitiano passus
est. Hic memoria.u B. Petri, et loca, ubi episcopi
collocarentur, composuit. Ipse etiam presbyter a B.
Petro ordinatus est. Ipse ad sacrificandum idolis
ductus, sacrificavit. Postea pœnitentia ductus pro
confessione veræ fidei, capite truncatus est. Canones statuit capitulorum xxiv.

VI. Evaristus martyr, natione Græcus, ex patre
Judæo, de civitate Bethlehem, annis ix, mensibus
x usque ad consulatum Galli et Braduæ, id est se- B
ptimum Trajani annum, sub quo passus, sepultus
est in Vaticano vi Kal. Novemb. juxta Chronicam
Eusebii usque ad undecimum Domitiani annum.
Hic constituit duos in Urbe presbyteros, et septem
diaconos ordinavit, qui custodirent episcopum prædicantem. Sex canones statuit.

VII. Alexander martyr, natione Romanus, ex patre Alexandro de regione caput Tauri, annos x,
menses x, usque ad consulatum Emilii, et Veteris,
id est xv Trajani annum ; juxta Chronicam Eusebii, usque ad tertium Trajani annum. Hic sanctitate incomparabilis, fide clarissimus, maximam
partem senatorum Urbis convertit ad Dominum.
Hic statuit canones ix inter quos unus est de con-
spersione salis et aquæ ad habitacula fidelium omni C
Dominico die benedicenda. Alius est, quod aqua
debeat cum vino misceri in calice. Reliquos pro
tædio vitando tacemus. Qui jubente Trajano ab
Aureliano, comite utriusque militiæ carceri manci-
patur. Deinde post innumera tormenta punctis cre-
berrimis per cuncta membra pungebatur, donec
deficeret. v Kal. Maii obiit. Hic passionem Domini
miscuit in prædicatione sacerdotum, quando missæ
celebrantur.

VIII. Sixtus martyr, natione Romanus, ex patre
pastore, annos x, menses ii, usque ad consulatum
Veri et Ambigui, id est sextum Adriani annum,
cujus etiam temporibus passus obiit viii Id. April. ;
juxta Chronicam Eusebii, usque ad xii Adriani D
annum. Hic de regione Via Lata statuit canones capitulorum iv inter quos unus est, non debere tractari vasa sacra, nisi a sacratis, et Deo dicatis
hominibus.

IX. Telesphorus martyr, natione Græcus, ex
Anachoretis, annis xi, mensibus ferme iv tempore
Antonini et Marci ; juxta Chronicam Eusebii usque
ad primum Antonini annum. Statuit canones vi.
Primus de jejunio clericorum, vii videlicet hebdomadarum ante Pascha ; secundus clericos non esse
accusandos a laicis ; tertius de nocturna missa in
Nativitate Domini, et hymno angelico dicendo ;
quartus de hora missæ quotidianæ ; quintus vulgus
non esse recipiendum in accusatione sacerdo-

tum ; sextus accusatori non esse credendum, qui
absentem accusat. Ipse illustre duxit martyrium, et
passus in Vaticano juxta B. Petrum sepelitur iv
Non. Januarii.

X. Hyginus, natione Græcus, ex philosopho de
Athenis, annis iv, mensibus iii usque ad consulatum Orsiti et Prisci ; juxta Chronicam Eusebii, usque ad v Antonini annum. Quarto Id. Jan. obiit,
sepultusque est in vico Atticano. Hic constituit
clerum, et gradum ecclesiasticum distribuit. Canones tres statuit ; inter quos primus, irritam esse
sententiam archiepiscopi sine assensu coepisco-
porum ; secundus prohibenda peregrina judicia ;
tertius non recipiendum eum, qui recedit a proposito.

XI. Pius, natione Italus, ex patre Rufino, frater
pastoris de civitate Aquilegia, annos xix, menses
iv ; juxta Chronicam Eusebii, annos xv usque ad
xx Antonini annum. Quarto Id. Julii obiit. Canones
v capitulorum statuit. Quorum primus de confirmatione Paschæ est in hunc modum : Nosse vos volumus, quod Pascha die Dominico annuis temporibus
sit celebrandum. Istis ergo temporibus Hermes doctor fidei, et Scripturæ effulsit inter nos ; et licet
nos ipsum Pascha prædicto die celebremus, et quidam dubitarent, ad corroborandas tamen animas
eorum eidem Hermæ Angelus in habitu pastoris
apparuit et præcepit ei, ut Pascha die Dominico ab
omnibus celebraretur suo tempore. Unde et nos
apostolica auctoritate instituimus omnes eadem
servare debere ; quia et nos eadem servamus, nec
debetis a capite quoquo modo dissidere.

XII. Anicius, sive Anicetus, natione Syrus, ex
patre Joanne, annos xi, menses iv usque ad consulatum Præsentis et Rufini ; vel juxta Chronicam
Eusebii, usque ad viii Veri annum. Tempore Severi et Marci passus, xvi Kal. Maii obiit. Hujus
tempore Egesippus historiographus Romam venit,
et perseveravit usque ad tempus Eleutherii papæ.
Polycarpus etiam tunc Romam veniens, multos ab
errore liberavit. Canones statuit vi. Primus est, ne
clerici comam nutriant.

XIII. Soter, natione Campanus, ex patre Concor-
dio, de civitate Fundis, annis ix, mensibus ferme
vii usque ad consulatum Cetegi et Olari, id est decimum Veri annum ; juxta Chronicam Eusebii annos viii usque ad xvi Veri annum. Octavo Kal.
Junii obiit. Hic statuit ii Canones : Ine feminæ sacratæ sacra vasa aut pallas contingerent,
nec incensum circa altaria deferant ; item ii ut
sponsus et sponsa ante nuptias a sacerdote benedicantur.

XIV. Eleutherius, natione Græcus, ex patre Habundio, de oppido Nicopoli, annos xv, menses iii
usque ad consulatum Materni et Braduæ, id est vi
Commodi annum ; juxta Chronicam Eusebii, usque
ad xiii Commodi annum. Fuit autem Aniceti papæ
quondam diaconus. Hic accepit epistolas a Lucio
Britannico rege, ut rex per ejus mandatum Chri-

stianus fieret, quod et factum est. xi Kal. Maii A beat communis vita. 2. Quomodo non debeant res
obiit. Canones iv statuit. 1. Finitiva tantum judi- Ecclesiæ usibus sæcularium applicari. 3. Timendam
cia clericorum deferri ad apostolicam sedem. 2. esse episcopi sententiam. 4. Votum communis vitæ
Non esse judicandum, donec utrinque sit perora- non esse frangendum. 5 De manus impositione.
tum. 3. Intra provinciam exercendas pulsati actio- (53) *Ciriacus martyr, natione de Britannia, passus*
nes. 4. Non esse judicandum absente judicato, id *est cum xi millibus virginum in Colonia.*
est eo, cujus causa judicatur. XIX. Pontianus martyr, natione Romanus, ex
XV. Victor martyr, natione Afer, ex patre Fe- patre Calpurnio. Annos vi, menses v; juxta Chro-
lice. Annos xv, menses ii usque ad consulatum nicam Eusebii usque ad iii Maximini annum, sub
Laterani et Rufini, id est iv Severi annum, sub quo quo etiam Sardiniam in Buccinam insulam cum
passus obiit xii Kal. Maii; juxta Chronicam Eusebii Hyppolito presbytero deportatur, ibique fustibus
usque ad octavum Severi annum. Canones capitu- maciatus consummatur. xii Kal. Decemb. obiit. Cu-
lorum iv statuit. In uno de die et termino Paschali jus corpus a Fabiano papa postea relatum, in cœ-
scribens Theophilo et fratribus Alexandrinis, sicut meterio Calixti, quod ante Calepodii dictum est,
Pius prius fecerat, discussit ita dicens : Celebrita- sepelitur. Unum canonem statuit : eos, qui non
tem sancti Paschatis die Dominico agi debere, et B sunt bonæ conversationis, aut qui sunt suspecti,
prædecessores nostri statuerunt, et nos illud eodem aut inimici, aut facile litigantes, aut quorum vita
die celebrare solemniter mandamus, quia non de- est accusabilis, aut qui rectam non tenent, aut docet, ut membra capite discrepent et contra ge- cent fidem, accusatores esse non debere.
rant. A xiv vero luna primi mensis usque ad xx XX. Antherius martyr, natione Græcus, ex patre
diem ejusdem mensis eadem celebretur festivitas. Romulo. Annum i usque ad novissimum Maximini
Tunc etiam baptismum est celebrandum catholi- annum. Hic martyrum gesta diligenter exquisivit.
cum, et necessitate faciente sive in flumine, sive Passus est autem sub Maximino imperatore. iii Non.
in mari, sive in fontibus sub Christiana confessione Jan. obiit, et sepultus est in cœmeterio Calixti via
quicunque hominum ex gentibus veniens baptizetur. Appia. Duos statuit canones. 1. Qua ratione conce-
XVI. Zepherinus, natione Romanus, ex patre denda sit mutatio episcoporum. Alius, merito ple-
Habundio. Annos xviii, menses vii usque ad con- bis pravum fieri doctorem.
sulatum Præsentis et Extricati, id est vi Antonini XXI. Fabianus martyr, natione Romanus, ex pa-
Caracallæ annum ; juxta Chronicam Eusebii usque tre Fabio. Annos ferme xv. Super quem Spiritus
ad ii Aureliani annum. vii Kal. Sept. obiit. Cano- C sanctus in specie columbæ cœlitus descendens et
nes iii statuit. 1. Ut præsentibus clericis et laicis super caput ejus manens, dignus exinde episco-
ordinatio clericorum celebretur, et certo tempore. patu judicatur et consecratur. Hic divisit diacones
2. Quo modo et quo testimonio faciendum sit judi- et notarios per regiones, ut gesta martyrum in in-
cium super episcopum. 3. Non esse cogendos ad tegrum colligerent. Qui passus xiii Kal. Febr. obiit,
responsionem a suis sedibus pulsos. et in cœmeterio Calixti sepultus est. Canones xii
XVII. Calixtus martyr, natione Romanus, ex pa- capitulorum statuit, unus quorum est : Omni anno
tre Domitto, de regione Urbis Ravennatium. Annos v, chrisma conficiendum, et singulis annis innovan-
menses ii ; juxta Chronicam Eusebii usque ad iii dum, et vetus in sanctis Ecclesiis cremandum. Cui
Alexandri annum. Hic jussu Alexandri, quia pri- Origenes confessus errores suos in fide ab eo, tut
vatum (51) curavit, per fenestram domus præcipi- in epistola quadam Hieronymi reperitur, est cor-
tatus, et ligato ad collum ejus saxo in puteum de- rectus, quod Didymum dicunt asserere. Tradunt
mersus est. Post dies xiv Asterius presbyter cum autem Fabianum Anthero defuncto, cum de agro
clericis sepelivit corpus ejus in cœmeterio Calepodii. reverteretur una cum amicis suis, et universus
ii Id. Octob. obiit. Canones xiv statuit, Unum de iv ecclesiæ populus pro episcopo eligendo in unum
temporibus scribens : Benedicto fratri et coepiscopo D coisset, atque alius de alio, ut fieri solet in talibus,
salutem. Jejunium, quod ter in anno apud nos ce- conclamaret, nec tamen vulgi sententia circa ali-
lebrari didicisti, convenientius nunc per iv tempora quid obtineret, astitisse etiam ipsum inter cæteros
fieri decernimus, ut, sicut annus per iv tempora scire cupientem, qui rei exitus foret, et subito per
volvitur, et nos sic quaternum et solemne agamus Dei providentiam columbam cœlius lapsam, figu-
jejunium per anni iv tempora. ram ferentem illius, quæ in sancti Spiritus ima-
XVIII. Urbanus martyr, natione Romanus, ex gine super Jesum descenderat apud Jordanem, su-
patre Pontiano. Annos viii, menses x; juxta Chro- pra caput astitisse Fabiani ; ad quod spectaculum
nicam Eusebii ad xii (52) Alexandri annum. Per ora cunctorum oculosque conversos, et omnes velut
hujus doctrinam multi conversi, passi sunt sub uno spiritu commotos, hunc esse episcopatu dignum
Alexandro et B. Cecilia. viii Kal. Junii obiit. Sta- per Dei judicium decrevisse, eumque continuo ca-
tuit canones v capitulorum. 1. Inter quos vigere de- thedræ impositum, et legitimo sacerdotio confirma-

(51) *Vid. legend.* Privatum. (53) Hæc veteri nostræ historiæ quædam sæ-
(52) Supra hunc numerum æque antiqua manus culi xv manus interserunt.
notat x.

tum. Quod alii super hujus, alii super Zeferini nomine gestum tradunt.

XXII. Cornelius martyr, natione Romanus, ex
patre Castino. Annos ii, menses ii. Contra quem
Novatus, Romanus presbyter cathedram sacerdotalem est conatus invadere. Qui Novatus hæreticus
spem salutis idololatris, digne pœnitentibus, et in
peccato lapsis denegans, concilio lx episcoporum,
et totidem presbyterorum de Ecclesia projectus,
damnatus est. De electione vero Cornelii B. Cyprianus in epistola, quam Antoniano scribit, sic ait :
*Factus est Cornelius episcopus de Dei et Christi ju-
dicio, de clericorum pene omnium testimonio, de
plebis, quæ tunc adfuit, suffragio, de sacerdotum
antiquorum et bonorum virorum collegio, cum nemo
ante se factus esset, cum Fabiani, id est cum locus
Petri, et gradus cathedræ sacerdotalis vacaret. Quo
occupato, et Dei judicio, atque omnium nostrum
consensione firmato, quisquis jam episcopus fieri voluerit, foris fiat, necesse est, nec habeat ecclesiasticam ordinationem, qui Ecclesiæ non tenet unitatem.*
Item in eadem de Novato, unde tota epistola eadem
digesta est: *Miror quosdam sic obstinatos esse, ut dandam lapsis non putent pœnitentiam, aut pœnitentibus
existiment veniam denegandam, cum scriptum sit : Memento, unde excideris, et age pœnitentiam.* Cujus etiam
et aliæ exstant epistolæ ad diversas personas, et ad
Cornelium papam de persecutione Ecclesiæ sese
invicem consolantes, in quibus astruit etiam, ab
hæreticis baptizatos rebaptizari debere. Qui sub
Valeriano Centumcellas exsilio deportatus propter
fidem decollatur xviii Kal. Octob. Tres tantum canones statuit. 1. Non esse jurandum, nisi pro fide.
2. Ut nullus causam suam committat alieno judicio.
3. Sententiam in absentem esse cassam. Hic etiam
levavit corpora apostolorum de catacumbis. Dionysius etiam Alexandrinus episcopo Novato causanti,
quod invitus Romæ episcopus ordinatus sit, scripsit
in hunc modum, cujus epistolæ hoc exordium est :
*Dionysius Novatiano fratri salutem. Si invitus, ut
dicis, ordinatus es, probabis, cum volens disces-
seris.*

XXIII. Lucius martyr, natione Romanus, ex patre Porphyrio. Annos iii, menses iii, dies iii, usque
ad consulatum Valeriani tertium, et Gallieni, id est
primum Valeriani annum. Qui ipsorum persecutione ob fidem Christi exsilio relegatus, postmodum divino nutu ad ecclesiam suam redire per-
missus, martyrium capitis obtruncatione complevit,
positus via Appia ad Sanctum Sixtum. Tres canones statuit. 1. Quod, qui crimina intendunt, accusare possint. 2. De rebus ecclesiasticis. 3. Quod sacrilegium facit, qui aufert res ecclesiæ. Hic præcepit, ut duo presbyteri, et tres diaconi in omni
loco non desererent episcopum propter testimonium
ecclesiasticum.

XXIV. Stephanus martyr, natione Romanus, ex

(54) Sic codex hic.

A patre Lobio. Annos vi, menses v, usque ad consulatum Valeriani III et Gallieni II ; juxta Chronicam
Eusebii mensibus tantum tribus. Qui post multa
bona, quæ fecerat, jussu principum Valerii (54) et
Gallieni ante sanctum altare, dum sacrificium Deo offerret, comprehensus, dum finivit, decollatus est
iv Non. Aug. Hic constituit , ut sacerdotes et levitæ vestes sacras in quotidiano usu non haberent,
nisi tantum in ecclesia. Ordinavit tres presbyteros
et septem diaconos et clericos decem, cum quibus
assidue de regno Dei docebat. Canones statuit vii.
1. De infamibus personis. 2. De vestimentis ecclesiæ 3. De spoliatis. 4. Quæ accusationes recipi debeant. 5. Quod per scriptum nullus sit accusandus.
6. Ante responsionem vocandum episcopum a pri-
B mate. 7. Primam discussionem debere fieri intra
provinciam.

XXV. Sixtus II martyr, natione Græcus et philosophus. Annum i menses ferme xi. Post hunc
præfuerunt presbyteri usque ad consulatum Tusci
et Bassi. In Chronica Eusebii annos xi usque ad
xiii Gallieni annum. Sub Decio imperatore et Valeriano præfecto decollatus est ix (55) ld. Aug.;
prius philosophus, postea Christi discipulus et magister magni martyris Laurentii. Duos canones statuit. 1. Injuste damnatos debere restitui. 2. De re-
tractando comprovinciali judicio a sede apostolica.

XXVI. Dionysius ex monacho prius Romanæ Ecclesiæ presbyter, cujus cognatio non invenitur.
C Annos vi, menses ii, usque ad consulatum Claudii
et Paterni, id est xv Gallieni annum ; juxta Eusebium annos viii usque ad Probi annum primum.
Sepultus via Appia in cœmeterio Calixti. Quem consecravit Ostiensis episcopus Maximus. Duos canones statuit. 1. De distinctionibus ordinum. 2. Ut singulæ parochiæ dentur singulis presbyteris. Secundum Eusebium Dionysio successit Palmirienus ; secundum vero alios Felix ; sed puto, cum præ timore
persecutionis cessante pontificatu præfuerint sacerdotes, iste Palmirienus, quia non in Catalogo
pontificum ponitur, unus de presbyteris, qui præfuerunt, fuerit. Cui Dionysius Alexandrinus episcopus duas epistolas scripsit, dum adhuc privatus
presbyter esset, tertiam, dum esset pontifex, de
D Novato.

XXVII. Felix martyr, natione Romanus, ex patre
Constantio. Annos iv, menses ferme iv usque ad
consulatum Aureliani et Capitolini, id est xii Aureliani annum. In Chronicis Eusebii, annis v usque
v Probi annum. Canones statuit vii : 1. De incertis
judiciis. 2. Ubi fieri debeat discussio. 3. Retra-
ctandam injustam damnationem episcoporum. 4.
Quando adeundi sint primates. 5. Quantum spatii
dari debeat restituto. 6. De examinatione accusantium. 7. Quod infames non sint repellendi a propriis causis.

XXVIII. Euticianus martyr, natione Tuscus, ex

(55) Sic codex male. *Lege* viii.

patre Marino de civitate Luna. Annum i, mensem i, A
consulatu Cari ii et Carini, id est (*ad*) iv Aureliani
annum; juxta Chronicam Eusebii menses tantum
viii, id est v Probi anno. Hic sub Aureliano imperatore martyrio coronatus, sepultus est in cœmeterio
Calixti. Qui et ipse per diversa loca cccxli martyres manu sua sepelivit. Hic constituit tantum
fruges, et faba, et uvas super altare benedici.
Unum canonem de vinculo inscriptionis statuit.

XXIX. Gaius martyr, natione Dalmatinus ex genere Diocletiani imperatoris, ex patre Gaio. Annos
xi, menses iv, dies xii usque ad consulatum Diocletiani v et Constantii ii, id est ix Diocletiani annum: juxta Chronicam Eusebii, annis xv usque ad
xiii Diocletiani annum, sub quo martyrio coronatus est cum Gabino fratre et presbytero. Hic ordines ecclesiasticos disposuit, ut videlicet per omnes
gradus ascenderet primum, si quis episcopus fieri
mereretur, ut esset ostiarius, lector, exorcista,
subdiaconus, diaconus, presbyter. Canones ii statuit. 1. Infamem esse, qui non probaverit illata, et
alium supradictum quo ordine accedendum sit ad
ordines.

Chrysogoni decreta, qui xxviii a B. Petro sortitus
est cathedram, nusquam reperi nisi quod ad quamdam virginem exhortatorias ad sufferendum martyrium scripsit litteras. Verum cum hoc acciderit,
utrum cita morte præventus sit, vel aliud quid ei
contigerit, non satis elucet. Unde et in Catalogo
non ponitur pontificum.

XXX. Marcellinus martyr, natione Romanus, ex
patre Projecto. Annos ix, menses iv, dies xvi, usque ad consulatum Diocletiani viii et Maximiani
viii, id est xvii Diocletiani annum. Juxta Chronicam Eusebii usque ad xx Diocletiani annum. Qui
compulsus a paganis thurificavit dæmonibus, sed
postea insignis factus est martyr. Concilium siquidem episcoporum non audiens ipsum sicut magistrum judicare dixit ei : *Ore tuo causam tuam judica,*
non nostro judicio. Et iterum : *Noli audiri in nostro*
judicio, sed collige in sinu tuo causam tuam. Et rursus : *Quoniam ex te,* inquiunt, *justificaberis, aut*
ex ore tuo condemnaberis. A quo etiam B. Mauricius
magnus martyr, benedictionem accipiens cum imperatore Maximiano contra inimicos imperii tendit. D
Canones duos statuit. 1. Quod episcopi pontifici, a
quo consecrati sunt, nullum possint inferre præjudicium, et quod clericus a laico non sit accusandus. 2. Quod nulla potestas aliquid agere debeat
contra auctoritatem divinam.

XXXI. Marcellus martyr, natione Romanus, ex patre Benedicto de regione via Lata. Annos v, menses
fere viii. Qui, jubente Diocletiano, pro fide Christi
cum Claudio, et Cirino, et Antonio capite truncatus est, et post dies xxxv sepultus via Salaria in
cubiculo a Marcello presbytero et diaconibus cum
hymnis in cœmeterio Priscillæ. Quo tempore fuit
magna persecutio, ita, ut intra unum mensem xvii
millia hominum promiscui sexus martyrio corona-

rentur. Et cessavit episcopatus annos vii, menses vi, dies xxv, persequente Diocletiano imperatore Christianos. Hic fecit cœmeteria via Salaria
et xxv titulos in urbe Roma constituit propter baptismum, et pœnitentiam multorum qui converte-
bantur ex paganis, et propter sepulturas martyrum.
Canonem unum statuit : quod non sit rata sententia provincialis synodi sine consensu sedis apostolicæ. Hic in Chronico Eusebii non habetur.

XXXII. Eusebius, natione Græcus, ex medico.
Annos vi, mensem i. In Chronicis Eusebii menses
viii vicesimo anno Diocletiani. Hic hæreticos invenit in urbe, quos ad manus impositionem reconci-
liabat. Quatuor canones instituit. 1. Quorum conversatio non est diversa, non debent se invicem
accusare. 2. Non posse vocari exspoliatum, donec
ei omnia sua sint redintegrata. 3. Qui sint infames?
4. De inventione Crucis Domini nostri Jesu Christi,
quæ nuper nobis gubernacula sanctæ Romanæ Ecclesiæ tenentibus v Non. Maii inventa est, in prædicto Kalendarum die Inventionis festum vobis solemniter celebrare mandamus. Judæus, qui ostendit
eam, baptizatur, et Ciriacus nominatur.

XXXIII. Melciades, natione Afer. Annos vi usque
ad consulatum Volusiani et Aniani, id est quartum
Constantini annum. Constituit, ut ex consecratu
episcopi oblationes per Ecclesias dirigerentur. Septem canones statuit. 1. Non esse aliquem subito
judicandum. 2. Quid baptismus, quid confirmatio
conferat? 3. Die Dominica et quinta feria non esse
jejunandum ; jejunium Dominicæ dici et quintæ
feriæ nemo celebrare debet ; ut inter jejunium
Christianorum et gentilium, et veraciter credentium
et infidelium, atque hæreticorum vera et non falsa
habeatur discretio. Unde B. Gregorius in dispositione officiorum quintam feriam infra Quadragesimam vacantem dimisit, quibus postea secundus
Gregorius officia Dominicarum concessit, et cætera
disposuit. 4. De primitiva Ecclesia. 5. Quomodo
creverit Ecclesia in gentibus? 6. Imperatorem non
debere judicare de episcopis. 7. Alia esse negotia
sæcularia, alia ecclesiastica.

XXXIV. Silvester, natione Romanus, ex patre
Rufino et matre Justa. Annos xxiii, menses x usque ad consulatum Constantini et Volusiani. In
Chronica Eusebii annos xxii usque ad xxv constantini annum, quem etiam baptizatum de fide
Christi instruxit. Cujus industria synodus præcla-
rissima in toto orbe terrarum trecentorum decem
et octo Patrum apud Nicæam urbem Bithyniæ celebratur sub consulatu Constantini et Licinii imperatorum xiii Kalendarum Juliarum Julii, tamen suc-
cessoris sui tempore consummatur. Hæc synodus
habita contra Arium Alexandrinum presbyterum,
qui tres gradus in Trinitate asserebat, condemnata eadem blasphemia de inæqualitate Trinitatis,
consubstantialem Deo Patri Dei Filium per Symbolum, quod adhuc in Ecclesia frequentatur, diffinivit, et lxx canones statuit.

Item consilio ejusdem imperatoris Constantini in A urbe Roma congregavit CCLXXXVII episcopos, et damnavit iterum tam Calistum, quam Arium, et Photinum atque Sabellium. Constituit etiam, ut presbyterum Arianum resipiscentem nemo susciperet, nisi episcopus ejusdem loci eum reconciliaret, et sacrosancto chrismate per manus impositionem (in) sancti Spiritus gratia, quæ ab hæreticis dari non potest, eum confirmaret. In qua etiam synodo consensu et subscriptione omnium constitutum est ut nullus laicus clerico crimen audeat inferre, et non tantum de episcopis, sed et de omnibus ordinibus clericorum, nec ullus inferioris ordinis adversus superiorem del accusationem aliquam ; et non damnabitur præsul, nisi in LXXII, neque summus præsul a quoquam judicetur · presbyter autem cardinalis, B nisi in quadraginta quatuor testibus damnabitur. Diaconus cardinalis nisi XXXVI ; subdiaconus, acolythus, exorcista, lector, ostiarius, nisi VI testibus condemnabitur. Testes autem, et accusatores sine aliqua sint infamia, uxores et filios habentes, et omnino Christum prædicantes. Testimonium clerici adversus laicum nemo recipiat. Nemo clericum quemlibet in publico examinare præsumat, nisi in Ecclesia. Nemo etiam clericus vel diaconus vel presbyter propter quamlibet causam intret curiam, nec ante judicem cinctum causam dare præsumat. Et si quis clericus accusans clericum curiam introierit, anathema suscipiat. Inter cætera in prædicta, consilio omnium, statuit synodo, ut sacrificium altaris non C In serico pano aut intincto quisquam celebrare præsumeret, sed in puro lineo, ab episcopo consecrato, terreno seu lino procreato atque contexto, sicut corpus Domini nostri Jesu Christi in sindone munda linea sepultum fuit. Constituit etiam, ut baptizatum liniat presbyter. Fecit etiam ordinationes VI die (56), mense Decembri, presbyteros XLII, diaconos XXV, episcopos per diversa loca LXXX. Colobia, quibus prius apostoli utebantur, absque manicis, commutavit in dalmaticas, appositis manicis. Pridie Kal. Jan. obiit, et sepultus est in cœmeterio Priscillæ, via Salaria. Dedit etiam decretum, ostendens, qui ordines quibus debeant esse subditi. Dicit, quod presbyter episcopo, diaconus presbytero, subdiaconus diacono, acolythus subdiacono, lector acolytho, D exorcista lectori, exorcistæ ostiarius, abbas obedire debet ostiario, monachus abbati.

XXXV. Marcus, natione Romanus, ex patre Prisco. Annos II, menses IX usque ad XX Constantini annum. In Chronica Hieronymi menses IX vicesimo quinto Constantini anno. Canonem statuit, ut episcopus civitatis, quando hostias consecrat, pallio uteretur. Obiit Nonis Octob. et sepultus est in cœmeterio Balbinæ via Ardeatina.

XXXVI. Julius, natione Romanus, ex patre Rustico. Annos XV, menses II. Qui in Nicæna synodo

vocatus a Constantino defuit senio gravatus, sed pro eo Vitus et Vincentius presbyteri interfuerunt. Sub hoc Arius et fautores ejus, qui consubstantialitatis verbo derogaverunt, plenarie damnati sunt. Qui etiam sub Constantio filio Constantini Ariano tribulationes et exsilia per X menses perpessus, post hæc cum magna gloria ad sedem suam reversus est. A quo etiam B. Donatus episcopus consecratus est Aricii. Canones statuit VII. 1. Non esse accusandum episcopum, nisi in legitima synodo. 2. Non esse damnandum episcopum sine sententia sedis apostolicæ. 3. De peregrinis judiciis. 4. De confessis. 5. Ut, qui crimina intendunt, per se accusent. 6. De appellatione. 7. Ne excommunicati accusent. Constituit præterea, ut nullus clericus causam quamlibet in publico ageret, nisi in ecclesia, et notitia fideliter per notarios colligeretur, et sive cautiones, sive instrumenta, aut donationes vel commutationes, aut traditiones, vel testamenta, aut allegationes, vel manumissiones a clericis in ecclesia celebrarentur. Juxta Chronicam Hieronymi annos XV, menses IX usque ad vicesimum Constantini annum.

XXXVII. Liberius, natione Romanus, ex patre Ligusto. Annos VI, menses IV. In Chronica Hieronymi XVII annos, usque ad II Valentiniani annum. Qui cum Constantio, filio Constantini consensit ad persequendum Christianos. Liberius ab exsilio reversus, primum catholicus, postea consensit in hæresi. Scripsit epistolam universis episcopis, in qua diligentius eos commonuit, ne plebes sibi commissas relinquant, et ne propter opprobrium malorum hominum quieti se tradant, et ut se solummodo salvent : filios orphanos non relinquant. Qui etiam ordinavit sepulcrum Beatæ Agnetis marmore.

XXXVIII. Felix II, martyr, natione Romanus, ex patre Anastasio. (57) Annum I, menses III inter exsulatum Liberii anno XX Constantini. Qui declaravit Constantium, filium Constantini hæreticum, et secundo ab Eusebio Nicomediæ episcopo baptizatum, et juxta præceptum ejusdem Constantii capite detruncatur. Liberius ab exsilio reversus restituitur a Constantio. Felix IV canones statuit. 1. De pœnitendis induciis, ut qui timent locum, sibi tutum eligant. 2. De differentia ecclesiasticæ et sæcularis causæ. 3. Accusatus legitime ad concilium ire debere. 4. (58) Qui non debeant admitti ad accusationem episcoporum.

Damasus post Liberium per successionem sacerdotium in urbe Roma susceperat, quem prælatum sibi non ferens Ursinus quidam ejusdem Ecclesiæ diaconus in tantum furoris erupit, ut persuaso quodam satis imperito et agresti episcopo collecta turbulentorum et seditiosorum manu in basilica, quæ Sicinina appellatur, episcopum se fieri extorqueret, legibus, et ordine, et traditione perversis. Quo ex fa

---

ecclesia ordinatus est.
(58) Addita a dicta manu.

cto tanta seditio, imo vero tanta bella orta sunt, alterutrum defendentibus populis, ut replerentur humano sanguine orationum loca. Quæ res factione
Maximini præfecti, sævi hominis, ad invidiam boni
et innocentis versa est sacerdotis, ita ut causa ad
clericorum usque tormenta duceretur. Sed assertor
innocentiæ Deus adfuit, et in caput eorum, qui in-
tenderunt dolum, pœna conversa est.

XXXIX. Damasus, natione Hispanus, ex patre
Antonino. Annos xviii, menses iii. In Chronicis Prosperi annos xviii usque ad v Gratiani annum. Qui
voce publica damnavit Liberium facta synodo cum
episcopis xxviii et presbyteris xv, et cessavit persecutio, non tamen multum tempus. Cujus etiam industria synodus Constantinopoli cL. Patrum, contra
Macedonium ejusdem civitatis episcopum, qui negabat Spiritum sanctum Deum esse, et contra Sabellium, qui ipsum astruebat Patrem esse, qui Filius, et illum Filium, qui Pater est, et quando vult,
Pater est, et quando vult, Filius est, et quando vult,
Spiritus sanctus est, congregavit. Qui damnatis hæresibus prædictis statuerunt contra Macedonii errorem canones iii consubstantialem Deo Patri et Filio Spiritum sanctum demonstrantes, Symboli formam statuentes, quam tota Græcorum et Latinorum
confessio in ecclesiis prædicat. Quorum canonum
auctor maxime B. Nectarius Constantinopolitanus
episcopus fuit. Hic multa corpora sanctorum requisivit et invenit, quorum memoriam etiam versibus
declaravit. Qui etiam invidiose accusatus de adulterio xliv purgatur episcopis. Canones iv statuit.
1. De non commiscendis personis in causa. 2. De
vocatione ad synodum. 3. De modo accusandi. 4.
Item de eodem. Cui B. Hieronymus plura scripsit.

XL. Siricius, natione Romanus, ex patre Tibur-
cio. Annis xv vel juxta Prosperum annis xiv usque
ad tertium Archadii annum. In cujus Chronicis Ursinus dicitur, qui supra cum Damaso dicitur electus
et remotus. Ipse epistolam Himerio Teraconensi episcopo, qui prædecessori suo Damaso prius de iis
scripserat, xv decretalia capitula continentem scripsit, ac per eum ad universos Carthaginenses ac
Bœticos, Lusitanos atque Gallicos, et cæteras vici-
nas provincias ea direxit. 1. De Arianis non reba-
ptizandis. 2. Ut præter Pascha, et Pentecosten baptismus non celebretur. 3. De apostatis. 4. Quod non
liceat alterius sponsam ad matrimonii jura sortiri.
5. De iis, qui pœnitentiam minime servaverunt. 6.
De monachis et virginibus propositum non servan-
tibus. 7. De clericis incontinentibus. 8. De clericis,
quales debeant promoveri. 9. De clericorum conversatione. 10. De grandævis. 11. Quod clericus,
qui secundam uxorem duxerit, deponatur. 12. Quæ
feminæ cum clericis habitent. 13. De monachorum
promotione. 14. Quod pœnitens non fiat clericus.
15. Ut, si per ignorantiam pœnitens digamus, vel
viduæ maritus clericus factus fuerit, non promovea-

tur. Jussit etiam pœnitentibus in ultimo viaticum
non negari, quod Novatus prohibuit.

XLI. Anastasius I, natione Romanus, ex patre
Maximo. Annos iii. In Chronicis Prosperi annos iv,
usque ad vi Archadii annum. Hic Manichæos in
urbe inveniens damnavit, et constituit, ut nullus
transmarinus in clericatum susciperetur, nisi v
episcoporum designaretur chirographis. v Kal. Maii
obiit. Constituit, ut, dum evangelia recitantur, sacerdotes et cæteri omnes præsentes, non sedentes,
sed venerabiliter omnes curvi in conspectu evangelii stantes, Dominica verba intente audiant, et
fideliter adorent.

XLII. Innocentius, natione Albanus, ex patre
Innocentio. Annos xv, menses ferme iv. In Chronicis Prosperi annos xiv, usque ad octavum Honorii annum. Novatianos persequitur. Epistolas scripsit ad episcopos diversarum provinciarum, in quibus continentur capitula decretalia lvi. Primum
de pacis osculo, dando post confecta mysteria scribens Decentio; pacem asseris ante confecta mysteria quosdam populis imperare, vel sibi inter sacerdotes tradere, cum post omnia, quæ aperire non
debeo, pax sit necessaria indicenda, per quam
constat populum ad omnia, quæ in mysteriis aguntur, atque in ecclesia celebrantur, præbuisse consensum, ac finita esse, pacis concludentis signaculo demonstrentur. Et aliud de nominibus ante
pacem sacerdotis non recitandis, quam superfluum
sit, ut cujus hostiam necdum Deo offeras, ejus
ante nomen insinues : Prius ergo oblationes sunt
commendandæ, ac tunc eorum nomina, quorum sunt
edicenda, ut inter sacra mysteria nominentur, non
inter alia, quæ ante præmittimus, ut ipsis mysteriis
viam futuris precibus aperiamus. Unum inter eos ad
Aurelium Carthaginensem episcopum et Augustinum
Hipponiensem, plenum charitate et commendatione.
Item ad Aurelium episcopum de Pascha ita : Hes
litteras de ratione Paschali, alterius dico, futuri
anni perscripsi. Nam cum ante diem xi Kal. Apri-
lium pene luna xvi colligatur, non quidpiam minus
est, itemque in ante diem iv Kalendarum earumdem
veniat xiv (59), et existimavi xi Kalendarum me-
moratarum die festa Paschalia celebrandum ; quoniam in xxiii luna nullum paschæ unquam ante factum esse cognovimus. Sententiæ meæ exposui tenorem; jam prudentiæ erit tuæ consors mihi frater
communimis et consacerdotibus nostris hanc ipsam
rem in synodo religiosissima retractare: ut si nihil
dispositioni nostræ resultat, nobis plenarii rescribas,
quo deliberatam Paschalem diem jam litteris ante,
ut moris est, servandam suo tempore præscribamus.
Cætera de plerisque Ecclesiæ constitutionibus necessariis ab ipso statuta intermittimus.

XLIII. Zosimus, natione Græcus, ex patre Abra-
hamio. Annos iii, menses ferme v usque ad xi Honorii annum. Constituit, ut diaconus levam tegeret

(59) Scriptura dubia est xiv et xxiii.

palliis, et ut nullus clericus poculum in publico A Prisco. Annos viii, menses x, usque ad ix Theo-
propinaret, nisi tantum in cellis fidelium. Sub quo
contra Pelagium Carthaginensis synodus ccxvii
episcoporum congregatur ; qui Pelagius Britto, monachus, et Cælelestius (60) discipulus ejus, a quo
postea sectatores ejus Cœlestiani dicti sunt, gratiæ
Dei, qua prædestinati sumus in adoptionem filiorum Dei per Jesum Christum in ipsum, et qua
eruimur de potestate tenebrarum, ut in eum credamus, in tantum inimici fuerunt, ut sine hac
posse hominem credant facere omnia divina mandata. Denique increpatus a fratribus, quod nihil
attribueret adjutorio gratiæ Dei, correctioni eorum
hactenus cessit, ut non eam libero arbitrio præpo-
neret, sed infideli calliditate supponeret, dicens ad
hoc eam dari hominibus, ut quod facere per libe- B
rum jubentur arbitrium, facilius possint implere
per gratiam, dicendo : *Facilius, voluit credi, etiamsi difficilius, tamen posse homines sine gratia divina, facere jussa divina* Hæc et alia multa vene-
nosa asseruit, quæ in eadem synodo damnata sunt,
cui Aurelius Carthaginensis, et Augustinus Hippo-
niensis episcopi interfuerunt. Scripsit Epistolam
decretalem sub tribus capitulis prænotatam ad He-
sicium Salonitanum episcopum ; et aliam ad presbyteros Ravennatis ecclesiæ. Instituit etiam cereum in Pascha benedici ; sed B. Ambrosius benedictionem composuit ; licet alii asserant eam Gelasium fecisse, quod non est.

XLIV. Bonifacius, natione Romanus, ex patre C
Jocundo presbytero. Annos iii, menses viii, usque
ad xv Honorii annum. Qui dissentientibus clero et
populo legitur una die fuisse cum Eulalio ordinatus, sed cognita a principibus causa, expelli ambos de Urbe jusserunt ; sed Bonifacium revocantes
in sede constituerunt tempore Honorii et Valentiniani. Hic constituit, nullum servum clericum fieri,
nec obnoxium curiæ. Scripsit epistolam eidem Honorio Augusto , ut constituat quatenus in urbe
Roma nunquam per ambitum pontifex ordinetur.
Cui Augustus rescripsit et statuit, ut si duo episcopi Romæ fuerint ordinati, ambo de civitate pellantur. Item epistolam scripsit aliam episcopis
Galliæ de Maximo episcopo, diversis criminibus
accusato, in qua unum decretale posuit capitulum : D
*Decernimus vestrum debere intra provinciam esse
judicium, et congregare synodum ante diem Kalendarum Novembrium; ut si adesse voluerit, præsens ,
si confidit, ad objecta respondeat. Si vero adesse
neglexerit, dilationem sententiæ de absentia non lu-
cretur. Nam manifestum est, eum convictum de crimine, qui indulto, et toties delegato judicio purgandi
se occasione non utitur.* Item epistolam Hilario episcopo Narbonensi : *Ut in unaquaque provincia nemo,
contempto metropolitano, episcopus ordinetur.* Sepultus est via Salaria.

XLV. Cœlestinus, natione Campanus, ex patre

dosii annum. Sub hoc synodus Ephesina cc episcoporum congregatur contra Nestorium episcopum
Constantinopolitanum , qui purum hominem ex
virgine Maria natum asseruit , ut aliam partem
carnis, aliam faceret Deitatis, nec unum Christum
in Verbo Dei et carne sentiret, sed sejunctim alterum prædicaret filium hominis, alterum Filium Dei
diceret. Convenit autem hæc synodus Theodosio
juniore xiii et Valentiniano iii consulibus .Cui synodo vice S. Cœlestini papæ præsedit Cyrillus
Alexandrinus patriarcha ; quæ etiam xii capitula
contra Nestorii blasphemias totidem , apostolica
auctoritate anathematizando conscripsit. Ostendit
hæc synodus, manere in duabus naturis unam Domini nostri Jesu Christi personam. Intra missarum
actionem angelicum hymnum : *Sanctus, sanctus,
sanctus ,* decantari statuit. Constituit etiam , ut
psalmi Davidici ante sacrificium antiphonatim ca-
nerentur ; nam antea tantum epistolæ et sanctum
evangelium recitabatur. Statuit etiam , ut sacra
mysteria non tractentur nisi a sacris ministris, et
quicunque episcopus evocatus fuisset ad sedem
apostolicam, rediens ad parochiam suam non reciperetur, nisi salutatorias litteras, hoc est forma-
tas, plebi inde detulisset. vii Idus April. obiit.
Scripsit epistolam ad Venerium, et cæterus Galliæ
rum episcopos, in quibus (61) continentur capitula xxii. 1. De Prospero et Hilario, qui quosdam
Galliæ presbyteros accusant Pelagii sectatores.
2. De S. Augustino episcopo mira laudis assertio.
Præteritorum sedis apostolicæ episcoporum auctoritates de gratia Dei, et libero arbitrio, et cætera
de diversis.

XLVI. Sixtus tertius, natione Romanus, ex patre
Sixto. Annos viii, usque ad annum Domini 440.
Hic pro eadem re, qua decessor ejus, ad ipsum
Nestorium, et ad omnes Orientis episcopos sententiam Occidentalium direxit. Qui post annum et
menses viii incriminatus a quodam Basso, cum
lvi episcopis se purgavit ; et Bassus condemnatur,
sicut testatur epistola sua, quam ipse omnibus
Orientalibus direxit, cujus initium est : *Gratias vestræ.* Ait enim : *Sicut nobis testis in cœlo, testis in
corde, dimittamus stultos foris loqui, quod volunt,
scitote me criminari a quodam Basso, et injuste persequi. Quod audiens Valentinianus augustus nostra
auctoritate synodum congregari jussit, et facto concilio cum magna examinatione, satisfaciens omnibus
licet evadere satis aliter potuissem, suspicionem tamen fugiens, coram omnibus me purgavi a suspicione et æmulatione me liberavi. Sed non aliis, qui
noluerint, aut sponte hoc non elegerint, faciendum,
formam, exemplumque damus.* Item : *Condemnatus
autem est memoratus Bassus a jam dicta synodo, ita
tamen, ut in ultima die viaticum ei non denegetur,
propter humilitatem pietatis Ecclesiæ.* Valentinianus

quoque imperator scripto eum damnavit cum Augusta matre Placidia, et omnia prædia facultatum ejus, futuris de talibus hominibus dans formam ita faciendi, Ecclesiæ catholicæ servavit. Hunc ipsum Bassum, nutu divino mortuum, postea manibus suis cum linteaminibus et aromatibus tractans sepelivit apud B. Petrum v Kal. April. Canones statuit quatuor. 1. Qui non sint recipiendi ad accusationem sacerdotum. 2. De peregrinis judiciis prohibitis. 3. De appellatione. 4. De pulsatis. Synodus itaque, cum dixisset, non licere adversus pontificem sententiam dare, surrexit protinus imperator, et in arbitrio præfati pontificis tribuit judicare judicium suum.

XLVII. Leo doctor, natione Tuscus, ex patre Quintiano. Annos xxi, menses ferme ii, usque ad annum Domini LXII. Cujus industria Chalcedonensis synodus DCXVIII sacerdotum sub Martiano principe habita est, in qua Eutichen Constantinopolitanum abbatem Verbi Dei et carnis unam naturam pronuntiantem, et ejus defensorem Dioscorum quondam Alexandrinum episcopum, et ipsum rursus Nestorium cum reliquis hæreticis eorum complicibus, una Patrum sententia prædamnavit, prædicans eadem synodus, Christum Deum sic natum de Virgine, ut una persona, et una natura, et humanæ confitenda sit naturæ. In hac synodo fuit Juvenalis Hierosolymitanus, Anatholius Constantinopolitanus, qui condemnata auctoritate sancti Leonis, hæresi proscripta, statuerunt canones xxvii. Qui Anatholius astruit, Dioscorum propter fidem non tantum esse damnatum, sed quia excommunicationem fecit sanctissimo papæ Leoni, concilio dicente : *Quoniam secundus excessus priorem iniquitatem transcendit et superat.* Hic statuit inter actionem dicere : *Sanctum sacrificium, immaculatam hostiam.* Et : *Supplices te rogamus, Omnipotens.* Plurimi Manichæi per ipsum in urbe Roma detecti sunt, et ut damnarent Manichæum publica in ecclesia professione, et manus suæ subscriptione compulit. Alii (62) obstinatione sanctum gregem Domini sua cohtagione polluerunt, subditi legibus secundum Christiano rum principum constituta, per publicos judices perpetuo sunt exsilio relegati, et omnia, quæ in scriptis, et occultis traditionibus suis habebant profana vel turpia, certa manifestatione probata, adeo ut ipse, qui eorum dicebatur episcopus, tentus proderet, et flagitiosa, quæ in suis mysticis tenerent. Ipse siquidem hæreticorum malleus, et totius hæreticæ pravitatis destructor multa ad eruditionem fidelium, tam in homeliis quam in sermonibus, quam etiam in epistolis plurima contra Eutichen et Nestorium egregie dictata conscripsit, et ut angelica tuba ad salutem Ecclesiæ circa pestifera dogmata intonuit. Decreta statuit capitulorum xlix, quæ sua elegantia omnibus nota esse possunt. Præterea quantum persecutioni tyrannorum se ut mu-

rus pro domo Dei opposuerit, exinde patet. Attila cum juxta Mintium fluvium ubi in Padum fluit, consistens hæsitare cœpit, utrum Romam adiret, an desisteret, non urbi, cui infestus erat, parcens vel consulens, sed Athalarici exemplum pavens, qui captæ a se urbi non diutius supervixit, sanctissimus Leo papa sibi occurrit. Qui cum ad regem barbarum introgressus esset, cuncta ut optaverat, obtinens, non solum Roma, sed et totius Italiæ salutem reportavit. Territus namque nutu Dei fuerat, nec aliud Christi sacerdoti loqui valuit, nisi quod ipse præoptavit. Fertur namque post discessum pontificis interrogatum esse Attilam, cur ultra solitum morem tantam reverentiam Romano exhibuerit papæ, quandoquidem ad omnia, quæ ille imperasset, obtemperasset, regem respondisse, non se ejus, qui advenerit, personam veritum esse, sed alium se virum juxta eum in habitu sacerdotali astantem vidisse, forma augustiore, canitie venerabilem, illumque evaginato gladio sibi terribiliter mortem minitantem, nisi cuncta, quæ expetebat, explesset. Ita Attila a sua sævitia repressus, relicta Italia, Pannonias repetit. Item, cum post mortem Valentiniani et Maximi, invasoris imperii, peremptionem, Gesericus cum validissimo gentis suæ exercitu fultus, insuper præsidio Maurorum, adhuc Romanæ Ecclesiæ beatissimus Leo ageret pontificatum, percussis Romanis, nobilibusque simul, ac popularibus ex urbe fugientibus, Urbem omni præsidio vacuam Gesericus obtinuit, occurrente sibi extra portam eodem sancto Leone episcopo; cujus supplicatio ita eum, Deo adjuvante, lenivit, ut quamvis potestati ejus esset tradita, ab igne tamen et cæde, atque suppliciis abstinuerit, xiv interim dies secura et libera scrutatione, omnibus operibus suis Roma evacuata est. Inter cætera sua statuta non qmisit : *Monacham non accipere velamen ab episcopo, nisi prius virginitas illius probata fuerit.* De observantia etiam Paschæ Martiano augusto scripsit, ut ejus admonitione omnes Orientales Ecclesiæ in ejus celebritate consonarent. Theodosium, Martianum, Leonem Augustos ad fidem corroborandam omnes cohortatus est suis epistolis, et ad exstirpandum Eutichianum virus commonuit. Quæ epistolæ ab aliquibus a Prospero Equitanico (63) dictatæ creduntur, sicut asserit Gennadius in libro *De illustribus viris.*

XLVIII. Hilarius, natione Sardus, ex patre Crispino. Annos vi, menses iii, usque ad annum Domini 477. Hic constituit Epistolas de fide catholica per Orientalem orbem, et confirmavit tres synodos, Nicænam, Ephesinam et Calcedonensem, et Julianum episcopum Athilenensem Pelagianum condemnavit. Quo etiam jubente, Victorinus *Circulum paschalem,* licet mendosum conscripsit. Hic celebravit synodum Romæ in basilica S. Mariæ, præsentibus episcopis et presbyteris xlvi, Flavio et Basilisco e.

(62) *Supple* ne.

(63) *Pro Aquitanico.*

Hermenrico consul., tempore Leonis Aug. et statuit capitula synodica vi, de quibus unum tantum ponam : *Ut ea, quæ illicite episcopus vel decessor ejus ordinavit, ab eo, qui superest, emendentur.* Episcopus (64) *Pictaviensis beatus Hilarius fecit* : *« Gloria in excelsis.* »

XLIX. Simplicius, natione Tyburtinus, ex patre Castorio. Annos xv, mensem i, usque ad annum domini 482. Hic Acatium Constantinopolitanum episcopum, et Petrum Alexandrinum episcopum Eutichianos hæreticos damnavit. Canones statuit duos. 1. Ut nullus episcopus eligat sibi successorem. Item Joanni Ravennati : *Invitum nequaquam esse faciendum episcopum, vel presbyterum, aut diaconum.*

L. Felix III, natione Romanus, ex patre Felice presbytero, de titulo Fasciolæ. Annos ix, usque ad annum Domini 491 a temporibus Odagarii usque ad tempus Theoderici regis. Qui Misenum episcopum damnavit, et sua sede privavit. Synodum in Constantiniana basilica Flavio Boetio consule V. C. sub die III Id. Martiarum habuit, præsentibus episcopis et presbyteris lxxxi, ubi capitula canonum statuit xxiv pro rebaptizatis in Africa episcopis, presbyteris et diaconibus.

LI. Gelasius, natione Afer, ex patre Valerio episcopo. Annos iv, menses vii, dies xxviii, usque ad annum Domini 496. Hic liberavit a periculo et fame civitatem Romanam. Revocavit etiam Misenum, quem Felix antecessor ejus damnaverat, et communioni, suæque Ecclesiæ restituit. Fecit et Tractatus in modum Ambrosii. Item libros ii adversus Arium. Fecit autem et sacramentorum Præfationes, et Orationes cauto sermone, et Epistolas fidei delimato sermone multas. Ad universos episcopos omnium provinciarum epistolam cum decretalibus capitulis xxviii de institutis ecclesiasticis, quorum unum tantum ponam : *Quod in unaquaque ecclesia, cui episcopus præest, tam de redditibus quam de oblationibus fidelium quatuor debeant fieri portiones; ut una sit episcopi, alia clericorum, tertia pauperum, quarta ecclesiæ fabricis applicetur.* Scripsit etiam Anastasio Augusto, commonens eum de fide; ubi inter cætera sic ait : *Absit, quæso, a Romano principe, ut intimatam suis auribus veritatem arbitretur injuriam!*

LII. Anastasius II, natione Romanus, ex patre Petro. Annos ferme ii, usque ad annum Domini 498, usque ad tempus Anastasii imp. qui fulmine percussus est. Cui decretalia capitula viii in epistola ad ipsum missa pro diversis Ecclesiæ causis misit. In cujus exordio de consonantia nominis Augusti exsultans, non dubium inde sibi sperat auxilium ; de quibus quædam pono, alia transeo. 1. Quod sacramenta Ecclesiæ per hæreticos collata non sunt cassanda ; et 2. quod beneficia divina non sint ir-

(64) Hunc versum substituit ip e auctor his verbis in elogio Hilari papæ paulo ante incaute positis, et semierasis : *Gloria in excelsis* dicitur fecisse,

rita per Acatium collata, cujus etiam nomen ut 3 specialiter in Ecclesia taceatur, rogat, quem ipse, quia uterque Eutichianus fuit, defendere conabatur. 4. Ut Alexandrinos imperator admoneat ad fidem sinceram, et ad pacem redire catholicam. 5. Ut imperator constitutis apostolicis obtemperet. Hic etiam favore imperatoris Anastasii, quia communicavit Photino Thessalonicensi diacono, qui communicavit Acatio Constantinopolitano episcopo Eutichiano, quem occulte revocare voluit, et non potuit, nutu divino percussus est; et quia clericos ordinatos ab ipso Acatio post prolatam sententiam in Achatium, acceptis officiis rite fungi favore imperatoris decrevit, dicens ita : *Secundum Ecclesiæ consuetudinem,* etc. Unde et ab Ecclesia repudiatur, et a Deo percussus in *Gestis Rom. pontificum* legitur.

LIII. Symmachus, natione Sardus, ex patre Fortunato. Annos xv, menses viii, usque ad annum Domini 514. Tempore fuit Theoderici regis, qui eum cum Laurentio, episcopo Mediolanensi pro sede contendentem, synodo convocata, in cathedra firmavit, Laurentiumque in Lucerina civitate depositum episcopum fecit. Quem postea tumultuantem exsilio relegavit. Quæ dissensio tantam Romæ movit persecutionem, ut propter ipsorum electionem infiniti Romani exstinguerentur. Paschasius tamen diaconus, vir miræ sanctitatis Laurentio favit. Hic plures synodos Romæ pro diversis negotiis Ecclesiæ celebravit. Novissima Palmaris ex præcepto regis Theoderici facta est, Rufo Magno et Fausto Avieno V. C. consulibus sub die x Kal. Nov. Hic papa criminatus a suis adversariis, coram rege et omnibus ad expurgandum se paratus fuit. Placuit concilio, ut omnia, quæ per suggestiones inimicorum suorum amiserat, a concilio sibi prius redderentur, et tanti loci præsul legaliter pristino statui restitueretur, et tunc veniret ad causam, et si ita recte videretur accusantibus, responderet. Quæ hac vice resumere noluit ; sed dum esset synodus in Jerusalem basilica, visum est sacerdotibus, ut libellus, quem accusatores paraverant, susciperetur a synodo, in quo duo erant, quæ vel veritati inimica essent, vel quantum ostenditur conventui, ecclesiastico proposito repugnarent (65). Unum quia dicebant crimina Symmachi apud regiam constitisse notitiam, quod falsum claruit, non enim quasi novam causam audientiæ commisisset, si ejus conscientiam convictam de errore solam se sciret exspectare sententiam. Aliud, quod per servos eum dixerunt se posse convincere ; quæ res canonibus, et ipsis publicis legibus adeo erat inimica, ut quos ad accusationem leges sæculi non admittunt, his dicendi in confusionem, vel assequendi aliquid esset deleganda licentia. Et dum interea, quæ essent facienda, tractantur, papa ut patet tamen, quod angeli prius dixerant.

(65) *Cod.* repugnare.

causam diceret, occurrebat. Qui ab irruentibus turbis ita tractatus est æmulorum suorum, ut multis
presbyteris, qui cum ipso ierant, per cædem ipsam
mortis esset occasio. Et dum recentum adhuc vestigia vulnerum illustris vir, comes Algerinus et sub-
limes viri Gudila et Vadeulfus, majores domus
regiæ perspexissent, quod se, unde egressus fuerat,
ad B. Petri apostoli septa conferret, monebant.
Ipse tamen papa post cædem per episcopos alle-
gasse causam concilio manifestat, et affectu purgationis humiliat. Sed rex in arbitrio synodi ponens, nihil præter reverentiam de ecclesiasticis
negotiis ad eum pertinere asserens, potestati pontificum committens, ut, quod magis utile putarent,
deliberarent, dummodo pax in civitate Romana
Christianis omnibus redderetur. Cum itaque omnem plebem ejus communioni indissociabiliter ad-
hæsisse tam synodus quam (66) rex cernerent, cum
Dei obtestatione universaliter decreverunt, et adversarios ab habita intentione discedere ita sanxerunt. Symmachus papa sedis apostolicæ præsul ab
hujusmodi propositionibus impetitus, quæ ad homines respiciunt, designatis superius causis, constat arbitrio divino fuisse demissum, sit immunis
et liber, et Christianæ plebi sine aliqua de objectis
oblatione in omnibus ecclesiis ad jus sedis suæ pertinentibus, et tradat divina mysteria, quia eum ab
impugnatorum suorum petitione propter superius
designatas causas obligari non potuisse cognovimus. Unde secundum principalia præcepta, quæ
nostræ hoc tribuunt potestati, ei, quidquid ecclesiastici intra sacram urbem Romam, vel foris juris
est, reformamus, totam causam judicio Dei reser-
vantes, universos hortamur, ut sacram communionem, sicut res postulat, ab eo percipiant (67). Hæc,
quicunque ex instructione nostra, quod non æsti-
mamus, vel non admittit, vel retractare posse crediderit, videat, quia in divino judicio contemptus
sui rationem, sicut Deo confidimus, est redditurus.
De clericis vero ejus, qui ab episcopo suo ante
tempus alicujus contra regulas discesserunt, et
schisma fecerunt, fieri decrevimus, ut satisfacientes episcopo suo, misericordia eos subsequatur, et
officiis ecclesiasticis se gaudeant restitui. Quisquis
vero clericorum post hanc formam a nobis prolatam quocunque sacrati Deo loci in Ecclesia Romana
missas celebrare præsumpserit, præter conscientiam papæ Symmachi, dum vivit, statutis canonicis
velut schismaticus percellatur. Triginta episcopis
in Sardinia, quos Trasimundus rex Wandalorum in
exsilium misit, et in ecclesias claudi fecit, pecuniam et vestes ministravit. Constituit etiam, die
Dominico et in natalibus sanctorum *Gloria in excelsis* cantari. Una cum episcopis, presbyteris et
diacombus cxxxv, statuit capitula synodica v. Item
in decretali suo ii capitula synodica vii. Ipse dedit

(66) *In margine hæc addit auctor:* Laurentius in
eadem synodo, cui Theodericus interfuit, dixit:
« Non placuit laicum statuendi in Ecclesia habere

A pallium Theodoro Laureacensis Ecclesiæ archiepiscopo provinciæ Pannoniorum.

LIV. Hormisda, natione Campanus, ex patre Justo
de civitate Frisinone. Annos ix, a consulatu sena-
toris usque ad consulatum Synmachi et Boetii, usque ad annum Domini xiii. Hic composuit clerum
et psalmis erudivit. Anastasius Augustus, dum in
hæresi, qua delapsus fuerat, perseveraret, duasque
in Christo naturas, deitatis videlicet et humanitatis
Eutichen hæresiarcham sequens denegaret, Hormisda papa, qui Symmacho successerat, direxit
Eunodium Ticinensem episcopum, aliosque cum eo
Constantinopolim legatos cum catholicæ fidei scripto, quatenus Anastasium ad Ecclesiam reducerent
gremium. Is non solum salubria eorum monita
sprevit, sed insuper etiam a suis conspectibus non
sine contumelia expulit, navique fragili impositos
mandat, ne uspiam per totam Græciam ad aliquam
civitatem accederent. Quam temeritatem ejus divina ultio subsecuta est. Nam cum xxvii imperii
annum ageret, vi fulminis interiit. Ad successorem
ejus Justinum directus ab eodem Hormisda pontifice Germanus Capuanus episcopus, vir sanctitate
præcipuus, digne susceptus est, multosque in fide
solidavit. Cui Justinus scripsit epistolam, et papa
sibi de instructione fidei epistolam saluberrimam
contra Eutichis dogma remisit, et aliam ad archi-
mandritas. Episcopis etiam Hispaniæ epistolam
scripsit cum ii capitulis. 1. Quod longa decet vitam
suam probatione monstrare, cui gubernacula committuntur Ecclesiæ. 2. Ne benedictio per manus
impositionem pretio comparetur. Item aliam Joanni
episcopo, quid facere debeat legatus apostolicæ sedis, cujus initium est: *Servatis privilegiis*. Octava
Id. Augusti obiit, et sepultus est in ecclesia B. Petri.

LV. Joannes martyr, natione Tuscus, ex patre
Constantio. Annos ii, menses ix, a consulatu
Maximi usque ad consulatum Olibrii. Obiit anno
Domini 526, xv Kal. Junii. Qui ad Justinum imp. a
Theoderico missus ad reconciliandam sibi gratiam
ejus, qui ab ipso honorifice susceptus est, et tractatus. In reversione carceris afflictione peremptus
est ab ipso Theoderico Ravennæ, ubi et mortuus
est. Cujus corpus translatum sepultum est in basilica B. Petri. Hic in porta Aurea, dum Constantinopolim intrat, in conspectu omnium cæco petenti
lumen reddidit. Cujus etiam meminit Gregorius in
Dialogo. Theodericus nonagesimo octavo die, postquam papa Joannes defunctus est, subito interiit;
cujus animam eremita quidam in Lippari insula
inter manus Joannis papæ et Synmachi patricii,
quem etiam occidit, deduci, et in ollam Vulcani
montis præcipitari vidit. Episcopis Italiæ scripsit
epistolam, ubi dicit: *Ecclesias Arianorum ubicunque inveneritis, catholicas eas divinis precibus, et
operibus absque ulla mora consecrate; quia et nos,*

aliquam potestatem, cui subsequendi manet necessitas, non auctoritas imperandi. »
(67) *Cod.* perficiant.

anando fuimus Constantinopoli, quæcunque in illis ᴀ xii Julii die indict. xv, anno Domini 536. Ipsi si-
* cartibus reperire potuimus, catholicas consecravimus.* quidem in exsilio manenti Amator episcopus con
ἐ ι aliam scripsit Zachariæ archiepiscopo. solationem mittens inter cætera ita scribit : « A qui

I.VI. Felix IV, natione Samnites, ex patre Ca- busdam, Pater dilectissime, audivimus vos a sede
storio. Annos iv, menses ii, a consulatu Maburcii S. Petri injuste pulsum et exsilio damnatum ; quod
usque ad consulatum Lampadii et Orestis, id est nimis grave ferentes misimus vobis argenti libras
530 annum Domini. Iste ordinatus est in quietem. xxx ad vestram, vestrorumque sustentationem. » Cui
Unum canonem valde necessarium dedit ; quod ipse papa causam suæ depositionis significans, ita
melius est, missam non cantare, aut non audire, rescribit : *Ante omnia patricia infesta mihi erat, eo*
quam in his locis, ubi non oportet, nisi pro summa *quod non restituebam Anthenium dudum patriarcham*
necessitate, missas celebrare, nec sacrificia Domino *Constantinopolitanum, quem Agapitus antecessor*
offerre. Et alios tres : 1. De dedicationibus eccle- *meus suis meritis damnavit. Urgente ejus jussione*
siarum. 2. De consecratione earum. 3. Quod non *exierunt falsi testes, dicentes adversum me crimina,*
debent exorcizare, qui non sunt consecrati. *quorum nunquam particeps fui. Sed dum multi in*

I.VII. Bonifacius II. natione Romanus, ex patre *illa persecutione persisterent timuit Belisarius patri-*
Sigibaldo. Annos ii, mensem i, usque ad annum ʙ *cius noster, et mandavit me ad se venire pacifice pro*
Domini 532. Hic etiam et Dioscorus sub conten- *quibusdam ecclesiasticis dispositionibus in Palatium*
tione ordinati sunt, sed defuncto Dioscoro Bonifa- *principis ; et ad primum et secundum velum retinui*
cius sedem tenuit episcopatus. Hic collegit Syno- *omnem clerum, et populum, qui mecum veniebat; et*
dum in basilica S. Petri, et fecit constitutum, ut *nullum permisit introire, nisi me solum, et Vigi-*
sibi successorem ordinaret, quod constitutum cum *lium, diaconum nostrum. Me vero vi retentum, et au':*
chirographis sacerdotum ante confessionem B. Pe- *prædictam Patriciam deduxerunt miserunt, quo modo*
tri apostoli in Vigilium diaconum constituit. Cum *sustentor, in exsilium pane tribulationis et aqua an-*
vero omnes contra canones hoc actum esse, et quia *gustiæ. Ego tamen propterea non dimisi, nec dimitto*
culpa eum mordebat, quod successorem sibi con- *officium meum, sed cum episcopis, quos congregare*
stituerat, notarent, ipse papa reum se esse, ante *potui, eos, qui talia egerunt, erga me, anathematizavi,*
confessionem B. Petri manifestans, ipsum consti- *et una cum illis apostolica et synodali auctoritate sta-*
tutum in præsentia omnium incendio consumpsit. *tui, nullum unquam decipiendum, sicut deceptus sum,*
Eulalio Alexandrino episcopo scripsit epistolam, de *et si aliquis deinceps ullum unquam episcoporum ita*
his, qui se contra Romanam erexerunt Ecclesiam. ᴄ *deceperit, anathema maranatha fieret in conspectu Dei*
Exemplar precum ejus et Justini principis : *Prima* *et sanctorum angelorum.* Ipse tamen Justinianus
salus est rectæ fidei regulam custodire, et a constitu- aug. consensit in hoc Theodoræ uxori suæ. Unum
tis Patrum nullatenus deviare ; de qua spe et fide se- canonem statuit, quem in epistola, quam Vigilio
parari minime cupientes, et Patrum sequentes consti- successori suo scripsit, ponemus, de invasione.
tuta anathematizamus eos, qui contra Romanam
Ecclesiam superbiendo suas erigunt cervices. **I.XI.** Vigilius, natione Romanus, ex patre Joanne

LVIII. Joannes II, natione Romanus, ex patre consule. Annos xvii, menses vii. Qui Constantino-
Projecto de Cœlio monte, qui et Mercurius dictus. poli diu exsulatus ob eamdem, qua et discessor ejus,
Annos ii, menses iv, usque ad annum Domini 533. causam, videlicet, pro Anthenio episcopo indigna-
Istius canones vel scripta nusquam reperi. tione Theodoræ Augustæ prioris, a sede ejectus est.

LIX. Agapitus, natione Romanus, ex patre Gor- Tandem relaxatus, et ad gratiam populi Romani
diano presbytero episcopo. Annum i usque ad an- revocatus Theodoræ Syracusis calculi dolore rediens obiit
num Domini 531. Qui constantinopoli defunctus, anno Domini 554. Inde reportatus Romam, ad
Romam relatus est. Ipse siquidem missus a Theo- S. Marcellum via Salaria sepultus est. Sub quo
dato ad inveniendam sibi gratiam Justiniani imp., ᴅ synodus v Constantinopoli contra Theodorum Mop-
eo quod filiam Theoderici regis, quæ eum mortuo suestenum et omnes hæreticos acta est. Qui Theo-
filio suo Athalarico. qui patri successerat, regni dorus dicebat, alium esse Deum Verbum, et alium
consortem fecerat, occidisset. Ipse itaque papa in Christum, et sanctam Mariam negabat Dei genitri-
Augusto sentiens errorem Eutichetis, arguit eum cem fuisse, sicut Nestorius, temporibus Justiniani
dicens : *Ad imperatorem Christianissimum veni, sed* principis, Donni Antiocheni, Eutichii Constantino-
ut video, Diocletianum inveni. Et imperator monitis politani ; qui xiv capitula anathematizando contra
ejus acquievit, adeo, ut et Anthenium episcopum ipsius Theodori et sociorum ejus blasphemias scri-
Constantinopolitanum præfatæ hæreseos defenso- pserunt. Silverius vero prædecessor ejus in exsilio
rem deposuerit, et in loco ejus Menam catholicum, manens de invasione arguit eum, et sententiam
persuaso principe, consecravit. Canonem statuit : damnationis in ipsum dedit ita sibi scribens : *Quia*
Quod Ecclesiæ, de quibus dubitatur, consecranda sint. *contra jura canonica temporibus Bonifacii papæ, ipso*

LX. Silverius II, confessor, natione Campanus, *vivente, successor ejus designari conabaris, nisi tibi*
ex patre Hormisda episcopo Romano. Annum i, *amplissimi senatus obviasset justitia, tunc provi-*
menses v. Qui injuste depositus in exsilio moritur *dentia pastorali tua exsecranda jam debueront auspi-*
cia detruncari, sed dum partum vulnus in te regis-

ctum est, insanabile accrevit apostema, quod (68),
*nisi ferro altius abscindatur, fomentorum non potest
sentire medicinam. Quippe nequissimi spiritus audacia ambitionis phrenesim concipiens, in illius
apostoli medici, cui animas ligandi atque solvendi concessa potestas est, versaria contumeliam, novumque
scelus erroris in apostolicam sedem rursus niteris inducere, in morem Simonis, cujus te discipulum ostendis operibus, data pecunia meque revulso, qui, favente
Domino, tribus jam jugiter emensis temporibus ei præ-
sideo, tempora mea niteris evadere. Habe ergo cum
his, qui tibi consentiunt, plenæ damnationis sententiam, sublatumque tibi nomen et munus ministerii sacerdotalis agnosce sancti Spiritus judicio et apostolica a nobis auctoritate damnatus. Sic enim decet
fidem sanctorum Patrum in Ecclesia servari catholica,
ut quod habuit amittat, qui improbabili temeritate,
quod non accepit, assumpserit.* Canonem statuit de
ecclesia, si diruta fuerit, instauranda, et si in eo
loco consecrationis solemnitas debeat iterari, in
quo sanctuaria non fuerint. Euterio fratri epistolam
cum quatuor capitulis : *Gregorius Secundino servo
Dei incluso : De ordinationibus vero apostolicæ sedis
pontificum, utrum post beatissimum Hormisdam aliqua sint addita, tua charitas requirit ; sed usque ad
Vigilii papæ tempora expositas ordinationes præsulum
esse cognoscas.*

LXII. Pelagius, natione Romanus, ex patre
Joanne Vicariano. Annos xi, menses x, usque ad
annum Dom. 576. Hic ordinatur a duobus episcopis et ab uno presbytero. Ipse etiam apostolorum
Philippi et Jacobi ecclesiam incepit, sed successor
ejus consummavit. Canonem statuit : *Quod sola
Ecclesia Romana habeat plenitudinem potestatis in
causis diffiniendis.*

LXIII. Joannes III, natione Romanus, ex patre
Anastasio. Annos iii, usque ad annum Domini 578.
Hic amavit et restauravit cœmeterium Sanctorum,
et constituit per singulas Dominicas ibi oblationes
agere. De successione Clementis B. Petro, cujus in
Prologo facta est mentio, iste astruit.

LXIV. Benedictus, natione Romanus, ex patre
Bonifacio. Annos iv, menses ii, usque ad annum
Domini 582. Canonem statuit de ablatis restituen-
dis. Anno Mauricii primo obiit.

LXV. Pelagius II, natione Romanus, ex patre Uni-
geldo. Annos x, menses ii. Obiit indict. ix, anno
Dom. 595, a peste inguinaria, quæ totam Urbem invaserat. Hic pontifex absque jussione principis consecratur, eo quod Longobardi Romam per circuitum
obsiderent, nec posset quisquam inde progredi. Hic
etiam Eliæ Aquilegiensi episcopo, nolenti tria capitula Chalcedonensis synodi suscipere, epistolam satis utilem misit, quam B. Gregorius adhuc diaconus
dictavit, in quo ordine eum Constantinopolim misit;
ubi Eutichetem quemdam de fide resurrectionis er-
rantem convicit in præsentia Tiberii. Canones de

diversis Ecclesiæ causis fecit xxx inter quos unus
est, quod novem tantum præfationes sint recipien-
dæ. 1. In Albis Paschalibus 2. Alia de Ascensione Domini. 3. De Pentecoste. 4. De Natali Domini. 5. De
Apparitione. 6. De apostolis. 7. De sancta Trinitate.
8. De S. Cruce. 9. De quadragesima. Secundus est :
*Non esse convocandam generalem synodum sine
præcepto papæ.* Cæteros invenies suo loco.

LXVI. Gregorius Dialogus, doctor, natione Romanus, ex patre Gordiano. Annos xiii, menses vi,
usque ad secundum annum Phocæ imp. Obiit indict. viii, anno Domini 602, cessante mense v. Scripsit capitula synodica vi cum episcopis xxiv, temporibus Mauricii aug. Item ejus capitula xi valde
necessaria ad Augustinum in Britannia, ipso requi-
rente, scripta. Ipse Anglorum apostolus, quos per
Augustinum et Mellitum atque Joannem ad fidem
Christi convertit. Ad ædificationem præterea Ecclesiæ multa utilia scripsit. Antiphonarium et diurnum, et nocturnum, librum Officiorum divinorum,
Moralia Job, Homelias, Sermones, Epistolas, Regi-
strum, et alia plura conscripsit. Adjecit etiam in
canone : *Dies nostros in tua pace disponas,* etc., Dominicam etiam orationem. Sicut enim ipse ait in
epistola, quam misit Joanni Syracusano episcopo :
*Idcirco Dominicam orationem mox post pacem dici-
mus, quia mos apostolorum fuit, ut ad ipsam solummodo orationem oblationis hostiam consecrarent. Et
valde inconveniens mihi visum est, ut precem, quam
scholasticus composuerat, super oblationem diceremus,
et ipsam traditionem, quam Redemptor noster composuit, super ejus sacrum corpus et sanguinem non
diceremus.* Fecit etiam præfationem de uno apostolo in veneratione B. Andreæ, cui monasterium
in Urbe ædificavit.

LXVII. Sabinianus, natione Tuscus, de civitate
Blera, ex patre Bono. Annum i, menses v, usque ad
annum Dom. 607, cessante anno fere i. Hic addidit
luminaria in ecclesia B. Petri.

LXVIII. Bonifacius III, natione Romanus, ex patre Joanne. Menses ferme ix, usque ad annum Domini 609. Qui a Phoca, qui tunc Romano præfuit
imperio, impetravit, ut Romana Ecclesia caput
omnium diceretur Ecclesiarum ; quia Constantino-
politana prius se primam esse scribebat. Unde
B. Gregorius arguens Joannem Constantinopolitanum, qui se universalem episcopum voluit vocari,
Eulogio episcopo Alexandrino scripsit : *Sicut vestra
sanctitas novit, per sanctam Calcedonensem synodum
pontifici sedis apostolicæ hoc universitatis nomen
oblatum est, sed nullus unquam decessorum meorum
hoc tam profano vocabulo uti consensit. Quia si unus
patriarcha universalis dicitur, patriarcharum nomen
cæteris derogatur. Item : Propterea sanctitas vestra
in suis epistolis neminem unquam universalem nomi-
net, ne sibi debitum subtrahat, cum alteri honorem
offert indebitum. Item Joanni Constantinopolitano :*

(68) *Cod.* quæ

Qui'indignum te esse fatebaris, ut episcopus dici de- A
buisses, ad hoc perductus es, ut despectis fratribus
episcopus appetas solus vocari. Nec stulto ac superbo
vocabulo appellari consentias.

LXIX. Bonifacius IV, natione Marsus, de civitate
Valeria, ex patre Joanne medico. Annos vi, menses
viii, usque ad annum Domini 617, cessante mense
vii. Qui constituit, ut vivente eo, alius eligeretur,
et tertio depositionis die ejus sepultus est in basilica B. Petri. Hic ab eodem Phoca Pantheon, a Domitiano constructum, in honore omnium sanctorum dedicari impetravit. Hic dedit licentiam monachis undique in sacerdotali officio ministrare.

LXX. Deusdedit, natione Romanus, ex patre
Stephano subdiacono. Annos iii, mensem i, usque
ad annum Domini 620. Sub hoc terræmotus fuit, B
indictione vii, cessante mense i et semis. Qui clerum et sacerdotes dilexit paterne, eisque sumptus
auxit. Cujus tempore Jerosolyma inter alias Palestinæ urbes a Cosroe, rege Persarum capta, et crux
Dominica in Persidem abducta est.

LXXI. Bonifacius V, natione Campanus, de civitate Neapoli ex patre Joanne. Annos v, usque ad
annum Domini 625. Vir mitis et valde pius. Hic
constituit, et sub anathemate prohibuit, ut nullus
traheretur de Ecclesia.

LXXII. Honorius I, natione Campanus, ex patre
Petronio consule. Annos xiii, usque ad annum Domini 638, cessante anno i, mense vii. Hujus tempore, Cosroe tyranno interfecto ab Heraclio imp.
crux Dominica Jerosolymis reducta est. Quæ dies C
celebris toti Ecclesiæ in honore Exaltationis S. Crucis, id est xviii Kal. Oct. ab ipso statuta est Rom.
pontifice. Cujus etiam pontificatus tertio anno Da-
gobertus filius Lotharii fortis et religiosi regis Francorum regnum adeptus est, anno Incarnationis Dominicæ 628. Hic etiam Romæ multas ecclesias in honore Domini et sanctorum ejus ædificavit et ador-
navit, Sanctæ Agnetis, Sancti Apollinaris, Sanctorum IV Coronatorum ; Severini, Pancratii, Luciæ,
Adriani, et multa alia laudabilia patravit.

LXXIII. Severianus, natione Romanus, ex patre
Abieno. Annos ii. Anno Dominicæ Incarnationis
640 cessavit, mense v, vir sanctus, mitis et pius.

LXXIV. Joannes IV, natione Dalmata, ex patre D
Venantio Scholastico. Annum i, menses viii, dies
x et viii, usque ad annum Domini 642. Cessavit
mense i et semis. Qui pecunia missa redemit captivos Christianos a barbaris in Ystria et Dalmatia.

LXXV. Theodorus, natione Græcus, ex patre
Theodoro, episcopo de civitate Jerosolyma. Annos vi,
menses fere vi, usque ad annum Domini 649. Cessavit fere ii. Hujus præsulatus anno iv, Pyrrhus
Constantinopolitanus patriarcha Sergii in sede et in
hæresi successor, cum ab ipso papa dudum ante
damnatus ex Africa Romam venisset, et fictam pœnitentiam egisset, benigne susceptus et ab eo reconciliatus est. Postea vero reversus in errorem, denuo ab ipso papa damnatus et anathematizatus est.

LXXVI. Martinus, sanctus confessor de civitate
Tudertina provinciæ Tusciæ. Annos vi, menses ii,
usque ad annum Domini 655. Hic constituit synodum in urbe Roma cum cv Patribus, in qua Cyrum
et socios ejus, hæreticum Sergium, Pyrrhum, et Paulum, et Constantium imperatorem, et eorum sequaces
condemnat, qui unam operationem et unam tantum
naturam in Filio Dei asserebant. Quam transcribens
misit per orthodoxos viros in Orientem et Occidentem, et quartam synodum confirmavit. Hujus temporibus Paulus Constantinopolitanus episcopus, Constante imperatore seducto, legatos apostolicæ sedis,
eum de hæresi arguente carceribus, exsiliis, et
diversis suppliciis afflixit, et aliis catholicis, ubicunque potuit, persecutionem non modicam concitavit. Papa vero jussu hæretici imperatoris a
Theodoro Exarcho ad hoc misso, Romæ in basilica
Sancti Salvatoris, quæ Constantiana dicitur, comprehensus, et Constantinopolim adductus, cum
flecti nullatenus potuisset, exsilio in Cersonam Li-
ciæ provinciam relegatur, ubi vitam finivit, multis
in eodem loco signis usque hodie refulgens. Epistolam Amando scripsit, cum uno decretali capitulo : *Qui semel post suam ordinationem ceciderit in*
lapsu, deinceps jam depositus erit, nullumque sacer-
dotii poterit adipisci gradum.

LXXVII. Eugenius I, natione Romanus, de regione
prima Aventinensi, clericus a cunabulis, ex patre
Rufiniano. Annos ii, menses ferme x usque ad annum Domini 658. Cessavit menses ii. Vir benignus,
mitis et pius, et in conservandis suorum prædeces-
sorum traditionibus attentissimus.

LXXVIII. Vitalianus, natione Signiensis, provinciæ Campaniæ, de patre Anastasio. Annos xiv,
menses vi. Obiit indict. vii, anno Domini 672,
mense ii. Hic Regulam ecclesiasticam et vigorem,
ut mos erat, omnino conservavit ; sub quo Constantinus, sive Constans, Constantini filius, filii Heraclii,
collecta synodo hæresim abdicavit, et postea Romanam Ecclesiam insigniter erexit, et ipsi papæ a
B. Petro evangelia aurea gemmis albis miræ magnitudinis in circuitu ornata misit. Præterea obtulit ipsemet pallium auro textum, toto exercitu ecclesiam intrante.

LXXIX. Adeodatus, natione Romanus, ex Mon-
chis, de patre Joviniano. Annos iv, menses ii. Anno Domini 677, mense ii. Cessavit menses iv semis.
Vir valde mitis et pius, adeo, ut omnem hominem
a majore usque ad minorem libenter susciperet,
ægris compassionem exhiberet.

LXXX. Donus, sive Donatus, natione Romanus,
ex patre Mauricio. Annum i, menses v, usque ad
annum Domini 678. Cessavit menses ii. Qui inter
alia bona studia porticum S. Petri marmore stravit.
Hic dum esset diaconus, mense Augusto, ingens
stella per menses iii, a galli cantu surgens apparuit.

LXXXI. Agatho, natus Siculus. Annos ii, menses vi, usque annum Domini 681, indictione ix.
Cessavit anno i, mense vii. Sub quo sexta syno-

dus universalis cL Patrum contra Macharium Antio- A
chenum episcopum et socios ejus, qui unam voluntatem, et unam operationem in Christo falsa opinione astruebant, Græco sermone conscripta, "temporibus Constantini principis, Georgii Constantinopolitani, qui etiam in eodem errore fuit, sed correctus est. Inter quos etiam duo legati Romanæ Ecclesiæ erant, Joannes Portuensis, et Joannes diaconus;
qui condemnata hæresi præfata, anathematizando
conscripserunt ix capitula. Canonem statuit : *Sic
omnes apostolicæ sedis sanctiones accipiendas esse,
tanquam ipsius divini præcepti publica voce firmatæ.*

LXXXII. Leo secundus, natione Sicula (69), de patre Paulo. Menses ferme xi. Anno Domini 685. Sub
hac indictione xi, die xvi Kal. April. in Parasceve
luna tota eclypsim passa est. Cessavit mens. ii B
semis. Iste eloquentissimus, et in divinis Scripturis satis instructus, Græcæ et Latinæ linguæ peritissimus, ecclesias renovavit, ordinavit et dedicavit.
Iose etiam constitutum fecit, ut, *qui ordinatus fuerit
archiepiscopus, ab archivo ecclesiæ, nulla consuetudine pro usu pallii, aut diversis officiis Ecclesiæ
quidquam persolvere debeat.*

LXXXIII. Benedictus II, natione Romanus, de
patre Joanne. Menses x, et post Pascha obiit anno
Dom. 685. Vir doctus et pius, et plurimis beneficiis ecclesias restaurans, imperante Constantino,
apud B. Petrum sepultus.

LXXXIV. Joannes V, natione Syrus, de provincia Antiochia, ex patre Cyriaco. Annum i, usque
ad annum Domini 686, menses ferme iii. Hic, cum C
esset diaconus, missus est ab Agathone papa Constantinopolim cum aliis ad confirmationem sextæ
synodi, quam Constantini principis edicto munitam reddidit. Vir eruditus et discretus.

LXXXV. Conon oriundus ex patre Traseceo,
menses xi, usque ad annum Domini 687. Cessavit
mens. fere iii. Vir provectæ ætatis, summæ innocentiæ, sanctæque simplicitatis ; qui B. Kilianum
ordinavit, et eum in Franciam Orientalem direxit.
Iste etiam cum duobus aliis tertius electus est,
quorum unus Theodorus, et alter Paschalis (70)....

LXXXVI. Sergius, natione Syrus, ex patre Tiberio in Panormio Siciliæ. Annos xiv, menses ix.
Obiit indict. xiv, Tiberio imperatore, anno Domini D
701. Cessavit mens. ferme ii. Hic etiam dissentientibus in duorum electione partibus, tertius Dei nutu electus est. Unus autem eorum Paschalis nomine propter incantationes, de quibus judicio Ecclesiæ convictus est, in monasterium est retrusus,
ubi impœnitens post quinquennium præ duritia
cordis mortuus est. Sub quo Synodus Aquileiæ
colligitur, quæ ob imperitiam fidei quintum universale concilium suscipere diffidit, donec salutaribus beati papæ Sergii monitis instructa (71), et
ipsa huic cum cæteris Christi Ecclesiis annuere

consentit, et synodum suscepit. Hic quod hæreticæ synodo a Justiniano filio Constantini hæretico,
in urbe regia celebratæ subscribere noluit, in qua
legati apostolicæ sedis decepti subscripserunt; ipse
vero papa, pro eo quod quædam capitula extra ritum ecclesiasticum fuerant annexa, non acquievit,
misso Zacharia protospatario captivum ad se adduci præcepit. Quem Ravennates ereptum, Zachariam urbe expellunt. Hic constituit confractionem
fieri in indiviso corpore Christi, et post confractionem *Agnus Dei* ab Ecclesia decantari. Et rationem
ostendit trium partium sic : *Triforme est corpus
Domini : Pars oblata in calicem missa, corpus
Christi quod jam resurrexit, monstrat; pars come-
sta, ambulans adhuc super terram; pars in altari
usque ad missæ finem remanens, corpus in sepulcro ; quia usque in finem sæculi corpora sanctorum
in sepulcris erunt* (72). (*Pars quæ immergitur in sanguine, martyres in tribulatione; reliqua, quæ super
patenam ponitur, illam partem Ecclesiæ, quæ in
æterna pace est ; tertia illos qui vivunt in quiete.*) Canones plures statuit. Hic invenit miræ magnitudinis portionem de cruce Christi in sacrario B. Petri. Ilic etiam B. Willibrordum ordinavit, et in
Germaniam ad prædicandum destinavit. Ceadwal-
tum etiam regem Occidentalium Saxonum Romæ
baptizavit, et ibidem in Albis mortuum sepelivit.
Statuit etiam, ut in solemniis beatæ Mariæ litaniæ exeant de S. Adriano, et ad S. Mariam populus occurrat.

LXXXVII. Joannes VI, natione Græcus. Annos iii,
menses ii, usque ad annum Domini 705. Cessavit
mens. i semis. Hic ad Gilulfum ducem Lombardorum, qui Beneventanam Campaniam igne, gladio
et captivitate vastavit, et cum non esset, qui ejus
impetui resisteret, missis ad eum sacerdotibus et
donariis plurimis universos redemit captivos, atque
hostes domum redire fecit.

LXXXVIII. Joannes VII, similiter Græcus natione, de patre Platone. Annos ii, menses fere viii,
usque ad annum Domini 708. Cessavit menses iii.
Qui inter multa opera illustria fecit oratorium
Sanctæ Dei Genitricis opere pulcherrimo intra ecclesiam B. Petri apostoli. Qui regimen apostolatus
sponte dimisit, et se monachum fecit.

LXXXIX. Sisinnius, natione Syrus, patre Joanne.
Diebus xx. Qui podagricus subito obiit anno Domini 708, quo supra. Cessavit menses ii.

XC. Constantinus, natione Syrus, ex patre Joanne. Annos vii, usque ad annum Domini 715. Hic
in Græciam ad imperatorem venit indict. ix, et reversus est x. Cui Philippicus litteras pravi dogmatis misit, quas ille respuit, et hujus rei causa fecit
picturas in porticu Sancti Petri, quæ acta vi sanctarum synodorum continebant, quas ipse Constantinopoli jusserat auferri. Hic Justinianum impe-

---

(69) Ita codex.
(70) Cætera erasa sunt.
(71) Cod. instructi.

(72) Hæc verba subjuncta erant elogio Sergii,
æque antiqua, et forte eadem , qua reliqua exarata sunt manu.

ratorem pœnitentem absolvit pro eo , quod Gallicinum patriarcham cæcaverat, et dederat episcopatum Cyro, qui erat abbas in Ponto, qui etiam eum
exsulem alebat, dum a regno expulsus fuit. Anastasius imperator Constantino papæ litteras misit
Romam per Scholasticum patricium, et exarchum
Italiæ, quibus se fautorem catholicæ fidei et sanctorum vi conciliorum prædicatorem esse docuit.

XCI. Gregorius II, natione Romanus, ex patre
Marcello. Annos xv, menses fere ix, indict. xiv,
obiit. Hic vir castus et in divinis Scripturis eruditus statuit, ut quinta feria Quadragesimali tempore
jejunium atque missarum solemnitas fieret, quod
B. Melciades papa prohibuerat ; ne quinta feria et
Dominica fieret jejunium. Hic Leonis et Constantini imp. tempore fuit, et in Germania per Bonifacium archiepiscopum, quem ordinavit, verbum
salutis prædicavit. Wivilonem Laureacensem archiepiscopum ordinavit. Hujus etiam tempore quidam seductor Tiberius cognomento Petasius, qui
sibi regnum Romani imperii usurpare conabatur, et imagines tam Salvatoris, quam suæ Genitricis et sanctorum igne cremare, et pictas de-
albare jussit, pro qua re multi passi sunt, et
Germanus Constantinopolitanæ Ecclesiæ antistes
pontificatu est privatus. iii Kal. Decemb. obiit. Capitula scripsit x et ix omni Ecclesiæ servanda cum
Patribus xxxiii, eaque sub anathematis vinculo al-
legavit. Hoc tempore Græcorum cessante auxilio,
et Longobardorum grassante oppressione Romanum
imperium pervenit ad Francos.

XCII. Gregorius III, natione Syrus, ex patre
Joanne. Annos x, menses ferme viii. Hic subito,
dum in exsequiis antecessoris sui ante feretrum esset
inventus, vi abstractus, in pontificem est electus.
Fuit etiam Leonis et Constantini imp. tempore et
persecutione, quæ per ipsos mota est, grassante
ad distractionem sanctarum imaginum ipsos commonuit, ut resipiscerent, et commonitoria scripta
eis misit, sicut et prædecessor ejus fecerat ; sed
nihil profecit. Unde majori ardore fidei permotus,
synodale decretum residentibus secum ar biepi-
scopis Antonino Gradense, et Joanne Ravennatense,
et cæteris Hesperiæ partis episcopis xciii tam episcopis quam presbyteris , quam etiam diaconus
statuit, ut si quis deinceps sanctarum imaginum
blasphemator existeret, extorris esset a corpore et
sanguine Domini ; quod sua subscriptione omnes
firmaverunt, et sanctas imagines erigi fecit. Adjecit etiam in canone dicendum : Intra quorum consortium, etc., quam institutionem in tabulis lapideis conscribi fecit. Eo tempore deprædatur Campania a nefandis Lombardis et rege Leuprando ;
qui veniens Romam in campo Neronis , multos nobiles de Romanis, more Lombardorum totondit atque vestivit. Pro quo vir Dei dolore constrictus
claves ex confessione B. Petri Carolo primo Fran-

corum regi navali itinere direxit per Anastasium
episcopum, virum sanctissimum, et Sergium presbyterum, postulandum a præfato Carolo ; ut eos
a tanta oppressione Lombardorum liberaret. Leonem etiam imperatorem a communione Ecclesiæ
abscidit, et totam Italiam cum Roma ab eo avertit.
Hic Græca Latinaque lingua eruditus, psalmos
omnes per ordinem memoriter tenens, et in eorum
sensibus subtilissima exercitatione fuit elimatus.
Canonem statuit. Obiit iii Kal. Decemb.

XCIII. Zacharias, natione Græcus, ex patre Po
locronio. Annos x, menses iii. Obiit indict v. k!.
Martii, anno Domini 752. Vir mitis et suavis, omni
bonitate ornatus, dilectus ab omnibus, tardus ad
irascendum velox ad miserendum , nulli malum
pro malo reddens, neque vindictam secundum merita tribuens; sed pius et misericors. Hic invenit
totam Italiam turbatam et ducatum Romanum a
Luiprando Lombardorum rege. II.c statuit , ut iv
feria ante Quadragesimam cineres benedicerentur,
et super capita fidelium ad ostendendam veræ contritionis humilitatem , quæ per jejunium inchoatur,
aspergi. Hic etiam Dialogum B. Gregorii de Latino in Gr. cum transtulit, et P. Georii martyris caput
in capsa reconditum reperit, et in Romanam urbem
transtulit. Pippinum jussit regem constitui. Multa
ad Bonifacium archiepiscopum, quem Gregorius in
Germaniam mittens consecravit, scripsit utilia.

XCIV. Stephanus II, natione Romanus, ex patre
Constantino. Annos v, mensem fere i, usque ad
annum Domini 757. Hic est, cujus rogatu Pippinus
rex contra Aistulfum Lombardorum regem ivit ;
cæsis multis Lombardis, receptis etiam xl obsidibus et jurejurando interposito, ne amplius Romanam infestaret Ecclesiam, obsidionem solvit. Nam
Papiam, in qua ipse rex fuit, obsederat. Hujus etiam
tempore adveniens Humaldus dux Equitaniæ (73)
ad limina apostolorum, ibi se serviturum promisit.
Qui postmodum diabolica fraude deceptus, votum
frangens Lombardorum expeditioni maligne se an-
nectens, sicut meruit, lapidibus vitam digna morte
finivit. Hoc tempore Ecclesia Romana a regibus
Italiæ magnam patitur persecutionem. Hujus auctori-
ritate deposito, ac detonso Hilderico rege , imo in
monasterium misso, electus est Pippinus rex Francorum, Caroli primi filius , et a sancto Bonifacio
Moguntino archiepiscopo Suessionis ad regnum
consecratur.

XCV. Paulus, natione Romanus, ex patre Constantino. Annos x, mensem i, usque ad annum
Domini 767. Hic ab aliis Constantinus ponitur.

XCVI. Stephanus III, natione Romanus, ex patre
Olivio. Annos iv, menses fere vi, usque ad annum
Domini 772.

XCVII. Adrianus I, natione Romanus , ex patre
Theodoro. Annos xxiv, menses x, usque ad annum
Domini 796. Qui Carolum Romam venire ad defe-

rendas (74) res Ecclesiæ postulavit. Carolus ergo A
rex Romam veniens, Papiam obsedit, ibique relicto
exercitu in sancta resurrectione ab ipso papa Romæ
honorifice susceptus est. Post sanctam vero resurrectionem reversus Papiam , cepit Desiderium.
Deinde Romam reversus constituit ibi synodum
cum ipso papa in patriarchio Laterani in ecclesia
S. Salvatoris cum CLIV religiosis episcopis et abbatibus. Papa autem cum universa synodo tradiderunt
Carolo jus et potestatem eligendi pontificem, et ordinandi apostolicam sedem. Dignitatem quoque ei
patriciatus concesserunt. Insuper archiepiscopos,
episcopos per singulas provincias ab eo investituras
accipere diffiniunt, et ut, nisi a rege laudetur et
investiatur, a nemine consecretur episcopus. Et
quicunque contra hoc decretum esset, anathematis B
vinculo eum innodavit, et nisi resipisceret, bona
ejus publicari præcepit. Papa vero in die sancto
Paschæ præsente Carolo imp. anathematizavit
Thassilonem ducem Bawariæ, nisi in omnibus obediret eidem imperatori et filiis ejus , ac genti
Francorum, sicut juraverat patri suo Pippino et
sibi. Quod si nollet, et sanguinis effusio fieret, vel
aliud malum, hoc super eumdem ducem et ejus
consentaneos esset, rex vero et sui a culpa immu-
nes essent.

XCVIII. Leo III, natione Romanus, ex patre
Azuppio. Annos xx, menses x, usque ad annum
Domini 816. Hic a Romanis in majori Leatania
excæcatus, et lingua ejus privatus est, sed per
Wirimundum abbatem et Winigisum ducem Spole- C
tanum ereptus, et in Saxoniam ad regem Carolum
perductus est. Sequenti anno ab eodem principe
Romam reductus et restitutus est. Qui in ecclesia
B. Petri coram rege et omni populo evangelium
portans, ambonem conscendit, invocatoque sanctæ
Trinitatis nomine, jurejurando ab objectis se criminibus expurgavit in hunc modum : *Luditum* (75)
est, fratres charissimi, et divulgatum per multa loca,
qualiter homines mali adversum me insurrexerunt, et
debilitare voluerunt, et miserunt super me gravia cri-
mina. Propter quam causam iste clementissimus et se-
renissimus dominus Carolus una cum sacerdotibus et
optimatibus suis istam pervenit ad urbem. Quamob-
rem ego Leo, pontifex Romanæ Ecclesiæ a nemine D
judicatus, neque coactus, sed spontanea mea volun-
tate purifico me in conspectu vestro coram Deo et
angelis ejus, qui conscientiam meam novit, et B. Pe-
tro, principe apostolorum, in cujus conspectu con-
sistimus; quia istas criminosas et sceleratas res, quas
illi mihi objiciunt, nec perpetravi, nec perpetrare
jussi. Testis est mihi Deus, in cujus conspectu con-
sistimus, et in cujus judicium venturi sumus. Et hoc
propter suspiciones malas tollendas mea spontanea
voluntate facio, non quasi ego hanc consuetudinem
aut decretum in sancta Ecclesia successoribus, nec
non et fratribus et coepiscopis nostris imponam, sed

(74) *Sic codex f.* defendendas.
(75) *F.* lucidum, *vel* judicatum.

ut melius a vobis abscidatis rebelles cogitationes.
Rex autem post hanc satisfactionem , in qua XII
episcopos fautores habuit, in adversarios vindictam
faciens, quosdam occidit, alios exsilio destinavit.
Canonem statuit.

XCIX. Stephanus IV, natione Romanus, ex patre
Marino. Menses VII. Iste diaconus Leonis papæ fuit.
Obiit anno Domini 817, a quo Ludovicus magui Ca-
roli filius imperator fit.

C. Paschalis natione Romanus, ex patre Bonoso.
Annos VII, mensem fere I, usque ad annum Domini
824. Quo mortuo, cum in locum ejus duo per con-
tentionem populi fuissent electi , Eugenius tamen
archipresbyter tituli Sanctæ Sabinæ vincente nobilium parte subrogatus atque ordinatus est (76). A
quo Romani pontificis electio a Ludovico primo
ipsi et Romanis conceditur.

CI. Eugenius II , natione Romanus. Annos IV,
menses fere VIII, usque ad annum Domini 818. Iste
Ratfrido Favianensi, et Methodio Speculi Jul:ensis,
qui et Ouguturensis, et Alcuino Nitranensis, An-
noni Vetuariensis sanctarum Ecclesiarum episcopis
scripsit, et Urolfum Laureacensem archiepiscopum
eis rectorem transmisit et commisit, et jus metropolitani ei privilegio consignavit.

CII. Valentinus, natione Romanus, ex patre Petro. Diebus XL, anno Domini quo supra. Pro brevitate temporis nihil dignum memoriæ fecit.

CIII. Gregorius IV, natione Romanus, ex patre
Joanne. Annos XVI, usque ad annum Domini 844.
Iste Theodosium, quem Eugenius papa prius pre-
sbyterii honore privaverat, sanctæ Siguinæ Ecclesiæ consecravit episcopum.

CIV. Sergius II , natione Romanus, ex patre
Sergio. Annos III, usque ad annum Domini 817.

CV. Leo IV, natione Romanus, ex patre Rodoaldo. Annos IX, menses III, usque ad annum Domini 856. Iste tradidit Adelwino Juvavensi archiepiscopo beatum martyrem Hermem secum ad sedem suam deducendum. Canonem scripsit episcopis
Britanniæ : *Quod pontificum Romanorum statuta*
præ aliis sunt habenda ; et alia plura Lothario Au-
gusto de capitulis imperialibus conservandis. Item
aliud ipsi : *Ut, sicut Romana lex hactenus viguit , et*
pro nullo hominum est corrupta, ita et nunc suum
robur obtineat. Iste commonuit Lotharium et Ludovicum de canonica et justa electione et consecratione Romani pontificis.

CVI. Benedictus III, natione Romanus, ex patre
Petro. Annos II, menses VI, usque ad annum Domini 859. Quo consona totius Urbis acclamatione
electo clerus et populus et proceres decretum manibus propriis roborantes, Lothario et Ludovice
principibus destinaverunt. A quibus laudatus, legatorum, quos de hac causa miserant, præsentia et
collaudatione est consecratus.

CVII. Nicolaus, natione Romanus, ex patre Theo-

(76) *Sic cod.* locus corruptus.

doro. Annos ix , menses ix , usque ad annum Domini 868. A quo Lotharius pro Theiberga regina,
quam repudiaverat Gualdrada superducta quorumdam episcoporum astipulatione, post crebras ad-
monitiones communione privatur. Ipse Adalwino
Juvavensi archiepiscopo scripsit de muliere, quæ
superposito velamine finxit se monialem esse , et
postea ad nuptias rediit ; ut pœnitentiam de illu-
sione agat, et vertatur ad id quod spopondit.

CVIII. Adrianus II, natione Romanus, ex patre
Jalario episcopo. Annos v, usque ad annum Domini
873, a quo Lotharius a Nicolao excommunicatus,
Romam rediens susceptus, cum se de illatis criminibus excusare vellet, sibique hoc judicium papa
proponeret ; ut , si innocens esset , fiducialiter ad
communionem accederet ; accessit temerarius, et
de manu Apostolici judicium sibi suisque complicibus sumpsit. Nam non multo post ipse, suique
fautores subita morte perierunt , tantaque clades
hanc præsumptionem divinitus subsecuta est, ut in
ejusdem Lotharii regno tota virtus ac nobilitas non
peste sed quasi hostili gladio simul deleta videretur. Primo enim ab ipso papa Lotharius interrogatus, si monitis antecessoris sui domini Nicolai pro Teiberga regina acquievisset , et ille
dum se injuncta servasse falso affirmaret , corpus
Domini, sicut supra dictum est, sumens , pœnas in
via solvit.

CIX. Joannes VIII , natione Romanus, ex patre
Gundo. Annos x , usque ad annum Domini 883.
Qui Ludovicum imperatorem a sacramento, quod
coactus ab Adelgiso duce pro conservanda vita fecerat, absolvit. Qui etiam per venenum a quodam
suo propinquo sibi dato, deinde malleo in cerebro
percussus obiit. Ipse etiam Photium Constantinopolitanum patriarcham, a Nicolao depositum , in-
terventu augustorum Basilii , Leonis, Alexandri
restituit. In libro Gothicæ legis diversa inveniuntur
ab eo statuta. De sacrilegio, quod infra xxx passus
ab ecclesia in circuitu vel in domibus , quæ sunt
infra passus, aliquid inde eripiendo, committitur,
seu clericis aut monachis, sive ecclesiasticis personis aliquid mali seu damni intulerit. Non enim
capellæ, quæ infra ambitum murorum castellorum
sunt ponuntur in hac observatione. Item de com-
pensatione sacrilegii quam Justinianus in v libris
auri constituit, ipse in xxx libras argenti exami-
nati, id est sexcentorum solidorum summam argenti purissimi hanc emendationem illis statuit
faciendam , ad quos querimonia sacrilegii juste
pertinuerit. Et Michaeli Bulgarorum regi : *Si ab
excommunicatis sacramenta suscipitis , constat idololatriam , ut schismatici efficeremini fecisse.* Et
multa alia. Quod querimonias Ecclesiarum, qui in
dignitatibus sunt, attentius debent audire.

CX, Martinus, natione Gallisana, ex patre Pa-
lumbo presbytero. Annum i, menses vii, usque ad
annum Domini 885. Iste fuit archidiaconus præde-
cessoris sui.

CXI. Adrianus III , natione Romanus, ex patre
Benedicto. Annum i , menses iv, usque ad annum
Domini 886.

CXII. Stephanus V, natione Romanus, ex patre
Adriano. Annos paulo plus vi, usque ad annum
Domini 892. Canonem statuit i, *quod de manifesto
et nota plurimis causa non sunt quærendi testes,*
quod Leoni Zianensi episcopo scribit.

CXIII. Formosus prius episcopus Portuensis ex
patre Leone. Annos iv, menses vii, usque ad annum Domini 896. Cujus consensu Arnolfus rex ,
filius Carolomanni, Romam armis cepit. Rex etiam
cum magno honore susceptus ab eo, ante confessionem B. Petri coronatus imperator creatur ab eo.
Unde etiam vehementer affligebatur ab eis. In cujus
ingressu ulciscendo papæ injuriam multos Romanorum principes obviam sibi properantes decollare
præcepit. Causa autem simultatis inter Formosum
papam et Romanos hæc fuit. Formosi decessore
defuncto , Stephanus quidam Romanæ Ecclesiæ
diaconus erat, quem Romanorum pars quædam sibi
papam elegerat ; quædam vero pars non influa
nominatum Formosum Portuensis civitatis episcopum pro vera religione , divinarumque doctrina-
rum scientia papam sibi fieri anhelabat. Nam dum
in eo esset, ut Stephanus apostolorum vicarius or-
dinari debuisset, ea, quæ Formosi favebat partibus,
pars, Stephanum non mediocri tumultu et injuria
ab altari expellunt, et Formosum papam constituunt. Descenditque Stephanus in Tusciam, quatenus Adalberti, potentissimi marchionis auxilio jua-
retur ; quod et factum est. Nam, Formoso defuncto
atque Arnulfo imperatore in propria reverso, et
pediculorum cruciatu, qui *ptiriasis* dicitur, exstin-
cto, hic, qui post Formosi necem constitutus est,
expellitur, Stephanusque papa per Adalbertum constituitur. Quo constituto , ut impius, doctrinarum-
que sanctarum ignarus Formosum de sepulcro extrahere, atque in sedem Romani pontificatus sacerdotalibus vestimentis indutum collocare præcepit.
Cui et ait : *Cum Portuensis episcopus esses, cur ambitionis spiritu Romanam universalem sedem usur-
pasti?* His expletis, sacratis mox exutum vestimentis, digitisque tribus abscissis in Tyberim jactari
præcepit, cunctosque, quos ipse ordinaverat, gradu
proprio depositos, iterum ordinavit. Quantæ autem
auctoritatis, quantæque religionis papa Formosus
fuerit, hinc colligere possumus , quia dum a pisca-
toribus postmodum corpus ejus esset inventum,
atque ad B. Petri ecclesiam deportatum, sanctorum
quædam imagines hunc in loculo positum venerabiliter salutaverunt.

CXIV. Bonifacius VI, natione Romanus, ex patre
Adriano episcopo. Diebus xv. Qui podagra periit
anno ipso. Ipse expulsus est post mortem Formosi
a Stephano.

CXV. Stephanus VI, natione Romanus, ex patre
Joanne presbytero, prius episcopus Campaniæ.
Annum i, mensem i. Qui digne propter effossum

Formosum ejectus periit. Nam tyrannis Peringario et Lamperto favens, et odio habens, Arnulfum imperatorem, Formosum papam, sicut supra dictum est, viii post obitum ejus mense effossum, et in sella ejus positum, loquente pro eo diacono, criminatum et quasi convictum degradavit, et per crura de ecclesia protractum in Tiberim projici præcepit. Sed divinis per merita ejus miraculis territi cives Romani, non multo post tempore Stephanum digne cruciatum ejecerunt, Formosumque in sepulcrum suum reposuerunt. Iste ab aliis Sergius Romanus diaconus esse dicitur.

CXVI. Romanus, natione Gallisana, ex patre Constantino. Menses fere v, anno Domini 898.

CXVII. Theodorus II, natione Romanus, ex patre Focio. Diebus xx, anno Domini, quo supra.

CXVIII. Joannes IX, natione Tyburtes, ex patre Rampoaldo. Annos ii, usque ad annum Domini 900.

CXIX. Benedictus IV, natione Romanus ex patre Mammolo. Annos iii, menses v, usque ad annum Domini 904.

CXX. Leo V, natione Ardeas de Lompampi. Menses ii. Anno Domini, quo supra. Iste presbyter forensis fuit.

CXXI. Christophorus, natione Romanus, ex patre Leone de titulo Damasi prius cardinalis. Menses iv, qui dejectus monachus factus est, anno Domini, quo supra.

CXXII. Sergius III, natione Romanus, ex patre Benedicto. Annos vii, menses iii, usque ad annum Domini 912.

CXXIII. Anastasius III, natione Romanus, ex patre Luciano. Annos ii, menses ii, usque ad annum Domini 914.

CXXIV. Lando, natione Sabinensis, ex patre Tainu. Menses v, anno Domini 915.

CXXV. Leo VI, natione Romanus, ex patre Christophoro primicerio. Menses fere iii, anno Domini quo supra.

CXXVI. Joannes X, natione Ravennas, ex patre Joanne. Annos xiv, menses ii, usque ad annum Domini 929. Hic per quamdam meretricem Theodoram papa dicitur esse constitutus.

CXXVII. Stephanus VII, natione Romanus, ex patre Teudemundo. Annos iii, mensem i, usque ad annum Domini 931.

CXXVIII. Joannes XI, natione Romanus, ex patre Sergio papa. Annos iv, usque ad annum Domini 915.

CXXIX. Leo VII, natione Romanus. Annos iii, menses vi, usque ad annum Domini 938. Iste Gerhardo Laureacensi archiepiscopo pallium transmisit, et fidem ejus, licet breviter scriptam, approbavit, quam tamen latius explanare dicit eum debuisse. Scripsit etiam Egelolfo Juvavensi archiepiscopo, Ratisponensi, Frisingensi, Sebonensi episcopis, ut ei in omnibus ecclesiasticis negotiis obedientes et adjutores essent, tanquam ei, cui vicem suam commiserat.

CXXX. Stephanus VIII, natione Romanus. Annos iii, menses fere iv, usque ad annum Domini 942.

CXXXI. Marinus II, natione Romanus. Annos iii, menses vi, usque ad annum Domini 945.

CXXXII. Agapitus II, natione Romanus. Annos fere x, usque ad annum Domini 955. Cujus tempore synodus Ingelheim præsente Ottone, et Ludovico regibus propter Adelberonem sancti Udalrici nepotem colligitur. Cui synode vice papæ Agapiti Marinus episcopus præsedit, et cum xxx episcopis Teutoniæ subscripsit. Hic etiam Gerhardum Laureacensis Ecclesiæ pastorem in culmen metropolitanum sublimavit, et litem inter ipsum et Heroldum Salzburgensem de honore archiepiscopii agitatam per disterminatores utriusque parochiæ sedavit; ita, ut Heraldo Occidentalis Pannoniæ curam committeret, Geraldo vero Orientalis Pannoniæ, regionemque Avarorum, atque Maraharorum, et Sclavorum, qui vel tunc Christiani, vel adhuc Christo lucrandi erant, credidit, et vicem apostolicam in illis partibus prædicandi et episcopos constituendi, omniaque disponere, ac si ipse præsens esset, constituit.

CXXXIII. Joannes XII, qui et Octavianus, natione Romanus, ex patre Alberico. Annos viii, menses iv. Iste a quibusdam culpatur, et dicitur totam vitam suam in adulterio et vanitate deduxisse. Cujus temporibus Otto imperator primus hujus nominis Heinrici regis filius, Romam veniens, ab eo honorifice susceptus est. Cum quo ipse prædictus imperator multum decertavit, sed a nequitia sua nunquam potuit eum removere. Consilio namque habito iterum Romam venit, ut ipsum scelera tum a tanta nequitia revocaret. Cujus ut audivit adventum, Campaniam fugit, et in montibus ibi latitavit. Tunc omnes Romani uno consensu et una voluntate clerici et laici rogaverunt imperatorem, ut sanctæ Ecclesiæ dignum pontificem et pium rectorem tribueret. Quibus ait : Eligite, qui dignus sit, et ego libentissime vobis eum concedo. Et elegerunt omnes communiter tam clerici quam laici dominum Leonem, virum venerabilem protoscriniarium summæ sedis apostolicæ. Imperatore itaque recedente, et Leone in sede manente, Romani ipsum foras ejecerunt, et Joannem illum sceleratum in sedem reduxerunt. Unde fames, et ingens persecutio et tribulatio civitati evenit. Dominus itaque Leo sanus civitatem exivit, et Spoletum ad imperatorem venit. A quo honorifice susceptus contra Romanos parat insidias. Quo veniente, in Reatinam civitatem Romanorum nuntii ante suam præsentiam venerunt, et mortem Joannis nuntiaverunt, et de electione et consecratione Benedicti diaconi rogaverunt ; sed nihil obtinuerunt, sed tale ab eo responsum acceperunt : Quando dimisero ensem meum, tunc dimittam, ut dominum Leonem papam in cathedra S. Petri non restituam. Nuntii vero reversi eumdem Benedictum

præfatum contra voluntatem imperatoris elegerunt. A
Quod audiens imperator, plus in ira exarsit, et civitatem undique circumvallavit, et diversis modis
eos circumquaque afflixit. In tantam itaque captivitatem eam deduxit, ut modius furfuris xxx argen-
teis emeretur. Quam pestilentiam cives ferre non
valentes, Benedictum quamvis innocentem imperatori tradiderunt, et dominum Leonem receperunt,
sacramento facto super corpus B. Petri ; et dimisit eis imperator offensam, et recessit in Galliam.

CXXXIV. Leo annum unum, menses iii de regione, quæ vocatur Clivus Argentarii, ex patre Joanne protoscriniario, natus Romæ, vir omni honestate
præclarus. Qui ejecto ab imperatore Ottone Joanne,
ut dicitur, scelerato, communi electione tam cleri B
quam populi assumptus, consecratus est in Romanum pontificem per mensem Decemb. in Lateranensi patriarchivo. Hic fecit ordinationes in eodem
mense, presbyteros vii, diaconos ii. Hic collecta synodo Romæ in ecclesia S. Salvatoris, ad exemplum
Adriani apostolicæ sedis episcopi, qui domino Carolo invictoriosissimo regi Francorum et Lombardorum patriciatus dignitatem, ac ordinationem apostolicæ sedis, et investituram episcoporum concessit, ita : Ego Leo, servus servorum Dei, episcopus,
cum cuncto clero ac populo Romano constituimus,
confirmamus ac corroboramus, et per nostram apostolicam auctoritatem concedimus, atque largimur domino Ottoni primo, regi Teutonicorum, ejusque suc- C
cessoribus hujus regni Italiæ in perpetuum tam sibi
facultatem eligendi successorem, quam summæ sedis
apostolicæ pontificem ordinandi : ac per hoc archiepiscopos, seu episcopos, ut ipsi ab eo investituram
suscipiant, consecrationem autem, unde debent, exceptis his, quos imperator pontifici et archiepisc. pii
concessit, et ut nemo deinceps cujuscunque dignitatis
vel religiositatis eligendi, vel patricium sive pontificem summæ sedis apostolicæ, aut quemcunque episcopum ordinandi habeat facultatem, absque consensu
imperatoris ipsius, qui tamen fiat absque omni pecunia, et ipse sit patricius et rex. Quod si a Deo et populo quis episcopus eligatur, nisi a supradicto rege
laudetur et investiatur, non consecretur. Si quis contra
hunc apostolicam auctoritatem aliquid moliatur, D
hunc excommunicationi subjacere decrevimus, et nisi
resipuerit, irrevocabili exsilio puniri, vel ultimis suppliciis feriri. Iste Otto ideo primus rex Teutonicorum vocatur, non quod primus apud eos regnaverit,
sed quod primus ex eis imperium ad Teutonicos
Francos revocaverit.

CXXXV. Benedictus V, natione Romanus, ex patre Joanne. Sedit menses ii, quo ejecto, ut dictum
est, Leonem imperator restituit, et Benedictum in
Saxoniam misit, ubi in Bremensi archiepiscopatu
finivit in exsilio vitam. Cujus ossa jussu tertii Ottonis Romam reportata venerabiliter sunt sepulta.
Leo tamen multa mala perpessus est a Romanis secundo.

CXXXVI. Joannes XIII, natione Romanus, ex patre Joanne episcopo, prius Narniensis episcopus.
Annos vii, usque ad annum Domini 902, qui communi omnium electione in sede sedit. Iste vir doctus, et honorifice eruditus divinis et canonicis libris, a cunabulis in clericali ordine manens, in Lateranensi palatio ostiarius psalmista, lector, exorcista, acolythus, subdiaconus, diaconus in eadem
Romana Ecclesia per distinctos ordines est ordinatus, et ita, Deo volente, legitime et canonice pontifex est ordinatus. Postquam sedit menses ii et dies
xvi, comprehensus est a Rofredo comite, et Petro
præfecto cum populo Romano, et miserunt illum in
exsilium in Campaniam, et mansit in ipso exsilio
menses x et dies xxviii. Post mortem vero Rofredi
reversus est Romam, et veniens Otto imperator
magnam vindictam de populo Romano fecit ;
alios in patibulo suspendit, et alios in exsilium
misit.

CXXXVII. Benedictus VI, natione Romanus, ex
patre Hiltibrando. Annum i, menses x, qui a Romanis criminatus et in castello S. Angeli a Crescentio
relegatus, et strangulatus est ; eoque adhuc vivente
Bonifacius ordinatus est, et statim pulsus, et Constantinopolim petiit sub Ottone imp. adhuc primo,
anno Domini 974. Secundum alios Donus, secundum alios Bonifacius. Donus annum unum, menses vi.

CXXXVIII. Bonifacius vii, natione Romanus, ex
patre Ferrutio, qui statim pulsus Constantinopolim
petiit, et Benedictus prius Sutriæ episcopus substituitur. Qui Bonifacius imo Malefacius prius male ordinatus, et expulsus fuerat, et iterum male reversus, pessime postremo defunctus sedit annum
fere unum.

CXXXIX. Benedictus VII, natione Romanus, ex
patre David, Sutriæ etiam episcopus. Annos ix, usque ad annum Domini 983. Ipse Ottoni imperatori
II, et Heinrico duci Bavariæ, et archiepiscopis Teutoniæ scripsit, et Laureacensi Ecclesiæ honorem
metropolitanum restituit ; Pilgrimo ibi sex episcopos suffraganeos assignavit, ita videlicet, ut Salz-
burgensis Ecclesia superioris Pannoniæ, ista vero
inferioris Pannoniæ episcopos haberet. Cui etiam
Pilgrimus fidem suam in epistola sibi transmissa
luculenter exposuit, et pro pallio transmittendo rogavit.

CXL. Joannes XIV, qui et Petrus, natus Papiæ.
Sedit menses viii. Quem superior Bonifacius reversus Constantinopoli, ubi fugerat, comprehensum, et
in Castello S. Angeli in custodiam per iv menses
inedia attritum jussit occidi. Cujus sede postea per
menses xi, invasa subitanea morte præventus, odio
suorum post mortem cæsus et lanceatus, nudato-
que corpore ante Constantini caballum in campo
projectus, mane a supervenientibus clericis est sepultus.

CXLI. Joannes XV, natione Romanus, ex patre
Leone presbytero. Annos x, menses vii, qui et or-

torium Sanctæ Mariæ in gradibus pictura decora- A
vit. Ilic obiit anno Domini 996.

CXLII. Gregorius V, qui et Bruno, natione Fran-
cus, ex patre Ottone dúce, matre Juditta. Annos III,
menses IX, usque ad annum Domini 999. Cui rebel-
lans Crescentius in Castello S. Angeli captus, et
truncatus per pedes suspensus est. Cujus sedem
Joannes Græcus cognomento *Philagathos* episcopus
Placentinus invasit, sed ab Ottonis Valisore Birthi-
lone nomine correptus, amputatis naribus et lingua,
et effossis oculis in asini caudam per totam Romam
ductus est. Ilic primus Teutonicorum apostolicæ
sedi præsedit. Ilic etiam et Wilhelmus Argentinen-
sis episcopus, et Hezil, et Chuno quatuor fratres,
filii Ottonis ducis Orientalis Franciæ fuerant, ex
quibus Chunone, et Hezilone nati sunt duo fratres B
Chunones, quorum alter major Chunradus dictus
imperator factus est Romanus, cum tamen de his
duobus tantum inter principes imperii facta sit
electio.

CXLIII. Silvester II, qui et Gerbertus cognomento
Musicus, natione Equitanus (77), ex monasterio S.
Geraldi, primum Remorum, post Ravennatium archiepiscopus, novissime in papam promotus, sedit
annos V, usque ad annum Incarnat. Domini 1004,
unde de ipso scriptum est .

Transit ab R. Gerbertus in R, post papa vigens R.
Ilic sæculari litteraturæ nimium deditus, et ob
hoc curioso imperatori Ottoni III, juniori amatus
fuit.

EPITAPHIUM SILVESTRI PAPÆ, QUI ET GERBERTUS.

Iste locus mundi Silvestri membra sepulti
   Venturo Domino conferet ad sonitum.
Quem dederat mundo celebrem doctissima virgo,
   Atque caput mundi culmina virgo.
Primum Gerbertus meruit Francigena sedem
   Remensis populi metropolim patriæ ;
Inde Ravennatis meruit conscendere summum
   Ecclesiæ regimen nobilis, atque potens.
Post annum Romam mutato nomine sumpsit ;
   Ut fieret toto pastor in orbe novus.
Cui nimium placuit sociari mente fideli,
   Obtulit hanc Cæsar tertius Otto sibi.
Tempus uterque comit, præclarus uterque sophia ;
   Gaudet et omne seclum ; frangitur omne reum.
Claviger instar erat cælorum sede potitus,
   Tegmine suffectus : ovi vice pastor erat.
Iste vicem Petri postquam suscepit, abegit
   Lustrali spatio sæcula morte sui.
Obriguit mundus discussa pace, triumphus
   Ecclesiæ nutans dedidicit requiem.
Sergius hunc loculum mutat pietate sacerdos .
   Successorque suus compsit amore sui.
Quisquis ad hunc tumulum devexus lumina vertis
   Omnipotens Domine, dic, miserere sui.
Ad laudem angelorum dictavit sequentiam . *Ad*
celebres.

(74) Aquitanus.

CXLIV. Sica, ab aliis Joannes dictus, annum
unum.

CXLV. Joannes XVI, annum I.

CXLVI. Joannes XVII, qui et Fasanus, de patre
Urso, matre Stephania, post annos quintum et dimidium in sancto Paulo monachus discessit.

CXLVII. Sergius IV, qui et Petrus, *Os porci* cognominatus, olim episcopus Albanensis, ex patre
Petro, matre Stephania, Bucca porci. Annos V, qui
sepulcrum Silvestri, qui et Gerbertus dictus est,
ornavit.

CXLVIII. Benedictus VIII, natione Tusculanus,
ex patre Gregorio, nobili matre Maria Annos XI,
mense fere I, usque ad annum Domini 1024. Qui
Heinricum ducem Bavariæ coronavit, mediante
Walthero Spirense episcopo, data utrobique fidei
securitate, et cathedralem ecclesiam, quam ipse
fundavit, dedicavit in Babenberch. Ab ipso etiam
idem Heinricus hujus nominis secundus, imperator
vero primus imperiali benedictione coronatur, et
sublimatur.

CXLIX. Joannes XVIII. Annos IX, usque ad annum Dom. 1033. Prioris papæ frater ex laico papa
ordinatur. Ipse Chunradum imperatorem et Gislam
imperatricem in die sancto Paschæ consecravit
Romæ in præsentia Rudolfi regis Burgundiæ et
Chuttonis (78) regis Angliæ, qui secum illuc venerat.

CL. Benedictus IX, qui et Theophilactus. Annos
XII. Qui propter scelera sua pulsus, iterumque re-
C versus, et vitiis deditus a papatu sponte recessit
anno Domini 1046. Hic moribus tali ac tanto honore
indignus occupavit sedem annis plus XII. Quo expulso, Romani Silvestrum quemdam pro eo constituunt ; quem ipse postea reversus excommunicatum
depulit ; sedique suæ redditus se ipsum postea privavit, et alium ob avaritiam Gratianum nomine pro
se contra canones ordinavit. Ipsum itaque Romani
in sede ponentes papam statuerunt. Cujus rei
causa rex Heinricus III, imperator vero secundus
hujus nominis, considerans schismate turbari Ecclesiam, apud Sutrium synodo diligenter ventilata,
Gratianum baculo pastorali privavit, et Swidige-
rum Babenbergensem episcopum, Clementem vocatum apostolicæ sedi præfecit, quam tantum VIII
D menses rexit. Ipse vero rex, atque Agnes regina
uxor ejus imperiali benedictione susc~pta solemnis-
simis Nativitatis Christi diebus honore maximo ibi
læificati revertuntur. Ibique defuncto Eberhardo
Constantiensi episcopo, et ad limina apostolorum
sepulto, Theodericus mox ibidem pro eo constituitur.

CLI. Silvester III. Qui ejecto, ut dictum est, Benedicto, ordinatus, statim depulsus est anno Domini 1044.

CLII. Gratianus, natione Romanus, qui et Gregorius. Annos III. Quem Benedictus se ipsum injuste privans pro se papam constituit anno Domini
1047. Ilic dives in hæreditate et mobilibus, com-

(78) Canuti.

patiens Ecclesiæ Dei, et schisma, quod in contentione duorum versabatur, amovere volens, utrumque secreto convenit, et oblatis ac datis bonis suis, utrumque ab ambitione sedis amovit. Inde a Romanis contra voluntatem suam a quibusdam asseritur electus esse, et illis substitutus. Verum quia judicio hominis non constat, quo fine fiant, quæ indifferenter accipi possunt, ab aliis de Simonia culpatus, jure depositus dicitur.

CLIII. Clemens II, qui et Swidigerus, natione Saxo, Babenbergensis episcopus, ab episcopis et Heinrico rege, ut supra dictum est, deposito Gratiano papa, electus sedit menses IX (79), qui statim mense constitutionis suæ obiit, et ad episcopatum suum reportatur, ibique sepelitur anno Incarnationis Domini 1047. Qui etiam ab aliis potius demens, B quam Clemens dici dignus judicatur, cum utique, per violentiam Gratiano amoto, eum intrusum asserant.

CLIV. Damasus II, qui et Poppo, natione Teutonicus, episcopus Brixiensis, a rege Heinrico missus et papa promotus, anno Domini 1049, mense non integro supervixit. Cessavit mense VII.

CLV. Leo IX, qui et Bruno, Leucorum, seu Tullensium, quod idem est, episcopus, natione Teutonicus, ex Patre Hugone comite, ab Heinrico, quo supra imperatore, et episcopis electus, et papa promotus, sedit annos V, menses II, dies VI, anno Domini 1049. Hic, dum assumpta purpura pontificali per Gallias iter ageret, Cluniacum, ubi Hiltibrandi, qui prioratum ejusdem loci administrabat, admonitione, et quod per laicum manum ad gubernationem totius Ecclesiæ sibi non liceret ascendere, inclinatus purpura deposita, et Hiltibrando secum Romam ducto, a clero et populo Romano in papam eligitur; et sic Romana Ecclesia ad faciendam electionem informatur. Hic, Moguntiæ synodum cum imperatore celebravit, et cum ipso Pannonias hostiliter intravit, qui etiam Rubertum Giscardum, ducem Northmannorum gentis Apuliæ irrumpentem Ecclesiæ et imperii finibus coercere volens, commisso prælio, cæsis multis, fugere Beneventum compellitur. Sequenti anno obiit, et in Ecclesia S. Petri Romæ humatus, miraculis clarus habetur. Plures canones statuit. Unum de rapacitate monachorum, sicut sunt tamen multi, qui non studio D charitatis, sed zelo rapacitatis docent, et seducunt sæculares homines, ut res suas in vita, seu in morte sua monasteriis suis tradant, et ecclesias, quibus subjecti esse videntur, et a quibus baptismum, pœnitentiam, eucharistiam, nec non et pabulum vitæ cum lacte carnis accipiunt, nihil de bonis suis relinquant, et ne amplius fiat, omnino prohibemus; imo medietatem omnium rerum suarum ecclesiæ, cui ipse pertinere dignoscitur, relinquere jubemus, et sic convertendi, et recedendi inde habeat licentiam. Fecit etiam cantus plures dulcis melodiæ; Historiam videlicet B. Nicolai, et

(79) *Paulo ante* VIII.

B. Gregorii, et solemne illud : *Gloria in excelsis*, et responsorium : *Justum deduxit*, et ą. *Vistra quos, Domine.*

EPITAPHIUM EJUS :

Victrix Roma dole nono riduata Leone,
     Ex multis tali non habitura parem.

CLVI. Victor II, qui et Gebehardus, Eichstetensis episcopus, natione Teutonicus. Annos II, menses II; dies VII.

CLVII. Stephanus, natione Belgicus, ex patre Gotfrido duce, qui ante Fridericus, Leonis papæ archicapellanus, ex clerico monachus factus est, et abbas montis Cassini. Præfuit apostolicæ sedi mensibus VII, dies XXIX. Fratrem etiam habuit, ducem Gotfridum.

CLVIII. Benedictus IX, natione Burgundio. Menses IX, dies XX, qui ante Joannes dictus privata quorumdam gratia Romanorum contra canones promotus, sine consecratione sedit. Unde a Gotefrido duce expellitur, et Florentinæ civitatis episcopus nomine Gebehardus pro eo ordinatus, Nicolaus est appellatus.

CLIX. Nicolaus II, qui et Gebehardus, Florentinus episcopus. Annos II, menses VI, dies XXV, qui fere triennium in summi pontificatus culmine prælatus; tunc in Perusino episcopatu VI Kal. Aug. subita morte præventus corripitur, et Perusium delatus ibidem sepelitur anno Incarnat. Dom. 1061. Hic in Basilica Lateranensis patriarchivi, quæ cognominatur Constantiniana, considentibus secum archiepiscopis, episcopis et abbatibus, venerabilibus presbyteris, atque diaconibus statuit plura utilia Ecclesiæ, præcipue tamen de electione summi pontificis. Nicolao papa defuncto Romani coronam et alia munera Heinrico regi ejusdem nominis IV transmiserunt, eumque pro eligendo summo pontifice interpellaverunt. Qui ad se vocatis plerisque Italiæ episcopis, generali concilio Basileæ habito, eadem, quam Romani miserunt, corona imposita, patricius Romanorum est appellatus. Deinde communi omnium concilio, Romanorumque legatis eligentibus Kadelo, Parmensis præsul VII Kal. Nov. declaratur papa, et mutato nomine Honorius cognominatur. Dum hæc aguntur, Nordmanni aliquibus Romanis sibi ascitis Luccæ urbis Tusciæ episcopum Anselmum, dato sibi Alexandri nomine, in Kal. Octobris XXVI diebus ante Parmensis episcopi ad papatus promotionem sedi imposuerunt apostolicæ.

CLX. Alexander II. Annos XII, qui et Anselmus, primo Luccensis episcopus. Hic Cadolum Parmensem episcopum se.'em Romanam armata manu occupare volentem constantissime repressit. Ipse quidem Nordmannorum et quorumdam Romanorum auxilio usus, victo et reprobato Cadelo sedit annis XII. Unde de ipso scriptum in Lateranensi palatio est :

Regnat Alexander, Cadolus cadit et superatur

CLXI. Gregorius VII, qui et Hiltibrandus, primo A
Cluniacensis prior, postea archiepiscopus Ravennæ,
natione Romanus, ex patre Bonico. Annos xii,
mensem i, dies v. Hic præceptor impossibilium
statuit, ut nullus laicus se jungeret officio sacerdotis, cujus sciret uxorem. Diaconibus, subdiaconi-
bus uxores dimittere præcepit. Episcopis præcepit
ne quemquam ex presbyterorum connubio genitum ad
sacrum ordinem promoverent. Unde criminalis
utriusque sexus excrevit perturbatio. Ipse pontificatus sui anno vii, anno Domini 1080, celebravit
synodum Romæ; ubi inter cætera statuta ordinavit, ut, si quis imperatorum seu ducum vel sæcularium potestatum quælibet alicujus ecclesiasticæ
dignitatis officium dare præsumeret, anathematis
vinculo subjaceret. Hoc tempore Heinricus impe- B
rator, quem ipse hujus anathematis mandato specialiter notaverat, Romam obsedit, Hiltiprandum
expulit, Wichbertum, Ravennatensem archiepiscopum, qui et Clemens, papam constituit. Qui Hilti-
prandus Salerni mortuus dixisse fertur : *Dilexi
justitiam et odivi iniquitatem, propterea morior in
exsilio*. Ecclesia in summo discrimine posita, eo
quod Wichbertus Romanam sedem, et urbem occupasset, abbatem Cassinensem, cardinalem Desiderium, qui et Victor, invitum pauci de Romanis
trahunt ad papatum, corruptisque pecunia Leoninæ
urbis custodibus nocte consecrandum in ecclesiam
B. Petri inducunt ob metum schismatis. Synodus
Kuitelnburch sub eo contra Gwezelonem Mogunti- C
num archiepiscopum celebrata est, cui vice ipsius
papæ præsedit Ostiensis episcopus Otto. Qui Moguntinus asseruit, quemlibet rebus suis exspoliatum quidquid interim peccaverit, impune habiturum, cum ad synodum nec possit vocari, nec lege
canonica judicari. Ipse etiam papa, excommunicato
imperatore, Rudolfum, ducem Alemaniæ coronavit
his verbis :

Roma dedit Petro, Petrus diadema Rudolfo.

CLXII. Victor III, qui et Desiderius, abbas Cassi-
nensis, cardinalis. Menses iv, dies vii. Qui nocte,
sicut dictum est, ob metum schismatis, corruptis
pecunia Leoninæ urbis custodibus, consecratus est,
ubi profluvio ventris moritur, et tam ab Urbe quam D
ab orbe egressus Ostiensi episcopo Urbano, qui
prius Otto dictus est, regimen Ecclesiæ reliquit.
Wichbertus tamen, quem imperator Heinricus constituerat, per septennium vexavit Ecclesiam. Cujus
causa, eo præsente, anno Dominicæ Incarn. 1085,
Moguntiæ celebrata est synodus jussu excommunicati principis, non nisi etiam a privatis communione episcopia collecta, quæ depelli duos archiepiscopos et duodecim episcopos, eo quod nolentes
excommunicatis communicare Romanæ sedi obedie-
rant, decrevit, soror esse Ariminensis synodi, quæ
a Constantio Ariano celebrata fuit, judicata est.

CLXIII. Urbanus II, prius Otto dictus, Ostiensis
episcopus. Annos xi, menses v, dies x et viii. Qui

a concilio Claremontensi, quod in Gallia habuerat,
regressus, auxilio eorum, quos ad iter Jerosolymitanum accenderat, Wichbertum ab Urbe, excepto
castro Crescentii ejecit, sedemque propriam reco-
pit. Inde per Apuliam et Calabriam, Siciliam, quas
tunc Northmanni inhabitabant, ingressus, pecuniam
magnam collegit, per quam corruptis eis, qui castrum Crescentii servabant, Wichberto tam a castro quam ab Urbe expulso, libere tota Roma potitur. Ipse vero non multo post rebus excedens humanis, Paschali sedem reliquit. Canones statuit
Genebaldo Constantiensi episcopo de iis, qui communicant excommunicatis sponte, aut per ignorantiam. In Placentina synodo instituit præfationem et composuit de sancta Maria dicendam : *Et
te in veneratione*, etc.

CLXIV. Paschalis II. Annos xviii, menses v,
dies xviii. Anno pontificii sui xii capitur a rege
Heinrico novissimo pro eo quod inter ipsum et regem conventio facta ac obsidibus firmata narratur;
ut rex investituras episcoporum remitteret, et papa
ipsi regalia resignaret. Quod cum episcopis recla-
mantibus implere non posset, captus et Aquileiensi
patriarchæ Udalrico custodiendus traditur, a quo
tamen postea imperialem benedictionem consecutus
est.

CLXV. Gelasius, qui et Joannes Gaditanus.
Annum i, dies v. Quem Heinricus imperator a Roma
expulit, et Gregorium, qui et Burdinus a North-
mannis dictus est, Bracariensis episcopus, qui
prius a domino Paschali Beneventi fuit excommunicatus, papam constituit.

CLXVI. Calixtus, Wido dictus, episcopus Viennensis. Annos v, menses x, dies xiii. A quo Heinricus cum suo papa excommunicatur Burdino,
quem etiam ipse in caveam trusit. Unde de ipso
scriptum est :

*Ecce Calixtus honor patriæ, decus imperiale
Burdinum nequam damnat, pacemque reformat.*

Cui etiam imperator Heinricus per Honorium legatum et postea successorem suum investituras
episcopatuum pro metu anathematis resignavit, in
hunc modum : *Ego Heinricus, Dei gratia Romanorum imperator Augustus, pro amore Dei, et sanctæ
Romanæ Ecclesiæ, et domini papæ Calixti, et pro remedio animæ meæ dimitto Deo, et sanctis Dei apostolis Petro et Paulo, et sanctæ catholicæ Ecclesiæ
omnem investituram per annulum, et baculum, et
concedo in omnibus ecclesiis, quæ in regno meo, vel
imperio sunt, liberam electionem, et canonicam consecrationem; possessiones et regalia B. Petri, quæ a
principio hujus discordiæ usque ad hodiernum diem,
sive tempore patris mei, sive et meo ablata sunt, quæ
habeo, reddo eidem sanctæ Romanæ Ecclesiæ; quæ
autem non habeo, ut reddantur, fideliter adjuvabo.
Possessiones etiam omnium aliarum ecclesiarum, et
principum, et aliorum tam clericorum quam laicorum
consilio principum et justitia, quæ habeo, reddam, et
quæ non habeo, ut reddantur, fideliter adiuvabo. Et*

33

do veram pacem domino papæ, sanctæque Romanæ A
Ecclesiæ, et omnibus, qui in parte illius sunt, vel fue-
runt, et in quibus sancta Romana Ecclesia postula-
verit, fideliter juvabo. Litteræ Calixti papæ, in quibus versa vice remisit sibi electiones episcoporum
Teutonici regni in hunc modum : *Ego Calixtus epi-*
scopus, servus servorum Dei, dilecto filio suo Heinri-
co, Dei gratia Romanorum imperatori Augusto con-
cedo electiones episcoporum et abbatum Teutonici
regni, qui ad regnum tuum pertinent, in præsentia
tua fieri absque Simonia, et aliqua violentia; ut, si
qua inter partes discordia emerserit, metropolitani et
comprovincialium consilio, et judicio, saniori parti
assensum et auxilium præbeas. Electus autem a te
regalia per sceptrum sine exactione recipiat, exceptis
omnibus, quæ ad Romanam Ecclesiam pertinere no- B
scuntur, et quæ ex his jure debentur, faciat. Ex aliis
vero partibus imperii consecrati infra vi *menses per*
sceptrum regalia a te recipiant. De quibus vero mihi
querimoniam feceris et auxilium postulaveris, secun-
dum officii mei debitum auxilium tibi præstabo. Do
tibi veram pacem, et omnibus, qui in parte tua sunt,
vel fuerunt tempore hujus discordiæ. Ita sub ipso
Ecclesia libertati suæ ad plenum restituitur, et pax
reformatur.

CLXVII. Honorius II, qui et Lambertus. Annos viii. Hic, sicut supra dictum est, mediator et
legatus inter Calixtum papam, et imperatorem
Heinricum fuit, per quem etiam investituras resignavit. Hic episcopum Mediolanensem, eo quod C
Chunradum sororium imperatoris Henrici in regem
ab ipsis civibus suis electum consecravit, depositus
est (80), et ipsum Chunradum postea regem Romanorum factum excommunicavit.

CLXVIII. Innocentius II, qui et Gregorius quondam dictus est, natione Romanus, S. Angeli cardinalis diaconus. Annos xiii, menses vii, dies viii.
Quo canonice electo, sed Petro, qui et Anacletus,
Petri Leonis filio, violentia amicorum suorum in-
truso, favente sibi rege Siculo Rogerio, urbem et
sedem occupavit. Innocentius itaque, dum resistere
non valet, urbe cedens, auxilium Lotharii regis interpellat. Quem Lotharius rex Romam secum ducens, in ecclesia S. Salvatoris, quæ et Constantiniana dicitur, ab ipso coronatus, Augusti adeptus D
est nomen. Sub eo etiam et per eum synodus Romæ
Lateranis in Quadragesima celebratur, ubi ducenti (81) et eo amplius episcopi et prælati alii
congregantur. Ibi etiam plura utilia Ecclesiæ statuit, et inter cætera : *Ut ordinationes a Petro, sive*
ab ipso ordinatis irritæ essent, et excommunicationi
eum cum suis sequacibus subjacere censuit.

CLXIX. Cœlestinus secundus. Menses vi.

CLXX. Lucius II, qui et Gerhardus. Annum i.
Hic gravem a civibus Romanis persecutionem passus, ad patrocinium Romanæ Ecclesiæ Chunradum

(80) Corr. deposuit.
(81) *Sic lego* : d^{li}.
(82) Hic duo sequentes versus abrasi fuerunt.

regem litteris suis monet, et invitat in hunc modum : *Lucius episcopus, servus servorum Dei, dilecto*
filio Chunrado Romanorum regi illustri, salutem et
apostolicam benedictionem. ‹ *Omne datum optimum,*
et omne donum perfectum, desursum est,› etc. (*Jac.* i).
Populus enim Romanus insaniæ suæ metas ponere
non volens, senatoribus, quos ante instituerant,
Patricium adjiciunt, atque ad hanc dignitatem
Petri Leonis filium Jordanem eligentes, omnes ei
tanquam principi subjiciuntur. Deinde pontificem
suum adeunt, ac omnia regalia ejus tam in Urbe
quam extra posita, ad jus Patricii sui reposcunt,
ipsumque suum pontificem more antiquorum sacerdotum de decimis tantum et oblationibus sustentari oportere dicentes : *De die itaque in diem ani-*
mam justi affligere non timuerunt, etc.

CLXXI. Eugenius III, a Pisana natus, monachus.
Sedit annos viii, menses iv, dies xxi. Vir religione
et sanctitate perspicuus. Ipse ob persecutionis im-
manitatem cum episcopis et cardinalibus Urbe cedit, et in monasterio Pharpheusi morem mutans
consecratur, et ad munita loca se transferens Jordanem, ac suos complices excommunicat. Postea
cum Romanis pacem fecit, ita ut patriciatus dignitatem exfestucarent, et præfectum in pristinam
dignitatem reciperent, senatores tenerent, sicque
in Urbem rediens, Nativitatem Domini ibidem celebravit, anno Dominicæ Incarn. 1146, ubi iterum
pro excidio Tiburtinorum sollicitatur. Qui etiam
Remis synodum instinctu abbatis Clarevallis contra
Magistrum Gisilbertum Pictaviensem episcopum
celebravit (82)...

CLXXII. Anastasius IV, sedit annum i, menses
iv, dies xxiv.

CLXXIII. Adrianus IV, natione Anglicus, sedit
annis iv, menses viii, dies vi. Quo mortuo, schisma
gravissimum totam perturbavit Ecclesiam, quod
cœpit anno Domini 1159 et duravit usque ad annum Domini 1177, aliis Rolandum, qui et Alexander, aliis Octavianum, qui et Victor, eligentibus.
Mortuo Victore Guido, qui et Paschalis, substituitur. Quo mortuo, Calixtus, qui et Joannes abbas
Strumensis subrogatur. Ecclesia tamen tota, nisi
pauci timore vel amore Frederici imperatoris inducti, Alexandrum approbabat. Qui Adrianus Fredericum regem Romæ renitentibus civibus imperiali
benedictione sublimavit (83). *Tempore istius papæ*
scilicet Adriani supradicti consecratum est mysterium
Virginis Mariæ in Czwell. Deus nos in eo custodiat,
et ab omni malo defendat, et Virgo beata nos ad vi-
tam æternam perducat.

CLXXIV. Alexander III, natione Senensis, qui et
Rolandus, sedit annos fere xliii. 1157 Incarnationis Domini, indictione x, habens in concurrentibus
v, in epactis xxviii, completo decemnovenali cyclo,
ix Kal. Aug. schisma, quod diu totam perturbavit

(83) Hæc ab alia manu, sæculo xiv non antiquiore
inserta sunt.

Ecclesiam, evacuatum est, et in Alexandro Romano pontifice sopitum, ita videlicet quod, dispensatione habita inter regnum et sacerdotium, Alexander papa et Fredericus imperator, diu inter se dissentientes, et justitiæ suæ in alterutro derogantes osculo pacis, ac jurejurando hinc inde facto, et utrobique stabilito, apud Venetias convenerint, multa dispensatione interposita, quæ pro necessitate et quiete Ecclesiæ, quæ diu vexata est, universaliter approbata est, mediantibus principibus, qui unitatem Ecclesiæ dilexerunt Christiano Moguntino, Wichmanno Magdeburgense archiepiscopis, Chunrado Wormatiense. Ipse sequenti anno in Quadragesima convocatis diversarum nationum et regionum infinitis episcopis et prælatis, ad insolentias et enormitates, quæ tempore schismatis excreverant, sedandas, Romæ synodum celebravit, in qua synodica capitula statuit xix : 1. Quod sacerdos dotem Ecclesiæ vel decimas alienas (84) privandus est officio et beneficio. 2. Quod nullus clericus vel presbyter habeat plures ecclesias, vel canonicas in diversis partibus. 3. Quod clericus sacerdos manifeste fornicarie cohabitans privandus est officio et beneficio. 4. Quod nullus episcopus debet ordinare clericum, nisi ad certum titulum. 5. Quod nullus episcopus vel archidiaconus debet exactionem habere vel collectas in clericis suis. 6. Quod Magistri scholarium non debent aliquid exigere ab iis quibus prædicant verbum Dei. 7 Quod episcopus, quando circuit episcopatum, non debet habere plures equitaturas quam xxxv, vel tantum xxx, archiepiscopus non plures quam xl, et sic de cæteris. 8. Quod schismatici, qui juraverunt, et non atroci coactione, non promoveantur. 9. Quod usurarii excommunicentur, nec ad religionem venientes recipiantur, nisi reddantur mala requisita, si possunt. 10. Quod hæretici, sicut Cattarii, sive alio nomine Paterini, excommunicentur et sepultura careant. 11. Quod laici decimationes non habeant. 12. Quod nullus clericus investituram sumat a laico. 13. Quod non fiat sacerdos nisi filius legitimus. Capitula de Nigris monachis : 1. Quod nihil debent exigere ab illis qui convertuntur ad religionem. 2. Quod nihil debent habere proprium. 3. Quod nulla eorum appellatio facta tenet abbatem. 4. Quod abbas priorem canonice institutum non potest removere, sine conniventia papæ, nisi causa cognita. Inter cætera unum statuit de schismaticis, ut deponantur ab ordinibus et beneficiis ita : *Quod a prædecessore nostro felicis memoriæ papa Innocentio factum est, innovantes, ordinationes ab Octaviano et Widone hæresiarchis, nec non et Joanne Strumense, qui eos secutus est, factas, et ab ordinatis ab eis, irritas esse censemus, adjicientes etiam ut qui dignitates ecclesiasticas seu beneficia per prædictos schismaticos acceperint, careant impe-*

tratis. *Alienationes sive invasiones, per eosdem schismaticos, sive per luicos factæ sint de rebus ecclesiasticis, careant omni firmitate, et ad Ecclesiam sine omni honore revertantur. Si quis autem contra ire præsumpserit, excommunicationi se noverit subjacere.* Illos autem qui sponte juramentum de tenendo (85) schismate præstiterunt, a sacris ordinibus et dignitatibus decernimus maxime suspensos. Anno Domini 1181 obiit Alexander.

EPITAPHIUM EJUS.

Lux cleri, decus Ecclesiæ, pater Urbis et orbis
Præsul Alexander clauditur hoc tumulo.
Luminis extincti (86). . . . .
  Cumque suo dolet Urbs. . . . . *virum*
Non tamen ille reus. . . . . . . *casus*
Creditur. . . . . *viro.*
. . . . . *cura gregis, pudor almus, honestas,*
. . . . *obtinuere licum.*
. . . . . *quis et unde fuit? nomen sibi quondam*
Rolandus, patria Tuscia ; Sena domus.
. . . . *suis felix et adauctus.*
. . . . . *quibus est felix factus et auctus eis.*

CLXXV. Lucius III, qui et Hubaldus, Ostiensis episcopus, natione Luccensis, sedit annos iv, menses duos. Ipse et imperator Veronæ convenientes, ut inter spiritalem patrem et filium dulcia miscentur (87) colloquia, et tanquam ex duabus principalibus curiis, et duobus orbis capitibus una republica effecta, ecclesiastica simul et sæcularia inter eos tractantur negotia; ubi etiam vicissim alterutrius delectati præsentia, et vigore suffulti, communi consilio omnium, qui ibi convenerant, archiepiscoporum, episcoporum et aliorum principum contra diversas hæreses, et earum auctores, quibus diversa nomina, diversarum ibidem professio falsitatum, Catharos, Paterenos, et eos qui se tam falso nomine humiliatos, vel pauperes de Lugduno, quam superbo mentiuntur, Passagenos, Josepinos, Arnoldistas, Publicanos insurgunt, et suo eos jure condemnant. Ibi etiam postea mortuus est anno Domini 1185, ubi de eo scriptum est :

Luci Lucca tibi dedit ortum, pontificatum
Ostia, papatum Roma, Verona mori.

CLXXVI. Urbanus III, qui et Hubertus, Mediolanensium archiepiscopus, inde etiam oriundus, sedit annum i, et dimidium. xvi Kal. Nov. obiit, anno Domini 1177. (88) *Kal. Nov. obiit. Ante cujus obitum xx die capta est Jerusalem a Turcis.*

CLXXVII. Gregorius VIII, qui et Albertus, prius cancellarius Romanæ Ecclesiæ, ipso quo electus est anno obiit, hoc est anno Domini 1188. Priori siquidem anno Incarnationis Dom. capta est Jerusalem a Turcis. Unde et ipse in initio electionis suæ episcopis Teutoniæ tam de electione quam de commonitione principum ad subveniendum Orientali Ecclesiæ misit epistolam, cujus exemplar pro consonantia temporum ponendum dignum existimavit.

---

(84) *Supple* dissipans *vel quid simile.*
(85) *Codex,* tinendo.
(86) Reliqua subduxit oculis macula, quæ dudum hanc paginam fœdaverat.

(87) *Forte,* miscerentur.
(88) Hæc, uti et omnia, quæ usque ad finem operis sequuntur, addita sunt a manu alia, coæva tamen.

Gregorius archiepiscopis, episcopis, abbatibus et A *prælatis ecclesiarum in Teutonia.*

Inter divinæ dispensationis arcana, quæ Deus in hominibus operatur, magna causa admirandi et stupendi nobis existit, quod prælationes, et subjectiones hominum ita dispensat, ut is, qui ponendus est in imo, constitui videatur in summo et econverso. Hoc ipse quoque Salomon admirabatur dicens : « *Vidi servos in equis, et dominos quasi servos ambulantes super terram (Eccle. x).* » *Hoc autem, utinam nobis admirari et videre solummodo datum esset, et non etiam experiri ! qui cum ad minorem locum vocati fuissemus a Domino, et nunquam fideliter, sicut oportuit egisse* (89) *in eo, ad sublimitatem celebrioris loci repente assumpti sumus, et debilibus humeris nostris tantum est onus impositum, ut quantum distant cæli a terra,* B *tantum distare vires ab onere videantur. Prædecessore siquidem nostro Urbano xiii Kal. Novembr. in bona confessione viam universæ carnis ingresso, et tradito solemniter sepulturæ convenimus sequenti die in unum, et missa in honore sancti Spiritus, sicut moris est, celebrata, processimus seorsum in unum locum, nos episcopi, presbyteri et diaconi canonibus* (90) *et postpositis diversis ecclesiasticis negotiis, et præcipue calamitate Orientalis Ecclesiæ, quæ diebus illis au dita fuerat, ad electionem pontificis visum est procedendum, ne, si forte dilationem acciperet, detrimentum ex tarditate per diversas partes Christiano populo proveniret. Cum autem requisitæ fuissent civium voluntates, placuit omnibus mediocritati nostræ onus* C *ecclesiasticæ provisionis imponere et tantum instare ; ut non una excusatio mea, cum multæ mihi suppeterent, audiretur. Non satis occurrebat mihi, quid agerem, dum nec contradicendo, nec acquiescendo erat tuta libertas, hinc me multo defectu virtutis et scientiæ dejiciente, hinc me concordi fratrum voluntate et instantia provocante. Tandem vero considerantes quod non sint hominis viæ ejus, nec in eo est, ut ambulet et dirigat gressus suos, et quod* « *Christus pro nobis mortuus est, ut et qui* » *vivant,* « *non sibi vivant, sed ei, qui pro nobis mortuus est, et resurrexit (II Cor.*v),» *divinæ misericordiæ nos commisimus, et fratrum acquievimus voluntati, non quod nos ministros idoneos crediderimus, et tantum onus a nobis bene portari posse, sed ne multum videremur abundare in sensu nostro, et* D *non satis de Domini Dei nostri confidere pietate. Quoniam igitur in Romanæ Ecclesiæ nos decet reverentia permanere, universitatem vestram præsentium significatione credimus admonendam, quatenus in ipsius Ecclesiæ devotione persistatis, sicut justum est vestræ expedire saluti. Super negotio autem et contritione Orientalis Ecclesiæ per apostolica scripta vos sollicitos reddimus et attentos, rogantes, monentes et ex-*

(89) *Leg. egissemus.*

hortantes in Domino, ut ad liberationem illius terræ per vos ipsos, sicut expedire cognoscitis, intendatis et charissimum in Christo filium nostrum Frederis .m, illustrem Romanorum imperatorem semper Augustum et proceres et Teutonici regni populum universum curetis monere diligentius, et exhortari, ut pium Omnipotentis obsequium taliter attendant, ut ex hoc vobis et eis æternæ vitæ retributio debeat a tributore omnium in se sperantium augmentari. Ad hoc dilectos filios nostros P. subdiaconum nostrum et priorem de Pontid. latores præsentium, litteratos viros, providos et honestos, quos pro vocatione nostra nuntianda transmittimus, et charitati vestræ reddimus propensius commendatos.

Data feria vi *Kal. Novemb. indict.* vi. Scripsit et aliam ad universos fideles Ecclesiæ pro eadem commonitione, in qua plenius de excidio terræ Transmarinæ, et miserabili eventu conquestus est, quæ a multis habetur.

CLXXVII. Clemens, qui et Paulus prius dictus, Prænestinus episcopus, sedit annos ii, et dimidium usque ad annum Domini 1191. Iste, obeunte Wilhelmo rege Siculo et deficiente in eo legitimo hærede et successore regni, Palermitano archiepiscopo petenti mandavit inungere et consecrare quemdam Tancredum invasorem ejusdem regiæ dignitatis, nescio utrum in odium Romanæ majestatis, cui tunc præerat Fredericus gloriosus imperator, qui etiam tunc iter Jerosolymitanum aggressus, regnum filio suo II. reliquerat, an in spe recuperandæ Apuliæ, quam diu asseverabant dotem Romanæ Ecclesiæ, cum tamen prius in contractu matrimonii inter præfatum filium imperatoris, qui postea statim patri in Augusti et imperatoris nomine successit, et sororem regis Wilhelmi ita conditum et approbatum ab omnibus principibus terræ fuerit, ut, si præfatus frater ipsius sine hærede decederet, regnum ad istum transiret. Opportunitatem siquidem se invenisse per eumdem Tancredum Romani credebant, ut, quandiu terram aspirabant, tunc facilius possent recuperare.

CLXXIX. Cœlestinus III, qui et Jacinthus, cardinalis diaconus. Ipse 1191 Heinricum regem, filium Frederici imperatoris venientem in Apuliam ad regnum obtinendum, quod ad ipsum pro uxore sua, quam ipse ante duxerat, sorore videlicet Wilhelmi, qui noviter mortuus erat, pertinuit, sequenti die Paschæ coronavit, et ipsum, ac ipsam imperiali benedictione sublimavit. Eodem siquidem anno post mortem Clementis circa mediam Quadragesimam electus, et Sabbato ante passionem Domini sacerdos factus, in die Paschæ et sequenti ipsum imperatorem et uxorem suam consecrat.

(90) *F. canonice.*

EPISTOLA ANONYMI

TESTIS OCULATI

DE CAPTA URBE CONSTANTINOPOLITANA.

(Anno 1204.)

[MARTEN, *Thes. Anecdot.*, I, 784, ex ms. Dunensi.]

Noveritis quod Alexis Barisiaci [*f.* Isacii], sicut alias vobis sub ambiguitate mandavi, ad nos venit apud Corfaut, ibidem genibus flexis, lacrymis profusis, coram nobis suppliciter exorans quatenus nos cum ipso Constantinopolim venientes, ei auxilium præstaremus, ut patris sui fratrem, quem pater ejus de prisione gentilium liberavit, qui liberatus et redemptus a fratre, tale mutuum retribuit ei, quod propter imperii ambitionem fratrem suum nequiter excæcavit, per nostrum auxilium a sede imperiali repelleret, quam instinctu avaritiæ usurpaverat, et injuste detinebat. Super hoc dissensio maxima in exercitu exorta est et tumultus. Clamabant autem omnes ire ad Ascaron, et pauci fuerunt qui viam Constantinopolim collaudassent, quorum fuit unus comes Flandriæ, Lodovicus, marchio de Monte-ferato, et comes Matthæus de Monte Mozanchi marescallus Campaniæ, Cono de Bethunia, M. de Brabant, Joannes Fusienum, Joannes de Triete, Petrus de Braicos, Anselmus de Cayeu, R. de Trith, Macarius de Sante-Mainebelth, M. de Insulis, episcopus de Halvestath, episcopus de Troies, Joannes Facete. Qui omnes toti exercitui manifeste ostendibus quod via Jerosolymitana, cum ipsi essent inopes et victualibus imminuti, nec aliquis esset inter eos qui milites ad stipendia sociantes ad solidos detineret, qui petrarias faceret pertrahi, vel alia bellica instrumenta perduci, inerat omnibus inutilis et damnosa. Tandem vero vix nobis acquieverunt tali conditione, quod apud Constantinopolim moram non facerent ultra mensem. Responsum est quod brevis moræ mentio publicata non erat nobis necessaria, quia Græci minus nos formidarent, si brevis moræ nostræ spatium præsciretur. Attamen impetrerunt ut de mora solum unius mensis eos securos in palam faceremus. Et ita factum est. Quo facto, juvenis imperator ecantavit nobis, quod toti exercitui per annum integrum victualia largiretur, et quod decem millia equitum ad annum Terræ Sanctæ succursum ad sumptus suos haberet. Promisit etiam quantum viveret ad stipendia sua se in Terra Sancta quingentos milites habiturum, et quod duci Venetiæ decem marcas argenti, et nostro exercitui totidem largiretur. Quibus positis, et communi voluntate concessis, naves nostras conscendimus. Dehinc octava die ad portum Duceaviæ prospero applicantes, ab eodem loco centum leugæ usque Constantinopolin numerantur. Ab ipso portu usque Constantinopolim per strictum mare et velocier currens est transitus. Inde per illud fretum navigantes, transivimus per Brachium Sancti Georgii, et portum cepimus ad firmam terram versus Iconium, qui portus distat a Constantinopoli una leuga. Ibidem stupuimus vehementer admirantes, quod nullus amicorum, nullus parentum juvenis qui nobiscum erat, vel aliquis nuntius eorum venit ad eum, qui ei statum Constantinopolis declararet. Nec mora, imperator imperium tenens duci Vene-

tiæ, marchioni, comiti Flandriæ, comiti Ludensi, et nobis sua munera destinavit. Nos vero, consilium secretum ineuntes inter nos, quod imperatoris nuntios nullatenus audiremus; nisi se prius deponeret ab imperialis cathedra majestatis, aliter ipsum, vel ejus nuntios nequaquam audiremus. Nolebamus enim quod Græci suis dolosis muneribus nos attentarent, suis pollicitis demollirent. Interim exercitus imperatoris in littore nobis opposito paratus erat nobis transitum prohibere, ostendens nobis animositatis imaginem prælian di nobiscum : quod videntes, ad confessiones peccatorum nostrorum recurrimus, in Dei solum misericordi potentia confidentes. Post nostras ordinavimus pugnas, deinde omnes armati naves instituimus. Cum vero, Deo ducente, ultra fuimus applicati, omnes Græci convenerant, ut nostrum transitum impedirent. Ita autem a nobis se Dei gratia elongaverunt, quod aliquem eorum non potuimus etiam volatu sagittæ attingere. Deinde perreximus ad quamdam fortissimam turrim, quæ Galatha nuncupatur, ad quam firmabatur maxima catena ferrea grossa nimis, quæ posita super ligna transversa mare transnatabat, attingens a terra usque ad muros civitatis. Catena illa portum tenebat, juxta quam naves et galeæ civitatis cum bargis latere ad latus junctæ nobis introitum inhibentes. In terra siquidem sæpedicta erant serjanti, Pisani, Genecani, Daci, et alii ad eam conservandam et protegendam constituti, qui exibant turrim, et introibant sicut volebant ad sagittandum nostros. Super turri autem illa locuti fuimus cum duce Venetiorum viro prudentissimo, dicentes quod nullo modo caperetur, nisi per minitores et petrarias cum variis suis instrumentis bellicis super naves. Nos quoque nostra fecimus ingenia erigi, ut sic undique terris obsessa Dei nostroque auxilio caperetur. Dum autem hæc proponerentur, serjanti præfatæ turris, nostris crebro sagittando importunos faciebant insultus. Verum nulla vice in nos fecere saltationes, quin forent alacriter retromissi, et suorum damna multimoda sustinuerunt. Tertio vero die, quo tentoria nostra ibidem confixa sunt, illi deintus exeuntes, militibus nostris et peditibus post nos fecerunt insultus. Petrus vero de Branicol cum quibusdam militibus et serjantis armatus supervenientes, sic eos cum festino impetu atrociter invasit, quod non potuerunt resistere, nec ad turris refugium remeare : imo nostris instantibus, oportuit quosdam eorum in mare præsilire, et submersi sunt, quidam truncati, quidam vero retenti. Statim, Deo mirabiliter operante, turris capta est absque bellico instrumento, et catena ferrea rupta fuit. Mox siquidem navibus civitatis retro abeuntibus, naves nostræ portum liberum habuerunt, et quosdam eorum simul cum galeis, et naviculis, et bargis ceperunt.

Tunc vero navibus et nobis ordinatis ad pugnam, proce simus usque ad quemdam pontem

lapideum, distantem a terra nominata una leuga et A
amplius. Pons vero ille potentior erat Parvo Ponte
Parisiacensi, et erat adeo strictus, quod tres equites simul junctis lateribus vix possent transire, vadum profundum existentibus non potuimus trans-
meare nisi trium leugarum faceremus torturam.
Si vero tantum a navigio nostro distaremus, fortasse periculum magnum incurrissemus et damnum. Cum pervenissemus ad pontem ipsum, Dei
patientia, nullo obstante, pertransivimus, et procedentes tentoria fiximus inter palatium imperatoris, quod Blakerna dicitur, et palatium Boimond,
et sic propinquavimus Blakernam, quod sagittæ
nostræ super palatium imperatoris et infra per fenestras, et sagittæ Græcorum super tentoria nostra cadebant. Hoc facto, exercitum nostrum gros-
sis palis circumcinximus et liciis. Deinde ingenia
nostra bellica per petrarias ante muros ereximus.
Dux vero Venetiæ super quamlibet navim constituit
de antennis pontem altissimum, in altitudine pedes centum habentem, et super quemlibet pontem
poterant ire quatuor milites armati. Præterea quidam Ussarius suus habebat magnellum erectum.

Dum autem hæc fierent, Græci pede et equo plures fecerunt insultationes. Verum quique in hoc
semper nos deterius habuerunt. Quadam die militum multitudo de quadam porta catervatim exiens,
quæ porta patet a dextra parte superius, exsiliit, et
nos provocavit ad arma. Quos nostri ita cum ingenti impetu et forti audacter pepulerunt, quod
multi eorum altero alterum inclinante corruerunt
in fossas, inter quos filius ducis de Duras, qui inter Constantinopolitanos generosior et pulchrior
dicebatur, cum quibusdam aliis exstitit interfectus.
Crastina quoque die quædam cohors militum civitatis, per port m Blakernæ exsiliit, ea parte qua
ingenia nostra bellica constitui fecerimus; sed,
Deo juvante, intro remissi sunt turpiter et potenter Tunc quidem fuit interemptus quidam vir potentior, et in militia melior omnibus civitatis, et
consiliarius imperatoris. Die Mercurii post ordinatum fuit et propositum quod in crastino fieret insultus ad civitatem, videlicet dux Venetiæ per mare, marchio et comes Flandriæ per terram assiliret.
Ego siquidem et M. de Monte Morentiaco, marescallus Campaniæ, A. de S. Cyrone dum assultus
fieret, custodiremus exercitum juxta vallum forinsecus et per campos, et sic fecimus.

Facta autem ordinatione, et proposito terminato,
dux et Venetii cum quibusdam de nostris qui per
mare navigio potenter instabant, prope muris navibus applicatis, scalas muris acclinantes intraverunt cum virtuoso impetu civitatem, viginti quinque tribus lucrefactis juxta quantitatem Atrebati
de civitate non modica combusserunt. Nostri quoque per terram suos facientes assultus, scalis similiter muris appositis, suas super muros posuerunt
banerias et vexilla. Minitores vero murum inferius excavantes, unam turrim straverunt. Tunc
imperator incendio civitatis, et nostris insidiis, et
importunis insultibus undique coarctatus, ad portas
singulas quæ ad campos exitum faciebant, constituit turmas militum non paucorum, ut nos circumquaque invasos truncarent. Econtra nos nostras ordinavimus pugnas, comes Flandriæ cum suis, et
ego quoque cum meis, uterque scilicet in cuneo suo
consistens ante custodiam, et equitavimus ordinate, et conjuncti juxta prælium nobis contrarium
eis adeo appropinquantes, quod eorum sagittarii et
arbalistarii trahebant in nos, et nostri in ipsos.

Cum ipsi viderent nos magnanimos et constantes
ordinate procedere et seriatim, et nos non posse
de facili expugnare, valde perterriti et confusi cedentes nobis, non ausi fuerunt bellum nobiscum
committere. Et sciatis quod non eramus in exerci u
nostro plures quam ducenti milites, et totidem
equites alii, non habuimus plures quam duo millia
peditum; major enim pars statuebatur ad ingenia
conservanda. Nos vero videntes eos fugere, n lui-
mus eos prosequi, ne forte per eorum dolos exercitui nostro et bellicis machinis et turribus, quas
Venetii ceperant, damnum inferretur. Imperator
vero rediens ad palatium suum, asseruit se in crastinum pugnaturum nobiscum, sed media nocte
latenter aufugit. Die vero Jovis, sicut promiserat,
debuimus pariter dimicare. In crastinum vero, Deo
operante, fuit nobis civitas reddita, et fuerunt
octo dies completi a civitatis obsidione. Tunc vero
Karisacus imperator, et imperatrix uxor ejus, videlicet soror regis Hungariæ, qui diu in horrore
tenti fuerunt et inclusi, nobis multimodas gratias
referentes, mandaverunt quod per Dei gratiam, et
nostrum auxilium, fuerant a carcere liberati, et
quod decus imperii rehabebant, et quod in crastino nos in palatium veniremus tanquam nostrum
cum filio suo diu desiderato, et ita fecimus, et
manducavimus in palatio cum magnis exsultatio-
nibus et honore solemni.

Hæc equidem scire vos volo quod R. de Parke et
R. de Monte-Miralo, A. de Boue, Jerosolymam petentes, et J. de Boue, et S. de Monte-forti, R. Na-
lus-Vicinus, abbas de Vallibus, magnam in stolio
facientes dissensionem ad regem Hungarorum properantes, exercitu nostro relicto, nos in mortis
discrimine reliquerunt. De duce siquidem Veneta-
rum, tanquam de viro prudentissimo, et in consiliis arduis erudito, nos plurimum collaudamus.
Aliud equidem multo melius et gloriosius antedictis
subjunctum est, propter quod principaliter ad civitatem regiam curavimus adventare vobis satago explicare, videlicet quod eo usque ad negotium Salvatoris
processimus, quod Ecclesia Orientalis, cujus Constantinopolis caput exstitit, cum imperatore et universo ejus imperio, capiti suo Romano pontifici se
esse filium recognoscit, et vult de cætero eidem
more solito humilitate captiva devotius obedire.
Ipse etiam ejusdem patriarcha huic aspirans operi,
applaudens suæ dignitatis pallium a summo pontifice recepturus, Romanam ulterius sedem requiret,
et super hac ipse cum imperatore juramonis præstitit cautionem. Ad hæc noster imperator, omnibus quæ promiserat plene et integre persolutis,
juramento se nobis constrinxit se nobiscum trans-
fretare ad medium instantis Martii cum decem
millibus bellatorum, toti exercitui Domini in annum
victualia largiturum, et stolium Venetiorum nobis
prolongat in annum. Præmissis etiam ex parte sua
et nostra nuntiis, ad sudanum Babyloniæ, Terræ
Sanctæ ipsius detentorem, mandat quod ipse devotionem populi Christiani genti suæ incredulæ in
proximo ostensurus, ad contritionem infidelitatis
Dei virtutem et misericordiam exspectabit. Nos
igitur tot et tantis utilitatibus provocati, et spe
sancta futurorum bonorum detenti, apud civitatem
præscriptam proponimus biemare, et hoc idem
fratribus nostris qui transmarinis partibus nostrum
præstolantur adventum curavimus intimare, ut
ipsi, nostrorum auditis rumoribus gaudiorum,
quorum eos participes esse peroptamus, admini-
culo spei sanctæ suffulti, constantius exspectent.

ORDO RERUM

QUÆ IN HOC TOMO CONTINENTUR.

FINIS TOMI DUCENTESIMI DECIMI TERTII.

Imprimé par les Usines Brepols S. A. — Turnhout (Belgique).
D. 1966/0095/8

Lightning Source UK Ltd.
Milton Keynes UK
UKHW020654281118
333085UK00006B/417/P